考古七十年

庆祝冯永谦先生米寿文集

庆祝冯永谦先生米寿筹备组　编著

北方联合出版传媒（集团）股份有限公司
辽海出版社

图书在版编目（CIP）数据

考古七十年：庆祝冯永谦先生米寿文集 / 庆祝冯永谦先生米寿筹备组编著 . —沈阳：辽海出版社，2023.12
ISBN 978-7-5451-6935-5

Ⅰ . ①考… Ⅱ . ①庆… Ⅲ . ①考古工作—中国—文集
Ⅳ . ① K87-53

中国国家版本馆 CIP 数据核字（2023）第 255470 号

出 版 者：北方联合出版传媒（集团）股份有限公司
辽 海 出 版 社
（地址：沈阳市和平区十一纬路 25 号　邮编：110003）
印 刷 者：沈阳市池陆广告印刷有限公司
发 行 者：北方联合出版传媒（集团）股份有限公司
辽 海 出 版 社
幅面尺寸：210mm × 285mm
印　　张：61.5
字　　数：1180 千字
出版时间：2023 年 12 月第 1 版
印刷时间：2024 年 3 月第 1 次印刷
责任编辑：杨冬庆
封面设计：冬庆
版式设计：冬庆
责任校对：林明慧　张　越

书　　号：ISBN 978-7-5451-6935-5
定　　价：188.00 元

购书电话：024-23285299
开发部电话：024-23285788
网　　址：http：//www.lhph.com.cn

法律顾问：辽宁普凯律师事务所　王　伟
如有质量问题，请与印刷厂联系调换
印刷厂电话：024-22709679
盗版举报电话：024-23284481
盗版举报信箱：liaohaichubanshe@163.com

庆祝冯永谦先生米寿活动筹备组

执行组长　高青山　辽宁省博物馆考古队队员

张学良旧居陈列馆　原副馆长

中国同泽书画研究院　原常务副院长

北京市国宏信价格评估有限公司　文物鉴定专家

中国冶铁历史博物馆文物修复中心　主任

王　健　辽宁省价格认证评估协会　会长

辽宁省艺术品鉴定评估专业委员会　主任（常务）

中国作家协会　会员

中国收藏家协会　会员

中国博物馆学会　会员

联 系 人　刘阿娟　辽宁省博物馆　副研究馆员

杨　雪　中国冶铁历史博物馆文物修复中心　办公室主任

邀请函

先生 / 女士：

随着我国现代考古学兴起 101 周年的到来，全国都在纪念这个难忘的历史时刻。也在此时，逢考古人冯永谦先生八十八岁，是他的“米寿”之年，经许多朋友建议，拟定于 2022 年 9 月，举办冯永谦先生米寿庆祝会。

几十年来，在党和政府领导下，我国文博考古事业取得丰硕成果，涌现出一大批文博事业人，他们以高度的责任感和使命感，甘于奉献的职业精神，赢得事业的发展。前辈的奉献精神，是激励我们前行的动力。

冯永谦先生就是这些老同志中的一员。他从 1954 年即从二十岁时起，就开始了文物考古工作，至今他已在这个事业中度过了六十九个酷暑严寒，无论是城乡还是山野、无论是风霜还是雨雪。在考古事业中，冯永谦先生兢兢业业，为祖国的文物考古工作做出应有的贡献！他的工作历程，是文博战线老同志共同的切身经历，也是回顾文博事业发展的图卷。

为冯永谦先生祝寿，也是响应习近平主席“保护传承文化遗产，守住中华文脉、功在当代、利在千秋”的号召，是不能忘记像冯永谦先生一样，众多长年工作在考古工地默默无闻的专业工作者们的奉献精神。现在都注重发扬优秀的传统文化，文物考古是重要的内容，社会涌现出赞助、收藏、保护文物、爱好文物、研究宣传中国历史的各界人士。今天，推动考古学更快发展，是有雄厚的群众基础的，是加速完善考古学发展的强大推动力，促进了文博事业的发展，更贴近了群众需求的方向。所以拟以此活动为契机，提倡推进文博专业人与广大爱好、保护、收藏的各届人士的融合，互相学习、交流、补充、提高。我们的工作应为广大爱好文博事业的人士服务，面向大众，面向未来。

庆祝会拟出版《庆祝冯永谦先生米寿文集》，由国家出版社正式出版。因此，需要每位冯先生的好友、同事，及从事文博工作或爱好祖国历史文化的同仁，抒发情感，回顾历史，并广泛总结研究成果，以表祝贺。各位好友采用文章类型不限、字数不限。待文稿齐备后，会议前即可出版，如有延迟，在会后当在短期内问世。

请每位接到邀请函的朋友，及时与筹备组联系，告知是否参会，并告知参会的文章题目、诗、书、画作品及交稿时间。届时筹备组将根据有无参会文章，通知具体开会日期。参会者的往返车费、食宿费均由办会者承担。如有事未能出席的好友，也可寄来文章、书画作品，收入文集中。同时，我们考虑到疫情原因，不知到时是否能够举行聚会。但是不论能否聚会，《庆祝冯永谦先生米寿文集》会照常编辑出版。

论文等稿件邮寄回函：

邮寄地址：（收入本书时略）

电子邮箱：（收入本书对略）

执行组长：高青山

联系人：刘阿娟　电话：（收入本书时略）

杨　雪　电话：（收入本书时略）

庆祝冯永谦先生米寿活动筹备组

二〇二二年二月十五日

庆祝冯永谦米寿活动筹备组

目 录

（三）友情回忆

（四）报刊撷采

（五）学术论文

我们所认识的冯永谦先生

——代《前言》

高青山①

今年是冯永谦先生八十八岁的米寿之年，值得庆贺！

我从北京大学考古专业毕业以后，回到辽宁省博物馆考古队，就一直与冯永谦先生在一起，光阴似箭，转眼已有半个世纪之久。回顾过往时光，说心里话，我非常敬佩冯永谦先生，他从未间断的从事考古研究工作，几十年没有改变，这是很不容易的。田野考古，虽然乐在其中，但那是对有志于考古事业的人来说的，毋庸讳言，若考古必然不在家中，脱离舒适环境，远走他乡，漫山遍野，饮食不应时，栉风沐雨，日晒风吹，夏暑冬寒，都得经历，此确是一件很辛苦的工作，然而冯永谦欣然地走过来。现在看，他在野外工作的时间，走过的路程，发表的文章、出版的专著，应该是我了解最多最长的一位。我们和冯永谦先生相识已有半个世纪之久，可以说，我们彼此都很了解，共同经历的岁月，令人难忘！

我们看到，冯永谦先生在工作和学术研究上，一步一个脚印地走过来，如今逢此时日，八十八岁年华，他的友人们就商量如何表示一下祝贺之忱，于是就决定按照中国传统文化习俗，过一个生日吧！原来议定大家聚在一起，开一个会，互相见面道声好！后因疫情的关系，不宜多人聚集，尤其天南海北远道而来，更不相宜，于是聚会的事就放下了。但是，按照原议要出版一部学术性的庆祝文集仍然未变，各地朋友都把文稿交来，遂有今天见到的这部书面世！

冯永谦先生今年不仅是八十八岁，而且他从事文物考古工作，从一九五四年开始，至今也已有六十九年，超过一个甲子，他的工作和研究始终未变，这是一段多么令人羡慕的时间。他是怎么走过来的呢，我想作为一个比较了解他的朋友，就简略地说一说我所知道的情况。

冯永谦先生一九五四年由“东北区考古博物馆干部训练班”结业，此时正是我国第一个五年计划开始的时候，各方面建设都已铺开，这时根据国家发展需要，考古事业也出现新的形势，这样就由训练班中选出十几名学员以此为基础，组建起“东北文物工作队”，从此冯永谦就走上了考古这条

① 高青山，辽宁省博物馆考古队队员、张学良旧居陈列馆原副馆长、中国同泽书画研究院原常务副院长、北京市国宏信价格评估有限公司文物鉴定专家、中国冶铁历史博物馆文物修复中心主任。

道路，几十年下来，就成了今天我们见到的冯永谦先生。

六十多年前，那时的考古工作就非常繁忙，各地兴工动土都有文物遗迹发现，而考古工作人员少，则是现实，并且人员的业务水平也比较低，但工作量却是很大，如何应付，这是一个矛盾，也是必须解决的问题。当时东北文物工作队队长李文信先生提出："考古队员要做到六能。"这"六能"即是"能发掘、能记录、能画图、能照相、能修复、能写发掘简报或考古报告"。这"六能"朴实无华，看似很简单，实则做起来非常不易，要都能做到则是更为繁难。

"世上无难事，只怕有心人。"冯永谦先生看到这种状况，暗中下定决心，于是就开始钻研业务，不辞辛苦，在考古现场，身体力行，通过实践，掌握要领，加深体会，因此，发掘中无论初掘、细掘，还是绘图、照相等这些事，他都亲自去做，从中取得经验。然后就是读书，他自己买书读，买不到的书就借书读，借书过程中冯永谦养成抄书的习惯，他全本抄，至今还有诸如宋代叶隆礼的《契丹国志》、今人王桐龄的《中国民族史》等书，他都有手抄本，他抄的书现在看，至少也有百万多字。他热爱这个工作，如鱼得水，这样不懈工作和认真苦读，很快就达到了考古这一学科的要求。

先说绘图吧。冯永谦一九五四年从事考古工作，田野考古发掘最初实习在鞍山，后转到辽阳等地，都做了不少工作，他的发掘记录记得很详尽，字也写得很工整秀气，自不必说。单就讲绘图，从文物队队长李文信先生当时发表的文章看，仅举最初几篇文章，如《文物参考资料》一九五五年第三期发表的《东北文物工作队一九五四年工简报》、《文物参考资料》一九五五年第十二期发表的《辽阳三道壕两座壁画墓的清理简报》、《考古学报》一九五七年第一期发表的《辽阳三道壕西汉村落遗址》等文章中，所附的全部绘图，都是由冯永谦画的，这时是他工作的第一年、第二年，就已经可以画出刊用的图来，可见他勤学苦练的功力如何了。他不仅能画文物图，还能测量，当时掌握测绘的在文物队就他自己，像那时发掘的鞍山陶官屯金代农家遗址、辽阳唐户屯、桑园子汉墓群、辽阳汉魏壁画墓群、辽阳三道壕西汉村落遗址、西丰西岔沟西汉墓群、抚顺大伙房水库、桓仁的桓仁水库等地的大型墓地和遗址的现场发掘总图，也都是冯永谦测量的，他这时的测图有的可见于上举的李文信先生的文章中。

再说摄影。提起此事，大概在文物考古界很多人都知道冯永谦的摄影，这也是很突出的。在东北文物工作队成立之初，不久他就掌握摄影技术，在当时即从一九五四年开始，他就负责全队的田野考古发掘摄影和室内整理文物摄影。后来东北文物工作队和东北博物馆（一九五九年改为辽宁省博物馆）合并，照相室只他一人，不仅做考古队的摄影，同时又担负起博物馆的摄影工作，此事一直持续到他退休，才算完全交出照相室。他退休后，仍然没有扔掉摄影，至今他已经自己买到了第四台相机使用，仅退休后的这二十多年他又拍照了二十多万张照片，可见他对摄影的热情投入。在摄影上，一九六四年他就曾写了一本《考古摄影》的书，文字从相机构造、成像原理讲起，而且由于他对古文献很熟悉，就从《墨子》中的针孔成像开始谈，以至考古文物摄影的特点、不同的要求等，书后附有三百多张照片，作为参考之用。几十年来，他还交了很多摄影家朋友，在几十年前他就搞彩色摄影，并且还能自己冲洗底片胶卷的负片、反转片和印放照片。他从考古调查的角度，走了很多常人走不到的地方，因此也拍了很多常人拍不到的照片，尤其是他所拍摄的文物遗迹的照片，更是一些摄影家没有做到的，因此他这些珍贵的镜头，都将成为历史难得的资料，如果说冯永谦是一位杰出的摄影家，也是毫不逊色的。

现在说冯永谦的考古工作。在东北文物工作队成立之初，专业人员很少，不足以应付当时蓬勃发展建设中的各种考古发现，因此各地发现什么他们就做什么，没有选择发现遗迹或遗迹年代和性质的余地，从古生物地质年代、旧石器时代起直到明清时期的遗存，冯永谦都调查过或发掘过。简要说，大连周水子古生物化石、辽阳安平古生物化石、辽阳鹅房战国墓、抚顺莲花堡战国遗址、辽阳三道壕汉代遗址、鞍山东地、辽阳唐户屯、桑园子、西丰西岔沟汉墓、辽阳三道壕魏晋壁画墓、北票西官营子北燕冯素弗族墓、抚顺前屯、辖子伙洛、桓仁高力墓子、连江、北甸子高句丽墓、新民巴图营子、建平张家营子、硃碌科辽墓、北票莲花山辽耶律仁先族墓、法库前山辽萧袍鲁墓、叶茂台辽墓、鞍山陶官屯金代遗址、朝阳师范学院金代马令墓、凌源富家屯元代壁画墓、鞍山倪家台明崔源族墓等，都是经冯永谦发掘的。调查的范围，就更广更大了，地点太多，不能细讲，这里就讲一项，即可见一斑：一九七九年国家文物局部署的全国第二次文物普查，辽宁省文化厅抽调冯永谦、许玉林、张镇洪三人到文化厅，负责辽宁省文物普查的业务指异，当时辽宁十二个大市，冯永谦负责沈阳市、阜新市、锦州市、朝阳市四个大市、即辽宁省中、西部地区的文物普查工作，这个地区正是辽宁省文物遗迹最丰厚的地区，经过一九八〇年至一九八二年三年的文物普查工作，他不仅圆满保质保量地完成任务，而且通过普查还有许多重要发现，享誉国内外，千余项的各种发现于此无法尽述。再说他发掘过的各地的发现，在发掘结束后他大都写有考古报告发表，他最早的考古报告《辽宁省建平、新民的三座辽墓》是一九五六年发掘并在当年写成的，文中的绘图和照片也都是冯永谦自己绘制和拍摄的，此报告是在他从事考古这项工作的第三年，独立做出的。以后他发掘后写的考古报告，如《辽阳旧城东门里东汉壁画墓发掘报告》《辽阳唐户屯与桑园子汉墓考古发掘记》《凤城刘家堡子西汉遗址发掘报告》《辽宁北票县西官营子北燕冯素弗墓》《北票柳条沟辽墓》《辽宁法库前山辽萧袍鲁墓》《发掘北票莲花山辽耶律仁先族墓的收获》《凌源富家屯元墓》《鞍山倪家台明崔源族墓的发掘》《辽宁建昌文物普查中发现的重要文物》等，大都及时发表出去，在学术界产生一定的影响。

冯永谦的考古工作与研究是比较广泛的，正像他考古调查和发掘一样，时代从早到晚都有，研究也是如此，可以归纳分类为以下几项。

研究陶瓷是冯永谦用力很大的一个课题，他认为研究陶瓷是做好考古工作的基础。陶器自新石器时代出现以来，直至近现代都没有断绝，而陶器又容易破碎，且无保存价值，因此损坏就随即扔掉，历来如此。而陶器的特征又非常明显，不同地域、不同时代、不同文化等，陶器都会有所不同，而其器形、成形方法、胎质、火候、纹饰等也都有变化。但陶器使用比较广泛，因此无论遗址还是墓葬，都会有陶器发现，由于它的普遍且特征明显，因此它是判别一处遗存的文化和年代等最可靠的依据。瓷器虽然出现较晚，但它和陶器具有相同的性质和特点。因此搞考古的人，必须对陶瓷有深入的了解和研究，才能做好考古工作。冯永谦曾写过多篇研究陶瓷的文章，如《“官”和“新官”字款瓷器之研究》《赤峰缸瓦窑辽代瓷窑址的考古新发现——辽代官窑遗址的确定，兼论辽代设窑烧瓷的时间问题》《山后八军瓷窑非北京龙泉务窑辨》《辽代陶瓷的成就与特点》《新发现的几件辽代陶瓷》《金代陶瓷摭谭》《清新不失传统 灵秀依然凝重》等。在陶瓷研究方面，他最突出的贡献是，由国家文物局安排，出版大部头的《中国陶瓷全集》，此项是一个大工程，涵盖全面，从全国考虑，因此工作量非常大，也很繁难，此书在全国邀请八位研究陶瓷的学者，分别进行编著，共为十五卷，其中“第九卷”就是由冯永谦主编的，此卷书名为《中国陶瓷全集·辽西夏金》卷，辽西夏金陶瓷，是过去很少有人研究的，可见冯永谦先生对中国陶瓷研究的素养，而对辽西复金的陶瓷研究尤有成就。

再说研究玉器。玉器在中国考古中，虽说一般不常见，但在一些较大的墓中却也总是有出土，尤其是年代较早的新石器时代、青铜时代出土很多，而汉墓和辽代墓中，也多有发现。这就使得冯永谦注意到玉器的研究，他也写过多篇关于玉器的文章，如《玉器——中国传统文化的典型象征》《玉器八千年》《君子爱玉》《吃玉时代》等，还写过《红山文化玉器与新品鉴考》一书出版。

除陶瓷、玉器专题研究外，冯永谦先生对所涉及的古器物学研究，也投入很大精力进行钻研，因其是对考古工作也是非常重要的，虽然器物有时只是一件，但作为一个课题，并不是孤单的，积累起来就是一个门类。尤其是搞考古的，不知地下出土什么遗物，常常出人意料，因此不能不知道，有备无患，还是以知为好。但这些事情做起来确非容易，甚至是很难，确实是需要下功夫的。冯永谦在这方也做了不少工作，并写有不少这方面的文章，如《箸文化历史与考古学发现论说》《宋代名臣宇文虚中铜印考——由一颗印章的发现推翻历史上一桩冤案》《辽代矿冶采炼和金工器物的考古学考察》《继承优秀传统 突出民族特征——考古发现的绚烂多姿辽代金银玉器考察》《辽“女真鹿官户太保印”铜官印考释》《辽代铜印形“秦二世诏书”文字印版辨疑》等，都是这方面的论著。

历史研究，也是考古者研究的课题，并且在考古发现中的遗迹、文物，也是需要做进一步研究的，因此，作为一个考古者，做些历史考证研究，也是应该做的。比如《辽史》粗疏，错漏之处很多，常为研究者所诟病，有的记述无法卒读。《辽史》中的《外戚表》就是一例，渊源不清，行辈颠倒，遗漏甚多，无以为据，这个问题早已发现，但却苦于没有资料，无人去做。冯永谦考古工作多年，根据出土辽代墓志，结合文献记载，进行梳理，补充新的发现，纠正《辽史》之误，写成《辽史外戚表补正》一篇长文，在文字研究之后，又作“辽代后族世系表”，这是一个创造，此表使辽代后族的族支脉络清晰，这样辽代后族二百多年历史的发展就明确起来了，同时又依《辽史·外戚表》格式重新编制新的《外戚表》，准确无误，这对《辽史》是一个极大的补充和订正，从此再读《辽史·外戚表》就不会有疑惑不解之感了。除此之外，他还写有其他一些文章，如《辽晋国夫人墓志考》《金刘元德墓志考——兼考五代刘仁恭一族世系》，在此文中，援引朝阳考古发现的刘承嗣家族墓志，恢复了历史无记载的五代刘仁恭家族二百多年的世系，丰富了五代至金的历史内涵，诚为可贵。又如《鞍山倪家台明崔源族墓考古发掘记》等，研究内容翔实，都是有补于史的文论。

冯永谦注重历史地理研究，他认为无论是研究历史、考古还是民族、地方史志，都离不开历史地理，这是一个基础的学科，许多方面都要用，过去常因历史地理问题未解决，而影响了研究的深入进行和结论的正确。有鉴于此，冯永谦就深入下去，用实地考古调查取得的第一手考古资料，再结合文献记载，进行研究，这和过去的考证就不同了，过去有些学者是屋中考证，不知道什么地方有城址或有什么文物，只能是由文献到文献，这就难以发现问题、解决问题，也就不会得出新的结论，冯永谦则与此不同，他不仅熟知文献，而且广泛地到各地去调查，用考古的方法，看到了历史留下的实物，眼界宽了，再经过研究，就使长期没有解决的问题，得以解决。这方面的论文发表不少，都是很有创见的，得到学术界的承认。现略举几例，如《东北地区行政建置起源考辨》《汉候城、高显考辨》《宁城黑城古城址调查》《高句丽国内城定点与建城时间论辨》《辽代头下州探索》《辽志十六头下州地理考》《辽代祺州探考记》《辽代原州、福州考》《辽代永州调查记》《辽代饶州调查记》《辽代懽州、顺州考》《辽代边防城考》《辽代失考州县辨证》《辽东京道失考州县新探——辽代失考州县辨证之一》《辽中京道失考州县新探——辽代失考州县辨证之二》《〈辽史・地理志〉东京道建置厘正》《辽史地理志考补——上京道、东京道失载之州军》《辽史地理志考补——中京道、南京道、西京道失载之州军》等，这里所举仅是冯永谦所写文章的一部分。他曾结集出版了《北方史地研究》一书。更为重要的是，作为"国家七五社科规划项目""国家十五社科资助项目""国家出版基金项目"的《东北历史地理》，这个课题的负责人是孙进己和冯永谦，上报国家主管部门并获得批准，他们自己参与撰写，并任全书总纂，修改补充统一全书，耗时二十年，终成卷帙，始得出版，其书文字多达一百六十万字。这部《东北历史地理》全部完成，最能代表其研究历史地理的水平，此书成为填补我国历史地理研究的空白之作。我国历史地理学大师谭其骧先生评价《东北历史地理》时说："以中国疆域之辽阔，要想一动手就写好一部完整、全面的中国历史地理，大概是不可能的。只有先从区域历史地理入手，一个地区一个地区地先做好具体而细致的研究，才有可能再综合概括成为一部有系统有理论的中国历史地理学。本书正是为中国区域历史地理研究带了一个好头；应当说也是为全部中国历史地理研究完成了一项基本工程。这当然是中国历史地理学值得庆贺的喜事。……深知他们对东北地区的历史地理做了长时间的研究工作，或写出了超越前人的论文，或写出有分量有水平的专著。特别是近些年，他们又做了大量的实地调查工作，搜集并翻译数以千万字计的文献资料与国内外论著。并在此基础上写出了高质量的论文，贡献卓著，在全国各地区地方史研究阵营内，显然处于领先地位。"评论中肯，可见其研究水平之高。

研究长城，伴随着冯永谦的考古，他没有间歇时间，工作期间调查过长城多年，退休后更有时间集中精力调查长城，他把中国古代长城差不多都走遍了，他不是走过看过就完事了，而是细心观察，详细记录，绘制各种专业图，多角度拍摄照片，然后进行研究，深入追查相关线索，他熟知历史，细绎文献，然后写出符合历史的既有考古调查发现实例，又有文献依据的古代长城的调查研究文章。尤其是对东北古代长城、特别是对辽宁古代长城的研究，他打破既往写长城论著的惯例，只讲燕、秦、汉、明代长城，而对其他时期的长城一律不提，出现这种情况，也可能是因为未进行实地考古调查不了解情况，或是对相应的历史没有进行分析和研究，所以才没有写出其他不同时期的长城。但冯永谦不是这样，他从一九五六年调查长城开始，经过六十多年对长城的考古调查，走遍了国内各代长城所在的不同地域，再联系历史文献记载，经过认真分析，他将东北地区的长城分成十八个时期，其中仅辽宁省就分析出有十四个时期，计有战国燕北内长城、燕北外长城、秦始皇万里长城、汉承秦制的前汉初年长城、汉武帝弃斗辟县造阳后的武帝长城、后汉时期长城、西晋长城、十六国时期前燕长城、北齐长城、北周长城、隋长城、高句丽长城、辽长城、明代万里长城等。还要特别说明一下，在这些不同时期的长城中，有许多是经冯永谦调查发现的，并写出文章进行论述，公之于世，使学术界得以了解，如前燕长城、高句丽长城、辽长城等，过去只知其名，没有见到任何记载，均不得知其在何处，是冯永谦调查发现后，写出文章，遂为外界所知，因而才列出这些不同时期的长城。今天这些长城覆盖了辽宁全省，使辽宁十四个地级市都有长城分布，无一缺失，遍布全省各地，这一点在全国各省来说，都是独一无二的。冯永谦进行了大量的长城调查和研究工作，取得丰硕的成果，发表的论著很多，如《东北古代长城考辨》《辽东地区燕秦汉文化与古长城考》《东北燕秦汉长城的考古调查与研究》《高句丽千里长城建置辨》《高句丽千里长城“西南至海”段考古调查报告》《辽代“镇东海口”长城调查考略》《岭北长城考》《界壕与长城论辨三题》《金长城丛说》《金长城的考古发现与研究》《燕秦汉长城与金长城有区别吗？》《绥中九门口长城发掘出土一批重要文物》《万里长城历史丰碑——九门口长城丛谈》《功贯今古，泽被子孙——为丹东修复明万里长城东端起点而作》《万里长城起辽东》《明万里长城东端起点发现在丹东虎山》《明万里长城东端起点的发现与研究》《明万里长城九门口城桥与一片石考——兼考明清之际“一片石之战”地点》《宽甸虎山获重大发现》《明长城江沿台堡考》《如何认识长城——关于〈走出长城的误区〉的几点不同意见》《长城在边疆民族与中原民族交流中的地位和作用》等。冯永谦早年还出版有《辽宁古长城》一书，最近又有《东北古代长城的考古调查与研究》一书出版，此书六十多万字、一千九百多张照片，十六开本，一千九百页，分上中下三册出版，论述详尽，彩版精印，可供读者参考和研究。

冯永谦还有其他研究，涉及范围很广，写了很多这方面的文章，如《建国以来辽代考古的重要收获》《志书的编写与考古资料的运用》《辽宁地区的历史、民族与民歌发展概论——中国民间歌曲集成·辽宁卷·前言》《辽宁市县文物志·总序》《沈阳白塔堡白塔年代辨疑》《松辽文化探论》《拓跋鲜卑与慕容鲜卑同源的考古学研究——兼论乌桓考古学文化》《唐诗“但使龙城飞将在”何解？——“龙城”今辽宁朝阳考》等。

我想说的，还有冯永谦很热心于资料的搜集和整理，这个工作很费时，我国学术界有这个传统，但需要具备很多条件，如人力、学识、资金等，否则是办不成的，因此，如果不是公办，一般个人能够做的却不多，做好的更少，如果真的要以个人之力去做，其困难可以想见！然而冯永谦在这方面却做出了惊人的成就！退休后的孙进己联合学术界一些志同道合的各地学者，办起了沈阳东亚研究中心，冯永谦任中心副主任，并兼考古研究所所长、历史地理研究所所长，他们在搞研究之外，组织出版学者的学术研究图书，取得不小的成绩。他们创办了“东亚文库”，孙进己任主编，冯永谦为常务副主编，从考古方面和历史地理方面入手，他们编辑出版了很多学术研究方面的图书。这里边最值得称道的，是“东亚文库”出版了很多书，在此只讲两种图书，就可以说明问题：一种是出版了各地学者的文集，计有二十三部，有孙进己、冯永谦、齐心、韩嘉谷、李逸友、郑绍宗、李殿福、张泰湘、魏国忠、孟广耀、米文平、蒋秀松、李之勤、周伟洲、卢明辉、刘永智、张英、黄凤岐等，这些人都是我国北方各省的文物考古学界和历史学界的精英，他们的研究很深入，成果显著，他们的作品在当时出版很困难的情况下，大量面世，确实是很不容易的。另一种是出版了《中国考古集成》，卷帙浩繁，规模巨大，按地域分大区块编辑，如东北卷、华北卷、西北卷、西南卷、华中卷、华南卷、华东卷等，文章再按时代先后排序，分别成册，将散见于各种报刊有关文物考古的文章，无论是发掘报告还是研究论文，三亿多文字，都搜集在一起，真正成为集成，特别方便各专业的研究人员使用，不用去图书馆借阅，只要一书在手，即可解决相关资料问题，堪称方便。

在多年的交往中，我们看到冯永谦在工作上，非常踏实认真，工作上从不粗心大意。他写的考古发掘记录或调查记录，不仅很详细，而且写的字也很规整，一丝不苟，由于他的字写得很好，因此记录就更显得异常工整。再如他负责的辽宁省博物馆照相室，多年来照片都是他将其装订成册保存的，按工作年份分成若干册，再按每一地点各做成一本相簿，册面写明遗迹地点、发掘或调查时间、摄影内容、摄影者姓名，眉目清楚，相册里面较厚的背纸上粘有口封，口封内装底片，口封上粘有与内装底片相同的照片，这样对照片查找或是提取都很方便，这个工作直到他退休前，倾注他半生心血整理好的照片相簿，装满了整整两卷柜，可谓难得。

还有一事也值得一提，冯永谦的字写得也是很好的，不时有朋友相邀，求他给题个字，他也慨然应允，提笔就写，颇受人喜爱，最近他出版的几部书，如《东北历史地理》《辽代铁器考古研究》《辽阳壁画墓》《东北古代长城考古调查与研究》等书名题字，都是他自己写的。他的字写得好，这跟他生活经历有关，他童年读私塾，学过写毛笔字，工作后在博物馆的环境中，接触到馆藏历代书画真迹，俱是名家精品，他又有意学习，真是如鱼得水，如虎添翼，他不仅看馆藏的历代书画，也看历代碑志，进行临摹，他还买不同人的书法碑帖欣赏，也买绘画书籍看，他现在还存有那时出版的俞剑华《中国绘画史》，也有其他书籍。总之，通过他个人的努力，助长了他在业务上的突飞猛进的发展。还要看到，那时在博物馆中，写字好的人，也有很多，而且风格各有不同，如李文信，善写汉隶，沈延毅，写魏碑，并用魏碑笔法写行、草书，书界知名，书画名家陈半丁弟子、齐白石三儿子齐子如，书画俱佳，齐白石学画老师胡沁园之孙胡文效等，俱都在馆，都是书法大家，常年与之为伍，想不受影响都不行，因此说，冯永谦是在博物馆里成长起来的人才，一点都不为过。

冯永谦在考古工作中还有一事也值得一提。就是他很爱写诗，写的都是格律诗，虽然有时也写新诗，但还是以绝句和律诗为主。用诗词记录考古调查和发掘，这在考古界大概还是不多的吧。他从一九五四年考古实习发掘鞍山东地墓葬时开始，就用诗抒发心得体会，此后，什么墓葬、什么遗址、什么城址、什么塔寺、什么窑址、什么窖藏、什么文物，不一而足，凡是考古范畴的事，他就用诗记之，几十年下来，他已积累了相当的数量，原为纸质装订成册，厚厚一本，题名《考古诗草》，现在他将其录入电脑中，可以随时备查，在写作的余暇，打开诗稿看一看，往事重温，引起回忆，也是很惬意的。他喜爱我国古典诗词，也有历史渊源的，简要地说，他喜好我国古典诗词，这大概和他读私塾有关，我们时常能听到他背诵童年时学过的诗，工作后我们看到他购买了大量的各种图书，其中就包括文学书籍也含诗词方面的书在内，同时他也喜爱现代的新诗，他除订阅文物考古各种期刊外，还订有数种文学刊物如《人民文学》《芒种》《星星》《诗刊》等，他也不放过旧体诗、新诗的个人诗集。现在，经过几十年的积累，冯永谦这些随感而发写的诗词，数量很大，有的诗作在报刊上发表过，但大都没有发表，很值得一读，我从其《考古诗草》中摘录几首，可借以了解他做过哪些工作，并将其诗化，确是别有一番意境。因为诗不是长篇论文，易于摘引，故此下面录几首诗词以飨读者。

发掘鞍山沙河东地汉墓群（五首选一）

初学考古到鞍山，放眼郊原草木芳。地下谁知藏历史，掘出可证汉家邦。

发掘辽阳汉魏壁画墓观察墓内壁画（五首选一）

流云天宇满星空，日象金乌月色明。四壁石墙多粉黛，喧闹笙鼓演幽庭。

发掘西丰西岔沟北方游牧民族古墓群（三首选一）

风惊塞外马蹄疾，发箭遥空响羽镝。射猎搏击原本色，绝尘万里走飞骑。

调查赤峰缸瓦窑屯辽代瓷窑址（二首选一）

千年窑火已烟消，入目荒芜只见蒿。碎钵残瓷堆满地，遗留后世认前朝。

赤峰红山遗迹考察纪事（三首选一）

英金河畔列奇岩，峭岭红石映远天。城作赤峰因此起，文明已蕴五千年。

翁牛特旗三星他拉发现红山文化玉龙

五千岁月已尘封，忽见翁旗起玉龙。惊叹孑遗传世界，朦胧远古启黎明。

红山文化玉器铭

红山名今世，碧玉证古史。炎黄奠国基，华夏奉先祖。

四海竟生存，九州开新宇。筚路启文明，万姓归一统。

沁园春·重访辽上京故城

帝都恢宏，草原改貌，车马喧阗。虽千年过后，城垣仍在，巍峨宫殿，遗迹宛然。交叉街衢，错落梵宇，石雕佛像纪华年。又环望，有南北山塔，相伴云闲。

草原坦荡无边，喜北国从此换容颜。设京府州县，因俗而治，农工百业，一似中原。北尽极边，西抵流沙，华风有绪世代传。想前朝，更唱新时曲，壮我人寰。

发掘北票县辽耶律仁先族墓（三首选一）

发掘成果亦称丰，玄室均出墓志铭。更有五千余小字①，人间罕见此长文。

① 耶律仁先墓中出土除汉文墓志外，还出土有契丹小字的墓志铭，文字长达五千多字，这是现知所有墓志中文字最长的，至今还没任何一方墓志的文字超过它，可称第一墓志长文。

克什克腾旗达来诺尔考古调查辽、元城址与金长城

考察再次到克旗，达来湖边景色宜。牧马长嘶声断续，远山如黛路依稀。

荒原探索残城堞，草底寻求旧土基。如遇乡人须问路，前方遗迹可相期。

发掘鞍山陶官屯金代农家遗址（二首选一）

揭开地表现农家，茅舍疏篱路曲斜。放眼庭前存土炕，丰收安乐度年华。

本溪谢家崴子村考古发现山中水洞纪事（四首选一）

立崖古洞几千秋，云自悠闲水自流[①]。世上不知存秘府，村人熟睹未曾游。

发掘绥中九门明长城

当年设防筑墙壕，远去长城万里遥。人力有谋成伟业，王权无计换新朝。

雄关固锁金汤险，断壁残垣铁马凋。望眼荒台思往事，烽烟已熄战云消。

发掘宽甸虎山明长城东端起点遗址

十月秋高进虎山，湿衣冷露北风凉。披荆细辨荒城草，掘土深挖断壁墙。

故迹已湮知者尠，旧基却待考文详。纠讹补史今得证，确起鸭江万里长。

说起冯永谦勤于动笔的事，他还有写“日记”的习惯，从工作开始时就写，积累了大量的考古素材，现场记录之详，为其后写考古报告或学术研究文章，打下牢固基础，仅凭《考古日记》的记载，就可以成文。他的《考古日记》，又有文字，又有画图，而且记下当时的认识和情况分析，他的《考古日记》比他写成的论著还要详细，因为那里有的是确认一个遗存是、还是否定一个遗存的思考，因为是在遗迹面前深刻思考，想法会随着思绪而生，写下观察意见，条分缕析，十分详尽，待后来写成的论著，就不能这样枝蔓，因此就做不到如日记那样的详尽了。他写的《考古日记》录入电脑后，有百万多字，打印出来大十六开纸厚厚的一千多页，分成上下两本，装订成册，放在他的书柜中，脊背上写《考古日记》，下署冯永谦，十分可观。这部日记期待将来能够出版，可作为他过去写成的论著如墓葬发掘和长城调查等的具体翔实补充，那将会更为相得益彰。

还有，在接受新事物方面，冯永谦先生也是很敏感的。1987 年在他主编《辽海文物学刊》时，当时印刷厂还是用铅字排版印刷，而他办的刊物每期都有一百六十页，除文字外，还有照片和绘图，都得安排，每张照片和绘图都要粘在背纸上，再于其上标出每张照片和绘图都要多大，尤其是图一般都很大，因此必须缩小，但缩小多少合适？需要计算，它须放在哪一页的什么位置上，占多大面积，都需要事先设计好，并且要一页一页地在版式纸上画出版式，然后印刷厂再据此捡字排版，这些都靠人工进行。排版当中，每个用铅字排的版分量都很重，搬动非常吃力，而且也麻烦。这时冯永谦有一位东北大学计算机系一位朋友任晓光教授，到印刷厂看他，见他办刊物如此费力，就建议他何不用计算机排版？这样会方便多了。冯永谦对此深有体会，如果改进办刊的排版条

① 水洞口前面即为太子河，故称水自流。

件，那是太好了。于是，他就向印刷厂推荐使用电脑排版。印刷厂还真行，接受他的建议，购入机器，安排人员学习，经他这位朋友的热心协助，通过操作实践，很快就掌握了计算机排版技术，解放了人力，推动了生产。与此同时，冯永谦也喜欢上了计算机，后又在他参加的沈阳东亚研究中心编辑《东亚文库》的实践，中心全部使用计算机，这样就更进一步了解了电脑编程。经过他不断的努力，并且也深入学习下去，使他较多地掌握了这门新技术。可以说，他对新事物的了解和掌握是很快的，很早他就用电脑写稿，什么 Intel 386、Intel 486，什么 Windows 2000、Windows XP，什么 Photoshop，他都熟练和精通。就拿 Photoshop 来说，他拍摄的照片，都经过他在电脑上处理，比如剪裁、调整颜色、亮度、对比度、修饰等等，无一不是经过这样一些后期的处理。照片经过这一步，才使得这些照片更为适用了。因此，他现在虽然年纪很大，已是九十高龄，但在计算机应用上，与年轻人相比也并不落后，甚至走在前头，而再与同龄人看，比他强者也不会很多，恐怕也多数是无人可及。

在考古工作中，吃苦受累对冯永谦来说，那是很平常的事，现在不去提它。过去他曾讲过他的考古经历，过后令人难忘。其中有他在考古工作过程中曾遭遇过很多危险，他讲时虽然云淡风轻，当考古逸闻趣事来说，并且也是事过境迁，但听来仍然不免还是让人心悸，有些后怕，事例在此不能尽述。

冯永谦善走，这大概也是一个特点吧！他走路很快，毫不费力，平常家居时，每逢出外和并肩行走，都会在不知不觉中就把别人落在后面。这可能与他多年考古有关系，田野工作，全是走路，发掘每天走的路很多，工地事多，在现场没有闲着的时候，尤其是调查，路长且远，在农村，生活要随住户农家起居，农民下地干活饭很早，他们调查也就随着一起吃饭，然后出发，调查有时在平地，有时登山过岭，有时遇无桥处就得蹚水过河，并且还要背着调查中采集的砖瓦石块等文物标本，负重前行，到晚间走到一个村庄来住，一天下来走了十四五个小时，如果以最低每小时走八里路计算，何止百里！走路，这都成为冯永谦六十多年的家常便饭，太普通了，因此走路在他来说也是最平常的了。至今他已届米寿年龄，仍然头脑清晰，思维敏捷，活动随意，步履轻盈，这应该是得力于野外考古发掘和调查吧，使他身康体健。看来，走路是长寿的重要原因，此言也是不虚了。

关于冯永谦先生的学术研究等情况，我要说的还有很多，但说个梗概我想也就可以了，这也足够未曾谋面的读者来认识冯永谦先生了。因此，将我的此篇文章作为他米寿文集的《前言》，放在书前，和大家见面。

书稿已成，在此，我谨代表此书编辑人员向为此书做出贡献的朋友、写成文稿祝寿的各位老师、各界同仁、文博系统的同事，致以衷心的感谢！

祝冯永谦先生米寿快乐健康！

冯永谦考古生涯掠影（八十八幅照片）

冯希为 选编

冯永谦 1953 年 8 月 15 日于沈阳市第六中学毕业照

冯永谦 1954 年 4 月 6 日
在东北区第二届考古博物馆干部训练班

冯永谦 1957 年 6 月 10 日在东北文物工作队

冯永谦 2010 年 9 月 10 日
于辽宁省文物考古研究所退休 15 年后照

冯永谦 1954 年 9 月 16 日
在鞍山陶官屯金代农家遗址考古发掘时绘图

冯永谦 1966 年 9 月 6 日在四川长江三峡航行的船上

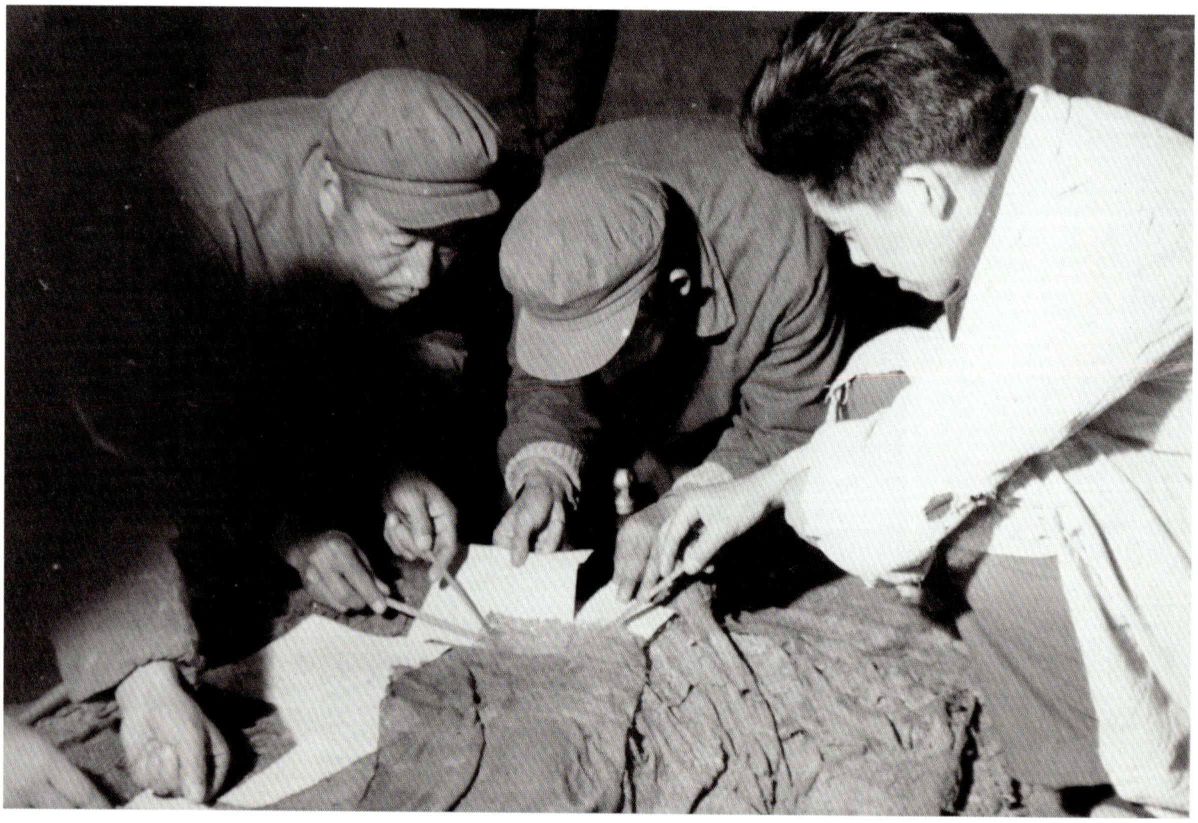

冯永谦（左）1974 年 5 月 12 日在发掘法库县叶茂台七号辽墓时剔取衣物服饰

冯永谦 1974 年 6 月 25 日在鞍山倪家台发掘明崔源族墓时在墓中清理出土墓志

冯永谦（左）1974年6月29日在鞍山倪家台发掘明崔源族墓之崔鉴墓

冯永谦（中部土台前站立铲土者）1974年7月23日在辽宁省鞍山倪家台发掘明崔源族墓

冯永谦（右）1977 年 1 月 23 日与河南省文物工作队郝本性在北京定陵

冯永谦 1979 年 8 月 10 日在克什克腾旗达里诺尔湖边调查辽代城址

冯永谦 1979 年 8 月 12 日在克什克腾旗达里诺尔湖边调查辽代遗址

冯永谦（前左）1984 年 5 月 8 日在沈阳召开的“东北亚史学术讨论会”上休息时

冯永谦 1984 年 8 月 6 日在黑龙江省依兰县土城子城址考察（宋徽钦二帝囚禁地五国头城）

冯永谦（前排左一）1986 年 4 月 11 日在上海谭其骧先生（前排左三）寓所讨论《东北历史地理》书稿时

冯永谦（前右）1987 年 7 月 16 日在内蒙古鄂伦春自治旗调查鲜卑石室祖庙嘎仙洞遗址

冯永谦（前左）1987 年 7 月 16 日在鄂伦春自治旗驻地阿里河镇“鲜卑文化习俗讨论会”上题词

冯永谦（前中）1988 年 5 月 29 日协助黑龙江省阿城市金齐国王墓发掘与刘晓东（前左）、张泰湘（前右）在墓地

冯永谦 1989 年 4 月 3 日在日本京都岚山（黄景略摄）

冯永谦（左）1990 年 8 月 30 日与台湾省中国文化大学教授刘良佑（中）、徐秉琨（右）在沈阳宾馆

冯永谦（前右，中国长城学会理事）1990 年 10 月 6 日向中国长城学会会长黄华（前中，国务院原副总理、外交部长）介绍由他主持发掘的九门口长城发掘及修复情况

冯永谦（右二）1990年12月25日在丹东虎山考古发掘论证明长城东端起点时与罗哲文（右一）、单士元（前中）、郭大顺（左一）、孙守道（左二）在考古发掘现场考察

冯永谦（右）1991年5月5日在上海召开编著《中国陶瓷全集》时与中国古陶瓷学会长、故宫博物院冯先铭先生（左）合影

冯永谦 1992 年 8 月 2 日在丹东虎山考古发掘时（其身后为虎山）

冯永谦（左）1992 年 8 月 3 日与国家文物局专家组组长罗哲文先生（右）在凤城市凤凰山高句丽乌骨城调查

冯永谦 1992 年 8 月 21 日参加“嘉峪关首届中国长城学术讨论会”时在甘肃省嘉峪关关城上

冯永谦 1992 年 8 月 24 日在甘肃省嘉峪关长城博物馆

冯永谦 1992 年 8 月 27 日在甘肃省敦煌市莫高窟鸣沙山前

冯永谦 1992 年 8 月 29 日在甘肃省酒泉市汉代酒泉井

冯永谦 1992 年 9 月 20 日在丹东宽甸虎山考古发掘时（左侧为虎山，右侧树后为鸭绿江）

冯永谦 1992 年 9 月 26 日在丹东虎山明长城东端起点遗址考古发掘

冯永谦 1993 年 4 月 22 日参加于长沙召开的“国际中国历史地理学术讨论会”后考察在湖南省张家界黄狮寨山上

冯永谦（前排左三）1993 年 7 月 17 日在丹东虎山发掘明万里长城东端起点遗址时向吕正操将军（前排左四）介绍考古发掘现场情况

冯永谦 1993 年 10 月 17 日在丹东市宽甸县虎山考古发掘明万里长城东端起点遗址时

冯永谦 1998 年 5 月 12 日居家读书

冯永谦 1999 年 6 月 13 日在辽宁省宽甸县鸭绿江边北江村山上调查战国燕长城时在残城基上休息（任鸿魁摄）

冯永谦 2000 年 9 月 27 日 66 岁在沈阳东亚研究中心编辑出版《中国考古集成》时

冯永谦（中）时年 67 岁于 2001 年 10 月 23 日在阜新蒙古族自治县群山中艰苦跋涉攀山越岭调查战国、秦、汉时期长城

冯永谦 2005 年 8 月 20 日在吉林省长白山顶天池畔考察休息时

冯永谦 2005 年 11 月 20 日在黑龙江省克东县金代蒲峪路城址考古调查

冯永谦（左）2006 年 4 月 24 日与马会昌（右）在定窑遗址考古调查（郭拥军摄）

冯永谦 2007 年 6 月 11 日在韩国汉城韩国古美术协会鉴定后在门前留影（宁会学摄）

冯永谦 2007 年 6 月 13 日在韩国汉城韩国古美术协会鉴定中国文物（宁会学摄）

冯永谦 2007 年 6 月 14 日在韩国庆州新罗王陵考察（宁会学摄）

冯永谦 2009 年 6 月 2 日在建平县蛤蟆沟𪩘调查战国燕长城

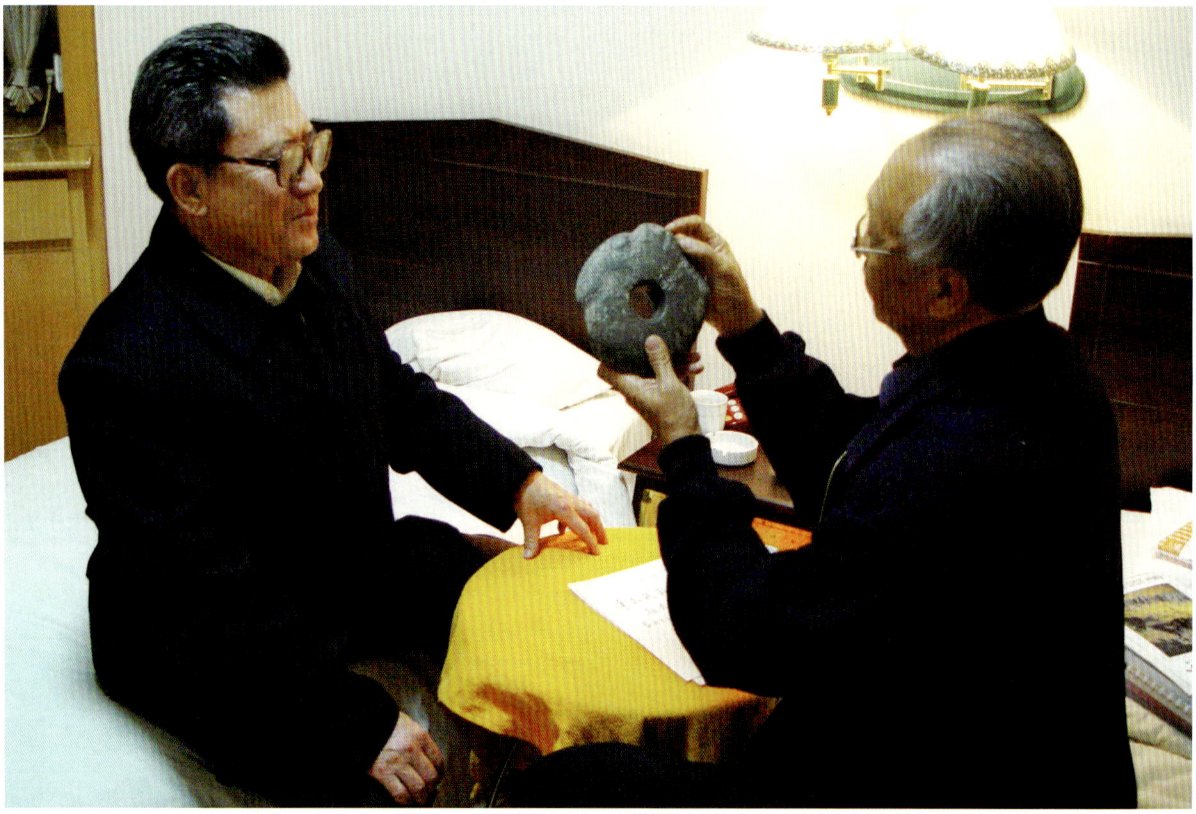

冯永谦（右）2009 年 8 月 1 日在阜新西山宾馆与刘国有（左）鉴定阜新与内蒙古奈曼交界处发现的熊龙并为之题词

冯永谦 2009 年 11 月 27 日在广东省中山市小榄镇美国收藏家协会回流玉器展览会上作学术报告（张乃驹摄）

冯永谦（右）2009 年 11 月 28 日在广东省中山市小榄镇美国收藏家协会回流玉器展览会中与人谈话（张乃驹摄）

冯永谦 2009 年 11 月 29 日在广东省中山市小榄镇美国收藏家协会回流玉器展览会中于市内参观

冯永谦2009年11月30日在广东省中山市小榄镇公园中

冯永谦2009年12月1日在广东省中山市孙中山故居

冯永谦 2010 年 8 月 21 日在阜新县塔营子辽懿州城址西城门处

冯永谦（前排右五）2010 年 8 月 22 日在阜新县海棠山与辽宁省博物馆志愿者进行田野考察

冯永谦（左）2010 年 9 月 12 日参加义县“辽代奉国寺建寺九百周年学术讨论会”后与罗哲文（右）在辽宁省义县辽代奉国寺

冯永谦 2013 年 5 月 5 日在辽宁省建平县高家洼后汉长城调查

冯永谦 2014 年 3 月 30 日在医巫闾山绝顶望海峰上辽太子耶律倍藏书的望海堂遗址上

冯永谦 2014 年 3 月 30 日调查北镇市医巫闾山绝顶望海峰上的辽太子耶律倍藏书的望海堂遗址前面山中环境

冯永谦 2014 年 4 月 20 日在内蒙古自治区敖汉旗陈杖子战汉长城（张松摄）

冯永谦 2014 年 4 月 20 日在内蒙古自治区敖汉旗陈杖子战汉长城（张松摄）

冯永谦2014年4月22日在北票辽耶律仁先墓园向随行者介绍当年考古发掘时的发现情况

冯永谦2014年4月23日在北票市三官营子村调查辽代城址

冯永谦 2014 年 10 月 8 日在巴林左旗小白音罕山辽代韩匡嗣墓

冯永谦（后排右二）2014 年 11 月 15 日在金州博物馆对馆藏品进行等级鉴定

冯永谦 2014 年 11 月 23 日在家中过八十岁生日时（吴玉琴摄）

冯永谦 2015 年 4 月 11 日外出考察时在河南省濮阳博物馆（张松摄）

冯永谦 2015 年 4 月 14 日外出考察时在河南省禹州市钧瓷之都神垕古镇（张松摄）

冯永谦 2015 年 5 月 12 日受邀去黑龙江文博单位鉴定文物时在黑龙江省萝北县名山镇黑龙江边

冯永谦 2015 年 9 月 27 日考古调查辽代遗迹在阿鲁科尔沁旗裂缝山上辽代祭天遗址（张福有摄）

冯永谦 2015 年 9 月 29 日受邀考古调查在翁牛特旗海金山（辽代木叶山）山间（张福有摄）

冯永谦 2015 年 9 月 29 日在翁牛特旗西拉木伦河与老哈河汇合处了解二水合流情况（张福有摄）

冯永谦在 2015 年 9 月 30 日在内蒙古奈曼旗八仙筒镇沙地中寻找古代城址（张福有摄）

冯永谦 2015 年 10 月 1 日在库伦旗酒局子村辽代龙化州（东城墙上）考古调查（张福有摄）

冯永谦 2017 年 3 月 23 日在内蒙古翁牛特旗白庙子沙漠中观察岩画（张松摄）

冯永谦 2017 年 3 月 27 日在法库县陶瓷城考察归来（钱治国摄）

冯永谦 2017 年 8 月 6 日调查云南辽代契丹族后裔情况途中在云南省大理洱海

冯永谦（左）2018 年 1 月 10 日与周恩来侄女婿任长安（右）在广东省高州座谈会上

冯永谦 2018 年 3 月 23 日在江苏省泗洪县洪泽湖

冯永谦 2018 年 3 月 24 日在江苏省南京市明城墙前

冯永谦 2018 年 6 月 10 日在青海省都兰吐谷浑伏俟城址（在西城墙上）考古调查（李秀华摄）

冯永谦 2018 年 6 月 11 日在青海省都兰县吐谷浑伏俟城调查拍照（李秀华摄）

冯永谦 2018 年 6 月 11 日在青海省香日德烽燧址前

冯永谦 2018 年 6 月 13 日在陕西省铜川宋代耀州窑遗址考察

冯永谦（左）2018 年 7 月 3 日在辽宁传媒学院为学生讲辽代陶瓷课程

冯永谦（左中）2018 年 10 月 14 日在盘锦市为友人题字

冯永谦（中）2018 年 10 月 17 日在朝阳太岁文化馆为友人题字

冯永谦（左一）、张松（左二）、周亚利（左三）、李道新（右）2018 年 10 月 18 日在朝阳半拉山考古调查（李家宾摄）

冯永谦 2020 年 9 月 12 日在北票市上园野外考古调查（李秀华摄）

冯永谦历年来获奖与受聘证书

冯希征　选编

冯永谦历年来的荣誉证书、聘书、获奖证书（部分）

2005年国家文物局给冯永谦颁发的从事文物博物馆工作三十年荣誉证书

荣誉证书

冯永谦同志：

从事文物、博物馆工作30年，特颁发荣誉证书。

二〇〇九年六月

2005年国家文物局给冯永谦颁发的从事文物博物馆工作三十年荣誉证书

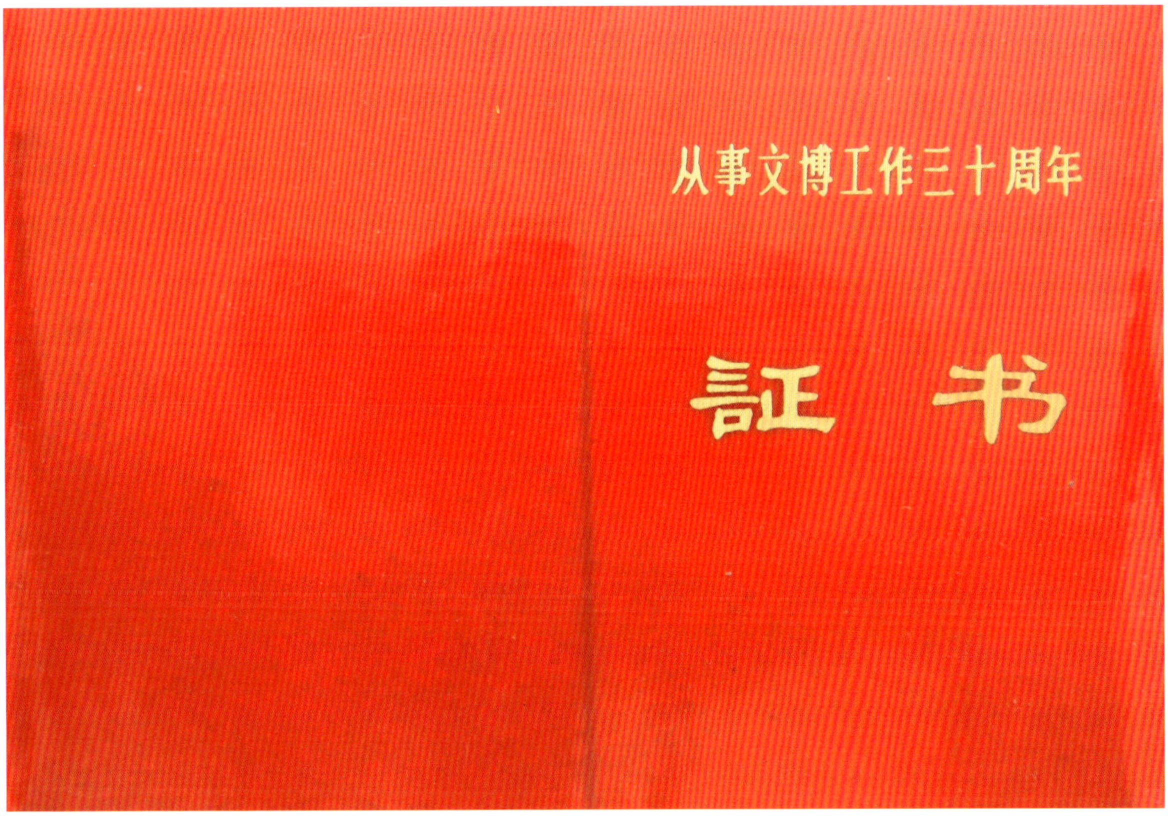

1985 年国家文物局给冯永谦颁发的从事文物博物馆工作三十年证书

冯永谦同志：

从事文博工作三十周年证书

中华人民共和国文化部文物事业管理局

一九八五年十二月

1985 年国家文物局给冯永谦颁发的从事文物博物馆工作三十年证书

1985 年国家文物局给冯永谦颁发的从事文物博物馆工作三十年纪念章

1985 年国家文物局给冯永谦颁发的从事文物博物馆工作三十年纪念章

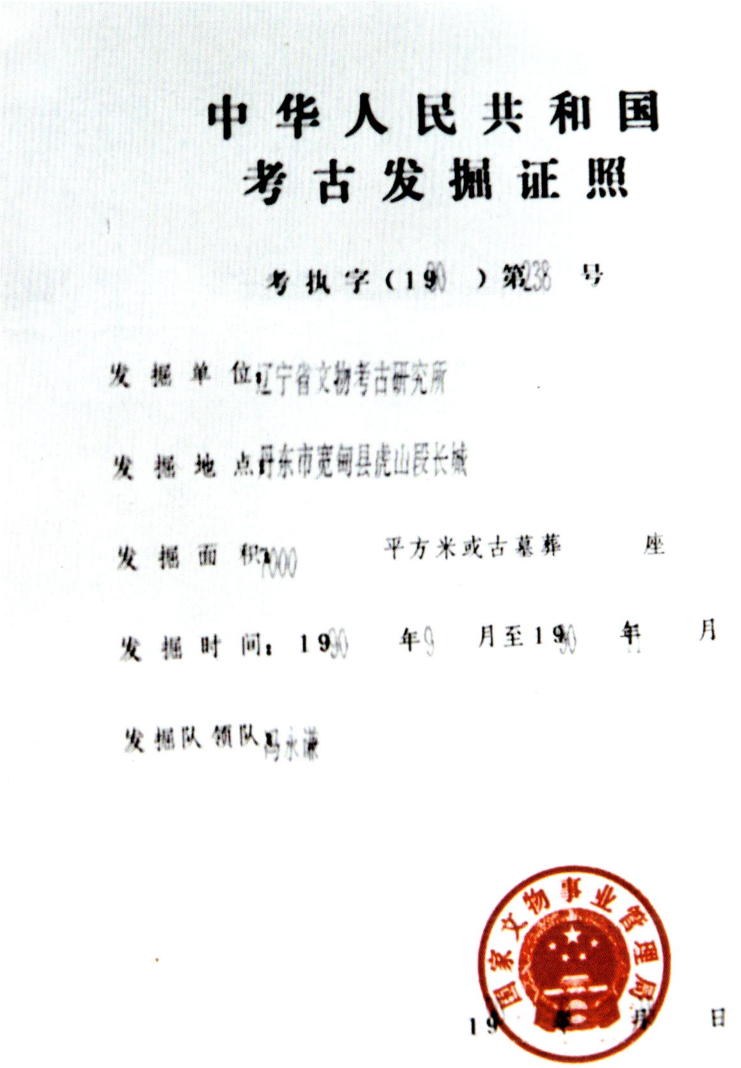

中华人民共和国
考古发掘证照

考执字（1990）第238号

发掘单位 辽宁省文物考古研究所

发掘地点 丹东市宽甸县虎山段长城

发掘面积 1000 平方米或古墓葬 座

发掘时间：1990 年9 月至1990 年11 月

发掘队领队 冯永谦

国家文物事业管理局

19 年 月 日

国家文物局给冯永谦颁发的考古发掘证照（选一）

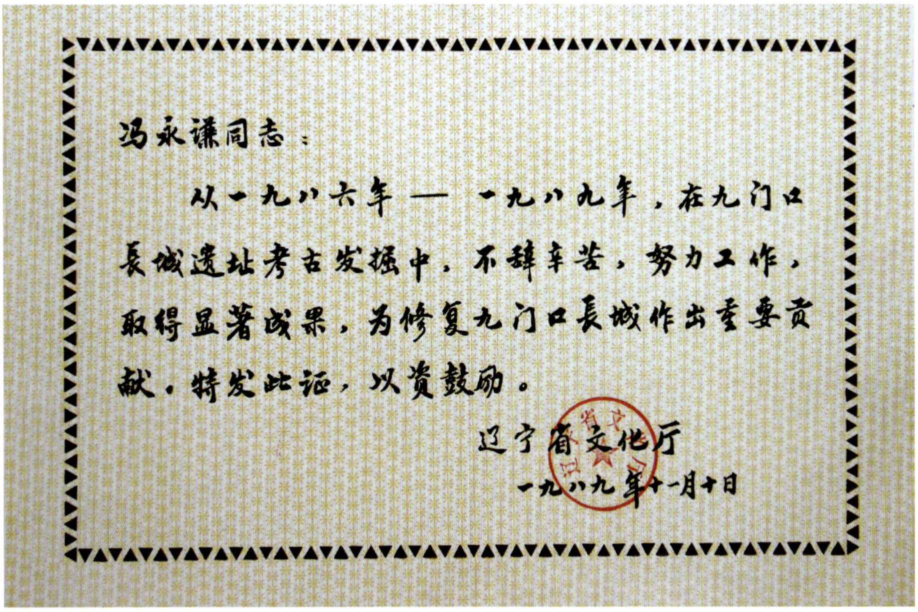

冯永谦同志：

从一九八六年——一九八九年，在九门口長城遗址考古发掘中，不辞辛苦，努力工作，取得显著成果，为修复九门口長城作出重要贡献，特发此证，以资鼓励。

辽宁省文化厅

一九八九年十一月十日

1989年辽宁省文化厅给冯永谦颁发的九门口四年考古发掘重要贡献的荣誉证书

辽宁省文化厅为冯永谦颁发的 1990 年厅先进工作者荣誉证书

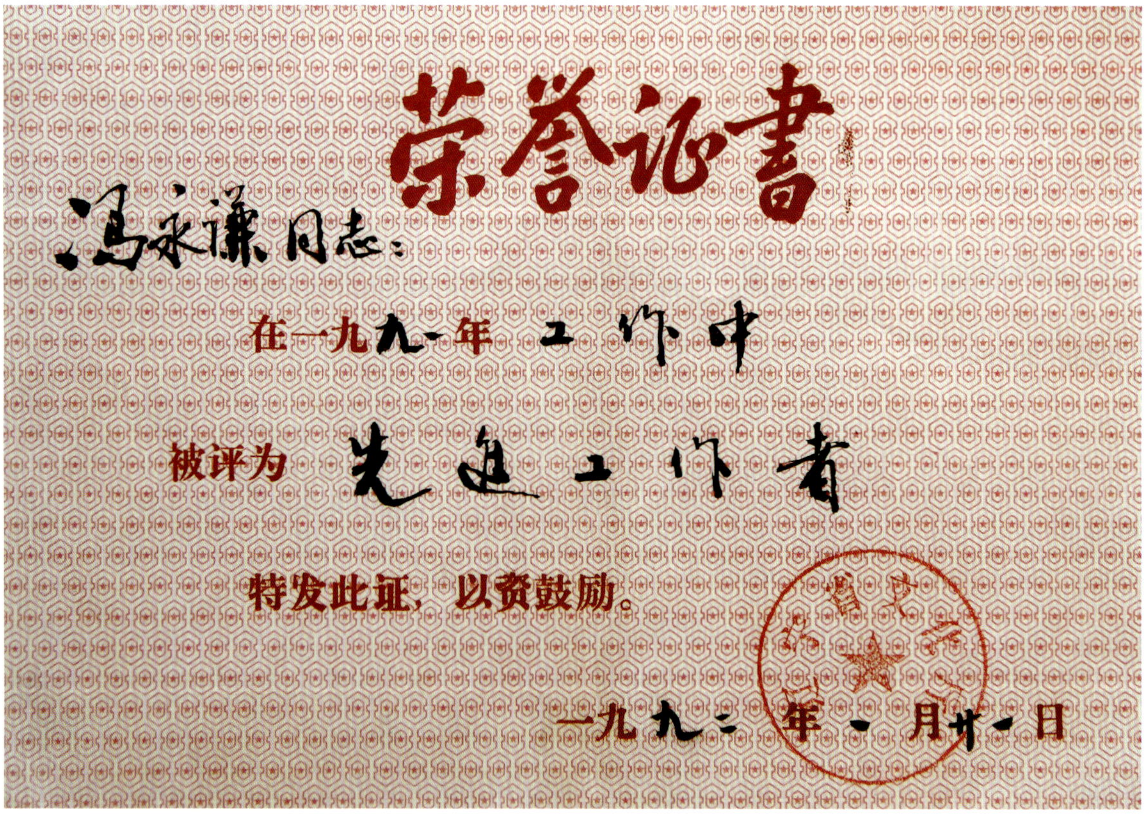

辽宁省文化厅为冯永谦颁发的 1991 年厅先进工作者荣誉证书

荣誉证书

冯永谦同志：

您在一九九〇年工作中成绩突出，

被评为所先进工作者。

特发此证以资鼓励。

一九九〇年十二月三十日

辽宁省文物考古研究所给冯永谦颁发的 1990 年所先进工作者荣誉证书

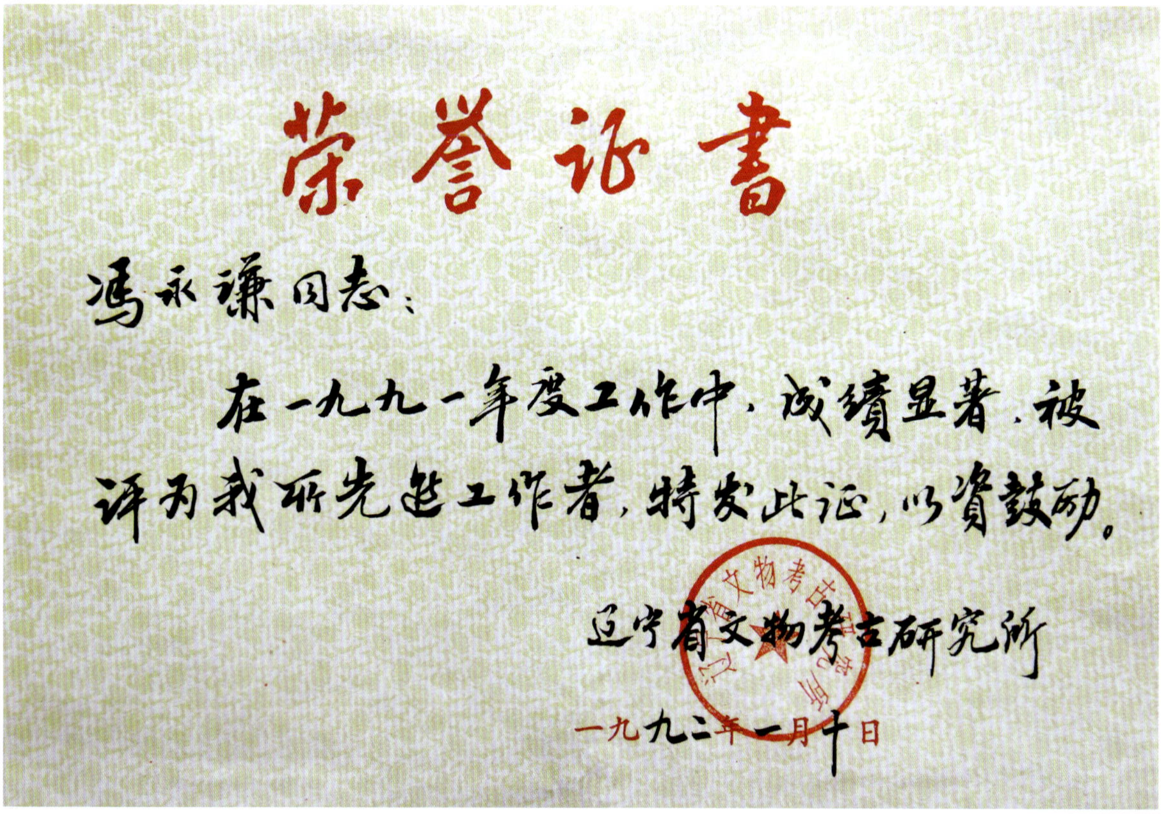

荣誉证書

馮永謙同志：

在一九九一年度工作中，成绩显著，被评为我所先进工作者，特发此证，以資鼓励。

辽宁省文物考古研究所

一九九二年一月十日

辽宁省文物考古研究所给冯永谦颁发的 1991 年所先进工作者荣誉证书

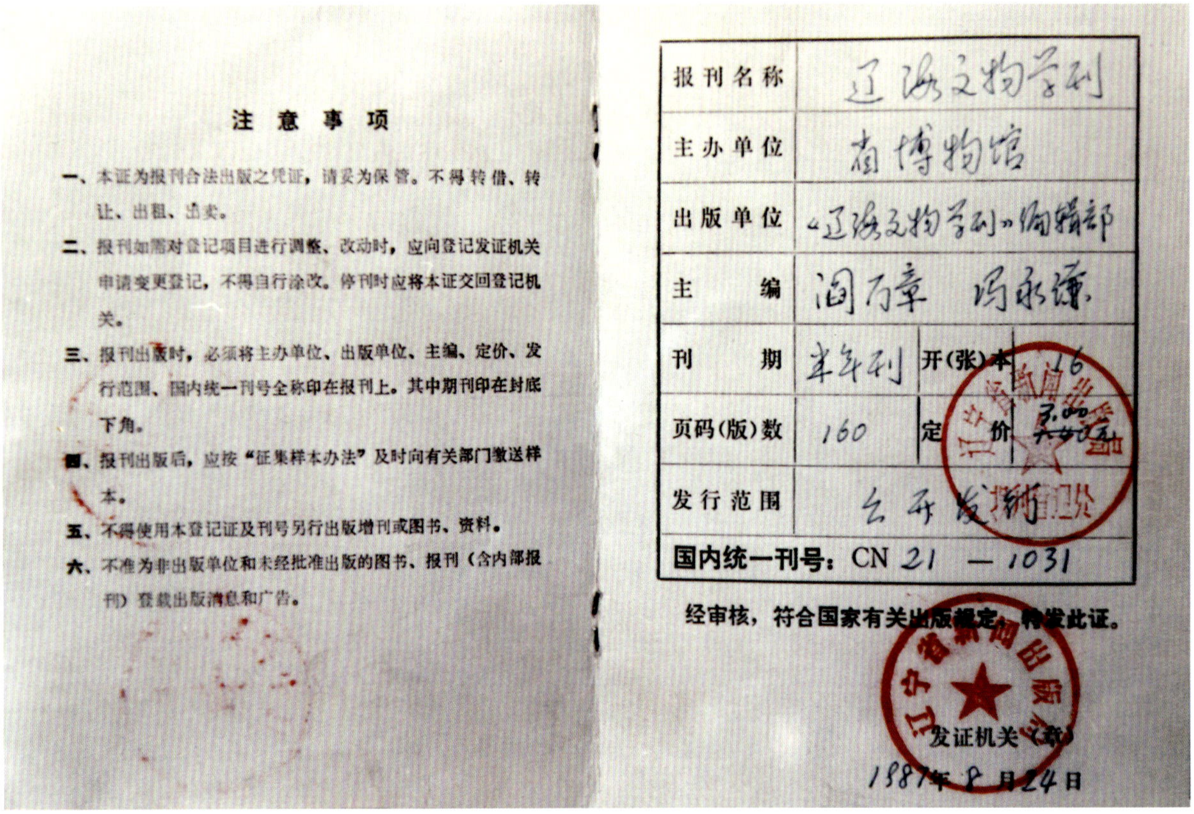

注意事项

一、本证为报刊合法出版之凭证，请妥为保管。不得转借、转让、出租、出卖。

二、报刊如需对登记项目进行调整、改动时，应向登记发证机关申请变更登记，不得自行涂改。停刊时应将本证交回登记机关。

三、报刊出版时，必须将主办单位、出版单位、主编、定价、发行范围、国内统一刊号全称印在报刊上。其中期刊印在封底下角。

四、报刊出版后，应按"征集样本办法"及时向有关部门缴送样本。

五、不得使用本登记证及刊号另行出版增刊或图书、资料。

六、不准为非出版单位和未经批准出版的图书、报刊（含内部报刊）登载出版消息和广告。

报刊名称	辽海文物学刊		
主办单位	省博物馆		
出版单位	《辽海文物学刊》编辑部		
主编	阎万章　冯永谦		
刊期	半年刊	开(张)本	16
页码(版)数	160	定价	[illegible]
发行范围	公开发行		
国内统一刊号：CN 21—1031			

经审核，符合国家有关出版规定，特发此证。

发证机关（章）

1987年8月24日

1987年辽宁省新闻出版局为《辽海文物学刊》颁发的期刊证

聘书

聘字　号

兹聘任冯永谦同志为我省文物鉴定委员会委员

聘期三年。

一九九〇年六月十三日

1990年辽宁省文化厅聘任冯永谦为辽宁省文物鉴定委员会委员聘书

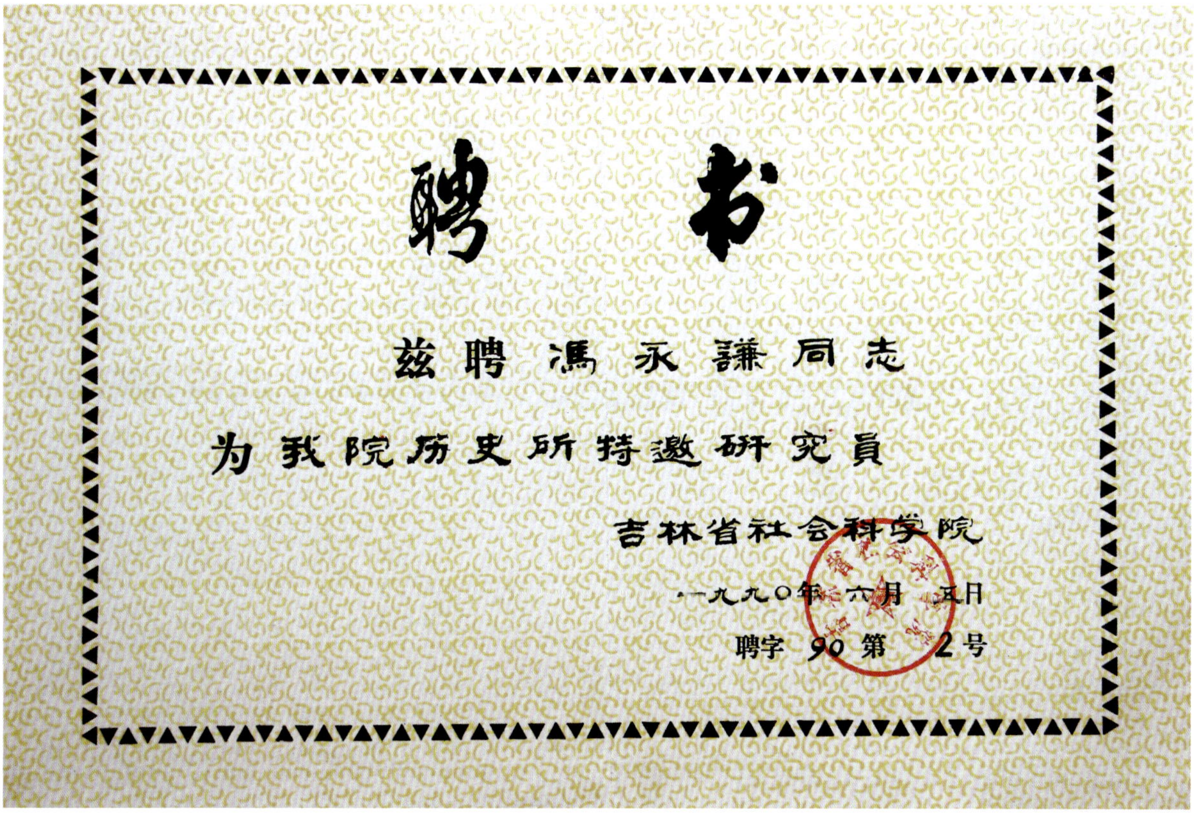

聘书

兹聘馮永謙同志

为我院历史所特邀研究員

吉林省社会科学院

一九九〇年六月五日

聘字90第2号

1990年吉林省社会科学院聘冯永谦为特邀研究员聘书

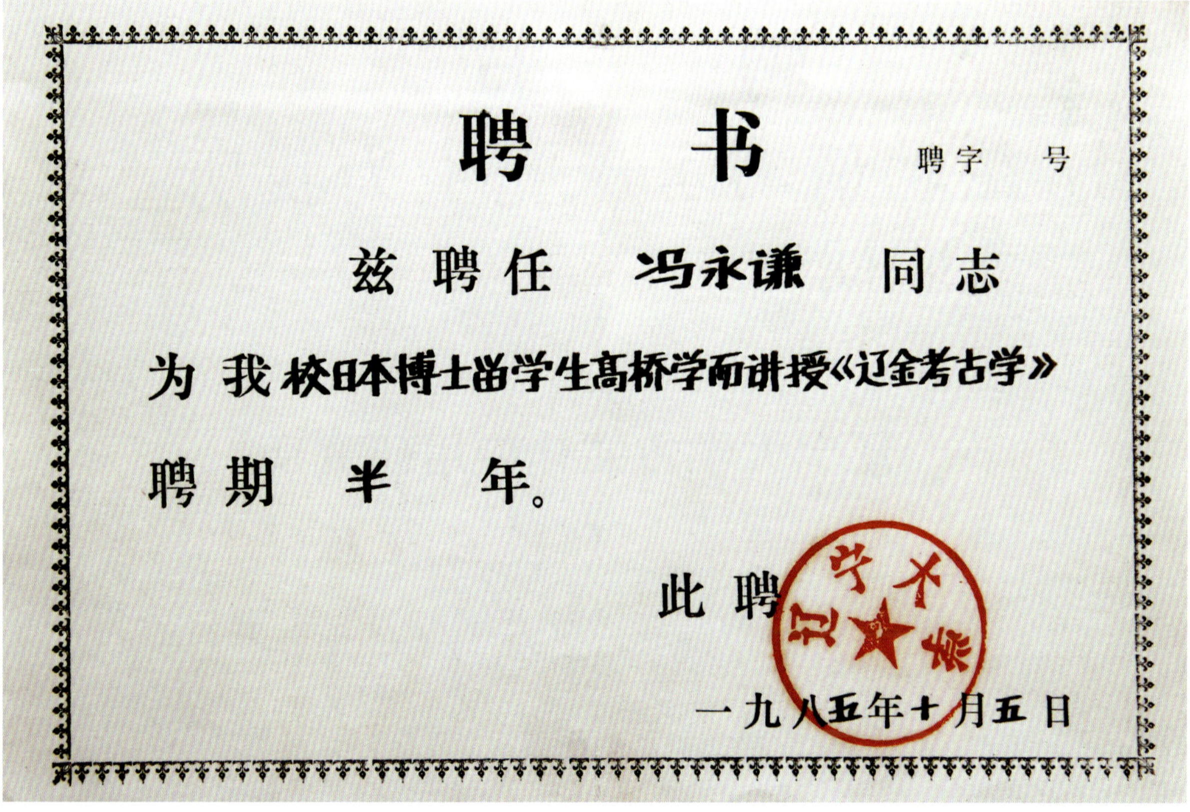

聘书 聘字 号

兹聘任 冯永谦 同志

为我校日本博士留学生高桥学而讲授《辽金考古学》

聘期半年。

此聘

一九八五年十月五日

1985年辽宁大学聘冯永谦为日本博士留学生讲课聘书，历时二年（聘书选一）

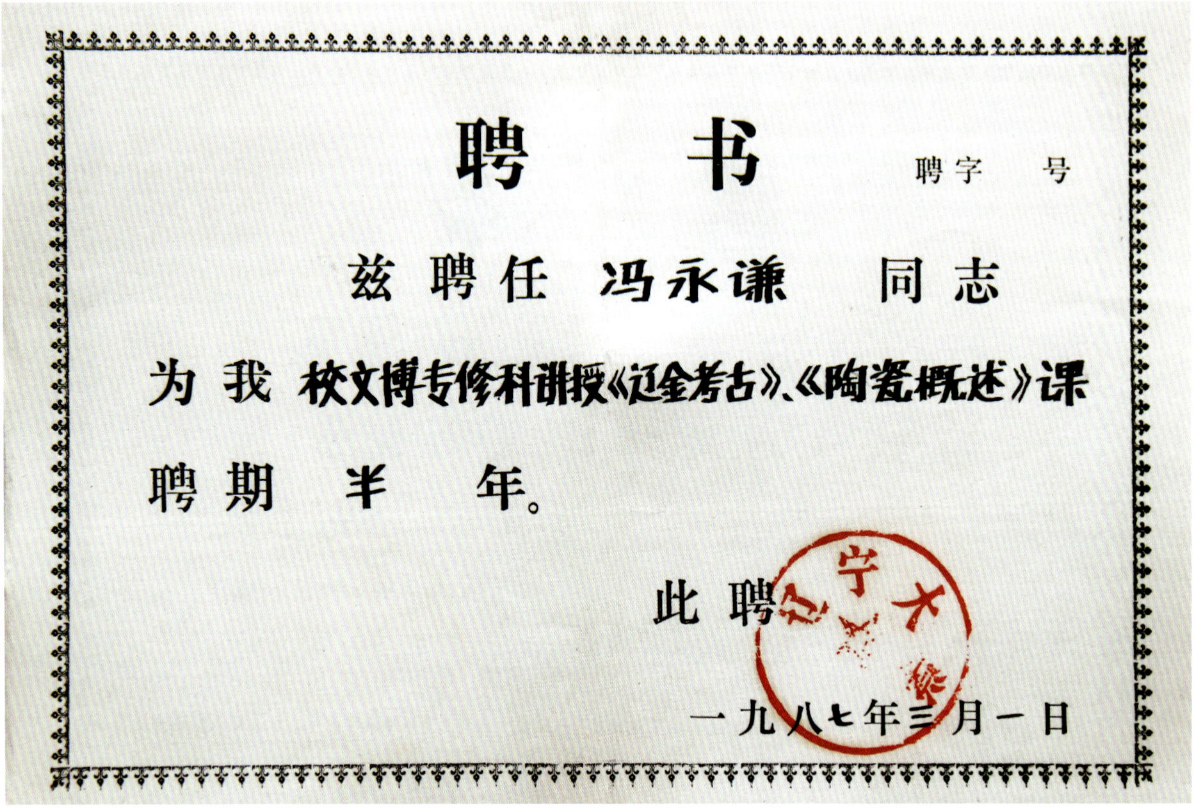

聘　　书　　聘字　　号

兹聘任 冯永谦 同志

为我 校文博专修科讲授《辽金考古》、《陶瓷概述》课

聘期　半　年。

此聘

一九八七年三月一日

1987 年辽宁大学聘冯永谦为历史系学生讲课聘书，历时二年（聘书选一）

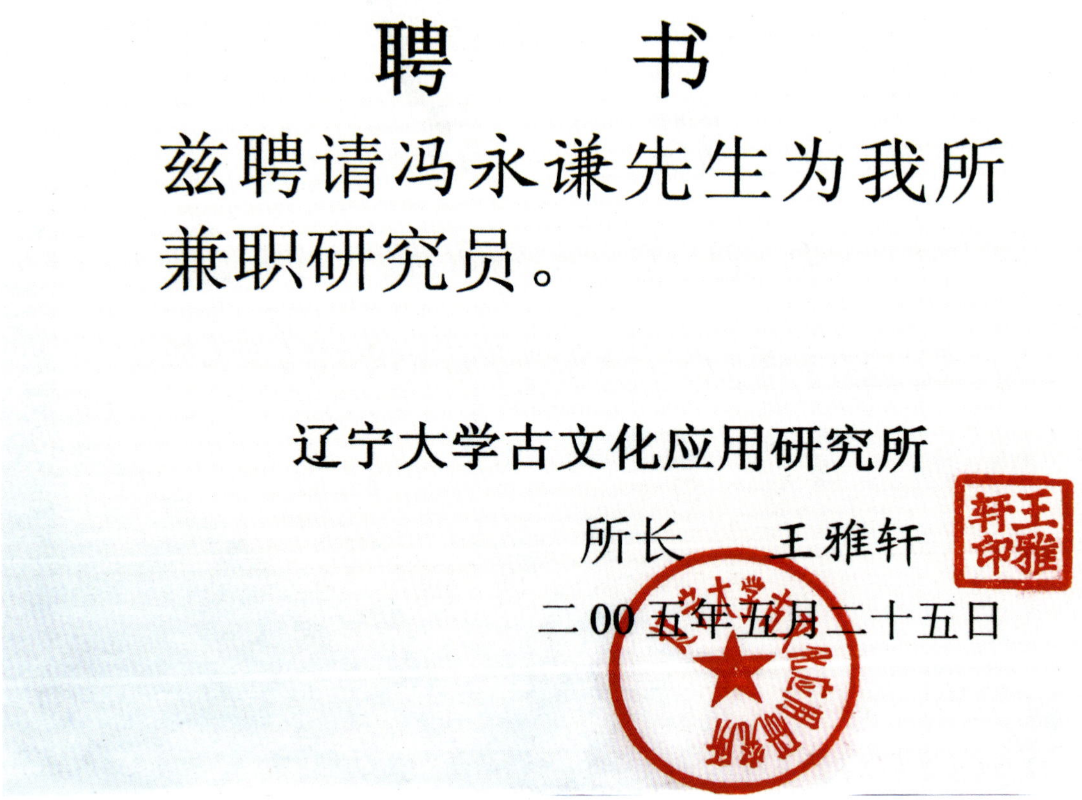

聘　　书

兹聘请冯永谦先生为我所兼职研究员。

辽宁大学古文化应用研究所

所长　　王雅轩

二00五年五月二十五日

2005 年辽宁大学聘冯永谦为兼职研究员聘书。

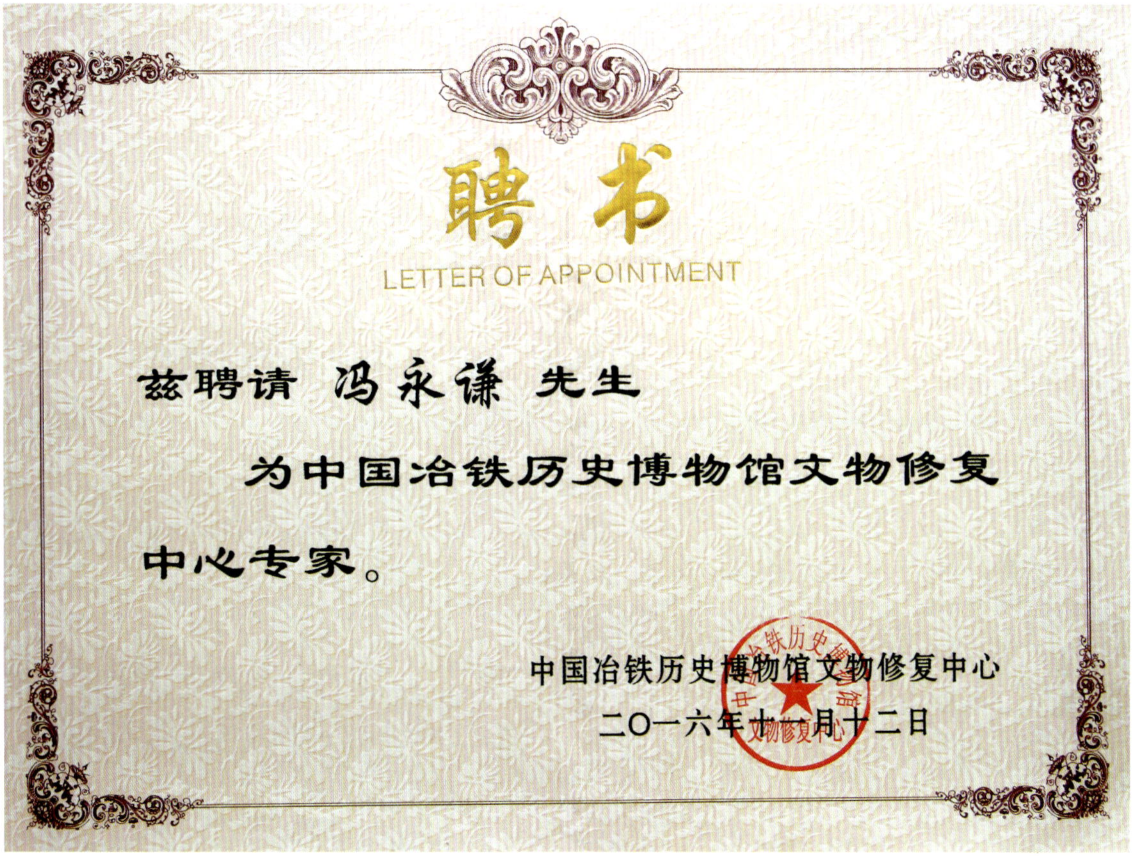
聘书
LETTER OF APPOINTMENT

兹聘请 冯永谦 先生

为中国冶铁历史博物馆文物修复中心专家。

中国冶铁历史博物馆文物修复中心
二〇一六年十一月十二日

2016年中国冶铁历史博物馆聘冯永谦为文物修复中心专家聘书

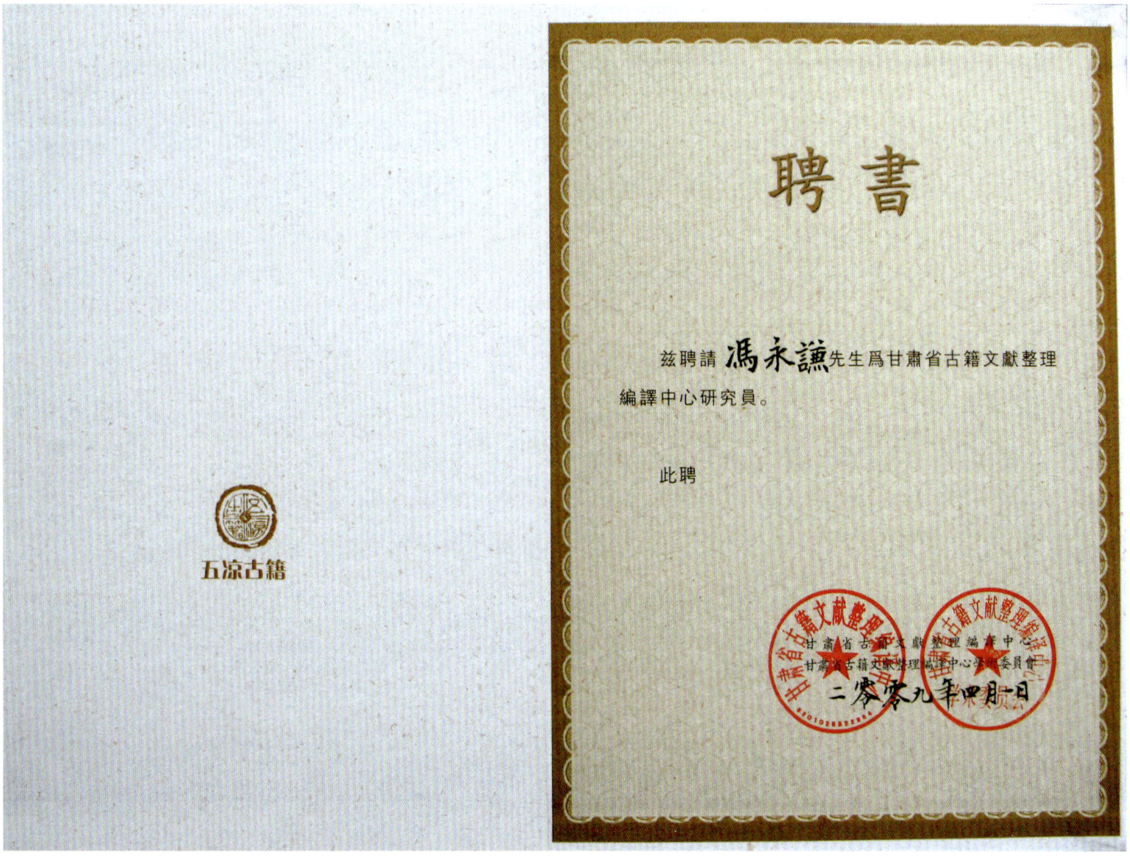
五凉古籍

聘書

兹聘請 馮永謙先生爲甘肅省古籍文獻整理編譯中心研究員。

此聘

二零零九年四月一日

2009年甘肃省古籍文献整理编译中心聘冯永谦为研究员聘书

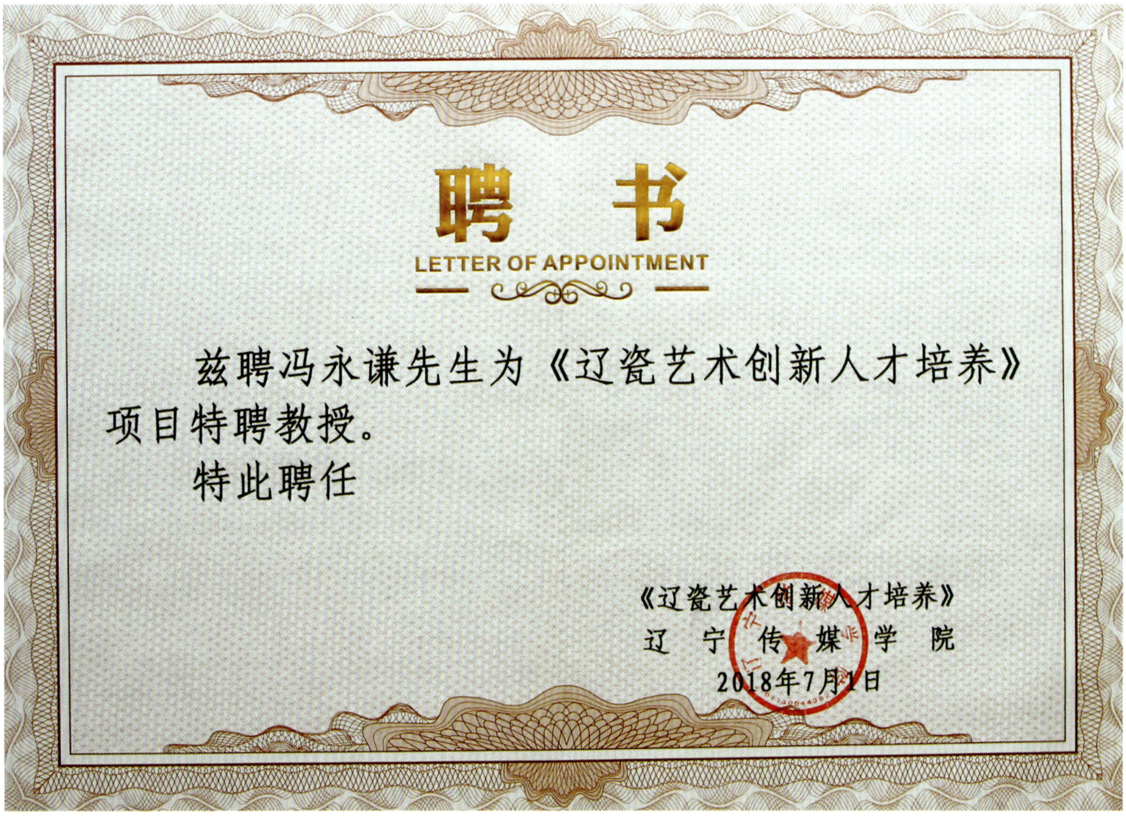

聘 书

LETTER OF APPOINTMENT

兹聘冯永谦先生为《辽瓷艺术创新人才培养》项目特聘教授。

特此聘任

《辽瓷艺术创新人才培养》

辽 宁 传 媒 学 院

2018年7月1日

2018 年辽宁传媒学院聘冯永谦为特聘教授聘书

聘 請

馮永謙 同志

爲電視系列片《萬里長城》

（遼寧段）顧問

十省區電視台《萬里長城》攝制组

一九八六.五.

1986 年十省区电视台拍摄《万里长城》摄制组聘冯永谦为顾问聘书

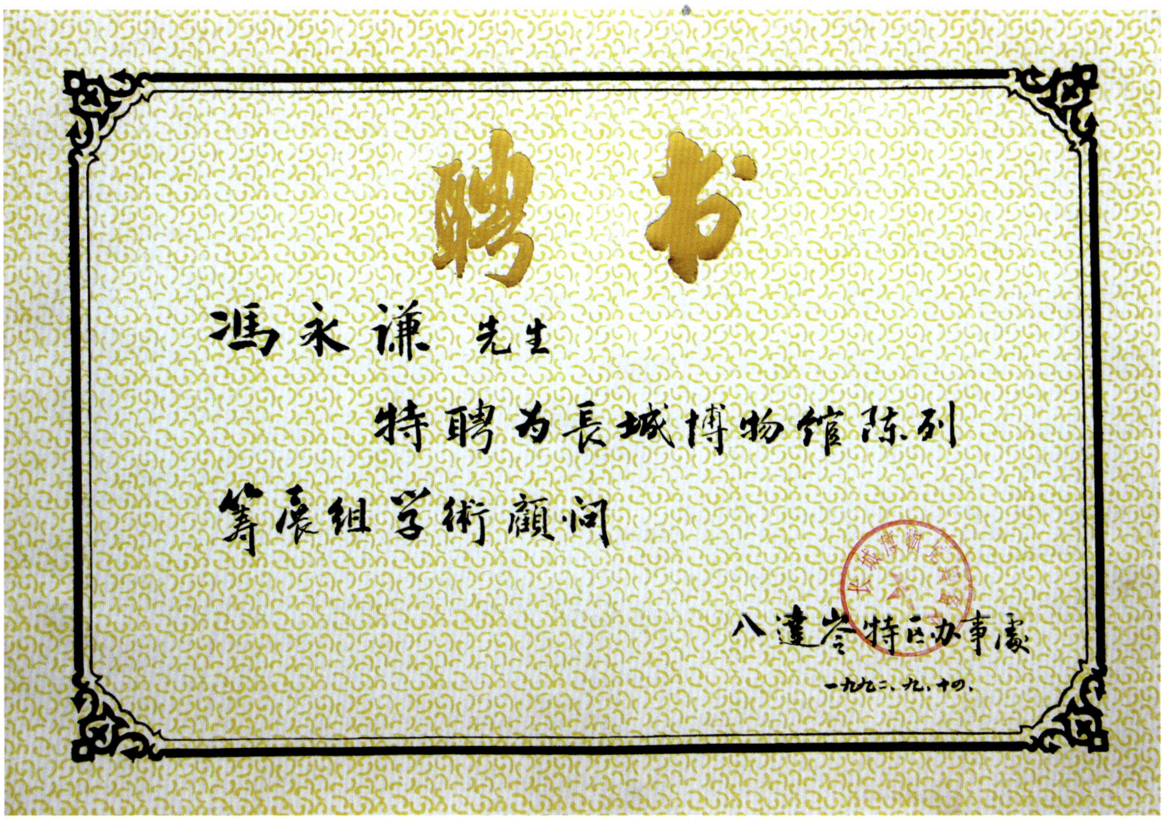

聘书

馮永谦 先生

特聘为長城博物館陈列筹展组学術顧问

八達嶺特区办事處

一九九二.九.十四.

1992 年八达岭特区办事处为八达岭长城博物馆聘冯永谦为学术顾问聘书

聘书

《中国文物地图集·辽宁分册》编辑委员会聘请冯永谦同志为编辑委员会委员。

辽宁省文化厅

2001年12月19日

2001 年辽宁省文化厅为《中国文物地图集 · 辽宁分册》聘冯永谦为编委会委员聘书

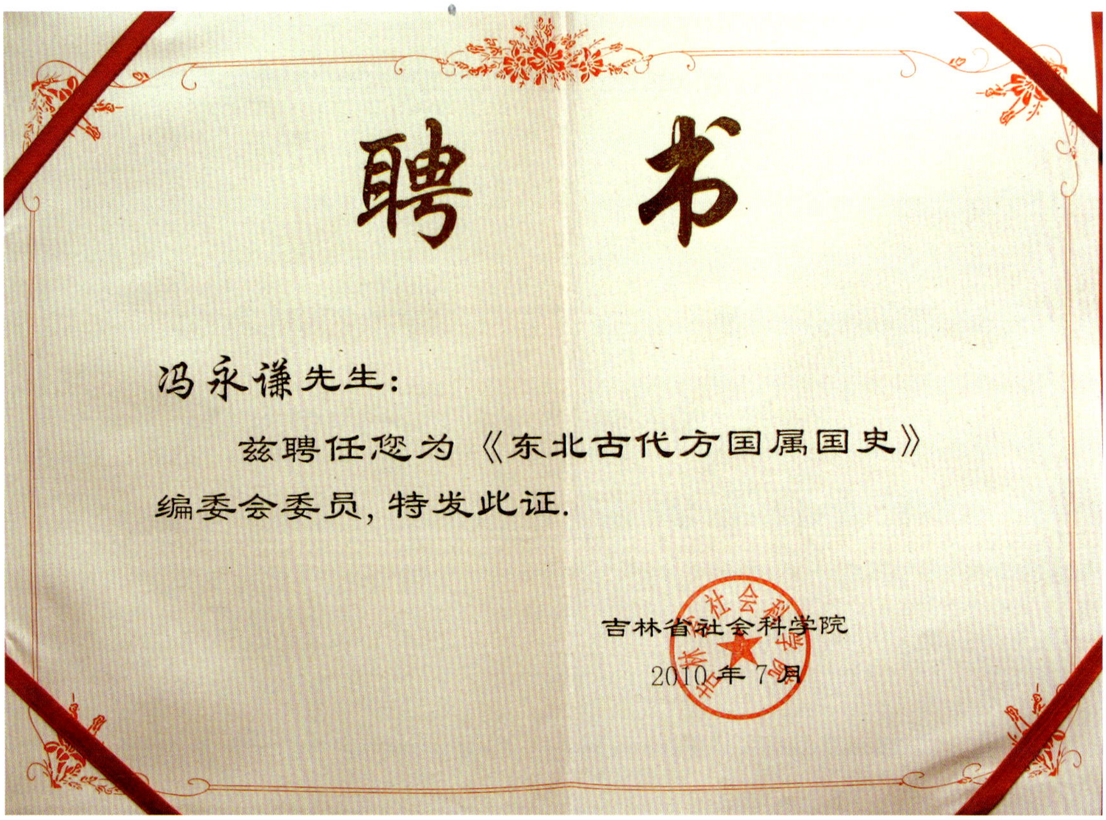

2010年吉林省社会科学院聘冯永谦为《东北古代方国属国史》编委会委员聘书

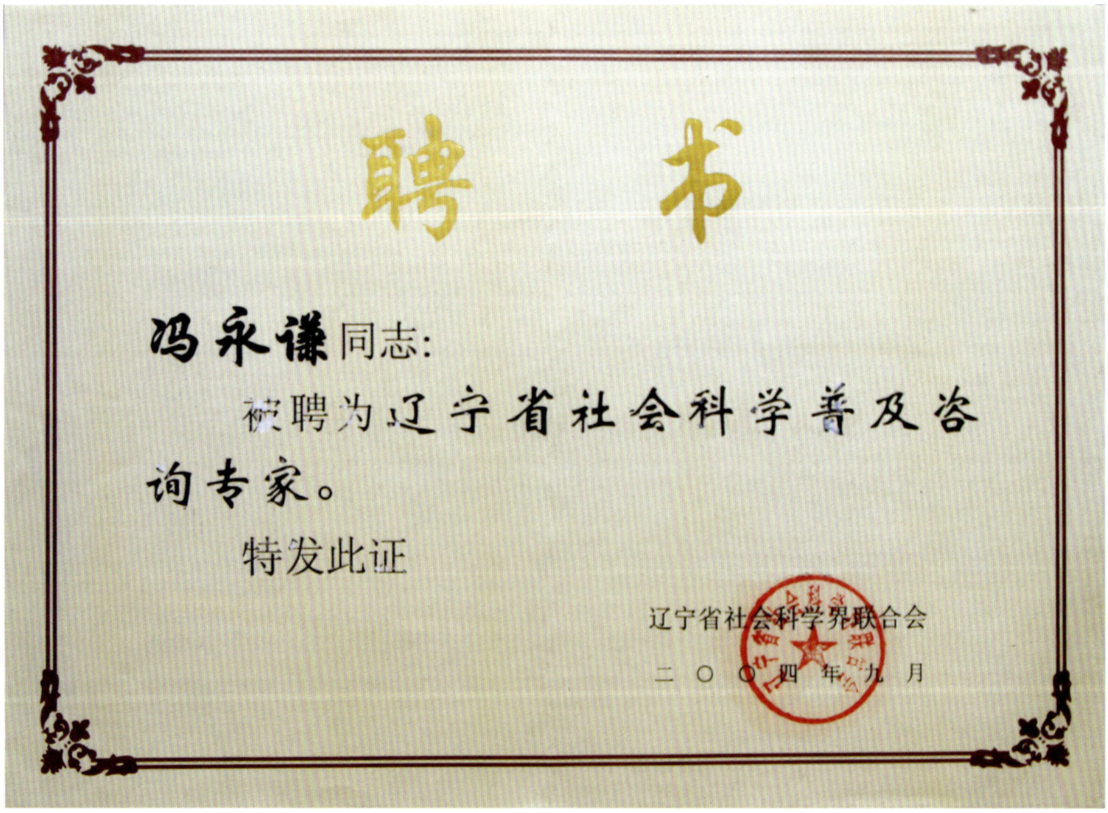

2004年辽宁省社会科学界联合会聘冯永谦为社会科学普及咨询专家聘书

2012年沈阳市辽文化研究会聘冯永谦为研究会顾问聘书

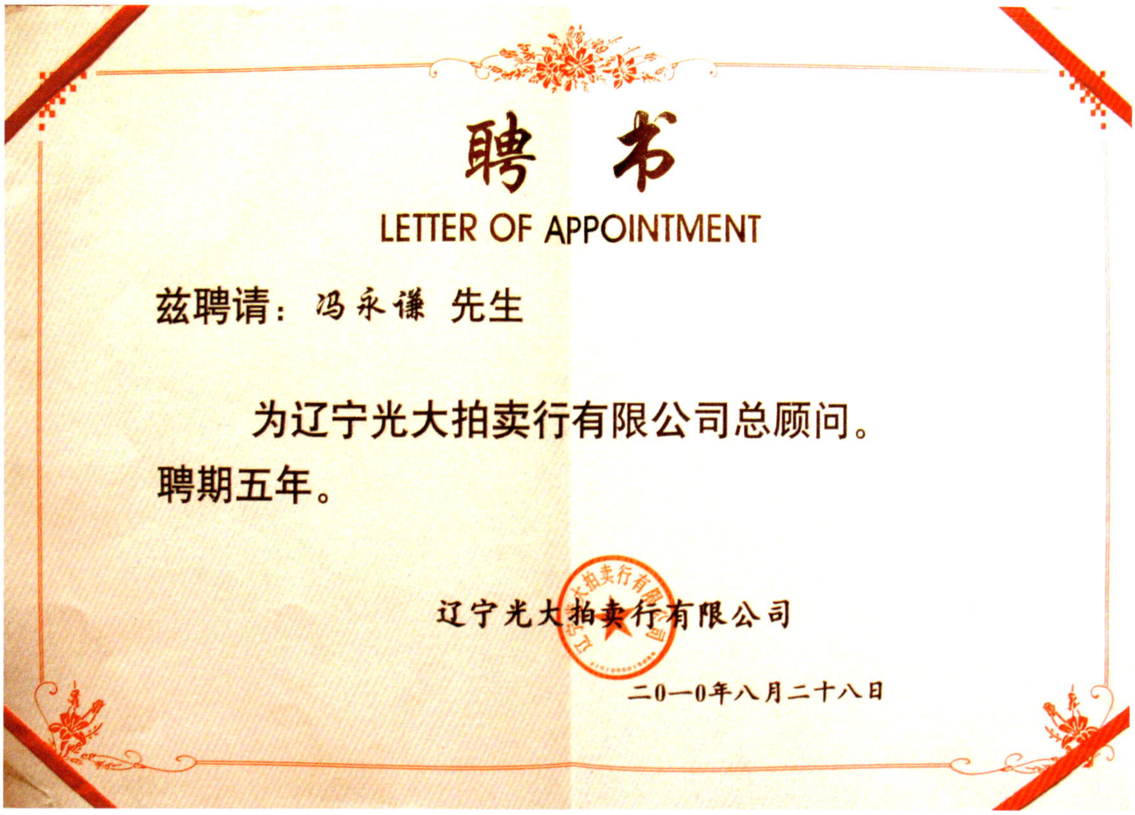

2010年辽宁光大拍卖行有限公司聘冯永谦为总顾问聘书

2007年沈阳民间藏品展览鉴定交流中心聘冯永谦为专家鉴定组鉴定委员聘书

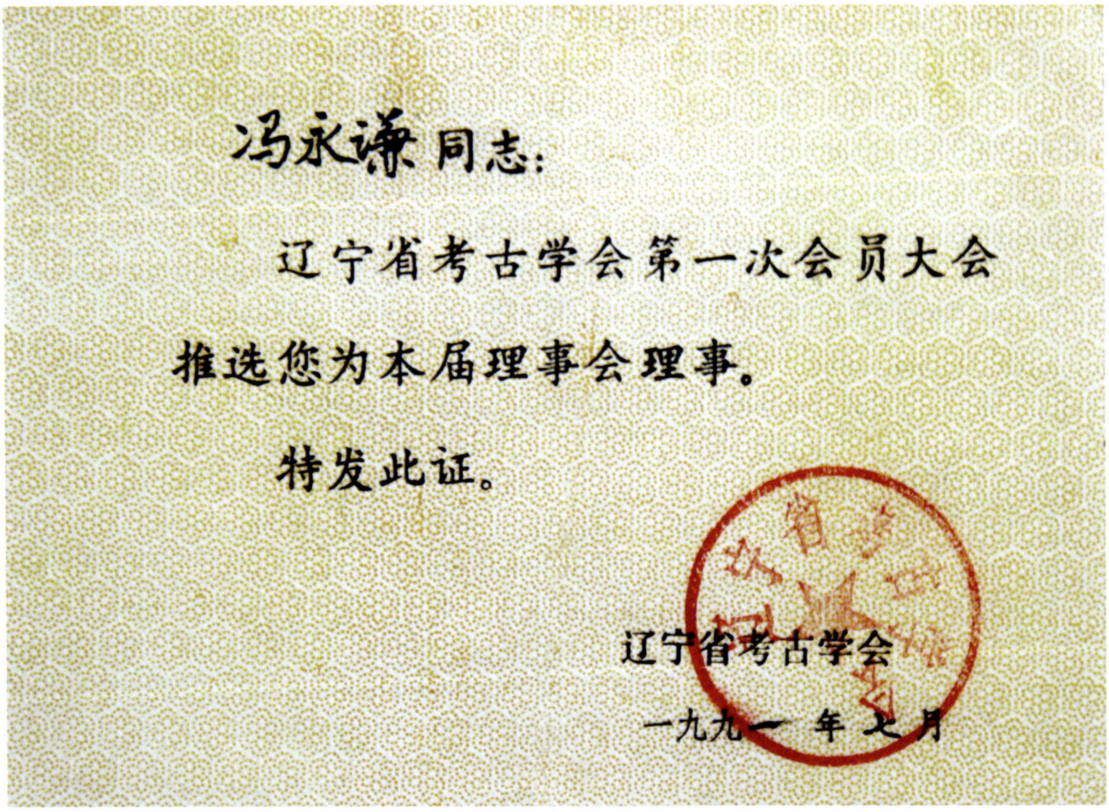

1991年辽宁省考古学会第一次会员大会推选冯永谦为理事证书

辽宁省博物馆：

我校 历史 系 中国古代史 专业攻读博士学位研究生 杨若薇 的学位论文已经完成，题目是：

《 辽朝军政制度考索 》。

《中华人民共和国学位条例暂行实施办法》第十三条规定：“博士学位论文应当表明作者具有独立从事科学研究工作的能力，并在科学或专门技术上做出创造性成果。博士学位论文或摘要，应当在答辩前三个月印送有关单位，并经同行评议”。为此，我校拟聘请你单位 冯永谦 同志对该生的学位论文进行评议。如蒙同意，请将聘函及论文转送 冯永谦 同志。务请大力协助为感！

北京大学研究生处

1986年4月28日

1986年北京大学研究生院聘请冯永谦为其研究生学位论文进行评议聘请函

冯永谦 同志：

我校 历史 系 中国古代史 专业攻读博士学位研究生 杨若薇 的学位论文已经完成，题目是：

《 辽朝军政制度考索 》。

《中华人民共和国学位条例暂行实施办法》第十三条规定：“博士学位论文应当表明作者具有独立从事科学研究工作的能力，并在科学或专门技术上做出创造性的成果。博士学位论文或摘要，应当在答辩前三个月印送有关单位，并经同行评议”。为此，我校特聘请您对该生的学位论文进行评议。现将其论文寄上，请于1986年 6 月 15 日前将意见寄回我校 历史 系 张广平 同志收。对您的大力支持，我们在此深表感谢。

北京大学研究生处

1986年4月28日

1986年北京大学研究生院聘请冯永谦为其研究生学位论文进行评议聘请函

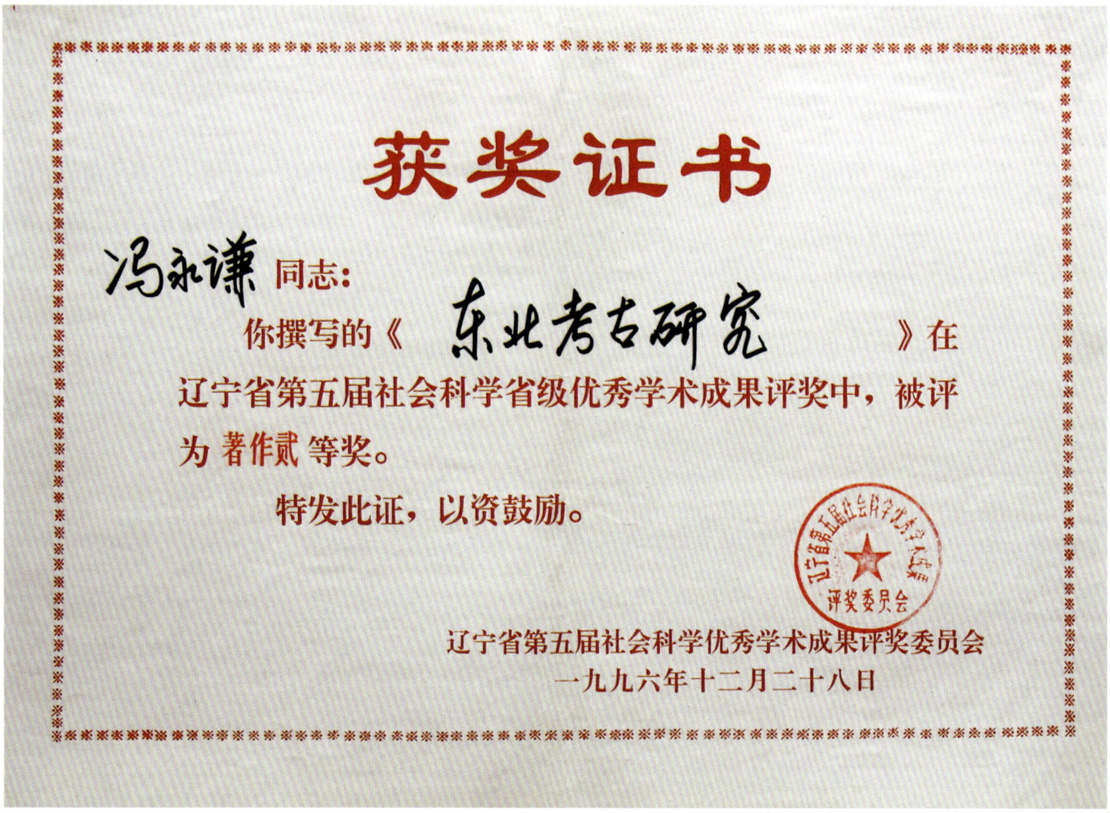
获奖证书

冯永谦同志：

你撰写的《东北考古研究》在辽宁省第五届社会科学省级优秀学术成果评奖中，被评为著作贰等奖。

特发此证，以资鼓励。

辽宁省第五届社会科学优秀学术成果评奖委员会

一九九六年十二月二十八日

1996 年辽宁省第五届社会科学优秀学术成果评奖委员会将冯永谦的《东北考古研究》评为著作二等奖证书

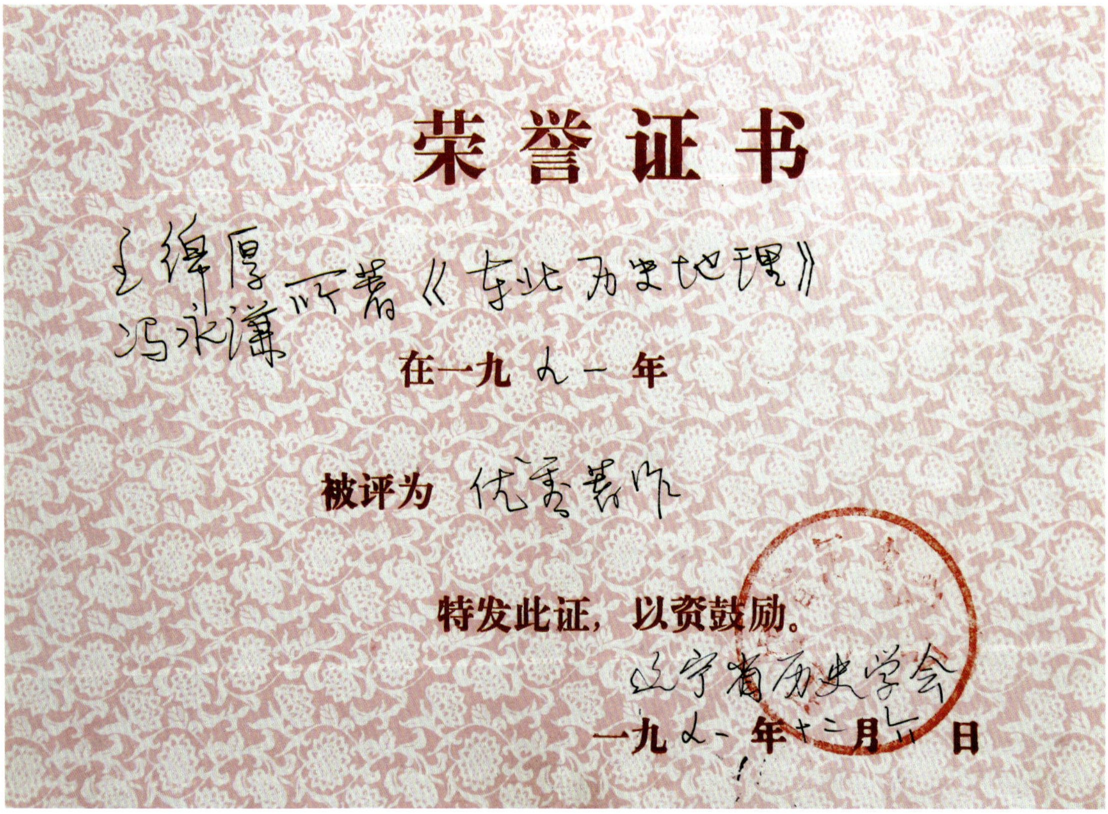
荣誉证书

王绵厚
冯永谦 所著《东北历史地理》

在一九九一年

被评为 优秀著作

特发此证，以资鼓励。

辽宁省历史学会

一九九一年十二月六日

1991 年辽宁省历史学会将冯永谦等所著《东北历史地理》评为优秀著作荣誉证书

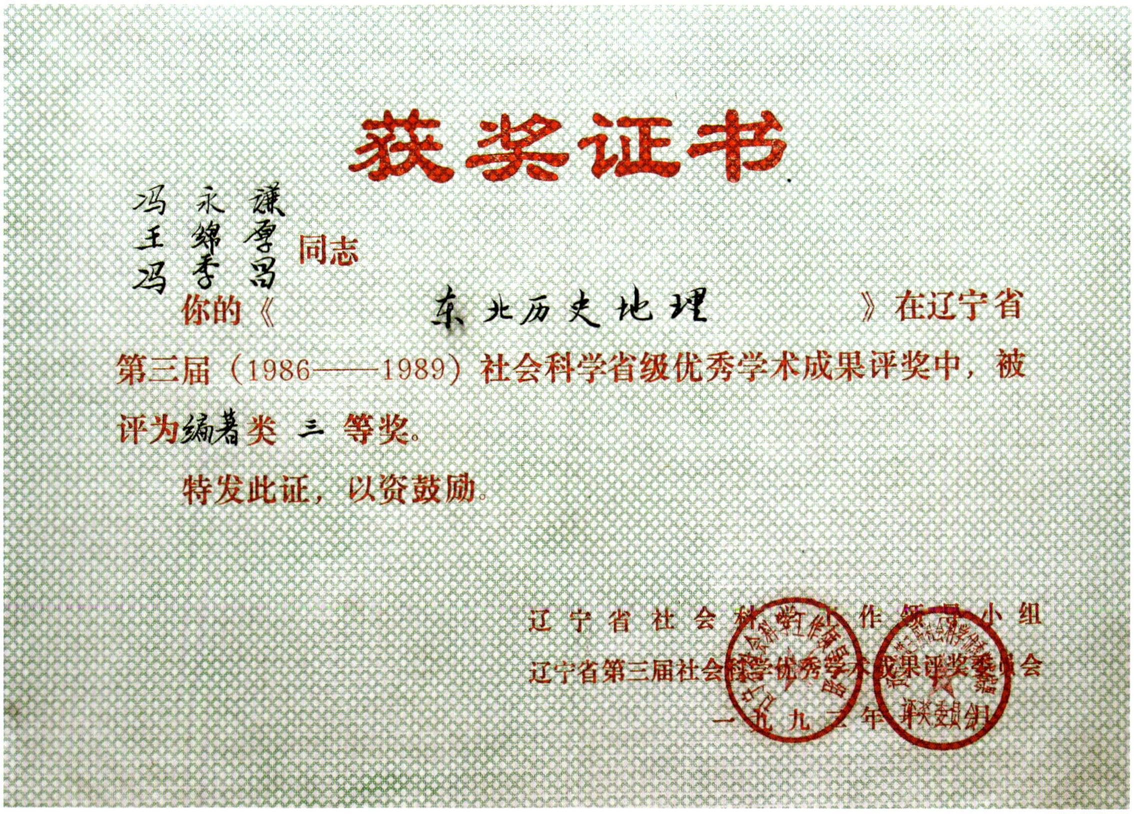

1992 年辽宁省社会科学工作领导小组、辽宁省第三届社会科学优秀学术成果评奖委员会将冯永谦等所著《东北历史地理》评为编著类三等奖获奖证书

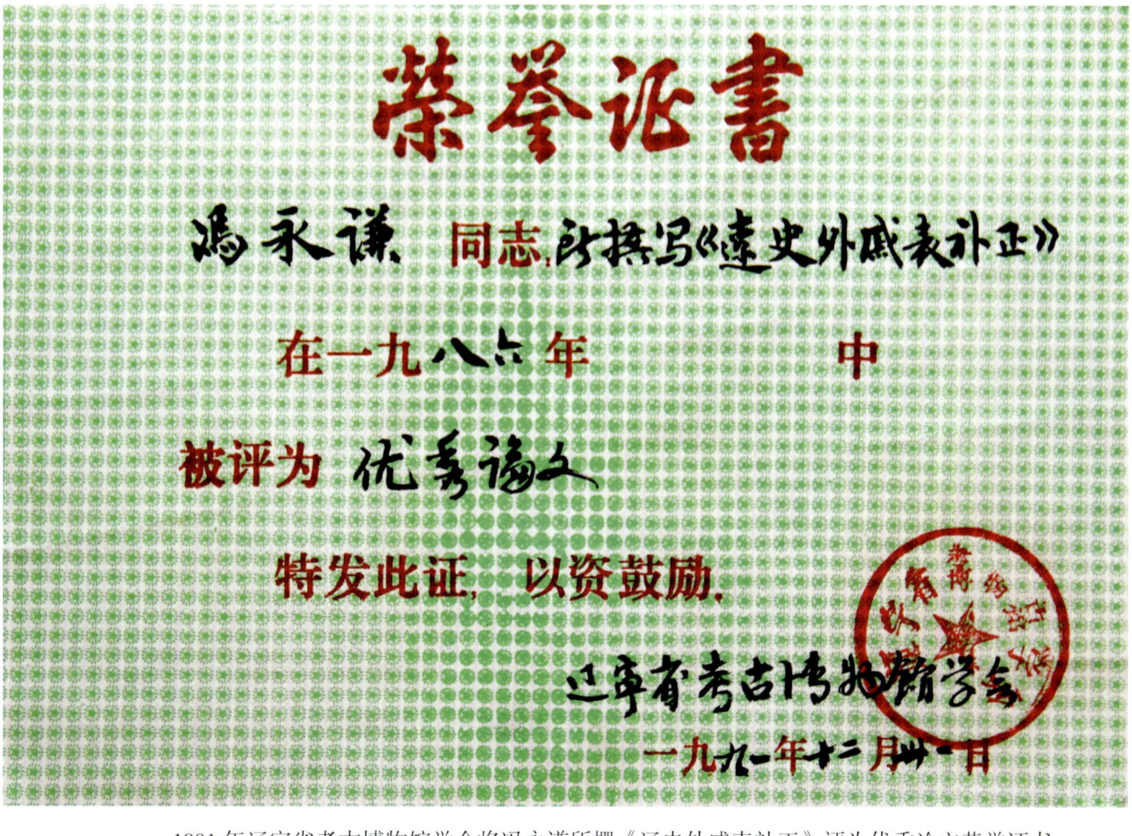

1991 年辽宁省考古博物馆学会将冯永谦所撰《辽史外戚表补正》评为优秀论文荣誉证书

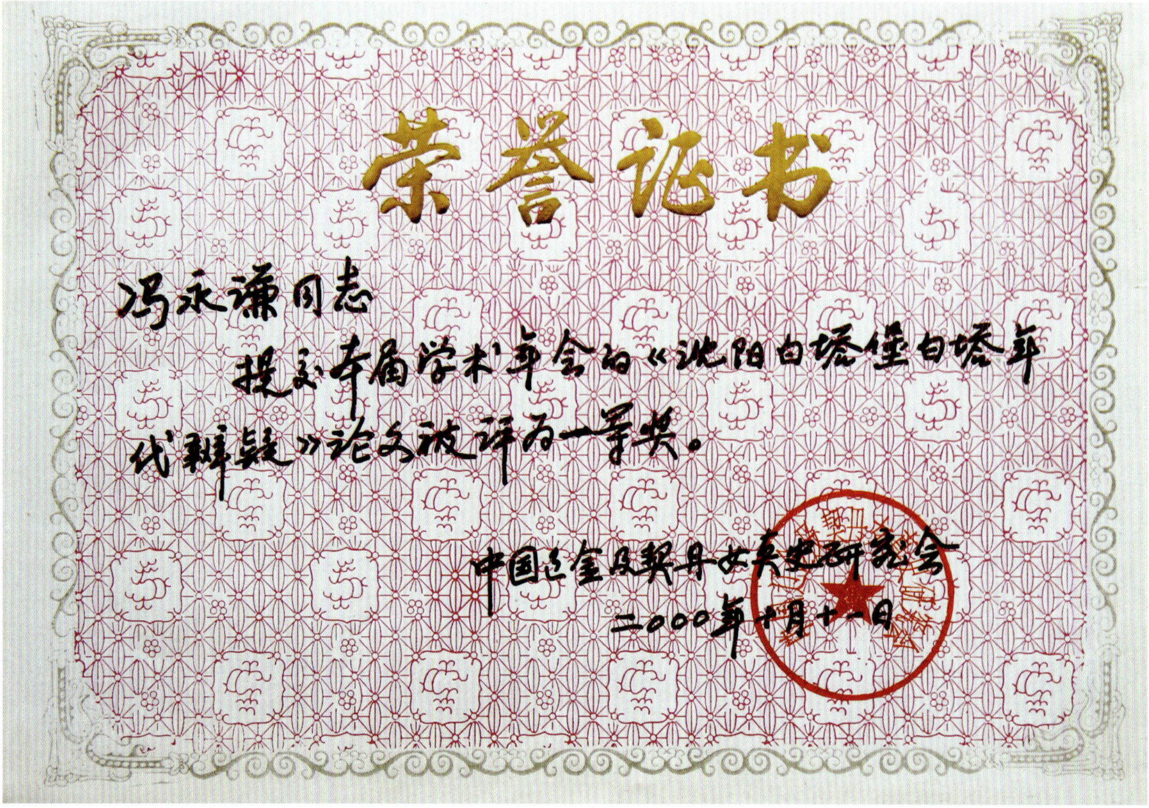
荣誉证书

冯永谦同志

提交本届学术年会的《沈阳白塔堡白塔年代辨疑》论文被评为一等奖。

中国辽金及契丹女真史研究会

二〇〇〇年十月十一日

2000年中国辽金及契丹女真史研究会将冯永谦所撰《沈阳白塔堡白塔年代辨疑》评为一等奖荣誉证书

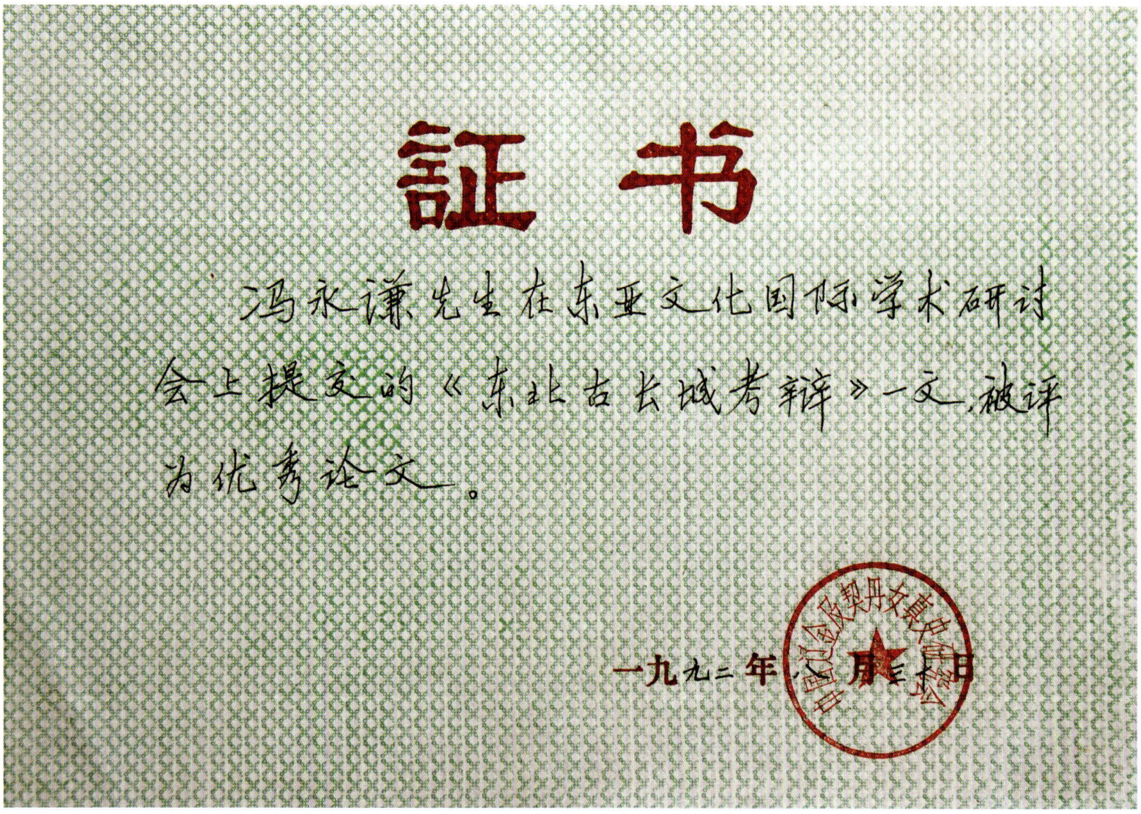
証书

冯永谦先生在东亚文化国际学术研讨会上提交的《东北古长城考辩》一文，被评为优秀论文。

一九九二年八月三十日

1992年中国辽金及契丹女真史研究会将冯永谦所撰《东北古长城考辩》评为优秀论文证书

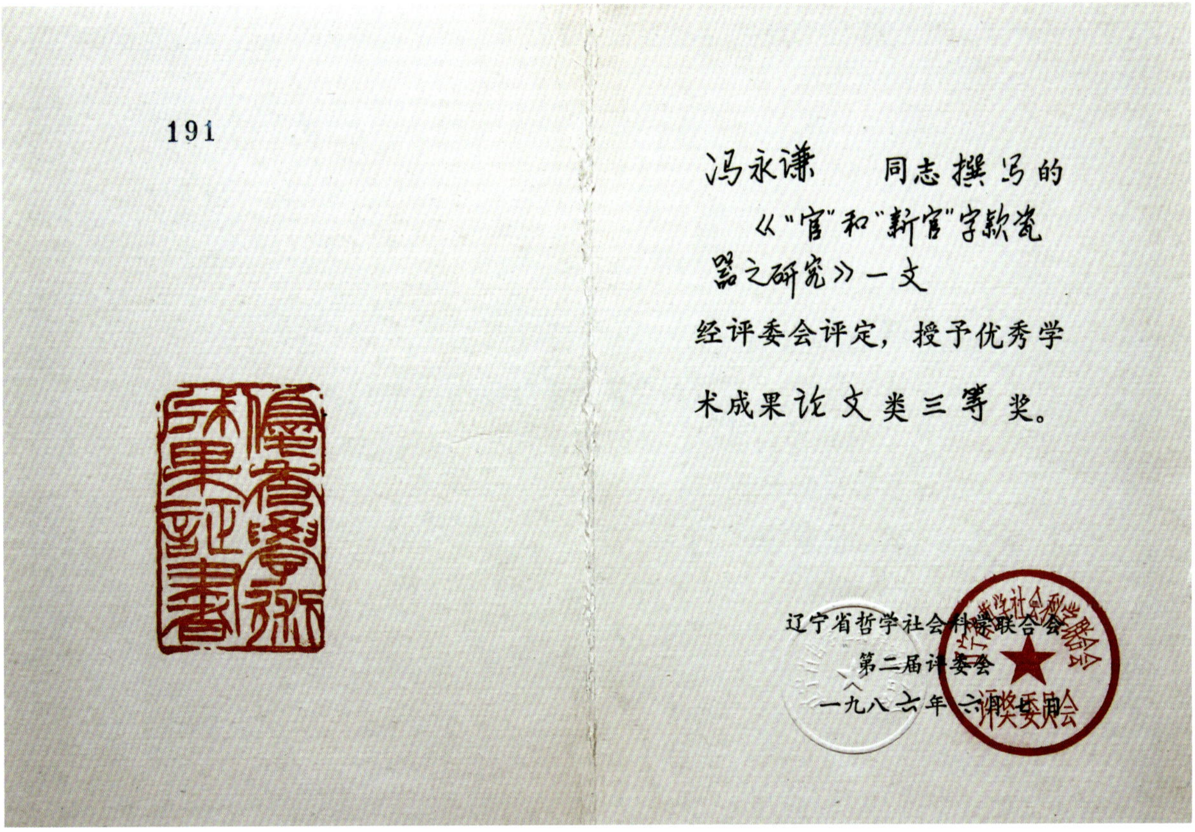
191

優秀學術成果證書

冯永谦 同志撰写的《"官"和"新官"字款瓷器之研究》一文经评委会评定，授予优秀学术成果论文类三等奖。

辽宁省哲学社会科学联合会
第二届评委会
一九八六年六月

1986年辽宁省哲学社会科学联合会第二届评委会将冯永谦所撰《“官”和“新官”字款瓷器之研究》评为优秀学术成果论文类三等奖优秀学术成果证书

冯永谦 同志：

获厅系统职工迎新春书法作品展业余组荣誉奖

辽宁省文化厅工会团委
一九九一年二月二十三日

1991年辽宁省文化厅工会团委将冯永谦参与“厅系统职工迎新春书法作品展”的书法评为业余组荣誉奖证书

聘书

冯永谦委员：

经本会第十二届委员会常务委员会2013年12月12日第五次会议协商通过，聘请您为中国人民政治协商会议法库县委员会委员。

谨此通知

第241号

中国人民政治协商会议法库县委员会

2013年12月12日

2013 年政协法库县委员会聘冯永谦为政协常委为其颁发的委员聘书

中国人民政治协商会议

法库县第十二届委员会

委员证

于2013年12月至2017年12月止

政协法库县委员会　年　月颁发

（此证加盖钢印有效）

姓名 冯永谦 性别 男

年龄 79 民族 汉 党派 中国民主促进会

单位 辽宁省文物考古研究所

职务 研究员 职称

编号：241

2013 年政协法库县委员会聘冯永谦为政协常委颁发的委员证

2018 年朝阳太岁文化研究会（筹委会）聘冯永谦为顾问聘书

2022 年冯永谦著《辽代铁器考古研究》一书获第八届中华优秀出版物图书奖获奖证书

冯永谦墨迹选

吴玉琴　选编

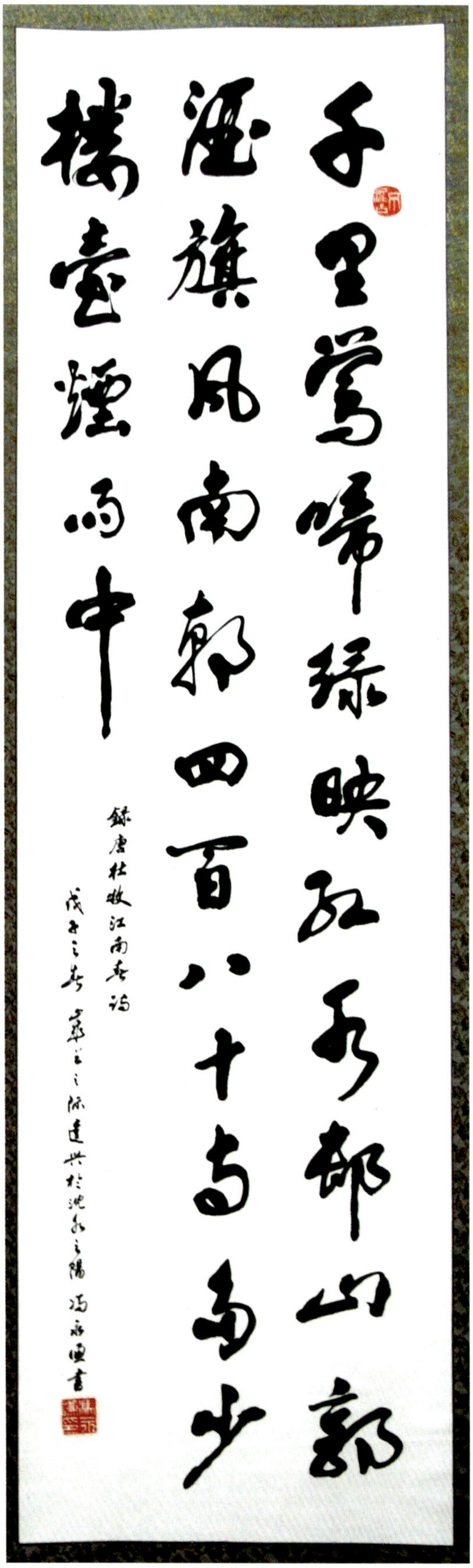

冯永谦书唐杜牧诗《江南春》立幅

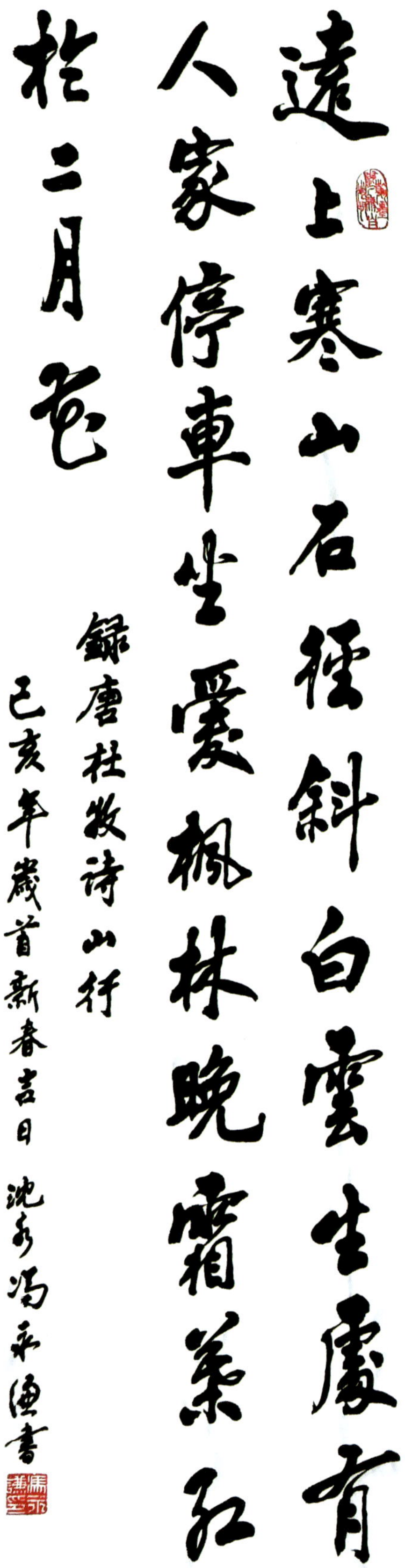

冯永谦书唐杜牧诗《山行》立幅

冯永谦为其所著书题写书名

冯永谦为其所著书题写书名

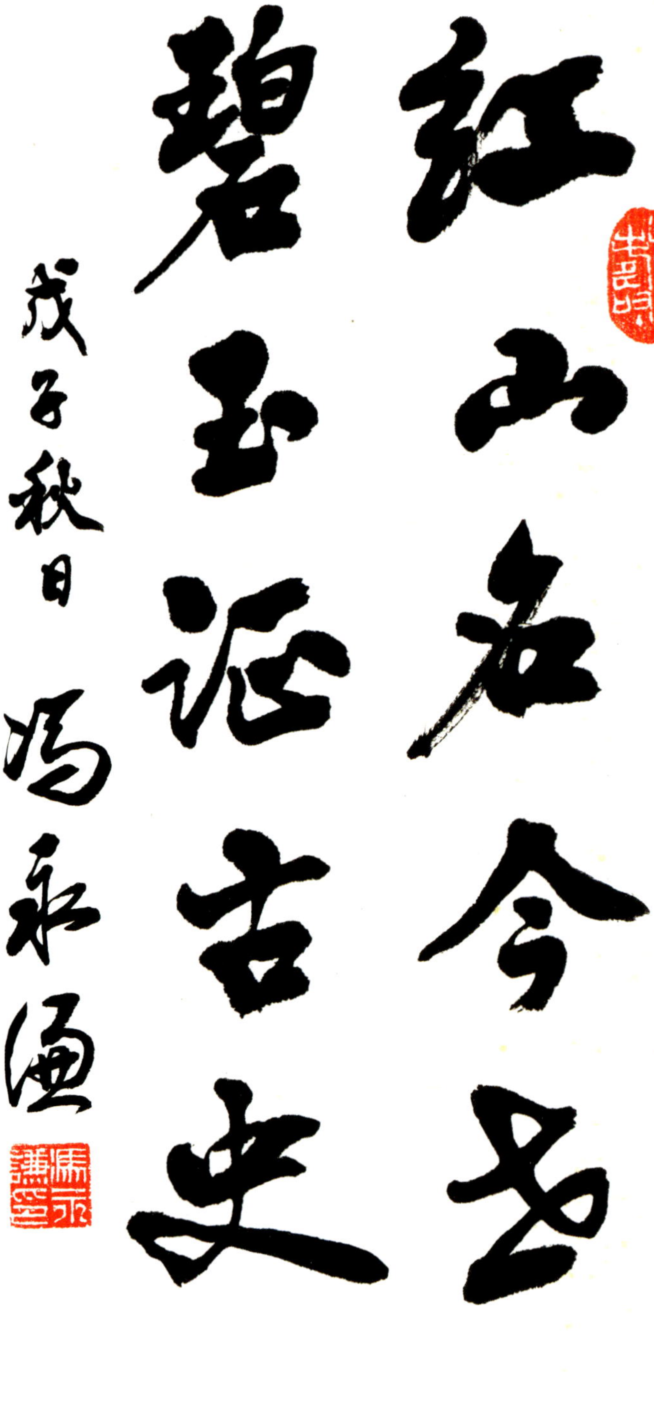

冯永谦为其所著《红山文化玉器及新品鉴考》一书扉页题字

冯永谦为《北方文物》创刊十周年题词祝贺

冯永谦为其所著《东北历史地理》一书题写书名

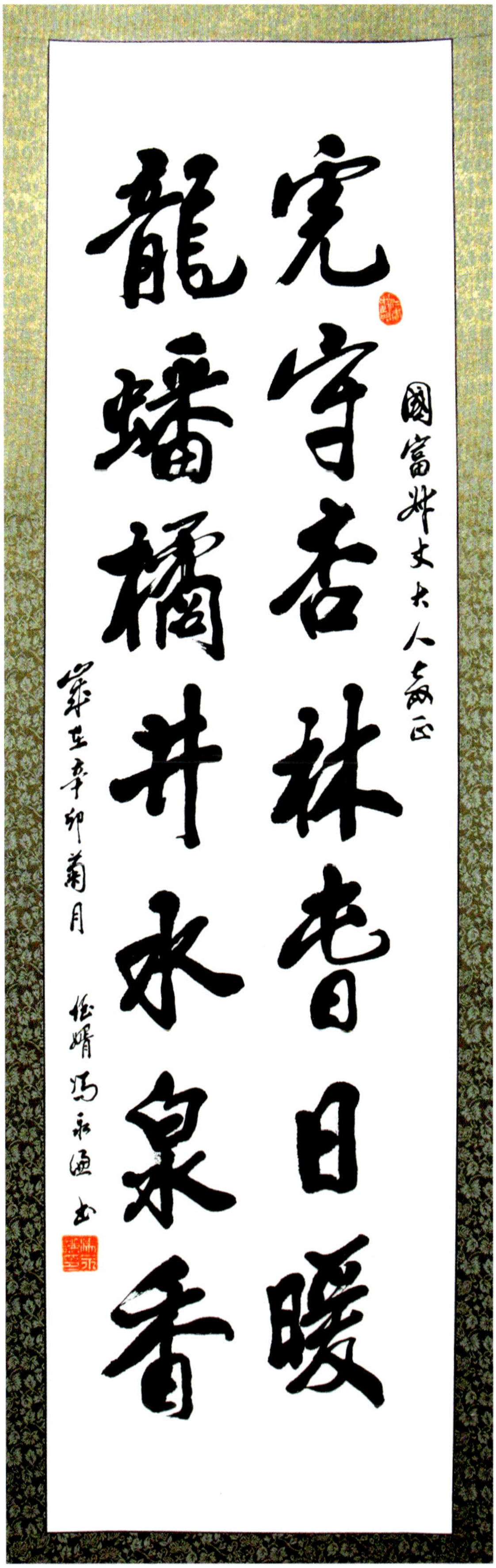

冯永谦书条幅

冯永谦为孟广耀等所著《契丹族文化史》一书题写书名

冯永谦为其所著《营口市文物志》一书题写书名

冯永谦为吴承昌谱书《宗族源流》题写书名

冯永谦为友人题字

冯永谦书《精益求精》横幅

冯永谦书《桃李春风》横幅

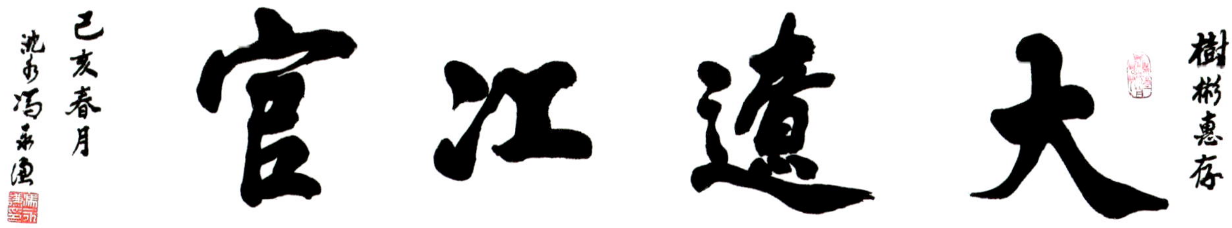

冯永谦为辽阳灯塔市江官屯辽代窑址题词横幅

冯永谦书《为善最乐》横幅

冯永谦书《宁静致远》横幅

冯永谦为朝阳太岁陈列馆题词横幅

冯永谦为本单位信封题字

冯永谦为广东高州冯宝公墓石坊题额

冯永谦书《心静气闲》斗方

冯永谦书《福如东海　寿比南山》斗方

冯永谦书《真水无香》斗方

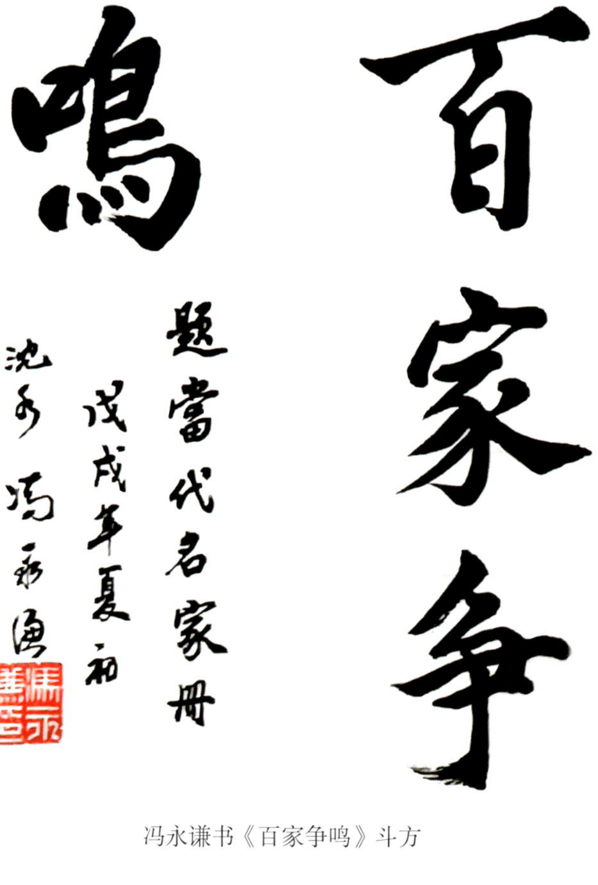

冯永谦书《百家争鸣》斗方

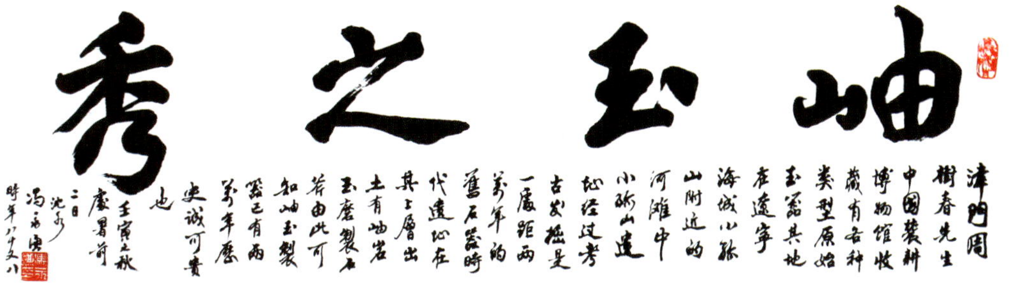

冯永谦书《岫玉之秀》横幅　为天津农耕文化博物馆藏辽宁海城小孤山附近出土岫岩玉制作器物题字

津门周树春先生的中国农耕文化博物馆收藏有各种类型原始玉器，其地在辽宁海城小孤山附近的河滩中，小孤山遗址经过考古发掘是一处距今两万年的旧石器时代的遗址，在其上层出土有岫岩玉磨制玉斧，由此可知岫玉制器已有两万年历史，诚可贵也。

壬寅之秋处暑前二日　沈水冯永谦　时年八十又八

冯永谦书《中华玉文化两万年根在岫岩》条幅

二〇二二年八月，暑气渐消，津门访玉，知周树春万宝斋农耕文化博物馆收藏有海城小孤山附近所出用岫岩玉制旧新石器时代各种遗物，许多俱为过去未见，出于辽东，别具特点，媲美红山，两相辉映。前发掘之小孤山，其上层文化出土有磨制岫岩玉的玉斧，其时间已两万年，故今所见之玉器，应从旧石器晚期至新石器时代，诚可贵也！时在壬寅之秋处暑前二日　时年八十又八　沈水 冯永谦

我的考古生涯

冯永谦

岁月不居，时光荏苒，现在我已到了米寿的年龄。

八十八年来，回忆起我由童年到白发，对此前所做的事，细想很是纷纭，错综复杂，但如果简化来说，却又很单纯，没有做别的事，前后就是两个阶段，十九岁之前是读书，二十岁起开始工作，而且工作终生就只一项，是做文物考古工作，直到如今的年龄。

我所从事的文物考古工作，从 1954 年到 2022 年，已经历六十九年，超过了一个甲子，这么长的时间能在这条永无止境的路上走下去，终身未变，这是很难得的。我从当年还是一个年轻的考古工作者，到如今已不仅是鬓间华发而且成为“白了老年头”的人了！

工作至今，六十九年过去了，我走的道路是个什么样子呢？我可以这样说，认真对待生活，认真学习，认真工作，一切都在抓紧中，不浪费光阴，而对于做学问，孜孜以求，一丝不苟，求真求实。在退休后，又已过了二十八年，我依然有些不舍放下我所熟悉的事，前半生摸爬滚打，获得知识不易，积累材料更是可遇而不可求，这些经验与心得体会，一旦终止，置诸脑后，将是无人可补，因为世事在变化，时过境迁，今有之物过后即可消失。就我的体会来说，当年调查过的城址，那时保存还很好，过几十年我再次前去，发现都有变化，不变是不可能的，就是保存最好的城墙，也有颓坍，自然风化、人为干预，是不可免的，至于遗迹踪影皆无，也是常见的事，这已不是物是人非，而是人还在物已非，这个损失将是难以复原的，不禁令人惋惜。因此，这些年来，我仍然在为学术研究皓首穷经而心甘情愿地坐冷板凳，也不顾年迈而跋山涉水去奔波。现在看来，我的研究，虽然在年轻时就开始做，但真正走向随心所欲，还是在退休后的年老时出的研究成果最为满意。

我于 1954 年 3 月 1 日参加工作。先经“东北区第二届考古博物馆干部训练班”学习，结业后由部分学员成立起东北文物工作队工作。1954 年东北大区建制撤销，东北文物工作队与东北博物馆合并，改称东北博物馆文物工作队，1958 年又改为辽宁省博物馆，文物工作队隶属关系未变，1986 年 12 月文物工作队从辽宁省博物馆中独立出来，成立辽宁省文物考古研究所，2021 年 9 月又改称辽宁省文物考古研究院。我的单位经过这样的变迁，而我的工作性质却始终未变。

在学术研究上，1987 年恢复评定职称时，我晋升为副研究员，1993 年再次参加评定职称，文博系统正高级研究员均须由国家文物局高级专业技术职称评委会评定，申报材料送去北京，此次参评我晋升为研究员。1990 年我被聘为辽宁省文博系统高级专业技术职称评审委员会委员，又被辽宁省文物管理委员会聘为辽宁省文物鉴定委员会委员，经国家文物局资格审查批准为考古发掘领队。此外，还在1990年，吉林省社会科学院聘我为历史研究所特邀研究员。1991年东亚文化研究所成立，孙进己为所长，我为副所长，聘为研究员。1992年沈阳市委宣传部批复改东亚文化研究所为沈阳东亚研究中心，孙进己为主任，我为副主任，聘为研究员，并兼任考古研究所所长、历史地理研究所所长。在此期间，我们编辑出版了《东北亚研究》丛书、《中国考古集成》和《东北历史地理》等书。同时，在我历年的学术业务活动中，先后参加了一些学术团体，为中国考古学会会员、中国古陶瓷学会会员、中国长城学会理事、中国民族史学会理事、中国辽金及契丹女真史研究会秘书长、会长、古民俗研究会副理事长、东北民族历史考古资料信息研究会理事、辽宁省辽金契丹女真历史考古研究会副理事长、辽宁省考古博物馆学会理事。并且我还担任了中国辽金及契丹女真史研究会与辽宁省辽金契丹女真历史考古研究会主办刊物《辽金契丹女真史研究》的副主编，辽宁省考古博物馆学会与辽宁省博物馆、辽宁省文物考古研究所主办杂志《辽海文物学刊》的责任主编，还担任《北方史地资料》副主编、《北方史地丛书》副主编、国家“七五”计划科研项目《东北历史地理》课题组负责人和该书总纂。1991年12月，接英国剑桥国际名人传记中心专函，索取相关资料，收入名人录出版社编辑出版的《世界名人录》和第23版《国际名人传记辞典》，我的其他传略还被收入国内外50多种不同性质的《名人录》和《专家学者辞典》中。

我名冯永谦，字易难，一字烜之，又用名司马鹿野，于1935年12月23日（农历十一月二十八日）出生在沈阳市于洪区解放乡万金台村，汉族。原籍河北，祖父时举家移居辽宁，初住地在新民市东北之阎家窝堡，至父亲时，兄弟九人，初均居此处，后分居，父亲迁至沈阳北郊万金台村。父亲冯德明，职业是中医，在万金台开设一家中医诊所，名为德庆堂，因有几种病很擅长医治，在沈北地区颇为知名。我虽然从小就接触医药，也很喜爱，但父亲不让我学医，他深有体会地说：“医生是给人治病的，如果学得不好，医术不精，庸医害人！”因此，让我立志其他学科，认为文学、历史、美术都可以。这在我幼小的心灵上，很早就打下了烙印，要走脱离家学渊源的另一条路。在我还没有上学的时候，父亲和母亲就教我《千家诗》和《唐诗三百首》等，虽然那时字还认识的不是很多，但却可以背诵。

1941年春，那时我七岁，已到了入学的年龄，不过此时正是日本侵略者占据东北的时期，学校要学日语，父亲不愿让我接受日本教育，就送我到本村一位年过花甲的清末时期秀才老先生张家泰办的私塾去读书。这位张老先生教我们几名小学生。我从这时起，一直读到1947年底，整整七年时间。私塾的课程，主要就是读书，从启蒙读物开始，诸如《三字经》《百家姓》《庄农杂志》《千家文》《朱子治家格言》《名贤集》等，到儒家经典“四书”“五经”，然后是《千家诗》《唐诗三百首》《幼学琼林》《古文观止》等，再就是学珠算，写毛笔字。这位张老先生在他垂暮之年，尽其平生所学，几乎毫无保留地把他所掌握的知识全部给了我们；尽管当时我们年龄小，对有的书中的内容还并不真正理解，但可以说我国古代传统文化的主要典籍，却都让我读过，并且可从头至尾一字不遗地背诵。父亲看到我的学习成绩很好，也很高兴，经常与我出题联句，还不时给我讲家乡的历史，我家万金台周围的事还真很多，高丽长城、边壕口、村南大土台和村北大土台是烽火台等，讲了不少，我至今还记得。那时我家有很多的书，有医书，也有各种不同的书，我也在读书之余，看起了各种杂书和历史小说，那时真是看书无数。譬如有“唱本”，如《露泪缘》《黛玉悲秋》等；还有很耐人看的《丛山飞侠传》(后来我在进沈阳读书时再看才知道此书是还珠楼主李寿民的武侠小说《蜀山剑侠传》当时在东北翻印的是此书名)、《三侠剑》《小五义》《鹰爪王》等;尤其是历史小说，如《封神演义》《东周列国志》《隋唐演义》等，对我的吸引力很大，可以说当时很多历史知识，我是从这里得到的。

1947 年农历十一月十六日，在我的家乡万金台村发生一场大战，即沈阳解放前夕，东北民主联军围歼驻守在万金台村国民党二〇七师的战斗，即有名的“万金台之战”。那年我十三岁，战后，很多房舍毁于战火，村中发生变化，生活受到影响，父亲去了沈阳，应邀在小东城门里路北的沈阳有名药房“万春堂”作为坐堂医生，因此，1948 年我是在沈阳度过的。到 1949 年春天，这时东北全境都已解放了，父亲又回到村中，我在本村曹兴汉办的私塾里又读了一年。1950 年去村东相距二里舅父家所在的大尚义林村读高小六年级，并于冬季年底毕业，然后参加了升中学的考试。

1951年（17岁）

1951 年 2 月，我考入沈阳市第六中学，那年我十七岁。这所学校，在沈阳市内大东城门外，最早叫东关模范学堂，当年周恩来总理童年时曾在此校读书。新中国成立后，改称沈阳市第六中学，挂在门口边柱上的校牌，是著名教育家车向忱的手笔。校长佟汝功，级别很高，不常露面，住在校内，常务工作由副校长丁琇玲主持。我在校读书期间，由于家庭生活困难，求学难以为继，国家给了我助学金。1952 年冬，父亲因病故去，由于家庭经济生活来源变成我肩上的担子，这时我继续读书求学，就不可能了，因此，要求毕业后参加工作。那时学制是三年，春季毕业，但我们在学习第三年时，国家改春季毕业学制为秋季毕业，提前半年，于是在三年级上学期的半年里，要讲完全年的课程，遂于 1953 年 8 月 15 日毕业，此时按农历算，我十九岁。

当时，国家经过三年经济恢复后，开始“第一个五年国民经济计划”，各方面都需要人，毕业学生工作的排列是：最先为参军、公安战线、财贸战线、教育战线、文化战线，然后才是升学，要工作的先报名，填写志愿，统计安排，其余为升学。毕业时间到了，分配志愿，各有前程。当年分配工作的同学，不久都陆续走上不同的职业岗位。

1954年（20岁）

时间悄然过去，我却没有任何分配工作的消息，无奈我在 1953 年 9 月回到沈阳北郊万金台村家中等候。过了一冬，都到 1954 年的 2 月了，还不见任何分配工作的信息，我虽有点着急，但也耐着性子等待。此时已分配工作的同学都已上班好几个月了，我还不见分配通知。这样等待着，直到 2 月 27 日，学校寄来一封信，打开一看，竟然是 3 月 1 日到东北博物馆报到，参加东北人民政府文化部举办的“东北区第二届考古博物馆干部训练班”学习。我赶忙收拾应用物品，于 28 日去沈阳，3 月 1 日到位于南市地区十纬路的东北博物馆报到。东北博物馆是一个深宅大院，原是民国时期奉系军阀张作霖手下的一员干将、热河省督统汤玉麟的公馆，不过此宅汤玉麟刚建完，尚未居住，1931年的“九一八”事变就发生了。此宅后来就做了博物馆，一直持续到21世纪初年。

在训练班过了很长时间，一天休息，我回到毕业的第六中学，看望我在校读书时熟悉的老师。师生毫无拘束，闲谈起来，这时我才知道，学校迟迟没有给我分配工作，原来是我在校期间担任校学生会学习部学习委员时，因我有私塾的基础，我的作文、历史、写字等，老师们都很认可，因此，那时老师们让我负责全校十多块黑板报的出刊，我写板报都是在中午饭后和晚间饭后的时间进行，因此全校很多师生都认识我，我用彩色粉笔连写带画，把黑板报办得很好，尤其是教导处的老师对我很是欣赏。教导处主任吕律、管人事的老师谷振刚，也都熟悉我。因此，在分配工作时，教导处的老师一直认为对我没有合适的接纳单位，直到见有东北考古训练班向学校要人时，认为很适合我，这才给我发信，安排工作。这就是我迟迟没有收到分配工作通知的原因，是他们考虑我的特长，才延迟到1954年2月下旬才给我发信，让我于3月1日到“东北区第二届考古博物馆干部训练班”报到，参加训练班学习。

我到训练班报到后，见到济济一堂的训练班同学，来源有两部分，一是东北区的辽东、辽西、热河、吉林、松江、黑龙江六省博物馆或博物馆筹备处的工作人员，一是沈阳市几所中学的毕业学生。训练班很正规，讲课内容包括考古学和博物馆学，现摘其要者说明：李文信先生讲中国考古、中国古代陶瓷、东北考古发现；沈延毅讲缂丝、刺绣、髹漆；齐子如讲雕刻、竹雕、玉器、景泰蓝；胡文效讲青铜器；杨烈讲古代建筑；朱子方讲中国通史；还有甲骨金文、文物方针政策、考古调查、考古发掘、考古记录、考古照相、考古绘图、博物馆学常识、文物保管和修复……室内的课程，安排得很紧，身边还有博物馆的展室可以看文物，反正就是整天给你往脑子灌知识，讲的看的俱是我过去闻所未闻、见所未见之事物，让我感到生疏也感到新鲜，并且也好奇，于是用脑记，也用手记，一个多月下来，我已经不是原来的我了。

室内课程讲授结束，安排去北京参观学习。在北京听了郑振铎、王冶秋给我们全体学员作的关于文物方针政策、考古调查方法和考古发掘与研究问题的报告，我也在此次北京之行认识了国家文物局的罗哲文先生。在北京这一个多星期的时间里，我们是一天也没有闲着，到各处参观。首先参观了故宫、中国历史博物馆，大开眼界，看了许多过去从未见过的文物，觉得真是不虚此行。随后又参观了在故宫午门城楼上举办的“全国基本建设出土文物展览”，这个展览集中了全国各地考古发现的精品文物，让人震撼，我看得很仔细，用笔画了一本子文物图，天南地北，尽入囊中，自己很满意，宝山归来不空手。剩余的时间，去了北海、团城、国子监、孔庙、天坛、八达岭长城等处，这些都和我们专业有关，受益匪浅！

北京回来，已经是4月中旬，于4月16日安排田野考古实习。首先去的地点是在鞍山市东郊沙河区东地村，这里是鞍钢建设取土工地，发现大量汉墓，于是借考古实习进行抢救性发掘（缩编字头为ADM240-352号，墓葬编号系接续1953年发掘墓葬编号排列）。东地有砖墓、石墓、土墓，计发掘112座，单室较多，内有明器台，也有的墓有木棺，出土遗物多为泥质陶器，也有铜镜和铜钱等。同时，还发掘了距东地不远的灵山汉墓（缩编字头为ALM）。

五月上旬，鞍山沙河东地汉墓发掘结束，我们全训练班人员立即转赴辽阳，因太子河修筑河堤工程施工，在唐户屯、桑园子两村发现墓葬，配合工程进行考古发掘。于五月二十五日起程，至六月二十八日结束。发掘唐户屯墓86座（缩编字头为LTTM1-86号）、桑园子墓148座（缩编字头为LSTM1-148号），还有一处为唐户屯明代河上军事哨所址（缩编字头为LTTE）。两村墓地共发掘234座，墓葬俱属汉代，有石椁墓、瓮棺墓。

此次发掘，我们住在东沙坨子村，这里是一处河心岛，太子河由本溪山间流来，其后在辽阳城东分汊西流，南北两股均为太子河，下游又复合为一条河流，这中间形成一个河心岛，其上建有五个村庄，可见此河心岛确实不小。沙坨子村处在南北两河的夹流中，无路可通，而河上又无桥，出岛皆靠船渡，河面宽阔，水流很深，不坐船就无法进出。此处的太子河两岸，树木繁茂，遮天盖地，蓊郁成荫，在河外边的人看不见岛内情况，非常隐蔽，又有河水阻断交通，真是隐蔽已极，适宜藏匿，是天然形成良好的栖身之所。我在沙坨子这个岛上住了五十多天，每天早晨坐船到太子河北岸的唐户屯、桑园子村发掘，晚上收工再坐船回沙坨子村，时间长了，在太子河上坐船，触景生情，太子河因刺秦始皇的燕太子丹而得名，使我忽然想起《史记》说的燕太子丹刺秦王后“走保辽东，匿于衍水”的记载。司马迁明确告诉我们，太子丹是“匿于衍水”的。不然，衍水怎么会改名为太子河？那么说来，当年燕太子丹确是躲藏在衍水中的。但在衍水的何处？历来无人提及。我想太子丹躲避兵锋，其藏身之处应该是选择一处极隐蔽而且又能让人生活的地方。根据我亲身看到的环境和亲身体会，从沙坨子岛西望，距辽东郡首府襄平城十余里路程，处在水中，又极隐蔽，正是太子丹藏匿的好去处；东去，为今本溪，系辽东山地，群峰叠嶂，路险且艰，而西去辽东郡首府襄平城路途又不远，便于获得情报，各方面条件都符合《史记》所说的情况，于是我认定沙坨子岛就是当年太子丹东走辽东的藏身处。这个发现，没有在当地目睹过自然环境，没有亲身生活经历，是很难做到的，即或在其地的人，如果不熟知历史，或是不用心思考，也是难于发现的，我是在沙坨子生活了五十多天，每天由太子河上乘船进出该岛，并用心观察思索，才产生了这种认识。后来我将这个收获传达给社会，辽阳的考古朋友先知道，至今已成共识。

在唐户屯、桑园子发掘汉墓群时，还有一件事，对我个人来说，是至关重要的，甚至是决定我以后的人生走向，就是多掌握了一种工作所需的重要技能，这对我后来的工作和研究影响很大，故此也值得一说。发掘墓群时，由于墓葬很多，数十名学员每人都分得有墓，从初掘到细掘都是由每个学员对其负责的，要独立进行，记录、绘图、照相，自行负责，那时相机多，几乎人手一台，由主持该墓的发掘者自己照相。待回到市内进行冲洗胶卷时，发现很多人照相成品率很低，不是曝光不足，就是曝光过度，而取景构图等也都有欠缺，不符合考古要求。而我负责发掘墓拍摄的照片，其成功率很高，几乎没有废品，且取景也比较好，符合考古照片的要求。还有一件事，在唐户屯、桑园子考古发掘现场，一位学员的相机不好使了，怎么弄也拍照不了相，快门不开，好几天都不行，发掘当中相机不能用岂不是大问题？而且这位学员思想压力也很大，把照相机弄坏了怎么办？一天找到我，跟我说他的相机弄坏了，我说拿来看看，当我把相机拿到手后，也不知道坏在哪儿了，但是我把机壳摘下、胶卷取出后，我知道镜头是可以卸下来的，于是我把手伸到相机内，用手摸里边，不知怎么整的，就听一个轻微的“吧嗒”声，再看相机就好使了，其实当时我也不知道应该怎么修！“修好”后我知道那时的135胶卷相机是帘幕式快门，从后背插胶卷时把帘幕给推上去，帘幕快门就卡住了，因此快门不能开启，拍照不了。这两件事李文信先生知道了，就说：“今后考古发掘的照相就由冯永谦来做！”从此之后，虽然在现场的发掘工作我照常进行，负责发掘的墓一座也不少，但却多了一份摄影的任务。东北文物工作队和东北博物馆合并后，文物队成为馆内的一个部门，博物馆原有摄影的于世杰，因年老退休，现在没有搞摄影的人，这样就将博物馆的照相室交给我了。此后，我不仅承担文物队的田野考古发掘现场摄影、室内整理文物摄影工作，而且担负起博物馆的陈列展览所需照片及其他文物摄影工作。无论文物队里还是博物馆所用照片，我大都是晚间一人在照相室中进行的，既没耽误我的业务工作，也没影响队里和博物馆用照片。现在从李文信先生发表的文章看，仅举最初几篇文章如《东北文物工作队一九五四年工作简报》（载《文物参考资料》一九五五年第三期）、《辽阳三道壕两座壁画墓的清理简报》（载《文物参考资料》一九五五年第十二期）、《辽阳三道壕西汉村落遗址》（载《考古学报》一九五七年第一期）文章中所附的全部照片，都是我工作之初的第一年、第二年中拍摄的，当年无论是野外考古对遗迹的摄影，还是室内整理对器物的拍照，从那时起我就承担了文物队的摄影任务。我从喜爱上摄影后，一方面通过工作实践，不断总结经验，使摄影作品得到质量保证；另一方面我买了很多摄影书籍，加强学习，充实理论，以提高摄影技术水平。20世纪五六十年代以来，摄影的书出版了很多，当年只要书店有摄影书籍，无论是国内的还是翻译国外的，我都购买，至今在我的书柜里尚有几十本摄影书籍，如厚达四五十万字的《摄影基础》《暗房技术》等。我负责单位的摄影，一直到我退休，方才交出照相室。我从事考古工作几十年，但从摄影角度讲，我相交了很多摄影界著名的摄影家朋友，像辽宁画报社等新闻单位和辽宁省摄影学会的有关摄影师，我们都是挚友，因此，在他们拍摄彩色照片的影响下，我也很早就开始搞彩色摄影，负片、反转片胶卷我都用。最初我是在辽宁画报社冲洗胶卷，然后去照相馆放大照片，后来我就买冲洗和印放彩色胶卷与照片的显影药和定影药，在自己的照相室中进行。我在2020年6月出版的《辽阳壁画墓》一书，书中所附的大量彩色照片图版，就是我早年拍摄的辽阳汉魏晋时期壁画墓的壁画彩色照片，真实地保存了当时所见壁画的状况，至今这些已是仅有的难得珍贵照片。发掘后至现在几十年过去了，墓葬长时间地埋在地下，不知壁画墓中的壁画保存得如何了？如果猜想，大概只会坏不会好。而我拍摄的这些墓葬的壁画，除我所拍摄的以外，世上再无关于辽阳壁画墓最早拍摄的彩色照片了。后来我还曾写过一本《考古摄影》的书，交给上海人民美术出版社，但在“文化大革命”初期书稿被单位知道后由出版社索回，以此书的写作未通过单位，属“地下黑工厂”作品为名，将书稿追回后“批判”我，因此该书未得出版。这些都是后话。但这些是我走过的道路，也是我在文物考古工作中的成长过程，不应不记述下来。

现在再说考古实习结束，回到沈阳，已经是6月底了，随即进行结业仪式。然后是人员分配，各省博物馆来的学员回各省，剩下各学校来的毕业学生学员，有人进入到东北博物馆，此前在6月经中央文化部社会文化事业管理局批准成立东北文物工作队，因此另有几人进入组建的东北文物工作队。我作为专业人员，分配在组建的东北文物工作队里，从事田野考古工作。

东北文物工作队队长，是我国著名考古学家、研究员、教授兼东北博物馆研究室主任李文信先生。李先生为人和蔼可亲，坦率无私，对事业兢兢业业，认真负责，治学严谨，对后生晚辈奖掖扶持，循循善诱，诲人不倦。从我1954年认识李文信先生起，直到1982年他逝世，可以看到经过李文信先生近三十年的辛勤工作，培养出一大批文物考古工作者。今天，他们中的许多人已成了我国北方各省（区）文物考古战线上的主要研究人员。李先生用自己的渊博学识和毕生精力，开创并奠定了东北地区考古事业的基础。我自己是这支队伍中的一员，是李先生言传身教培养出来的学生，对此尤有深刻体会。

1954年，我国的国民经济在三年恢复时期过后，出现前所未有的新形势。随着各地大规模基本建设的破土动工，地下古墓葬、古遗址陆续被发现了。为了抢救清理、发掘这些珍贵的古代文化遗存，东北文物工作队担负起繁重的考古发掘任务。此后，我一直在这条战线上工作，由于东北大区撤销，辽东、辽西两省合并为辽宁省，我们的工作范围有所调整，主要着眼于辽宁地区的文物与考古。但我的足迹遍及国内许多地方，几乎各省都去过，但注意力还是集中在东北及北方省区。在此基础上，我相应地做了一些有关方面的专题研究。

1954年8月1日，我们再次去鞍山，这是东北文物工作队成立后的事。在队长李文信先生主持下，考古队去的第一个发掘地点，是鞍山市铁西区陶官屯金代农家遗址（缩编字头为ATI），至10月14日结束。这处遗址是一所农家院落，发掘面积达2000多平方米，有土墙房舍，院内还有地垄，应是庭院菜地，出土遗物有家什细软、生产及生活用品等遗物。

10月16日，文物队来辽阳，发掘辽阳市北郊三道壕村汉墓，至11月13日结束。这次发掘地点较多，有的还是大墓群，因时间临近冬季，没有全部发掘完。此次发掘地点有辽阳三道壕窑业五场汉墓（缩编字头为LSM1-59号）、辽阳三道壕村东汉墓（缩编字头为LSM1-10号）、辽阳三道壕瓮棺墓（缩编字头为LSM1-37号）、辽阳袁家堡墓（缩编字头为LYM1-8号）。此次共清理砖墓、石墓、土坑墓、瓮棺墓114座。还有很多已发现的墓葬未发掘，在未发掘的墓葬中，有三座是壁画墓，采取了封存保护措施。

在本年因时届冬季，将要进入室内整理文物时，辽阳市东南郊太子河边鹅房村水渠工程施工，发现古代遗存，因是紧急抢救，我们队立即前往现场，在漫天风雪中，进行考古发掘，从11月15日开始，直至11月25日结束，共发掘战国燕到汉代的墓葬22座（缩编字头为LOM1-22号），另有辽代烧瓦窑址两座（缩编字头为LOY1-2号）。

在田野工作结束，于11月28日开始转入辽阳市内，吃住均在辽阳市文化馆办公室内，开始整理此前在辽阳考古发掘出土的文物资料，刷洗在发掘工地随时都做了，现在室内整理，就是对残坏文物进行修复，然后绘图，我给器物照相。由于出土文物量大，因此不需运回沈阳的就不搬运了，这样在当地整理文物，也算方便。因此，在新年、春节，我们都没有回沈阳，而是一直在辽阳过的。

1955年（21岁）

1955年，继去年的工作，由队长李文信先生率领全队人员，仍在辽阳进行考古发掘。最先是接续去年因为冬季停工未发掘完的辽阳鹅房村墓葬，为战国、汉代和清代墓葬（缩编字头为 LOM23-68 号），还有水井一眼（缩编字头为 LOY1 号）、灶址一处（缩编字头为 LOK1 号）。

然后转入辽阳北郊，发掘地点多处，有辽阳大林子汉墓、辽墓（缩编字头为 LDM1-5 号）、徐往子汉墓（缩编字头为 LOM1-22 号）、三道壕墓，此次发掘地点展开，有三道壕辽阳窑业五场墓葬（缩编字头为 LSM1-59 号）、三道壕村东墓葬（缩编字头为 LCM1-5 号）、北园汉墓（缩编字头为 LBM1-4 号）、三道壕村东汉晋墓（缩编字头为 LSEM1-14 号）、三道壕瓮棺墓（缩编字头为 LSM37-359 号）和三道壕村西墓群（缩编字头为 LSWM1-26 号）。三道壕村西北有三座壁画墓，为"魏令支令张"某和其西侧的一、二号壁画墓。村西墓中有朱符墓。在村东北发掘的瓮棺墓，埋葬的皆为儿童，发掘 359 座，几百座瓮棺墓连成一片，那种现场情况，令人心生感叹！

此外，我们还对早年发现的北园等村的壁画墓做了调查，并对墓上封土被取走或流失造成墓室几近裸露者，进行取土回填加以保护。

本年发掘量最大的，是辽阳三道壕村的前汉村落遗址。从 5 月 11 日开始发掘，至 8 月 22 日结束，发掘面积达两万多平方米，发现居住址六处，水井十一眼，砖窑七座，还有少见的铺石道路，此路东西走向，至东端分别向南北分支，形成南北道路。遗址出土文物达 20 万件（片），收获极大，这是当时国内第一次发掘面积如此规模巨大的村落遗址。

1956年（22岁）

1956 年，从春来北国开始，就进入田野考古工作。3 月 28 日出发去桓仁，至 5 月 21 日结束，文物队在桓仁县对桓仁水库、沙尖子水库淹没区进行考古调查。这两座水库淹没区范围均较广，桓仁多山，江河很大，鸭绿江、浑江、富尔江等水源充足。我们在山间和江边行走，多次遇险。调查走了 35 个村，试掘三处高句丽墓，即二道岭子村墓、连江村墓、高力墓子村墓。通过调查，发现新石器时代、青铜时代遗址和高句丽墓葬，内涵均很丰富，以五女山为标志的高句丽山城、高力墓子村、北甸子、连江村为代表的高句丽墓葬，其所反映的历史文化面貌，通过发掘得以进一步了解。

5 月下旬，因有人报告得知西丰县西岔沟古墓群被当地村民"挖金子"被破坏的消息，经过准备，我们于 5 月 29 日前往西丰县执中村，对"西岔沟"古墓群进行考古发掘，发掘至 9 月 7 日结束。墓地被发现很早，在 1955 年因墓中随葬品有金丝穿玛瑙珠扭成的耳饰露出，引起当地村民在墓地"挖金子"，因而将墓葬大部分破坏。经过我们清理发掘，经恢复可知墓地有墓可达 500 余座，另有经我们发掘未被村民破坏的墓有 63 座（缩编字头为 CCM1-63 号）。墓葬全都为土坑墓，出土有陶器、铁兵器、马具、金耳饰等。这是一处前汉中晚期我国北方古代少数民族的墓地，这是东北地区考古的一次空前发现。

从西丰考古发掘回来后，即刻转赴抚顺，对大伙房水库淹没区文物进行考古调查。大伙房水库淹没区的范围很广，当时是仅次于已修成的官厅水库的全国第二大水库，处在抚顺市区东面，文化遗迹丰富。调查后发现地点很多，有青铜时代遗址、战国时期遗址、高句丽墓葬、明（后金）清代遗迹等。在调查过程中，我们选择不同时代的遗址和墓葬五个地点进行发掘，计为抚顺大伙房青铜时代石棺墓（1—2号）、莲花堡战国时期遗址（缩编字头为FLDT）、抚顺前屯（缩编字头为FCM1-13号）、西沙窝（1—6号）、洼浑沐（1—2号）高句丽墓群，通过发掘，对大伙房水库淹没区内的文化遗存有了较深的了解。

在抚顺大伙房水库调查和发掘工作结束回沈阳后，我于10月间又去新民和建平两县调查和发掘新发现的辽墓。于10月4日启程赴新民，发掘巴图营子辽墓，此墓为砖筑，非常坚固，保存很好，没有塌陷，虽然早期被盗，但残存遗物仍很多，有的为过去所未见。我在发掘后，对墓室没有拆毁，而是就地回填，掩埋封存，保留下一处辽代墓葬遗迹。

新民辽墓发掘结束后，我于11月9日去建平，这次是调查两处辽墓，一在张家营子，一在朱碌科。墓葬是因村民取土发现，墓中出土了很多非常有价值的文物，是辽代考古中一次很难得的发现。

在去建平县考古的途中，我见到了战国长城，在山间蜿蜒分布，非常雄伟壮观。我沿着长城调查一段，所见极为难得，以前没见过这样的长城，这是我第一次见到长城，给我留下极为深刻的印象，我由此非常关注长城，并在此后调查了北中国的大部分长城，并进行研究。

此外，在建平辽墓调查完成后，我又去当时文物队的同志正在发掘的地点，凌源县小转山子（现划归喀左）早时出土铜器群下面的石建筑遗址，在那里我了解到铜器是埋藏在一处新石器时代遗址的上面，可见文化间的渊源在无形中有所联系。

1957年（23岁）

1957年，第二次调查和发掘抚顺大伙房水库淹没区的文物，由于大坝要合龙蓄水，因此，必须在蓄水前将淹没区水线以下调查发现的遗址和墓葬发掘完成，因此，4月15日我们就去抚顺大伙房水库，居住在当地村民已经搬迁后空无人烟的库区内。发掘的地点有抚顺来得户村南的青铜时代遗址（缩编字头为FLNI）、莲花堡东山战国时期遗址（缩编字头为FLDI）、下洼子高句丽墓（缩编字头为FCM）、前屯东山高句丽墓（缩编字头为FCDM14-17号）、洼子伙洛高句丽墓、辖子伙洛高句丽墓、古城子高句丽墓、得利山城高句丽墓、东社东沟门高句丽墓、铁背山高句丽山城、萨尔浒后金山城、后金“王皋城”、清乾隆“萨尔浒之战书事碑”等。这次发掘不仅对高句丽墓葬有较多的发现，而且发掘了几处战国至西汉时期的遗址，从而对这一地区汉文化的分布与内涵，取得了第一手出土资料。

1958年（24岁）

1958年，文物考古事业处在“大跃进”浪潮中，我们的工作也出现了新的情况，改东北博物馆历史艺术性质为地志性质的辽宁省博物馆，全馆人员都转向了征集有关地志性质的文物资料工作中去，即博物馆改为不以历史为主，而是同时增加地质、自然资源、物产与现代建设成就等新内容的博物馆。我的分工是主管工业，在全省各市有名的大企业中进行征集，如在鞍山钢铁公司我就将王崇伦发明的“万能工具胎”最初设计的模型实物征集到手，成为博物馆藏品中稀有的文物，同时省内各地有名企业的各种发明创造实物，也都征集过来。但我的主要工作还有一项，是摄影，对全省的重点项目、主要成就都进行了拍摄。在这一年里，我征集到馆的实物很多，并且拍摄了大量的工业方面的照片。博物馆经过这一年的改造，收获很大。但在 1959 年上级又下发文件，博物馆仍恢复为原来的历史艺术性质。此后，我们恢复原岗位工作，才又走向正常。

1959年、1960年（25岁、26岁）

1959 年，文物队的工作经过研究，作了重要安排，把编写考古发掘报告作为首要任务。于是当年的重点是对西丰西岔沟古墓群发掘资料进行整理，编写正式发掘报告。原因是西岔沟的发现，非常重要，为过去所未见，并且由于发掘前被乱掘，墓葬被破坏，文物流散，造成混乱，若不抓紧时间进行整理，写出报告，等到以后来做，如让一些没亲身经历的人来整理，就根本摸不着头绪，将无法完成，而西岔沟这样的一个重大发现，就难以报道出去。于是经研究决定，今年工作无论有多忙，也要抽出当时主要参加发掘的人来整理西岔沟考古发掘资料，写出报告来，不然将来就会成为一堆死材料，外人没到过现场，没有亲眼所见，都不了解其间的复杂现象，将没有人能把墓地的关系弄清楚。

编写西丰西岔沟报告，馆里决定由朱贵、孙守道、陈大为、我四人进行。当时博物馆为什么如此安排？原因是李文信先生在西丰西岔沟墓地发掘时被吉林大学聘为该校教授，去给学生讲课，未参加墓葬发掘，并且在 1957 年 5 月升任辽宁省博物馆副馆长，当时博物馆除馆长张拙之一人外，副馆长只有李文信先生一人，又是主抓全馆业务，工作任务繁重，不能参加西岔沟墓葬材料的整理工作。因为此时朱贵是文物队队长，他虽然没有参加西岔沟发掘，但参加了报告书的编写。报告书的结构，经研究主要分四大部分，人员也按此分工：第一部分是开篇，内容包括前言、墓地发现情况、地理位置、发掘经过等，由朱贵执笔；第二部分是墓葬，内容包括墓地乱掘坑情况、复原被乱掘破坏的原有墓葬的数量、对已被扰动的文物归位、确定破坏的墓葬与文物的关系、未被破坏的墓葬发掘与内涵，等等，由我执笔；第三部分是文物，分类描述各种出土遗物，是发掘报告中关于文物的常规写法，反映出这处墓地文物的一般情况和其特点等，由陈大为执笔；第四部分是结语，内容是此墓地的特点、时代考证、族属研究、历史地位与价值等，由孙守道执笔。报告书的这四大块文字编写及各部分的文物整理，亦归各部分承担者负责，并还安排董彦明、张玉芬参加，她们负责画文物实测图，我兼负报告书全部文物的摄影。

这一整理工作，从 1959 年开始进行，一直持续到 1961 年，用了两年多的时间才全部完成，然后抄出清稿，成为一部完整的包括文字部分、照片部分、绘图部分的《西丰西岔沟》考古发掘报告书。

1961年（27岁）

1961 年，我从文物工作队调到研究室，参加由李文信先生主编的《辽宁古诗选》和《辽宁史迹资料》的工作。在这一年里，我们看了大量的书，有关辽宁地区的从京、府、州、县志到个人文集等，阅看个遍，从中挑选有特点的诗作及相关文史方面的记述，作为所编二书的原始素材，这对我们了解辽宁的历史情况非常有好处。

所编《辽宁古诗选》一书，收录诗作的时间，上自晋和北周，下迄民国时代，有代表性的诗，都作了选录。总领为“前奏”，其后按当时行政区划分为沈阳市、旅大市、鞍山市、抚顺市、本溪市、安东市、锦州市、营口市、阜新市、朝阳市十部分，共选诗600首，有关辽宁史地风情人文等内容的诗，择优收录进去，广泛而精练，非常实用，反映了辽宁两千年的历史文化面貌。此书由李文信先生审定，1961年10月印行。

关于《辽宁史迹资料》一书，分为几大部分，有前言，建置沿革，此项按省内十市地区划分列，史迹是书中主要部分，详尽论述，包括名山、大川、温泉、古城址、古居住址、宫殿、陵墓，石窟、寺塔、石坊、其他诸项。此书对从事历史、文物、考古、博物馆的人都非常有用，书中大部分文字为李文信先生所写，全书经其修改定稿，于1962年1月印行。

本年10月26日我去朝阳，参加考古发掘并拍摄墓葬的照片，地点在朝阳旧城南三里朝阳师范学院内。因该学院在校内修建，发现一座墓葬，遂上报。经发掘，该墓为金代砖室壁画墓，墓壁上有墨书题记，为金“大定贰拾肆年贰月贰拾伍日殁”马令夫妻合葬墓，这是辽宁省第一次发现有明确纪年的金代壁画墓。

12月11日，我去北票，调查上园乡靰拉草沟村上老虎沟屯元代遗址，因村民取土发现。调查时做了清理，遗址单纯，只是元代。有两座房址，出土遗物很多，有釉陶碗、白瓷片、铁刀、铁锯、铁镰、铁锄、铁铺首、铁马镫、铁矛、铁斧、铁马笼头、铁纸镊子、铜锅、铜钱、铜象棋子、铭文铜镜、各种陶瓷片等。

在北票期间，我还调查了下老虎沟一处遗址，有三口大缸，成南北一列，缸口向上，在两缸间有双耳陶罐，还有铁锯、绿釉陶片。此亦为有意埋藏。此地调查结束，于12月23日返回沈阳。

1962年、1963年（28岁、29岁）

1962年，正是我国三年经济困难的时候，工作没有开展，当时主要是食物不够，人都浮肿。我们到辽北山区寻找能吃的东西，后来为根本解决问题，省文化厅在沈阳市西南部杨士屯办农场，主要是种夏季和秋季的蔬菜，分给各单位，而厅属各单位都得派人前去种地，博物馆除参加文化厅办的农场外，博物馆也在沈阳北郊尹家窝堡自己办了农场，种的是主食高粱和玉米，春种夏锄秋收都是馆内人员出动。单位的老弱病残者，不能参加农场劳动，我们年轻身体又好的人，几乎是常年劳动。这种情况，一直持续到1963年，经济形势好转，我们的工作才又走上正轨。

但在这困难时期里，我多年养成的对事业追求的心理惯性，并没有因生活上的困难而有所改变。我从事文物考古工作已有十年，在这十年当中，不仅从事田野考古工作，还担负文物队的摄影，无论是野外发掘，还是室内器物整理，都由我拍照冲洗印放，而文物队并入博物馆后，又主管博物馆的照相室，承担博物馆的陈列展览照相任务。因此，根据这十年的工作实践，我深感摄影在考古中的重要性，它不仅是最忠实的考古发掘形象的原始记录，而且更是令人置信不疑的考古发掘最可靠的见证。这样的话，会照相就是文物考古工作者必会的技能之一，但是很多人不能将像照好，然而每个考古人员又不能都跟随一位摄影师。有鉴于此，我就以自己的工作体会，结合摄影原理、操作过程、技法运用、暗房技术和药品的化学性能以及考古摄影的特点和要求等，利用这两年的业余时间，写了一本十余万字的《考古摄影》。

1964年（30岁）

1964年，我又由研究室调回文物工作队。在这一年里，我们文物队开展全省的文物保护单位也包括全国重点文物保护单位的“四有”调查工作，从4月25日开始，至11月10日结束，建立省级和国家级重点文物保护单位的“四有”科学档案。此时，全国重点文物保护单位1961年经国务院批准公布，辽宁省为四项，经省政府批准的省级文物保护单位1963年公布，为48项。所谓“四有”档案，即对这一处的保护要有完整的记录（此项包括文字记录、绘图记录、摄影记录），要有保护范围，要有保护组织，要有保护制度和措施，建立保护标志。这项工作很细致，也很繁难，经过近一年的野外工作，至年底全部按要求完成，只有文物保护标志碑的制作尚待时日，并且也不是此次调查所要完成的项目，须在以后各地政府部门制作出后陆续建立起来。在这项工作中，文字记录、绘图和摄影我都做，工作很紧张，各地奔走，我没有过任何偷闲，都是认真对待。

1965年（31岁）

1965年，野外工作比较多，发现也很重要，主要有以下几项。

5月4日由沈阳去阜新，由我主持发掘了阜新县蜘蛛山乡砬子沟辽墓，发现就单独一座，进度较快，于至5月29日墓葬发掘结束。

随后，我们又调查了附近的胡宝吐等地的辽代石棺墓地。计有：胡宝吐村石棺一具，砬子沟石棺一具，北梁村石棺六具。石棺均为长方形，有平顶，有盝顶，也有房脊式屋顶，棺身大都光素，只有一棺雕有直棂窗、门和门环。还调查了扎兰波罗辽代铁器出土地，遗物计有铁马镫、中间棱脊铁镞、平刃铁镞、铁铲等。在北梁村调查了辽代铁农具窖藏，出土有铁牵引、铁锄、铁镰刀等各十余件，摆放整齐，为有意放置的掩埋。在阜新的发掘与调查结束后，已是6月9日了。

随后于6月11日我又去法库，主持发掘柏家沟乡前山村辽墓。墓为砖筑，由墓道、墓门、甬道、耳室及主室构成。墓内出土文物中，有墓志一盒，是辽北府宰相萧袍鲁墓，与汉文墓志出土同时，还有契丹大字墓志，是非常难得的发现。发掘工作至7月6日结束。

在前山辽墓发掘结束后，又转地发掘了羊草沟辽墓、丁家房辽墓，至7月21日结束，两地均出土不少辽代文物。

在上述三地辽墓发掘结束，应法库各界邀请，我们在法库县文化馆举办了“法库县辽墓考古发掘展览”，布置用了5天时间，做得较为规范，展期20天，参观的人很多，收到很好的效果。于8月16日结束，然后回到沈阳。

8月19日，受文物队指派我去沈阳市铁西区郑家洼子参加由沈阳故宫博物馆发掘的青铜短剑墓，出土遗物很多，有的是为过去所未见，是一处很重要的发现。发掘过程中，我为墓地照了很多照片。至9月20日回馆。

9 月 22 日，我去北票，发掘在西官营子十六国时期北燕国王冯跋之弟冯素弗及其妻属家族墓。这次的发掘非常重要，它是第一次发现的北燕墓葬，特别是冯素弗所处的时代和他的地位，非常重要，是这一时期显赫人物。墓葬没有被盗，出土 500 多件文物，有陶器、铜器、玻璃器，印章、墨砚、双马镫、铁甲骑具装等，其中有很多是珍贵的过去未见过的文物，对世界都有影响，是研究十六国时期的政治、经济和文化、葬俗等方面，最为可宝贵的实物资料。

在发掘冯素弗墓期间，还在柳条沟村发掘了一座辽墓，墓葬为石筑，保存较好，墓室未塌毁，出土遗物都很完整，甚为难得。其后，我写了此墓的发掘报告。

在北票发掘工作全部结束后，我们携出土文物回转沈阳。北京文物出版社闻讯后，立即派人来沈约稿，拟出版冯素弗墓的发掘报告。博物馆即安排由徐秉琨和我编写《北票北燕冯素弗墓》考古发掘报告的书稿，一切就绪，经过一冬和一春的紧张工作，书稿完成。但因“文化大革命”开始，出版社的工作停顿，故此发掘报告未得出版。1972 年，中断了五年多的《文物》复刊，需要考古稿件，出版社建议将前此所编写的《北票北燕冯素弗墓》发掘报告作摘要在《文物》先期发表，报告书以后出版，篇名改为《辽宁北票县西官营子北燕冯素弗墓》，遂以“黎瑶渤”（即“辽博”对音）的署名，发表于《文物》1973 年第三期上。

1966年、1967年（32岁、33岁）

1966 年，在中国大地上“文化大革命”开始，博物馆中，我在李文信等老一辈专家学者被点名批判后，也被点了名。本来在辽宁省博物馆里，我就一直是戴着“只专不红”“白专道路”的帽子，经常作为典型在馆内开会批判，用以“教育”大家。此时运动一来，即将我在 1964 年写完的那本十余万字的《考古摄影》书稿，指为“地下黑工厂”作品，宣布“要由博物馆的工农兵进行批判”，随即给出版社连去三封信，将书稿索回，交给专案组进行审查。运动持续时间很长，1967 年，在博物馆中随着运动的发展，人们意见不同，分成好几派，1967 年也是在运动中度过的。我在这段时间里看了很多书，这应该说是意外所得。

1968年（34岁）

1968 年 12 月，这时运动还在进行，但有考古发现还是要做的。其间值得记述的，是北镇县报来当地因农业生产发现古墓，并且已经挖开。博物馆派我前去北镇县进行调查清理，墓葬是 12 月 2 日发现，我到发现地后，得知地点是在大屯公社佟佛大队，墓有三座，外有用砖和石块砌筑的椁室，非常牢固，内有木棺，其中有火葬者系用木匣。木匣上写有金字“皇清待赠先妣李门张氏之柩”十二字。墓中出土文物 56 件，有铜镜、银冥钱、银发簪、铜顶针、铜钱等。根据出土遗物与木匣上的文字，此墓群的时代约为清代乾隆年间。我于 12 月 11 日返回。

1969—1972年（35—38岁）

1969 年冬，运动接近尾声，开始下放，干部要到农村去。10 月 20 日，我被下放到开原县前三台子村“插队落户”。去农村，对我来说并不陌生，我的童年是在农村度过的，后来工作还是在农村山间野地里，那里的一切都是很熟悉的，也没有不适应的地方。现在到农村，空闲的时间也有，我就抓住机会到有文物遗迹的地方进行调查。我走访了辽北地区的明代长城，这为我后来研究长城，积累下不少可贵的资料。我还在冬天不眠的寒夜里，读点书，作点笔记，又根据我的“考古日记”和相关书籍，陆续写成了《辽宁法库前山辽萧袍鲁墓》考古发掘报告和《辽史外戚表补证》等文章的初稿，后来发表在《考古》和《社会科学辑刊》上，没有使这段光阴虚度。这些都应该说是我在农村期间的额外收获。在开原前三台子，我生活了近三年。

1973年（39岁）

1973年，早已停顿的文物考古工作又开展起来。铁岭地区文化局借调我到铁岭地区群众艺术馆文物组，因而由开原前三台子来到铁岭。后来铁岭地区举办所属铁岭、法库、康平、昌图、开原、西丰六县文物干部训练班，邀我讲课，在训练班课程讲完之后，带领学员进行田野考古实习。此次实习，确实不同以往，做了大量的实质性的考古工作。简记下列两项：

首先发掘了法库县叶茂台村北山的辽墓群，共计发掘六座（编号1—6号），有砖墓，也有石墓，出土遗物很多，有的是过去很少见的发现。墓前边有享堂遗址，还发掘了一座可能是为修墓而建的烧砖窑址。

叶茂台辽墓发掘结束后，对铁岭地区所属六县进行考古调查。首先是法库县，调查发现十一座辽代城址；康平县调查，发现四座辽代城址；昌图县调查，发现三座辽代城址；开原县调查，发现两座辽代与明代城址；铁岭县调查，发现两座汉与辽代城址；西丰县调查，发现一座高句丽城址、一座辽代城址。在铁岭工作将近一年，直至当年的11月中旬。

同年11月20日，我在被铁岭借用期间，调回辽宁省博物馆。回博物馆后，仍在文物工作队工作。

调回沈阳后，思想中确实有一种紧迫感。由于这些年的耽误，对东北地区的考古与历史研究中的许多课题没有做，也没有很好地进行研究探讨，甚或有的根本没有触及，年华虚度，甚觉可惜。因此，日夜兼程，加倍工作。此后的田野考古工作，随着发现就展开了。

1974年（40岁）

1974年，天刚转暖，我们就开始外出进行考古调查和发掘了。5月2日，我去法库，发掘叶茂台村新发现的一座辽墓。墓葬在我们之前发掘的六座辽墓的山坡下面，就接续前所发掘的墓编为七号墓。此墓为当地村民发现，保存异常完整，没有被盗，墓室内无积尘也无陷土，保存原葬状态，为历来考古发掘所仅见。墓内有雕花敷彩大石棺、木质棺床小帐、木桌椅、瓷器、铁器、漆器、双陆棋、丝绸服饰、靴帽以及金线入织的缂丝等，很多都是珍贵文物。另在一个瓷瓶中还装有酒，保存清澈，是蒸馏酒，颇为难得，在现场我还亲口品尝过，以验是否为酒。尤其是经我亲手剔取而完整地拿出来两幅设色立轴绢画，一幅“深山棋会图”、一幅“郊原野趣图”，这是我国考古发现史上，第一次出土的时间最早而又保存完好的中国画，并且是过去所未见过的立轴悬挂的画，这是很了不得的新出土例。我们过去只知中国画是手卷，在案上展开看，但何时开始出现立轴悬挂的画，这是过去所不知道的。5 月 5 日两幅绢画出土后，国家文物局局长王冶秋立即电话告知此画送北京修复。在现场当即决定由我送回沈阳，然后护画进京，我连夜回沈，第二天我就携带这两幅出土绢画乘飞机快速运送北京，请求故宫博物院裱画室的技术支持，协助装裱，三天后我返回，继续进行墓室内的文物清理，开棺剔取丝织品服饰等。叶茂台七号辽墓考古发掘结束后，经过安排，分别写成一组五篇文章在《文物》1975 年第十二期发表，我写的是关于瓷器的研究《法库叶茂台辽墓出土的陶瓷器》一文。叶茂台辽墓材料出刊后，即刻引起国内外学术界的关注和重视。

6 月 10 日，我去鞍山，发掘千山区倪家台村明昭勇将军崔源族墓。墓地在倪家台村东一个较低矮山岗的西坡下部，有平面呈前方后圆石块砌筑的墓园围墙，后倚高山，墓园门朝西，园门内有享堂，最后部是埋葬崔源及其妻的墓，前面与两侧分别为其子孙的墓，共有十七座，民国时被盗出崔源墓志，此次发掘出土墓券一方，墓志九合，计为昭勇将军崔源墓券一方，源子龙虎将军崔胜墓志一合、胜妻李安墓志一合、胜子昭毅将军崔鉴墓志一合、鉴妻费氏墓志一合、胜子怀远将军崔锴墓志一合、鉴子监察御史崔哲墓志一合、哲妻白氏墓志一合、鉴子辽左元戎崔贤墓志一合、贤子镇国将军崔世武墓志一合。崔氏家族几代人都在辽东都指挥使司为官，前后多次巡抚海西、招谕奴儿干。这次发掘，不仅对有明一代辽东地区的葬制、葬俗得以了解，而且是研究明政府有效管辖黑龙江流域与东北边疆的政治、经济和文化的极为重要的材料。这次发掘及其研究成果，由我写出的消息经新华社播发后，据新华社辽宁分社转告，中央台播出的当天晚间，美联社、路透社、法新社、共同社等都立即作了转播，在世界范围内产生很大影响。发掘后，崔源族墓由我写出《鞍山倪家台明崔源族墓的发掘》考古报告发表。

1975年（41岁）

在 1975 年，我于 4 月 24 日去新宾县南杂木镇朝阳村房身屯，村民在这里平整土地时，发现有墓葬，而其中的一座墓，在村民发现后，即被用尖镐将棺盖撬开，发现衣着全新，尸体未腐，知道是古墓，随即上报。我到现场后，经过查看，墓地共有七座墓葬，均为土坑木棺墓，我们在发掘时，依次编为一至七号墓。我们发掘时，首先就是这座已被撬开的墓，因该墓已暴露将近两天，必须尽快清理，以免尸体腐坏。七座墓中，只有被撬开的编为一号墓保存完好，墓葬外有椁内有棺，棺中有棕色液体，尸体下铺敷很厚一层现在呈现为黑色带有细枝杆的泥状物，此当系中草药朽后形成的物质，因此尸体得以未腐，肤色如常人，牵扯胡须，皮肤亦动，肌肉具有相当弹性。所穿戴衣帽、补子朝服、蟒袍官靴等多件衣物，色尚如新。二号墓在一号墓侧，当为其妻属墓，保存很差。其余五座墓，也都朽坏，仅残存骨殖。墓地中未见有文字的遗物，只在一号墓的木棺上有铭语，为“山东知府王朝幹”。王朝幹及其子在清代官职均很高，不少方志中均有记载。在此墓地中，虽未见其他文字，但房身屯七座墓应为王朝幹与其父、祖及其子的墓，是为一家族墓地。

尸体未腐的清代墓葬，我经历的还有几处。在发掘新宾南杂木未腐尸体清墓的前后时期，我亲手发掘过尸体未腐的清代墓葬，计有三处。1966 年 7 月，在沈阳市区的马路湾东侧二〇二医院内，因工程在地下发现一座清代墓，尸体未腐。1967 年 6 月，在沈阳市北陵的西侧，发现一座清代墓，尸体亦未腐。在辽阳市南门外，发现一座清代墓，尸体亦未腐。这三处清墓，墓中随葬遗物不多，但其随身衣物亦未见腐，很是难得，只是此三墓中均未见有文字，故其墓主为谁无法推知，不能确定。

1976年（42岁）

1976 年，我受辽宁省文化厅的委托，为其编辑一本为文博系统所使用的《文物工作手册》，内容为文物政策法令、历史年表等，于当年署“辽宁省文化厅”名义印行。

当年的下半年，省博物馆让我参加博物馆的“改陈”工作，即撤除旧展览，重新设计布置博物馆新的历史陈列展览，其中主要是将考古新发现的文物补充进去，工程量很大，投入馆中的主要力量。调我协助工作，一是我对文物队历年考古发掘地点都知道，是墓葬还是遗址等性质熟悉，对其时代也很清晰，出土文物比较了解，提取考古资料方便；二是展览需要照相，文物照片和其他照片都需要冲洗印放；三是展览文物需要写说明和卡片，那时没有电脑打字，这些全都靠人工手写。因此，我在这段时间里，就是协助博物馆搞展览陈列工作，直到 1977 年新展览完成。在这段工作里，诸多文物亲自过手，不仅是考古发掘的出土文物，还有博物馆库房中的文物，都曾仔细观摩，又进一步了解了博物馆的陈列展览业务及其流程。

1977年（43岁）

今年，辽宁省博物馆为筹办“辽宁省出土文物展览”，是文物队承担的任务，要向省内各市地借用近年出土的文物，我被派去各地挑选借用文物参加展出，一年里去了省内各市地，每地都有发现，现择几处略记于下。

4 月 3 日，我和几位同志去昭乌达盟（今赤峰市）。因盟所下辖的旗县较多，计有十个旗县，地域很大，近年出土文物亦多，因此博物馆研究决定先去昭乌达盟各旗县选用参加这次举办的全省规模出土文物展。所去旗县有赤峰县、喀喇沁旗、翁牛特旗、克什克腾旗、林西县、巴林右旗、巴林左旗、阿鲁科尔沁旗。工作完成，于 4 月 25 日返回沈阳。在各旗县办理完选用展览文物后，还抽暇调查了几处遗址，也值得记忆。

在喀喇沁旗，调查了哈达沟门唐代银器出土地，见到当地村民，他们说当时出土时周围有烧土和灰土，看来是一处居住址。还了解到，在银器出土前，这里还出土有海兽葡萄铜镜。

在翁牛特旗，晨起调查了乌丹镇西侧的古城址，北城墙与西城墙保存还很完好，存高 1.5 米，坍宽 5~10 米，四面城墙有门。此城址为元代全宁路城。

在巴林左旗，调查了辽上京城址，有皇城和汉城，先走城墙，然后到皇城内，各处的建筑遗迹和窑址等，经过仔细调查，采集的主要是瓷片，旗文物组王晴跟我们说：“原来地面到处是瓷片，1958 年大办钢铁时，动员了很多人来捡瓷片，拉走不少汽车，压碎了作炼炉用，因此地面现存不多了。”我们现在所见，不是被风刮出的就是雨水冲出来的。

在巴林右旗，我们去北部的索博力嘎公社，汉语为白塔。这里是辽代庆州，城址就在村外东北边，相距不远。我们走了全城，城墙保存还较好，虽有颓坍，存高仍有两三米。城址内无人居住，因此保存较好。在城址内近西北部有一座砖筑空心白塔，巍峨壮观，这是现存辽塔中保存最好的一座辽塔。

在赤峰市，我们调查了缸瓦窑村辽代瓷窑址。这里是山区，缸瓦窑村在山谷内，窑址在村外东南部的沟谷中，地面瓷片很多，沟崖上露出有窑室，窑壁的红烧土很厚。这次调查有一重大发现，即是我在无意间捡到一件“新官”二字款的窑具垫柱，这一发现，为解决辽代有无官窑的问题，提供了非常重要的实物资料。之后我写了《赤峰缸瓦窑村辽代瓷窑址的考古新发现——辽代官窑遗址的确定，兼论辽代设窑烧瓷的时间问题》一文发表，使辽代官窑从此确定下来。

5 月 18 日，我去鞍山、辽阳，也为举办全省出土文物展借展文物。此行于 25 日返沈。在借文物过程中，于鞍山了解到两事。一是海城县感王公社下夹河大队在 1974 年出土青铜短剑一件。另一为海城县响堂公社榆树大队 1977 年 4 月发现一座明墓，石筑，为怀远将军盖邦奇及其妻张氏墓，出土墓志二合，出土文物有木镟盖罐十件，内盛装芝麻、小麦、谷子、糜子、粳子等，至今未腐，尸骨下有很厚现呈黑色的药物，当是作防腐用，不过尸体现仅存骨骼。

我在 11 月 10 日，根据报上来的消息，去开原调查老城镇出土的铜器和铁器文物。经过调查了解，这是一处窖藏，出土铁器和铜器，重量达 170 斤，从器物本身特征看，是元代遗物。调查后，经过整理，我写有《开原老城出土元代铜器和铁器》一文发表。调查走访过程中，老城的人还跟我说了一件事，他听说：“在老城北的黄龙岗上出土有一块方形石头，上面还有字，密密麻麻，字很多，这块石头一直在当地农户家中放着，现在不知道还有没有，没人过问。”我在此次来老城调查，得知此事后，认为很重要，随即去黄龙岗，到后在村民家中看了实物，保存还很好，从文字内容看，知道是一方金代刘元德的墓志，其中记载了很多事。过去很少发现金代墓志，于是我向农家说明情况，同意将此志石拿走，我即决定将墓志雇车运回县里，将其交给县文化馆文物组保存。我只拓了一张墓志的拓片携带回沈。后来我写出一篇《金刘元德墓志考》的文章发表。此次开原之行，我于 12 日携元代窖藏文物返回沈阳。

1978年（44岁）

我在今年的 4 月 25 日，去旅顺，馆文物队近年发掘郭家村遗址、于家村遗址，我此去的任务是拍摄这两处遗址的发掘现场照片和为编写遗址发掘报告所需的器物照片。因此，我先去发掘遗址拍照，然后去旅顺博物馆对出土的遗物进行照相。这些照片将在以后出版报告时用，是必须具备的图版照片。由于文物数量较多，至 5 月 20 日我才照完返回沈阳。

7 月 15 日，我去本溪庙后山旧石器时代遗址拍摄考古发掘现场照片，在此工作五天，完成拍照任务。然后去威宁营村，调查其地的明代城址和汉代城址。在明代威宁营城址的东南部，现存一处汉代居住址，地面分布很多遗物，其他地方汉代遗物也狠多，仔细观察，明代城址是在汉城上建起的。调查于7月22日结束，返回沈阳。

9月13日，经过文物队研究和安排，要出文物保护宣传画，派我去昭乌达盟、朝阳等地区拍摄彩色照片。我先到赤峰，看了盟文物站的文物，又去缸瓦窑村辽代瓷窑址，然后去巴林右旗，看了保存在文化馆文物组友爱村元代窖藏出土的瓷器，去白塔子，此地为辽代庆州城址，回来到宁城县，去辽中京城址。由宁城去建平，看了水泉遗址，又看了保存在库房的水泉遗址出土的文物，然后去朝阳，在此看了朝阳市博物馆库房文物，并墨拓了唐代相关墓的墓志拓片。我于9月29日返沈。

10月10日，我去本溪进行考古调查。那时辽宁省拟修建观音阁水库，此水库建在太子河上，地点在本溪市境。我去本溪就为调查水库淹没区的文物遗迹，到本溪市博物馆后，经过研究派专业人员参加，组成观音阁水库考古调查队。然后于第二天进入现场，对水库淹没区高程范围内进行考古调查，简略记下所至地点：泉水、富城峪、刘家哨、富家楼子、三家子、英守、南甸、团山子、水洞、北甸、近边、二道河子、马城子、滴塔、大秧、碱厂、九龙、土城子、化皮峪等乡镇和村屯。发现了青铜时代遗址、高句丽墓葬和明辽东长城与城址等近百处，有许多都属新的发现。

12月5日，据辽阳市的报告，发现有墓葬，省文化局派我去辽阳协助当地对新发现的墓葬进行发掘。到辽阳后，与市文化局研究开展工作。墓葬位于辽阳市南门外兴隆三队田地中，是挖自来水管道时发现的。经过发掘，墓仅有黑漆木棺两具，开棺后，发现男尸未腐，保存很好，随即请市卫生局协助对尸体进行保护处理和研究。墓葬由于未发现文字材料，其绝对年代不清，是为清代晚期的墓。发掘结束，我于12月8日返回沈阳。

1979年（45岁）

本年的4月29日，我去喀左县。根据国家文物局的部署，全国开展第二次文物普查，辽宁省文化厅为了做好这次普查工作，对全省参加文物普查人员进行培训，地点定在喀左县，因培训班安排由我讲课，故此前来喀左县。培训班学员在课程结束后，人员分成三组，分别在选出的朝阳、建平、喀左三县进行实习，所谓实习，实际是定点进行发掘，需用几个月时间完成。

讲完课后，我在喀左县驻地城大城子附近调查几处城址，有黄家店村土城子战国城址、黄道营子村汉代白狼县城址、大城子镇辽利州城址。此外，还在县文化馆拍照和墨拓了一些文物。

5月7日，我去宁城，开始对昭乌达盟所属各旗县进行考古调查，主要是调查历代的古城址。这项工作的安排，是根据我国著名考古学家、辽宁省博物馆馆长李文信先生的要求，经组织同意让我做李先生的助手，协助其进行对东北历史地理的研究。这样在我为普查培训班讲完课后，就和同行者姜念思由喀左县启程，对当时属于辽宁省的昭乌达盟十旗县进行考古调查。这次调查中途没有回返，直至11月9日，昭乌达盟地区早已见冰，天寒地冻，我们才返回沈阳。经过这次将近一年的考古调查，走了昭乌达盟（今赤峰市）所属的宁城县、赤峰县（今松山区、红山区）、喀喇沁旗、林西县、翁牛特旗、克什克腾旗、巴林右旗、巴林左旗、阿鲁科尔沁旗等九旗县，发现并记录了自战国至元代城址八十多座。这些城址除几处外，过去很少有过报道，外界不知，更少有考古调查，其中还有的是新发现的城址。在调查过的这些城址中，有的颇有争议，此次调查后即刻写出文章，譬如前汉右北平郡和辽代永州、饶州等。我在调查后获得了明确的第一手材料，首先协助李文信先生写出《西汉右北平郡治平刚考》，在《社会科学战线》1983 年第一期发表。随后我写出调查研究文章，计有《宁城黑城古城址调查》《辽代永州调查记》《辽代饶州调查记》，讨论久悬未解之疑，使长期以来有争议的历史地理问题得到解决。

我协助李文信先生研究东北历史地理问题，这项工作，正拟继续深入开展时，未曾想在 1980 年的文物普查时，我被借调至省文化厅，负责省内相关市县的文物普查，而协助李先生的调查工作被这项新的工作顶替所中断，致使协助李先生的这个研究项目停了下来。这一离开，直到先生逝世前，也未能恢复，诚为可惜。

1980年（46岁）

还是在去年，辽宁省文化厅根据国家文物局部署，开展全国第二次文物普查，计划三年完成。去年已经办过普查队员培训班和实习，实习包括三县的调查和发掘。今年省文化厅安排开始实地调查正式开始，定在三年时间即至 1982 年完成，对全省文物普查分成三片，即辽中辽西片（沈阳、阜新、锦州、朝阳四市），由我负责；辽北辽东片（铁岭、抚顺、本溪、丹东四市），由张镇洪负责；辽南片（辽阳、鞍山、营口、盘锦、大连五市），由许玉林负责，借调上述三人到省文化厅，然后下到各负责地区，对全省文物普查进行监督及业务指导。

我所负责的地区，从 4 月 21 日起，普查即开始行动，因今年开始普查，阜新市启动得比较早，我即先去阜新，然后年内在四市间轮流往返，并且也下去跟班调查，各地均有发现。我在 12 月 9 日，由朝阳回到沈阳。

这里有一件事应该说明，即是在全省文物普查时，我下到负责的四市工作时，5 月间到建平县去农村调查，听到当地群众说：喀喇沁公社村民挖含磷灰土的古代遗址用以积肥。和我在一起共同调查的朝阳市博物馆长邓宝学等也在，我们一起研究，认为应到现场去了解一下情况，于是就去了，到后，果然发现村民正在大车小车地乱挖古遗址的土进行积肥。于是我和邓宝学、郭大顺写了一封信，向省文化局反映情况，意思是想让省文化局通过行政方式让建平县制止村民乱挖古遗址的现象。结果过了几天，我们写的这封信，以《建平县应立即停止对古遗址的破坏》为题，摘要发表于 1980 年 6 月 29 日《辽宁日报》的第二版上。而信后我的署名是“辽宁省文化局冯永谦”。实际我一直都是在文物队工作，不在省文化局，只有这次普查借用到文化局，是代表省文化局在下边工作，否则我不是省文化局的工作人员。

1981年（47岁）

3 月 7 日去北京。春起，由我国著名学者陈述、李文信、朱子方、蔡美彪、罗继祖等先生倡议，成立中国辽金及契丹女真史研究会。我作为筹备组的成员，多次去北京、长春等地，做该会成立前的各项筹备工作。这次去北京是我和辽宁社会科学院历史研究所所长朱子方先生一起去的。到北京后，于 3 月 11 日 8 点在中国社会科学院民族研究所召开第一次筹备会，参加人员有陈述、张政烺、朱子方、王承礼、程朔洛、赵展、于杰、齐心、王玲、刘凤翥、于宝麟和我，共十二人。另外，发起者蔡美彪先生因需给学生讲大课，不能改期，难以脱身，未能前来参加。会上经过充分讨论，通过如下事项：

一、确定会名为“中国辽金及契丹女真史研究会”。但在当前情况下，其范围可包括渤海、西夏的研究内容。

二、通过研究章程（草案）。

三、通过申请经费报告。

四、确定成立大会在沈阳召开，时间另定。

五、开会宣读论文。

六、准备出版两种不定期的辽金史研究丛刊和辽金史丛书。

七、成立辽金史研究会筹备小组，人员为陈述、朱子方、王承礼、王玲、赵展、张博泉、冯永谦、刘凤翥、于宝麟。

午后筹备组召开会议，具体研究大会成立之前的准备工作，较为重要的事情有以下几项：

一、初步确定领导机构，人员从简，大体分工如下：会长：陈述；副会长：朱子方；秘书长：王承礼；副秘书长：刘凤翥、王玲；编委：于宝麟、冯永谦。

另请有资望的学人若干，由刘凤翥任主任负责联系。

二、初步确定第一次成立大会人员约为四十人。

三、发表格，调查各地研究辽金史人员情况。

四、大会成立，在《光明日报》发表一则消息，报道会议活动情况。

至此，辽金史研究会第一次筹备会较为圆满地结束了。后续，我们按会议决定分头进行工作，我在几地之间往来较多。

在此期间，我还主持编辑了由辽宁省博物馆主办的《辽宁文物》，反映辽宁的一些文物考古与博物馆方面的发现与研究，按期编完付印出版。

东北三省文博单位共同主办刊物《东北考古与历史》丛刊，第一辑，吉林主编，并于1982年9月由文物出版社出版。在《编后记》中说：“《东北考古与历史》丛刊，是辽宁、黑龙江、吉林和内蒙古四个省区的考古工作者共同开辟的一个学术园地，将陆续刊出关于东北考古和古代历史方面的综合论文、专题研究成果、田野发掘报告和其他资料。”宗旨很明确。第二辑，由辽宁主编，博物馆里安排由我负责编辑。因此，我于4月22日去长春组稿，去吉林省文物队、吉林大学等相关单位，具体与王承礼、张英、王健群、方启东、李殿福、林沄、张博泉等人商谈组稿。于4月27日由长春去哈尔滨，到黑龙江省文物工作队、黑龙江省文物出版编辑室、黑龙江省博物馆等相关单位，具体与杨志军、张泰湘、谭英杰、孙长庆、柳彦章、吴文衔等人商谈组稿。文稿后来陆续寄来，我即开始审稿、编稿。在年底丛刊第二辑文稿编完，要发给文物出版社时，辽宁省博物馆有位杨姓先生知道此事，不知出于什么原因，不同意此丛刊继续出版，公开提出的理由是：“刊名不对，怎么能叫考古与历史？历史涵盖考古，把历史搞成从属地位，怎么能说得通！”必须要改刊名，后来我与吉林协商，吉林不同意改，各不相让，出版丛刊的事情就拖了下来，后来几经磋商，过了两年也未解决，没办法，经省博物馆领导同意，我将稿子分别退了回去，请作者另谋发表。经此横生枝节，致使丛刊只出版了第一辑，再无续辑问世，至为可惜！此事从头至尾是我经办的，也是我去外地联系的，深知事情经过，丛刊只出版第一辑，后无下文，不只是浪费了我的时间和精力，作为知情者，对此事也应有一个说明，连续书刊只出版一辑，突然中断，是什么原因？应让外人知道原委，故此记入我的人生经历中。

在黑龙江省组三省联合办刊稿件时，有一事不能忘记，即由杨志军、吴文衔陪同，考察了阿城金上京遗址。上京城在阿城南四里，现在保存仍然较好，没有人为动土现象或修饰痕迹，看了皇城，又看了南城，南城门外有半圆形瓮城。还看了城西的高大方形土台，认为是金太祖阿骨打的陵墓，定为省级文物保护单位。最重要的是，在调查双城村墓葬时，我看到在其南面有一座城址，周长 4.5 里，西面相距 3 里为金上京城址，东面为阿什河，临河城墙保存较差。这座城址过去外界不知，调查后对我的启发很大，由于我知道此地有这样一座城址，我在写《辽上京附近水道辨误》一文时，将双城村这座城址考证为金上京所属的曲江县址，这是此行的一个重要收获。

辽宁全省的文物普查，在天气转暖适合野外工作时又开始了。我所承担的四市接续去年调查，继续进行，各地都比较重视。朝阳博物馆是邓宝学馆长亲自带队下去，其他锦州、阜新、沈阳三市也都分别开始普查。我在将各市普查安排就绪后，接受又一任务，即前年去昭乌达盟考古调查时，对所辖十旗县走了九旗县，敖汉旗未去，今年予以补充调查。

5 月 22 日，我去敖汉、赤峰等地，用了一个月时间，在 6 月 22 日返回沈阳。此次调查了敖汉旗的五十家子城址、白塔子城址、于家营子城址、赤峰县木兰城、土城子城址（辽高州）、城子村城址（辽松山州）、哈通营子城址、喀喇沁旗七家子城址（辽恩州）、建平县房身村城址（我考证为辽代金源县）、邹家湾城址（辽惠州）、小五家子城址、苏子沟城址等。

7 月 24 日，我和许玉林去海城，他负责辽南五市文物普查，我们互相沟通一下普查发现情况。在海城县我们调查了新发现的石棚，有两处：一处在牌楼公社东牌楼大队东南田地中，保存较好，此为过去所不知的发现。另一处是接文公社后山石棚，到后看此处是自然山石，不是石棚，应予撤销，以防误传。还调查了缸窑岭的缸瓦窑遗址，过去只知它是清代的，为沈阳宫殿烧制琉璃瓦，我在此次调查中，不仅看到窑址中的遗物有琉璃瓦残片，在其上部还发现有白瓷片、黑釉碗、瓶等器片，如此说来，则“皇瓦窑”并非自清代始建，该处窑场应当起于辽代，我于是提出此观点，这是值得注意和研究的。此次辽南行，我于 27 日返沈。

8 月 10 日，我去大连。辽宁省考古博物馆学会成立大会在大连召开，地点定于大连湾 81425 部队招待所，此次大会不仅有全省文物考古博物馆的代表，还邀请外省的同行参加会议，齐聚一堂，气氛热烈。会议常规进行，历时五天，于 15 日闭幕，我被选为理事。16 日参观，主要是去长海县，海路行船需六个小时，县在四围水中，海岛风光，自然不同。在海岛上考察了发现的遗址，后于 19 日返沈。

1982年（48岁）

今年的文物普查，各地在4月都开始分别行动，普查人员下去，以公社为基点，在文化站长的协助下，有序展开，各地普查均照常进行。在此期间，我也轮流去由我负责的辽中与辽西四市，并参与到各县的文物普查，发现有何问题，都能尽快想办法协助解决。

6月1日，在沈阳辽宁大厦召开中国辽金及契丹女真史研究会成立大会暨第一届学术讨论会。自1981年3月11日研究会筹备组在北京召开第一次筹备会后，按照决议，我们和各有关方面联系，历时一年多的工作，也经过各地专家学者的共同努力，条件成熟，于1982年6月1日至7日，中国辽金及契丹女真史研究会成立大会暨第一届学术讨论会，如期在沈阳辽宁大厦召开。会上我作了题为《建国以来辽代考古的重要发现》的学术报告，会后收入出版的《辽金史论集》第一辑中。研究会开会后期选举时，推选我在秘书处任秘书。会后，我们即根据研究会决议，着手筹办出版刊物，我担任了副主编，研究会主办的《辽金契丹女真史研究》，已出版三十期，仅学术论义发表即达一百余篇，在国内外均产生一定影响。历届研究会情况：第一届会长陈述、秘书长朱子方；第二届会长朱子方、秘书长孙进己；第三届会长孙进己、秘书长冯永谦；第四届会长冯永谦。我在七十岁后，按国家规定不能继续担任会长，在换届时退了下来。退后则消息断绝，我虽然仍在研究，但此后未见研究会的任何通知和相关消息，不知现在还有无研究会了，这是很遗憾的。

今年对我个人来说，是最值得回忆的一年。全国第二次文物普查，辽宁用了三年时间，即由1980年至1982年，按时圆满全部完成。在这三年的文物普查中，我负责的沈阳、阜新、锦州、朝阳四市即辽宁中、西部地区，都有许多重要发现，但由于发现的数量太多，在此无法记述，只好从略。从所发现地点和采集遗物看，对该地域范围各个历史时期文化面貌的揭示和相互联系上，都提供了重要的线索，有的发现是填补了空白。有许多地点，后来进行了发掘，证明是非常重要的考古遗迹，价值极高。

1983年（49岁）

田野考古，在1983年里做得较多，春天刚来北国，作为一个考古工作者，外出是正常的。

4月21日，我去凌源县，主持发掘三家子公社富家屯大队元墓，随后又发掘了邻近的温家屯辽墓。富家屯元墓，是辽宁省第一次发现的元代壁画墓，绘画内容新颖独特，过去少见，而画技较高，它真实地反映了这一时期绘画艺术的创作水平和蒙古族人的生活面貌。前后历时较长，至5月22日结束。发掘后，我撰写了《凌源富家屯元墓》一文并发表。

6月3日，我去阜新，调查大巴公社半截塔村辽代懂州城址。线索来源，是我从1969年当地炸毁半截塔的辽塔地宫中出土一通石碑，其上有“懂州西会龙山”等字推测在会龙山东一定有“懂州”，但“懂州”在《辽史》上并未记载，因此，我来寻找调查文献中没有记载的城址。结果确在塔的东面半截塔村中和村北面田地中发现了过去从无人知的辽代懂州城址，同时也更正了又在其东的五家子城址过去错误的定名。其后我写了《辽代懂州顺州考》一文并发表。通过我的考古调查，发现了《辽史》所不载的“懽州”，补史之缺，受到学界的重视。

6月6日，我主持了北票县莲花山辽代名臣耶律仁先家族墓的发掘。此墓群很大，颇具规模，过去被盗，墓地残破，经此次发掘，不仅了解了墓园的布局，探明了墓园内的十四座大型墓葬，而且发掘的三座墓出土两合墓志，一为耶律仁先，一为其子耶律庆嗣，三座墓都有壁画。尤其是耶律仁先墓，不仅出土汉文墓志，而且还出土了契丹小字墓志，小字的志文长达五千多字，这是我国历年来出土的墓志志文中最长的，而对于契丹文来说，自发现契丹文墓志以来，这更是文字最长的一篇。志文中又出现许多前所不见的小“原字”，它为契丹小字的研究，提供了极为珍贵的资料。发掘历时近三个月，至9月4日结束，装运出土文物回沈。我后来写了《发掘北票莲花山辽耶律仁先族墓的收获》一文，进行报道。

9月7日，在抚顺召开“东北古代民族源流与分布学术讨论会”，我参与此会。开幕式等都按程序进行，除有关方面领导致词外，谭其骧先生多次讲话，最为精彩。其后会议分东北古代东胡族系、秽貊族系、肃慎族系进行讨论，亦颇有卓见。会议在9月15日结束。我认为经此会议还有两事值得记录。一是会间考察，其中考察有永陵南砖厂取土场发现的城址，应是汉代玄菟郡一迁二治之郡治址，这是非常重要的考古发现。二是经谭其骧先生支持成立“东北历史地理编写组”，并由孙进己和我做此研究课题的负责人，进行筹备，向国家申报，取得立项。这是一个很大的课题，难度很大，研究起来困难不少，遇到的问题也多，前后进行多年，最终由孙进己和我坚持到底，完成160万字的《东北历史地理》专著出版。

10月20日，去兴城县。此次来兴城，是做一些过去未曾深入调查的遗迹，做些相关补充。在县里调查了兴城古城、祖氏石坊、文庙等。后去菊花岛，四面皆海水，交通不便，过去很少有人前去调查。这次去，至少是省里专业的考古工作者第一次上岛。在岛上，我们从大龙宫寺开始，这里有“唐王洞”，说是唐太宗征东时在此避暑，其实这是民间附会的传说，我调查过，它是后面寺院排水的水道，建得较大而且牢固，它的上边有柱础，上下两层，原来应有庙宇建筑，土层中有很多布纹厚瓦和沟纹砖，显然是辽代遗存。下边平地上，还有一眼“唐王井”，当然也是传说。该井为八角形石筑水井，井口很大，井筒也很深，从上至下全为石条砌成，井水至今仍在使用，也是辽代遗构。还去调查了乡政府东面小山上的遗址，当地人讲，过去他们从这里拉出去很多车带沟的砖，说是塔，从遗址看这种可能性是存在的。此外，还否定了“九顶石”为墓葬石棚的传说。在岛上还调查了延伸出去很长一段陆地、当地人称“龙脖子”的地方，其上有一座城址，这是明代辽东镇为防女真蒙古而建的储备粮草等的“军粮城”城址。在岛内还发现一座从无人知的辽代城址。菊花岛调查是很重要的，因为这里不易来，岛上很多遗迹不为外人所知，而对一些误传，又很少有人知道真实情况。所以我这次来，就我们单位来说也是第一次。于26日回沈。

10月29日，去辽阳。我在兴城调查还未完，接到单位打来的长途电话让我立即回馆，然后去辽阳，由我主持对辽阳发现的古墓进行发掘。原来是辽阳市在北郊建设辽阳热电厂，动土施工中发现有大批墓葬，上报后，省里决定对厂区内的墓群进行考古发掘。我到辽阳后，即去现场，墓地在辽阳北郊，望水台村之东，虽然距村稍远，但位置清楚，这里正是过去发现汉墓的分布区。因工程紧急，加上时间已经入冬，天气日渐寒冷，遂即刻开工，以抢时间进行发掘，并在封冻前完成。工作至11月13日，发掘完厂区内的十八座墓葬。至此，今年的热电厂施工范围内墓葬发掘结束。

11月6日，辽阳市内旧城东门处居民宅院中发现一座石墓，经过调查，文物队让我负责，转地前往该处进行发掘。11月9日，我对热电厂发掘进行安排后即由北郊转移至辽阳市内，接着主持发掘辽阳旧城东门里后汉壁画墓。这是历年来辽阳所发现的壁画墓中，保存最完整、出土遗物最丰富、年代最早的一座壁画墓。由于这座墓在明清时期辽阳旧城的城墙下面，这对考证自战国以来的襄平城和辽金时期辽阳城的位置，都提供了最有参考价值的材料，证明早期城址偏于西侧，墓葬在城外，后世明清城址向东移，因此这座墓葬才压在明清城墙之下。这座壁画墓发掘完成后，我抓紧时间进行整理，写成《辽阳旧城东门里东汉壁画墓发掘报告》发表。

11月25日，去北京。参加中国辽金及契丹女真史研究会第二届学术年会。会上，我提交《辽上京附近水道辨误》论文，对历史相沿辽上京水道的分歧与曲江县的误解，予以驳议，提出了我的新见解。会后看了蓟县独乐寺观音阁、遵化清东陵，归途走承德，经承德市文化局安排，派出人和车，陪看了避暑山庄、外八庙，对普乐寺、普陀宗乘之庙（布达拉宫）、须弥福寿之庙（行宫）、普宁寺（大佛寺）的建筑，予以充分参观考察。后将其他各处的景区也都看了，收获甚丰。

1984年（50岁）

1984年，由我和法库县温丽和撰写的《法库县文物志》开始进行，但缺很多材料，尤其是考古资料部分几乎没有，为了充实文物志内涵，提高质量，不做泛泛的空论或没根据的附和，我在5月13日即去法库，对法库县境内各地进行考古调查，对各时期的遗址、城址与其他遗迹，凡所发现均作全面记录，仅就城址看，前后发现早期及辽金时期古城址二十多座，其他遗存更多。

7月2日，参加辽宁省考古博物馆学会召开的“辽东地区考古学术讨论会”，会议在两地进行，开幕式在本溪，进行讨论；闭幕式在丹东，进行考察。我提交会议的论文《辽东地区燕秦汉文化与古长城考》，是根据考古发现进行研究的。

8月2日，参加在哈尔滨召开的“全国首届金史及女真史学术讨论会”，到会人员达140多人，议题讨论热烈，我提交了《金代农村经济生活的重要考古发现——鞍山陶官屯金代农家遗址初步研究》论文。值得记忆的是讨论会结束后，与几位参加会议的学者调查了东北地区北部与西部的一些古城址，很有收获。首先调查了金上京，考察了亚沟石刻，然后去宾县，调查了认为是夫余王城的庆华城址、肇东八里城城址、泰来塔子城城址（辽泰州）、洮南城四家子城址（辽长春州）、双塔村清初双塔、大安县月亮泡、前郭县他虎城址、农安县辽代城址（后期黄龙府）、辽塔等，作为一个考古工作者，真是极大丰收。8月25日返回沈阳。

9月18日，去石家庄。河北省文物考古学会成立大会暨第一次年会，邀请辽宁参加。省里经过研究，派我作为代表前去参加大会。此次会议河北省邀请了不少外地学者，北京尤多，俱是熟人，多有畅谈。会后给我们外地来人特殊安排，看了很多文物遗迹，有郊区上京村省级文物保护单位毗卢寺、三处全国重文物保护单位赵县城内宋陀罗尼经幢、城南赵州轿、西门外金代小石轿、正定隆兴寺、城内四塔、城墙、藁城台西商代遗址。会后受东北区第二届考古博物馆干部训练班的同学罗平之邀去邯郸，在邯郸考察了廉颇蔺相如的“回车巷”；城南唐人小说中卢生的“黄粱梦”，建筑很大，我看应是明清时的；赵武灵王的“丛台”遗址；鼓山北响堂寺石窟；南响堂寺石窟；临水村磁州窑遗址；彭城镇磁州窑遗址；磁县观台磁州窑遗址；曲阳灵山镇涧磁村窑址；龙泉镇窑址；曲阳城南修德寺址；宋塔；隆化县博物馆；城北大城址（北魏安州、辽北安州）；小城址（战国、汉代）；辽代窑址等。10月6日由承德返沈。

10月25日，去辽阳。由辽宁省博物馆向国家文物局报告申请，拟对辽阳汉魏壁画墓群的壁画进行检查保护情况，以棒台子一号墓、车骑墓、令支令墓为主，开墓进行检查。国家文物局批复下来，同意对提出的三座墓进行检查。也经请示，同意日本考古学家江上波夫来辽阳对壁画墓进行参观。馆里研究决定让我去辽阳主持这项工作。检查中发现有的壁画彩色有脱落，即请国家文物保护专家、中国社会科学院考古研究所王㐨前来作保护处理。前后历时15天，至11月8日结束，圆满完成检查与保护工作和对内对外的接待任务。

11月28日，去北京。参观为庆祝新中国成立三十五周年举办的“全国出土文物精品展”，地点是北京故宫，文物琳琅满目，内涵丰富，精品纷呈，颇值得看。我是详细地记了又画，不舍离去。在北京还参观了中国美术馆的“全国第十三届摄影展览”“全国科技干部书法篆刻展览”、中国自然博物馆“北方少数民族文物展览”、首都博物馆、法源寺等。12月6日回返，此行收获很多。

12月14日，由孙进己和我及其他几位学者发起、并经几个月的筹备工作，在沈阳召开了“辽宁省辽金契丹女真历史考古研究会”成立大会，会议历时三天，履行各种程序，顺利完成。会上推选孙进己为会长，我为该会的副会长。

1985年（51岁）

1月9日，《沈阳日报》记者采访我，因辽宁十二家新闻单位发起“爱我中华修我长城”赞助活动，拟修复明长城九门口段，他想做这方面的报道宣传。随着该事件的发展，辽宁省博物馆举办“辽宁古代长城”展览，我参与陈列布展，并和薛景平为展览所需而制作了一个很大的“辽宁境内长城走向示意图”沙盘。随即辽宁人民出版社来馆里组稿，拟出一本有关辽宁长城方面的书，馆里经过研究，决定由我和何溥滢撰写。我们从3月下旬开始，至5月31日将《辽宁古长城》书稿交辽宁人民出版社。其中前言、燕长城、秦长城、汉长城等章为我执笔，明长城部分为我和何溥滢二人共同完成。从6月4日开始，至7月2日，因书稿照片不够，要补照一些相关照片，我又外出去丹东、凤城、锦州、绥中、山海关、兴城、建平、义县、北镇等地，补照一些长城及与其相关遗迹的照片。该书于1986年3月出版发行。

6月9日，应辽宁省地方志编纂委员会的邀请，为“辽宁省地方志编写人员训练班”讲课，内容为考古发现与地方志的关系。讲课后，我将讲稿压缩整理成《考古发现与地方志编写》一文，在其所办刊物上发表。

8月4日，去吉林市。中国辽金及契丹女真史研究会召开第三届学术年会，地点在东关宾馆，与会人员130多人。我提交了论文《辽代头下州探索》，讨论很热烈。会议决定改研究会为学会，又选举了学会新一届的领导班子。会议于8月10日结束。

随后于8月11日，去扶余。是白城地区举办“大金得胜陀颂碑建碑八百年学术讨论会”，参会人员中有七人参加第三届辽金史会，我是其中之一，晚间抵扶余。会议开了四天，其中去徐家店乡石碑崴子村考察得胜陀颂碑一天，会议开得很成功。我于8月16日返沈。

10月7日，去四平。“东北历史考古资料信息交流会”召开年会。我是该会理事，几年来我们整理材料，编辑出版了多种书籍，颇受学术界欢迎。此次年会研究如何更进一步推进这项工作。会议开了五天，确立未来工作新的目标。

10月12日，在四平召开“古民俗学术讨论会”，此会开了三天，讨论问题涉及历史、民族，尤其考古方面，提出一些新问题，进行探讨。

11月25日，去朝阳。辽宁省考古博物馆学会召开第二届学术年会，开幕式后，分考古组、博物馆组、文物保护组进行讨论。最后进行改选。会议开了五天，于29日结束。

本年，我应辽宁大学之聘，为前来辽宁大学留学攻读辽金考古的日本九州大学博士留学生高桥学而讲授《辽金考古学》课程。现在辽金考古发现异常广泛，内涵丰富，因而所需课时较多，故设置为常年教学，前后历时两年，至其学成归国。

在本年内，我编辑出版了《辽金契丹女真史研究》杂志两期。还为辽宁省博物馆编辑出版一部100余万字的《辽宁省博物馆学术论文集》(第一辑·1949—1984年)，此书为本馆研究人员在35年间所写的论文，从编辑到下厂以及校对、成书，均由我完成。

12月，我还获得由国家文物局颁发的“从事文博工作三十周年”的证书和纪念章。此时，我从事文物考古工作已32年。

1986年（52岁）

从新年假后上班，我就开始编写《辽海文物学刊》今年第一期稿，从审稿、修改、并图、排照片，然后开始进行组版，画出版式纸，以便按学刊的要求，让印刷排版，再几经校对付印。第一期在5月20日出版。

3月29日，在沈阳召开“东北考古文化族属学术讨论会”，外地有佟柱臣、李健才、张泰湘、米文平等与会。

4月3日，由沈阳出发去上海。早些时，还是在抚顺召开的“东北民族源流与分布学术讨论会”上，谭其骧先生向我们提议：你们东北四省（区）的研究人员都在这里，其中不乏研究东北历史地理的佼佼者，何不组织起来写一本现在尚缺的《东北历史地理》来？这个倡议我们觉得很好，就在会议期间我们根据个人专长拟好人选，组成课题组。会后，因孙进己和我是该课题组的负责人，就由我们向国家申报，并被获批为“国家‘七五’计划科研项目”，得到国家社会科学基金的资助。我们二人为多卷本《东北历史地理》一书的主编。组成编写组后，进行分工，每人承担具体章节，然后按拟定的提纲写出相关书稿，召开有谭其骧先生参加的《东北历史地理》编写工作会议。现在试写的部分书稿已经出来，即决定去上海召开这次审稿会，讨论全书结构、谋篇布局等是否恰当，对已写出的部分，其考证有无欠缺或不足，行文层次与结论意见是否合适，都在这次会上进行分析和探讨，并听取谭其骧先生的意见，我们的宗旨是力求这部《东北历史地理》书稿能够比较充实完善。

在上海除讨论《东北历史地理》书稿外，还经过讨论，成立“北方史地丛书”编委会，筹划编写并出版一套有关东北史地方面的著作，我被推举为该丛书的副主编。现在这套丛书仍在编写中，有的著作已经出版。

谭其骧先生对我们撰写《东北历史地理》的工作很满意，给予很高评价。原因是在抚顺召开民族史会时，谭其骧向我们说，根据当前研究资料查找不易和寻求研究资料严重浪费时间的问题，为避免研究者在这方面的重复劳动，我对你们抱有希望，可由你们东北三省史学界同志协作，成立“北方史地资料”编委会，复印些书，供广大研究者使用。谭其骧先生的倡议，我们认真履行，孙进己担任“北方史地”丛书主编，我担任副主编，筹划编辑出版一套研究资料，包括北方各种有关史地方面的论著，如《东北历史地理论著汇编》《中国北方八省市考古论著汇编》《东北民族史论著汇编》等，经过两年多时间的紧张工作，现已全部编完并陆续印出。这一套研究资料为十种书，每种多册，计有数十册。字数总计达 6000 万字，深受学术界的欢迎。

此次上海之行，还经过许多地方，每处我们都从专业的角度，仔细地考察过，值得记忆。在南京有玄武湖、明应天城墙、廖仲恺何香凝墓、明孝陵、中山陵等；在镇江有甘露寺、金山寺等；在无锡有太湖、西蠡湖、东蠡湖、蠡园、鼋头渚、三山、锡惠公园、二泉等；在苏州有虎丘山、西园寺、留园、狮子林、拙政园，最后参观了苏州市博物馆，馆中有一方宋代石刻“地理图”最为重要，反映了北方契丹地理，我将其拍照下来，作为研究之资。我们于 4 月 15 日返回沈阳。

4 月 17 日，我返沈后即开始编辑刊物。年初，由我经手筹备的《辽海文物学刊》，几经去省委宣传部和省出版局申请，后被批准下来，正式创刊，我任该刊责任主编，主持工作。该刊是辽宁省考古博物馆学会与辽宁省博物馆、辽宁省文物考古研究所共同主办，是大型的学术性、资料性的刊物，半年一期，每年的 5 月 20 日、11 月 20 日出版，国内外公开发行。今年创刊号已经三校并复核完毕，即将付印。第二期也在编辑中，为迎接中国考古学会第六届年会在沈阳召开，学刊二期拟提前于 8 月 20 日出版，因此我加快编辑。

5 月 3 日，我受北京大学研究生院之聘，为邓广铭教授的博士研究生杨若薇的博士学位论文《辽朝军政制度考索》进行评议，写出实事求是的评议意见。

5 月 22 日，去锦州和绥中。九门口长城经全省人民赞助进行修复，施工队于 5 月初就进入工地，由于他们不懂考古，更不知古建筑修复需要在原址上进行，进场后就用推土机推土，直到九江河上的颓土被推得狼藉不堪，有的地方还深入地下很多，也未见原来长城基址的任何迹象，在这种情况下，根本无法修复已经倒塌的长城。后来当地各级领导看实在不行，这才向省里报告。省里决定进行考古发掘，出结果后于此基础上进行设计，然后再进行修复。同时向国家文物局申请发掘项目批准。因此博物馆领导和我同去绥中，研究九门口长城遗址考古发掘问题。与当地确定，现在河上

不能施工，在有了发掘结果后再进行修复，现在只等国家文物局批复下来即可发掘。我们于 25 日回沈。

6 月 3 日，我受沈阳市地方志办公室邀请，对沈阳地区城址进行一次考古调查，在三天时间里，调查了如下一些遗存：高花堡城址（辽广州）、奉集堡城址（辽集州、明奉集堡城）、魏家楼子城址（汉高显县）、烽燧址、白塔堡辽代塔基、辽滨塔城址（辽代辽州）与辽代砖塔。调查后，我写有《沈阳地区辽代城址调查》一文并发表。

5 月初，我国北方十省区电视台经协议联合摄制一部三十七集电视系列片《万里长城》，我被聘为顾问。随后，还被辽宁电视台聘为顾问，承担辽宁电视台摄制的十集电视系列片《辽东镇长城》的录制与编辑等工作。这两部电视片关于明长城东端起点，在众说纷纭中都采纳了我的意见，定在丹东虎山。我参与了这两部电视系列片拍摄并随摄制组去外地现场，这方便了电视台寻找长城之所在的难点，并解决了诸如长城的时代和走向线路等问题。

6 月 7 日，我所撰写的《“官”和“新官”字款瓷器之研究》，获得了辽宁省哲学社会科学第二届（1982—1985 年）优秀学术研究成果论文类三等奖。

国家文物局批准由我任九门口长城发掘领队的发掘证发下，我即于 6 月 21 日去绥中县。经与绥中县沟通，然后即到现场，主持对九门口长城遗址进行考古发掘。此事原是由 1986 年春，在辽宁省十四家新闻单位“爱我中华、修我长城”的倡议下，辽宁省拟修缮绥中县九门口段长城。这段长城所处地理环境优越，长城结构复杂而又特殊，在宽阔的九江河上通过，设有城门泄水，为我国历代长城所不见。现在处于九江河上的过河城桥久已倒毁不存，致使这段长城残缺。现经全省人民赞助，进行修复施工。我在到现场之后，通过考古发掘，露出地下残存的遗迹，解决了无法弄清的九门口长城结构和长期以来不能确切定地点的“一片石”之所在，这是一项重大收获。九门口长城发掘，是我国第一次对长城遗址进行大规模的考古发掘，从而对长城的深入研究，有所裨益。在我们考古队进入九门口长城工地后，当时不清楚和急于要解决的主要问题是：九江河上的过河城桥是在什么位置、体量如何、结构怎样，是九个水门还是六个水门，因过去县志记载有六个水门合关城三门才为九门，这些都需要发掘结果出来，不然就无法修复。现在的情况是，九江河上已遭施工队推土机胡乱推土，河床凌乱，我们发掘就是清除河床上的颓土，保护河床地面，使之露出过河城桥基址，恢复最初修建长城的位置和结构，然后据以设计和施工。经过半年的发掘，发现整体结构复杂，地下基础深且牢固，采取许多措施，地面上河床铺石，石间以铁扣联结，防止水冲，面积甚广，形成“一片石”的壮观，前所未见，而在河床上还清理出两座带有分水尖的梭形桥墩，为修复长城提供了结构的实物依据。至此，情况较为清楚了，在河两侧的岸边修有两座圈城，在圈城中间，分布有八个巨型桥墩，恰好形成九孔洞，修成九个水门，用以泄九江河水。全部结果，解决了长城修复的所有悬疑，为下一步设计和修复施工打下良好基础。考古发掘从夏至冬，曾在风雪中坚持发掘，经历寒暑，至 12 月 31 日结束，完成长城发掘的第一年工程，我们于 1987 年 1 月 1 日返回沈阳。

在发掘期间，我于 7 月 29 日参加在阜新市召开的“全国首届契丹史学术讨论会”，历时四天。

除会议正常讨论外，还考察了红帽子城址（辽成州）、塔营子城址（辽懿州）和正在发掘的巴斯营子遗址。

1987年（53岁）

去年国家安排又经辽宁省政府批准，自今年1月1日起，原辽宁省博物馆文物工作队从博物馆中独立出来，成立辽宁省文物考古研究所，我随队内同志一起，划归考古研究所。

2月26日，应辽宁大学之聘，为该校历史系八六届文博专业学生讲授《辽金考古》《中国古代陶瓷》课程。

其间我作为上海文艺出版社和三联书店香港分店联合出版的“中国珍宝鉴赏丛书”之一的《辽宁省博物馆藏宝录》的编委，撰写文稿和参加编辑工作。

3月以后，在沈阳编辑了《辽海文物学刊》今年第一期，又编辑了《东北历史地理论著汇编》，并将九门口考古发掘的发现写成《一片石考》一文。

4月9日，去辽阳。调查了东京城，还调查了汤河水库汉居就县城址，在城址发现许多辽代遗物，则此城亦为一座辽城，

6月3日，去法库。为我们正在撰写的《法库县文物志》补充材料，调查县境内的古城址，这次调查的地点有卧牛石乡石人窝堡石人、五城店城址、包家屯乡三合城村城址、孟家乡徐三家子城址等。

6月11日，去本溪、抚顺、铁岭。应辽宁电视台之邀，拍摄辽东长城，先到本溪，调查和拍摄了明长城孤山新堡，再到东营房乡洋地沟村拍明长城、碱厂乡化皮峪明长城。然后去抚顺，拍摄了碾盘乡吴家堡明长城、抚顺关与马市。最后驱车去铁岭，拍摄镇西堡明长城、陈平堡明长城烽火台。

6月27日，去绥中县九门口长城工地进行考古发掘。

7月9日，应黑龙江省交通厅的邀请，去哈尔滨。在太阳岛一宾馆住，为交通厅组织撰写的《黑龙江古代道路交通史》书稿审稿。历时六天，每人都发表了意见，可谓尽心尽力。

7月15日，由哈尔滨去鄂伦春自治旗，在旗驻地阿里河镇召开“鲜卑文化习俗讨论会”。会议考察了位于兴安岭中的鲜卑石室祖庙——嘎仙洞。此后会议走着开，每到一地开一次会，看了很多过去不易看到的内容。我们去海拉尔市，在这里看了呼伦贝尔盟展览馆中的历史文物展览，内容丰富，不到此地是看不到的。又去满洲里市，看了中苏两国毗邻边境的国门。去达赉湖，考察扎赉诺尔1959年发掘的鲜卑墓地，讨论会在此散会。

讨论会结束，我受会组织者呼盟文物站站长米文平邀请，调查呼伦贝尔盟境内的金代长城，即去额尔古纳右旗，调查发现奥伦陶力改城址，然后从旗所在地拉布达林镇向西调查，长城与公路相傍而行，直至中苏边境，回过来，又从拉布达林向东调头，至上库力是长城起点，这道长城是金代早期的一道长城。此次北行，前后共走了四十一天，行程逾万里，收获甚大。回来之后，我根据这次调查写了一篇长文《岭北长城考》，推翻此前各种成说，在学术界产生一定影响。

8月23日，去赤峰。参加中国辽金契丹女真史学会第四届年会，开了六天，圆满结束。会后

考察，赤峰地区文物丰富，以前我都去过，现仍随队同行。去宁城，调查了士家子村城址、辽中京等。考察继续北去巴林左旗，我因都已去过，不再参加，返回沈阳。

9月3日，去沈阳西南部郑家洼子，参加沈阳市青铜短剑文物保管所陈列室建成开放仪式。郑家洼子青铜短剑墓发掘时，我曾参加，并承担该墓的摄影工作，后在《考古学报》发表时，照片即是我拍摄的。

11月3日，绥中县九门口长城遗址进行了第二次考古发掘，很有收获，至今天结束，然后我们由万家镇站乘火车回沈。

1988年（54岁）

1月4日，从今天开始，即为辽宁大学历史系八七届文博专业学生讲授《中国古代陶瓷》课程，按学期授课。授课之余，开始编辑今年第一期《辽海文物学刊》的来稿，要在5月准时出版。

1月29日，去哈尔滨。我们撰写的多卷本《东北历史地理》书稿第一卷、第二卷已接近完成，此书将由黑龙江人民出版社出版，因此编写组决定开一次审稿会，连同出版社相关人员参加，共同研究，将来可能会省力不少，问题解决在编辑之前。会开了五天，确实解决了不少问题。

5月8日，去北京。中国长城学会和文物出版社召开的“长城丛书”编写工作会议，给单位发函指名要我参加，因此我去参加会议。到京后，会同中国长城学会的领导一起去蓟县，在此地开会，研究编写出版“长城丛书”事宜，进行落实。会后考察了已修复竣工的黄崖关段长城和太平寨长城。

5月25日，去哈尔滨。黑龙江省文物管理委员会主任干志耿给博物馆打来电话，指名邀请我去哈尔滨协助他们考古发掘，因在阿城市巨源乡城子村发现一座金墓，进行发掘中有重要发现，是因墓葬未被破坏，保存极好，有大量丝织品服饰等衣物，墓中铭牌明确写了金代齐国王诸字，这是金代考古中的一次重要的发现，电话中希望我去协助将此墓发掘好，使尸体穿着的丝棉织品袍服衣物等能完好地剔取出来。馆里同意邀请，准我前去。此时天气已暖，微生物繁殖极快，出土的丝织品服饰等置于光下和温暖空气环境里极易朽坏，遂将木棺整体运到室内。我在到达当地后，做些准备，安排应用物品，于早晨开棺，此后就未停歇，棺内葬男女二人尸骨，俱着多层袍服，遂即剔取丝织品袍服衣物，一边消毒杀菌，控制霉菌发生，一边不停地抢进度，一件件、一层层剥离，不伤及多层且重叠黏连的衣物，这里说得快，实际进度很慢，有的一件衣物取下就需两三个小时，这样经过两天两夜的清理，至第三天早晨6点将衣物全部完整地取出，这些在发掘当时极易毁坏的衣物，幸存下来，至今仍非常完好地保存在黑龙江省博物馆，成为镇馆之宝。

8月5日，在黑河市召开《东北历史地理》第一、二卷书稿定稿会，对于问题进行修改，以便交稿付印。会后，出于对历史地理研究的需要，我们沿途走了几个地方，做了一些调查，包括五大连池、瑷珲、嘉荫、佳木斯、依兰五国城、牡丹江长城、镜泊湖和宁安东京城等地的历史遗迹。

返沈后，即去阜新参加“全国第二届契丹史学术讨论会”。会后考察了红帽子辽城址。

8月31日，去绥中，主持第三次发掘九门口长城遗址。发掘为清除残土及二号完整桥墩清理出来，为修筑桥墩和过河城桥，做了不少工作。发掘结束，11月4日回沈。

11月11日，去抚顺。当地因基建工程施工，发现一处面积很大的遗址和墓葬，地点在抚顺市东郊、浑河南岸，东洲河东岸，抚顺矿务局苗圃内。发现的这处遗址，不仅面积较大，遗物也颇为丰富，其年代约为后汉时期。

1989年（55岁）

1月1日，新年放假，我也没休息，仍集中时间编辑《辽海文物学刊》本年第一期。按印刷周期上半年出刊在去年的年底前就应下稿，但由于去年田野工作关系，回沈较晚，已至年底，因此审稿和编辑等都拖了下来。我们办的这份杂志，内容含量较大，而编辑人员极少，全部工作仅由我和王明琦、蔺新建三人承担，而且都是兼职，几年来每期的编辑工作差不多占去我的全部业余时间。我作为责任主编，大量的编务工作，划版式，编图及照片图版，写图号和说明，以及下厂看样、几次校对等，更是繁难，这样，就常因我有外出考古调查和发掘任务不在沈阳，影响刊物的编辑和出版进度，必须抢出来。本年的编辑工作，显然是紧迫了，直到3月26日才全部完成。

3月30日，去日本。3月27日去北京，30日启程，当天到达日本成田机场。中日联合举办“世界三彩展”，开幕式日本邀请中国学术代表团，参加“世界三彩展”的开幕式和学术交流活动。中国以国家文物局副局长黄景略为团长组成五人代表团。在日本期间，除参加开幕式外，主要进行学术交流活动。此外，我们曾去东京、京都、奈良、橿原、名古屋、大阪、冈山、仓敷和与岛等地，参观了各种不同类型的博物馆、考古研究所和考古发掘工地以及名胜古迹等。同时，会见了许多日本著名学者，如江上波夫先生等。在日本进行学术交流活动期间，受到了日本同行的热情接待和欢迎。4月8日，由日本归国。

5月6日，去本溪。参加在本溪召开的“高句丽史学术讨论会”，会上成立高句丽史研究会。散会后组织考察，去凤城凤凰山调查高句丽乌骨城山城、明龚用卿摩崖题字、凤城东汤乡土城子村围子堡城址、东汤乡民生村（原汤半城村）河西堡明城址、凤城大堡辽城址等。

6月24日，去绥中。九门口长城修复已经完成，准备验收。由省、市、县十多个单位、二十多人组成的验收团，声势浩大，先在县里开会，然后去九门口，上上下下将长城检查个遍，然后又在城墙下的水门外开会，每人都谈检查意见、存在问题。此次来绥中，于6月29日返沈。

6月以来，着手编辑《辽海文物学刊》本年第二期，即辽宁省博物馆为庆祝建馆四十周年的纪念特刊。由于扩版页数较多，这一期六十万字，必须在开会前印出，决定由我们在《辽海文物学刊》出版，汇稿又很晚，从看稿到出书只有三个月的时间，实在紧急，因此，夜以继日地工作，终于在开会前保质保量印刷出来。

9月8日，去哈尔滨、扬州。我们撰写的《东北历史地理》第一、第二卷已写出，并修改多遍，现在定稿，可以付印。因此书为黑龙江人民出版社出版，故此我携书稿来哈尔滨与出版社研究印行问题。又因此书系在扬州邗江古籍印刷厂排版印刷。书稿现在错字还有，出于对我的信任，同意我将书稿送扬州排版印刷，但需我将稿中错字校出并更正过来。9月12日，我从哈尔滨去扬州，边校对，边排版，终于保质保量用繁体字印出《东北历史地理》第一、第二卷来。我此行出来24天，于

10 月 1 日回沈。

10 月 7 日，去法库。我写的《法库县文物志》文字稿已完成，现在尚欠缺文物图和描写，今天去法库到文物管理所对器物进行画图和文字描述。于 10 月 10 日返沈。

10 月 11 日，去绥中。今年经国家文物局批准，由我任领队对绥中县九门口长城遗址进行第四次发掘。九门口长城在 6 月拟修复的部分已经完成，但我主持的发掘任务，还有长城内侧的一些附属建筑结构，如白灰池与房基址等，尚未发掘，也需进行清理与了解，不留下遗憾。九门口长城遗址的考古发掘，从 1986 年开始，到现在结束，共进行了四年。九门口长城的水门与城桥，也由我们提供的考古发掘所获得的地下出土第一手考古资料修复竣工。我还为建立在长城旁的巨型九门口长城修复纪念碑撰写了考古发掘成果的碑文。12 月 4 日，发掘结束，由山海关乘火车返回沈阳。

12 月 9 日，辽宁省文化厅给我颁发了荣誉证书："冯永谦同志：从 1986 年—1989 年，在九门口长城遗址考古发掘中，不辞辛苦，努力工作，取得显著成果，为修复九门口长城作出重要贡献。特发此证，以资鼓励。"（荣誉证书签署日期为 1989 年 11 月 10 日）

1990年（56岁）

2 月 16 日，去丹东。昨天夜里丹东市文管办崔双来到我家，他说："知道你在绥中九门口长城发掘好几年，然后把长城修起来了，丹东市近日经过研究，想要修复明长城东端起点，但不知道在哪儿，定不下来，想请你去，帮我们查找，也把它修起来，这件事需要你的支持，派我来就是想听你的意见，然后请你去。"我对这件事表示支持，因为这是一件好事。在社会上不了解情况的人认为明长城"东起山海关，西至嘉峪关"，而学术界也多沿用此观点，造成不应出现的错误。就是对长城有较深入研究的人，虽认为东起鸭绿江，但也多不能确指东端起点在何处，并且又出现诸说分歧，不同说法颇难统一。故此丹东长城起点的确定，就是非常重要的事情。我想通过考古调查，以解决其确切位置。因此，我们在 18 日一起去了丹东。

到丹东后，确切得知调查和修复长城是丹东市政府的意见，而由市文化局、市鸭绿江风景局具体负责进行。这样我与市里研究确定立即展开调查，然后再议修复事宜。调查为修复长城做准备，包括了解辽东镇长城建筑结构在内，前后经过几个月实地勘察，攀山越水，行程达 4000 余华里，长城起点终于在虎山南麓鸭绿江边发现并确认。此次野外长城调查，最终在 4 月 18 日结束。

4 月 19 日，去北镇。调查了北镇庙前大常屯辽城址（乾州）、北镇庙、分税关明长城、小五台沟明长城、大市村城址（明镇边堡）。

5 月 9 日，去丹东。这次去丹东主要调查起点段长城情况，首先是在虎山上寻找长城遗迹，了解具体走向，将全虎山都走遍了，找到了长城残存遗址的现存状态。然后向虎山村调查，有城墙和墙台址，在村中还发现两座砖窑址，窑室烧红土很厚，烧砖当与长城用砖有关。出村后沿山岗北去，走有十多里，长城更为明显，保存亦好。这为进行发掘和修复打下了基础。

6 月 5 日，吉林省社会科学院聘我为"历史所特邀研究员"，并发聘书。

6 月 13 日，辽宁省文化厅聘我为"辽宁省文物鉴定委员会委员"，并发聘书。

6月22日，去绥中。九门口长城修复完成，建一座长城修复纪念碑，这些天在沈阳筹办有关纪念碑的事，请鲁迅美术学院对碑体进行设计，然后又请冯月庵、李仲元分别撰写碑文，带着这些材料去绥中，纪念碑刻字是天津美术学院来做。他们先刻出来一部分，我看后根本不行，他们可能没刻过碑，或是不懂，把碑面横向剉成细密的沟垅状麻面，碑文字又不大，刻完字后，根本看不清字，石面上的沟垄比字槽都深，于是我赶紧找负责人研究，后全部重刻，因此我就留在现场，本来这是不需我们看的，但用了13天时间，我于7月4日返沈。

8月13日，去绥中。九门口长城已经修复完成，在修复九门口长城赞助中有些单位和个人是大额赞助，为了表示感谢，邀请他们到九门口参观，省长城办主任邀我一同前往，用了五天时间，旧地重游，当地的旅游已经开展起来，长城上人很多，颇为感慨。

8月29日，接待台湾学者来沈拍片。还是在7月5日，接到北京故宫博物院研究员、中国古陶瓷学会会长冯先铭的电话和信，告知我，近日在沈阳接待台湾中国文化大学教授刘良佑先生一行。刘先生是台湾“中华文物艺术品收藏家协会”理事长，经申请中央广播电影电视部批准和国家文物局备案，他为台湾“中华电视公司”策划拍摄一部《陶瓷故乡行——陶瓷专家访谈录》系列片，共十集，拍摄大陆各地的陶瓷研究专家十人，每人一集。我是经“中国古陶瓷研究会”研究确定的人选，也是冯先铭先生与刘良佑先生共同确定的访问者，采访我是关于辽代陶瓷方面的研究问题。由会长冯先铭转告我，以便安排。因此，我在沈阳辽宁省博物馆接受了刘良佑先生一行的采访和拍摄。访谈拍片完成，于9月1日去辽阳，到江官屯辽代窑址采访。刘先生对此行拍摄的影片很是满意，达到预期效果。

在接待台湾刘良佑采访期间，于8月31日，经省外事办公室与博物馆安排，我又接待了日本北海道新闻社竹田智等人的采访，内容是关于东北古代丝绸之路及当时交通道路情况等方面的事宜。

9月8日，去丹东、转赴北京。在未去丹东前，我将去国家文物局上报的发掘申请报告等各种材料都写好，然后去丹东，进一步落实将要开展的工作，以免批准下来之后，毫无准备，工作被动。我们在9月9日到北京，向国家文物局申请丹东长城遗址考古发掘，汇报拟修复起点段长城问题，也向中国长城学会汇报修复明长城东端起点，取得学会的支持。工作做好之后，于9月14日返回沈阳。

9月22日，去铁岭。为写《法库县文物志》所需器物图，去铁岭市博物馆画存于该馆的法库叶茂台辽墓出土的文物，直至画完。

9月26日，去丹东。丹东市成立“丹东市辽金暨高句丽、契丹、女真史考古研究会”，邀请我参加，遂前去。会开得很成功，有了研究会，散在的人员组织起来，研究定会深入。

10月4日，去山海关。参加“山海关首届中国长城研讨会”，会议规模很大，各地前来的参会人员很多，中国长城学会会长黄华（原国务院副总理、外交部长）、副会长王定国（谢觉哉夫人）、杨国宇（原东海舰队副司令员）、白介夫、罗哲文、单士元、侯仁之、杜仙洲、朱希元、董耀会等都出席了会议。在此会上有两件事值得记忆：一件事是我在大会发言中，报告了在丹东市的宽甸县虎山南麓、鸭绿江边经考古调查发现明长城东端起点遗址，过去认为明长城“东起山海关”的说法，是不准确的，新华社记者为此当即发布新闻报道："我国长城考古又有新的重大发现：明长城东端起点在辽宁丹东鸭绿江畔的虎山。这一发现同史书记载相吻合，推翻了明万里长城'东起山海关'的传统说法。"（见《光明日报》1990年10月24日第一版）以后各地许多报刊陆续发表了明长城东端起点发现的消息，这一发现改变了人们以往的认知，在社会上引起很大的轰动。另一件事是会后考察时，从会长、副会长和全体代表都去九门口参观，我给大家介绍相关情况，非常满意，现在长城早已修复完毕，开始接待游人，大家见到我国长城中唯一的一处水上长城，不禁齐声赞叹。黄华会长在长城管理处欣然命笔，写下了"九门口京东名胜"的题词，然后会长、副会长等与学会专家学者依次题名，非常难得，气氛热烈，使这次考察达到高潮。

10月12日，经国家文物局批准，由我任丹东虎山明长城遗址考古发掘队领队，主持对虎山起点段长城的考古发掘。在调查时，发现虎山比较复杂，不仅有明长城，还有高句丽一座山城，我当即决定先发掘明长城，高句丽山城留待以后发掘。为了解决问题，必须在最短时间内将明长城发掘出来，于是分三处同时开工：山前最大土台处、山顶"烽火台址"和山北面低山岗上墙体。其中用工量最大也是最主要的是山南坡下的台址处，因这里是长城起点，必须有遗迹才可证明，台址应是起点台址，必须保存。经过近三个月的野外工作，证明山前大土台址就是明《辽东志》所载长城起点"邦山台"，接台址北面有石墙向北去走上虎山南坡，并压过东西走向的高句丽山城的南城墙，长城上山，山半坡有一座长城的墙台址，长城到山顶，原认为山顶上的"烽火台"发掘后证明是长城上的墙台，在山北面低山岗上发掘后长城墙体异常明显，颓坍后的墙基保存很好，清理出有500延长米。至此，确认明长城已无问题。在发掘开工后，即拟到一定阶段召开一次长城遗址发现论证会，公开发掘现场遗迹，公布发掘材料，让学术界了解，使明长城东端起点得到长城研究者的进一步确认。因此，于12月16日发掘结束，以准备召开论证会。

11月10日，去上海。我在虎山发掘期间，还参加了上海复旦大学举办的"国际中国历史地理学术讨论会"，在会上，我做了《明长城东端起点的发现与研究》学术报告，引起与会专家学者的极大兴趣，认为这确是一项重大的考古发现，从此将纠正人们对长城的误解和不够全面的认识。会后考察，计去的地方有周庄、沈厅、角直、保圣寺、东洞庭山、西洞庭山、石公山、林屋洞、同里、退思园等。

12月20日，去北京。此行去北京，是为邀请参加论证会的研究长城的学者，发通知时间不允许，且已是寒冬，是否能来亦未可知，因我与他们熟悉，故由我去北京相邀。请来在京的学者，有罗哲文、单士元、郑孝燮、朱希元、彭思齐、刘效礼、王玉伟等，于12月24日由北京去丹东。

12月25日，由辽宁省文化厅和丹东市政府在丹东召开"明长城东端起点论证会"。国内研究长城的专家学者三十余人，齐集丹东，与会的专家学者经过实地考察和认真讨论，一致认为丹东虎山确是明长城东端起点，在发布的《明长城东端起点论证会纪要》中说："大家一致认为，现有考古发掘材料证明，明代万里长城东端起点在辽宁省丹东市宽甸满族自治县虎山乡鸭绿江畔的虎山地段，即东经124度30分，北纬40度13分。会议认为，明长城东端起点的具体地段、位置、走向的认定，是我国长城考古上的一项重大发现和收获，廓清了曾流传于国内外明万里长城'东起山海关'的提法，恢复了历史的真实情况。因此这一发现和收获，不仅具有很高的学术价值，而且具有重要的现实意义。”

虎山长城起点的发现，在国内外引起了轰动，新华社、《光明日报》等新闻部门和各地报刊都发了报道，中日两国合拍的三十七集电视系列专题片《望长城》，也来虎山拍摄了我正在主持发掘的长城起点遗址的现场，而国外还有好几个国家相继提出要来丹东虎山拍摄，证明国内外对我国万里长城东端起点的发现都是很重视的。

12 月 30 日，由于考古上所取得的成绩，年底被辽宁省文物考古研究所评为先进工作者，颁发荣誉证书：“冯永谦同志：在一九九〇年工作中成绩突出，被评为所先进工作者。特发此证以资鼓励。辽宁省文物考古研究所（印）一九九〇年十二月三十日。”

本年，获奖。我被辽宁省文化厅评为先进工作者并给予表彰，荣誉证书：“冯永谦同志：在一九九〇年工作中，成绩显著，被评为先进工作者。特发此证，以资鼓励。辽宁省文化厅（印）一九九一年二月二十三日。”

没有外出的时间，在沈阳，一点儿都没有闲着，不是编书、编刊物，就是写稿。每年都是如此，在这里略记一下，以补文中之缺失。

1991年（57岁）

5 月 5 日，去上海。参加《中国陶瓷全集》编著工作会议。由中国陶瓷学会组织，上海人民美术出版社出版。此书篇幅很大，要出十五卷，分朝代编排。在上海召开《中国陶瓷全集》编写工作会议，旨在做好分工，具体落实，加速推进，争取早日出版。开会地点在延安饭店，出席会议的各方面的人很多，颇有氛围。会议由中国陶瓷学会会长冯先铭主持，上海人民美术出版社介绍这部书的出版计划和提出编写要求。此次会议集中了全国研究陶瓷的专家学者，落实分工，我被确定撰写辽西夏金陶瓷卷。其后我负责主编的第九卷《辽西夏金卷》正式出版发行。

5 月 13 日，我应盘锦市文化局的邀请，发掘市区兴隆台的明代长城烽火台遗址，5 月 21 日结束。其间对盘山、台安两县境内的明长城进行了深入调查，高升明城址、雷城子城址、明长城经高升、边东、边北、腰台子、双台子、元台子、雷城子等地的长城线路是新发现的。

6 月 25 日，去新宾。应辽宁省地方志编纂办公室邀请，去新宾参加《新宾县志》的审稿会。会上我提出了很多修改意见。

6 月 27 日，去北京。到中央民政部为中国辽金契丹女真史学会办理社团整顿的登记工作。

7 月 17 日，去绥中县止锚湾海滨。参加在姜女坟考古工作站召开的辽宁省考古博物馆学会第三届年会，大会报告、学术交流，都正常进行。会间除进行学术研讨外，此次会议有一个重要改变，即将原来一个学会分成两个学会：辽宁省考古学会、辽宁省博物馆学会，以后两者将各自开会。两学会在会议后期同时都召开了会议，分别成立新的理事会，学会进行改选，我仍被选为理事。

8 月 13 日，去山西雁北。参加中国辽金及契丹女真史学会召开的“辽金契丹女真史学会第四届年会暨国际学术讨论会”，我向大会提交论文《金代陶瓷摭谭》。会中我被选为中国辽金契丹女真史

学会常务理事、副秘书长。会后考察了大同云冈石窟、观音堂、上下华严寺、善化寺、九龙壁与浑源恒山、悬空寺、应县佛宫寺释迦塔以及五台县五台山中的显通寺、广元寺、菩萨顶、尼姑庵、碧山寺、普化寺、观音洞、南山寺、佑国寺、龙泉寺、镇海寺、殊象寺等诸多名胜。

9月4日，去丹东。此次去丹东是为将虎山考古发掘的事落实下去，如在市里安排经费、去虎山研究用工与住处等。

9月15日我又去北戴河，中国长城学会在此举办长城工作研讨班，罗哲文、朱希元都前来，我即来北戴河与他们研究确定何时去丹东进行长城修复设计，我今年的发掘即将开始，我在现场能提供发掘资料和长城在现地具体走向和结构的形态，如果我不在现场，设计人员不了解长城遗址情况，就会遇到很多困难。研究的这些问题最后我都与他们确定下来。

9月19日，去丹东。虎山长城今年的发掘开始，经国家文物局批准，由我主持对虎山遗址进行第二次考古发掘。这次发掘分两部分，一是在虎山南麓长城起点台址的下面，是一巨型石建筑址，最初所见全为石块砌筑，不知是何结构，处在长城台址的下面，不知与长城有没有关系，待到后来清理至下层后，方知是一处大口径的深水井，井的结构十分特殊，为历来发掘所少见。二是在虎山北面低矮山岗上，发掘长城，这道山岗上的长城虽已颓坍，但形迹明显，在考古工作者眼中，墙体仍在，直到虎山村里，这段长城的发掘，既是考古本身所必需，又是为修复长城提供走向的依据。发掘工作直到年末，于12月31日结束，返回沈阳。

9月25日，我在虎山发掘期间，丹东市召开“丹东辽金暨高句丽、契丹、女真史考古学术讨论会”，我应邀参加，地点在大孤山。会后，到大鹿岛考察，有毛文龙当年为寺院建的碑，后有诸将题名，碑文中有“赤心报国”“指日收复辽东”等文句，可知是一通很重要的石碑。

10月27日，长城设计人员到虎山，我领他们上山，了解发掘长城的位置、走向、结构和如何修复及用料等问题，并作了详细说明。

12月6日，我们所著《东北历史地理》一书，被辽宁省历史学会评为优秀著作，并发证书。

12月11日，《丹东广播电视报》发表科普作家张弢写的《虎山——万里长城东端起点》长篇通讯，报道了我在丹东虎山的考古调查和发掘情况。

年底，我被辽宁省文物考古研究所评为先进工作者，并颁发荣誉证书：“冯永谦同志：在一九九一年度工作中，成绩显著，被评为我所先进工作者。特发此证，以资鼓励。辽宁省文物考古研究所（印）一九九二年一月十日。”

年底，我被辽宁省文化厅评为先进工作者，颁发荣誉证书：“冯永谦同志：在一九九一年工作中被评为先进工作者。特发此证，以资鼓励。辽宁省文化厅（印）一九九二年一月二十一日。”

本年，我之前所写《辽史外戚表补证》论文，获得辽宁省考古博物馆学会优秀论文奖（证书1991年12月31日发）。

1992年（58岁）

1月7日，去丹东。省考古所要办“考古发现成果汇报展览”的出土文物展览，丹东虎山发掘作为一个重要地点参加，因此我去虎山选用展览用的文物，并运回沈阳。经过二十天的紧张筹备，布置展览，于1月27日陈列完成，举行开幕式，并对外开放。

2月19日，去北京、丹东。丹东市拟召开“明长城东端起点虎山长城修复设计论证会”，我由沈阳去北京，邀请在京长城专家学者赴会，在京经过几天去各家拜访，邀请了罗哲文、郑孝燮、朱希元、于倬云、傅连兴等人。于2月24日一起由北京去丹东，参加论证会。我在会上首先作了《虎山长城考古发掘收获成果》的报告，后就设计图纸进行讨论，提出一些具体问题，最后一致通过，同意修复起点这段长城。会后发了与会专家学者和相关领导签名的会议纪要。图纸是依据考古发掘的遗迹由朱希元主持设计的，罗哲文审核，后经国家文物局批准。

4月22日，去丹东。虎山发掘出土文物很多，丹东没有博物馆，没有文物库房，文物暂时存放办公室，既不方便，也不安全，因此去丹东安排文物库房。文化局经过努力，在六道沟丹东剧院五楼腾出房间作为文物库房。在库房中将文物归裆，略作整理，以便编写虎山遗址发掘报告。4月29日回沈。

4月30日，在此以后，我做了以下数事。去年省考古学会决定，今年是李文信先生九十诞辰和逝世十周年，要编辑出版《李文信考古文集》。从搜集文章、复印和编稿，用去我很长时间，并准备送印刷厂。其次，我是单位职称评委，参加所对去年专业人员的工作进行考核。三是，我是省文化厅高级文博专业技术职称评委会评委，参加省厅职称评委会对中级和高级职称申报人员的考核和评定工作。

6月20日，去北京。关于丹东虎山长城的修复，至今没有批复下来，不知能否批准。不批复，下一步的一切工作都不能进行。于是我和省、丹东市、宽甸县各级领导去北京，向国家文物局请示丹东长城是否能修。后来各主管部门经过研究，均已通过，但局长未在北京，需签字后批文才能下发。6月27日，已经签批，并已发辽宁省。我们遂于6月28日返回。

6月29日，在此以后时间里我做了数事。一是，省博物馆学会提议，今年是李文信先生九十诞辰和逝世十周年，在今年《辽海文物学刊》第二期，出“纪念李文信先生考古专辑”，邀我写一篇研究文章，我应约写了《辽代陶瓷的成就与特点》35000多字，后经压缩到25000字。二是。中国民主促进会辽宁省委决定召开辽宁省民进第七次代表大会，我被选为“七大”代表，参加于7月18至21日在沈阳辽宁大厦召开的民进辽宁省“七大”。三是，近几年我着手撰写的《法库县文物志》进行定稿工作。

7月31日，去丹东。因我是丹东修复虎山长城的顾问，丹东市政府给我发了聘书，这次去主要是与丹东市与宽甸县领导商谈修复长城的有关事项。大部分时间是在虎山现场，还就组织机构设置、环境规划、修复工程安排、建筑材料来源、工程进度、质量检查、长诚修复赞助等很多问题进行了研究。另中国长城学会及设计时绘图人员也来虎山，落实修复线路。我于9月10日离开虎山。

8月16日，去北京，此行为参加在甘肃嘉峪关召开的“嘉峪关首届中国长城学术讨论会”，由北京转车。18日由北京出发，于20日晚到嘉峪关，次日是报到。22日大会开幕式，会上讨论热烈，学术氛围浓厚，会开得很成功，于24日闭幕。会议安排考察，有嘉峪关城、黑山长城、悬臂长城、讨赖河墩、新城魏晋壁画墓、嘉峪关长城博物馆、双井子堡城、桥湾清代梦城、安西县、祁连山下汉代烽隧、清代路台、敦煌市博物馆、鸣沙山、月牙泉、阳关（存墩墩山一座墩台）、敦煌旧城、元代白马塔、莫高窟、悬泉汉简遗址（发掘中）、酒泉（汉骠骑将军遗迹）、张掖（古称凉州）、大佛寺、山丹、艾黎捐赠文物陈列馆、东乐乡明长城、武威旧城、武威博物馆、文庙（市博物馆）、古浪乌鞘岭外汉长城、明长城、兰州、五泉山。然后由兰州乘车到北京转车，于 9 月 3 日回到沈阳。此行考察了很多地方的文物遗迹和名胜。

8 月 30 日，我在东亚文化国际学术研讨会提交的论文《东北古代长城考辨》被评为优秀论文。

9 月 14 日，我被八达岭特区办事处特聘为“长城博物馆陈列筹展组学术顾问”，并颁发了聘书。

9 月 15 日，去丹东。经国家文物局批准，由我任领队主持对虎山遗址进行第三次考古发掘。此次是对去年发掘的高句丽巨型石建筑址的北部进行发掘，将大井的台面及其后部的排水沟和建筑坚固、整齐的石墙全部揭露出来。就以大井为例，它全部为石砌，井壁厚十二米多，最厚处达十七余米，井筒内壁直径四点四米，由井底至现地表深达二十五米。应该说这是当今世界上保存的最大的一口古井，世无其匹。井中出土木船、木桨、木桶、陶罐等许多珍贵文物。井为高句丽所建，是考古中一次非常重要的发现。因此，这处保存得结构明晰、规模宏大的高句丽巨型石建筑，是前所未见的，无疑对研究我国历史具有非常重要的价值。12 月 19 日发掘结束，然后回沈。

9 月 18 日，记者焦润华在《辽宁政协报》上发表《考古学家冯永谦》一文，记述了我近年的工作和研究情况。

12 月，我撰写的《东北历史地理》在辽宁省第三届（1986—1989 年）社会科学省级优秀成果评奖中获三等奖，并颁发获奖证书。

1993年（59岁）

1 月 3 日，在此以后至 4 月中旬，我做了如下几项工作。一是，所里专业技术人员考评，我既负责所研究室工作，又是所技术职称评委，写考核评语等。二是，我是省文博专业高级职称评委，接受做些职称评定工作的事。三是，受辽宁省考古学会、博物馆学会委托，我进行的编辑已故我国著名考古学家、原辽宁省博物馆馆长李文信先生的文集，定名为《李文信考古文集》，编辑出 60 余万字，去出版社联系出版事宜，去印刷厂，校对书稿等。

4 月 16 日，去长沙。应邀赴湖南长沙参加在湖南师范大学于 20 日召开的“国际中国历史地理暨楚越洞庭文化学术研讨会”，我提交给大会《辽上京道州县丛考》论文。会议前后考察了许多地方，有些我过去曾去过，但此次再往，亦于研究历史地理仍有启发。在岳阳，登岳阳楼，掬洞庭水，凌浩瀚烟波，寻隐隐君山；在长沙，所看之地更多，马王堆汉墓博物馆、岳麓书院；去洞庭湖，又过湘、资、沅、澧四水，到常德师专；转道考察湘西风景名胜区，游遍黄龙洞、武陵源，上高山经一线天到山顶过“湘西土匪老巢”，去宝峰湖、水绕四门、十里画廊、索溪峪、张家界，去黄狮寨，山前登山石阶有 5438 蹬，从后山下山去张家湾等地欣赏如诗如画的自然景观；在襄樊，考察了位于汉水岸边的襄阳古城，濯足汉水，又去城北之隆中山，访诸葛亮当年“高卧隆中”时的躬耕处所；转而北下去南阳，参观南阳博物馆、汉画象石馆，走上城西北的卧龙岗、武侯祠，有“南阳诸葛庐”在焉，现在隆中与南阳这两地的两处诸葛故居，所至之处，皆有学术上的争议，口论未已，两地各出一部研讨文集，以论证诸葛亮当年确曾在此地隐居。4月30日返回。

5月7日，去北京。应北京市文物局与八达岭开发区之聘，担任建设八达岭“长城博物馆”的学术顾问，开会讨论《长城博物馆陈列设计大纲》，会中考察了新建的长城博物馆的新馆舍，我为该馆提供五十余幅多年来所拍摄的东北地区历代长城照片。

6月12日，去丹东。由丹东市文化局会同宽甸县与市规划设计院到虎山现场，研究已发掘出来的高句丽遗址的保护问题，提出保护方案，进行设计，然后报国家文物局批准。

7月6日，我与丹东市和宽甸县领导携带设计的几种遗址保护方案去北京，向国家文物局汇报关于虎山明长城起点遗址与高句丽大井建筑址的保护问题。

8月2日，去法库。叶茂台镇拟开发西山辽北府宰相萧义墓，召开论证会，邀所里领导与我参加，经论证，同意镇的设想，但方案必须保护好墓葬。散会后，我去法库县，落实《法库县文物志》的出版经费等问题。

8月7日，从法库返沈后，随即又外出，于8月7日、8月25日、9月20日，分别往返于绥中和丹东，至9月30日返沈。此次任务是为省文化厅编写上报国家文物局评定第三批全国重点文物保护单位的绥中九门口长城、前所所城和丹东虎山长城的档案材料，我和当地研究，按要求分主卷、副卷、备考卷三部，各有自己内容，不仅是文字材料，还要求有遗迹的录像材料，分工完成，由于遗迹涉及面大、历史久、内容多，卷帙浩繁，夜以继日地工作，前后历时两个月才编写完成。然后由省报国家文物局。

10月12日，去丹东。经国家文物局批准，由我任领队，赴丹东主持第四次对虎山高句丽遗址进行考古发掘。此次发掘，在虎山西端山上发掘一处辽代遗址，虎山南麓出有金代铜官印，在虎山和其北面有三座明代烽火台，山峰上有一处高句丽建筑址、一处明代营房址，这些遗物的发现，证明虎山从青铜时代、汉代、高句丽、辽代、金代到明代从未中断人的活动，都留下了遗迹和遗物，对研究丹东地区的历史发展，非常重要，收获是很大的。再有，由于去年发掘清理出石筑大井，怀疑其地应有一座高句丽山城，为了证实这一问题，今年我们还在虎山寻找和揭露这座尚不见踪迹的山城址。方法是采取山上和山下南面直至鸭绿江边的平地上，普遍打探沟，纵横分布，不使遗漏。最后的结果，他处均未见到城墙痕迹，只在虎山顶上的北部边缘，发掘出断续的石墙十余段。石墙的里外两面均为打制规整的楔形石砌筑，内部铺砌自然石块。石墙高大宽厚，虽有间断，至今仍存虎山顶部北侧半周，可知确是城墙无误。从北面城墙看，墙基即建在陡峭的山崖边缘，石墙颓落，至今山下沟壑中到处是滚落下来的石块，故而城墙残毁不全。但山顶南部边缘未见石墙；由于虎山顶部狭窄，没有很大面积，不能容纳较多人马，山顶南部当时可能没有修筑城墙，估计城墙是修筑于山下南面的平地处，大井在城内就是证明，南面建在平地上的城墙，因其受鸭绿江水为害的原因，已冲毁不存。发掘时，城址内出土许多遗物，颇为重要。经过我在现场发掘所见，再根据文献记载与地理位置、环境考虑，此城址应是高句丽著名山城泊汋城。这是我在高句丽考古史上的一次重要发现，它使久无确切地点的泊汋城址，从此确定下来。我在发掘过程中，在现场边发掘、边思考，写出《高句丽泊汋城址的发现与考证》一文。12 月 22 日虎山高句丽城址发掘，今年结束，返回沈阳。

10 月 17 日，去桓仁。在发掘期间，由我们考古所主持召开的“辽宁省高句丽文化学术讨论会”在桓仁举行。参加讨论会的人，昨天在丹东报到，我负责接待，然后考察了我主持发掘的虎山明长城东端起点、发现的高句丽遗址及大井。后即取道去桓仁，开幕式后，进行研讨，我首先发言，题为《虎山高句丽遗址的发现和研究》，参会者依次发言。闭幕式后，在桓仁县考察了五女山山城、上古城子墓群、下古城子城址、桓仁水库淹没区内原高力墓子村山上残存的高句丽墓等。然后赴集安，考察高句丽遗迹，有城区内的高句丽城址、城子山山城、东台子遗址、城山下墓区、禹山下墓区、麻线沟墓区以及五盔坟、将军墓、太王陵与好太王碑等，对这些遗迹都作了较详细的考察与了解，又参观了集安市博物馆，馆藏高句丽遗物很多，而精品亦很多。

另在年初《友报》记者焦润华对我进行过采访，其后他写了《不到长城非好汉》一文，发表在中国民主促进会中央委员会主办的刊物《民进》本年第三期上，记述了我发现明万里长城东端起点的前后经过。

1994年（60岁）

4 月 7 日，去绥中。九门口长城修完，展现雄姿，现在要再修九门口长城，这是已经酝酿很久的事了。此次修筑和上次不同，并且近期外国要来人，是世界银行代表和丹麦考古学家来现地考察，研究如何修复，然后向世界银行贷款。世行等人来之前提出要中方出席长城专家，与其研究。中方提出代表三人：罗哲文、朱希元、冯永谦。因此，我今去绥中与世界银行戴维斯、严池·布兰德斯绰、严池·弗朗德朗德会见。然后去九门口，实地调查研究修复长城问题。当时与之会见的除我外，还有北京中国长城学会朱希元，省、市、县各级有关领导。以后朱希元与我和三位外国客人在九门口对长城进行调查、测量、拍照等，很仔细认真地进行，并对拟修线段长城做具体研究，根据现存状况，制订维修方案。此外还考察了绥中前所明代所城。工作于 4 月 17 日结束。

4 月 21 日，去丹东。这次到虎山主要是考虑去年发掘结束时已是年末，大地结冻，挖的探沟等都在田间，春耕即将开始，不能影响农田春播，必须回填。再有去年在虎山上已经揭露出的一些遗迹就裸露在地面，而今年的发掘还有一段时间才能进入现场，为防止破坏，也适当做些掩埋，因此又用了一周时间，完成此项工作。

4 月 29 日，为了推动学术研究更快发展，方便寻找材料，总结学术研究成果，我们现在拟编辑部头较大的丛书，取名《东亚文库》，孙进已主编，我为常务副主编。经过近几年的筹备和组稿，其中的《东北亚研究》丛书的书稿陆续到来，我即开始审稿和编辑，当然不是仅从今年 4 月才开始，早已陆续进行，不过今年较为专注此丛书的审稿和编辑，至年末已有几部《东北亚研究》丛书的书稿审编完成，明年即可开始付印。

6 月 14 日，去营口。营口市社会科学联合会召开崔德文所著《西炮台》一书出版座谈会，邀请省、市有关方面的学者参加。崔德文在营口市多年从事文物考古工作，做了不少文物调查和研究，今有此书出版，将有益于此项事业。我是被邀请的与会者之一，故应邀前往。

6月20日，根据上级部署，省文化系统职称开始评定，今天省文化厅召开文博系统职称评委会会议，进行评定职称。会议连续进行，将对全省文博系统申报中级、高级技术职称的数十名人员，进行评定。

7月7日，去大连。经省有关部门联系，日本有一文物考察团来辽宁，考古所派我前去随团。首先去大连，参观了金州博物馆，然后去丹东，考察了叆河上尖村的汉西安平县城址，凤城凤凰山高句丽乌骨城、沈阳新乐遗址、辽阳江官屯辽代窑址、燕州城高句丽山城、辽阳博物馆、辽阳市辽代白塔、海城姑嫂石村石棚、大石桥市金牛山遗址、大石桥北官屯石棚峪石棚、盖州青石岭乡高句丽城子山山城、盖州西二台子石棚、大连营城子汉代壁画墓。此次随团，至14日结束回沈。

9月23日，去丹东。虎山发掘，经国家文物局批准，由我任领队，主持今年的第五次发掘。前四年发掘主要是寻找明长城东端起点遗址，以及起点段长城走向，后在长城起点台址下发现高句丽大井，进行发掘，由此进一步发现高句丽山城泊汋城。今年是大井上面原地表井面及井后与两侧地面的发掘，至此，将山坡上颓下的土覆盖住井台面，由于颓土较厚，压住井台原地表，井面环境不清晰，待到将覆土全部清除后，井的结构非常明显，得以复原。发掘于12月23日结束，至此，虎山考古发掘全部完成，收获巨大。

1995年（61岁）

1月20日，辽宁省考古所召开1994年田野工作业务汇报会，全所人员参加，各市、县有关人员亦参会，各发掘地点按时代先后排列，报告所发掘地点的情况。

5月4日，省文化厅在北票举办“1995辽宁省文物钻探培训班”，地点在四家板村，这里是辽代川州。培训班有课程，所里讲课的人来了，我讲的是“辽金元明考古”。

5月7日，由北票去锦州。我拟编撰《辽宁市县文物志》，需去各地具体商谈落实，因北票距锦州较近，我即前往，后又去北镇，两地所谈均有成效，俱同意编撰，并做了安排。

7月16日，去凤城和丹东。我们考古所与日本联合考古，初步确定10月上旬日本考古团来辽宁，调查高句丽山城，为做好事前准备工作，我去拟调查的地点进行安排。凤城有刘家堡子汉城遗址、凤凰山高句丽山城，在丹东看了振安区文物保管所收藏的文物。

9月19日，参加民进中央《民主》杂志社和沈阳东亚研究中心联合举办的“东北区域文化研讨会”，会议对东北区域文化进行梳理和阐扬。

9月22日，在沈阳召开“中国辽金及契丹女真史第六届年会”，会上进行充分的学术讨论，畅所欲言，对辽金及民族史研究起到了推进作用。本次年会，又到换届之时，经过全会讨论推介，最后选出新一届学会领导班子，其中孙进已为会长，我为秘书长。

10月16日，去朝阳。召开“辽宁省考古学会年会”，会议有三项：一是学术讨论，与会者发言，宣讲自己的心得体会；二是参观，有正在发掘的喇嘛洞三燕墓地、朝阳北塔（即延昌寺文管所）、关帝庙（即朝阳市文物管理所）、朝阳市博物馆（在佑顺寺）；三是学会选举，产生新一届学会领导

班子。

12 月 31 日，我年满六十周岁（按农历算我年龄为六十一岁），办理了退休。

1996年（62岁）

今年我从 1 月开始退休。

退休后，我开始个人的研究和做其他相关学术领域里的事，也安排余暇时梳理多年来积累下的心得和认识，写些文章，总之，不能让时间空自流过。今年完成的文稿并寄出的是：《辽史地理志考补——上京道、东京道失载之州军》《辽史地理志考补——中京道、南京道、西京道失载之州军》。

除此之外，我在沈阳东亚研究中心编辑书稿。中心主任是孙进己先生，我是副主任。中心设有“东亚文库”，孙进己主编，我是常务副主编，每年都出版书，当时编有几套多卷本的学术著作。至今年底，编完《中国考古集成·东北卷》，我是主编之一，此卷于 1997 年 1 月出版，共 20 大本，3500 多万字。以后陆续进行既定计划的编辑出版。

12 月 28 日，我的著作获奖：“冯永谦同志：你撰写的《东北考古研究》在辽宁省第五届社会科学省级优秀成果评奖中，被评为著作类二等奖”，并由评奖部门颁发获奖证书。

1997年（63岁）

1 月 28 日，辽宁省文物考古研究所举行 1996 年田野发掘汇报会，这是每年一次的例会，汇报去年本所负责省内各发掘地点的发掘情况，省内各相关市县的领导与参加发掘的人员也都前来参加，所里邀请退休的研究员参加汇报会，因此我参加会议，听取业务汇报。去年全所发掘地点很多，计有如下数处：朝阳县波罗赤西大沟鸟化石、辽东地区洞穴调查七县发现二十一个地点、沈阳至山海关高速公路调查发掘三处遗址、朝阳阎王鼻子水库调查发现三十一处遗址、牛河梁遗址继续发掘、北票市白石水库发掘仓粮窖遗址、沈阳至四平高速公路遗址发掘、兴城市郭家山遗址发掘、绥中姜女坟遗址发掘、北票市喇嘛洞遗址发掘、朝阳北塔发掘、桓仁五女山山城发掘、北票辽代川州城址发掘、葫芦岛市塔山高力关金元遗址发掘、阜新烧锅营子辽墓发掘、四平经沈阳至山海关高速公路发掘凌海北壕遗址、昌图大石地遗址、昌图清柳条边遗址。

8 月 8 日，由中国辽金及契丹女真史学会主办的“全国辽史契丹史学术研讨会”在辽宁阜新召开，我于当天到达阜新。开幕式后会议正式开始，进行研讨。大会结束，参会代表参观了阜新市博物馆、查海遗址博物馆、海棠山清代佛教造像、阜新古玩城。然后会议地点移至朝阳，途中参观了义县辽代奉国寺、万佛堂北魏石窟。在朝阳，仍继续大会，会上成立辽史专业委员会、契丹史专业委员会，我被选为辽史专业委员会第一副主任。

8 月 17 日，去辽宁法库。法库县温丽和、郭耀武写了一本《法库史略》书稿，邀我帮其修改，看过书稿，存在不少问题，帮其进行补充修改。

10 月 24 日，去辽宁法库。关于《法库史略》书稿，在上次详细提出问题后，继续修改补充，现已修改完成，再次研究看有无问题，以便定稿，我给直接补充一些章节文字。

12月6日，去吉林长春。研究我们撰写的《松辽文化》书稿，这是本书第一次正式研究撰写分工的会。《松辽文化》是几个出版社联合出版的一套全国性地域文化丛书，东北地区书名为《松辽文化》，由东北师范大学穆鸿利联系安排，任主编，副主编是辽宁社会科学院冯继钦，但书尚未开始写作，仅在计议中，冯继钦因病逝世，穆鸿利邀请我出任副主编，共同撰写完成此书，因此我去了长春。会上因原提纲存在较多问题，我提出不少意见，即重新拟定书稿提纲，并具体拟出章节以至小节的题目，然后分工分头按新拟条目进行撰写，定期会稿，由两主编穆鸿利和冯永谦通纂，两主编也分得书稿承担部分。此次会议颇费时间，但较圆满完成。

12月22日，去北京。因北京中国历史博物馆举办《中国考古发现精品展》，故此特地去北京参观。展览办得确实很好，所选展出文物皆为考古发现之精品，叹为观止，实为难得，作为一个考古工作者，不参观此展览，确是损失，因此不可错过！

1998年（64岁）

5月12日，去辽宁阜新。调查阜新境内长城，因阜新长城比较复杂，许多时期的长城都经过阜新，但也最不清晰，如果阜新地区的各代长城线路走向解决了，往东去至今尚不明朗的长城走向也就容易解决了。调查从阜新的西部化石戈乡开始，乡西境是牤牛河，过河为北票市，其地也有长城，阜新长城即从此河东岸边显现，有墙体，经过耕地处为黑土线，由此继续向东延伸，过嘎岔沟屯、胡头沟，奔向非常有特点突兀的鸡冠山。此后我们的考古调查就一直沿长城遗迹向东去，这段长城考古调查新发现，中间虽有消失，不见长城，但经过反复寻找和向当地了解情况的老年人询问，最终还是接续下去。长城从鸡冠山下来后，经上新邱屯，过当地人称“长脖梁”的山岗，到二色村二队，经东老二色屯、新立屯，去北八里营子、杖房村驻地上八里营子，到四家子，长城走上南北向的枣林山、大林山，遗迹均在山的西坡通过，又去南昌营子西沟屯，东北行，经南昌营子、下甸子，又至沙力土村、东山屯，到大家生，长城由此东去，向红帽子乡延伸过去。在长城沿线发现多座烽燧址，还有“秦开却胡”胡人遗留下来的城址。这道长城经过研究，是燕北长城的内线长城。调查至此，又得到关于城址的消息，说是在此地西北方向是内蒙古善宝营子村，当地有一座很大的城址，因大五家子乡距其地不远，我们即去调查，到后城址确有，但在阜新界内是套尺营子村，在此村发现了长城，由此我们就沿发现的长城调查下去，这是过去所不知道的。此段长城经牤牛洼村西洼屯、南梁屯、陈家梁，至下官营子村下窑屯、他本陶力改村北洼屯、西湾子屯、他本陶力改村、小虎掌沟、西营子，长城即进入于寺镇于寺村了。由此东去，至平安地村，经桂林束台、下杖子村。这道长城在前面所调查的长城之北，相距甚远，经过笔者研究，这道长城是燕北长城之外线长城。

6月1日，去丹东。了解丹东长城调查情况，他们根本没有动，因此还谈不上对长城的了解，但时间已经不等人了，草树和农作物长起来以后，就不能进行调查了，因此催促赶快进行调查。

6月10日，去辽宁抚顺。长城调查未动，因无经费，故此停下来。看了几处发掘地点的遗物，有配合大林冲水库发掘的唐力屯金代遗址、东洲小甲邦汉代遗址、白旗堡汉城址，在此城址出土的云纹半瓦当，很是重要。

6月12日，去辽宁铁岭。了解铁岭关于调查长城的情况，因其未做安排，长城在铁岭地区的分布，暂时尚无发现。

7月3日，又去铁岭。此次我下到现场去调查，市博物馆许治国陪同，调查颇有发现：杜蒋窝堡龙湾山采石场汉代遗址、辽代遗址，此山北面为辽河，东去为开原市业民镇清辽村（原大高力屯）有汉代长城、烽燧址、辽代烽火台，北去又转南入铁岭县中固镇小河南、山后屯，由清辽村西去过辽河西岸是董孤家子，有汉长城与烽燧址，此段长城向西北方向去，经新董孤家子，至施家堡子，这道是战国燕、秦、汉长城，再向西去进入法库县。

8月11日，去辽宁新宾。省考古所正在新宾赫图阿拉城发掘，到工地看发掘现场。此地抚顺市博物馆正在对六祖城村发掘属于后金时期的“六祖城”，但我看后，根据所见遗迹和遗物观察，此城根本不是后金的，而是高句丽时期的城址。然后我去新宾镇南茶棚村调查烽燧址，在苏子河沿岸分布多座，我的意见是这些遗存是汉代交通道路上的烽燧，不是长城。

8月15日，我参加在沈阳东北饭店召开的由中国地理学会区域历史地理专业委员会两年一次的例会。参加会议的人很多，辽宁省、沈阳市各级领导都出席，很是隆重，讨论问题也很热烈。会议中我被安排为副主席，管理会议诸多事务。讨论时，我曾作大会报告并多次发言，讲的都是考古调查的重要发现，参会者都很感兴趣，会下纷纷咨询。

8月19日，去辽宁丹东。了解关于长城调查的情况，结果尚未进行，于是经过研究，落实下来，近日即可工作。

9月26日，去新宾。参加新宾主办的一次论证会，主旨是新宾要开发后金遗迹，由抚顺市博物馆在新宾县永陵镇前进村发掘城址，县里认为此城址是后金时期的“觉尔察城”，即后金六祖城。我上次来新宾时看过此城址情况，发掘的出土遗物并不是后金时期的，而是高句丽的。现在发掘又有新的进展，益发证实我提出的论点。后开论证会，我讲了我的认识和分析，提供给当地的领导。会后我调查了永陵镇南的南、北二汉城址，后又沿苏子河东去，调查烽燧址，并去吉林省通化县调查三棵榆树乡的城址和烽燧址。

9月17日，去辽宁阜新市、彰武县。此行是为了解调查长城的情况，结果很不理想。阜新市调查确认不准，多为误指，根本不是长城。到彰武县了解，亦颇类似，没有下去调查，而且根据早已发现的城址，进行推断长城经行线路，并写出文章发表，误差就更大了。从彰武回程，顺路调查了清代千佛山造像、扎兰营子清代喇嘛庙圣经寺。

11月6日，去吉林长春。受吉林省社会科学院之邀，赴该院开会。吉林省社会科学院承担一项庞大的科研课题：《东北古代方国属国史》，聘我为这套丛书的编委，召开会议，研究这套书的撰写诸问题，经过讨论，最后确定下来。

11月8日，在长春与东北师范大学穆鸿利一起修改《松辽文化》书稿，此书由河北等五个出版社联合出版，穆鸿利和我是该书主编，已经改过两次，这是最后一次，定稿即可交付出版社。我在长春住了十六天，住在宾馆，可以说是夜以继日进行，同时我还选定了110个图版的照片、编写了图片说明，最后确定章节标题、统一全书文字、增删修改并最后定稿，并又写了《后记》、列出《参考书目》等项，直至23日夜2时才告完成。

11月24日，由长春返程到铁岭，了解调查长城整理材料情况。之后又多次去抚顺、阜新、彰武，做同样工作，此事直至12月12日由彰武返沈，才结束今年的外出任务。

本年发表退休后写的两篇研究文章，现在见刊了。二文如下：

《辽史地理志考补——上京道、东京道失载之州军》，《社会科学战线》1998年4期。

《辽史地理志考补——中京道、南京道、西京道失载之州军》，《北方文物》1998年3期。

1999年（65岁）

2月6日，辽宁省文物考古研究所每年一次举行的业务汇报会召开，凡去年工作项目，今天由主持人向大会报告，此会全所人员参加，外市县有关人员也到会，人员很多，也很隆重。计有辽西旧石器时代遗址调查、昌图曲家店镇人头骨化石、桓仁仙人洞发掘、建平牛河梁第五地点发掘、朝阳阎王鼻子水库北台子遗址发掘、北票白石水库西大川遗址发掘、北票白石水库康家屯城子地遗址发掘、绥中姜女坟遗址发掘、辽宁省长城调查、北票喇嘛洞墓群发掘、沈阳石台子高句丽山城发掘、桓仁五女山高句丽山城发掘、北票辽代白川州城址发掘、新宾永陵老城发掘。今天汇报会，因我去年调查了长城，因此也向大会报告长城调查的发现情况。

4月23日，在沈阳召开辽宁省考古学会理事会，讨论了研究学会领导改选、秘书长为法人代表、明年学会召开学术研讨会等问题。会后省文化厅召开全省长城调查工作会议，确定五一节后进行调查，各市分头进行，由我负责全省长城调查指导。

5月6日，去辽宁本溪。辽宁省长城调查，五一节后开始。我首去本溪，经与市博物馆领导研究，调查将分两组进行，桓仁县一组，本溪县一组。

从本溪回来后，即去铁岭。铁岭调查长城有些困难，需要解决。我与文管办人员去清辽村复查，去年曾去过，因遍地庄稼覆盖，遗迹看不清，今年刚种完地，长城遗址非常明显。

5月13日，去辽宁朝阳，后又去建平。在建平，调查了张家营子乡的长城，明确了过去认为这道长城只是由墩台组成，实际两烽燧址间还有沟壕相连，只是保存不好，沟已填平，不细心看不易发现而已。此次调查，走了许多点，发现了很多过去不为人知的长城。

5月17日，由朝阳去北票。在北票调查长城，因在阜新化石戈乡已发现长城在嘎岔沟，北票与其相接续的是台吉营子乡六合城村，发现一座汉城址，也发现了长城，由此西去，经陈家窝堡、朝阳沟、周家洼、四合城、碱洼子、五合兴、生金窝堡、二合城沟，都发现有长城。这道长城，是燕长城的内线长城。

5月27日，去阜新。了解阜新的长城调查情况。

5月31日，去新宾。在从抚顺至新宾途中，调查了马尔墩岭长城，此地长城很长，是哪个朝代在此修筑如此规模的长城，值得研究。其后经我考证，认为此道长城是前燕时期修筑的长城。后去木奇、得胜堡、五龙，调查高句丽城址和汉代烽燧址。

5月10日，去辽宁丹东。在市里研究后，即去宽甸县。在宽甸调查地点有白菜地石墙、北江村金家大院鸡冠山石墙，又去西江村调查（过去村名秋果碧，土改时改今名），但无长城。又去腰岭子调查，此地亦无长城，只有一处日本侵华时并村修筑的围子，是一面石砌三面土筑的墙，现土墙在水库下颓坍，今天还存百十米一段石墙，在水库枯水期露出，过去省考古所来人调查后将它定为长城，实误。又去临江村时家街屯，过去发表的调查报告说长城从腰岭子到时家街，结果根本不是，是现代铁匠炉在山根下砌的防山上滚石的石墙，前此调查为误判，但其地有高句丽墓群。于6月17日返沈。

6月22日，去本溪，随即赴桓仁。调查地点有业主沟（原称野猪沟）乡江东六队一个孤立的土台，当地称为"小孤山"，因无任何遗物，遗迹也不典型，可知不是。在姜家街屯西南发现一座城址，是过去所不知道的，时代为辽。又调查了高俭地的柳条边。

从桓仁回来，在本溪调查了九龙山城、城址西遗址、黄堡村汉代烽燧址、王崴子明代城址和烽火台。

7月1日，去铁岭。调查了在山头堡村东北当地人称之为"北大壕"的遗迹，是长城遗址，还发现了清柳条边，两者各有线路，并不重合。长城直至团山沟南面山岗上，还有一座烽燧址，再东去长城迹象不明显，但在展家沟屯西发现一座过去不知的辽代城址，在中固镇乔家沟有一座明代烽火台。

7月21日，去阜新。调查途中，经过公路拟扩建影响红帽子乡的辽成州城址，在五家子乡姜家洼子村发现一石臼，弃置在路边。还调查了八家村西南一座五室辽墓，在克丑村北现存二虎、一羊、一武士石雕，石雕有多件，近年被人用汽车运走一些，不知去向，又调查了梯子庙村北山上夏家店上层文化城址。在调查至内蒙古库伦旗白音花乡乃门格尔时，发现几处辽代遗址，遗物很多，除陶瓷片等，还有一件大石臼。

7月30日，在沈阳。此期间由我主编的《中国陶瓷全集》第九卷《辽西夏金》卷内的文章，进行校对和定稿，并寄回上海人民美术出版社。

8月25日，去凤城。途中经过省考古所在本溪连山关镇六道沟屯发掘修筑沈丹高速公路发现的前汉时代遗址点，看过之后去凤城。此行去凤城是往所里运回凤城东山大石盖墓出土文物与我发掘的凤城刘家堡子战国至汉代武次县城址出土遗物，将其入藏省考古所。

8月30日，去法库。四家子乡承担由县主办的"八虎山旅游区开发论证会"，沈阳市和法库县相关领导参加，还有历史文物考古工作者，讨论很深入，提出不少建议。山中玉皇阁经温丽和设计也修复起来，具有一定规模。

8月31日，去铁岭。接续上次考古调查在展家沟的发现，这次走上高山顶上，从北面下坡，沿山腰东坡有一低矮山岗，直奔中固村去。只见这一段，是否为长城暂未确定。

9月27日，去抚顺。调查在市区西部抚顺县的刘山堡，具体地点为鄂家沟北台子烽燧址、南台子烽燧址、刘山堡西台山战国燕烽燧址、接文镇养树村"老边岭"上长城、拉古峪乡徐家烽燧址、拉古峪烽燧址、赵家堡子烽燧址。这些长城和烽燧址的年代均较早，最早的起自战国，至汉代仍继续沿用。

10 月 10 日，去朝阳市属北票市，调查发现了北塔子乡北大河南岸起，经赵家店、干沟子、翟家营子（乡政府驻地）、姜家营子、白塔子、广富营子、赵户沟村战国至汉长城，在赵户沟至北沟之间，有一条南向的山水沟，很宽，长城至此中断，在沟崖上发现长城断面，南面是长城墙体，北面取土挖的大沟，现沟已被淤平，不同年代淤土沉淀分层，遗迹非常明显，是典型的长城结构。长城由此东去，经北沟东北松树山、歪脖山，向东为红山嘴村，过磨盘山，经台吉营子乡他拉皋村北，长城为黑土线，又东南转，经六合城沟，即进入宝顺堂，穿村而过，又东去，即和上次调查的长城之四合城段长城相接了。

10 月 27 日，去阜新。这次去阜新是为了解此前市里所调查长城的情况，到后一看材料，记述得很混乱，根本弄不清楚，后经研究，到现场复核一下，于是我和文管办主任霍玉斌同去，至 11 月 9 日，用了十四天，走了八家子、旧庙两个乡，但经复查后，老赵所调查认为是长城的遗存，在此二乡都不是。只好将来安排时间再进行调查了。

11 月 10 日，昨天在阜新调查长城，接单位来电话，说经我发掘的虎山长城遗址上，被中国联通丹东分公司在虎山的山顶上建起发射铁塔，已破坏了虎山上的遗址，让我速去丹东处理这一起破坏文物遗址的问题。我即刻返回转赴丹东，前后历时三天，回来后写了情况的调查报告给辽宁省文物局，圆满完成任务。

12 月 9 日，去本溪。在南芬发现古代道路，这事很重要，过去考古发现很多遗迹，但古道发现很少，这是有关古代交通和历史地理问题，我因此前去调查。路在山麓沈阳至丹东铁路二长岭隧道南口下方，地为石质，过车碾出的辙很深，可知历时较久。两沟相距 1.1 米，即其时车轮之宽。后去南芬石砚板扇厂，两种产品均很有特点，尤为用细腻的南芬页岩制作石砚很为出名。在本溪市博物馆看长城调查采集文物，有几个地点有汉代遗物，咸宁营遗址采集的文物中，既有汉代的也有战国燕的，如乳钉纹半瓦当则是很典型的战国的，此遗址值得注意。

12 月 14 日，去阜新。了解长城调查情况，看了调查中采集的遗物。

2000年（66岁）

3 月 19 日，去庄河市。城山镇欲修复沙河子城子山高句丽山城，如何开发利用，请我们调查，解决有关山城的各种情况，然后帮助立项和争取经费等一系列问题。经过实地调查，这座山城保存较好，至今城墙未有太大颓坍，城墙在山上用楔形石块砌筑，基本为原状，只是当地对城墙上部进行修整，不符合高句丽山城建筑结构，应予修改，在北侧山顶上有一座石砌台址，保存较好。此城址即是高句丽之石城，唐代征辽东，南线水路渡海唐军登岸后经过百战，到达的石城即为此城。

10 月 11 日，我参加学术讨论会的《金代陶瓷摭谭》论文，被中国辽金及契丹女真史学会评为一等奖。

2001年（67岁）

2月15日，省考古所预先电话邀请参加去年考古工作业务汇报会，省内各地去年参加发掘的人也来沈参加，各地老友齐聚一堂，令人高兴。汇报按历史年代排列，首为所长一年工作总结，以后依次为朝阳腰而营子小东山新石器时代遗址、绥中姜女坟秦汉遗址保护工程、北票康家屯遗址发掘、大板金岭寺前燕遗址、建昌碱厂乡东大杖子青铜短剑墓发掘、抚顺施家堡子高句丽墓葬发掘、辽西古生物化石发现。

4月16日，去大连。受辽宁省长城学会邀请，我和学会秘书长吉昌盛去大连，调查此地的辽长城，我在1958年曾经调查过，后来材料损失，无以为据，故今天再次前去，在大连湾和金州湾之间黄渤二海地岬处，完整发现长城。后来我写成《辽代“镇东海口”长城调查考略》发表。

4月18日，去营口。由大连返回，我和吉昌盛又去营口调查高句丽长城，这是过去从未有人知道此地有长城的，只有我过去研究过高句丽长城，提出过推测，但“西南至海”段也没有前去调查过。经过这次调查，从营口海边前岗子村南的淤泥河北岸起，高句丽长城向北去，经后岗子、小边、小平山、老边、孙家岗子、周家岗子、下土台、高坎、旗口、前老墙头、后老墙头、二道边，北去海城牛庄，经官草、高力、刘家台、东开河坡、吴家台、老墙头，然后一直北去，过三岔河为明辽东镇长城沿用，经鞍山、辽阳、沈阳、铁岭西境等地，直到吉林省松花江边。调查中还发现在营口的后老墙头向西北出一道支墙，经前会、腰会、小边西、后会，到海城西四方台八家子，抵太子河入辽河的南岸，则这段长城是为加强防守而修筑的一道支墙。这些遗迹，都是过去所不知的，也无人调查。经笔者考证，明代辽河流域长城利用了在海城向北走向的高句丽长城五百多里线段，直至昌图泉头，明长城才离开高句丽长城转而东去。明代所沿用高句丽长城，是由于当明代欲修筑长城时，其地有高句丽长城存在，这才造成了后来明辽东镇长城内凹的问题，这也是过去没有人能解释的现象。调查后我写了《高句丽千里长城“西南至海”段考古调查报告》发表。

5月10日，去抚顺。由辽宁省长城学会组织的“辽宁早期长城座谈会”在抚顺召开，辽宁中东部六市的相关领导和专业人员参加。开会先调查，后讨论。调查主要是烽燧址，抚顺较多，西段主要是在浑河北岸，从滴塔开始，一直向东，这里原是一条道路，至市区东境，即大伙房水库处，烽燧址建在浑河南岸，到新宾县境后，烽燧址进入苏子河谷，直到出县境后进入吉林省通化县，在三棵榆树乡仍有烽燧址。在这段调查中，还调查了抚顺高尔山城、小甲邦汉代遗址、新宾永陵镇南的两座汉城址、北三道关等。

8月12日，去丹东。参加虎山长城二期工程座谈会，北京罗哲文、朱希元前来，丹东打电话邀请我参加。会后去宽甸青山沟景区、滴水砬子景区、凤城凤凰山高句丽乌骨城。我们三人的谈话记录由丹东整理出来，成一文章。

10月7日，去阜新。是省长城学会安排，去阜新调查长城前几次尚未解决或未去过的地段。调查开始，在由阜新去八家子乡路上，于大坝营子发现长城，是路边土崖上长城壕沟的断面，从北往南共有三道。后去八家子乡，在果树村三家子屯南面北山坡上发现长城，后经田家沟、新秋，进入旧庙乡小乌拉哈村，再前行即与燕北内线长城会合。这段长城是燕北外长城。调查至此，转回三家子。

由三家子向西调查，发现长城经果树村（驻解家烧锅），沿乌兰木头山东侧，向北去是坡林大坝，绕过山北端，经山西边的团山子、生力乍窝堡、赵家窝堡、宅山土，进入大五家子乡王大营子、小五家子、张吉营子、毕家沟、柳条沟，进入于寺镇，再西去即与以前调查的于寺镇段长城相衔接了。这段长城是燕北外长城。

然后我们去大五家子乡，调查属于燕北内长城由大家生往东未调查的线段。由大家生东去，经张家洼村，即进入一条东西走向的山谷，地属红帽子乡，长城经新秋、西两家子、腰两家子、下两家子、红帽子、东红帽子、张家沟、丁家沟、小苏木皋、宫家沟、好四家子南沟、好四家子东沟，进入八家子乡大坝营子（即前发现公路土崖上三道沟壕长城），再东去进入八家子乡三道沟，后进入哈达户稍乡，经石金皋、白家湾子、泊力各秋、隋河营子，进入他本扎兰乡，经牌楼，复又进入哈达户稍乡，经新秋、上四方庙、下四方庙、扎兰营子、他不拉营子、那四板营子，至满汉营子，这道长城是燕北内长城，在满汉营子村燕北外线长城由西面过来相接筑，两道长城合为一道长城向北复转向东延伸，此后即为燕北内长城原线。

随后我们又去新秋，接续上次调查长城向东北去，发现长城，经旧庙镇小乌拉罕营子、大乌拉罕营子、海力板、王家洼子、冷家洼子、南山、孟家窝堡、庙沟、邵家篙堡，到满汉营子与燕北内长城相会。

由满汉营子继续向北调查，此后长城属战国燕、秦、汉、西晋时期共有长城，进入旧庙镇，经郎家离堡、傅家湾子、老哈达营子、刘家沟、后查台，进入平安地乡，经水泉，过八楼子山北坡，至三家子，经柳官印子、魏家沟、上押京、大土城子、水泉、西胡节、腰胡节、后平安地、后白音皋、前二十家、后二十家子，长城北去进入彰武县。

长城由阜新县后二十家子进入彰武县，为四堡子乡，一直北去，经何兴隆沟、小南洼、朝阳沟、他力盖、前王家店、后王家店、腰吴家店、壕外屯，由此转向东去，过沙河子水库，经西大公主屯、先锋村、东大公主屯、至大林家，由此转向南，经杏山、清泉、杨家窝堡、北王家窝堡、侯家窝堡、后孔家窝堡、前孔家窝堡、鄢家窝堡、西天兴阜、老道窝堡、宝山窝堡、三姓屯、小王家窝堡、大王家窝堡、十里保、前四间房、小岗子、靠边屯，长城由此转向东去，经后小五家子、后小杜家、前小五家子、任家甸子，至壕外屯，经大六家子，进入五峰乡，经纪家窑、腰马仗房，过柳河，进入彰武县城郊乡，经彰武县城北侧的壕北屯，东去进入兴隆山乡，经老虎坨村、西老虎坨村，东去至南流的河边，此地为二道河乡，长城沿河而筑，因保存不好，长城不见，当为南去，至东六家子乡。我们到东六家子后，长城又出现，经东六家子村，从官山北麓通过，东去到官山东屯，又东去经孤店、双山子，石头人屯，进入苇子沟乡，经王家窝堡、信家窝堡、西太平山村，进入法库县叶茂台镇境。调查至此，时已 11 月 24 日，天寒地冻，结束野外考古生活。

12 月 17 日，我被辽宁省文化厅聘为《中国文物地图集・辽宁分册》编辑委员会委员。

12 月，《辽宁省志・文物志》由辽宁人民出版社出版，我曾担任此《文物志》第一届编纂委员会执行主编，费时不少，付出心血，书前页有记载。今日此志出版，非常高兴，值得记忆。

2002年（68岁）

4月18日，去丹东。今天辽宁省长城学会秘书长吉昌盛和我去丹东与市文化局研究今年丹东地区早期长城调查问题，因始终未能很好解决，故再次进行调查。经研究决定，五一节过后进入现场。

5月12日，去丹东。虎山长城第二期修复工程进行，中国长城学会朱希元前来，我们一起去虎山村北至青盖沟段长城进行调查，确定线路位置，在大比例虎山地形图上对我过去调查时发现的长城作出标注，一切就绪，我去宽甸县进行早期长城调查。

在宽甸县，了解到有许多地方有“边壕”存在，这些遗迹过去从无人调查过，因此决定了解一下这些“边壕”是什么遗存。先去红石砬子镇，这里有边壕，前后调查了大泉眼屯当地人称为“头道边壕”、二泉眼屯当地称“二道边壕”、龙井屯“三道边壕”、西下洼当地人称“二道边壕”、腰岭子人称“头道边壕”、兴隆堡村山上烽燧址、腰岭后屯的“三道边壕”、中蒿子沟边壕沟屯“头道边壕”、周家堡子“二道边壕”。然后转向西去，调查大西岔乡白菜地屯石墙。然后又西去振江镇，调查浑江口村的燕秦汉长城、浑江岸边的山险墙，还有出土的石斧、刀币与辽代瓦窑址等。由此再北转去下露河乡，调查浑江岸边的连江村老地沟大量刀币秦钱出土地、下露河村前扒头屯刀币铜钱出土地、通江村（原下露河村）长城。通过这次调查，使我认识到宽甸县的早期长城，因地理环境关系，山高而且陡峭，其东境又有南北流向的浑江天险，没有修筑连续不断的墙体，只在河口处如浑江口村、下露河村，有河口可通内地的，只在河口处修筑堵口墙体，其他内地修筑横断山谷通道今称“边壕”的短墙，是在有路可通处筑防御工程，就可进行防守，这应是宽甸早期长城的修筑特点。

6月7日，去彰武。受沈阳市文管办邀请，与刘长江、姜念思去彰武调查，途中调查了辽滨塔村辽代辽州城址与辽塔，取道法库叶茂台到彰武东六家子镇调查长城，从官山东屯向东去，经孤店村，又去到石头人村，在此地长城南面有清代柳条边，长城在北面东西走向，柳条边在彰武与新民县交界线上从西南向东北过来，二者在彰武县苇子沟乡信家窝堡交叉而过，长城东去过法库叶茂台北山北侧，柳条边则东北去，进入现为法库獾子洞水库所淹没的水库内。

调查彰武县五峰乡后站村柳条边养息牧场，现在该地的早年清砖瓦房尚存，为当时放牧人的住所。

在彰武县城西过柳河是高山台山，此山原称都尔鼻山，后因山上有烽火台改名为高山台山。在山下南面有王家村，村南有一座城址，城墙保存较好，遗物很多，过去都认为是都尔鼻城，其实是不对的，我们此次调查，城址内未见任何清早期遗物，而均是辽代遗存，因此，我认为此城应是辽城。其后，我们去了彰武镇南的后四方城村，在村西南方柳河东岸边有一座城址，西城墙为河水冲毁，其他城墙多为沙土所掩埋。在城墙处外现青砖与白灰，则此城年代较晚，应是清初的都尔鼻城。

调查法库秀水河子镇顺边屯，将早期长城弄清楚了：长城从叶茂台北山北坡过来，向东经獾子洞水库南侧、杨家堡村北，东去后至顺边屯为101国道所沿用，公路建在长城墙上，沿用四百多米，过顺边屯后，国道直向东去，长城折向东北，两者分开，长城从秀水河子镇北的烈士陵园北面通过，奔向双台子村。

后又接续到丁家房乡调查，去五龙山等地，均无发现，看来长城需要再行另地寻找。归途到塔子山，在山顶发现有一座石塔，已被拆毁，现仅存残件。

6月19日，去彰武。由我主编的《彰武县文物志》文稿初成，去县里我们一起研究改稿，因是修改定稿，进度较慢。尚未完，我接到沈阳东亚研究中心电话返沈。

6月24日，在沈阳开会。返沈后，得知是民进中央准备一个提案，需要作一些相关问题的调查，是关于民族文化的保护与开发问题。我们民进辽宁社会科学支部主任是孙进己、副主任是我，遂召开会议进行研究，然后我和孙进己又去民进辽宁省委开会，确定到沈阳、阜新、抚顺、本溪四市调查，并由孙进己和我下去进行工作，了解情况，召开有关方面的座谈会。

6月27日，去阜新。孙进己和我在阜新召开两次座谈会，到一个乡里调查，还看了正在拆迁和修复的王府镇瑞应寺。

10月6日，去彰武。阜新调查回来后，我即去彰武，接续上次《彰武县文物志》定稿未完成部分。在文字稿修改完成后，我又在彰武调查书中缺项部分，如苇子沟乡土城子村辽代城址（我考为辽代横州）、五峰镇小五喇叭辽代城址，又调查石佛沟、二台子、三台子、四台子烽燧址，并且我都拍了照片为书稿所用。然后我又到文管所拍照了书中所需的彰武县的文物照片，《彰武县文物志》书中的全部照片，均为我所拍摄。

7月17日，去新宾。民进辽宁省委宣传部长李宝平陪同我和孙进己一同前去，到新宾后与相关人士座谈，又与民族、文化、满族方面有关领导了解情况。还考查了永陵镇汉城址、永陵和赫图阿拉城。

7月18日，在新宾县考察了东部的三处古代遗存。计有旺清门镇南早期圆石盖墓地、转水湖山城、黑沟山城。

7月17日，到桓仁。在县政府小会议室召开座谈会，了解各方面情况。在桓仁看的文物点有米仓沟高句丽将军墓、北甸子考古发掘点。还去了吉林省调查霸王朝山城，此城保存较好，经我考证，此城是高句丽的第二个都城尉那岩城，非常重要，非一般山城可比。后来我还写了《高句丽国内城定点与建城时间论辨——兼考尉那岩城、丸都城、平壤城与黄城诸城址》考证文章，不过至今学术界对我的这个观点尚不了解。

2003年（69岁）

7月10日，去丹东。今年上半年因疫情，对外出有要求，到哪里都要先隔离两星期，证明无疫情才能开始工作，在此情况下，我即在家写稿，哪里也没有去。6月下旬逐渐解决疫情，开始活动。我受丹东市文管办邀请，为丹东市收藏的文物进行鉴定和定级。两千多件文物，只我一人，全部过手，仔细观察，鉴定种类有陶瓷、铜器、书画、杂品、饰物等类。鉴定完成，总的精品不多，一般文物占大多数，可定三级品文物有一百六十多件，其中有些是东北博物馆拨给当年辽东省博物馆筹备处的，可惜多年来未建起博物馆。其中有几件文物值得一记，董其昌册页一件、王石谷册页一件，颇为精致，实是难得。还有齐白石一幅画作，此件原认为是赝品，经我反复观察认为是真迹，画的是荷花，并题有“破荷画无过八大者龙士”十字，下钤“白石”二字印。此画是齐白石画给胡文效的，胡文效与我都在东北博物馆工作，他曾给我治印，边款即署“永谦同志正龙公壬寅”，壬寅是1962年。我在1954年加入东北博物馆文物工作队，他即到馆，多年来我们关系密切，博物馆内许多事情我都深知。胡文效的祖父胡沁园是齐白石学画的老师，是他一手将齐白石由雕花木匠培养成画家的，胡文效在博物馆时也常去北京齐白石的家，并为东北博物馆购买许多幅齐白石的画，致使东北博物馆（今辽宁省博物馆）是国内收藏齐白石画最多的博物馆，就是因为有胡文效的这层关系。齐白石给胡文效画，并且也曾经胡文效手专为当时东北博物馆作画奉送。胡文效曾写过齐白石学画经历的《苦学记》文章，还写过《齐白石传略》一书，这些都是国内最早写齐白石的论著，很有影响。胡文效乳名阿龙，他写齐白石的书即署乳名而不是胡文效，为我治印边款亦是。因此，这幅齐白石给胡文效的画是真迹，而不是赝品。书画中还有一幅张伯驹题记，吴镜汀、潘素等九人作的大画，下钤“一九五一年抗美援朝书画劳军纪念”印章，此画很有纪念意义，十分难得。在藏品中，还有一组印章，共三十多枚，数量很大，是辽阳人袁金铠的，此人的人生轨迹污浊，但作为以物辨史认识一个时代的发展历程，这套印章还是应当予以保存的。

2004年（70岁）

1月4日，去黑龙江齐齐哈尔。这是一次学术讨论会，会议没有安排在市内，而是设在远离市区但有长城的碾子山区召开，参会人员有黑龙江省文物局、考古所的人，余为齐市的，外省只有我和孙进己、孙泓三人。会开得很紧凑，研究探讨如何保护、开发金长城问题。后考察碾子山段金长城与丰荣村金代城堡，此地长城与堡城均保存得很好，长城在这地段是西南至东北去向，也是内蒙古与黑龙江省的分界线，北面是内蒙古扎兰屯，南面是黑龙江齐齐哈尔，现有两省区间的公路横过长城，往来相通。

8月18日，去阜新。参加“中国辽金及契丹女真史学会第八届学术年会”。此次会议应各方面要求，分成两个专题，并分别在两地召开。前段为“全国第三届辽史契丹史学术讨论会”，在阜新召开，后段21日移会吉林省松原，召开“全国第三届金史女真史学术讨论会”。在松原期间，会议安排考察了大金得胜陀颂碑、伯都讷古城辽代宁江州、前郭尔罗斯蒙古族自治县他虎城即辽代达古鲁部族城、查干湖即过去所称查干泡与在湖边新建的前郭县博物馆。会上根据会议主题我带去三篇论文：辽代会是《三韩略说》，金代会是《界壕与长城论辨三题》，因我是上届学会的秘书长，对上届学会做工作总结，写有关于学会的《可喜的成就　艰难的历程》诸篇文章。

在此次会议上，学会进行换届选举，我被选为新一届学会的会长。

9月1日，去鞍山。应鞍山市博物馆馆长唐凯邀请，拟对全市区域包括岫岩、海城现存所有古代碑志进行墨拓，但因其馆内人员不了解拓碑程序，希望我能来馆传帮带，协助拓碑。我到馆后，召集业务人员讲解拓碑志过程，并将馆藏全部志石取出，依次墨拓，经过示范，大家掌握了拓碑技术，我们就到各地去，进行野外拓碑。结束后，出版一部《鞍山碑志》，我了写一篇序言《典籍丰

富　传承有序》，并审阅全稿，书中文字、拓本、照片分列，内容十分完整，是一部区域性碑拓专著。

9月23日，去齐齐哈尔。应齐齐哈尔政协邀访，参加“齐齐哈尔市建城始源论证会”。参会者，主要是东北三省的文物考古与历史研究人员。因在齐市过去发现庞葛城遗址，是金代所建，因此经过讨论，虽有争议，最后还是确定齐齐哈尔建城为800周年。

9月，我被辽宁省社会科学界联合会“聘为辽宁省社会科学普及咨询专家”，并发聘书。

2005年（71岁）

5月5日，去阜新。辽宁省长城学会组织去阜新调查长城。调查地点有大巴镇下窝铺草帽山城址，还调查了高林台河西村城址，这是一座汉城，后为辽代所沿用，阿金歹村西城址，是战国和汉代城址，亦为辽代所沿用，北五家子喇嘛山城址，是一座早期山城。

5月23日，去长春。受吉林大学文学院历史系邀请，参加该系本届硕士研究生毕业论文答辩。答辩委员会除我外，还有吉林省社会科学院副院长傅百臣研究员，东北师范大学王德忠教授，研究生导师程妮娜、杨军，历史系赵永春教授，共六人，但评议某导师所带研究生时，该导师不能参与评议，实际评委会由五人组成。会议有多人参加旁听。评议的学生为沈岩、林林、罗英杰、王旭东四人。会上每个参评学生讲述自己的学位论文形成过程、学术观点、解决了什么问题，然后评委提出问题，经过多番提问回答，颇为费时，然后进行考核和评议，是否通过答辩，最后写出评语。此四位学生学业不错，评议结果获得通过。

5月25日，辽宁大学古文化应用研究所，聘我为该所兼职研究员。

2006年（72岁）

由国家文物局主编的卷帙浩繁的《中国文物地图集》由各省分别进行。我参与辽宁省分册的地图册工作，辽宁古代长城有许多时期，前几年受省里委托由我负责全省长城调查业务指导工作，我为地图册撰写关于辽宁长城的文稿，后还参加国家文物局《中国文物地图集》编辑委员会来沈阳召开的文稿评审会。此书后在2009年由西安地图出版社分上、下两册出版发行。

2007年（73岁）

6月10日，去韩国。受韩国古文化研究会邀请，赴韩国进行学术交流。飞机在仁川机场降落，在汉城下榻，为适合我的专业，选择住在仁寺洞街，这里是汉城老城区，而这条街又是汉城古物街区，街道不宽，古物店铺很多，古香古色，古味很浓。在韩国期间，除学术交流之外，值得我记述的，是见到许多中国文物，他们并以收藏中国文物相标志。还看了韩国古美术协会现存的早年总督府收藏的文物，其中以中国文物居多。后又去庆州参观了国立庆州博物馆，陈列许多新罗文物，了解许多情况，参观了新罗王宫雁鸭池、大陵苑、新罗王陵。去扶馀，参观百济王陵。此次韩国之行，观看了当地的许多文物古迹和文物。于6月22日回国。

7月8日，去凤城、宽甸、开原、铁岭。日前辽宁省文化厅组织全省进行长城调查，各市地分别进行，现在调查的是明长城。此时正是炎热季节，草丰林密，本不适宜野外调查。因此在各地调查明长城过程中，遇到不少问题，尤其是有时找不到长城，影响进行速度。在此情况不，我受辽宁省文化厅之邀，协助解决这一问题。我在厅和所里同志陪同下，首先去凤城，到后听他们汇报：辽东组调查长城人员八人，已调查了一个月，也不能确定长城。省里来人说：将烽火台连线就可以了。他们于是就忽东忽西找烽火台，这样就更找不到长城了。其实这种找烽火台的说法是不对的，烽火台不是长城，也不能连线，长城必然是有长城墙体，这才能称为长城。于是我向调查人员讲如何调查和发现长城，然后进行田野调查，并见到了长城。然后就去宽甸，后又转去开原，在靠山镇帮助找到了长城。又去铁岭，工作同前。都完成之后，由铁岭返回沈阳。

2008年（74岁）

2月25日，去上海。应上海有关方面邀请，对美国收藏家协会运来上海的一批回流文物进行鉴定，今天乘飞机到上海。到地后得知回流文物数量很大，都是1949年之前携带至美国的，现在经过沟通，运回国内。我在上海近半月时间，将其鉴定完毕。

4月9日，去宽甸县。受宽甸县文化局王晓轩局长之邀，调查燕秦汉长城。首先去泉山村，有人反映说那里是花脖山国家森林公园，在其山谷中有一条石堆，长有二里，因此我们去看，其地皆为石块自然堆积，不是长城。又去红石砬子镇，调查堵山谷石墙。后依线索，去小挂房村秦戈出土地。经过认真深入调查，结果在小挂房确实发现了燕秦长城。地点在小挂房村东大山砬子头公路下边，就是燕“明”刀币、秦戈与圆钱出土地，在半拉江北岸，长城墙体过去被取石拆毁，现在石筑墙体底部仍存，过半拉江后，岸上长城明显，墙体依然保存，进入农田中，在小茧沟村西一里余，并有一座墙台，经过田地，然后向南山的北坡延伸，最后直上山岗。这道长城，在宽甸来说，是长度最长的，有三里多，时代最明确，有燕刀币与秦戈等出土，结构最清楚，石砌城墙至今仍然保存。半拉江汇入浑江，长城正位于半拉江口，横断水路，阻止犯边者进入内地。此后，我又调查了灌水镇岔沟村的长城，也是横堵山谷河道的短墙，并有烽燧址。通过调查可知，宽甸早期长城，就是横堵山谷或截断水道，使犯边者不得进入，这是早期长城在宽甸县修筑的一个特点。

5月9日，去上海。受上海拍卖行邀请，举办台湾文物拍卖会，参与拍卖会前的文物鉴定。

12月17日，去宁波。受延边文联作家张志敏之邀，去宁波参观考察。在宁波去了新建的宁波市博物馆、宋代古建筑保国寺、天一阁、天宁寺塔、庆安会馆、余姚文物市场等处。

2009年（75岁）

3月7日，去上海。受上海有关方面邀请，第二次赴上海为美国收藏家协会回流文物进行鉴定。

4月1日，甘肃省古籍文献整理编译中心学术委员会聘我为“甘肃省古籍文献整理编译中心研究员”，并颁发证书。

4月11日，去营口。受营口市博物馆崔艳茹之邀，调查大石桥市东金寺村海龙川高句丽安市城址。

5月2日，去建平等地。受辽宁广播电视台记者孙涛之邀，要现场采访关于长城和文物考古方面的报道，因此去外地。首赴建平，计有建平县博物馆、蛤蟆沟垴北山上燕汉长城。后去绥中，了解明长城，计有九门口、蔓枝草、小河口、锥子山、西沟长城。去北镇，有辽代显州城址、明广宁城与李成梁石坊。再去开原，亦为明长城，是双楼台新安关城址与其沿线长城。

6月，国家文物局给我颁发从业荣誉证书："冯永谦同志：从事文物、博物馆工作三十年，特颁发荣誉证书。国家文物局二〇〇九年六月。"

9月26日，去上海。受上海有关方面邀请，第三次赴上海为美国收藏家协会回流文物进行鉴定。

10月19日，去哈尔滨。受高青山之邀，去哈尔滨参观考察，住太阳岛上，清幽安静。去阿城，参观金上京博物馆。

11月27日，去广东中山。我受张乃驹之邀，参加美国收藏家协会在广东中山市小榄镇举办的"美国艺术收藏协会回流古玉展"开幕式，并作学术报告。我还为本次展览出版文集写了一篇文章《玉器——中国传统文化的典型象征》，载于美国艺术收藏协会回流古玉展之《美国艺术收藏协会回流古玉》，美国艺术收藏协会2009年11月版（广东中山）。

12月9日，去河北安平。受沈阳市收藏家协会邀请，去河北省安平县为收藏家进行文物鉴定。收藏数量很多，主要是瓷器，明清时代较多，有较好的，多为一般的藏品。

2010年（76岁）

1月19日，去吉林省延边。受延边作家协会作家张志敏邀请，去延边考察，了解民族风情。

7月，吉林省社会科学院聘我为"《东北古代方国属国史》编委会委员"。

8月12日，去赤峰。受胡丽岩之邀，参加赤峰举办的文化节，内容很丰富，有各种展区，还有文物展销，规模很庞大。

8月21日，去阜新考察。由部分辽宁省博物馆志愿者组织的去阜新考察学习，邀我参加，共同活动。我与他们很熟，也很了解他们，这些志愿者们男女都有，年龄不同，来自不同单位，但他们有共同特点，就是好学，孜孜以求，热爱文物考古和博物馆事业，并热心为来博物馆参观者讲解服务，他们要去外地考察，这些地方我是很熟的，焉有不随去之理，因此一同启程。一路上我给他们讲解，所去的地方有法库县秀水河子村西顺边屯公路沿用的燕汉长城、彰武县塔营子辽代懿州及辽塔、阜新查海遗址博物馆、王府镇瑞应寺、普安寺、海棠山清代摩崖造像等。

2011年（77岁）

4月26日，去海城。受灯塔市文物管理所所长赵中文之邀，去海城缸窑岭调查窑址。这处窑址过去一直是称为"皇瓦窑"，说是由侯家为清代修建沈阳皇宫烧琉璃瓦的窑址，皇宫殿阁的瓦都是该处烧制的，见于之前的各种论著，并无二说。经过笔者此次调查，发现在窑址上并非一个时代遗物，不只有琉璃瓦一类，而且还有日常生活用品，如大量瓷碗和窑具，器形、质地均有不同，明显看出是两个时代的产物。经过仔细调查，在窑址上部山上还有残毁窑室，砖砌窑壁尚存。从遗物看，此窑场始烧于辽代，位置偏上，清代窑场中心下移，在山坡处。这一发现很重要，不仅可补辽代窑场缺失，亦可知清代建窑场的历史沿革。我于陶瓷研究历来重视，调查时拍了许多照片为证，故特记于此。

调查灯塔市城门口村山城，此城是高句丽石城、辽代岩州城址、金代石城县，用了几天时间，前后拍了很多照片。还调查了太子河北岸上缸窑村辽金窑址，这是过去所不知道的一处新发现的窑址，它与太子河南岸的江官屯辽代瓷窑址是为同时。

9 月 19 日，去抚顺。因开会北京市文物研究所所长齐心来辽宁，要去抚顺，我陪同一起调查，所去地点有抚顺大伙房水库铁背山城、萨尔浒界藩城、元帅林。

10 月 18 日，去新民、海城、盖州、抚顺、新宾等地。此行受吉林省委宣传部副部长张福有之邀，调查辽宁几处城址。所去地点有新民市巨流河村高句丽武厉逻古城址、海城英城子山城、大石桥市海龙川山城、盖县高丽城子青石关山城、抚顺大伙房水库铁背山城，新宾五龙山城和马尔墩等地北三道关。

12 月 8 日，去阜新。在阜新县交通局工作的耿文东收藏铁器三千多件，报纸广播都有过报道，他欲建“辽代铁器博物馆”，找到我，希望给他鉴定和挑选一下文物，我经过对铁器的鉴定，挑选出有近五百件铁器为典型的辽代遗物，可用于展览。此后不久，辽代铁器博物馆布展，并对外开放。同时，我将铁器分类，按器型、性能等进行研究，写成《辽代铁器考古研究》一书，由辽宁教育出版社出版。

2012年（78岁）

5 月，我被聘为“沈阳市辽文化研究会顾问”。

6 月 22 日，去法库。受沈阳市辽文化研究会邀请，研究会开会。会后安排考察，所去地点有和平村辽代城址、朱千堡辽代城址、四家子辽代宗州城址、五城店辽代城址。

8 月 15 日，去山西太原等地。受法库县政府邀请，为发展法库辽代文化，建设法库，组织相关人员去外地考察，所去地点有太原市、山西省博物馆、太原晋祠、平遥古城、乔家大院、五台山、应县辽代释迦塔、大同辽西京恢复的古城、上下华严寺、云冈石窟等。

8 月 23 日，去绥中姜女坟考古工作站。我们单位考古研究所组织所退休人员活动，除在海滨休闲，还去了九门口长城、抚宁燕塞湖。在工作站，所长李向东找我和李恭笃、高美璇谈话，他说：“为了总结所的研究成果，我向省财政厅请批了一笔经费，准备出五本文集，有孙守道、郭大顺、辛占山、冯永谦和李恭笃、高美璇你们夫妻二人，每本十五万，如有不够所里补足。你们退休了，不常来所里，今天跟你们说了，回去之后就编一下稿件，然后待所里安排出版。”这是所里安排的一项工作，回来之后，我按计划选择文稿，并将电子文本交给所里。

2013年（79岁）

1月11日，去上海。受省文物店杨晔之邀，上海博物馆举办“元青花展”，广收元代青花瓷器，集中展现，实在难得，因此去上海博物馆参观。在博物馆不仅看了元青花瓷器展，还用几天时间将博物馆所有展览全部看了，拍了大量照片，满载而归。

3月26日，去法库。受法库县政府邀请，参加白鹤节。獾子洞水库湿地建成，每年迁徙候鸟春季多集中于此，休息月余然后再北飞，尤以白鹤为多而著名，法库以此为节，今举行大会，受邀来此，参与其盛。

4月16日，去山西、内蒙古考古调查。受《辽沈晚报》主任记者张松之邀，去山西和内蒙古地区调查。张松为晚报做历史文化，需实地考察，于是结伴而行。此次在山西、内蒙古所行之地有大同市新修复的古城、新荣区方山北魏冯太后永固陵与孝文帝空坟、明长城、方山上明会远堡城、烽火台、方山下明长城、镇川堡城、慧泉寺、天镇县明长城、李二口村明长城、新安堡段明长城、新安堡城、察右前旗口子水库、黄旗海、凉城县城、岱海、石峡沟通道、包头市、黄河昭君坟渡口、昭君城、麻地汉五原郡城、昭君坟村慕容垂战场古城。

5月2日，去北票、建平、绥中。受《辽沈晚报》主任记者张松之邀，去辽西考古调查。所去之地为长城遗迹，有北票市博物馆、台吉营子乡燕北内长城、建平县博物馆、蛤蟆沟堖燕汉长城、霍家地村城址、高家洼村后汉长城、烽燧址、绥中蔓枝草明辽东镇长城、小河口明长城、金牛洞明长城等。

5月16日，去丹东。为单位考古所安排，辽宁省在丹东建三湾水库，进行考古调查和论证会。会后去鸭绿江看沿江环境、石城村明新江沿台堡城址、宽甸县博物馆藏出土铜戈、台山遗址调查，白菜地石墙调查、本溪县小市、九龙山城等。

5月19日，去江西、湖北。受法库县政府邀请，法库打造辽文化，建设白鹤楼，为从文化方面深入了解，此地有中国名楼岳阳楼、滕王阁、黄鹤楼，故来此考察。所去之地有江西省南昌市、岳阳楼、南昌八一起义纪念馆、岳阳市、岳阳楼、洞庭湖、君山、湖北省武汉市、黄鹤楼、东湖。

5月28日，去丹东。受丹东市文物考古研究所邀请，在九连城镇九连城村出土一通石碑，邀请我协助对此碑历史状况进行阐释及保存处理。此碑为清代，对丹东来说此碑还是应该保存的。

6月4日，去丹东、东港、宽甸。受《辽沈晚报》主任记者张松之邀，调查明长城、清柳条边。调查地点有丹东市九连城村明镇江城、宽甸县虎山长城、丁家村明长城、老边墙城址、长甸堡村明长甸堡城址、永甸堡村明永甸堡城址、坦甸堡村明大甸城址、东港市黄海岸边窟窿山清柳条边终点。

7月11日，去朝阳、阜新、北镇。受法库县政府邀请，为县所修建的白鹤楼挂匾，拟定寻找辽代碑志集字。考察了朝阳市博物馆、阜新市博物馆、北镇市文物管理所北镇庙，从这些单位收藏辽代墓志中找到了相关的文字。此外，还调查了辽显州城址、辽代双塔、明广宁城内钟鼓楼等。

7月20日，去辽东地区本溪、丹东、桓仁、集安。经有关部门安排，香港商务印书馆总编辑张倩仪到大陆参观历史文物遗迹，陪同去辽东各地。计有下述地点：本溪市博物馆、丹东抗美援朝纪念馆、虎山长城、桓仁五女山城、集安城子山高句丽山城、高句丽墓群等。

7月31日，去北镇。受单位考古所安排，因所里正在医巫闾山辽陵发掘，寻找辽代显陵与乾陵，在三道沟北侧骆驼峰发现石墙等结构，在山的北坡上还有建筑址，地点不在一处，如何确认这些发现，因此到现场考察，然后进行座谈，分析考虑是何建筑遗存。

8月2日，受法库县政府邀请，去内蒙古赤峰市。法库打造辽文化，到契丹族早期活动中心地区参观考察。所去地点有赤峰市博物馆、巴林右旗博物馆、巴林左旗博物馆、辽上京城址、辽祖陵、辽祖州、通辽市博物馆等。

9月1日，去赤峰各旗县。受《辽沈晚报》主任记者张松之邀，去内蒙古赤峰地区考古调查。所去地点有巴林右旗博物馆、岗根辽怀州、怀陵、白塔子辽庆州、白塔、庆陵之东陵、中陵、西陵、巴林左旗辽祖州、祖陵。

10月2日，去山西，受《辽沈晚报》主任记者张松之邀，去山西考古调查，北京王阳出车，我们一路西去，调查地点有大同市新荣区馆藏文物、新荣区下干沟燕昌城址、新荣区东北下干沟明长城（头道边，早年所修）、新荣区西北去凉城路上明长城、凉城县贺龙纪念馆、凉城佛山、汇祥寺、凉城北魏古战场、凉城杀达沟、掩遏下水古战场、凉城左云二县界之明长城、北京中国国家博物馆等。

2014年（80岁）

1月15日，去建平县。受建平县博物馆邀请，为其馆藏文物鉴定，入账保管。这次鉴定都是近年新发现的文物，数量很大，时代从新石器时代到清代都有，而以红山文化和夏家店下层文化和上层文化与辽代的文物为多，并且精致而少见，甚为珍贵难得。另外还有一批文物，在过去未见，颇有特点，而且有出土地点，这也是很难得的，地点在建平县西部近老哈河的热水乡，遗物系青灰色岩石制成，为形体较大的石雕像，有各种兽类，还有人像，只是做简单加工，通体光滑，略具形态，但却又很真实，也很生动，计有二十多件，应属红山文化遗物。

3月10日，去阜新。受阜新市收藏家之邀，为其鉴定。收藏者的文物，以瓷器和书画为多，也有其他杂项。文物属一般的多，但珍贵的也有，民间藏品不可忽视，精品也时有所见。

3月28日，去义县、北镇。受《辽沈晚报》主任记者张松之邀，去义县考古调查。野外工作，主要是调查前燕早年的大棘城，迄无确址，义县万佛堂南大凌河桥边颇具特征，遂仔细辨证。还去达子营辽代八塔山塔，并又对奉国寺作深入了解。除此之外，在义县见到两个人，他们各有一件文物，邵恩库手中的是装裱成书画形式小楷写本的“郑和出使见闻录天方国记”条幅，另一是关长江有一方早年保存的辽代虢国夫人墓志，这都是很值得重视的材料。

北镇我们主要是调查辽陵，在医巫闾山中有显陵、乾陵，这是史有明文的，但至今却无法定位，我一直认为显陵在医巫闾山二道沟中，乾陵在三道沟，可是学术界并不认可，而是意见相反，故几年来我一直想解决这个问题，今天再次来调查。走的地点较多，去了医巫闾山小朝阳寺辽代石雕、石棚辽代石雕、二道沟龙岗子辽耶律宗允墓、二道沟里烟筒山下辽墓、三道沟骆驼峰下辽墓、新立村辽代石雕佛像、望海峰与耶律倍望海堂、琉璃寺西山耶律倍行宫址、琉璃寺辽墓、北镇辽显州城址、辽代双塔及塔院内保存的石雕像等。

4 月 2 日，去法库。受法库县政府邀请，调查柏家沟镇新立村龙王庙子村辽河故道沉船，故河道中有的地方还有水，沉船陷于河水泥沙中。

4 月 19 日，去敖汉、宁城、北票。受《辽沈晚报》主任记者张松之邀，做野外调查。在敖汉旗，参观敖汉旗博物馆，然后调查长城，新惠镇北沟村燕北内线石筑长城、丰收乡陈杖子村燕北内线石筑长城、大敖吉村燕北外线土筑长城及下夏家店下层文化城址、南塔村辽塔。

在宁城县，调查了辽中京城址，城内外三座辽塔、辽中京博物馆、黑城子汉代右北平郡城址、打虎石村汉李广打虎石遗迹。

在北票市，调查了北票莲花山辽耶律仁先墓发掘后状况、小塔子辽塔基、三官村南台辽代城址、三官村小学校南遗址（无城，被有人误认为是大棘城址）、三官村北大凌河、喇嘛洞鲜卑墓地、金岭寺遗址发掘后现状、北票市博物馆、耶律智先墓志、辽代铁火盆、金代铜镜等。

5 月 3 日，去绥中觉华岛。受绥中县觉华岛开发区邀请，参加岛上史迹宫建成布置陈列，召开觉华岛史迹宫博物馆论证会。会后我调查了岛上明代储存粮草的军粮城，城址保存较好，遗构明显。还去了龙宫寺，这是岛上历史最久的寺院，始建于辽代。唐王洞，这个认识纯粹是误传，它是上面寺院泄水的暗道，唐太宗征辽东时也没有到此，怎会有唐王洞？

5 月 11 日，去灯塔。受灯塔市文物管理所所长赵中文邀请，去江官屯辽代瓷窑址考古调查。在太子河南岸的河岸坡边，残碎瓷器遍地，非常多，太子河水常年冲刷，不知滚落河中有多少。在江官屯村，几乎每家都有窑址出的瓷器，而且完整的多，器型也很多样。在一家农户见到，他拣的瓷器很多，有许多是完整的，他办了一个展览室，在多个玻璃柜中展出。其中有瓷瓶底部书有“陈彦”二字，一片瓦件上书一“龙”字。还有多件绿釉琉璃滴水瓦，和北镇辽陵出土的瓦完全相同，由此可知，江官屯瓷窑址曾给辽陵烧制琉璃瓦，据此又可证江官屯窑年代并不晚，不是辽末时期，而是在辽代中前期。

5 月 16 日，去锦州、凌海、绥中、山海关。受《辽沈晚报》主任记者张松之邀，去调查长城。所去之地有锦州市博物馆、广济寺辽塔、笔架山、世博园、凌海市明代松山堡城、绥中止锚湾、墙子里、蔓枝草明长城、秋皮沟水库东山上石筑长城、西沟长城、小河口长城、龙门山大峡谷，塔子沟辽天祚塔、马道岭烽火台、九门口长城、山海关边墙子村红墙子北周与隋代长城。

5 月 24 日，去灯塔。受灯塔市文管所赵中文之邀，告知我江官屯村李辉有当地窑场的瓷器，研究辽瓷者可到其家看江官屯窑的辽代瓷器。我遂去江官屯，看过之后，大都为完整之器，对辽代窑址瓷器研究，是不可多得的材料。

5 月 27 日，去法库、开原。受《辽沈晚报》主任记者张松之邀，在法库，考察了前山辽北府宰相萧袍鲁墓发掘后之现状。在开原调查了古城堡古城址、锡伯族人墓与清代墓碑、开原老城镇辽咸州城址、三家子高句丽城址、辽城址。

6 月 14 日，去绥中觉华岛。受《辽沈晚报》主任记者松之邀，考察觉华岛。去大龙宫寺及西侧山谷挖沟出土许多辽砖、海云寺（峰塔寺）塔基、明代军粮城、九顶石、唐王洞，最重要的是城子里村辽代城址，这是第一次在岛上发现辽代城址，这是过去所不知道的。

9月11日，去灯塔。灯塔市文物管理所发现一批瓷器，所长赵中文邀我给鉴别是否都为江官屯窑。我对这些瓷器作了整理，基本都是江官屯窑产品，很有学术价值和研究价值。

9月13日，去内蒙古翁牛特旗。受沈阳建筑大学研究员黄镛之邀，考察翁牛特旗辽代遗迹。参观两处博物馆，一是翁牛特旗博物馆，文物很丰富，红山文化的遗物很为突出；一是张军个人办的翁牛特古代艺术博物馆，其所陈列的展品，都是搜集的各时期的文物，尤其以早期遗物为多。我和张军交谈，他很了解中国历史文化。后所去地点，主要在海金山，这里经我考证为辽代木叶山，现在内蒙古已在山侧立有文物保护标志碑。我们考察了白庙子岩画、海金山下文物、山上遗迹、周福所藏山下出土的辽代文物、彭国芝所藏山下出土的辽代文物等。还去了梵宗寺，建筑很有规模。

10月5日，去赤峰松山区（原赤峰县）、巴林左旗、阿鲁科尔沁旗、通辽市。受《辽沈晚报》主任记者张松之邀，去内蒙古考察。在赤峰考察了红山、松山区猴头沟缸瓦窑村辽代瓷窑址，大营子辽驸马墓地、赤峰古玩诚、巴林左旗辽上京城址、辽祖陵、辽祖州、巴林左旗博物馆、小白音罕山辽代韩匡嗣墓及其子韩德威墓地、四方城村辽代城址是韩匡嗣的头下全州、沙布台金长城、阿鲁科尔沁旗裂缝山辽耶律羽之墓地、奈曼旗博物馆、王府、青龙山斯布格图村陈国公主墓地、通辽市博物馆、通辽市古玩城。

11月14日，去金州。受大连市金州区博物馆邀请，为其馆藏文物鉴定。经过鉴定，有了一个初步了解，从文物角度看，作为一个区博物馆，收藏文物已很丰富，这是很难得的。

2015年（81岁）

3月26日，去辽宁阜新。受《辽沈晚报》主任记者张松之邀，在阜新，参观了阜新市博物馆、古玩城，采访了残疾人作家王占君，他送我们二人每人一本他新出版的关于辽代的历史小说。

4月9日，去河南濮阳、禹州、漯河、郾城、汝南、淇县、浚县、汤阴、安阳。此行受《辽沈晚报》主任记者张松之邀，去中原考察相关遗迹，访问的地点较多，简记如下。在开封，开封古城、开封市宋琉璃塔、开封市宋繁塔（当地俗称婆塔）、开封市博物馆、宋开封府、包公湖、万岁山、宋东京外城新郑门（西门）考古发掘现场、开封市古城新门（小南门）及其西面大南门之未修复城墙、开封市大相国寺、开封市宋京中轴线之龙亭、开封市中国翰园、开封市天波杨府、清明上河城、朱仙镇岳飞庙、朱仙镇岳飞抗金兵处青龙背、朱仙镇西点将台、朱仙镇外岳飞雕像、朱仙镇访八十五岁老人姚启堂、开封市刘少奇逝世处。

在濮阳，参观了濮阳市博物馆、濮阳县（濮阳市属县）西水坡——西水泊颛顼遗都及第一龙、濮阳县古澶州北城现存南城墙、濮阳县县衙旧址及宋徽宗回銮诗。

在禹州市（属许昌市），参观了禹州市内古阳翟城、禹州市钧窑博物馆、禹州市内广场大禹石雕像、禹州市西南八公里三峰山蒙金战场、三峰山南坡新建庙宇、禹州市北（钧窑博物馆门前）颍河、钧窑遗址所在地神垕镇。

在漯河市，参观了漯河市文物考古研究所、漯河市汉许慎墓园、王店村宋金战场、五里岗宋金战场、挂刀寨宋岳飞挂刀处、马夫张村宋岳飞军马夫张葬处、指挥寨宋岳飞军驻处、禹州去漯河途经襄城县。

在郾城县，参观了郾城县（属漯河市）实验中学院内彼岸寺宋石经幢、岳武穆祠及门前石臼与石磨、岳武穆祠门前南北向的忠义街、小商桥岳飞军杨再兴战死处、岳飞军杨再兴墓园、杨再兴墓园内小商桥北面之桥文化展、杨再兴墓园内百将题名碑林。

在汝南县（属驻马店市），参观了汝南县城古蔡州南门正阳门（今改天中门）及护城河、汝南县蔡州城外悟颖塔、蔡州城内北部金代龙庭遗址、蔡州城西北角城墙、蔡州城西城墙外颍河（作为护城河）、蔡州城北蒙金大战之战场现状、汝南县城北天中山、汝南县城北唐李愬雪夜入蔡州之鹅鸭池现状、汝南县蔡州北城门（北拱门）、蔡州北城门外汝河上之石桥及车辙痕。

在淇县（属鹤壁市），参观了淇县城东淇水西岸河南省文物保护单位殷纣王墓、淇县城东街牌楼、淇县城魏国都城、淇县城西南四十里牧野之战战场、淇县城南荆轲墓、淇县城南之商纣王时的折胫河、淇县城内摘星台。

在浚县（濬县，读“训”，属鹤壁市），参观了浚县黎阳城、浚县黎阳城内十字街中心文治阁、濬县黎阳城东城门及城墙、濬县黎阳城南部小姑山上寺院群、濬县黎阳城内西街古民居、黎阳城南部小姑山上古城、县城东门外大运河及河上云溪桥、濬县城大伾山景区、大伾山景区天齐庙、大伾山禹王庙、大伾山万仙阁、大伾山太平兴国寺、大伾山太平兴国寺内唐宋元摩崖造像及题字石刻、大伾山天宁寺及寺内大佛与摩崖题字、大伾山龙洞及寺外摩崖题字、大伾山观音寺及寺外摩崖题字。

在汤阴县（属安阳市），参观了汤阴县城（汤河）北周文王羑里城、汤阴县城内广场岳飞雕像、汤阴县城内岳飞庙外面街上建筑、汤阴县城内岳飞庙、汤阴县城东三十里程岗村岳飞故里。

在安阳市，参观了安阳市城内天宁寺及宋文峰塔、安阳市北郊殷墟博物苑、安阳市古玩城、安阳市北安丰乡西高穴村一号墓（曹操墓存疑）、安阳市中国文字博物馆、安阳市博物馆。此行于4月23日返程。

4月29日，去辽宁朝阳、北票。受《辽沈晚报》主任记者张松之邀，调查朝阳县双庙乡山后村千佛洞辽寺院遗址、北票市白石水库北岸下府搬迁后的惠宁寺。

5月11日，去黑龙江萝北县。受黑龙江省罗北县文化局邀请，鉴定县文物管理所藏文物。鉴定后，考察县境内古代遗迹。计有萝北县驻地凤翔镇、黑龙江流域博物馆、名山镇与江中名山岛、名山岛上庙宇，名山镇海关、江岸古城址调查（后写一篇调查记发表）、北京村北山遗址调查。

5月26日，去辽宁喀左县。受《辽沈晚报》主任记者张松之邀，考察地点有喀左县博物馆、喀左县天成观、喀左县大凌河源、喀左县房申店辽代窑址、喀左县南窑村早年旧窑、喀左县紫陶梁海江紫砂工作室、徐振海紫砂土矿、徐振海紫砂工作室、义博紫砂工作室。

6月10日，受《辽沈晚报》主任记者张松之邀，去北京、河北宣化、张北、张家口、怀安、涿鹿、房山。在北京所去之地为北京辽金城垣博物馆、北京首都博物馆、北京金中都公园之金代城墙、北京观复博物馆。

在宣化县，调查了宣化博物馆、宣化下八里村辽代张氏墓群。

在张北县，调查了张北县南境明长城、张北县南境野狐岭之西的明长城、张北县南境野狐岭上明长城及蒙古与金古战场、野狐岭西长城驿站附近明长城。

在张家口市，调查了张家口市区明长城、张家口长城“大好河山”城门。

在怀安县，调查了怀安县驻地柴沟堡洋河会合堡蒙金战场。

在涿鹿县，调查了涿鹿县水磨村黄帝城遗址（此行调查在城址内所见皆为汉代遗物）、水磨村西新建黄帝游乐场。

在房山县，调查了房山县九龙山金陵、房山县十字寺。

7月21日，去吉林长春、松原市、白城市、大安县、乾安县。受《辽沈晚报》主任记者张松之邀，调查了长春诸地有长春石碑岭金代完颜娄室墓地、长春伪皇宫博物院、长春东北二人转博物馆、长春电影制片厂博物馆、松原市石碑崴子大金得胜陀颂碑、松原市伯都讷辽宁江州城址、白城市博物馆（内有陈列辽长春州发掘的出土遗物）、白城市程四家子辽长春州城址及吉林省考古所在长春州考古发掘现场、前郭县北上台他虎城辽达鲁古部族城址、乾安县城南花敖泡吉林大学发掘城址现场。

8月25日，去内蒙古通辽市、赤峰市、巴林右旗、巴林左旗。受法库县文化局邀请，考察了通辽市科尔沁博物馆、赤峰博物馆、巴林右旗博物馆、巴林左旗辽上京城址、巴林左旗辽上京博物馆、巴林左旗辽祖陵。

9月8日，去黑龙江阿城、依兰、虎林、密山、宁安、吉林舒兰、农安。受《辽沈晚报》主任记者张松之邀，考察以下诸地：阿城，阿城金上京城址、“金太祖陵”、金上京博物馆、金上京城址之阿什河、哈尔滨市黑龙江省博物馆、博物馆内文物店。

依兰县，依兰五国城、依兰县雁鸣湖公园及县博物馆、依兰县城北松花江、依兰县城内辽代城址——宋徽宗、钦宗幽禁处、依兰县历史文化长廊。

虎林县，县政府驻地虎头镇及镇外之乌苏里江、虎头镇日军要塞博物馆、虎林县虎头镇日军要塞、苏军纪念碑。

密山县，密山兴凯湖新开流遗址、密山市火车站、密山县兴凯湖。

宁安县，渤海上京城址、城址内兴隆寺、城址内石灯塔、渤海上京城址内宫城之宫殿址、渤海上京城北玄武湖、渤海上京城北三灵坟、渤海上京城址北牡丹江。

吉林省舒兰市，金完颜希尹博物馆、金完颜希尹家族墓地、金完颜希尹墓石雕、金完颜希尹墓（二墓区）复原石碑及石雕。

农安县，农安县城内辽塔、农安县辽代城址现仅存的南城墙。

9月23日，去吉林辽源、内蒙古诸地。受吉林省委宣传部副部长张福有之邀，考察吉林、内蒙古辽代遗迹。计有吉林辽源市内龙首山高句丽山城、辽源市内七一古城、辽源市郊工农山山城、辽源市小城子村小城沟古城、辽源市博物馆、四平二龙湖古城址及被毁情况、梨树县城楞子辽城址、双辽市西辽河、双辽市（郑家屯）市区、双辽市大金山村辽城址、双辽市王家孤店村山东屯辽城址、双辽市骆驼岭水库及周边甸子。

在内蒙古科尔沁左翼中旗，考察了科左中旗东玛拉沁村黑山头（当地也称坨子或十三敖包）、科左中旗东玛拉沁村草甸中的建筑址、科左中旗中满金敖村和辽代城址。

在阿鲁科尔沁旗，天山镇、旗文物管理所辽乌山调查资料、辽耶律羽之墓园、辽耶律羽之墓、裂缝山、裂缝山顶东侧石建筑址、裂缝山顶石建筑、裂缝山谷口外西侧建筑址，并于阿鲁科尔沁旗辽耶律羽之墓园看八月十五的明月。

在巴林左旗，考察了林东镇辽上京城址、四周城墙、城址内日月宫遗址、石房子村辽祖州及城内石房子、辽祖陵。

在翁牛特旗，考察了乌丹、翁牛特旗木叶山、翁牛特旗大兴镇、翁牛特旗西拉木伦河与老哈河汇合处。

在开鲁县，考察了县城、开鲁县黑龙坝镇黑龙坝沙丘、麦新镇麦新殉难地纪念园，对麦新殉难地路南辽代遗址进行调查。

在奈曼旗，对八仙筒镇新星村（原代影村）大青包、奈曼旗八仙筒至库伦旗扣河子镇路上进行调查。

在库伦旗，对扣河子镇酒局子村辽代龙化州城址进行调查。

11 月 26 日，去北票、朝阳。受北票市委宣传部邀请，考察内容有北票市博物馆、西官营子北燕冯素弗墓、西官营子村中古庙、大黑山风景区、大黑山风景区之慧缘寺、喇嘛洞村长宁寺及石窟、喇嘛洞村三燕墓地、四合屯古生物化石产地。

在朝阳市，考察了辽代北塔、朝阳市北塔博物馆、关帝庙及庙内历代文物、凤凰山景区及山上新发现的墓窟。

2016年（82岁）

2 月 27 日，去新宾。受新宾县文化局邀请，参加新宾县《赫图阿拉大事记》书稿论证会。会后考察了新宾县赫图阿拉城址。

3 月 21 日。去义县、北镇。受《辽沈晚报》主任记者张松之邀，调查义县辽代遗迹。考察了义县奉国寺、义县北盘道岭村、盘道岭村山岗辽萧思温墓与被盗后墓地现状、旧陵村及传说陵址、义县北城门及门外大凌河、敖家沟屯北平顶山上青铜时代遗址、义县学者邵恩库家及所收藏文物。

在北镇，考察了医巫闾山辽耶律宗政墓与烟筒峰地貌、二道沟龙岗子村慈圣寺（内有辽石立佛像），在二道沟去琉璃寺途中看右侧之烟筒峰、罗汉峰、龙岗子村何守成说南山岗“萧太后墓”、二道沟烟筒峰南侧去往琉璃寺沟谷的道路、小常屯辽乾州城址窑址出土遗物、医巫闾山三道沟口陆家街辽墓、三道沟中之樱桃沟屯骆驼峰下墓地发掘、二道沟口华山子村北山岗上遗址、二道沟口华山子屯北岗梁遗址及北部岗顶星象石、二道沟口华山子村北岗上中部星象石、二道沟口华山子村北山岗中部中间星象石、二道沟口华山子北岗梁遗址南部岗缘星象石、二道沟口华山子村北山岗西面石峰星象石、北镇市小沈屯村西九龙山辽代寺院遗址、高起村辽耶律宗教墓。

4月12日，去北京、秦皇岛、山海关、锦州、北票、阜新。受《辽沈晚报》主任记者张松之邀，考察下述地点：北京宛平县城、卢沟桥、中国人民大学博物馆（文物展、书信展）、秦皇岛青龙箭笴山园门及明长城、义院口及所见明长城、板厂峪村及明长城、山海关、锦州古玩大集、北票市博物馆之古生物馆开馆仪式及陈列、阜新耿文东辽金铁器博物馆、阜新县大板镇朝阳寺村辽契丹文墓志及拓片。

5月24日，去内蒙古科尔沁左翼后旗、库伦旗。受《辽沈晚报》主任记者张松之邀，考察科左后旗吐尔基山辽代墓地、库伦旗酒局子村辽龙化州城址、库伦旗黑城子村辽灵安州城址、库伦旗博物馆、库伦旗下扣河子村南辽代城址。

6月6日，去内蒙古赤峰、巴林右旗、巴林左旗、东乌珠穆沁旗、宁城县。受《辽沈晚报》主任记者张松之邀，考察内蒙古辽代遗迹：赤峰古玩城、巴林右旗大板镇、林东镇辽代南塔、辽上京、上京城西北角城外渤海城、老爷洞沟辽代皇帝行猎山谷、老爷洞沟东支“石门”风景区、东乌珠穆沁旗查干温都尔山——辽代犊儿山、平顶山云门寺辽代寺院遗迹、西拉木伦河辽代潢水石桥、宁城辽中京城址、中京城址大塔、小塔、半截塔、辽中京博物馆（展出辽中京出土文物展览、草原青铜器展览）。

6月14日，去辽宁北票市。受北票市委宣传部邀请，参加《三燕寻踪》新书发布会暨冯氿后人联谊会。会间冯氿后人祭扫冯素弗墓，调查后燕冯弘、冯素弗隐匿大黑山中之遗迹。

7月8日，去灯塔。受高青山之邀，考察城门口村燕州城山城，此城为高句丽白岩城、辽代岩州、金代石城县。

8月20日，去辽宁朝阳、建平，河北承德、遵化、唐山、秦皇岛，辽宁绥中、锦州。随郭亦泓暑假参观了上述诸地文物古迹。在朝阳参观了朝阳市区，南塔、北塔、北塔博物馆、佑顺寺、慕容街、古玩城、化石公园。

在建平县，参观了建平县博物馆、牛河梁遗址及遗址博物馆。

河北承德，参观了避暑山庄、外八庙、普宁寺（后附普乐寺）、普陀宗乘之庙、须弥福寿之庙、承德古玩店。

在遵化县，参观了马兰峪清东陵陈列馆、乾隆裕陵、裕妃园寝、慈禧陵。

在唐山市，参观了唐山市博物馆、唐山市古玩城。

在秦皇岛市，参观了秦皇岛海滨、秦始皇求仙入海处、山海关。

辽宁绥中县，参观了墙子里村、姜女坟海滨。

在锦州市，参观了锦州广济寺塔、锦州市博物馆。

9月20日，去通化。受通化修正药业公司老总修来富邀请，参观他所办的“修正博物馆”，展出的是“度量衡”。展品很多，从春秋战国到现在各种度量衡器均有，尤以古代为多，很有特点，其搜罗宏富，他处少有，已成系统，所言不虚。

10月11日，去辽宁抚顺、新宾、本溪、辽阳、辽阳市、兴城。受《辽沈晚报》主任记者张松之邀，考察地点较多，有抚顺高尔山高句丽新城、辽塔及塔院、新宾永陵、费阿拉旧老城、新宾县城、本溪平顶山、平顶山上玉皇庙、万佛窟、钟楼、日俄战争遗址、山东坡半山上石城墙、辽阳县首山清风寺、辽阳市辽代白塔及广佑寺、观音寺，东京城、东京陵、太子河心岛沙坨子村（经我考证为燕太子丹避秦兵处）、兴城市明代宁远卫城、祖氏石坊、钟鼓楼、督军府、首山顶上烽火台。

10 月 18 日，去喀左。受《辽沈晚报》主任记者张松之邀，考察喀左县黄道营子村汉白狼县城址、喀左大阳山（古白狼山）及山下大西山村、大城子村元代别者蔑塑像、东山嘴山上红山文化遗址、东山嘴遗址、大城子镇辽代利州塔、喀左县博物馆、天佑陶瓷公司梁海江收藏利州窑瓷片。

11 月 12 日，中国冶铁历史博物馆文物修复中心聘我为“中国冶铁历史博物馆文物修复中心专家”，并发聘书。

11 月 17 日，去本溪。受《辽沈晚报》主任记者张松之邀，调查明长城之清河城。此城是明时辽东镇一座重要的堡城，现在城址处在村旁耕地中，有的农民宅院已建在城中，村外土地因常年耕种，致使城址保存较差，仅城墙还可看出，但也矮小低平。对城址作了记录，也拍了许多照片。

2017年（83岁）

3 月 1 日，去辽宁东港、庄河。受《辽沈晚报》主任记者张松之邀，考察了浪头镇溥仪行宫、浪头镇江岸边安东商埠博物馆、浪头港复原甲午海战原致远舰、庄河县历史文物。

3 月 19 日，去沈阳太清宫。受《辽沈晚报》主任记者张松之邀，对太清宫进行深入了解，详细拍了各种相关照片。

3 月 23 日，去内蒙古赤峰、巴林右旗、翁牛特旗，辽宁建平。受高青山之邀，参观赤峰市博物馆、朱俊杰民办玉源博物馆、赤峰古玩城、巴林右旗博物馆、翁牛特旗博物馆，考察翁牛特旗白庙子红山文化岩画、翁牛特旗三星他拉村（红山文化 C 形玉龙发现地）、赤峰元宝山、建平老官地达拉甲西山上城址。

3 月 27 日，去法库。受法库县政府邀请，参加法库第九届国际白鹤节，在县城开幕式并去叶茂台镇獾子洞水库湿地考察白鹤及各种水禽。

3 月 28 日，去北票。受北票市委宣传部邀请，去北票参加举办的活动。参观北票市博物馆，考古调查五间房镇城子地村辽城址、五间房镇土城子村辽城址、金岭寺三燕建筑遗址、四家板村长宁寺、四家板村喇嘛洞鲜卑墓地、三官营子村南之南台辽代城址，考察了北票台吉镇坤头波罗村、黄土坎村发展光伏产业、北票市白石水库（观鸟湿地白天鹅）、北票市大黑山风景区游览。

4 月 6 日，去法库、彰武。受法库县政府邀请，调查秀水河子镇顺边屯西 101 国道下燕秦汉长城、叶茂台北山北坡上的燕秦汉长城、彰武六大门村清代柳条边遗迹，参加叶茂台国家湿地考察，候鸟群飞。

4 月 11 日，去辽宁朝阳、北票。受朝阳市政府邀请，参加朝阳市与茂名冯氏宗亲座谈会，会后活动，朝阳凤凰山景区门前茂名冯氏宗亲访问团植纪念树，参观考察了朝阳市博物馆、朝阳市辽代南塔、朝阳市辽代北塔、朝阳市清代佑顺寺、朝阳市三燕龙城宫城考古发掘南门遗址、朝阳凤凰山、朝阳凤凰山中寺辽塔及其下之佛寺，北票市西官营子冯素弗墓茂名冯氏宗亲祭祖，西官营子村中清代延福功德寺、西官营子镇中学内茂名冯氏宗亲访问团植纪念树，冯氏宗亲访问北票市经济开发区，北票市领导与茂名冯氏宗亲寻根团座谈，北票市博物馆、北票市大黑山景区。

4月25日，去彰武。受《辽沈晚报》主任记者张松之邀，考察阜新县新民镇排山楼村中的元代《大玄宫祖碑》石碑、卡拉房子明长城山上的烽火台、腰衙门村北平顶山前山峰下辽代耶律休哥墓地、关山种畜场马掌洼辽萧和墓地、塔营子镇顺发号村西张三丰庙、塔营子村辽懿州城、塔营子村辽懿州城内辽塔。

5月4日，去朝阳。受《辽沈晚报》主任记者张松之邀，去朝阳考古调查和参观博物馆，计有朝阳北塔博物馆"太岁"展、朝阳关帝庙——朝阳县博物馆、朝阳县博物馆藏石重贵墓志、李太后墓志、朝阳博物馆藏石雕、石棺、朝阳关帝庙内东塔塔基、地宫与细绳纹（唐代特点）青砖、朝阳东塔地宫内出土之石经幢、朝阳岩画、朝阳县大庙镇水泉村山城址、朝阳县大庙镇土城子村辽城址、凤凰山下八宝村慕容皝陵及现存县博物馆的陵前石虎、朝阳袁台子（实为徐台子）遗址（过去经过发掘，被认为是汉柳城，其处现在仍无人居住，也无其他建筑，为平整的荒地，实际此地并无城址，过去发掘认为是一处城址，实际迄今并无城墙存在）、朝阳十二台营子村及西南之山（马首山）村北大凌河、八盘岭村徐树坤家及其所藏化石、朝阳县抬头沟城址、朝阳县大庙镇大青山城址。

6月15日，去辽宁海城市。受辽海出版社副社长韩伟邀请，考察海城市几处文物地点，计有析木城镇析木城村内铁塔、析木城镇山中辽代金塔、接文镇山中辽代银塔、八里镇小新村尚可喜墓园、毛祁镇唐王山大悲寺、海城市内海城公园、海城公园内厝石山及石上（三块）石面上天象图、海城市内三学寺、海城市内山西会馆。

7月24日，去大连市。受《辽沈晚报》主任记者张松之邀，去大连，考察了旅顺口区白玉山塔、旅顺口二〇三高地日俄战争遗址、在二〇三高地上遗留的俄国大炮及战壕工事、在二〇三高地上日本遗留的遗物、旅顺万忠墓、中苏友谊纪念塔、旅顺博物馆、旅顺博物馆内之日本关东军司令部、旅顺博物馆庭院内露天陈列之文物、旅顺博物馆之大连地区历史文物展览、旅顺博物馆之罗振玉整理明清档案展览、旅顺博物馆之殷墟妇好墓出土文物展览、旅顺博物馆藏佛像展览、旅顺博物馆之箸文化展览、旅顺博物馆之馆史展览。

8月4日，去云南施甸、保山、大理。受法库县政府邀请，去云南访问契丹人后裔，契丹人确实存在，但现均已改姓，如蒋姓、李姓等。云南之行经重庆、昆明、大理，下关至施甸县，考察了施甸县大竹蓬村蒋氏宗祠、"施甸长官司"旧址、施甸县甸阳镇大竹篷村北山上明永乐阿苏鲁墓（碑有契丹字，是现在有人乱刻的）、施甸县大竹篷村蒋良中家及其家谱、保山市热水塘村李氏宗祠、保山市仁和镇热水塘村李氏宗祠左边热水泉及其左侧杨氏宗祠、武略将军祠、施甸县由旺镇少保山土主庙、施甸县城新建契丹风貌文化广场、施甸县姚关镇忠烈将军恤忠祠、施甸县蒋天辅家（有小本家谱）、施甸县姚关镇大乌邑村蒋家祖祠、大乌邑村、大理市洱海、大理旧城、云南施甸县大乌邑村蒋天辅家谱。

8月13日，去吉林安图县。受中国冶铁历史博物馆文物修复中心高青山之邀，去吉林经敦化至安图，考察安图县泰安寺、长白山历史文化园等。

8 月 22 日，去辽宁瓦房店市。受中国冶铁历史博物馆文物修复中心高青山之邀，去瓦房店市李官镇龙王庙村龙王庙。

9 月 7 日，去鞍山。受中国冶铁历史博物馆文物修复中心高青山之邀，去鞍山千山祥云寺。

10 月 9 日，去辽宁义县、北镇。受《辽沈晚报》主任记者张松之邀，在义县去了万佛堂、义县河夹心子大棘城遗址、义县八塔山辽塔、义县敖家沟平顶山（西面的平顶山）、义县大凌河北岸大青山、义县辽代奉国寺、义县嘉福寺辽塔、义县城内清代翰林旧居、义县宝林楼。

在北镇市，去了医巫闾山最高峰望海峰、耶律倍行宫址之殿址、骆驼峰下考古发掘遗址、北镇市洪家街村北山峰下韩德让墓、北镇市辽显州城内东北部辽代双塔、北镇市区北部辽显州城墙、新立村辽石刻佛像、医巫闾山南部山岩上方柱础、石龟、柱孔、塔底座、石刻塔座西山岗下石砌建筑址、仙狐献桃、山岩顶上石建筑址、龙岗子村辽耶律宗政墓、医巫闾山二道沟中烟筒峰、广禅寺、慈圣寺、北镇市李伯超收藏辽金铜镜。

2018年（84岁）

1 月 8 日，去广东高州。受高州冯氏宗亲会之邀，访问十六国时期北燕皇族。冯氏南走广东，在岭南为官，对当地历史发展起到极大作用，我因发掘北票西官营子北燕冯素弗墓，使高州与北票联系起来，故邀我访问。在高州参加许多庆典活动，也考察了许多相关项目，计有冯宝夫人冼夫人诞辰 1505 周年纪念大会、高州市文化馆举办高州北票书法绘画联展开幕式、高州冼太庙及连续两天的冼夫人诞辰 1505 周年祭祀活动、长坡镇高州旧城冼太庙与冼夫人诞辰 1505 周年祭祀活动、访问高州市长坡镇中学（又称冼夫人中学）、高州市长坡镇高凉古城、高州市艮塔、高州市宝光塔、高州市博物馆、高州市民俗文化馆、高州市冼太庙夜晚文娱活动、高州雷垌冼夫人出生地、高州雷垌仲方冼公祠、高州雷洞良艺村冼公祠、高州水库区内冯宝墓地（我为冯宝墓修复进行设计）、化州海滨、高州文光塔、高州竹坑村新建冼太庙、高州竹坑村文武庙、高州竹坑村发迹香港人之祖东尧墓（亚洲第一坟）、高凉岭冼太庙、高凉岭冼太庙西侧冼太坟、试剑石、高州市冯婆岭（传为冼夫人葬所）、高州市佛子禅院、高州名贵树、化州南山寺等。

3 月 22 日，去江苏泗洪、南京，河北易县，北京。受北京厉艳之邀，考察易县“三彩佛像”问题，去了江苏泗洪县施氏博物馆、泗洪县洪泽湖湿地、南京鸡鸣寺、南京明城墙、南京玄武湖、南京博物院、厉艳明代三彩罗汉像、易县图书馆、易县文管所、易县两个庄镇娄亭村大峪沟睒子洞、北京厉家。

5 月 18 日，去辽宁辽阳。受辽阳博物馆邀请，参加“五一八”博物馆日活动，开会、展示活动，参观博物馆。

5 月 21 日，去辽阳。受辽阳市文化局邀请，参加学术讨论会。会后参观考察了辽阳博物馆、灯塔市西大窑镇城门口村燕州城山城、灯塔市江官屯村吴家收藏的江官屯窑瓷器。

6 月 8 日，去青海。受慕晓亮之邀，去青海省考察慕容吐谷浑历史遗迹，计有西宁市、青海省博物馆、西宁市慕容古寨、青海湖、海西州吐谷浑首都伏俟城、青海省乌兰县茶卡镇、青海省茶卡镇吐谷浑王陵、香日德村南烽火台、茶卡镇哈达村西南烽火台、富平县怀德公园习仲勋墓、习仲勋纪念馆、湟中县塔尔寺、富平县陶艺厂、铜川耀州窑、富平县宫里镇北周宇文泰成陵、铜川市黄堡镇耀州窑博物馆、长子县城、长子县北高庙烈士陵园、长子县河东村丹朱城、西燕都城城墙、长子县慕容村中西燕慕容永陵、阳高县孤山村明长城（云门山、蟠羊山、魏燕参合陂古战场）、大同市辽金古城墙（北城，黄花路段）。

6月27日，去抚顺。受《辽宁日报》记者王岩頔之邀，考察抚顺上马镇竖碑村、大伙房水库、萨尔浒山城、乾隆萨尔浒之战书事碑迁后旧址、竖碑村西面自南向北流入大伙房水库的萨尔浒河、萨尔浒山城东北铁背山、竖碑村及附近环境与村南“驸马墓”、浑河北岸元帅林。

7月1日，辽宁传媒学院聘我为“《辽瓷艺术创新人才培养》项目特聘教授”，并发证书。

7月19日，去辽宁义县。受慕晓亮之邀，考察辽代寺院奉国寺、奉国寺内历代石刻、河夹心大凌河南岸大棘城遗址、河夹心村及大凌河左岸黑石、大康堡村明大康堡城遗址、敖家沟村北平顶山（西）、杨家沟村北平顶山（东）。

10月12日，去北票。受本单位傅仁义之邀，考察北塔镇战国燕长城址、黑城子村辽川州城址。

10月16日，去辽宁朝阳。受《辽沈晚报》主任记者张松之邀，考察朝阳北塔、朝阳太岁展览馆、龙城区博物馆、德辅博物馆（王冬力）、朝阳市龙城区黑山头红山遗址考古调查、边杖子第一师范旧址、姑营子永昌德盛寺、南双庙镇石匠山辽代岩画、南双庙镇槐树洞泉水、姑营子辽耿延毅家族墓地。

11月3日，去黑龙江。受萝北县文物管理所邓树平之邀，为白山管理委员会博物馆鉴定文物。

11月7日，去辽宁法库。受沈阳市辽文化研究会邀请，参加该研究会第六届学术年会。

12月，我撰写的《辽代铁器考古研究》一书，由辽宁教育出版社出版发行。

2019年（85岁）

4月16日，去辽宁辽阳。受江官窑博物馆邀请，参加该馆落成开馆庆典。参观该馆江官屯辽代瓷窑址遗物陈列、辽阳白塔、江官屯村吴家收藏江官屯窑瓷器。

4月30日，去辽宁铁岭。受《辽沈晚报》主任记者张松之邀，去铁岭参观考察了下列地点：铁岭市博物馆、铁岭银冈书院、铁岭周恩来纪念馆、铁岭白塔、龙首山公园、龙首山秀峰塔、龙首山驻跸塔。

5月4日，去内蒙古、吉林、辽宁等地。受历史爱好者李妍之邀，参观和调查如下地点：科尔沁左翼中旗东玛拉沁村辽代遗址、双辽市郑家屯博物馆、昌图县八面城辽韩州城址、四平市博物馆。

5月25日，去吉林长春。受历史爱好者李妍之邀，参观吉林省博物院、长影旧址博物馆。

7月16日，去辽宁辽中。受历史爱好者赵文邦之邀，参观考察沈阳市辽中区茨榆坨村烈士陵园、辽中区茨榆坨村明代长城、辽中区偏堡子村明代烽火台、辽中区南三台子村赵文邦的收藏。

7月26日，去河北石家庄市，受《辽沈晚报》主任记者张松之邀，参观考察了河北省博物院、邯郸市赵王城遗址公园、邯郸市博物馆、邺城县博物馆、邺城县曹操铜雀台遗址、响堂山石窟、响堂山宋代砖塔、响堂山庙宇遗迹、易县燕下都城址、燕下都东斗城村土台址、易县燕下都太子塔、易县燕下都南面中易水、燕下都解村千人冢、易县燕下都武阳台村土台址。

8 月 10 日，我自去年所写《辽阳壁画墓》书稿完成，今日交辽海出版社，待其出版。

8 月 11 日，去辽宁葫芦岛市。受历史爱好者李妍之邀，参观葫芦岛市博物馆、明辽督师府、城内钟鼓楼、姜女坟、姜女坟秦汉遗址、葫芦岛市塔山阻击战纪念馆、郜集屯小荒地村东一里汉城址、沙锅屯安昌岘村山上辽塔。

9 月 25 日，去辽宁本溪。受金杯汽车公司崔家隆之邀，参观南芬中国辽砚博物馆。

11 月 21 日，去吉林大安。受大安酿酒总厂厂长孔令海之邀，考察了大安市酿酒总厂发现的辽代酒作坊遗址蒸馏设备酒具、大安市酿酒总厂历史文物陈列馆、大安市东山头青铜时代遗址、大安市汉书、大安城东宫舍泡子辽时圈鳇鱼处、大安嫩江湾码头与老坎子造船厂、大安市渔猎馆、大安市市区南侧“半拉城”址、大安市博物馆、大安酿酒总厂古法蒸馏酒生产蒸馏酒、前郭尔罗斯县他虎城址。

12 月 29 日，去朝阳、北票。受北票市政府邀请，参加广东北燕冯氏后人来北票树立冯宝、冼夫人石雕像活动。在北票市内博物馆广场立像仪式完成后，去西官营子祭祀冯素弗、然后考察了北票市博物馆、北票市农展会、朝阳国家地质公园。

2020年（86岁）

5 月 5 日，在沈阳考古调查。受郭拥军、冯乃侠之邀，调查沈阳郊区古代城址：魏家楼子汉高显县城、烽燧址、陈相屯塔山高句丽盖牟城、奉集堡辽代集州、明奉集堡城址。

7 月 7 日，去辽宁北镇。受《北镇报社》总编段希俭之邀，考古调查北镇市大市堡明镇边堡城址、阜新市清河门区乌龙坝镇小蒲草泡明烽火台、黑山县八道壕镇韦城子村明镇安堡城址、黑山县八道壕村明烽火台、黑山县八道壕镇江西村江台山烽火台、黑山县八道壕镇后红村西北山上烽火台、黑山县白土厂门镇二台子村南山上烽火台、白土厂门明长城、白土厂门清柳条边、绥中县蔓枝草长城、绥中县蓟镇长城、锥子山长城、小河口村长城、绥中县前所所城、北镇市段希俭无虑山居、北镇市市政府广场。

7 月 22 日，去辽宁盘锦。受中国冶铁历史博物馆文物修复中心高青山之邀，调查兴隆台明代烽火台修复后状况。

7 月 28 日，去辽宁抚顺。受《辽沈晚报》主任记者张松之邀，去抚顺调查抚顺五牛村东山明烽火台、抚顺五牛村木地板厂用锯末子制木炭车间、五牛村南虎石水库、抚顺下年马洲村南章党河左岸白石砬（尚间崖）、抚顺东堡村边墙沟明长城烽火台、铁岭西三岔子小学门前明代石狮子、铁岭西三岔子明三岔堡城址。

8 月 6 日，去辽宁凌源。受《辽沈晚报》主任记者张松之邀，去凌源参观和调查凌源市博物馆、凌源安杖子汉城址、凌源十八里堡辽榆州城址、十八里堡辽塔（在辽榆州城址西南方）、凌源市三家子镇河坎村冰沟、凌源张家大院、凌源天盛号金代石拱桥、凌源田家沟积石冢墓地、喀左县东山嘴遗址展示馆，在凌源再访我当年发掘富家屯元墓的程绍宽家。

9月12日，去辽宁北票、朝阳、喀左县。受《辽沈晚报》主任记者张松之邀，去北票调查北票市上园镇柳黄屯南二里王八盖子山顶上岩画、柳黄屯王八盖子山西半山腰山洞、北票市章吉营子大棘城公园、北票市三官营子（燕王职戈出土地）战国陶罐、北票市马代沟村宝英杰金丝枣产地、朝阳木头城子乡辽代双塔寺塔、喀左鸽子洞旧石器时代洞穴遗址、朝阳东平房辽代砖塔、朝阳黄花滩辽建州砖塔、朝阳八棱观辽代砖塔、朝阳胜利镇日升寺、朝阳胜利镇赵子卿纪念馆。

9月17日，去辽宁北票。受中央广播电视台邀请，记者李百合拍摄北燕冯素弗墓考古发掘纪录片，去北票西官营子拍摄北燕冯素弗墓地、喇嘛洞墓地、朝阳北塔，去沈阳辽宁省博物馆看冯素弗墓出土文物并拍摄录像。

9月20日，去沈阳西北郊我的家乡万金台村。受沈阳电视台邀请，与记者同去万金台村，他们采访我的家乡发生在1947年的万金台战斗，以及我对战场所见的亲身经历。

10月2日，去内蒙古锡林郭勒盟、多伦县、河北塞罕坝、赤峰、朝阳、北票。受《辽沈晚报》主任记者张松之邀，参观和考察锡林郭勒盟博物馆、元上都城址、元上都宫城、元上都博物馆、多伦县汇宗寺、多伦县铁公泡子村辽圣宗贵妃墓、黄土坑村（现为大河口乡公吉诺村）辽行宫遗址、河北省塞罕坝保护区、内蒙古赤峰市红山文化博物馆、赤峰博物馆、北票市南八家子乡辽壁画、北票市十家子村（李松明宅）及其收藏的文物、朝阳市北塔、朝阳市文物店于店主收藏的文物。

10月23日，去河北秦皇岛。受燕山大学邀请，参加燕山大学召开的“东北亚古丝路文明研讨会”。会后参观燕山大学博物馆，考察抚宁县驻操营镇长城村（经水门寺村）明长城、抚宁县驻操营镇董家口明长城、抚宁县驻操营镇城子峪村明长城。

10月31日，去沈阳郊区考古调查。受郭拥军、冯乃侠之邀，调查沈阳彰义站村新修的“沈阳驿站”牌坊、沈阳彰驿站村古城址、辽中区偏堡子村秦汉辽东郡辽阳县城址、辽中区茨榆坨镇茨南村明长城。

11月7日，去辽宁康平。受郭拥军、冯乃侠之邀，调查康平县小城子镇小城子村辽城址、康平县岔海挠辽城址、康平县东官屯镇泡子沿村小城子屯辽城址、康平县方家屯镇李影匠窝堡村三家子屯辽城址、康平县张强镇盖顶窝堡村城子沟屯辽城址、康平县柳树屯清蒙古诚慎亲王那尔苏陵园、沈北新区石佛寺村白家台辽金遗址、明烽火台、沈北新区马门子明长城、沈北新区石佛寺村七星山寺院、辽塔、碉堡、沈北新区石佛寺苏家台明烽火台、沈北新区石佛寺苏家台青铜、辽金遗址、沈北新区石佛寺辽双州城址。

12月，继《辽宁省志·文物志》在2001年出版之后，续编《辽宁省志·文物志》（1986—2005年）于今年由辽宁人民出版社出版，其间我为此书相关章节多次审稿修改，最后在98万字的全书完成后，我又审阅全书，编辑部在《后记》中说：“二〇二〇十二月，冯永谦审阅全书书稿并提出详细的修改意见，编辑部做了认真修改。”

2021年（87岁）

3月17日，去吉林大安。受大安市酿酒总厂厂长孔令海之邀，去吉林省大安市调查辽金遗迹，并去松原市伯都讷辽代宁江州城址调查。

4月10日，去辽宁大石桥市。受郭拥军、冯乃侠之邀，调查大石桥市东金寺村海龙川高句丽安市城址。

4月17日，去河北秦皇岛。受燕山大学邀请，参加筹办燕山大学博物馆陈列大纲研讨会。

4月20日，去辽宁建平。受《辽沈晚报》主任记者张松之邀，参观建平县博物馆，调查朝阳县五佛洞村魏晋时期城址、朝阳木头城子村金宝山、大凌河、木头城子村、朝阳木头城子村东北部辽代老建州城址、朝阳县八棱观辽塔。

4月30日，去内蒙古林西县、克什克腾旗。受辽瓷爱好者谷翠国之邀，调查和参观辽代饶州城址（大城）、辽代饶州长乐县城址（小城）、克什克腾旗博物馆、百岔川中的百岔河及川中地理环境、广义岩画、裕广顺岩画、阁老营子岩画、万合永镇老窝堡村南贾屯岩画（克旗文物志记为二地沟门村）、和尚地岩画、应昌路城址、应昌路陈列馆、达里湖景观、达里湖北岸金长城。

8月20日，我写的《辽宁长城考古》书稿完成，交沈阳出版社，待其出版。

11月5日，我写的《东北古代长城考古调查与研究》书稿完成，交辽宁教育出版社，待其出版。

2022年（88岁）

7月25日，我在今年撰写的《东北古代长城图鉴》书稿全部完成，交给辽宁教育出版社，以待出版。

8月21日，去天津。受本单位傅仁义之邀，为天津周树春农业文化博物馆收藏品鉴定，其中岫岩玉新石器时代玉器非常突出，来源是在海城小孤山洞穴遗址附近的河套中，属辽东地区文化，值得重视。

12月，我撰写的《东北古代长城考古调查与研究》（上、中、下三册）一书，由辽宁教育出版社出版发行。

冯永谦论著目录

郭拥军　冯乃侠　编

一、考古报告与研究论文

1.《赶紧抢救大伙房水库地下文物》,《辽宁日报》1957 年 6 月 22 日。

2.《辽宁省建平、新民的三座辽墓》,《考古》1960 年 2 期。

3.《辽宁北票县西官营子北燕冯素弗墓》（与徐秉琨合写，署名黎瑶勃）,《文物》1973 年 3 期。

4.《叶茂台辽墓出土的陶瓷器》,《文物》1975 年 12 期。

5.《鞍山倪家台明崔源族墓的发掘》,《文物》1978 年 11 期。

6.《明代管理奴儿干的历史新证》（与王绵厚合写）,《文物》1978 年 11 期。

7.《关于沈阳古塔的年代问题》,《沈阳日报》1978 年 11 月 30 日。

8.《鞍山市郊发现明朝一官员墓地》（新华社电讯稿）,《辽宁日报》1978 年 12 月 31 日。

9.《山后八军瓷窑非北京龙泉务窑辨》,《文物》1979 年 3 期。

10.《雕刻精工的北陵石牌楼》,《沈阳日报》1979 年 4 月 17 日。

11.《精巧的辽代白瓷注壶》,《沈阳日报》1979 年 5 月 9 日。

12.《辽史外戚表补证》,《社会科学辑刊》1979 年 3、4 期。
（本文获 1991 年 12 月 31 日辽宁省考古博物馆学会优秀论文奖。）

13.《辽宁史迹》（九篇，与姜念思合写）,《辽宁青年》1979 年 1—21 期。

14.《概述辽宁省考古新收获》（与郭大顺合写）,《文物考古工作三十年》，文物出版社 1979 年 11 月版。

15.《建昌县文物普查的重要发现》,《辽宁文物》1980 年 1 期。

16.《海龙金汉文摩崖是近代伪刻》,《辽宁大学学报》1980 年 3 期。
（后收入《长白丛书》二集《金碑汇释》中，吉林文史出版社 1989 年 7 月版。）
17.《明大宁城的地理位置》,《辽宁师院学报》1981 年 1 期。
18.《新发现的几件辽代陶瓷》,《文物》1981 年 1 期。
19.《北票柳条沟辽墓》,《辽宁文物》1981 年 1 期。
20.《辽代祺州探考记》,《辽宁师院学报》1981 年 3 期。
21.《宁城黑城古城址调查》(与姜念思合写),《考古》1982 年 2 期。
（后收入《长白丛书》李健才等主编《东北地区燕秦汉长城和郡县城的调查研究》中，吉林文史出版社 1997 年 5 月版。）
22.《辽代永州调查记》(与姜念思合写),《文物》1982 年 7 期。
23.《“官”和“新官”字款瓷器之研究》(摘要),《辽宁省考古博物馆学会成立大会会刊》，辽宁省考古博物馆学会 1982 年 8 月版。
24.《辽代饶州调查记》(与姜念思合写),《东北考古与历史》第一辑，文物出版社 1982 年 9 月版。
25.《辽宁省博物馆》,《黑龙江文物丛刊》1982 年 3 期。
26.《建国以来辽宁地区辽代考古收获》,《辽金契丹女真史研究动态》1982 年 2 期。
27.《在沈阳地下……》(署名易难),《沈阳青年报》1983 年 1 月 24 日。
28.《沉痛悼念李文信先生》,《社会科学战线》1983 年 1 期。
39.《辽宁开原老城镇出土的元代的铜器和铁器》,《文物资料丛刊》第七辑，1983 年 2 月版。
30.《金刘元德墓志考——兼考五代刘仁恭一族世系》,《黑龙江文物丛刊》1983 年 1 期。
31.《辽宁绥中县金代“来宾县里堠”碑考》,《考古》1983 年 3 期。
32.《我省首次发现元代壁画墓》,《沈阳日报》1983 年 7 月 7 日。
33.《辽宁法库前山辽萧袍鲁墓》,《考古》1983 年 7 期。
34.《辽宁建昌文物普查中发现的重要文物》,《文物》1983 年 9 期。
35.《辽晋国夫人墓志考》,《辽宁大学学报》1983 年 6 期。
36.《发掘北票莲花山辽耶律仁先族墓的收获》,《辽金契丹女真史研究动态》1984 年 1 期。
37.《“官”和“新官”字款瓷器之研究》,《中国古代窑址调查发掘报告集》，文物出版社 1984 年 10 月版。
（本文获 1986 年 6 月 7 日“辽宁省第二届哲学社会科学优秀成果论文类三等奖”。）
38.《赤峰缸瓦窑辽代瓷窑址的考古新发现——辽代官窑遗址的确定，兼论辽代设窑烧瓷的时间问题》,《中国古代窑址调查发掘报告集》，文物出版社 1984 年 10 月版。
39.《凌源温家屯发现的辽代契丹人墓葬》(与韩宝兴合写),《辽金契丹女真史研究动态》1984 年 2 期。
40.《金代农村经济生活的重要考古发现——鞍山陶官屯金代农家遗址初步研究》,《辽金契丹女真史研究动态》1984 年 3、4 合期。

41.《辽宁境内的古长城》,《沈阳日报》1985 年 1 月 17 日。

42.《辽代㠉州、顺州考》,《北方文物》1985 年 2 期。

43.《辽阳旧城东门里东汉壁画墓发掘报告》(与邹宝库等合写),《文物》1985 年 6 期。

44.《凌源富家屯元墓》,《文物》1985 年 6 期。

45.《志书的编写与考古资料的运用》,《辽宁地方志通讯》1985 年 3 期。

46.《辽东地区燕秦汉文化与古长城考》,《辽宁省本溪丹东地区考古学术讨论会文集》,辽宁省考古博物馆学会 1985 年 9 月版。

(后收入《长白丛书》李健才等主编《东北地区燕秦汉长城和郡县城的调查研究》,吉林文史出版社 1997 年 5 月版;又收入《辽宁长城》第四辑,辽宁省长城学会 2002 年 7 月版。)

47.《漫话灯节》,《美报》1986 年 2 月 21 日。

48.《汉候城、高显考辨》,《沈阳地方志资料丛刊》第六辑,1986 年 3 月版。

(又收入《沈阳建城始源论文集》,沈阳出版社 2000 年 8 月版。)

49.《辽宁古长城》,《东北经济报》1986 年 4 月 1 日。

50.《孟姜女与万里长城》,《东北经济报》1986 年 4 月 1 日。

51.《高句丽城址辑要》1986 年 5 月稿。

(摘要收入《东北历史地理》第二卷,黑龙江人民出版社 1989 年 9 月版。后收入《北方史地研究》,中州古籍出版社 1994 年 12 月版。)

52.《发刊词》,《辽海文物学刊》1986 年创刊号。

53.《辽代梁援墓志考》(与薛景平合写),《北方文物》1986 年 2 期。

54.《试谈辽墓所反映的契丹族南徙及其影响》,《辽金契丹女真史研究》1986 年 1 期。

55.《辽宁地区辽代建置考述》(上),《东北地方史研究》1986 年 2 期。

56.《渤海城址辑要》,1986 年 10 月稿。

(摘要收入《东北历史地理》第二卷,黑龙江人民出版社 1989 年 9 月版。后收入《北方史地研究》,中州古籍出版社 1994 年 12 月版。)

57.《〈全辽文〉中所收辽宁馆藏碑志校录》(与薛景平合写,署名易难),《辽海文物学刊》1986 年 2 期。

58.《绥中九门口长城发掘出土一批重要文物》(署名永平),《辽海文物学刊》1986 年 2 期。

59.《〈辽宁省博物馆学术论文集〉(第一辑)出版》(署名鹿野),《辽海文物学刊》1986 年 2 期。

60.《辽代头下州探索》,《北方文物》1986 年 4 期。

61.《辽宁地区辽代建置考述》(下),《辽海文物学刊》1987 年 1 期。

62.《巧夺天工的发绣》,《新少年》1987 年 5 期。

63.《绥中考证出古战场——一片石》(与薛景平合写),《沈阳日报》1987 年 6 月 1 日。

64.《建国以来辽代考古的重要收获》,《辽金史论集》第一辑,上海古籍出版社 1987 年 6 月版。

（该文经［日］定森秀夫译、载日本京都文化博物馆《朱雀》第九辑，1997 年 3 月版。）

65.《辽上京附近水道辨误》，《辽金史论集》第二辑，书目文献出版社 1987 年 7 月版。

66.《辽金元时期辽宁的建置》（与冯季昌合写），《方志天地》1988 年 1 期。

67.《失踪三百载，重见在今朝——辽宁绥中“一片石”古战场发现记》（与薛景平合写），《地名丛刊》1988 年 2 期。

68.《辽代原州、福州考》，《北方文物》1988 年 2 期。

69.《辽志十六头下州地理考》，《辽海文物学刊》1988 年 1 期。

70.《补辽萧袍鲁墓出土的契丹大字墓志铭》，《辽金契丹女真史研究》1988 年 1 期。

71.《民族研究园地的可喜收获——读〈东北民族源流〉书后》，《光明日报》1988 年 8 月 24 日。

72.《关于契丹族与奚族起源的意见》，《辽金契丹女真史研究》1988 年 2 期。

73.《唐代契丹饶乐都督府地考》，《辽金史论集》第四辑，书目文献出版社 1989 年 4 月版。

74.《富家屯元墓壁画》，《中国美术全集》绘画编第十二册《墓室壁画》卷，文物出版社 1989 年 5 月版。

75.《无私奉献　勤奋一生——李文信先生事略与学术贡献》，《辽海文物学刊》1989 年 1 期。

76.《东北地区行政建置起源考辨》（与冯季昌合写），《东北地方史研究》1989 年 3 期。

77.《九门口长城考古发掘记略》（九门口长城修复纪念碑碑文）。

（收入《炎黄子孙的奉献》，辽宁省长城赞助活动办公室 1989 年 10 月版。）

78.《万里长城　历史丰碑——九门口长城丛谈》，《炎黄子孙的奉献》，辽宁省长城赞助活动办公室 1989 年 10 月版。

79.《辽宁地区的历史、民族与民歌发展概论——中国民间歌曲集成·辽宁卷前言》，1990 年 5 月稿；后收入《东北考古研究》（一），中州古籍出版社 1994 年 12 月版。

80.《岭北长城考》（与米文平合写），《辽海文物学刊》1990 年 1 期。载《金长城文集》，吉林文史出版社 2009 年 4 月版。

81.《“一片石”指的是什么——答曹喆同志》（与薛景平合写），《地名丛刊》1990 年 3 期。

82.《九门口长城考古发掘》（照片报道），《辽宁重大文化史迹》，辽宁美术出版社 1990 年 8 月版。

83.《功贯今古，泽被子孙——为丹东修复明万里长城东端起点而作》，丹东市人民政府 1990 年 10 月印行。

84.《边疆历史地理研究刍议》（提要），《国际中国历史地理学术讨论会文集》，复旦大学出版社 1990 年 11 月版。

85.《明万里长城东端起点发现在丹东虎山》，《辽海文物学刊》1990 年 2 期。

（后收入《辽宁长城》第一辑，辽宁省长城学会 1996 年 6 月版。）

86.《万里长城起辽东》（与薛景平合写），《丹东日报》1990 年 12 月 2 日、9 日、16 日。

87.《辽宁近十年来文物考古工作新发现》（与孙守道、李宇峰合写），《文物考古工作十年》，文物出版社 1991 年 1 月版。

88.《绥中县九门口明长城遗址》,《考古学年鉴·1990 年》,文物出版社 1991 年 9 月版。

89.《辽代边防城考》(与米文平合写),《辽金史论集》第五辑,文津出版社 1991 年 11 月版。

90.《心存史学,锲而不舍——略记进己》,《东北亚历史与文化》,辽沈书社 1991 羊 12 月版。

91.《东北古代长城考辨》,《东北亚历史与文化》,辽沈书社 1991 年 12 月版。

[后收入《长白丛书》李健才等主编《东北地区燕秦汉长城和郡县城的调查研究》(文章之前部分),吉林文史出版社 1997 年 5 月版;又收入《辽宁长城》第三辑,辽宁省长城学会 2000 年 11 月版。其中《金长城》一节,摘载《金长城文集》,吉林文史出版社 2009 年 4 月版。]

92.《硕果累累,不断攀登——记李殿福》(署名司马鹿野),《北方史界人物》,黑龙江人民出版社 1991 年 12 月版。

93.《辽代部分州县所在地考证》,《博物馆研究》1992 年 1 期。

94.《明长城在沈阳的走向》,《沈阳日报》1992 年 4 月 22 日。

95.《明万里长城东端起点的发现与研究》,《丹东师专学报》1992 年 1 期。

(后发表于《历史地理》第十辑,上海人民出版社 1992 年 7 月版。后收入中国长城学会《长城学刊》1993 年 1 期;又收入《辽宁长城》第一辑,辽宁省长城学会 1996 年 6 月版。)

96.《丹东虎山明万里长城东端起点遗址》,《中国考古学年鉴·1991 年》,文物出版社 1992 年 8 月版。

97.《明万里长城九门口城桥与一片石考——兼考明清之际"一片石之战"地点》,1992 年 8 月参加"嘉峪关首届中国长城研讨会"论文。

(收入《北方史地研究》,中州古籍出版社 1994 年 12 月版;又收入《葫芦岛文物》,葫芦岛市文物管理委员会 1996 年 1 月版;后收入《辽宁长城》第二辑,辽宁省长城学会 1998 年 8 月版。)

98.《沈阳地区辽代城址调查——兼考辽代沈州灵源县址》,《沈阳文物》1992 年创刊号。

(又收入《沈阳建城始源论文集》,沈阳出版社 2000 年 8 月版。)

99.《关外长城录》,《辽宁政协报》1992 年 5 月 29 日—10 月 23 日。

100.《长城东起宽甸虎山延及抚顺新宾》(与薛景平合写),《抚顺日报》1992 年 11 月 8 日。

101.《辽代陶瓷的成就与特点》,《辽海文物学刊》1992 年 2 期。

102.《高句丽泊汋城的发现与考证》,1993 年 10 月稿;后收入《北方史地研究》,中州古籍出版社 1994 年 12 月版。

103.《辽上京道州县丛考》,《辽金史论集》第 8 辑,吉林文史出版社 1994 年 12 月版。

104.《丹东虎山高句丽遗址》,《中国考古学年鉴·1992 年》,文物出版社 1994 年版。

105.《宽甸虎山获重大发现》,《中国文物报》1994 年 3 月 6 日一版头条。

106.《辽代部分州县今地考》,《北方文物》1994 年 4 期。

107.《东北最早发现的燕秦古长城址》,《沈鸿缀羽》，上海书店 1994 年 10 月版。

108.《辽阳北园汉壁画墓的发现与保护》,《沈鸿缀羽》，上海书店 1994 年 10 月版。

109.《辽宁市县文物志・总序》，1996 年 1 月稿。

（后收入《凤城市文物志》《彰武县文物志》《北宁市文物志》《营口市文物志》中，辽宁民族出版社 1996 年 3 月版。）

110.《宽甸虎山高句丽泊汋城址》,《中国考古学年鉴・1994 年》，文物出版社 1997 年 1 月版。

111.《再修八门，整旧如旧》,《辽沈晚报》1998 年 1 月 19 日。

112.《关于撰写中国区域历史地理刍议》,《东北亚历史地理研究》，中州古籍出版社 1998 年 7 月版。

113.《辽史地理志考补——上京道、东京道失载之州军》,《社会科学战线》1998 年 4 期。

114.《辽史地理志考补——中京道、南京道、西京道失载之州军》,《北方文物》1998 年 3 期。

115.《沈阳初置候城考略》,《沈阳建城始源论文集》，沈阳出版社 2000 年 8 月版。

116.《辽宁中东部战国、秦、汉长城调查》,《中国考古学年鉴・1999 年》，文物出版社 2001 年 5 月版。

117.《金代陶瓷摭谭》,《辽金史论集》第六辑，社会科学文献出版社 2001 年 7 月版。

118.《契丹史研究的新成果——黄凤岐著〈契丹史研究〉评介》,《社会科学辑刊》2001 年 5 期。

119.《沈阳白塔堡白塔年代辨疑》,《北方文物》2001 年 3 期。

120.《大连辽代长城调查考略》,《大连文物》总第 22 期，2001 年。

[后以《辽代“镇东海口”长城调查考略》(修改稿),《阜新辽金史研究》第五辑，中国社会出版社 2002 年 2 月版；后收入《辽宁长城》第四辑，辽宁省长城学会 2002 年 7 月版；后收入《大连考古文集》第一集，科学出版社 2011 年 6 月版。]

121.《为历史负责——虎山长城二期工程座谈会发言》，2001 年 8 月 21 日记录稿。

122.《高句丽千里长城建置辨》,《社会科学战线》2002 年 1 期。

（后收入《辽宁长城》第四辑，辽宁省长城学会 2002 年 7 月版；又收入《高句丽千里长城》，吉林人民出版社 2010 年 10 月版。）

123.《松辽文化探论》(与穆鸿利合写),《社会科学辑刊》2002 年 3 期。

124.《沈抚地区汉代烽燧址考察记要》(与吉昌盛等合写),《辽宁长城》第四辑，辽宁省长城学会 2002 年 7 月版。

125.《高句丽千里长城“西南至海”段考古调查报告》,《辽宁长城》第四辑，辽宁省长城学会 2002 年 7 月版。

（后收入《东北历史地理论丛》，哈尔滨出版社 2002 年 10 月版。）

126.《三国（魏）时期的夫余王国》(与孙进己主编)，后收入《扶余王国论集》，吉林市文物管理处 2003 年 7 月版。

127.《如何认识长城——关于〈走出长城的误区〉的几点不同意见》,《中国文物报》2004年3月26日。载《金长城文集》,吉林文史出版社2009年4月版。

128.《汉代襄平、望平、辽阳今地考辨——论“曹雪芹祖籍铁岭说”历史地考证之失误》,《社会科学战线》2004年3期。载《大连文物》总25期,2005年11月版。

129.《三韩略说——论“曹雪芹祖籍铁岭说”历史地理考证之失误》,中国辽金及契丹女真史学会第八届学术年会论文,载《辽金契丹女真史研究》总第34期,2004年8月版。该文删节本载《北方文物》2004年3期。收入《辽金史论集》第十一辑,吉林文史出版社2008年12月版。

130.《拓跋鲜卑与慕容鲜卑同源的考古学研究——兼论乌桓考古学文化》,《博物馆研究》2004年3期。

131.《界壕与长城论辨三题》,中国辽金及契丹女真史学会第八届学术年会(2004年)论文,载《辽金契丹女真史研究》总第34期,2004年8月版。

(收入《辽金史论集》第十一辑,吉林文史出版社2008年12月版。载《金长城文集》吉林文史出版社2009年4月版。)

132.《高句丽国内城定点与建城时间论辨》(与孙进己合写),系为2003年10月6日在集安召开的“纪念高句丽迁都国内城2000周年暨第三届全国高句丽学术讨论会”论文。后发表于《东北史研究》2004年2期。

133.《可喜的成就　艰难的历程——中国辽金及契丹女真史研究会第七届学会学术工作总结及建议》(与孙进己合写),《辽金契丹女真史研究》总第34期,2004年8月。收入《辽金史论集》第十一辑,吉林文史出版社2008年12月版。

134.《金代庞葛城——齐齐哈尔建城始源之城丛说》,参加2004年9月24日“齐齐哈尔建城史论证会”论文。后发表于《理论观察》2004年6期。

135.《界壕与长城论辨三题》(上),《东北史地》2005年2期。

136.《界壕与长城论辨三题》(下),《东北史地》2005年3期。

137.《辽与高丽的关系》(与张志立合写),《中国中外关系史学会第六届会员代表大会暨“多元视野中的中外关系史”学术讨论会》会议文集,2005年8月会议秘书组印行;收入《多元视野中的中外关系史研究》,延边大学出版社2007年4月版。

138.《中国江南先秦文化与环渤海文化圈关系的探讨》(与张志立合写),《中国中外关系史学会第六届会员代表大会暨“多元视野中的中外关系史”学术讨论会》会议文集,2005年8月会议秘书组印行。

139.《辽宁法库石桩子村村民集资修复辽代石经幢》,《中国文物报》2006年1月20日。

140.《中国辽金暨契丹女真史学会2006年学术讨论会开幕辞》,2006年7月18日。

141.《〈鞍山碑志〉序——典籍丰富　传承有绪》,2006年7月20日稿。载《鞍山碑志》,沈阳出版社2008年7月版。

142.《怀念张泰湘先生》,《辽金契丹女真史研究》2006 年 1 期。

143.《金长城丛说》,《辽金契丹女真史所究》2006 年第 2 期。

144.《尊重历史　实事求是》, 2006 年 9 月 15 日稿。

145.《箸文化历史与考古学发现论说》, 2006 年 10 月 18 日大连“中国箸文化第四届学术研讨会”论文。载《辽宁省博物馆馆刊》第 3 辑，2008 年 12 月版。

146.《东北燕秦汉长城的考古调查与研究》, 2006 年新宾“辽宁省考古学会第五届年会”会议论文。载《辽宁考古文集》(二)，科学出版社 2010 年 7 月版。

147.《凤城刘家堡子西汉遗址发掘报告——兼论汉代东部都尉治武次县址之地望》(与崔玉宽合写), 2006 年新宾“辽宁省考古学会第五届年会”会议论文。载《辽宁考古文集》(二)，科学出版社 2010 年 7 月版。

148.《金长城的考古发现与研究》,《鹤城政协》2006 年 4 期；又载《中国长城博物馆》2006 年 4 期。

(后分三篇载《东北史地》2007 年 3 期、2008 年 3 期、2009 年 5 期。后被收入《金长城文集》, 吉林文史出版社 2009 年 4 月版。)

149.《金长城的考古与发现》(金长城研究之一),《东北史地》2007 年 3 期。

150.《长城在边疆民族与中原民族交流中的地位和作用》, 2007 年 8 月 5 日在长春吉林大学召开的中国民族史学会年会论文。

151.《左旗辽史研究・序》,《左旗辽史研究》2008 年 8 月版。

152.《辽代失考州县辨证》,《左旗辽史研究》2008 年 8 月版。

153.《金长城修筑年代辨》(金长城研究之二),《东北史地》2008 年 3 期。附地图 1 幅、照片 27 幅。后被收入《金长城文集》, 吉林文史出版社 2009 年 4 月版。

154.《从考古发现看绚烂多姿的辽代金玉器》,《文明》总 99 期，2008 年特刊。

155.《总结人类历史　研究文明理论——〈文明论〉评介》,《民主》2009 年 2 期。

156.《辽代失考州县辨证》,“首届辽上京契丹・辽文化学术研讨会”论文，载《首届辽上京契丹・辽文化学术研讨会论文集》, 内蒙古文化出版社 2009 年 6 月版。

157.《金长城的构造形式、特点与定名》(金长城研究之三),《东北史地》2009 年 5 期。

158.《在辽宁省辽金契丹女真史研究会成立大会上的讲话》,《辽金历史与考古》第一辑，辽宁教育出版社 2009 年 4 月版。

159.《辽东京道失考州县新探——辽代失考州县辨证之一》,《辽金历史与考古》第一辑，辽宁教育出版社 2009 年 4 月版。

160.《在辽宁省辽金契丹女真史研究会会员代表大会上的讲话》,《辽金历史与考古》第一辑，辽宁教育出版社 2009 年 4 月版。

161.《辽中京道失考州县新探——辽代失考州县辨证之二》,《文献研究》第一辑，学苑出版社 2010 年 1 月版。

162.《燕秦汉长城与金长城有区别吗？》,《金长城文集》，吉林文史出版社 2009 年 4 月版。

163.《继承优秀传统　突出民族特征——考古发现的绚烂多姿辽代金银玉器考察》，2009 年 8 月阜新“全国契丹史学术讨论会”论文。载《辽金历史与考古》第二辑，辽宁教育出版社 2010 年 5 月版。

164.《艰苦奋斗二十余年〈东北历史地理〉终于问世》(与孙进己合写), 2009 年 10 月 20 日稿。

165.《玉器——中国传统文化的典型象征》，美国艺术收藏协会回流古玉展之《美国艺术收藏协会回流古玉》，美国艺术收藏协会 2009 年 11 月版（广东中山）。

166.《东北地区的古代长城》,《辽海讲坛》第五辑（历史卷），辽宁教育出版社 2009 年 12 月版。

167.《玉器八千年》,《辽宁青年·辽商》2010 年 1 期。

168.《盘点红山》,《辽宁青年·辽商》2010 年 2 期。

169.《繁星璀璨》,《辽宁青年·辽商》2010 年 3 期。

170.《天下一统》,《辽宁青年·辽商》2010 年 5 期。

171.《君子爱玉》,《辽宁青年·辽商》2010 年 6 期。

172.《至尊无极》,《辽宁青年·辽商》2010 年 7、8 合期。

173.《吃玉时代》,《辽宁青年·辽商》2010 年 9、10 合期。

174.《东北燕秦汉长城的考古调查与研究》,《辽宁考古文集》(二)，科学出版社 2010 年 7 月版。

175.《凤城刘家堡子西汉遗址发掘报告》(与崔玉宽合写),《辽宁考古文集》(二)，科学出版社 2010 年 7 月版。

176.《在“收藏家文化沙龙”成立大会上的讲话》，2010 年 9 月 19 日。

177.《辽宁盘古博物馆图录序》，2010 年 11 月 20 日。

178.《〈辽史·地理志〉东京道建置厘正》，2011 年 9 月“辽金历史与考古国际学术研讨会”论文。摘要载《中国文物报》2011 年 11 月 11 日。全文载《辽金历史与考古》国际学术研讨会论文集（上），辽宁教育出版社 2012 年 5 月版。

179.《武厉逻新考》(上),《东北史地》2012 年第 1 期。收入《中国东北考古与文物研究》，吉林文史出版社 2016 年 5 月版。

180.《武厉逻新考》(下),《东北史地》2012 年第 2 期。收入《中国东北考古与文物研究》，吉林文史出版社 2016 年 5 月版。

181.《叶茂台七号辽墓发掘亲历记》,《我与文化遗产》，万卷出版公司 2012 年 12 月版。

182.《向历史深处探寻——李嵩岩〈东北地方往事〉序》,《东北地方往事》，环球出版社 2013 年 1 月版。

183.《天道酬勤——邵恩库〈义州古迹寻纵〉序》,《义州古迹寻纵》2012 年 9 月版。

184.《唐户屯桑园子考古发掘漫记——辽阳考古回忆之一》(上、下),《辽阳文博》2012 年第 1 期、2013 年第 1 期。《大众考古》2016 年第 8 期。

185.《李文信传略》，中国社会科学院考古研究所编《考古学家传略》，2013 年 7 月 31 日。

186.《辽代铜印形“秦二世诏书”文字印版辨疑》,《中国文物报》2013 年 7 月 31 日。
187.《大辽福地　宰相故里——法库辽文化故乡行》,《沈阳日报》2013 年 9 月 1 日 2 版。
188.《辽“女真鹿官户太保印”铜官印考释》(与赵中文合写),《北方文物》2013 年 4 期。
189.《法库县辽代建置考》,《辽文化研究》第一辑，沈阳市辽文化研究会 2013 年 10 月版。
190.《千年辽酒出土记》,《辽文化研究》第一辑，沈阳市辽文化研究会 2013 年 10 月版。
191.《辽代矿冶采炼和金工器物的考古学考察》,《辽金历史与考古》第五辑，辽宁教育出版社 2014 年 5 月版。
192.《让神秘的辽国走进大众的视野——张松、姚韫〈大辽那些谜〉序》，辽宁教育出版社 2014 年 5 月版。
193.《我的考古生涯漫述》,《法库政协》2014 年第 2 期。
194.《辽代石熊山考》,《辽文化研究》第四辑，沈阳市辽文化研究会 2014 年 6 月版。
195.《法库县前山村辽代烽火台调查考略》,《辽文化研究》第四辑，沈阳市辽文化研究会 2014 年 6 月版。
196.《发掘法库辽萧袍鲁墓纪事》,《辽文化研究》第四辑，沈阳市辽文化研究会 2014 年 6 月版。
197.《宋代名臣宇文虚中铜印考——由一颗印章的发现推翻历史上一桩冤案》,《北方文物》2015 年 1 期。
198.《深入开展辽文化研究》,《辽文化研究》第五辑，2015 年 7 月版。
199.《黑龙江边访古城——萝北县唐代黑水靺鞨江岸古城址考察记》(与齐心合写),《东北史研究》2015 年第 3 期。
200.《被忽略的中国历史上的重要时代——张松、姚韫〈三燕寻踪〉序》，辽宁教育出版社 2016 年 3 月版。
201.《恢复辽代音乐需要注意的几个问题》,《辽文化研究》第七辑，沈阳市辽文化研究会 2016 年 7 月版。
202.《辽阳唐户屯与桑园子汉墓考古发掘记》,《大众考古》2016 年第 8 期。
203.《攀登高句丽研究的高峰——张福有先生等〈高句丽古城考鉴〉序》，吉林文史出版社 2016 年 12 月版。
204.《清新不失传统　灵秀依然凝重》,《浴火重生辽三彩》，辽宁人民出版社 2017 年 1 月版。
205.《继续努力做好辽文化的深入研究》,《辽文化研究》第八辑，沈阳市辽文化研究会 2017 年 9 月版。
206.《唐诗中“龙城”确在今辽宁朝阳考》,《辽宁师范大学学报》2018 年第 3 期。又载《朝阳历史文化研究》2019 年第 2 期。
207.《崇礼区太子城村古城址是金代的吗？——对〈河北崇礼太子城发现一处金代行宫遗址〉年代与性质的商榷》,《中国文物报》2018 年 7 月 27 日。
208.《辽宁灯塔繁荣街窖藏明清文物》,《文物》2018 年 8 期。

209.《鞍山倪家台明崔源族墓考古发掘记》,《燕山大学首届东北亚古丝路文明论坛论文集》，燕山大学东北亚古丝路文明研究中心 2020 年 10 月 24 日。后收入《东北亚古丝路文明研究》，河北人民出版社 2021 年 12 月版。

210.《辽宁长城》,《今日辽宁》2020 年第 5 期。

211.《一种铜铁类文物保护的新方法》,《中国文物报》2021 年 2 月 26 日。

二、专业著作

1.《考古摄影》，1965 年稿，纳入上海人民美术出版社出版的摄影知识丛书，1966 年“文化大革命”爆发，书稿因写作未通过单位的安排被定为“地下黑工厂”写的“黑书”，原稿被单位从出版社索回进行批判，故未能出版。

2.《辽宁古长城》(与何溥滢合著)，辽宁人民出版社 1986 年 3 月版。

3.《东北历史地理》一、二卷（与孙进己等合著，全书总纂），黑龙江人民出版社 1989 年 9 月版。[本书获 1991 年 12 月 6 日辽宁省历史学会“优秀著作”奖，获 1992 年“辽宁省第三届（1986—1989 年）社会科学优秀学术成果著作类三等奖”。]

4.《东北考古研究》(一)，中州古籍出版社 1994 年 12 月版。本书获 1996 年“辽宁省第五届社会科学优秀学术成果著作”二等奖。

5.《北方史地研究》，中州古籍出版社 1994 年 12 月版。

6.《法库县文物志》(与温丽和合著)，辽宁民族出版社 1996 年 3 月版。

7.《营口市文物志》,(与崔艳茹、崔德文合著)，辽宁民族出版社 1996 年 3 月版。

8.《北宁市文物志》(部分撰稿，主编)，辽宁民族出版社 1996 年 3 月版。

9.《凤城市文物志》(部分撰稿，主编)，辽宁民族出版社 1996 年 3 月版。

10.《彰武县文物志》(部分撰稿，主编)，辽宁民族出版社 1996 年 3 月版。

11.《东北历史地理论著汇编》(八册，主编之一)，北方史地资料编委会 1987 年 2 月版。

12.《中国考古集成·东北卷》(二十册，主编之一)，北京燕山出版社 1997 年 1 月版。

13.《中国陶瓷全集》第九卷《辽西夏金卷》(作者、主编)，上海人民美术出版社 2000 年 5 月版。

14.《松辽文化》(作者之一、主编之一)，内蒙古教育出版社 2006 年 12 月版。

15.《红山文化玉器与新品鉴考》，辽宁人民出版社 2009 年 1 月版。

16.《辽金史论集》第十一辑（主编之一)，吉林文史出版社 2008 年 12 月版。

17.《灯塔市历史与文化》(二卷本、合著)，辽宁人民出版社 2011 年 11 月版。

18.《东北历史地理》(四卷本，作者之一、总纂之一)，黑龙江人民出版社 2013 年 7 月版。

19.《辽代铁器考古研究》，辽宁教育出版社 2018 年 12 月版。

20.《辽阳壁画墓》，辽海出版社 2020 年 6 月版。

21.《东北古代长城考古调查与研究》，辽宁教育出版社 2022 年 12 月版。

三、主编、参编书刊

1.《辽宁文物》(编辑、创办者之一)，辽宁省博物馆主办1978年创刊。

2.《辽海文物学刊》(创办者之一、责任主编)，辽宁省博物馆、辽宁省文物考古研究所主办，1986年创刊。

3.《辽金契丹女真史研究》(常务副主编、主编)，中国辽金及契丹女真史研究会主办，1982年创刊(初名为《辽金契丹女真史研究动态》，后改今名)。

4.《北方史地资料》(孙进己主骗、冯永谦副主编)，编辑出版多种学术研究资料，计有：

(1)《东北历史地理论著汇编》，16开本8册。

(2)《中国北方八省市考古论著汇编》，16开本9册。

(3)《渤海史论著汇编》，16开本2册。

(4)《契丹史论著汇编》，16开本2册。

(5)《东北古代科技史论文汇编》，16开本1册。

(6)《东北历代人物论著传记汇编》，16开本1册。

(7)《东北民族史论著汇编》，16开本1册。

(8)《东北民俗论著汇编》，16开本1册。

(9)《辽史索引》，16开本1册。

(10)《金史语汇集成》，16开本3册。

5.《东亚文库》(孙进己主编、冯永谦常务副主编)，该文库编辑出版多种学术书籍及研究资料，主要有：

(1)《东北亚研究》丛书，出版为16开本，中州古籍出版社出版，现出版23部：

《东北考古研究》(一)，冯永谦著

《东北考古研究》(二)，李殿福著

《东北考古研究》(三)，张泰湘著

《北方史地研究》，冯永谦著

《北方考古研究》(一)，李逸友著

《北方考古研究》(二)，齐心著

《北方考古研究》(三)，郑绍宗著

《北方考古研究》(四)，韩嘉谷著

《东北亚历史地理研究》，孙进己主编

《鲜卑史研究》，米文平著

《东北民族史研究》(一)，孙进己著

《东北民族史研究》(二)，魏国忠著

《东此民族史研究》(三)，蒋秀松著

《北方民族史研究》（二），孟广耀著

《北方民族史研究》（三），卢明辉著

《西北史地研究》，李之勤著

《西北民族史研究》，周伟洲著

《中朝关系史研究》，刘永智著

《韩国经济政治研究》，张英、曹丽琴著

《俄罗斯东部经济研究》，徐景学著

《东北亚民族史论研究》，孙进己著

《东北近代史研究》，潘喜廷著

《东北亚文化研究》，黄凤岐、朝鲁主编

（2）《中国考古集成》丛书，此套丛书总字数为两亿五千万字，出版按地区成书分别为：

东北卷，大 16 开本，20 册；

华北卷，大 16 开本，40 册；

西北卷，大 16 开本，40 册；

华中卷，大 16 开本，40 册；

华东卷，大 16 开本，40 册；

西南卷，大 16 开本，40 册；

华南卷，大 16 开本，40 册。

6.《辽宁省志・文物志》第一届编委会，任执行主编，辽宁人民出版社 2001 年 12 月版。

7.《中国文物地图集・辽宁分册》任编委，专题文物图撰稿，西安地图出版社 2009 年 7 月版。

8.《辽宁省志・文物志》（1986—2005 年）全书审稿、修改，辽宁人民出版社 2020 年 12 月版。

四、附录（短文、诗词等）

（一）附录一（早年发表的小文）

《本市有些私营书店代售的各种〈投考指南〉全是内容错误的坏书》，《沈阳日报》1953 年 7 月 16 日（时在沈阳市第六中学读书）。

（二）附录二（短文）

1.《我省的地名》（七则），《红小兵》1978 年 9、10、11、12 期，《新少年》1978 年 16、18、21 期。

2.《关于沈阳古塔的年代问题》，《沈阳日报》1978 年 11 月 30 日。

3.《辽宁最早的人》，《新少年》1978 年 22 期。

4.《雕刻精工的北陵石牌楼》，《沈阳日报》1979 年 4 月 17 日。

5.《崔源巡视奴儿干》，《新少年》1979 年 9 期。

6.《封泥的故事》，《新少年》1979 年 17 期。

7.《沈阳二陵》，《辽宁青年》1979 年 20 期。

8.《万尊佛像话石窟》,《辽宁青年》1979 年 21 期。

9.《姑嫂石》,《新少年》1980 年 3 期。

10.《太子河的传说》,《新少年》1980 年 11 期。

11.《我国历史是怎样划分的》(署名易难),《新少年》1984 年 12 期。

12.《〈历史〉课本封面上的画》(署名易难),《新少年》1984 年 16 期。

13.《北京猿人是怎样发现的？》(署名易难),《新少年》1984 年 17 期。

14.《漫话春节》,《美报》1986 年 2 月 21 日。

15.《巧夺天工的发绣》,《新少年》1987 年 5 期。

16.《满族与其发祥地新宾的情况》,《原地封知音》(第 10 期)总 152 期，1999 年 9 月。

17.《全国第三届金史女真史学术讨论会》,《松原日报》2004 年 8 月 24 日。

18.《阜新古长城寻踪》,《阜新晚报》2005 年 5 月 11 日。

19.《建平县应立即停止对古遗址的破坏》(与郭大顺、邓宝学合写),《辽宁日报》1980 年 6 月 29 日。

20.《辩明了许多事　填补了许多事》,《辽沈晚报》2013 年 3 月 1 日 C6 版。

(三)附录三(发表的诗词)

1.《游后昭庙》(七言律诗),《诗潮》1987 年 3 期。

2.《贺〈北方文物〉创刊五周年》(调寄沁园春词),《北方文物》1986 年第 4 期。

3.《昭乌达考古诗草》(诗词),《辽金契丹女真史研究》1987 年 2 期。

4.《读〈黑龙江古代道路交通史〉赠桑树森总编及作者诸同志》(七言律诗),《黑龙江交通史志・资料选辑》1987 年 3 期。

5.《诗二首》(七言绝句、七言律诗),《中国文物报》1989 年 7 月 7 日。

6.《九门口长城考古发掘诗二首》(七言绝句),《炎黄子孙的奉献》，辽宁省长城赞助活动办公室编 1989 年 10 月版。

7.《贺〈北方文物〉创刊十周年》(五言律诗),《北方文物》1991 年 4 期。

8.《丹东考古诗四首》(七言绝句、七言律诗),《丹东广播电视报》1992 年 10 期。

9.《挽金启孮先生》(调寄雨霖铃词),《辽金契丹女真史研究》2005 年 1 期。

10.《挽泰湘三章》(七言绝句),《辽金契丹女真史研究》2006 年 1 期。

11.《白城等地考古调查七言绝句六首》,《绿野》2007 年 1 期。

12.《应邀参加法库白鹤节即席感赋》(七言绝句二首),《沈阳晚报》2013 年 5 月 3 日 A11 版。

13.《南游诗草》(七言绝句七首),《法库县报》2013 年 8 月 1 日 4 版;《法库政协》2013 年 4 期。

14.《法库行吟》(七言绝句二首),《沈阳日报》2013 年 9 月 1 日 2 版。

15.《岳阳楼》(七言绝句),《晚晴报》2013 年 6 月 24 日。

16.《昭乌达考古诗草》37 首,《丰州文史》2015 年 1 期。

17.《云飏阁楹联》,《云飏阁》，沈阳出版社 2017 年 12 月版。

18.《盛京谣谚》，沈阳出版社 2018 年 12 月版。

五、新闻媒体采访报道冯永谦的文章

1. 记者李北斗：《慧眼能识千年古——考古工作者谈文物断代分析方法》，《沈阳日报》1986 年 10 月 25 日。

2. 记者秦志安：《国家文物局专家做出权威性论断——明万里长城东端起点在丹东虎山》，《丹东日报》1990 年 12 月 28 日 1 版。

3. 张弢：《虎山——万里长城东端起点》，《丹东广播电视报》1991 年 12 月 11 日。后收入《辽宁长城》第一辑，辽宁省长城学会 1996 年 6 月版。

4. 记者焦润华：《考古学家冯永谦》，《辽宁政协报》1992 年 9 月 18 日。

5. 焦润华：《不到长城非好汉》，《民进》1993 年第 3 期。

6.《望长城》（中日合拍大型系列电视片，采访拍摄由冯永谦主持发掘的宽甸虎山明万里长城东端起点遗址的考古发掘现场），后出版文学台本《望长城》，采访谈话均记录在内，中国广播电视出版社 1993 年 7 月版。

7. 荒原：《眺望书院》，《沈阳日报》1996 年 2 月 29 日。

8. 庄子芳：《纪念沈阳建城 2300 年大型电视片〈话说沈阳城〉开拍》，《沈阳广播电视报》2000 年 7 月 12 日。

9. 高级记者王传璋：《展现故乡千年沧桑——大型电视片〈话说沈阳城〉拍摄散记》，《沈阳晚报》2000 年 7 月 28 日。

10. 记者李镇：《今天，我们拿什么给沈阳城祝寿？》，《沈阳广播电视报》2000 年 8 月 23 日。

11. 张红星：《候城考》，《友报》2000 年 9 月 1 日。

12. 记者王国鸿：《长途跋涉　艰难探索——三老踏实阜燕长城虚划线》，《辽宁老年报》2001 年 12 月 27 日。

13. 记者高望：《丹东成立长城考察队》，《辽沈晚报》2002 年 5 月 3 日。

14. 记者张宏、王冰：《金长城带给鹤城新机遇》，《齐齐哈尔日报》2004 年 1 月 9 日。

15. 记者常立春：《学界精英聚古城　地域文化添异彩》，《松原日报·宁江周刊》2004 年 8 月 24 日头版。

16. 编辑包丹、刘丽萍：《全国第三届金史女真史学术研讨会与会专家交流发言摘登》，《松原日报·宁江周刊》2004 年 8 月 24 日 2—3 版。

17. 首席记者杨炯心：《权威专家聚首论证我市建城史》，《齐齐哈尔日报》2004 年 9 月 27 日。

18. 齐齐哈尔日报记者：《出席市城史纪元专家论证会外地专家介绍》，《齐齐哈尔日报》2004 年 9 月 28 日。

19. 沈阳晚报：《沈阳晚报·鉴宝活动通知》，《沈阳晚报》2004 年 11 月 26 日。

20. 记者薛秀、鱼乐：《沈阳晚报·收藏·专家细评说》，《沈阳晚报》2004 年 11 月 27 日。

21. 记者马杰：《辽沈晚报·鉴宝有约》（第8期），《辽沈晚报》2005年1月30日。
22. 记者马杰：《辽沈晚报·鉴宝有约》（第10期），《辽沈晚报》2005年3月13日。
23. 记者何骞、车驰：《探访辽东明长城最东段》，《华商晨报》2005年11月17日。
24. 董学增：《勤奋造就的考古学家——记中国辽金暨契丹女真史学会会长冯永谦》，《中国文物报》2005年7月6日。
25. 记者马杰：《鉴宝有约》（第15期），《辽沈晚报》2005年7月10日。
26. 责编张艳春：《出席市城史纪元专家论证会外地专家介绍》，《齐齐哈尔日报》2004年9月28日2版。
27. 记者刘冬梅、丁瑶：《消失50年的沈阳公园应恢复》，《时代商报》2005年9月30日。
28. 记者包旸：《齐市建城八百八十周年历史研究成果发布暨纪念大会举行》，《齐齐哈尔日报》2005年12月26日。
29. 齐齐哈尔日报记者：《至少八百八十年——访中国辽金史学会会长冯永谦》，《齐齐哈尔日报》2005年12月30日。
30. 北方十省区：37集电视系列片《万里长城》，北方十省区电视台录制，冯永谦被聘为顾问，参与拍摄。
31. 辽宁电视台：10集电视系列片《辽东镇长城》，辽宁电视台录制，冯永谦被聘为顾问，被采访并摄像。
32. 中日电视台：12集电视系列片《望长城》，中央电视台、日本TBS广播公司等录制，冯永谦被聘为顾问，被采访并录像。
33. 沈阳电视台：电视专题片《沈阳史话》，沈阳电视台录制，被聘为顾问，参与拍摄。
34. 辽宁电视台：电视专题片《调兵山史话》，辽宁电视台录制，冯永谦被采访并摄像。
35. 辽宁电视台：电视专题片《藏龙的峡谷》，辽宁电视台录制，冯永谦被采访并摄像
36. 记者侯永锋：《辽宁长城的前世今生》，《辽宁日报》2007年6月13日。
37. 中央电视台“走遍中国”专题片：《菊花岛》《野长城的秘密》等，冯永谦被采访，2009年4月播放。
38. 记者王臻青：《是谁发现了东北》，《辽宁日报》2009年5月26日13版。
39. 国家文物局公布：《2008年度文物拍卖许可证年审合格企业及聘用高级文物博物专业职称人员公示名单》（冯永谦为辽宁中正拍卖有限公司首席顾问），《中国文物报》2009年6月3日7版。
40. 国家文物局公布：《从事文物、博物馆工作30年以上的同志名单》，冯永谦列名，《中国文物报》专刊2009年6月12日18版。
41. 记者赵永平：《是谁偷走了千年石经幢》，辽代石经幢经法库与冯永谦等修复，后被盗，《辽沈晚报》2009年12月28日A5版。
42. 《经典》记者：《冯永谦 情系祖先历史 叩访千古文明》，《经典》2010年1月号。

43. 国家文物局公布：《关于2009年度文物拍卖企业第二批年审结果的公示》（冯永谦为辽宁中正拍卖有限公司首席顾问），《中国文物报》2010年8月4日8版。
44. 记者蔡红鑫：《家有两千“破铜烂铁” 一鉴定都是宝》，《辽沈晚报》2011年8月23日B11版。
45. 孙国明：《辽宁著名考古专家冯永谦对耿文东所收藏的3000件铁器进行鉴别整理——我县辽金元铁器博物馆筹建工作启动》，《蒙古贞日报》2011年12月15日。
46. 特派记者蔡红鑫：《3000多件铁器可建一座博物馆》，《辽沈晚报》2012年1月14日。
47. 记者高寒水：《穿越千年，辽代盛景重回法库》，《沈阳晚报》2012年5月10日。
48. 记者张松：《法库“圣迹山”古墓传奇》，《辽沈晚报》2012年5月17日。
49. 记者张松：《法库数里“土棱儿”原是战国燕长城》，《辽沈晚报》2012年6月26日C8版。
50. 记者侯永锋：《法库：大辽福地 宰相故里——沈阳辽文化研究会成立大会》，《辽宁日报》2012年5月17日A6版。
51. 记者张松：《法库“圣迹山”里的古墓传奇》，《辽沈晚报》2012年5月17日C10版。
52. 记者高寒冰：《法库发现2000米燕长城遗址》，《沈阳晚报》2012年6月25日5版。
53. 记者张松：《古稀老人探索长城走了5000里之遥》，《辽沈晚报》2012年6月26日C9版。
54. 记者高寒冰：《法库22座辽代古城址待“急救”》，《沈阳晚报》2012年6月26日A9版。
55. 记者张松：《辽水西流绕废城 燕丹曾此避秦兵》，《辽沈晚报》2012年9月26日C10版。
56. 记者张松:《行程万里，追寻消逝千年的古老王朝》，《辽沈晚报》2012年12月12日C11版。
57. 记者张颖：《一套完整家谱分七大部分》，《辽宁日报》2012年12月15日T6版。
58. 记者张颖:《中国古代交通规则讲究“少避老轻避重”》，《辽宁日报》2013年1月19日T9版。
59. 记者张松：《东京辽阳府 大辽国的一本糊涂账》，《辽沈晚报》2013年3月15日C6版。
60. 记者高寒冰：《沈阳收藏圈的那些事儿》，《沈阳晚报》2013年3月15日B14版。
61. 记者张松：《白塔身世千年疑 东京难寻辽踪迹》，《辽沈晚报》2013年3月20日C11版。
62. 记者刘霜：《第二届沈阳法库国际白鹤节暨辽宁省爱鸟周启动——专家众议“白鹤之乡 美丽法库”》，《辽沈晚报》2013年3月29日A8版。
63. 赵国清：《登沈阳第一高峰 迎十二届全运会——第二届沈阳法库巴尔虎山登山节专家学者座谈会摘要》，《沈阳日报》2013年5月3日A3版。
64. 记者刘强：《登沈阳第一高峰 迎十二届全运会——第二届沈阳法库巴尔虎山登山节专家学者座谈会摘要》，《沈阳晚报》2013年5月3日A11版。
65. 记者闻达：《驴友爬长城发现城砖“明代沈阳造”》，《沈阳晚报》2013年6月6日A18版。
66. 记者赵国清：《法库新出土辽代窖藏文物》，《沈阳日报》2013年8月24日头版。
67. 记者张松：《四家子城址 韩德让居住的“文忠王府”》，《辽沈晚报》2013年8月27日C11版。
68. 记者冯岚：《沈阳法库：大辽福地 宰相故里——看精彩“十二运”探寻法库辽文化》，《时代商报》2013年8月30日C26版。
69. 记者邱宏：《法库柏家沟 辽国宰相萧袍鲁故里》，《沈阳日报》2013年9月1日6版。

70. 记者张松：《红山玉器所昭示的“黄帝玄机”》，《辽沈晚报》2013 年 9 月 27 日 C8 版。
71. 记者陈凤军：《法库千年古墓，我摸出两件国宝》，《沈阳日报》2013 年 11 月 24 日 6 版。
72. 记者逄红：《法库出土窖藏展现辽代发达农耕文明》，《辽宁日报》2013 年 10 月 19 日 T4 版。
73. 钱海滢：《踏遍青山人未老——记县政协常委、辽宁省文物考古研究所研究员冯永谦》，《法库政协》2014 年第 2 期。
74. 张松：《一方古印　揭开千古传奇》（五篇），《辽沈晚报》2015 年（一）5 月 7 日、（二）13 日、（三）21 日、（四）26 日、（五）6 月 2 日。
75. 张松：《紫气东来富贵土　后发优势谁堪比》，《辽沈晚报》2015 年 6 月 21 日。
76. 林琳：《行走在黑土地的耄耋老人》，《中华文化画报》2015 年第 6 期。
77. 张松：《三燕寻踪》，《中华文化画报》2015 年第 12 期。
78. 张松：《父：凭心自有天知　子：手过万宝不收藏》，《辽沈晚报》2016 年 4 月 15 日。
79. 王梅芳：《八旬考古学家冯永谦：健康源于好心态》，《辽宁老年报》2016 年 6 月 23 日。
80. 王岩頔：《考古专家冯永谦证实——冼夫人的夫君是辽宁北票人》，《辽宁日报》2016 年 7 月 29 日。
81. 王梅芳：《冯永谦：充实奋进的考古大家》，《辽宁传记文学》2016 年第 4 期。
82. 张松：《“秦二世诏书”现身辽宁承载玄奥历史信息》，《辽沈晚报》2017 年 6 月 8 日。
83. 盖云飞：《冯永谦：沈阳城的前世今生》，《沈阳日报》2017 年 8 月 4 日。
84. 张松：《木叶山　大辽王朝的“精神殿堂”》，《辽沈晚报》2017 年 9 月 8 日。
85. 张松：《“大辽圣山”、木叶山已成沙化之地》，《辽沈晚报》2017 年 9 月 12 日。
86. 张松：《大辽朝与今日辽宁的深厚渊源》，《辽沈晚报》2017 年 9 月 23 日。
87. 张松：《北燕冯素弗妻墓隐伏千古亲情》，《辽沈晚报》2018 年 2 月 8 日。
88. 毕玉才、刘勇：《司马迁寥寥数语　冯永谦奔波万里》，《光明日报》2018 年 5 月 14 日。
89. 张松：《“但使龙城飞将在”说的竟是朝阳》，《辽沈晚报》2018 年 7 月 6 日。
90. 商越：《义县发现〈天房国志〉，记录郑和下西洋盛况　郑和第三次下西洋就已到达麦加城》，《辽宁日报》2018 年 11 月 11 日。
91. 王梅芳：《冯永谦：辽宁虎山、九门口长城的发现者》，《辽宁老年报》2018 年 12 月 4 日。
92. 张松：《“金庸与北票”的岁月情缘》，《辽沈晚报》2018 年 12 月 6 日。
93. 张松：《辽代“脸谱围棋”惊现辽阳江官屯》，《辽沈晚报》2019 年 4 月 8 日。
94. 张松：《新民巴图营子考古往事：辽墓惊魂夜》，《辽沈晚报》2019 年 4 月 15 日。
95. 张松：《考古学家冯永谦的“非考古人生”》，《辽沈晚报》2019 年 4 月 22 日。
96. 张松：《“活字印刷术”乃辽人创造》，《辽沈晚报》2019 年 5 月 13 日。
97. 张松：《朝阳绿釉陶佛：出土八年终验明正身》，《辽沈晚报》2019 年 7 月 15 日。
98. 张松：《辽代上京窑“白瓷荷莲碗”有啥不寻常》，《辽沈晚报》2019 年 8 月 12 日。
99. 张松：《燕太子丹藏身辽阳沙坨子村》，《辽沈晚报》2019 年 9 月 23 日。

100. 王梅芳：《辽宁九门口、虎山长城“发现者”》，《老同志之友》2019 年第 6 期。
101. 张松：《辽金千年如一梦　江官窑火今再燃》，《辽沈晚报》2019 年 9 月 1 日。
102. 张松：《沉睡于燕下都的千古之谜》，《辽沈晚报》2019 年 9 月 23 日。
103. 张松：《罕见“红山陨石鸮”现身朝阳》，《辽沈晚报》2019 年 12 月 2 日。
104. 张松：《大辽契丹人发明“中国白酒”》，《辽沈晚报》2019 年 12 月 30 日。
105. 董学增：《辽代铁器研究的集大成之作——冯永谦著〈辽代铁器考古研究〉》，《中国文物报》2020 年 3 月 27 日。
106. 张松：《一代名将耶律休哥的“挫败”与“转变”》，《辽沈晚报》2020 年 4 月 17 日。
107. 张松：《耶律休哥葬身阜新北平顶山》，《辽沈晚报》2020 年 4 月 20 日。
108. 张松：《辽西喀左惊现神秘“虎头盔”》，《辽沈晚报》2020 年 4 月 25 日。
109. 王梅芳：《冯永谦抄书六十载》，《辽宁老年报》2020 年 5 月 7 日。
110. 张松：《阜新耿文东的“辽代铁器博物馆”》，《辽沈晚报》2020 年 5 月 13 日。
111. 张松：《大辽契丹人发明“中国白酒”》，《华商酒报》2020 年 5 月 26 日。
112. 商越：《30 年收藏近 3000 件文物　阜新收藏者要建“辽代铁器博物馆”》，《辽宁日报》2020 年 5 月 30 日。
113. 张松：《北镇龙岗子烟筒峰下的“辽代大人物”》，《辽沈晚报》2020 年 6 月 5 日。
114. 张国庆：《从器物走近历史——读冯永谦著〈辽代铁器考古研究〉》，《光明日报》2020 年 6 月 6 日。
115. 张松：《辽博“耶律羽之墓志铭拓片”的光阴故事》，《辽沈晚报》2020 年 6 月 18 日。
116. 张松：《“但使龙城飞将在”原来说的是朝阳》，《朝阳日报》2020 年 9 月 18 日。
117. 朱忠鹤：《锦州大胜堡村藏着一段明代城墙》，《辽宁日报》2021 年 4 月 16 日。
118. 杨竞：《辽宁文物修复科研人员推出科研成果　金属文物保护有了新方法》，《辽宁日报》2020 年 11 月 10 日。
119. 张松：《“冯长寿”的养生之道：粗茶淡饭喜诗书》，《辽沈晚报》2021 年 9 月 11 日。
120. 张松：《冯永谦发现“最早的沈阳”——燕候城》，《辽沈晚报》2021 年 12 月 22 日。
121. 张松：《“大辽公主”的画藏在法库叶茂台》，《妇女》2022 年第 9 期。
122. 谭硕：《耶律仁先墓志：破解契丹文字的珍稀“密码本”》，《辽宁日报》2023 年 2 月 24 日。
123. 商越：《阜新成州城原是辽圣宗为女儿耶律岩母堇所建——千年古城见证公主的凄美爱情》，《辽宁日报》2023 年 6 月 2 日。

其余太多未录。

除上列报刊报道、电视台录制多集电视专题片外，其他媒体采访很多，如中央电视台、辽宁电视台、吉林省电视台、辽宁教育电视台、沈阳电视台、齐齐哈尔电视台、松原电视台、东方电视台等，进行多次采访、报道。

此外，在文物工作队未从辽宁省博物馆划出成立辽宁省文物考古研究所之前，隶属于辽宁省博物馆时期，自 1954 年以来，为东北博物馆（后改为辽宁省博物馆）历年举办的各种展览和出版书刊所需照片以及文物队发表各种发掘或调查报告发表所需文物照片，均是冯永谦用休息日和晚间业余时间里拍摄和印放完成的。

书画楹联贺米寿

张栢　李仲元　孟繁涛等

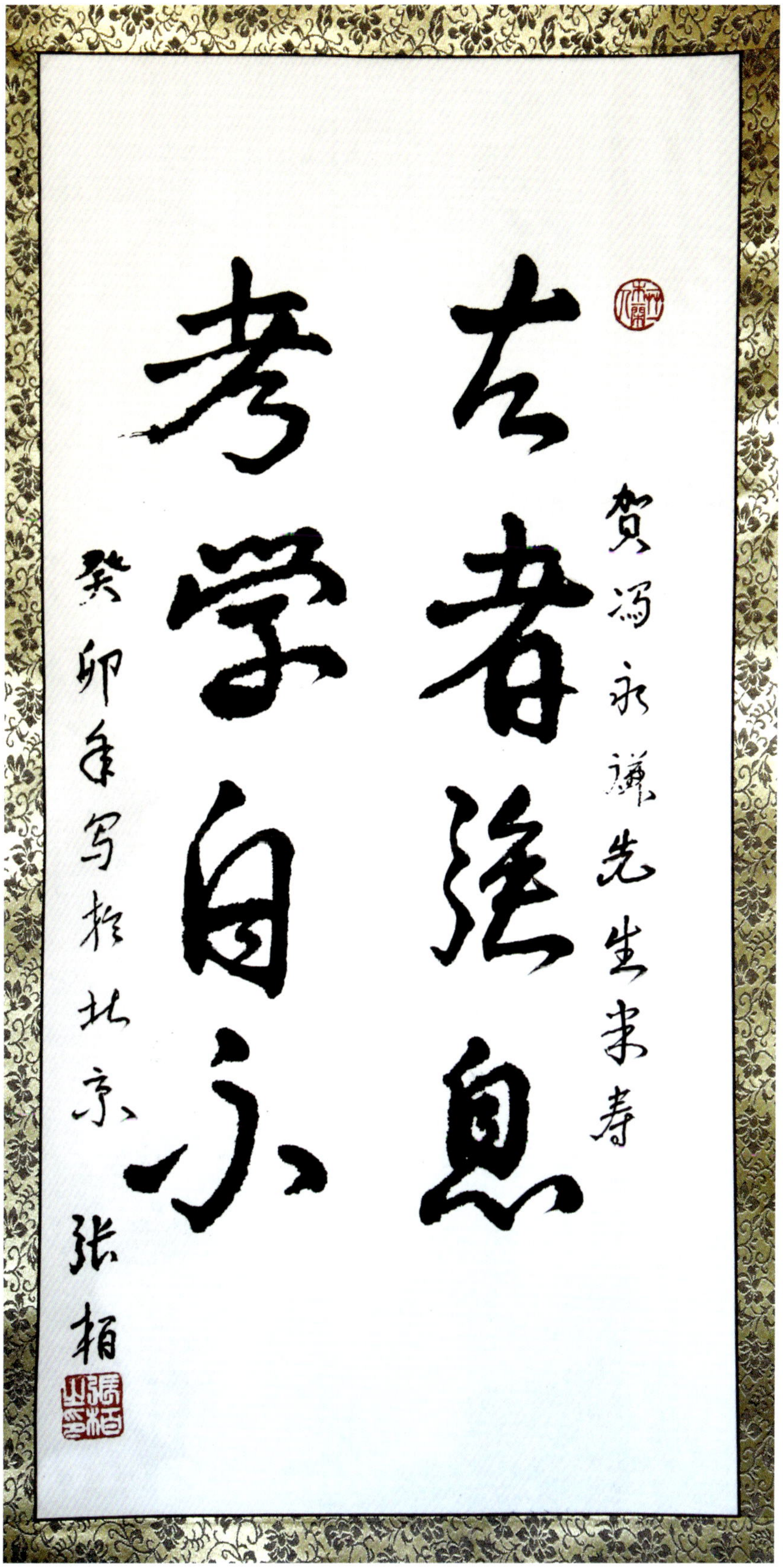

贺冯永谦先生米寿
考古学者　自强不息
癸卯年写于北京　张栢

国家文物局副局长、中国文物保护基金会理事长、中国博物馆协会理事长张栢为冯永谦米寿题词立雪师门久，平生觅古情。青春勘胜迹，白首测长城。
法眼识真赝，等身著废兴。悠悠人已老，米寿醉瑶觥。
贺师弟永谦寿。漫叟李仲元书。

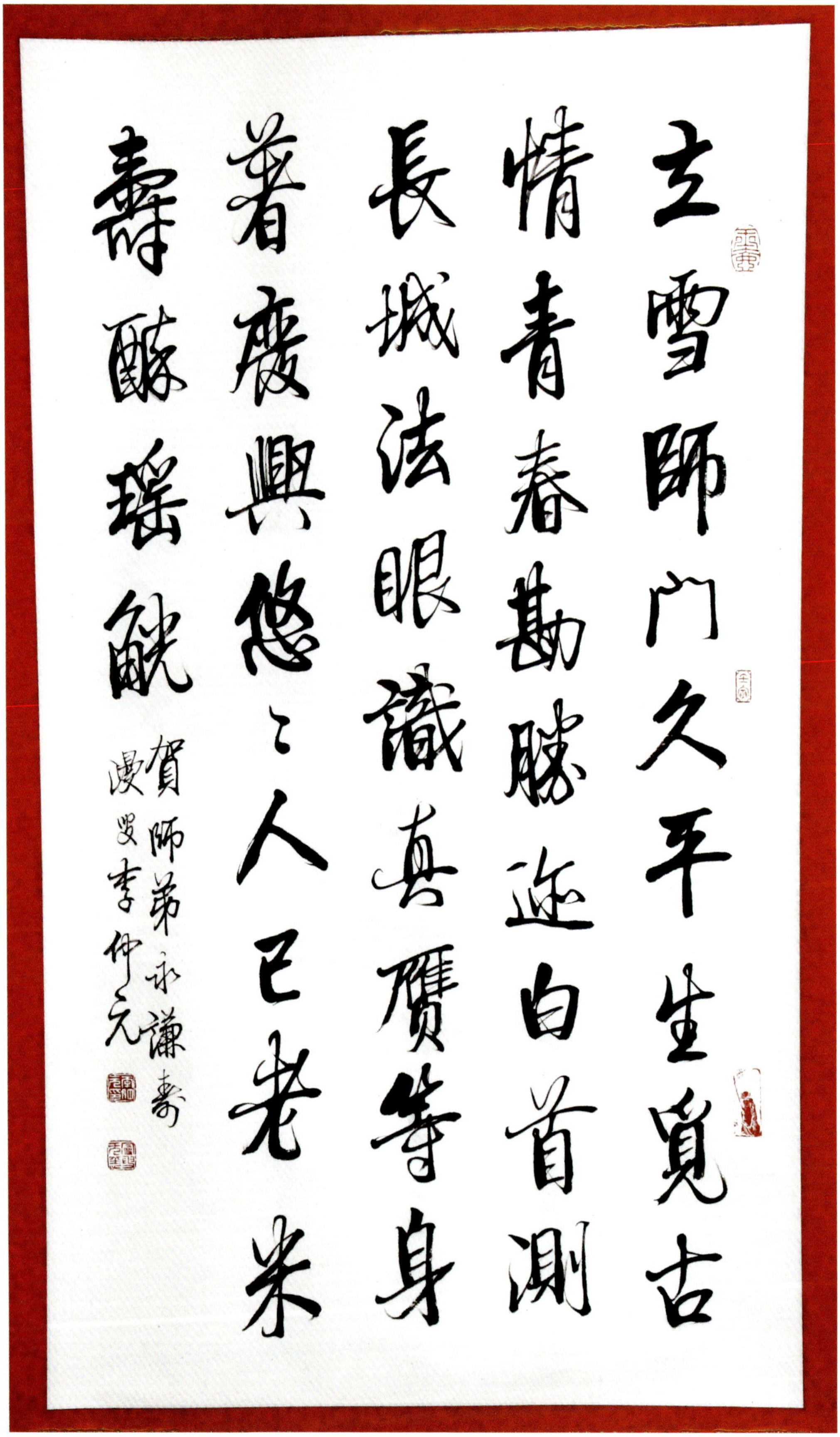

沈阳故宫博物院名誉院长李仲元贺冯永谦米寿诗并书

贺冯老先生米寿　福如东海　寿比南山
文移北斗成天象　日捧南山入寿杯
遵沈阳故宫博物院孟繁涛同志嘱王喆敬书

沈阳故宫博物院党委书记孟繁涛贺冯永谦米寿联

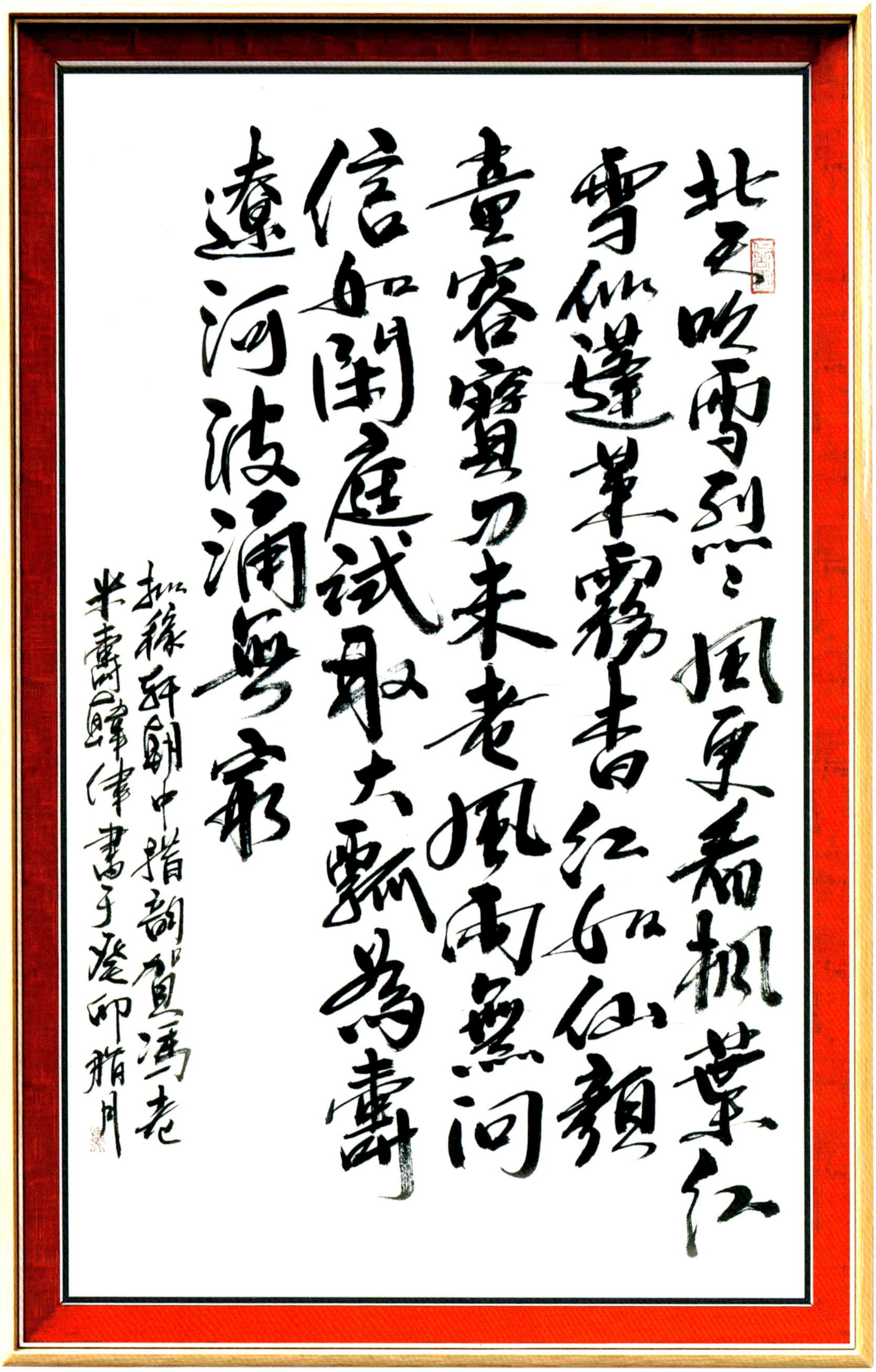

北天吹雪烈烈风，更看枫叶红。雪似蓬莱雾杳，红如仙颜童容。
宝刀未老，风雨无问，信如闲庭。试取大瓢为寿，辽河波涌无穷。
拟稼轩朝中措词　贺冯老米寿　韩伟书于癸卯腊月

辽海出版社副社长韩伟为冯永谦米寿贺词

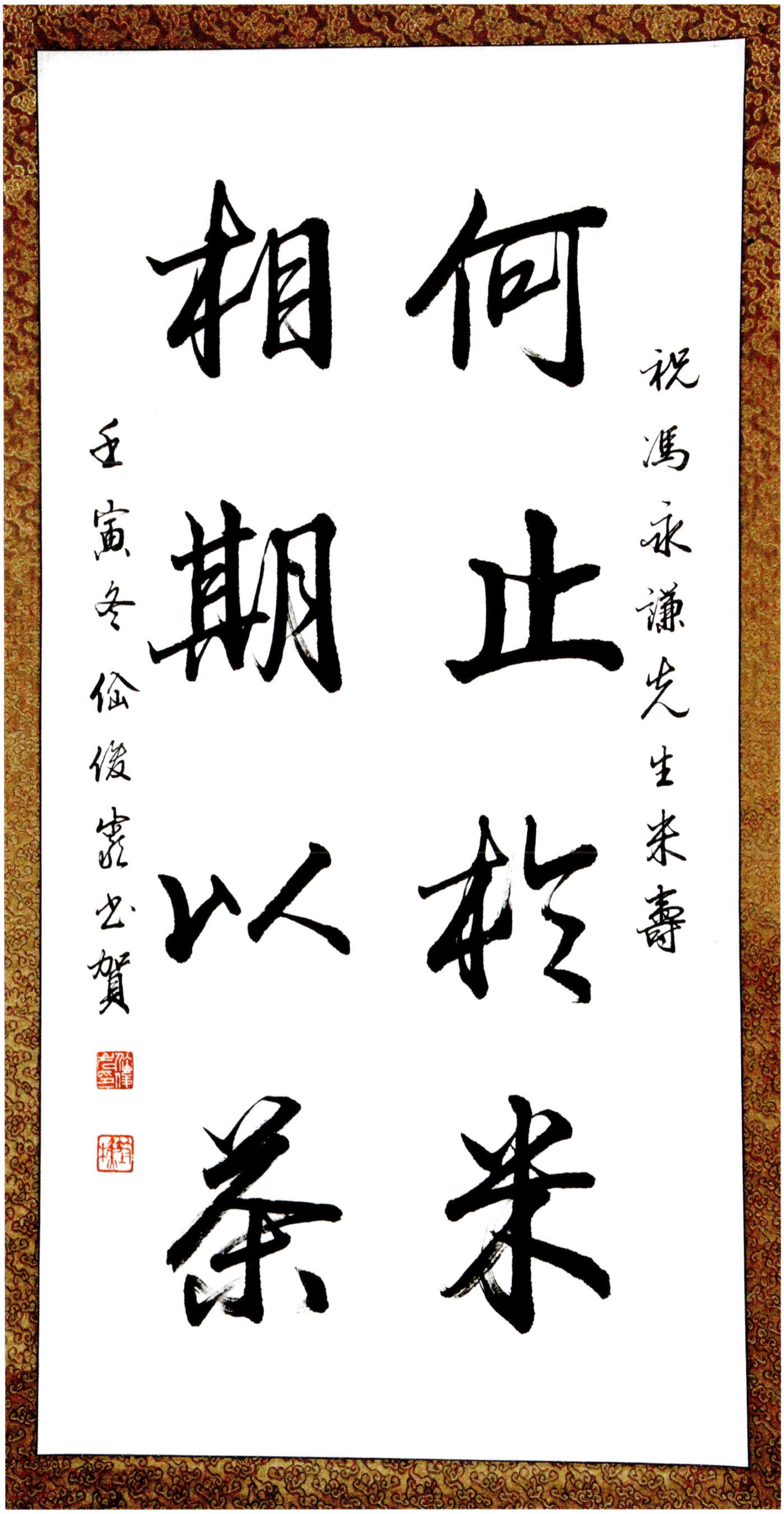

祝冯永谦先生米寿
何止于米　相期以茶
壬寅冬　佡俊岩书贺

沈阳市文物考古研究所研究员佡俊岩贺冯永谦米寿词

自古襄平遗迹繁，冥画堪图成著卷。颐翁证故垣。享天年，依旧欢。

凭阑人

读冯永谦先生《辽阳壁画墓》，依元人小令填词，贺其米寿。癸卯盛夏，沈广杰。

沈阳故宫博物院学者沈广杰读冯永谦著《辽阳壁画墓》后题贺寿词

沐雨栉风春到秋，芒鞋踏破志无休。倾情几许嫩江渡，寻梦曾经铁背游。仰止高山凭厚德，集成卷帙占鳌头。八方同唱生涯赋，于米期茶举酒酬。

贺冯永谦先生米寿壬寅初夏　沈鹏云

吉林开放大学原党委副书记兼纪委书记沈鹏云为冯永谦米寿题写贺寿诗

五月灿骄阳，佳音报吉祥。丹心研旧史，健笔著华章。功比千山重，德如辽水长。北南同贺寿，百岁共倾觞。
喜贺冯永谦先生米寿，祝福先生大吉。壬寅初夏写，高良田并书于大连有田公社

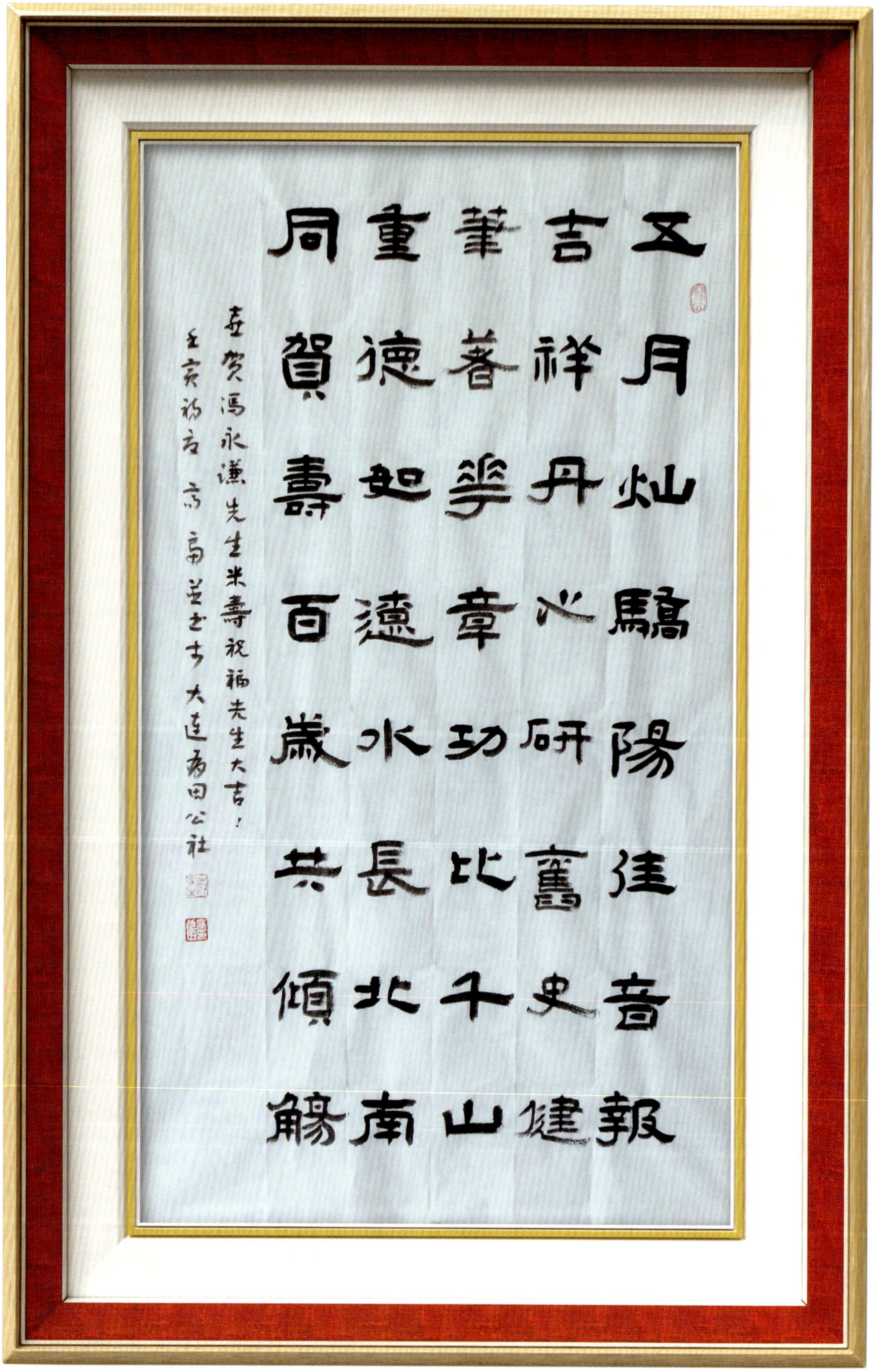

吉林省集安市文物局原书记高良田贺寿诗

一生钟考古米寿溢芳香隽永
七秩献文博华名焕彩志和谦
恭贺冯永谦米寿　崔德文
二〇二二年六月　郑恩信撰联并书

营口市博物馆副研究员崔德文贺寿联

寿　贺冯永谦先生米寿。

何止于米，相期以茶。辽文化研究会赠。岁次壬寅腊月。小兵书

沈阳市辽文化研究会贺冯永谦米寿中堂

贺冯永谦先生米寿　　　　秦皇岛燕山大学东北亚丝路文明研究中心主任邓树平绘画

神气十足　冯永谦先生指正
甲午春　楼宇烈

北京大学教授楼宇烈为冯永谦先生题字（2014年，时年八十）

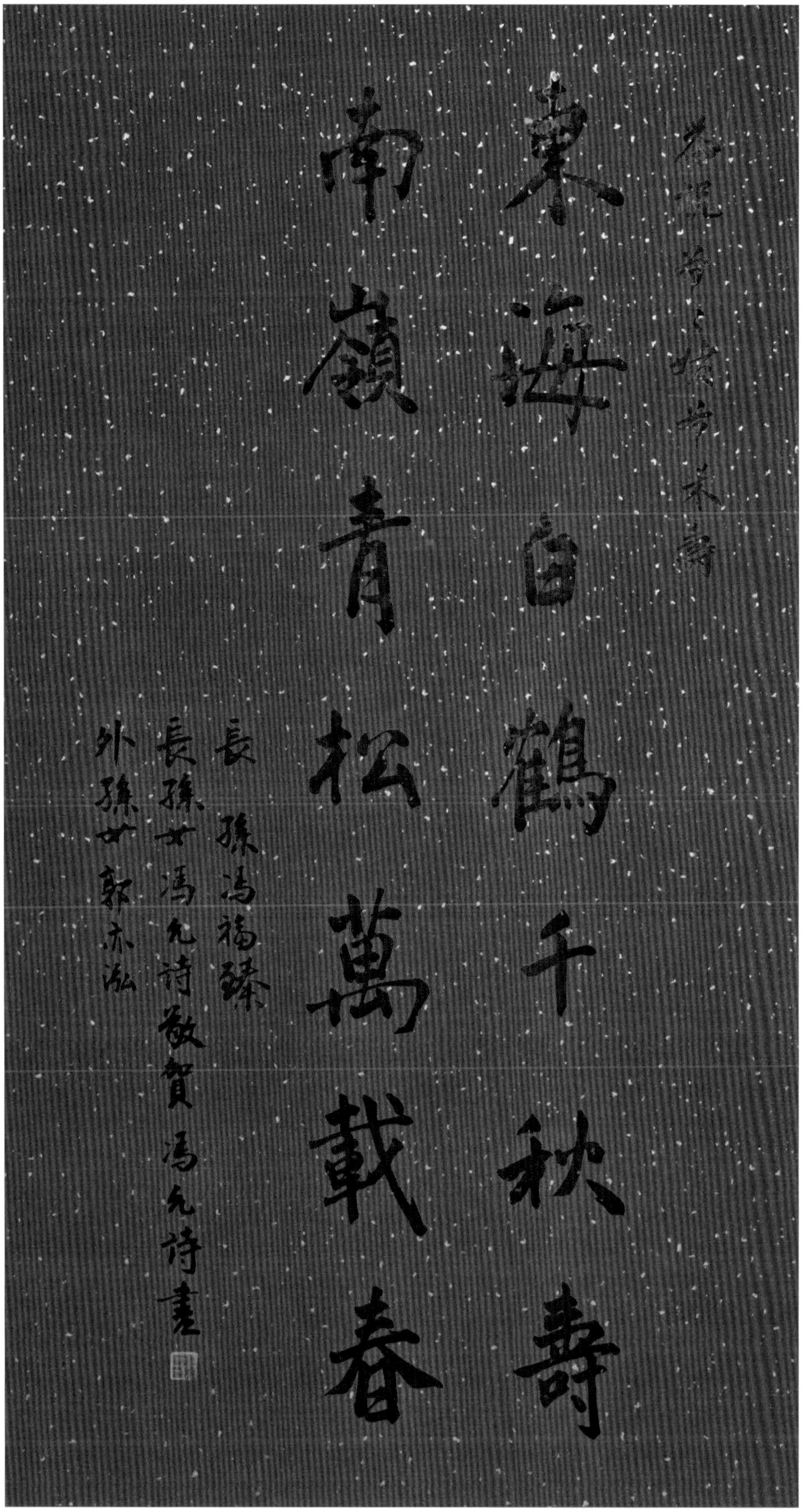

冯福臻、冯允诗、郭亦泓书贺联

恭祝爷爷姥爷米寿：
东海白鹤千秋寿，南岭青松万载春。
长孙冯福臻、长孙女冯允诗、外孙女郭亦泓敬贺，冯允诗书。

八十八人同贺米寿诗

——冯永谦先生米寿贺诗集

张福有　蒋力华　吴文昌等

2022 年适逢冯永谦先生米寿到来之际，筹备组邀请其好友吉林省委宣传部原副部长、诗人、学者张福有（养根斋）先生参加“冯永谦先生米寿”，四海朋友亦共襄盛举，皆以诗为祝！集诗、词、曲等为一编。作者来自黑龙江、吉林、辽宁、内蒙古、甘肃、四川、湖南、湖北、河北、江苏诸地，共八十八位诗人同贺祝寿诗。感谢各位的真诚友谊、热心盛情！

冯永谦先生米寿贺

张福有①

遍巡东北水云间，六十余年未稍闲。考古集成中国卷，创新独识嫩江湾②。
昂头直上木峰顶③，投足同登铁背山④。贺寿欣来先敬酒，期荼以米再高攀。

2022 年 5 月 4 日于长春养根斋

敬贺冯老永谦先生米寿之禧

蒋力华⑤

塞外关山天地宏，辽金史海踏峥嵘。丛书集古煌煌鉴，学术疑团细细征。
一位非凡跋涉者，千春特别审思情。欣逢岁月康平乐，再振胸襟写赤诚。

2022 年 5 月 5 日之晨于长春

---

① 张福有，中华诗词学会第二届、三届副会长，现为顾问，吉林省委原副秘书长，吉林省委宣传部副部长、吉林省诗词学会原会长，《长白山诗词》原主编，吉林省文史研究馆馆员，主编、出版《长白山诗派丛书》等百余部。

② 嫩江湾，在吉林大安，嫩江至此形成转弯，是鳇鱼迴游处，为辽代皇帝春捺钵之地，尤其近年在大安发现辽代蒸馏酒作坊遗址，出土蒸馏酒完整设备，发现空前，此与早些年法库叶茂台辽墓中冯永谦曾亲尝的出土瓶酒，南北交相辉映。因此，冯永谦几次来大安，考察辽代春捺钵地、鳇鱼迴游处和酒坊遗址及遗物。

③ 木峰，指辽代圣山木叶山，在内蒙古翁牛特旗东部、西喇木伦河南岸沙地间。

④ 铁背山，上有山城，在辽宁省抚顺市东，明清“萨尔浒之战”古战场旁。

⑤ 蒋力华，曾任吉林省教育厅厅长、吉林日报社社长、吉林省委宣传部常务副部长、中国楹联学会副会长，现为吉林省文史研究馆馆员，吉林省书法家协会名誉主席，国务院津贴获得者。

贺冯永谦先生八十八岁大寿

吴文昌[①]

风霜六十载，为国苦寻根。鉴考红山玉，集成华夏魂。
胸中书载道，笔下史留痕。米寿今同庆，遥斟酒一樽。

贺冯永谦先生米寿

沈鹏云[②]

沐雨栉风春到秋，芒鞋踏破志无休。倾情几许嫩江渡[③]，寻梦曾经铁背游[④]。
仰止高山凭厚德，集成卷帙占鳌头。八方同唱生涯赋，于米期茶举酒酬。

贺冯永谦先生米寿

温　瑞[⑤]

田野搜求典籍瞻，平生博考自精严。
介眉我借辽河水，遐福滔滔鹤算添。

贺冯永谦先生米寿（步根师韵）

高维东[⑥]

考寻文脉记心间，雨雪风霜从未闲。险道高峰探古路，大川平野接江湾。
千年国史胸中梦，万里长城云外山。实践求真彰厚重，传承赓续志同攀。

2022年5月5日

---

① 吴文昌，曾任吉林省委组织部副部长兼吉林省人事厅厅长，吉林省诗词学会会长等职。

② 沈鹏云，吉林开放大学原党委副书记兼纪委书记，《书法艺术》责任课师，副研究员。第四届中华诗词学会常务理事，第二届吉林省诗词学会副会长兼秘书长。吉林省长白山文化研究会顾问，吉林省政协书画院院士，吉林省楹联学会理事。编著大学教材《邓小平理论概论》《中外名著导读》《保险代理人读本》，出版个人诗集《秋实集》《沈鹏云诗词选》等。

③ 指冯永谦先生去吉林大安嫩江湾调查辽代皇帝春捺钵地及近年大安酿酒总厂内发现的辽代蒸馏酒作坊遗址及出土遗物。

④ 指抚顺东铁背山考古调查。

⑤ 温瑞，辽源市东辽县交通运输局，吉林省诗词学会会长。

⑥ 高维东，吉林省东丰县小四平镇中心小学。中华诗词学会会员，吉林省诗词学会会员，辽源市诗词学会会员，东丰县诗词楹联学会会员。吉林省诗词学会理事，东丰县作家协会理事。

冯永谦先生米寿贺（和根师诗）

刘文辉[①]

博古通今却永谦，功如皓月惹遥瞻。铁鞋勘破文明路，慧眼张开历史帘。

著作齐身书奥秘，华章传世惠甘甜。岁当米寿识天命，耳畔清风信指拈。

冯永谦先生米寿有贺（步韵根师）

赵迎华[②]

声名贯耳玉霄间，史迹留痕岂等闲。识得僻乡千里路，勘明辽坠一河湾。

躬身苦旅披云岫，策杖天涯踏铁山。米寿齐吟相与贺，诗情遥祝续新攀。

冯永谦先生米寿贺

常红岩[③]

躬耕不止拓荒田，考鉴山乡动大千。野迹层层清梦至，新编卷卷赤心虔。

疆辽铸彩无穷阔，骨傲临风分外坚。贺寿声声倾一唱，仙翁福运代绵延。

恭贺冯永谦先生米寿（步根师原玉）

于化成[④]

跋涉人生苍莽间，寻真考古未曾闲。大凌河涌流春梦，太祖东征越壑湾。

松海情怀鉴风物，辽金史论集书山。钦君米寿天行健，耄耋永谦高志攀。

---

① 刘文辉，长春人，退役军官。中华诗词学会会员，吉林省作家协会会员。

② 赵迎华，中华诗词学会会员，吉林省作家协会会员，吉林市作协理事，磐石市作协副主席。

③ 常红岩，吉林白城通榆人。爱好绘画、诗词，而今已过而立之年，心中意念的火焰，却从未被岁月消磨，以至仍旧偏爱于中国的传统文化。

④ 于化成，1969 年 7 月生，吉林省辉南县人。现供职于吉林龙湾保护区管理局。中国自然资源作家协会会员、中华诗词学会会员、中国楹联学会会员、吉林省诗词学会会员。

冯永谦先生米寿贺

杨学军[①]

人居天地间，跋涉几时闲。鉴考经荒野，刊编在水湾[②]。

投身心似铁，举步志如山。米寿遥相贺，期颐定可攀。

冯永谦先生米寿贺

赵书成[③]

先生高福寿，成果显辉煌。考古明遐史，鉴今书锦章。

深研排误论，穷探建宏纲。遥祝身心健，精神永焕扬。

恭贺冯永谦先生米寿（步韵根师）

陈成功[④]

致力勘探朝暮间，经风沐雨未曾闲。书章著作明灯夜，健步栖身秀水湾[⑤]。

无数古城留碌影，有心岁月伴群山。今逢吉寿千秋喜，脚踏昆仑向宇攀。

依根师韵冯永谦先生米寿贺

徐　敏[⑥]

历年鉴考品红山，策杖登临岭海间。史论辽金文物志，勘查遗迹古今湾。

襟怀俯仰终圆梦，步履铿锵岂等闲。九秩光阴恭米寿，师儒学术向高攀。

---

① 杨学军，江苏省作协会员，省诗词协会常务理事，《江海诗词》常务副主编，《凤凰资讯报》“诗天下”诗词专版主编。

② 刊编在水湾，言：冯永谦先生曾为《辽海文物学刊》主编，在绥中九门口与丹东虎山两处长城考古发掘时，带去刊物文稿，日里在考古工地发掘，夜间就在九江河边和鸭绿江畔的农家小屋中编稿，河湾流水，于此两地历九年时间皆如此度过。

③ 赵书成，甘肃。退休干部，各类书刊已发表诗、词、曲 600 多首。

④ 陈成功，通化市图书馆馆员，吉林省诗词学会会员，通化市楹联学会常务理事。

⑤ 冯永谦先生在法库县考古调查，于秀水河子发现战国燕与秦、汉长城，这是前所不知的重要发现。

⑥ 徐敏，吉林东丰人。高级教师，中华诗词学会会员，吉林省诗词学会会员，东丰县诗词楹联学会会员。

依根师贺冯永谦先生米寿韵

田启富[①]

立命奔于山海间，研修考古未曾闲。堪舆问鼎功无数，著论平身不一般。
足迹留痕长岁月，情怀证实老边关。今逢米寿同师祝，福禄皆丰续永攀。

祝贺冯永谦先生米寿

王丽珠[②]

古道探巡情自深，经年明月记晴阴。为求一证翻云岭，细考千秋穿密林。
磨破芒鞋心似玉，集成史卷贵如金。谁人不敬精神在，米寿君逢我祝吟。

冯永谦先生米寿有贺（依根师韵）

康庆武[③]

考古寻痕陆水间，穿林越坎未消闲。旧遗件件珍如宝，新作篇篇笔似椽。
策杖天涯多少路，躬身苦旅跨千山。同侪贺寿欣然祝，过米期颐岁月攀。

贺冯永谦先生米寿（次韵根师）

冷文举[④]

考探勘查四季间，严寒酷暑未休闲。翻崖越涧巡仙境，上岭登高踏水湾。
千载文明存历史，万家灯火映青山。时逢米寿身康健，续志承传向顶攀。

2022年5月5日

① 田启富，安图人。中华诗词学会会员，吉林省诗词学会理事，吉林省摄影协会会员，延边诗词学会副会长，延边作家协会会员，安图县诗词学会会长，安图县作家协会副主席。

② 王丽珠，梅河口人。中华诗词学会会员，吉林省诗词学会理事，梅河口市诗词楹联学会副会长。

③ 康庆武，长春人。中华诗词学会会员，中国老年书画研究会会员，吉林省诗词学会理事，长春市绿园区老年诗书画研究会会长。

④ 冷文举，长春人。吉林省诗词学会会员。高级政工师、中学高级教师。酷爱古诗词，龙诗学院高研班毕业。在《长白山诗词》《长白山日报》等多家刊社发表诗作。

冯永谦先生米寿有贺

刘明富①

不俗耕耘塞北间，潜心研究未偷闲。整天追梦匆匆走，一路求真处处攀。
耄耋之时无辍笔，文章垂世比高山。长城内外同祈福，遥祝先生永驻颜。

2022年5月5日

步张福有韵贺冯永谦先生米寿

崔少华②

别样寿辰惊世间，风骚六秩未曾闲。迎来陌上春千道，踏遍关东水几湾。
考古集成吟白雪，广文编就颂青山。德星吉日福双至，天赐期颐定可攀。

冯永谦先生米寿贺

胡玉贵③

平安米寿比南山，踏遍荒川见笑颜。劳苦功高如北海，辛勤积累似流泉。
调查洞穴行长岭，考古辽金涉大湾。为国富强名赫赫，写诗祝愿共登攀。

冯永谦先生米寿志贺　用养根斋老师韵

刘丰田④

勋名饮誉学林间，只爱耕耘不爱闲。论证已彰君德泽，踏查曾到我家山。
松江水远从容涉，长白峰高惬意攀。岁处芳华迎米寿，泱泱贺语汇成湾！

2022年5月5日

① 刘明富，吉林市。中华诗词学会会员，吉林省诗词学会会员，公主岭诗词学会理事。

② 崔少华，延边人，副高级教师，女，笔名候鸟。中华诗词学会、吉林省诗词学会会员，延边作家协会会员。有散文、诗词、小小说作品刊登在报纸、杂志、网络上。

③ 胡玉贵，1951年出生，做过工人、农民、知青。解放军《红叶》诗刊会员，作品散见于各报刊，在全球华文内蒙古风情填词大赛中荣获佳作奖。

④ 刘丰田，满族，辽宁新宾县人。1949年4月生。大学文化，高级讲师。抚顺市东洲区委党校原副校长，现任东洲区关工委副主任。中华诗词学会会员，抚顺市诗词楹联学会副会长。辽宁省作家协会会员、抚顺市作家协会会员。中华诗词论坛·关东诗阵版主。出版个人诗词专集三种。

冯永谦先生米寿贺（用根师韵）

王秀芹[①]

时光不老不曾闲，六十八年忙碌间[②]。文脉丰盈千古卷，行踪踏遍万重湾。
倾情考证辽东史，苦旅探寻长白山。地理精研留感慨，高峰策杖举旗攀。

2022 年 5 月 5 日

冯永谦先生米寿志贺（依根师韵）

孙凤梅[③]

砥砺躬耕天地间，春秋六秩未曾闲。几多远道雄心踏，无数悬疑苦志攀。
诗采辽东吟岁月，书传海外载乡关。欣闻米寿遥相祝，今古长城共笑颜。

冯永谦先生米寿贺（步养根斋老师韵）

马龙飞[④]

匆匆岁月记诗间，几度春秋哪得闲。一路趋行融画卷，三星护佑走沙湾。
祥云袅绕乌峰顶[⑤]，健笔勾描铁背山。辽海扬帆风助力，期颐信可再登攀。

冯永谦先生米寿贺（依韵根师）

李云峰[⑥]

足音叩响万重山，米寿期荼腰未弯。椽笔怀舒东北史，穹庐思远古今谈。
木峰顶上观霞醉[⑦]，铁背岩前踏雾攀[⑧]。华诞遥擎醪一盏，人生笑指子牙关[⑨]。

---

① 王秀芹，女，东丰人。小学教师。中华诗词学会会员，吉林省诗词学会会员，辽源市诗词学会会员，东丰县诗词楹联学会会员，东丰县作家协会会员。

② 冯永谦先生从二十岁开始从事文物考古工作，至今从事这项事业已六十八年，仍在研究，笔耕不辍。

③ 孙凤梅，东丰人，中华诗词学会会员，吉林省诗词学会会员，小学高级教师。

④ 马龙飞（马秀春），公主岭人，笔名冰锦，网名龙飞，号心怡斋主。中华诗词学会会员，中国同泽书画研究院书画家，吉林省政协书画院院士，吉林省中国画学会会员，戴成有书画院画师。公主岭市美术家协会副秘书长，公主岭市诗词学会理事，公主岭市作家协会会员，公主岭市摄影家协会会员，公主岭市朗诵协会会员。

⑤ 乌峰，指内蒙古阿鲁科尔沁旗朝克图山，亦称“裂缝山”，上有石砌圆形祭坛，高耸云霄。2015 年 9 月，80 周岁的冯老与 65 周岁的张福有力攀此山考证，此地当为天赞四年（925 年）辽太祖“以青牛白马祭天地于乌山”之地。

⑥ 李云峰，长春，中华诗词学会，吉林省诗词学会，长春市作家协会会员。南湖诗社社长，高级经济师。

⑦ 翁牛特旗有《辽史》中的木叶山。

⑧ 抚顺市东有山城址的铁背山。

⑨ 姜子牙，史上记载长寿 139 岁。

冯永谦先生米寿贺

王巨山[①]

文史等身通古今，高山仰止可听琴。名扬海内存知己，足踏关东有好音。
陶器研究书影像[②]，契丹探考坦胸襟。志因流远同声赞，米寿清歌福寿深。

步韵福有兄贺冯永谦先生米寿

金国旗[③]

逐梦荒郊野岭间，千辛万苦未偷闲。倾情有意天涯路，探险无时渡水湾。
岁月常年踏幽径，人生最美探深山。休言米寿身将老，业内悬疑许志攀。

冯永谦先生米寿贺用养根斋韵

董本鹏[④]

深表耆英天地间，不曾白发共云闲。辽东半世询咨语，塞外千年问水湾。
重拓埋尘霜岭月，喜逢破海寿春山。荒原古道留唐碧，麟笔它时册府攀。

贺冯永谦先生米寿

张雅兰[⑤]

艰辛跋涉总当先，考古钻研六十年。句丽老城查旧迹，辽东腹地越危川。
功名显赫初心守，著作频多汗水连。米寿来临同祝贺，安康幸福手中牵。

2022 年 5 月 5 日

---

① 王巨山，吉林人，吉林油田第十二中学高级语文教师。

② 冯永谦编著有《中国陶瓷全集》第九卷《辽西夏金》卷。

③ 金国旗（今古奇），诗人、作家兼工书法。军旅 14 年，转业后曾任宿迁市人大财经委主任、市作家协会副主席，已公开出版发行《雁过留声》《风中旗舞》《金国旗诗选》《雨中风景》等诗歌专著 6 部，主编《一路高歌》《沉痛记忆》《宿迁史话》等各类专著 18 部。迄今在国家、省、市级报刊公开发表小说，诗歌，电影文学剧本，书法等各类作品逾万篇（首），过百万字，获得过《世界诗歌艺术奖》第二届《中国当代长城文学奖，诗歌奖》《江苏省优秀报刊文学奖（蝶美杯）小说奖》等各类文学奖项 20 多个，创作简历及作品评介两度入编《江苏省文学志》。

④ 董本鹏，吉林德惠人，吉林省诗词学会副会长，德惠诗社顾问。

⑤ 张雅兰，吉林汪清人，退休教师，中共党员，诗词爱好者。延边州诗词学会会员。

冯永谦先生米寿贺

赖文胜①

情牵塞上众峰间，涉谷登岩气定闲。详考孟姜山海泪，细查辽水锦州湾。
著书深句延青史，得意高徒遍赤寰。祝酒同歌欢米寿，心宽岁百喜升攀。

2022 年 5 月 5 日

贺冯永谦先生米寿（步韵根师）

王　强②

勇闯乾坤万物间，曾经六秩未休闲。辛登塞外多重岭，苦涉关东几处湾。
考古著书研历史，创新求索探群山。欣逢米寿豪情放，甘作人梯助众攀。

冯永谦先生米寿贺

朱乡林③

足踏松辽广袤川，胸装社稷古情牵。登山考证身经险，涉水深研性笃虔。
海外知名书卷垒，关东绩业奖牌连。欣临米寿千诗贺，祝愿尊龄越百年。

冯永谦先生米寿恭贺

龚大烈④

烟波今已隐眉间，梳理清芬铁背山。花月向来沾水至，雪峰不再仰头攀。
描摹叠嶂心泉远，点染青江米寿闲。红润嫩芽春又到，旷怀一片越千湾。

恭贺冯永谦先生米寿

赵丽萍⑤

华诞佳辰寿又更，等身著述与纵横。跻攀涉险编千史，破解悬疑鉴百城。
考古功勋东北系，译文卷帙日韩迎。后昆霞醴诗心贺，再祝荼时健步行。

---

① 赖文胜，吉林镇赉人。中华诗词学会会员，镇赉县诗词楹联学会主席。

② 王强，吉林松原人，退休教师，酷爱文学。松原市诗词学会会员。有作品在《吉林日报》《松原日报》等报刊发表。

③ 朱乡林，吉林珲春人，中华诗词学会会员，吉林省诗词学会会员，政工师。

④ 龚大烈，四川省乐至县人，中华诗词学会会员，四川散文学会会员。诗词作品发表于《中华诗词》《中华辞赋》《吉林日报》《长白山诗词》《星星诗词》《深圳诗词》等。近三年，诗词作品在省级及以上获奖 10 余次。

⑤ 赵丽萍，网名云笺，吉林四平人。中华诗词学会会员、吉林省诗词学会常务理事、四平市诗词学会会长。

恭贺冯永谦先生米寿

杨瑞霞[①]

欣贺先生米寿秋，经年考古笑言酬。芒鞋斑鬓新开径，书卷等身高筑楼。
风雨萦怀兴废事，关山触目往来舟。羡君一路真勤奋，依旧韶阳意未休。

贺冯永谦先生米寿

张应志[②]

野田调查付艰辛，史海勾稽数十春。东北家园守望者，辽金学术拓荒人。
管窥七五科研卓[③]，功在千秋果实珍。伏骥由衷不服老，延年益寿长精神。

冯永谦先生米寿贺

秦淑艳[④]

皓月耀长空，超然舞劲风。撰文驰古地，甄探踏高峰。
著作如星灿，才华若彩虹。君功铭史册，米寿祝魁翁。

步张福有先生韵贺冯永谦先生米寿

王旻焱[⑤]

等身著述掌声间，考证探查未得闲。携友古城鉴陶瓦，寻遗辽境涉溪湾。
卷中所载行边道，天际多临梦里山。米寿今逢吟众贺，信公茶岭喜登攀[⑥]。

---

① 杨瑞霞，网名五彩云霞，吉林长春人。吉林省诗词学会会员，中华诗词学会会员。南湖诗社副秘书长，日新诗社《日新诗词》副主编。

② 张应志，四平城区农信办公室主任，吉林省诗词学会副会长兼四平市诗词学会常务副会长，吉林省作协会员，海淀纳兰性德文化研究中心特邀研究员，中华诗词学会会员。著有《纳兰词译注》《纳兰诗校注》等四部著作。

③ 由冯永谦参加撰写并任总纂的《东北历史地理》是被列入"国家'七五'规划科研项目"的专著。

④ 秦淑艳，吉林四平人。中华诗词学会会员，四平诗词学会副会长。四平铁西教科所原所长，督学，中学高级教师。

⑤ 王旻焱，男，1954 年生，黑龙江省哈尔滨市宾县文联副主席、诗词楹联协会主席，中华诗词学会会员，哈尔滨市诗词楹联家协会理事。黑龙江省摄影家协会会员。曾任中共宾县委党校副校长，高级讲师。著有诗影集《行吟集》。

⑥ 茶岭代指茶寿。

贺冯永谦先生米寿（步养根斋师韵）

周宝英①

履迹追寻天地间，修文考古未曾闲。闻知久远登歧路，探测深幽过水湾。
数载钻研成史册，一生赋予垛书山。欣迎米寿吉祥日，不忘初衷快乐攀。

贺冯永谦先生米寿（步根师韵）

郭桂芝②

光阴六十拓荒间，纵古通今足未闲。千里寻痕经险路，百篇成卷汇辽湾。
倾情句丽诗留史，铸梦关东德仰山。米寿携来书画祝，清风一缕再登攀。

贺冯永谦先生米寿（步根师韵）

柳耀才③

四季忙于天地间，春秋冬夏未曾闲。雪原踏遍冰封路，林海惊回雁过湾。
学富才贤尊长者，德高望重胜高山。举樽遥祝生辰喜，米寿安康百岁攀。

贺冯永谦先生米寿

雒晓红④

呕心沥血敞胸襟，辽海长城探古今。查海红山留足迹，契丹巫闾见城闉。
钟情详考千年史，勠力先攀百丈岑。笑揽风云挥妙笔，欢歌贺寿有知音。

冯永谦先生米寿贺

赵志梅⑤

砥柱中流天地间，求真考古未曾闲。夜深笔底集华卷，雨后船头渡碧湾。
不畏霜风常涉险，何辞冰雪几重山。诗词和韵祝高寿，体健心怡少壮颜。

---

① 周宝英，大学专科。湖北省诗词学会会员、中华诗词学会会员。

② 郭桂芝，女，敦化一中教师。中华诗词学会、中国楹联野草诗社会员。

③ 柳耀才，网名财富。中共党员，1968 年参加工作。四平市铁西区地直街道办事处退休，党工委书记。

④ 雒晓红，网名千雅秋瑟（书香门第），湖北人。中华诗词学会会员，省、市诗词学会会员，作家协会会员，作品散见于省、市报纸、杂志、国家级出版物及各大网络媒体。

⑤ 赵志梅，吉林抚松人。泉阳泉饮品公司操作工，吉林省抚松县泉阳林业局新水厂。

贺冯永谦先生米寿

贾维姝①

辛卯来寻安市城②，同行一路识先生。古稀年岁身康健，陡峭云岚步履轻。
谈笑曾言家祖业，悬壶难计子孙名。倾心东北钩沉韵，辑卷辽河史地清。

贺冯永谦先生米寿

姜春山③

矍铄遐龄若等闲，轻舒睿智赋新篇。卓章惊破三山石，巨砚磨干四海泉。
苍鬓拈霜怜皓月，青松栖鹤享怡年。仰君世泽光门第，恭祝桑榆福寿绵。

冯永谦先生米寿贺

刘元德④

良辰大好也堪豪，米寿欣开上寿桃。北斗移文呈妙象，南山捧月献琼醪。
木峰极顶挥椽笔，铁背岑巅辨残刀。乐奏云璈成国卷，德辉彤史绩尤高。

冯永谦先生米寿贺（依根师韵）

张贵信⑤

勘考盈身治学间，先生米寿不曾闲。足前万里沙飞路，眼底千秋江转湾。
玉器瓷窑探梦想，戍金辽甲察雄关。高龄接代真儒士，志在征途趣在攀。

① 贾维姝，诗词爱好者，辽宁海城市人，曾从根师一同考古结识冯永谦先生。现在海城市广济医院院感科工作，任院感科科长，主管护师。

② 2011年冯永谦、张福有二位先生南来，调查海城英城子、营口海龙川、盖州青石关山城，时冯先生六十六岁，已退休十六年，与我们同步登山，调查山城。上山无路，在蒿草树丛中披荆斩棘，最终确认海龙川山城为高句丽安市城。

③ 姜春山，古稀叟，吉林农安人。大专学历，会计师职称，中共党员。1964年入伍，1971年复员。中华诗词学会会员，吉林省诗词学会会员，黄龙诗社社员。在《中华诗词》《长白山诗词》《当代诗词》等发表作品。参加大赛时有获奖。在“浮瑶仙芝”杯国际诗词楹联大赛中获二等奖，在“勿忘九一八，纪念白乙化”宏伟杯全国诗词大赛中获二等奖，在“施世纶杯”海内外诗词大赛中获二等奖，在“第四届艨舟杯”全国传统诗词大赛中获一等奖。著有《春山吟草》。

④ 刘元德，男，出生于1951年4月。吉林省抚松县绛珠草文学协会会长。中级职称。大学文化。退休教师。中华诗词学会会员、吉林省作家协会会员，吉林省民间文艺家协会会员。写书三部，其中一部得奖。写诗2000首。

⑤ 张贵信，1951年生人，吉林镇赉。共产党员。镇赉广播电视台新闻记者退休。镇赉县作协理事。吉林省诗词学会会员。

恭贺冯永谦先生米寿

高彩霞[1]

情钟考古不辞辛，米寿良宵可醉神。东北群山留足迹，辽金遍野印风尘。
明眸慧识天涯美，椽笔勤书史册珍。几度结交心似海，酌杯美酒暖阳春。

遥祝冯永谦先生米寿

孙艳华[2]

矢志难移岂等闲，峥嵘岁月几多艰。披沙堆就千年史，论著垒成数座山。
步履铿锵称健足，精神矍铄尽欢颜。而今米寿齐相贺，激励来昆奋力攀。

冯永谦先生米寿贺

卢继清[3]

林茂探幽只等闲，经年拾步越重关。流岚身在烟霞外，阅瀑情融云水间。
椽笔掬来开锦卷，拂尘掸却赋青山。春风未许霜华老，纵是峰高信可攀。

冯公米寿贺

刘洪池[4]

我为冯公呈贺章，情真辞短墨尤芳。钩沉史海考封土，复活悬疑梦沁芳。
脚下踏查心底亮，山中取证笔头狂。海龙川里春风起[5]，松鹤延年耀福祥。

---

① 高彩霞，吉林省通化县金斗乡中心小学校高级教师。吉林省诗词学会会员。

② 孙艳华，女，1977 年生于吉林省珲春市春化镇。吉林省诗词学会理事，延边州诗词学会编委会成员，珲春市楹联诗词学会副会长兼执行总编。于 2020 年度获吉林省诗词学会优秀诗人表彰。2021 年度获延边州诗词学会优秀诗人表彰。现就职于珲春市住建局物业监察科，中级职称，2021 年入选延边州物业管理专家库。工作之余爱好文学，热衷于古典诗词创作。作品散见于《长白山诗词》《长白山日报》《战疫放歌》《延边日报》《延边晨报》《图们江日报》《关东诗阵微刊》等。

③ 卢继清，吉林市人。军转干部，国企退休。中华诗词学会会员，吉林省诗词学会理事，吉林市诗词学会副会长，吉林市雪柳诗社副社长，吉林市雾凇诗社社员。

④ 刘洪池，吉林市人。中国民主建国会会员（省先进个人），丰满区第九届政协委员、吉林市创城监督员、吉林市书法家协会会员、吉林市雪柳诗社社员、吉林省诗词研究会会员。诗词作品在《中华诗词》《诗刊微刊》《中国诗词》等发表。2021 年获《中华诗词》中国共产党成立一百周年诗词大赛一等奖，被授予一百位诗词家称号。现任吉林市隆泰房地产开发公司副总经理。

⑤ 调查营口海龙川山城，冯永谦先生多次考古调查，并考为高句丽安市城。

冯永谦先生米寿喜贺（次韵根师）

周宗云①

快意人生弹指间，拿云绝顶岂休闲。毫端饱蘸松江水，案上微吟渤海湾。
子女含饴娱米寿，壎篪鼓奏颂长山。任凭雨打风吹去，祝嘏期颐再勇攀。

贺冯永谦先生米寿

史桂娟②

访古寻踪大泽边，乐逢米寿梦依然。情痴陶瓦辽金考，心醉城垣女直牵。
足下荆榛三万里，笔端文论一千篇。春秋风雨云烟过，出彩人生向百年。

贺冯永谦先生米寿（步根师韵）

米金波③

六十余年若等闲，艰辛探索彩云间。追踪踏遍中原路，寻迹穿梭碧海湾。
虚谷披襟随落日，高峰策杖宿深山。欣逢寿诞吟诗贺，体健安康百岁攀。

贺冯永谦先生米寿

唐云彪④

辽河岭岗用心量，过往风云腹内装。昔日城垣遗迹在，今时山野坟冢藏。
甘于奉献千秋史，志系传承百世芳。抖擞精神迎米寿，更期福禄与君长。

喜贺冯永谦先生米寿

高良田⑤

五月灿骄阳，佳音报吉祥。丹心研旧史，健笔著华章。
功比千山重，德如辽水长。北南同贺寿，百岁共倾觞。

---

① 周宗云，别署栖云居主人。江苏洪泽人，大学文化。中华诗词学会会员，中国书法家协会会员。作品散见于《中国书法》《书法》《书法报》《诗刊》《中华诗词》《中华辞赋》等核心期刊及相关网络平台，偶有作品获奖。

② 史桂娟，吉林省敦化市文化局原局长，中华诗词学会会员，敦化市东牟山诗词学会会长。

③ 米金波，1960 年 1 月 7 日出生，现为中外诗人注册会员，吉林省农安人，黄龙诗社社员，微刊会员，杏花春雨副社长。一生酷爱文学，喜欢用文字记录真实生活，近十年来笔耕不辍，已经有几百首作品刊登在《中华诗词》《长白山诗词》《长白山日报》《黄龙文联双月刊》上，同时各种诗作也多见于微信平台微刊等。在《中外诗人》发表了个人专辑。黄龙杯全国大赛三等奖，松原查干湖杯全国诗词大赛获优秀奖。

④ 唐云彪，榆树人，1951 年生，中共党员，榆树市原人大副主任，吉林省诗词学会理事，榆树市老年诗词学会会长。

⑤ 高良田，吉林省集安市文物局原书记。

步养根斋先生韵贺冯永谦先生米寿

李长富[①]

足迹关东古道间，芳华耋老未曾闲。翻开史册尘封卷，著述新章考水湾。

酷暑寻真行灼地，严冬求证入寒山。功成当代名垂远，感召贤能继勇攀。

冯永谦先生米寿贺

滕志光[②]

遍野搜寻朝暮间，潜心考古未曾闲。穿林越涧巡山谷，克险登高涉水湾。

乐走天涯风物鉴，迎来苦旅壮雄关。时逢米寿遥相贺，信可期颐岁月攀。

祝冯永谦先生米寿

孙湘平[③]

歌唱先生共百灵，白山松水每能听。气凭今古辽东紫，笻拄风云蓟北青。

酒握三杯斟现在，茶煎一盏识曾经。文章考究知兴废，尽写难题与不明。

冯永谦先生米寿贺（依养根斋先生韵）

于志花[④]

白云黑土走其间，厚积深研每捷还。古物今寻撰宏著，长城东起识严关[⑤]。

有情最是乌峰口[⑥]，无憾同登木叶山[⑦]。岁月如歌人不老，期颐若米仰升攀。

---

① 李长富，长春人，退休有年，高级政工师。

② 滕志光，网名哈岭孤藤，吉林敦化人。做电工近40年，2014年退休。吉林省诗词学会会员、延边州诗词学会会员、敦化市诗词学会会员，一生酷爱诗。

③ 孙湘平，网名松花一叶，“60”后，现居德惠市，曾任德惠市人防办主任，现为德惠市诗诗社社长。

④ 于志花，女，吉林通化人。中学高级教师。热爱诗书画印。中华诗词学会会员，吉林省诗词学会会员，吉林省书法家协会会员。

⑤ 明代万里长城东端起点久失，不知在于何处，经冯永谦先生考古调查和发掘，终证在丹东宽甸鸭绿江边虎山，后并修复起来，恢复历史原貌。

⑥ 乌峰口，指内蒙古阿鲁科尔沁旗朝克图山，亦称“裂缝山”，山顶上有辽代石砌圆形祭坛，高不易攀。2015年中秋日，冯老与张福有登上此山并考证，此山当为天赞四年（925年）辽太祖以青牛白马所祭之乌山。

⑦ 木叶山，今称海金山，在内蒙古翁牛特旗东部，西拉木伦河南岸沙地间。

冯永谦先生米寿贺（步根韵）

李洪信[①]

胸怀梦想彩云间，遍访关东从未闲。考古寻源来野径，求根问迹到江湾。
花开岁月书如海，笔起波涛著积山。志远情深多福寿，芳华举步再登攀。

贺冯永谦先生米寿

罗艳冬[②]

忙寻古迹少休闲，历史人文入列班。伴月长途行故道，登高远望鉴清湾。
影留山上披风起，情系辽东持锦还。福寿双临名久赫，贺诗逐梦再升攀。

冯永谦先生米寿贺（步养根师韵）

焦俊芳[③]

考古寻源草木间，时逢米寿未休闲。潜心研著辽金史，着力探求河海湾。
论证曾翻千道谷，巡查越过万重山。菁华尽录何言累，启后承前愿可攀。

冯永谦先生米寿贺

岳元峰[④]

立说留痕学界惊，素心考古寄深情。八旬风雨青松影，百卷高标大吕声。
引领无私传执著，探求有序纪峥嵘。相逢只敬中华礼，府上期颐再举觥。

2022 年 5 月 8 日

① 李洪信，吉林市政府退休干部，吉林省诗词学会会员、中华诗词学会会员。

② 罗艳冬，网名江上一叶扁舟。吉林东丰。中华诗词学会会员，吉林省诗词学会会员，东丰县诗词楹联学会会员。作品散见于《长白山诗词》《长白山日报》《辽源日报》等报刊。

③ 焦俊芳，四平市科技局，高级工程师，退休。现任中华诗词学会会员，吉林省诗词学会理事，四平市诗词学会常务副会长。写古体诗三千余首，在各级诗刊发表近千首，2012 年出版个人诗集《诗梦添香》。作品曾获中宣部中华诗词大赛二等奖、三等奖等。

④ 岳元峰，长春人，吉林省市场监督管理厅退休干部，中共党员，中华诗词学会会员、吉林省诗词学会会员。作品散见于《诗刊》《中华诗词》《中华辞赋》《长白山诗词》和《人民日报》等客户端及各地诗词官网、微刊。获奖若干次。

冯永谦先生米寿有贺（依养根斋老师韵）

李延平[①]

东荒踏遍破雄关，脚步匆匆未等闲。纪史倾情疑义析，论言通志伪辞删。
时循四序丹心壮，资鉴三正鬓发斑。盛世喜逢翁米寿，年年此日颂南山。

冯永谦先生米寿贺（依根师韵）

刘计红[②]

鉴古寻遗荒野间，情痴探索未曾闲。呕心疏理辽金史，沥血笔耕文物篇。
越海穿山逐远梦，追星踏月度雄关。时逢米寿抒鸿志，纵马松原赓续攀。

冯永谦先生米寿致贺

王雪梅[③]

长城筑在家门口[④]，唐代遗存今不多。
幸得先生文考定，西南直抵淤泥河[⑤]。

冯永谦先生米寿寄贺

刘炜霞[⑥]

虎山赫赫出云岫，鸭水滔滔入海流。
幸识城边遗老井，千年故事载船头[⑦]。

① 李延平，吉林省梅河口市人，中华诗词学会会员，吉林省诗词学会副会长，梅河口市诗词楹联学会会长。曾出版散文集《翡翠园》《厚土集》，诗词集《如石集》。梅河口电视台退休，主任记者，现供职于梅河口市历史研究会。

② 刘计红，男，76岁，河北邢台人，军转干。毕业于（原）第七军医大学，内科副主任医师。业余爱好诗词歌赋。市、县诗词学会会员。作品见于《诗刊·子曰》《诗词颂河北》《燕赵诗词》《百泉诗词》《古丁桥诗苑》《诗选》《邢台周报》等。

③ 王雪梅，公主岭人，农民。

④ 冯永谦先生故乡沈阳市西北郊万金台村有高句丽长城从村边通过，故称“家门口”。

⑤ 唐代高句丽千里长城，自德惠松花江左岸经公主岭，到营口淤泥河北岸，共长千余里。其中，在公主岭境内长104里。冯永谦先生多年进行考古调查，发现辽宁地段的高句丽长城，北从昌图县南去直到营口渤海岸边淤泥河北岸，解决了久不为人所知的高句丽长城走向。其论文被张福有先生收入吉林人民出版社出版的《高句丽千里长城》一书中。

⑥ 刘炜霞，丹东人，中华诗词学会会员，丹东市诗词学会副会长。

⑦ 冯永谦先生主持发掘丹东虎山明万里长城东端起点遗址，发现在其下压有高句丽山城，在城内发掘出高句丽古井，在井中发现一条木船，保存完好，是为首见。

冯永谦先生米寿敬贺

王春艳[①]

闻知冯老是奇才，绝妙文章叶茂台。

辽酒千年亲口品[②]，今识考古寿星来。

步根师韵贺冯永谦先生米寿

黄玉春[③]

踏遍荒滩绿水间，春秋冬夏未消闲。精心考古编长卷，奋力求新淘井湾[④]。

论著标高超白岭，华章立异越青山。诗词贺寿权当酒，米作茶梯稳健攀。

冯永谦先生米寿贺喜

李容艳[⑤]

古城亲考谓东山，健步登临是领班。远去文华云浩渺，未来卷帙史斑斓。

巨流河谷泥沙下，武历逻风烟雾间[⑥]。幸得灵光开广角，千秋存照识真颜。

---

① 王春艳，辽宁铁岭人，笔名披林撷秀，中华诗词学会会员、辽宁省作家协会会员、铁岭市银州区作家协会理事、铁岭市银州区诗词学会副会长；作品散见于各地报纸杂志，另有作品赏析《菩萨蛮·纳兰性德诞辰 360 年有贺》曾获中华诗词论坛“诗词曲赋联赏析大赛”三等奖；《纪念纳兰性德诞辰 360 周年感记》获纪念纳兰性德诞辰 360 周年中国诗词大奖赛二等奖，《感事抒怀》获国际诗酒文化大会优秀奖。《银州赋》在铁岭市主办的“我爱银州，我是银州人”主题征文比赛中荣获一等奖，等等。

② 冯永谦先生 1974 年主持法库叶茂台辽墓考古发掘，出土一瓷壶，其中盛有酒。为做准确记录，曾亲口品尝，之后闭目不语。众皆急，问何味？先生不紧不慢地说：“没味儿。”

③ 黄玉春，男，1955 年生于黑龙江省依兰县，中共党员，黑龙江省诗词协会会员，中华诗词学会会员。有诗词发表在《诗刊》《中华诗词》《中华辞赋》《海棠雅集》《长白山诗词》等刊物上。

④ 丹东虎山明长城东端起点下埋有高句丽大井，在鸭绿江湾处，在现地表下深达二十米，抽水发掘，硬是把深井完整发掘出来，称为“淘井湾”非常恰当。

⑤ 李容艳，吉林集安，网名玉湛清秋、丸都月儿。吉林省诗词学会副会长，集安市服装公司党支部书记，退休。

⑥ 辽宁新民市东山山城，位于城郊乡巨流河村东辽河西岸。1996 年 2 月由冯永谦先生发现。2011 年 10 月，冯永谦先生带领张福有、孙仁杰再去调查时，该城已被高速公路工程取土毁掉，幸有冯公当年拍摄的照片，才记录并保存了山城的原貌。

贺考古学家冯永谦先生米寿（步养根师韵）

刘凤平[①]

跋涉光阴野径间，情倾纪史未休闲。夜书昼审存经典，春岳秋溪传嫩湾。

梦里寻珍千道谷，笔中觅宝万重山。迎来米寿同相贺，捧读精华又续攀。

2022年5月9日

贺冯永谦先生米寿

司　南[②]

考古最钟情，隋唐到宋明。乾坤瞻旭日，天地照新晴。

足迹遍东北，高才独盛京。文章传世界，功业著长城。

考古学家冯永谦先生米寿致贺（步养根师韵）

韩志华[③]

考古穿行草木间，还原历史未曾闲。文章频上中华卷，足迹曾留嫩水湾。

昨日刚翻千道岭，今朝再跨万重山。先生米寿同声贺，前路高峰共去攀。

---

① 刘凤平，网名海上彩虹，1965年生，蒙古族，内蒙古通辽人，大学本科学历，从事教育工作近四十年，高级教师。曾为内蒙古草原散曲社点评专家、编辑，《通辽诗词》责任编辑。中华诗词学会、内蒙古诗词学会、通辽诗词理事、作家协会会员，作品先后在《中华诗词》《中华散曲》《中华辞赋》《吉林日报》《内蒙古女子诗人双年选》等海内外报刊发表，入选《中国散曲大典》。现为《奈曼文化志》入库文化传承人。曾多次获全国诗词曲大赛一、二、三等奖。

② 司南，原名王立娟，吉林德惠人，农民。鲁迅文学院吉林省作协中青年作家班学员。长篇小说《放青》获得长春好故事征集一等奖，话剧《一把手》获得长春戏剧征集二等奖。中篇小说《半句承诺》《孤悬浮寄》《潜别离，两心之外》入选吉林农民作家作品选。部分作品获奖。喜欢诗词。

③ 韩志华，男，网名青青原上草，内蒙古科左中旗人。大学本科学历，中华诗词学会会员，内蒙古诗词学会会员，科左中旗诗词学会会长。从事文学创作20年来，先后在《中华诗词》《中国税务报》《词刊》《中华散曲》《中华辞赋》《内蒙古日报》《香港诗词》《上海歌词》《天津歌声》《长白山歌词》《东方音乐文学》《校园歌声》等全国各地报刊发表诗词500多首，歌词200余首，散文20余篇，并有作品在全国征诗、征歌比赛中获特等奖、三等奖及优秀奖十余次。

依韵和张福有老师冯永谦先生米寿贺（新韵）

王春香①

米寿相期荼岁年，毕生考古未曾闲。星眸一闪纤毫见，鹤发千堆巨典颁。
师表直言修远路，生徒鸿笔述名山。情吟多少康强句，齐贺今朝不老仙。

冯永谦先生米寿有贺

刘　郎②

踏遍关河白了头，纵逢米寿不思休。神游胡汉三千燧③，梦筑辽金二百州④。
拭玉红山心更古⑤，钩沉绿水韵同流⑥。等身何拒文章老，笑看斜阳笔未收。

恭贺冯永谦先生米寿

董亚云⑦

心系大安春捺钵，嫩江湾里考鲟鳇。
头鹅宴罢头鱼乐，齐祝先生福寿长。

敬步根老韵贺冯永谦先生米寿

郭继敏⑧

情注古辽沟壑间，研文探古未曾闲。任它风起尘蒙面，何惧冬来雪覆湾。
赫赫丹心凝巨著，深深足迹踏青山。今时举盏同相贺，福寿天成共乐攀。

---

① 王春香，女，笔名悦田，蒙古族，内蒙古通辽市科左中旗保康镇人。酷爱文字，作品散见于国内各级纸质诗刊及网络微刊中。通辽作家协会会员，左中作家协会主席，中国闽南原创文学社特约作家，金榜头条签约作家诗人。有散文、报告文学在旗内外文学大赛中获得各种奖项。中华诗词学会会员，多次在全国诗词大赛中获得各种奖项。中国诗词论坛鸿雁诗社首席版主。2019 年 8 月 17 日参加了《2019 诗词名家年会》，并获得“诗词文化优秀传承人”“全国诗词文化先进工作者”“2019 年诗词文化功勋人物”称号。2019 年 9 月获得《诗词中国第四届传统诗词大奖赛三等奖》。2020 年 3 月在通辽市《同舟共济、抗击疫情》原创文学作品征选大赛中获优秀奖。

② 刘郎，原名刘文革，字弃之，号蔷薇谷主。1966 年生于康平，1989 年毕业于辽宁大学中文系。喜好诗、书、画和地方文史。中华诗词学会会员，铁岭诗词学会会长。

③ 冯永谦先生著有多篇古代长城论文与《东北古代长城考古调查与研究》等书。

④ 冯永谦先生发表多篇关于辽金史文章，尤注重建置考证，并有 160 万字的《东北历史地理》专著问世。

⑤ 冯永谦先生著有《红山文化玉器新品鉴考》一书，扉页即手书题写：“红山名今世，碧玉证古史。”

⑥ 明万里长城东端起点久失，经冯永谦先生考古调查和主持发掘，确证在丹东鸭绿江右岸虎山南麓，为中国长城考古重大发现，现已修复，恢复原貌，成为中国著名文化旅游景区。

⑦ 董亚云，长春人，网名静雅祥云，吉林省农行营业部退休。中华诗词学会会员，吉林省诗词学会会员，吉林省老年大学《日新诗词》编委。诗文散见于《中华诗词》《长白山诗词》等。

⑧ 郭继敏，笔名飞花轻梦，公主岭市杨大城子镇政府，关工委秘书长。中华诗词学会会员，吉林省诗词学会会员，公主岭市诗词学会会员。

竹枝词·恭贺冯永谦先生米寿

居洪义①

先生欣爱考辽金，证史书文足迹深。
吟赋多朋高寿贺，健身修卷守初心。

黄钟·节节高　贺冯永谦老先生米寿

王文福②

后来恭敬，与君同庆。谜团兴引，蛛丝有幸。
考古心，平生梦，解秘行。去伪存真力挺。

鹧鸪天·冯永谦先生米寿贺

任桂新③

名著长编喜万丛，才高博学美贤翁。踏查为乐迎星月，考古当歌笑雨风。　巡辽史，解迷踪。创新引领势如虹。情牵家国谦怀远，福寿绵绵不老松。

西江月·贺冯永谦先生米寿

张云波④

野岭荒坡行走，辽金勇探源头。识珍辨宝度春秋，仙鹤飞来贺寿。
万里江山雄阔，五千历史风流。篇篇著作靓神州，精彩承前启后。

鹧鸪天·贺冯文谦先生米寿

贾宝良⑤

柳绿花红布谷鸣。南松不老贺声宏。千山考古风吹帽，万卷求真夜掌灯。　桃李满，素心诚。著书解惑译人生。辛耕六秩开新曲，尽写关东赤子情。

① 居洪义，吉林四平人。中华诗词学会会员，吉林省诗词学会会员、四平市诗词学会会员，四平阳光诗社社长。

② 王文福，辽宁省法库县人，1951年7月生，工作在湖南，中国五矿株洲硬质合金集团有限公司工程师，退休。湖南省诗词协会会员，潇湘散曲社社员。

③ 任桂新，公主岭市人，中华诗词学会会员，吉林省诗词学会会员，公主岭诗词学会理事。公主岭市莲花山中学高级教师。

④ 张云波，梅河口市诗词学会会员，中华诗词学会会员，吉林省诗词学会会员。

⑤ 贾宝良，中华诗词学会会员，吉林市诗词学会理事，三余诗社秘书长。

鹧鸪天·恭和根师冯永谦先生米寿贺

丁朝玉[①]

脚踏河山六秩欢，从无风月一帘闲。诗书描绘芙蓉国，考古掀开宝爱园。　　才拔地，志冲天，创新阔步永朝前。而今举起庆功酒，迎接茶年取次攀。

2022年5月5日

一剪梅·贺冯永谦先生米寿

高志敏[②]

考古松辽六十年，有苦还甜，无畏艰难。而今破解几多疑，足下乾坤，心底山川。　　米寿迎来展笑颜，贺喜凭诗，贺幛依峦。新书成卷倍开怀，祝愿声声，祝福连连。

临江仙·贺冯老米寿

林　远[③]

老骥志驰千万里，倾心考古当先。豪情染绿嫩江湾[④]。等闲攀铁背[⑤]，策杖木峰前[⑥]。　　执着潜行成大业，遍巡东北平原。等身著述已欣然。赋诗迎米寿，把酒敬茶仙。

寿星明·冯永谦先生米寿贺

赵清莲[⑦]

执杖青山，餐风大野，问谁独钟？感春秋转换，月轮圆缺，冰心仁者，鹤发仙翁。六十余年，潜心考古，踏断枯筇凝做虹。辽东地，声名播远，专业称雄。　　晴空掠过飞鸿。放眼望、层林烟雨笼。任三秋霜露，万行足迹，情留云水，志寄梅松。米寿之期，素笺濡墨，还举琉璃祯寿公。许祝福，龟龄冯老，身矫如龙。

---

① 丁朝玉，笔名丁慧。吉林长春人。中国新诗学会会员、中华诗词学会会员。吉林省作家协会聘任作家，省诗词学会常务理事。长春南湖诗社原副社长兼主编，长春汉俳学会原副会长。出版诗歌散文等作品14部，有的获奖。

② 高志敏，曾用笔名紫陌。系中华诗词学会会员、吉林省诗词学会会员、吉林省新诗学会会员、长春市作家协会会员。曾任吉林画报《天工国宝》责任主编，作品散见于《吉林画报》《中华诗词》《长春老年教育》《女友》《文化报》《北斗诗刊》《关东文学》等。

③ 林远，女，吉林辉南人，1969年生人。现为吉林省辉南县诗词楹联学会会长。

④ 辽代皇帝四时捺钵之春捺钵在吉林大安市嫩江转湾处，钓鲤鱼，设头鱼宴，扑天鹅，设头鹅宴，欢宴群臣，赏赐有差。近年在大安发现辽代蒸馏酒作坊遗址，出土全套蒸馏酒设备，此与春捺钵有关的辽代遗址非常重要。冯永谦先生前后多次到大安进行考古调查，了解遗迹和重要发现。

⑤ 抚顺城东苏子河边铁背山，陡峻险要，上有山城，冯永谦先生多次登上此山调查。

⑥ 翁牛特旗海金山，在西喇木伦河南岸沙地间，冯永谦先生多次到此地调查，遍寻山上山下，最终考证为辽代驰名的木叶山。

⑦ 赵清莲，吉林珲春人，吉林省诗词学会理事，延边州诗词学会理事，珲春诗词楹联学会副会长。

宴清都·祝贺冯永谦先生米寿

张福有（养根斋）[1]

几度风中走，山城考、尽是春秋时候。抚东云影，辽西木叶，乐常回首。欣逢庆欢邀友，兴与我、尊贤端酒。诗曲词、共祝高寿，长寿，米寿，荼寿。　　高寿，各表同心；长寿，可效彭山神叟。喜逢米寿，米寿，再祝永公荼寿。同推古今研究，好成果、宏编著就。信可期、辽海雄山，天长情久。

① 张福有（养根斋），曾任吉林省委副秘书长，吉林省委宣传部副部长（正厅长级）兼吉林省社科联、吉林省文联（作协）党组书记、副主席，吉林省社会科学院副院长，中国文联全委，中国作家协会会员，中华诗词学会第二、三届副会长，现顾问，中国摄影家协会理事，中国书法家协会会员，吉林省长白山文化研究会会长，吉林省诗词学会会长，《长白山诗词》主编等，现为吉林省文史研究馆馆员，研究员。详细调查东北三省夫余、高句丽、渤海和辽金重要墓群、古城和遗址，有30多项考古新发现，撰著、主编出版考古、文史研究与诗词等书籍100余部，填补一些空白，纠正一些误识误读，在培育长白山诗词流派、以诗证史方面，做出开拓性贡献。

我和冯永谦先生的交往

刘凤翥[1]

冯永谦先生生于1935年，今年虚岁88岁，按中国传统属于米寿。其祝寿活动筹办组约我写篇文章以志庆贺。盛情实在难却。我与冯永谦先生的交往都断断续续地收录在以前出版的拙撰《契丹寻踪——我的拓碑之路》（商务印书馆2016年北京版）一书中，现谨从该书中摘录一些片段连缀成文，权且表示祝贺之意！

我与冯永谦先生最早见面是在1975年10月22日上午。当年10月7日至21日，我一直在辽宁省博物馆拓制辽代契丹字碑刻。拓制工作结束后，10月22日上午我向博物馆的同志辞行，博物馆文物工作队（辽宁省文物考古研究所前身）正、副队长姜念思和李庆发非要我与他们开个座谈会，并戏称这是他们以“雁过拔毛”的方式向外地同志学习的传统。我推辞不掉，只好同意。他们立即召集了20位左右的人来开会，让我首先发言。我就研究契丹文字的意义、现有的传世的契丹文字资料、国内外研究契丹文字的历史和现状等问题做了一个即席发言。我还回答了一些诸如“小原字既然是拼音符号，为什么有几百个之多”“七个原字组成的单词如何拼音”“附加成分发不发音”“表示宾格的附加成分是哪个原字”等问题。冯永谦就出席了那次座谈会。不过他认识我，我并不认识他。因为姜、李二队长没有把开会的人向我一一介绍。

此后，冯永谦就挑选一些对我有用的有关辽宁省文物考古的书寄给我，如《辽宁名胜古迹》、《文物参考资料》第2卷第9期（东北专号）等。后来创刊的《辽宁文物》出版了约两三期，冯永谦编辑每期都按时寄给我。再后来，辽宁省博物馆和辽宁省文物考古研究所联合创刊了《辽海文物学刊》，冯永谦参加了编辑工作，是主编之一。他也每一期都寄给我。我从上面及时得到一些有用的考古信息，例如契丹小字《耶律宗教墓志铭》的出土情况就是从这份刊物上得知的，从而联系上发掘者和发表者鲁宝林同志，最后得以拓制了该墓志铭的拓本。

1983年夏，冯永谦先生主持发掘耶律仁先家族墓，出土了汉字和契丹小字耶律仁先墓志铭。在辽宁省博物馆工作的我大学的同年级同学郭大顺同志通知我耶律仁先墓志铭出土的信息，命我抽时间去考古工地看一看。当年7月7日至15日，内蒙古自治区赤峰市举办“契丹考古学术研讨会”，我应邀与会。散会后，我就与一起出席会议的王承礼、朱子方和黄凤岐在辽宁省朝阳地区博物馆董

---

① 刘凤翥，中国社会科学院民族学与人类学研究所研究员，兼任北京大学中国古代史研究中心客座研究员。

高馆长一起去朝阳地区博物馆，在那里遇见了冯永谦和李庆发。《文物》月刊编辑部的李力同志去考古工地参观后，冯永谦把她送回到朝阳，她再自行返京。李庆发正在集中精力整理水泉出土的新石器时代遗址的资料，撰写发掘报告。李庆发同志当着朝阳地区博物馆陈书记和董高馆长的面，对冯永谦说："凤翥同志大老远地来一趟也不容易，到工地后是否让他顺手拓份拓本？"我说："能拓份拓片，我当然求之不得，可千万不要因此给下面带来麻烦。"庆发同志说："省馆没问题。地方上可有意见？"陈书记和董高馆长异口同声说："地方上没有意见。"

1983年7月18日，朝阳地区文化局派了一辆面包车，由董高和冯永谦陪我和王承礼、朱子方与黄凤歧去朝阳地区所属的北票县（现在已经改为县级市）考古工地。中途下起雨来，汽车开到小塔子公社虎爪大队时，下了公路，走入乡间土路。没走多远汽车轮子就陷入泥中，汽车轮子虽转，但寸步不前。大家下车冒雨拔草、搬石头往车下垫，并且一起推汽车，终于把汽车推回到石子儿路上。司机说："没法往前走了。大家商量一下怎么办。"冯永谦同志说："考古工地离此有8里路，我得步行赶回工地。"我说："我愿意随同冯永谦同志步行前往。"腿脚有残疾的黄凤岐说："我步行不方便，我想坐汽车返回朝阳（当时他家属还住在朝阳）。"年事已高的朱子方说："我也回去。"王承礼先生说："既然朱老回去，我也一起回去算了。"我向黄凤岐借了一把雨伞跟着冯永谦同志冒雨步行前往，余人都回朝阳了。没走多远，雨就戛然停了。冯永谦开玩笑地对我说："这场雨就是老天爷故意不让黄凤岐他们来考古工地参观。"考古工地在莲花山村的东山屯。我和考古人员郭德胜、田立坤与冯永谦均住在该村小学教师顾万山家的一个大炕上。考古工地就在屯西北面山洼中。耶律仁先家族墓当时已经探明约有30座，已经发掘的几座均早期被盗，仅有壁画和墓志铭（并不是每座墓都出土了墓志铭），仅仅出土了汉字和契丹小字耶律仁先墓志铭以及耶律仁先之子耶律庆嗣的汉字墓志铭。耶律仁先的契丹小字墓志铭刻在墓志盖的下面，共有71行，约5100字，是传世契丹小字资料中字数最多的一件。由于字多，字刻得小，又刻得草率不太规范，再加上石质不好和有反复盗墓（此墓在1896年、1959年和1962年三次被盗）时的磕碰及磨损，有些契丹字已经漫漶不清。我本欲拓份拓片，冯永谦对我说：他在辽宁省博物馆内，人际关系紧张，因他家庭出身问题，只钻业务，领导和某些人经常抓他"小辫子"，让我拓了拓片可能会给他带来麻烦，李庆发已经不当文物队长，他说的话不算数。冯永谦劝我抄录碑文而不要拓制，待他发表了发掘报告或是过后，他会送给我一份拓片云云。我照办。我抄录了汉字和契丹小字耶律仁先墓志铭以及汉字耶律庆嗣墓志铭之后返回北京。

冯永谦的考古发掘报告因故始终没有发表，而契丹小字耶律仁先的墓志铭却被他人抢先发表。直到2002年8月，冯永谦听说我要到阜新市参加辽金史的会，他也去开会，他特意带了一份早在1994年就拓好的题款为"今将此拓片送老友凤翥以为研究之资。冯永谦一九九四年八月于沈阳"（图一）的契丹小字耶律仁先墓志铭拓片去阜新市，当面交给我。他说他要践行送给我拓片的诺言。

在此拓片上，前后有冯永谦和我的多条题字。除上举外，首先是冯永谦题字："契丹小字耶律仁先墓志铭"，下钤"冯永谦印"白文章（图二）。拓片左边题有："此拓片是我在一九八三年七月二十二日，在北票莲花山发掘辽耶律仁先族墓时，手拓于发掘现场，烈日炎炎，汗湿拓纸，毕功之后，更觉此纸珍贵，故为记。冯永谦于莲花山村。"下钤"冯永谦"白文印（图三）。回到北京后，

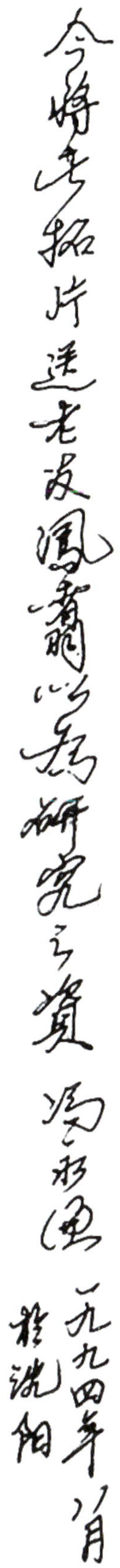

图一 冯永谦拟赠送刘凤翥的拓片上标注

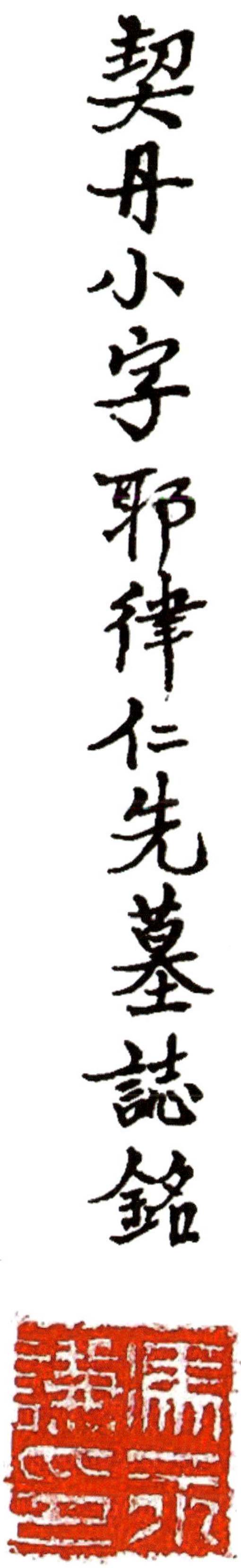

图二 冯永谦在拓片上题写的拓片名称

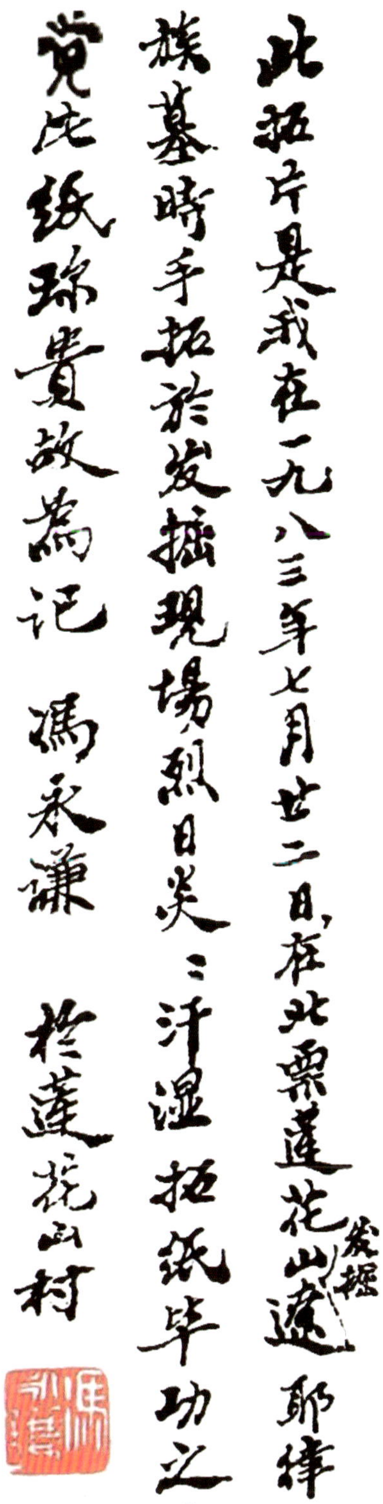

图三 冯永谦在拓完拓片后题写的拓片经历

我在拓片上题写：“二〇〇二年八月，在阜新市喜逢冯永谦先生。事前冯先生听说我去阜新参加契丹史学术会议，他把一九九四年决定赠我并题款的此拓本特意带到阜新惠我，使我喜出望外。回京后特志原委。凤翥谨识。”下钤“凤翥”朱文印（图四）。随后又在此拓片右侧写了一首诗：“一十九年得一纸，甘苦欣慰谁人知？人情常言薄如纸，我谓此纸重千金。”（图五）我把拓片拿到琉璃厂装裱成轴珍藏。

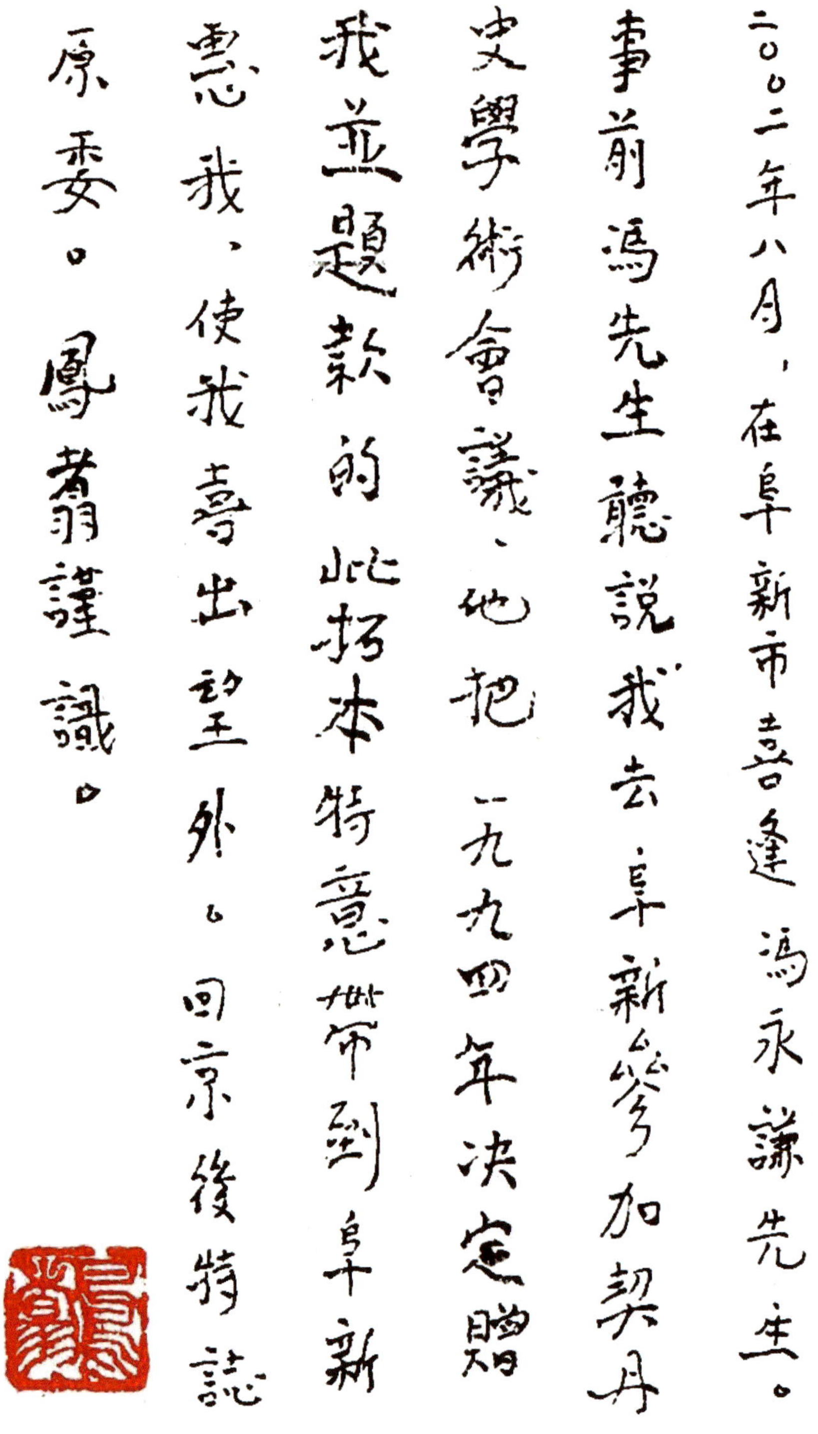

图四　刘凤翥获赠拓片后题写的获赠经过

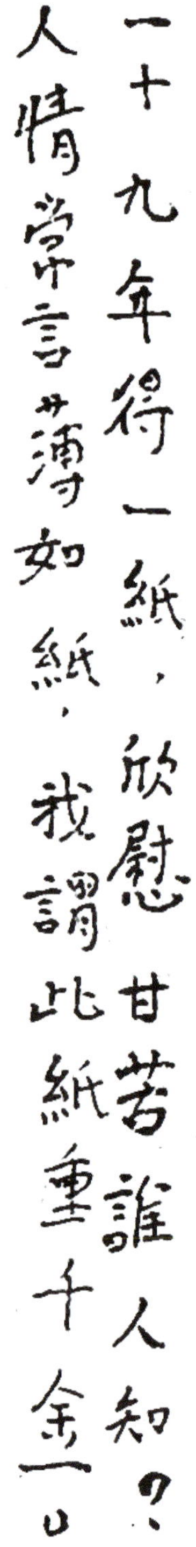

图五　刘凤翥获赠拓片后题诗

2014年，中华书局给我出版了八开本布面精装4册1套的《契丹文字研究类编》，在该书第4册就刊载了冯永谦先生送给我的契丹小字《耶律仁先墓志铭》的拓本照片。

为了庆祝中华人民共和国成立70周年和澳门回归20周年，2019年5月，澳门书法篆刻协会在澳门博物馆庆回归展厅为我举办了“千年绝学——契丹文字碑拓精品展”，并出版了图录。其中冯永谦送给我的“契丹小字耶律仁先墓志铭”拓片特别显眼，令人关注。

为了弘扬和传承辽代历史和文化，内蒙古自治区赤峰市新建造了辽契丹博物馆。为了开馆，该馆向我借用了130多轴辽金碑刻拓片进行展览，并出版了由赤峰文博院编著，陶健英、李俊义主编的八开本图录《石墨芳华——刘凤翥李春敏收藏辽金碑刻拓片集》（文物出版社2021年北京版）。展览已经布展完毕，只等疫情过去就开馆。

2022年是契丹文字出土100周年，赤峰文博院开馆之后，立即在赤峰市举办“庆祝契丹文字出土100周年的纪念会”，冯永谦先生送给我的契丹小字《耶律仁先墓志铭》和我与夫人李春敏老师亲自拓制的其他一些精美拓片又将与业内同行和社会人士见面，肯定引起轰动！

冯永谦先生1954年就参加工作，又肯于学习和善于学习，长期在东北地区和内蒙古地区的考古领域摸爬滚打，因而知识面宽，研究成果丰硕。尤其是他对辽代的州县城址均一一进行了实地踏查。他每有成果都会及时惠我，使我受益匪浅。他惠我的他参与撰写并任总纂的160万字《东北历史地理》上下册（黑龙江人民出版社2013年哈尔滨版）对我今注《辽史》工作帮助很大。《今注本二十四史》中的《辽史》已经编辑完毕，将在2024年出版。

冯永谦先生虽然年近九十，但依然爽朗，笔耕不已。恭祝他健康长寿，充分享受优越的社会主义制度提供的高龄幸福晚年。

跟冯老学习田野考古调查

张福有[1]

今年是冯永谦先生米寿，我非常愿意借此大吉之际，回顾多年来在冯老指教下学习田野考古调查的过程和收获。

冯老带领我们从事田野考古调查，主要有两段。一是调查、复查辽宁境内的高句丽山城。二是调查、复查从内蒙古、辽宁到吉林境内的辽太祖东征渤海国的进军和回师、回葬路线。

从这些田野考古调查实践中，我们不仅学到了重要的方法，更学到了可贵的精神。

一、关于调查、复查高句丽古城

全面调查、著录中国境内的高句丽古城，包括山城、平地城、关隘、哨卡等，是我与集安博物馆孙仁杰、迟勇先生在香港亚洲出版社出版《集安高句丽墓葬》《高句丽王陵通考》《高句丽王陵统鉴》之后的又一项大工程。这项大工程，包括《高句丽千里长城》在吉林、辽宁境内的全线调查，由吉林人民出版社出版。《高句丽古城考鉴》在吉林文史出版社出版，冯老与魏存成、王绵厚先生一道，为其作序。

2011年10月17日，我与孙仁杰再次调查集安关马山墙，测点，拍照。之后，调查抚顺三道关。将关马山墙与三道关作些比较，加以思考。当晚抵达沈阳，与冯老通过电话。

三道关，位于抚顺东去新宾等地古今通道的苏子河谷中，三关鱼贯，依次排列，扼守要道。今其名曰：头道关扎喀关、二道关玳珉关、三道关雅尔哈关，定其为后金所筑。这一带连筑三关，我与萧景全、孙仁杰曾有讨论，事有所疑，当为不同时代遗存。我感到，宋司马光《资治通鉴》卷九十七载："冬，十月，燕王皝使慕容恪攻高句丽，拔南苏，置戍而还。"此中之十月，是晋永和元年（公元345年）十月。三道关一带是慕容燕与高句丽之间的必经要道，又在南苏城附近，当有可能其中一道关为慕容燕拔南苏城后"置戍而还"之设施。其中尤以头道关山上有土城，山下有土石混筑之防御墙为首选。其后为高句丽所用，在土城基础上加筑石城，即得胜堡山城。二道关，萧景

① 张福有，吉林省委原副秘书长，宣传部副部长。中华诗词学会第二届、第三届副会长，现为顾问，吉林省诗词学会原会长，《长白山诗词》原主编，吉林省文史研究馆馆员，主编、自撰出版《高句丽古城考鉴》《高句丽千里长城》《夫余后期王城考》《长白山诗派丛书》等百余部。

全先生疑为高句丽所筑。三道关，其上有石墙，石材较杂，基本不加工，与界藩城东城石墙相似，当为后金所筑。

10月18日，我与孙仁杰拜访并邀请冯老，请冯老带领我们调查新民市巨流河村武厉逻遗址。冯老欣然应允，与我和孙仁杰再次调查巨流河山城。到现场后登上山头，原来山上保存完整的城址全无，被挖成比城址还大的深坑，立壁悬崖可达十余米，秋潦壅积，一座山俨然变成了一个巨大的蓄水池，实前所未见之惊人破坏。距上次冯老调查仅时隔25年，变化竟如此之大！我感到，冯先生依然健在，千年古城却没有了！询诸村人，告知因此山承包被分给私人，2010年村南修高速公路用土石，此山之拥有者即卖山土给工程方，因此连城带山均被取土运去修公路了。听后，真是令人感慨万端。沧海桑田，变化何其如此之速耶！

10月19日上午，冯老带领我和孙仁杰调查海城英城子山城，当地贾维姝参加调查并记录。这次调查，主要目的是寻找城墙东南隅的人工土山。《旧唐书》与《新唐书》均载唐军攻安市城时，筑土山于城东南隅。这一特征，成为确定安市城的重要标志。尽管文献记载明确，但实际安市城是哪一座城，至今仍众说纷纭，海城英城子山城、大石桥海龙川山城、盖州青石岭山城，均有学人力主，了无结论。这次到英城子山城，与以往一样，证实该城东南隅无人工土山。城墙外也无人工土山。

10月19日下午，冯老又领我和孙仁杰调查大石桥海龙川山城，贾维姝亦参加调查并记录。这次调查，主要目的是寻找、证实城墙东南隅的人工土山。海龙川山城东南隅，确有人工土山。早在1996年，崔艳茹、冯永谦、崔德文合著的《营口市文物志》中就写道："此城遗存中，有一最明显的特点，就是在山城的东南部城墙外有一座高大的人工土堆，现虽颓坍，仍很高大，并向内倾倒压在城墙上。这个现象，成为此城的一个重要标示物。"这次共同调查，仍坚信上述观点及4月23日、24日的认识与意见。海龙川山城东南隅的土山是人为所致，与东部比其更高的自然山峰迥然不同。

10月20日，冯老领我和孙仁杰调查盖州高丽城山城，贾维姝仍参加调查并记录。这次调查，主要目的仍是寻找城墙东南隅的人工土山。盖州高丽城山城东南隅，无人工土山。这是这次联合调查的一致结论。

10月21日，冯老领我和孙仁杰调查抚顺界藩城。由于已过旅游季节，铁背山北侧元帅林的游船已撤，无法从北侧登山。我们便从铁背山南侧哈塘、苍什接近铁背山，摄其南侧。铁背山南侧悬崖峭壁，草木不生，其下即大伙房水库苏子河口。为了登上铁背山，当天下午，我们又绕到南杂木奔转湾子，翻越一道大岭，又步行十余里，从擦屁股岭登上铁背山南侧东段，此即界藩城东卫城。石筑，石材基本不经加工，砌筑比较草率。城门边有一房址，城内有一瞭望台。从城门向城内望去，这里地势呈簸箕形，窝子较大。转湾子平地中，见有两座大石盖墓，年代较早。

10月22日上午，冯老又领我和孙仁杰共同调查五龙山城。这次调查，仍发现高句丽红色格纹瓦及筒瓦。城墙明显分为早晚两期，早期石材加工程度较低，无楔形。晚期已用楔形石。用河卵石筑城，是该城的一大特点，且数量较多。

其后又调查三道关，但着重调查了第三道关即雅尔哈关。该关城墙墙内为土、墙外包石，石材及砌筑方式似同于界藩城东卫城。

又去柜子石调查，着重调查了平地土石混筑残墙。在其西侧的山坡上，发现有一条东西向似墙迹象，山坡遍生蒿草，唯独这条生长山里红等荆棘。

10 月 23 日上午，我和孙仁杰调查桓仁下古城子遗址，拍摄远景。之后，拍摄城墙砬子山城远景和瓦房沟山城。下午，回到集安境内，拍摄七个顶子关隘和老边墙遗迹。

10 月 24 日，我和孙仁杰、迟勇调查集安霸王朝山城。这次调查的主要目的是寻找该城是否存在早期遗迹。因 23 日夜里降雪，山城内外一片洁白，踏雪登城，周身寒彻。克服很多困难，坚持调查完毕。霸王朝山城城墙全部采用楔形石砌筑，不仅没有一期城墙，就连二期城墙也没有。可以肯定，霸王朝山城的筑城年代属于三期。有人认为霸王朝山城是尉那岩城，完全是主观臆断，根本站不住脚。

10 月 25 日上午，我和孙仁杰、迟勇调查柳河罗通山城。柳河县文管所于晓辉所长出差，安排辛晓光、尹国财陪同我们一起调查。此前，王志敏、于晓辉曾陪同我们全面调查过罗通山城。这次调查的主要目的是寻找罗通山城有无楔形石。经在西城查找，无楔形石。西城与东城间共用墙有楔形石。该城石材经认真加工，石块较大，但均未作成楔形。据此判断，罗通山城的初始建筑年代属二期末。

据当地人介绍，此山原名为骆驼砬子、骆驼山。这次登山，抱着试试看的态度，寻找骆驼砬子。因山上雪大，路滑，十分危险，我们克服极大困难，登到西城与东城共用城墙地段。城墙之下，万丈深渊，令人毛骨悚然。在城墙下方，我在向导尹国财指点下猛然发现有一巨大片状立石，从正面远远望去，状若上山骆驼，腰部有鞍形。此石，当即骆驼砬子无疑！骆驼山，当由此砬子得名。“罗通山”是“骆驼山”的音转，与所谓罗通扫北，毫无关涉。

从 2004 年 4 月 20 日我第一次考察桓仁五女山山城开始，到 2011 年 10 月 25 日，我与孙仁杰、迟勇考察罗通山山城结束山城调查，8 年间，我们共调查山城等 242 座，其中高句丽山城 114 座。到 2011 年 10 月 25 日，我的《高句丽山城》汇总文件夹中，共有 355 个文件夹、19909 幅图片，119 GB。此外，还拍摄了一些反转片和负片。共拍摄山城图片 21000 多幅，其中高句丽古城图片 16000 多幅。经初选，选出高句丽古城图片 6000 多幅。这期间，从冯老身上学到很多知识。

2013 年 11 月 20 日，冯老于沈阳乐知堂为我和孙仁杰、迟勇的《高句丽古城考鉴》写完长序，读罢不禁热泪盈眶！开头先写全面调查高句丽古城的特殊重要性和必要性，中间从八个方面梳理、肯定本书的特点所在，最后述说这一浩大工程的艰难所在，再致祝贺之忱。这岂止是一篇书序，不啻是如何开展考古田野调查的辅导范文。冯老的心血所系，情谊殊深。

二、关于辽太祖东征渤海国的进军路线

为了搞清辽太祖东征渤海国的进军路线，2015 年 9 月 22 日—10 月 1 日，我专程到沈阳请冯永谦先生到辽源，考察龙首山山城、城子山山城、工农山山城、东辽小城子古城和辽源市博物馆。之后，从辽源出发经梨树、四平、双辽去内蒙古科左中旗、阿鲁科尔沁旗、巴林左旗，翁牛特旗、开鲁县、奈曼旗、库伦旗等地，多有收获。

这次考察，先是从东丰县出发，完成了梨树、东辽和内蒙古科左中旗东玛拉沁遗址的调查。之后，完成了后期在内蒙古境内的大量调查工作。

（一）木叶山

公元925年天赞闰十二月壬辰（初四），辽太祖东征大军祠木叶山。

关于《辽史》记载的日期，均为以天干、地支记日，我搞不准是哪一天，都是请冯老给我换算后，一一标注的。

《辽史》记载，天赞四年（925年）闰十二月“壬辰，祠木叶山。壬寅，以青牛白马祭天地于乌山。乙酉，次撒葛山，射鬼箭。丁巳，次商岭，夜围扶馀府”。这是辽太祖东征渤海的进军路线。

关于木叶山，学界目前主要有两说。一是，巴林左旗的祖山，文献依据是《旧五代史》《新五代史》等所载：“葬阿保机于木叶山。”二是，翁牛特旗的海金山，文献依据是《新五代史》《文献通考》等记载的“南木叶山起南楼”，地处西拉木伦河与老哈河汇合处的永州附近。

（二）乌山

《辽史》记载，天赞四年（925年）闰十二月“壬寅，以青牛白马祭天地于乌山”。乌山，内蒙古赤峰学院历史文化学院副教授李俊义、阿鲁科尔沁旗文物局副局长兼文物管理所所长周兴启共同撰文，认为是朝克图山，亦称裂缝山。此山东侧峰顶有一座祭坛。我们在向导宝音乌力吉的引领下，登上山顶并拍摄了祭坛。

渤海国灭亡后，辽在渤海原地设东丹国，封皇太子耶律倍为“人皇王”，而实权则在耶律羽之手中。会同四年（941年），朝廷举行册礼，耶律羽之被召入京到宫中朝见，加特进。当年八月十一日，去世，享年52岁。会同五年（942年）三月六日，耶律羽之被葬在裂峰之阳，即今内蒙古阿鲁科尔沁旗罕苏木苏木（乡）古日板呼舒嘎查（村）的朝格图山南麓。

该山主峰峰尖形成一个大沟堑，远远看去就像一个裂缝，所以，当地人称此山为裂缝山。有学者认为，此裂缝山酷似女阴，含有生殖崇拜之意。朝克图山顶峰有圆形祭坛，应是辽太祖时在此进行祭祀的遗迹。

冯老在《辽灭渤海国进军与回师路线考》一文中认为，这一祭坛，应为辽太祖时所筑，建筑草率，太祖时祭礼之后，废弃不用，所以才成为耶律羽之家族墓地。我觉得这是有道理的。

2015年9月27日，乙未中秋节之日，我与八十周岁的冯老登上了十分难上的裂缝山！

我们在周兴启副局长安排的向导宝音乌力吉的引领下，从耶律羽之家族墓地出发，先路过一个高大的土圆丘。东西宽15米、南北长24米、高4米。西侧，有两块粉色花岗岩石块。在土圆丘之上部，有一处遗址，用石头叠成石墙，性质不明。翻过一道山梁，开始登山。快登顶处，发现一道石墙，围成一个平台。我们终于登上山顶并找到了祭坛。

祭坛位于朝克图山裂缝的东侧顶峰，系用石板人为堆积而成，上窄下宽，直径6.7米，底座直径7.4米，高2.1米，自底部到顶部有十三级台阶。接近祭坛的那一刹那，一种难以言表的敬畏之心油然而生。天赞四年（925年）闰十二月“壬寅，以青牛白马祭天地于乌山”。这一年，距2015年已1090年。闰十二月壬寅，是闰腊月十四。1090年前，就在这里以青牛白马祭天地吗？问天，天无语。

2015 年 9 月 27 日，摄于朝克图山祭坛

举镜拍摄，奇象环生：一道天光，直射祭坛！

此山，蒙古语称为“查布图山”，亦即“裂缝山”之意。冯老认为，《辽史 · 地理志》中上京属地的山川，无乌山。如果此山是“乌山”，就应列出。而上京诸山中，也无乌丸山，只有“马盂山、兔儿山、野鹊山、盐山、凿山、松山、平地松林、大斧山、列山、屈劣山、勒得山”。“列山”“屈劣山”，可能就是今“裂缝山”在辽时的称谓。尤其这个“列山”之名，更具形象。我觉得，冯老的这一分析很有道理。列山，很有可能就是“裂山”“裂缝山”，在耶律羽之家族墓志中称为“裂峰”“烈山”，在《辽史》中称为“列山”。

祭坛似遭到扰动。上边的沟纹砖，显然已经移位。

我们恋恋不舍，流连忘返，在这留下珍贵的纪念照。

风驰云涌，瞬息万变！忍不住又拍摄一些照片。

16 时 31 分，我们即将走出裂缝山。向前、向后拍摄多幅照片，留下这一极为壮观的图像。

夜幕降临。十五的月亮，又大又圆。当冯老跨过最后一道山岭时，月亮刚好扛在肩头！跟在后边的我，不失时机地抢下这一历史性的镜头！

（三）撒葛山

《辽史》记载，天赞四年（925 年）闰十二月“乙酉，次撒葛山，射鬼箭”。撒葛山，不应在黑龙江肇源境内。科左中旗巴彦塔拉镇的黑山头，在沙地中拱起高丘，范围很大。黑山头下，有辽代东玛拉沁遗址，地表散布大量的辽代砖瓦陶片等遗物。这一天，下大雨，冯老领我在苞米地中反复穿越，眼见大量实物，感性认识尤深。

2015 年 9 月 25 日，张福有（左）、冯永谦（右）考古调查雨中摄于东玛拉沁辽代遗址

（四）商岭

《辽史纪事本末》卷一记载，耶律阿保机天赞四年（925 年）闰十二月“丁巳，次商岭，夜围扶余府”“天显元年（926）春正月己未，白气贯日。庚申，拔扶余城，诛其守将”。这两条文献很重要。

经与冯老多次探讨，我对“商岭”有了新的认知。

商岭，应在夫余府的外围，而不应是夫余府所在的山岭本身。将罗通山山城推定为夫余府，同时又把罗通山推定为商岭，就属于这种情况。而农安，则无可推为商岭的合适山岭，这个问题是无法解决的。

辽源市四周全是山丘，里三层、外三层，山中有城，城中有山，正所谓：“环滁皆山也。”这里的关键，是破译了“萨哈岭”和“萨贺水”。

1. 萨哈岭

在辽源调研期间，我所住的辽源市宾馆房间中放置着《辽源市地图》，为 2011 年 10 月由吉林省基础地理信息中心编制、哈尔滨地图出版社出版发行的，也有 2014 年 4 月西安地图出版社编制出版发行的。其中均印有“萨哈岭”。2015 年 5 月 9 日下午，我与唐洪源调查了距辽源龙首山山城南 20 多公里的萨哈岭。该岭西段在东辽县凌云乡化新七队一带。我们访问了当地 88 岁的李永福、81 岁的刘景禄老人。萨哈岭，在当地称作“老虎站”“闫大顶子”。岭南边，是东丰杨木林镇的永久村。萨哈岭，当是古地名。同样，萨贺水，也是古地名。一山一水，殊途同归！我经请教满语权威教授刘厚生先生得知，“萨哈岭”是女真语，意为“翠绿的山、重叠的山、打猎的山”。

2. 萨贺水

萨哈岭与萨贺水，当有密切联系。公元668年，泉男建以兵五万袭夫余，被李勣破之于萨贺水上，斩首五千级，俘口三万，器械牛马称之。然后，契苾何力会李勣军于鸭绿栅，拔辱夷城，悉师围平壤。这是元马端临《文献通考》中的记载。萨哈岭与萨贺水在同一地点出现，并非偶然。

宋欧阳修、宋祁等《新唐书》卷二百二十《列传第一百四十五》“男建以兵五万袭扶馀，勣破之萨贺水上，斩首五千级，俘口三万，器械牛马称之。进拔大行城。刘仁愿与勣会，后期，召还当诛，赦流姚州。契苾何力会勣军于鸭渌，拔辱夷城，悉师围平壤”是相同的记载。

元马端临《文献通考》卷三百二十五《四裔考二》也有记载：“男建以兵五万袭夫馀，勣破之萨贺水上，斩首五千级，俘口三万，器械牛马称之。进拔大行城。契苾何力会勣军於鸭渌，拔辱夷城，悉师围平壤。”

清顾祖禹《读史方舆纪要》卷三十八中有记，萨贺水，一作薛贺水。所记之事，仍是唐乾封三年，李勣等伐高丽，别将薛仁贵克扶余城，高丽趋救，与李勣遇于薛贺水，合战，勣大破之，进拔大行城。是也。从中可知，薛贺水，应为萨贺水之误。《志》云：薛贺水出北山中，东南流入鸭绿江。东南入鸭绿江的，是泉男建救夫余城所经过的三道沟河。由三道沟河，通往鸭绿栅。这与后晋刘昫等《旧唐书》卷五《本纪第五》“三年春正月庚寅，诏缮工大监兼瀚海都护刘审礼为西域道安抚大使。壬子，以右相刘仁轨为辽东道副大总管。二月戊午，辽东道破薛贺水五万人，阵斩首五千余级，获生口三万余人，器械牛马不可胜计”的记载是一致的。此事，宋司马光《资治通鉴》卷二百一也有记载：“泉男建复遣兵五万人救扶馀城，与李勣等遇于薛贺水，合战，大破之，斩获三万余人，进攻大行城，拔之。”

3. 萨哈岭是萨贺水的源头地带和分水岭

其北流水是渭津河源头，南流水是辉发河源头沙河、莲河。所以，萨哈岭是东辽河与辉发河的分水岭。

在萨哈岭的南北两边，都有辽代遗址。根据《东辽县文物志》和《东丰县文物志》的记载，岭北边，有东辽县段家沟辽代遗址。2015年7月2日上午，我们在此地采集大量辽代砖瓦等器物标本。岭南边，有东丰县狍子圈辽代遗址。2015年7月2日下午，我们在此地也采集很多辽代砖瓦等器物标本。这些标本，均放在辽源市文管办。2015年8月5日、8月6日，我们又调查了东丰县杨木林镇小城子古城及东辽县渭津镇段家沟遗址、东丰县拉拉河乡狍子圈遗址。从段家沟遗址到狍子圈遗址，中间隔一道青顶子山。青顶子山是萨哈岭的东段，岭顶路面海拔401米，岭下路面海拔387米，高差仅有14米。岭虽然不高，却是渭津河与辉发河的分水岭。现在，从段家沟遗址到狍子圈遗址之间，仍有人行茅道，两地的直线距离仅有3.5公里，是从东丰城址山山城到辽源龙首山山城之间距离最短的必经之路。

萨哈岭，自东而西，横亘于东辽与东丰之间，属于吉林哈达岭的一段。萨哈岭西段，经彩岚、长兴等夫余墓地到小城子古城，再到辽源龙首山山城下的长岗岭、东腰岭子，应是商岭地带，亦应是辽太祖“次商岭，夜围夫余府”的进军路线。

根据辽太祖东征渤海的进军路线和时间，925年闰十二月初四，祠木叶山。此木叶山，如按巴林左旗之祖山，则向东北的朝克图山进发，十天后于十四到达，以青牛白马祭天地。七天后，于二十一到达科左中旗的黑山头及东玛拉沁遗址射鬼箭。又过八天，于闰十二月的二十九，到达商岭，东丰与东辽的分界线——萨哈岭，夜围夫余府。三天后，庚申正月初三，拔夫余城。

（五）忽汗城

926年天显元年春正月己未（初二），白气贯日。庚申（初三），拔扶馀城，诛其守将。丙寅（初九），惕隐安端、萧阿古只等将万骑破諲譔老相兵。皇太子、大元帅尧骨等夜围忽汗城。己巳（十二），諲譔请降。庚午（十三），驻军于忽汗城南。辛未（十四），諲譔素服，槁索牵羊，率僚属三百余人出降。上优礼而释之。甲戌（十七），诏谕渤海郡县。丙子（十九），遣近侍康末怛等十三人入城索兵器，为逻卒所害。丁丑（二十），諲譔复叛，攻其城，破之。驾幸城中，諲譔请罪马前。诏以兵卫諲譔及族属以出。祭告天地，复还军中。此忽汗城，即渤海上京龙泉府，后改称天福城。

辽太祖拔夫余城之后，辽军的进军路线当从东辽河进入辉发河、松花江、牡丹江流域。

2015年10月10日至11日，我与高志敏、李超、张世坚到敦化，沿此线做了实地调查。张春华、王启立、王波等同志给予很大支持。敦化市文管所高峰与我们一起调查。

这“两江一河”沿岸，有东丰杨木林的小城子、东丰城址山山城、辉南永康的小城子、辉发城，桦甸的苏密城，敦化的马圈子、黑石、大甸子辽代古城和黑龙江宁安南湖头辽代古城，通达渤海上京龙泉府。这里，仅简单介绍一下鲜为人知的几个渤海或辽代古城的情况。

马圈子古城，位于敦化市大蒲河镇浪柴河村西4公里许的河套上。因浪柴河村原名马圈子，为与已往国内外考古文献一致，故仍用马圈子之名。此城西、南、东三面被富尔河环抱，河南岸是陡峭的高山，形成一道天然的防线。城北面临开阔的平地，敦化、安图等方面通往桦甸的公路从这里经过。

城的形制，基本呈方形，只各边长度与方向稍有差异。西墙最长，317米，南墙198米，东墙209米，北墙208米。墙的残高在2～5米之间，随地势变化，有高有低。墙上部宽度1～1.5米，墙基宽8米左右。城墙有东、南、北三个口，据老农讲，从前只有一个东门。东门在东墙偏南部位，带有瓮城，直径13米左右。城之四周共有七个马面，四角各一个，东墙中部一个，西墙中部一个，北墙偏东部一个。城的东北角外和西北角外，还筑有附加的墙和堡垒状的设施。城址保存完整，遥遥望去，壁垒森严。

城内已开垦耕种多年，地面遗迹已遭破坏。城内东南部，曾有一口井，位于东门之西50米许，现已填平，那里地面略显低洼。

敦化文物管理部门曾在城内采集到陶片、铜钱、铁车穿、铁锅残片、残石磨、蚌壳、马牙等遗物。从这些遗物特征看，有渤海时代的，也有辽金时代的。可以断定，此城的年代，上限不晚于渤海，辽金时代又继续沿用。

据李建才、陈相伟二位先生《渤海中京和朝贡道》一文所述，此城恰在渤海时期与唐朝往来的朝贡道上，在城西5公里许柳树河屯，还出土金代的“副都统印”。可见，这座城在渤海、辽、金各代，都居于要冲地位。

黑石古城，坐落在敦化市黑石乡政府所在地北侧的冲积平原上。古城西临牡丹江，江水由南向北，然后由城西北角转折向东流去。

古城为渤海—辽金时期。所处地势略高，其西、北两面环水，东西有一小岗，地势险要。城郭呈长方形。东、西两墙各长360米，南北两墙各长300米，周长为1320米。城垣大部已损坏，城墙残高3米，西墙已被江水冲毁，江崖高出水面6米或10余米不等。城之四角各有一个角台，此外东、西两墙各有4个马面，北墙有3个，南墙尚有2个，共计13个马面，马面的间距约50米，均为叠土夯筑而成。城墙为土坯砌成，南墙中部有一座门带瓮城。城址内散布着瓦片、青砖、辽金白瓷片。城内曾有一井，井口宽为120厘米，长132厘米。采集的遗物有陶片、瓷片、铜钱。

古城濒江而建，应是为控制水路而设，乃江防要塞。从采集的陶片、瓦片来看，与敖东城出土的相同。城址内发现的白瓷片应为辽代遗物。此城系渤海所建，辽代沿用。

大甸子古城，坐落于敦化市林胜乡大甸子村北牡丹江的北岸。江北岸本属大山嘴子乡辖区，因古城一带除江南岸的大甸子村外，无其他居民点，历来人们都惯称其为大甸子古城，故仍用此名。

古城处于江湾地带，江水从石砬西侧由北向南流，流至砬子西南方，急转向东，使砬子前方，江的北岸，形成一块东西狭长的台地，城垣随着地形呈东西狭长状态。

城墙从石砬根筑起，沿江边由北向南伸延，在60米处，渐向东弯，在90米处，出现一个10米宽豁口，当为城门，因江水冲刷迹象模糊。豁口以南160米处，城墙弯向东，呈东西方向，与江道平行，向东地势渐低，在这地平的部位，沿江一侧仍有一条土墙，再向东，江道向北弯转，切断了这块台地，城墙消失了。总体看，城垣只有西墙和南墙。全长600多米。东墙直抵江岸，无东墙。北依高山，为筑墙。南墙上有两处马面痕迹。

城内中部有一石堆，形状近于房框，东西12米，南北5米。未发现遗物。根据王承礼先生《吉林敦化牡丹江上游渤海遗址调查记》所载，此城为渤海时代的江防要塞。

南湖头古城，位于黑龙江省宁安市镜泊乡南湖村北400米处。据《镜泊湖志》记载，该城属辽金古城。1949年以前，曾有俄人包诺索夫和日人奥田直荣等做过调查。1958—1960年，黑龙江省博物馆、牡丹江市博物馆对古城做了调查。1981年初夏，黑龙江省考古队对该城做了复查。

该城呈长方形，大致南北向。城东墙和北墙被江水冲毁，南墙长约700米，西墙南段残长220米。城墙残高4米，墙基宽9米。南墙中部有一门址，宽6米，门址外侧有一个瓮门。城墙外缘残存8个马面，其中南墙、西墙各4个。有一个马面高大，高出城墙近1米。底部直径10米，顶部直径7米。墙为夯土板筑。夯层厚为3～5厘米。城内地势北高南低，是个斜坡不大的漫岗。坡邻近北墙时为最高处。城内有布纹瓦片、砖块、泥质轮制残陶片和瓷片等遗物。城墙夯层内有打制石器和陶片、碎骨等，有可能建在早期遗址上。城为辽金古城。此城距渤海上京龙泉府只有40多公里。

以上是辽太祖东征渤海时大致的进军路线。如按海金山之木叶山，南下祠木叶山后，还要向东北乌山回返很远，路不顺畅。如将开鲁县的黑龙坝推定为乌山，地理位置相当，但该县无山，仅有沙丘，是为一个疑点。

三、关于辽太祖灵柩返辽上京的回师、回葬路线考

辽太祖去世前从天福城到夫余府的路线和去世后从夫余府回葬的路线，也有文献可据。

据《辽史》记载，926 年三月戊午（初二），遣夷离毕康默记、左仆射韩延徽攻长岭府。甲子（初八），祭天。丁卯（十一），幸人皇王宫。己巳（十三），安边、鄚颉、定理三府叛，遣安端讨之。丁丑（二十一），三府平。壬午（二十六），安端献俘，诛安边府叛帅二人。癸未（二十七），宴东丹国僚佐，颁赐有差。甲申（二十八），幸天福城。乙酉（二十九），班师，以大諲譔举族行。

由此可知，辽太祖从天福城班师，是 926 年三月二十九。

夏四月丁亥朔（初一），次伞子山。辛卯（初五），人皇王率东丹国僚属辞。

从上述记载中可知，辽太祖于 926 年三月二十九班师，第三天即四月初一次伞子山。四月初五，人皇王率东丹国僚属辞。由此判断，伞子山不会距渤海上京即天福城太远，人皇王辞行之地，均应在伞子山。

（一）伞子山

在敦化境内，多有状如伞形之山。但山形如伞、山下有渤海和辽代遗址的，目前仅发现雁鸣湖镇西河城堡及附近的大甸子古城。其地理坐标为东经 128° 33′ 05.91″，北纬 43° 40′ 35.71″，山上城堡海拔 513 米，山下海拔 362 米，高差 151 米。此山不是很高，山上的城堡大致为长方形，南北墙各长 40 米，东、西墙各宽 20 米，周长约 120 米。开有北门和西门。西门直通前往大甸子古城的山冈，两城相距 3 公里。西河城堡下，是开阔的平地，为渤海与辽代遗址，陶片密集。

从西河城堡向东 12 公里，是敦化腰甸子城堡和二十四块石遗址。腰甸子城堡和二十四块石遗址，现在地表仍存大量的渤海、辽代砖、瓦、陶片，还有多块础石。这里似为一处较大的渤海建筑址，其中包括一处庙址。其位置紧靠 201 国道，通往宁安。

从腰甸子遗址向东 18 公里，是黑龙江宁安镜泊乡南湖头古城。从南湖头古城到天福城，是 45 公里。

从《辽史》中“将万骑为先锋”“諲譔请罪马前”等记载中可知，辽太祖征战中是骑马前行。从天福城出发，第一天驻南湖头，第二天驻腰甸子，第三天驻西河包括大甸子古城，方向、路线、距离都较适宜。因此，将“伞子山”推定在西河城堡和大甸子古城，是较为相当的。

（二）慎州

这期间，五月辛酉（初六），南海、定理二府复叛，大元帅尧骨讨之。六月丁酉（十二），二府平。丙午（二十一），次慎州，唐遣姚坤以国哀来告。秋七月丙辰（初二），铁州刺史卫钧反。乙丑（十一），尧骨攻拔铁州。庚午（十六），东丹国左大相迭剌卒。辛未（十七），卫送大諲譔于皇都西，筑城以居之。赐諲譔名曰乌鲁古，妻曰阿里只。卢龙行军司马张崇叛，奔唐。这时，辽太祖仍在伞子山以西、长岭府以东的慎州。因为长岭府仍未攻下，辽太祖及卫送大諲譔，均不能经由长岭府，很有可能是从慎州绕过长岭府而到达夫余府。这就有可能从富尔河、漂河进入松花江，经由夫

余初期王城今吉林市到夫余后期王城、渤海夫余府今辽源。

由此看来，慎州当有可能在敦化马圈子古城到吉林市这一线上的古城中。此慎州，当系唐武德（618—713年）初，以涑沫乌素固部落所初置之慎州，隶营州都督。万岁通天元年（696年），营州陷于契丹，慎州乔迁于淄青州之境。神龙初（705年）北还，寄治幽州良乡县之都乡城，即今北京房山区东长沟（汉西乡故城，世谓之都乡城），与黎州同治，领逢龙一县。后废。《辽史》所记之事，当用慎州之初名，慎州初置之地望，在松花江流域是对的。

七月甲戌（二十），辽太祖次扶余府，不豫。是夕，大星陨于幄前。辛巳平旦（二十七），子城上见黄龙缭绕，可长一里，光耀夺目，入于行宫。有紫黑气蔽天，逾日乃散。是日，辽太祖崩，年五十五。

八月辛卯（初七），康默记等攻下长岭府。甲午（初十），皇后奉梓宫西还。壬寅（十八），尧骨讨平诸州，奔赴行在。乙巳（二十一），人皇王倍继至。

九月丁卯（十三），辽太祖梓宫至皇都，权殡于子城西北。己巳（十五），上谥升天皇帝，庙号太祖。

《全唐文》载，先羌将军陈继威使契丹部内，“七月二十日，至渤海界扶馀府，契丹族帐在府城东南隅。继威既至，求见不通。窃问汉儿言，契丹主阿保机已得疾。其月二十七日，阿保机身死。八月三日，随阿保机灵柩发离扶馀城。十三日至乌州，契丹主妻始受却当府所持书信。二十七日至龙州，契丹主妻令继威归本道”。这段文献极为重要，还见于《北史》《册府元龟》等典籍。乌州、龙州，是辽太祖灵柩归葬的所经之地，而灵柩的出发地为夫余府。

（三）乌州与龙化州

乌州，根据冯永谦先生考证，地处科左中旗中满金敖古城，此龙州应是龙化州，地处库伦旗扣河子镇酒局子古城。此城为东西二城，别处未见此状，与文献记载相符。之所以要先到龙化州，再到上京，是因龙化州是辽太祖和述律氏“上尊号”之地。

综上所述，辽太祖灵柩回葬的路线应是：从渤海夫余城辽源龙首山山城一带出发，顺东辽河而下，到梨树城楞子古城、双辽大金山古城、山东屯古城，再到科左东玛拉沁遗址，中满金敖古城即乌州。由乌州到龙化州，因龙化州是阿保机“上尊号”之地，辞行后最后到祖州安葬。辽太祖灵柩回葬，共走了三十四天。

辽太祖灵柩回葬路线，自渤海扶余府以西，大部分路线与东征渤海国的进军路线相一致。扶余府以东，其进军路线则是，从扶余府出发，经辉南的小城子回跋大王府，桦甸苏密城的长岭府，到敦化马圈子古城、黑石古城、大甸子古城、西河城堡、腰甸子城堡，再到黑龙江宁安南湖头古城，抵渤海上京龙泉府。

辽太祖东征扶余的进军路线和其灵柩回葬祖州的路线，除个别路段外，大部分是重合原路。从自然地貌上看，是沿“六河两江”行进的：西拉木伦河、老哈河、西辽河、东辽河、辉发河、松花江、富尔河、牡丹江。按现代交通看，则是沿303、201国道的走向行进。从辽源沿303国道西行，直接通向巴林左旗辽上京。由此可知，现代交通，是沿古代交通习惯形成的，而这一交通习惯，是由自然地理条件所决定的。

关于全线调查辽太祖东征渤海国的进军、回师等路线，林沄先生在为拙著《夫余后期王城考》所作的序中，肯定了我提出的观点，夫余后期王城不在农安，而在辽源："因此 2015 年 5 月于辽源召开的学术研讨会上得到与会学者的充分重视和很大的支持。会后，张福有又进一步发挥他注重实地考察的研究特点，和我很敬重的辽宁省考古前辈冯永谦先生一起，沿辽太祖从辽上京到渤海夫余城的路线，在 9 月下旬进行了实地考察。又和辽源长期从事文物考古工作的唐洪源先生一起，沿辽太祖从夫余城到渤海天福城的进军和返回路线，在 11 月冒雪进行了实地考察。从而复活了渤海时代的'夫余契丹道'，辽源作为渤海时代从首都通往契丹的关键之处有了更有力的依据。在此书出版之前，能看到如此多幅实地调查的珍贵照片，真是独得的乐趣。遥想张、冯两位先生在秋高气爽的时刻登上阿鲁科尔沁旗的朝格图山，目觌圣坛灵光；念及张、唐两位先生冒雪探寻松花江渡口，顶风翻过新开岭，真有热血奔涌之感！"林老对冯老的评价，我每每读来，都有热血沸腾之感！

践博古 觉气象 行通今 斯尺牍

——我的尊师冯永谦先生

王 健[①]

托尔斯泰曾说："要了解一个人是不可能的，但可以描写他给我的印象。"在冯永谦先生六十多年的考古生涯中，称得上是我国考古界行走田野最远的探索者之一。他韬才敛气，不求富贵，追其前贤，知与神通。他对经、史、子、集圣贤大作悉读而通之，练就了他刚毅、平和、淳雅、质朴的性格特征。他的每一行脚印都向我们传递着不朽的华夏文明，每一个文字都仿佛向我们诉说着跨越千年的故事。他把一生都奉献在了考古事业中，几度花期硕果，几度日隆丰年，他的探索和理想在考古事业上从未终极停留。他平凡的生活和坦荡的人生，把对往昔生命中的自由、纯净、孤寂，把对生命与自然、历史和现代、体验与感悟，兑现给了考古事业，因为这些是他坚守的纯洁和永远的东西，所以他在考古工作漫长的跋涉中，那些幸福和忧伤无不增加了他生命中崇高与凄美的重量。

冯永谦先生一生考古事业，学富五车，著作等身。迄今粗略地知道，他已发表的考古报告与研究论文 210 多篇，专著 21 部，主编、参编书刊 8 部，报刊媒体报道有关文物考古的文章已知的有 120 多篇，其许多篇章渗透和承载了他在考古课题上的解决与创新。在陶瓷、青铜、古玉、书画、寺塔、窑址、砖瓦、木牍、锦帛、器皿、壁画等研究和考古发掘中，都留下了他闪耀着文化质量的心迹与脚印。特别是他就任中国辽金暨契丹女真史学会秘书长、会长期间，他不是局限于对辽文化的历史学、民族学和考古学的研究，而是注重对辽文化中的神话传说、绘画、壁画、建筑、雕塑、音乐、舞蹈、戏剧等交叉学科之间的相互渗透与研究，并把辽文化遗产中的文化元素加以提炼。他对契丹人如何建立辽朝，结束五代的战乱局面，与北宋形成中国历史上新的南北朝，并不断地汲取各民族的进步文明，逐渐趋于完善的史实，作了进一步的研究，肯定了其历史地位。在中古时期二三百年的时间里，辽文化是契丹人把北方草原文化与中原的农耕文化结合起来，使汉文化在辽统治区得到了广泛传播，特别是官学的设置、科举的实施，有力地推动了儒学的兴盛，使远离中原的北方各族文化素质有了不同程度的提高。更重要的是他认识到辽朝推行的"因俗而治"，一国多制，

① 王健，中国作家协会会员、中国收藏家协会会员、中国博物馆学会会员、辽宁省价格认证评估协会会长、辽宁省艺术品鉴定评估专业委员会主任（常务）。

在我国历史上长期被作为处理统治民族与被统治民族、中央和边疆关系的准则，至今仍有借鉴意义。实际上各民族之间长期交融所形成的稳定性已经溶进了中国人的血液中。

冯永谦先生是把历史的视野放在了中华民族根基的大家庭中加以研究与解读的，他发现了我们历史文化发展关系中的关联性，特别是我们民族精神中那种融合着多元性的、发散性的、个性化的最深层次东西的联系。

在冯永谦先生的考古生涯中，我们会发现他趋向于一种性情，是直达人生要义的那种憧憬。他经历了人生风景中的平静而悠远、寂寞与充实的岁月，他整日处在田野发掘和读书阅史的状态之中，当他把文物的历史价值和文化价值相合流时，他的寻找就是珍贵的；选择就是艰辛的；经历就是美丽的；成果就是丰硕的。一些新颖的学术见解同他近乎单调的生活发生着某种潜在的联系，他因现实而孤独，因孤独而思考，又因思考保持着一种成功的自信。因此，我体会出他的学术成果是崇尚诚实和卑微的，一个人的诚实态度和卑微心理，是对中华历史文明和考古工作的一种敬畏，一种虔诚，一种修行。

冯永谦先生是辽代考古史上亲自品尝辽代墓葬中出土千年老酒的第一人；他是辽代出土《郊原野趣图》和《深山棋会图》的亲自发掘并清理出土的第一人；他是辽金陶瓷研究的顶级专家，《中国陶瓷全集》中的《辽西夏金卷》出自于他的研究成果；他调查过四百多座古代城址，他发掘遗址、古墓葬，他还发掘了绥中九门口明代河上长城、丹东虎山明长城东端起点遗址，并修复起来，再现了长城的历史风貌，使那里成了名胜地，从而带来一方的经济发展，这两处长城的发掘，历时九年完成，是我国第一次大规模地对长城遗址进行发掘，随后他写的《明万里长城九门口城桥与一片石考——兼考明清之际"一片石之战"地点》《明万里长城东端起点的发现与研究》学术报告，赢得了国内外学术界的高度赞扬。他通过考古实践与研究，体现了他对传统文化的吸收与学养，体现了他对历史发展和生命意义的追寻。在他严谨且通俗的文字底下，拉长了他对历史文明发展的时空秩序、纪实事件、情感意识、社会变革、风俗礼仪、宗教文化的理性视线。如果我们从他著作的个人表述来看，他的个人经验、观念、视野、思维方式是他著作的精华所在；如果我们从他考古笔记的图式、风格、符号、表现方式来看，其笔记上的时间和地点，就是他串联历史链条上一个个闪亮的时空与坐标。

冯永谦先生在考古的事业中，不断地完善自己的理想及内在的精神气质。他自 1954 年以来，东北博物馆（后改为辽宁省博物馆）历年举办的各种展览和出版书刊所需照片以及文物队发表各种发掘或调查报告发表所需的文物照片，均是用休息日和晚间业余时间里拍摄和印放完成的。当我有幸欣赏其现在所拍摄约十几万张文物古迹现场照片和 50 多册的田野笔记时，心情久久不能平静。这些珍贵的历史资料是联系历史、现在与未来的中介，其画面是固定的，有迹象的；其意义却是流动的，源远流长的，此时还没有哪些照片和笔记留给我如此震撼的力量。这些照片和笔记，蕴含了丰富的历史价值和文化价值，不但成为了他人生奋斗中一种坚强的镶嵌而散发着夺目的光彩，而且这些照片和笔记在历史发展和民族情愫的锻造中，应该是使某一阶段、某一人物、某一时刻的精彩故事成为了永恒，成为了一个时代和民族记忆的重要组成部分。

冯永谦先生特别注重学术研究的学理性，论证的逻辑性，史料的可靠性，内容的厚重性。北方十省区电视台联合录制的37集电视系列片《万里长城》；辽宁电视台录制的10集电视系列片《辽东镇长城》，聘请他为顾问，并采纳他的意见，将明长城东端起点定在丹东虎山，以此处为起点进行拍摄，后来经过发掘，证明他的论点是正确的。在此之后，中日合拍12集大型系列电视片《望长城》时，由于正值他在丹东主持发掘宽甸虎山明万里长城东端起点遗址，这是一个非常难得的机会，电视台采访他考古发掘中的现场，他讲了发现情况，构成《望长城》系列片中生动而重要的内容。1993年出版文学台本《望长城》一书时，收录了此遗址现场的发掘情况和他具体解说的文字。沈阳电视台拍摄的专题片《沈阳史话》；辽宁电视台电视专题片《调兵山史话》；电视专题片《藏龙的峡谷》；中央电视台"走遍中国"专题片：《菊花岛》《野长城的秘密》，他都被聘为顾问，由于他对长城的广泛了解，不仅参与拍摄，并且也被拍摄进影片的镜头中。中央电视台还多次采访拍摄他讲述发掘《北票北燕冯素弗墓》《法库叶茂台辽墓》等的发掘情况。

同时，冯永谦先生还特别注重从学理层面关注我国目前考古发展和面临的重大理论和现实问题，他出版和发表的论著如：《辽宁古长城》《红山文化玉器与新品鉴考》《辽代铁器考古研究》《辽阳壁画墓》《法库县文物志》《营口市文物志》《东北古代长城考古调查与研究》等与《赶紧抢救大伙房水库地下文物》《叶茂台辽墓出土的陶瓷器》《山后八军瓷窑非北京龙泉务窑辨》《关于沈阳古塔的年代问题》《辽史外戚表补证》《海龙金汉文摩崖是近代伪刻》《北票柳条沟辽墓》《建国以来辽宁地区辽代考古收获》《辽代祺州探考记》《辽代永州调查记》《辽代饶州调查记》《辽晋国夫人墓志考》《发掘北票莲花山辽耶律仁先族墓的收获》《玉器——中国传统文化的典型象征》《箸文化历史与考古学发现论说》《赤峰缸瓦窑辽代瓷窑址的考古新发现——辽代官窑遗址的确定，兼论辽代设窑烧瓷的时间问题》《"官"和"新官"字款瓷器之研究》《拓跋鲜卑与慕容鲜卑同源的考古学研究——兼论乌桓考古学文化》《志书的编写与考古资料的运用》《〈辽史·地理志〉东京道建置厘正》《沈阳初置候城考略》《高句丽国内城定点与建城时间论辨》《辽上京附近水道辨误》《辽宁境内的古长城》《凌源富家屯元墓》《辽志十六头下州地理考》《岭北长城考》《东北古代长城考辨》《叶茂台七号辽墓发掘亲历记》《辽代矿冶采炼和金工器物的考古学考察》《关于契丹族与奚族起源的意见》《宋代名臣宇文虚中铜印考——由一颗印章的发现推翻历史上一桩冤案》《明万里长城东端起点发现在丹东虎山》、《唐诗"但使龙城飞将在"何解？——今辽宁朝阳考》《玉器八千年》《盘点红山》等等，他在不同的历史时期刊发了一批国内外有影响、高水平、服务现实的好文章，为繁荣我国的考古事业做出了一份重要的贡献。因此，我们在他的考古文章中也会不经意地看到那种走不累、写不倦、思不完、看不厌的工作影子。他的阅历和长期积累的田野考古经验，共同构成了他的学术背景和科学推理的依据，他在漫长而艰辛的跋涉中，在历史文脉的传承里，体验并创造着快乐。

一个人的理想，如同生活的延伸，自然会给我们的生活带来新的追求与探索。我们生活中总是有这样一批人，他们的奋斗与求索，是将自己的理想和时代要求结合起来，不断从中国梦中去寻找具有民族性格烙印的生命印迹，使我们的理想追求，赋予了人生意义和涵容古今的追求。冯永谦先生就是这样的人。他善于利用各种考古实践的独特环境与心灵的呼唤，绘就他汲取中华民族文化精髓中的生存力量和睿智的仪态。他能吃苦、能发掘、能记录、能绘图、能照相、能修复、能思考、能写报告是他成为多面手的看家本领，战国遗址、西汉村落遗址，汉、魏、晋壁画墓，辽代窑址，辽、金时期的墓葬群等，他都参与了发掘，并以敬畏之心倾听历史的启示，期待着奇迹的降临，努力衔接着当代与历史碰撞中的和谐共振。他是搞考古的，他参与了《中国考古集成》的编辑，这是一套总字数为两亿五千万字的丛书，可以说有此一书在手，就不用去图书馆查找还不知在哪本书刊中有你需要的文章，省去你的烦扰和精力。还有一部160万字《东北历史地理》的著作，他着力最多，体现了他的学术思考，是将他半个多世纪的考古调查和研究成果与理论思考融入进史学体系构建的力作，其文化内涵和历史价值，远远超出了著作的本身，彰显出他对历史、对人类社会发展的深邃体察，并上升为一种人文精神的体现。

总观冯永谦的考古生涯，咬定青山、吸风饮露，几经寒暑、几度春秋，我们发现在他的工作里总是贮存着这种坚不可摧的力量，总是在前行中将日常的境界转换成理想的境界，锲而不舍，心怀梦想，志存高远，充实人生。他的奋斗已经趋向于一种执着的性情、一种全新的方向、一种责任的担当、一种特殊的厚重、一种生活的坦然、一种朴素的力量、一种励志的底蕴，他的努力工作和奋斗成果已经赢得了史学界更多的关注和肯定。

冯永谦先生的考古生涯，已经沉入到一种对人类、自然、社会发展的整体性思考之中。他可能以这种方式延伸了所有的激情和诚意，从而找到了一种替补性意义的对象。他时常陷入一种深沉的哲思和淡漠的惆怅之中，还有那种不动声色的沉默与雷霆，仿佛我们伸手可以触摸到他身上的那些智性和亲切的味道。有一次，在中央电视台播出的《国家宝藏》中，我欣喜地看到铜鎏金木芯马镫与越王勾践剑、商鞅方升、云梦睡虎地秦简等在同一节目中亮相，而铜鎏金木芯马镫正是冯永谦先生亲手从北燕冯素弗墓中发掘出来的，具有很高的考古价值和文化价值。不仅如此，冯永谦先生似乎看到了这对马镫被人们忽略的另一部分，凭着他的敏感，他的智性，他的经验，他又给我们带来了可贵的新视点、新思路和新发现。他曾向业内一位同行介绍说："这是世界上出土最早的有确切年代可考的双马镫，不仅帮助三燕军队驰骋辽海、逐鹿中原，而且还影响到朝鲜半岛和日本，并通过蒙古高原上的柔然人传播到欧洲，促使欧洲进入了骑士时代。"实践证明，他的研究和判断是正确的。冯永谦先生深知，历史物件的捕捉与表达，就是要追寻考古文化的内里之义。他的考古创新能力和文化底蕴不断感染着我们，并为我们带来了学术探讨上一个又一个崭新的高度。就是在今天我们也不难看到将近九十岁高龄的他，仍然是每一天、每一小时、每一分钟都在奔跑，他总是提醒自己，考古事业就是考古人永远的方向，永远的追求，永远的脚步。即使我们在他的著作里随便浏览一下，也不难找到他一生值得纪念与回味的风景。

冯永谦先生是一位具有独立人格、精神、气质、风范、质地的考古学家，考古工作之于他个人，乃至他的人生与命运，实在是一种陌生的真实，一种真实的陌生。而他每一个发现的深刻性就存在于他独特的感受、独创的发现和独特的处理之中。他对历史的遗产和文化的感受是有味道的、新鲜的、幽深的、辽阔的。因此，我认为他镜头下的考古画面应该是史诗画卷式的，在时间的长河中追溯了国家、民族、个人或地区的兴衰，而他笔下恢宏的巨著则是对人类进步的起始、历史文化的璀璨、精神高地驻守的一曲高歌。

我相信他心灵深处对祖国、对历史、对人民的那份责任感和使命感，以及他的作品及人格，自然会在时间的延续下，绵延为一种生活之美与学术之真的盎然生机。在他生命爱过、坚韧过的景物里，他会轻轻地拾起一束阳光，并在那些等待被发现和被描绘的历史发掘中，照亮他与历史前行的脚步。

诗心匠意　贤韵士风

——感悟冯永谦先生之德业韵致

黄　镛[①]

“啪嗒，啪嗒，啪嗒……”走廊里传来不同于常人有力的脚步声，我知道是冯永谦老先生走过来了……

我认识冯老，始于2012年5月初。那时，我在沈阳建筑大学建筑设计研究院景观文化研究员的位置上，已完成了沈阳市法库县兴建辽风小镇与东湖中学的辽代文化景观创意策划文本，两处建设工地正热火朝天地展开施工。法库县委、县政府适时于5月8日举办了首届辽文化研讨会。会上，时年78岁的冯永谦先生，谈起辽代历史和古迹尤其重点谈法库地区的辽代古城、古墓，如数家珍，对辽代在中华历史上的地位和作用，有着史料翔实的高度评价。先生面容祥和，论说严谨，给我留下了极为深刻的印象。

5月9日，“沈阳市辽文化研究会”成立大会召开，我被选为副会长。5月10日，辽文化研究会成员在冯永谦先生带领下，到法库县文物管理所参观法库地区出土的辽代文物，一副辽代铁犁铧吸引了我的眼球。那犁铧比我当知青时用过的犁铧几乎大一倍，但让我惊异的是，犁铧脊上浇铸着一只栩栩如生的铁鸟，可以想象，当时的农民有着怎样一种欢愉心态，才会在犁铧脊上浇铸鸟儿，并在耕耘中欣赏鸟儿在翻卷的土花中昂首向前，那一定是要边耕作边唱起来的！冯永谦先生告诉我们：辽国的土地广袤，人口相对较少，所以庄稼地垄较宽，犁铧要大；辽代实行因俗而治，即契丹人由契丹官吏按契丹部族习俗管理，汉人由通过科举考试后任命的汉族官吏按大唐律管理，因此社会稳定有序；生活在富足和安定之中的农民，才会在犁铧脊上浇铸漂亮的鸟儿。

随后，冯永谦先生带领大家到距县城五十公里外的叶茂台镇叶茂台村西北山岗参观出土过两幅辽代著名绢轴画的七号墓。1974年5月，冯永谦先生在五一节放假期间由于单位紧急通知，由单位乘车急忙赶到叶茂台，参加对由当地村民发现的辽墓进行考古发掘，经过几天工作，就发掘出了“辽酒”，又亲手从墓内石棺和木房的夹缝中虽然艰难但却完整无损地取出两幅举世惊叹的辽代绘画。

辽墓都在叶茂台村的北山和西山上，要走逶迤的山路，然后又看了七号墓，路程不短，都由冯

① 黄镛，沈阳建筑大学建筑设计研究院景观文化研究所研究员。

永谦先生领路。我们这一行二十多人，除了冯永谦先生是78岁的老人，其余都是二十几岁到五十几岁的人，但没走多久，大部分人就落在了后面，我观察冯永谦先生的走路姿态，一直是匀速前行，不疾不缓，步幅稍大于常人，腿脚轻盈，落足稳健，如徐徐行驶之舟。

6月22日和23日两天，冯永谦先生又带着我们踏勘了位于法库县境内的辽代渭州、原州、福州等五座头下州城遗址。冯永谦先生数十年间发现和考证了二百多座辽代城址，有头下军州和州、县城遗址，仅在法库县就发现辽代城址二十二座，这两天领我们看的五座城址，都是几十年前冯永谦先生确认的属于辽代的城址。先生当年勘察时，这些城址尚有三四米高，近些年来，村民在城内和城墙上种庄稼，或取城墙土用于垫牲畜圈，城墙损毁大半。

踏勘这些古城遗址，仍是冯永谦先生一路当先，脚步轻盈稳健，上下城墙自如，年轻人大都跟不上。我不时捡起泥土里的旧瓦片旧陶片向冯先生请教，先生稍一审视即能说出其属于哪个朝代，烧制特点是什么。这让我想起一件事，在调查时，当我拾到一片钻有筷子头般大小圆孔的灰陶片问冯先生，此孔何用？先生告诉我，这是契丹人盛装骨灰的陶罐残片，小圆孔是留给逝者灵魂出入的，这里是城外的墓地。这时，我仿佛感觉到苍茫的上空有许多双契丹人的眼睛在注视着我们——你们在做什么？你们怎样看待我们和对待我们？

冯永谦先生介绍说，辽代头下军州是辽朝诸王、外戚和大臣等随同出征俘虏的人口建立的州城以及国舅、公主许建立的州城，因此叫头下军州，就是个人私城。我于是想到这些城址原是封建社会的城邑，如果展开细致的考古挖掘，对比分析城中各个阶层、各类群体的建筑基址，以及不同建筑基址内的其他遗物，对于了解我国古代封建社会的结构状况和生活状态，是会大有助益的。因为西周以后中国奴隶社会解体，而西周和商代的城邑遗址甚少，封邑城址更是少见，辽代头下军州，从社会阶段层面来讲，应该与商周封邑具有相通的特征。百年来学界所判定的秦汉至清代的帝统官僚社会是封建社会，将选任和科考产生的官员等同于皇帝根据血亲关系远近分封的贵族，将迅速被拆仅存的明清城墙叫作封建时代城墙，不知有多少文献依据或考古依据。冯永谦先生发现的这些辽代头下军州城，才是货真价实的封建城邑，我于是对冯先生说：您发现和考证的几十处辽代头下军州城，都应该报请上级主管部门作为重点文物保护单位，您说话有分量，我可以帮腔呼吁。冯先生会然，于是我俩向县方反映了以上建议，县方也确实作了很大的努力，但后来上级主管部门只批准了5座头下军州城址为县级文物保护单位。

2014年9月中旬，受有关单位之邀，我与冯永谦先生到内蒙古赤峰市的翁牛特旗考察辽代文化的一些物事。在海拉苏镇，一位当地的朋友拿出他在海金山（冯先生考证是辽代时的木叶山，乃辽代帝王祭祀天地和祖先的圣地）拣到的辽代当年在此活动时残留下来的刻有文字的石碑碎块，冯先生将这些碎片在地上摆排良久，断定是辽代时期佛教石经幢的碎片，并开始一个一个地精心拍照。

我知道，冯永谦先生拍照文物总结出了一套系统的经验。在20世纪五六十年代，高级照相器材很稀缺，为了提升拍照文物的效果，冯先生刻苦钻研摄影技术，甚至跑到长春中科院光学仪器研究所了解相机镜片工作原理，后来写出《考古摄影》一书，从摄影原理到工作实践，详细讲述，上海人民美术出版社当时正在出版“摄影小丛书”系列图书，但是不幸，1965年该书被认为不是单位安排的写作，是“地下黑工厂”，书稿被从出版社要回，并进行批判。

在内蒙古调查时的一天中午，晴空万里，阳光刺目，我们几个围着冯先生，看他拍照和量尺寸、做记录。围着看着，我们几个都受不了阳光的灼热，本能地退到房檐下的阴凉处，而冯先生好像对光热毫无感觉，以忘我的状态逐个拍照着。我看到阳光下，先生稀疏的头发间，汗珠越来越多。

冯永谦先生拍照完毕，又决定陪我们的朋友到当地拾到经幢碎片的现场去看看。经幢现场在海金山下南面的一片开阔地上，满是碎石。冯先生推断，这里当年应是辽代帝王祭祀天地和祖先的祠庙地址，而山顶则有祭祀天地和祖先的祭坛。冯先生说他1979年在昭乌达盟考古调查时曾登上山顶踏勘过，还想再上去看一遍。于是，我陪同与年届八十岁的冯先生向山上行去。

海金山麓被黄沙覆盖，我与先生踏沙上行。冯先生说，宋代苏辙曾经使辽，到过木叶山，作《木叶山》诗，诗中有云：“兹山亦沙阜，短短见丛薄。冰霜叶堕尽，鸟兽纷无托。”将近一千年过去了，现在的景物依然如故。

爬过沙坡，再往上就是陡峭蜿蜒的土石小路了，这小路是放羊人积年累月踩出来的，因为路上有不少羊粪蛋。我心想应当拽着先生往上爬，先生却颈挎相机，步履轻捷，我只好在遇到石崖时，先爬上去，再回身拽先生一把，以协助先生保护住相机不被崖石磕碰。

到达山上，有很长一段较平坦宽敞的山顶，但是风很大，吹得人要向来风方向倾斜身体才站得住。山顶中部有数处人工打凿的石块堆积，并有建筑基址的砌石，还有几块打凿过的石制物明显地不是此山和附近的山石制成的。据《辽史》所载，辽太祖时，曾凿乌山石，辇致木叶山。物书相证，信然，这里曾是辽代帝王或巫师祭祀的祭坛。顶着大风，先生仔细地拍了好多照片。

从山这端一直走到尽头，下得山来，我已觉得挺累了，可先生却依旧“啪嗒、啪嗒”地从容行走，毫无疲惫的样子。

在沈阳，冯永谦先生家距我家不远，这些年我在辽文化方面有弄不清楚的物事，会到先生家去请教，先生总是详细地为我解答，然后会与我聊些考古的逸事。比如20世纪50年代中后期至“文化大革命”期间政治运动时，他的“白专”处境，以及他遇见的有所谓政治历史问题的人的生存窘态；比如他在西丰西岔沟考古发掘时，从远处农家回收原来墓中出的文物半夜归来时迷路了，夜黑头天在坟茔地里找路，而他的一个同事，则在归途夜里的道上，与一条大野狼相持了一宿；比如他几十年踏勘考察东北三省、内蒙古及河北、山西历代长城，是沿着长城遗迹延续的山脊和沟壑行走的，不论荆棘丛生还是乱石交错，抑或穿行于庄稼地，遇到的蛇都不咬他，夜晚借住在农民或牧民家里，院子里的狗对他都很友好，从不咬他，唯有一怕就是跳蚤，咬上就起包，而且极痒，所以先生总是在炕梢的板柜上过夜；比如他口含一块牧民送给他的自制晒干的黄油奶酪，走上半天也不觉得渴，而晚上寻到一户牧民家借宿时，已经又累又渴，牧民在昏暗的油灯下递给他刚挤出来的马奶，他则将漂浮着马毛的马奶一饮而尽。先生就是在这样艰难的条件下，考察历代长城和历代官道及古城遗址等，每日行程近百里，数十年间累计有两万多公里。我于是明白了，为什么先生走路会发出“啪嗒、啪嗒”的音响，那是先生几十年间踏草丛穿荆棘时，先以脚跟磕地，试探地面虚实，再将脚掌落地，踏稳了再移后脚，如此积年累月地行走，便形成了“啪嗒、啪嗒”走路的习惯。我在辽东山区放过蚕，在山间的草丛中穿行时，就是这种以脚跟和脚掌试探地面的模式。我想，明代徐霞客万里走山川，也常有这种走法吧！

冯永谦先生的家，原在沈阳市皇姑区的一个老旧小区里，我头一次到先生家时，目中所见令我心中一颤。进门后，是窄窄的过道，没有客厅，一间卧室的杂物里挤着先生与老伴的床，那种床，是20世纪五六十年代才见得到的老式简易木板床，在如今的旧家具市场里，这种床大约三五十元一张，几乎是柴火价。另一间是先生的书房，一面是窗，另三面墙都被塞满了书的旧书架遮挡着，个别空出的墙体上，则是先生自己动手用没有刨过的木楞钉的简易书架，其余的书就只好摞在水泥地上，直抵天棚。而一张老旧的单人木床上，一半堆着书，另一半是先生写作累了休憩的地方，白底蓝方格的20世纪旧床单中间，有先生多年使用留下的人形印迹。屋中余下的地方放着一只简易旧办公桌和一只旧木椅，这些就是冯家的全套家具了，如果现在出售，大概不值搬运工的搬运价。两室一厨的旧屋，总共不到50平方米，没有一点儿装修，先生就是在这样的环境里，撰写了等身高的考古专著，填补了北中国历史的巨大空白，为后人回望历史展现出全新的视界……

与冯永谦先生挤坐在他的书房里，先生告诉我，他有千万字的考古笔记，有十万多张全国各地的考古照片，一箱子日记，还有五百多首诗。他计划每年出版两三本学术专著。先生以前出版的重要专著和这些年每出版一本书，都赠送与我，我带回家必然一字不漏地精读。我知道先生出版这些学术专著既费力又不赚钱，因为国人大都盯着赚钱的事或时髦的事，这种书没几个人看；可是先生一辈子徒步踏勘几万里无路之地，就是为了这宝贵的学术结论，不出书岂不损失巨大？而且岂止是先生个人理想的损失，更是国家民族文化上的损失啊！我至今还没见过哪本文献上记载一个人徒步走过这么多山野和荒原并做翔实的勘察考证，如果吉尼斯纪录中有这个科目，冯先生应该是不二人选。

冯先生名永谦，字易难，一字烜之，又用名司马鹿野。名如其人，先生的名、字、号，几乎就是先生的志向、信念和作为的浓缩，是先生的生命宣言，是先生以中华古来的士、贤、圣的德与业激励自己的律令。想到先生的德性和业绩，我就会想到司马迁。

2016年，冯永谦先生用他的老旧住宅和另一处装书籍资料的单室房子，更换了一处稍为宽敞的已装修过的房子，才算住上了寻常中国市民带有客厅和有所装修的居所。不过，旧书架旧书桌和单人床依旧陪伴着先生。

我知道冯永谦先生鉴定文物尤其是辽金瓷器，是天下首屈一指的，多年前，先生为了更深切地了解中国陶瓷，全国各地的窑址都亲自到现地调查，他承担了由全国八位陶瓷学者编著的《中国陶瓷全集》的《辽西夏金》卷。先生的学术研究国内外知名，鉴定也是人所共识，但其行事却很低调，有的媒体找他去做鉴定节目，都一一婉拒了，因为他要全身心地著述和补充考察，要抢时间把他六十多年积累的丰厚的考古记载整理成学术著作出版。

冯永谦先生不抽烟不喝酒，甚至很少喝茶，有一套半旧的西装可穿参加会议就知足了。为了保证专著质量，先生的书稿都是自己在电脑上修整好图片和排完版式后交付出版社。我曾问先生，您一个人将这些资料整理出版需要干多少年？先生答，三十年吧。我默然了。我想，假若有关部门安排得力人员和适当设备，鼎力协助冯先生来为国家民族做这件事，应该是题中应有之义吧。

2017年，冯永谦先生受云南保山地区有关部门之邀，去作了一次考察，后来在我去看望他时告诉我，云南保山现在仍有二十多万契丹族后裔，是元代早期从北方去到云南的。目前这支契丹族人还保留着家谱，适时祭奠祖先，还保留着以海东青捕猎的习俗，并且要派代表北上法库县祭祀先人，等等。我听后心里敞亮了一些，觉得法库县建辽风小镇是一件于国于民于历史都有益的大好事。

我读了冯永谦先生许多专著后，曾将体会对朋友、同事说：中国为什么这么大，因为辽代有文化。辽代在其广袤的辖界内设置了一百四十多个行政州，州下还有行政县，元代人撰写的《辽史》记录得不完整，颇不详尽，冯先生几十年来调查发现很多辽代城址，大多不见记载，他那种爬山岭过荒漠、栉风沐雨徒步踏勘考证出来的许多城址，个中的艰辛和愉悦，我们常人哪里体会得到？这些州县都建有儒家学校，有辽一代培育出2600多位进士，这不仅确立了中国北方的广大行政疆域，也将中华文化播种到了北中国的土壤，辽代对于中国来说，功高至伟！而辽代的这些历史面貌，多是冯先生以他的双脚“啪嗒、啪嗒”地踏勘出来的，以他的慧目鉴定出来的，以他的双手摩画出来的。

记得冯永谦先生曾跟我讲述过他考古的事：在昭乌达盟调查古城址时，十个月没回过家，换季衣服都是到时候家中给寄来；在丹东远郊主持发掘明万里长城东端起点遗址，在严冬季节仍在进行，在大雪中工作，直到进入第二年一月；在辽阳发掘时，时逢过端午节，他在太子河岸边，感慨地作过七言绝句诗，说着，先生随口就吟诵出他几十年前作的诗。我在惊异于先生超常记忆力的同时，更感到先生的胸中有着超越于常人的情怀和境界。先生的考古，更像是一边与古人有问有答地直面对话，一边细致地整理和拷贝一部宏大的史诗。

与冯永谦先生交往，总怕耽误他宝贵的写作时间，除了在主要的节日前去看望先生，平时若没有非当面请教不可的事，不忍去打扰先生，于是就有了与先生在微信中的诗文往来。仅举三例：

2015年春节，我从手机上给先生发去刚作的诗。

2015春节赠冯永谦老先生

落落乾坤一布衣，万山踏遍未为奇。
时空巡穿三千载，谈笑指点尽天机。

隔不多时，先生便发来微信，把他刚刚收到微信后作的诗发给我：

贺岁复黄镛老友

丽日新春忆往时，发微赠友慰心知。
最难野外登山事，入眼风光俱是诗。

2015春节初晨

“入眼风光俱是诗”不正是冯永谦先生将艰辛的踏勘考古看作异彩飞扬的文化事业的心灵境界吗？

时至八月十五，我写贺中秋诗发给先生，不承想年逾八旬的老先生此时竟正在内蒙古赤峰市阿鲁科尔沁旗的乌山踏勘考察辽代祭天遗址，并发来辽代乌山上祭天石坛的照片和草原初生明月的照片，回信写道：

“今天是农历八月十五，晚六点钟太阳已落山，刚从辽代乌山祭天遗址的高山上下来，路过辽代名臣耶律羽之墓，刚好一轮明月从东山上升起，清辉洒向山野，天涯共此时，拍了几张照片，看看遥远辽时天空的月亮！”中秋节诗：

中秋节调查乌山辽代祭坛遗址

岭高无路苦登攀，祭祀石坛已落斑。
千载流光人未老，归途望月下山巅。

看过致信，我深受触动，我写的中秋问候诗中，切切关照的是家人团聚，而冯先生胸臆中切切关照的则是天下家国。我感佩至极，遂又成诗一首发给冯老：

观冯老先生草原秋月照片有感

松漠纵马大契丹，北国驰骋二百年。
镔铁扬名通欧亚，北南和合盟澶渊。
一国两制开基业，华夏文化播北藩。
沧桑千载后贤至，一轮明月照乌山。

八十高龄的冯永谦先生中秋踏勘陡峭险峻无路的乌山，确认历史上的重大事件脉络，令我感到，非有高品贵格精神内存之圣贤，不能行成此举。冯先生正如那一轮明月，照亮了乌山，照亮了历史的轮廓，照亮了熟识先生的后人之心。

不久，手机微信又传来冯永谦先生的回复，是诗二首：

山中考古调查答黄镛

沧海桑田往事求，迈开脚步四方游。
山中确有昔年月，索隐全凭考古谋。

烈日寒风走大荒，只为古史补篇章。
陈年往事觅遗址，惊世文明草底藏。

2016 年 5 月 18 日，我在秦皇岛市下辖县的山里做一处古庙遗址的历史文化调研时，当地人说附近的山上有旧塔基，我于是爬上那人迹罕至的山脊去查看，发现其地并非塔基，而是一座与冯先生在内蒙古乌山拍摄的辽代祭天形制同样的石坛。查史料有记，公元 911 年十月，耶律阿保机曾率部到平州南举行祭天仪式，从而得以连任契丹可汗。而我勘察的庙址和石坛，恰在古平州东南。后来我去冯先生家，请先生看了我拍摄的石坛照片和视频，先生肯定地说，这就是辽代祭天的石坛。先生对我说，你该写一篇文章，在考古文物类杂志上发表。我说，考古和文物，我都是外行，哪里有资格写这类文章，我发现这类物事，都是从先生的教诲和先生的专著中得到的启发，以后若有机会专门与先生一道去秦皇岛，先生亲自勘察后，由先生写出报告，才会完整精准。然此事一撂，竟转眼过去了六年。

2018 年 5 月 16 日，我在湖南省新宁县考察，刚从一座山中的大溶洞踏勘出来，见手机里有冯先生发来的一幅照片，我将照片放大一看，竟然是《光明日报》五月十四日以整版篇幅介绍中国著名考古学家冯永谦先生的长篇文章，采访最后还表示说：我还可以在野外调查再走十年。我兴奋极了，冯先生终于得到早就该得到的权威专家集体认定了，于是我兴奋地在手机上写诗向先生表示祝贺：

读《光明日报》整版刊登冯老师学术生涯、成就的采访报道有感

伏枥老骥自有志，栉风沐雨走神州。
五万里路寸寸篦，三千年史细细究。
举证辨事真司马，列实写古大春秋。
国报姗姗未算迟，再看十年壮志酬。

2018.5.16 于湖南新宁

诗中的“举证辨事真司马”，指的是冯先生举证考古材料辨别史事，有史学鼻祖司马迁之治史精神；“列实写古大春秋”，指的是冯先生列举考古的实物实境书写历史人物、事件及其历史地位，有先圣孔子著《春秋》之透辟笔力。

2018 年，冯先生已八十四岁高龄了，每天还在奋笔耕耘，填补着北中国历史的空白。先生笔下的北中国历史，完全不同于其前两千年来的许多史家们所描述的满是苍茫和愚昧的荒漠，而是充满了生机和进取，灵动着浪漫和文化的活历史。而这些论说的依据，就是他徒步踏勘几万里的历史实境和实物。先生是真正的胸怀诗和远方的文化巨匠，是对人类文化怀有大爱的寻踪学者。先生家境俭朴却精神富有，先生如童子般纯净的眸光中映显的是数千年华夏文明的立体宏图。记得先生一次从勘察现场给我发来的诗句“清风频吹乱人发，调查归来意绪高”。我从这诗句中体悟到，先生的脚步走出的是诗行，是韵律，是对生命的讴歌，那“啪嗒、啪嗒”的脚步伴着他的诗走向寥阔。

冯先生是我见过的中国老一代学者中最让我心生敬意的师长之一。先生之敬业，如钻木取火，兢兢不止；先生之为人，如春风临境，徐徐润生。先生之于人生信念，如笋之成竹，即生即挺，节

节刚毅；先生之于祖国鸿业，如燕之筑巢，衔泥濡沫，振翅不疲。

先生以他诗境般的心怀与才情，巨匠般的意蕴与手笔，圣贤般的德范与韵致，义士般的坚韧与风骨，毕生投入他热爱的考古事业，不计酬劳，不辞万苦，一路筚路蓝缕，披荆斩棘，终于绘出了一直迷蒙在历史浓雾中的北中国数千年辉煌文明图卷，这图卷，以它信实的考古实证和深邃的思维亮度，光复着北中国的历史文化面貌。

冯先生今年八十八岁了，友人们相约要为先生庆祝米寿，然后出版一本文集。我谨以我接触先生这十年间的具体事例和内心感触，结成本文，虽不能尽抒胸臆，权且算作是对先生米寿的一份诗心真情的庆祝吧！

2022年10月16日于沈阳

法库不会忘记

方占祥　段秀华　姜春杰　耿　彪　曹玉枝①

2022年，是冯永谦先生米寿，这使我们想起很多往事，都与他有关，因此，想写下来，祝贺他的米寿。大家最熟悉的是法库县叶茂台七号辽墓，这座墓出土很多国宝级文物，如绢画、双陆棋、蒸馏酒等，都是过去少见的，因而蜚声中外。在法库，如果提起这件事，许多人不但知道这些，而且还知道那两幅惊世的辽代绢画是谁从石棺与木构棺床小帐间、很难容身的狭窄缝隙里剔取出来的，而且这个人还大胆地尝试了墓室中用瓷瓶盛装封存千年呈淡黄色的液体！——这个人是谁？他就是辽宁省考古学家冯永谦。他不仅完好地剔取出两幅濒危而又难得一见的设色绢画，而且还给其命名为“深山棋会图”“郊原野趣图”。法库人，对他太熟悉了！半个多世纪当中，冯老走遍了法库县的每一个村庄、每一道山梁、每一条河道。法库诸多长掩于地下的千年瑰宝，经他的妙手拂尘而魅力绽放、光芒四射。法库人不会忘记他，从来也没有忘记他！

一、释疑契丹战神萧袍鲁，第一位“法库籍”大辽宰相进入今人视野

1965年6月，萧袍鲁墓在法库县城东北15公里的前山村被发现。是一个小牛倌儿在蝴蝶山放牛时抠土崖子无意间发现的，当时风传墓主人是《杨家将演义》里大名鼎鼎的“萧天佐”，于是引起轰动，四面八方来人！

发掘工作由冯老和他所在的辽宁省博物馆文物工作队队友李庆发、辛占山会同法库县文化馆的段庆久进行的。萧天佐本是《杨家将演义》中的虚构人物，严谨的考古学家自然不会以讹传讹，信虚为真。当大墓发掘后，看到墓志铭方知墓主人是大辽“北府宰相”萧袍鲁，身居高位且战功显赫！但翻阅《辽史》查找大辽的勋贵功臣，却不见此人传纪。这不但让四面八方赶来看“萧天佐”的群众“一头雾水”，也让当地居民陷入谜团。这个萧袍鲁到底是谁呢？

① 方占祥，法库县司法局原局长，法库县文化学者，沈阳市辽文化研究会副会长，出版有《三梦七载》《岁月凝华》等书籍。
段秀华，中共法库县委原常委、宣传部部长，法库县人大常委会原主任，沈阳市辽文化研究会原会长。
姜春杰，法库县人大常委会原副主任、沈阳市辽文化研究会会员。
耿彪，法库县东湖中学城第三初级中学原校长、沈阳市辽文化研究会会长。
曹玉枝，法库县文化旅游和广播电视局（体育局）原党委书记、局长，沈阳市辽文化研究会会员。

冯永谦先生撰写了“答疑报告”，及时向社会亮出了“谜底”，后来他将发掘的全部结果写成文章，在全国最高考古学术期刊《考古》1983年第7期上发表。该考古报告题为《辽宁法库前山辽萧袍鲁墓》，文中写道：

“出土墓志表明，墓主人为大辽‘北府宰相’萧袍鲁，入葬时间为辽道宗大安六年（公元1090年），是辽代晚期的一座墓葬。此墓建筑规模宏伟，全部砖构，是较为少见的大型辽墓之一，为后人了解辽代晚期的建筑技术水平提供了宝贵的实物资料。墓葬虽在早期被盗，但仍遗留许多随葬品。墓中出土的瓷器，均很精美，定窑白瓷和景德镇青白瓷尤为突出。出土文物48件，包括墓志一合。

“萧袍鲁一生显赫，青年时代就有远大抱负，常谈管（仲）、乐（毅）之才，孔明之谋，备受辽兴宗赏识，因政绩卓著，职位屡次升迁，历仕兴宗、道宗两朝，为官近六十年，次第迁升，辽道宗大安元年（1085年）农历十一月，萧袍鲁拜‘北府宰相’。”

知道冯永谦先生情况的人都晓得，他对萧袍鲁特别眷顾，对其人其墓的研究详备，在1969年走“五七道路”到开原农村插队的日子里，写出了《辽宁法库前山辽萧袍鲁墓》和《辽史外戚表补证》等文章。萧袍鲁也成为走进今人视野的第一位“法库籍”大辽北府宰相。

二、叶茂台七号辽墓惊天发现，铸就考古史上几个高光时刻

本文开篇提到的辽宁国宝“两画一棋”均出自叶茂台辽墓七号墓，也都是由冯永谦先生在同一次发掘出土的。

1974年4月13日，叶茂台村居民赵鹏权和他父亲赵文山及郑国双三人，去西山（辽代圣迹山）拉石头，路过西山南坡时，无意间看到经过扰动的地面土里有大青砖，赵鹏权意识到这可能是一处古代历史遗迹，于是他们立即向大队和公社上报，并且抵制住种种利诱，克服了种种困难，自发护墓整整9天9夜，使得这一墓葬毫发无损、“完璧归公”。冯永谦写有长篇《叶茂台七号辽墓发掘亲历记》文章，每每回忆起七号墓的考古经历，都要对赵鹏权等人由衷地赞叹一番，这是法库人质朴高尚品格的写照。

1. 开启千年古墓之门，首次发现国宝“双陆棋”等珍贵文物

七号墓被发现后，铁岭地区和法库县的专业人员就到现场，发掘刚挖到墓门，看到墓门保存完好，里面幽深，东西很满，便立即封堵墓门，保护墓室。接下来，就由冯永谦所在的省考古队专家来完成了。冯老在他的《叶茂台七号辽墓发掘亲历记》一文中这样记述：

5月4日，我们赶到叶茂台西山考古发掘现场，四乡八村前来观看的人也早都来了，工地上热闹非凡。

按照前一天会议的安排，现场发掘的具体工作由我来做。封门砖由王秋华开启。我和夏同生摄影，虞刚和萧继烈拍电影纪录片。专业人员进入墓内，开始常规的考古发掘。进入墓内的第一道防线是两扇木门，两门中间锁以横式大铁锁。

墓室内的温度很低，刚一进入，有一种湿润但又凉飕飕的感觉。地下幽静，纤毫不起，没有灰

尘飘落，千年时间，看来犹如昨日，地面和遗物上的积尘还没有一个铜钱厚——我们进入墓内未进行任何打扫，墓里真是宁谧极了！

进入墓门后，便是甬道，底部铺砖，上面是船篷式券顶。甬道两侧墙壁中间各开一拱券门，门内为左、右方形耳室。两个耳室内地上置大漆盘和白瓷碗、鸡冠壶等各种瓷器，鎏金银鞍桥、绣花障泥、铁马镫等全套鞍马具及铁锹、铁斧等生产工具。甬道尽头是墓室门墙，墙面抹灰，在白灰面上有彩绘壁画。

主室内的中间后部，矗立着垂悬帷幔的彩绘木制“棺床小帐”，即木建的棺房，房内放置施绘色彩鲜艳并浮雕“四神”花纹的巨大石棺，棺上放置丝巾包裹的大漆奁，棺前地上有完好的石供桌，桌上摆满瓷和漆器的碗、钵、盘、罐，内盛各种食物，碗、盘中还残存有桃和李子的果核，还有完整的松塔。棺前东侧木桌上放有漆碗、漆勺、玻璃方盘和玛瑙杯，桌下置两只白瓷注壶。西侧有木架藤椅，上置一副罕见的木制漆“双陆棋”，还有“双陆棋”附件两枚骰子和掷骰子用的一件大漆盆！还未进入墓内清理，就已看到这些琳琅满目的遗物，真是全室异彩纷呈，光华灿烂！

双陆棋，曾经是我国古代风行的一种博戏，史料中对其多有记载。著名历史人物如曹植、武则天、狄仁杰等都深谙这种游戏。明清以后，这种棋戏渐渐消亡。七号辽墓出土的这副漆木双陆棋，是我国辽代博戏实物的首次出土，也是国内唯一完整的辽代双陆棋实物。

2. 发现千年辽酒，他大胆尝了一口

七号墓发掘的第一天，就出现了奇迹！当时参加发掘工作的铁岭地区群众艺术馆文物组王秋华（后任辽宁大学历史系教授）在其所著《惊世叶茂台》一书中记录道：

具体承担清理工作的冯永谦，对两件白瓷壶的位置和造型进行了细微的观察。他蹲在地上用双手轻轻地去捧注壶，他明显地感到这件壶的重量不对，再用双手轻轻晃一下瓶体，壶口是封闭的，里面居然发出清脆的液体声。他立刻兴奋起来，不由自主地大喊了一声：“这里面有酒！”这句话不要紧，正在进行紧张工作的同事们，都立刻停了下来，目光对准了老冯手里捧着的注壶，并围拢过来仔细观察。注壶的口是用类似软木的东西充塞，外面又用蜡封。但是由于年代太久，“软木塞”已经腐朽。人们马上意识到，必须立即密封壶口，并及时对壶内液体进行化验。但马上又有人提出，我们应该在第一时间把能够掌握的情况先记录下来，有人立刻赞成这种意见，有人随即提出，干脆用嘴尝一尝，看看到底是什么东西。这个意见马上得到大家的支持。说着，有人马上递过来一只玻璃烧杯，老冯从壶中把液体轻轻地倒在杯中少许，并立即用身边的宣纸卷成卷，将壶口封闭起来。

大家的目光又一次集中在这只盛着千年液体的烧杯上。谁也拿不准这液体中到底含有什么成分，人若是喝下去会产生什么样的后果。也不能拿生命当儿戏。怎么办？谁来吃这第一只螃蟹？还是老冯慢慢地说：“我来尝吧。”说着，他端起烧杯，轻轻地呷了一口，又慢慢闭起眼睛，细细地品味着刚刚入口的千年液体。大家都瞪大眼睛急不可待盯着他。老冯慢慢地睁开眼，只说了两个字：“没味。”“没味？那这水儿是什么？”“你再细品品！”老冯又吧嗒吧嗒嘴说了一句：“好像就是有点土腥味儿。”“还有啥感觉没有？”“没有。”刚才的热烈场面，一下子出现了短暂的沉寂。大家都在思索，这液体到底是什么？只好等运回省城进行化验了。送沈阳化验后，其报告单上清楚地标明液体中含有微量的乙醇！这个结论证明，壶中的液体就是酒！

辽墓中出土千年古酒，此前未曾有过，这是我国考古史上一次非常重要的发现！这说明两点，一是墓主人随葬有酒，可以看出契丹民族及辽代社会生活尚酒的习俗特点；二是七号辽墓出土的酒，是本地酿造，法库酿酒具有悠久的历史。

3. 震惊世界的发现，两幅绝无仅有的千古绢画面世

发掘叶茂台七号墓时最令人震撼的是冯老发现惊世国宝——两幅大辽绢轴画的经典时刻。现在回过头来看，当时参加发掘的人的文字回忆，很有历史价值。

参加发掘的法库县文化馆文物组温丽和（后任法库县政协副主席）在其回忆录《平生事业》一书中谈到此事时说：

几天后的中午时分，已基本清理完毕。进入对石棺外和棺床小帐内的清理，石棺和小帐间的缝隙很窄，只能容一人侧身卧进，当时是冯永谦做的。在石棺前部棺床小帐内地上，发现一堆丝织物，冯永谦捧起来轻轻展开一看是一幅画。只见上面画着山、水、楼阁，画上中部有二人下棋，一人观弈，下部有一高冠仕人携杖前行，二小童随其后，似来赴琴棋酒会。此画笔道清晰，颜色鲜艳，是一幅完美的工笔山、水、人物画。同志们立刻兴奋起来，感到这是极其重要的发现。……

王秋华在“谁发现了文明丛书”之一《惊世叶茂台》书里《剔取绢画》节，又较详尽地记述了绢画出土的全过程，现摘录于下：

这项难度极大的探寻工作落到了冯永谦身上，他看了看“地形”，整个人进不去，只能在小帐的门口伸进一只胳膊用手轻轻地摸索小帐内与石棺间的情况，但探不到。这时他侧着身子躺到小帐与石棺之间的空隙里，伸出手去探查小帐的西侧，凭他的感觉，地板上的灰尘大约有一厘米厚。当他把手伸到小帐内西山墙下时，突然摸到一堆软软的东西……很有弹性，凭手感像是丝织品。可是，这堆东西怎样取出来呢？如果简单地提起，极有可能破碎。于是，在外面的人将竹筷子削成薄薄的竹片，利用竹皮一面，做成类似剔刀的工具递过去，将这东西贴地面轻轻剔起，再用手托出。操作时难度极大，因为20厘米宽的间隙，伸进一只胳膊还可以，剔丝织品要两只手同时进行工作，一边剔一边用另一只手托起，同时，人的身体还要从南面折向西面，那里照不到一点儿灯光，全凭感觉在黑暗中工作。但是，当时只有这样的条件，而且，必须丝毫无损地将其取出。老冯定了定神，黑暗中，他屏住气息，一只手轻轻地剔起丝织品，另一只手慢慢地伸入其底部。里面，老冯在艰难地工作；外面，大家在焦急地等待。不知过了多久，老冯大喊一声：“快把我提出来！”因为他两只手同时工作了好久，不仅已经没有力气支撑自己退出，同时，托着东西的手，也不敢出现任何差错。同志们闻声立刻去拉老冯，可是，拉他的人也无从下手，最后是温丽和从后背抓住他的衣服，使劲将他拖出一段，等能够抱住他的腰时，才用力将地拦腰抱出。这时，老冯满身、满脸、满头都是灰尘，脸憋得通红，由于拉拽过力，衣服扣子拉掉了好几粒，胳膊和身上也磨出了道道红印，但是手

里托着的东西却一点儿也没有破损。

老冯双手将这堆东西托出后，轻轻放在大块胶合板上，大家围拢过来，在灯光下观看。果然是丝织品，用手轻轻触摸，还有弹性，并没有糟朽，再轻轻拉动，居然可以展开。当人们把这堆丝织品完全展开后，呈现在人们眼前的居然又是一幅图画，即那幅著名的花鸟画——竹雀双兔图。人们再一次被震惊了，这是辽墓中首次出土绢画，而且一组两轴，这是考古史上的又一次重要发现！

三十九年后，《沈阳日报》记者陈凤军采访冯老这段经历，以《法库千年古墓，我摸出两件国宝》为题，发表在 2013 年 11 月 24 日《沈阳日报》上。文中写道：

冯永谦说，当几个考古人员对墓内进行清理时，注意到大石棺前后两端和棺床小帐之间有一段距离，心想这里能不能也有遗物？但两者间的空隙仅有二十多厘米。冯永谦觉得如果侧身躺下去，两手前伸，或可接触到棺的两端与小帐的间隙处。于是他试着侧身，结果身体一下被卡住了，动弹不得，但他的双手仍可伸到空隙处。由于这个隙缝既窄又深，里边很黑什么，都看不见，冯永谦只能凭感觉向前摸，突然感到一堆软乎乎的东西，心中一惊！于是，他让人递来一件考古常用的细掘工具——削成薄如刀刃的竹筷子，用它贴着地面剥离那堆东西，然后用手再往里摸。经过很长时间终将其物托在手上。但这时他根本起不来，于是就大喊："快把我拉出来！"由于身子被卡着，大家拽不动他，后来有人（——该人为法库县文化馆专业人员温丽和，后任法库县政协副主席）急中生智，一手揪住他的上衣，一手提其裤腰带，硬是把他从夹缝中提了出来。

冯永谦双手将这堆东西托出后，轻轻放在胶合板上，大家围着观看。当这堆丝织品完全展开后，呈现在人们眼前的居然是一幅画。人们被震惊了，这可是辽墓中首次出土的绢画，而且一组两轴，这在中国考古史上是一次重要发现！

两幅辽代绢画的发现，人们始料未及。为了万无一失，在经过严密包装之后，冯老立刻押车送回了沈阳。根据国家文物局局长王冶秋指示，绢画立即送北京修复。第二天，冯老和同事乘飞机将两幅绢画送北京故宫博物院修复。在画送到北京的当晚，王冶秋局长向冯永谦询问了很多发掘的事情，当问到两幅画有无名字时，冯永谦立即回答说："两幅画没有名字，如果根据画的内容，一幅可叫'深山棋会图'，一幅可叫'郊原野趣图'。"王冶秋局长当即说："好，就叫你说的名字！"北京故宫博物院领导，还有研究书画的专家徐邦达、刘九庵先生见到这两幅绢画时，也十分震惊。因为，在地下埋了千年，这两幅画却没有破损和残缺，而且色彩鲜艳、质地坚实、构图精美。刘九庵先生说："这两幅绢画真是太好了，这才是名副其实的'国画'呢！"专家们一致认为，出土的这两幅绢画《深山棋会图》《郊原野趣图》是旷世难得的辽代绘画。

这两幅绢画价值多少，辽宁国际传播中心记者张松在《叶茂台辽墓绢画背后的历史玄机》一文中说："《深山会棋图》的目前市场定位价值为 8 亿元人民币，其身价依旧在上涨，只是有价无市，这是国宝、非卖品，有钱也没地儿买去。"（见 2022 年《辽文化研究》第 10 辑）

三、八年编撰《法库县文物志》，建起法库历史文化的恢宏大厦

冯永谦编撰“辽宁市县文物志”是从法库县开始的。

《法库县文物志》编撰工作始于1985年，八年成稿，十年成书，内容博大精准权威，对后世影响深远。付梓之际，中共法库县委、县政府主要领导分别为该书作序。王成礼书记“难以抑制喜悦心情”，赵凤杰县长对编撰者“事必亲历和目睹，否则不轻易落笔”深为感动。全书共8章、35节9小节、572条9小条、7幅地图、24个一览表、103幅插图、34张摄影图版、38万字，集法库县历史文化研究成果之大成，以冯永谦与温丽和合著方式署名，1995年出版，为《辽宁市县文物志》第一集。

编撰者从10000年以来的新石器时代落笔，对法库6000年历史做全景式扫描。志书收录表中各类遗址达478处。其中，新石器时代遗址详细记述9处。叶茂台西山，出土大量细石器，制作精美，并有彩陶出土，是一处较早的新石器时代文化遗存。羊泉、一统沟、王家店等地遗址，也都出土有彩陶。这种彩陶是“红山文化”的遗物，恰好体现了红山文化的分布范围。青铜时代法库地区更加繁荣，到处都留下了先民的足迹，记述遗址30处。其中，弯柳街遗址非常重要，文化内涵极为丰富，在数量众多的遗物中，青铜钺是处在青铜时代社会中地位、权力的象征，它展现出古国的身影，从而改变了人们对我国北方古代民族古国的认识（书中多处强调弯柳街青铜遗址，专章叙述达8页）。战国时期有马鞍山遗址，系燕国名将秦开北逐东胡千里、设五郡、筑长城留下的横贯东西的燕国长城遗迹。辽金时代城址入志23处，其中，法库辽时建置“四州三县”所在的城址均有详细记述（包括成书时还没有定论为宗州城文忠王府的四家子古城址）。辽金时代遗址12处，三面船镇小造化屯村云盘山辽代寺庙建筑遗址、叶茂台镇阎家荒地村官山村落遗址等。墓葬篇目记录44座陵墓，其中，辽墓占绝大多数，叶茂台辽墓群尤为突出。重要出土文物章节收录表中文物达561件。还有近现代遗存和革命纪念建筑、法库特产等内容单列章节。人物章节收录古今人物萧袍鲁、僧格林沁、任庆泰、杨宇霆、车向忱等10人。编撰者还不无痛惜地用附录将法库近现代毁掉的古建筑单列一节，包括载于《东三省古迹遗闻》和《法库街村时态》中的17处古迹，如多个满蒙公主和王爷的陵园、县城内法库边门、清真寺等。

《法库县文物志》堪称法库历史文化的百科全书，是法库地域文化的一座恢宏大厦。法库已经发现的历史文化信息基本汇集到这本志书当中。出版近三十年来，滋养了几代法库文化学者，为法库县文化事业的发展起到了不可替代的巨大作用，功在当代，利在千秋。但是，该书成书过程之艰辛一言难尽。

文物志《后记》记载，当时（1985年）温丽和同志在县文化馆文物组工作，写出有三万余字的文稿，并准备了相关的绘图等资料。辽宁省文化厅决定将法库县作为编写文物志工作的试点，邀请辽宁省博物馆考古队（今辽宁省文物考古研究所）冯永谦同志参加编撰，确定在近年内完成。工作开展不久，温丽和同志荣任县政协副主席，并驻会，政务繁多，没有时间参与此项工作，撰写文物志的任务即完全由冯永谦同志承担。后来省里撰写文物志的部署也停了，不再组织各市、县文物志

的编写工作。在此情况下，只能下马不做，但冯永谦不想《法库县文物志》就此中断，一定要做下去，这样编撰工作只得由冯老主要在业余时间进行了，因此进程受到了影响，直到1993年成稿，历时八年！包括后期出版，也遇到很多困难，几经周折，冯老付出多少心血、承受多大压力，笔者在此已经难以记述。

四、深耕法库历史文化，成果丰硕无人可及

冯老学术成果丰硕辉煌，他研究的主要对象是东北、是辽宁，是全省100个区县（市），法库只是其中之一，但冯老对法库情有独钟、厚爱有加，多年来对法库历史文化深耕不辍，成果频出。从1965年起，直到今天（2022年）已然耄耋之年仍对法库一往情深，还为法库经济文化发展提出多个建议良方。

1965年，冯老初来法库发掘柏家沟镇前山村萧袍鲁墓起，此后冯老十几次到法库开展考古调研发掘工作。1973年，与铁岭地区辛占山、王秋华，法库温丽和等同志，发掘叶茂台西山六座辽墓，还有城址、瓦窑址等，对法库全县古城址、古建筑做了一次全面调查。1974年，发掘著名的叶茂台七号辽墓。1984年，会同铁岭同行对法库境内古城址、烽燧址等进行考古调查，他对法库历史文化的熟悉程度比法库人还"法库"。

1975年，冯老在全国最权威的文物工作专业杂志《文物》第12期上发表《叶茂台辽墓出土的陶瓷器》，其中提及当地发现的各种瓷器，为今天法库陶瓷业蓬勃发展提供了千年之根。

1979年，冯老在《社会科学辑刊》第3、4期发表《辽史外戚表补正》，几位"法库籍"大辽重臣宰相萧排押和大将萧恒德、萧匹敌等位列其中。

1983年，在《考古》杂志第7期上发表冯老写的《辽宁法库前山辽萧袍鲁墓》，让法库籍的大辽宰相走得更远。

1986年，冯老又在《东北地方史研究》第2期、《辽海文物学刊》1987年第1期发表了《辽宁地区辽代建制考述》，考证法库县登士堡子镇石砬子村古城子屯的古城址为辽代安定县，为辽州（今新民市辽滨塔村辽城址）辖县。

1988年，冯老在《北方文物》第2期上发表的《辽代原州、福州考》文章，考证法库县包家屯乡南土城子村辽代城址为辽代头下州中的原州，国舅金德（萧恒德）俘汉民所建。包家屯乡三合城村古城址为辽代头下州中的福州，国舅萧宁（萧排押）南征俘汉民所建。

1988年，冯老在《辽海文物学刊》第1期上发表的《辽志十六头下州地理考》，考证法库县叶茂台镇西二台子村西二台子城址为辽渭州城址，驸马都尉萧昌裔（萧匹敌）以所赐滕臣所建。

1988年，冯老在《辽金契丹女真史研究》第1期发表《补辽萧袍鲁墓出土的契丹大字墓志铭》，阐释该墓志铭对契丹文字研究的意义。

1985—1993年，编撰"辽宁县市文物志"第一辑《法库县文物志》时，冯老把他以及其他学者的最新研究成果一并融入其中，为法库县建立起一座历史文化的辉煌大厦。

1995年10月，冯老将以前发掘的法库叶茂台一至六号写成《法库叶茂台辽墓》考古报告，收入

他个人专著《东北考古研究（一）》中（中州古籍出版社）出版，在更大视野中全面系统阐释法库辽墓发掘成果。

2012年5月9日，沈阳市辽文化研究会在法库隆重召开成立大会。会上，冯老重磅发表最新学术成果《法库县辽代建置考》（载于《辽文化研究》第1辑），让法库久无考证近五十年的城址，尘埃落定——更重要的是风景秀美的巴尔虎山下的法库县四家子乡四家子村辽代古城址，竟是辽代权倾朝野的辽朝大宰相、文忠王韩德让（赐姓耶律隆运）所俘汉民建的头下州——宗州，也是后来宗州倚郭熊山县。

四家子村城址，考证为辽代宗州非常重要，同时还写了《辽代石熊山考》一文。时已七十九岁的冯老在古城址考古现场下的这个断言，强调这一结论，确确实实，无可辩驳。

结论无可置疑，过程十分不易。冯老通过对大量史料和现今考古成果的缜密分析推演，终于水落石出。

据《辽史·地理志二》记载："宗州，下，刺史。在辽东石熊山，耶律隆运以所俘汉民置。圣宗立为州，隶文忠王府。王薨，属提辖司。统县一，熊山县。"宗州，属东京道，原为耶律隆运（即韩德让）所建之私城，圣宗立为州，原应是头下州，耶律隆运无嗣，死后收为国家行政建置，统有"熊山县"。据《地理志》说，宗州"在辽东石熊山"，但其语焉不详，未可定点，因此学术界长久以来没有形成任何考证意见。

冯老对五十多年的考证回忆说，宗州城址在哪儿一度无成说可依。后来他发现有一条文献记载值得注意。明代《辽东志》中记录古代交通道路时，提到"开原西陆路"站点中有一站为熊山站，从道路所经与方位及地理距离等诸方面考察，此熊山站应该就是辽代时的熊山县。《辽东志》记载这条道路，是由今开原市老城镇（辽代咸州）出发向西去，经庆云、熊山、洪州，到阜新塔营子（辽代懿州）。这条交通路线是从当时辽东的北部地区重镇开原向西通往蒙古的重要交通路线。《辽东志》还记载："熊山，（开原）城西北一百九十里，在辽河西岸。"冯老认为，按照记载中驿路的方位、里程考虑，宗州在法库县境内。再对法库县二十余座古城址进行排查确定，四家子乡四家子村辽金古城址即应是辽代的宗州城址。

有国内著名考古权威专家冯永谦先生的一锤定音，石熊山、宗州、州倚郭熊山县、州主人是大辽宰相韩德让，连同韩德让与承天太后萧绰携手建立旷世奇功的爱情故事一并成为法库县的历史文化瑰宝。

五、历史积淀新枝茂，大辽厚基起名楼

经过半个多世纪的不断发掘、研究，法库的历史文化从几乎空白状态到拥有全国重点文保单位、辽宁省辽文化产业基地，历史文化之丰富、出土文物之珍贵甚至达到"惊世"的程度。这其中，冯老的贡献是无人可比的。不过，法库虽然拥有深厚的历史积淀，但一直没有被深入地挖掘利用。在窖藏了千年甚至几千年的历史文化积淀上发新芽、抽新枝也不是一个轻而易举的事情，尚需时日和机缘。

当21世纪的年历翻到10年代的时候，法库县委、县政府通过大量的调查、研讨、论证，提出打“辽文化”牌，认为大辽时期形成的灿烂文化是法库发展的主要历史文脉，是法库地域文化的独特魅力。辽文化就是法库特色，要弘扬法库悠久的历史文化，提升文化软实力，打造特色文化品牌。秉承“挖掘、整理、固化、传播”理念，要在城市的发展过程中始终体现辽文化的特色，把辽代的历史风貌、风土人情再现出来，让法库的每一栋建筑都成为辽文化的一段记忆，都能述说一段与辽文化相关的故事。

文化是城市的魂魄，建筑是文化的载体。在旧城改造中要突显文化特色，要以辽代建筑风格规划设计建设辽代风情小镇，持续打造具有法库特色的地域文化品牌，推动城市建设和文化产业发展。于是，以辽代建筑风格为依托，规划总面积六平方公里的集教育、文化、休闲、商业街区、民居以及影视演艺等功能于一体，具有独特辽代民俗风情的仿古小镇——辽代风情小镇以及辽文化博物馆（白鹤楼）等一批具有辽代风格的人文景观项目便横空出世了。

着手规划建设辽代风情小镇等一批辽文化特色建筑，开发利用法库的历史文化宝藏，示宝于天下，自然要寻找当年给法库寻宝挖宝鉴宝的第一人——辽宁省文物考古研究所研究员冯永谦先生。经县人大常委会原主任郭耀武先生（著名历史文化学者，合著《法库史略》）推荐介绍，终于找到了冯老。

冯老虽年近八旬，但为自己的学术成果得以光大利用竟然像孩子一样兴奋，他一股脑提出一大堆建议。冯老讲道：

“对辽文化和大辽王朝的认识，过去受正统观念的影响存在偏颇，经过几十年的社会发展，建立起内涵丰富的正确史观。宋和辽金是中国历史上第二次南北朝。辽代建国比宋早五十多年，但几乎同北宋一起灭亡，在长达二百多年的时间里，辽代创造了我们为之骄傲的非常优秀的文化，但是在历史上却缺乏记载。辽史研究，给我们开辟了广阔的天地。法库从这方面入手，做辽文化研究非常适时。一个文化品牌，常常能够带动一方经济发展！法库今后的新建筑一律体现出辽代风格，这个规划是宏伟的，如能实现将是空前的！这个规划是超前的，如果法库城乡确实做到了规划要求，一种全新面貌将呈现于法库大地！外地人只要一进入法库县境，就会感觉到一种新环境，处处吸引人！现在谁到东湖中学城一看，都会给人不同的印象！如果是司空见惯了的高楼，就没有什么文化之感、艺术之美。我们的战略就是要有自己的特点，一进入法库县境就能看出辽代的建筑风格，不管是农村还是城市，都是这个风格，那法库的面貌就不一样了！所以我想，这一点一定要宣传出去，甚至要‘立法’——把规划确定为法库今后建设的指导方针，不可因领导的变化而改易。”

冯老对法库辽文化的未来发展做了上述高屋建瓴的详尽阐述（见2014年6月10日《辽文化研究》第5辑载冯永谦先生《深入开展辽文化研究》）。此后，冯老为法库城市建设风格的确定，为辽风小镇和白鹤楼的设计、建设和内部装修布置劳心劳力，做出了巨大贡献。他建议：

“无论公建项目、商业街区，还是民居建筑、街景小区、亭阁灯饰等都要融入辽文化元素，体现辽代建筑风格，也就是体现朴素、简洁、大气的个性，表现为大屋顶、灰瓦白墙、屋脊两侧鸱吻相抱。建筑物上半部分统一为辽代风格的灰瓦白墙，商业建筑保留高低起伏的总体风格，商业网点统一预留悬挂中国传统牌匾的位置，等等。农村建设项目包括农民建房，也要拿出几套辽文化风格设计方案供农民选用，逐渐引导百姓建设辽文化特色乡村。”

法库是大辽萧氏后族的主要驻牧地，法库又是目前世界濒危物种白鹤迁徙的一个重要栖息地。法库要建立一座彰显地域文化的地标性景观，怎么才能体现法库大辽文化与白鹤生态文化的联系与特征呢？

法库的文史学者从大量的辽代文化遗存和史料、传说当中探寻、研究。冯老拿出叶茂台辽墓中出土的印飞鸟纹方砖和辽代铜镜上所铸的飞鸟纹图样，指出那图样与白鹤没有差别——换言之，那些辽墓方砖上和辽代铜镜上的飞鸟图案，就是白鹤！这样，以辽文化和白鹤文化相结合的白鹤楼基本文化内涵，得到权威专家的确认和固化。

接下来白鹤楼要设计、建造成什么样子呢？承担白鹤楼设计的沈阳建筑大学建筑设计研究院专家们与冯老多次研讨，按照冯老的意见，采用辽代建筑风格，楼体形状为四面八角，寓意辽代契丹族早期八部落，重点展示辽文化和白鹤文化。后来，这个设计方案让建筑设计单位获得了全国大奖，白鹤楼建筑造型也成为东北多家辽代风格地标建筑仿建的对象。

白鹤楼落成之后，对于楼体主匾“白鹤楼”三字怎样体现出厚重的历史文化底蕴的问题，县里经过与冯老等专家多次研讨论证，决定在辽代碑刻中的文字集字，最后选出辽代楷体字“白鹤楼”三字为主匾用字。2013 年七、八月份，正是酷暑高温、燥热潮湿难耐的时节，冯老亲自参加法库集字小组。查找辽代碑刻文字，冯老经过二十多天时间，阅览 150 多万字的辽代碑刻书籍，查出了 45 个“白”字、28 个“鹤”字、7 个“楼”字，并整理出集字索引。后经法库县委常委会议通过，由辽宁省博物馆藏辽代梁援墓志上的“白”、巴林左旗博物馆藏韩匡嗣墓志上的“鹤”、北镇文物管理所藏耶律宗政墓志上的“楼”而集成的辽字“白鹤楼”三字组合为最佳，确定为白鹤楼主匾额用字。上下落款完全由冯老提出并获通过，即上款为“癸巳年荷月”，下款为“法库邑人集辽字”，落款的字是集与辽同时的北宋文学家、书法家苏轼的字。至此，一座“续帝后①之情思，拔伟岸于昌平②，据南北之要冲，抱山川之形胜，诵万国之协歌，解仙鸟③于濒危”的法库白鹤楼，完美现身于人们的视野。并且，“比肩江南之名楼，北方而独秀”。（上引文句出自本文执笔者《白鹤楼赋》）

为了做好法库辽文化，县里选派相关人员到辽代文化重要地区进行参观学习，并邀请冯老参加。在各地参观学习过程中，冯老亲自给大家介绍辽代遗迹遗物情况，先后所去之地有阜新、朝阳、北镇、铁岭、沈阳、义县、赤峰、巴林左旗、巴林右旗、应县、大同等省、自治区、市和县，看各地方博物馆和辽代的遗存，参观者增长知识，开阔眼界，对法库的后续发展起到很大作用。

---

① 帝后，即“萧太后”，辽景宗皇后、辽圣宗皇太后萧绰萧燕燕。

② 昌平，辽代法库称昌平堡。

③ 仙鸟，指白鹤，春秋两季南北迁徙均在法库獾子洞湿地停留数日，法库因此成为“白鹤之乡”。

2015年7月17日，沈阳市辽文化研究会第三届年会在法库隆重召开。与此同时，法库正在研究如何发展辽代的音乐问题，欲把文献记载的辽代音乐，在法库变成实体音乐，传承辽文化。冯老在会上发表《复原辽代音乐需要注意的几个问题》的主题报告，他认为：

“要研究辽代音乐，就是要了解辽代有哪些乐器，根据乐器可以研究出辽代当时盛行哪些音乐。辽代音乐不仅仅是契丹民族的音乐，还有其他民族的。如何恢复辽代音乐？可以从契丹后裔达斡尔族及云南土人那里了解契丹音乐，尤其是云南‘本人’还在使用契丹小字。还可以从蒙古族、满族的音乐逆推，还原出当时辽代的音乐。恢复辽代音乐不应该只恢复一种音乐，应该从几个方面恢复，比如国乐、大乐、散乐等逐步进行恢复。除了通过查阅文献外，还可以通过墓室壁画、石刻、砖雕、绘画、木版画等，以及辽代留存下来的建筑（如应县木塔）都有音乐方面的内容，进行综合研究。”

2016年的沈阳市辽文化研究会年会，冯老照例出席，会上并做《继续努力，做好辽文化的深入研究》主旨发言（见《辽文化研究》第8辑）。冯老颇有感触地讲道：

“法库五年时间一路艰辛，一路辉煌。具有辽代风格的中学城已经建成，民居辽风小镇也粗具规模，白鹤楼也已落成。从全国大范围说，几十年来，发现了大量的辽代城址、遗址、墓葬、寺塔地宫、窖藏等等，出土了大量的各类遗物，给我们关于辽文化的研究提供了极为珍贵的材料。我们从生活经验中，体会到了搞经济建设，文化是不可缺少的。哪个地区的文化搞得好、历史方面做得深，人们的认识能力就强，眼界就宽，思想就开放，素质就得到提高，群众生活的满意度、幸福感就强。今后我们研究会，应该进行具体、深入、细致的研究，关注法库辽代历史文化遗迹，搞好对各历史时期的研究，发展名楼文化，希望有王勃《滕王阁序》、崔颢《黄鹤楼》等取得世界影响的词赋名篇佳作和名联问世。”

冯老还饶有兴致地将他会前在宾馆写的八副楹联分享给了与会者，其中——

法库县树县花联：

县树称柳　引出春风早度　二月剪刀裁柳叶

邑花为桃　迎来秋露初临　九尺果枝缀桃实

白鹤楼联：

回首千年　白鹤来栖　昔时辽风可领略

举目一楼　青山未改　今日故物有归依

法库县联：

此处山川多善地　有沃野良田　秀水名湖　重峦峻岭　茂林松柏　清边留垂柳

这方水土能养人　出将军宰相　摄影先驱　烽火英雄　比肩今古　辽月照高楼[1]

2017年8月上旬，冯老参加法库县八人考察团，飞赴云南保山施甸县考察那里的契丹后裔及契

① 法库将军宰相有辽代北府宰相萧袍鲁、萧义，清代达尔罕亲王班第、僧格林沁，民国幕僚将军陆军中将杨宇霆；摄影先驱任庆泰，是中国电影开创者、中国摄影第一人；烽火英雄是抗日女英雄高尔华烈士。

丹文化。随行的《沈阳日报》高级记者盖云飞在8月15日《沈阳日报》上做了这样的报道：

“著名考古学家冯永谦对于这次施甸之行同样是兴奋不已。已经83岁高龄的冯老，游走在山间村落步履轻盈，不输后辈，令人钦佩。冯老表示，这次施甸之行对法库的辽文化产业发展是一次有力的推动。法库在未来的辽文化产业发展中，首先要在建筑风格上统一为辽代风格；其次对目前发现的遗址遗迹要加以保护、复原，合理利用；第三要瞄准国家地质公园的目标打造辽文化；第四要‘走出去，请进来’多学习，取长补短；第五要培养自己的辽文化研究人才。”

冯老还强调说：

“目前全国辽文化研究和辽文化产业发展热度与日俱增，除了辽宁的义县、北镇、阜新、朝阳等地外，河北的崇礼、平泉，云南的施甸等区县都在积极努力。如何更好地利用辽文化资源，发展本地经济，这将是我们今后面临的新课题。”

冯老提及的崇礼，是河北张家口市的一个县（2016年撤县设区），2022年北京冬奥会雪上项目主要竞赛场地之一，因为辽文化和法库结下一段“奇缘”，恰好应了“花香蝶自来”这句俗语。2014年4月25日，正在组织筹备冬奥会的崇礼县县委书记李莉、县委宣传部长薛亮率专家学者十余人慕名来法库，参观学习法库县关于辽文化发掘利用方面的经验做法，为冬奥会场地场馆建设提供文化方面的借鉴。时任法库县委书记冯守权向客人介绍法库大力挖掘地域文化底蕴、实施品牌兴县战略，通过辽代风格建筑来固化、传播辽文化，通过开展一系列文化活动来提升人们的思想认同和城市文化氛围等。时任县委常委、宣传部长段秀华陪同客人参观并介绍法库主要文化建设项目和历史遗迹。崇礼与法库以辽文化为媒介，结成了友好县。三年后的2017年9月16日，崇礼区文化广电新闻出版局局长吴占钦专程来法库出席第五届沈阳市辽文化研究会年会，并做热情洋溢的发言。他讲道：

“今天我们云南的施甸，内蒙古的巴林左旗、通辽，河北的崇礼等地的专家、学者，齐聚法库参加这个盛会，甚是欣喜，我相信这次盛会的举办一定是一次具有跨时代意义的盛会。法库作为后族萧氏的重要聚居地，有着丰厚的历史底蕴，在传承和弘扬辽文化方面做了很多努力，我们也希望在如何充分挖掘历史文化，如何在文化旅游产业发展中充分发挥文化的力量、提升城市的文化软实力等方面实现合作。”

2022年国庆节前夕，白鹤楼从内部展陈、整体彩绘到全楼灯饰，都得到全面改造与升级。并且，在白鹤楼前建设的白鹤公园正式落成，与白鹤楼同步向游人开放。白鹤公园仍以大辽文化和白鹤文化为主题，并集“青年发展、市民休闲、文化体验、健身康体”功能于一体，是法库县首个规范化城市公园，也是一处“日映琼楼见鹤影，夜笼湿烟①闻镔铁②”的文化景观。白鹤公园与白鹤楼浑然一体，成为大辽文化与白鹤文化完美结合的经典标志。

① 湿烟，喻白鹤楼前鱼梁湖水面上自然升腾的雾气和夜晚用来投影的人工水幕。

② 镔铁，这里代指辽国人的金戈铁马。镔铁是古代的一种钢，主要用来制作锋利的刀剑；镔铁也是大辽国号“契丹”一词的汉译，喻意契丹人意志坚如钢铁。

绽放在法库大地上的“大辽之花”如此绚丽多姿，在国内主打辽文化的区县当中尤为靓丽夺目，法库也因此更加感激冯老。2023年的春节，是疫情爆发以后第一个自由开放、温馨祥和的春节。已经88岁高龄的冯老，精气神丝毫不减以往，春节期间正全身心地投入其新著《东北古代长城考古调查与研究》这部大型典籍编撰之中，法库县的老领导和辽文化研究会的同志代表法库前去给老人家拜年、祝寿，冯老精神矍铄，谈笑风生，一边接受法库人的盛情，一边向大家介绍手头上正在校对的《东北古长城考古调查与研究》书稿，是出版社给打印出来的校样，书稿分几摞摆放在客厅茶几上，如果码在一起得有一米多高，其中也包括法库燕长城遗迹的内容。冯老始终牵挂着法库文化旅游产业的发展。他一边回忆在法库工作的往事，一边给法库提建议：

“法库搞辽文化，但也不要单一，只是辽文化，法库的历史发展也不只是一个时代。因此，希望县里下决心，将叶茂台辽墓群建成国家考古遗址公园，那里有条件，自然环境也好，交通方便，还有千年古枫林；另将法库因之得名的清代柳条边‘法库边门’恢复起来，边门就是三间房，两边的沟壕还在，栽上些柳树，过几年绿树成荫，有文化内涵的自然景观即成，这件事是很简单且易办到的事，‘法库边门’是最为明显的地标，县名的来源，具有强烈的地域特点。这些都是法库文旅产业发展性价比很高的项目，而且此事宜早不宜迟，尽快办到才好。”

清光绪三十四年（1908年）法库厅（1906年设法库厅，1913年改厅为县）同知刘鸣复编撰了法库第一部地方志《法库厅乡土志》，其《序》说：“法库僻处一隅，界连蒙部，风尚朴陋，文献无征，将欲穷源溯流，繁称而博引之，较之内地声明文物之邦，有志乘可稽、耆旧可访者的情况完全不同。”刘鸣复认为历史上法库地处寒荒僻远之地，无文化史料可查、无贤达望重之人可访。但是，从冯老1965年参与发掘萧袍鲁墓起，近六十年时间里，绚烂的法库历史文化竟如火山喷发般呈现于世。新石器遗址、青铜遗址、燕长城遗址、辽城址、清碑刻等，特别是辽朝国宝文物和“四州三县六宰相”历史遗迹，弯柳街东胡人古都的历史地位，让法库成为历史文化的惊世之地。个中原因，正是因为有冯老和他的同仁们半个多世纪的孜孜以求、不辞辛劳，有法库县历届领导班子的高度重视，各乡镇和县直相关部门、单位的积极配合，尤其是质朴智慧的法库人的理解和支持，才使得瑰丽璀璨的法库历史文化光耀于世、魅力四射。如果没有冯老对法库历史文化的挖掘和权威性的定性定论，就无从复建辽代风格建筑白鹤楼（辽文化博物馆），也无从谈起兴建白鹤公园、辽风小镇以及辽代圣山石熊山（今沈阳第一高峰巴尔虎山）等人文历史景观，不会有诸多自然生态景区、景点的名扬天下。冯老不愧为法库历史文化第一功臣。

这正是：

青丝华发六十年[①]，弯柳圣迹柳条边[②]。

对话古今续文脉，千年国宝始惊天。

---

① 六十年，从1965年冯永谦先生第一次到法库考古发掘萧袍鲁墓算起，至今近60年。

② 弯柳，法库弯柳街青铜文化遗址。圣迹，即圣迹山，叶茂台辽墓群所在地，包括出土辽代绢画的七号墓。柳条边，即清初修建的东北柳条边墙，横贯法库东西，并设法库边门。

古镇昌平大辽魂，白鹤楼园①咏新篇。

鱼梁②识得来时路，法库感恩冯永谦！

2022 年 8 月于法库

（此文写作经沈阳市辽文化研究会诸人共同研究，由方占祥执笔）

① 白鹤楼园，即白鹤楼与白鹤公园。白鹤楼，2012 年修建，主体建筑面积 4916 平方米，高度为 51.9 米，为法库县地标性文化建筑。2015 年实施白鹤楼室外附属工程，主要功能为辽文化博物馆，享有“大辽第一楼”的美誉，与黄鹤楼结为“姊妹楼”。白鹤公园是环白鹤楼建设的白鹤文化主题公园，于 2022 年 9 月 21 日落成，是法库县首个规范化城市公园，充分展现法库“大辽福地、宰相故里、白鹤之乡、人文法库”的文化特征。

② 鱼梁，满语法库的称谓。

一壶老酒　两幅古画

——记冯永谦先生发掘叶茂台辽代七号墓的精彩片段

王秋华①

1974 年 4 月 13 日，辽宁省法库县叶茂台村发现一座墓葬，消息报到铁岭地区后，文物组辛占山和王秋华即立刻赶往现场。经过勘察，确认这是一座辽代墓葬。墓葬已经暴露，必须进行抢救性发掘。由于当时别处还有发掘工地，人员紧张，决定将王秋华留下，主持发掘。

发掘工作严格按照田野考古工作程序进行，先后清理出墓道、墓门。这是一座砖筑多室墓，墓门有彩绘仿木建筑结构。令人欣喜的是，除了最初发现时墓门额墙有几块砖缺损外，其他部分完好，既无塌陷，又未见盗洞。

一天下午，准备开启墓门。当搬开门外的大石，撬开一小部分封门砖后，借着手电筒的光亮，清楚看到墓内矗立着棺床小帐、彩绘石棺、供桌、瓷器、墓墙上的人物壁画等。墓室内没有被扰动，甚至连地面都没有多少灰尘。王秋华立刻意识到，这是一座高等级的墓葬，而且文物丰富，以当时的人力物力不能满足发掘要求，就未进一步发掘，停工待汇报后再说。于是在安排好现场保护之后，星夜赶回铁岭地区向领导汇报。

经过考察和层层汇报之后，确认这是一座重要的辽代墓葬，决定上报省里，再安排发掘。辽宁省文化厅得报后，立而安排辽宁省博物馆考古队来现场进行考古发掘，并组成以田丹局长为组长的领导班子，下设业务组、保卫组和后勤组。其中业务组由辽宁省博物馆徐秉琨先生负责，参加人员由辽宁省博物馆考古队、铁岭地区群众艺术馆文物组、法库县文化馆文物组专业人员组成，辽宁大学历史系（现为历史学院）师生结合教学实践也参加了发掘。鲁迅美术学院教师（负责壁画临摹），沈阳医科大学（现中国医科大学）医生（如果尸体未腐由其负责处理尸体），辽宁省电影学习班摄影人员摄制发掘全过程的纪录片也参加业务组工作。国家图博口（当时国家负责图书馆、博物馆和文物考古工作的组织机构）派罗哲文等七位专家及技术人员前来指导和支援。

冯永谦先生当时作为辽宁省博物馆考古队的重要成员参加本次工作并主持墓内发掘。而笔者正是因上述机缘有幸与冯先生一起工作，目睹了发掘过程中的一幕幕，本文仅就冯先生工作中的精彩

① 王秋华，女，辽宁大学历史文化学院教授。

片段回忆一二。

一、发现、品尝千年老酒

1974年5月4日，经过认真准备之后，叶茂台七号墓于下午正式开启墓门，进行全面清理工作（图一）。

七号墓墓室平面呈“古”字形，各室均为方形，上有高券顶。各室之间有船篷式券门相连（图二）。最北面是主室，室内靠北壁安置一架木结构“小帐”式棺室，即棺床小帐。小帐内横置一具宽大的石棺。小帐前正中，有一张石供桌，上陈十余件瓷器和漆器，内盛食物。主室西南角与东南角置有木椅和木桌，西南木椅上置双陆棋。而冯先生发掘工作的精彩片段，就发生在清理东南角的木桌时。

木桌上面放有漆勺、瓷碗、玛瑙杯等遗物，冯先生首先对这些文物依次进行照相、绘图和文字记录。之后，清理木桌下面的文物。在木桌下面发现两件瓷器，均为白釉盘口长颈注壶，高度差不多，一件26.7厘米，一件28.6厘米。在对这两件文物做了文字记录和拍照后，就准备绘图了。由于这两件文物在桌子下面，绘图非常不便，又鉴于地面上有一层灰尘，可以准确留下注壶的位置，所以决定将文物取出后进行绘图。于是，冯先生蹲在地上先用双手轻轻地捧起那件高一点儿的壶，然后再去捧低一点儿的那件。当捧第二件时，用捧第一件的力度没有捧起，凭他多年的考古工作经验，明显感到这件器物的重量和第一件不一样，准确地说，要比正常情况重得多（图三）。这时，冯先生再加力一扳，才捧起这件器物，在扳动的同时，忽然听到了注壶内发出清脆的液体晃动的声

图一　叶茂台七号辽墓发掘现场

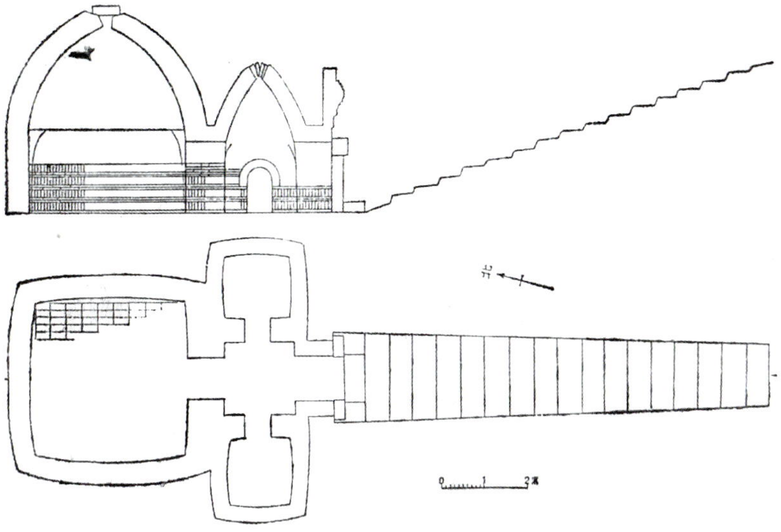

图二 叶茂台七号辽墓墓室平剖面图

音，冯先生激动地脱口而出：“这里面有酒！”声音刚刚落地，紧张工作的同事们都立刻停了下来，目光聚焦在冯先生手中的壶上，并围拢过来仔细观看。

注壶的口和流用类似软木的东西充塞，外面有深黄色的封蜡。流口的封蜡依然保存完好。但是，由于年代久远，壶口的“软木塞”已经腐朽，封蜡也已经翘起。里面是酒还是别的液体，当时还不能确定。但大家马上意识到，必须立即封闭壶口，并及时对器内液体进行科学化验。

但是，按当时的发掘现场条件，无法满足对液体化验的要求，而且注壶实际已经开封，应该在第一时间把能够观察到的现象记录下来。于是，有同事提出，壶内的液体保存下来的很多，不妨倒出一点儿，观察一下。还有人提出：干脆用嘴尝一尝，看看到底是什么。这个意见马上得到大家的支持，都说：“对！应该尝一尝！防止在运回沈阳途中里面有效成分挥发掉。”这时，马上有人递过一只玻璃烧杯，于是，冯先生将壶中的液体轻轻地倒出少许，然后又马上用宣纸卷成卷将壶口封闭。

图三 叶茂台七号辽墓白釉盘口长颈注壶

大家的目光又聚焦在这只盛有千年不明液体的烧杯上，液体很清澈，淡淡的黄色。有人又凑向前去，用鼻子仔细闻闻，好像没有闻到什么气味。但是，谁也没有马上去尝。显然，谁也拿不准喝了之后会发生什么。另外，这毕竟是在墓葬里埋了千年的不明液体，而不是在酒窖里藏了千年的美酒，大家都有些迟疑，说实在的，当时谁也不敢喝。

过了很长时间，就这样看着。就在这个时候，冯先生面带微笑，慢慢悠悠地说：“我来尝吧。”说完，他端起烧杯，轻轻地呷了一口，并慢慢地闭起眼睛，细细地品味着。大家都瞪大了眼睛，屏住气息，齐刷刷地看着冯先生的表情将会出现怎样的变化。可是等了半天，冯先生的表情丝毫没有变化，大家都急切地问："怎么样？""什么味儿？""喝出来没？""到底是什么？"冯先生又慢慢地睁开眼睛，只说了一句："没什么味儿！"大家又急切地问："那这水儿是什么？""你再仔细品品！"冯先生又慢慢地喝了一口，说了一句："好像就是有点儿土腥味儿。"又问："还有啥感觉没有？"显然有同事在担心安全问题，先生说："没有！"这时，站在旁边的王明久先生接过烧杯也喝了一口，也说没味儿。刚才热烈紧张的气氛一下子出现了短暂的沉寂，大家都在思索这液体究竟是什么，只好等送回沈城进行科学化验了。

千年不明液体很快密封送回沈城，经过科学化验，结果很快出炉，报告单上出现各种化学元素的名称，其中一项清楚地写道："液体中含有微量的乙醇"！这个结论无疑证明，壶中的液体就是千年的老酒。

辽代墓葬中出土千年老酒，在辽代考古史上是第一次，而冯先生是品尝老酒的第一人。

二、清理、见证千年古画

千年古酒刚刚发现不久，人们还沉浸在喜悦之中，很快又迎来了更大的惊喜。

按照发掘程序，棺床小帐前面的文物清理完之后，要进行小帐本身及小帐与石棺之间的清理，再拆除小帐，最后清理石棺。

棺床小帐是一座小木作"小帐"式建筑，九脊顶，面阔三间，进深两间，周围有板壁，前有门窗，整体安放在外有围栏的棺床之上。发现时，除了木门的合叶腐朽，导致门扇倾倒在供桌之上外，整体建筑基本完好地矗立在墓室的中后部（图四、图五）。

为了清理工作方便，墓室内拉进电线，接亮日光灯。但是由于棺床小帐顶部和板壁的遮挡，以及小帐与石棺之间只有二三十厘米的间隙，因此，小帐里面几乎见不到多少光，人员更是很难进入内部清理。但是棺床小帐等于外椁，也象征墓主人的居室，里面有随葬品的可能性极大。因此，必须想办法进入小帐内部进行探察。

发掘工作在墓中认真而艰难地进行着。先是在石棺盖上发现一件漆奁，内有多件梳妆用品。接下来，清理的重点部位就是棺床小帐内东西两个山墙与石棺之间的狭小空间了。在艰巨的任务面前，冯先生义不容辞，主动承担清理小帐内的工作。从棺床小帐的门进入，站姿进不去，冯先生就侧卧姿势躺在石棺与小帐间窄窄的缝隙间，手先向西伸，身子前移一点，这样一点一点地前移着，当进入石棺西端棺尾部时，上臂向北折过去，手一边伸一边探察。突然，他的手触摸到了一堆软软的东西，高度大约10厘米，长宽有三四十厘米。这堆东西上面有一层灰尘，下面很有弹性，凭感觉，好像是丝织品。可是，如何取出是个难题。如果简单提起，极易破碎。冯先生凭借多年的工作经验，立即想出应对措施，让同事递过一件发掘工具——竹片，用一只手，利用竹片薄而平的一面，深入那堆东西的底部，轻轻将其剔起，另一只手慢慢伸入底部将其托住。这一过程，听似简单，但在那么狭小的空间和黑暗之中侧卧完成极其艰难。

冯先生屏息凝神在里面专注工作，大家在外面焦急等待，无论用什么办法也帮不上忙。过了好

图四 叶茂台七号辽墓棺床小帐、石棺发现时的状态

图五 修复后的叶茂台七号辽墓棺床小帐

一会儿，只听冯先生大喊一声：“快把我拉出来！”这时，他左手上托着一堆不知何物的重要文物，不敢出半点差错，右手支撑着身体，想退出来，但是，无论如何也没有力气自己退出了。同事们闻声立即前去欲拉他出来，但是无从下手。这时，法库县文化馆的温丽和先生急中生智，从后背抓住冯先生的衣服，用力将其拖出一段，再搂住腰身将其抱出。这时，再看冯先生，满身、满脸、满头沾满了千年灰尘。脖子、脸憋得通红，新买的的确良衬衫扣子在拖拉过程中丢了好几颗，胳膊和身上也擦出道道红印。但是，手里托着的东西原封未动，丝毫没有破损（图六）。

冯先生将托出的这堆东西轻轻放在了大块胶合板上，大家围拢过来，在灯光下观看，果然是丝织品。再用手轻轻触摸，没有糟朽。慢慢拉动，居然可以展开，并看到了上面有红颜色、毛笔画出的墨道，是楼阁！冯先生立刻惊呼：“这是画！”大家也为之震惊，定睛观察，果然是一幅青绿山水绢画！画上部峭峰陡起，白云掩映。中部，左面山崖上，松林楼阁，前有三人下棋与观弈。这一山中建筑其实是一处“洞府”，在崖下的一段隧道处辟前门，门外还有一高冠人携杖前来，后随二小童负琴囊和酒葫芦，似来琴棋酒会。右面绘山崖松林，山溪流水，好一幅深山会友图！（有些画面细节是在修复后看到的）

另外，在冯先生托出的这一堆东西中，还有画的天头和画轴及一枚已经腐朽的铁钉，判断这是一幅卷轴画，原来挂在棺床小帐的西山墙上，不知何时脱落后堆在一起。

考虑到装饰的对称性，在另一侧山墙，可能也会有同样的发现。来不及多想，冯先生再次进入小帐，用同样的方法进行探察。果然，在小帐的东山墙下也有一堆软软的东西，冯先生同样用竹片剔起，右手托

图六　叶茂台七号辽墓出土《深山棋会图》

出（图七）。

这一次展开一看，是一幅花鸟画，上绘一丛竹子，竹上立三只雀，竹前有三株开花的植物，辨认分别是蒲公英、地黄、白头翁，下面两只兔子在觅食，神态生动，情趣盎然！

两幅画的出土，是一次极其重要的发现，不仅代表了辽代的绘画水平，同时，为传世屈指可数的辽代卷轴画增添了新的内容，而冯先生正是亲自清理的千年古画的见证人。

对法库县叶茂台七号辽墓的发掘，至今已经过去四十八年多了。但是回忆这段往事，冯先生清理古酒和绢画的工作场景仍然历历在目，特别是先生的博学善思、严谨认真、甘于奉献、兢兢业业的考古学家品质和精神深深感动着我们。

2022年，是冯先生米寿，按年龄已是耄耋老人。但令人钦佩的是，先生不仅身体健康、精神矍铄、思维敏捷、硕果累累，而且一如既往地田野调查、笔耕不辍。这种对考古事业的执着与热爱，是晚辈们永远学习的楷模。

祝冯先生健康长寿！幸福安康！

图七　叶茂台七号辽墓出土《郊原野趣图》

一生一世一尝酒　一壶一锅一千年

孔令海[①]

酒的出现很早，但那是米酒，而中国的蒸馏白酒起源于何时，却是一时之谜，多年来一直没有结论。大多数人都认为明代李时珍《本草纲目》中提及的是在元代以后，这就成为酒“西来说”的佐证，因无更早的文献记载而成为不可逾越的红线。

我认识冯永谦先生时，他就曾说：“中国白酒起源肯定不对，因为前些年在承德发现金代蒸馏器，从考古学上看已打破了陈年认识，已将中国白酒出现的年代提前了。更何况后来我们在法库叶茂台七号辽墓中发现了白酒，这是无可辩驳的事实。”我对早在1974年发掘的叶茂台辽墓进行了解，又读了他写的回忆录《叶茂台七号辽墓发掘亲历记》文章，知道得更为详尽，冯先生提出“发现千年辽酒”的论证。叶茂台辽墓群是全国重点文物保护单位，是一处辽朝后族辽王朝北府宰相、天祚帝赞翼德妃之父萧义的家族墓地。七号墓主人亦应是萧氏家族的成员，且身份不俗。该墓室中置放了大量珍贵文物，有瓷器、金银器等，特别是这位死时约五十岁的辽代妇女，穿戴十分华丽，她浑身上下都是宝，身穿十件尊贵的衣服，头戴着冠帻（zé，古代的一种头巾），脚上的靴子是缂丝软靴，特别是盖着的被子（缂丝金龙纹尸衾），更是多年来国内考古发现之仅见。专家认为，单是老妇人的全身穿戴，异常华丽，非常名贵，可见墓主人生前地位显赫！更令人兴奋的是，在墓中摆放木桌下面的白瓷注壶中发现了酒。如此豪华的墓中陪葬的酒，不仅仅说明墓主人喜欢酒，以及为其陪葬之酒必定是墓主人生前喜欢喝的当时最珍贵稀缺之酒。冯永谦先生发现这壶千年白酒之后，在发掘诸人的期望下亲自品尝了两口，因千年之故，酒的香气虽已不显，但经化验之后，确实含有微量乙醇，这还是很珍贵的。“这是千年辽墓中的酒啊，是千年的‘辽酒’啊！”这就是冯永谦先生提出中国蒸馏白酒要早于元代的实物证据。

但辽酒产于何地，或是舶来之物一直是冯老挥之不去的心结。在此之后的四十多年考古工作中，在古代遗址中寻找酿酒遗址的踪迹一直是他的企盼。2019年10月，他从齐心先生那得知2006年6月，吉林大安酿酒总厂进行老厂房改造，在地基下挖出两口大铁锅、两口小铁锅、一件铁承接器、一口大缸及300余块古砖，还有大量的北宋时期的铜钱。这些物件，经吉林大学边疆考古研究中心冯恩学教授调查、研究和“碳14”“花粉孢子”“植硅体检测”等鉴定，确认大安发现的酿酒遗

① 孔令海，吉林省大安市酿酒总厂厂长，辽代蒸馏酒设备发现保存者。

址为辽代遗址。听到这个重要信息，冯永谦先生不顾天气寒冷、八十五岁高龄，在张松老师的陪同下，立即驱车六个多小时直赴大安，当晚就与吉林省考古所特派来的北大毕业的文物修补专家张玉春、高秀华见面，详细了解了修补残破的辽代酿酒铁锅，才知道这不是普通的修补，而是对稀世文物的抢救。几个月来，张玉春等进行大量夜以继日的科学检测与分类研究，对腐蚀、层状脱落、裂隙、界面粉锈、空鼓、层状剥离、缺失、污染、土垢与钙质、浮土、黄褐堆积等进行了科学处理。让一堆废铁、一堆死物成为“有生命的”而且生命形态“非常活跃”的珍贵文物，并采取了各种先进的技术、科学的手段，以延长文物的存留时间。后来，在专家们的努力下，历时近两年时间，花费几十万元的经费才得以让珍贵文物活态存在。冯永谦先生在与文物修复专家的交流中还了解到，大安发现的辽代酿酒器还有很多“伴生物”，其中，随酒器而出的唐代至辽、北宋时期的4144枚铜钱，更是难得的辅证。年号共计22种，版别共计45种，这其中含有一枚珍贵的辽代“大安元宝”。冯永谦先生说：“以往的考古经验证明，钱币窖藏多为主人遇到大的突发事件来不及携带或转运沉重的钱币而匆忙埋藏，一般与军事战争有关。”

大安酿酒总厂钱币窖藏中所出年代最晚的钱币为政和通宝，即1111—1117年，而在此期间，该地确曾发生过重大的战事，即著名的“出河店之战”。为了进一步揭开历史的真相，冯永谦先生和孔令海、张松等人对大安周边的历史遗迹进行了调查考证，查明大安酿酒总厂遗址距离出河店战场仅十余公里，距鱼儿泺仅三十公里。所以我们有理由推测：出河店之战中辽军的溃败殃及此地，钱币主人匆忙离开时无法携带或转运，故而就地掩埋。出河店之战发生于1114年11月，即北宋的政和年间（1111—1117年），窖藏中这批宋钱从淳化元宝到政和通宝，年号序列基本连续，而继政和通宝之后直至宋亡（1127年）的重和通宝（1118年）、宣和通宝和宣和元宝（1119—1125年）以及靖康通宝（1126—1127年），在该窖藏中却均没有发现。文献记载加之窖藏钱币的佐证，可将窖藏掩埋的年代确定在辽天庆四年（1114年）十一月。1022年至1114年，辽朝在此进行的春捺钵活动也在这个时间节点上就此停止，与金朝反辽初期主要攻打一江之隔的春捺钵活动的核心区和军事重镇长春州的目的是吻合的。这里值得一提的是酿酒遗址就坐落在被称作半拉城的东北角，这里距离嫩江湾仅50米，交通十分方便。据1912年《大赉县志》记载，这里每岁输出烧酒350万觔，试想如此大量的白酒需用的粮食、配料、燃料的数量在当时的条件下，没有便利的交通是不可能完成的。一千年前的交通、一百年前的交通，都是靠水道漕运，仅这一点就足以证明，大安老坎子码头在古代应是重要的交通枢纽，直至今日依然是吉林省最大的内河口岸，至今可通江达海。《大赉县志》记载：城南门外有半拉城一座……2015年该城经考证系辽代古城遗址。光绪二十八年（1902年）建大赉厅时，划定在莫勒红岗子北段初放街基，民国元年（1912年）修建公园档案记载大赉县（目前大安市区）系“叠屋而居”，就是在旧城之上兴建新城，叠屋而居，说白了就是在大赉厅建成以前的残破的半拉城遗留的街巷，房屋遗址之上建立新的房屋。由此可以断定，当时的半拉城应包括今大安市区，烧酒作坊遗址是在大安市区东北，应在半拉城的城内。这些都说明辽代的酒坊应设在一个较大规模的城区内，是一个固定的、规模很大的酒坊。如果把大安市区与半拉城建在一起，那么当年的半拉城就要比现在的塔虎城、城四家子古城的面积都大了很多。因此，半拉城决不能和周边古城同日而语。

这些历史遗迹和大量的史料和文物表明，《辽史》记载辽朝皇帝自圣宗太平二年（1022年）春到天祚帝天庆四年（1114年）春进行春捺钵的时间长达92年。出河店之战后，再也没有到长春州地域春捺钵，大安酒厂酿酒遗址在此时间被废弃掩埋。

辽代春捺钵区域内的人口密集，农业、手工业、渔猎业、商业都快速发展。这里湖泊湿地众多，鹅鸭鱼资源丰富，林多榆柳，水果资源匮乏，谷物丰盈，道宗时“春州斗粟六钱”，因米贱而载入《辽史》，植硅体检测证明，大安烧酒的原料应该是谷物。大辽同中原一起进入到以种植各类谷物谋生的农耕时代。辽和宋和好，有更多的时间、空间从事种植活动，长期没有战乱，粮食极大富足，剩余的粮食用来酿酒，不但满足了好酒民族的需要，还可以换取更多的财富。因此烧酒的发明，是根植于我国传统农耕文化，契丹人循守中华传统文化，嫩江流域充沛的水源及两岸肥沃的土地，完全符合中原大河文化的类型。

大安地处嫩江下游，是一条北方的黄金水道，至今可通江达海，这里是辽朝二十部族的领地，是渔猎、游牧、农耕的交汇处。可以说，斫冰烧酒是春捺钵地区多种文化交融碰撞的结晶。近一百年的春捺钵活动，需要耗费大量的蒸馏酒，也促成了这里是中国白酒发源地的成因。白酒蒸馏技术又随着文化交流，向中原、南方等周围地区传播，至少到元代已经遍布全国，成为世界六大蒸馏酒之首。大安酒厂烧锅和窖藏钱币，就是这独特历史的见证。

2019年11月8日，在大安市白酒文化体验园里，冯永谦先生亲自在嫩江上取冰，在孔令海、张松的陪同下，用古代的方法，蒸馏了一锅辽代的烧酒，用冰冷凝的千古绝技，再现一千年前辽时蒸馏白酒生产的全过程。冯永谦先生亲自参与了从发酵原料到装锅蒸酒，用冰冷却出酒的全过程，他喝下了一口自己亲自酿造的辽酒（图一），兴奋地说：“这是辽史研究的一个重大发现，也直接证明了北宋欧阳修出使辽国所记的‘斫冰烧酒’的记载，不仅是准确的，也是目前所知的关于中国蒸馏酒的最早文字记录。其酿制情景，北宋欧阳修出使辽国的所见所感、所记所录，成为一条极为重要的文献证据。”可以说，这一锅亲自酿造的烧酒，让冯永谦先生品尝到了辽酒的醇香，这一锅酒让他体验到一千年前欧阳修“斫冰烧酒”的盛况。

冯永谦与孔令海用辽代“斫冰烧酒”古法，重酿大辽白酒一事被在场的张松记录下来，发表于《辽沈晚报》和《华夏酒报》之上，引起了广大酒界朋友的关注，不少人纷纷来电话询问并大胆地提出“当年冯先生喝的古酒就是当年接待欧阳修时用的大辽烧酒”。现在看来，这种提法似乎也有依据，时间回到公元1055年，是宋仁宗至和二年，辽道宗清宁元年，当年欧阳修是以北宋翰林学士、吏部郎中、知制诰、史馆修撰的身份出任“贺契丹登宝位国信使”出访大辽的，贺道宗登基。大名鼎鼎的欧阳修，在辽国早已声名远扬，不远万里来庆贺，作为汉文化的推崇者，新登基的辽国皇帝耶律洪基定当破格接待。因此一入辽境，道宗即派出身阜新地区的辽代萧和家族的大辽亲王萧孝友迎接，该家族历经圣宗、兴宗、道宗和天祚帝四朝，终辽之世，萧氏家族共出了6位皇后、19位亲王，在当年可谓风光无限，贵不可言。萧孝友本人曾先后被封为兰陵郡王、陈国王、吴国王、韩国王、燕国王等亲王，辽道宗让他接待欧阳修时的身份是“尚父燕国王”，仅从地位上讲，是给足了欧

图一　大安酿酒总厂辽代蒸馏酒作坊遗址出土的木板窖池群

图二　冯永谦在大安酿酒总厂拍摄辽代蒸馏酒作坊遗址出土的蒸馏酒器具铁锅修复后和待修复的残件

图三　辽代蒸馏酒作坊遗址出土的蒸馏铁锅

图四　辽代蒸馏酒作坊遗址出土的宋代铜钱

图五　大安酿酒总厂设“白酒文化博物馆”之外观

图六　冯永谦在大安酿酒总厂观察用恢复辽代『斫冰烧酒』后，在该厂亲自点火烧水蒸气准备取蒸馏酒

阳修面子。

此时的欧阳修也风华正茂，不但官位显赫，亦是文化泰斗，更以“醉翁”自居，来到好酒如命的辽国，岂有不喝之理，况且大辽宴请宋使是有一定程序的。《日下旧闻考》中有详细描述：“……入馆传旨，赐金澜酒二瓶，银鱼、牛鱼二盘，瓶盘皆金银为之，升龙交错，形制甚精古，且并令留之。”“又燕中暑月于冰窖造御酒甚清洌，使至尝被赐。”对普通使者尚且如此厚待，那这位权倾朝野、文冠天下的“醉翁”来访，就更要特殊款待了。

欧阳修使辽的近一年时间内，不仅遍尝大辽美酒、美食，亲自到酒坊看“斫冰烧酒”亦应是行程之内的必要礼节。除皇帝赐酒之外，萧孝友一定会不止一次地陪“醉翁”痛饮。更何况当时偶遇北酒，品其优劣之余，对其制作工艺的考究理所当然地要亲自观察，动手亲酿，亦是合乎情理之中的。所以才有只用四个字就翔实地记述了辽国用冰替代冷凝器的作用，解决了蒸汽变成蒸馏水的过程。正是道宗的重视、亲王的陪伴、隆重的礼遇、冰火的神奇，使欧阳修留下了深刻的记忆，才在回国途中把“守信邻方睦，尊贤礼亦隆。斫冰烧酒赤，冻脍缕霜红”的句子写进《奉使契丹五言长韵》作为向仁宗上交出访契丹的报告而载入史册。

图七　大安酿酒总厂恢复辽代“斫冰烧酒”后厂长孔令海（左）与冯永谦（右）用瓢接流出来的蒸馏酒

由此可见，萧孝友一定会将接待欧阳修的美酒带回家中，家人一定会以能喝到大文豪欧阳修喝过的酒而引以为荣。为墓主人陪葬用的是欧阳修喝过的酒，亦是对逝者的尊重。

这虽然是一种推测，但当今能喝过一千年的辽酒，又能在当代盛世亲手用辽代古法重酿大辽白酒者，当属冯永谦先生一人！相信在冯老先生的关注和支持下，大安酿酒作坊遗址的研究工作，一定会出现更精彩的成果。

今天笔者为庆祝冯永谦先生八十八岁大寿撰写此文，不仅仅是表达对冯先生的祝贺，更是对冯先生的这种实事求是精神的感动。在他半个多世纪的考古生涯中，不唯书、不唯上，“看不到的不算数”，四十多年前，叶茂台古墓中发现古酒，白酒产地能在大安发现，就是其工作态度的铁证。正像

图八　大安酿酒总厂厂长孔令海（左）与冯永谦（右）取流出来用辽代古法制作的蒸馏酒后准备现场品尝

他在接受采访时所说的：“大安发现蒸馏酒的全套器具，但没有辽代的酒，法库叶茂台有辽代酒，没有蒸馏酒的器具发现，都各自有一半的成分，这样吧，两样合在一起，既有大安蒸馏酒的器具，又有法库叶茂台辽墓出土的酒，这样就把中国的白酒历史提早到辽代，所以这两处的发现是非常重要的，是改写了中国白酒生产的历史，不仅对中国有影响，对世界都有重要的意义！”

谨以此文，虔诚庆祝冯永谦先生米寿！

虎山明长城考古发现与修复

——记冯永谦与明万里长城东端起点重现雄姿

任鸿魁[①]

冯永谦先生与虎山明长城东端起点关系密切，如果没有他主持的考古调查和发掘，就不会有今天的明万里长城东端起点。因此，这件事值得记忆，值得大书特书，故不惮其烦草成此文，加以详记。

明代万里长城东端起点，经1990年考古调查发现，位于辽宁省丹东市区东北方向12.5公里，地处宽甸满族自治县虎山乡虎山村鸭绿江边的虎山。后经五年考古发掘，并修复起来。

自1994年以后，虎山长城列为丹东市文物保护单位、辽宁省文物保护单位。2013年3月5日列为全国重点文物保护单位，与江沿台堡、赫甸城（新奠堡）等遗址并入长城项目。2020年11月24日，国家文物局将明长城虎山段列为第一批国家级长城重要点段。2021年秋，《长城国家文化公园重大工程建设方案》将“丹东虎山长城保护利用项目”定位为重大工程项目（图一）。

作为我国珍贵的历史文化遗产，联合国教科文组织于1987年将万里长城整体列入世界遗产名录。加强这一珍贵文化遗产的保护工作，是政府和社会各界的共识。2006年，国家文物局制定并实施“长城保护工程（2005—2014年）总体工作方案”。按照方案中的工作项目和进度，第一阶段开展了全国明长城资源调查，并取得了丰硕成果。2009年4月18日，国家文物局和国家测绘局联合发布了明长城的调查结果：明长城东起辽宁虎山，西至甘肃嘉峪关，从东向西行经辽宁、河北、天津、北京、山西、内蒙古、陕西、宁夏、甘肃、青海十个省、自治区和直辖市的156个县域，总长度为8851.8公里。同年9月25日，“万里长城东端起点——虎山”标志揭幕仪式在辽宁省丹东市的虎山长城举行，中国长城学会副会长罗哲文先生自豪地向国内外宣布：“经过多年调查和专家委员会最终确定，明长城东端起点在鸭绿江畔的丹东！”（图二、图三）

从1992年动工修复至今，虎山长城重现雄姿已经30年了。一段古老的虎山长城，见证着历史的沧海桑田，本来古已有之，为什么要以“调查结果”的形式发布“明长城东起辽宁虎山”，又为什么要树立“万里长城东端起点——虎山”的标志？一段历经风雨、叱咤风云的虎山长城为什么修

① 任鸿魁，丹东市文物管理委员会办公室副主任，1990—1994年为宽甸县虎山明长城遗址考古队成员。

图一　虎山全貌

图二　修复后的虎山长城

图三　修复后的虎山长城过街敌楼

建，又是什么时间修建的？为什么清初以来淡出人们的视野而湮没无闻？虎山长城遗址又是如何被发现又被重新正名的？这是一个漫长的历史过程，在这个过程中有着太多的古代和现代的往事。而虎山长城的正名和修复，更包含着新中国的几代考古、文史专家和有识之士所付出的艰辛。

我于1987年9月来到丹东市文物管理委员会办公室工作，接触到丹东地区虎山等明代辽东长城遗址，也和本地文物干部去实地考察过。因工作关系，我多次陪同来到丹东的冯永谦、罗哲文、朱希元等专家学者前往长城遗址。还有幸参加了冯永谦老师牵头的虎山长城专项考古调查、考古发掘、修复保护和研究等工作。在考古发掘多年的相处中，被冯老师的不畏艰苦、忠诚事业、甘于寂寞、潜心钻研的精神所深深感动，因此更加坚定了我在文物保护管理、文物考古岗位坚定前行的信心和决心。与此同时，我逐渐了解了更多的长城考古资料，翻阅了更多的历史文献，使我对虎山长城有了更加深刻的认识了解，对鸭绿江边的这一处五百多年的历史遗迹产生了浓厚的兴趣和深厚的感情。

一、五百年前的明代始修虎山长城

一通古碑记载了明军进驻辽东宽甸的历史。1980年，丹东市文物普查时，文物干部发现了一通造型奇特的“古碑”。说它造型奇特，是因为它外形不像碑刻那样四周雕琢方正平整，只是在高大的立石上面镌刻了文字。经进一步考察研究，认定该立石原来是树立于青铜时代的“石柱子”，属于“巨石文化”遗存，距今已有3000多年的历史（图四）。

该古碑称“明成化古叆阳石碑”，也称“柏林川石刻”，位于虎山长城北部今宽甸满族自治县灌水镇柏林川村平坦耕地上。碑石因长期风化毁损，外形上窄下宽，远望如巨人屹立，所以当地人俗称“人石”“老人石”“石人”。民国《宽甸县志略》载，县西北100里鸡冠砬子“下有二溪合流，左有人石，状似人形。山之侧为柏林川，明代刘廷与后金开战之地，自古称为要隘”。该碑高2.9米，最宽处0.86米，厚0.5米。至今尚可辨识文字为“此古叆阳石……钦差镇守辽东……成化五年五月五日镌记”等。时间为成化五年（1469年）五月五日。民国《宽甸县志》的编修者曾对古叆阳石碑文进行过补录，笔者根据《明史》《全辽志》《辽东志》以及《韩斌墓志铭》等史料记载，曾对其补录文字做了进一步考证，最后确定碑文为：“此古叆阳石，钦差镇守辽东副总兵韩，兹因开展边界，增斥烽堠，率精兵至此撰。”碑文中“叆阳石”的含义是：古人以山南水北为阳，该碑石刊立之处位于叆河之北，亦即叆河之阳，故名“叆阳”。叆河，明代称叆江。此古叆阳石：指碑石并非新立，乃古已有之。因镌文之前该石早已树立于此，所以用“古”字特别说明。“辽东副总兵韩”即明辽东副总兵韩斌。辽东，指明代九个边镇之一的辽东镇。

图四 柏林川石刻

明成化五年，韩斌主持修筑鸭绿江边虎山段长城。明朝中叶，朝廷同意了建州女真各部南迁的请求，女真人逐渐南下迁居辽东等地。据孙文良《满族大词典》载：当时女真人分布在“东达长白山东麓和北麓，南抵鸭绿江边，西至抚顺，北界松花江上游，并以浑河流域为中心的广大地区”。其中南部地区的分布情况，“自抚顺而南，直抵鸭绿江边，则为建州女真所有”。这时建州女真处于奴隶制阶段，各部盛行掠夺之风，通过掠夺战争获得财富已成为他们最重要的生活目的之一。同时，女真人掳掠汉人和朝鲜人做奴隶驱使的现象十分普遍，朝鲜史料《朝鲜李朝实录》记载：“野人（指女真人）剽掠上国（指明朝）边民做奴使唤，乃其使也。”《全辽志》记载，由于这种现象愈演愈烈，建州女真人在成化二年（1466年）“一岁间寇边者九十七次，杀掳人民十万余”。这种骚扰引发边地不断动乱，以至于辽东居民“人不聊生，赋无所出”，促使明廷在成化三年（1467年）做出征讨建州的重大决策。

韩斌字延用，初任辽东宁远卫（今兴城）指挥备御，明成化三年改充游击将军，同都御史李秉东征建州女真。在辽东凤凰山至抚顺一线围攻李满住部获捷，史称“成化之役”。奏捷后韩斌升任都指挥佥事，仍充游击将军，分守辽阳等处。成化之役虽然削弱了建州女真势力，但其余部并未停止对明朝边地的骚扰。明军撤回后，左都御史李秉恐女真复为边患，于是建议朝廷增加戍边兵力，并根据地理地势情况，筑立千户所城堡以守御。李秉的建议，成为修筑辽东长城东端的先声。

成化四年（1468年），韩斌改充辽东副总兵官，分守开原，提督辽阳。韩斌在军事活动的实践中，认识到“建贼寇边。不堡兵遏之，非久计也”。对辽东卫所兵制存在的弊端进行改革，采取设立城堡、招募堡兵的方式，防止女真人的骚扰。同时广开言路，严于律己，赢得了全军将士的敬重。《辽东志》记载，韩斌“献防守规划，为堡守之”。成化五年（1469年），连接辽河流域的长城，主持修筑辽东长城东端。韩斌“乃缘边自抚顺关抵鸭绿江，相其地势，创东州、马根单、清河、碱场等五堡”，对五堡的具体布局，韩斌在防守规划中做了较细致的布置：“自抚顺而南四十里设东州堡，东州之南三十里设马根单堡，马根单之南九十里设清河堡，清河之南七十里设碱场堡，碱场之南一百二十里设叆阳堡。”韩斌率军从抚顺到鸭绿江一线斩伐林木、修筑城垣、增立墩台、填实军伍，沿途烽堠相望、远近应援。而辽东东端长城的初形，也由此开始。在筑竣叆阳等五堡后，韩斌又陆续筑立凤凰、汤站、镇东、镇夷、草河等城堡，“十堡据守，相属千里”，增强了对女真的防御能力。

韩斌主持修筑的这段长城，最初是因地制宜，多样形式并存，有砖石墙、土墙、劈山墙、山险墙、虎牢木柞墙及边墙壕等形式。灌水柏林川石刻记载的，正是韩斌“率精兵至此”修筑凤城、宽甸交界的叆阳至鸭绿江边虎山一段长城的史事。《明史》明确地记录了九个边镇中的首镇是辽东镇，明长城东起辽东鸭绿江，西至甘肃嘉峪关的史实：“正统以后，敌患日多。故终明之世，边防甚重。东起鸭绿，西抵嘉峪，绵亘万里，分地守御。初设辽东、宣府、大同、延绥四镇，继设宁夏、甘肃、蓟州三镇，而太原总兵治偏头，三边制府驻固原，亦称二镇，是为九边。”当时鸭绿江对岸李氏朝鲜的官员，也对正在修建中的辽东明长城情况对国王做过汇报。据《朝鲜李朝实录中的中国史料》记载，成化五年朝鲜官员中的目击者对明长城东端的描述是：“见长墙之界，川原则以木石交构，作沟墙高六尺，广四尺；平地则以木多置，广百余尺。南距十余里高峰筑烟台，用木交积，高八尺，四面各十三尺，台上造板屋，高五尺。烟台或相距十余里，或十五余里。”所言“长墙”，是当时朝鲜人对长城的习惯称呼；“沟濠”，即边墙壕，是一种因地制宜的修长城方式，在临敌的一面挖深沟，将土返到内侧筑土墙或石墙借以防御。前引文中对途经河流、开阔地段的长城墙体构造都有记载，而对长城沿线烽火台的描述则更为详细：烽台多建于长城墙外十余里山峰，最初“用木交积”而成，且上面有供瞭望和休息的板屋，烟台两两相望，相距十里左右。据这位细心的朝鲜官员估测，“长墙东距昌城府云豆伊烟台百余里，南距仇宁口子六十余里”。昌城府即今昌城郡，是朝鲜民主主义人民共和国平安北道的一个郡，首府昌城在平安北道北部，城东北12公里为水丰水库，北隔鸭绿江（水丰水库）与辽宁宽甸相望。从昌城西去越鸭绿江百余里，正当明叆阳堡南侧，沿宽甸、凤城两县交界的一溜山脊直达虎山的长城线上。朝鲜史料记载的成化五年“长墙”，正是韩斌主持修筑的明长城东端位于丹东境内的这一段。十年后这段长城出现坍塌损毁，朝廷曾拨粮款加以复修。《明宪宗实录》记录了这段史事：成化十五年六月，“辽东墩墙颓缺，迤东为甚……惟东路自开原直抵鸭绿江，南北绵亘千有余里，边墙坍塌……宜令修筑”。从另一角度看，也是韩斌“缘边自抚顺关抵鸭绿江”一线在成化五年修筑了虎山长城的佐证。

二、三百年前的清代“辽东边墙”被湮没无闻

清初为保护“龙兴重地”，在明朝辽东故地修筑柳条边。17 世纪初期，明王朝统治势力逐渐衰落，建州女真首领努尔哈赤统一了东北广大地区，取代了明王朝在东北的统治地位。明万历四十七年（后金天命四年，1619 年），历史上著名的萨尔浒之战爆发，明王朝精锐部队被 6 万后金军歼灭，努尔哈赤取得了战略上的主动权。天启元年（后金天命六年，1621 年）三月，努尔哈赤率军攻下沈阳、辽阳，又陆续占领辽东镇江（今丹东市振安区九连城）、海州、盖州、复州、金州等大小七十余城。努尔哈赤在统一东北的过程中，于天命元年（1616 年）建立后金政权，天命十年（1625 年）迁都沈阳（后改称盛京），崇德元年（1636 年）皇太极改“后金”为“清”。顺治元年（1644 年）清军入关在北京建立以满族贵族为首的中央政权。满族统治者认为，辽河流域和吉林部分地区是其“祖宗肇迹兴王之所”，是“龙兴重地”。为了维护这一地区的特殊性，把这里划成特殊地理界限，决定兴建柳条边。

柳条边大致有三个作用：一是为保护边外的“发祥重地”，以巩固其“根本”。在清军入关之初，关内斗争形势极为复杂，阶级矛盾、民族矛盾和统治阶级内部的矛盾交织在一起。面对复杂的斗争形势，满族贵族统治集团修筑了柳条边。乾隆皇帝在《老边诗》中说：“征战纵图进，根本亦须防。”就清楚地表明，清初修筑柳条边的目的：一是为了巩固其“龙兴重地”。二是为了保护边外皇族围场等经济利益。柳条边外的丰饶之地，如采参山场、捕珠河流、特产贡山等，也用立封堆等办法划为禁区，不让边内人民（包括满族）自由流动到边外去，以保证满族贵族的经济利益。三是清初修筑柳条边也是为了用来作为行政区的界线。《奉天通志》记载：“清起东北，蒙古内附，修边示限，使畜牧游猎之民，知所止境，设门置守，以资镇慑”，说明柳条边也具有划分行政区这样一个作用。

柳条边有老边和新边之分。老边又称盛京边墙，建于辽河流域，南起凤凰城（今辽宁凤城）西南窟窿山（今辽宁东港），北到开原附近的威远堡，再折而转向西南，直到山海关与长城相接，长 1950 余华里，是崇德三年（1638 年）到顺治十八年（1661 年）完成的。老边自凤凰城至威远堡的东段，归盛京兵部管辖并受盛京将军兼统；自威远堡至山海关的西段，归盛京将军管辖。新边建于吉林地区，因修筑时间晚于老边，故称新边。新边从威远堡向东北方向修到法特哈（今吉林市北法特），长 690 余华里。始建于康熙九年（1670 年），完成于康熙二十年（1681 年）。新边归宁古塔将军（后改吉林将军）管辖。清廷在柳条边沿线的交通要道，设边门以通往来。初设边门 21 处，后减为 20 处。每个边门驻官兵数十人，负责稽查行人。而对柳条边外的管理也是十分严格，对偷入者处理也很严苛：规定在禁地内捕蛤蟆、捉水獭、采蜂蜜、挖人参，为首者处以“枷两月，鞭一百”的刑罚。丹东境内的柳条边，位于柳条边的最东端，史载清崇德三年（1638 年）始建，是动工建设最早的线段。柳条边东端起点在东港市长山子镇窟窿山，凤凰边门遗址在凤城市边门镇，叆阳边门在凤城市叆阳镇。这些点段，20 世纪八九十年代笔者同东港市文管所长祝延学、凤城市文管所长崔玉宽曾多次前往考察研究。丹东境内的柳条边包括“窟窿山柳条边东端起点”“凤凰城边门”“叆阳边门”等，研究心得载记于拙著《丹东史迹》（图五、图六）。

图五　窟窿山柳条边起点

图六　凤城叆阳丛家清代柳条边遗址

柳条边大部分线段沿用了明长城线路进行修筑，明辽东长城被改造成柳条边。关于柳条边的经行线路，国内学者杨树森先生的研究结论是，柳条边东段沿用了明长城线路。他主编的《清代柳条边》载：崇德三年起，“皇太极把凤凰城至碱场边门一段，利用原来的明边加以修缮，这是东段修边之始”。日本学者稻叶岩吉所著《满洲发达史》提出：柳条边的修建最早始于东段，因为“崇德三年清太宗皇太极将凤凰城至碱场边门在旧界基础上展出50里，以钉桩及绳索设防”。其中“明边”“旧界”，皆指明辽东长城。辽东长城，是明代对东起辽宁鸭绿江边虎山，西至河北山海关的一段明长城的总称。

清初修筑柳条边的方法，是先用土堆成宽、高各3尺的土堤，堤上每隔5尺插柳条3根，各根柳条间再用绳子连接横条柳枝，即“插柳结绳”。土堤的外侧，再挖掘出深壕，以防止行人越渡。按此方法修筑柳条边的同时，拆除毁坏了大段的明辽东边墙。清史满族史专家邸永君在《明辽东长城与清柳条边》文中说，清廷入主中原伊始，即“以明辽东长城为基础，加以修补，插以柳条，以作为禁区之标志，号称柳条边”。这样，就把明辽东长城一些线段，“改造为清柳条边”。这也是时至今日的考古调查，在一些边墙沿线找到了柳条边遗迹，却无法看到明长城遗迹的原因之一。而辽东长城与柳条边不相重合的地段，由于军事作用的消失，“多被废弃甚至被大规模人为拆毁”，以致面目全非，使今人无法看到原始风貌。

在清代的史籍书刊中，也刻意淡化回避这段史实，文字上没有了辽东长城的记载，舆图上面辽东长城也被柳条边取代。清康熙年间顾祖禹《读史方舆纪要》、乾隆年间《盛京通志》等，在附图中绘上“柳条边”，明辽东长城踪迹凭空消失。曾担任虎山长城遗址考古发掘队领队的冯永谦老师认为：“作为东端起点的虎山长城之所以后来消逝在典籍与历史文献中，让后来的人们误以为东端起点始于山海关，主要原因之一就是清军统一全国后，刻意淡化或故意模糊处理了辽宁境内辽东镇明长城的历史。毕竟这段依于山川的屏障，曾经让这个从冰雪中走来的民族在崛起过程中费了不少周章。我们亲身经历的丹东地区的考古调查，凤凰城边门以北凤城、宽甸交界一线，已经发现清柳条边线段与明长城走向的情况，明长城与清柳条边并不重合，两者各有线路，不能混为一谈。清人著作因当代避讳，故意不言明长城，而显柳条边，就这样，广泛流传的万里长城起止点，一直是清初以来三百多年‘东起山海关，西至嘉峪关’的说法流行。而明代九边之一的辽东镇长城及其东端起点的史实，也就逐渐被掩盖，随时光消逝而湮没无闻了。”

三、考古调查发现并确定明长城东端起点位于虎山

但是，历史的事实是掩盖不了的。丹东市的文物考古工作者，在文物普查中发现了明辽东长城虎山段的踪迹。20世纪80年代初，丹东市按照国家和省文物部门部署，开展了全市的文物普查工作。在宽甸虎山及其以北宽甸、凤城两县交界一线，除了柏林川石刻外，还发现多处明长城点段。文物部门将五处保存较好地段列为文物点登记建档。这些发现，后来得到孙守道、冯永谦等省考古专家的肯定。1985年，丹东市文物管理委员会办公室主任王连春同志在市刊《丹东史志》发表文章，提出“万里长城绵延丹东，长城终端就在虎山脚下”的观点。1986年，辽宁省考古研究所研究员冯

永谦、何溥滢在《辽宁古长城》一书中指出："辽东边墙是辽宁境内明长城的具体名称，它西从绥中县境内铁厂堡无名口台起，然后向东直到鸭绿江边，全长一千九百六十里"，"鸭绿江右岸宽甸县南境虎山下的江沿台，就是明长城东端起点"。这是最明确，又最具体指出明长城东端起点的论述。以后又有省、市文物干部陆续发表文章，使鸭绿江边的虎山长城遗址逐步进入人们的视野。

在冯永谦于1986年开始连续四年主持对绥中县九门口长城进行考古发掘并修复后，1989年年底，丹东市文化局、市鸭绿江风景名胜区管理局、市旅游局共同提出修复明长城东端起点的建议，得到丹东市委、市政府的支持。市风景局副局长杨森丕、市文物管理办公室副主任路明等同志具体做了很多工作。为确认明长城东端起点的具体位置，给修复工程提供科学依据，市文化局于1990年2月15日（农历正月二十）派崔双来去沈阳，是夜九点多钟到沈阳冯永谦家，说明丹东市拟修复明长城起点地段问题，冯永谦立即表示同意和支持。随后二人一起又去孙守道家，经过说明情况，孙守道也表示赞成，此时已过午夜。第二天一同去辽宁省文物考古研究所研究。第三天崔双来和考古所冯永谦、薛景平与辽宁省长城赞助活动办公室主任吉昌盛一同来丹东具体研究落实。返回沈阳后，再次前来，组成省、市联合考察组开展工作。考察组由六人组成，有辽宁省文物考古研究所研究室主任、研究员冯永谦、薛景平，辽宁省长城赞助活动办公室主任吉昌盛、金光远，丹东市文物管理办公室原主任、副研究员王连春、任鸿魁。丹东长城调查，如果从1990年2月15日算起，至5月19日第一阶段工作结束，历时3个月，行程2000多公里，排除了各种错误说法，明确了明万里长城东端起点的具体位置与经行线路。

考察组最先考察的对象，是有关明长城东端起点多个不同说法的各个地点。我们去老边墙、九连城、古楼子、浪头、夏家堡子、叆河尖、马市、栗子园、虎山、八家子以及长甸、永甸、坦甸、宽甸等地进行反复考察。根据长城遗迹及相关遗物的发现，并结合历史文献的记载，经过认真分析研究，对诸家之说有了明确的认识。在九连城，没有发现长城墙体遗存，并且也与文献记载不符。古楼子遗址，土堆规模较大，仅凭考察性质难以确定，冯永谦老师指挥打探沟试掘，结果证明是一座明代路台，其南北没有长城墙体连接。老边墙村，距离鸭绿江较远，向南仍有长城遗迹向鸭绿江边延伸。还有浪头、夏家堡子、叆河尖、马市、栗子园、八家子等地，都不具备相应条件，因而皆否定了其为起点的说法。最后唯在宽甸县虎山乡虎山村鸭绿江边的虎山南北两坡，以及虎山南山脚，均发现墙台与长城墙体遗址，因而确定了明万里长城东端起点的确切位置就在虎山（图七）。

考察组实地考察发现：虎山南麓鸭绿江岸边，有一座大型土石台址（编为1号台址），其下部是一结构复杂的早期石砌建筑。在此台址发现有铁刀、铁马镫、青花瓷片和灰瓦片等，说明了此台址年代应属明代。台址东侧向北直抵山脚石砬子，存有自然石块砌筑的拦马墙。紧邻拦马墙东南，存有保存完好的当时开掘的一条引入鸭绿江水的护城河。护城河在台址南侧流过，河水至下游注入叆河口复流入鸭绿江。此台址即是长城起点所在位置，它地势优越，不仅阻断陆路，也横断了水路，直接控扼东西交通，地理位置十分重要。经冯永谦老师考证，1号台址即是《全辽志》所记载的江沿台堡辖下的"邦山台"台址。在此台址北面连接有石砌城墙直上虎山南坡，半山腰处发现一座方形石筑台基址（编为2号台址），这是一座长城线上的墙台。由此再北上，即达虎山东侧高峰的方形石

图七 1990年3月15日冯永谦（后排左三）、任鸿魁（前排左一）在虎山调查明长城东端起点时在最高峰合影

筑台址（编为3号台址），它位置最高，具有哨楼作用，是长城起点段上最重要的一座墙台。由此台西去虎山第二高峰，两山峰间的山凹长度78米，这一段至今存有长城墙基，墙基为自然石块砌筑，山凹中间一段长15米的石墙，保存较好，存宽4米，高2米多。这段长达78米的墙址，是极为明确的明长城遗迹。

长城由北坡下虎山，在山北麓比较低矮的山岗上，有一座台址（编为4号台址）亦为石筑，可见地表散布许多石块。自此往北，土质的山岗顶部有连续石块堆积，说明它是长城墙体的遗存。再往北到丹（东）宽（甸）公路东南侧虎山村对面的山岗顶部，有一座方形石筑台址（编为5号台址），台址虽被拆毁，但残存石块仍较集中，地面散布灰色瓦片甚多，说明台址上面应该有建筑物。据当地群众介绍，在三十多年前（按：指20世纪50年代），这座台址保存还较好，存高一米余，至今人们还称此地为"前台子"。从前台子西折越丹（东）宽（甸）公路，在虎山村中的山岗南端，亦有一座隆起的台址（编为6号台址）。长城由此沿山岗顶部北去，直到虎山村的北端，这段长城基址，已经辟为村中南北通行的大车道。

出村北行，长城一直蟠行在虎山村青盖沟的西岗梁。到第一个突起的山头，岗顶有一座石砌墙台（编为7号台址）。越过此台，长城稍屈曲继续北去，到栗子园村的高力道沟。沿线又发现3座台址（编为8、9、10号台址）。其中9号、10号台址形体较大，俱为石筑，两台址间长城墙基保存较好。长城由此攀上东侧较高山峰，然后又屈曲北去转向栗子园村北高峰茂气顶。这里山势较高，长城墙体保存也较好，俱为自然石块砌筑。在栗子园村东黄家沟与砬子沟交界处的山梁，长城墙体存宽4米，存高1.2米。从虎山到这里长度约15华里，墙台俱存，墙体不断，长城走向遗迹清楚。由此再沿山脊北去约10华里到达老边墙村，该村长城保存较好，山谷中并存三道城墙，系一城堡和他的外围墙遗迹；在村北炮台山顶上的烽火台址，保存亦很完好，十数里外即可望见。

此外，在栗子园村，发现一座长城线内大型台址，明代砖瓦很多，还有其他一些石构件，并出土明代石碑一通，唯残泐较甚，文字不清。在老边墙村，发现一通明万历三十年石碑，碑文题名中有“指挥倪仲克”字样。上述二碑，俱为有关长城碑记，十分重要。另在八家子村，发现三通明碑，也和辽东长城有关。为满足长城设计需要，考察组还前往辽西的绥中、北镇，考察明辽东长城的西段，将东、西两段互相比照，获得了更为清晰的科学数据（图八、图九）。

经过此次专项考古调查，澄清了很多错误说法，使虎山段长城的起始点和经行线路第一次明确起来。这些长城墙体、墙台及烽火台的发现，都为认定明长城东端起点虎山长城的具体定位和长城走向、形象起到重要的作用。

四、发掘虎山长城遗址获得明长城东端起点段翔实资料

为配合丹东市开发鸭绿江风景名胜区旅游资源的需要，为虎山长城的修复工作提供更为详尽的可靠资料，在省市联合考察队认定明长城东端起点虎山长城的具体位置和走向之后，开始了虎山长城遗址的考古发掘工作。1990 年 11 月，经国家文物局批准的虎山长城考古队进驻虎山村。考古队由三人组成，领队是辽宁省文物考古研究所冯永谦老师，成员有丹东市文物管理委员会办公室王连春、任鸿魁。

虎山是紧邻鸭绿江右岸的独立低山，明代称马耳山，清代始称虎山。虎山主峰海拔 146.3 米，四周山势陡峭，东高西低，顶部平坦。发掘中，发现虎山南麓山脚的 1 号墙台是一座大型台址，其南侧依次设有人工建筑拦马墙和护城河；沿长城墙体北去在虎山南坡半山腰、山顶分别有 2 号、3 号墙台。自 1 号墙台北去，越虎山直至山下丹（东）宽（甸）公路，长城墙体连续不断。考古队从 1990 年到 1994 年，连续 5 年对虎山长城遗址进行考古发掘（王连春因身体原因中途退出），共清理明长城墙体 600 余延长米，包括三座墙台、三座烽火台、一处军事营房址，还有两道拦马墙、一处护城河石护坡等。

1. 本次发掘清理的三座墙台遗址分别标记为 1—3 号。1 号墙台址位于虎山长城起点段的最南端，规模较大。曾因当地社员取石筑瑷河堤遭到严重破坏。台址平面为正方形，边长 36 米，内夯土，外面包砌石墙。台址的夯土台基建在早期石建筑遗址之上。台址南半部保存较好。存高 2.2 米，可见夯土 16 至 24 层。夯土台基外有颓落散乱石块，为台址的外墙面，台址基部还保存有残留的原砌筑结构。台址出土较多明代缸片、瓷片、铁甲片、铁锅片、铁镞、灰布纹瓦、残砖块等。2 号墙台址位于虎山南坡中部，西邻虎山虎耳双峰南坡大沟，东有山崖和小的沟谷。台址方形，边长 9 米。建于山岩顶部平台，东西有裸露石崖。墙台系石砌，现存石块较多，存高 0.6 米。台址中心发现明代长城中常见的军士用瓷背水瓶等文物。3 号墙台址位于虎山最高峰（东侧山峰），台址平面呈长方形，东西长 12 米，南北宽 8.5 米，存高 1.2 米。西部残存墙基石 5 层，北部残存墙基石 4 层。台址出土较多明代缸片（图十、图十一）。

2. 发掘长城墙体 600 余延长米。从 1 号台址北越虎山跨丹（东）宽（甸）公路至虎山村，1200 余米长城沿线墙体遗迹清晰，分别由石墙、土石墙、山险墙组成。

1 号台址至 2 号台址之间的长城墙体，共长 181 米，这段长城墙体依据山势，石墙和山险墙兼

图八　冯永谦（左）、任鸿魁（右）在考古调查长城中小憩

图九　1990 年 4 月 10 日，考察组冯永谦（右一）、薛景平（左二）、金光远（右二）、任鸿魁（左三）于绥中荆条沟屯长城上合影

图十　发掘中的虎山长城1号台址

图十一　虎山长城1号台址东北角连接的长城墙体通向山顶

有，可分五段叙述。第一段 68 米石墙：西接 1 号台址东壁，向东 20 多米以后北折，接虎山南麓陡崖基部。这段墙体平面呈弧形，均用自然石块砌筑，夹杂少量高句丽楔形石块。长城墙体与 1 号台址衔接处，已被取石破坏，仅残留墙基巨大石块，但遗迹清楚。墙体颓宽 10 米，残高 2.2 米。近陡崖处南北走向的墙体叠压在东西走向的高句丽石墙之上，墙体存高 1.3 米，较完整处可见 8 层砌石。从陡崖基部北去，山岩突起向崖顶延伸。崖顶经人工修凿较为平整，上砌石墙。由崖顶向北有东西向山凹口，砌有封堵凹口石墙，墙宽 5 米，存高 1.5 米，石墙东侧残存墙基砌石 5~7 层。出土有明代铁链等遗物。第二段 52 米山险墙：石墙北部是一道光秃山岩形成的山梁，山势较陡，倾斜 35°左右。南端 18 米山险墙，墙东侧人工凿削成陡壁，近 90°角直立，顶部修凿平整，宽 6~7 米，高 3 米左右。向北凡岩石顶面均修凿平整，地势略缓，较凹处均填砌石墙。为便于巡哨士卒上下行走，在岩石稍陡处凿有很多脚蹬窝，明显的脚蹬窝已发现 10 余处。第三段 10 米石墙：接山险墙北端砌有石墙，地势略缓，倾斜 24°。石墙南端保存较好，存宽 4.5 米，存高 1 米余。第四段 42 米山险墙：长城沿山坡继续北上，山势陡起，倾斜 35°至 40°，又为山险墙。墙顶面修凿平整，宽 4.5~6.5 米。陡峭处凿有脚蹬窝 20 余处。此段墙体走向略呈弓形，中间部分向西弯凸。第五段 9 米石墙：山险墙北端为突起岩石的顶部，其北侧 9 米同 2 号墙台南壁相接。此段地势较为平缓，砌有石墙，宽约 5 米。

2 号墙台址与 3 号墙台址间长城墙体，共长 101 米，石墙和山险墙兼有，可分三段叙述。第一段 12 米石墙：2 号墙台北去与陡崖间缓坡长 12 米，在此砌有石墙，宽 5.5 米，残高 0.3 米。两侧沟谷滚落大量石块，应为墙体砌石。第二段 47 米山险墙：由石墙北上接陡崖，此段为山险墙，宽 5~6.5 米。山崖均经人工凿削，由于山势较陡，倾斜度近 45° ，墙顶面普遍凿有脚蹬窝。经发掘去除地表杂草、树木及覆土后，发现此段墙体凿有较多脚蹬窝，共 150 余处。另在地势险要的山崖顶上，有人工凿成的拴绳孔洞 4 处。分单孔和双孔，用于插入木桩或拴绳，借以助力上下城墙。第三段 42 米石墙：由山险墙北端北去至 3 号墙台址，地势稍缓，砌有石墙，一直连接到 3 号墙台址南墙壁。墙体存宽 5 米，存高 0.4 米，墙体与台址衔接处遗迹清楚。在衔接处陡崖上又发现打桩孔和拴绳孔两处。这段墙体出土明代铁剪刀和瓷片、缸片等遗物。3 号墙台址至第二山峰（西侧山峰）间山凹段墙体，长 78 米，均为石墙。此段墙体是在南北向长城线上向西单独分出的一支。这段墙既联结了虎耳双峰之间的通道，又堵住虎山大沟的南北交通。墙体宽 5~7 米。位于山凹间最低处的一段保存较好，墙面用自然石块砌筑，墙顶平整，存高 2.2 米，残存砌石 12 层（图十二、图十三）。

3 号墙台址北行至虎山北坡山崖间墙体，这段墙体长 102 米，有石墙和山险墙，分两段叙述。第一段 36 米石墙：石墙南接山凹段支墙东端，下山北去接陡崖南端。其南段保存较差，仅存基部石块，宽 5~6 米，高 0.4 米；北段保存较好，虽坍塌严重，但结构明显，宽 6~7 米，存高 2 米，可见墙基砌石 5~7 层。第二段 66 米山险墙：此段墙利用了一段峭立山崖，山崖东侧陡立，崖高 13~18 米，形成山险墙。墙顶面均经人工修凿，较为平整，宽 5~6 米。山险墙西面多为较缓山坡，有四处陡峭位置凿有脚蹬窝。至山险墙北端，山崖立陡近于垂直，崖高 41 米，长城山险墙墙体至此戛然而止。由山险墙崖顶西去，有一“之”字形小路，转通山崖下面。而长城主墙体，则在崖下继续向北接续修筑。

图十二　虎山山凹段长城墙体

清理虎山北坡 87 米土石墙。陡崖下跨丹（东）宽（甸）公路至虎山村，长城沿低矮山岗北行，均为土石墙。此段墙南端衔接点，位于山险墙北端山崖顶向崖底做垂线所得垂点西移 8 米。从该衔接点北去，长城土石墙随山岗走势北去，共发掘 87 米。墙体外砌石，内夯土，墙宽 4.5~6 米，存高 0.5~1 米，可见残存 1~2 层墙基砌石。从这里北去至虎山村的沿低矮山岗脊部走行的 600 余米长城线上，有墙台两处（4 号、5 号墙台），其墙体、墙台砌石多已无存，呈土垄状屈曲盘行。

图十三　冯永谦老师在拍摄虎山山凹段石筑墙体时的姿势

3. 此次发掘清理了 3 座烽火台，包括长城线内 2 座，长城线外 1 座。1 号烽火台，位于长城线内侧。地处虎山西部海拔 56.4 米低矮山顶，东距 1 号墙台址 500 米。台址圆形，直径 15 米，外砌石墙，内填土石，存高 2 米。北部残存石墙长 1.2 米，可见 2~3 层墙基砌石。此遗址出土明代灰布纹板瓦、小铁刀、铁锅片、铜钱等遗物。2 号烽火台，位于长城线内侧。地处虎山最西端海拔 54.2 米山顶，东距 1 号墙台址 750 米。台址长方形，南北向，东西长 9 米，南北宽 8 米，存高 1.2 米。台址北侧、东侧现存石墙基，垒砌规整，存有 1~2 层砌石。南部修凿陡立山岩为墙基，顶部修凿平整并砌有石块，高 0.7 米。台址发现明代灰瓦片等遗物。3 号烽火台，位于长城线外侧。地处虎山北麓长城线外以东 30 米山梁凸起处，当地人称“前台子”。台址方形，东北—西南向，边长 9 米，残存台址高出四周耕地 1 米。台址中心有现代环形石建筑址。

4. 清理军士营房址 1 处。位于虎山第二山峰（西侧山峰）顶端中间偏北处。遗址存有火炕一铺，已残缺不全，但遗迹清晰。火炕为长方形，东西向，东西长 3.5 米，南北宽 1.8 米，存高 0.4 米。火炕有东西向烟道三条，系采用宽而薄的石块立砌为墙，上盖薄石板而成。烟道宽 0.25~0.3 米。南端第一条烟道保存较完整。遗址西端发现明代长城军士用的瓷质背水瓶 1 个，在火炕周围发现较多明代铁甲片、铁箭头、缸片以及板瓦等遗物。

5. 清理护城河石护坡与拦马墙。护城河位于 1 号台址南 15 米，河身呈东西向沿虎山南面的山脚流过。是修筑长城时为阻断东西通道，保护长城起点安全而挖掘的。护城河上游引入鸭绿江水，下游向西距山较远然后注入叆河转入鸭绿江。在护城河北岸探方中发现砌石，证明原护城河沿岸修筑了石护坡。护坡有利于防止鸭绿江潮汐或洪水冲刷堤岸，预防河道淤堵，以保证护城河水道畅通。拦马墙共发现两道，均为石筑，位于 1 号台址和护城河之间，呈东西向排列。第一道拦马墙南临护城河，西接一号台址东侧，向东延至虎山山脚一陡崖，高约 3 米，发掘长度近 70 米。第二道拦马墙位于第一道拦马墙北侧 5 米，高约 2.5 米，已发掘长度 21 米，西端已被社员取石破坏，据延伸方向判断，当衔接于台址东长城墙体基部。两道拦马墙相互间大致平行。明代遗存之外，虎山上还发现高句丽山城、古井、辽代建筑址等遗迹（图十四）。

图十四　1991 年 12 月 1 日，任鸿魁（前右）和冯永谦老师（前右二）在虎山长城发掘现场进行测量

上述发现表明，长城在虎山南北通过，墙体以石墙、土石墙为主，间有山险墙。长城墙体与墙台遗迹明显，结构清楚。在长城线东西两侧分布烽火台，起点处修建护城河、拦马墙等军事设施。同时，长城沿线及各遗址出土大量的铁、铜、瓷、陶、砖瓦等遗物。这些遗迹遗物充分证实了明长城的确始于虎山。经过 1990—1994 年连续 5 年考古调查和发掘，获得了翔实可靠的考古资料，为虎山明长城东端起点的修复设计工作打下了坚实的基础。

五、重修后的虎山长城焕发了新的青春

为进一步认定经考察、发掘得到的明长城东端起点段位置、走向、形象等收获和成果，把这些重要资料尽快服务于长城修复工作，丹东市连续召开了两次论证会。随后展开两期修复工程，使湮没已久的虎山长城，重新向世人展现当年的雄姿。

第一次论证会是在 1990 年 12 月 25 日召开的，长城遗址经过第一年的发掘后，已有许多遗迹露出，丹东市政府邀请了国内著名的文物、考古、长城与古建筑专家，召开了“明长城东端起点论证会”。应邀到会的有国家文物局专家组组长、中国长城学会副会长、高级古建筑专家罗哲文，中国长城学会副秘书长、研究员朱希元，中国长城学会顾问、研究员单士元，北京市文物管理局副局长彭思齐，辽宁省文物考古界专家郭大顺、孙守道、冯永谦、王晶辰、姜念思、王连春等。丹东市人民政府秘书长张伦基，宽甸满族自治县副县长赵连生，市风景局副局长杨森丕，市文化局副局长高崇、于绍刚，市文物管理委员会办公室主任路明等领导同志参加了会议。会议前到会专家们亲自到虎山长城遗址进行实地考察，分析研究了出土文物，会议开始，听取了辽宁省文物考古研究所研究员、虎山长城遗址考古队领队冯永谦《关于虎山长城考古调查和发掘情况的报告》，并进行了认真的讨论。会议一致认为：“现有考古发掘材料证明，明代万里长城东端起点在辽宁省丹东市宽甸满族自治县虎山乡鸭绿江畔的虎山地段，即东经 124° 30′ 、北纬 40° 13′ ”。会议充分肯定：“明长城东端起点的具体地段、位置、走向的认定，是我国长城考古上的一项重大发现和收获。”并指出：“为了保护万里长城东端起点的这一重要遗迹，为了弘扬中华民族的伟大智慧和创造精神，对人民进行爱国主义教育，为了开发丹东地区的风景名胜资源，扩大丹东在国内外的知名度，根据对万里长城‘全面保护、重点维修’的原则，重点修复这一段长城是完全必要的。”（图十五、图十六、图十七）会议结束，根据大家的发言意见，由笔者起草了《明长城东端起点论证会纪要》，到会专家们庄重地签署了自己的名字，从此明长城东起点有了考古发现的证明，同时也得到了专家学者学术上的认定。

到会的罗哲文先生对辽宁发现虎山长城非常高兴，早在 20 世纪 50 年代，他为了找寻这个长城东端起点专程来过丹东两次。会议安排的集体到虎山考察长城遗址，他意犹未尽，很希望再登一次。丹东的冬季天气转寒，那天雪花飘飘。论证会后，由我陪着罗先生再次走上长城。直到天渐渐暗下来，我们才下山返回市内（图十八）。

1991 年 10—11 月，丹东市聘请的负责修复设计工作的中国长城学会常务理事、研究员朱希元先生，亲率设计组自北京来丹东，到虎山长城遗址与考古队专家冯永谦一起现场勘察，研究考古发掘资料，实地制订修复设计方案。经过 5 个月的日夜奋战，修复设计初稿全部完成。丹东市政府遂于

图十五　1990 年 12 月 25 日，明长城东端起点论证会在丹东举行

图十六　冯永谦老师（左二）向与会专家罗哲文（左三）、朱希元（左四）介绍虎山长城出土文物

图十七　参加论证会的专家学者考察虎山长城遗址，冯永谦（前排右一）、罗哲文（前排右二）后排自右至左依次为任鸿魁、傅连兴、郑孝燮、郭大顺 、姜念思、王晶辰

图十八　1990 年 12 月 25 日，笔者陪同罗哲文先生（右）考察虎山长城

1992 年 2 月邀请国内考古、长城、古建筑、风景园林等专家，在丹东召开了“明长城东端起点修复设计论证会”，通过了“虎山长城修复设计方案”。该方案设计的长城修复工程共 1200 延长米，自鸭绿江边的 1 号台址北去，越丹宽公路至虎山村，包括敌台、敌楼、马面 12 座、通道门 3 处。随后，丹东市向辽宁省文化厅呈报了《关于修复明长城东端起点虎山长城的请示》，并转呈国家文物局。同年 6 月 26 日，国家文物局正式批复，原则同意所报修复方案。随后，丹东市对虎山长城进行了两期修复工程，基本完成了设计方案中修复指标，使明代万里长城东端起点在旧址上修复起来，恢复了历史的本来面貌。

虎山长城一期修复工程于 1992 年 9 月 18 日动工，至 1994 年 6 月结束；二期修复工程于 2001 年 4 月 21 日动工，2002 年 5 月完工。自虎山南麓 1 号台址（邦山台）至过街敌楼，两期共修复长城墙体 1250 延长米，包括沿线 10 座墙台（敌楼）及马面、水门和长城线内烽火台各一处（图十九至图二十二）。

丹东市风景局刘焕友局长为推进和促成二期修复工程，做了大量工作。还专门赴北京邀请罗哲文、朱希元与沈阳冯永谦三位先生，来虎山长城检查指导修复施工。2001 年 8 月 12 日，几位先生来到二期修复工程施工现场，罗哲文先生高兴地登上了虎山最高峰已经打上地基的 3 号墙台址。（图二十三、图二十四）

修复后的 10 座墙台并非千篇一律，而是高低错落、各具形态。这要感谢罗哲文、朱希元、冯永谦三位老先生在设计上考虑了要让游客在短距离内观赏到敌台的造型不一、结构各异、体量不等、功用不同的思路，让人们在游览中体会明代长城建筑师的高超技艺和娴熟手法，使游人每路过一座墙台都有耳目一新的感觉。二期修复工程还疏浚了护城河道，把修复后的 1 号台址辟为长城博物馆，陆续增添了明辽东副总兵韩斌塑像、罗哲文先生虎山长城题石、虎山长城虎踞龙盘主题雕塑以及千米栈道、悬梯、铁索桥、一步跨等景点景观。这些在长城周边附设的景点景观，降低了单纯游览一段长城城墙所容易产生的枯燥和乏累，对提升游客的游览兴趣、减少旅游疲劳起到很大作用。目前，虎山长城设计了两条游览路线，一条是长城沿线历史古迹游览线，一条是环山千米栈道游览线。两条游览线相互连接，沿途皆新景，不走回头路，形成环游虎山风光的极佳游览通道。

据笔者所知，中国万里长城沿线已经建有三大长城专题博物馆，分别是山海关长城博物馆、八达岭中国长城博物馆、嘉峪关长城博物馆。虎山长城博物馆初建时，是利用修复后的 1 号台址（邦山台）作为展厅。由于空间狭小潮湿，不适合做博物馆使用，十年后准备易地建馆。2014 年 4 月，笔者应鸭绿江风景名胜区虎山长城管理处杨皓然处长邀请，执笔撰写“虎山长城博物馆”陈列大纲，历时两年，至 2016 年 4 月完成。但后来因为某些因素影响，建馆迟迟没有消息。作为万里长城东端起点的虎山长城，没有一座博物馆展示悠久的历史，实在是一件憾事。为把虎山长城衬托得更加雄伟壮观，有必要创造条件建设一座虎山长城博物馆，同时逐步复原虎山长城及附近的其他历史遗迹。在复原明代军士营房旧址、长城线外烽火台等明长城基础设施之外，继续修复辽代古庙、高句丽古城、古井等，使虎山不仅以明长城东端起点闻名于世，还要在曾经共存的众多历史文化遗迹陪衬下增添更耀眼的光辉。

图十九　1992 年 9 月 18 日，虎山长城一期修复工程开工

图二十　一期工程修复中的敌台，笔者（前左）向市委老干部介绍修复情况

图二十一　2001 年 4 月 21 日，虎山长城二期修复工程开工

图二十二　二期修复工程施工中的虎山南坡长城墙体

图二十三　2001 年 8 月 4 日，笔者陪同刘焕友局长去北京邀请罗哲文和朱希元先生

图二十四　2001 年 8 月 12 日，罗哲文先生（左四）登上二期工程修复中的虎山长城 3 号墙台

虎山长城位于国家级风景区鸭绿江风景区内，是六大景区（江口、大桥、虎山、太平湾、水丰、绿江）中人文景观的主体之一。站在虎山最高峰，鸭绿江绿波荡漾、一水如带，江对岸就是朝鲜古城义州，可居高临下观赏异国风光，是绝好的旅游胜地。虎山段长城的修复，终于使残破不堪、濒临湮灭的万里长城东端起点树起了标志，使长城“东起鸭绿”的历史面貌得到恢复。同时，保存和开辟了一处对广大人民群众进行爱国主义和中华民族传统文化教育的重要场所。1993 年 9 月开放以来，至今已接待游客 700 万人次，其中包括来自韩国、日本、朝鲜、俄罗斯、泰国、香港和台湾等 20 多个国家和地区的游客约 60 万人次。

虎山之上重新修复的长城至今已 30 年了，看上去和才修复时一样充满活力，不见丝毫苍老。只是当年踏遍虎山拨草探踪、寻寻觅觅考古调查，寄住农舍顶风冒雪、翻石铲土考古发掘的人，那时意气风发胸怀壮志，如今悄然变作耄耋老人——虎山长城考察组的资深专家、虎山长城考古发掘领队冯永谦老师，如今已是 88 岁米寿长者。那时的我，不论是在考察组，还是发掘队，都是队伍中最年轻的一员，如今也 76 岁，步入古稀之年。回首往事，宛如昨天。能为虎山长城奉献才智和年华，作为新中国文物考古工作者的我们，感到无比骄傲和自豪。

五百年前明代辽东副总兵韩斌主持修建了虎山长城，三百年前的清初修建柳条边开始湮没虎山长城，三十年前如今的中华儿女——丹东人又锲而不舍地重新修复了虎山长城。以往人们对虎山长城的种种误解，也随着虎山长城的修复而云消雾散。中国万里长城东端起点，终于龙首高昂，腾起于碧绿的鸭绿江右岸，腾飞于蓝天白云下的祖国大地。

巨龙腾跃辽东远，示限修边掩断垣。
起点今明复旧迹，长城再现虎山前。

2022 年 6 月 16 日
于丹东鸭绿江畔寓所

司马迁寥寥数语　冯永谦奔波万里

毕玉才　刘　勇[①]

冯永谦是新中国第一代考古人。六十多年来，他的足迹遍布东北三省及黄河以北的广漠地区。在丹东虎山，他找到了万里长城的最东端起点；在绥中九门口，他廓清了清兵入关时与李自成鏖战的“一片石”所在；在辽阳沙坨子村，他寻觅到了刺秦失败后燕太子丹避难“衍水”的行踪；最近在广东高州，他又确定了“中国巾帼英雄第一人”——冼夫人的夫君冯宝，就是由东北漂洋过海逃到岭南的北燕王族后裔。由于历史原因，通史著作中对遥远的东北着墨不多，即便是司马迁的《史记》，提到北方，也常常寥寥数语。冯永谦用自己六十多年的行走，为满是漏洞的东北古史填补上了缺憾。他发表了如《辽史外戚表补证》等学术论文 200 余篇，专著《东北考古研究》等 10 余部，编辑和主编《中国考古集成》等多种专业丛书类图书和主编《辽海文物学刊》等三种学术期刊，字数多达 3.5 亿字。其中 160 万字的《东北历史地理》，正是他与同行用永不疲倦的田野考察、砚田笔耕、史海搜寻，完成的一次东北历史与地理的时空对话。“司马迁寥寥数语，冯永谦奔波万里”，这不胫而走的戏谑之言，既是对他的调侃，更是对他的褒奖！

学人小传

冯永谦，1935 年 12 月生，辽宁沈阳人，辽宁省文物考古研究所研究员，从事文物考古工作已六十多年，是目前东北考古界的元老级人物，闻名遐迩的丹东虎山长城、绥中九门口长城均是由他主持发掘，然后修复完成的。他曾被聘为吉林省社会科学院特邀研究员、辽宁大学客座教授、辽宁省文物鉴定委员会委员，曾出任中国长城学会理事、中国民族史学会理事、中国辽金及契丹女真史学会秘书长、会长等职务。

2018 年年初，一档大型文化类节目《国家宝藏》在央视推出，立即火爆荧屏。国内九大博物馆精挑细选出来的 27 件稀世国宝，惊艳世人。其中，辽宁出土的一对铜鎏金木芯马镫，与大名鼎鼎的越王勾践剑、商鞅方升、云梦睡虎地秦简等一同惊艳亮相。

五十三年前，亲手从北燕冯素弗墓挖掘出这对马镫的冯永谦老人告诉笔者：“这是世界上出土最

① 毕玉才，《光明日报》记者、光明日报社全媒体总编室主任。
刘勇，《光明日报》记者。

早的有确切年代可考的双马镫，不仅帮助三燕军队驰骋辽海、逐鹿中原，而且还影响到朝鲜半岛和日本，并通过蒙古高原上的柔然人传播到欧洲，促使欧洲进入到骑士时代。”

桃花岛的咏叹　大石棺的扼腕

1941 年，冯永谦七岁，那时中国东北仍处于日寇铁蹄之下，所有的孩子读书都要学日语。“咱是中国人，学那些‘哩啦哇啦’的日语干啥？”在乡村行医的冯德明，不惧冒犯日本人，毅然把儿子冯永谦送进了当时村中由中国人开的私塾去读书。

七年光阴，冯永谦饱读文化典籍、诗词歌赋，并于新中国成立后考入沈阳市第六中学。这所学校在清末民初叫沈阳东关模范学堂，周恩来总理当年曾在这里念书。冯永谦品学兼优，在校读书时被选为校学生会学习部的学习委员。

1953 年毕业时，社会上最热门的行业是财贸、公安、教育，而冯永谦却被分配到了“东北区考古博物馆干部训练班”学习，结业后由部分学员组建东北文物工作队，冯永谦被留队从事文物考古工作。以后因东北大区撤销，东北文物工作队与东北博物馆（即现在的辽宁省博物馆）合并，改为东北博物馆文物工作队，此后即在文物队工作。当年校方分配毕业生走向社会时，认为冯永谦有古文基础，文思敏捷，字写得漂亮，走考古博物馆的道路最合适。

冯永谦也不挑剔。“1954 年，东北区文化部举办‘东北区考古博物馆干部训练班’，学员均来自当时东北各省的博物馆、文化馆，给我们上课的老师是清一色的考古界、史学界大家。”尽管时间已经过去半个多世纪，但冯永谦提起当年授课的“大咖”们仍记忆犹新，“考古学家李文信讲考古学、博物馆学、陶瓷学；辽史学者朱子方讲辽金史；契丹文研究学者阎万章讲古文字学；书法家沈延毅讲缂丝、刺绣；建筑学家杨烈讲古建筑……到北京参观实习，给我们做报告的是郑振铎，讲考古发掘的是王冶秋，和我们同游八达岭长城的是罗哲文。”

学业结束后，冯永谦被选入东北文物工作队。那时正值我国第一个五年计划开始，大规模的基本建设工程破土动工，地下古代遗迹、遗物不断被发现。由于建设项目多，文物工作队员少，大家没有休息日，不分冬夏，甚至连春节都不能回家。但是初出茅庐的兴奋和屡有斩获的惊喜，让他们这些考古队员乐此不疲。

他们到辽阳调查发掘唐户屯、桑园子汉代墓葬群，因为那时没有汽车，一行十几人带着发掘工具，雇了两辆马车，一路颠簸，沿太子河南岸的土路向东行进。走到峨眉庄时，车就不能再往前走了，要下车北过太子河去沙坨子村，此对宽阔的河水横亘眼前——原来，沙坨子村是太子河中间的一座“孤岛”，四周被河水包围。村子里树木参天，林荫蔽地，东接绵邈山岭，西望坦荡平原，河上无桥，非舟楫不得往来。而村西 10 公里，就是辽阳，即战国时期燕辽东郡的首府襄平城。

目睹如此地形地貌，让人不禁追溯起一桩 2000 年前的悠久往事：燕太子丹派荆轲、秦舞阳赴咸阳刺杀秦王嬴政未果，却招来了嬴政的复仇大军。嬴政发誓，即便“搜山检海”，也必要太子丹人头而后快，太子丹亡命辽东，“匿于衍水中”。而衍水恰是当年太子河之称谓。冯永谦见此颇有感触，后来，经过多方了解和确认，沙坨子村所在河心岛，就是当年燕太子丹躲避秦军追杀“匿于衍水”

的藏身地。

原来，历史就是一部合着页的地书，倏忽间翻开一篇就与今人打个照面。冯永谦兴之所至，写下一首《太子河边吊燕太子丹》诗："翻开历史见恩仇，逝水如斯古往流。只是当年燕太子，宁丧此地不低头。"

此后，冯永谦醉心于考古一甲子，即便"文化大革命"期间，他被列为"只专不红"的典型，动不动就挨批斗，但仍矢志不渝做着考古事业。

1974 年 4 月 13 日，法库县叶茂台村村民赵鹏权去村后的西山拉石头，无意间看到山南坡断崖上露出大青砖，随便向下挖了两锹，发现砖上居然涂有红色和白色，感到很奇怪，再往下看，发现有砖砌的门檐。赵鹏权猛然意识到这可能是一处古迹，于是向生产大队做了汇报，然后他自动担当起日夜的保护任务，使墓葬没有受到任何破坏。

"五一节假期，我突然接到队里通知，要马上到单位。到博物馆后才知道，叶茂台村发现辽墓。因古墓已透风，进了空气，很可能因为空气氧化而使文物遭到损坏，情况万分紧急！"冯永谦告诉笔者，"5 月 2 日，我们就用汽车拉着发掘工具，与省文化局、博物馆领导，从沈阳出发了。"叶茂台辽墓的发掘成果，由于保护得好，当年轰动一时：不仅发现了巨型石棺，还有罩棺的木构棺床小帐，在石棺与小帐间隙，出土了两幅彩绘绢画——《深山棋会图》《郊原野趣图》，还发现了辽代的蒸馏酒。

颇为惊奇的是辽墓中首次出土绢画，而且一组两轴，这是中国考古史上一次重大发现，至今仍是辽宁省博物馆的镇馆之宝。

曾经参与古墓挖掘的法库县政协原副主席温丽和回忆："当人们把冯永谦从黝黑的石棺夹缝中拉出来时，他满身、满脸、满头都是灰尘，脸憋得通红，由于拉拽过力，衣服扣子掉了好几颗，胳膊和身上也磨出了道道红印，但是手里托着的绢画却丝毫没有破损。"

"这是一次完美的发掘，但完美中也有遗憾。"冯永谦告诉笔者，这个墓出土的雕花填彩大石棺制作规整，花纹精美，敷彩艳丽，至今仍存放在辽宁省博物馆。但观众不知道，如此完美的石棺，棺底居然不是原件，而是用水泥做的。

当时，冯永谦负责往沈阳押运石棺，装完棺盖和四壁："我正在安排怎样装运棺底，这时在场的一位负责人说：'棺底不拉回去了！'我听了很奇怪，立即说：'不拉棺底，石棺就不完整了！'那位负责人就批评我说：'你又老毛病不改！不能凡古皆保！我们正要批判这种思想呢！'结果，棺底留在了现场，被村民打碎，修了院墙。"如今说起此事，冯永谦仍然扼腕长叹。

古长城的谜团　一片石的悬案

万里长城"东起山海关，西至嘉峪关"，这是我国学术界长期沿用的观点，中小学教科书也这么说。这是说明长城，就有这样的错误。

可事实上，长城远不止此。早在两千多年前，司马迁在《史记》中就说，"燕亦筑长城，自造阳至襄平"。造阳为今河北怀来一带，而襄平即现在的辽阳，位于山海关外四百公里。

为了探求长城，冯永谦可是没少花费精力。司马迁寥寥十一个字，让冯永谦跑了半个多世纪，行程上万里。据冯永谦介绍，他实地调查长城是在1956年，那时他去辽西考古，在建平县北部的山野间发现一道城墙，于是想起了司马迁《史记》中说的这句话，从此便与长城结下不解之缘。

冯永谦先后调查了分布在辽宁从宽甸到绥中、内蒙古赤峰、河北承德等地的战国燕长城、秦长城、汉长城、西晋长城，河北抚宁、辽宁绥中等地的北齐长城、北周长城、隋长城，辽宁营口、昌图，吉林四平等地的高句丽长城，黑龙江牡丹江的渤海长城、东夏长城，大连的辽长城，黑龙江莫力达瓦，内蒙古额尔古纳右旗、巴林左旗、林西县、克叶克腾旗等地的金岭北长城、岭南长城，辽宁宽甸虎山、河北抚宁、山海关直至甘肃嘉峪关等地的明长城。

“现在已经到了航拍时代，还有必要翻山越岭脚挪步量吗？”面对笔者的疑问，冯永谦表示：“无论是过去的文献，还是现代的高科技，都无法取代田野考察。”他举例说，近代国学大师王国维写过一篇《金界壕考》，考察金代长城的走向，几乎将文献资料运用到极致，可谓面面俱到，天衣无缝，但因为王先生未到实地考察，这篇《金界壕考》中的诸多论述，不断被后世的考古学发现所质疑。

“现代的航拍，虽然可以勾画出长城的大致走向，而一旦涉及细节，便一筹莫展了。因为长城的很多段落被人为毁弃或随地貌改变，从高空航拍，即便再精密的仪器也找寻不到这些‘消失的长城’。”冯永谦给笔者讲了这样一则故事，“有一次，我在北票境内找燕长城，在一个南北走向的冲沟前，东西走向的长城突然消失了。我在冲沟里走了很长时间，仔细观察冲沟两旁的土质，发现有一道横断的痕迹，细看是一条充满淤土的横向深沟，沟内的土质成层，颜色与两侧土崖原生土不同。我就想，这条沟是不是修长城时在外侧取土挖出的沟，被山洪冲进淤土后填平了，而在现在形成山水大沟的断崖上显现出来？于是确定了是长城外面的沟堑，沟内冲进饱满腐殖质的淤土沉降于此，才导致土质的淤层情况。依据这个判断，我仔细观察现在的这道山水沟断崖上的土质颜色，又爬到山坡上看这段沟崖的整体外观，这么一观察，这条消失的长城立刻在我眼前明晰起来，这条断头的长城就这么被我‘修补’上了。”

1986年，全国开展“爱我中华，修我长城”活动，辽宁决定修复绥中县明代万里长城九门口段，这是一项惠及子孙的好事，全省展开了规模巨大的群众性赞助活动。可辽宁境内长城状况如何，多数人并不清楚。为了填补这一空白，冯永谦将历年来所掌握的长城资料，与人合作，撰写成一本《辽宁古长城》，运用大量考古调查资料，附有许多珍贵的地图和照片，图文并茂地将战国长城、秦长城、汉长城和明长城等一一呈现出来。

为了修复好绥中九门口长城，经国家文物局批准，从1986年起，由冯永谦担任领队，对九门口长城遗址进行考古发掘，历时四年，获得许多有价值的资料，不仅破解了古长城的结构设计和建筑施工技术，还通过发掘纠正了文献中关于九门口长城只有6个水门的记载，从而保证了九门口长城的成功修复。

与此同时，冯永谦还弄清楚一桩历史悬案。史料记载，清军入关时，曾与李自成农民军在“一片石”展开激战，可是“一片石”究竟在什么地方，史书说法各异。冯永谦经过考证，确认“一片石”就是九门口长城桥下河床上为保护桥墩而敷设的7000平方米铺石。

揭开了辽西明清史上的“一片石”悬案，冯永谦又把目标锁定在辽东。他知道，长城“东起山海关，西至嘉峪关”是一个不应当出现的错误，长城的最东端起点应当在辽宁的丹东，但究竟在什么地方，社会上有不同说法，学术界也莫衷一是。经过几个月的实地考古调查，他终于在老边墙至虎山及其南麓的鸭绿江边，发现了长城的东端起点。这一发现，同史书的记载恰好吻合，从而推翻了明万里长城“东起山海关”的传统说法，《光明日报》1990 年 10 月 24 日在头版对此进行了报道。

1990 年 12 月 25 日至 27 日，包括罗哲文、朱希元、郑孝燮、单士元等在内的国内长城研究专家 30 余人，齐集丹东，召开“明长城东端起点论证会”。《会议纪要》中明确指出：“明代万里长城东端起点在辽宁省丹东市宽甸满族自治县虎山乡鸭绿江畔的虎山地段，即东经 124 度 30 分，北纬 40 度 13 分。明长城东端起点的具体地段、位置、走向的认定，是我国长城考古上的一项重大发现和收获，廓清了曾流传于国内外明万里长城‘东起山海关’的错误说法，恢复了历史真实面貌，具有很高的学术价值和重要的现实意义。”

“我还可以再走十年”

冯永谦今年（2018 年）已是 84 岁高龄，然而，老人却一直没有停止奔走。在退休后的岁月中，2013 年赴山西、内蒙古调查三燕遗迹，2014 年调查位于内蒙古、辽宁的辽代五大帝陵，2015 年考察金代的都城、陵寝、大战遗址，调查辽太祖灭渤海国时的进军回师路线。他行程数万里，足迹遍及辽宁、吉林、黑龙江、北京、内蒙古、河北、河南、山东、山西以及青海、广东、云南等省、直辖市、自治区。

2015 年以来，冯永谦又频繁造访 53 年前他发掘出铜鎏金木芯马镫的冯素弗墓地。当时，央视还没有《国家宝藏》这档节目，这座墓之所以再次引人关注，是因为在遥远的广东岭南，人们发现了这个墓主人的后裔，而且还与岭南一位著名的巾帼英雄联系在一起。

历史波谲云诡。1965 年，冯永谦在朝阳北票发掘北燕皇帝冯跋之弟冯素弗的墓葬时，只知道公元 436 年，北燕被北魏所灭，北燕末帝冯弘一把火烧了国都龙城，率臣民逃往辽东。两年后，冯弘被辽东诸侯王高琏所杀，文献说其一子归顺北魏，在弃都城逃走时另遣族人冯业率三百余人，从海边登船逃难投南朝刘宋。至此，北燕皇族后裔在中国历史上消失了。

不料，1500 多年后，在辽宁地面消失的北燕后人，居然在万里之外的广东出现了！

2013 年，《辽沈晚报》记者张松到广东肇庆采访，无意中在《南方日报》上发现一篇纪念冼夫人诞辰 1500 周年的文章，文中写道：冼夫人的夫君冯宝为北燕王室后裔。张松是辽沈新闻界知名文化记者，对三燕文化有很深的了解。驰骋辽海、逐鹿中原的北燕后裔怎么会在广东茂名境内的县级市高州出现？张松立即改变行程，直奔高州，走进此前一无所知的冼太庙。除了冼夫人，他发现庙里还供奉着北燕皇族后裔罗州刺史冯融、高凉（今高州地区）太守冯宝、隋朝左武卫大将军冯盎……

冯永谦与张松是忘年之交。听了张松的岭南见闻，冯永谦很快就在浩瀚的史籍中找到了蛛丝马迹——在唐朝名臣魏征所纂《隋书・谯国夫人传》中，有这样的记载：“梁大同初（535 年），罗州刺史冯融（冯宝之父）闻夫人（冼夫人）有志行，为其子高凉太守宝聘以为妻。”“融（冯融）本北燕苗裔，初，冯弘之投高丽也，遣融大父（祖父）业（冯业）以三百人浮海归宋，因留于新会。自业及融，三世为守牧。”

原来，1500多年前，冯业率部登船逃亡后，投建康（今江苏南京）的南朝刘宋王朝，后受封去新会为官，最终在今天的广东新会定居。刘宋王朝封冯业为新会太守，后封罗州刺史，此后三世为官。冯宝是龙城冯氏的四世孙，父亲冯融高瞻远瞩，打破传统偏见，说服儿子娶俚人首领冼氏女为妻，开创汉俚联姻的先河。冯宝与冼夫人励精图治，平叛乱，教耕织，兴教育，使岭南成为富庶、安宁、文明之地。晚年的冼夫人回首自己波澜壮阔的一生，曾留下这样一句话：“我事三代主，唯用一好心！”

1957年，周恩来总理在青岛民族工作座谈会上说：“冼夫人是中国巾帼英雄第一人。”1961年1月14日，著名历史学家吴晗在《光明日报》发表《冼夫人》一文，称“冼夫人是我国越族的杰出人物”。现在，冯宝和冼夫人已成为万众敬仰的“岭南之神”，在海内外各地建有3000多座冼太庙，加以供奉冼夫人及冯宝。

断了线头的历史就这样被出其不意地接上了，从此，广东高州与辽宁北票往来不断。2015年5月中旬，辽宁北票“冯冼文化”考察团莅临广东高州；2015年年底，高州电视台“寻访冼夫人足迹”摄制组到访朝阳、北票；2017年4月，“冯宝冼夫人文化考察团”回辽宁老家省亲，圆了千年祭祖梦；2018年1月8日至13日，83岁高龄的冯永谦飞赴广东高州，进行调查采访，当地要重修冯宝墓，冯永谦受冯氏宗亲会的邀请，担任了选择地址与墓及墓园的设计工作，并给墓碑及牌坊题字，现在已经建设完成，颇具规模。

日前，笔者去冯永谦家拜访，见老人家仍住在20世纪80年代建的老房子里，家里没有一件收藏品，从地面到房顶全是书。冯永谦说：“我们刚从事这项工作时，国家文物局郑振铎局长就对我们讲，搞考古的不能搞收藏，这是我们那代考古人的原则。”

考古六十多年，冯永谦虽然没有收藏一件文物，却有一副好身板。笔者陪老人吃饭，老人牙好胃口也好，吃嘛儿嘛儿香。“考古人都有一个‘铁胃’。”老人说，那时候外出考古，吃不上饭是经常的事，饿急了时，在野地里他曾吃过树叶。

在北票发掘耶律仁先墓时，冯永谦等人住在莲花山小学老师顾万山家，把他家的葱和大酱都吃光了，没菜下饭就蘸着咸盐水吃辣椒。顾万山家有盆栽的朝天椒，特别辣，只是观看，没人吃，他们发掘时没有菜吃，他们就吃了这种辣椒，把冯永谦辣得涕泪横流。自此以后，几十年来他再也不吃辣椒了。

至于交通工具，所去的地方都很偏僻，能坐上火车、汽车就不错了，考古队员经常坐的是“牛车”，晃晃悠悠，一坐就是一整天。记得在浑江考察，水深风急，没有船，冯永谦坐过最原始的“槽盆”。他说：“过河要用船，可是我坐的那个东西，像个不大的木桶，其实就是个木盆，在当地只供一个人往来过江划用，不载人，我们调查走到那里，要过江，只能冒险过去，人在盆里边只能蹲着，乘槽盆时把住盆沿，一个人站着划，不能随便晃动，要保持住平衡，否则一进水，盆翻了就掉进江里了，是非常危险的！”

16 光明学人 2018年5月14日 星期一 责任编辑：王长江 美术编辑：朱江 光明日报

冯永谦是新中国第一代考古人。60多年来，他的足迹遍布东北三省及黄河以北。在丹东虎山，他找到了万里长城的最东端起点；在绥中九门口，他廓清了清兵入关时与李自成鏖战的“一片石”；在辽阳沙坨子村，他寻觅到了刺秦失败后太子丹避难的桃花岛；最近在广东高州，他又确定了“中国巾帼英雄第一人”——冼夫人的夫君冯宝，就是漂洋过海逃到岭南的北燕王族后裔。由于历史原因，通史著作中对遥远的东北着墨不多，即使是司马迁的《史记》，提到北方，也常常寥寥数语。冯永谦用自己60多年的行走，为满是漏洞的东北古史填补上了缺憾。60万字的《东北历史地理》，正是他与同行用永不疲倦的田野考察、砚田笔耕、史海搜寻，完成的一次东北历史与地理的时空对话。“司马迁寥寥数语，冯永谦奔波万里”，这不胫而走的戏谑之言既是对他的调侃，更是对他的褒奖。

司马迁寥寥数语 冯永谦奔波万里

□ 毕玉才 刘 勇

求索

2018年年初，一档大型文化类节目《国家宝藏》在央视推出，立即火爆荧屏。9大博物馆精挑细选出来的27件稀世国宝，惊艳世人。其中，辽宁出土的一对铜鎏金木芯马镫，与大名鼎鼎的越王勾践剑、商鞅方升、云梦睡虎地秦简等一同恢宏亮相。

53年前，亲手从北燕冯素弗墓挖掘出这对马镫的冯永谦老人告诉笔者：“这是世界上出土最早的有确切年代可考的双马镫，不仅帮助三燕军队驰骋辽海、逐鹿中原，而且还影响到朝鲜半岛和日本，并通过蒙古高原上的柔然人传播到欧洲，促使欧洲进入了骑士时代。”

桃花岛的咏叹 大石棺的扼腕

1941年，中国东北仍处于日寇铁蹄之下，所有的孩子都要学日语。“咱是中国人，学那些‘哩啦哇啦’的日语干啥？”在乡村行医的冯德明，不惧冒犯日本人，毅然把儿子冯永谦送进了中国人开的私塾。

七年光阴，冯永谦饱读文化典籍、诗词歌赋，并于新中国成立后考入沈阳市第六中学。这所学校在清末民初叫沈阳东关模范学堂，周恩来总理当年曾在这里念书。冯永谦品学兼优，被选为校学生会学习部学习委员。

1953年毕业时，社会上最热门的行业是财贸、公安、教育，而冯永谦却被分配到了东北博物馆（即现在的辽宁省博物馆）。校方认为，冯永谦有古文基础，文思敏捷，字写得漂亮，去博物馆最合适。

冯永谦也不挑剔。“1954年，博物馆开东北考古训练班，学员均来自当时东北各省的博物馆、文化馆，给我们上课的老师是清一色的考古界、史学界大家。”尽管时间已经过去半个多世纪，但冯永谦提起当年授课的“大咖”们仍记忆犹新，“考古学家李文信讲考古学、博物馆学、陶瓷学；辽史学者朱子方讲辽金史；契丹文研究学者阎万章讲古文字学；书法家沈延毅讲缂丝、刺绣；到北京参观实习，给我们做报告的是郑振铎，讲考古发掘的是王冶秋，和我们同游八达岭长城的是罗哲文。”

学业结束后，冯永谦被选入东北文物工作队。那时正值我国第一个五年计划开始，大规模的基础建设工程破土动工，地下古代遗迹、遗物不断被发现。由于建设项目多，文物工作队员少，大家没有休息日，不分冬夏，甚至连春节都不能回沈阳。但是初出茅庐的兴奋和屡有斩获的惊喜，让他们乐此不疲。

他们到辽阳调查唐户屯、桑园子汉墓遗址，因为没有汽车，一行十几个人带着发掘工具，雇了两辆马车，一路颠簸，沿太子河南岸向东行进。走到峨嵋庄时，车就不能再往前走了，太子河横亘眼前——原来，沙坨子村是太子河中间的一座“孤岛”，四周被河水包围。村子里树木参天，林荫蔽地，东接绵邈山岭，西望坦荡平原，非舟楫不得往来。而村西10公里，就是辽阳，即战国时期燕辽东郡的首府襄平城。

目睹如此地形地貌，让人不禁追溯起一桩2000年前的悠久往事：燕太子丹派荆轲、秦舞阳赴咸阳刺杀秦王嬴政未果，却招来了嬴政的复仇大军。嬴政发下毒誓，即便“搜山检海”，也必见太子丹人头而后快，太子丹亡命辽东，“匿于衍水中”。而衍水恰是当年太子河之称谓。后来，经过考古学家多方认证，沙坨子村果然就是燕太子丹躲避秦军追杀的桃花岛。

原来，历史就是一部合着页的地书，倏忽间翻开一篇就与今人打个照面。冯永谦兴之所至，写下一首《太子河边吊燕太子丹》：历史不会忘恩仇，逝水如斯古今流。只为当年燕太子，宁死此地不低头。

此后，冯永谦醉心于考古一甲子，即便“文革”期间，他被列为“只专不红”的典型，动不动就挨批斗，仍矢志不渝。

1974年4月13日，法库县叶茂台村村民赵鹏权去西山拉石头，无意间看到西山南坡有大青砖，随便向下挖了两锹，发现砖上居然涂有红色和白色，感到很奇怪，再往下看，发现有砖砌的门檐。赵鹏权猛然意识到这可能是一处古迹，于是向生产大队做了汇报。

“‘五一’假期，我突然接到队里通知，马上到单位。到博物馆后才知道，叶茂台村发现辽墓。因古墓已透风，进了空气，很可能因为氧化而使文物遭到损坏，情况万分紧急！”冯永谦告诉笔者，“5月2日，我们就用汽车拉着发掘工具，与文化局、博物馆领导，从沈阳出发了。”叶茂台古墓的挖掘成果当年轰动一时：不仅发现了巨型石棺，还有罩棺的木构棺床小帐，在石棺与小帐间隙，出土了两幅彩绘绢画——《竹雀双兔图》《深山棋会图》。

这是辽墓中首次出土绢画，而且一组两轴，是中国考古史上一次重大发现，至今仍是辽宁省博物馆镇馆之宝。

曾经参与古墓挖掘的法库县政协原副主席温丽和回忆，当人们把冯永谦从黝黑的墓里拉出来时，他满身、满脸、满头都是灰尘，脸憋得通红，由于拉拽过力，衣服扣子掉了好几颗，胳膊和身上也磨出了道道红印，但是手里托着的绢画却丝毫没有破损。

“这是一次完美的发掘，但完美中也有遗憾。”冯永谦告诉笔者，这个墓出土的雕花填彩大石棺制作规整，花纹精美，敷彩艳丽，至今仍存放在辽宁省博物馆。但观众不知道，如此完美的石棺，棺底居然不是原件，而是用水泥做的。

当时，冯永谦负责往沈阳押运石棺，装完棺盖和四壁，“我正在安排怎样装运棺底，这时在场的一位负责人说：‘棺底不拉回去了！’我听了很奇怪，立即说：‘不拉棺底，石棺就不完整了！’那位负责人就批评我说：‘你又老毛病不改！不能凡古皆保！我们正要批判这种思想呢！’结果，棺底留在了现场，被村民打碎，修了院墙。”如今说起此事，冯永谦仍然扼腕长叹。

古长城的谜团 一片石的悬案

冯永谦（左）向岭南来的专家介绍北燕历史。 毕玉才摄

学人小传

冯永谦，1935年12月生，辽宁沈阳人，辽宁省文物考古研究所研究员，从事文物考古工作已整整60年，是目前东北考古界的元老级人物，闻名遐迩的丹东虎山长城、绥中九门口长城均是由他主持发掘的，曾被聘为吉林省社会科学院特邀研究员、辽宁大学客座教授、辽宁省文物鉴定委员会委员，曾出任中国长城学会理事、中国民族史学会理事、中国辽金及契丹女真史学会秘书长等职务。

万里长城“东起山海关，西至嘉峪关”，这是我国学术界长期沿用的观点，中小学教科书也这么说。

可事实上，早在2000年前，司马迁在《史记》中就说，“燕亦筑长城，自造阳至襄平”。造阳为今河北怀化一带，而襄平即现在的辽阳，位于山海关外370多公里。

司马迁寥寥11个字，让冯永谦跑了半个多世纪，行程上万里。据冯永谦介绍，他实地调查长城是在1956年，那时他去辽西考古，在建平县北部的山野间发现一道土墙，于是想起了司马迁《史记》中说的这句话，从此便与长城结缘。

冯永谦先后调查了分布在辽宁宽甸、内蒙古赤峰、河北承德等地的战国、秦、汉长城，河北抚宁、辽宁绥中等地的北齐、北周长城，辽宁营口、昌图、吉林四平等地的高句丽长城，黑龙江牡丹江的渤海长城，大连的辽长城，黑龙江莫力达瓦、内蒙古克什克腾以及额尔古纳右旗等地的金长城，辽宁宽甸虎山、河北山海关直至甘肃嘉峪关的明长城。

“现在已经到了航拍时代，还有必要翻山越岭脚挪步量吗？”面对笔者的疑问，冯永谦表示：“无论是过去的文献，还是现代的高科技，都无法取代田野考察。”他举例说，近代国学大师王国维写过一篇《金界壕考》，考察金代长城的走向，几乎将文献资料运用到极致，可谓面面俱到，天衣无缝，但因为王先生未到实地考察，这篇《金界壕考》中的诸多论述，不断被后世的考古学发现所质疑。

“现代的航拍，虽然可以勾画出长城的大致走向，而一旦涉及细节，便一筹莫展了。因为长城的很多段落被人为毁弃或随地貌改变，从高空航拍，即便再精密的仪器也找寻不到这些‘消失的长城’。”冯永谦给笔者讲了这样一则故事，“有一次，我在北票界内找燕长城，在一个南北走向的冲沟前，东西走向的长城突然消失了。我在冲沟里走了很长时间，仔细观察冲沟两旁的土质，发现有一条沟垅内的土质发黑，我就想，是不是这段长城被山洪冲毁后形成断沟，两边的淤泥、腐草烂木沉降于此，才导致土质发黑呢？依据这个判断，我仔细观察这段沟垅两边的土质颜色，又爬到山岭高处看这段沟垅的整体外观，这么一观察，这条消失的长城轮廓立刻在我眼前明晰起来，这条断头的长城就这么被我‘修补’上了。”

1986年，全国开展“爱我中华，修我长城”活动，辽宁决定修复绥中县明代万里长城九门口段，这是一项惠及子孙的好事，全省展开了规模巨大的群众性赞助活动。可辽宁境内长城状况如何，多数人并不清楚。为了弥补这一空白，冯永谦将历年来所掌握的长城资料，与人合作，汇集成一本《辽宁古长城》，运用大量考古调查资料，附有许多珍贵的地图和照片，文图并茂地将战国长城、秦长城、汉长城和明长城等一一呈现出来。

为了修复好绥中九门口长城，经国家文物局批准，1986年起，由冯永谦担任领队，对九门口长城进行考古发掘，历时四年，获得许多有价值的资料，不仅破解了古长城的结构设计和建筑施工技术，还通过发掘纠正了文献中关于九门口长城只有6个水门的记载，从而保证了九门口长城的成功修复。

与此同时，他们还弄清楚一桩历史悬案。史料记载，清军入关时，曾与李自成农民军在“一片石”展开激战，可是“一片石”究竟在什么地方，史书说法各异。冯永谦经过考证，确认“一片石”就是九门口长城桥下河床上为保护桥墩而敷设的7000平方米铺石。

揭开了辽西明清史上的“一片石”悬案，冯永谦又把目标锁定在了辽东。他知道，长城“东起山海关，西至嘉峪关”是一个不应当出现的错误，长城的最东端起点应当在辽宁的丹东，但究竟在什么地方，社会上有不同说法，学术界也莫衷一是。经过几个月的实地勘察，他终于在老边墙至虎山及其南麓的鸭绿江边，发现了长城的东端起点。这一发现，同史书的记载恰好吻合，从而推翻了明万里长城“东起山海关”的传统说法，《光明日报》1990年10月24日在头版对此进行了报道。

1990年12月25日至27日，包括罗哲文、朱希元在内的国内长城研究专家30余人，齐集丹东，召开“明长城东端起点论证会”。《会议纪要》中明确指出：“明代万里长城东端起点在辽宁省丹东市宽甸满族自治县虎山乡鸭绿江畔的虎山地段，即东经124度30分，北纬40度13分。明长城东端起点的具体地段、位置、走向的认定，是我国长城考古上的一项重大发现和收获，廓清了曾流传于国内外明万里长城‘东起山海关’的错误，恢复了历史真实面貌，具有很高的学术价值和重要的现实意义。”

『我还可以再走十年』

冯永谦今年已是83岁高龄，然而，老人却一直没有停止奔走。2013年赴山西、内蒙古调查三燕遗迹，2014年调查位于内蒙古、辽宁的辽代五大帝陵，2015年考察金代的都城、陵寝、大战遗址，调查辽太祖灭渤海国的回军路线。他行程数万里，足至辽宁、吉林、黑龙江、北京、内蒙古、河北、河南、山东、山西等九个省市区。

2015年以来，冯永谦又频繁造访53年前他挖掘出铜鎏金木芯马镫的冯素弗墓。当时，央视还没有《国家宝藏》这档节目，这座墓之所以再次引人关注，是因为在遥远的广东岭南，人们发现了这个墓主人的后裔，而且还与岭南一位著名的巾帼英雄联系在了一起。

历史波谲云诡。1965年，冯永谦在朝阳北票发掘北燕皇帝冯跋之弟冯素弗的墓葬时，只知道公元436年，北燕被北魏所灭，北燕末帝冯弘一把火烧了国都龙城，率臣民逃往辽东。两年后，冯弘被辽东诸侯王高琏所杀，传说其一子归顺北魏，另一子冯业率300余人，从海边登船逃难。至此，北燕皇族后裔在中国历史上消失了。

不料，1500多年后，在辽宁地面消失的北燕后人，居然在万里之外的广东出现了！

2013年，辽沈晚报记者张松到广东肇庆采访，无意中在《南方日报》上发现一篇纪念冼夫人诞辰1500周年的文章，文中写道：冼夫人的夫君冯宝为北燕王室后裔。张松是辽沈新闻界知名文化记者，对三燕文化有很深的了解。驰骋辽海、逐鹿中原的北燕后裔怎么会在广东茂名境内的县级市高州出现？张松立即改变行程，直奔高州，走进此前一无所知的冼太庙。除了冼夫人，他发现庙里还供奉着北燕皇族后裔罗州刺史冯融、高凉（今高州一带）太守冯宝、隋朝左武卫大将军冯盎……

冯永谦与张松是忘年之交。听了张松的岭南见闻，冯永谦很快就在浩瀚的史籍中找到了蛛丝马迹——在唐朝名臣魏征所著《隋书·谯国夫人传》中，有这样的记载：“梁大同初（535年），罗州刺史冯融（冯宝之父）闻夫人（冼夫人）有志行，为其子高凉太守宝聘以为妻。”“融（冯融）本北燕苗裔，初，冯弘之投高丽也，遣融大父（祖父）业（冯业）以三百人浮海归宋，因留于新会。自业及融，三世为守牧。”

原来，1500多年前，冯业率部登船逃亡后，因遇风暴，最终在今天的广东新会登岸，刘宋王朝封冯业为新会太守，后封罗州刺史，此后三世为官。冯宝是冯弘的四世孙，父亲冯融高瞻远瞩，打破传统偏见，说服儿子娶俚人首领冼氏女为妻，开创汉俚联姻的先河。冯宝与冼夫人励精图治，平叛乱，教耕织，兴教育，使岭南成为富庶、安宁、文明之地。晚年的冼夫人回首自己波澜壮阔的一生，曾留下这样一句话：我事三代主，唯用一好心！

1957年，周恩来总理在青岛民族工作座谈会上说：“冼夫人是中国巾帼英雄第一人。”1961年1月14日，著名历史学家吴晗在《光明日报》发表《冼夫人》一文，称“冼夫人是我国越族的杰出人物”。现在，冯宝和冼夫人已成为万众敬仰的“岭南之神”，海内外约有3000多座冼太庙。

断了线头的历史就这样被出其不意地接上了，从此，广东高州与辽宁北票往来不断。2015年5月中旬，辽宁北票“冯冼文化”考察团莅临广东高州；2015年年底，高州电视台“寻访冼夫人足迹”摄制组到访朝阳、北票；2017年4月，“冯宝冼夫人文化考察团”回辽宁老家省亲，圆了千年祭祖梦；2018年1月8日至13日，83岁高龄的冯永谦飞赴广东高州，参与冯宝墓的规划建设。

日前，笔者去冯永谦家拜访，见老人仍住在20世纪80年代建的老房子里，家里没有一件收藏品，从地面到房顶全是书。冯永谦说：“我们刚入行时，郑振铎局长就对我们讲，搞考古的不能搞收藏，这是我们那代考古人的原则。”

考古60多年，冯永谦虽然没有收藏一件文物，却有一副好身板。笔者陪老人吃饭，老人牙好胃口也好，吃嘛儿嘛儿香。“考古人都有一个‘铁胃’。”老人说，那时候外出考古，吃不上饭是经常的事，饿急了时，他吃过树叶。

在北票发掘耶律仁先墓，冯永谦等人住在莲花山小学老师顾万山家，把他家的葱和大酱都吃光了，没菜下饭就蘸着咸盐水吃辣椒，北票的朝天椒，特别辣，把冯永谦辣得涕泪横流。自此后，他再也不吃辣椒了。

至于交通工具，能坐上火车、汽车就不错了，考古队员经常坐的是“牛车”，晃晃悠悠，一坐就是一整天。在浑江考察，水深风急，没有船，他们坐的是最原始的“槽盆”，“那东西像个大木桶，人在里边只能蹲着，一人把住盆沿一人划，还要紧张地保持平衡，否则一进水，盆就翻了”。

吃住行还在其次，危险时刻陪伴在考古队员左右。1955年，冯永谦等人在大伙房水库考察，正赶上大坝合龙，凌晨四点，大水漫来，把他们搭在河边的帐篷全给淹了。一行人撒腿就跑，跑到山上才化险为夷。还有一次和同事到西丰考察半夜归来，迎面遇到一头饿狼，这头饿狼前几天还咬死两名农夫，冯永谦和同事二人背靠背，与饿狼相持到天亮，才惊险脱身，回来时，整个人都虚脱了。1956年，他和同事一起到新民八图营发掘辽墓，晚上七点钻进墓里绘图、挖掘、包文物，到晚上九点，墓突然塌了，外边的沙子不停地往墓里灌，很快就在墓中央堆起一座“沙山”。俩人不停往外扒沙子，直到次日凌晨五点，才和外边的看墓人里应外合，打开一道缺口，死里逃生。

历经磨难之后，冯永谦笑称自己是被阎王爷遗忘的人。60年来，他寻三燕、探辽陵、走长城，足迹遍及祖国大地。他告诉笔者：“我身体很好，还可以再走十年！”

（毕玉才、刘勇）

铜鎏金木芯马镫（辽宁省博物馆藏）。

本报地址：北京市东城区珠市口东大街5号 邮政编码：100062 电话查号台：010-67078111 读者服务热线电话：010-67078442 广告部电话：4001080987 定价每月30.00元 零售每份1.00元 京东工商广字第8063号 辽宁金印文化传媒股份有限公司印刷

毕玉才、刘勇在《光明日报》2018年5月14日整版报道冯永谦文章书影

吃住行还在其次，危险时刻陪伴在考古队员的左右。1955年，冯永谦等人在大伙房水库淹没区内考古发掘，住在自带的帐篷里，在大坝合龙时并不知道，凌晨四点，大水漫涨上来，淹没区水线以下全是水，把他们搭在河边的帐篷全给淹了。发现有水后，抢拿考古材料向附近山岗上撤退，经过一早晨在大水中往返的奔跑，全部撤到山上才化险为夷，回看山下大水已有几米深。还有一次，在西丰考古发掘时，每晚都要出去，为从当地村民家中回收西岔沟汉墓中出土的文物，都是半夜归来。一次考古队员半夜回来，在路上迎面遇到一头恶狼，其地头几天还有狼咬死过两名农夫，此次相遇凶多吉少，与饿狼相持直到天亮，有车经过，才惊险脱身，回来时，整个人都虚脱了。1956年，冯永谦和同事一起到新民巴图营发掘辽墓，墓在一个大沙丘底下，墓未塌落，即从墓道下去由墓门进入墓内，每天晚上都点蜡烛在墓内工作。一天晚上七点钻进墓里绘图、包装文物，到了晚上九点多钟，突然墓室外边墓顶上的沙丘劈落下来，沙子不停地往墓里灌，很快就将墓道墓门堵死了，沙子流进墓内，他们两人不停扒沙子，想要冲出去，可是不久就在墓内堆起一座“沙山”，外面沙土量很大，扒不完，这时他们不敢再扒沙子了，墓里都堆满了，沙子也扒不完。眼看出去无望，为保存墓内氧气，把五根蜡烛吹灭了四根，就坐等天明有人来再说了。直到次日早晨六点多钟，外边参加发掘的村民过来，看到墓门被陷落的沙土填埋了，才知道发生事故，于是赶紧清除陷落的沙土，填满墓道中的土没除完，上边十多米高的沙土还是不停地往下落，直到上午十点多钟，才打开出口，他们二人由墓里爬出来，真是死里逃生。

考古也有很多风险，历经磨难之后，冯永谦笑称自己是被“阎王爷”遗忘的人。六十多年来，他考秦汉，寻三燕、探辽陵、走长城，从北到南、从西到东，足迹遍及祖国大地。他告诉笔者：“我身体很好，还可以再走十年！”

（原载《光明日报》2018年5月14日）

勤奋造就的考古学家

——记中国辽金暨契丹女真史学会会长冯永谦

董学增[①]

2004年金秋八月，在中国民族史学会辽金暨契丹女真史分会第八届学术会议期间，改选了学会领导机构，年届69岁的冯永谦先生当选为本届中国辽金暨契丹女真史学会会长。

提到冯永谦先生，文物考古界和史学界、特别是研究辽金史及契丹女真史的学者并不陌生，他是辽宁省文物考古研究所研究员，曾任辽宁大学客座教授、吉林省社会科学院特邀研究员、中国辽金暨契丹女真史学会秘书长、辽宁省文博系列高级职称评委会委员、辽宁省文物鉴定委员会委员、《辽海文物学刊》责任主编、《东亚文库》常务副主编等职。先后发表论文一百多篇，出版专著十余部。

然而，许多人并不知道这位著述丰厚的考古学家、文物学家、史地学家竟是一位少年时代在只有“四书”“五经”的私塾里读了七年，新中国成立后读过中学和在东北区考古博物馆干部训练班受过几个月的课堂培训及考古实习的人，也不知道他怎么竟会取得如此学术成就并成为我国辽金考古的学术带头人？概括地讲有三点，一是敬业，二是勤奋，三是实践。

冯永谦先生从1954年仅二十岁起，就步入刚组建的东北文物工作队从事田野考古调查和发掘工作，师从我国老一辈著名考古学家——东北博物馆研究员、吉林大学教授李文信先生。在已过去的半个世纪里，经他参与或主持的较大规模和重要的考古发掘地点即达三十余处，而经他调查的各个不同时代的遗址、墓葬、城址、长城、寺塔、窑址等各类遗存达数百处。可以说在广阔的东北地区，甚或是北方地区都留下了他的考古足迹，在辽宁省的文物考古工作中所取得的成绩里，都有他洒下的汗水。

一、初踏考古道路，即任务繁重

1954年，当时东北文物工作队在考古训练班结业学员的基础上成立，适逢我国经过三年国民经济恢复后的第一个五年计划的开始，各地进行大规模的经济建设，使大量的古代遗迹、文物被发

① 董学增，吉林市博物馆研究员。

现，进行考古调查和抢救发掘，就成了当务之急。此时冯永谦先生所在的刚组建起来的文物工作队，考古人员很少，而所负责的地域很大，是东北六省，考古任务十分繁重。那时条件又很差，生活非常艰苦。可是他们都很年轻，在一个可以说是新兴的学科里，有点深奥，有点神秘，因此，谁也没有觉得环境不好，而是在求知的渴望中，在新发现的兴奋里，锻炼成长，满足了时代对年轻的考古队员提出的要求。在那个时期，考古队员常年在野外，没有多少时间可以回到沈阳，最初的几年，甚至连春节都是在外地度过的。

开始的两年，在时任东北文物工作队队长李文信先生的率领下，冯永谦先生参与了在鞍山、辽阳等地的考古发掘。鞍山沙河东地的汉墓，是一处很大的墓群，发掘结束连续编号至352座，同时还调查发现了羊草庄战国遗址，出土许多铁农具，这些都是很重要的发现。陶官屯金代农家遗址，发现了较完整的农家院落，除房址外，还有园田土垄，而窖藏中出土有大量的生产、生活器械、工具、器皿、玩物，是我国中古时期典型的自给自足的小农经济生活的真实写照。参加辽阳的发掘，地点更多。三道壕西汉村落遗址，经过大规模的考古发掘，揭露发现了各种农家宅院居住址、窑址、水井、土窖、畜栏、猪圈、厕所及铺石大路等遗迹，出土了多达20余万件（片）遗物，是我国比较早发掘的西汉时期的文化遗存，生动地反映了当时辽东郡农村的生产、生活面貌。墓葬等项的发掘，有鹅房战国、西汉与清代墓群（70座）及辽代窑址、唐户屯汉墓群（86座）、桑园子汉墓群（148座）、三道壕汉墓群（109座）、三道壕儿童瓮棺墓群（359座），还有袁家堡子、韩夹河、北园、大林子、徐往子等地的汉、魏、晋与辽、金时期的墓葬。其中三道壕等地发掘的魏晋壁画墓，收获更大，它们以巨大而厚重的南芬页岩青石板构筑成墓室，石面上绘有彩色壁画，诸如夫妻宴饮、车骑、出行、庖厨、星云与题字等，十分珍贵，经国务院批准而被公布为全国重点文物保护单位。1954年的考古工作，在年底总结时，经李文信先生写成的《东北文物工作队1954年工作简报》一文，刊发于《文物参考资料》1955年第3期，文章中的实测图与照片，就是由冯永谦先生绘制和拍摄并洗印的。这是1954年的事，此时冯永谦先生走上考古道路还不到一年，由此可见其勤奋和敬业的精神。

二、钻研考古技术，力求全面发展

说到冯永谦先生绘图和照相的事，下面不妨先谈一点儿笔者所知道的有关其治学经历的一些事情。

1954年6月考古训练班结业，冯永谦先生就爱上了考古事业，由于他有七年私塾的根基，当年私塾的课程就是读“五经”“四书”，学珠算，写毛笔字，这使他对我国古代传统文化的主要典籍，不仅读过，而是要一字不逸地从头至尾背诵，无疑对他现在从事考古工作是非常有利了，因此他决心走上这条新颖而又多少带有一点儿神奇的道路。考古工作要求知识面较宽，而涉及的事物也较多，必须钻进去，多掌握考古所需要的技能，才能胜任工作。在文物工作队初建之时，不像今天有这么大的规模，也没有更多的精良设备，那时专业人员很少，而工作量又很大，任务紧迫，每个人都必须能独挡一面，必须练成多面手，否则就很难完成任务。比如在此之后队里提出的文物队员要掌握“六能”，即能发掘、能记录、能绘图、能照相、能修复、能写报告。这几条看似简单，实则对每个人来说，其掌握的到何种地步可就不一样了，能达到的质量却因人追求程度与学识差异而有天壤之别！冯永谦先生当时“六能”都做到了。他是如何实现的呢？最重要的是他不怕吃苦。考古发掘从粗掘到细掘，他都亲自去做，不怕脏不怕累，不是躲在一边闲看，而是事必亲经，锹镐小铲都用，直接观察了解考古现象，因此每个细节都能掌握，自然考古记录就记得详尽、充实、完整，几十年来都是被同事们所公认的。比如测图吧，他不仅买有关测绘学的书看，进行自学，还亲自实践，因此，他掌握测绘技术的时间最早，队里发掘遗迹的测量，每次都有他参加。器物绘图也是如此，比例准确，线条流畅，形象逼真。大家都很熟悉他，本来野外考古发掘很艰苦，中午都要休息一下，可此时你却可以在小河边或山坡下或树林中看到他的身影，他在干什么呢？原来他在写生，在画速写，他的测绘就是这样练出来的。我所看到他所发表的文章所附的各种绘图，从底图到清图都是他一手完成的，并且队里其他同志所发表的考古报告，都有他所绘的图。提起摄影，就更让人感到惊讶，那时在考古发掘中每个人的摄影成功率都低，只有他的摄影取景构图光线利用和曝光准确等都达到要求，于是队里决定由他负责东北文物工作队的摄影工作。后来东北大区建制撤销，东北文物工作队与东北博物馆合并，改为博物馆文物工作队，此后他即负责博物馆的陈列展览和文物队的发掘与文物整理的所有拍摄与冲洗印放，直到1986年文物队脱离博物馆组建辽宁省文物考古研究所。在此之前，冯永谦先生在平时除了进行自己的正常考古和研究工作之外，还兼管照相室，负责文物队考古报告所需器物照片与博物馆陈列展览所用照片的摄影与洗印放大等，这些工作通常都是下班后在业余时间里完成的。每到深夜，整个照相室就他一个人默默工作，这种情况前后持续长达三十多年！冯永谦先生说：“摄影在考古工作中非常重要，它不仅是最忠实的考古发掘形象的原始记录，而且更是令人置信不疑的考古发掘最可靠的见证，可是每个考古工作者不能都带一个摄影师跟你去发掘，这是不可能的，如果你不会摄影，就像你不会记录、不会画图、不会修复一样，甚或比这更严重，这样就无法保证你的考古发掘的质量，因此，我们必须掌握摄影技术。”这就是他的体会。为此他用业余的时间钻研摄影，不仅看书，还动手实践。他曾用外出机会，到长春去中科院光机研究所请教制作镜头技术，什么曲率半径，什么折光律，什么焦点距离等一大堆问题。那个年代照相器材难买，他就自己制作了一台放大机。他根据工作实践，感到考古工作者并不是每个人都能熟练掌握摄影技术，有些摄影书虽然也讲摄影原理，但没讲考古摄影如何操作，这中间还有距离，不够直接，于是他就根据十余年的工作实践体会，结合摄影原理、操作过程、技法运用、材料特点、暗房技术、药品化学性能以及考古摄影的特点和要求，并附大量拍摄实例及优缺点等，利用业余时间写出一本十余万字的《考古摄影》，送交出版社，没想到“文化大革命”开始，以该书不是组织安排的写作被指为“地下黑工厂，十万言反党大作”，被单位工作组由出版社索回，进行“批判”，因此未能出版，遂成遗憾。总之，我们从这里可以看到冯永谦先生是怎样的勤奋和敬业！

三、发现接踵而来，誓要全力以赴

1955年后，文物队的任务量就更大了。辽宁省的几个大型水库都同时上马，这在当时就全国来说都是很少见的，大伙房水库、桓仁水库、沙尖子水库，其淹没区面积广，历史积淀深厚，古代遗存丰富，但多是沉埋地下未曾探明，需要认真调查了解，无论其中的哪一个水库，都是需要文物队的全部力量投入进去的，所以此后几年的工作就更紧张了。但在这样繁忙的工作中，冯永谦先生的业务水平和学识以及工作能力都进一步得到了提高，正所谓“读万卷书，行万里路”，“纸上得来终觉浅，绝知此事要躬行”，实践出真知，尤其是考古这个学科，更是如此。

1956 年，从春天刚来北国，冯永谦先生就和队里同志一起奔赴桓仁，对桓仁水库、沙尖子水库进行考古调查。这里的环境、条件是非常差的，处在边疆地区，山高水险，没有道路，车马不通，居民生活很苦，旧中国留下的贫穷此刻还没彻底改变。从一件小事就可以看出当时是怎样一个情况。冯永谦先生后来说：“我一生坐过最大的船，在长江中、在公海上，还在黄河乘坐过羊皮筏子，但也没有像 1956 年考古调查在桓仁坐‘槽盆’过浑江这样惊险！”槽盆是什么？原来它是当地一种最简陋的水上交通工具，形状就像过去每家都曾有过的洗衣盆，是用木板围成的，略有敞口的圆桶形，直径不到 1 米，高约 50 厘米，一人往来渡江，只供自家使用，不是为他人预备的。当年冯永谦先生考古到此，“欲渡无舟楫”，就坐了“槽盆”过江，本来是供一人使用的，现在要载二人，盆内就容纳不下，冯永谦先生只好蹲在盆中，另一人两腿分开站在盆里摇桨。浑江江阔水深，那天又风大浪高，槽盆在江中辗转漂浮，其危险之状可想而知。冯永谦先生说：“我在考古中经历的凶险事很多，虽然不像战场上枪林弹雨那样出生入死，但也是很危险的。像 1956 年发掘新民巴图营子辽墓时，墓葬处在后世形成的十多米高的巨大沙丘下面，墓室未塌，日里细掘完成，因有极为珍贵的遗物出土，需记录、画图后取出，晚间我们二人在墓内画图，临近工作完成将要走出墓室时，没想到墓顶上部的沙土突然颓下，填满墓道，封堵墓门，此时远在村外，无人能知。在此突如其来的情况下，我们没有思想准备，被堵在了墓中，几次扒土想出去，都未成功，扒土到墓室，反而在墓内堆起很多沙土，使墓室内空间变小，对我们不利。想要出去已不可能，考虑很长时间，只好妥善安置了墓内文物，为了不耗氧气，将五根蜡烛吹灭四根，然后坐在墓门里边，静等明天发掘的村中民工来挖开再出去。经过一夜静等，主要是怕墓顶失去原来均衡压力后塌落，焦急心情可想而知。后来终于在第二天凌晨的寒风中发掘民工过来，经过三个多小时清除沙土，我们二人才爬出墓室。又如 1973 年发掘法库叶茂台西山辽墓时，在六号墓中细掘，因墓室深在地下，上边山坡土崖很高，雨后土崖突然崩塌，幸亏听到土裂声响躲避得快，崖上的土陷落墓室中，只差一点被颓土砸到。”我采访时知道的事还有很多，总之可以看到冯永谦先生在工作中就是这样认真和执着。1956 年对桓仁地区的考古调查及此后进行的发掘，范围广泛，并且也比较深入和全面，前此该地是从未进行过这种工作的，发现各种遗址和墓葬百余处。就墓葬而言，高力墓子村、下古城子村的高句丽墓群，都非常大，一处都有数百座，十分珍贵，是高句丽的历史瑰宝。而发掘的墓葬地点，有高力墓子、二道岭子、连江、北甸子、大把、米仓沟、董家船营等村。高句丽墓葬发掘的结果，冯永谦先生说：“这使我们眼界大开，特别是高力墓子村的大墓，都是石块构建的，分布在山上，成排连串，石块颓坍，有的就分不清是一个墓还是几个墓，过去没见过，也从来没有人发掘过，我们最初发掘的几座墓宣告失败，因为清理到墓底也没看见墓室是什么样。后来经过认真分析、思考，不轻易搬掉一个石块，这才发现原来这些大墓的墓室，就建在巨大基坛的上部，并且是在入葬后在墓上堆柴用火焚烧，很多石头被烧熔，人骨和遗物焚后无存，当初没有注意到这点，以为墓室在底部，上面的石头轻易搬掉，因而失败。这件事我和很多人说过，可能在东北搞考古的都知道这件事，以后再发掘有了借鉴就没这种事了。”就城址而言，文物队比较详尽地调查了五女山高句丽山城，这是新中国成立后的第一次调查，为后来学术界进一步提出并确定其为高句丽第一个都城纥升骨城奠定了基础。此次桓仁考古调查和发掘的重要意义，在于对鸭绿江、浑江、富尔江流域的原始文化、青铜时代文化和我国东北古代少数民族高句丽文化的面貌，有了较深入的了解，并较全面地认识到这一地区文化发展的脉络。

在桓仁调查刚结束，正拟转赴抚顺大伙房水库考古调查时，李文信先生得到报告，西丰西岔沟古墓葬被发现了，是当地群众挖开的。此时任务紧急，冯永谦先生与孙守道、陈大为诸位先生一起奔赴西丰。这里发现的是西汉时期一处我国东北地区少数民族的墓地，首先被当地村民在地上拣到金丝扭成的耳饰、琉璃管、琉璃珠等，遂引起群众“挖宝”的事，后来几十里外的村民也来其地乱掘，幸亏当时西丰县种畜场场长李柏良到省里报告，才确定要去现地进行考古发掘。但当文物队在六月到达时，乱挖虽被制止，现场已一片狼藉，地表已被掘翻，布满大小不等的深坑。在这座东西走向的不高山头上，面积达一万余米的墓地中，清理扰土，全部用筛子筛，划分坑位，将土中筛出的各种遗物，绘图、记录，标明所处位置，然后归坑，经过认真分析，确定是否为一座墓葬，同时冯永谦先生对墓地进行精确测量，在图上显示出这些被挖乱的墓坑，竟然成排成行，分布有序，于是找出了当时墓葬埋葬的规律，了解到隐藏墓葬背后不为人知的葬俗。冯永谦先生说：“当时来到被破坏的墓地，真是一片茫然，对这种受到如此严重扰乱的墓地进行发掘没有成法，只能相机行事。在现场采取各种办法取得相关信息，经过分析，认识到在最后边顶部有殉马祭祀的墓坑，又根据在扰土中筛出的遗物多寡和其珍贵程度，发现各坑之间也有不同，经过往测图里填回遗物，这些细小的差别就微弱地显现出来，如果马虎大意，就可能永远也不会揭开这个奥秘。但是终于发现了它，发现墓地的形成是有秩序的，虽然现在墓地已经扰乱得面目全非，但当时却不是乱埋的，它是根据死者的不同地位、时间形成的，由上往下依次排列，又向左右延展，最终形成这处空前发现并多达500余座的西汉时期包含有极其丰富的汉文化传统遗物在内的少数民族墓地。”经过现场打探，在墓地边缘地带还发现了六十多座劫后余存的墓葬，其中保存下来的最完整的几座墓葬，都是冯永谦先生亲手发掘的，其详细的现场发掘记录至今还保存在辽宁省文物考古研究所的档案库中。后来在1959年由孙守道、陈大为和冯永谦几位整理西丰墓地考古发掘资料，用了两年多时间编写出一部《西丰西岔沟》考古发掘报告，后来由于社会客观原因与考古发掘任务频频压来，致使没有安排出版，现在孙守道、陈大为均已先后作古，冯永谦先生也退休十年，其间他几次向所里提出此报告书早已完稿，应安排出版，并愿承担现在的整理工作，但没能如愿，未得出版，真是可惜！

西丰考古发掘结束，已是秋意很浓，但立即转赴抚顺调查和发掘大伙房水库淹没区遗迹，这是辽河下游重要支流浑河上的水库，当时库容量位居全国第二，颇为知名。冯永谦先生前后两年在库区工作，直至水库修完蓄水始结束离开。在此处发掘了大伙房石棺墓、莲花堡、来得户等地战国遗址、前屯、西沙窝、洼浑沐、下洼子、坎木沟、辖子伙洛、洼子伙洛、古城子、江南河、东社等地高句丽墓、新屯古城址与明末后金时期的铁背山山城、萨尔浒城址、王皋城等，都是前此未知的新发现，填补了辽东地区这段历史的空白。

时序已经进入1956年的冬天，冯永谦先生离开大伙房水库后，就去发掘新民巴图营子、建平张家营子与硃碌科的辽墓，这几座墓保存完好，出土遗物丰富，这在当时来说大概除了赤峰辽驸马墓之外是最重要的辽墓考古发现了。像墓中出土的双龙火焰珠纹鎏金银冠、“智矩如来心破地狱真言”鎏金铜胸牌等都是前所未见的新发现，直到现在仍然是经常被文物、历史、考古研究中所引用或某些作者频加介绍的器物。辽墓发掘完成，随后又去喀左县马厂沟发掘前些年曾出土“匽侯盂”的青铜器群窖藏地点下面遗址的发掘，结果发现铜器埋藏坑下的石建筑遗址，这是过去所意想不到的，辽西从来都是我国历史发展非常重要的一个地方，体现着文化的影响和传承，这处时间存在早晚而相互叠压又有打破关系的遗存，使得这个地区的历史发展在文化衔接上有了新的认识。

天降大雪以后，冯永谦先生披着雪花回到沈阳，此时已将新年。到了单位，遂即进入了野外考古资料的整理工作，在短短的两三个月时间里，又是器物修复，又是画图，又是照相，又是查找资料，冯永谦先生此时才22岁，从事考古工作也仅是第三个年头，但他却独自完成了《辽宁省建平、新民的三座辽墓》这份长篇考古发掘报告，后来刊发于《考古》1960年第2期上。

四、考古信息频传，匆忙奔赴各地

辽宁省文物遗迹很多，每年仅据各地工程的发现，就够文物队全体人员常年在野外工作的了，重要发现不胜枚举，而冯永谦先生在这种情况之下，则是常年奔走各地，没有闲暇时刻，下面仅谈几个发掘地点以窥其一斑。

1961年，参加发掘朝阳市区内朝阳师范学校工地的金大定二十四年马令墓，这是辽宁省第一次发现墓室结构保存较好、出土遗物较多并有大幅壁画和长篇铭文题记的金墓，颇为难得。之后冯永谦先生调博物馆研究室工作，参与李文信先生主编的《辽宁史迹资料》与《辽宁古诗选》等的编选工作。在研究室三年，到1964年，又调回文物工作队，随即参加全省的文物普查。在这一年里，经过全队人员共同努力，将辽宁省的省级文物保护单位和全国重点文物保护单位的“四有”工作完整的科学档案，全部建立起来，冯永谦先生又是其中主力之一。

1965年，冯永谦先生主持发掘了阜新碰子沟、胡宝吐、法库前山、羊草沟、丁家沟、小三家子等地辽墓，均有重要发现。其中法库前山村是辽北府宰相萧袍鲁墓，出土不仅有体量很大的汉文墓志，同时还有契丹文“大字”墓志，十分重要，对研究辽史和契丹族史都有很高价值。随后，在同年秋天发掘了北票西官营子十六国时期北燕冯素弗及其妻属的家族墓，墓室保存完整，墓主是北燕国王冯跋之弟，爵位极高，出土遗物丰富，种类繁多，仅印章就出土四枚，其中并有一枚是金印。这对研究十六国时期的政治、经济和文化等方面，都是最可宝贵的材料。发掘结束后，文物出版社立即约稿出版，遂由徐秉琨和冯永谦二位先生整理材料，不久即编写出《北票北燕冯素弗墓》考古发掘报告的书稿，但因“文化大革命”爆发，出版社工作也停滞了，故未能出版。1972年《文物》

复刊，需要考古报告，遂将先前所写书稿作了摘要，篇名为《辽宁北票县西官营子北燕冯素弗墓》，并以“黎瑶渤”的署名刊发于《文物》1973年第3期上。据笔者所知，现在有些学者写文章引用该报告时，由于不了解当发掘情况和署名原委，于是就推测此报告为某位老先生所写，大加议论，曾经造成一些混乱。其实该文为徐秉琨、冯永谦二住先生所写，故今笔者借此机会特作说明实际情况，以正视听。

1973年，冯永谦先生协助铁岭地区举办文物干部训练班，在课堂讲完之后，带领学员田野考古实习，调查了地区所属六县的数十座古城址，收获巨大，有许多古城址是过去所不知道的，还发掘了法库叶茂台村北山的六座辽墓，收获亦丰。1974年5月，冯永谦和徐秉琨等几位先生又发掘了法库叶茂台7号辽墓，这是保存异常完好的墓葬，遗物丰富，种类很多，十分完整，均保持随葬时的原位，还有巨型石棺，并有罩棺的木构棺床小帐，同时在棺与小帐间隙中出土两幅彩绘绢画，这是我国多年考古中，第一次发现至今尚存千年前原装裱形式的国画，其意义重大。这两幅画的发现并成功剔取出来，就是由冯永谦先生亲自完成的，辽宁大学历史系王秋华教授的《惊世叶茂台》一书，就是记录七号墓的发掘经过和研究历程的，其中详细记载了冯永谦先生如何成功取出这两幅珍贵的国画，以及取出后经国家文物局王冶秋局长的安排，由冯永谦先生亲自携带两画立即乘飞机去北京，送故宫博物院修复装裱。当天到京时已是晚间八点多钟了，可是王冶秋局长还在办公室等候，指示故宫博物院一定要装裱好，并且不采用今天的装裱形式，要保持原来的状态，所以我们今天看到的这两幅画依然是宋、辽时期的装裱样式，单就这一点讲就非常了不起，它使我们知道了我国中古时期的卷轴画装裱是什么样子，这还不难得吗？同时，还在京召开了专家座谈会，出席会议的有王冶秋局长、中央美术学院常书鸿院长、金维诺教授、中国社会科学院民族研究所陈述教授、北京大学张政烺教授、故宫博物院徐邦达和刘九庵研究员等知名学者。会上，首先由冯永谦先生报告两幅绢画《深山棋会图》《郊原野趣图》的发现经过和对绢画的认识，随后与会的专家学者就冯先生提出的观点，如绢画的产地、作者、年代等问题进行了热烈的讨论。这两幅画发现后，惊动了世界，影响很远。辽宁省博物馆历来素以收藏历代珍贵名画多而著称，但这两幅出土的稀有宋、辽绢轴画，现在也成了该馆镇馆重宝之一。2004年11月，辽宁省博物馆迁址新馆隆重开馆时，公开展出了平时难得一见的这两幅绢画，因其是从千年古墓中发现而取出来的，不仅画得好，而且保存得更好，色彩如新，引起了观众的极大兴趣。

这里再讲一件事。在发掘叶茂台七号辽墓时，墓中出土一个精致的白瓷注壶，冯永谦先生发现此壶有异，原来壶口经过严封，里面装有液体，他感到这一特殊现象后面必有文章，于是想到了酒。当时在墓里的人都很兴奋，可是又仔细观察，封口物质已经腐朽，看来难以保持密封程度，怎么办？壶中储藏的是什么物体，当地又不能检测，如果送回沈阳也有问题，由于路途远、时间长，再临时现找检测单位，依然难以保证壶中液体不变质，王秋华教授在她的《惊世叶茂台》中《千年古酒》这一节里详细地记录了发现古酒和如何处理的经过，书的后面说：“毕竟是在墓中埋了千年的东西，而不是在酒窖里藏了千年的美酒，即便是一生与墓葬打交道的考古工作者，也不能拿生命当儿戏。怎么办？谁来吃这第一只螃蟹！还是老冯慢慢地说：‘我来尝吧。’说着，他端起烧杯，轻轻地呷了一口，又慢慢闭起眼睛，细细地品味着刚刚入口的千年液体。大家都瞪大了眼睛，一齐看着他的表情将会出现怎样的变化。”这不感人吗？我们完全可以理解，当时的关键问题是不知道壶中装的究竟是什么东西，是否真的是酒？一千年了，在地下阴湿的古墓中，有毒没有？谁敢拿生命去试？可是，在当时说“尝尝”谁也不尝，最后只有冯永谦先生这样做了！从这里我们难道看不到冯永谦先生的自我牺牲精神吗？同时也可以看出他的多么可贵的敬业精神啊！

同年夏秋间，冯永谦先生又转战鞍山，发掘倪家台明昭勇将军崔源家族墓。该处墓园完整，墓葬保存较好，仅墓券、墓志就出土了8合，十分珍贵。崔氏家族几代人都在明代辽东都司为高官，掌管军事，根据墓志记载，曾前后多次巡抚海西、招谕奴儿干。通过这次发掘，不仅对有明一代辽东地区的葬制、葬俗得以了解，而且更重要的是对研究明政府有效管辖黑龙江流域最重要的资料。这次发掘及其研究成果，冯永谦先生写成新闻稿由新华社播发后，当天美联社、路透社、法新社、共同社等都立即对该消息进行了转播，引起国际关注。其所写的正式报告《鞍山倪家台明崔源族墓的发掘》，刊发于《文物》1978年第11期。

1983年，冯永谦先生主持发掘了凌源富家屯元墓和温家屯辽墓。其中富家屯元墓是一处大墓群，元代大墓群非常少见，其中壁画墓更为难得，整壁大画《探病图》《听琴图》《柳荫系马图》《启关图》等，题材新颖，绘工精致，色彩鲜明，线条流畅，人物表情形象、生动逼真，是很难见的元墓壁画，后被收入《中国绘画全集·墓葬壁画卷》中。发掘报告《凌源富家屯元墓》，刊发于《文物》1985年第6期上。其后冯永谦先生又主持北票莲花山辽代名臣耶律仁先家族墓的发掘。这里是家族大墓园，占据向东开口的整个宽敞的山坳，墓葬分别排列，自成系统，这种保持完整的辽代墓园结构，周有围墙，内设享殿，至今仅见此例，十分难得。所发掘的墓葬，墓室规制宏大、结构完整，并未损坏塌落，其中三座墓中出土大型石质墓志，耶律仁先及其子耶律庆嗣墓志，记载了大量史实，不仅可补《辽史》之疏漏，同时更可证其舛误。尤其耶律仁先墓出土的契丹文“小字”墓志铭，志文长达五千余字，是迄今为止所发现无论汉文还是契丹文字最长的志文。契丹小字墓志记载了许多重要内容，并新出现了数十个构成契丹小字的“原字”字符，这对至今尚是谜似的契丹小字的解读和研究，无疑是一缕清风，将起到极大的推动作用。

同年秋天，冯永谦先生又主持了辽阳东门的汉墓发掘。墓为南芬页岩石板构筑，墓内满绘壁画，出土遗物丰富，是历年来辽阳地区所发现的汉魏壁画墓中，保存最完整、年代最早的一座壁画墓。此壁画墓所处位置系在现存辽阳旧城东门内城墙下部，据此可以推知战国、秦、汉时期的辽东郡治襄平城的地理位置，并不在今存的明清辽阳城位置上，而是应在此墓之西，即当时墓是建在襄平城东墙之外的。这也是一个重要收获。发掘结束后，冯永谦先生主持整理材料，后来写成《辽阳旧城东门里东汉壁画墓发掘报告》，刊发于《文物》1985年第6期。顺便说一句，几十年来，冯永谦先生每次调查或发掘，在结束后都能写出报告发表，这是非常难能可贵的，前此所见各刊物发表的冯永谦许多著作目录有100多篇文章，就是极好的说明。

五、搞好历史地理，其实非常重要

冯永谦先生虽从事考古工作，但在实践中他认识到研究历史地理的重要性，于是他重视这一学科。实际上考古工作有一个特点，那就是不管调查还是发掘，都需要到野外去，这样，随时随地就都有可能接触到历史地理问题，只要注意收集，都会是很好的材料。几十年来，冯永谦先生就是这样做的。他走遍了东北地区，就是北方很多省、区也都留下了他的考古调查足迹，因而他解决了很多历史地理研究课题。如果简单概括说一句话，经他调查的历代城址就多达四百余处，这是很了不起的，恐怕没有多少人能做到这样。如 1979 年，在这一年里冯永谦先生与姜念思调查了昭乌达盟（今赤峰市）所属 10 旗县的 80 多座历代古城址，这个数量是很可观的。过后写了《宁城黑城古城址调查》《辽代永州调查记》《辽代饶州调查记》《辽代祺州探考记》诸文，分别发表于《文物》《考古》等杂志上。通过这些文章也可以看出，在掌握大量考古调查材料后，再结合文献记载去解决历史地理问题，和根据书本只在书斋中进行研究是完全不同的。

冯永谦先生写过《汉候城、高显考辨》一文，推测候城故址就在今沈阳市旧城区今沈阳故宫和沈河公安分局院内。沈阳市在 2000 年根据战国燕所建的候城，确定沈阳建城为 2300 年，并举行盛大庆典，其意义重大、深远。但是候城在今何地，历来治史地学者从未有过确定在今沈阳市区的，是冯永谦先生根据地下出土资料，在《汉候城、高显考略》文章中确定下来的，这也是第一次明确提出了自战国以来直到汉代的候城县，其位置就在沈阳市城区内清故宫地下及其周围。这是多么肯定的结论！事实被以后的发现所证明，即当市内建“东亚商业广场”百货大楼挖地基时，在清故宫北墙外面数米深的地下，发现了战国以来到魏晋时期的城墙。冯永谦先生的考证，其正确的观点为学术界所承认，同时也为后来沈阳确定建城 2300 年打下了坚实的基础。

冯永谦先生在历史地理研究方面，取得的成就是令人瞩目的，从战国秦汉以来直至明清均有论述，尤其对辽代历史地理研究，成绩更为突出。为了节省篇幅，这里只略谈几个题目。好在许多文章已经发表，读者可自行找到。如《唐代契丹都督府地考》《辽史地理志考补》《辽上京道州县丛考》《辽代头下州探索》《辽志十六头下州地理考》《辽代边防城考》《辽上京附近水道辨误》《辽代原州、福州考》《辽代部分州县所在地考证》《辽宁地区辽代建置考述》等多篇文章，不仅内涵量大，而且考证精确、结论中肯，解决了历来众多争议问题。如果有人问，为什么冯永谦先生能这样发现和解决诸多历史地理问题？我的回答很简单，这就要归功于他的勤奋和敬业。这里不妨讲一个例子。辽代懽州的发现，就是他去发掘北票辽代耶律仁先家族墓时，在乘车途中发现的。他外出乘车时有一个特点，从来不闭目养神或睡觉，而是时刻观察一路上车窗外的山川形势。当他一次途经阜新被过去指为懽州的地方，看到其地理条件和有关材料记述不符，于是产生怀疑，在又一次途经该地时中途下车调查，结果在另地半截塔村发现了懽州，而原来被指为懽州的地方，经他考证为顺州。这一发现他写成《辽代懽州、顺州考》一文，发表于《北方文物》1985 年第 2 期。这个成果为谭其骧先生主编的《中国历史地图集》所采用，并在《释文汇编》中特别指出是冯永谦先生的发现，这不恰好说明冯永谦先生对历史地理研究的贡献吗！

说起历史地理，不能不谈到在十五年前出版的一部专著《东北历史地理》来，这是冯永谦先生和东北地区著名学者共同完成的，它是“国家七五规划科研项目”，冯永谦和孙进己先生是课题组负责人，是该书作者之一并为全书总纂。该书出版后影响很大，对其评价很高，我国著名学者、历史地理巨擘、上海复旦大学教授谭其骧先生说：“本书作者不囿于成说，经过长时间的艰苦工作和审慎考证，有根据地提出自己的意见，这无疑在当前历史地理研究领域里，是一个新的前进。书的篇章结构与内容，都大大超过前人，比我当初期望的要好得多。因此，其学术价值是值得肯定的。”有了谭其骧先生的评语，就不用笔者再谈什么了。

六、适应考古需求，精要研究陶瓷

在冯永谦先生的研究领域里，对陶瓷这个课题不能不谈，他在这方面也取得了很大成就。他说：“一个好的考古工作者，不懂得陶瓷不行。陶瓷自它产生以来，就普遍存在，无论你是考古调查还是发掘，也不管是遗址还是墓葬，只要你做这项工作就会遇到它。而且它还有一个最重要的特点，就是年代明确，它是一个标志物，因其历来变化大、特征强，故其可以区别不同性质的文化，也可以区别不同的窑场和产地，从而可以判断所发现遗迹的时间等一系列考古问题。”因此，冯永谦先生对历代陶瓷作了较深入的研究，也调查了国内各地许多地方的古代窑址，发表多篇很有见地的论著。

据我所知，冯永谦先生注意陶瓷研究从他走上考古道路之后就开始了，铢积寸累，集腋成裘，很早就成为受人注目的陶瓷研究学者。还是在20世纪80年代，冯永谦先生就应辽宁大学之聘，为历史系文博专业学生开课讲授《中国古代陶瓷》，以后又受辽宁职业艺术学院之聘，讲授《中国陶瓷史》课程。1989年3月，在日本举办“世界三彩展”，这是一次重要的陶瓷展览，冯永谦先生应邀，作为中国学术代表团一员出访日本，参加开幕式和学术交流活动。1990年8月，冯永谦先生接受台湾“中国文化大学教授”“中华文物艺术品收藏家协会”理事长刘良佑先生的采访，经中央广电部和国家文物局审批，为台湾“中华电视播放公司”策划拍摄一部《陶瓷故乡行——陶瓷专家访谈录》系列片，共十集，拍摄大陆陶瓷研究专家十人，每人一集，经中国古陶瓷研究会会长冯先铭先生研究确定，冯永谦先生是受访者之一，接受拍片。

冯永谦先生研究陶瓷贡献最大的方面，应该说是辽代陶瓷这个课题。辽代陶瓷是我国陶瓷发展史上一朵奇葩，它兼有我国南北陶瓷的特点，又具有地方性，更具有极强的民族性，特色鲜明，但过去研究很少，极不深入，也不为人知。冯永谦先生把辽瓷纳入中国陶瓷文化中去研究、作比较，辽代陶瓷和中原地区陶瓷一样，是构成中国古代陶瓷不可或缺的内容。法库叶茂台七号辽墓发现后，冯永谦先生写了《叶茂台辽墓出土的陶瓷器》一文，发表于《文物》1975年12期，文中对定窑白瓷、景德镇青白（影青）瓷、耀州窑青瓷以及辽代陶瓷等就是作整体看的。冯永谦先生还用十多年时间收集资料，写成一篇长文《“官”和“新官”字款瓷器之研究》，在20世纪80年代初问世，这是第一次将过去久已存在争论但未进行辨析的问题作深入的探讨，提出许多新的可靠论点，至今为陶瓷研究者所重视。另一篇文章《赤峰缸瓦窑村辽代瓷窑址的考古新发现》，不仅叙述了非常重要的考古发现资料，而且详加论证了“辽代官窑遗址的确定，兼论辽代设窑烧瓷的时间问题”。这在辽代陶瓷研究中，是未曾探讨过的，其理论意义重大。还有《辽代陶瓷的成就与特点》这篇长文，详加论述辽代陶瓷的各个方面，归纳分类，分析总结，把辽代陶瓷作了全面概括，是经过实地调查和考古发现后所写的文章，翔实可信。还有一些陶瓷方面的文章，如《山后八军瓷窑非北京龙泉务窑辨》《新发现的几件辽代陶瓷》等，就不在此论说了，但有一个中国陶瓷研究上的大工程却不能不谈。这就是《中国陶瓷全集》的编著和出版。这部集大成的十五卷本《中国陶瓷全集》，是由全国八位学者分别编著并到各地搜集、鉴别、确定选用器物以及拍照和写出说明等，工程颇巨，于2000年5月出版发行。其中第九卷《辽西夏金》陶瓷卷，就是由冯永谦先生主编的。据后来他在一篇《金代陶瓷摭谭》文章中说，他在主编该书时，除了其他很多收获外，还从过去被认为是宋三彩的器物中，区别出为金代三彩。这在此前是没有研究者这样认识的，从此建立起“金三彩”这个陶瓷学术语的名字，这应该是一个新的重要发现。

七、潜心纠谬补正，有情于辽史

在学术界，和冯永谦先生相熟的人都知道，他为人平和，与谁处得都比较好，可以说是淡泊名利，与世无争。20世纪50年代，文物队专业人员很少，工作范围没有分工，什么时间段的发现任务都得做，从几十亿年前古生物化石的地质时代直到明清时期，为配合各地工农业基本建设进行考古，遇到什么做什么，哪儿用就到哪儿去，从来不以个人喜好来选择调查或发掘地点与文化遗存。不过那时早期遗存发现得比较多，冯永谦先生就做这方面的工作。但在20世纪70年代以后，文物队里陆续分配来大学考古专业学生，人员多了，可是一般又都愿意搞旧石器时代、新石器时代和青铜时代，而后段没人去做，于是他就主动去搞战国秦汉以后的考古，当看辽金以后考古没人去做时，他又转向后段，主动填补这个时期考古的空白，此后就走在辽金考古和研究上，并在这方面做出了很大的成绩。

冯永谦先生对我国历史后段的考古研究，涉及的也比较宽，但对辽代最为突出。从田野工作看，考古调查和发掘量都很大，他亲自调查掌握的辽金城址，即达三百多座，其他如墓葬等遗存也不少，因此积累了大量的考古资料，并运用到历史研究中去。前面我们谈过历史地理，这方面的收获极大。此外，他还对辽代碑志进行研究，也取得不小成果。在20世纪70年代，冯永谦先生发表《辽史外戚表补证》，提出理论学说，这是一篇用考古资料研究补证《辽史》讹误最充分的文章，把过去多少年来谁也看不明白的辽代后族萧氏族源的关系、族系脉络以及行辈颠倒、错漏与误载误记等问题，梳理成条理清晰、族系明确的材料，现在再读《辽史》看《外戚表》的记述，就会一清二楚，再也不糊涂了。

关于辽代的文章冯永谦写了很多篇，除了上面提到的以外，又如《建国以来辽宁地区考古收获》《法库前山辽萧袍鲁墓》《发掘北票莲花山辽耶律仁先族墓的收获》《凌源温家屯发现的辽代契丹人墓葬》《辽晋国夫人墓志考》《辽代梁援墓志考》《试谈辽墓所反映的契丹族南徙及其影响》《建国以来辽代考古的重要收获》等，都是有考古依据的文章，言之有物，令人信服。

八、情系历代长城，何畏艰难

在冯永谦先生长达五十年的考古生涯中，还有一项工作值得称道，那就是对历代长城的考古调查、发掘和研究。还是在20世纪50年代，他在野外考古工作时就随时留意古代城址，注意收集有关长城的资料，经过多年积累，他对我国历代长城，尤其是对东北地区历代长城的研究，有很多重要建树。

1986年，在“爱我中华，修我长城”的号召下，辽宁省决定修复绥中县明代万里长城九门口段，这是一项惠及子孙的好事，全省展开了规模巨大的群众性赞助活动。辽宁境内长城状况如何，多不清楚，为了弥补这个空白，冯永谦将历年来所掌握的有关长城资料，运用流利的笔触，与人合作写了一本《辽宁古长城》。书中运用大量考古调查资料，附有许多珍贵的地图和照片，图文并茂，真实地将战国长城、秦长城、汉长城和明长城等如数家珍般地反映出来。

为了修复好绥中“九门口长城”，经国家文物局批准，自1986年起，由冯永谦先生任领队，对九门口长城进行考古发掘，历时四年，至1989年结束。这是我国第一次大规模地对古代长城遗址进行考古发掘，获得许多有价值的考古资料，认识了古代长城的结构设计和建筑施工技术。同时，通过发掘纠正了文献关于九门口长城是六个水门的记载，从而保证了九门口长城的修复成功。发掘结果，还弄清楚一大历史难题，就是明末李自成农民军和清军入关时曾发生的“一片石之战”的确切地址，各种史书说法各异，无从定点，所指都是错误的。在发掘后“一片石”呈现出来，即是在九门口长城过河城桥下边河床上为保护桥墩而敷设的面积达7000平方米的铺石。冯永谦先生曾写有《绥中九门口长城发掘出土一批重要文物》《绥中考证出古战场——一片石》《明万里长城九门口城桥与一片石考——兼考明清之际“一片石之战”地点》，对发掘所见问题论证颇详。

从1990年开始，冯永谦先生到丹东地区进行考古调查，发现并确定了明万里长城东端起点遗址，这一学术成果，新华社曾予以报道，冯永谦先生随后写了《明万里长城东端起点的发现与研究》发表在上海出版的《历史地理》第10辑上。在此之前，国内外都认为明长城是“东起山海关，西到嘉峪关”，就连权威性的《辞海》等书也是这样认为的。冯永谦先生最早在《辽宁古长城》一书中就提出明长城“东起鸭绿江”的虎山，现在更证明了这一学术观点是正确的。在我国北方十省区电视台联合拍摄的37集电视系列片《万里长城》和辽宁电视台拍摄的10集电视系列片《辽东镇长城》，均聘请冯永谦先生为顾问，而长城起点问题就采用了冯永谦先生的意见。其后在中日联合拍摄的大型电视系列片《望长城》中，同样在宽甸虎山对冯永谦先生进行访问，并录制了他当时发掘现场的长城起点遗址的镜头。对宽甸虎山的考古发现，经国家文物局批准，由冯永谦先生任领队，从1990年至1994年，用五年时间将明长城东端起点遗址考古发掘完成，结果不仅确定了明长城东端起点的具体位置，了解了其走向、结构，还在长城所在的虎山发现了失踪已久的高句丽著名山城泊汋城和城内巨型石筑大井。在1994年3月6日《中国文物报》一版头条发表的《宽甸虎山获重大发现》一文，介绍了长城东端起点遗址发掘的收获。为了验证考古调查和发掘的这一成果，辽宁省文化厅和丹东市政府联合召开了“明长城东端起点论证会”，罗哲文、单士元、郑孝燮、朱希元等30余位专家学者出席会议，经过现场考察，一致认为宽甸虎山南麓为明长城东端起点无误。冯永谦先生还写有《明万里长城东端起点的发现与研究》《丹东虎山明万里长城起点遗址》《高句丽泊汋城址的发现与考证》《万里长城起辽东》等文章。现在，明长城东端起点段经朱希元先生设计、国家文物局批准，已经修复并正式对外开放，接待国内外游人，它和绥中九门口长城一样，成为著名的文物旅游景区，对当地经济发展起了很大的促进作用，这也是冯永谦先生的重大贡献！

冯永谦先生对东北历代长城的调查、研究是全面的，不仅是明长城，而且对其他各代长城也进行过探索，并使一些难题得到解决。如北齐、北周、隋代长城，多无人提及，高句丽长城争论很大，因未见遗迹，甚至被否认，提出山城联防说等。对这些不正确的认识的纠正，都是冯永谦先生调查发现和研究后得出的。比如高句丽长城，在辽宁地段曾被明长城沿用，因而不显，过去无人得知，经冯永谦先生写出《高句丽千里长城建置辨》后，这段隐藏于历史深处的事实才为学术界所知。至于其“西南至海”段长城，最近也经冯永谦先生深入实地在营口进行调查后发现，写出《高句丽千里长城“西南至海”段考古调查报告》，这就使得整个高句丽千里长城全部连贯起来。再如对辽长城，史有明文，过去也没有确切定位，经冯永谦先生在大连地区调查发现，经过研究考证，写有《辽代“镇东海口”长城调查考略》，从而使其明确起来。还有对金长城的调查，冯永谦先生多年来远走黑龙江齐齐哈尔与内蒙古赤峰市（昭乌达盟）等地，写出《金长城的考古调查与研究》；调查

勤奋造就的考古学家

——记中国辽金暨契丹女真史学会会长冯永谦

董学增

提到冯永谦先生，文物考古界和史学界、特别是研究辽金史及契丹女真史的学者并不陌生，他是辽宁省文物考古研究所研究员，更有很多人是在他历年学术活动中的诸多社会兼职认识他的。先后发表论文100多篇，出版专著10余部。然而，许多人并不知道这位著述丰厚的考古学家、文物学家、史地学家，竟是一位少年时代在只有“四书”、“五经”的私塾里读了五年，解放后读过中学和在东北区考古训练班受过几个月的课堂培训及考古实习的人，竟会取得如此学术成就并成为我国辽金史研究的学术带头人的！概括地讲有三点，一是敬业，二是勤奋，三是实践。

初踏考古道路

1954年，我国经过三年国民经济恢复后开始第一个五年计划，为配合大规模经济建设，进行考古调查和抢救发掘，此时年仅19岁的冯永谦先生被分配到刚组建的东北文物工作队。在我国著名考古学家李文信先生率领下，冯永谦参与了在鞍山、辽阳等地的考古发掘。其中发掘的汉魏壁画墓，十分珍贵，是全国重点文物保护单位。1954年的考古工作，李文信先生写成《东北文物工作队1954年工作简报》一文，刊于《文物参考资料》1955年第3期，文章中的图与照片，就是由冯永谦先生绘制和拍摄并洗印的，此时他走上考古道路只是短短的几个月，就掌握了较为复杂的工作，由此可见其勤奋和敬业的精神。

在1956年以后，文物队的任务量就更大了，辽宁省同时修建大伙房水库、桓仁水库、沙尖子水库，就其中的哪一个水库来说，都需要文物队的全力投入。

其年初春，乍暖还寒，冯永谦先生就和队里同志一起奔赴桓仁，对桓仁水库、沙尖子水库进行考古调查，发现和掌握了各种遗址、墓葬百余处。发掘了高力墓子、二道岭子、连江、北甸子、大把、米仓沟、董家船营等村的高句丽墓葬。就城址而言，比较详尽地调查了五女山高句丽山城，这是新中国成立后第一次调查，为后来学术界进一步提出并确定其为高句丽第一个都城纥升骨城奠定了基础。

1956年夏天冯永谦与孙守道诸位先生一起奔赴西丰。这是西汉时期我国东北少数民族的一处多达500余座的墓地，经过发掘，发现空前。秋天，文物队转赴抚顺调查和发掘大伙房水库淹没区遗迹，冯永谦先生此后两年在库区工作。在这里发掘了大伙房石棺墓、莲花堡、来得户战国遗址、前屯、西沙窝、洼浑沐、下洼子、辖子伙洛、洼子伙洛、古城子、江南河、东社等地高句丽墓、新屯、铁背山、萨尔浒、王皋城等城址，这些都是前此未知的新发现。

在1956年的冬天，冯永谦先生还去新民巴图营子、建平张家营子与饼碌科发掘辽墓，出土许多前所未见的新发现。年底回到沈阳，整理野外考古资料，在短短的两三个月时间，此时他才21岁、从事考古工作也仅是第三个年头，但却独立完成了《辽宁省建平、新民的三座辽墓》这篇考古发掘报告，刊于《考古》1960年第2期。

文博人物

勇挑重担

1961年，参加发掘朝阳市内师范学校工地金大定二十四年马令墓，内有大幅壁画和长篇题记，颇为难得。1964年参加全省的文物普查，在这一年里，经过全队人员共同努力，将全省的省级和全国重点文物保护单位的“四有”工作和完整的科学档案，全部建立起来，冯永谦先生是其中主力之一。1965年，冯永谦先生主持发掘了阜新砬子沟、胡宝吐、法库前山、羊草沟、丁家沟、小三家子等地辽墓，均有重要发现。前山村是辽北府宰相萧袍鲁墓，除有汉文墓志外，还有契丹文“大字”墓志，十分重要。随后，与徐秉琨先生发掘北票西官营子北燕冯素弗家族墓，墓室保存完整，墓主是北燕国王冯跋之弟，爵位极高，出土大量珍贵遗物，极有价值。发掘结束后，由徐秉琨和冯永谦先生整理材料，写出考古报告《辽宁北票县西官营子北燕冯素弗墓》，并以“黎瑶渤”的署名刊于《文物》1973年第3期上。

1973年，冯永谦先生协助铁岭地区举办文物干部训练班，在课堂讲完之后，带领学员田野考古实习，发掘了法库叶茂台六座辽墓，又调查了地区所属六县的数十座古城址，收获巨大，有许多古城址是过去所不知道的。1974年，冯永谦和徐秉琨先生发掘了法库叶茂台7号辽墓。这是保存非常完好的墓葬，遗物丰富，出土的两幅彩绘绢画，是我国多年考古中第一次发现保存千年的国画，这两幅卷轴画的发现并成功剥取出来，就是由冯永谦先生亲自完成的。其后，冯永谦先生又转赴鞍山，发掘倪家台明昭勇将军崔源家族墓，仅墓券、墓志就出土了8合，十分珍贵。崔氏家族几代人都在明辽东都司为高官，这次发掘，不仅对明代辽东地区的葬制、葬俗得以了解，而且更重要的是对研究明政府有效管辖黑龙江流域等有关东北边疆的政治、经济、文化都是极为重要的材料。

1983年，冯永谦先生主持发掘了凌源富家屯元墓群和温家屯辽墓后，又主持北票莲花山辽耶律仁先家族墓的发掘，其中三座墓出有墓志。尤其耶律仁先墓出土的契丹文“小字”墓志铭，志文长达5000余字，是迄今为止所发现契丹小字最长的志文，并新出现了数十个构成契丹小字的“原字”，这对契丹小字的解读和研究，无疑将起到推动作用。同年秋天，冯先生又主持了辽阳旧城东门里东汉壁画墓的发掘，墓中出土遗物丰富，是历年来辽阳地区所发现的汉魏壁画墓中，年代最早的一座墓葬。

冯永谦先生从事考古工作，在实践中使他认识到研究历史地理的重要性，几十年来，他走遍了北方很多省、区，因而解决了许多历史地理研究问题。仅从这一项看，经他调查的历代城址就多达300余处，1979年，他在昭乌达盟（今赤峰市）所属10旗县调查的古代城址即达80多座，其他各地的调查也就可想而知了。

说起历史地理，不能不提出在15年前出版的一部专著《东北历史地理》，这是冯永谦先生和东北地区学者共同完成的，它是“国家七·五规划科研项目”，该书出版后影响很大，我国著名历史地理学家谭其骧先生说：“该书作者不囿于成说，经过长时间的艰苦工作和审慎考证，有根据地提出自己的意见，这无疑在当前历史地理研究领域里，是一个新的前进。书的篇章结构与内容，都大大超过前人，其学术价值是值得肯定的。”

潜心研究陶瓷及辽史

冯永谦先生对历代陶瓷作了较深入地研究，也调查了国内各地许多地方的古代窑址，发表多篇很有见地的这方面论著。

冯永谦先生应大学之聘，长时间讲授过《中国古代陶瓷》与《中国陶瓷史》课程。还作为中国学术代表团应邀参加日本举办的“世界三彩展”开幕式和学术交流活动。他还作为大陆10位陶瓷研究学者之一，接受台湾文物艺术品收藏家协会的采访，拍摄了每人一集的《陶瓷故乡行——大陆陶瓷专家访谈录》系列片对外播放。冯永谦先生研究陶瓷贡献最大的方面，应该说是辽代陶瓷。他写了很多这方面的文章，这里就不说了，但有一个中国陶瓷研究上的大工程却不能不说。这就是《中国陶瓷全集》的编著和出版。这部集大成的15卷本《中国陶瓷全集》，是由全国8位学者共同编著完成，工程颇钜，其中第9卷《辽西夏金》卷陶瓷，就是由冯永谦先生主编的，他做了很多工作，鉴别出很多过去被误定的器物。

在学术界，和冯永谦先生相熟的人都知道，他对辽史研究成绩也很突出。他亲自调查的辽金城址，即达200多座，其他如墓葬等发掘也不少，因此积累了大量考古资料，并运用到历史研究中去。此外，他还对辽代碑志进行研究，也取得不小成果。如发表的《辽史外戚表补证》，这是一篇较早用考古资料研究补证《辽史》讹误最充分的文章，他把过去多少年来谁也看不明白的辽代后族萧氏族源的关系、族系脉络以及行辈颠倒、错漏与误记等问题，梳理成条缕清晰、族系明确的材料，现在再读《辽史》看《外戚表》的记述，就会一清二楚再也不糊涂了。

情系长城

在冯永谦先生长达50年的考古生涯中，还有一项工作值得称道，那就是对历代长城的考古调查、发掘和研究。

1986年，在“爱我中华，修我长城”的号召下，辽宁省决定修复绥中县明代九门口长城，冯永谦先生自这年起，连续四年主持对九门口长城进行考古发掘，获得了各种有价值的考古资料，从而保证了九门口长城修复成功。接着从1990年开始，他到丹东地区进行考古调查，发现并确定了明万里长城东端起点遗址，这一学术成果，新华社曾予报道。后来经国家文物局批准，冯先生任领队，又连续四年对宽甸虎山明长城东端起点遗址进行发掘，收获极大。关于明长城“东起鸭绿江虎山”的学术观点，在此之前我国北方十省区电视台联合拍摄的37集电视系列片《万里长城》和辽宁电视台10集电视系列片《辽东镇长城》均采用了他的意见并被聘为顾问。现在经过发掘，已取得确凿的出土资料，为了验证这一成果，特召开了“明长城东端起点论证会”，罗哲文、单士元、朱希元等我国研究长城的30余位专家学者出席会议，经过现场考察，一致认为宽甸虎山南麓为明长城东端起点无误。现在起点段长城已经修复起来，并正式对外开放，接待国内外游人，它和九门口长城一样，成为著名的文物旅游景区，对当地经济发展起了很大作用，这也是冯永谦先生的重大贡献！

在文物考古界，冯永谦先生的研究是丰厚的，他在数十种报纸杂志上发表一百多篇文章，有十几种专著问世。专著除上面提到的外，还有《东北考古研究》、《北方史地研究》、《辽宁古长城》、《法库县文物志》、《营口市文物志》、《凤城市文物志》、《彰武县文物志》、《北宁市文物志》、《松辽文化》以及多卷本的《东北历史地理论著汇编》、《中国考古集成·东北卷》等。

现在，冯永谦先生已届古稀之年，但退休10年来，对文物考古事业依然“乐此不疲”，不减当年之“勇”，奋斗在为之献身的这条战线上。

董学增在《中国文物报》2005年7月6目报道冯永谦文章书影

兴安岭东和岭北的长城，写出《岭北长城考》《如何认识长城》《界壕与长城论辨三题》等。这些调查与研究，均有考证成果问世，受到学术界的关注。

在文物考古界，冯永谦先生的研究成果是丰硕的，他在数十种报纸杂志上发表了一百多篇学术论文，有十几种专著问世，除了上面行文中提到的外，在北京琉璃厂文物出版社门市部、王府井考古书店中，还可看到每部六七十万字的《东北考古研究》《北方史地研究》，及每部三十万字的《法库县文物志》《营口市文物志》和《凤城市文物志》《彰武县文物志》《北宁市文物志》，以及所编多卷本的《东北历史地理论著汇编》《中国考古集成・东北卷》等。

现在，冯永谦先生已届古稀之年，虽然鬓发斑白，用他自己的话说“仍未感到老之将至”，退休十年来，对文物考古事业依然“乐此不疲”，不减当年之“勇”，奋斗在为之献身的这条战线上。目前，正以学术带头人的姿态，与中国辽金暨契丹女真史学会全体成员向着更高的学术目标攀登！

冯永谦先生在他的学术自传中说：“学海无涯，前路漫漫。”现在他还在继续以往的研究课题，尤其是在战国秦汉与辽金考古、东北历史地理、历代长城、中国古代陶瓷等方面，更加精进。据我所知，他之所以能够取得这样大的成就，重要的一点是他具有剑胆琴心，刻苦实践，善于分析和求真务实的精神。他在几十年的考古生涯中，总是靠第一手材料说话，然后再结合文献记载，提出自己的学术见解，从不人云亦云，因而他总能在所研究的领域内提出独自的科学见解。这应当说是他在事业上取得成功的法则之所在。

（原载《中国文物报》2005 年 7 月 6 日，原文发表时有删改）

不到长城非好汉

——记发现明万里长城东端起点的民进会员冯永谦

焦润华[①]

多少年来，闻名世界的中国万里长城“东起山海关，西到嘉峪关”，差不多是妇孺尽知的事。可是，最近确使这一传统说法出现一个极大转变：“我国万里长城的东端起点，经过考古调查和发掘，证实不在山海关，而是在丹东鸭绿江右岸宽甸县南境的虎山。”这是民进会员、辽宁省文物考古研究所副研究员冯永谦告诉记者的。

原来明王朝在北边修筑长城，是为防止女真、兀良哈、瓦剌的侵扰，沿边设立九镇，分段管辖本镇所属地域内的长城，《明史·兵志》说：长城“东起鸭绿，西抵嘉峪，绵亘万里，分地守御”，其东端第一镇为辽东镇，该镇辖有两千零八十华里长城线。可是自清初以来，就丢了辽东镇，长城变成了“东起山海关大龙头（今称老龙头）”了。此说出现后，就一直沿误下去，积久成习。

1990 年 8 月，在山海关召开“首届中国长城学术讨论会”，会上冯永谦根据他在当地考古调查发现后，提出“鸭绿江右岸宽甸县南境虎山下的大型台址，是明万里长城东端起点”。新华社以《我国长城考古又有新的重大发现》为题，发出电讯，在国内外引起轰动。同年 11 月，在上海召开的“国际中国历史地理学术讨论会”，冯永谦又作了《明万里长城东端起点的发现与研究》的学术报告，受到与会的国内外专家学者的高度重视和好评。在此之前，由我国北方十省、市、自治区电视台拍摄的 37 集电视系列片《万里长城》，聘请冯永谦为顾问，长城起点就是以他的研究成果为依据。1990 年中日两国合拍电视系列专题片《望长城》，摄制组不畏路途遥远，驱车来到丹东虎山长城起点遗址的考古发掘工地，专门拍摄了由冯永谦主持的发掘现场，把非常珍贵的遗迹和生动的考古发掘场景录入镜头。

冯永谦副研究员从 1954 年就从事考古工作，在将近 40 年的治学道路中，积累了大量的书本知识和实践经验，曾多次参加和主持大型考古调查和发掘工作，每次都取得极大收获。40 年中，他从辽河流域到内蒙古草原，从额尔古纳河到燕山地带，从黑龙江畔到长白山麓，从黄海之滨到辽西山地，到处都留下了他的足迹。40 年间，他为我国考古事业的发展和学术研究，做出了贡献。尤其是

① 焦润华，《辽宁政协报》记者。

对历史地理、辽金考古、中国古代陶瓷等的研究，取得的成就更大。1975 年，应辽宁大学之聘，为日本前来我国留学的博士研究生授课，至其学成归国。1989 年 4 月，应日本邀请，参加在日本举办的“世界三彩展”开幕式和进行学术交流。1990 年 8 月，台湾中华电视播放公司拍摄十集视电系列片《陶瓷故乡行——陶瓷专家访谈录》，冯永谦作为被访问的 10 位专家学者之一，拍摄了一集关于辽金陶瓷的电视片。1991 年 11 月，为英国剑桥国际传记中心收入名人录出版社编辑出版的《世界名人录》中，分别载入：第 15 版《世界男人成绩录》和第 23 版《国际传记辞典》两书。

冯永谦副研究员从事中国古代长城研究，可以提早到 1956 年，较集中研究则是近年开始的。1986 年首先写成《辽宁古长城》一书。

在辽宁省各界人民赞助修复明代九门口长城时，经国家文物局批准，由冯永谦任领队，主持对绥中县九门口长城遗址进行考古发掘。九门口长城，是万里城线上长最长的一座城桥，也是我国长城建筑史上少见的景观。但是，九门口有几个水门却是一个谜，文献记载是六门。为了解决这个难题，冯永谦从 1986 年 6 月到 1987 年 1 月，在考古发掘工地历时 8 个月，每天在山上、山下与河道中往来奔波，终于在宽阔的河床沙石层里将城桥的桥墩基础清理出来，结果证明，明朝修筑长城时，此处确是设有九座水门。这次经考古发掘得来的详细数据和各种有关资料，为九门口长城的修复设计工作打下坚实基础。因而使这段长城能在 1989 年顺利修复。由于冯永谦在九门口的工作出色，1989 年 11 月辽宁省文化厅颁发了荣誉证书表彰其功绩。

从 1990 年 2 月起，经丹东市有关方面的邀请，冯永谦和他的同事们又转战辽东山区，开始对明代万里长城东端起点进行调查。他们历时 5 个月，行程 4000 华里，深入调查，最后来到虎山。

虎山，犹如一只猛虎卧在鸭绿江边，头东尾西，昂然独立，雄伟险峻，阻断东西交通，南控鸭绿江水路，具有极其重要的战略地位，历来是兵家必争之地。作为战略要地，就是近代亦是如此，如 1894 年中日甲午江防之战，1904 年日俄大战，也都是在虎山进行的。他们登巉岩，攀葛藤，为了查看长城所处的险要地势，竟从东面悬崖陡壁处上来。在山头上，他们仔细寻找，拔去野草，扒开覆土，一排整齐的石砌台址边缘露出来了，在另一边也有相同的台址基部砌石。在南坡半山腰处的树林中，看到又一种景象，在很陡的山坡上有平坦台面，在盘根错节草树间隙的泥土里发现石块，最后看到的竟是一个铺石面积很大的方形基址，则此处又是一个墙台，两个台址可以联成一线了。“长城，这不就是长城吗？”当时的喜悦心情可以想见，欢呼雀跃，摇动着树枝，挥舞着蒿草，透过枝叶射进来的缕缕阳光，照在每一张笑脸上，他们都显得年轻了。当调查走到两山峰之间的山洼时，冯永谦从石头上跳下来，发觉脚下声音有异，不似一般山石发出的声音，但脚下确是一块平整的地面，只在北侧露出少许石头。满山都是石头，这里有石头也是正常现象，然而考古就需要细心，需要一百倍的细心，于是他们用小铁铲去掉石头上的覆土，露出了石头边，沿石边向前面找，结果石头不断，一块接一块延伸下去，冯永谦说：“这就是城墙，绝没有问题！”大家一齐动手，拔去丛生的灌木和杂草，一道整齐的墙面露出来了！最后测量结果，这道墙长 80 米，经过发掘得知，墙存高 2.2 米，存宽 5 米。在虎山北麓，在虎山村中，都找到了长城遗址，绵延不断！

从山后转到山前，在山脚下的平地上，有一个巨大的深坑，坑里还有一些石头，大家都很好奇地步入这个深坑中。冯永谦全面思考，反复观察，于是认为这里也是一个大型台址。在挖开的土层断面里，还保存着清晰的夯层呢！这座台址确定后，又发现了石城墙，于是它和半山腰处与山顶上的台址就连接上了。

随后，在1990年秋冬季和1991年里，经国家文物局批准，由冯永谦任领队，主持对虎山长城遗址进行第二年、第三年的考古发掘，终于将长城墙体、墙台址、营房址和烽火台等都挖掘出来，并有大量遗物，确凿证明虎山长城址就是明长城东端起点，而位于虎山南麓、紧临鸭绿江的大型台址，就是明《辽东志》所载长城起点的“邦山台”址，经过观察，台址紧贴虎山，称为“邦山台”是很符地理环境的。

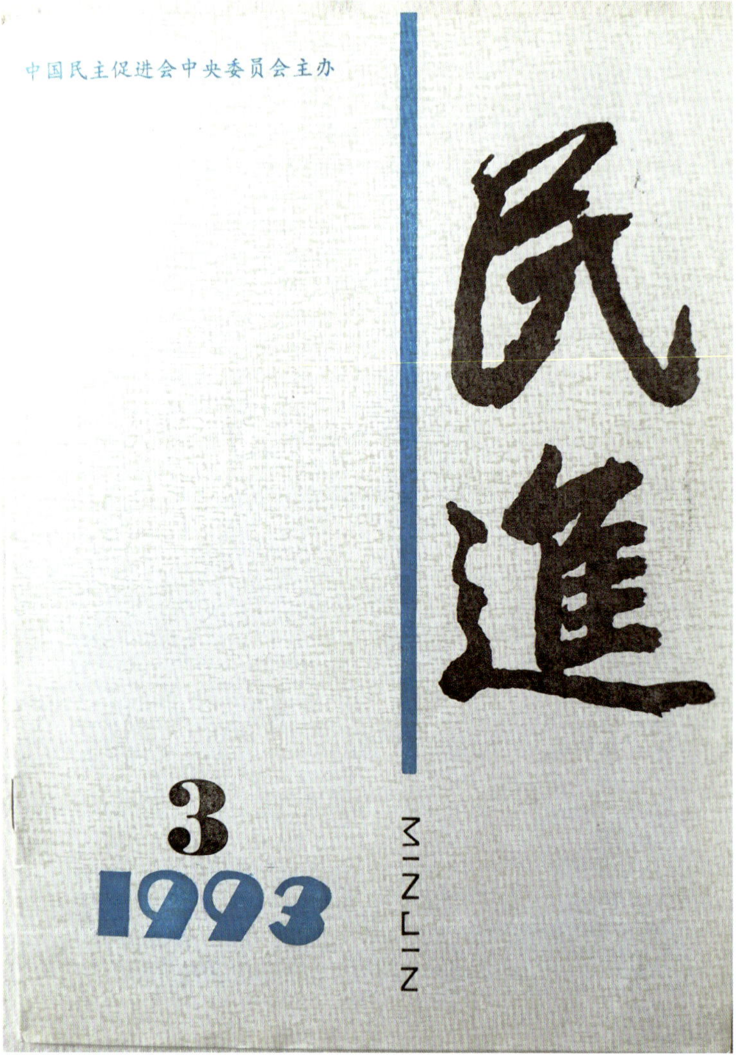

焦润华在《民进》1993年第3期报道冯永谦文章杂志书影

冯永谦现任辽宁省文物考古研究所研究室主任，自1990年以来，又被聘为辽宁省文物鉴定委员会委员、国家文物局批准为考古发掘领队，吉林省社会科学院聘为特邀研究员，辽宁大学聘为客座教授，沈阳市东亚文化研究中心任副主任，并任中国民主促进会辽宁社会科学支部副主任。

冯永谦现已发表学术论文80余万字，科普文章20余万字，专著4部，主编学术杂志2种，编辑出版研究资料8册。他的学术成果很突出，许多研究著作获奖。

冯永谦目前已被丹东市政府聘为修复明万里长城东端起点虎山段顾问，修复工程已于9月18日开工。不久的将来，虎山段长城也将如同九门口长城一样，成为吸引中外游客的一大景观。

（原载《民进》1993年第3期）

行走在黑土地的耄耋老人

林　琳①

前不久，我国区域历史地理研究的第一部学术专著《东北历史地理》面世，这部160余万字的巨著，为求精准，编撰历时达三十年之久，展示了包括东北三省、内蒙古东部地区、河北省东北部在内并外延有今域外地区，数十万年以来的历史地理情况。我国历史地理学泰斗谭其骧先生评价此书“为中国区域历史地理研究带了一个好头；也是为全部中国历史地理研究完成了一项基本建设工程，是中国历史地理学一件值得庆贺的喜事”。

为这部巨著投入精力最多、贡献最大的，当属六十年如一日坚持野外考古的冯永谦先生。25年前，正是他在“首届中国长城学术讨论会”上，提出并佐证了“明万里长城东端起点不是山海关，而是鸭绿江虎山”的观点，引起国内外轰动，从此改写了明长城起点的历史。1991年，他的名字被英国剑桥国际传记中心收入《世界名人录》中。

冯永谦是一位致力于“读万卷书，行万里路”的人。他童年读私塾，青年进学校，后经考古训练班，在20岁时由他们几位考古训练班结业的学员组建东北文物工作队，从事文物考古工作，至今已逾一个甲子。数十年的风雨历程中，他从未丢弃过两个“万”字的追求，日里在山野中行走，夜里在灯下苦读，不是到考古发掘现场，就是调查尚不为人知的遗址或是埋于荒野已久的城池，被公认为东北地理历史界当之无愧的权威。就在两年前，《辽沈晚报》的记者张松策划“历史文化之旅”的实地采访，组一队人跟冯永谦一起“考古寻史”，然而，行程开始不久，摄影师、随行记者、司机一个接一个打退堂鼓，坚持到现在的只剩下他们两人。三燕寻踪，探访辽陵，倍道间行，其间为探求辽人皇王耶律倍的读书处望海堂，年过八十的冯永谦，健步登上未经开发的医巫闾山绝顶，饱览“环抱六重”的胜景，从而体会出耶律倍当年的用心。张松说：“冯先生答应，他身体很好，可以和我一起再走十年！”

野外考古的苦头不是一般人能吃得消的，遭遇生命危险也是常有的事，这一点冯永谦二十出头的时候就很清楚。1956年春，他到桓仁水库淹没区考古调查时，山高谷深，交通很差，不是没有道路，就是车马不通，过河都成问题，在浑江遇到的情况就更出乎想象——在当地唯一能过浑江的就是百姓家自用的槽盆。“槽盆”形状像旧时的洗衣盆，用木板拼成，直径有一米多，高约半米，渡江

① 林琳，《中华文化画报》记者。

往来平时只供一人摆渡。在陡峭的山间坐“槽盆”过江，是极其危险又别无他法的选择，何况本来是供一人使用的却要载上两个人。水深江阔，风大浪高，冯永谦蹲在槽盆中的那一刻，已经将生死置之度外。

在桓仁调查和发掘刚结束，冯永谦接到了一个紧急任务：西丰西岔沟古墓葬被当地群众挖开了。起先，当地村民在小山上拣到了金丝扭成的耳饰等物，于是引起群众前来“挖金子”，后来几十里路外的村民也来乱掘，幸亏有人报告，省里才得到消息。但当文物队在六月到达时，现场已狼藉不堪。冯永谦回忆：“来到被破坏的墓地，我们一片茫然，对受到如此严重扰乱的墓地进行发掘没有成法，只能相机行事。”在不高的山头上，面积达一万多平方米的墓地中，他们要先清理扰土，用筛子筛出残存的遗物，然后恢复原地貌。白天在墓地筛完土，晚上他们还要去四周各村子里收回被拿回家的出土文物。农民很淳朴，知道挖的是两千年前的墓葬，都自愿把东西交出来，只是那时野狼多，村民遭狼咬的惨事时有发生，回程路上要格外小心。冯永谦就有过一次深夜走错路，误入乱葬无主的墓地，半天走不出去的经历。在此处被破坏的墓地发掘，通过他精确测量，划分坑位，将土中筛出的各种遗物，绘图、记录，标明所处位置，然后归坑，他恢复了这处葬有五百多座墓的墓地原貌，发现在绘图上显示出的墓坑，竟然成排成行，分布有序，于是找出了埋葬的规律，了解到了隐藏在墓葬背后不为人知的葬俗。

完成这次任务已到深秋，冯永谦又立即转赴抚顺大伙房水库调查和发掘淹没区内的遗址和墓葬。水库淹没区内的住户都已迁走，村庄无人，在方圆一百多平方里，只有他们十几个考古队员，房子动迁扒过，庭院狼藉，不能利用，也无法住人，他们考古队员只能选择在较平坦处支起帐篷，睡行军床。在水库淹没区考古发掘，由于地点多，常因完成一处而去另一地点，这种情况搬迁就是经常的，一次在他们搬到已经无人居住的前屯村边安营扎寨，为工作方便，帐篷就设在浑河边的平地上，大坝合龙后的一天，水库因蓄水遍地汪洋，可考古队的发掘还在进行，事先也没接到有关方面通知，他们不知水情，还和往日一样照常工作。一天的半夜里，冯永谦感觉到床下冰凉，用手向外一探，行军床下全是水，打开手电看，水已到行军床沿，于是喊醒帐篷里和另外帐篷住的人。他们此时顾不上拿生活用品，队员们不约而同地先带上照相机、绘图纸、记录本、测量仪器及发掘用品，跑到山上，躲过了夜里水淹。大伙房水库当时是位居全国第二大的水库，文物遗迹很多，冯永谦在此发掘了战国时期居住遗址、十余处高句丽墓群、多处古城址，填补了辽东地区战国至汉魏晋及明清时期历史的空白。

初冬，冯永谦等人离开大伙房水库回到沈阳。但冯永谦又接到新任务，去新民县巴图营子发掘辽墓。这个墓葬上面积有十多米高的巨大沙丘，墓室未塌，由于里面有极为珍贵的遗物出土，发掘后怕招致文物被破坏或丢失，所以白天细掘完成后，晚上也抢时间进行，他和同来的同事在墓内画图直至深夜。就在临近收工往墓室外走的一刻，他们突然听到上面有轰隆隆的声音。从墓里听外面，一个沙粒的响动都很大，这也是冯永谦立即警觉起来的原因。他凭经验断定往外跑不行，若跑，沙子下来会正好埋在下面，于是两人贴墙而站。果如他所料，沙子充满了深深的墓道，墓门也随之封死，万幸的是，墓没有塌。一开始他们二人扒沙，结果越扒沙子越往墓内滚，一看不行，再扒墓内填满人也出不去，就停下来了，他们二人就困在地下十多米深的古墓中，直到第二天发掘的村民来了以后，从外面清除沙子，他们才爬出墓室。此墓在发掘后，没有毁坏，他们封好墓门，然后回填，保留下一座完整的辽墓，至今仍封存在当地。此墓很有特点，通常辽墓修建顶部留有圆孔，一般会压一块较大石头封堵顶部圆孔，可这个墓的特别之处在于用没有孔的下扇石磨封盖在墓顶上面，而将有透孔的上扇石磨放在墓室内地面中间，上下两相对应，形成了迄今为止发现的辽墓中仅见的墓葬结构样式。

还有一次发掘遇险，是在法库县叶茂台发掘六号辽墓时，当时一位辽宁大学老师与冯永谦一起正在墓中细掘，因墓室深在地下，后部山上土崖很高，雨后土崖含水出现劈裂，他们不知，突然崩塌，墓内发掘的人却一点也察觉不到。幸亏这时墓旁有人喊："冯老师，上面塌方了！"他回头一看，土正往下落，来不及解释，伸手拽了那老师一把，同时趴到墓门口去，才没被颓土砸到或埋在土下，捡回了性命。

冯永谦在考古工作中，数次与死亡擦肩而过，可从未减弱他的斗志，反而坚定了他的信念，这份对考古事业的热爱，萌发在他的第一次考古经历。他参加东北文物工作队时，著名考古学家李文信先生任队长，第一次在鞍山市东地村考古时李先生说："中国古人讲事死如事生。通过考古发现，我们能恢复还原当时人们生活的社会面貌。考古有三个方面意义：一个是'创史'，通过考古发现，可复原过去人类的生活方式，构建没有记载下来的历史，甚至几百万年前的原始社会历史，都是靠考古知道的；二是'补史'，对历史漏载失书或不足的，可以进行补充；三是'证史'，证实文献上记载的史实是否正确，可以根据考古发现纠正其谬误。"听着先生的话，看着眼前发掘的大量汉墓，此前在课堂里学到的死知识顿时跳跃起来，自幼喜欢文史的冯永谦心中升腾起一股强大的热望，他下定决心，为了鲜活的历史将考古进行到底。

此后，他如饥似渴地学习，白天在现场发掘，晚上读书抄书，有要还的书，他就通宵抄。那时候书少，不够读，他就在各地考古时，把能借来的书都借来抄，有时抄文章，有时抄整部书，抄写的东西多达几百万字。考古工作要求知识面较宽，想胜任工作就要掌握考古各种技能。文物工作队初建之时，不是现在的规模，也没有更多的精良设备，专业人员很少，工作量却很大，任务紧迫，每个人都必须能独当一面，练成多面手，否则就很难完成任务。那时李文信先生号召文物队员要掌握"六能"，即：能发掘、能记录、能绘图、能照相、能修复、能写报告。这几条看似简单，但达到的质量却因人追求程度与学识差异而有天壤之别。冯永谦在短时期内做到了这"六能"，靠的就是勤奋、不怕吃苦。

考古发掘从初掘到细掘，冯永谦都亲自动手，不怕脏不怕累，不是躲在一边闲看，而是事必亲经，直接观察了解，不放过每个细节，所以考古记录详尽、完整。测绘，他是自学的，不仅找测绘学的书看，还亲自实践，成了文物队里掌握测绘技术最早的一个，凡发掘遗址或墓地的测量，一定会看到是他在工作。器物绘图也是如此，他画的器物图比例准确、线条流畅、形象逼真，不仅一手完成自己发表文章中所附的各种绘图，队里其他同志发表的考古报告，也有他的绘图，他说：这功夫是在野外练就的。野外考古本是件艰苦、枯燥的活儿，谁都想趁着中午好好休息一下，可他却不知疲倦地在小河边、山坡下或树林中写生、画速写。他没有午睡的习惯，早上四五点钟起床，夜里十一二点钟睡觉，至今不变。

更值得一提的是摄影。他从1954年起负责东北文物工作队的摄影工作，后来东北大区建制撤销，东北文物工作队与东北博物馆合并，成为博物馆内的文物工作队，直到1986年文物队脱离博物馆组建辽宁省文物考古研究所时为止，三十多年里，冯永谦除了日常考古和研究工作外，还兼管博物馆内的照相室，只他一人，负责文物队考古报告所需器物照片与博物馆陈列展览所用照片的摄影与洗印放大等，这些工作几乎都是在业余时间里完成的，有时候他一个人在照相室一洗印就到深夜。冯永谦说："摄影在考古工作中至关重要，它不仅是最忠实的考古发掘形象的原始记录，更是考古发掘最可靠的见证。然而，考古工作者不可能每次都带摄影师去发掘。如果你不会摄影，就像你不会记录、不会画图、不会修复一样，甚或比这更严重，而无法保证考古发掘的质量，所以，必须掌握摄影技术。"为掌握摄影技术，他自学了大学的《物理》《化学》课本，买各种中外摄影书籍来读，许多不同功效的显影药配方至今仍能背诵下来，他还曾用外出机会，到长春中科院光机研究所专门请教镜头制作技术，什么曲率半径、折光律、焦点距离、色相差等一大堆问题，弄明白了才肯罢休。在那个照相器材稀缺的年代，他还自行钻研制作了一台放大机，因相机镜头分辨率高，他就卸下相机镜头用。他还从1958年起开始搞彩色摄影，不仅拍照，也能冲洗放大。三年自然灾害期间，他感到此前摄影书上的原理对考古工作涉及的远远不够，为帮助考古工作者掌握考古摄影技术，又逢上海人民美术出版社出版"摄影丛书"，他就根据工作实践，结合考古摄影的特点和要求，利用业余时间写出一本十余万字附有三百余幅照片与线图的《考古摄影》书稿来，可惜"文化大革命"来临，书稿被单位从出版社要回，终未出版。

然而，想在考古界混出点名堂，光靠经验和技术还不行，古文的功底同样重要。冯永谦从小念私塾，读"四书""五经"，学珠算，写毛笔字，很多古代典籍他都能从头至尾一字不遗地背诵，后来搞考古每见文献、碑刻，就能背得下、念得出。中学时，他成绩突出，喜欢读历史，更爱古典文学，还为全校出黑板报，一人连写带画。学校领导十分欣赏他的才华，毕业分配时，有意留他半年，直到东北考古训练班需要人的机会出现才把他推荐过去。偶尔，他会觉得，自己与考古的缘分似乎是命定的。

冯永谦，字易难，又用名司马鹿野，1935年农历十一月二十八日出生，原籍河北，祖父时移居辽宁。他的父亲是当地有名的中医，却不主张传家学给儿子，认为学医需慎入，学就要精深，否则庸医害人。他建议儿子当教员，常告诫他要随时随地学习。虽然偷艺的旧时代已经过去，但他一直谨记父亲的话，不曾懈怠。他做历代田野考古，从早期到清代；他研究陶瓷，走遍全国各地窑址；他研究长城，多有补充历史缺失的新发现；他研究历史地理，调查了大量古城址；他研究辽金史，任中国辽金及契丹女真史学会会长。几十年中，他发表论文近二百篇、专著十七部，在任职辽宁大学等院校客座教授期间，他一人就承担了六七门课的讲授。直到今天，但凡工作需要的，他都想方设法去学、去掌握，并应用到研究中去。

1975年以后，冯永谦除正常的考古工作以外，编辑出版专业图书十几种，还先后承担了《辽宁文物》《辽金契丹女真史研究》《辽海文物学刊》的主编工作。在此期间，他结识了东北大学计算机系的教授，从此开始了现代化办公。从 386 开始，到 Windows、XP、Windows 7，再到 Photoshop、微信，年逾八旬的冯永谦如今依旧走在时代前列。有人问他为什么如此不懈地追求，他的回答很简单：为了工作方便。

从最初东北文物工作队成立到现在，始终奔走在考古现场的，如今只剩下冯永谦一人。他有过当领导的机会，可他就怕离开第一线、废弃业务，宁愿穿着一双军用胶鞋，去那些没有路的地方，寻找尘封的历史。外行见了纳闷，为何这个年代他还穿胶鞋，殊不知鞋上有玄机，底部加挂了乳胶，能抓住地，登山遇石头，只要踩上去，不管走多少路他都心里踏实。外出考古常一走就是半年多，一心只在事业上的冯永谦在付出的同时也收获了惊人的回报：如他对九门口水上长城遗址、虎山明万里长城东端起点的调查和发掘，两处长达九年，经他考古发掘后，依据考古成果，经罗哲文、朱希元先生设计，两处长城均完成了修复，并成为著名旅游景区，给绥中、宽甸等地的人民带来了经济实惠。

考古调查尤其是对各地长城调查时，冯永谦一行人每天要走 80 里地，路上捡到的砖瓦石块、瓷片，也要自己背，中午不能下山吃饭，就在野地吃，下午也在山上走，何时下山，直到晚上要去驻地的村庄，才能卸下沉重的担子。丹东虎山长城调查行程有 2000 多里，最终确定起点所在，但起点遗址远非预想的那么简单。在起点台址发掘后，冯永谦发现下面是一处高句丽的巨型石建筑遗址，不知其为何物，直到后来挖掘到底才确定原是一口直径 4.2 米、深 24 米的大井。这口井是古时高句丽泊汋城的用水井，离护城河和鸭绿江都很近，水源旺盛，夏天土质不实，挖入深井容易塌方，为了保证发掘质量和安全，冯永谦决定等到上冻后再动手发掘。于是从 10 月到次年春，他每日用自己以粗绳做的软梯上下井，用两台抽水机昼夜不停地抽水，一边抽水一边往下挖，上来时，软梯的绳子摇摆得厉害，抓不牢、踩不住，就可能掉下去，或体力不支上不来。“十月秋高进虎山，湿衣冷露北风凉。披荆细辨荒城草，掘土深挖断壁墙。故迹已湮知者尠，旧基却待考文详。纠讹补史今得证，确起鸭江万里长。”冯永谦的诗作便是当时内心的真实写照。

在众多考古发掘中，他常常是那个第一个吃螃蟹的人。叶茂台七号辽墓发掘时，墓中出土了两幅悬挂的绢轴画，是他亲手剔取出来的，并乘飞机护送到北京，由故宫博物院装裱，国家文物局王冶秋局长说：“历史上画都是卷子，悬挂画过去不知，这是出土的第一例。”同时墓里还出土了一个精致的白瓷瓶，冯永谦发现此瓶瓶口经过严封，里面装有液体，于是想到了酒。但封口物质已经腐朽，难以保持密封程度，瓶中储藏了什么物体，当地又不能检测，送回沈阳路途远、时间长，很难保证壶中液体不变质。参加发掘的王秋华在《惊世叶茂台》一书中记述：“毕竟是在墓中埋了千年的东西，而不是在酒窖里藏了千年的美酒，即便是一生与墓葬打交道的考古工作者，也不能拿生命当儿戏。怎么办？谁来吃这第一只螃蟹！还是老冯慢慢地说：‘我来尝吧。’说着，他端起烧杯，轻轻地呷了一口，又慢慢闭起眼睛，细细地品味着刚刚入口的千年液体。”

在千年古酒、古画、万里长城、百年软尸、八月飞雪的经历后，把一生献给考古事业的冯永谦，见证了一次又一次奇迹，改写了一个又一个历史篇章。如今，他仍做野外考察，每天坚持写

082 | **田野** | 行走在黑土地的耄耋老人

行走在黑土地的耄耋老人

文 / 林琳

编撰历时达三十年之久的我国第一部区域历史地理研究学术专著《东北历史地理》前不久面世，这部一百六十余万字的巨著，展示了包括东北三省、内蒙古东部地区、河北省东北部在内并外延有今域外地区数十万年以来的历史地理情况。我国历史地理学泰斗谭其骧先生评价：此书"为全部中国历史地理研究完成了一项基本建设工程，是中国历史地理学一件值得庆贺的喜事。"

为这部学术巨著投入精力最多、贡献最大的，当属六十年如一日坚持野外考古的冯永谦先生。二十五年前，他在"首届中国长城学术讨论会"上提出并佐证了"明万里长城东端起点不是山海关，而是鸭绿江虎山"的观点，引起国内外轰动，从此改写了明长城起点的历史。他的名字被英国剑桥国际传记中心收入"世界名人录"。

冯永谦一生致力于"读万卷书，行万里路"，他童年读私塾，青年进学校，后经考古训练班，二十岁时入刚组建的东北文物工作队从事考古工作，至今已逾一个甲子。数十年的风雨历程中，他从未丢弃过两个"万"字的追求，日里在山野中行走，夜里在灯下苦

林琳在《中华文化画报》2015 年第 6 期报道冯永谦文章书影（文中原附照片 16 幅从略）

作，手头上要写的书有《东北古代长城考古调查与研究》《东北古代城址考古调查与研究》《辽阳壁画墓》《辽代铁器考古研究》……还准备出版他的《考古摄影集》《考古诗集》《考古日记》等。难以估量这位耄耋老人的身上蕴藏有多大的能量，猜不出下一个十年又将有多少历史被他改写。

（原载《中华文化画报》2015 年 6 期，原文中有 16 幅照片略去）

冯永谦：充实奋进的考古大家

王梅芳[①]

提起考古，大家都会觉得很神秘，想起了《盗墓笔记》里的什么事；提起考古学家，也会觉得离自己的生活好远，够不着似的。但是，生活在我们身旁的考古大家冯永谦则不同，他是将考古成果转换成社会生产力的人，直接造福于我们和我们的后代。比如我们省的绥中九门口长城、丹东虎山长城都是。在三十年前，这两处长城早已毁坏，仅存遗址，荒凉破败，无人问津，就是通过冯永谦之手，在长达九年的时间进行考古发掘，从荆棘遍地的乱石层中找到残迹，经过缜密考证，然后在此基础上重新修建起来，今天已成为辽宁著名的文化旅游景区，推动了当地的经济发展，造福于社会，造福于辽宁地区的百姓！

认识冯永谦，是因为辽宁省老省长林声先生。丙午年春天，我给林声先生的"新辽三彩"写电视专题片，林老的意思让我写完给冯永谦看，冯老说行，那就行。

为什么林声老省长如此信任冯永谦先生呢？

此事之原来，冯永谦先生是辽金陶瓷的顶级专家，我们国家最权威的《中国陶瓷全集》中的《辽西夏金卷》就是冯永谦先生编著的。林声先生所制造的新辽三彩，就是在辽代陶瓷的基础上，加入现代元素而成的。所以，他叮嘱我找冯永谦先生审稿。

就这样，在2016年春天我第一次拜访了冯永谦先生。第一次到他家，就把我镇住了，这么大的一个考古学家，住在沈阳市皇姑区的一所普通民宅里，进了屋，客厅里挂着一幅冯老自己书写的条幅，字写得十分俊俏，进了书房，更是吓人，他家的书，满箱满柜，书架就不用说了，十多个书柜，上顶天棚，全都装满，地板上也是，又堆起一列，从门口到里边，足有一人高，他的一张简陋铁管单人床，床上床下，也都是书。在书海的一角，有一张书桌，上面有电脑，这是冯永谦先生写作的地方。

冯永谦先生今年82岁，耳聪目明，身体健康，没有任何疾病，几十年来，他无论在什么地方，在沈阳或是外出，每天都是早晨4点钟起床，中午也不休息，晚上11点钟睡觉，他已养成习惯，形成生物钟，就有了很自然的作息。有了这些时间，他都用来写稿子，过去用稿纸，现在使用电脑，外出就带手提电脑去写。他外出，即使在路上，冯老也是白天出现场，晚上写作。我这次去的时

① 王梅芳，《辽宁老年报》记者。

候，他正在写《辽代铁器考古研究》，拟写几十万字，现在已经基本完成，正在做最后的修改和补充，还需要一段时间能出来。聊起辽代陶瓷，用老百姓的话说：冯永谦先生那真不用回家去取，张嘴就来——听了他的话，我才知道，他不仅仅是陶瓷专家，他就是历史学家。因为任何一件物品的产生和发展，都与相应的时代背景相对应，比如产生瓷器器形的条件是那一时代人的审美意识和生产力水平、政治气候、经济发展程度乃至气候条件等，冯永谦先生都是如数家珍，受他的感染，你都恨自己怎么不去学习考古呢？

目前，冯永谦先生已经发表了180多篇各类学术研究论文，出版了17部文物考古研究方面的书，手头还有十几本书的素材要写，都是重大的考古发现，他准备一一写出。现在全国各地有很多有关文物考古历史方面的事，邀请冯永谦先生出席参与，提供相关信息和意见。在他已经出版的这些文物考古书中，最重要的当属2013年出版发行的四卷本《东北历史地理》这部专著。此书是“国家‘七·五’规划科研项目”，他和孙进己先生是这一课题组的负责人，集合东北十余位民族、历史、考古学界的著名学者组成团队，历时30年，完成这部160余万字的辉煌巨著《东北历史地理》。此书能够完成，绝非易事。书中冯永谦写的文字量多，并为全书总纂，付出心智也最大。东北历史地理，不仅是研究东北民族、历史、地理的基础，也是研究中国历史、民族、沿革地理等各学科的重要资料。东北历史地理，它确定了东北历代民族和建置的时间和方位，早在清代和以前各代就有人进行研究，民国以来研究者更多。但以往都因当时的历史条件，不可能组成一个包括东北各省、各部门不同学科学者组成的协作组，都只能是个别人的某些问题的研究，因此大都是局部的，成就也是有限的。而本书则是在新的历史条件下，由历史、考古、民族等多学科、各地区的学者合作完成的，因此，它的价值是空前的！冯永谦说：“这部《东北历史地理》的诞生一波三折，殊为不易，但做一件有价值的事，就要坚持到底，精益求精，这是历史赋予我们这一代考古人的神圣使命，责无旁贷！”

这么大的工作量，这么长的工作时间，就是年轻人也会觉得累，我在电脑前面坐一天，都会觉得头晕眼花，那么冯永谦呢？他说：“我习惯了！不觉得累。我就是觉得时间不够用，去锻炼身体我都不舍得时间去。”

看来他是累出来了，积累了一辈子的劳动成果他都要转化为文字，留给后人。有句老话，叫作“积劳成疾”。冯永谦这么不间断地劳累，为什么还能这么健康？还能如此长寿？

冯永谦先生总结了以下几点：

最重要的是心态好。不管遇到什么事儿，都不计较，不往心里去，也不记恨，每天都能保持快乐的心情。比如，他家在土改时定成分是中农，后来不知什么原因变成了地主，因此从工作以来，在讲阶级斗争的年代里，他无从申辩，就背负了家庭出身的包袱，受到不公正待遇。他没有办法，虽然时常挨批斗，但他似乎忘了扣在他身上的“帽子”，依然全身心地投入到工作中去。在他的生活里，除了工作，就是读书，他什么书都读，二十四史、先秦诸子、诗词歌赋、古典文学、武侠小说、外国名著、哲学、自然科学等书籍，无所不读。他读书已成迷，那是很出名的，有时他在挨批斗时还看书，他在会场上把《红旗》杂志裹住考古专业的书，还偷偷地读，结果被人当场逮住，引起更大的批判。由于这样不断地学习、读书，到“文化大革命”结束时，他在这段时间里陆续写出许多文物考古的研究文章来。在很多人都业务荒废时，他却把考古专业已经搞得很深入了。他干活还挨批斗，都不在乎，在乎的只有学问。

其次是有规律地生活。冯老说吃饭要有规律，不管吃什么，每次他都是吃那么多，坏的不少吃，好的也不多吃，不暴饮暴食，他不吃甜食，也不吃辣的，不喝碳酸饮料，不吸烟，不喝酒；作息时间有规律，起床、睡觉都是按习惯性的时间进行。没有什么不好的习惯，也不特意锻炼身体，是舍不得时间，但日间出去办事，一般都是步行走路，除非路远，或是时间限制，不然就不坐车。他非常善走，直到现在一般年轻人走路也没他快，走不过他。当然，他年轻时常年在野外从事考古工作，走路已成习惯，这为健康的身体积累了资本。就以最近两年来说，他到野外考古调查，已过八十高龄，还登上了尚未对外开放的北镇医巫闾山最高峰望海峰，了解辽太子耶律倍读书处的望海堂。最近他还登上了阿鲁科尔沁旗的高山、坡陡难登令人生畏的辽代神圣的乌山山顶上，调壹辽初石砌祭天建筑址。

当然，冯永谦的生活也不是只有学问，还有诗情画意。他会吹、拉数种乐器，写得一手漂亮的毛笔字。他写的格律诗《考古诗草》一大本，已经有几百首了，都是记载他在各地考古发掘和调查发现时之心灵反映，把历史或文物化作灵秀的诗句，清新隽永。他会摄影，从 1954 年起，他就为考古队出版论文和书籍拍摄照片，也为原东北博物馆即现辽宁省博物馆所有展览需要的照片拍照和放大，五十年前他就搞彩色摄影，自己冲洗胶卷和放大照片，是单位不可或缺的摄影师。在 20 世纪 60 年代他就写出一本《考古摄影》书来，作为上海人民美术出版社“摄影丛书”系列之一，可惜“文化大革命”爆发，此书原稿被进驻单位的工作组追回，进行“批判”，未能出版。冯永谦仅在退休后，就已购买了三台照相机，目前已拍照片十多万张，什么文物、古迹、风景、名胜、民俗等，无不摄入，他拍的照片国内外都有。同样，他会操作微信，会在电脑上的操作各类照片修版、制图的程序。

更加佩服他了，取得了这么多的学术成果，还把自己修炼得刀枪不入，那么冯永谦先生是怎么成长起来的呢？

冯永谦 1935 年 12 月 23 日出生在沈阳市于洪区解放乡万金台村。原籍河北，祖父时移居辽宁。父亲冯德明，职业是中医。虽然他从小就接触过医药，也很喜爱，但父亲不让他学医，说：“如果学医学得不好，医术不精，庸医害人！”因此，让他立志其他学科，认为文学、历史、美术都可以。这在他幼小的心灵上很早就打下了烙印，要走脱离家学渊源的另一条路。在他还没有上学的时候，父亲和母亲就教他《千家诗》和《唐诗三百首》等古人的诗。1941 年春，冯永谦七岁，正是日伪统治时期，父亲不愿他到学校学日语，受奴化教育，送他到本村一位年过花甲的清末时期“秀才”老先生张家泰私塾去读书。这位张老先生教他们几名小学生。他从这时起，一直读到 1947 年底，整整七年时间，读遍了儒家的经典，厚厚的几十本书籍的内容，全部灌输到他的头脑中。这位张老先生在他垂暮之年，尽其平生所学，几乎毫无保留地把他所掌握的知识全部教给了冯永谦，尽管当时有的内容他还并不真正理解，但可以说我国古代传统文化的主要典籍，却都让他读过并可从头至尾一字不漏地背诵了。直到现在，他仍然能够背诵少年时候背诵的经典，采访当天，他就给我背诵了《大学》《中庸》《孟子》《论语》《道德经》《名贤集》《古文观止》《千家诗》《唐诗三百首》《幼学琼林》等的文句，让我相当吃惊。我这样自诩以文为生的人，都背不出来。

当时他父亲看到他的学习成绩很好，很高兴，也常出题联句，还不时给他讲家乡的历史。他也在读书之余看起了古典小说，尤其是历史小说，这对他的吸引力很大，可以说当时很多历史知识都是从这里得到的。这时候他对古典文学的学习和掌握，使他对后来考古文献的理解能力、解读能力以及对考古的延展能力，打下了坚实的根基，看来这一切从他年幼时就是为他成为考古大家做准备的。

冯永谦在中学毕业时，正值三年国民经济恢复完成，开始第一个五年建设计划，各条战线都需要人，学校根据他的特长和爱好，于 1954 年 3 月由国家分配到东北区第二届考古博物馆干部训练班学习。结业时，以部分学员为基础组建东北文物工作队，他作为该队的专业人员，从事田野考古工作。当时东北文物工作队队长是我国著名考古学家、研究员、教授兼东北博物馆研究室主任李文信先生。从 1954 年跟随李文信先生起，直到 1982 年李文信先生逝世，冯永谦成为李文信先生培养出的优秀文物考古工作者，已成了我国北方各省（区）文物考古战线上的主要研究人员。李文信先生用自己的渊博学识和毕生精力，开创并奠定了东北地区考古事业的基础，冯永谦则发展并推进了东北地区的考古事业。

冯永谦迄今考古已 62 年，他的足迹遍布全国各地，尤其是把黄河以北的地区都走遍了。他调查过的古代城址有 400 多座，这个数量是很惊人的，从古至今没有谁能做到这样，他不仅是调查，而且考证出很多不为人知的古代建置，这均系填补历史的空白，具有开创性、代表性的城址有：地处内蒙古宁城黑城子村的战国至秦汉时期的右北平郡、内蒙古翁牛特旗白音他拉的辽代永州、内蒙古林西县樱桃沟的辽代饶州、内蒙古库伦旗的辽代龙化州（辽太祖称帝之地）、北镇小常屯的辽代乾州（乾陵奉陵邑）、辽宁法库四家子的辽代宗州（大辽权臣耶律隆运即韩德让的私城）等。

冯永谦发掘的代表性墓葬有：辽宁鞍山沙河东地汉墓群、辽阳唐户屯桑园子汉墓群、辽阳三道壕汉墓群、三道壕等地汉至晋代壁画墓、北票西官营子十六国时期的北燕辽西公、车骑大将军冯素弗族属墓、抚顺大伙房水库淹没区高句丽墓群、桓仁水库淹没区高句丽墓群、法库叶茂台辽墓群、法库前山辽代北府宰相萧袍鲁墓、北票莲花山大辽宋国王耶律仁先家族墓地、新民巴图营子辽墓、建平张家营子辽墓、朱碌科辽墓、辽阳倪家台辽东都指挥使司都指挥使崔源家族墓，等等。

冯永谦发掘的代表性遗址有：辽阳三道壕西汉村落遗址、辽阳鹅房辽代窑址、鞍山陶官屯金代农家遗址、绥中新台子明蓟镇长城九门口遗址、宽甸虎山村明万里长城东端起点遗址，等等。

在 1979 年，冯永谦调查了辽宁省属昭乌达盟（今内蒙古赤峰市）所辖旗县的古代城址，计有：赤峰县、喀喇沁旗、宁城县、林西县、翁牛特旗、克什克腾旗、巴林右旗、巴林左旗、阿鲁科尔沁旗等。那一年的四月份，冯永谦从沈阳出发，十二月份才回到沈阳。冯永谦常年考古在外，一走数月，是经常的事。长时间不回家，走时只能带些平时更换的衣服，而换季的衣服无法随身携带，到了夏天，妻子给他寄单衣，秋天寄毛衣毛裤，冬天再寄棉衣棉裤。他经常是穿着单衣走，套着棉衣回，真的是一路辛苦，一路奔波。

为完成各种考古任务，逢年过节冯永谦孤身在外是常有的事。“一五”计划期间，为配合鞍山工业建设，辽阳唐户屯、桑园子的农田水利建设，大伙房水库、桓仁水库的修筑，从 1954 到 1956 年连续三个春节，他都是在外地度过的。1986 年发掘九门口长城，新年是在工地过的。1992 年他已临近退休，那一年，正逢他发掘丹东虎山长城，已经过年，他仍未回家，在冰天雪地时，与家人天各一方各过各的年。

退休后的冯永谦依然坚持考古。2013 年赴山西、内蒙古调查三燕遗迹，2014 年调查位于内蒙古、辽宁的辽代五大帝陵，2015 年北去黑龙江考察金代的都城、陵寝、南至河南考察元灭金国的灭国之战的大战遗址等，行程数万里，足迹遍及辽宁、吉林、黑龙江、北京、内蒙古、山西、河南、河北等省市自治区。

考古了一辈子的冯永谦家里，我只看到了书，没有看到任何瓷器，问他：“你的藏品都藏起来了？”

冯永谦笑道：“郑振铎局长当年对我们讲，搞考古的不能搞收藏，这是我们那代考古人的原则。”

挖过上百座古墓、城址、遗址等，手过千珍万宝的冯永谦现在也不搞收藏，但他有时被人求到给人“鉴鉴宝”，过眼的东西很多，可以说是数不胜数。他鉴定说真话，不因人鉴定，是以物为准。因为他发现当前的文物市场假货泛滥，收藏者多有不识，真假参半，而个别的收藏节目竟不说真话，或以讹传讹，或将错就错，或故弄玄虚，他看不下去，想纠纠偏。所以有些藏家请冯永谦鉴宝，冯永谦看出是假货，当场说出真相，花大价钱买古董的对方，脸都听绿了，有人劝冯永谦说话委婉点儿，他反驳道：“真的就是真的，假的就是假的，我不能瞪眼说瞎话啊！”按常理，冯永谦如此直率、敢言，谁还敢找冯永谦鉴宝？但实际的情况却是：找他鉴宝的人，反而越来越多了！人们就爱听老爷子的一句真话。

说真话，不给自己积攒物质财富的冯永谦先生，不受吃请，不管给谁看文物，从来都不收费用，所以敢讲真话，这是很少见的，从来就是鉴定完了就走。冯永谦先生却给我们社会贡献出了巨大的财富：九门口长城与虎山长城。这两座长城是怎么回事呢？

时光回溯到 1990 年 8 月，在山海关召开“首届中国长城学术讨论会”，会上冯永谦提出“鸭绿江右岸宽甸县南境虎山下的大型台址，是明万里长城东端起点”。新华社以《我国长城考古又有新的重大发现》为题，发出电讯，在国内外引起轰动。同年 11 月，在上海复旦大学召开的“国际中国历史地理学术讨论会”，冯永谦又作了《明万里长城东端起点的发现与研究》的学术报告，受到与会的国内外专家学者的高度重视和好评。在此之前，由我国北方十省、市、自治区电视台拍摄的 37 集电视系列片《万里长城》，辽宁电视台拍摄的 10 集《辽东镇长城》，都聘请冯永谦为顾问，长城起点就是以他的研究成果为依据。1990 年中日两国合拍电视系列专题片《望长城》时，摄制组不畏路途遥远，驱车来到冯永谦发掘丹东虎山长城起点遗址的考古工地，专门拍摄了由冯永谦主持的发掘现场，把非常珍贵的遗迹和生动的考古发掘场景录入镜头。

冯永谦从事中国古代长城研究，是老早年就开始了，1956 年就调查了建平县战国和汉代长城。

此后，他调查了河北、内蒙古、辽宁的战国、秦、前汉、后汉长城，河北、辽宁的西晋、北齐、北周、隋长城，辽宁、吉林的高句丽长城，辽宁的辽长城，黑龙江、内蒙古的金长城，从丹东虎山到甘肃嘉峪关的明长城，辽宁的清代柳条边等，前后六十年，都是徒步沿长城作的调查。关于我国古代长城，他写了很多文章，详尽的调查，辨认遗迹，确定行经线路，仔细区分时代，他对长城作了很多补充，纠正很多讹误，这为我国长城学术研究打下基础。

在1986年，拟修复九门口长城时，冯永谦又首先写成《辽宁古长城》一书出版。辽宁省各界人民赞助修复九门口长城，经国家文物局批准，由冯永谦任领队，从1986年至1989年，连续四年主持对绥中县九门口长城遗址进行考古发掘。九门口长城，是万里城线上唯一的一座最长城桥，也是我国长城建筑史上少见的奇观。但是，九门口有几个水门？文献记载是六门！现在要修复这段长城，有几个门却是一个谜。为了解决这个难题，怎么办？冯永谦用考古手段破解，他每天在陡峭的山上、山下与宽阔的九江河道中往来奔波，一边发掘，一边考察研究，终于在堆满乱石的河床底层，将城桥的桥墩基础清理出来，结果证明，明朝修筑此道长城时，在此处确是设有九座水门，文献记载是不符合现实城桥段的。经过这次经考古发掘，得来的详细数据和各种地上地下出土资料，为九门口长城的修复设计工作打下坚实基础。因而使这段长城能在1989年顺利修复。由于冯永谦在九门口的工作出色，1989年11月被辽宁省文化厅评为先进工作者，颁发了荣誉证书表彰其功绩。

从1990年2月起，经丹东市政府的邀请，冯永谦和他的同事们又转战辽东山区，开始对明代万里长城东端起点进行调查。他们历时5个月，行程4000华里，深入调查，最后来到虎山。

虎山，犹如一只猛虎卧在鸭绿江边，头东尾西，昂然独立，雄伟险峻，阻断东西交通，南控鸭绿江水路，具有极其重要的战略地位，历来是兵家必争之地。作为战略要地，就是近代亦是如此，如1894年中日甲午江防之战，1904年日俄大战，也都是在虎山进行的。调查时，为了准确找到长城起点遗址，他们先调查过去各种不同说法的地点，当一一否定后，最后来到虎山，他们登巉岩，攀葛藤，为了查看长城所处的险要地势，竟从东面悬崖陡壁处上来。在山头上，他们仔细寻找，拔去野草，扒开覆土，露出了基部砌石，在南坡半山腰处树林中，又发现一个墙台基址，两个台址可以连成一线了，这不就是长城吗？当时的喜悦心情可以想见，他们都显得年轻了。当调查走到两山峰之间的山洼时，冯永谦从石头上跳下来，发觉脚下声音有异，不似一般山石发出的声音，但脚下确是一块平整的地面，只在北侧露出少许石头。满山都是石头，这里有石头也是正常现象，然而考古就需要细心，需要一百倍的细心，于是他们用小铁铲去掉石头上的覆土，露出了石头边，沿石边向前面找，结果石头不断，一块接一块延伸下去，冯永谦说："这就是城墙，绝没有问题！"大家一齐动手，拔去丛生的灌木和杂草，一道整齐的墙面露出来了！从山后转到山前，在山脚下的平地上，有一个巨大深坑，坑里还是石头，大家都很好奇地步入这个深坑中。冯永谦全面思考，反复观察，于是认为这里也是一个大型台址。在挖开的土层断面里，还保存着清晰的夯层呢！这座台址确定后，又发现了石城墙，于是它和半山腰处与山顶上的台址就连接上了。

随后，在1990年秋冬季至1994年的五年里，经国家文物局批准，由冯永谦任领队，主持对虎山长城遗址进行考古发掘，终于将长城墙体、墙台址、营房址和烽火台等都挖掘出来，并有大量遗

天地辽宁 LIAO NING ZHUAN JI WENXUE

冯永谦：充实奋进的考古大家

□ 王梅芳

提起考古，大家都会觉得很神秘，想起了《盗墓笔记》里的什么事；提起考古学家，也会觉得离自己的生活好远，够不着似的。但是，生活在我们身旁的考古大家冯永谦则不同，他是将考古成果转换成社会生产力的人，直接造福于我们和我们的后代。比如我们省的绥中九门口长城、丹东虎山长城都是。在三十年前，这两处长城早已毁坏，仅存遗址，荒凉破败，无人问津，就是通过冯永谦之手，在长达八年的时间，进行考古发掘，从荆棘遍地的乱石层中找到残迹，经过寘密考证，然后在此基础上重新修建起来，今天已成为辽宁著名的文化旅游景区，推动了当地的经济发展，造福于社会，造福于辽宁地区的百姓！

认识冯永谦，是因为林声先生。丙午年春天，我给林声先生的“新辽三彩”写电视专题片，林老的意思让我写完给冯永谦看，冯老说行，那就行。

为什么林声老省长如此信任冯永谦先生呢？

此事之原来，冯永谦先生是辽金陶瓷的顶级专家，我们国家最权威的《中国陶瓷全集》中的《辽西夏金卷》就是冯永谦先生编著的。林声先生所制造的新辽三彩，就是在辽代陶瓷的基础上，加入现代元素而成的。所以，他叮嘱我找冯永谦先生审稿。

就这样，在2016年春天我第一次拜访了冯永谦先生，第一次到他家，就把我镇住了，这么大的一个考古学家，住在沈阳市皇姑区的一所普通民宅里，进了屋，客厅里挂着一幅冯老自己书写的条幅，字写得十分俊俏，进了书房，更是吓人，他家的书，满箱满柜，书架就不用说了，十多个书柜，上顶天棚，全都装满，地板上也是，又堆起一列，从门口到里边，足有一人高，他的一张简陋铁管单人床，床上床下，也都是书。在书海的一角，有一张书桌，上面有电脑，这是冯永谦先生写作的地方。

冯永谦先生今年82岁，耳聪目明，身体健康，没有任何疾病，几十年来，他无论在什么地方，在沈阳或是外出，每天都是早晨4点钟起床，中午也不休息，晚上11点钟睡觉，他已养成习惯，形成生物钟，到时就会很自然的作息。有了这些时间，他都用来写稿子，过去用稿纸，现在使用电脑，外出就带手提电脑去写。他外出，即使在路上，冯老也是白天出现场，晚上写作。我这次去的时候，他正在写《辽代铁器》，拟写几十万字，现在已经基本完成，正在做最后的修改和补充，还需要一段时间能出来。聊起辽代陶瓷，

2016 第四期 40

王梅芳在《辽宁传记文学》2016年第4期报道冯永谦文章书影

物，确凿证明虎山长城遗址就是明长城东端起点，而位于虎山南麓、紧临鸭绿江的大型台址，经冯永谦考证就是明《辽东志》上记载的长城起点的“邦山台”址。

往日荒凉，如今改变了面貌，现在，九门口长城、虎山长城，都已成为吸引中外人士的一大景观，源源不断地为辽沈人民创造财富。

为家乡父老乡亲创造了巨大财富的冯永谦，自己却过着俭朴的生活，他只看重精神财富的积累，“艺不压身”这四个字，用在冯永谦的身上是最贴切不过了，他在考古的过程中，不但写成文献留给子孙后代，还写古体诗，抒发自己的情感，在此我选择了他早年发掘虎山长城时候写的一首诗，让大家看看冯永谦先生的诗心：

七律・发掘虎山明长城东端起点遗址

十月秋高进虎山，湿衣冷露北风凉。
披荆细辨荒城草，掘土深挖断壁墙。
故迹已湮知者尠，旧基却待考文详。
纠讹补史今得证，确起鸭江万里长。

认识了冯永谦先生，他勤恳的治学精神，全面发展的才华，朴实简单的生活方式，强大的内心世界，都特别让我感动。让我反思，人活一生，就要像冯永谦先生一样，尽自己最大的努力，实现更大的价值。冯永谦的治学精神，让我想起了意大利伟大的科学家、艺术家、发明家达・芬奇，想起达・芬奇在自己生命即将结束的时候写下了遗嘱：“充实一日，可以安眠；充实一生，可以无悔。”

冯永谦先生的这样奋进的态度与达・芬奇先生是一样的。我们也许做不到冯永谦先生这样大的成就，但是，让自己的一生充实，到离开人世那天不后悔，就是成就。

（原载《辽宁传记文学》2016 年第 4 期）

冯永谦发现“最早的沈阳”——燕候城

张　松[①]

沈阳的历史，是从战国燕之候城开始的，候城是“最早的沈阳”。得出这一经得起时间检验结论的发现者，是著名考古学家冯永谦先生，他不仅发现了候城，还呼吁大力宣传候城，因为挺起候城，就是展现沈阳城古老的光阴传承，就是彰显大沈阳更为震撼的“文化自信”！

扑朔迷离的学界“候城寻踪”

在冯永谦先生将候城定位于今日沈阳之前，学界关于这座两千年古城地理位置的推论与猜想，可谓众说纷纭，沈阳郊区说、新民说、开原说、海城说等不一而足，但都没有像冯永谦先生以文献记载为依据结合考古发现提出在今沈阳市旧城区的。

钱坫（diàn）、徐松《新斠（jiào）注地理志集释》说候城在“奉天府北境地”。此说指地较为广泛，所谓府之北境，自然较处在中心地区的府治今沈阳较远，其所指不在今沈阳市区甚明。

李兆洛《历代地理志韵编今释》认为：“候城，在沈阳北。”此说也较为泛指，没有定点，但从其在沈阳之北，应是指在今沈阳市区之北。

汪士铎《汉志释地略》谓：“候城，承德南。”此承德为清代在沈阳所设之县，是康熙三年于今沈阳所设之奉天府治。承德南即应是指在今沈阳市区之南。

吕吴调阳《汉书地理志详释》说：“候城，今奉天府西北百里辽河滨之塔城。”此说所指有误，今新民市辽滨塔村确有古城址，但经考古调查，至今于其地未发现战国、秦、汉时期遗物，该城址为辽代之辽州，现在辽代城址与在西门外之八角十三层砖塔犹存，城址内地上地下辽代遗物很多，因此不能定此城址为候城。

杨同桂、孙宗翰《盛京疆域考》说：“候城，今开原县东南。”当时开原县设治在今开原市之老城镇，此谓开原县东南应指在今开原市老城镇之东南，若将候城定点于此，是趋北说中位置定点最明确的。

近些年出版的考古地理著作如《战国秦汉辽东辽西郡县考》认为候城即“沈阳市东南二十里古城子”，此说是近年出现的较有影响的一种新的意见；张博泉等《东北历代疆域史》谓，“候城地近

---

① 张松，《辽沈晚报》主任记者。

障塞，当在今开原东。……当时今开原东、东南及东北近塞之地均属候城县”，并又进一步阐明“订候城县治于今开原东南近塞处是合适的，因谓候城在今沈阳附近，与其近障塞不符”；最有影响的是八卷本的《中国历史地图集》，该图1964年油印本东北地图《说明书》说，“今定候城于沈阳东南上伯官屯故汉城址”，1979年修改后铅印并改名为《中国历史地图集·东北地区资料汇编》，其考订候城为“今辽宁省沈阳市东南20里古城子”，至1989年正式出版《释文汇编》时，其考候城于后者定点同，由这种前后不同的变化，可见地图作者在研究过程中的反复思考而后谨慎定点的心路历程。

而上述探讨都未能确指候城的准确地理位置，说法虽五花八门，却使“候城定位”越探越谜，成了一段令人望眼欲穿的历史悬案。

候城定点今日沈阳的靠谱依据

那么，冯永谦先生是怎样力排众议，确定今日沈阳即是当年的战国燕候城呢？

首先，从文献上看，有些记载可以帮助候城定位。据《后汉书》记载，候城在西汉时属辽东郡，但在东汉时，将原属高显、候城、辽阳三县改属玄菟郡。经考证，高显为今沈阳市东南苏家屯区魏家楼子古城址，辽阳为今沈阳市西南辽中县偏堡子古城址，候城在今沈阳市内旧城区，三城之间的距离，高显在候城南20公里，辽阳在高显西40公里，如此，则三县不仅相连，互相距离也很近，而且东距玄菟郡治新宾永陵南砖厂一迁城址、抚顺劳动公园玄菟郡二迁城址均较近，管辖便利，因此一起由辽东郡改属玄菟郡才是可能的。

东汉时，陈禅曾“为玄菟候城障尉”。按历来对障候的解释，均为近塞之地。障候应是靠近长城的城堡，因此候城距“边”应较近。但候城在当时是通称，沿长城内侧远近不等距离筑很多座城，并不专指一城，而且长城东西千里，或几千里，作为一个军事防御体系来讲，它不仅是一条“线”，在构成上是有许多实际内容的，不仅在长城外有侦堠，在其内更有纵深的布置，如交通道路、传烽报警烽燧、士卒驻戍城堡等，并且还应该看到，即使是边地也不是真空地带，它也有屯垦和居民。因此，作为一种防御体系的形成，就不是仅有近边的几个障堠。在这种情况下，作为一个长城防御体系中的候城在什么地理位置，并非全线划一、有固定的距离，而是要视地理环境、防御需要来决定，候城虽为障堠城，却不必一定“近边”。

再有一点，也是值得考虑的，即候城在西汉时，为辽东郡三都尉治所之一，根据考古调查发现情况看，都尉治所并非靠“边”。如西部都尉在无虑县，即今北镇市东南30里大亮甲村，长城在其北百余里外的阜新县北部东西通过；东部都尉在武次县，即今凤城市西南5里的刘家堡子，长城更远在其东边的宽甸县东部南北通过。由此可见，都尉治所与长城均有一定距离，并不在“边”上，而是在有一定距离的“边境”。根据这种情况，若将候城置于沈阳市内，经考古调查这一地区的长城，是在开原与铁岭间东西通过的，其距离也为100余里，并不较上两都尉距“边”为远，而此地又为平原区，其地理位置更觉合适。

从考古学的角度考察，近年的考古发现，为解决候城定点提供了很多令人信服的证据。将候城定点于沈阳东南，无论是上伯官屯还是古城子，近年在这一带进行过多次考古调查和发掘，还没有相应的发现。如在古城子，至今未见城址，也没有任何遗存面世；在上伯官屯，所发现的遗物则较晚，其中最易辨别时代的墓葬特别多，但基本为后汉魏晋时期的，较早的前汉或战国的却很少见，基于此，因其时代不合，不能定它是候城。候城是起自战国、经历秦和前汉的建置，如若定候城于此地，则没有考古依据，故其说难于成立。

候城定于开原东南，这也存在考古方面的问题。经几十年的考古调查，不仅在开原东南，即或向南延至铁岭，向东延至西丰，至今也未发现燕、秦、汉时期的城址，并且相关遗物都很少发现。若将城址定于此地，还无法得到考古学的证明。

除文献分析外，考古调查才是最终确定候城在今沈阳市明清旧城中南部的关键证据。

冯永谦表示，首先，在沈阳市区内的明清旧城周围，发现很多战国和汉代墓葬，这种现象是值得重视的；因为人们居住的城内不许埋坟，而人死后必须葬在城外，在这种礼俗的约束下，墓葬只能发现于当时所居之城的周围，而不能出现在城中，候城也不例外，并恰好反映出这一现象。如在大东区新光机械厂仓库院内发现的战国墓，为土坑竖穴，其出土遗物为灰陶高柱弦纹盖豆、三足陶鼎、兽面铺首弦纹壶。而在今大西城门外热闹路发现的战国墓，木棺木椁土坑竖穴，随葬陶器为灰陶鼎、壶、盘、匜组合。这两处墓葬是经过考古发掘的，出土陶器为仿铜器的陶礼器，这种墓葬结构和陶器形制，为典型的战国燕墓，而它所反映的墓主人身份，并不是守边的戍卒，应是当时候城内有一定地位的人。其时代前者为早，后者稍晚，约当战国燕的中、后期。这些墓葬的发现，对考证候城的年代有着重要意义。汉代墓葬，发现地点更多，在和平区南湖公园、沈河区大南边门、小南边门、滨河街道办事处、明清旧城内沈阳钟厂、小南门外沈阳市第八中学和大西门外沈阳市第十七中学院内以及皇姑区塔湾等地都有发现，并且是墓群，其时代则为汉至魏晋时期。这种围绕沈阳明清旧城分布的墓葬，绝不是偶然的，它说明候城就应该处在墓葬区域内的空间位置。

其次，1973 年于今沈河区公安分局院内与在其北的沈阳清故宫东路十王亭院内施工，当时施工挖至地表下有 10 米深，就发现各种不同时期的文化层，由下往上分别为战国、汉、辽、金及明代，出土大量的遗物，有各种建筑材料和日用生活器具残片，表明该处是战国——汉代的居住址。所见遗物战国灰陶绳纹大板瓦，规格很大，长 43 厘米，宽 30 厘米；而汉代遗存内涵更丰富，泥质灰陶瓮、罐、盆、绳纹板瓦、筒瓦、“一刀”、“半两”、“五铢”、“货泉”铜钱与“凸”字形夯土台基址和绳纹陶管井及绳纹砖砌筑井等，井深达现地表下 10 米，遗物中还出土有“千秋万岁”铭文瓦当，尤为引人注意。这两处中间距离较远的遗址，地层一致，遗物内涵相同，可见遗址占地面积很大（因中间是街路，未发掘），不像一般居住址，而是有城址的规模和特点；再从其他遗物、遗迹的发现，也证明其中有的遗存不是一般民宅建筑与所应使用的材料，反映出具有非常明显的官府衙署的性质。由此可进一步肯定这处遗址在当时所处的地位，应是包括具有相当规格的行政建制在内的战国至汉代的重要遗存。据此提出清故宫及其南沈河公安分局遗址应是久已不为人知的候城遗址。

不久后的考古发现，证实了这一论点。1993 年 3 月在建筑东亚商业广场大楼时，在沈阳清故宫北墙外 20 米处发现有遗址，经发掘，上层为辽、金至明、清时期的堆积，下层是东西走向的城墙。挖掘取土范围显露出来城墙的长度达 150 余米，墙为夯土筑成，夯窝明显，城墙经以后两次补修，

YUE DU

悦读专刊

摆渡辽河

辽沈晚报

2021.12.22 星期三

编辑 李傲 美编 丁锐

14

老地方

“沈阳路”标识牌

沈阳故宫北墙外的中心庙位于当年候城北城墙区域

沈阳的历史，是从战国燕之候城开始的，候城是“最早的沈阳”。得出这一经得起时间检验结论的发现者，是著名考古学家冯永谦先生。他不仅发现了候城，还呼吁大力宣传候城，因为挺起候城，就是展现沈阳城古老的光阴传承，就是彰显大沈阳更为震撼的“文化自信”！

冯永谦发现“最早的沈阳”——燕候城

扑朔迷离的学界“候城寻踪”

在冯永谦先生将候城定位于今日沈阳之前，学界关于这座两千年古城地理位置的推论与猜想，可谓众说纷纭，沈阳郊区说、新民说、开原说、海城说等不一而足。

李兆洛《历代地理志韵编今释》认为：“候城，在沈阳北”。此说较为泛指，没有定点，但从其在沈阳之北，应是指在今沈阳市区之北。

汪士铎《汉志释地略》谓：“候城，承德南。”此承德为清代在沈阳所设之县，是康熙三年于今沈阳所设之奉天府治。承德南即应是指在今沈阳市区之南。

吕吴调阳《汉书地理志详释》说：“候城，今奉天府西北百里辽河滨之塔城”。此说所指有误，今新民市辽滨塔村确有古城址，但经考古调查，至今于其地未发现战国、秦、汉时期遗物，该城址为辽代之辽州，现在辽代城址与在西门外之八角十三层砖塔犹存，城址内地上地下辽代遗物很多，因此不能定此城址为候城。

杨同桂、孙宗翰《盛京疆域考》说：“候城，今开原县东南”。当时开原县设治在今开原市之老城镇，此谓开原县东南应指在今开原市老城镇之东南，若将候城定点于此，是趋北说中位置定点最明确的。

近些年出版的考古地理著作如《战国秦汉辽东辽西郡县考》认为候城即“沈阳市东南二十里古城子”，此说是近年出现的较有影响的一种新的意见；《东北历代疆域史》谓：“候城地近障塞，当在今开原东。……当时今开原东、东南及东北近塞之地均属候城县”，并又进一步阐明“订候城县治于今开原东南近塞处是合适的，因谓候城在今沈阳附近，与其近障塞不符”；最有影响的是八卷本的《中国历史地图集》，该图1964年油印本东北地图“说明书”说“今定候城于沈阳东南上伯官屯故汉城址”，1979年修改后铅印并改名为“资料汇编”，其考订候城为“今辽宁省沈阳市东南20里古城子”，至1989年正式出版《释文汇编》时，其考候城于后者定点同，由这种前后不同的变化，可见地图作者在研究过程中的反复思考而后谨慎定点的心路历程。

而上述探讨都未能确指候城的准确地理位置，说法虽五花八门，却使“候城定位”越探越谜，成了一段令人望眼欲穿的历史悬案。

沈阳清故宫西墙接近候城西墙

候城定点今日沈阳的靠谱依据

那么，冯永谦先生是怎样力排众议，确定今日沈阳即是当年的战国燕候城呢？

首先，从文献上看，有些记载可以帮助候城定位。据《后汉书》记载，候城在西汉时属辽东郡，但在东汉时，将原属高显、候城、辽阳三县改属玄菟郡。经考证，高显县为今沈阳市东南苏家屯区魏家楼子古城址，辽阳为今沈阳市西南辽中县偏堡子古城址，候城在今沈阳市内旧城区，三城之间的距离，高显在候城南20公里，辽阳在高显西40公里，如此，则三县不仅相连、互相距离也很近，而且东距玄菟郡治新宾永陵南城址、抚顺劳动公园城址均较近、管辖便利，因此一起由辽东郡改属玄菟郡才是可能的。

东汉时，陈禅曾“为玄菟候城障尉”，按历来对障候的解释，均为近塞之地。障候应是靠近长城的城堡，因此候城距“边”应较近，但作为一个长城防御体系中的候城在什么地理位置，并非全线划一、有固定的距离，而是要视地理环境、防御需要来决定，候城虽为障候之城，却不必一定“近边”，根据考古调查发现情况看，都尉治所并非靠“边”，与长城均有一定距离，并不在“边”上，根据这种情况，若将候城置于沈阳市内，经考古调查这一地区的长城，是在开原与铁岭间东西通过的，其距离也为100余里，并不较上两都尉距“边”为远，此地又为平原区，其地理位置更觉合适。

从考古学的角度考察，近年的考古发现，为解决候城定点提供了很多令人信服的证据。将候城定点于沈阳东南，无论是上伯官屯还是古城子，近年在这一带进行过多次考古调查和发掘，还没有相应的发现。

候城定于开原东南，也存在考古方面的问题。经几十年的考古调查，不仅在开原东南，即或向南延至铁岭，向东延至西丰，至今也未发现燕、秦、汉时期的城址，并且相关遗物都很少发现。若将城址定于此地，还无法得到考古学的证明。

除文献分析外，考古调查才是最终确定候城在今沈阳市明清旧城中南部的关键证据。

冯永谦表示，首先，在沈阳市区内的明清旧城周围，发现很多战国和汉代墓葬：如在大东区新光机械厂仓库院内发现的战国墓，为土坑竖穴，其出土遗物为灰陶高柱弦纹盖豆、三足陶鼎、兽面铺首弦纹壶；又如在今大西城门外热闹路发现的战国墓，木棺木椁土坑竖穴，随葬陶器为灰陶鼎、壶、盘、匜组合。这两处墓葬是经过考古发掘的，出土陶器为仿铜器的陶礼器，这种墓葬结构和陶器形制，为典型的战国燕墓，而它所反映的墓主人身份，并不是守边的戍卒，应是当时候城内有一定地位的人。其时代前者为早，后者稍晚，约当战国燕的中、后期，这些墓葬的发现，对考证候城的年代有着重要意义。汉代墓葬，发现地点更多，在和平区南湖公园、沈河区大南边门、小南边门、滨河街道办事处、旧城内沈阳钟厂、小南门外沈阳市第八中学和大西门外沈阳市第十七中学院内以及皇姑区塔湾等地都有发现，并且是墓群，其时代则为汉至魏晋时期。这种围绕沈阳明清旧城分布的墓葬，绝不是偶然的，它说明候城就应该处在墓葬区域内的空间位置。

其次，1973年于今沈河区公安分局院内与在其北的沈阳清故宫东路十王亭院内施工，当挖至地表下八米深以后，就发现各种不同时期的文化层，由下往上分别为战国、汉、辽、金及明代，出土大量的遗物，有各种建筑材料和日用生活器具残片，表明该处是战国——汉代的居住址。所见遗物战国灰陶绳纹大板瓦，规格很大，长43厘米，宽30厘米；而汉代遗存内涵更丰富：泥质灰陶瓮、罐、盆、绳纹板瓦、筒瓦、“一刀”“半两”“五铢”“货泉”铜钱与“凸”字形夯土台基址和绳纹陶管井及绳纹砖砌筑井等，井深达现地表下10米，遗物中还出土有“千秋万岁”铭文瓦当，尤为引人注意。这两处中间距离较远的遗址，地层一致，遗物内涵相同，可见遗址占地面积很大（因中间是街路，未发掘），不像一般居住址，而是有城址的规模和特点；再从其他遗物、遗迹的发现，也证明其中有的遗存不是一般民宅建筑与所应使用的材料，反映出具有非常明显的官府衙署的性质。由此可以进一步肯定这处遗址在当时所处的地位，应是包括具有相当规格的行政建制在内的战国至汉代的重要遗存。

再次，1993年3月在建筑东亚商业广场时，在沈阳清故宫北墙外20米处发现有遗址，经发掘，上层为辽、金至明、清时期的堆积，下层是东西走向的城墙。挖掘显露出来城墙的长度达150余米，墙为夯土筑成，夯窝明显，城墙经以后两次补修，墙体加宽，城墙北面并有护城河故道，城基宽8.5米，存高近2米。在城墙遗址底面地层出土有特点明显的战国饕餮纹瓦当和绳纹板瓦、筒瓦与汉代绳纹板瓦及“五铢”钱等。从这一发现，可以确知在沈阳市区明清旧城内的地下，确实存在着一个早期战国至秦、汉时的古城址。这座城址，就应是此前尚未考定的辽东郡候城遗址。

候城位置既定，但其城址规模怎样，也是研究者所关心的一个问题。经多年研究，冯永谦勾画出一个大体轮廓：候城的北城墙，经考古发掘，在沈阳清故宫北墙外20米处作东西走向；西城墙，即在清故宫现在西墙处向南去，其位置在清代旧城小北门至小南门间作南北走向现称“正阳街”的东面，西墙南行大约在包括沈河区公安分局在内的南面东西一线折向东去；南城墙，在西城墙东折后向东延伸，在未至清旧城大北门至大南门间作南北走向现称“朝阳街”的西面；东城墙，应在朝阳街之西，因为在清故宫门前的现称“沈阳路”与其东的朝阳街相交的十字路东南角即沈阳钟厂，过去在钟厂院内发现有汉墓，这个位置当时应是城外才能埋坟，所以东城墙不能超出墓葬的范围。结合考古发现所掌握的地下遗迹遗物分布情况，可知候城就在沈河区公安分局和清故宫一带，城墙每边长度大约200米左右，即或略有出入，也不会相差太多。由此看来，候城面积不大。

依据上述考古发现，并结合文献记载，冯永谦断言，定候城于沈阳市内明清旧城的中南部，是颇为适宜的。

今日沈阳亟待强化“候城标识”

1985年12月，沈阳市志办和市历史学会联合召开了一次“沈阳建置沿革讨论会”，冯永谦先生应邀参加，会上提交《汉候城、高显考辨》一文，根据文献与考古两方面材料来进行探讨，第一次明确提出定候城于沈阳市区内旧址并以沈阳清故宫和沈河区公安分局为中心的考证意见；后在1989年出版的《东北历史地理》一书中亦采用了这一观点，即“定西汉候城县在沈阳旧城区”。

冯永谦表示，现在一提沈阳，很多人只知清朝于此定都，似乎沈阳的历史是从清朝开始的，这是严重的误读。沈阳历史的上源其实是从战国燕之候城开始的，以燕昭王指派大将秦开所建候城时间计算（约为公元前300年），沈阳迄今已有2300多年的历史了，是堪与襄平（今辽阳）比肩且早于龙城（今朝阳）的、具有鲜明中原汉文明气质的古老城市，沈阳最早是“燕城”，沈阳人最早是“燕人”。

冯永谦强烈建议，在今天的清故宫区域，应该经考古发掘展现出一段候城城墙遗迹，让沈阳人了解家乡的千年历史，增强“沈阳文化自信”，这不是一件小事，应予以足够重视。在开发盛京文化的新时代历程中，突出“候城标识”，实在是如箭在弦、迫在眉睫！

辽沈晚报主任记者 张松 文/摄

张松在《辽沈晚报》2021年12月22日整版报道冯永谦文章书影

墙体加宽，城墙北面并有护城河故道，城基宽 8.5 米，存高近 2 米。在城墙遗址地层出土有特点明显的战国饕餮纹瓦当和绳纹板瓦、筒瓦与汉代绳纹板瓦及五铢钱等。从这一发现，可以确知在沈阳市区明清旧城内的地下，确实存在着一个早期战国至秦、汉时的古城址。这座城址，就应是此前尚未考定的辽东郡候城遗址。

候城位置既定，但其城址规模怎样，也是研究者所关心的一个问题。经多年研究，冯永谦勾画出一个大体轮廓：候城的北城墙，经考古发掘，在沈阳清故宫北墙外 20 米处作东西走向；西城墙，即在清故宫现在西墙处向南去，其位置在清代旧城小北门至小南门间作南北走向现称“正阳街”的东面，包括沈河区公安分局在内；南城墙，在西城墙东折后向东延伸，位置在清旧城大南门一带；东城墙，应在朝阳街，因为在清故宫门前的现称“沈阳路”与其东的朝阳街相交的十字路东南角即沈阳钟厂，过去在钟厂院内发现有汉墓，这个位置当时应是城外才能埋坟，所以东城墙不能超出墓葬的范围。结合考古发现所掌握的地下遗迹遗物分布情况，可知候城就在沈河区公安分局和清故宫范围，城墙每边长度大约 200 米，即或略有出入，也不会相差太多。

由此看来，候城面积不大。但这样的城址在早期是很普遍的，各地所发现的燕秦汉时期的城址都大致相近，如距候城较近、而城址保存又较好并被考订为高显县的魏家楼子古城址，东西宽为 101 米，南北长为 105 米，则候城遗址在当时已不算小了，从出土遗物看应是具有相当规模的城址。

依据上述考古发现，并结合文献记载，冯永谦断言，定候城于沈阳市内明清旧城的中南部，是颇为适宜的。

今日沈阳亟待强化“候城标识”

1985 年 12 月，沈阳市地志办和市历史学会联合召开了一次“沈阳建置沿革讨论会”，冯永谦先生应邀参加，会上提交《汉候城、高显考辨》一文，是根据文献与考古两方面材料来进行探讨的，第一次明确提出定候城于沈阳市区内旧址并以沈阳清故宫和沈河区公安分局为中心的考证意见；后在 1989 年出版的《东北历史地理》一书中亦采用了这一观点，即“定西汉候城县在沈阳旧城区”。

冯永谦表示，现在一提沈阳，很多人只知清朝于此定都，似乎沈阳的历史是从清朝开始的，这是严重的误读。沈阳历史的上源其实是从战国燕之候城开始的，以燕昭王指派大将秦开所建候城时间计算（约为公元前 300 年），沈阳迄今已有 2300 多年的历史了，是堪与襄平（今辽阳）比肩且早于龙城（今朝阳）的、具有鲜明中原汉文明气质的古老城市，沈阳最早是“燕城”，沈阳人最早是“燕人”。

冯永谦强烈建议，在今天的清故宫区域，应该经考古发掘展现出一段候城城墙遗迹，让沈阳人了解家乡的千年历史，增强“沈阳文化自信”，这不是一件小事，应予以足够重视。在开发盛京文化的新时代历程中，突出“候城标识”，实在是如箭在弦、迫在眉睫！

（原载《辽沈晚报》2021 年 12 月 22 日）

新民巴图营子辽墓惊魂夜

张 松[①]

野外考古，栉风沐雨、孤独寂寞，其艰辛难以言说，且不乏风险。1956 年 10 月，在新民巴图营子辽墓的发掘中，冯永谦、张彦儒两位考古专家被成百上千吨流沙埋于墓中，于伸手不见五指的千年古墓里，熬过了难忘的惊魂一夜！回溯光阴，重忆往事，时至今日当事人冯永谦说起来心中充满无限感慨。

拉土积肥　千年辽墓现真身

巴图营子辽墓是怎样被发现的呢？当事人冯永谦回忆说，这座辽墓是在 1956 年 6 月被发现的，该辽墓所在地在当时的新民县巴图营子，巴图是满语，清代官吏的名称，营子就是村的意思。那时，这座千年古墓上已形成了一个大沙包，这一带有不少沙坨子、沙岗子、沙条子，分别称作头道岗子、二道岗子、三道岗子，此辽墓，在二道岗子的地下。当地老百姓在巴图营子村西半里地的岗子拉土积肥，新民是沙土地，拉的是沙土，挖到家里垫圈，村民从东头沙包的南面逐渐取土开挖，正好挖在墓门上边。

该辽墓发现后，先报到省里，考古队人员当时在抚顺大伙房水库发掘，没富余人手，就通知当地封存保护。待抚顺大伙房的发掘工作结束后，国庆节一过，才派冯永谦、张彦儒两人去新民发掘。

1956 年 10 月 6 日一早，二人从沈阳动身。当时的交通不便利，去新民就要过辽河的主河道巨流河，那时过辽河不像今天有铁路桥、公路桥、高速公路等多项选择，只有铁路桥，人可以在桥边步行过，但带发掘工具，就走不了了。冯永谦、张彦儒两人在沈阳雇了一辆马拉的胶皮轱辘车，走到辽河边，由大船连人带车马摆渡过去。巴图营子村在新民县（今新民市）南 30 公里处，二人到新民后，由新民县文化局接待，派文化科的一个管文物的叫王国栋的科员带他们去巴图营子村。

今天从沈阳到新民，开车走高速，也就一两个小时的事，而在 1956 年，考古专家赴新民发掘，却连辆车都没有，要坐乘最原始的马车、摆渡船，走整整一天，才能抵达县城，条件之艰苦，不是方便快捷的今天所能想象的。

---

① 张松，《辽沈晚报》主任记者。

古墓遇险　考古队员被活埋

找古墓，先要确定墓道的准确方位，辨识的办法是看土的颜色。方法是：原生土和填土不一样，原生土颜色一致，五花土因含草根、树叶、石头、瓦块及地面的腐殖土，这些成分都掺和在一起，就不如以前纯净了，必然留下较鲜明的人为痕迹，叫填土，俗称五花土。通过原生土与填土的辨别，基本就能找出墓道的入口所在了。

找准古墓位置后，冯永谦、张彦儒两人与在当地所雇民工定点开挖。他们先把地面用锹挖土取平，辽墓有墓道，一般是一个大斜坡，他们顺着墓道挖到墓底，将近两米五深，首先见到墓门，墓门封堵得很严，虽历经千年时光，难免渗进一点积土，但不多，墓室基本是空的，清理比较方便。

据冯永谦追忆，巴图营子辽墓的墓室是抹角长圆形，墓室前边有甬道，甬道两侧有两个抹角方形耳室，主室高两米五，墓室上边是穹庐式的墓顶，墓顶覆盖的沙包厚度达五米，也就是说，从墓室底到墓室外的沙包顶端，垂直高度达七米五。这意味着，在他们头顶，积压着几十吨甚至上百吨重的沙土堆，一旦顺隙砸下，后果不堪设想，但对这个潜在危险，他们却压根没有预料到，这不是大意，而且经过考虑，认为千百年墓上形成的压力已经均衡，不会坍塌了。

发掘古墓有初掘与细掘两大环节，初掘指用铁锹等工具挖通墓道，清理积土；细掘指的是用刷子、小铲子等工具，细致处理存有文物的墓室。由于当时已是深秋时节，天气转冷，冯永谦、张彦儒决定晚上加班，抓紧时间，提快进程。

一天晚上，冯永谦、张彦儒正在墓室内工作时，突然听到头顶一阵窸窸窣窣的异响，有人入室，动物走近，还是出现了什么不明情况？……两人犹豫片刻，突然醒悟判断皆误，这是墓顶沙子滑落的声音，是成吨的沙子砸下来了！这些沙子的滚动声，若在室外，响动并不大，发声沉闷，但在身处古墓内的人听来，却声如巨雷，势若奔马，加上心理作用的暗示，那真是格外的刺激与惊悚！

需要补充的是，过去冯永谦给我们讲过一件事，那是在新中国成立前他童年时期看到的情况，就是依据这种传声原理。那是伪满洲国统治东北时，在 1945 年为防盟军飞机轰炸，就用这个原理，设置了一种别具特色的“土雷达”。具体操作是：先修个大土台子，高约有六七米，里边是空的，用木头做个圆桶式的东西，直径四五米，直桶露天，不封顶。地面铺上木板，木板底下也是空的，当中放个大缸，敞口埋在土里边，派专人于内侦听。飞机一来，缸就发出声响来，然后，立刻通知外边，敌机将至，赶紧躲避、准备防空！当时他们村的警察所，采用这种简易的防空设施。别看这种土雷达粗糙，一旦飞机来，底下听得特别清楚，声音很大，其结构虽不复杂，却简单实效，易于操作。而冯永谦、张彦儒所处的情境与之大同小异，只是他们听到的不是飞机马达的轰鸣声，而是成吨沙子的滚落声，强烈的不祥预感瞬间笼罩心头：我们，要被活埋了！

“不好，上边塌了！”冯永谦大叫一声，叫起张彦儒拔腿就往外跑，但已经来不及了。说时迟那时快，只见墓顶的沙子哗哗往里掉，仅仅几秒钟的工夫，墓门外好几米长的甬道便被沙子基本填满了，好在因为下落过急，墓道狭窄，沙子的流速受阻，没再继续往墓室内涌进。当时，怕沙堆把墓顶压塌直接砸下来，冯永谦与张彦儒赶紧贴在主墓室的墙角上，好在主墓室修得还算坚固，没塌，情况虽危急，但二人总算避开了最致命的一击。

必须尽快出去！两人奋力扒沙，希望打通一条逃生之路，但沙土不像别的土，越扒越往下淌，白费力气，只有外边人发现后，出手援救才能脱险，他们二人只能等。

那时，没有手机等通信设备，这座辽墓又在巴图营子村半里地之外，两边不通信，而冯永谦与张彦儒二人晚上进墓赶工，没带手电筒，拿的是蜡烛。清理墓室时，照明用七八根蜡烛，现在墓门被堵，空气不畅，燃这么多蜡烛，只能消耗更多的氧气，二人赶紧吹掉五六根蜡烛，仅留两根，人手一根："等吧，等到天亮吧。"张彦儒叹息道。

新民巴图营子辽墓出土的荷叶式琥珀饰（冯永谦摄）

失踪一夜　村民挖出被困者

冯永谦、张彦儒晚上六点吃的饭，入墓清理时不到九点，在古墓里从遇险到恢复平静，已是深夜十二点多。两人精疲力竭，坐在古墓的黑暗中，蜡烛的萤火微微闪动，偶尔映照出刚刚清理出的满地的残木、铜壶、铁锁、铜面具、三彩瓷器与棺木中朽烂的尸骨，幽深古墓、千年寂静，透着一股说不出的神秘与诡异。墓顶哪怕有一粒细沙滚动，身在墓底的两个人都能听得清清楚楚，换常人早就心惊肉跳，但他们两人，倒还能沉得住气。事后想，也可能是当时太紧张了，紧张过度，也就忘了什么是紧张与害怕了。

冯永谦当年刚 20 岁出头，张彦儒比冯永谦大十来岁，他参加工作早，当时东北文化部博物馆处的处长王修从哈尔滨来沈阳时，他就被带到东北博物馆（今辽宁省博物馆前身），在保管部工作。两人互相鼓励，说沙堆有五米多厚，不算太高，能掉下来的沙子，可能都掉下来了，大概不会再有危险了，沉住气，别着急。而且农村吃饭早，见我们没回来，很快就会派人来寻找的……

两人都是唯物主义者，又常年搞野外考古，不信怪力乱神的事，虽身在黑暗的千年古墓内，心内亦无异样感觉，但在这么一个封闭的狭小空间里（墓室高两米五，宽四米，总面积约有二三十平方米），即便沙子进不来，时间一长，缺氧必然发生，人会窒息而死。为节约氧气，两人把手中蜡烛又灭了一根，墓室内漆黑如墨，燃着的蜡烛头有如一粒微微跳动的“光豆”，书中常讲“一灯如豆”，此时此刻，二人方知古人所言不虚。开始，两人唠闲嗑，打发时间，后来唠累了，便一声不吭，瞌睡上来了，眼皮上下直打架，却又睡不着，真是度日如年。

第二天一早，工人们来到发掘工地，发现，古墓怎么被沙子封上了？到冯永谦、张彦儒住的巴图营子村找人，房东说，他们两人一夜未归。这时，大家才知出了事，赶紧挖沙。挖了好长时间，大概挖到上午八九点钟，才挖通墓道，两人终于爬了出来。工人们见他们面便说：“哎呀，你们在墓里待了一个晚上啊！”两人接话道：“那怎么整？从里边出不来，喊你们也听不见呀！”大家相视一笑，终究虚惊一场，人没事，就是不幸中的万幸！

这个可称作“辽墓惊魂”往事的当事人之一的张彦儒先生，几年前过世了，另一位当事人冯永谦已是 85 岁的高龄，追忆往事，冯永谦自感仿佛就在昨日，情景真切，历历在目。

新民巴图营子辽墓出土的三彩釉印牡丹花海棠式长盘（冯永谦摄）

器物精美　巴图营子辽墓说道多

历经了一次生死之夜，想想不免心有余悸，不过，从这座辽墓的特殊构造与所出遗物看，则颇有价值，在冯永谦、张彦儒二人看来，这个险冒值得，有代价，但更有收获。

由于这座墓葬受到扰动，根据现存的材料，仅能知道此墓是夫妇合葬。由发现的牙齿面磨蚀痕迹看，知道死者年龄都很大，尤其男性牙齿咀嚼面的磨蚀程度更甚。由墓门封启情况看，堵门砖经过另一次拆动，这说明，墓内埋葬的尸骨当是两次葬入的。

据冯永谦介绍巴图营子辽墓的基本结构是：上边穹庐顶，不封口，留个圆洞，一般辽墓上边压一块石头，把缺口封上，此墓的特殊之处在于，封堵巴图营子辽墓墓顶的圆洞，用的不是石头，而是一盘磨，放置方法是磨的下扇放在墓顶封堵，至于磨的上扇，则放在墓室内的墓底，两扇磨盘上下相对。为何用磨的下扇封堵墓顶呢？因为下扇没有磨眼，即下料孔，可以堵死墓顶圆洞，而磨盘的上扇有下料的磨眼，所以不能用，巴图营子辽墓是发现的大量的辽墓中唯一的一座用磨盘来封堵墓室顶孔洞的辽墓。

在内部建筑上，巴图营子辽墓是先用柏木方子互相咬扣，做一个木室墙壁，犹如一个毡帐状，做好后，在外面贴着一圈木墙，再用砖砌墓室墙，两者结合紧密。今天我们看到的很多辽墓，里边木头已经朽坏，以为只有砖墙，实际上是先做木墙，然后，再在外边砌砖墙。严格讲，巴图营子辽墓最里层是木头墓，然后外面才是砖墓。

在巴图营子辽墓的尸床上，发现了大量水银（汞），这是契丹人用水银做尸体防腐剂的考古实证，由此可知，此墓主人的身份当属契丹贵族无疑。

巴图营子辽墓的出土文物比较丰富，在对墓葬的清理中，看到的出土遗物情况是：左小室出有绿釉长颈瓶和三足铁灯各一件，仍是放在原来的位置。右小室空无一物，当是被盗时取出。甬道中出有绿釉长颈瓶和白瓷大碗各一件，可能是由在小室中游移过去的。在墓门外，有脱落的铁锁，还出有黄釉碗、绿釉鸡冠壶和灰陶盆片等。主室遗物较乱，大部分完美的随葬遗物在发现后都已被当地群众取出，仅有上扇石磨未动，仍放置于墓室地上中央。墓中所出遗物有：石磨一合、绿釉长颈瓶两件、绿釉鸡冠壶两件、三彩印花海棠式长盘一件、三彩印花暖盘一件以及黄釉鼓式砚、黄釉大碗、黄釉小盆、褐釉花式口小碗、白釉大碗、白瓷花式口小碟、青白瓷暗花注壶等。墓中铜器有铜钵一件、三足铜注壶一件（黄铜制造）、铜洗一件、铜镜一件、鎏金镂孔铜冠一件、鎏金铜面具两件、鎏金铜牌一件、人物鱼舟金簪一件、银发钗一件、玉带饰版六件。

墓中的琥珀随葬品有：荷叶式琥珀饰一件、复叶式琥珀饰一件、笋状琥珀饰两件、条状琥珀饰两件、蕈（xùn）状琥珀饰两件、扁琥珀珠一件、椭圆形琥珀珠十九件、琥珀珠二十一件、竹节琥珀执柄一件等。

墓中出土的陶瓷器，一部分是本地烧造，表现了契丹族固有的特点，如鸡冠壶和高体瓷器的长颈瓶；另一部分，则是中原地区的名窑产品，如定窑（源于邢窑）的白瓷和景德镇的青白瓷（或称影青瓷）瓷器。同时，有些瓷器上有“官”字及“新官”二字的铭款，这是很重要的发现。

巴图营子辽墓出土的鎏金铜面具和铜丝手足络套，过去在其他辽代贵族墓葬中已有发现，较为少见的是，该墓的鎏金铜胸牌的牌面上刻有“智炬如来必破地狱真言”文字，这是很少有的发现。

虽然时间已过去了六十三年，但冯永谦依然清晰记得巴图营子辽墓所出的几件精美文物：如青白瓷划花注壶，是景德镇窑所出，这个壶造型优美，花纹非常精致、釉色晶莹清澈、釉厚处闪出淡淡的青色，可惜，后来在博物馆被保管人员不小心给打碎了；如三彩釉印牡丹花海棠式长盘，粗缸

辽沈晚报 12
2019.4.15 星期一 编辑 黄雪娇 美编 任兰君

摆渡辽河

新民巴图营子考古往事：辽墓惊魂夜

野外考古，栉风沐雨、孤独寂寞，其艰辛难以言说，且不乏风险。1956年10月，在新民巴图营子辽墓的发掘中，张彦儒、冯永谦两位考古专家被成吨流沙埋于墓中，于伸手不见五指的千年古墓中，熬过了难忘的惊魂一夜！回溯光阴，重忆往事，当事人心中充满无限感慨。

拉土积肥 千年辽墓现真身

巴图营子辽墓是怎样被发现的呢？当事人冯永谦回忆说，这座辽墓是在1956年6月被发现的，该辽墓所在地在当时的新民县，巴图是满语，清代官吏的名称，营子就是村的意思。那时，这座千年古墓上已形成了一个大沙包，这一带有不少沙坨子、沙岗子、沙条子，分别称作头道岗子、二道岗子、三道岗子，此辽墓，在二道岗子的地下。当地老百姓在巴图营子村西半里地拉土积肥，新民是沙土地，拉的是沙土，挖到家里垫圈，村民从东头沙包的南面逐渐取沙开挖，正好挖在墓门上边。

该辽墓发现后，先报到省里，考古队人员当时在抚顺大伙房水库发掘，没富余人手，就通知当地封存保护。待抚顺大伙房的发掘工作结束后，国庆节一过，才派张彦儒与冯永谦两人去新民发掘。

1956年10月6日一早，二人从沈阳动身。当时的交通不便利，去新民就要过辽河的主河道巨流河，那时过辽河不像今天有铁路桥、公路桥、高速公路等多项选择，只有铁路桥，人可以过，但带发掘工具，就走不了了。张彦儒、冯永谦两人在沈阳雇了一辆马拉的胶皮轱辘车，走到辽河边，由大船连人带马摆渡过去。巴图营子村在新民县（今新民市）南30公里处，二人到新民后，由新民县文化局接待，派文化科的一个管文物的叫王国栋的科员带他们去巴图营子村。

今天从沈阳到新民，开车走高速，也就一两个小时的事，而在1956年，考古专家赴新民发掘，却连辆车都没有，要坐乘最原始的马车、摆渡船，走整整一天，才能抵达目的地，条件之艰苦，不是方便快捷的今天所能想象的。

古墓遇险 考古队员被活埋身

找古墓，先要确定墓道的准确方位，辨识的办法是看土的颜色。方法是：原生土和填土不一样，原生土颜色一致，五花土因含草根、树叶、石头、瓦块及地面的腐殖土，这些成分都掺和在一起，就不如以前纯净了，必然留下较鲜明的人为痕迹，叫填土，俗称五花土。通过原生土与填土的辨别，基本就能找出墓道的入口所在了

找准古墓位置后，张彦儒、冯永谦两人与所雇民工定点开挖。他们先把地面搓平，辽墓有墓道，一般是一个大斜坡，他们顺着墓道挖到墓底，将近两米五深，首先见到墓门，墓门封堵得很严，虽历经千年时光，难免渗进一点积土，但不多，墓室基本是空的，清理比较方便。

据冯永谦追忆，巴图营子辽墓的墓室是抹角长圆形，墓室前边有甬道，甬道两侧有两个抹角方形耳室，主室高两米五，墓室上边是穹庐式的墓顶，墓顶覆盖的沙包厚度达五米，也就是说，从墓室底到墓室外的沙包顶端，垂直高度达七米五。这意味着，在他们头顶，积压着几十吨甚至上百吨重的沙土堆，一旦顺隙砸下，

巴图营子辽墓出土的精美文物。 **冯永谦 摄**

后果不堪设想，但对这个潜在危险，他们却压根没有预料到，这不是大意，而且缺乏经验所致。

发掘古墓有初掘与细掘两大环节，初掘指用铁锹等工具挖通墓道，清理积土；细掘指的是用刷子、小铲子等工具，细致处理存有文物的墓室。由于当时已是深秋时节，天气转冷，张彦儒、冯永谦决定晚上加班，抓紧时间，提快进程。

一天晚上，张彦儒、冯永谦正在墓室内工作时，突然听到头顶一阵窸窸窣窣的“异响”，有人入室？动物走近？还是出现了什么不明情况？……两人犹豫片刻，突然醒悟判断皆误，这是墓顶沙子滑落的声音，是成吨的沙子，砸下来了！这些沙子的滚动声，若在室外，响动并不大，发声沉闷，但在身处古墓内的人听来，却声如巨雷，势若奔马，加上心理作用的暗示，那真是格外的刺激与惊悚！

需要补充的是，依据这种传声原理，伪满洲国统治东北时，为防盟军飞机轰炸，还照葫芦画瓢，设置了一种别具特色的“土雷达”。具体操作是：先修个大土台子，高约有六七米，里边是空的，用木头做个圆桶式的东西，直径四五米，直桶露天，不封顶。地面铺上木板，木板底下也是空的，当中放个大缸，埋在土的里边，派专人于内侦听。飞机一来，缸就发出巨大的声响来，然后，立刻通知外边，敌机将至，赶紧躲避、准备防空！当时伪满洲国所设的地方派出所，多采用这种简易的防空设施。别看这种土雷达粗糙，一旦飞机来，底下听得特别清楚，声音非常大，其结构虽不复杂，却简单实效，易于操作。而张彦儒、冯永谦所处的情境与之大同小异，只是他们听到的不是飞机马达的轰鸣声，而是成吨沙子的滚落声，强烈的不祥预感瞬间笼罩心头：我们要被活埋了！

“不好，上边塌了！”冯永谦大叫一声，拔腿就往外跑，但已经来不及了。说时迟那时快，只见墓顶的沙子哗哗往里掉，仅仅几分钟的工夫，墓门外好几米长的甬道便被沙子基本填满了，好在因为下落过急，甬道狭窄，沙子的流速受阻，没再继续往墓室内涌进。当时，怕沙堆把墓顶压塌直接砸下来，张彦儒与冯永谦赶紧贴在主墓室的墙角上，好在主墓室修得还算坚固，没塌，情况虽危急，但二人总算避开了最致命的一击。

必须尽快出去！两人奋力挖沙，希望打通一条逃生之路，但沙土不像别的土，越扒越往下淌，白费力气，只有外边人发现后，出手援救才能脱险，他们二人，只能等。

那时，没有手机等通讯设备，这座辽墓又在巴图营子村半里地之外，两边不通信，而张彦儒与冯永谦二人晚上进墓赶工，没带手电筒，拿的是蜡烛。清理墓室时，照明用七八根蜡烛，现在墓门被堵，空气不畅，燃这么多蜡烛，只能消耗更多的氧气，二人赶紧吹掉五六根蜡烛，仅留两根，人手一根，“等吧，等到天亮吧。”张彦儒叹息道。

失踪一夜 村民挖出被困者

张彦儒、冯永谦晚上六点吃的饭，入墓清理时不到八点，在古墓里从遇险到恢复平静，已是深夜十二点多。两人精疲力竭，坐在古墓的黑暗中，蜡烛的萤火微微闪动，偶尔映照出刚刚清理出的满地的残木、铜壶、铁锁、铜面具、三彩瓷器与棺木中朽烂的尸骨，幽深古墓、千年寂静，透着一股说不出的神秘与诡异。墓顶哪怕有一粒细沙滚动，身在墓底的两个人都能听得清清楚楚，换常人早就心惊肉跳，但他们两人，倒还能沉得住气。事后想，也可能是当时太紧张了，紧张过度，也就忘了什么是紧张与害怕了。

冯永谦当年二十岁刚出头，张彦儒比冯永谦大十来岁，他参加革命早，是随当时东北文化部博物馆处的处长王修从哈尔滨来沈阳的，是从伪满政权手中接收东北博物馆（今辽宁省博物馆前身）的人员之一。两人互相鼓励，说五米沙堆不算太高，能掉下来的沙子，可能都掉下来了，大概不会再有危险了，沉住气，别着急。而且农村吃饭早，见我们没回来，很快就会派人来寻找的……

两人都是唯物主义者，又常年搞野外考古，不信怪力乱神的事，虽身在黑暗的千年古墓内，心内亦无异样感觉，但在这么一个封闭的狭小空间里（墓室高2.5米、宽4米，总面积约有二三十平方米），即便沙子进不来，时间一长，缺氧必然发生，人会窒息而死。为节约氧气，两人把手中蜡烛又灭了一根，墓室内漆黑如墨，燃着的蜡烛头有如一粒微微跳动的“光豆”，书中常讲“一灯如豆”，此时此刻，二人方知古人所言不虚。开始，两人唠闲嗑，打发时间，后来唠累了，便一声不吭，瞌睡上来了，眼皮上下直打架，却又睡不着，真是度日如年。

第二天一早，工人们来到发掘工地，发现古墓怎么被沙子封上了？到张彦儒、冯永谦住的巴图营子村找人，房东说，他们两人一夜未归，这时，大家才知出了事，赶紧挖沙。挖了好长时间，大概挖到上午八九点钟，才挖通墓道，两人终于爬了出来。工人们见他们面便说：“哎呀，你们在墓里待了一个晚上啊！”两人接话道：“那怎么整？从里边出不来，喊你们也听不见呢！”大家相视一笑，终究虚惊一场，人没事，就是不幸中的万幸。

这个可称作“辽墓惊魂”往事的当事人之一的张彦儒先生，几年前过世了，另一位当事人冯永谦已是85岁高龄，追忆往事，冯永谦自感仿佛就在昨日，情景真切，历历在目。

器物精美 巴图营子辽墓说道多

历经了一次生死之夜，想想不免心有余悸，不过，从这座辽墓的特殊构造与所出遗物看，则颇有价值，在张彦儒、冯永谦二人看来，这个险冒得值、有代价，但更有收获。

由于这座墓葬受到扰动，根据现存的材料，仅能知道此墓是夫妇合葬。由发现的牙齿面磨蚀痕迹看，知道死者年龄都很大，尤其男性牙齿咀嚼面的磨蚀程度更甚。由墓门封启情况看，堵门砖经过另一次拆动，这说明，墓内埋葬的尸骨当是两次葬入的。

巴图营子辽墓的基本结构是：上边穹庐顶，不封口，留个圆洞，上边压一块石头，把缺口封上，特殊之处在于，封堵巴图营子辽墓墓顶的圆洞，用的不是石头，是磨盘，而且是磨盘的下扇，至于磨盘的上扇，则留在墓室底，两片磨盘上下相对。为何用磨盘的下扇封顶呢？因为下扇没有眼，可以堵死墓顶圆洞，而磨盘上扇有下料的眼，所以没用，巴图营子辽墓是唯一用磨盘的下扇来封堵墓室顶洞的辽墓。

在内部建筑上，巴图营子辽墓是先用柏木方子互相咬扣，做一个木墙，做好后，贴着一圈木墙，再砌砖墙。今天我们看很多辽墓，里边木头已经朽坏，以为是砖墙，实际上先砌木墙，然后，在外边砌砖墙。严格讲，巴图营子辽墓最里边是木头墓，然后才是砖墓。

在巴图营子辽墓的尸床上，发现了大量水银（汞），这是契丹人用水银做尸体防腐剂的考古实证，由此可知，此墓主人的身份当属契丹贵族无疑。

巴图营子辽墓的出土文物比较丰富，墓中铜器有铜钵1件、三足铜注壶1件（黄铜铸造）、铜洗1件、铜镜1件、鎏金镂孔铜冠1件、鎏金铜面具2件、鎏金铜牌1件、人物鱼舟金簪1件、银发钗1件、玉版6件。

墓中的琥珀随葬品有：荷叶式琥珀饰1件、复叶式琥珀饰1件、笋状琥珀饰2件、条状琥珀饰2件、蕈（xùn）状琥珀饰2件、扁琥珀珠1件、椭圆形琥珀珠19件、琥珀珠21件、竹节琥珀执柄1件等。

墓中出土的陶瓷器，一部分是本地烧造，表现了契丹族固有的特点，如鸡冠壶和高体瓷器的长颈瓶；另一部分，则是中原地区的名窑产品，如定窑（源于邢窑）的白瓷和景德镇的青瓷（或称影青）瓷器。同时，有些瓷器上有“官”字及“新官”二字的铭款，这是很重要的发现。

巴图营子辽墓出土的鎏金铜面具和铜丝手足络套，过去在其他辽代贵族墓葬中已有发现，较为少见的是，该墓的鎏金铜胸牌的牌面上刻有“智矩如来必破地狱真言”十个字，这是很少有的发现。

虽然时间已过去了63年，但冯永谦依然清晰记得巴图营子辽墓所出土的几件精美文物：如青白瓷划花注壶，是景德镇窑所出，这个壶造型优美，花纹非常精致、釉色晶莹清澈、釉厚处闪出淡淡的青色，可惜，后来被保管人员不小心给打碎了；如三彩釉印牡丹花海棠式长盘，粗缸胎，黄白衣，挂白陶衣，施黄、白、绿三色釉，釉面有细微冰裂纹，黄釉施外壁，近底处无釉，盘沿蕃草纹绿釉。内底白釉，牡丹花黄釉，枝叶绿釉，花两侧对飞双蝶，三色兼施，口沿有支垫痕；如船形金耳饰，体中空，两页合成，舟作鱼形，上有六角亭一座，亭两侧各有三人，笑谑神情，形态不一，生动逼真；又如复叶式琥珀饰、荷花式琥珀饰，非常晶莹，红得透明，十分少见……

这些文物，如今被置于博物馆内供人参观，除了珍贵的文物价值外，它们还见证了新中国考古专家们的忘我付出，刻录下一段令人难忘的激情岁月！

辽沈晚报、聊沈客户端主任记者 张松

张松在《辽沈晚报》2019年4月15日整版报道冯永谦文章书影

胎，黄白色，挂白陶衣，施黄、白、绿三色釉，釉面有细微冰裂纹，黄釉施外壁，近底处无釉，盘沿蕃草纹绿釉，内底白釉，牡丹花黄釉，枝叶绿釉，花两侧对飞双蝶，三色兼施，口沿有支钉痕；如船形人物金耳饰，体中空，两页合成，舟作鱼形，上有六角亭一座，亭两侧各有三人，笑谑神情，形态不一，生动逼真；又如复叶式琥珀饰、荷花式琥珀饰，非常晶莹，红得透明，十分少见……

这些文物，如今被置于辽宁省博物馆内供人参观，除了珍贵的文物价值外，它们还见证了新中国考古专家们的忘我付出，刻录下一段令人难忘的激情岁月！

（原载《辽沈晚报》2019 年 4 月 15 日）

考古学家冯永谦的“非考古人生”

——兼说八旬高龄冯永谦的“养生之道”

张　松[1]

冯永谦，1935 年 12 月生，辽宁沈阳人，辽宁省文物考古研究院研究员，中国考古学会会员，中国古陶瓷学会会员，中国民族史学会理事，中国长城学会理事，从事文物考古调查、发掘和研究长达六十余年，至今活跃在考古一线上。其研究方向为：中国考古学、历史地理、古代陶瓷、历代长城、古代玉器、古代铁器等；发表论文二百多篇，出版专著二十余部，有《东北考古研究》《北方史地研究》《东北历史地理》《辽宁古长城》《中国陶瓷全集·辽西夏金卷》《法库县文物志》《营口市文物志》《灯塔市历史与文化》《辽阳壁画墓》《东北古代长城考古调查与研究》等，主编书刊多种，有《中国考古集成》《东北亚研究丛书》《辽海文物学刊》等。

冯永谦是目前东北考古界健在的元老级人物，而今遐迩闻名的丹东虎山长城、绥中九门口长城就是他主持发掘的。冯永谦考古六十余年，著作等身，声名卓著，他的传奇生平与治学精神，令人钦佩。鲜为人知的是，其养生之道、书法艺术、摄影专长、广博涉猎、鉴赏真功，林林总总所构成的“非考古人生”同样精彩，较之其沉厚术业，竟然一点也不逊色。

粗茶淡饭养身心　人送雅号“冯长寿”

今年已是 85 岁高龄的冯永谦，除了耳朵有点背，牙齿略松动外，身心康健，无病无灾，他从不吃任何保健品，到医院体检，医生每每感叹道：“您是八十岁的年龄，四十岁的心脏啊！”平素遇见老熟人，对方见面就夸：“真羡慕您这身体，怪不得都称您为‘冯长寿’呢！”……案头治学熬神，野外考古伤身，与冯永谦同辈分的业内专家，不少人已撒手人寰，健在者也多半老迈多病，足不出户了，冯永谦有何独到之养生学，助其健康长寿呢？他开出的“妙方”平淡无奇，可归纳为七个字：粗茶淡饭亦养人。

冯永谦的父亲冯德明曾是沈北地区医术精湛的名医，他没让儿子接班，冯永谦虽未走上从医之路，但受父亲影响，耳濡目染，从小就会抓药、背《汤头歌》，一些用药名、药性编成的顺口溜，张

① 张松，《辽沈晚报》主任记者。

口就来，他的养生学里就含着一些古老的医学理论。

所谓“药补不如食补”，这一日三餐究竟该吃什么，怎样吃才算是营养健康？冯永谦的食谱是这样安排的：每天煮饭的食材用九种米，分别为红小豆、大米、黑米、红米、高粱米、苞米馇、薏仁米、荞麦米、小米。这种搭配是有说道的：红小豆，利水；薏仁米，去湿；小米，暖胃；荞麦米，可以控制血糖……

熬煮这九种米时，下锅是分先后的：用高压锅做饭，先煮红小豆、苞米馇、高粱米、薏仁米，因为较难煮、不易熟；其余几种米，因为易熟，后下，这样一来，九种米煮熟的时间便是一致的。先煮的时候，水要多一些，以免煳锅，再下米时，水跟米面高出一手指即可。焖好饭后，不要急于放气，等气散尽再开锅，这样煮出来的米，软烂却不稀，正是适口的干饭。

冯永谦与老伴每天至少喝两顿豆浆，用五种豆子：黄豆、青豆、黑豆、豌豆、花生豆，“豆子里含有大量人体所需的植物蛋白、微量元素，如黄豆里含有异黄酮，对人体健康有益，将五种豆子一起煮熬，营养齐全”。除五豆外，还加核桃、枸杞子。豆浆机使用坏了随时换，现在已是破壁的了。冯永谦说，这种煮出的饭与熬制的豆浆，对人健康非常有好处，他这种吃法，已经坚持了四十多年，他和老伴均已年近九十，身无疾患，健步行走，当是因此受益为多。

冯永谦喜欢吃蔬菜，芸豆、豇豆、四季豆、茄子、圆葱、白菜、青椒、各种萝卜（青萝卜、白萝卜、红萝卜、胡萝卜），特别喜欢吃清炒西红柿，不加糖，少放鸡蛋，从小就爱吃。在冯永谦看来，西红柿的营养价值非常高，无论生吃或熟吃，对任何人都适宜。除西红柿外，冯永谦还爱吃木耳与蘑菇等食物。

冯永谦反对每天吃大鱼大肉，认为不符合养生学，吃鱼肉要适量，一周吃一两次即可。他从不吸烟，聚餐很少喝酒，实在推不过，也仅以一小杯葡萄酒或啤酒为限。

冯永谦表示，饭后一小时内不要喝水，不要吃水果，因为那样会冲淡胃液，不利食物消化，影响营养吸收。

言及健身之道，冯永谦建议大家不要刻意锻炼，“现在不少人喜欢起早贪晚的长跑、暴走，没有必要。我每天坚持走路散步，因为走路是匀速运动，四肢、内脏都能得到锻炼。我以前搞考古调查，每天走几十里路，现在年纪大了，在市内，不着急的话，三站五站地不坐车，直接走过去，走路，是最好的锻炼”。

嗜书如命　看过百部武侠小说

冯永谦七岁上学，念了七年私塾，中国的古代经典几乎被他读遍了。一开始，他读《三字经》《百家姓》《庄农杂志》《千字文》《明贤集》《孝经》《朱子治家格言》，然后是《大学》《中庸》《孟子》《论语》，以后又念了《千家诗》《唐诗三百首》《古文观止》《幼学琼林》《东莱博议》……对这些文化经典，冯永谦到现在仍能背诵如流，“《三字经》，‘人之初，性本善’；《庄农杂志》，‘南北大炕，书桌摆上’；《朱子治家格言》，‘黎明即起，洒扫庭除，要内外整洁。即昏便息，关锁门户，必亲自检点’；《千字文》，‘天地玄黄，宇宙洪荒，日月盈仄，陈宿列章’；《明贤集》，但行好事，

2018 年 6 月，85 岁高龄的冯永谦（左一）赴高海拔的青海省考察神秘的吐谷浑王国（戴苗苗摄）

莫问前程，与人方便，自己方便。良言一句三冬暖，恶语伤人六月寒……"

除了这些圣贤经典外，冯永谦还读了很多"杂书"，他很早就读过《东周列国志》《隋唐演义》，这两本书使他对中国历史产生了浓厚兴趣。1954 年 3 月，冯永谦在考古训练班时买了一本陈穉（zhì）常所写的《中国上古史演义》，此书生动再现了原始人的生活状态，这之后，他又看了裴文中的《北京周口店中国猿人》考古报告，结合那本生动小说，使他对中华上古史有了一个全新的理解与认知。

冯永谦读书涉猎甚广，中国的二十四史、四大名著、冯梦龙与凌濛初的《三言二拍》、蒲松龄的《聊斋志异》、汤显祖的《牡丹亭》、孔尚任的《桃花扇》、张鷟（zhuó）的《游仙窟》、干宝的《搜神记》……连魏晋之后的历代笔记小说，唐宋人的"传奇"，他基本都看过，现在家里尚存百十本这种小说。冯永谦有两个版本的鲁迅全集，他特别喜欢鲁迅的杂文。冯永谦看过的其他小说，也是内容庞杂，在此不能尽述，下面仅从大的方面再略举几例说明。

冯永谦看过大量的外国小说，高尔基的三部曲（《童年》《在人间》《我的大学》）、托尔斯泰的《战争与和平》、屠格涅夫的《猎人笔记》、肖洛霍夫的《静静的顿河》、法捷耶夫的《毁灭》、歌德的《少年维特之烦恼》、小仲马的《茶花女》、大仲马的《基督山伯爵》、海明威的《老人与海》、乔叟的《坎特伯雷故事集》、上海朱生豪翻译的《莎士比亚戏剧全集》，等等。

值得一提的是，冯永谦还读过几百部武侠小说，除了大家熟知的金庸、梁羽生、古龙等现代人所写的新派武侠小说外，他还读过旧派武侠小说大师郑证因的《鹰爪王》、向恺然（化名平江不肖生）的《江湖奇侠传》、李寿民（化名还珠楼主）的《蜀山剑侠传》《长眉真人传》《峨眉七矮》《青城十九侠》《云海争奇记》《边塞英雄谱》《蛮荒侠隐》《柳湖侠隐》《兵书峡》《龙山四友》《大侠狄龙子》以及后来出版的《杜甫》《岳飞传》《剧孟》《十五贯等》等，仅李寿民的武侠小说，四十多部他都看过了。还有好多好多其他武侠小说。

冯永谦读这些书，抓边角料时间，早起点，晚睡点，中午不睡午觉，抽出时间读书。平时坐车读书，出差的空隙时间、雨天没事干的时候读书，每次出门都带着预备好的多种心仪的中外小说、诗词书等，读书不倦。在冯永谦看来，这种广泛的阅读给了他无穷的知识滋养，极大地拓宽了他的眼界，使他看到了考古业务之外更广阔、更灿烂的大千世界，所谓开卷有益，确实所言不虚。

他师从前贤　是考古界的书法家

在辽宁文博界，有两人的书法值得称道，一是李仲元，二是冯永谦。冯永谦以辽金史学著称，实际他对历代考古都有过研究。但了解他的人都知道，冯老的书法很不错，其墨宝值得收藏。

私塾出身的冯永谦，从小受传统文化熏陶，字就写得好，其功力的突飞猛进，则是在进入文物队工作后在东北博物馆的岁月里。

那时，他周围有不少善书之人，如博物馆保管部的保管员郭文宣的钢笔字写得好；齐白石老师胡沁园的孙子胡文效的毛笔字令人赏心悦目；齐白石的三儿子齐子如家学深厚，自己本身就是书画家；冯永谦的老师李文信，写汉隶，乃一绝；至于大名鼎鼎、善写魏碑的沈延毅先生，更是与冯永谦朝夕见面……用现在话讲，与这些高手相处，水平就是熏，都熏出来了。

八旬高龄的冯永谦登上险峻的医巫闾山望海峰顶（张松摄）

冯永谦考古调查绥中古长城时发现一条蛇蜕（张松摄）

不仅向高手学，冯永谦还注意临帖、摹写，其书法摹本的等级相当高，多为王羲之家族《万岁通天帖》之类的世间绝品。

因为在博物馆工作，接触历代收藏的书画珍品十分方便，冯永谦经常利用休息时间，在陈列展厅里欣赏这些传世之作，近距离临摹誊写，受益匪浅。他喜欢柳公权、欧阳询的字，认为只有先写好楷书，出手一笔娟秀小字，才能更好领会真草隶篆的书境真谛，而借写字养性练气，颇利于书写者心境平和，泰然处世。

懂鉴赏不搞收藏　真假之物都要看

冯永谦的文物鉴赏水平很高，是从工作以后就注重器物学，下过一些苦功夫，读中外艺术论的书，更看考古发现的书，尤其是天天有文物过手，熟记其特点，因此他写了很多这方面的文章，出版大部头的专著有《红山文化玉器与新品鉴考》《中国陶瓷全集·辽西夏金卷》《辽代铁器考古研究》等，即此可见其功力。冯永谦有一句口头禅，经常说："应知道的，都应知道。艺不压身，而且方便自己。"他说的话，真是至理名言。对这些他自己不当回事，外界对他可了解啦，一些对历史、考古感兴趣的人接近他，他从不拒绝；尤其是那些收藏爱好者，经常拿出自己的珍爱之物，请他辨真假、断年代、评价值、阐原委，他都欣然接受，为其详细说明；但有些电视台曾邀请他做鉴宝节目，请他做评委，他却予以婉拒，他说："人本来是要过安定的日子，何必在这个地方露面去'出名'呢。"冯永谦有其特性，他给别人鉴定文物时，都是"白看"，从不收取什么费用，他常说："鉴定有什么，举手之劳，在他看来重要，在你实际是没什么，你看过后交个朋友，不比什么都好么！”因此，他看东西时，没有顾虑和负担，净说真话，没有隐瞒，这样大家更愿意找他看。我在以前采访冯永谦时，曾问过收藏，他回忆说，在年轻时刚走上考古之路，国家文物局的领导就语重心长地告诫他们这些新人：搞考古文博的业内人士，不能搞收藏！这句话，他至今铭记在心。而今的文物市场鱼龙混杂，真假都有，而造假也大有人在，因此确实需要鉴定。帮人甄别真伪，提高判断力，从而丰富阅历与学识，冯永谦乐意从命，但若涉及复杂的利益纠葛、是非缠乱，则当退身远避，万不可盲目入局。

冯永谦的考古生涯长达六十余年，发掘过无数墓葬、遗址，又处在博物馆的环境中，所见文物数以万计，即便这样，他还是感觉远远不够。他经常深入各地文物人集、古玩店、现代的玉器作坊、新窑工厂，仔细看各种民间文物与新仿品，甚至自己花钱买一些明显假货，来研究其形成新品的特点，了解制造过程。冯永谦认为，搞文物鉴定，必须真假均知，光知真的不行，还要看假的，这样才能对错了然，如果有收藏者问你，方能给他们一个可靠的实质性答复。

冯永谦还是“资深摄影迷”

冯永谦喜欢摄影，他电脑里储存的各种考古图片、风景图片、生活照，超过十万张！退休后，他到处拍片，现在用到第四个数码相机。他图片库中存留的相片，不少具有珍贵的历史价值，甚至可以

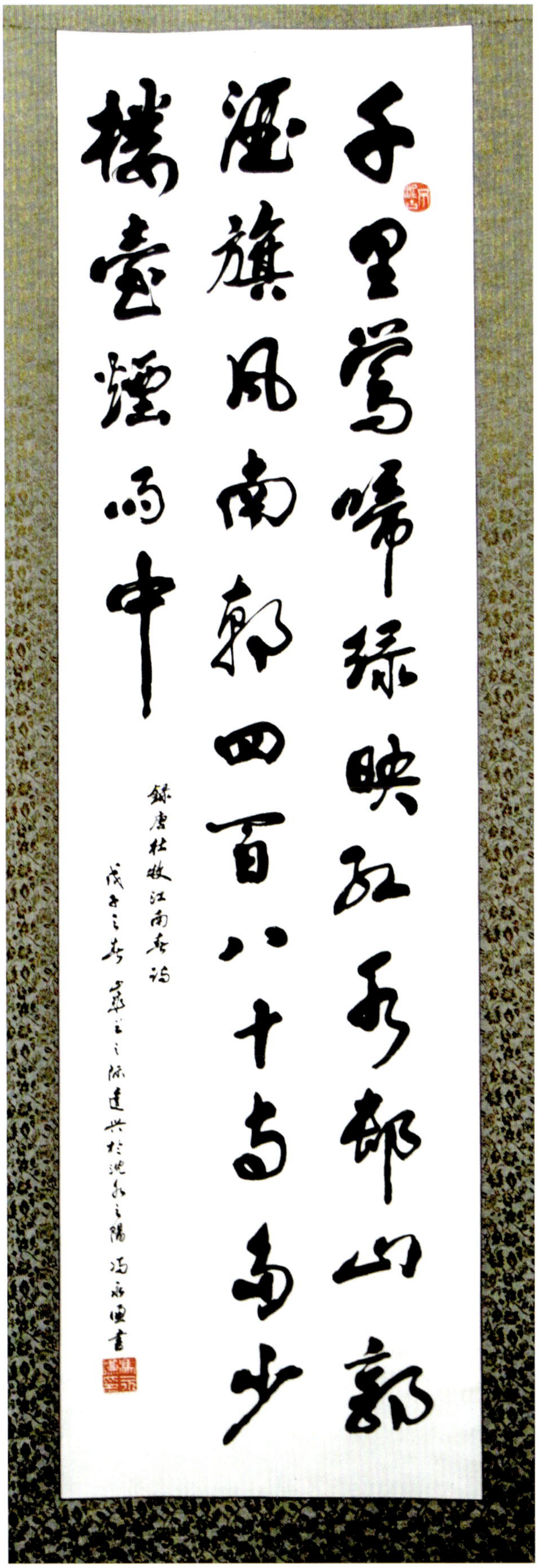

冯永谦书 杜牧《江南春》诗立幅

11 | 文化新闻 微信:lswbwx 辽沈晚报 2019.4.22 星期一 编辑 黄雪娇 美编 王晨同

考古学家冯永谦的“非考古人生”

▶特寻坊④

冯永谦是目前东北考古界健在的元老级人物，而今遐迩闻名的丹东虎山长城、绥中九门口长城就是他主持发掘的。冯永谦考古60余年，著作等身，声名卓著，他的传奇生平与治学精神，令人钦佩。鲜为人知的是，其养生之道、书法艺术、摄影专长、广博涉猎、鉴赏真功，林林总总所构成的“非考古人生”同样精彩，较之其沉厚术业，竟然一点也不逊色。

人物简介：

冯永谦，1935年12月生，辽宁沈阳人，辽宁省文物考古研究所研究员，中国考古学会会员，中国古陶瓷研究会会员，中国民族史学会会员，中国长城学会理事，从事文物考古调查、发掘和研究长达60余年，至今活跃在考古一线上。其研究方向为：中国考古学、历史地理、古代陶瓷、历代长城；代表作品有：《东北考古研究》、《北方史地研究》、《东北历史地理》、《辽宁古长城》等。

粗茶淡饭养身心 人送雅号“冯长寿”

今年已是85岁高龄的冯永谦，除了耳朵有点背，牙齿略松动外，身心康健，无病无灾，他从不吃任何保健品，到医院体检，医生每每感叹道：“您是八十岁的年龄，四十岁的心脏啊！”；平素遇见老熟人，对方见面就夸：“真羡慕您这身体，怪不得都称您为‘冯长寿’呢！”……案头治学熬神，野外考古伤身，与冯永谦同辈分的业内专家，不少人已撒手人寰，健在者也多半老迈多病，足不出户了，冯永谦有何独到之养生学，助其健康长寿呢？他开出的“妙方”平淡无奇，可归纳为七个字：粗茶淡饭亦养人。

冯永谦的父亲冯德明曾是沈北地区医术精湛的名医，他没让儿子接班，冯永谦虽未走上从医之路，但受父亲影响，耳濡目染，从小就会就会抓药、背《汤头歌》，一些用药名、药性编成的顺口溜，张口就来，他的养生学里就含着一些古老的医学理论。

所谓“药补不如食补”，这一日三餐究竟该吃什么，怎样吃，才算是营养健康？冯永谦的食谱是这样安排的：每天煮饭的食材用九种米，分别为：红小豆、大米、黑米、红米、高粱米、苞米馇(chā)、薏(yì)仁米、荞麦米、小米。这种搭配是有说道的：红小豆，利水；薏仁米，去湿；小米，暖胃；荞麦米，可以控制血糖……

熬煮这九种米时，下锅是分先后的：先用高压锅煮红小豆、苞米馇、高粱米、薏仁米，因为较难煮、不易熟；其余几种米，因为易熟，后下，这样一来，九种米煮熟的时间便是一致的。先煮的时候，水要比米高，再下米时，水跟米面持平或高出一点即可。焖好饭后，不要急于放气，等气散尽再开锅，这样煮出来的米，软烂却不稀，正是适口的干饭。

冯永谦与老伴每天至少喝两顿豆浆，用五种豆子：黄豆、青豆、黑豆、豌豆、花生豆，“豆子里含有大量人体所需的植物蛋白、微量元素，如黄豆里含有异黄酮，对人体健康有益，将五种豆子一起煮熬，营养齐全。”冯永谦说，这种煮饭与熬豆浆的吃法，他已坚持30来年，受益颇多。

冯永谦喜欢吃蔬菜，芸豆、豇豆、四季豆、茄子、圆葱、白菜、青椒、各种萝卜(青萝卜、白萝卜、红萝卜、胡萝卜)，特别喜欢吃清炒西红柿，不加糖，少放鸡蛋，从小就爱吃。在冯永谦看来，西红柿的营养价值非常高，无论生吃或熟吃，对任何人都适宜。除西红柿外，冯永谦还爱吃枸杞、木耳与蘑菇等食物。

冯永谦反对每天吃大鱼大肉，认为不符合养生学，吃鱼肉要适量，一周吃一两次即可。他从不吸烟，聚餐很少喝酒，实在推不过，也仅以一小杯葡萄酒或啤酒为限。

冯永谦表示，饭后一小时内不要喝水，不要吃水果，因为那样会冲淡胃液，不利食物消化，影响营养吸收。

言及健身之道，冯永谦建议大家不要刻意锻炼，“现在不少人喜欢起早贪晚的长跑、暴走，没有必要。我每天坚持走路散步，因为走路是匀速运动，四肢、内脏都能得到锻炼。我以前搞考古调查，每天走几十里路，现在年纪大了，在市内、不着急的话，三站五站地不坐车，直接走过去，走路，是最好的锻炼。”

嗜书如命 看过百部武侠小说

冯永谦五岁上学，念了七年私塾，中国的古代经典几乎被他读遍了。一开始，他读《三字经》《百家姓》《庄农杂志》《千字文》《明贤集》《孝经》《朱子治家格言》，然后是《大学》《中庸》《孟子》《论语》，以后又念了《千家诗》《唐诗三百首》《古文观止》《幼学琼林》《东莱博议》……对这些文化经典，冯永谦到现在仍能倒背如流，“《三字经》，‘人之初，性本善’；《庄农杂志》，‘南北大炕，书桌摆上’；《朱子治家格言》，‘黎明即起，洒扫庭除，要内外整洁。即昏便息，关锁门户，必亲自检点。’；《千字文》，‘天地玄黄，宇宙洪荒，日月盈仄，陈宿列章。’；《明贤集》，但行好事，莫问前程，与人方便，自己方便。良言一句三冬暖，恶语伤人六月寒……”

除了这些圣贤经典外，冯永谦还读了很多“杂书”，他很早就读过《东周列国志》、《隋唐演义》，这两本书，使他对中国历史产生了浓厚兴趣。1954年3月，冯永谦在考古训练班时读了一本陈穉(zhì)常所写的《中国上古史演义》，此书生动再现了原始人的生活状态，这之后，他又看了裴文中的《北京周口店中国猿人》考古报告，结合那本生动小说，使他对中华上古史有了一个全新的理解与认知。

冯永谦读书涉猎甚广，中国的二十四史、四大名著、蒲松龄的《聊斋志异、》、冯梦龙与凌濛初的《三言二拍》、汤显祖的《牡丹亭》、孔尚任的《桃花扇》、张鷟(zhuó)的《游仙窟》、干宝的《搜神记》……连魏晋之后的历代笔记小说，他基本都通读过，现在家里尚存几十本。冯永谦有两个版本的鲁迅全集，他特别喜欢鲁迅的杂文。

冯永谦看过大量的外国的小说，高尔基的三部曲(《童年》《在人间》《我的大学》)、托尔斯泰的《战争与和平》、屠格涅夫的《猎人笔记》、肖洛霍夫的《静静的顿河》、法捷耶夫的《毁灭》、歌德的《少年维特之烦恼》、小仲马的《茶花女》、大仲马的《基督山伯爵》、海明威的《老人与海》、乔叟的《坎特伯雷故事集》、上海朱生豪翻译的《莎士比亚戏剧全集》……

值得一提的是，冯永谦还读过几百部武侠小说，除了大家熟知的金庸、梁羽生、古龙等人所写的新派武侠小外，他还读过旧派武侠小说大师郑证因的《鹰爪王》、向恺然(化名平江不肖生)的《江湖奇侠传》、李寿民(化名还珠楼主)的《蜀山剑侠传》《青城十九侠》《边塞英雄谱》《蛮荒侠隐》《柳湖侠隐》《兵书侠》《云海争奇迹》等，仅李寿民的的武侠小说，他就看了30多部。

冯永谦读这些书，抓边角料时间，早起点，晚睡点，中午不睡午觉，抽出时间读书。平时坐车读书，出差在车上读书，每次出门都带着预备好的多种心仪的中外小说、诗词，读书不倦。在冯永谦看来，这广泛的阅读给了他无穷的知识滋养，极大地拓宽了他的眼界，使他看到了考古业务之外更广阔、更灿烂的大千世界，所谓开卷有益，确实所言不虚。

他师从前贤 是考古界的书法家

在辽宁文博界，有两人的书法值得称道，一是李仲元，二是冯永谦，冯永谦以辽金史学著称，但了解他的人都知道，冯老的书法很不错，其墨宝值得收藏。

私塾出身的冯永谦，从小受传统文化熏陶，字就写得好，其功力的突飞猛进，则是在进入东北博物馆工作后。

那时，他周围有不少善书之人，如博物馆保管部的保管员郭文宣的钢笔字写得好；齐白石老师胡沁园的孙子胡文效的毛笔字令人赏心悦目；齐白石的三儿子齐子如家学深厚，自己本身就是书法家；冯永谦的老师李文信，写汉隶，乃一绝；至于大名鼎鼎、善写魏碑的沈延毅先生，更是与冯永谦朝夕相处……用现在话讲，与这些高手相处，水平就是熏，都熏出来了。

不仅向高手学，冯永谦还注意临帖、摹写，其书法摹本的等级相当高，多为王羲之家族《万岁通天帖》之类的世间绝品。

因为在博物馆工作，接触历代收藏的书画珍品十分方便，冯永谦经常利用休息时间，在陈列展厅里欣赏这些传世之作，近距离临摹誊写，受益匪浅。他喜欢柳公权、欧阳询的字，认为只有先写好楷书，出手一笔娟秀小字，才能更好领会真草隶篆的书境真谛，而借写字养性练气，颇利于书写者心境平和，泰然处世。

懂鉴赏不搞收藏 真假之物都要看

冯永谦的文物鉴赏水平很高，一些收藏爱好者经常拿出自己的珍爱之物，请他辨真假、断年代、评价值、阐原委，他都欣然接受，但像《一锤定音》等国宝鉴赏节目请他做评委，他却予以婉拒。冯永谦回忆说，他年轻时刚走上考古之路时，国家文物局的领导就语重心长地告诫他们这些新人：搞考古文博的业内人士，不能搞收藏！这句话，他至今铭记在心。而今的文物市场鱼龙混杂，造假成风，帮人甄别真伪，提高判断力，从而丰富阅历与学识，冯永谦乐意从命，但若涉及到复杂的利益纠葛、是非缠乱，则当退身远避，万不可冒日入局。

冯永谦的考古生涯长达60余年，发掘过无数墓葬、遗址，又在博物馆工作多年，所见文物数以万计，即便这样，他还是感觉远远不够。他经常深入各地文物大集、古玩店、现代的玉器作坊、新窑工厂，仔细看各种民间文物与新仿品，甚至自已花钱买一些明显假货，以便研究其形成渊源与制造过程。冯永谦认为，搞文物鉴赏，必须真假均知，才能对错了然，方能给收藏者一个可靠的实质性答复。

▶记者手记

冯永谦还是“资深摄影迷”

冯永谦喜欢摄影，他电脑里储存的各种考古图片、风景图片、生活照，超过十万张！退休后，他到处拍片，用坏了三个数码相机。他图片库中存留的相片，不少具有珍贵的历史价值，甚至可以说是绝版。

冯永谦的摄影技术，是在考古队工作时练就的。考古讲究三大记录：文字记录、绘图记录、摄影记录，摄影记录因其不可复制的资料性与原创性，显得尤为重要。几十年前，考古队使用的相机品牌丰富，计有：苏联的基辅、莫斯科二号(120相机，能拍8张)；日本的亚西卡(能拍12张)；德国的蔡士、莱卡(能拍32张)；美国的甩头相机，拍摄角度可达180度；还有一种由德国引进，可在国内组装生产的“六吋箱”，底下带木头三脚架，相当大，随身背，可照干版(即玻璃板)……设备不少，但大家基本不会用，不是曝光过度，就是曝光不足。

相对而言，冯永谦的拍片质量较有保障，成功率比一般人高，损失率很低，他还经常为同事修相机。而且冯永谦心细好学，仅在1954年6月，就买了六七本摄影书钻研，有关摄影配药的药方，能背下几十种……当时的考古队长李文信决定，以后考古队关于遗址、墓葬的现场发掘拍摄工作，均交给冯永谦负责。如辽阳汉代三道壕村落遗址的发掘，面积达上万平方米，其房址、铺石大路、窑址、水井、窖井、畜栏(猪圈)，都由冯永谦拍照。

为了学习摄影技术，早年，冯永谦曾专程赴中国科学院长春光学研究所，了解镜头如何做，掌握曲率半径、镜头组合等知识，明晰相机镜头误差如何消除，回沈后用相机镜头做了一个放大机，做实验。

他还写过一本《考古摄影》，约十多万字，配了300多张照片，此书从墨子的“针孔呈相”开始写，对摄影技术的原理、相机的构造、功能作用、取景的方法与构图，及成像后的剪裁，最后结合博物馆展览特点，怎样达到拍摄要求，如何进行，都做了有针对性的详尽叙述，是业内难得一件的考古摄影文献资料，饱浸冯永谦的一腔心血。

本版稿件均由辽沈晚报、聊沈客户端主任记者张松采写；图片由采访对象提供

张松在《辽沈晚报》2019年4月22日整版报道冯永谦文章书影

说是绝版。

冯永谦的摄影技术，是在考古队工作时练就的。考古讲究三大记录：文字记录、绘图记录、摄影记录，摄影记录因其不可复制的资料性与原创性，显得尤为重要。几十年前，他们考古队使用的相机品牌丰富，计有：苏联的基辅、莫斯科二号（一个胶卷拍 8 张的 120 相机）；日本的亚西卡（一个胶卷拍 12 张的相机）；德国的蔡士、莱卡（135 相机一个胶卷拍 36 张）；美国的甩头相机，拍摄角度可达 180 度；还有一种由德国引进的“六吋箱”胶版相机，底下带木头三脚架，相当大，可以拆卸，能随身携带，还可照干版（即玻璃板）……设备不少，这些相机冯永谦都会使用；但别人基本不掌握，拍照的结果，不是曝光过度，就是曝光不足。

相对而言，冯永谦的拍片质量较有保障，成功率比一般人高，损失率很低，他还经常为同事修相机。而且冯永谦心细好学，仅在 1954 年 6 月，就买了六七本摄影方面的书钻研，有关摄影配药的药方，能背下几十种……当时的考古队长李文信决定，以后考古队关于遗址、墓葬的现场发掘拍摄工作，均交给冯永谦负责。如辽阳汉代三道壕村落遗址的发掘，面积达上万平方米，其房址、铺石大路、窑址、水井、窖井、畜栏（猪圈）等整个现场发掘过程，都由冯永谦拍照。由于遗址大，一张照片装不下，冯永谦还能拍接片，可以拍六七张相接，印放出照片后，再将其粘接，变成一长幅遗址全貌的照片，这个方法他一直到现在还在用，效果很好。

为了学习摄影技术，早年，冯永谦借外出去长春的机会，到中国科学院长春光机研究所，请教了解关于镜头性能的问题，什么镜头结构、如何制作，又什么曲率半径、镜片组合、色相差、枕状畸变，桶形畸变、色的扩散等许多方面的问题，明晰相机镜头误差如何消除，等等，真是我们平常人所没想到的。回沈后，他用相机镜头做了一个放大机做实验，有的相机的镜头是可以卸下的，由于相机镜头的分辨率高，放大的照片效果相当好，他还由此改造了照相室他所使用的放大机。

冯永谦还写过一本《考古摄影》的书，十多万字，配了三百多张照片，先讲原理，再讲实践，涉及物理、化学，此书从墨子的“针孔成相”开始写，对摄影技术的原理、相机的构造、功能作用、取景的方法与构图，光学与化学药品性能，及对照片的剪裁，最后结合考古工作者野外调查和发掘以及博物馆展览特点，怎样达到拍摄要求，如何进行等，都做了有针对性的详尽叙述，是业内难得的一本考古摄影文献资料，饱浸了冯永谦的一腔心血。

现在你看冯永谦出版的著作，书中所发的照片都是他自己拍摄的，无论是从取景角度、构图方面看，还是从剪裁、画面反差、色调看，都有特点。尤其他的考古摄影，他去过常人很难去过的地方，其中艰苦不用说了，但获得的照片，却是非常不易，是难能可贵的！

（原载《辽沈晚报》2019 年 4 月 22 日）

编者附记：

关于冯永谦先生这方面的报道很多，不能尽载，下面选择几张报刊版面以飨读者。

报刊撷采书影

6 特别报道 ◎编辑：苏维靖 电话：(024)22834573 投稿信箱：lngz12@163.com ◎美 编：李慧颖

辽宁老年报 2018.12.4 星期二

冯永谦：辽宁虎山、九门口长城的发现者

本报记者 王梅芳

考古学家冯永谦

提起考古学家冯永谦，大家不一定熟悉，提起我们省的绥中九门口长城、丹东虎山长城，就无人不知了。在三十年前，这两处长城早已毁坏，仅存遗址，荒凉破败，无人问津，后来就是通过冯永谦之手，在长达八年的时间里，进行考古发掘，从荆棘遍地的乱石层中找到残迹，经过缜密考证，然后在此基础上重新修建起来的。

丙午年春天，我给老省长林声的“新辽三彩”写电视专题片，林老的意思让我写完给冯永谦看，冯老说行，那就行。

为什么老省长林声如此信任冯永谦先生呢？

原来，冯永谦先生是辽金陶瓷的顶级专家，我们国家最权威的《中国陶瓷全集》中的《辽西夏金卷》就是冯永谦先生编著的。冯永谦是辽宁文物考古研究所研究员，主要研究中国考古学、历史地理、古代陶瓷、历代长城。所以，林声叮嘱我找冯永谦先生审稿。

就这样在2016年春天，我第一次拜访了冯永谦先生，进门我被眼前的一切震住了：他家的书，满箱满柜，十多个书柜，上顶天棚，全都装满，地板上一列列堆起，从门口到里边，足有一人高，他的一张简陋铁管单人床，床上床下，也都是书。在书海的一角，有一张书桌，上面有电脑，这是冯永谦先生写作的地方。

冯永谦先生今年84岁，身体硬朗。几十年来，他无论在什么地方，每天都是早晨4点钟起床，中午也不休息，晚上11点钟睡觉。有了这些时间，他都用来写稿子，现在使用电脑，即使去考古，冯老也是白天出现场，晚上写作。我最近这次去的时候，他正在写《辽代铁器》，拟写几十万字，现在已经基本完成，正在做最后的修改和补充，还需要一段时间能出来。聊起辽代陶瓷，用老百姓的话说：冯永谦先生那真不用回家去取，张嘴就来。听了他的话，我才知道，他不仅仅是陶瓷专家，更是历史学家。因为任何一件物品的产生和发展，都是与相应的时代背景相对应，比如产生瓷器器形的条件是那一时代人的审美意识和生产力水平、政治气候、经济发展程度乃至气候条件等等，冯永谦先生都是如数家珍。

九门口长城

目前，冯永谦先生已经发表了一百八十多篇各类学术研究论文，出版了十七部文物考古研究方面的书，手头还有十几本书的素材要写，都是重大的考古发现，他准备一一地写出来。在他已经出版的这些文物考古书中，最重要的当属2013年出版发行的四卷本《东北历史地理》这部专著。此书是“国家‘七·五’规划科研项目”，他和孙进己先生是这一课题组的负责人，是集合东北十余位民族、历史、考古学界的著名学者组成团队，历时30年，完成这部160余万字的辉煌巨著《东北历史地理》。此书能够完成，实非易事。书中冯永谦写的文字量多，并为全书总纂，付出心血也最大。东北历史地理，不仅是研究东北民族历史地理的基础，也是研究中国历史民族沿革地理等各学科的重要资料。东北历史地理，它确定了东北历代民族和建置的时间和方位，早在清代和以前各代就有人进行研究，民国以来研究者更多。但以往都因当时的历史条件，不可能组成一个包括东北各省、各部门不同学科学者组成的协作组，都只能是个别人的某些问题的研究，因此大都是局部的，成就也是有限的。而本书则是在新的历史条件下，由历史、考古、民族等多学科、各地区的学者合作完成的，因此，它的价值是空前的！冯永谦说：“这部《东北历史地理》的诞生一波三折，殊为不易，但做一件有价值的事，就要坚持到底，精益求精，这是历史赋予我们这一代考古人的神圣使命，责无旁贷！”

有句老话，叫做“积劳成疾”。冯永谦这么不间断地劳累，为什么还能这么健康？

冯永谦说最重要的是心态好。每天都能保持快乐的心情。他会摄影，从1954年起，他就为考古队出版论文和书籍拍摄照片，也为原东北博物馆即现辽宁省博物馆所有展览需要的照片拍照和放大，五十年前他就搞彩色摄影，自己冲洗胶卷和放大照片，是单位不可缺的摄影师。在上世纪六十年代他就写出一本《考古摄影》书来，作为上海人民美术出版社“摄影丛书”系列。可惜“文化大革命”爆发，此书原稿被进驻单位的工作组追回，进行“批判”，未能出版。冯永谦仅在退休后，他自己前后购买了三台照相机，目前已拍照片十多万张，什么文物、古迹、风景、名胜、民俗等，无不摄入，他拍的照片国内外都有。同样，他会操作微信，会在电脑上操作各类照片修版、制图的程序。

取得了这么多的学术成果，那么冯永谦先生是怎么成长起来的呢？

冯永谦1935年12月23日出生在沈阳市于洪区解放乡万金台村。父亲冯德明是中医，送他去秀才张家泰私塾读书。七年时间，读遍了儒家的经典，尽管当时他还并不真正理解，但可以说我国古代传统文化的主要典籍，能从头至尾一字不漏地背诵。对古典文学的学习和掌握，使他对后来考古文献的理解能力、解读能力以及对考古的延展能力，打下了坚实的根基，看来这一切从幼时就是为他成为考古大家做准备的。

冯永谦中学毕业时，于1954年3月由国家分配到东北文物工作队，他作为该队的专业人员，从事田野考古工作。当时东北文物工作队队长，是我国著名考古学家兼东北博物馆研究室主任李文信先生。冯永谦先生从1954年开始，直到1982年李文信先生逝世，成为李文信先生培养出的优秀文物考古工作者、我国北方各省（区）文物考古战线上的主要研究人员。李先生用自己的渊博学识和毕生精力，开创并奠定了东北地区考古事业的基础，冯永谦则发展并推进了东北地区的考古事业。

冯永谦迄今考古已64年，他的足迹遍布全国各地，尤其是把黄河以北的地区都走遍了。他调查过的古代城址有400多座，考证出的成果，很多均系填补历史的空白。具有开创性、代表性的城址有：地处内蒙古宁城的战国至秦汉的右北平郡、内蒙翁牛特旗白音他拉的辽代永州、内蒙林西县樱桃沟的辽代饶州、内蒙库伦旗的辽代龙化州（辽太祖称帝之地）、北镇小常屯的辽乾州（乾陵奉陵邑）、辽宁法库的辽代宗州（大辽权臣韩德让的私城）……

冯永谦发掘的代表性墓址有：辽阳三道壕汉代壁画墓、北票西官营子五胡十六国时代的北燕车骑大将军冯素弗墓、抚顺大伙房水库淹没区高句丽墓、桓仁水库淹没区高句丽墓、法库叶茂台辽墓、法库前山辽代北府宰相萧袍鲁墓……

冯永谦发掘的代表性遗址有：辽阳三道壕西汉村落遗址、辽阳鹅房辽代窑址、鞍山陶官屯金代农家遗址……

考古一辈子的冯永谦家里，我只看到了书，没有看到任何瓷器，问他：“你的藏品都藏起来了？”

冯永谦笑道：“郑振铎局长当年对我们讲，搞考古的不能搞收藏，这是我们那代考古人的原则。”

不给自己积攒物质财富的冯永谦先生，给我们的社会却贡献出了巨大的财富：九门口长城与虎山长城。

1990年8月，在山海关召开“首届中国长城学术讨论会”，会上冯永谦提出“鸭绿江右岸宽甸县南境虎山下的大型台址，是明万里长城东端起点”。新华社以《我国长城考古又有新的重大发现》为题，发出电讯，在国内外引起轰动。冯永谦从事中国古代长城研究，是老早年就开始了，1956年就调查了建平县战国长城。在1986年，冯永谦又首先写成《辽宁古长城》一书。

在辽宁省各界人民赞助修复九门口长城时，经国家文物局批准，由冯永谦任领队，从1986年至1989年，连续四年主持对绥中县九门口长城遗址进行考古发掘。九门口长城，是万里城线上惟一的一座长城桥，也是我国长城建筑史上少见的奇观。但是，九门口有几个水门？文献记载是六门！现在要修复这段长城，有几个门却是一个谜。为了解决这个难题，冯永谦用考古手段破解，他每天在陡峭的山上、山下与宽阔的九江河道中往来奔波，终于在堆满乱石的河床底层，将城桥的桥墩基础清理出来，结果证明，明朝修筑长城时，此处确是设有九座水门，文献记载是错误的。经过这次考古发掘得来的详细数据和各种地上地下出土资料，为九门口长城的修复设计工作提供了翔实而准确的实证。

从1990年2月起，经丹东市政府的邀请，冯永谦和他的同事们又转战辽东山区，开始对明代万里长城东端起点进行调查。随后的四年里，经国家文物局批准，由冯水谦任领队，主持对虎山长城遗址进行考古发掘，终于将长城墙体、墙台址、营房址和烽火台等都挖掘出来，并有大量遗物，确凿证明虎山长城就是明长城东端起点，而位于虎山南麓、紧临鸭绿江的大型台址，经冯永谦考证就是明《辽东志》上记载的长城起点“邦山台”。

九门口长城、虎山长城都已成为吸引中外游客的一大景观，源源不断地为辽沈人民创造财富。

王梅芳在《辽宁老年报》2018年12月4日整版报道冯永谦文章书影

踏遍青山人未老——记县政协常委、辽宁省文物考古研究所研究员冯永谦

踏遍青山人未老

——记县政协常委、辽宁省文物考古研究所研究员冯永谦

春寒料峭的磨盘山，一棵棵松柏坚韧挺拔。枯草中几朵孤零零的小花在寒风中瑟瑟发抖。考古这一光荣而神圣的特殊职业，没有选择工作环境和天气的权利，正因如此，当我在柏家沟考古现场见到冯老时，一种崇敬的心情油然而生。

冯永谦，80高龄，法库县政协常委，法库县特邀文化顾问，辽宁省文物考古研究所研究员，中国考古学会会员，中国古陶瓷研究会会员，中国民族史学会会员，中国长城学会理事，中国辽金及契丹女真史研究会会长。曾在数十种报纸杂志上发表文章170多篇，出版专著十几部(约2亿5千字)。他的头衔与成就令人瞩目。提到他的名字，文物考古界和史学界，特别是辽金史学界无人不知，无人不晓。在近60年的考古生涯中，冯老为法库、辽宁乃至全国的考古事业作出了重要贡献。

然而，许多人并不知道这位著书丰厚的考古学家、文物学家、史地学家，竟然没有上过小学，儿时读了6年半私塾，读遍四书五经，朱子百家。也许正是这种传统国学知识的熏陶，引发了冯老对考古学的热爱，并奠定了他在考古、史学等方面扎实的文化功底。解放后读过中学，并于1953年中学毕业后，进入东北地区考古训练班。不是考古科班出身，只是受过几个月的课堂培训及考古实习的人，竟会取得如此学术成就并成为我国辽金史研究的学术带头人，真是令世人敬佩！

成 绩 卓 著

1954年，我国经过三年国民经济恢复后开始第一个五年计划，为配合大规模经济建设，进行考古调查和抢救发掘，此时年仅19岁的冯永谦被分配到刚组建的东北文物工作队。在我国著名考古学家李文信先生率领下，冯永谦参与了在鞍山、辽阳等地的考古发掘。其中发掘的汉魏壁画墓，十分珍贵，是全国重点文物保护单位。1954年的考古工作，李文信先生写成《东北文物工作队1954年工作简报》一文，刊于《文物参考资料》1955年第3期，文章中的图与照片，就是由冯永谦先生绘制和拍摄并洗印的，此时他走上考古道路只是短短的几个月，就掌握了较为复杂的工作，由此可见其勤奋和敬业的精神。

在1956年以后，文物队的任务量就更大了，需要文物队的全力投入。冯永谦先生和队里同志一起进行考古调查，发现和掌握了各种遗址、墓葬百余处。发掘了高力墓子、二道岭子、连江、北甸子、大把、米仓沟、董家船营等村的高句丽墓葬。就城址而言，比较详尽地调查了五女山高句丽山城，这是新中国成立后第一次调查，为后来学术界进一步提出并确定其为高句丽第一个都城纥升骨城奠定了基础。

19

钱海滢在《法库政协》2014年第2期撰写冯永谦考古工作经历文章首页书影

花样夕阳专刊　　秀生活

辽沈晚报 2021.9.11 星期六 编辑 金文政 美编 丁锐 05

从业60余年，主持发掘了丹东虎山长城、绥中九门口长城

——年已耄耋的考古大家冯永谦先生不仅术业沉厚，且深谙养生之法

"冯长寿"的养生之道：粗茶淡饭喜诗书

今年87岁的冯永谦先生是目前东北考古界健在的元老级人物，而今遐迩闻名的丹东虎山长城、绥中九门口长城就是他主持发掘的。冯永谦考古60余年，著作等身，声名卓著，他的传奇生平与治学精神，令人钦佩。鲜为人知的是，其养生之道、书法艺术、摄影专长、广博涉猎、鉴赏真功，林林总总所构成的"非考古人生"及"养生之道"同样精彩，较之其沉厚术业，竟然一点也不逊色。

2018年6月，85岁高龄的冯永谦（左一）赴高海拔的青海省考察吐谷浑王国遗址。

医巫闾山

望海峰顶

八旬高龄的冯永谦登上险峻的医巫闾山绝顶望海堂。

冯永谦书唐代杜牧《江南春》诗立幅。

粗茶淡饭养身心 人送雅号"冯长寿"

今年已87岁高龄的冯永谦，除了耳朵有点背，牙齿略松动外，身心康健，无病无灾，他从不吃任何保健品，到医院体检，医生每每感叹道："您是八十岁的年龄，四十岁的心脏啊！"平素遇见老熟人，对方见面就夸："真羡慕您这身体，怪不得都称您为'冯长寿'呢！"案头治学熬神，野外考古伤身，与冯永谦同辈分的业内专家，不少人已撒手人寰，健在者也多半老迈多病，足不出户了，冯永谦有何独到之养生学，助其健康长寿呢？他开出的"妙方"平淡无奇，可归纳为七个字：粗茶淡饭亦养人。

冯永谦的父亲冯德明曾是沈北地区医术精湛的名医，他没让儿子接班，冯永谦虽未走上从医之路，但受父亲影响，耳濡目染，从小就会抓药、背《汤头歌》，一些用药名、药性编成的顺口溜，张口就来，他的养生学里就含着一些古老的医学理论。

所谓"药补不如食补"，这一日三餐究竟该吃什么，怎样吃，才算是营养健康？冯永谦的食谱是这样安排的：每天煮饭的食材用九种米，分别为：红小豆、大米、黑米、红米、高粱米、苞米馇、薏仁米、荞麦米、小米。这种搭配是有说道的：红小豆，利水；薏仁米，去湿；小米，暖胃；荞麦米，可以控制血糖……

冯永谦与老伴每天至少喝两顿豆浆，用五种豆子：黄豆、青豆、黑豆、豌豆、花生豆，豆子里含有大量人体所需的植物蛋白、微量元素，他已坚持30来年，受益颇多。

冯永谦喜欢吃蔬菜，芸豆、豇豆、四季豆、茄子、圆葱、白菜、青椒、各种萝卜（青萝卜、白萝卜、红萝卜、胡萝卜），特别喜欢吃清炒西红柿，不加糖，少放鸡蛋，从小就爱吃。

冯永谦反对每天吃大鱼大肉，认为不符合养生学，吃鱼肉要适量，一周吃一两次即可。他从不吸烟，聚餐很少喝酒，实在推不过，也仅以一小杯葡萄酒或啤酒为限。

冯永谦表示，饭后一小时内不要喝水，不要吃水果，因为那样会冲淡胃液，不利食物消化，影响营养吸收。

言及健身之道，冯永谦建议大家不要刻意锻炼，"现在不少人喜欢起早贪晚的长跑、暴走，没有必要。我每天坚持走路散步，因为走路是匀速运动，四肢、内脏都能得到锻炼。我以前搞考古调查，每天走几十里路，现在年纪大了，在市内，不着急的话，三站五站地不坐车，直接走过去，走路，是最好的锻炼。"

嗜书如命啥都看 武侠看过几百部

冯永谦五岁上学，念了七年私塾，中国的古代经典几乎被他读遍了。一开始，他读《三字经》《百家姓》《庄农杂志》《千字文》《明贤集》《孝经》《朱子治家格言》，然后是《大学》《中庸》《孟子》《论语》，以后又念了《千家诗》《唐诗三百首》《古文观止》《幼学琼林》《东莱博议》……对这些文化经典，冯永谦到现在仍能倒背如流，"《三字经》，人之初，性本善；《庄农杂志》，南北大炕，书桌摆上；《朱子治家格言》，黎明即起，洒扫庭除，要内外整洁。既昏便息，关锁门户，必亲自检点；《千字文》，天地玄黄，宇宙洪荒，日月盈仄，辰宿列张；《明贤集》，但行好事，莫问前程，与人方便，自己方便。良言一句三冬暖，恶语伤人六月寒……"

除了这些经典外，冯永谦还读了很多"杂书"，他很早就读过《东周列国志》《隋唐演义》，这两本书，使他对中国历史产生了浓厚兴趣。1954年3月，冯永谦在考古训练班时读了一本陈墀（zh ì）常所写的《中国上古史演义》，此书生动再现了原始人的生活状态，这之后，他又看了裴文中的《北京周口店中国猿人》考古报告，结合那本生动小说，使他对中华上古史有了一个全新的理解与认知。

冯永谦读书涉猎甚广，中国的二十四史、四大名著、蒲松龄的《聊斋志异》、冯梦龙与凌濛初的《三言二拍》、汤显祖的《牡丹亭》、孔尚任的《桃花扇》、张鷟（zhu ó）的《游仙窟》、干宝的《搜神记》……魏晋之后的历代笔记小说，他基本都通读过，现在家里尚存几十本。冯永谦有两个版本的鲁迅全集，他特别喜欢鲁迅的杂文。

冯永谦看过大量的外国的小说，高尔基的三部曲、托尔斯泰的《战争与和平》、屠格涅夫的《猎人笔记》、肖洛霍夫的《静静的顿河》、法捷耶夫的《毁灭》、歌德的《少年维特之烦恼》、小仲马的《茶花女》、大仲马的《基督山伯爵》、海明威的《老人与海》、乔叟的《坎特伯雷故事集》、朱生豪翻译的《莎士比亚戏剧全集》……

值得一提的是，冯永谦还读过几百部武侠小说，除了大家熟知的金庸、梁羽生、古龙等人所写的新派武侠小说外，他还读过旧派武侠小说大师郑证因的《鹰爪王》、向恺然（化名平江不肖生）的《江湖奇侠传》、李寿民（化名还珠楼主）的《蜀山剑侠传》《青城十九侠》《边塞英雄谱》《蛮荒侠隐》《柳湖侠隐》《兵书侠》《云海争奇记》等，仅李寿民的武侠小说，他就看了30多部。

冯永谦读这些书，都是抓边角料时间，早起点，晚睡点，中午不睡午觉，抽出时间读书。平时坐车读书，出差在车上读书，每次出门都带着预备好的多种心仪的中外小说、诗词，读书不倦。在冯永谦看来，这广泛的阅读给了他无穷的知识滋养，极大地拓宽了他的眼界，使他看到了考古业务之外更广阔、更灿烂的大千世界，所谓开卷有益，确实所言不虚。

见贤思齐勤磨炼 终成业界书法家

在辽宁文博界，有两人的书法值得称道，一是李仲元，二是冯永谦，冯永谦以辽金史学著称，但了解他的人都知道，冯老的书法很不错，其墨宝值得收藏。

私塾出身的冯永谦，从小受传统文化熏陶，字就写得好，其功力的突飞猛进，则是在进入东北博物馆工作后。那时，他周围有不少善书之人，如博物馆保管部的保管员郭文宣的钢笔字写得好；齐白石老师胡沁园的孙子胡文效的毛笔字令人赏心悦目；齐白石的三儿子齐子如家学深厚，自己本身就是书法家；冯永谦的老师李文信，写汉隶，乃一绝；至于大名鼎鼎、善写魏碑的沈延毅先生，更是与冯永谦朝夕相处……用现在话讲，与这些高手相处，水平就熏出来了。

不仅向高手学，冯永谦还注意临帖、摹写，其书法摹本的等级相当高，多为王羲之家族《万岁通天帖》之类的世间绝品。因为在博物馆工作，接触历代收藏的书画珍品十分方便，冯永谦经常利用休息时间，在陈列展厅里欣赏这些传世之作，近距离临摹誊写，受益匪浅。他喜欢柳公权、欧阳询的字，认为只有先写好楷书，出手一笔娟秀小字，才能更好领会真草隶篆的书境真谛，而借写字养性练气，颇利于书写者心境平和，泰然处世。

缘起考古成爱好 堪称"资深摄影迷"

冯永谦喜欢摄影，他电脑里储存的各种考古图片、风景图片、生活照，超过十万张！退休后，他到处拍片，用坏了三个数码相机。他图片库中存留的相片，不少具有珍贵的历史价值，甚至可以说是绝版。

冯永谦的摄影技术，是在考古队工作时练就的。考古讲究三大记录：文字记录、绘图记录、摄影记录，摄影记录因其不可复制的资料性与原创性，显得尤为重要。几十年前，考古队使用的相机品牌丰富，计有：苏联的基辅、莫斯科二号；日本的亚西卡；德国的蔡士、莱卡；美国的甩头相机，拍摄角度可达180度；还有一种由德国引进，可在国内组装生产的"六时箱"……设备不少，但大家基本不会用，不是曝光过度，就是曝光不足。

相对而言，冯永谦的拍片质量较有保障，成功率比一般人高，损失率很低，他还经常为同事修相机。而且冯永谦心细好学，仅在1954年6月，就买了六七本摄影书钻研，有关摄影配药的药方，能背下几十种……当时的考古队长李文信决定，以后考古队关于遗址、墓葬的现场发掘拍摄工作，均交给冯永谦负责。如辽阳汉代三道壕村落遗址的发掘，面积达上万平方米，其房址、铺石大路、窑址、水井、窖井、畜栏，都由冯永谦拍照。为了学习摄影技术，早年，冯永谦曾专程赴中国科学院长春光学研究所，了解镜头如何做，掌握曲率半径、镜头组合等知识，明晰相机镜头误差如何消除，回沈后用相机镜头做了一个放大机，做实验。

冯永谦还写过一本《考古摄影》，约十多万字，配了300多张照片，此书从墨子的"针孔呈相"开始写，对摄影技术的原理、相机的构造、功能作用、取景的方法与构图，及成相后的剪裁，最后结合博物馆展览特点，怎样达到拍摄要求，如何进行，都做了有针对性的详尽叙述，是业内难得一见的考古摄影文献资料，饱浸冯永谦的一腔心血。

辽沈晚报主任记者 张松

图片由受访者提供

欢迎扫码进入"辽沈晚报运动健身中老年群"

张松在《辽沈晚报》2021年9月11日整版报道冯永谦文章书影

盖云飞在《沈阳日报》2017年8月4日整版报道冯永谦业绩文章书影

A07 家风 家风系列— 各行各业晒家风⑦

辽沈晚报 2016.4.15 星期五 编辑 金飞 美编 赵建忠

父:凭心自有天知 子:手过万宝不收藏

人物简介 冯永谦,汉族,1935年12月生,辽宁沈阳人,辽宁省文物考古研究所研究员。从事文物考古工作已整整60年,是目前东北考古界的元老级人物,遐迩闻名的丹东虎山长城、绥中九门口长城就是他主持发掘的,他的事迹被收入国内外出版的五十多种不同领域的《专家学者辞典》和《名人录》中。本人曾被聘为吉林省社会科学院特邀研究员、辽宁大学客座教授、辽宁省文物鉴定委员会委员,曾出任中国长城学会理事、中国民族史学会理事、中国辽金及契丹女真史学会秘书长等职务。

家风家训 真 爱 毅 专 诚

处世凭真 对国有爱 立业讲毅 术业求专 待人以诚

2014年,冯永谦先生八十岁大寿照。 辽沈晚报、聊沈客户端主任记者 张松 摄

真 名医父亲以身立德:炮制虽无人见,凭心自有天知

冯永谦的祖上清代逃荒来自关内,到他爷爷那辈,冯家所在的今新民市三道岗子乡阎家窝棚村正赶上东北闹霍乱(当时叫"霍痢拉"),清政府派军队把闹瘟疫村庄的人户宅院和房子用秫秸四面围上,放火烧房子,冯永谦的爷爷和大爷因逃跑不及时,被堵在屋里活活烧死!

当时,冯永谦的父亲冯德明在外行医,这件悲惨的家族之难更坚定了他治病救人的意念与决心,他在妇科、小儿科、内科、烫伤治疗等领域均有造诣,可自配良药,成为沈北一带家喻户晓的名医。

冯永谦的父亲冯德明。 冯永谦供图

冯德明不仅医术精湛,医德亦高。他给每名患者看病,都备有"医案",为病人开方制药还不算,他每看一个病,第二清晨即徒步走出十里八里到病人所住的村庄"暗访"。冯德明在他诊室的门上写过这样一幅对联,以明心志:"炮制虽无人见,凭心自有天知。"

按理,冯永谦应承父业走从医之路,但他刚一开口,冯德明便正色道:"你学什么都行,比如进私塾当教员等,但就不能学医!因为学医不仅艰苦,更是人命关天的大事,谁知道你能学好学不好呢?要学不好的话,庸医害人哪!"

冯德明不仅不让儿子学医,儿子已到七岁的入学年龄,还不让他入学,因为1941年正值东北沦陷期,日伪控制下的伪满洲国强迫中国人学日语,不学日语,别说出人头地,将来在社会上找份工作都难。冯德明却不这样看:"咱们是中国人,中国人就得学中国话,读中国的书,学日语那些哩啦哇啦的东西干啥?那不把咱们中国的诗书都扔了吗?"

冯永谦没上日本人开的"学堂",而是进了中国先生的"私塾"。冯德明在万金台村给儿女们专门找了一位七十多岁的清末秀才,这位张家泰老先生满腹经纶。冯永谦念了七年私塾,中国的古代经典被他读遍了。

坚持原则60年:不收藏,鉴宝不说假话

1953年,冯永谦从沈阳市第六中学毕业,被分配到东北文物工作队,正是因为校方考虑他念过私塾,读古书、认古字,是搞文物考古最合适的人选。

当时,东北文化部为配合各地大规模的基本建设工程,保护地下文物,举办了东北考古训练班,以保护因施工而发现的各种地下文物。学员来自当时东北各省博物馆、文化馆的抽调人员和像冯永谦这样的应届学生,这些人成为新中国的第一代考古人。

那时的考古训练班,老一辈考古学家李文信讲考古学、博物馆学、陶瓷学;古建筑学家杨烈讲古建筑学;大书法家沈延毅讲缂丝、刺绣。讲课的还有我国历史名家金毓黻先生的高足朱子方、齐白石老师胡沁园之孙胡文效、师从名画家陈半丁的齐白石三子齐子如等。考古训练班课程结束后到北京参观实习,在文化部给冯永谦等人做报告的是郑振铎、王冶秋。此时,冯永谦结识了罗哲文(中国"长城学之父"),成为一生挚友。

那时,冯永谦和齐子如住对门,齐子如手中藏有其父齐白石的大量画作。后来齐子如故去,每到周末,其子就约冯永谦读中学的弟弟冯永贵陪他到东北博物馆卖画,最贵的画也就几十元。提及往事,不少人跟冯永谦打趣道:"冯老,您当时花个几百元买个十幅八幅齐白石的真迹,现在就是千万富翁了啊!"冯永谦笑道:"郑振铎局长当年对我们讲,搞考古的不能搞收藏,这是我们那代考古人的原则。"

挖过上百座古墓、手过千珍万宝的冯永谦现在也不搞收藏,但他有时也给人"鉴鉴宝",因为他发现当前的文物市场假货泛滥,个别收藏节目竟以讹传讹、将错就错,他看不下去,想纠纠偏。

有些藏家请冯永谦鉴宝,冯永谦看出是假货,当场说出真相,花大价钱买古董的对方,脸都听绿了。按常理,冯永谦如此直率、敢言,谁还敢找冯永谦鉴宝?但实际的情况却是:找他鉴宝的人反而越来越多了!人们就爱听老爷子的一句"真话"。

毅 曾蹲着"槽盆"过险江 探辽墓险被活埋 不放弃

搞考古,披星戴月、风餐露宿是家常便饭,去的是荒郊野岭,进的是深山老林,冯永谦等考古人的非凡经历是常人难以想象的。

在内蒙古大草原,他经常坐的是"勒勒车",晃晃悠悠,一坐就是一天;去发掘新民巴图营子辽墓,雇马车从沈阳出发过辽河,辽河没有桥,就坐摆渡船到对岸,再走;浑江水深风急,两岸山壁陡峭,他过往浑江没有船,坐的是居然是最原始的"槽盆"!

"那东西像个大木桶,一般只能一个人用。我坐槽盆过浑江时,人在里边只能蹲着,站着都不行。一人蹲,一人划,还要紧张地保持平衡,否则一进水,槽盆就翻了,相当危险!"冯永谦说。

"我们吃过高粱米饭、小米饭、地瓜面饼子、高粱米面包的饺子、荞麦面条……一顿饭换一家,人家做什么你吃什么。"冯永谦戏称,考古人得有个"铁胃",在北票发掘耶律仁先墓时,住在莲花山村小学老师顾万山家,把人家的葱都吃完了,大酱也吃没了,没菜下饭就蘸着咸盐水吃辣椒。北票的朝天椒,特别辣,把冯永谦辣得涕泪横流,辣得面部神经都麻木了!自此后,冯永谦再不吃辣椒。

吃穿行还在其次,最可怕是考古遇险。1955年,冯永谦等人在抚顺大伙房水库考古发掘时,正赶上大坝合龙,凌晨四点,大水漫来,把他们搭在河边的帐篷全给淹了。

1956年,冯永谦在新民巴图营发掘辽墓,差点被活埋!他和一同事晚上七点到墓里,绘图、包文物,到九点,墓上沙丘就滑落了,外边的沙子不停地往墓里灌,很快就将墓道填满墓门堵上!他们俩人不停地扒沙子,直到次日天亮,外边的工人才赶到,里应外合,打开出口,死里逃生。

司马迁寥寥11个字 他耗时数年沿长城遗迹奔波万里

直面这些艰难险阻,一个人若无勇气与毅力,必视考古为畏途,是无法坚持始终的。从这一点讲,冯永谦能考古六十多年,其毅力与恒心非比寻常。

最有代表性的例子是他的长城考察,为了确证与细化司马迁《史记》中的"燕亦筑长城,自造阳至襄平"这区区11个字的长城记载,他调查了许多年!他调查长城,是沿着长城遗迹走,每天日行约80里,六十多年来,他将中国北方地区这些穿行的长城准确走向全部调查清楚,行程总计何止万里!

这种考察的艰苦是外人难以感同身受的。长城经过的路线都是荒郊野岭,冯永谦一个县一个镇一个村地走来,晚上就睡在老乡家里。为了补实司马迁笔下的模糊一语,冯永谦不知耗费了多少心血。

为编撰四卷本的《东北历史地理》,冯永谦和孙进己等同仁诉诸长达30年的努力,"史海搜寻、田野考察、砚田笔耕……它通过翔实的资料,科学的论证,理清了东北历代建置沿革、城市发展、人口变化、经济形态等,向人们徐徐展开了一幅时空流转、风云际会的壮阔画卷。因此,它的价值是空前的!"冯永谦说,做一件有价值的事,就要坚持到底,精益求精!

专 为考古练成杂艺家 也曾通读《蜀山剑侠传》

所谓"工欲善其事必先利其器",冯永谦认为,历史考古不是一门孤立的专业,而是涉及其他学科的庞杂门类,要想搞好考古学,就要广泛涉猎且精益求精,方能获真知。

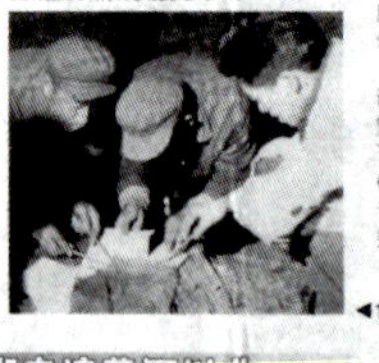

◀1973年,冯永谦(左一)发掘法库叶茂台七号辽墓。冯永谦供图

在冯永谦的"大考古学视野"中,历史学、考古学、传播学、文学、摄影学等学科都是不可或缺的。

因此,除了专业考古书籍,冯永谦还在工作余暇阅读了先秦诸子百家和二十四史,以拓宽眼界。他还看了大量的国内外优秀的文学著作,连《蜀山剑侠传》等神幻武侠小说,他都予以通读,时隔多年,言及其中的精彩章节,仍能娓娓道来。

考古勘察需绘图、摄影,一张珍贵历史图片的价值甚至远超洋洋洒洒的万语千言。为此,冯永谦学测绘、学美术、练绘画、学摄影,阅读了大量的摄影书籍,掌握了不少技术处理与艺术构图知识,还写过摄影专著。为掌握好摄影原理,他还学习了相关的物理与化学知识。

他在专业工作之余,还兼管辽宁省博物馆陈列展览所需的文物摄影与照片放大工作,以及考古队的田野考古调查和发掘、室内文物整理的摄影。当年冯永谦为博物馆和考古队拍摄的大量的古城址、古墓葬、古遗址,如今很多都消失无存了,他当年拍摄的珍贵图片成为"绝版"。

爱 常常单衣走棉衣回 用双脚走遍黄河以北

考古是艰苦的事业,冯永谦把黄河以北的地区都走遍了,仅他调查的古城址就有400多座。

他在法库叶茂台辽墓发现的《竹雀双兔图》与《深山棋会图》是目前国内唯一的两幅辽代绢画,价值不可估量;他在北票冯素弗墓发掘的鸭形玻璃注、铜鎏金包桑木芯马镫等均为国家一级文物,鸭形玻璃注曾亮相上海世博会,堪称"辽宁国宝";他挖掘的绥中九门口长城、丹东虎山长城,不仅填补了中国长城史的学术空白(证明虎山长城乃明代万里长城东端起点),而且为当地赢取了现实的经济效益;他发掘的辽阳倪家台辽东都指挥使司(简称辽东都司)崔源家族墓,证明了东北大地自古就是中国领土,自古就受到中央政府的直接管辖,解决了当时国际史学界争议不休的一大悬案,影响极其深远……

他常年考古在外,经常是穿着单衣走,套着棉衣回。因为换季衣服无法随身携带,到了夏天,妻子给他寄单衣,秋天寄毛衣毛裤,冬天寄棉衣棉裤。"一五计划"期间,连续三个春节,他都是在外地度过的。1992年退休前的那个新年,正逢他发掘丹东虎山长城,他与家人天各一方。

2015年10月份,八旬高龄的冯永谦还应吉林学者张福有之邀请,调查辽太祖灭渤海国的回军路线,调查遗迹几十个,往返路程五六千里,仅登攀地处内蒙阿鲁科尔沁旗的罕有辽代祭祀遗址的乌山,一趟下来就整整一天。

回首自己的考古生涯,冯永谦有两句话常挂在嘴边。第一句话是:"干坐在家里,做不出学问,搞考古的,就得下去走啊!"第二句话是:"都说考古艰苦,可是我一到乡间,就神清气爽!"

其实,他还有一句话没有说出,而是深深埋在心里,那就是他的家风、他受的传统教育、他的考古之旅,使他对这块用双脚丈量的神州大地,用心灵感知的华夏文明,充满发自肺腑的敬意与深沉的爱。

诚 年过八旬著述不断 要把知识传播下去……

作为一代考古大家,冯永谦一生不慕名利,身居陋室著述不断,卧室里的资料、书籍堆到屋顶,几乎每年都有一批高等级的学术论文与专著出版。已是年过八旬的他本该在家颐养天年,但他每年仍出差不断,仅在2015年,他就从年头走到年尾,从学术会议到田野考察,他越老越被社会广泛需要。

外界认可他,不仅因他学识渊博,更看重的,是他为人敬重的品行。

大家唯一替冯永谦遗憾的是,他没有学生,他的儿女也无一人从事考古,没有接班人,百年之后,其学术、事业,何人继承?对此,冯永谦倒也看得开:"我只要留下著作,就能把我的知识传播下去了!"

在几十年的考古生涯中,冯永谦编撰的文字多达几千万字,著作等身,但他还有最重要的著作尚未写成,那是他尚未着笔的学术研究总结,是他对自己一生考古事业的综评,书名都想好了——《冯永谦,考古六十年》!

辽沈晚报、聊沈客户端主任记者 张松

张松在《辽沈晚报》2016年4月15日整版报道冯永谦家风的文章

商越在《辽宁日报》2018年11月11日发表采访冯永谦在义县发现郑和下西洋的手写本记录《天方国志》的文章

大宋奇冤破解记(一)　B12

辽沈晚报 微信:lswbwx 2015.5.7 星期四 策划统筹 黄世明 编辑 黄雪娇 美编 贾舒秋

摆辽渡河

一方古印 揭开千古传奇

□张松

冯永谦先生研读《宋史》，为宇文虚中翻案。　主任记者 张松 摄

宇文虚中铜印现身阿城

彭占杰老家原在齐齐哈尔农村，后在齐齐哈尔市教育局工作。齐齐哈尔地区有金代长城遗址，彭占杰年轻时经常去调查、研究，彭占杰喜爱历史、进而喜好收藏。他自己掏腰包从事考古研究，付出了无数精力、时间和金钱。但天道酬勤，取得了不少成果，写了很多关于金长城的文章。

彭占杰收藏古旧印章多年，在收藏界内颇有点名气。1997年8月，黑龙江省收藏协会在哈尔滨召开换届选举大会。这时，彭占杰已在上海定居，作为该协会理事，彭占杰从上海赴哈尔滨参加会议。正是在这次换届大会上，彭占杰喜获这方"宇文虚中铜印"。

当时，一位来自阿城市的老农民，见到了正在开会的彭占杰。称自己手中有其父几十年前收存的两方铜印，可以转让给他。这两方铜印摆在彭占杰眼前，立刻吸住了彭占杰的目光！此印锈迹自然，红斑绿锈天成，苍然古旧，显然为长期传世之真品。虽然此时彭占杰尚摸不清此印主人是谁，有何来头，但凭借自己几十年的眼力与感觉，彭占杰当即买下此印。两方印中，其中一方正是"宇文虚中铜印"。

宇文虚中曾在金初时的都城会宁府(即后来的金上京)为官，后也被杀于会宁府。金代的会宁府在今黑龙江省阿城市，其都城遗址就在阿城城区之南的1公里处，现"金上京会宁府遗址"早经国务院批准公布为全国重点文物保护单位。从事后的角度看，这位阿城县老者手中藏有"宇文虚中铜印"，与这位历史人物生前经历的时间、地点完全吻合。

2013年秋，黑龙江省收藏协会常务理事彭占杰带着一方既小又锈的铜印，专程来沈阳拜访著名考古学家冯永谦先生。在此之前，就这枚铜印的真伪、来头、价值，彭占杰曾找过几位知名学者甄别鉴定，所获答案均模棱两可。但这未能令彭占杰热情消减，反而进一步激发起他探究此印章真相的积极性与好奇心。考古六十年、鉴宝无数、曾任中国辽金史学会会长的冯永谦，一眼就看出彭占杰带来的铜印非同小可！

此印主人，竟然是一位震古烁今却鲜为人知的一世人杰，是宋末金初时期一位比岳飞更传奇、结局更凄惨的悲情英雄。此人名为宇文虚中，彭占杰收藏的这方铜印，正是宇文虚中"卧底"金国时特制之印！时隔千年，才由冯永谦解读出深藏其中的历史玄机。

宇文虚中铜印印面人体形及印文布局。　冯永谦 摄

宇文虚中铜印正常钤出的印模。　冯永谦钤印

品鉴古印 专家众说纷纭

得到此印后，彭占杰拜访了一些学术界的名家，请其品鉴此印真身。但从1997年到2012年的这15年间，专家们看来看去，却没有人给出一个明确说法。有人认出此印的主人乃宋末金初的宇文虚中，但可能是对此人身世了解甚少，故未引起注意。另一方面，此印虽是真品，但又小又锈，品相一般，而宇文虚中又非家喻户晓的知名人物，无论从收藏增值的角度还是从学术研究的角度，这方铜印究竟能有多大的价值呢？

如此一来，对此印内在价值的认定便一拖再拖，存在的问题始终未得到解决。直到2012年秋，事情才发生了转机。当时，彭占杰来沈阳拜访冯永谦，提起自己收购的这方铜印，还随身带来一张"印模"和铜印照片。冯永谦只看了一眼，就认出铜印上篆刻的古怪文字乃"宇文虚中"四字，并指出了宇文虚中在宋金时期是怎样一个人。

冯永谦告诉彭占杰，宇文虚中是宋末金初时期的高官，也是一位文坛名家，在历史上颇有名气。讲宋、金史时绕不开宇文虚中，讲文学史时也必提到他，不可漏掉。这方铜印虽然材质平平，品相也乏善可陈，但却是一方"名人之印"，是极有收藏价值的。只是，彭占杰带来的印模不甚清晰，照片拍摄的角度也不够专业，如果想做进一步的鉴定与评判，还是看实物为好。此外，冯永谦还建议彭占杰写篇文章，发表在专业文物杂志上，以便引发更多的业内人士对这方古印的关注。

2013年秋，彭占杰再赴沈阳。这次他带来了这方铜印实物，让冯永谦亲眼过目。冯永谦过去曾担任辽宁省博物馆和省文物考古研究所的摄影工作，因此这次他按文物摄影的要求，从专业角度对铜印进行了拍照，又用宣纸钤印了不同印面。最后，彭占杰请冯永谦就此印写一篇考证文章，介绍给学术界。两个月后，冯永谦的宇文虚中铜印考证文章写成，有一万五千多字，并于2014年4月寄给《北方文物》。该文于今年一期发表，经压缩现文长八千余字。从那以后，关于此印的消息渐渐传播开来，已有人登门造访，欲从彭占杰手中购得此印。彭占杰也不免犹豫起来，这方貌不起眼的小小铜印，到底是卖，还是留呢？

造型奇特 暗藏千年悬谜

在见到铜印后的这段时间内，冯永谦深入研究有关宇文虚中的历史讯息。随着掌握资料的增多，了解得越深入，他越发感到，宇文虚中的事迹虽不为后人所识，但细细品来，却大有奥秘。

冯永谦介绍说，宇文虚中铜印，系青铜铸制。其形状有异于常印，为前宽后窄。

从印面构成看，一般印章外缘都有"印边"，而此印却不具备。并且印文四周罩以人形，其体征明显，造型十分逼真，其当有较深含义。由于此印整个设计奇特，包括印体与印文，俱有异于常式，故如此结构之铜印实属罕见。

就这方"宇文虚中铜印"的特殊结构与样貌，冯永谦做出如下分析：此铜印的特殊形状，与传统印章皆不相同，有悖常式，总体来看，这不是印章的正常形状。如此奇特诡异，当是含有深意的设计。此印前宽后窄，前高后低(即前厚后薄)，为大头小尾形式。前后两端向外凸出，形成漫圆，这是一具"棺"的形状，正是我国中古时期棺的流行样式。因此，它是一件少有的"棺形"印。

其次，印文"宇文虚中"四字，置于着官服的人形体内，这种印面形式很奇特，不类常印，亦具有深层的寓意。此人形体表现完整，头戴展翅冠帽，身穿官服，足登筒靴，俨然是当时一朝廷官员之形象。书有"宇文虚中"四字，这是实指，告诉人们此像就是"宇文虚中"本人。实际上，印章有名字就可以了，不必再做这种装饰。所以如此，恰是此印的奥秘，折射出宇文虚中的深意，正是他的良苦用心所在！

第三，此印没有印边，这也应有一定涵义。中国印章兴起较早，已形成传统。治印时均遵守这个规律，一般白文印，因系满地，没有印边自古皆然；而朱文印，由于文字纤细，如不加印边，即收拢不住，使印章文字显得分散而不凝重，故朱文印章均加印边。此印中间虽有人形及文字，但印的四边向上回缩，故在钤印时无法获得印边。这种情况，显示出此印的主人不受约束的心态，不接受收拢之意。

第四，印面的人形具象，虽然外表看似官员装束，如按当时社会的规范要求，当具备一定的仪表和威严态势，但此像却有扭曲之处。仔细观察，人像是站立状，双臂下垂。但在腰腹部，于肘间两小臂外伸，这种情况有异常规。如若大张双臂，应是自肩部外展，这是正常生理现象，日常即可见到。而小臂外展者，却无此形态，因其不合生理特点，无法平行外展。此印人形表现特殊，双小臂在腰部外伸，而上臂贴身不能动，只有小臂伸出，显示出一种捆绑状态，似暗示印章主人于困境挣扎又极欲挣脱的心理状态。

第五，印柄短小，且下宽上窄，当用印时，从左右两侧用手指无论如何用力拿捏，都会脱手，无法将印提起。作为印章使用来讲，不能提拿即无法钤印，这是很奇怪的现象。

第六，一般铜印在印柄顶部都錾出一"上"字或个别印章錾出能表示用印方向的符号。而此印则不然，两者均未采用，是于顶面錾出一个其状为侧视的棺形。棺盖上面略上突，前后两端下部内收，平底。而棺内躺卧一人，形体清晰，头、身、双腿可见，但在人颈、腹部各有一道捆绑的绳索，十分明显。这个印柄顶部所錾内涵的寓意，不言自明，是深思的设计，其用心非常清楚。

传奇英雄 结局惨比岳飞

如果仅仅是印章造型奇特，还不足以令冯永谦对其刮目相看。冯永谦向彭占杰详解道，此印主人宇文虚中是宋末金初时期，一位功绩不逊岳飞的传奇英雄。这方古印所呈现的种种怪异样貌，恰是宇文虚中难言心曲的形象再现。

冯永谦表示，如果当年宋徽宗能听宇文虚中一言，不要贸然联金灭辽，就不会有后来北宋的亡国之恨，靖康之耻；如果不是宇文虚中甘冒风险，亲赴敌营要回康王赵构(后来的宋高宗)，南宋的建立很可能便化为泡影；如果不是宇文虚中"卧底"敌营，不断为宋廷通风报信，并极力阻挠金军南侵，脆弱的南宋小朝廷还不知要惨遭几多战祸兵灾……

而正是这样一位不惧风险、不避毁誉的国之栋梁，就在他策划劫持徽宗、钦宗南返并弑杀金主成功在即之时，却被宋高宗与秦桧联手出卖了！宇文虚中最终的结局惨不忍睹，一代忠良粉身碎骨，其全家老幼百余口同一天被活活烧死……历史记载：那一天，"天为之昼晦"，风云为之变色，天地与之同悲！更令人扼腕的是，直到千年后的今天还认为他是投敌变节的叛臣，也没有人正式为这位顶天立地的华夏大英雄撰文著书，平反正名，这又是一种怎样的历史悲怆?!

下期预告：完颜阿骨打创建的大金国崛起于白山黑水间，以摧枯拉朽之势撼动着摇摇欲坠的辽国根基。在这天下大势发生地动山摇的巨变时，宋徽宗与一班权臣热血沸腾，欲与金国联盟共灭大辽。关键时刻，宇文虚中挺身而出，力陈宋与金合作，无异"与虎谋皮"……请看大宋奇冤破解记之二——结盟埋祸，皆因未听一人言。

张松在《辽沈晚报》2015年5月7日发表根据冯永谦研究文章写成的连续报道的文章（五版之一）

摆渡辽河

2018.12.6 星期四 首席编辑 陈薇 首席美编 任兰君 辽沈晚报 16

"金庸与北票"的岁月情缘

自金庸先生10月30日谢世至今，已一月有余。金庸笔下的"传奇慕容"也赴港祭悼，龙城默哀……最后发声的则是辽宁北票——辽西的一个普通的县级市。

北票发出的纪念金庸先生的文章，是以即将成立的"北票历史文化研究会"及"北票南八家子乡文化旅游促进会"的联合名义发出的。北票的这篇文章在为期一月的"金庸纪念"即将收尾、香港的"金庸纪念馆"即将闭馆之前发出，显得格外的郑重，散溢着别样的抒情。

辽史权威专家冯永谦认定萧峰原型

北票这篇亦书亦信，覭似迟来，却恰到好处的挥洒文字，终将"金庸与北票"间的"两个意外"一笑化解！这两个"意外"是：金庸深知萧峰原型取自大辽宋国王耶律仁先，却不知他是北票人；北票文化界了解耶律仁先是本土的地方名人，却不知他竟然是金庸力作《天龙八部》中的大侠萧峰。

当年于北票莲花山主持发掘耶律仁先墓的辽宁资深考古学家冯永谦先生，经仔细研究、文本比对，终于表态：《天龙八部》中的大侠萧峰，其原型正是光耀《辽史》的大辽名臣耶律仁先。权威专家开口，意义非同凡响。

"萧峰是北票人"之说，起自2016年见于本报"摆渡辽河"版面的文章——《<天龙八部>"北乔峰" 葬身北票莲花山》。

作者依据多年对《辽史》的研究与心得，经实地考察探访，通过大量资料的收集、考证，写成的一篇深度分析文章。但百密一疏的是，他没有读过《天龙八部》原著，未去搜寻书中至关重要的段落细节。文章发出后，舆论哗然，人们半信半疑，不少人以为是赚噱头、蹭热点，不以为然，一笑置之。

两年后，在金庸先生谢世的消息传来，在其笔下"南慕容"集体回龙城（今辽宁省朝阳市）祭先祖、续族谱之际，金庸有关"北乔峰"身世的文本记录，十分意外地被相关研究人士发现。于是，谜底揭晓，真相大白，"大侠萧峰为辽宁北票人"一说，便不再是作者的一家之言，不再是猜想，而成了水落石出的确凿事实了。

有人会问，如此重大的发现，为何不征求权威辽史学家的意见？为何要等两年之久？这涉及一个严肃而敏感的"业内行规"问题。"萧峰是北票人"之论，就算专家认可，一般也不会明确表态，至少不会公开说。

因为，历史学者、考古专家的研究，是建立在历代传下的原始资料及实地的发掘发现基础上的，有一说一，不可推测。而金庸的作品，无论他取撷了多少历史元素，终究是愉悦大众的小说读本，不是严谨的学术。所以，文史考古学者不会刻意为金庸站台，而金庸也无意为自己热卖的小说挂上学术名头，双方各取所需，心照不宣，至于广阔无垠的文外之意，笔下之情，就只能留给有缘之人，有心之人了。

如果，谁非要较真，硬要在北票耶律仁先墓中找到所谓的"萧峰证据"，那反而成了滑稽可笑之事了。

需要强调的是，文史考古学家的意见必须尊重，但这些人与他（她）们的学术，终究是小众与窄圈的，而包括文博考古在内的包罗万象的各种文化形态，则是大众与宽界乃至无界的。

或许，《甄嬛传》《如懿传》《延禧攻略》等时髦流行剧，在学者眼中是禁不起推敲的，是不入流的，但谁能否认这些快剧、快餐文化，对清宫秘史深入人心的推广普及？而让每天为生计奔波的普罗大众去读枯燥、生硬、艰深的《清史稿》《清实录》，不公平，更办不到。以此类推，金庸的武侠小说，也大同小异。

有人会问，"萧峰是北票人"之事，就算专家们出于种种顾虑，不予表态，那问问大辽耶律、萧氏后人，总可以吧？问题是，大辽后人虽在，但已无人姓耶律、姓萧了，就算他（她）们知晓此事，这个头也没法出了。

大辽亡国后，除随耶律大石远赴中亚的未改姓的契丹族人外，留在本土的契丹皇族为避祸，纷纷改姓。如在金代，耶律氏改为移剌，萧氏改为石抹。元代名臣耶律楚材，可能是有史记载的"最后的耶律"了。

现今，大辽皇族后裔已融入各民族：如锡伯族里的伊拉丽氏、满族里的部分舒穆禄氏、辽南（如金州地区）的某些汉族徐氏，特别是聚居滇西（如云南保山施甸县）的阿、莽、蒋及部分杨氏（如杨善洲）等。

大辽后人犹在，但辽人名姓已改，让他（她）们去找萧峰，找回那段久远的故土记忆，所谓"名不正则言不顺"，实属勉为其难。

在金庸先生谢世的前后，慕容家族赠书画、敬挽联、送花圈，集体致敬默哀，含有一层深意：我们的名姓还在，后人还在，血统还在，传承还在。

北票南八家子乡文化墙上的"萧峰故事"。 李秀华 摄

考古学家冯永谦在北票莲花山耶律仁先墓地考察，确证此人便是萧峰的历史原型。辽沈晚报、聊沈客户端主任记者 张松 摄

《天龙八部》文本还原萧峰真实身份

有人曾质疑：历史上，大辽宋国王耶律仁先救辽道宗耶律洪基，确有其事，但金庸先生怎么就能想出这样一个桥段？金庸先生果真了解这段史实吗？作者的构思与真实的历史，就不能巧合吗？还是让小说本身来回答吧。

在《天龙八部》之"金戈荡寇鏖兵"一章中，金庸先生用几万文字生动描述了那段惊心动魄的辽廷政变，仅背景交代，就用了整整一页篇幅，而且是白话版的"辽史照抓"！正方的耶律洪基，反（叛）方的耶律重元及其子涅鲁古……名，都一字不改！

这说明，金庸不仅知道耶律仁先的生平事迹，而且非常了解，做过专门的深入研究，所下工夫之深，非比寻常。

或许还有人心疑：就算金庸很了解耶律仁先，就能保证耶律仁先等同于萧峰吗？还是让小说来回答。

如果金庸仅仅是借用《辽史》中这样一件事，重心不在耶律仁先，只是为了借历史增加小说的底蕴厚度，那么，他完全可以让耶律仁先与辽道宗耶律洪基、叛乱者耶律重元与涅鲁古父子等，一道真名出现，设计一节萧峰协助耶律仁先救辽帝的精彩桥段。可是，在金庸笔下，如此关键的、不可或缺的、又是他必然熟知的耶律仁先却一字不提，而让他化身为"大侠萧峰"！

金庸先生的卓越之处在于：他没有把《天龙八部》写成《耶律仁先传》，而是由此放展生花妙笔，纵横天才想象，设计出血战雁门关、斗法少林寺等段落，萧峰在前，耶律仁先在后，真假互映，虚实相衬，环环相扣，波澜纷呈，大师之匠心，由此可见一斑。

不过，金庸熟知耶律仁先，黄日华演活了大侠萧峰，但他们可能真不知道萧峰是辽宁人，葬于北票莲花山。这就为后人的寻找，留下了意味深长的伏笔。

对此，辽宁方面不是没有觉察。除了2016年刊载于本报"摆渡辽河"版面的那篇揭秘文章及记者调查外，大打"辽文化牌"的辽宁法库，很希望萧大侠是法库人。按法库人的敏锐与超前意识，若果真如此，萧峰的塑像，早就立在法库大辽白鹤楼前。可惜，不是。

今年，康平人想借一处辽代萧氏后族墓葬遗址的发现，请萧大侠落户康平，并终于请出地方学者，为萧峰发声，心意拳拳。遗憾，不是。

同样在今年，传奇的慕容后人千年现身，他们策划写给金庸先生一封信，求问"慕容复"的形象原委，顺带提提"北乔峰"，希望有朝一日，"南慕容""北乔峰"相聚龙城北塔之下，成就一段岁月佳话。痛心，大师先行一步。

而在萧峰的故乡，底蕴深厚的北票，更没忘却金庸先生的一番深情厚谊，南八家子乡将萧峰的故事印在了乡里的"文化墙"上，一组壁画，流光溢彩。

那个乡，也是慕容的故乡，今天，又迎来了北票人英雄的萧峰！真是岁月不老，光阴有情。

北票历史叙说中华岁月长

北票这个地方，历史特别厚重。上亿年的光阴，无数时代、朝代的交错重叠，使这里的山川草木、花鸟鱼虫，都积淀着与众不同的深沉。

当文化热潮兴起神州，全国都在抢资源、争光阴，甚至为了一点小小的历史发现，都欢呼雀跃，成文著书，诉说不休之时，北票人则显得悠远而静长，因为对他（她）们来说，许多人与事，早就司空见惯，见奇不怪了。

北票打出的文化品牌，几乎清一色是"世界级"的：世界上第一朵花（中华古果）盛开，第一只鸟（中华龙鸟）飞起的地方！——言下之意，北票是世界生命的起源圣地。

需要注明的是，这么重的话，不是低调的北票人自己说的，而是出自国内外权威专家之口，不仅说了，还反复说，并大说特说！

在中外古生物界，不知道"北票"二字，是丢人的事；不了解北票古生物的历史，就得回炉重学。

不知多少有造诣的国内外古生物学家，发迹于北票，成名于北票。北票今天力推的地方文化名人主要有三位：一是蒙古族文学大师尹湛纳希；二是抗日英雄裴天林；三是解放北票的乌兰司令。

乌兰司令的名号，很多外地人不了解，但她儿子安吉斯演的一部电影却是几代人刻入骨髓的流金记忆：小兵张嘎。

但是，北票的历史，仅限于此吗？

这几年，北票人终于知道，1500多年前从北票走出的三百名北燕冯氏王族，是如何在岭南大地建功立业、名垂青史的；终于知道，大名鼎鼎的"岭南圣母"冼夫人，原来是地道的"北票媳妇"。

世人皆知的大唐名宦高力士（冯元一）也是北票人，而且高力士自己也认这个账。他的墓志铭上，起首就四字："北燕苗裔"。

上海世博会、央视"国家宝藏"节目，在成千上万、价值连城的辽宁国宝中，百里挑一地选出了北票冯素弗墓出土的鸭形玻璃注与鎏金马镫，作为至高无上的"辽宁记忆""东北记忆""中国记忆"，这是光阴的选择。

北票，不仅是岭南望族冯氏的故乡，还是金庸笔下"传奇慕容"的起家地。慕容五国，所出帝、王、可汗、大首领，达四十余人，其疆域与影响力，纵贯整个南北朝，覆盖整个北中国！

而今，多少当年叱咤风云的北方名族均已改姓，但慕容王族名犹在，他们已经回归龙城朝阳，正准备回归更早的故乡北票，带回他们创立的丰功伟绩。仅仅一条慕容吐谷浑所创的"丝绸之路"，就不知要讲到何年何月。

即将回归的慕容氏，早晚会告诉今天的北票人：北票这块土地，有个上天赐予的尊贵名字：慕容——"慕二仪之德"的"慕"，"继三光之容"的"容"。

如此丰厚的文化资源，如此令人艳羡的历史底蕴，换作任何一个地方，都会令人血脉贲张，心跳加速，但对北票，这仍然是局部。

在北票无限纵展的文化版图中，她的终极指向，居然点中了红山文明，居然靠近了"颛顼之墟"，连带了"三皇五帝"。

在这无比纷乱，几乎令人应接不暇，以致无所适从的文化信号中，大侠萧峰又认祖归宗，"南慕容""北乔峰"，竟然皆是北票人，金庸的《天龙八部》，可视为一部量身定做的"北票英雄传"！

生命起源、帝王风水、大侠故里、英雄之乡——惊天动地的传奇，无与伦比的感动！这，就是北票，实至名归的"大东北历史文化第一县"。即使论剑全国，以其非同凡响的光阴的重量，谦虚点说，至少不出前五名。

辽沈晚报、聊沈客户端主任记者 张松

版权所有 违者必究

总 值 班：贾敬伟
一版编辑：赫晓利
一版美编：冯 漫
图 编：王春舒

零售专供报

总第8510期 社务管理部：22698080 编采管理部：22699233 发行部：22853760 广告部：22699260 订报热线：22895302 22699261 社址：沈阳市青年大街356号 电报挂号：1032 邮编：110003 广告经营许可证：辽工商广字01—257号 印刷：辽宁金印文化传媒股份有限公司 零售价：1.00元/份 订阅价：300元/年

张松在《辽沈晚报》2018年12月6日发表得到冯永谦认可其发掘的北票辽耶律仁先为金庸笔下萧峰原型的文章

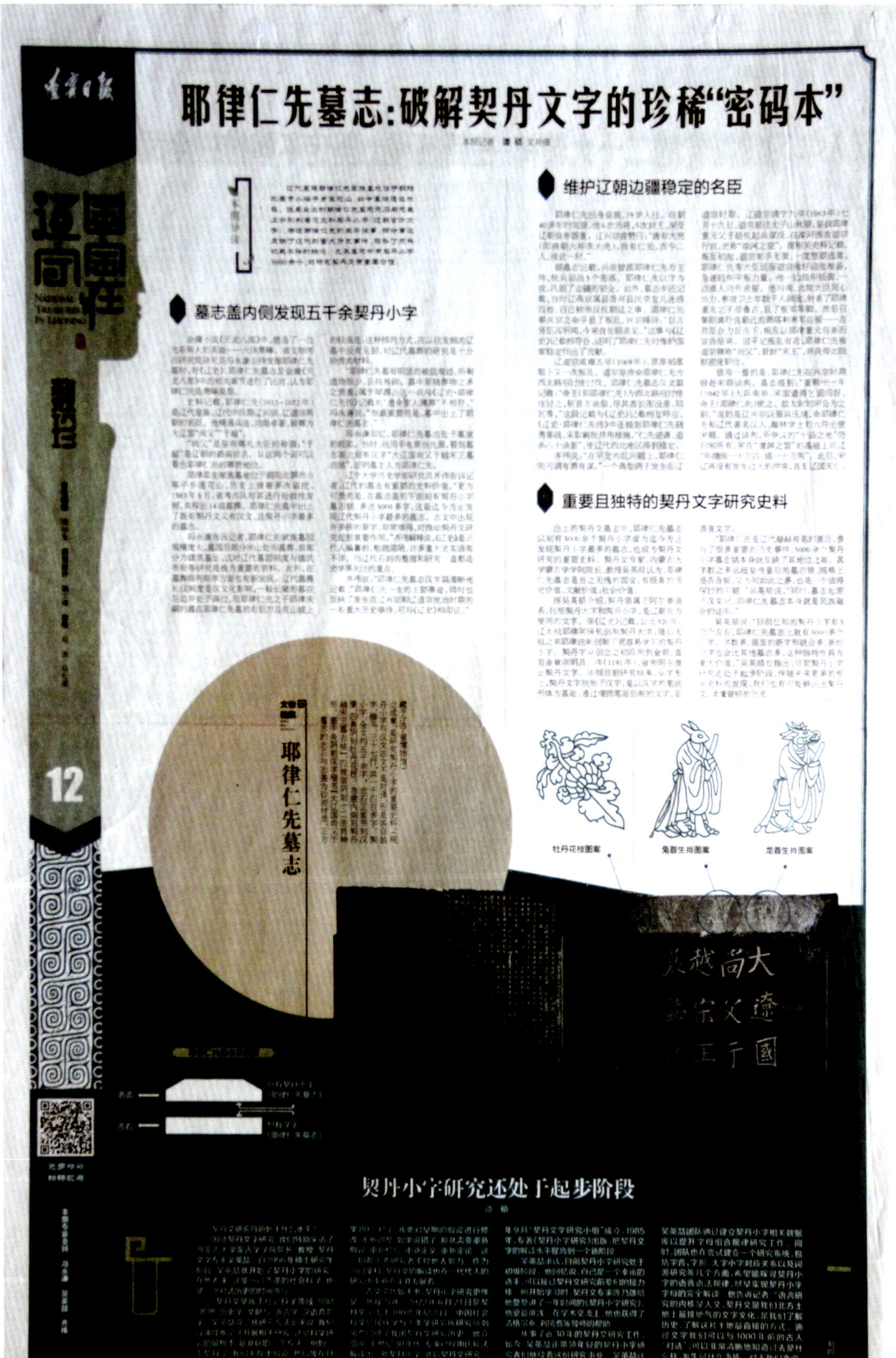

辽宁日报

耶律仁先墓志：破解契丹文字的珍稀“密码本”

墓志盖内侧发现五千余契丹小字

维护辽朝边疆稳定的名臣

重要且独特的契丹文字研究史料

耶律仁先墓志

牡丹花枝图案

兔首生肖图案

龙首生肖图案

契丹小字研究还处于起步阶段

12

谭硕在《辽宁日报》2023年2月24日发表采访冯永谦发掘北票辽耶律仁先墓出土契丹小字墓志铭的文章

辽宁著名考古专家冯永谦对耿文东所收藏的3000多件铁器进行鉴别整理

我县辽金元铁器博物馆筹建工作启动

本报讯 （记者 孙国明） 近日，我省著名考古专家冯永谦莅临我县，对我县民间收藏家耿文东所收藏的3000多件铁器进行鉴别、断代、分类、整理……这标志着我县辽金元铁器博物馆筹建工作正式启动。

耿文东自幼喜欢收藏，多年来，他走遍了阜蒙县的村村屯屯、沟沟壑壑，收藏了大量的石器、陶器、瓷器、玉器、木器、铁器……其中，仅铁器就有3000多件。据冯永谦初步鉴定，这些文物最远可追溯到新石器时代，囊括了从辽金元代至明清等多个年代。耿文东所收藏的这3000多件铁器大致可以分为农业用具、生活用具、铁用具、铁兵器、铁刑具、经济类铁器等6大类、50多项。冯永谦说，耿文东所收藏的这些文物数量之多、种类之全，这在全省收藏界也是首屈一指的，足可以建一座规模较大的博物馆。

冯永谦从事文物考古调查、发掘和研究近60年，现为辽宁省文物考古研究所研究员，中国考古学会、中国古陶瓷研究会、中国民族史学会会员，中国长城学会理事，中国辽金及契丹女真史研究会常务理事、秘书长，《辽金契丹女真史研究》杂志常务副主编和《辽海文物学刊》杂志责任主编。他对耿文东决心建一座铁器博物馆的义举深感欣慰，给予很高的评价。他说，铁器因其易腐蚀、不便保管、没有升值空间等诸多因素，在国内外很少有人收藏。然而，耿文东却乐此不疲，所收藏的铁器几乎囊括了历朝历代，填补了我省收藏界的空白；同时，耿文东收藏的这些铁器文物全部收集于阜蒙县，对研究全县辽金元等时代的历史和文化都具有极高的参考价值。不过，有些民间的收藏者由于不太懂得收藏知识，因此人为破坏相对严重，让人痛心不已。保护古文化遗存，让人们了解必要的收藏知识，势在必行、迫在眉睫！这也是耿文东之所以决心极力筹建博物馆的原因。如果这个博物馆建成后，对于提高阜蒙县知名度，拉动地方经济的发展也会有一定的推动作用。

对此，耿文东信心满怀地说，他不但要建铁器博物馆，将来还要用他所收藏的文物建红山陶器博物馆和民俗博物馆。

因耿文东所收藏的铁器文物以辽金元时代的居多，所以冯永谦建议这个博物馆暂以"辽金元铁器博物馆"命名。目前，在冯永谦的帮助下，筹建工作正在有序进行中，预计将这3000多件文物全部鉴定整理完毕大约需要两个月的时间。

副县长潘德成将于十二月十七日接听县长公开电话

孙国明在《蒙古贞日报》2011年12月15日发表冯永谦对大量辽代铁器进行鉴定整理的文章

辽宁文物修复科研人员推出科研成果

金属文物保护有了新方法

本报记者 杨 竞

11月4日，记者从中国冶铁历史博物馆文物修复中心获悉，中国冶铁历史博物馆文物修复中心科研人员研制出一种"金属文物保护剂"，使铜、铁类文物保护有了新方法，使金属文物的保护工作迈上了一个新台阶。

辽宁省文物考古研究院研究员、85岁的考古专家冯永谦对记者说，据调查，在我国馆藏文物中，有50.66%的文物存在不同程度的腐蚀损害。无论博物馆收藏的文物，还是考古研究院发掘出土的文物，都会遇到一个问题，就是如何延长文物的寿命，因为文物在不同的湿度、温度中会受到不同程度的损坏，如何保护好文物始终是文物考古与博物馆从业者面临的一个重大问题。

文物是历史的见证，是人类技术和文化的结晶，是人类创造活动的实物

喷有金属文物双重保护膜的汉代铜壶实样。

遗存，是珍贵的研究材料。作为中国冶铁历史博物馆文物修复中心特聘专家，一辈子都在从事考古工作的冯永谦，对金属文物保护有了新方法特别欣喜。

冯永谦说，在出土文物中，有数量较多的金属类文物，其保护工作一直存在很大的问题。尤其是铁器，保存很不容易，随时随地都有掉渣现象，自损程度惊人，经常残坏，缺乏成功的保护手段。总的来说，过去对金属文物的保护及研究不够，使得金属文物腐蚀损害不能得到有效的遏制。过去人们将铜铁类文物的腐蚀残坏"误诊"为氧化的结果，其实这种认识是不准确的。经科学检测发现，自然环境中真正破坏和腐蚀金属文物的根源是微生物菌群在器物上的活动，衍生繁殖造成文物腐蚀分解，而逐渐损毁。比如，青铜器滋生的微生物有铜绿假单胞菌、铜钾氯细菌等；铁器上滋生的微生物有氧化铁杆菌、氧化亚铁硫杆菌等。各种细菌、微生物才是导致金属文物腐蚀损毁的根本原因。中国冶铁历史博物馆文物修复中心科研人员与专家任春山一道研制发明的"金属文物保护剂"具有双重保护作用，既能杀菌防腐，又能抑制锈蚀的发生，其保护效果可达100%。创造了金属文物新的保护途径和方法。

任春山说，他们团队于2016开始多次去西安、湖北等地博物馆考察，多次实验、多次失败，终于研制出"金属文物保护剂"，文物修复中心的每一位专家都为文物保护贡献了自己的力量。

冯永谦说，当前，国家高度重视古代文物的保护工作，先后出台了"指导意见"和相关政策、法规。从中可以看出国家对文物保护的重视，对文物的保护是对历史、文化的保护，是对社会共同记忆的保护，也是对优秀传统文化的传承。

杨竞在《辽宁日报》2020年11月10日发表采访冯永谦经多年试验取得成功保护金属文物新方法的文章

辽宁日报 发现 15

考古专家冯永谦证实——

冼夫人的夫君是辽宁北票人

□本报记者 王岩峋

王岩峋在《辽宁日报》2016年7月29日
记者采访冯永谦报道书影

84岁的考古人冯永谦用双脚丈量历史——

我尝过古墓里的辽代老酒

今年84岁的冯永谦，是新中国第一代考古人。60多年的考古生涯里，冯永谦的足迹遍及辽金所辖的广大地域，调查的古城址有400多座。两件曾轰动全国的文物：辽代绢本画《深山棋会图》和《郊原野趣图》，也是他发现的。

想说爱你不容易

卢立业在《辽宁日报》2018年8月16日记者采访
冯永谦整版报道书影（选半页）
（其他报道文章太多，以下从略）

辽宁老年报 2023.9.14 星期四
编辑：高洋 美编：李慧颖
电话：(024)22834573 投稿信箱：lnlnbs@163.com
特别报道 3

冯永谦：为东北古代长城著书立说

□ 本报记者 王梅芳

人物档案

冯永谦，1935年12月生，辽宁沈阳人，省文物考古研究院研究员，中国考古学会会员，中国民族史学会理事，中国长城学会理事，中国辽金及契丹女真史研究会会长，吉林省社会科学院特邀研究员，辽宁大学客座教授。从事文物考古调查、发掘和研究60余年。

冯永谦出版自撰和主编专著20余部，发表学术论文200余篇，已出版的代表作有《中国陶瓷全集》中的《辽西夏金卷》及《东北历史地理》《东北考古研究》《北方史地研究》《红山文化玉器与新品鉴考》《辽代铁器考古研究》《法库县文物志》等。

冯永谦近照

去年底，冯永谦撰写的包含1780张照片、80多万字，分为3册的考古研究成果《东北古代长城考古调查与研究》由辽宁教育出版社出版发行。随后，冯永谦又投身到与《东北古代长城考古调查与研究》同样篇幅的《东北古代城址考古调查与研究》写作之中。就在今年4月初，他与几位研究者考古调查辽代皇帝春捺钵的行经路线，行程8000里，取得了翔实的实地调查第一手考古资料。

《东北古代长城考古调查与研究》全书1900余页，将分布在东北的包含过去几乎没有人知道的长城进行了系统研究。在写作这部书时，他实地走访、认真观察、问询情况、搜集资料，用双脚一步步丈量，终于将山野里的长城找出来，并且对这些不同时期的长城进行研究。

在此前对东北长城的研究中，关于燕、秦、汉时期和明代长城研究较多，其他时期的鲜有介绍。在这部书中，冯永谦一一辨别东北各地长城的历史时期，考证了这些长城确凿的年代。

当年偶遇一生寻

1995年12月25日，冯永谦退休了。退休后，他买了一部数码相机，在以后20多年的时间里，他频繁地、长时间地带着课题项目外出，西到青海、陕西，南到云南、广东，尤其是东北三省和内蒙古自治区东部的地区走得更多，并在调查中拍摄所需的照片。到现在为止，他拍摄了20多万张照片。这些照片成为冯永谦长城考古调查和写书时的重要素材。

冯永谦是做考古工作的，但他酷爱摄影。从1954年开始，他在完成本职考古工作任务之余，还兼任所在单位东北文物工作队发掘工地现场的摄影和室内整理的文物摄影，后又为东北博物馆（今辽宁省博物馆）做这项工作，因此各处考古发掘现场和博物馆展览所需照片，很多都由冯永谦在业余时间里进行拍摄、冲洗、印放。冯永谦这样工作了30余年。但是，他当时拍摄的关于长城的照片都交给相关单位存档了，现在手中无存，书中照片基本是他退休后调查时拍摄的彩色照片。

冯永谦第一次看见东北古代长城是在1956年11月，那时他在建平县调查张家营子墓葬和位于朱碌科镇的辽墓。冷风衰草，颓石坍墙，他认出这是长城。出于考古者的职业素养，他不自觉地沿着古长城走了下去，走得越远越觉得震撼。打那以后，冯永谦在考古工作中就格外关注古代的长城。

冯永谦是如何发现长城的？最早的长城的修筑时间距今已几千年，经过古代战争摧残、风雨剥蚀和人为损坏，有的甚至不复存在。过去关于长城的文献记载很少，很多是简略地一笔带过，没有具体论述。冯永谦调查和发现古代长城，只能依靠在茫茫大地上来回往复地走着，观看地形的变化，细心查看地面上有无些许的迹象，看到遗迹再去分析、辨别，然后确定是否为长城。除了掌握文献资料外，每到一地调查，冯永谦会首先访问一些当地老年人，用“石龙”“土龙”“黑土龙”“黑地龙”或“旱龙道”这样的民间俗称进行询问，通过这种方式他在现场发现了多段被岁月掩埋了的长城。

多年考古累素材

如今，冯永谦写就的《东北古代长城考古调查与研究》，是他经过60多年调查研究不断积累的成果。

提到东北长城，很多人想到的是绥中的九门口水上长城和丹东的虎山长城。这两处长城都是由冯永谦主持考古发掘，后经修复的。

九门口长城是明万里长城线上唯一的一座水上长城，也是我国长城建筑史上罕见的奇观。经国家文物局批准，由冯永谦任领队，从1986年至1989年，连续4年主持考古发掘工作。

1990年至1994年，经国家文物局批准，冯永谦任领队，主持对虎山长城遗址进行的考古发掘。考古发掘期间发现的大量遗迹遗物可以确切证明虎山南麓就是明长城的东端起点。

冯永谦调查研究长城的贡献还有很多。譬如他提出，对东北长城的研究不能只讲燕、秦、汉时期和明代的，那是不完整的，他将各地长城区别出来：燕秦开却胡后，筑有燕北内长城、燕北外长城，秦长城，前汉初年长城、汉武帝弃十八县后长城，后汉长城，西晋长城，前燕长城，北齐长城，北周长城，隋长城，高句丽长城，渤海长城、东夏长城，辽长城，金岭北长城、岭南长城，明长城等18个不同时期和地域的长城。同时还指出清柳条边（清政府17世纪后半期于东北兴建的堤防壕沟）虽与长城有相似处，过去多有混淆，但不是长城。在书中，冯永谦将这些皆网罗在内，有的长城至今仍不为人所知。冯永谦调查考证古代长城，征引丰富，论据严密，书中既有历史文献又有考古调查，准确可信，让读者耳目一新。

冯永谦从事考古工作后，凡遇到古代遗迹就仔细考察，并拍片画图，做文字记录。对长城更是如此，他积累了大量关于古代长城的珍贵资料。很多没人去过的有长城的地方他都去过，还拍摄了很多照片，这些都是十分难得的影像资料。冯永谦还写了很多文章，对东北长城作了很多补充，不断丰富我国的长城学术研究。

卷帙编成完夙愿

冯永谦的《东北古代长城考古调查与研究》分为上下两卷。上卷两册主要写考古调查发现的长城，是了解长城和研究长城最基础的资料，介绍了经考古发现的长城遗址分布在今天的什么地点，然后配发记录长城形态、表明现在保存状况的照片，给人以直观的印象。下卷是冯永谦多年来研究长城所发表的论文，对东北地区的历代长城基本上都有论及，时间跨度长达几十年。

在写作这本书时，冯永谦很少休息或做其他事情。“虽然过去已有些文字积累，但若成书那还是远远不够的，必须从头做起，而且还要认真比对各种材料，加以考证。”冯永谦说，这部书文字量大，照片更是重要的组成内容，“我要以照片证史、存史，所以照片的选择更显重要。”

编辑照片时，冯永谦从20多万张照片中选出1780张，颇为费时，而且还要对每一张照片进行处理，编写照片说明，然后根据文稿次序，编排照片的序号，再将照片序号标入文中，使之文图互相对应，便于阅览。

冯永谦把淹没在历史长河中的长城找出来，再将其写清楚，恢复历史的原貌，确实不是一件轻而易举的事，个中甘苦，唯有他自己知道。书稿完成后他写成《长城书成》二首，以作纪念。

长城书成（二首）

（一）

多年考古始成书，回顾仍如身在途。
山陡坡斜无路径，村偏地僻有耕夫。

（二）

残石破垒频摄影，扯尺量高速测图。
每获遗存多幸喜，传知远伴举拳呼！

续写韶华 银龄生辉
老有所为风采录 27

王梅芳在《辽宁老年报》2023年9月14日发表冯永谦著《东北古代长城考古调查与研究》出版的文章

一本激励民族自豪感的书

——评《辽宁古长城》

李仲元[①]

据说，登月宇航员在月球上回望地球的时候，唯一可以看到的人类建筑，那便是中国的万里长城。长城是人类历史上的一个伟大奇迹。“不到长城非好汉”。外国人到中国，不登长城就算不得真正到了中国，我们中国人也将万里长城看成是中华民族的象征，炎黄子孙的骄傲。但是，人们对于引为自豪的万里长城，包括自己乡土上的部分长城，却并没有全面、真正地了解，确切地说，是帮助人们了解自己先民这项伟大创造的书太少了，这不能不说是一个遗憾。最近，冯永谦、何溥莹同志编写了一本全面介绍辽宁古代长城的书，那是辽宁人民出版社出版的旅游丛书之一的《辽宁古长城》。笔者喜欢游览胜境，身不能至，便读些介绍各地风景名胜的书，说得雅些，谓之“江山卧游”，足不出户，便可纵游天下。听说《辽宁古长城》出版，便寻了来读，足不出户进行一次新的“漫游”。这确是一本翔实可靠、资料丰富而又饶有文采的好书。与那些不能卒读，或虽读完也兴趣索然的粗糙之作完全异调。至少有三点是它的长处。

《书茵寻芳》辽宁人民出版社 1991 年发表李仲元评《辽宁古长城》书影

一、在学术研究的基础上进行撰写，有很高的科学性。辽宁古长城的历史悠久，离开考古研究成果是搞不清楚、写不

① 李仲元，沈阳故宫博物院名誉院长。

明白的。本书以大量科学资料和前人成果为基础，对辽宁古长城进行系统介绍，写得条分缕析，凿凿有据，使得这一复杂课题得到正确、清楚的解决。长期以来，人们一直以为现存的明代长城，便是秦始皇修筑的那条万里长城，误说传衍很久。而对于历史上辽宁古长城有过几次修建、走向、形制等都鲜为人知。本书便将已故的著名考古学家李文信从四十年代起对辽宁古长城进行考古调查、研究的多年成果和近年考古界对长城遗址的研究的丰富收获包括作者本人的研究所得综合起来，写出了辽宁古长城的沿革，使读者了解到，远在战国时的燕国后期，便在辽宁修筑北界长城，有外线内线两道，自西向东延伸，一直达到鸭绿江以南的当时国界，秦汉两代长城仍沿燕长城走向，并有新的增修扩建，较现存明代长城北去五六百里，使误说得到廓清。而对于城墙烽台，关塞隘口、城堡障堠等都详加排比，一目了然。由于使用材料丰富、准确，论述具体翔实，使读者对古长城的历史沿革和面貌特点能有正确的认识。

二、将有关辽东古长城的历史文献、文学作品、民间传说和考古发现、文物古迹结合起来写，增加了读者的兴味。长城一线历来是中国历史上民族斗争、王朝斗争的激烈地带，曾在这里演出过多次惊心动魄的历史悲壮之剧，给史家著作增添了精彩之笔，给文学、传说提供了动人的素材。结合这些内容，特别是结合近年考古发现和名胜古迹来写，使内容更加丰富、活泼起来，如燕太子丹派荆轲刺秦王的史实、燕长城沿线出土铜器中有燕王铭文的器物（郾侯盂、郾王职戈等）、孟姜女哭倒秦代万里长城的传说和辨误及姜女庙的介绍、汉飞将军李广守边射虎的故事、辽东人卫满等越浿水自立为朝鲜王的史实，以及对汉代玄菟郡、右北平郡、西安平县故地的考证、明代《九边图》、祖氏石坊等文物、宁远（今兴城）古城、广宁（今北镇）古城、菊花岛、医巫闾山、龙首山等山川、萨尔浒古战场、沈阳故宫等名胜古迹的介绍都囊括其中。引人畅游于辽宁古长城线上。作者是考古工作者，数十年来，在这块土地上工作，足迹遍及全省，经历丰富，记忆尤详，而又精熟史籍，写来自然是栩栩如生，不仅是一本供研究人员使用的研究著作，而且是一本可读性强、较有文采的通俗读物。

三、写作认真、设计精到、组织材料颇具匠心。书中使用了大量实地实物照片和文物拓片、精心绘制了地图、示意图，使得文图并茂，相得益彰。全书有黑白、彩色照片四十多幅、拓片五件，地图、示意图四幅，文之所述，图之所证，使读者如身临其境，印象极深。而且文笔端庄而不呆板，活泼而不轻薄，科学性很强的内容写来轻松流畅，深入浅出，趣味性很强的内容写得精彩生动，不蔓不枝。或刻画入微，或描述精炼，时引史文佐证，时摘古诗增辉，文采焕然，读来兴味无穷。

按照惯例，评论一本书总要指出其不足之处。事实上，完美无缺的作品也是不存在的，此书当然也不例外。如本书的内容——特别是名胜古迹部分，似乎收入多些，有些与长城本身并无直接关系，收入书中不免有牵强之感，而且，由于字数之限而不能细写，又不免有些过于简略的不足，如此等等。但我以为，以如此的一本书，反映这样丰富的内容，写到如此程度，已是难能之作了。人们经作者引导，做了一次上下两千年、纵横万余里的“漫游”，对辽宁古代长城算是有了真切、正确的了解，增强了对自己乡土的热爱，激励起炎黄子孙强烈的民族自豪感。我想，作者编撰此书的目的是达到了。

（原载辽宁人民出版社建社四十周年图书评论集《书茵寻芳》，辽宁人民出版社 1991 年 1 月版）

一部考古与文献相结合的史地著作

——评《东北历史地理》

董学增[①]

历史地理是研究地域时空变迁的一门学问。它应用广泛，为许多学科所需要，诸如研究历史、考古、民族史、地方志、科技史、经济史、人口史、气候史、地震史、地名学、民俗等。可以说凡关涉既往史事，谈及时空落脚点，就都离不开历史地理。

我国的东北地区自然环境好，人类活动在几十万年前就已经出现，自古以来就是我国的一个多民族居住区。从战国时期开始，东北地区就有了行政建制，此后诸多王朝与地方民族政权的兴亡隆替，建制也随之变化，立或废异常复杂。凡此种种，即构成了极为丰富的东北地区历史地理研究的内涵。

在研究历史地理问题上，研究东北历史地理更具有重要的现实意义。通过研究其发现和改变，

一部考古与文献相结合的史地著作

——评《东北历史地理》

董学增

历史地理是研究地域时空变迁的一门学问。它应用广泛，为许多学科所需要，诸如研究历史、考古、民族史、地方志、科技史、经济史、人口史、气候史、地震史、地名学、民俗等。可以说凡关涉既往史事，谈及时空落脚点，就都离不开历史地理。

我国的东北地区自然环境好，人类活动在几十万年前就已经出现，自古以来就是我国的一个多民族居住区。从战国时期开始，东北地区就有了行政建制，此后诸多王朝与地方民族政权的兴亡隆替，建制也随之变化，立或废异常复杂。凡此种种，即构成了极为丰富的东北地区历史地理研究的内涵。

在研究历史地理问题上，研究东北历史地理更具有重要的现实意义。通过研究其发展和演变，可证明东北地区自古以来就是中国领土不可分割的重要组成部分。而且在弄清东北的历代建制沿革的演变、城市的发展、人口的变化、经济区的形成等，能为今天东北地区的经济文化建设提供可靠的历史依据。

《东北历史地理》全书共四卷十二编，一百六十万字，经我国著名历史地理学大师、上海复旦大学教授谭其骧先生提议撰写并担任顾问，纳入国家“七五”规划科研项目。“东北历史地理”课题组于1983年组建，历时30年光阴，经历了坎坷不平常的艰辛之路。笔者认为本书有以下几方面特点和成就。

首先，本书是我国区域历史地理研究最全面的专著。正如谭其骧先生在为该书写的《序》中所说：“以中国疆域之辽阔，要想一动手就写好一部完整的、全面的中国历史地理，大概是不可能的。只有先从区域历史地理入手，一个地区一个地区地先做好具体而细致的研究，才有可能综合概括成为一部有系统有理论的中国历史地理学。本书正是为中国区域历史地理研究带了一个好头；应当说也是为全部中国历史地理研究完成了一项基本工程。”

其次，本书具有一定的权威性，达到一个新的境地。从本书的作者构成看，其学养丰厚，研究水平较高，人员互补性强，包含了该书所需的各个方面的人才。谭其骧评论该书作者：“他们对东北地区的历史地理做了长时间的研究工作，或写出了超越前人的论文，或写出了有分量有水平的专著。特别是近些年，他们又做了大量的实地调查工作，搜集并翻译了数以千万字计的文献资料与国内外论著。并在此基础上写出了高质量的论文，贡献卓著，在全国各地区地方史研究阵营内，显然处于领先地位。”

第三，《东北历史地理》内涵广博，时间长，跨度大，体例创新。书中时间断限，从东北地区的旧石器时代开始，经新石器时代、青铜器时代、历史时期各王朝，直至清末为民国取代为止，前后历时数十万年，详细论及，如此详备完整，是过去未见的。从最初的人群居住点到后来的村镇与大小不等的城市，以及与之相伴出现的各种级别的行政建制，这是人类活动的历史发展形成的。从而让人了解自古以来人群的分布和居住情况，认识社会发展的历史轨迹。

第四，本书重点深入地研究了历代的民族的分布与民族建制的地点。由于本书有这样的架构，设置明确，使民族的迁徙有迹可寻，其治理统辖居地也脉络清晰。民族分布和民族建制，与建立统治政权后的行政建制，形成三大板块，是历史的真实反映。

第五，本书的篇章结构设置科学。书中包括建制沿革的全部内容，以历史发展为序，简单明了，纵向贯通，由早至晚，依次排列；横向以历史王朝为单位，只要在这一个层面上出现过的民族分布、民族建制与行政建制，均分别设独立章节论述，即或后世沿用前朝的建制，也分为前后各期单位立项，考证原委，层次清楚，使沿革历史地理的面貌一新。

第六，本书大量使用考古资料。自中华人民共和国成立以来，随着工农业基本建设的大规模的破土动工，以及文物保护工作的全面开展，地上地下的各种文物遗迹被发现和出土，数量庞大的有关历史地理研究资料相继公之于世，同时经过半个多世纪本地区的相关学科学者的成长，他们更熟悉这方面的情况，于是打开了东北历史地理研究的新局面，为本书的立论打下了坚实可信的基础。

（《东北历史地理》，孙进己、冯永谦总纂，黑龙江人民出版社2013年7月出版，上下册，定价300元）

《中国文物报》2014年9月26日发表董学增《东北历史地理》书评

① 董学增，吉林市博物馆研究员。

可证明东北地区自古以来就是中国领土不可分割的重要组成部分，而且在弄清东北的历代建制沿革的演变、城市的发展、人口的变化、经济区的形成等，能为今天的东北地区经济文化建设提供可靠的历史依据。

《东北历史地理》全书共四卷十二编，一百六十万字，经我国著名历史地学大师、上海复旦大学教授谭其骧先生提议撰写并担任顾问，纳入“国家‘七·五’规划科研项目”。“东北历史地理”课题组于1983年组建，历时三十年光阴，经历了坎坷不平的艰辛之路。笔者认为本书有以下几方面特点和成就。

首先，本书是我国区域历史地理研究最全面的专著。正如谭其骧先生在为该书写的《序》中所说：“以中国疆域之辽阔，要想一动手就写好一部完整的、全面的中国历史地理，大概是不可能的。只有先从区域历史地理入手，一个地区一个地区地先做好具体而细致的研究，才有可能综合概括成为一部有系统有理论的中国历史地理学。本书正是为中国区域历史地理研究带了一个好头；应当说也是为中国全部历史地理研究完成了一项基本工程。”

其次，本书具有一定的权威性，达到一个新的境地。从本书的作者结构看，其学养丰厚，研究水平较高，人员互补性强，包含了该书所需的各个方面的人才。谭其骧评论该书作者：“他们对东北地区的历史地理做了长时间的研究工作，或写出了超越前人的论文，或写出有分量有水平的专著。特别是近些年，他们又做了大量的实地调查工作，搜集并翻译了数以千万字计的文献资料与国内外论著，并在此基础上写出了高质量的论文，贡献卓著，在全国各地区地方史研究阵营内，显然处于领先地位。”

第三，《东北历史地理》内涵广博，时间长，跨度大，体例创新。书中时间断限，从东北地区的旧石器时代开始，经新石器时代、青铜时代、历史时期各王朝，直到清末为民国取代为止，前后历时数十万年，详细论及，如此详备完整，是过去未见的。从最初的人群居住点到后来的村镇与大小不等的城市，以及与之相伴出现的各种级别的建制，这是人类活动的历史发展形成的。从而让人了解自古以来人群的分布和居住情况，认识社会发展的历史轨迹。

第四，本书重点深入地研究了历代的民族的分布与民族建制的地点。由于本书有这样的架构，设置明确，使民族的迁徙有迹可循，其治理统辖居地也脉络清晰。民族分布和民族建制，与建立统治政权后的行政建制，形成三大板块，是历史的真实反映。

第五，本书的篇章结构设置科学。书中包括建制沿革的全部内容，以历史发展为序，简单明了，纵向贯通，由早至晚，依次排列；横向以历史王朝为单位，只要在这一个层面上出现过的民族分布、民族建制与行政建制，均分别设置独立章节论述，即或后世沿用前朝的建制，也分为前后各朝单独立项，考证原委，层次清楚，使沿革历史地理面貌一新。

第六，本书大量使用考古资料。自中华人民共和国成立以来，随着工农业基本建设的大规模的破土动工，以及文物保护工作的全面开展，地上地下的各种文物遗迹被发现和出土，数量庞大，有关历史地理研究资料相继公之于世，同时经过半个多世纪本地区的相关学科学者的成长，他们更熟悉这方面的情况，于是打开了东北历史地理研究的新局面，为本书的立论打下了坚实可信的基础。

（《东北历史地理》，孙进己、冯永谦总纂，黑龙江人民出版社2013年7月出版，上下册，定价300元）

三十年岁月成就的史学巨著

——读《东北历史地理》书后

毕玉才　张　松①

最近，由东北史学界、考古学界十余位专家共同参与撰写，经著名学者孙进己、冯永谦统筹、校检的学术研究成果、皇皇巨著《东北历史地理》于 2013 年底，正式出版了，这是学术界一件值得祝贺的喜事！经过我们了解和阅读之后，历时 30 年光阴，方艰难诞生，深感此书无论是在当前还是未来，都有其重大的学术价值，将是一部为研究者置诸案头不能离开的典籍。从某种角度讲，此书堪称空前绝后，其历史价值几乎是难以超越的！

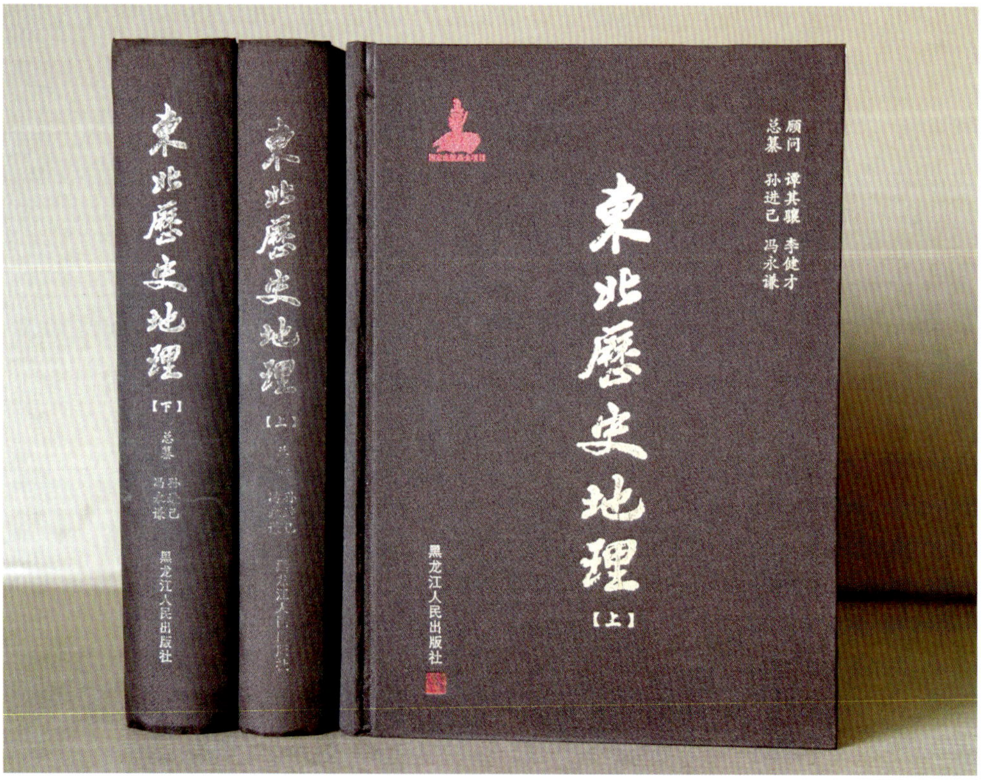

孙进己、冯永谦总纂《东北历史地理》书影

① 毕玉才，《光明日报》记者，驻辽宁记者站站长。
张松，《光明日报》特约通讯员，《辽沈晚报》主任记者。

《东北历史地理》由黑龙江人民出版社出版，全书共四卷，十二编，五十四章，计160万字，布面精装，十六开本，上下两巨册，深棕色封皮，烫金书名题字，如此朴素装订，益显本书深沉凝重，学术韵味浓厚。此书是经我国著名历史地理学大师、上海复旦大学教授谭其骧先生提议并担任顾问，由东北地区相关社科院、大学、博物馆、考古研究所等单位中从事历史、民族、考古各学科的学者于1983年组成“东北历史地理”课题组，经著名学者孙进己、冯永谦任课题负责人申报批准，纳入国家“七・五”规划科研项目。从那时起，他们即倾注心力，展其平生所学，至今历时三十年光阴，使这部对各方面都极感需要的历史地理巨著，在经历了坎坷不平的艰辛之路，又再次得到国家社科基金和出版部门的资助，终于面世了。

四卷本《东北历史地理》出版了！此书的内涵丰富，第一卷，由远古到两汉，论述了这一时期以原始人的居住遗址的考古发现到其后的民族分布和各朝代的建置沿革，由孙进己、王绵厚任主编。第二卷，由魏晋到隋唐，论述了这一时期的民族分布、民族建置和历史王朝的建置沿革，由孙进己、冯永谦任主编。第三卷，为辽金时期，论述了辽金时期的东北民族分布、民族建置和各工朝的建置沿革，由冯永谦、孙进己任主编。第四卷，为元明清时期，论述了元明清时期的民族分布、民族建置和各王朝的建置沿革，由孙进己、冯季昌、杨茂盛任主编。对全书原稿进行删削增补修改成书，为课题组负责人孙进己、冯永谦任总纂。

研究东北历史地理意义重大

同样是在研究历史地理问题上，研究东北历史地理更具有重要的现实意义。它能使人正确认识我国东北边疆的历史，通过研究其发展和演变，以翔实的资料、科学的论证，证明东北地区自古以来就是中国领土不可分割的组成部分。而在弄清东北的历代建置沿革的演变、城市的发展、人口的变化、经济区的形成等，能从各方面为今天东北地区的经济建设提供可靠的历史依据，并对我国的文化建设亦具有重要的意义。由于东北历史地理是一门基础学科，涉及诸多相关学科的研究，因而它们也都离不开历史地理的研究成果。此外，东北地区历史地理研究的面世，还将促进我国区域历史地理研究的进一步发展。

历史地理，是研究地域时空变迁的一门学问，也是学术研究的基础科学之一，它应用广泛，为许多学科所需要，无论是研究历史、考古、民族史、科技史、经济史、人口史、气候史、地震史、地方志、地名学、民俗学，还是研究政治、经济、军事、文化等，凡关涉既往史事有所叙述，谈及时空落脚点，就都离不开历史地理。因此，历史地理的研究，历来为学术界所重视，同时也为一般读者所迫切需求。

我国的东北地区，自然环境优越，条件好，物产丰富，人类的活动在几十万年前就已经出现，历史悠久，自古以来就是一个多民族的居住区。而这些不同民族，在历史上迁徙变化很大，居住范围消长不定，不同时期所处地点不一，时有游移流动，远近莫辨；同时从战国时期开始，东北地区就和中原一样，同步有了各级行政建置，进行管理，此后诸多王朝与地方民族政权的兴亡隆替，建置也随之变化，或沿用或省罢，异常复杂。凡此种种，即构成了极为丰富的东北历史地理的研究内涵。

我们回过头来看，关于东北历史地理的研究，其时间不是很长，疆域范围、民族迁徙、建置兴废等许多问题不清。从清代以来，东北历史地理开始被人注意，陆续有著述出现。其后，随着帝国主义入侵东北，土地丧失，国难当头，仁人志士锐意为国赴难，此时研究者也为争取国土完整，对东北的历史地理研究逐渐重视和加强，前后发表一些论著，进行探索。但此前的研究，限于条件，不可能一蹴而就，仍然留下了许多问题没有弄清楚。

中华人民共和国成立以后，学术研究蓬勃发展，在二十世纪六十年代，复旦大学谭其骧先生受国家委托，编绘卷帙浩繁的《中国历史地图集》出版，才打开新的历史地理研究局面；但该书仅为地图，许多地区并未跟进出版与之相匹配的考证翔实的文字图书，因此也应在这方面进行研究工作。

现在，《东北历史地理》出版了，我们进行采访时，冯永谦先生认为，研究东北历史有重要的意义，体现为以下几个方面：

首先，研究东北历史地理，对正确认识我国东北边疆历史具有重大的政治意义。通过研究东北地区历史地理的发展和演变，以翔实的资料，经过科学的论证，东北地区自古以来就是中国领土不可分割的一部分。

其次，研究东北历史地理，对促进我国经济建设具有重要意义。弄清东北的历代地理沿革、山川、沙漠与海岸变迁，东北交通的演变、城市的发展、人口的变化、经济区的形成等，能从各方面为今天东北地区经济建设提供可靠的历史依据。

第三，研究东北历史地理，对我国的文化建设亦具有重要的意义。东北历史地理是一门基础学科，涉及诸多相关学科的研究，不论研究我国历史、地方史、民族史、地方志、考古学、科技史、经济史、人口史、气候史、地震史……，都离不开东北历史地理的研究成果。

最后，东北历史地理的研究，将促进我国区域历史地理研究的进一步发展。

《东北历史地理》的继承与突破

在指导撰写《东北历史地理》一书时，上海复旦大学的谭其骧先生曾提出两个基本要求：一是要在内容上有三分之一突破前人的研究成果，二是要求全书观点体例统一。长期以来，研究东北历史地理者为数甚众，在很多问题上，长期不能有一致的看法，甚至对同一史料不同学者却做出不同结论，其根源就在于方法的不同。在编撰此书的过程中，编写组既要有先前学说的继承，也要取得自身研究的诸多突破。

一、要慎重地吸收国内外学者的研究成果。对过去已发表的论著材料，要进行全面搜集，其结论应详加辨证，不轻易抛弃成说，也不盲从貌似有理的结论，既尊重大家之言，也不轻视一般研究者的意见，要将既往的观点综合起来，取众家之长，且有自己的研究心得，力争做到得出切合实际的结论。

二、正确运用文献史料和考古资料，即使有些考古资料是有文字的，也必须区别它是固定的还是可移动的，例如古印、古钱、古镜、古器物等，它们是可以被人们从一个地点带到另一个地点的，很难以这些考古资料作为历史地理定点的主要根据，只有一些里程碑、墓志铭，地点比较固定，才有可靠性。

三、必须科学地论证自己每一个结论，不强作定论，如在历史地理的研究中，要确定某一建置的地理位置，通常要求具备几个要素时才能作定论：一是推论的起点，二是与起点相对的方位，三是与起点的距离，这几个要素缺一就不可能作出确切的结论。

四、通过考察全局来解决问题。要综合同一时期彼此相邻的各民族、各建置的各种观点，进行统一考虑，以使他们的位置不互相矛盾，找出一个能全面摆平各民族、各建置的方案。如有人把古肃慎地定在今辽西以至燕山山地，但这就把山戎挤得无地可置了，又如有人把古肃慎定于今松花江以西各地，但这又把古秽貊之地挤没有了。这些看法在作全盘审查时，就不能不排除。

五、内容上力求全面完整。首先，从逻辑体系上要有一个全面完整的认识。如过去不少研究东北民族分布者，往往仅研究东北一些少数民族的分布，而忽视了东北汉族的分布，形成了东北民族分布图上一大片空白。又如过去在研究东北建置的分布时，又往往仅把一些正式的州县建置看作行政建置，而把一些民族建置，如属国、属部、羁縻府州、猛安谋克、八旗等不看作建置，因而形成了东北历代建置分布图上一大片空白。有时更把民族分布和建置，这两个属于不同范畴的图拼在一起。有州县的地方标州县，无州县的地方则标志民族，表面上看来似乎完整了，实际上两者都不完整，而正好是这种逻辑上的混乱，掩盖了两者的不完整。

六、要分段研究每个时期的每个民族或建置之所在。以往不少研究者由于史料的不足，常把不同时期有关一个民族或一个建置的史料集中起来研究这一民族或建置的所在，这种做法仅注意了一个民族或一个建置在长时期中的主要所在地点，而忽视了论证这一民族或这一建置在每一时期的所在地点。如通常都认为汉代乌桓居住于乌桓山，但如认真考察就可发现，汉代乌桓居住在乌桓山的时间仅汉初数十年，很快就迁到近塞地区居住，不久又迁入塞内。这一做法的缺点，早为前人所指出。杨守敬在《三国郡县表考证》中说："三国志无志表，洪亮吉补疆域志，大抵上承续汉志，下接晋志，揣度出之。而于本书纪传且多不照。沧州叶圭绶谓洪氏之书想当然耳，非过论也。"他一针见血地指出洪氏只注意以前及以后的史料，忽视当时的史料，批评洪氏是"揣度出之""想当然耳"。可惜，这些年来继续这种做法者仍大有人在。过去《满洲历史地理》等书，往往详考于每一民族或建置始见之时，甚至把以后历代有关这一民族或建置的史料都搬到这里，而在以后各时期都从略。这一做法似乎避免了重复，但却使以后各时期的面貌不清了。我们认为：每一时期的史料，都必须出现于每一时期，需引用其他时期的史料来作佐证时，力争少引或仅概述而不引文论证，以避免重复。《中国历史地图集》东北地区资料汇编把两汉魏晋的辽东郡、辽西郡合在一起写，把南北朝隋唐时期的民族合在一起写，跨度太大，期间变迁太多。《东北历史地理》的编撰者没有采取这种大分段的方法，而是分得较细，前汉、后汉、魏、晋、三燕、北魏、北齐各成一段。这当然在史料使用上显得分散，有时难免重复，但对其前后变化，及每一朝代的总的平面图上的分布，则一目了然，不至于混淆，这个做法是可取的。

三十年耕耘方结史学硕果

《东北历史地理》出版后，经过我们采访，获知许多经过情况，成书也是经过漫长岁月，在此不妨作一回顾。

1983 年在抚顺召开的“东北民族源流与分布学术讨论会”上，建立“东北历史地理课题组”时，转眼之间已经 30 年了！从一、二卷 1989 年出版到现在，也已 24 年了！从三、四卷完稿交出版社，又经过六年的深度加工，到今天 2013 年，一部书前后历时 30 年面世，终使作者、编者、读者的夙愿得偿！

1983 年 9 月，谭其骧先生来东北参加《东北民族分布与源流学术讨论会》，东北学者于此时又商议东北历史地理的研究问题，最后议定由谭其骧、李健才先生任顾问，孙进己任联络员，由辽宁的孙进己、冯永谦、王绵厚、冯季昌，吉林的李健才、陈相伟，黑龙江的干志耿、张泰湘、王禹浪、王德厚、杨茂盛，内蒙古的米文平、张柏忠、项春松共十四人组成《东北历史地理》编写组。按当时的原计划，此书分为四卷，三省一区各成一卷，由早及晚，依次论述，但在其后的撰写实践中，发现划分零碎，即使同时代，只写本省（区），记述困难，地域亦无法衔接，于是又改为按时代划分为四卷，将各省（区）分别纳入各个时代中，其下分列章节，则既便于论证，而其构架也较为完整。同时并确定，本书主要是研究历来被认为存在问题较多而又有普遍意义的东北地区的历代民族分布、民族建置和政治建置沿革。此课题在 1987 年由谭其骧先生推荐，国家社会科学基金会批准，将《东北历史地理》列为“国家‘七・五’规划项目”。经过两年时间，由最初试写条目和其后几次草稿讨论会，终于在 1988 年 1 月，编写组成员完成了第一卷、第二卷初稿，将其集合起来，再作修改。本书各卷设主编和副主编，全书则由申报“国家‘七・五’规划项目”课题组负责人孙进己、冯永谦任总纂，负责统一观点、体例、文字，最后定稿。当全部书稿完成后，交由黑龙江人民出版社，并于 1989 年 9 月第一、二卷出版发行。

在一、二两卷出版后，本应对三、四两卷进行编纂，但因后段的历史复杂，民族的分布与建置等，变化较大，问题较多，而研究状况当时还不够深入，交上的书稿质量不够理想，因此，对已写出的后两卷书稿无法进行修改，根据出版社的意见，暂时不能出版，待将来有条件时，能够补充新稿，进行修改后，再予出版。故本书的后两卷，未能相继与读者见面，这是一个原因。

其次是《东北历史地理》的一、二两卷出版时，课题组的成员，大都接近退休的年龄，之后即陆续离开了原工作岗位，后两卷的书稿未能按计划实施。

第三，经费奇缺。国家社科基金当年批给的两万六千元拨款，非常有限。因资金匮乏，作者外出的差旅费、课题研讨会所需费用的支出均成问题，大家无法见面，不得交换意见，无法进行改写，使得书稿的最终完成被迫推迟。

2005 年，冯永谦、孙进己又向“全国哲学社会科学规划办公室”进行申报，拟继续编写出版《东北历史地理》的后两卷。

2005 年 8 月 15 日，申请获得批准，全国社科规划办决定批给出版经费八万元。黑龙江人民出版社对此非常重视，社长龚江红、编辑室主任张晔明先生积极支持，并立即同意继续承担该书后两卷的出版。

在研究出版过程中，感到过去已出版的《东北历史地理》，是用繁体字、竖排，这些对今天国内的一些读者来说，有些不适应；另外十几年过去了，当年该书的印出数量不多，现在社会上已见不到此书，今天仅出版后两卷，恐怕很多读者会无法得到本书的前两卷。于是决定，对过去已出版的前两卷和现在将要出版的后两卷，同时分册一起出版，以便利读者，并且对过去前两卷书中的一些错讹进行校改。此事即由当年申报项目的该课题组负责人孙进己、冯永谦将此意见向出版社提出后，得到出版社的大力支持，赞成四卷一起出版。这样全书即达一百六十余万字，仍用三十二开本出版，用简体字、横排，并且分册精装。

这些原则确定后，即由孙进己、冯永谦分头进行工作。首先对过去已写出的后两卷原稿进行整理，对某些还可用的材料，就将能用的部分摘出，然后改写、补充，对不能进行修改、即无法利用的原稿，只好放弃，全部进行重写。

由于上述各种原因，《东北历史地理》后两卷的出版，一拖竟长达十八年。待本书出版时，其中有些作者已经谢世了，这是何等漫长的等待！

冯永谦先生表示：《东北历史地理》一书在撰写期间，1987年因谭其骧先生的推荐，获得了国家社科基金会批准，被列为“国家‘七·五’规划项目”，出版了第一、二卷。后两卷的出版，于2005年经中国社会科学院科研局高德、李健才先生等的推荐，由全国社科规划办批准，获得了国家社科基金会的资助。在全书出版过程中，除黑龙江省列为“省重点图书项目”外，2012年，又由复旦大学历史地理研究所教授邹逸麟、王文楚先生等人的推荐，本书再次被列为“国家重点科研项目”，又获得国家出版基金会的资助。此书是一部研究东北史地的基础工具书，有重大的学术价值。

“此书是由东北各省、各部门（历史、考古、民族）等多学科、各地区的学者合作完成的，因此，它是空前的。此书不仅应用了大量的历史文献，还依据了现代中国多年的考古调查、发掘取得的丰富新资料，并且有很多遗址和城址，都是经过本书学者实地考古调查发现和认真研究后确定并选用的，因此弥足珍贵。随着时光流逝，事隔多年，当年确实存在的很多古城址和古遗址，现在都有变化，有的已受到自然或人为的破坏，将来可能会有人想要再依据新的发现、完全用自己的研究成果来全部重写这部书，恐怕已是不可能的了。因此，应该说我们这一代人还是幸运的，总算经过共同努力，完成了这一意义深远的历史重任，值得称庆！”冯永谦先生说。

《东北历史地理》的主要特点和成就

《东北历史地理》的出版，弥补了我国历史地理学研究中的缺欠，并为我国历史地理研究开辟了新路。阅读此书之后，我们感到本书有以下几方面特点和成就。

首先说，本书是我国区域历史地理研究的第一部专著。由于我国地域辽阔，历史悠久，民族众多，民族迁徙和建置变化频繁，情况复杂，因此一时很难完成一部详备的“中国历史地理”的学术专著，只有先从区域历史地理入手，才可能搞好中国历史地理。正如谭其骧先生在为该书写的《序》

中一开头所说：“以中国疆域之辽阔，要想一动手就写好一部完整、全面的中国历史地理，大概是不可能的。只有先从区域历史地理入手，一个地区一个地区地先做好具体而细致的研究，才有可能综合概括成为一部有系统有理论的中国历史地理学。本书正是为中国区域历史地理研究带了一个好头；应当说也是为全部中国历史地理研究完成了一项基本工程。”谭其骧先生的《序》说得非常准确，至今我国尚无这种大区域的大部头的专著出版，因此，《东北历史地理》的完成，应该说是难得的我国区域历史地理研究的第一部学术专著。

其次，是《东北历史地理》的成书质量较高，突破既往的研究，新说迭出，解决了许多过去难解的问题，达到一个新的境地。从本书的作者构成看，其学养丰厚，研究水平较高，人员互补性强，它包含了该书所需的各个方面，无论是研究历史、研究民族，还是研究考古，他们都很关注历史地理的研究，发表很多这方面的成果，因此其知识结构恰是撰写历史地理所需，发挥了优势，从而使本书取得较高的成就。综观本书的质量，觉得谭其骧先生说得非常中肯，他在该书的《序》中评论作者：“他们对东北地区的历史地理做了长时间的研究工作，或写出了超越前人的论文，或写出了有分量、有水平的专著。特别是近些年，他们又做了大量的实地调查工作，搜集并翻译了数以千万字计的文献资料与国内外论著，并在此基础上写出了高质量的论文，贡献卓著，在全国各地区地方史研究阵营内，显然处于领先地位。”我们也确实感到，本书质量的保证，是作者们最大限度地发挥了他们的专长，这不仅是基于他们掌握了大量的文献材料，而且是他们有多年从事研究的经验，更重要的是他们人在本地区工作，又是从事专业研究的学者，都有长时间地进行田野考古调查的经历，了解情况，因此提出的许多立论和观点，常为学界所不曾设想过的。他们根据调查发现说话，材料可靠，论证充分，毋庸置疑。故此，本书是历史地理研究中有突破性进展的一部著作。

第三，《东北历史地理》是此前未有的一部专著，该书内涵广博，时间长，跨度大，体例创新。书中时间断限，从东北地区的旧石器时代开始，经新石器时代、青铜时代、历史时期各王朝，直至清末为民国取代为止，前后历时数十万年，详细论及，如此详备完整，是过去未见的。历史本身就是延续发展的，这部历史地理完全体现出这种情况，上下贯通，前后衔接，纵不断代，横不缺位。历史地理的论述，从石器时代开始，这是一个创新。本书首次提出最早的人群分布，过去从未有人注意及此；实则这些石器时代的遗址地点，正是后来形成民族和国家政区建置的基础；后世的各种建置，均缘于此——人群居住经验积累的结果，哪地适宜居住，哪处条件欠佳，从最初的人群居住点到后来的村镇与大小不等的城市，以及与之相伴出现的各种级别的行政建置，这是人类活动的历史发展形成的。因此，很有必要让人了解自古以来人群的分布和居住情况，认识社会发展的历史轨迹。

第四，本书的又一个成就，是重点深入地研究了历代的民族的分布与提出民族建置的定点。由于东北地区古代民族较多，迁徙变化很大，同时又有过去从未有人专论的民族建置，其内涵复杂，如何确定？因此在书中增设专章，加以阐述，并占有“半壁江山”的地位，这又构成本书的另一特点。学术研究必须符合历史实际，本书遵循这一规律，在时间上起自原始人群居住点的石器时代，但在随着时间迁延、部落群居的发展，在不同地域和环境里以及生活习俗的养成，又形成了不同的民族，这和初始居住的人群又有很大不同。本书据此，用独立的篇幅增加了各不同民族的分布，随之又辟专章增设了民族建置。这些内容，是过去研究沿革历史地理所没有的，因此这是一个创新。由于本书有这样的构架，设置明确，使民族的迁徙有迹可循，其治理统辖居地也脉络清晰。民族分布和民族建置，与建立统治政权后的行政建置，形成三大板块，是历史的真实存在，三者是相辅相成的，不可或缺。只有由此构成的历史地理，才是一部完整的东北历史地理，才无短缺和遗漏。

第五，本书的篇章结构设置科学。书中包括建置沿革的全部内容，并有新增此前不常见或被忽略的部分，因此其内涵量大而全面。本书的特点，是以历史发展为序，简单明了，纵向贯通，由早至晚，依次排列；横向以历史王朝为单位，只要在这一个层面上出现过的民族分布、民族建置与行政建置，均分别设独立章节论述，各代是各代的，不互相顶替，善始善终，即或后世沿用前朝的建置，也分于前后各期单独立项，考证原委，层次清楚。在此尤其应当指出的，是民族分布与民族建置分别各立章节，这是过去最为人们所不明确的，常是忽略了民族分布，而将民族建置和行政建置相混淆，本是两种性质但不加区分，笼统叙述，是否完整、是否缺少都不知道。这次是《东北历史地理》第一次全面、完整地提出并加以考证，增加极大内涵，使沿革历史地理的面貌一新。

第六，《东北历史地理》大量使用考古资料，将这些地下发现材料和研究成果运用到本书中，尤其是很多考古发现就是本书的作者亲自调查发现和考证出来的，成为《东北历史地理》材料翔实、观点明确、结论可靠的根本保证。此前研究东北历史地理收效甚微的最大的原因，是在文献记载较少的情况下，更缺乏考古发现或地下出土的材料，导致研究困难，常是多年研究无功而返，因而使人不敢轻易涉足。自中华人民共和国成立以来，随着工农业基本建设的大规模破土动工，以及文物保护工作的全面开展，地上地下的各种文物遗迹被发现和出土，数量庞大的有关历史地理研究资料相继公之于世，同时经过半个多世纪本地区的相关学科学者的成长，他们更熟悉这方面的情况，运用自如，得心应手，于是打开了东北历史地理研究的新局面，这就为完成本书《东北历史地理》打下了坚实的基础。

第七，此书可以说堪称是一部“空前绝后”研究东北地区历史地理的著作。我们这样讲，是看到了许多今后不易达到这些条件的事实。本书不仅文字量大，一百数十万字，空前未有；而体例完备、观点明确、解决较多难题，至今亦无出其右者；再从参加撰写本书的学者看，遍及东北地区，他们都有几十年的深入实际研究的经历，现在有的人年过八旬高龄，其余大都是已达或超越不逾矩之年，长期治学，经验丰富，从而保证本书的质量，今后如何集一大批与其相同水平的学者，恐怕也不是很容易的；更重要的是，今天东北历史地理较理想的解决，是依赖于考古资料的发现和运用，但经过 20 世纪大规模的考古工作，作为历史地理研究对象的建置遗迹城址，该发现的已基本发现，剩余无多，能补充的新见城址恐已有限，而过去发现的遗迹，随着我们生活节奏的加快，消失得也很迅速，昨天还有的城址，没过几天就已不存，这种事例常见，因此，若想以后重新写出大量不同于此本《东北历史地理》来，则可能不是轻而易举就能做到的事！

读过这部新近出版的《东北历史地理》后，产生许多想法，深感治学之不易！这是学者用一生的积累，又经反复研究和撰写，历三十年其成果才得以问世。书中许多考证，观点新颖，打破成说，或提出创见，多有发前人之未发，值得重视。在此，不妨用谭其骧先生在书的《序》中贴切的评语作为本文的结束："本书作者不囿于成说，经过长时间艰苦工作和审慎考证，有根据地提出自己的意见，这无疑是在当前历史地理研究领域里，是一个新的前进。书的篇章结构与内容，都大大超越前人，比我当初期望的要好得多。因此，其学术价值是值得肯定的。"

本书编者按：

此书评写就后，因文稿较长，未能及时发表，《光明日报》曾据此发表一篇简要书评，题为《在历史的天空校准东北的坐标》，时间为2014年4月15日。同时《光明网》《中国社会科学网》转发。现将该文转载于下。

在历史的天空校准东北的坐标

——《东北历史地理》出版

日前，由10余位史学界、考古学界著名学者组成的团队，历经30年的史海搜寻、田野考察、砚田笔耕，捧出一部160余万字的辉煌巨著《东北历史地理》，用翔实的资料，科学的论证，理清了东北历代建置沿革、城市发展、人口变化、经济形态等，向人们徐徐展开了一幅时空流转、风云际会的壮阔画卷。

现已年近八旬的课题组负责人冯永谦告诉记者，本书最大的特点就是大量使用考古资料，将这些地下发现材料和研究成果纳入到本书中来，尤其是很多考古发现就是本书的作者亲自调查发现和考证出来的，成为《东北历史地理》材料翔实、观点明确、结论可靠的根本保证。

关于燕长城，囿于时代所限，司马迁不能亲自考察。因此，《史记》中对燕长城的记述只有"燕亦筑长城，自造阳至襄平"一语。为了弥补历史的缺憾，年逾古稀的冯永谦，用了三四年时间，徒步考察辽宁境内长城2500多公里。"现在都有航拍测绘技术了，为何非要翻山越岭亲自探查呢？"记者问。冯永谦说："航拍虽然可以勾画出长城的大致走向，但涉及细节便一筹莫展了。长城的很多段落被人为毁弃或随地貌改变，再精密的仪器也找寻不到这些'消失的长城'。"

与冯永谦曾一起奋战在乡间田野上的，还有十余位专家学者，已故历史地理学大师、上海复旦大学教授谭其骧曾担任本书顾问，加上十余位东北地区相关社科院、大学、博物馆、考古研究所等单位从事历史、民族、考古各学科的学者，于1983年组成"东北历史地理"课题组，经申报批准，纳入国家"七五"规划科研项目。

30年来，他们倾其毕生心血，展其平生所学，在经历了不平常的艰辛后，捧出了这部鸿篇巨制。不仅以翔实的资料和科学的论证，证明东北地区自古以来就是中国领土不可分割的组成部分；也为东北地区的经济、社会发展，提供了文化依据。

更重要的是，随着城镇化、现代化步伐的加快，这样的调查考证工作越来越有了"抢救"的意味。冯永谦告诉记者："经过20世纪大规模的考古工作，作为历史地理研究对象的建置遗迹城址，该发现的已基本发现，能补充的新见城址恐已有限，而过去发现的遗迹，随着我们生活节奏的加快，消失得也很迅速，昨天还有的城址，没过几天就已不存。"

（本报记者毕玉才　本报特约通讯员张松）（原载《光明日报》2014年4月15日）

从器物走近历史

——读《辽代铁器考古研究》

张国庆[1]

将辽宁教育出版社出版的新书《辽代铁器考古研究》置于书案之上，感到颇有分量。这是辽宁省文物考古研究院研究员冯永谦先生辽代铁器考古研究的最新成果。阅读该书，感到不仅材料齐全，内容详赡，条理分明，而更重要的是，书中的各种辽代的铁器实测图和照片超过1400幅，仅此一项就非常值得重现。测图与照片，对于一部研究历史实物的学术著作来说，非常重要。读了图片，就有了研究历史问题时与文献记载相比对的资料。研究者观察、揣摩图片，犹如看到实物，就有了论证的依据。

当下辽代考古著作已出版多种，而稍显滞后的器物学研究，也有某些方面探索，如辽代金银

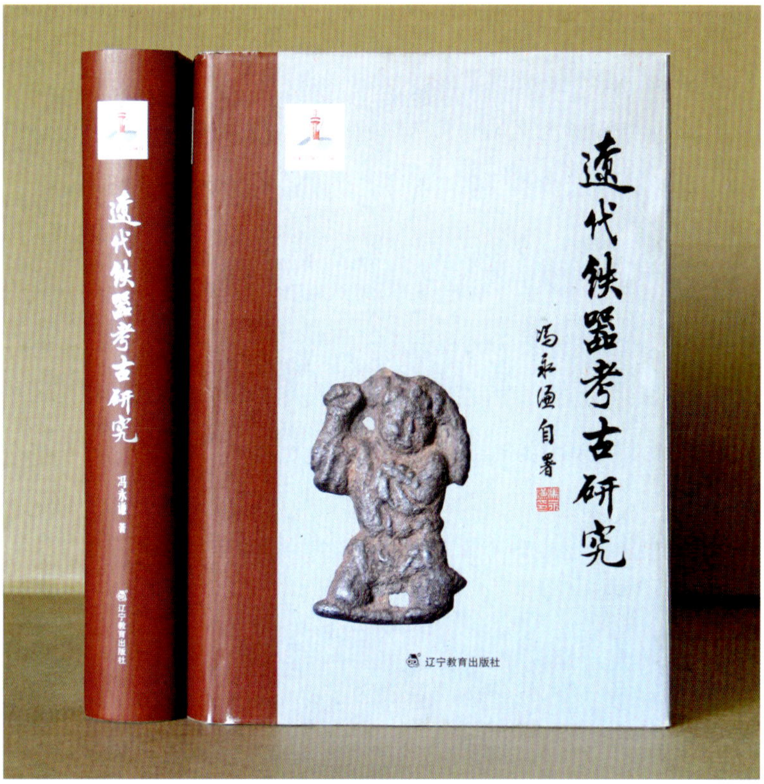

冯永谦著《辽代铁器考古研究》书影

① 张国庆，辽宁大学历史学院教授。

器、陶瓷器等，都已见于著述。但到目前为止，专为辽代铁器做考古学研究的，该书应为首部，这填补了此前辽代铁器考古研究的一项空白，具有开拓之功。

该书上卷为“各地考古发现出土的辽代铁器”，分别介绍了历年来在内蒙古、辽宁、吉林、黑龙江、北京、河北、天津和山西等地考古发现并确认为辽代的城址、遗址和墓葬中出土的辽代铁器情况，并逐项记述；中卷为“阜新出土的辽代铁器”，这是在各地收藏的约3000件铁器中，经过鉴别，筛选出来400多件辽代铁器，详细介绍了阜新地区发现的辽代铁器，使我们全面地了解了辽代铁器的内涵；下卷为“阜新铁器年代研究”，比较阜新地区及其周边市县的辽金城址、遗址和墓葬的多寡，以此推测阜新辽代铁器的归属问题。上卷以省（区）为单元，将辽代城址、遗址和墓葬出土的铁器，进行宏观而全面的介绍；而中卷和下卷则分别记述和研究阜新发现的辽代铁器种类及年代推定。三卷内容各有侧重，章节结构布局较为合理。

该书中卷介绍的阜新收藏者收藏的辽代铁器，因大多没有具体出土地点，如果不是采用科技鉴定手段，只能根据考古经验、实践技能和器物特征来判断其年代和归属，为了学术研究的严谨，该书作者在下卷专辟四章篇幅，用“排除法”，比较阜新地区及其周边辽、金两朝城址、遗址和墓葬的前多后寡、数量相差悬殊之实况，以此推测阜新收藏者收入的铁器大多应为辽代遗物，具有较高的可信度。

该书首次搜集了历年来全国各地考古发现及个人收藏的辽代铁器，包括数百件辽代农业、渔业、手工业、兵器、刑具、生活用具等各种铁器及其文字介绍，加上千余幅图片，为辽史学者利用铁器文物资料提供极大便利。

从上述所列诸特点看，《辽代铁器考古研究》一书，既是新成果，也是新进展，是辽代考古及辽史研究中的一项重大收获，对推动今后辽史研究和辽代考古将起到较大的作用。

当然，学术研究永无止境，辽代出土铁器的搜集、整理和年代、类型、属性的鉴别，以及利用辽代铁器考古实物资料进行辽代历史诸问题的研究等等，均处于方兴未艾的阶段。在此过程中，倘若出现某些问题或瑕疵，亦是在所难免，《辽代铁器考古研究》也不例外。笔者期望冯永谦先生以及其他学者今后在辽代铁器考古研究这一领域，更上一层楼，有更多深入、全面、细致的研究成果问世。

（作者系辽宁大学历史学院教授）

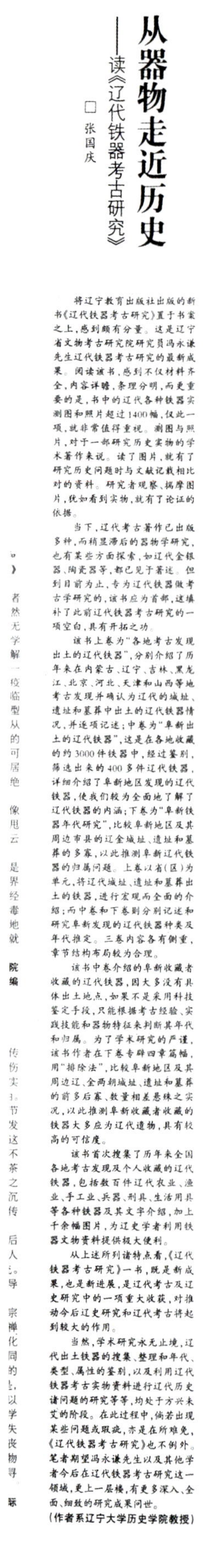
从器物走近历史
——读《辽代铁器考古研究》
□ 张国庆

将辽宁教育出版社出版的新书《辽代铁器考古研究》置于书案之上，感到颇有分量。这是辽宁省文物考古研究院研究员冯永谦先生辽代铁器考古研究的最新成果。阅读该书，感到不仅材料齐全，内容详赡，条理分明，而更重要的是，书中的辽代各种铁器实测图和照片超过1400幅，仅此一项，就非常值得重视。测图与照片，对于一部研究历史实物的学术著作来说。读了图片，就有了研究历史问题时与文献记载相比对的资料。研究者观察、揣摩图片，犹如看到实物，就有了论证的依据。

当下，辽代考古著作已出版多种，而稍显滞后的器物学研究，也有某些方面探索，如辽代金银器、陶瓷器等，都已见于著述。但到目前为止，专为辽代铁器做考古学研究的，该书应为首部，这填补了此前辽代铁器考古研究的一项空白，具有开拓之功。

该书上卷为“各地考古发现出土的辽代铁器”，分别介绍了历年来在内蒙古、辽宁、吉林、黑龙江、北京、河北、天津和山西等地考古发现并确认为辽代的城址、遗址和墓葬中出土的辽代铁器情况，并逐项记述；中卷为“阜新出土的辽代铁器”，这是在各地收藏的约3000件铁器中，经过鉴别，筛选出来的400多件辽代铁器，详细介绍了阜新地区发现的辽代铁器，使我们较为全面地了解了辽代铁器的内涵；下卷为“阜新铁器年代研究”，比较阜新地区及其周边市县的辽金城址、遗址和墓葬的多寡，以此推测阜新辽代铁器的归属问题。上卷以省（区）为单元，将辽代城址、遗址和墓葬出土的铁器，进行宏观而全面的介绍；而中卷和下卷则分别记述和研究阜新发现的辽代铁器种类及年代推定。三卷内容各有侧重，章节结构布局较为合理。

该书中卷介绍的阜新收藏者收藏的辽代铁器，因大多没有具体出土地点，如果不是采用科技鉴定手段，只能根据考古经验、实践技能和器物特征来判断其年代和归属。为了学术研究的严谨，该书作者在下卷专辟四章篇幅，用“排除法”，比较阜新地区及其周边辽、金两朝城址、遗址和墓葬的前多后寡、数量相差悬殊之实况，以此推测阜新收藏者收藏的铁器大多应为辽代遗物，具有较高的可信度。

该书首次搜集了历年来全国各地考古发现及个人收藏的辽代铁器，包括数百件辽代农业、渔业、手工业、兵器、刑具、生活用具等各种铁器及其文字介绍，加上千余幅图片，为辽史学者利用铁器文物资料提供极大便利。

从上述所列诸特点看，《辽代铁器考古研究》一书，既是新成果，也是新进展，是辽代考古及辽史研究中的一项重大收获，对推动今后辽史研究和辽代考古将起到较大的作用。

当然，学术研究永无止境，辽代出土铁器的搜集、整理和年代、类型、属性的鉴别，以及利用辽代铁器考古实物资料进行辽代历史诸问题的研究等等，均处于方兴未艾的阶段。在此过程中，倘若出现某些问题或瑕疵，亦是在所难免，《辽代铁器考古研究》也不例外。笔者期望冯永谦先生以及其他学者今后在辽代铁器考古研究这一领域，更上一层楼，有更多深入、全面、细致的研究成果问世。

（作者系辽宁大学历史学院教授）

《光明日报》2020年6月6日发表《从器物走近历史》书影

辽代铁器研究的集大成之作

——冯永谦著《辽代铁器考古研究》评介

董学增[①]

辽代是我国中古时期的一个重要王朝，传国二百多年，和五代与北宋相始终，对我国历史的发展做出过很大贡献。但由于辽代文献的缺失，记载疏漏，致使事迹不显，影响了我们对其的认识，甚至完全不了解。新中国成立后，由于考古调查和发掘大量的辽代遗址、城址和墓葬等遗存，出土了大量遗物，随后发表许多报告和研究文章，于是我们对辽代有了全新的认识。其中对遗物也出版过专门的研究，如陶瓷、玉器等。但唯独对铁器缺少这方面的研究。实际铁器对社会发展的重要性不言而喻，人们无论是生产还是生活都离不开铁器，具体来说研究辽代历史和考古也都离不开辽代的铁器，但辽代铁器却很少有人进行研究。尤其应当说明的是，作为以契丹人为主体联合汉族和其他少数民族建立的辽王朝，接受先进的汉文化，进行民族间的文化交流，极大地促进了我国北方地区的社会发展，这其中铁器起了很大的作用。辽代铁器汉式很多，如生产工具、武器等，也有契丹族的，如铁釜、铁火盆等，内涵丰富。所有这些考古发现，都需要很好的进行研究。

近见新出版的冯永谦先生《辽代铁器考古研究》一书，恰好填补了这项空白。此书十六开本，640页，其中除详尽的文字外，仅测图和照片即有1450余幅，全部铜版纸彩色精印，分上、中、下三卷，搜罗宏富，论证翔实，真可谓是辽代铁器研究的集大成之作。此书细读之后，我感觉有如下几个特点值得提出来。

首先，此书是研究辽代铁器的专著，因此其选择的铁器非常严格。在我们辽金考古的工作中，有时对其发现不能确定年代，常是“辽金”并称，其实这是不准确的。因此，本书明确指出，年代要分清，如秦汉、隋唐，秦与隋年代都很短，却能分清楚，辽代二百多年，金代也一百多年，为什么辽金年代却分不清？这是需要今后改进的。本书秉此宗旨，对过去所有的发现凡不能确定是辽代铁器，或辽金并称的铁器，即绝不收入。在此前提下，收入本书的铁器，就都是辽代的，准确无误，可供各方面研究参考。

其次，本书上卷“各地考古发现出土的辽代铁器”，搜集的辽代铁器，完整齐备，并且系统。从时

① 董学增，吉林市博物馆研究员。

空上看，自新中国成立七十年来，按遗址、城址、墓葬等分类，凡是在辽代疆域范围内的今黑龙江、吉林、辽宁、内蒙古、北京、天津、河北、山西等省、直辖市、自治区，所有考古发现属于辽代的铁器，悉数收入书内，并选用了所有附图和照片，分别汇集，做到了材料详尽，编排系统，内容详赡，完备方便，犹如字典随时可查。

第三，中卷是“阜新出土的辽代铁器”，这是介绍阜新一个县域内的辽代铁器，其内涵丰富。这些数量极大的铁器，如从类别上看，可分为“农业生产工具”“渔猎生产工具”“泥瓦工具”“木工工具”“铁杂工具”“铁工工具”“车马器”“兵器”“刑具”“生活用具”等十二大类。但这十二类铁器，如从性质和功能上看，还可以具体分为“铁铧”“铁犁镜”“铁趟头”“铁牵引”“铁锄”“铁镰刀”“铁锹”“铁垛叉”“铁铡刀”等六十一种不同分属器物，每件铁器都附多幅彩色照片。读过此书之后，可使我们较为全面地了解辽代铁器的内涵。

第四，本书下卷是“阜新铁器年代研究”。在此用了周边地区的考古发现实例，讨论了很多问题。辽代的铁器，文献材料较少，几乎没有记载，因此我们过去对其内涵没有充分的了解；今天我们能够认识辽代的铁器，主要是依靠考古发现的出土遗物，但这就需要时间，有一个整理和研究的过程，因此过去关于辽代铁器的研究论著极少。此书的写成，也是在没有现成的可资借鉴的成果条件下进行的，故在书中做了一些较为深入的探讨，但这是十分必要的，故本书在此做了很大的努力，读者应当是很赞成的。

中国文物报

主编 贾昌明 责编 张怡 电话：(010)84078838—6136
美编 王桂萍 本版邮箱：cbcmzk@163.com

2020 年 3 月 27 日

辽代铁器研究的集大成之作

——冯永谦著《辽代铁器考古研究》评介

董学增

辽代是我国中古时期的一个重要王朝，传国二百多年，和五代与北宋相始终，对我国历史的发展做出过重大贡献。但由于辽代文献的缺失，记载疏漏，致使事迹不显，影响了我们对其认识，甚至是完全不了解。新中国成立后，由于考古调查和发掘大量的辽代遗址、城址和墓葬等遗存，出土了大量遗物，随后发表许多报告和研究文章，于是我们对辽代有了全新的认识。其中对遗物也出版过专门的研究，如陶瓷、玉器等；但唯独对铁器缺少这方面的研究，实际铁器对社会发展的重要性不言而喻，人们无论是生产还是生活都离不开铁器，具体来说研究辽代历史和考古也都离不开辽代的铁器，但辽代铁器却很少有人进行研究。尤其应当说明的是，作为以契丹族为主体联合汉族和其他少数民族建立的辽王朝，接受先进的汉文化，进行民族间的文化交流，极大地促进了我国北方地区的社会发展，这其中铁器起了很大的作用。辽代铁器汉式很多，如生产工具、武器等，也有契丹族的，如铁釜、铁火盆等，内涵丰富。所有这些考古发现，都需要很好的进行研究。

近见新出版的冯永谦先生《辽代铁器考古研究》一书，恰好填补了这项空白。此书十六开本，640 页，书中除详尽的文字外，仅测图和照片即有 1450 余幅，全部铜版纸彩色精印，分上、中、下三卷，搜罗宏富，论证翔实，真可谓是辽代铁器研究的集大成之作。此书细读之后，我感觉有如下几个特点值得提出来。

首先，此书是研究辽代铁器的专著，因此其选择的铁器非常严格。在我们的辽金考古工作中，有时对其发现不能确定年代，常是“辽金”并称，过去有过这种情况，即或一座墓、或一件器物，也定为“辽金”时期，其实这是不准确的。因此，本书明确指出，年代要分清，如秦汉、隋唐，秦与隋年代都很短，却能分清楚，辽代二百多年，金代也一百多年，为什么辽金年代却分不清?这是需要今后改进的。本书秉此宗旨，对过去所有的发现凡不能确定是辽代的铁器，或辽金并称的铁器，即决不收入。在此前提下，本书收入的铁器，就都是辽代的，准确无误，可供各方研究参考。

其次，本书上卷“各地考古发现出土的辽代铁器”，收集的辽代铁器完整齐备，并且系统。从时空上看，自新中国成立 70 年来，按遗址、城址、墓葬等分类，凡是在辽代疆域范围内的今黑龙江、吉林、辽宁、内蒙古、北京、天津、河北、山西等省、直辖市、自治区，所有考古发现属于辽代的铁器，悉数收入书内，并选用了所有附图或照片，分别汇集，做到了材料详尽、编排系统、内容详赡、完备方便，犹如字典随时可查。

第三，中卷是“阜新出土的辽代铁器”，这是介绍阜新一个县域内的辽代铁器，其内涵丰富。这些数量极大的铁器，如从类别上看，可分为：“农业生产工具”“渔猎生产工具”“泥瓦工具”“木工工具”“铁杂工具”“铁工工具”“车马器”“兵器”“刑具”“生活用具”等十二大类。但这十二类铁器，如从性质和功能上看，还可具体分为：“铁铧”“铁犁镜”“铁趟头”“铁牵引”“铁锄”“铁镰刀”“铁锹”“铁镐”“铁垛叉”“铁铡刀”等六十一种不同分属器物，每件铁器都附多幅彩色照片。读过此书之后，可使我们较为全面地了解辽代铁器的内涵。

第四，本书下卷是“阜新铁器年代研究”。在此用了周边地区的考古发现实例，讨论了很多问题。辽代的铁器，文献材料极少，几乎没有记载，因此我们过去对其内涵没有充分的了解；今天我们能够认识辽代的铁器，主要是依靠考古发现的出土遗物，但这就需要时间，有一个整理和研究的过程，因此过去关于辽代铁器的研究论著很少。此书的写成，也是在没有现成的可资借鉴的成果条件下进行的，故在书中做了一些较为深入的探讨，但这是十分必要的，故本书在此做了很大的努力，读者应当是很赞成的。

第五，本书在收录各地出土辽代的铁器时，是非常严谨的，凡是有“辽金”并称的铁器，无论其如何完整，也不收入书中，以免影响人们的认识。但其中也有例外，即作者对其特别了解，而于后来的研究影响重大、有误导倾向的考古发现报道，则与之以纠谬，如新民前当铺遗址、绥中城后村遗址，本是以辽为主，金、元次之的遗址，报告却定为金元时代，因发表较早，其后各地相同的考古发现，都以此报告为据定为金元时代，失误很大，本书则予以辨明，且将其出土铁器收书中，并加论证。

第六，本书还对一些器物的定名，作了一些规范，避免混乱，如铁铧、铁犁镜、铁趟头、铁牵引等，又如什么是铁鍑、铁釜、铁铛、铁鏊子、铁鼎等。书中还对各种形制、性质、功能不同的器物，都分别立项，备载其下，使人一目了然。而对过去少见的器物，如特大的铁釜和特大的铁火盆等，都予以突出表现。还有一些此前未见的器物，如铁银锭范、铁烙印、铁梳妆架等，都详加介绍，以便了解。还有如铁剪，本是常见之遗物，自汉代以来都有，但所见都是环股铁剪，而另一种如现今仍流行的交股铁剪只在洛阳宋墓中一见，但在辽代则较多，除阜新有两件外，在朝阳西大营子辽遗址、康平克宝窝堡辽墓中都有出土，由于辽代多见，因此，作者提出“这种交股铁剪就是辽人发明的”，这应是一个重要发现。

总之，本书不仅系统，资料齐备，条理分明，对所有发现都详加辩证，并提出很多宝贵的观点与见解，凡此都是本书的特点。同时，它也应是研究辽史和辽代考古的必备之书。

（《辽代铁器考古研究》，冯永谦著，辽宁教育出版社 2018 年 12 月出版，定价 498 元）

《中国文物报》2020 年 3 月 27 日发表《辽代铁器研究的集大成之作》书影

第五，本书在搜录各地出土辽代的铁器时，是非常严谨的，凡是有“辽金”并称的铁器，无论其如何完整，也不收入书中，以免影响人们的认识。但其中也有例外，即作者对其特别了解，而于后来的研究影响很大，有误导倾向的考古发现报道，则与之以纠谬，如新民前当铺遗址、绥中城后村遗址，本是以辽为主，金、元次之的遗址，报告却定为金元时代，因发现时间较早，其后各地相同的考古发现，均以此报告为据，就为金元时代，失误很大，本书则予以辨明，并将其出土铁器收入书中，并加论证。

第六，本书还对一些器物的定名，作了一些规范，避免混乱。如对铁铧、铁犁镜、铁趟头、铁牵引等，又如什么是铁鍑、铁釜、铁铛、铁鏊子、铁鼎等。书中还对各种形制、性质、功能不同的器物，都分别立项，备载其下，使人一目了然。而对过去少见的器物，如特大的铁釜和特大的铁火盆等，都予以突出表现。还有一些此前未见的器物，如铁银锭范、铁铬印、铁梳妆架等，都详加介绍，以便了解。还有如铁剪，本是常见之物，自汉代以来都有，但所见都是环股铁剪，而另一种如现今仍流行的交股铁剪，只在洛阳宋墓中一见，但在辽代则很多，除阜新有两件外，存朝阳西大营子辽遗址、康平克宝窝堡辽墓中都有出土，由于辽代多见，因此，作者提出"这种交股铁剪就是辽人发明的"，这应是一个重要发现。

总之，本书不仅系统，资料齐备，条理分明，对所有发现都详加考证，并提出很多宝贵的观点与见解，凡此都是本书的特点。同时，它也应是研究辽史和辽代考古的必备之书。

（《辽代铁器考古研究》，冯永谦著，辽宁教育出版社 2018 年 12 月出版，定价 498 元）

盼望六十年的一部书

——《辽阳壁画墓》读后

董学增[1]

在考古工作中，墓葬考古占绝大部分。然而在发掘的数以千万计的墓葬中，壁画墓却数量不多，尤其是汉、魏、晋时的早期壁画墓更少，据报道已知经过考古发掘的这一时期的壁画墓，全国仅有 60 多座，基本分布在我国北部的几个省、自治区。这其中就有辽阳壁画墓 20 余座，而且其分布比较集中，都在辽阳市区的周围，尤其是在北郊更多，故 1961 年 3 月 4 日国务院公布的第一批全国重点文物保护单位就以“辽阳壁画墓群”之名发表。从此，辽阳壁画墓闻名中外。但遗憾的是，由于壁画墓在墓葬发掘完成之后，为了保护壁画，墓室都立即就地封存，至今没有开启过，壁画究竟是什么样子？除当时发掘人员外至今谁也没见过。虽然事后发表一些简报，但由于当时受彩色印刷条件的限制，随文图片都是现场摹画的黑白图，甚或有的只是线图，读者不能欣赏其采用矿物颜料以“没骨法”绘成的精美绝伦的壁画，因而这些具有极高历史价值、艺术价值、学术价值的古代绘画文物，不能发挥其应有的作用，实为憾事！

幸亏我的老友辽宁省文物考古研究院研究员冯永谦先生将他当年拍摄的壁画墓彩色照片精心地保存了下来，在退休多年之后，现在他对辽阳经过发掘

冯永谦著《辽阳壁画墓》书影

① 董学增，吉林市博物馆研究员。

的全部壁画墓加以综合整理研究，以考古发掘报告形式兼及研究，写就了《辽阳壁画墓》一书，在2020年获“国家出版基金项目”的支持下，于近日由辽海出版社出版发行，这是一部填补空白的考古学著作，读后受益良多，故乐于向读者介绍。

该书为16开精装本，524页，47万字，书中文字后单辟一章收入辽阳壁画墓的原版彩色壁画照片图版140面，计142幅（另有大量的随文彩色壁画照片、插图、器物照片和线图等计334幅）。

本书共分五章，第一章为绪论。概述了作者亲自参加壁画墓发掘的历程及本书的要意，以及辽阳壁画墓群公布为国保单位后的保护状况。第二章简练地陈述了辽阳附近的自然地理、历史沿革、辽阳壁画墓的发现情况。第三章详细地介绍了辽阳市发掘的十五座具有代表性的后汉、汉魏、两晋时期的壁画墓，其中相当于后汉中晚期的壁画墓有：辽阳旧城东门里壁画墓、北园一号壁画墓、棒台子一号壁画墓、三道壕车骑壁画墓；相当于汉魏之际的壁画墓有：三道壕一号壁画墓、三道壕二号壁画墓、棒台子二号壁画墓、鹅房一号壁画墓、南雪梅一号壁画墓；相当于三国魏时期的壁画墓有：三道壕“魏令支令”墓、北园二号壁画墓、北园三号壁画墓；相当于西晋武帝太康年间至东晋穆帝时期的壁画墓有：三道壕北窑场壁画墓、上王家壁画墓等。

第四章辽阳壁画的特点。记述了墓室的建筑材料和墓葬的形制，即墓顶当年都有高大的封土堆，地下墓室用淡青色页岩板石构筑，多为多室并有回廊。本章还重点地记述了国内各地发现的汉、魏、晋时期的典型的壁画墓，其中前汉末年至王莽时期的壁画墓有河南洛阳烧沟卜千秋壁画墓、西安交通大学壁画墓、西安理工大学壁画墓、西安市郊曲江翠竹园壁画墓、内蒙古托克托古城闵氏壁画墓、洛阳金谷园壁画墓、山西平陆枣园村壁画墓、陕西千阳县壁画墓；相当于后汉时期的壁画墓有洛阳烧沟一号壁画墓、山东泰安市东平后屯壁画墓、山东梁山后银山壁画墓、河南密县打虎亭壁画墓、河北衡水安平县逯家庄壁画墓、望都县所药村壁画墓、河南偃师杏园村壁画墓、陕西靖边县杨桥畔壁画墓、内蒙古乌审旗巴日松古敖包壁画墓、和林格尔壁画墓、甘肃武威雷台壁画墓；相当于晋代（西晋、东晋）的壁画墓有甘肃嘉峪关新城壁画墓、酒泉县丁家闸壁画墓。从以上21座壁画墓，可知其墓葬建材、结构、墓内随葬品、特别是壁画的内容、人物形象和作画颜料等与辽阳壁画墓的异同。

本章最后一节主要讲了对辽阳壁画墓的认识。辽阳壁画墓现已发现近30座（包括地上有封堆而未发掘者），而且相当集中，这与辽阳的历史状况有关。据司马迁《史记》记载：战国燕时，“燕亦筑长城，自造阳至襄平。置上谷、渔阳、右北平、辽西、辽东郡以拒胡”。辽东郡的首府设在襄平，即今辽阳，其位置在今辽阳市内的旧城区。襄平城因是郡治所在，自战国燕，历经秦、汉、魏、晋几百年的发展，一直到清代，在两千多年的时间里都是东北地区的政治、经济、军事、文化中心。后汉末期，天下大乱，群雄并起，后来形成魏、蜀、吴三国，当此之际，辽东公孙氏崛起，割据襄平，封侯称王，拥有辽东之地达五十余年。据《晋书·地理志》记载，襄平仍为辽东郡治所。在辽阳市发掘的壁画墓石壁上，分别发现题有“汉季春三月”、“魏令支令张□□、公孙夫人”、刻划有“太康九年”、“襄平”等字，由此更可证明其绝对年代。从史书记载和壁画内容推断，后汉、魏、晋时代辽阳壁画墓的主人，当为辽东郡高官及其后来的公孙氏时期显贵族人、地方豪强和社会贤达等。

辽阳壁画墓与同时期国内各地发现的壁画墓最大差异有以下几点：一是辽阳壁画墓不仅分布相当集中，而且数量最多，发现最早，早在20世纪初就发现了。二是根据墓室特点、随葬遗物和壁画内容综合考察，辽阳壁画墓的年代跨度比较大，是从后汉中期开始，历经三国魏到两晋时期，前后历时达二百多年。三是辽阳壁画墓墓室均用巨大厚重的石板构筑，是其他地区所不见的。四是由于辽阳壁画墓是用南芬页石板构筑，这种页岩开采面非常平整光滑，甚至不用打磨，而壁画又都是用矿物颜料直接绘在绘石面上的，益显壁画的艳丽、完整、精致，这是砖室墓壁画无可比拟的。五是辽阳壁画与同时代各地壁画相比，绘画水平最高，写实能力最强，绘人状物，无论静态、动态，表现都很出色，无与伦比。以三道壕车骑墓的“车马出行图”为例（见插图），出行车马排列整齐，秩序井然，壁画宽阔，场面极为壮观，为绘画所未见，应是汉代绘画的最高水平，极为罕见！绘画技法纯熟，敷色精确，线条匀称，形象栩栩如生。正是这些无名民间画家的绘画，开启了魏晋以来知名职业画家绘画的先河。

辽阳壁画内容题材，多表观墓主人的经历和生活，反映了“事死如事生”的理念。除了墓室形制和随葬品而外，更多的反映在壁画的画题之中，“画题以人事言有：宴飨、伎乐、斗鸡、仓廪、车舆、仪仗、神话各事，以事物言有：楼殿、车骑、犬马、麾节、旗幡、乐器、食器、冠服、刀剑、树木等物”（见本书转载著名考古学家李文信先生关于《辽阳北园画壁古墓记略》文章语），李先生对画题中的名称做了详考，使读者增长了诸多文物知识，受益匪浅。

第五章为辽阳壁画墓的原版彩色壁画照片图版。其中有辽阳旧城东门里后汉壁画墓（附异兽图）、辽阳棒台子一号后汉壁画墓（附伎乐图）、辽阳三道壕后汉车骑壁画墓（附车骑出行图）。包括画面全景式彩照，局部特写彩照，形象皆准确、鲜明、生动，是辽阳壁画墓的大量精美壁画第一次面世，耐人仔细玩味和品读，会给各方面的研究者、爱好者提供有益的绘画研究资料和欣赏、学习的绘画作品。

此书以后汉中晚期至魏、晋时期的辽阳壁画墓为中心，同时记述了同时期全国各地的壁画墓，从这个角度可以说它是我

图书专刊·中国文物报 7

盼望六十年的一部书

——《辽阳壁画墓》读后

董学增

在考古工作中，墓葬考古占绝大部分，然而在发掘的数以千万计数墓葬中壁画墓却数量不多，尤其是汉、魏、晋时期的壁画墓更少，据报道已知经过考古发掘的这一时期的壁画墓，全国仅有60多座，基本分布在我国北部和中西部几个省、自治区，这其中就有辽阳壁画墓20余座，而且分布比较集中，故1961年3月4日国务院公布的第一批全国重点文物保护单位中称之为“辽阳壁画墓群”，从此辽阳壁画墓闻名中外。但遗憾的是，由于发掘墓室后都即时封存，至今没有打开过，壁画究竟什么样子?除发掘人员外谁也没见过。虽然事后发表一些简报，但由于当时受彩色印刷条件的限制，随文图片都是现场摹画的，或只有线图，读者不能欣赏其采用矿物颜料以“没骨法”绘成的精美绝伦的壁画，因而具有极高历史价值、艺术价值、学术价值的绘画文物不能发挥其应有的作用，实为憾事！

幸亏我的老友辽宁省文物考古研究院研究员冯永谦先生将他当年拍摄的壁画墓彩色照片精心地保存了下来，并对辽阳壁画墓加以综合整理研究，写就了《辽阳壁画墓》一书，在“国家出版基金项目”的支持下，于2021年6月由辽海出版社出版，这是一部填补空白的考古学著作，读后受益良多，故乐于向读者介绍。

该书为16开精装本，47万字，书的最后单辟一章收入辽阳壁画墓彩色照片图版70张，计139幅（另有大量文中壁画插图、器物照片和线图）。

本书共分五章，第一章为绪论。概述了作者亲自参加壁画墓发掘的历程及本书的要意，以及辽阳壁画墓群公布为国保单位后的保护状况。

第二章简练地陈述了辽阳附近的自然地理、历史沿革、辽阳壁画墓的发现情况。

第三章详细地介绍了辽阳市十五座具有代表性的后汉、汉魏、两晋时期的壁画墓，其中相当于后汉中晚期的壁画墓有：辽阳旧城东门里壁画墓、北园一号壁画墓、棒台子一号壁画墓、三道壕车骑壁画墓；相当于汉魏之际的壁画墓有：三道壕一号壁画墓、三道壕二号壁画墓、棒台子二号壁画墓、鹅房一号壁画墓、南雪梅一号壁画墓；相当于三国魏时期的壁画墓有：北园二号壁画墓、北园三号壁画墓；相当于西晋武帝太康年间至东晋穆帝时期的壁画墓有：三道壕北窑场壁画墓、上王家壁画墓。

第四章介绍了辽阳壁画的特点。记述了墓室的建筑材料和墓葬的形制，即墓顶当年都有高大的封土堆，地下墓室用淡青色页岩板石构筑，多为多室并有回廊。本章还重点地记述了国内各地发现的汉、魏、晋时期的典型的壁画墓，其中前汉末年至王莽时期的壁画墓有：河南洛阳烧沟卜前秋壁画墓、西安交通大学壁画墓、西安理工大学壁画墓、西安市郊曲江翠竹园壁画墓、内蒙古托克托古城闵氏壁画墓、洛阳金谷园壁画墓、山西平陆枣园村壁画墓、陕西千阳县壁画墓；相当于后汉时期的壁画墓有：洛阳烧沟一号壁画墓、山东泰安市东平后屯壁画墓、山东梁山后银山壁画墓、河南密县打虎亭壁画墓、河北衡水安平县逯家庄壁画墓、望都县所药村壁画墓、河南偃师杏园村壁画墓、陕西靖边县杨桥畔壁画墓、内蒙古乌审旗巴日松古敖包壁画墓、和林格尔壁画墓、甘肃武威雷台壁画墓；相当于晋代（西晋、东晋）的壁画墓有：甘肃嘉峪关新城壁画墓、酒泉丁家闸壁画墓。从以上21座壁画墓，可知其墓葬建材、结构、墓内随葬品、特别是壁画的内容、人物形象和作画颜料等与辽阳壁画墓的异同

本章最后一节主要讲了对辽阳壁画墓的认识。辽阳壁画墓现已发现近30座（不包括因地上封堆不见而未发现者），而且相当集中，这与辽阳的历史状况有关。据司马迁《史记》记载：战国燕时，“燕亦筑长城，自造阳至襄平。置上谷、渔阳、右北平、辽西、辽东郡以拒胡。”辽东郡的首府设在襄平，即今辽阳，其位置在今辽阳市内的旧城区范围。襄平城因是郡治所在，自战国燕，历经秦、汉、魏、晋几百年的发展，一直到清代，在两千多年的时间里都是东北地区的政治、经济、军事、文化中心。后汉末期，天下大乱，群雄并起，后来形成魏、蜀、吴三国。当此之际，辽东公孙氏崛起，割据襄平，封侯称王，拥有辽东之地达五十余年。据《晋书·地理志》记载，襄平仍为辽东郡治所。近年在辽阳市旧城区一座壁画墓石壁上，发现刻画有“太康九年”“襄平”等字更可证明其绝对年代。从史书记载和壁画内容推断，后汉、魏、晋时代辽阳壁画墓的主人，当为辽东郡的公孙氏族或高官显贵、地方豪强、社会贤达等。

辽阳壁画墓与同时期国内各地发现的壁画墓最大差异有以下几点：一是辽阳壁画墓不仅分布集中，而且数量最多，发现最早，早在20世纪初就发现了。二是根据墓室特点、随葬遗物和壁画内容综合考察，辽阳壁画墓的年代跨度比较大，是从后汉中期开始，历经三国魏到两晋时期，前后历时达二百多年。三是辽阳壁画墓墓室均用巨大厚重的石板构筑，是其他地区所不见的。四是由于辽阳壁画墓是用南芬页石板构筑，这种页岩开采面非常平整光滑，而且壁画都是用矿物颜料直接绘在石面上的，益显壁画的艳丽、完整、精致，这是砖室墓壁画无可比拟的。五是辽阳壁画与同时代各地壁画相比，绘画水平最高，写实能力最强，绘人状物，无论静态、动态，表现都很出色。以三道壕车骑墓的“车马出行图”为例，出行车马排列整齐，秩序井然，壁画宽阔，场面极为壮观。绘画技法纯熟，笔划粗细匀称，形象栩栩如生。正是这些无名民间画家的绘画开启了后世知名职业画家绘画的先河。

辽阳壁画内容题材，多表现墓主人的经历和生活，反映了“事死如事生”的理念。除了墓室形制和随葬品而外，更多地反映在壁画的画题之中，“画题以人事言有：宴飨、伎乐、斗鸡、仓廪、车舆、仪仗、神话各事，以事物言有：楼殿、车骑、犬马、麾节、旗幡、乐器、食器、冠服、刀剑、树木等物”。（见本书第三章转载的著名考古学家李文信先生于1947年10月10日发表在《国立沈阳博物院筹备委员会汇刊》第一期的《辽阳北园画壁古墓记略》一文），李先生对画题中的名称做了详考，使读者增长了诸多文物知识，受益匪浅。

第五章为辽阳壁画墓彩色照片图版。其中有辽阳旧城东门里后汉壁画墓（见插图异兽图）、辽阳棒台子一号后汉壁画墓（见插图伎乐图）、辽阳三道壕后汉车骑壁画墓（见插图车骑出行图）。包括画面全景式彩照，局部特写彩照，形象皆准确、鲜明、生动，耐人寻味。

此书以后汉中晚期至魏、晋时期的辽阳壁画墓为中心，同时记述了同时期全国各地的壁画墓，从这个角度可以说它是我国汉、魏、晋时期壁画墓的大型工具书。

本书著者冯永谦先生，1954年“东北博物馆文物考古干部训练班”毕业后，一直潜心从事文物考古工作。其研究的重点为中国历代考古、辽宁文物、东北历史地理、辽代陶瓷、红山文化玉器、辽代铁器等，出版专著18部，发表学术文章200余篇，一些论著曾获多项学术研究成果奖。笔者在《中国文物报》2005年7月6日，曾以《勤奋造就的考古学家——中国辽金暨契丹女真史学会会长冯永谦》为题，介绍过冯先生，现在看来此文不虚。笔者是1953年“东北博物馆文化考古干部训练班”毕业，与永谦先生可以说是不同届的同窗，然而学术成果却自愧不如，在这里我要向冯先生学习，见贤思齐。

（作者单位：吉林市博物馆）

《辽阳壁画墓》
作者：冯永谦
出版社：辽海出版社
出版时间：2021年6月
定价：180元

《中国文物报》2023年4月28日发表《辽阳壁画墓》书评

国汉、魏、晋时期壁画墓的大型工具书。

本书著者冯永谦先生，从1954年3月“东北区文物考古干部训练班”结业后，一直在文物考古队工作，潜心从事文物考古研究，至今已有68个年头。其研究的重点为中国历代考古、历史地理、古代长城、历代陶瓷、红山文化玉器、辽代铁器等，出版专著19部，发表学术文章200余篇，一些论著曾获多项学术研究成果奖。笔者在《中国文物报》2005年7月6日，曾以《勤奋造就的考古学家——中国辽金暨契丹女真史学会会长冯永谦》为题，介绍过冯先生，现在看来此文不虚。笔者是1953年“东北区文物考古干部训练班”毕业，与永谦先生可以说是不同届的同窗，然而学术成果却自愧不如，在这里我要向冯先生学习，见贤思齐。

《辽阳壁画墓》，作者：冯永谦，出版社：辽海出版社，出版时间：2021年6月，定价：180元

（原载《中国文物报》2023年4月28日，原文发表时有删改）

长城考古调查七十年结硕果

——冯永谦著《东北古代长城考古调查与研究》读后

齐　心[1]

最近，冯永谦著《东北古代长城考古调查与研究》出版。此书是我国第一部全面反映东北地区长城的专著，为“国家出版基金”资助项目。此书16开本，文字64万字、长城考古调查照片1900多幅、长城走向分布地图30余幅，全书分为上、下两卷，上卷是长城考古调查发现，按年代先后依次排列分为18章，下卷为长城学术研究文论，计为22篇。该书全部为铜版纸彩色印刷，总计达1900页，分为上、中、下三册，精装出版。该书读过之后，感到这是一部学术厚重、内容丰富、考证详尽的考古调查发现与研究不多见的长城专著，很多记述为过去所不知，更有大量的考古新发现的照片发表，都是第一次面世，尤其东北古代长城过去很少见有如此全面论述的著作，既有重要学术价值，更助力长城历史文化的传承保护，读后令人耳目一新。

本书作者冯永谦先生2024年已九十岁高龄，他由二十岁时起就从事文物考古工作，至今已经七十年。在这漫长的时间里，国内各地的长城他都去过，尤其是对东北地区的古代长城，普遍进行考古调查，从未停歇，深入荒山野岭、人迹罕至之处，多有新的发现，由此积累了大量的长城考古调查资料，经过他深入的研究，分别厘定年代，得出新的结论，现在将其关于东北地区的古代长城调查研究的成果整理成书，蔚为长城考古调查的新篇章，成为一部了解或研究长成必不可缺少的书籍。

《东北古代长城考古调查与研究》从开始调查到今天专著出版，经历近七十年时间，其调查各地长城有先后不同，但在完成此书时，却将其进行归纳，按历史朝代依次编排叙述，条理清晰，一目了然。东北地区古代长城，经过冯永谦调查考证，在不同地理位置上修筑的长城，可有十八个不同历史时期，起自战国燕（经其命名有燕北内长城、燕北外长城），止于明代，历时两千多年，中间经过秦、汉（经其考证有前汉初年长城、汉武帝长城、后汉长城）、西晋、前燕、北齐、北周、高句丽、渤海、辽、金（经其厘定有岭南长城、岭北长城）、东夏等各朝代在其所管辖的范围修筑长城。这些长城如果从民族的角度看，我国古代修筑长城并非是某一个民族单独进行的，而是很多民族都曾修筑过长城，如属于汉族政权修筑长城的，有战国燕、秦、汉、西晋、明，属于其他民族政权修

① 齐心，北京市文物考古研究院研究员。

筑长城的，有鲜卑族前燕、受禅鲜卑族东魏的北齐、鲜卑族北周、高句丽族高句丽、靺鞨族渤海、契丹族辽、女真族金、女真族东夏，如此众多的民族，都修筑过长城。经过研究可以看到，长城在我国历史发展中，并非只是单纯的以军事防御为目的的工程设施，它实际起到的作用，是以长城为纽带，拉近了民族间的距离，文化交流，促进了解，逐渐实现民族的融合，缔造了中华民族共同发展的历史，长城之功厥伟！

在这部三巨册的《东北古代长城考古调查与研究》中，内涵宏富，过去不知而新发现的长城甚多，现简略地说明几点于后。讲战国燕和秦、汉长城，最早发现已有八九十年，但线路比较单一，只在赤峰发现一道，而且也只调查过一段。古代长城的发现，是近些年来考古工作的开展才开始丰富起来的，如在河北承德、内蒙古赤峰、辽宁建平地区，从南至北不同距离发现并列的三道长城，它们究系何代？一般论著皆以南边一道为汉，中间一道为战国燕、北边一道为秦始皇修筑。这些地方的长城冯永谦均至现地调查过，经他深入地研究，根据长城所在地域，尤其是在附近发现的遗址、城址、墓葬及相关出土遗物的年代，提出了他新的观点，将这三道不同特点的长城分别确定为：南边一道长城，为后汉长城，其后为西晋与北齐沿用，经历了三个时期，而北齐长城至海，应在经过今朝阳后，南折至今锦州南面的海边，这一北齐长城走向的说法，是第一次提出关于此长城的新论点；中间一道长城，为战国燕时秦开却胡后所修筑的长城，其后至汉武帝时“汉亦弃上谷之什辟县造阳地以予胡”（为《史记》语），因北边弃地予胡，辖境内缩，原相应地段的长城亦废弃，还回后的南面一道长城被利用，即燕北内长城，此长城为经历二时期；最北面的一道长城，因在其内侧发现有战国燕及秦等时代的遗址、墓葬和相关文物，由此可知此道长城为燕国强盛时辖境北拓所筑的燕北外长城，亦为秦统一六国后联结北边秦、赵、燕三国长城后的秦“万里长城”所沿用，但秦短祚，又为汉承秦制的前汉初年所沿用，此长城经历为三时期。这样这三道长城就不只是过去

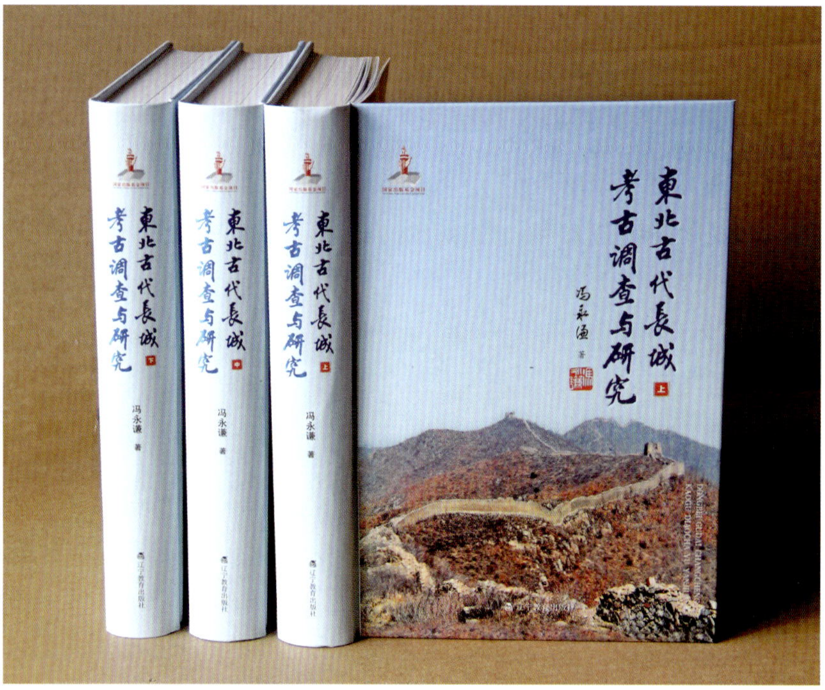

冯永谦著《东北古代长城考古调查与研究》书影

简单地确定为燕、秦、汉了事，而其内涵则更加丰富多彩了。同时，冯永谦还将发现的燕北两道长城分布在赤峰南北两面过去称为“赤南长城”和“赤北长城”认为不妥，因其长城在今赤峰东西两边均延长很远，如果各地均以本地地点命名，则这两道长城必然要混乱，各地都有不相一致的本地称谓，长城怎样衔接？故此，他提出这两道长城应有一个统一的名称，分别叫作“燕北内长城”和“燕北外长城”，这样既明确又简便，现在此定名已为学术界所接受。

战国秦汉时期的长城，过去文献记载很少，一语带过，如《史记》说“燕亦筑长城，自造阳至襄平”，只用十一个字，就写了几千里长城，未有经过之地，这就非常模糊，因此过去不知长城在什么地方，甚至有人认为燕长城修至襄平（今辽宁辽阳）城下。实际经过考古调查发现，长城经过辽西郡到辽东郡，都是在郡的北部边地修筑的，在今赤峰、建平、敖汉、北票、阜新、彰武、法库、开原、铁岭、抚顺、本溪、凤城、宽甸等地经过冯永谦考古调查均有发现，尽管现在长城保存状况不一，呈现出来的遗迹在有些地段似有若无，但经过努力，都已找到，并拍摄了大量的遗迹照片，倍感珍贵，这些发现均反映在本书中，非常难得。

尤其是新发现不少时期的长城，这是很重要的，它们有的是在过去没有记载，有的见有只言片语而不知在今何处，现在都经过调查而被辨别出来。前者如前燕慕容皝在今新宾修筑的长城，后者的时期较多，如北齐经朝阳而至海的长城、北周在今绥中经墙子里到止锚湾长城、高句丽在今四平、昌阁、沈阳和营口的千里长城、辽代在今大连的镇东海口长城等，都有了指实今地，不再是过去模糊不清的情况，填补了历史空白。

在东北古代长城研究中，金代长城出现的问题很大，长时间以来没有得到解决。首先是在沙漠草原最北边呼伦贝尔发现一道长城，过去定为“成吉思汗长城”“金源边堡”“拓跋鲜卑国界”“汉光禄城”“辽代防御工程”等，冯永谦确定为金代长城，并定名为金代的“岭北长城”。金代岭南长城较为复杂，线路多道，冯永谦也均为其定名，简便而易了解。还有一个最大问题，就是金代修筑的军事防御工程，虽然和历代所修筑的军事防御工程的“长城”相同，但却不称“长城”而叫“界壕”，实际金代对“长城”的称谓有十多种，并不是只有“界壕”一词，其他称呼各有多条，而“界壕”一词在《金史》中只见两次，并不典型，如称“壕堑”者最多，其他名称亦有，而“界壕”并不具有代表性，为何要用“界壕”称之？同时，再看历史上，如秦代称“城堑”、汉代称“塞”或“塞垣”、北史称“长堑”、明代叫“边墙”，这些时代的军事防御工程设施都不称其为“长城”，我们今天却一律叫它为“长城”，既然如此，那为什么唯独对金代的这种军事防御工程，不称“长城”而一定认为是“界壕”呢？冯永谦对此极力为之考辨，认为金代所筑的是“长城”，不能再另外确定一种名称，使其与中国的长城有异；脱离长城范围，将其划出长城之外，是另一种设施，既然不是长城，从而也不利于对其进行“长城”保护！

我国东北地区的古代长城，过去很多不为外界所知，竟有这么多时期筑有长城，并有这么多民族参与修筑，读过《东北古代长城考古调查与研究》后，才知道东北古代长城分布如此密集，内涵如此丰富多彩。因此，这部关于东北古代长城的书值得一读，尤其是欲深入了解和研究长城的人，不可不读，是故乐为之介。

贺冯永谦先生《东北古代长城考古调查与研究》巨著出版

张福有　蒋力华等

冯永谦先生《东北古代长城考古调查与研究》大作近已出版。内容分为上、下两卷，上卷为调查，下卷是研究，装订分为上、中、下三卷，十六开本，1910页，卷帙浩繁，文为64万字，书中并有大量照片，与文字相对。长城照片，主要都为彩色照片，逼真醒目，长城遗迹本身多属冯永谦先生多年的考古调查新发现，大量照片是首次面世，多为过去人所不知，非常珍贵，书中还附有相关的长城地图，两者数量可达两千幅，甚为罕见。该书是全面调查与研究中国古代长城的首部系统专著，填补空白，功德无量。本书为辽宁教育出版社出版。著名历史地理学家谭其骧先生对此甚为嘉许，为其题写了“东北古代长城”字幅，收于是书首页。

贺冯永谦先生《东北古代长城考古调查与研究》巨著出版

张福有（长春）

山峦托起见巍峨，更挽天音入浩歌。
大坎千寻开古径，将军百战负长戈。
岂无壮志舒鹏翼，但有英魂拔剑过。
三卷深耽十年梦，刊书以后拒相磨。

2023年3月14日于长春养根斋

贺冯老永谦先生长城巨著出版

蒋力华（长春）

辽阳壁画执金戈，东北长城荡史波。
视觉适宜收浩瀚，构图严谨阻蹉跎。
深研盯瞩九门口，结集主编千载歌。

登上虎山知起点，翻开宝卷仰巍峨。

2023年3月15日之晨于长春

步养根斋老师韵贺冯永谦先生长城巨著出版

孙 琪（通化）

几次攀登向险峨，长城又起大风歌。
为留岁月还挥墨，难住时光欲挽戈。
入梦征来新棹去，随心踏遍古墙过。
卌年汗水凝成著，何惧沧桑一剑磨。

依根师韵贺冯永谦先生长城巨著出版

徐 敏（东丰）

势雄东北起巍峨，忧责鸿编正气歌。
大泽倾情延岁月，长城历代定风波。
煌煌文采添符号，赫赫声名补白过。
百二余篇详考古，期刊学术励精磨。

贺冯永谦先生长城巨著出版 步根师韵

高维东（东丰）

长城雄伟势巍峨，世界犹惊壮丽歌。
民族精神知护国，沙场岁月勇挥戈。
但行峻岭蓝天远，更看云空飞鸟过。
旧貌还原诗证史，十年苦旅杵针磨。

2023年3月18日

依根师韵贺冯永谦先生长城巨著出版

冷文举（长春）

关东雄势筑巍峨，巨作鸿篇正气歌。
忧责深情系今古，著书厚泽载风波。
辽金考证多成就，燕赵明经补白过。

文彩飞扬章百二，声名远近耐研磨。

2023 年 3 月 18 日

贺冯永谦先生长城巨著出版　步根师韵

姜丽春（东丰）

龙盘虎踞势巍峨，华夏儿孙唱颂歌。
抵御抢掠成体系，通商宴处止金戈。
长城赓续拳拳爱，冯老寻踪历历过。
暮雪朝霜英气赞，无边功德半生磨。

贺冯永谦先生长城巨著出版　步根师韵

高彩霞（通化）

青松伟岸伴山峨，椽笔填来一首歌。
势猛旌旗飘大漠，壮哉勇士舞金戈。
三关隘路经心守，万里征程纵马过。
巨著方呈新世纪，无边岁月用情磨。

贺冯永谦先生长城巨著出版　步根师韵

陈成功（通化）

燕山秀黛显巍峨，映日花红雀唱歌。
起伏长城连隘口，参差列障阻兵戈。
千年笔迹残碑考，百代书刊入目过。
历史惊奇呈巨著，是凝心血细研磨。

步韵根师贺冯永谦先生长城巨著出版

赵迎华（磐石）

躬耕驿路影巍峨，教使诗人赋颂歌。
六十年中寻古迹，三千卷里拾金戈。
时催老骥经风雨，未许初心弃梦过。
锦帙修成铭史纪，书山岭上绮云磨。

贺冯永谦先生长城巨著出版有感

张晓虹（长白）

永谦巨著像条河，浩荡奔流逐浪波。
赋罢长篇千古颂，书成大典九州歌。
高怀壮志真情见，旷世奇才理论多。
半辈生涯添盛卷，勤于探索细研磨。

步韵养根斋祝贺冯永谦先生《东北古代长城考古调查与研究》出版

王沛君（山东）

榆关东望虎山峨，托启长城赋壮歌。
自古民心为柱础，几曾屏障息兵戈。
九州史迹六旬考，三卷论文千载过。
堪与后昆留典范，如金岁月未空磨。

步韵根师贺冯永谦先生长城著作出版

孙凤梅（东丰）

当年御敌势巍峨，情蕴中华浩气歌。
固戍严关抽亮剑，垒墙护国握长戈。
英雄肝胆忠诚现，壮士头颅拚战过。
今有方家挥巨笔，重温历史梦魂磨。

贺冯永谦先生长城巨著出版　步根师韵

林长友（东丰）

山川壮丽矗巍峨，峻岭绵延一首歌。
三卷辛书言旧史，十年苦探溯金戈。
常新明月星光伴，不老长城风雨过。
蓝梦飞天成锦绣，传承龙脉细研磨。

贺冯永谦先生《东北古代长城考古调查与研究》出版 步福有老师韵

张应志（吉林）

谦谦君子仰巍峨，吞吐大荒长啸歌。
史地由来堪辨误，升平依旧备投戈。
高龄还与龙梁绕，浩宇犹望雁字过。
多少城砖皆可鉴，壮心万里未消磨。

贺冯永谦先生长城巨著出版 步根师韵

葛志新（东丰）

先生巨著也巍峨，唱响惊天动地歌。
句美词精担忧责，工斟韵酌舞金戈。
诗仙赋友齐相聚，墨客文人共越过。
出版宏篇圆国梦，倾心赏阅细研磨。

步韵根师贺冯永谦先生长城著作出版

米金波（农安）

雄关漫道势巍峨，椽笔豪吟浩气歌。
探索追踪常仗策，高天比迹岂挥戈。
长城万里烽烟对，半壁千秋战火过。
三卷史书多载梦，披襟苦旅耐心磨。

贺冯永谦先生长城巨著出版

赖文胜（镇赉）

众峰颠顶愈嵬峨，望远江天谱凯歌。
欢越虎山勤作径，畅航辽水巧为舸。
长城旧址凝心探，荒野新犁勠力拖。
十载艰辛酬宿志，华章付梓慰敖磨。

贺冯永谦先生长城著作出版　步根师韵

康庆武（长春）

永谦冯老矗雄峨，动地惊天壮丽歌。

妙句精词挥翰墨，把关护隘舞金戈。

千寻考证经风雨，百探凝思寒暑过。

古代长城东北貌，宏篇锦帙供研磨。

贺冯永谦先生《东北古代长城考古调查与研究》出版

栾文忠（东丰）

关东沃野势巍峨，研史追踪唱续歌。

考古寻真行远道，鉴今著述写金戈。

长城遗迹情怀久，学者挥毫岁月过。

逐梦初心书可证，篇篇理论细雕磨。

贺冯永谦先生长城巨著出版　步根师韵

傅　焱（松原）

长城万里屹巍峨，千载传扬雄壮歌。

考古调查挥锐笔，研今证史舞锋戈。

爬山涉水含辛辗，沐雨栉风茹苦过。

半世功成酬汗血，奇文三帧十年磨。

贺冯永谦长城之作有感

朱乡林（长春）

长城万里势巍峨，起伏雄姿震寇魔。

虎踞燃光传作信，龙蟠御敌稳操戈。

百年耻辱悲情记，当代富强昂首歌。

乱世征途多险恶，刀枪紧握誓常磨。

冯永谦先生长城巨著出版有贺　次韵根师

丁朝玉（长春）

长城宝典蕴崔峨，犹赞人间壮气歌。
中国精神威望显，疆场岁月奋挥戈。
且看山岭日光暖，更喜云天鸟掠过。
三卷辛苦多年力，欢闻巨著久雕磨。

贺冯永谦先生长城巨著出版　步养根斋师韵

秦淑艳（四平）

心怀崇敬颂巍峨，伟卷吟成动地歌。
考证长城倾己力，精研笔墨若挥戈。
江河展技千帆竞，赤子虔诚一辑过。
不老宝刀锋锐利，冲天大志倚云磨。

贺冯永谦先生长城巨著出版　步根师韵

潘书文（陕西）

长城绝显势巍峨，考古嘉诗一壮歌。
踏遍六乡躬履迹，挥毫百卷宝刀戈。
衷情事业汗珠滴，献赋吾生无憾过。
人类文明欣见证，终成巨著不消磨。

贺冯永谦先生长城巨著出版　次养根斋老师韵

刘丰田（辽宁）

史家泰斗著嵯峨，乐为关东谱颂歌。
万里长城寻铁马，千年真迹觅金戈。
恒持气节丹心铸，岂吝风华白发过。
铸剑春秋甘寂历，文因老到不须磨。

2023年4月10日

贺冯永谦先生长城巨著出版　步根师韵

逄晓玲（东丰）

长白山高势若峨，龙腾盛世贺新歌。
词斟句酌倾翰墨，曲唱声吟动戟戈。
雅客文章朝夕逐，骚人风采往来过。
书成出版责忧继，巨著宏篇精品磨。

2023年3月19日

次韵根师贺冯永谦先生长城巨著出版

王巨山（吉林）

崇山峻岭话巍峨，唱响登天好汉歌。
拍照流传青石影，刊成付梓古人戈。
长城魅力堪称颂，文物宏观可叹过。
喜自先生缘大梦，等身巨制耐时磨。

再论红山文化黄帝说

常春林[1]

退休十几年了，本不想提笔写作了，但因冯永谦老先生八十八岁米寿来临，为表示我的祝贺，就又高兴地拿起笔写点东西，就谈一下我对红山文化的再认识。

时间过去了三十七年，那时我根据文献记载与考古文化特征等，阐述了红山文化的族属，写了一篇关于红山文化研究的论文，题为《试论红山文化的族属问题——红山文化黄帝说》[2]。我写这篇论文的时候，还没有很多文章讨论红山文化的族属问题，更少有论证黄帝的问题，我提出这个说法，在当时能不能被认可，还是未知数，这样的文章能不能发表，我也不知道。不过现在已经过去了这么多年，这个说法也是当前的一种重要观点。今逢冯永谦先生米寿，我为文祝贺，将过去未曾说的话赓续写将出来，完成祝贺的心愿。

我们中国人都称自己是炎黄子孙。那么他们的物质文化遗存在哪里呢？这是考古人必须回答的历史问题！

黄帝，是传说时代的著名英雄人物，因为当时没有文字记载，所以只能用现实的考古文化结合中国的传说时代文献记载，来回答这一问题。

《中国古史的传说时代》中说："黄帝所住偏北，顺着北洛水、渭水及黄河北岸随着中条山山根一直到北京附近，或有顺着永定河岸到达今河北北部宣化附近的。"[3] 从以上的研究中，可以看到黄帝族（有熊氏族）是西北氏族中的分支，继而向北发展，到达了现在河北北部。

生活在蒙古高原上的北方民族"荤鬻族"，与有熊氏族产生了接触（相传黄帝族与北方强族有过冲突）[4]，在接触过程中，有冲突也有和睦，进而通婚，产生了血缘关系，有熊氏族与荤鬻族在相互接触过程中学习和吸收了北方强族的弓箭制作和使用技术。传说时代记载了关于"阪泉之战"与"涿鹿之战"的传说。阪泉之战中，黄帝与炎帝发生了武装冲突，而且在战争中黄帝取得了胜利。又记载了"涿鹿之战"中黄帝与蚩尤发生了武装冲突，而且在冲突中黄帝又取得胜利，而且并被拥戴为"共主"（当时的称呼）。

---

① 常春林，锦州市文物考古工作队队长、副研究馆员。

② 常春林：《试论红山文化的族属问题——红山文化黄帝说》，《东北亚历史与文化》，辽沈书社 1991 年 12 月版。

③ 徐旭生：《中国古史的传说时代》（增订本），科学出版社 1960 年版，第 5 页。

④ 范文澜：《中国通史》，人民出版社 1968 年 7 月版，第 14 页。

黄帝族（有熊氏族）能够在两次战争中取得胜利，打败了蚩尤族和炎帝族，必有其强大的武装力量及物质文化基础。据《中国通史参考资料》引述的记载："黄帝之时，以玉为兵，弦木为弧，剡木为矢，弧矢之利，以感天下。"[①]这个记载说明了，黄帝族（有熊氏族）在当时是使用弓箭之类的武器。我们知道细石镞是北方游牧民族使用的一种特有武器（在仰韶文化中这种细石镞少见），在红山文化中，却是大量发现细石镞。文献记载中证实了当时黄帝族（有熊氏族）是靠使用了弓箭这种先进武器征服了炎帝、蚩尤等部落，同时又说明了，在黄帝族（有熊氏族）的物质文化遗存中，应该有大量的细石镞的存在，而这种大量的细石镞又存在于红山文化中，所以说黄帝族物质文化遗存，应该在红山文化的分布区域内。文献中的记载与考古文化相结合，就已经证明了这一点。

我们在红山文化中可以清楚地看到，它们的陶器与仰韶文化有着密切的关系，是因为有熊氏族的北迁与北方土著民族的结合，有熊氏族带来了仰韶文化的制陶技术，如泥质陶系（中原特有的陶系）。北方民族特有的陶系，夹砂陶系，都融合在了红山文化中。

红山文化中的彩陶工艺，与中原的彩陶工艺相似，彩陶的花纹，底部的席纹，以及几何形彩陶纹饰较为相似，就进一步说明了有熊氏族的北迁与北方强族的融合。

《史记集解》载"黄帝有熊国召"，熊当为这个氏族的图腾。而在红山文化中我们发现了"玉猪龙"这件玉器。这个名字似乎有点牵强，不合情理，因为他不是"猪"，也不是"龙"，与猪和龙没有任何关系，而是有熊氏族的图腾，是这个氏族的族徽，当叫"熊图腾"，我们从熊图腾的造型中可以看到，圆圆的眼睛，圆圆的耳朵，和带有褶皱的鼻子，我们在动物界可以看到猪的眼睛不是圆的，而熊的眼睛是圆圆的，整个熊图腾的造型是自然的胚胎造型。此熊图腾的发现再次证明了这一点。

"部落"是民族形成的先决条件，部落是指社会历史发展过程中形成人的稳定共同体，其特征是使用共同的语言，居住在同一地域上，有着共同的经济生活，具有共同的文化及风俗习惯等，红山文化具备了上述部落形成的条件，所以推论红山文化已进入了部落联盟时期。

由于远缘的通婚，可以使后一代更加聪明。恩格斯在《家庭、私有制及国家的起源》一书中引用了摩尔根的话说："没有血缘亲属关系的氏族之间的婚姻，创造出在体质上和智力上都更加强健的人种，两个正在进步的部落混合在一起了，新生一代的颅骨和脑，便自然地扩大到综合了两个部落的才能的程度。"[②]

南北两种不同性质文化相结合，必然创造出一个强大的民族文化。

黄帝族（有熊氏族）统领各部落，号令四方，由此孕育了光辉灿烂的华夏族文化——红山文化。

综上所述，红山文化就是黄帝族文化的物质文化遗存！

---

① 《中国通史参考资料》第一册，中华书局 1962 年版，第 5 页。

② 恩格斯：《家庭、私有制和国家的起源》，人民出版社 1972 年版，第 44 页。

黄帝红山文化举证

冯永谦[①]

红山文化发现至今已历百年，走过漫长的岁月道路，至今成为我国东北地区重要的新石器时代文化，并提到“文明起源”的高度论说，称为“文明的曙光”。但在发现之初，红山之名不显，仅是在赤峰红山后发现一处文化地点。此后过了十多年后，红山的发现几乎销声匿迹，很少被人提起。直到1954年尹达在其所著《中国新石器时代》一书中首次提出“红山文化”这一命名[②]，这在当时红山文化遗迹发现不是很多的情况下，有这样的认识，确是很有见地的学术观点，这是研究的一个跨越，一个理论的建树，遂为历史研究和考古的学者所认知，从此在新石器时代中，有了“红山文化”的这一历史时期。

从红山文化命名之后，随着考古调查和发掘工作的进行，红山文化的遗址和墓葬被大量发现，其中特别是内蒙古自治区的翁牛特旗、林西县、赤峰县、敖汉旗，辽宁省的建平县、凌源市、喀左县、朝阳县、阜新县等地不仅有大量的调查发现，而且其遗址和墓葬尤为集中，同时在这些发现地点中有选择性地发掘了多处遗址和墓葬，出土了许多特征突出的具有典型和代表性的红山文化的遗物，使得此时的研究者有了可靠的出土资料，开阔了眼界，提高了认识水平，因而能够继续深入地研究下去，归纳分析，从而得出全新认识的结论。

在深入研究红山文化过程中，尤其是将它纳入中国历史发展进程来考虑，深入探讨，而文化的归属则是不能避开的事，这也是考古学研究的最终归宿，因而引人关注。

红山文化的研究，因为新确立的文化，现在还在起步时期，方面很多，需要解决的问题也很多，正是由于这种情况，却都可以从不同角度和视野去进行研究，已发表了多种观点的论著，使红山文化的研究呈现出广泛研究的热烈讨论，问题正在深入探索。其中也有关于结合中国古史的研究，如红山文化在我国历史上属于哪一族的文化？并且这也是很多研究者都颇感兴趣的问题，同时也是研究最终要解决的向题。在这方面的研究中，有对“红山文化黄帝说”发表见解，文章作于1986年[③]，这是我们为庆祝好友孙进已六十岁生日时所写的论文。从此我便注意这方面的考古资料，

① 冯永谦，辽宁省文物考古研究院研究员。

② 尹达：《中国新石器时代》，生活·读书·新知三联书店 1955 年 12 月版，第 145 页。

③ 常春林：《试论红山文化的族属问题——红山文化黄帝说》，辽沈书社 1991 年 12 月版。

因为仅从文献看，材料有限，还须有其他方面资料的证实，尤其是有没有能证明或与黄帝相关和有联系的遗物出现？如果有这种考古发现，以其为依据，则可以证明这个学术观点，并且也是这个学术见解最可靠的实物证据，以此进行研究，则其所得出的结论就更具有说服力。因此，如果仅从文献着手去考证红山为黄帝文化终有欠缺，所以我拟定以红山文化遗物研究为着眼点去确认黄帝，应该是最为人所理解的。从此以后，我便注意这方面的发现，收集相关资料进行研究，以验证“红山文化黄帝说”的这一学术观点是否符合实际，和中国古代历史能否结合起来，说明中国古代史的发展进程。

中国远古时期，那时没有文字记载，很多情况不得而知，但有幸的是这个时代还有一些传说，又在很早的时候就被先秦诸子言论著作及汉时司马迁在《史记》中从不同角度记录下来，才使我们今天可以看到这些文字记述知道大概，不过其所载尚不具体，有欠详明，还须大量的补充和证实，才可成为信史。在近百年来，很多学人对此就进行探讨，不过均深感材料不足，但也都想到通过考古发现是解决这个问题的唯一办法。如当年历史学家钱穆先生就表达过这样的观点：“中国文化，于世界为先进。古代学术思想，当有研讨之价值。然夷考旧文，茫昧无稽；虽有美盛，未可苟信。当孔子时，夏、殷之礼，已为无征。《论语・八佾》：子曰：‘夏礼，吾能言之，杞不足征也；殷礼，吾能言之，宋不足征也；文献不足故也，足则吾能征之矣。’”[①] 又说：“司马迁自以秦汉大一统以后之目光视之，遂若黄帝足迹遍天下耳。此就黄帝传说在地理方面加以一新解释，而其神话之成分遂减少，较可信之意义遂增添。将来若能与各地域发掘之古器相互间得一联络，从此推寻我民族古代文化活动之大概，实为探索古史一较有把握之方向。”[②]今天红山文化研究，正是这种情况，用古代遗物证史，补充缺少文字记载的不足，是考古学所肩负的重要使命。下面，我由考古入手，从这方面做些研究，以物证史，提出一些思考，或可有补于对我国古史的研究。

一、考古发现红山文化遗物举要

我在关注红山文化研究这个问题后，确是时有发现相关的遗物，逐渐丰富起我的认识，觉得可以将其整理发表出来，供学术界研究参考。下面就略述我认为对红山文化研究有一定作用的遗物分别列举，与研究者共同思辨。

（一）玉熊

首先说龙。在红山文化中有一种被命名为“龙”的遗物，无论是出土的还是传世的其数量都很多，从发掘的角度看，几乎在所有的红山文化遗址或墓葬中都有发现。已知的“龙”有两种，一种是玦形“龙”和“C”字形“龙”，它们都有明显的特征，成为红山文化典型的、有代表性的遗物。本文对这些为数较多的“龙”不做介绍，因其无关我此次写作本文之宗旨，故暂行略去。我在此仅阐述过去我们未见的一种新形式的“龙”之器物，谨遵以往的成例，于此亦称之为“龙”，且为其命

---

① 钱穆：《钱宾四先生全集》第 1 册，《国学概论》，联经出版事业公司 1998 年版，第 1 页。

② 钱穆：《钱宾四先生全集》第 27 册，《国史大纲》，联经出版事业公司 1998 年版，第 11 页。

名为“熊龙”。

这件红山文化遗物“熊龙”，是阜新市历史学者刘国友先生的收藏。前些年我在做考古调查古代长城时，其间多次到阜新地区进行工作，在此时刘国友约我为其鉴定一件古代的遗物。他说：“这件东西是近年所得，是在下乡工作时，于阜新县奇金台村之北得到的。当时是内蒙古奈曼旗南湾子附近住的一位放羊老者在外面放羊时，随羊走，不知不觉地走到了奈曼与阜新交界处，但这件东西他是在阜新境内捡到的，正在拿着看，我当时正好走到那里，就被我看到了，因为是在阜新县检到的，我就说服他，说这件东西应该留给阜新，他犹豫不给，后来我给了他五百块钱，他把这件东西给了我，我就将它保存下来了。”我听完刘国友的说明，我说：“这件遗物是你见到的，由于有了地点，那它的价值就大不一样了，它就具有了很高的学术价值和历史价值，值得重视。由于它出在阜新，这对研究红山文化大有裨益，这件东西可以写进历史。”（图一）他又说：“既然此物重要，你给题个字吧，证明我们今大研究过它。”于是我当时就给刘国友写了句话：“阜新熊龙，祖先图腾。观国有先生新收藏印象。冯永谦二〇〇五年十一月十九日於阜新西山宾馆。”（图二）后来我用相机将此件熊龙多角度地拍摄了许多照片（图三—图六）。刘国友在以后撰写《阜新通史》时，果然将我题写的这句话写进其著作中（图七）[①]。这件“熊龙”的发现，给研究红山文化增添了新的历史资料、新的认识和依据。

阜新“熊龙”，其玉属软质墨玉，为磨制，平视体近圆角菱形，直径 17 厘米。熊龙头部突喙，具有口鼻，圆眼明显，双耳后伏，不作突起竖立，中心钻一透穿圆形孔，身作回环蜷曲。熊龙整个形体雕琢不多，纹饰简略，表现口、眼、耳等部位，仅是磨出一道浅沟，进一步加工较少，颇具象征性质，但给人印象却是特征明显，一望而知为“熊”。许慎说：“熊，兽，似豕，山居，冬蛰。”[②]这件“熊龙”与此相符。“熊龙”制作比较粗糙，表面并不光滑平整，环孔外没有切口，不作玦形，

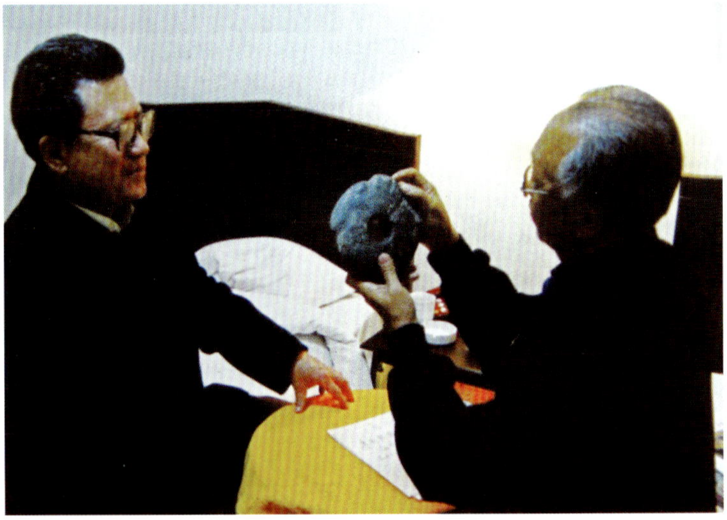

图一　冯永谦（右）在阜新西山宾馆鉴定刘国友（左）玉“熊龙”情形

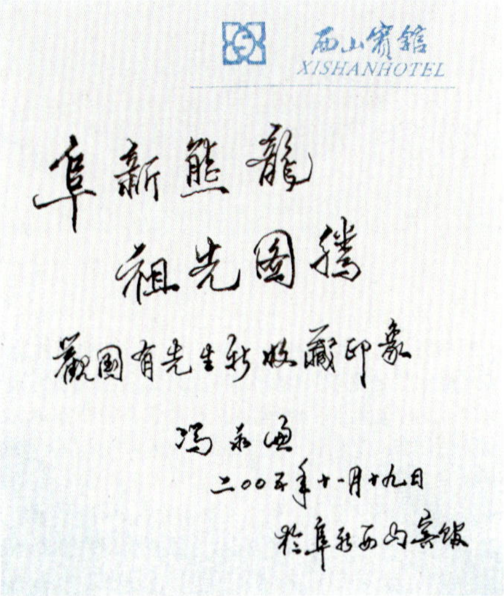

图二　冯永谦为刘国友的“熊龙”题字

① 刘国友：《阜新通史》，吉林大学出版社 2006 年 5 月版，第 47 页：“辽宁省考古研究所研究员冯永谦称：‘阜新熊龙，祖先图腾。’”

② 许慎：《说文解字》，中华书局影印本，1963 年 12 月版，第 207 页上。

图三　阜新奇金台出土熊龙（左面）

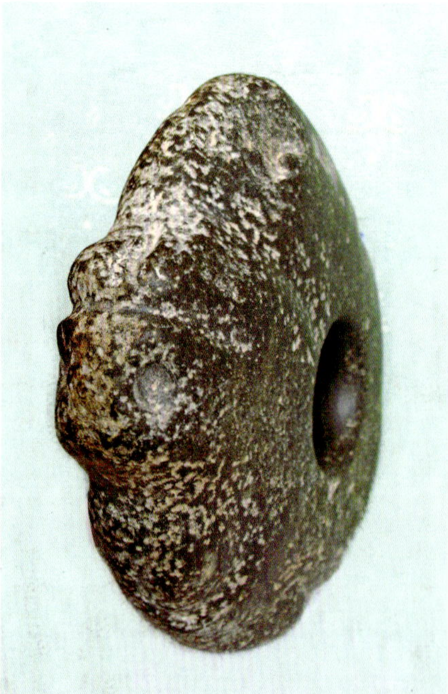

图四　阜新奇金台出土熊龙（左侧面）

图五　阜新奇金台出土熊龙（右面）

图六　阜新奇金台出土熊龙（右侧面）

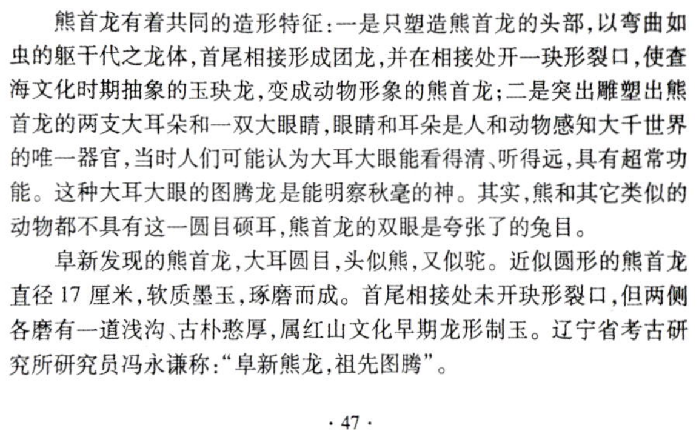

熊首龙有着共同的造形特征：一是只塑造熊首龙的头部，以弯曲如虫的躯干代之龙体，首尾相接形成团龙，并在相接处开一玦形裂口，使查海文化时期抽象的玉玦龙，变成动物形象的熊首龙；二是突出雕塑出熊首龙的两支大耳朵和一双大眼睛，眼睛和耳朵是人和动物感知大千世界的唯一器官，当时人们可能认为大耳大眼能看得清、听得远，具有超常功能。这种大耳大眼的图腾龙是能明察秋毫的神。其实，熊和其它类似的动物都不具有这一圆目硕耳，熊首龙的双眼是夸张了的兔目。

阜新发现的熊首龙，大耳圆目，头似熊，又似驼。近似圆形的熊首龙直径 17 厘米，软质墨玉，琢磨而成。首尾相接处未开玦形裂口，但两侧各磨有一道浅沟、古朴憨厚，属红山文化早期龙形制玉。辽宁省考古研究所研究员冯永谦称："阜新熊龙，祖先图腾"。

· 47 ·

图七　刘国友《阜新通史》书影

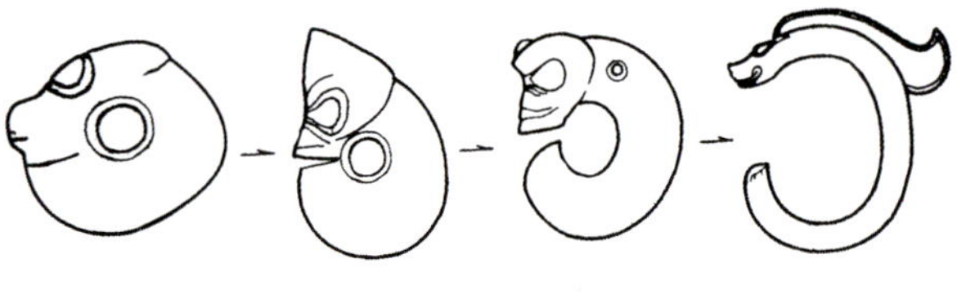

图八　红山文化"龙"的形态发展演变图

明显表现出其原始性，产生时间应该较早，在红山文化作“龙”的表现时，“熊”应在图腾物化过程中处于较早时间，因此尚不具有如后来出现完备的“龙”的形象。不过今天在红山文化“龙”的系列中看，此件“熊龙”应是最先出现的，其后逐渐发展，随着时间推移，形体改变，“龙”也渐成玦形，从而逐渐又有了不同的形制（图八）。

（二）玉龟

在红山文化中，玉龟也是很突出的一类遗物，其数量很多，是颇为值得注意的。这种龟类形制有两种：一种是龟壳，无头足部分，仅具有龟之背壳；另一种是龟体全形，伸腿昂首，头足宛然，十分逼真形象。

建平牛河梁红山文化遗址第二地点1号冢21号墓出土一件玉龟壳①，背壳长5.3厘米、宽4.1厘米、通高2.7厘米（图九）。牛河梁遗址第五地点1号冢1号墓出土玉龟二件②，一件通长9厘米、宽7.8厘米（图十），一件通长9.4厘米、宽8.5厘米（图十一）。建平牛河梁红山文化遗址第十六地点出土一件玉龟③，通长6.2厘米、宽4.4厘米、厚0.9厘米（图十二）。阜新胡头沟一号红山文化墓葬出土玉龟二件④，一件长3.9厘米、宽3.6厘米、厚0.6厘米（图十三），另一件玉龟，通长4.8厘米（图十四）。传世的红山文化玉龟多见，许多收藏者手中都有，现选择几件说明：玉龟一件⑤，通长23厘米、宽15.3厘米、厚4厘米（图十五）。玉龟一件⑥，青玉质，通长7.3厘米、宽5.8厘米、通高2.8厘米（图十六、图十七）。玉龟一件⑦，青玉质，通长16.7厘米、宽11.5厘米、厚3厘米（图十八、图十九）。玉龟一件⑧，灰黄色玉质，通长11.4厘米、宽7.1厘米、厚1.5厘米（图二十、图二十一）。绿松石龟一件⑨，绿松石质，通长2.3厘米、宽2厘米、厚0.8厘米（图二十二、图二十三）。还有前些年我去韩国进行学术交流，在韩国古美术馆的一位收藏家那里见到他收藏的中国红山文化玉器，其中有几件玉龟，一件青玉质⑩，通长9.7厘米、宽8厘米；厚2.4厘米（图二十四、图二十五），一件青黄玉质⑪，通长6.9厘米、宽4厘米、厚1.7厘米（图二十六、图二十七）。

---

① 辽宁省文物考古研究所：《辽宁牛河梁第二地点一号冢21号墓发掘简报》，《文物》1997年第8期。
辽宁省文物考古研究所、朝阳市文化局：《牛河梁遗址》，科学出版社2012年3月版，第40页。
辽宁省文物考古研究所：《辽宁省文物考古研究所藏文物精华》，科学出版社2012年3月版，第50页。

② 辽宁省文物考古研究所：《辽宁牛河梁第五地点一号冢中心大墓（M1）发掘简报》，《文物》1997年第8期。
辽宁省文物考古研究所：《辽宁省文物考古研究所藏文物精华》，科学出版社2012年3月版，第48页。

③ 辽宁省文物考古研究所：《辽宁省文物考古研究所藏文物精华》，科学出版社2012年3月版，第49页。

④ 方殿春、刘葆华：《辽宁阜新县胡头沟红山文化玉器墓的发现》，《文物》1984年第6期。
辽宁省文物考古研究所：《辽宁省文物考古研究所藏文物精华》，科学出版社2012年3月版，第49页。
冯永谦：《红山文化玉器与新品鉴考》，辽宁人民出版社2009年1月版，第28页。

⑤ 刘博、宫立君、刘永胜：《红山文化古玉器鉴识与欣赏综论》，现代教育出版社2009年6月版，第77页。

⑥ 冯永谦：《红山文化玉器与新品鉴考》，辽宁人民出版社2009年1月版，第155页。

⑦ 冯永谦：《红山文化玉器与新品鉴考》，辽宁人民出版社2009年1月版，第156页。

⑧ 冯永谦：《红山文化玉器与新品鉴考》，辽宁人民出版社2009年1月版，第157页。

⑨ 冯永谦：《红山文化玉器与新品鉴考》，辽宁人民出版社2009年1月版，第158页。

⑩ 冯永谦：《红山文化玉器与新品鉴考》，辽宁人民出版社2009年1月版，第237页。

⑪ 冯永谦：《红山文化玉器与新品鉴考》，辽宁人民出版社2009年1月版，第238、239页。

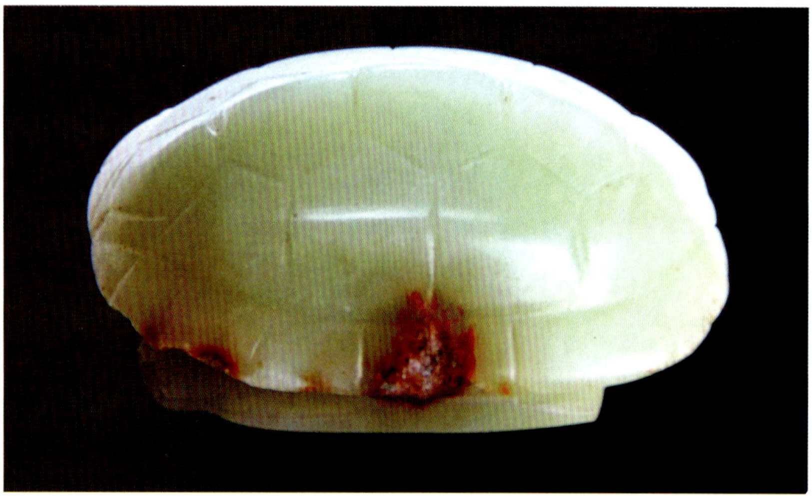

图九　建平牛河梁红山文化遗址出土玉龟壳

图十　红山文稿照片 牛河梁红山文化遗址第五地点一号冢一号出土玉龟

图十一　牛河梁红山文化遗址第五地点一号冢一号出土玉龟

图十二　牛河梁第十六地点出土玉龟

图十三　胡头沟红山文化墓出土玉龟

图十四　胡头沟红山文化墓出土玉龟

图十五　玉龟

图十六　玉龟（侧视）

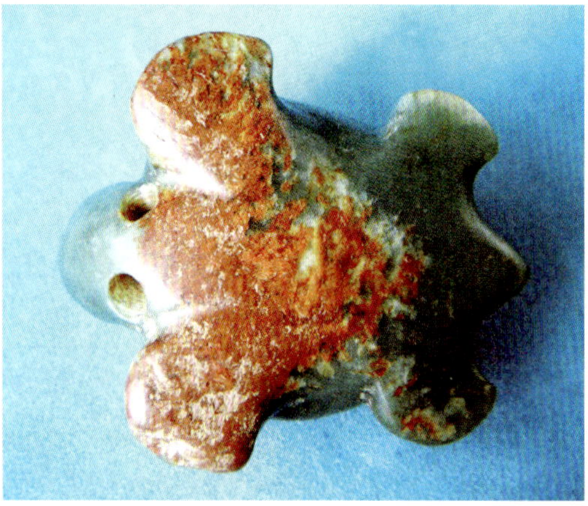

图十七　玉龟（腹部）

图十八　玉龟（俯视）

图十九　玉龟（腹部）

图二十　玉龟（俯视）

图二十一　玉龟（腹部）

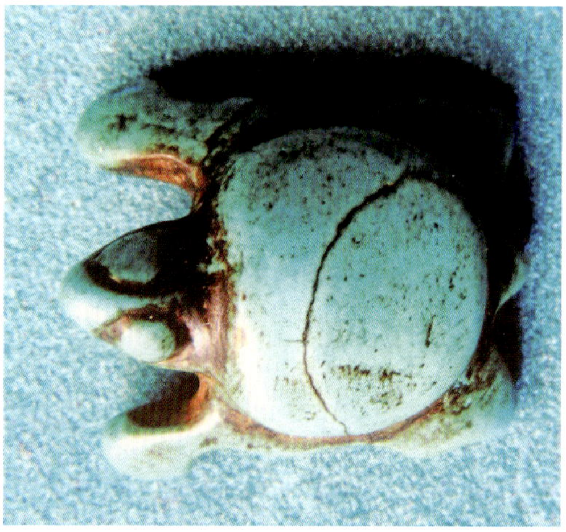

图二十二　绿松石龟（俯视）

图二十三　绿松石龟（侧视）

图二十四　青玉龟（俯视）

图二十五　青玉龟（前侧视）

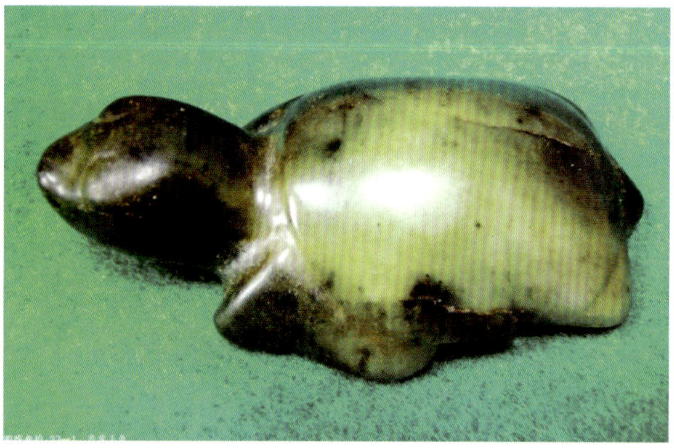

图二十六　青黄玉龟（侧视）

图二十七　青黄玉龟（腹部）

（三）玉蚕

再次说蚕。在红山文化中，玉或石制的蚕很早就被发现，且有相当的数量，远超过“龙”的件数，其传世者尤多，在过去已出版的个人著作中多有收录。这种蚕，确实在很大程度上反映出红山文化的性质，尤其在年代和族属关系上很能说明问题。

根据蚕的生物特征，其一生有四个阶段，但其最重要的阶段是蚕，即“吐丝”的生命阶段。故许慎说："蚕，任丝也，从虫。"[①] 是"吐丝"而体形较长的虫。考古发现的玉蚕或石蚕，因其数量较多，本文只列举几件进行说明，就可以解释这种蚕在红山文化中的地位。

玉蚕，体长身，断面略作圆形，一般前面平齐，上有双眼，有的蚕身弯曲，尾端稍细并略上翘，有的蚕为直体，其身有的横向磨出凸起阳线或沟状条纹，蚕颈部透穿孔，有的略去纹饰，但无论有何差别，从整体看一望而知是蚕。

图二十八　建平牛河梁红山文化遗址第二地点一号墓出土玉蚕

图二十九　建平牛河梁红山文化遗址第五地点一号冢出土玉蚕

图三十　建平东山岗红山文化墓葬出土玉蚕

在红山文化中，这种形制的蚕多有发现，可列出几例说明。在辽宁省建平县牛河梁红山文化遗址发现两件，一件玉蚕在第二地点一号墓葬出土[②]，头部和尾端明确（图二十八），另一件玉蚕是在第五地点积石冢上部扰乱的碎石层中[③]，背上有横向浅沟纹（图二十九）。建平东山岗红山文化墓葬出土一件玉蚕[④]，身较长，体征形象，具备蚕的特征（图三十）。在内蒙古自治区巴林右旗那斯台红山文化遗址出土玉蚕四件[⑤]，为黄玉质，其中两件为蚕，身长9.8厘米、径3.8厘米（图三十一、图三十二）。收藏传世的玉蚕也很多，兹介绍几件。玉蚕一件[⑥]，白玉质，有沁色，身有横条纹表示蚕身结构，体长8厘米（图三十三）。还有一件玉蚕[⑦]，身体很长，有横纹，体长16.2厘米、宽3.6厘米、高4厘米（图三十四）。红山文化玉蚕制作均很形象，与我们今天所见之蚕无异（图三十五）。

---

① 许慎：《说文解字》，中华书局影印本，1963年12月版，第283页下。

② 王来柱：《凌源市西梁头红山文化石棺墓地的发掘与研究》，《玉魂国魄——中国古代玉器与传统文化学术讨论会文集》，浙江古籍出版社2010年版。

③ 辽宁省文物考古研究所：《辽宁凌源市牛河梁遗址第五地点1998—1999年度的发掘》，《考古》2001年第8期。

④ 王来柱：《凌源市西梁头红山文化石棺墓地的发掘与研究》》，《玉魂国魄——中国古代玉器与传统文化学术讨论会文集》，浙江古籍出版社2010年版。

⑤ 巴林右旗博物馆：《内蒙古巴林右旗那斯台遗址调查》，《考古》1987年第6期。
北京艺术博物馆编：《时空穿越——红山文化出土玉器精品展》，北京美术摄影出版社2012年4月版，第53、54页。

⑥ 陈逸民、陈莺：《红山玉器图鉴》，上海文化出版社2006年2月版，第64页。

⑦ 冯永谦：《红山文化玉器与新品鉴考》，辽宁人民出版社2009年1月版，第60、144页。

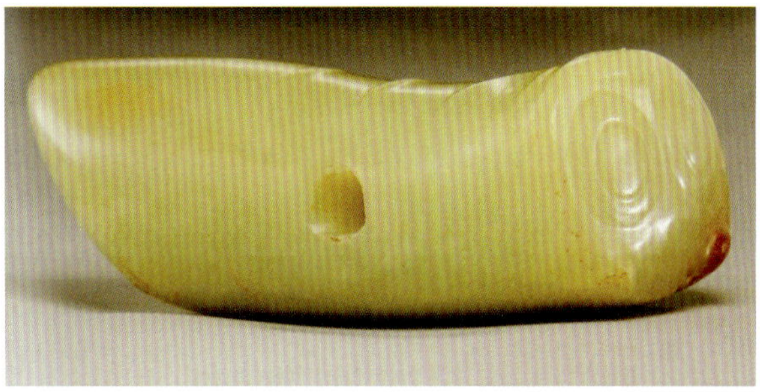

图三十一　巴林右旗那斯台红山文化遗址出土玉蚕

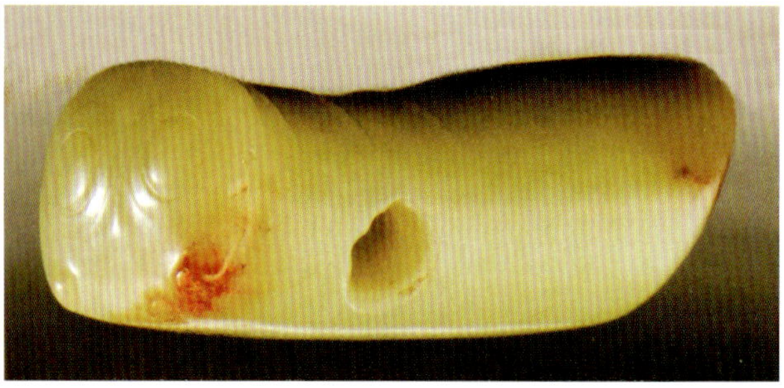

图三十二　巴林右旗那斯台红山文化遗址出土玉蚕

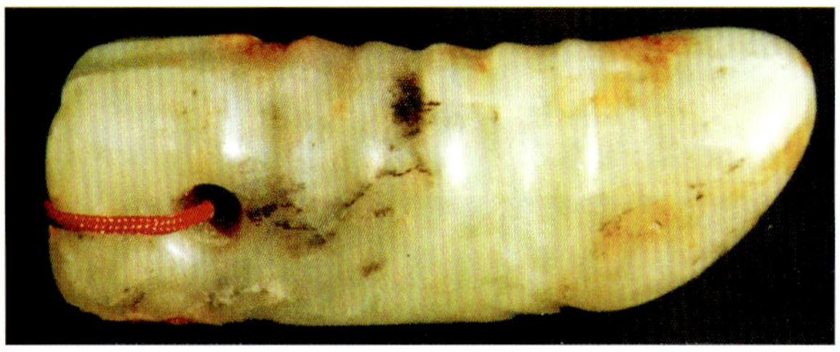

图三十三　黄玉蚕

图三十四　玉蚕

图三十五　将要吐丝作茧之前的蚕（需排除蚕屎）

（四）茧蛹

蚕的另一种生命过程是茧蛹，即蚕在“吐丝”之后封闭在茧中，所谓“作茧自缚”即缘于此。许慎说：“茧，蚕衣也，从糸从虫。”[①]“蛹，茧虫也，从虫。”[②]蚕作茧，然后居其中成蛹，蛹，虫也。这种茧蛹在红山文化中也有发现。在内蒙古自治区巴林右旗那斯台红山文化遗址中出土玉蚕、蛹四件[③]：均为黄玉质，其中两件为茧蛹，身长 7.8 厘米、径 3.3 厘米（图三十六、图三十七）。巴林右旗查干宝力格征集一件玉蚕蛹[④]，为深绿色玉质，身长 4.7 厘米、宽 1.7 厘米、高 1.5 厘米（图三十八）。赤峰市内出土玉蚕蛹一件[⑤]，为浅黄色玉质，身长 3.8 厘米、宽 1.3 厘米、高 1.1 厘米（图三十九）。笔者见有红山文化茧蛹遗物很多，玉茧蛹一件[⑥]，质细腻，体型短而粗，为蛹的形象，（图四十）。墨玉茧蛹一件[⑦]，玉质细腻，沁色漆黑，蛹

① 许慎：《说文解字》，中华书局影印本，1963 年 12 月版，第 271 页上。
② 许慎：《说文解字》，中华书局影印本，1963 年 12 月版，第 278 页下。
③ 巴林右旗博物馆：《内蒙古巴林右旗那斯台遗址调查》，《考古》1987 年第 6 期。
北京艺术博物馆编：《时空穿越——红山文化出土玉器精品展》，北京美术摄影出版社 2012 年 4 月版，第 54 页。
④ 于建设主编：《红山 , 玉器》，远方出版社 2004 年 7 月版，第 136 页。
⑤ 于建设主编：《红山 , 玉器》，远方出版社 2004 年 7 月版，第 130 页。
刘冰主编：《赤峰博物馆文物典藏》，远方出版社 2006 年 12 月版，第 9 页。
⑥ 陈逸民、陈莺：《红山玉器图鉴》，上海文化出版社 2006 年 2 月版，第 66 页。
⑦ 冯永谦：《红山文化玉器与新品鉴考》，辽宁人民出版社 2009 年 1 月版，第 143 页。

体短小粗壮，不似蚕身细长，其形象是蛹，颈下部有横对穿孔，以便佩挂。身长 5.2 厘米、宽 2.2 厘米、高 2.6 厘米（图四十一、图四十二）。红山文化玉茧蛹与今目所见之茧蛹酷似（图四十三）。

图三十六　巴林右旗那斯台红山文化遗址出土

图三十七　巴林右旗那斯台红山文化遗址出土玉茧蛹

图三十九　赤峰市内出土玉茧蛹

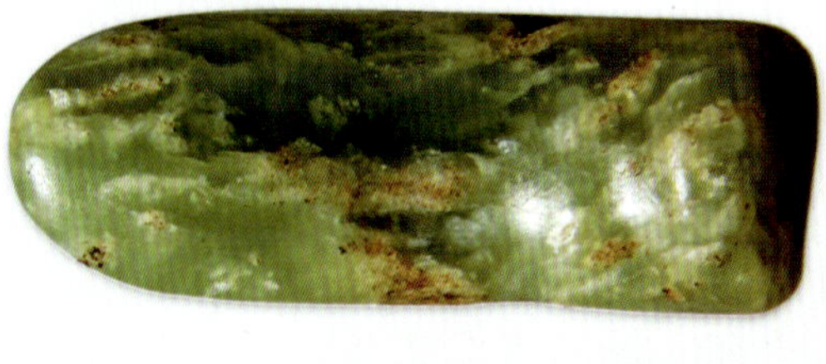

图三十八　巴林右旗他拉宝力格玉茧蛹

图四十　玉茧蛹

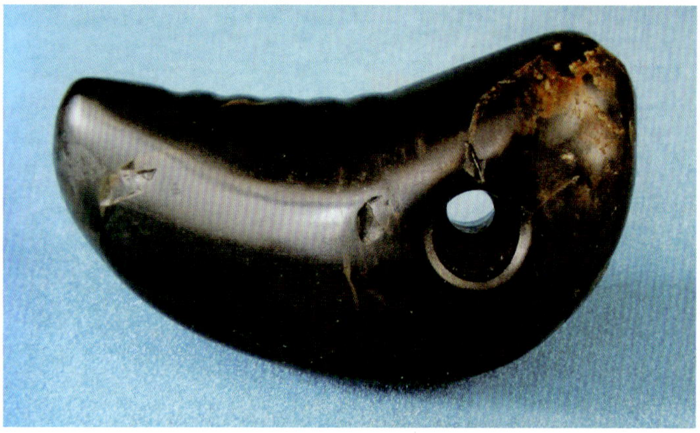

图四十一　玉茧蛹（右侧视）

图四十二　玉茧蛹（左侧视）

图四十三　蚕蛹从茧壳中剥出的状态

（五）蚕蛾（蝉）

蚕蛾，是蚕的又一种羽化过程，即所谓“化蛹为蛾”，然后产卵发育成蚕。许慎说：“蛾，罗也，从虫。”其下注曰：“臣铉等案：罗，蚕蛾也。”①许慎又说：“蛾，蚕化飞虫，从虫。”②蛾是蚕在“吐丝”后作茧成蛹，然后于第二年蛹羽化为蛾。这种蚕蛾在红山文化遗物中，也多有发现。敖汉旗乌兰召村征集玉蚕蛾一件③，为黄玉质，身长 2.9 厘米、宽 1.7 厘米、高 0.8 厘米（图四十四）。建平牛河梁红山文化遗址第十六地点，出土一件玉蚕蛾④，作展翅状，两翼乍张，长 5.4 厘米、宽 1.4 厘米、高 2.35 厘米（图四十五）。笔者见到文物爱好者收藏有玉蚕蛾，现列出几件。玉蚕蛾一件⑤，背上磨出沟纹，作为双翼，附在蚕体上，是知为蛾（图四十六）。玉蚕蛾一件⑥，青黄玉质，匍匐状，圆背平

① 许慎：《说文解字》，中华书局影印本，1963 年 12 月版，第 280 页上。

② 许慎：《说文解字》，中华书局影印本，1963 年 12 月版，第 283 页下。

③ 于建设主编：《红山，玉器》，远方出版社 2004 年 7 月版，第 129 页。
邵国田主编：《敖汉文物精华》，内蒙古文化出版社 2004 年 4 月版，第 68 页。

④ 辽宁省文物考古研究所：《辽宁省文物考古研究所藏文物精华》，科学出版社 2012 年 3 月版，第 50 页。

⑤ 刘博、宫立君、刘永胜：《红山文化古玉器鉴识与欣赏综论》，现代教育出版社 2009 年 6 月版，第 76 页。

⑥ 冯永谦：《红山文化玉器与新品鉴考》，辽宁人民出版社 2009 年 1 月版，第 147 页。

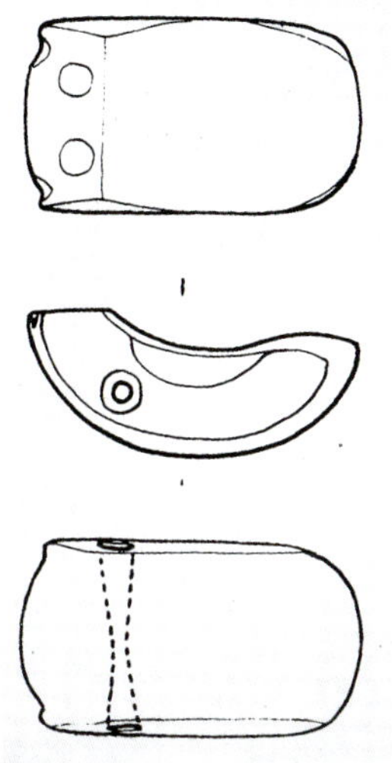

图四十四　敖汉旗乌兰召村征集玉蚕蛾

图四十五　建平牛河梁红山文化遗址第十六地点出土玉蚕蛾

图四十六　玉蚕蛾（刘博）

腹，断面呈半圆形，前端头部有突起圆睛，颈后与背部有纵横沟纹，直至尾部，表示蝉翼，蚕蛾象征明显，腹部对穿一孔，以便系绳，玉表沁色自然，身长 10.3 厘米、宽 6.8 厘米、高 3.1 厘米（图四十七—图四十九）。青玉蚕蛾一件[①]，青玉质，伏蝉状体式，头部有双眼，颈背部磨沟纹形成一双束翅蝉翼，下面蝉身有腹节，头部下面对穿透孔，身长 5.7 厘米、宽 3 厘米、头部高 2

① 冯永谦：《红山文化玉器与新品鉴考》，辽宁人民出版社 2009 年 1 月版，第 149 页。

厘米（图五十、图五十一）。玉蚕蛾一件[①]，青玉质，颈后有两长翅直至尾部，作伏蝉状，偃翅匍匐，蚕蛾形态明显，身长5.2厘米、宽1.7厘米、厚1.1厘米（图五十二），蚕蛾纹玉琮一件[②]，圆体厚重，作环状，中有大孔，琮体外部雕出三只蚕蛾，头向上，作展翅状，匐匍于玉琮之外周，蚕蛾造型生动逼真，外直径8.2厘米、孔内径3.9厘米、高2.6厘米（图五十三、图五十四）。还有蚕蛾，为韩国金喜一收藏，青玉质，蚕蛾体较宽平，头部有双眼，背有二翅，下磨沟纹腹节，腹前部钻对穿孔，蚕蛾磨制精致，体长7.3厘米、宽6厘米、高1.1厘米（图五十五、图五十六）；蚕蛾一件，青玉质，因受沁体呈白色，蛾作匍匐状，背有双翅，蛾体明显，颈下部有对穿孔，体长5.1厘米、宽2.5厘米、厚1.1厘米（图五十七）。

图四十七　玉蚕蛾（前侧视）

图四十八　玉蚕蛾（俯视）

图四十九　玉蚕蛾（腹部）

图五十　青玉蚕蛾（俯视）

图五十一　青玉蚕蛾（腹部）

图五十二　青玉蚕蛾（俯视）

① 冯永谦：《红山文化玉器与新品鉴考》，辽宁人民出版社2009年1月版，第150页。

② 冯永谦：《红山文化玉器与新品鉴考》，辽宁人民出版社2009年1月版，第174页。

图五十三　青白玉三蚕蛾纹玉琮（俯视）

图五十四　青白玉三蚕蛾纹玉琮（侧视）

图五十五　玉蚕蛾（俯视）

图五十六　玉蚕蛾（腹部）

图五十七　玉蚕蛾（俯视）

（六）纺锤、纺瓜

红山文化遗物中，还见有纺锤、纺瓜，二者性能相同，俱为捻线、纺织工具。现作选介于下。纺锤一件[①]，纺锤石质，为灰色石灰岩磨制而成，质较细腻，磨制很精，体表呈灰黑色，器略作梭形，背稍微弓，两端尖状，身饰凸弦纹，中间有透孔，内可植枝，转动锤体，即可捻纺皮条或丝麻纤维成线，它是用于生活的工具，锤体长 17.4 厘米、宽 3.2 厘米、厚 2.1 厘米（图五十八）。叶腊石纺瓜一件[②]，巴林右旗那斯台红山文化遗址出土，桂叶形，两面略凸，沿脊背有一周凹槽，长 4.1 厘米、宽 2.6 厘米、厚 1.2 厘米（图五十九）。石纺瓜一件[③]，巴林右旗那斯台红山文化遗址出土，椭圆形，两边有一周凹槽，中间有一透孔，长 1.6 厘米、宽 1.1 厘米、厚 0.9 厘米（图六十）。

① 冯永谦：《红山文化玉器与新品鉴考》，辽宁人民出版社 2009 年 1 月版，第 193 页。

② 石阳主编：《文物载千秋——巴林右旗博物馆文物精品荟萃》，内蒙古人民出版社 2012 年 7 月版，第 68 页。

③ 石阳主编：《文物载千秋——巴林右旗博物馆文物精品荟萃》，内蒙古人民出版社 2012 年 7 月版，第 69 页。

图五十八　玉纺锤

图五十九　巴林右旗那斯台红山文化遗址出土石纺瓜

图六十　巴林右旗那斯台红山文化遗址出土石纺瓜

（七）桑叶

在红山文化遗物中，还发现一种比较少见的遗物，就是桑树叶，这应与这个交化有关，反映了红山文化的生存面貌。覆叶式玉桑叶一件，青玉质，树叶作长心状，后圆前尖，两叶迭压，俱有叶脉纹，长 7.8 厘米、最宽处 4.9 厘米、厚 1.4 厘米（图六十一）。玉桑叶和桑叶比较，其形与桑叶同（图六十二），更具有可信性。玉桑叶一件，长身，叶面上磨出沟纹，表示叶脉，长 9 厘米、宽 3.8 厘

图六十一　玉桑叶

图六十二　玉桑叶（右）与桑叶（左）

米、厚1.2厘米（图六十三）。

蚕与桑叶，在红山文化遗物中也有发现。桑叶伏蚕饰，一件，玉色灰白，有沁，器表大部分呈灰黑色，体为平展桑树叶，有叶脉，叶上凸起为一卧伏之蚕，蚕作食桑叶状，非常形象，生动逼真。长6.3厘米、宽3厘米、叶厚0.4厘米、蚕与叶厚1.5厘米（图六十四、图六十五）。今天蚕吃桑叶仍是这种姿态（图六十六），可以参考。

图六十三　玉桑树叶

图六十四　玉桑树叶与蚕（俯视）

图六十五　玉桑树叶与蚕（侧视）

图六十六　蚕食桑叶

二、红山文化黄帝考

我国历史悠久，但在早期由于没有文字记载，关于古史时期的情况，当是人们口耳相传，知于后世。这一古人过往社会的状况，在有了文字之后，就转成文字记载，并使之系统化，明文入史。

红山文化发现已有一百多年了，随着各地不断有新的发现面世，积累材料逐渐增多，研究也随之深入，于是学术界提出了关于红山文化的族属问题，这是一件非常重要的事。因为不能只谈“文化”，在历史中文化是要有归属的，既然我国历史那么悠久，文献记载又那么丰富，这个新发现的“文化”是我国历史上哪个时段的？又是什么人的文化？如果这个问题不能解决，终归是个遗憾的事，也是未完成的一项历史任务。

笔者想就此前所见到的红山文化有特点的遗物，能说明其族属的，选择一些结合我国古史文献，做一些考察和探索，提出些我的心得和意见，为我国古史研究聊尽绵薄之力。因此，就上面所举的各项红山文化遗物看，与我国古史记载中都相吻合的，就只有黄帝一族。古史有这方面的记载，今天这些遗物也从各方面证实了文献所载不虚，它们之间的契合并非偶然之事，不是牵强而是丝丝紧扣，互为表里，两相互证，由历史文献记载，由遗物证实，红山文化就是我国古史中的黄帝文化。

（一）从《史记》看黄帝

我国第一部纪传体通史，是司马迁的《史记》，他在《五帝本纪》中说：“黄帝者，少典之子，姓公孙，名曰轩辕。”[①] 裴骃于《集解》中说：“徐广曰：‘号有熊。’”此语《史记》在后面自记：“故黄帝为有熊。”[②] 司马贞《索隐》谓：“注‘号有熊’者，以其本是有熊国君之子故也。亦号轩辕氏。”张守节《正义》说：“《舆地志》云：‘涿鹿本名彭城，黄帝初都，迁有熊也。’案：黄帝有熊国君，乃少典国君之次子，号曰有熊氏。”裴骃《集解》说：“谯周曰：‘有熊国君，少典之子也。’”

这里很明显，都说黄帝为有熊氏。无论是“迁有熊”，还是“为有熊”，抑或“‘号有熊’者，以其本是有熊国君之子故也”，还是“有熊国君，少典之子也”，这些观点都说明黄帝是有熊氏，而后者更说明黄帝是“有熊国君”。

所谓“有熊”者，就是指那一时期的黄帝。其时是黄帝部落对外以“熊”为代表本部落的符号，一个以“熊”为标志的部落群体，“熊”也成为这个部落崇拜的图腾。《史记》载：“而蚩尤最为暴，莫能伐。炎帝欲侵陵诸侯，诸侯咸归轩辕。轩辕乃修德振兵，治五气，蓺五种，抚万民，度四方，教熊罴貔貅貙虎，以与炎帝战于阪泉之野。三战，然后得其志。”[③] 这里的“熊罴貔貅貙虎”并非是实有的动物界的熊虎，而是黄帝率领的以“熊罴貔貅貙虎”为图腾的各部落，也即那些“咸归轩辕”的“诸侯”，由黄帝率领这些“诸侯”与炎帝战于阪泉之野。并不是黄帝驱使这些野兽与炎帝交战，而是以这些动物为图腾的人与炎帝交战，并取得胜利。同时可看出，以“熊”为标志的黄帝部落，列于诸种“野兽”最前面，黄帝是领头的，故“熊”就安排在各参战部落的组织顺序的前面。由此确知，“熊”乃是黄帝部落的图腾，因而黄帝也号称“有熊”氏。

（二）玉器证明红山系遗物是黄帝文化

阜新发现的熊形玉器，无论是从其造型看，还是从其他方面研究，都不失为一件重要器物，应该说在红山文化考古中是一重要发现。之所以如此说，经细心观察后，此器形态，是为“熊”，而不是其他动物造型，尤其是和以前大量发现的与其形相近、曾被命名为“猪龙”的玉器，既有相似之处，又有所不同，因此，这件遗物是又一新的玉器形制。此器扁平，中有圆孔，呈环形，制作较为粗糙，表现出很强的原始性，虽有兽头形状，其身无开口，不作玦形，但和“猪龙”从整体形态看，二者确又有极为密切的关系，所谓“猪龙”者，应是此件器物后来的发展形态（参见图八：红山文化“龙”的形态发展演变）。

阜新熊形玉器名称，如依过去此类玉器定名“猪龙”之称，时间已久，为学术界所熟知，也为社会所认同，约定俗成，因此，这件玉器亦可称之为“熊龙”。但此器的年代更早，是“猪龙”的祖型，也是此类型玉器初始阶段的产物。因此，“熊龙”当更贴近早期历史时代，更是物有所指，而非凭空无稽之造型，而是事有所需。然则黄帝既为有熊氏，造“熊龙”就并非虚构，此“熊龙”更具有时代的象征意义。

除新发现的“熊龙”之外，红山文化还有一种发现数量相当多的“玉龟”，此类红山文化遗物，

① 司马迁：《史记》卷一《五帝本纪》，中华书局点校本 1959 年 9 月版，第 1 页。
② 司马迁：《史记》卷一《五帝本纪》，中华书局点校本 1959 年 9 月版，第 45 页。
③ 司马迁：《史记》卷一《五帝本纪》，中华书局点校本 1959 年 9 月版，第 3 页。

我国北方地区的博物馆与文物爱好者以及域外都有收藏，其造型有作龟壳者，但更多的为全龟形态，其数量之多，超过其他红山玉器种类，可以和蚕、蚕蛾、茧蛹等类相媲美，其制作都很形象，生动逼真。因黄帝亦为“天鼋”，此物也应是其族的图腾，所见遗物展现出了精工细作之心态。《说文解字》释“龟，旧也，外骨内肉者也”，有“天地之性”[①]。释“鼋，大鼈也。从黾，元声”[②]。由此可知，红山文化发现的这种玉制之物，是龟，亦是鼋，为黄帝部落所崇奉的图腾之一。《史记》载：“黄帝二十五子，其得姓者十四人。”又说：“自黄帝至舜、禹，皆同姓而异其国号，以章明德。故黄帝号有熊，帝颛顼为高阳，……契为商，姓子氏，弃为周，姓姬氏。”[③] 此后周人自称“我姬氏出自天鼋”[④]。这是周人明确说自己是黄帝后裔，出自“天鼋”。根据这些红山文化遗物，我认为其时黄帝除以陆生动物“熊”为图腾，同时也以水生动物“鼋”为图腾。因此可知黄帝既是有熊氏，也是天鼋氏；这种称谓不是无来由的凭空捏造，应该是实事求是、有根据出现的称呼。故此，红山文化中既有“玉熊”发现，也有大量的“玉龟”存在，就是出于这个原因。范文澜先生早年也曾做过如此研究，他说：“相传黄帝姬姓，号轩辕氏，周天子也是姬姓，周朝人称：‘我姬氏出自天鼋。’轩辕，天鼋一音之转，黄帝族可能以天鼋为图腾。”[⑤] 这种认识是符合历史实际的。

（三）红山文化遗物与“嫘祖”的密切关系

在整个红山文化遗物中，发现大量的玉蚕、玉茧蛹、玉蚕蛾（蝉）等，还有玉桑叶、玉蚕食桑叶及纺锤、纺瓜等，这些都是养蚕过程之事与使用的纺织工具，它们反映出那个时代的丝织情况。由此就不能不提到一个人——黄帝正妻“嫘祖”。司马迁《史记》说：“黄帝居轩辕之丘，而娶於西陵之女，是为嫘祖。嫘祖为黄帝正妃，生二子，其后皆有天下：其一曰玄嚣，是为青阳，青阳降居江水；其二曰昌意，降居若水。”[⑥] 嫘祖种桑养蚕的事为后世熟知，直到今日讲古代历史，都有嫘祖种桑养蚕的叙述。范文澜在研究古史后说：“嫘祖（黄帝正妻）养蚕。”又说：黄帝时“染五色衣裳”[⑦]。如果没有蚕丝，如何能染五色衣裳？嫘祖种桑养蚕的民间传说和故事流传很广，于此可以不计；但在历史上，很久以来文人学者对嫘祖种桑养蚕的事迹就不乏记载，兹不多引。其中最值得说的，是今四川省绵阳市盐亭县的嫘祖史迹，这里被认为是嫘祖的出生地，死后也葬于此，现在仍存有“嫘祖陵”（图六十七），还有唐代大诗人李白拜师的道家赵蕤写的“嫘祖碑”。赵蕤当年受邀为嫘轩宫修葺完成而写的碑文，是在“唐开元二十一年二月”，在碑文《修葺嫘轩宫碑序》中说：“当是时也，青龙场嫘轩宫修葺告成，乞序于余，余不负其三顾之忱，爰为之序。曰：女中圣贤王凤，黄帝元妃嫘祖，生于本邑嫘祖山，死于衡阳道，遵嘱葬于青龙之首，碑碣犹存。生前首创种桑养蚕之法，抽

① 许慎：《说文解字》，中华书局影印本，1963 年 12 月版，第 285 页。

② 许慎：《说文解字》，中华书局影印本，1963 年 12 月版，第 285 页。

③ 司马迁：《史记》卷一《五帝本纪》，中华书局点校本，1959 年 9 月版，第 9、45 页。

④ 《国语》卷三《周语下》，第 28 页，文渊阁《四库全书》第 406 册，台湾商务印书馆影印本，史部第 164 册，第 41 页。

⑤ 范文澜：《中国通史简编》第一编［修订本］，人民出版社 1953 年版，第 15 页。

⑥ 司马迁：《史记》卷一《五帝本纪》，中华书局点校本，1959 年 9 月版，第 10 页。

⑦ 范文澜：《中国通史简编》第一编［修订本］，人民出版社 1953 年版，第 15、16 页。

图六十七　四川盐亭螺祖陵

丝编绢之术，谏诤黄帝，旨定农桑，法制衣裳；兴嫁娶，尚礼仪，架宫室，奠国基，统一中原。弼政之功，殁世不忘，是以尊为先蚕。”①

从现在所见红山文化玉器中的玉蚕、玉茧蛹、玉蚕蛾、玉桑叶、玉蚕卧食桑叶以及玉纺锤与纺瓜等，这是一个完整的链条，充分展现了种桑、养蚕到纺织的生产全过程，红山文化发现的这种玉器，中间没有空档和缺环，这是一个很了不起的事，不系统研究不知道，将其拢到一起就看出来了，众多的玉器，说明一个主题，就是养蚕用丝，无可辩驳，在这种情况下，就是没有嫘祖，也是

① 赵蕤所写《修葺嫘轩宫碑文》记嫘祖与当地事甚详，为了解情况，现将全部碑文录下：

“学优则仕，于我如浮云，高卧长平，抚琴弄鹤，漱石枕流，乐在其中矣。当是时也，青龙场嫘轩宫修葺告成，乞序于余，余不负其三顾之忱，爰为之序。曰：女中圣贤王凤，黄帝元妃嫘祖，生于本邑嫘祖山，死于衡阳道，遵嘱葬于青龙之首，碑碣犹存。生前首创种桑养蚕之法，抽丝编绢之术，谏诤黄帝，旨定农桑，法制衣裳；兴嫁娶，尚礼仪，架宫室，奠国基，统一中原。弼政之功，殁世不忘，是以尊为先蚕。后山青龙场，全貌焕然，黎庶交易，百物咸集，惟丝绸繁多。嫘轩宫托月，则尤为壮观。嫘轩宫踞地千丈，总殿五层。宫前设先蚕坛，宫内塑王母、轩辕、伏羲、燧人、神农、歧伯、风后、常伯等一百二十六尊圣像，宫之前殿为嫘祖殿，敬塑嫘祖、马头娘、苑窳寓氏三尊巨像，宫之左右各一长廊，上具桑林殿、育蚕殿、煮茧殿、抽丝殿、编绢殿、制衣殿。忆宫史，据前碑所志，补建于蜀王之先祖蚕丛，后文翁治蜀，大加阔筑，历经兵燹，已三缺三圆矣。古帝耕籍田，后桑蚕宫，春不夺农时即有食，夏不夺蚕工即有衣，衣食足而后礼乐兴焉，黄图巩焉。是以岁在正月朔八至二月初十，天子庶民祭祀先蚕，典礼之隆，全然帝王祭祀先农之尊。远瞩祟山峻岭，晚霞朝景，如仙山神岛，玉殿晶宫，俯瞰仰望，虎踞龙蟠，狮吼雷鸣，九龙捧圣，八仙朝尊，物华天宝，人杰地灵，信哉！女圣嫘祖诞生之地矣。泐石铭碑，以戒后嗣。集首创之大成，薪火相继，玉振金声，同日月齐晖，与天地并寿！赵蕤谨题　唐开元二十一年二月穀旦补竖”

红山文化特有的遗物，也是养蚕用丝的铁证，反映出当时红山文化养蚕用丝所独有的丝织文化，因为至今我国众多的新石器时代文化的玉器，还没有哪一个文化有如此齐备的丝织文化玉器发现，因此可以说，红山文化在丝织方面是领先的。

另一个问题也很重要，就是辽宁地区是有桑树的，无论是中部还是西部，即红山文化范围，古今都有桑树存在，因为这是养蚕的首要问题，如果没有桑树，一切都无从谈起。

从历史上看，红山文化已有这些蚕、桑玉器，本身就能说明问题，已无须再说。但其后还见于文献记载，更加证明这一地区存在植桑养蚕的历史事实。在我国中古时建于龙城（今辽宁朝阳）的前燕、后燕、北燕，就非常重视蚕桑的生产。以栽植桑树来说，当时普遍提倡，得到很大推广。最早在慕容廆居今辽宁义县时代，于晋“太康十年，廆又迁于徒河之青山，廆以大棘城即帝颛顼之墟也，元康四年乃移居之。教以农桑，法制同于上国”[①]。至廆之子慕容皝时，“皝躬巡郡县，劝课农桑，起龙城（今辽宁朝阳）宫阙”[②]。其重视农桑如此，不容小觑。以后历慕容垂后燕，到冯跋北燕时，仍如前代，“（冯）跋又下书曰：‘今疆宇无虞，百姓宁业，而田亩荒秽，有司不随时督察，欲令家给人足，不亦难乎！桑柘之益，有生之本。此土少桑，人未见其利，可令百姓人殖桑一百根，柘二十根。’”[③]这个动作是很大的，显示出其重视的程度。在今朝阳地区有桑树，明确见于史载。

殆至辽代，兴中府（今辽宁朝阳）的蚕桑有更大发展，在辽太祖皇后主持下，于祖州设有绫锦院，专供宫廷服用，而在中京道确定四州供蚕丝，其情况是：中京“东至灵河（今大凌河）五百里，灵河有灵（今大凌河旁）、锦（今锦州）、显（今北镇）、霸（今朝阳，与辽兴中府同地）四州，地生桑麻贝锦，州民无田租，但供蚕织，名曰太后丝蚕户”[④]。今朝阳地区产蚕丝，在辽代也是很著名的。

上面是谈文献中关于桑树的记载，现在接续再谈北方也有桑树的问题，而且还是很普通的。在今朝阳县西五家子乡三道沟村有一棵桑树，树龄很长，村民不知其种植于何年，只知其祖辈就有，现今桑树高大粗壮，树干几人合抱不拢，枝繁叶茂，当地奉为“神树”，披红挂彩，爱护有加，非常珍视（图六八）。此树经辽宁省林业部门鉴定，其树龄已有一千七百多年。应该说：这是一株难得一见的古桑树！对这株桑树种植的时间，在朝阳地区来说，一千七百年前正是我国东晋十六国时期，那时在今朝阳立国建都的是前燕、后燕、北燕三个政权，前后历时近百年。在这个时期里，三个政权对我国辽宁、河北等近东北部地区的历史发展和贡献都是很大的，植桑养蚕是其中之一。

再讲两例。1983 年 4 月，我在朝阳市凌源县富家屯发掘元代壁画墓时，住在村民家里，一天我无意中拿起院里树枝堆上一根枝条问房东：“这是什么树枝？”房东说：“这是桑树枝条。”我说：“这里桑树多么？怎么把桑树都给砍了？”他说：“我们这里原来桑树很多，有大树，也有小树。在 1958 年“大跃进”时，村里就把树都给砍了，小树也都割了。这里山秃，村民没柴火，就把这些树拿来

① 房玄龄等：《晋书》卷一百八《慕容廆载记》，中华书局点校本 1974 年 11 月版，第 2804 页。
② 房玄龄等：《晋书》卷一百九《慕容皝载记》，中华书局点校本 1974 年 11 月版，第 2822 页。
③ 房玄龄等：《晋书》卷一百二十五《冯跋载记》，中华书局点校本 1974 年 11 月版，第 3131 页。
④ 路振：《乘轺录》。

图六十八　朝阳县西五家子乡三道沟村一千七百多年桑树（周亚利供稿）

当柴火烧。”我由此知道原来这里桑树很多，桑树属落叶乔木和灌木植物。我现在的居住地沈阳也有桑树，我家现住沈阳市皇姑区，前住沈阳市岐山中路市劳动局家属院，现住金沙江街芳馨园小区，两处庭院内都有很多株桑树，也是枝繁叶茂（图六九），长势旺盛，每年当桑葚成熟时，一坨坨紫色果实着实可爱，总会有人去采摘，引起人们观看，打落的桑葚掉在地上，没捡走的不久被人踩车压，地面上就留下层叠的紫色印痕。这说明在沈阳也有桑树，如果用来养蚕，也是没有问题的。

图六十九　沈阳居民宅院内桑树叶

三、问题讨论

根据上面列举的红山文化相关遗物，在此谈一点我的认识，说明对此问题研究的心得体会。

红山文化遗物出现很多种玉器，在考古发现后其中有一种被定名为“龙”。那么我就从“龙”说起。现实中，“龙”是不存在的，作为原始人的图腾崇拜，初始时都应该是有真实物象的，崇拜某一种动物。黄帝最早应是崇拜熊的，故黄帝称为有熊氏。至于演变为“龙”，那是后来的事。

成为崇拜“龙”的族群，这种生物其实是升华摄取众多生物具有突出特点的部分集合成为一个新的动物，从而变为没有实指的象征之图腾，这是人为演化造就“龙”的这种物象。今天看来此事较为特殊，但为什么却出现这种不可理解的情况呢？根据我的分析，崇拜“龙”的族群——明确说就是黄帝族群，其时势力很大，由其能征战四方且打胜仗，可以证明，但这以人口众多为前提，如果人数很少是办不到的。不过，最初黄帝部落也不可能是人口“庞大”无比的，其信奉的图腾也是常见的“熊”，并无特殊之处。在其存在的较长时间里部落林立，没有统属，但黄帝部落通过对外的影响，吸引一些其他部落到本部落来，形成一个人口众多的大族群。司马迁的《史记》对此有很清晰的说明：“而蚩尤最为暴，莫能伐。炎帝欲侵陵诸侯，诸侯咸归轩辕。轩辕乃修德振兵，治五气，蓺五种，抚万民，度四方。”① 可知黄帝吸纳了许多小股的人群。这些小部落原来也都各有一个代表本部落的标志生物，做为图腾，当聚合为较为庞大的黄帝部落时，对原有各自的崇拜物不能舍弃，但新的大族群又不能再用原有图腾，必须更新，设立一个新的图腾物，在这个新族群中应用，还要将新的群体表现出来，于是各小部落原有的图腾，选择各种动物有特征的部分，拼合在一起，形成一种新的崇拜生物，这就形成了世界上原本没有的生物“龙”。观察“龙”的形状，如果不是各种生物特征合并而成的动物，那么出现此种世间本没有的“龙”作何解释？可以想见，当时虽然世上没有“龙”，但集合各部族原有图腾生物的某一部位特征却能体现出共同崇拜的图腾生物，于是就以“龙”的形态为崇拜物，这样此种新的图腾“龙”就出现了。刘国友在对“龙”的描述时，说的很具体，也很形象，他说：“随着氏族部落的迁徙和不断融合，龙的形态也逐渐趋于统一，成为由不同氏族图腾动物组成的鹿角、驼首、兔目、蛇颈、蜃腹、鱼鳞、虎掌、鹰爪的奇特动物形象。龙变为在人们实际生活中再也找不到的独一无二的神秘动物。使自然界的动物全部脱离了龙的本性，并将朴素自然崇拜的动物之神，从地上搬到天上。龙由人类生存的伙伴，变成了人们精神的主宰。”② 因此，我们在研究后知道，“龙”这种崇拜的图腾，这种复合型的“动物”被认为有代表性，可以为组成大族群的不同人们共同接受，其后再发展，认为“龙”有“灵性”，更具有一定的神圣性，普遍为人们接受。不仅为当时的人们所接受，也为后世的人们所接受。这就是为什么在中国的一些新石器时代遗址中会出现“龙”的造型遗物存在的原因，于是在制作本氏族的图腾标示物中，加入了“龙”的元素。红山文化的“龙”，在各种不同造型的众多遗物中完全能体现出来。

---

① 司马迁：《史记》卷一《五帝本纪》，中华书局点校本 1959 年 9 月版，第 3 页。

② 刘国友：《阜新通史》，吉林大学出版社 2006 年 5 月版，第 48 页。

“龙”的出现是渐进的，它有一个发展的过程。本文所介绍的这件崇拜物的形象，就不具备“龙”的特质，明显是一只“熊”的身影，但它确是红山文化遗物，如果了解了其诞生发展的过程，此件“熊”不是最可靠的物证吗！

那么“熊”和“龙”怎么能联系起来？作为崇拜物，最初一定是具体的，不会崇拜一个世上没有、且不知形的东西，试想若将一个不知名的虚无之物，造成有形的物体是很难的，尤其古代，“龙”这个崇拜物，当时谁都没有看到，不知是一个什么东西，怎么能说服大家都信服呢？因此，只能是本有实物崇拜，后来不同的人群聚合了，人数多了，大家的认识有所改变，需要另立新的物象为图腾，许多小股人群带着原有的图腾加入到黄帝族群成为大部落时，便在各自原有图腾的动物选用有特征的肢体部分，组成一种新的动物形态，虽为抽象的生物，却能代表众人的意志，变为一个更加威猛刚烈、令人生畏的生物，升华后，此虽是符号，却使人们心悦诚服，成为一个部族的图腾，并以其为标志，对内对外宣示，并传承下来。这种认识，来源于对实物的观察和研究，是看到多种形式的“龙”之后产生的，也是我们今天所见的这些“龙”告诉我们的。

但在红山文化中，发现玉器遗物不是只有“龙”，还有龟、鸟、鸮、蛇、刺蜎等动物。新石器时代生产力水平十分低下，制玉的工具又是那么原始，玉石是非常坚硬的矿物，可以想见制作玉器难度之大和不易，当然其进度也因此而极端缓慢。所以，原始人制作玉器一定是为当时所必须。龙、龟、鸟、鸮、蛇等，与原始人似无关系，但因它们是“图腾”，情况就不一样了，是必须做而且要做好，做出玉器用以表示族群区别。在此前提下，哪个族群做哪种动物（图腾），与崇奉的图腾有关。我们在已知的红山文化中，建平牛河梁遗址，到现在只出土有龙和龟两种玉器，还未见有其他造型的动物玉器存在。而在其他地区的遗址和墓葬中却有出土，如巴林右旗那斯台红山文化遗址中，出土有玉鸟形玦（图七十）、玉鸮（图七十一），阜新胡头沟红山文化墓葬里，出土有绿松石鸮（图七十二），在传世红山文化遗物中，见有鸟形玦（图七十三）、蛇（图七十四、图七十五）和刺蜎（图七十六）等。这说明什么问题？我感觉到，有些动物玉器在这一地点有，在那一地点没有，则这些动物玉器存在着某种差异，观察到的一些现象，值得深入思考。因此，我从这些红山文化遗物中，看出它们反映出某些问题，不可等闲视之。现简叙于下。

一是牛河梁红山文化遗址中，只见龙与龟，而没有其他图腾的动物玉器，说明牛河梁遗址是黄帝文化的中心，是黄帝为“轩辕氏”“天鼋氏”（阜新还发现有“熊龙”当是“有熊氏”的证明，至于为何在今阜新发现，有待进一步研究）的反映，故在牛河梁遗址没发现其他动物图腾的玉器。在黄帝族吸收许多小部落形成黄帝大部族后，形势改变了，才根据各部族情况选择有代表性族群的图腾动物特征，形成大部族的新动物“龙”，成为共同信奉的图腾。

二是那斯台、胡头沟等地出土的红山文化玉器，有鸟形玦、鸮等，这些动物也是图腾，是那些聚合到黄帝部落前的小部落所崇奉的图腾，合并后仍然可以保留原有的图腾信奉，因此，仍然可以制作本群落原有的图腾物，在牛河梁可以做天鼋氏的龟，在那斯台、胡头沟等地也可以做本部落的鸮。

三是在黄帝征炎帝时，司马迁说：“轩辕乃修德振兵，治五气，蓺五种，抚万民，度四方，教

图七十　巴林右旗那斯台红山文化遗址出土鸟形玦

图七十一　巴林右旗那斯台红山文化遗扯出土玉鸮

图七十二　阜新胡头沟红山文化墓葬出土绿松石鸮

图七十三　红山文化红玛瑙鸟形玦

图七十四　红山文化玉蜷体蛇

图七十五　今日所见文蛇

图七十六　红山文化石刺蝟

熊羆貔貅貙虎，以与炎帝战于阪泉之野。三战，然后得其志。”由此可知，黄帝能“教熊羆貔貅貙虎”这些动物去攻打炎帝吗？显然不能，这些动物是那些并入黄帝族中的小部族的图腾，虽然并入黄帝族，仍然以原图腾为代表称呼那些部族。由此也可知，在这些有图腾的小部族并入黄帝族群后，还用原部族的称呼，仍可以保留原部族的图腾，不然今天发现这么多的不同动物玉器就没法解释！红山人生存的年代，生产力低下，环境恶劣，自然灾害与野兽时常侵袭，外部族群也有许多威胁，每一天都在为生活拚命。因此，如果不是特别需要，不是图腾，制作这么多非常形象的动物玉器干什么？由考古发现，我们认识到，红山文化是存在着“图腾”这个问题的。由此还可以知道，黄帝族群对内部的管理也是比较宽松的，允许各小部族有自己的图腾，对外征战时（见于记载的）黄帝也仅是“教”熊羆貔貅貙虎（当然不是动物，而是各部落人群）随行，而且是由自己部落“熊”率先，其排列“熊”在前占据首位。

红山文化相关问题都很值得研究，考古发现为我们提供了许多重要的实物，上述看法仅是笔者作为初步意见提出。认真思考，必能发现更多需要解决的问题。

四、结语

红山文化遗物中发现的玉熊、玉龟等，造型逼真，是当时实有动物的反映，是生活本身的真实折射，信奉图腾当时是有实物的，制作玉器是有所本的，不会凭空臆想而作出如此精美的“图腾”玉器，它正是我国古史中“有熊氏”“轩辕氏”“天鼋氏”这一名词的物化，是黄帝也包括黄帝族群在历史中真实存在有决定意义的可信表征，也是红山文化黄帝说的实物证明。

红山文化遗物中各种玉器，如玉蚕、玉茧蛹、玉蚕蛾、玉桑叶、玉蚕食桑叶以及纺锤、纺瓜等遗物的大量发现，它们之间又有不可分割的联系，构成一个完整的链条，中间没有缺失，这是非常不一般的现象，它反映出什么？预示了它是一个无法被拆开和被替代的存在，无庸讳言，这些遗物突出而集中的推戴了一个人的终身事业，那就是黄帝时期的嫘祖，也是黄帝的正妻，是她发明了植桑养蚕和纺织，因此这些遗物都应与她有关，并且今日已有这么多的遗物证实了黄帝时期的嫘祖发明了植桑、养蚕、纺织、制作衣裳。

至此，问题就非常明确了。我们可以考察一下，我国已发现了那么多相当于这个时代的遗址并命名了许多的“文化”，为什么没有发现像红山文化如此系统并包括多个形体不同而种类性能却一致、并组成一个有完整生产链条的玉器？这是偶然现象吗？不会的！这些红山玉器独步历史，以其突出的个性，完全反映出了遗物自身的特点，它们出自红山文化，则红山文化黄帝说，自然也就符合历史实际而成立了。

1987 年 5 月 19 日　初稿

2022 年 10 月 15 日　修改

新石器时代复合型人与动物

张玉春[①]

从整个人类历史考察，在经历了漫长的历程后，新石器时代是人类文明进程高速推进的时段。万余年前的祖先们“配造物而相妩媚，争妍竞巧于鼎新革故”，质文鼎革，沿习因成数代人的积累，为世界奉献出无数叹为观止的遗迹、遗物。复合型器人与动物形器物即为其中的珍异奇葩。

人类观照自身较多的时代始于何年不得而知，但有人认为人类与动物之间关系的演化已经历了15,000多年，并始于工作关系。动物为人们提供了营养、服务和保护，在狩猎、耕种或日常生活、祭祀宴享中发挥重要作用。而这正是本文所关注的内容，希望通过这类文物的考察研究，对当时社会某些层面得以管窥。行文按照人与动物分述，又以年代从早到晚排列。

一、人面（见表一）

1.1　石人面雕像，内蒙古赤峰市兴隆沟聚落遗址22号房址发掘出土。蚌人面饰出自22号房址，正中刻有一道纵向的竖线，左眼为一个圆孔，右眼未透……以此判断可能有镶嵌[②]。石、蚌质人面饰，第一地点F22居住面上出土，嵌蚌石人面饰[③]。五边形片状黑色石，嘴嵌有蚌齿，双目为圆坑，也当有镶嵌物，挂孔之间有细槽。另外南湾子北遗址的房址中心的灶址背侧立有两件一男一女石雕人像，且双目嵌有蚌壳，嘴又嵌有蚌牙……眼和齿嵌蚌仅见1件，证明这类人像双目均嵌蚌睛，嘴嵌蚌齿。白音长汗遗址出土的巴林石质片状人面像，主要在牙部，嵌有蚌片獠牙。双目有弯形凹槽，也应有镶嵌物。洪格力图红色石头人面，原应有镶嵌，面部神秘，腮部有两道槽可理解为纹面[④]，距今8000—7500年[⑤]。

1.2　石双人面雕像Gl：46，河北省迁西县东寨遗址灰沟出土。质为红色砂岩雕刻而成，人面呈

---

① 张玉春，吉林省文物考古研究所研究员。

② 《洪格力图墓葬出土的人面饰》，《赤峰学院学报》第38卷第3期，2017年第3期，第9页。

③ 中国社会科学院考古研究所内蒙古第一工作队：《内蒙古赤峰市兴隆沟聚落遗址2002—2003年的发掘》，《考古》2004年第7期，第6页。

④ 邵国田，敖汉旗博物馆：《兴隆洼遗址的发现、发掘与研究历程》2022-06-18 https：//history.sohu.com/a/558492506_121124392。

⑤ 中国社会科学院考古研究所内蒙古第一工作队：《内蒙古赤峰市兴隆沟聚落遗址2002—2003年的发掘》，《考古》2004年第7期，第3页。

椭圆形，眼嘴均用圆孔表示，背面有四个系孔，长3.5厘米，宽2.5厘米，厚1.3厘米①。彩图来自网络②。时代早于红山文化③。

1.3　泥人头塑像，辽宁牛河梁“女神庙”遗址，头部残块（J1B：1），主室西侧北壁出土，面朝上。头顶和左耳残缺，鼻脱落。头存高22.5、脸面宽16.5厘米，相当于真人大小。额顶发迹平直起棱，再上部分缺失，鬓角齐整。耳长圆，微前倾。眉间处圆凸。鼻梁低。眼窝较浅，眼内嵌圆形玉片为睛……眼梢上挑。颧骨高耸……头枕部位残映，有禾草秸骨架痕。面涂红彩，出土时仍很鲜艳④，距今5580±110年—5000±130年⑤。

1.4　玉双人连体头像玦，湖北天门石家河遗址谭家岭史前聚落瓮棺W9出土。普遍使用圆雕、透雕、减地阳刻、浅浮雕线刻等工艺，代表了史前中国乃至东亚地区玉器加工工艺的最高水平。彩图摘自网络⑥。年代不晚于屈家岭文化早期⑦。

1.5　石人头雕像头像，出在甘肃永昌鸳鸯池51号墓内，于人骨左上臂。石质为白云石。形状为椭圆形，有双眼，两鼻孔和口，与人面无异。而眼、鼻孔、口均用白色小形骨珠镶嵌而成，嵌镶物亦用黑色黏胶质。顶上有一圆穿孔。长3.8厘米，宽2.5厘米⑧。彩图见网络⑨。距今4150士100年⑩。

人像以石质为主要质材，从器物材料组成，可分为材料复合型和结构复合型两类。兴隆沟人面材料涉及黑色石材与白色蚌壳，或者也会有无法发现的有机胶类物质。牛河梁的包含红色颜料（或为三氧化二铁，近处新石器遗址曾发现这类颜料和研钵）、黄褐色陶泥和淡绿色玉石眼睛（或为当地岫岩玉），也可能存在有机胶结物，否则无法贴敷固定玉石。鸳鸯池的人面制作材料有白石、黑胶和乳白骨珠，而镶嵌所用黑色物质兼具胶粘与填塞双重作用，可能为沥青（天然沥青可在地表获得，是防水、防潮、防腐、高黏度有机胶凝材料。这在西亚的两河流域古代器物中使用比较普遍，而西北地区与西亚有地缘关系）。结构上采用重复的方法进行造型。用左右对称分布方式连接两个人面，对称度较高。既有同向脸贴脸的单面立体雕刻（东寨），五官以凹陷阴刻表现；又有反向背靠背双面立体雕刻（石家河），以浅浮雕表现眉、目、鼻、口、耳五官及饰物。

从形貌观察，可见不同地区具有不同特点。北方人面，多关注颜色对比，并以此作为表现脸部构造的主要手法。从兴隆沟的黑色石人面与白色蚌壳五官，到牛河梁红色面庞和淡绿色玉石眼睛，再到鸳鸯池白云石脸上黑色胶黏物与白色骨珠间隔分布、共同嵌贴出的眼睛和嘴巴，甚至用黑色胶

① 《河北省迁西县东寨遗址发掘简报》，《文物春秋》1992年第1期，第138页。

② 《“人面”文物的神秘力量》2018年1月20日，四川广汉三星堆博物馆网页。

③ 《河北省迁西县东寨遗址发掘简报》，《文物春秋》1992年第1期，第139页。

④ 辽宁省文物考古研究所：《辽宁牛河梁红山文化“女神庙”与积石冢群发掘简报》，《文物》1986年第8期，第5页。

⑤ 辽宁省文物考古研究所：《辽宁牛河梁红山文化“女神庙”与积石冢群发掘简报》，《文物》1986年第8期，第17页。

⑥ 《探秘石家河》（下），CCTV10《探索·发现》2020年7月26日。

⑦ 国家文物局网站：新时代百项考古新发现，湖北篇。

⑧ 甘肃省博物馆文物工作队等：《永昌鸳鸯池新石器时代墓地的发掘》，《考古》1974年第5期，第308页。

⑨ 《中国美术史·史前雕塑》，https：//m.sohu.com/a/351970737_292254。

⑩ 甘肃省博物馆文物工作队等：《永昌鸳鸯池新石器时代墓地的发掘》，《考古》1974年第5期，第289页。

黏物在白色石质上勾勒出逼真的鼻孔，无不主要依托颜色对比的手法。兴隆沟人面黑色光滑，面部衬托白中泛霓彩、华耀如珍珠的蚌壳五官，表达简洁、清晰。牛河梁的泥塑头像，红色面孔上两只微泛绿色的玉石眼睛格外引人注目。鸳鸯池的人面更加黑白分明，对比强烈，形象鲜明。而无论南北方，人面造型大都较简单，材料也易得、表现手法古拙。基本上只表现脸部或以脸部为主，随带饰品少见。北方器物就地选取泥土、砂石、蚌壳、骨珠等，用易得的本土材料创造人（或有身）物形象，开创性、独特性较强。以孔洞表现口、眼在石雕像表现手法中较多，因袭了更多古老的钻孔技术。

石家河玉玦风格显明，工艺精湛，独树一帜。五官及饰物构图合理，表现精细，线条较规整平顺，手法高超。左右人物乍看没区别，细看不一样。左边者耳部半遮戴圆形耳饰，右侧者耳全露无耳饰。唇耳之间面部有减地处理的斜向楞纹，使面颊更具立体感。从饰物观察，既有头饰又有耳饰。头饰的纵向浅阴刻线条由眉间上额向鬓角逐渐外展，使人似可感受密集连接的饰物向两侧垂坠之貌；掖插或者挂掖在上耳部的饰物呈“S”形，中间两条阴刻长线回旋有致，使人感到饰物正自耳边向两侧舒展摇曳。艺术表现和制作能力的巨大差别揭示了地区之间发展的不平衡，进而折射了古代各地先民在资源、经济、贸易、制作工艺、审美水平和特点等方面的巨大差异。辽宁、内蒙古、甘肃的镶嵌工艺颇具地方特色，具有就地取材、因材施制的共性。北部和西部体现粗疏、糙砺、色彩强烈对比较多，工艺材料具有多样性。上述或可表现北方当地经济贸易发展欠发达的情况。而南方的石家河因为有了社会分工，手工业更加成熟完善，因而材良、图精、工细、活巧，是玉器加工已经比较成熟有定制阶段的产物，体现了社会文明更加成熟与先进的一面。

人面出土地点各异，有的是建筑遗址，有的是墓葬，有的是居住址，还有的从灰坑中获得，可见这些器物可以应用到很多场景中，未有定制。从使用方法考察，辽宁牛河梁“女神庙”的人头塑像很可能是供奉用的塑像，而更多人面都属小巧型且多有穿孔，应为佩戴之物。石家河玉玦则可能是巫觋专享，或为法器。湖北省文物考古研究所刘辉认为石家河遗址不仅是长江中游经贸、文化中心，更是一个手工业生产中心。而石家河人事死如事生，事亡如事存，这件连体头像玦很可能属于掌握石家河大权的瓮棺墓主人，而墓主可能是巫觋。有民族学资料表明，非洲原始部落中的巫师便头带羽毛冠、耳插长翎羽，加上其他衣饰再执以法器工作。综此，双人面玉玦用以彰显瓮棺主人身份和尊宠地位便是自然的事[①]。

二、动物（见表二）

2.1　双龙首璜形玉饰

出土于辽宁喀左县东山嘴建筑群方形基址南墙内侧，淡绿色，长 4 厘米。璜形，外弧面雕纹，另一面光素，中部对穿一孔。两端分别立体雕饰龙首，长吻向前伸，上唇翘起，口微张，目做菱形

---

① 《探秘石家河》（下），CCTV10《探索・发现》2020 年 7 月 26 日。

框，身饰瓦沟纹（按原文重新编辑）[①]。红山文化晚期前后。距今5485±110年[②]，图自网络（原报告黑色图片较模糊未用）[③]。

2.2　双猪翅玉鹰 98M29：6

安徽含山县凌家滩遗址出土。透闪石质地，灰白色，表面抛光，双面雕工，两侧纹饰略同。呈飞翔状，头略仰，侧向一面，喙高啄，翅、尾平展，两翼形如猪，宽大厚重。头尾之间阴刻双重圆，其内刻八角星纹。阴线辐射状勾勒出扇形六支尾羽。鹰眼、猪眼及鼻孔均以穿孔表现。小圆内亦有一孔，位置稍偏（原文描述眼睛为一面钻，其余钻孔方式未表述）。长 8.4 厘米，高 3.5 厘米，厚 0.3 厘米（按原文重新编辑）[④]。彩图选自国家文物局网站——新时代百项考古新发现安徽篇，黑白图片见《考古》文图版柒（因为两面，表现纹饰玉质皆有侧重，均采用）[⑤]，距今 5300 年[⑥]。

2.3　双虎首玉璜 87M8：26

安徽含山县凌家滩出土。呈半圆环形，两端各雕一同形卧虎，略昂首。圆雕外轮廓，穿孔为眼睛，阴线刻画其余纹饰。吻以四条横向刻纹表现唇及牙齿，嘴角以四条斜向纹路表现上下外伸獠牙。鼻眼之间分布两道大体纵向的短线交代皮毛褶皱情态，耳、颈、腿爪之间类似。前腿前屈匍匐状，足分 3 趾。外径 11.9 厘米，内径 7.1 厘米，宽 1.9 厘米，厚 0.5 厘米。依据《凌家滩》一书中发掘报告的分析 87M8 墓葬都属凌家滩墓地二期。是一处距今 5800—5300 年的新石器时代中心聚落遗址[⑦]。

2.4　虎座双鹰

湖北天门石家河遗址谭家岭瓮棺 M8 出土。年代不晚于屈家岭文化早期，距今约 5300 年。质、工同上述玉双人连体头像玦[⑧]。

2.5　虎鹰饰 W9：6

湖北天门石家河遗址谭家岭瓮棺出土。玉质细腻纯净，光气内敛。形似一枚小小如意，浅浮雕动物纹饰，虎、鹰分布两端，虎面上下圆雕。虎后腿足部与鹰喙合二为一，镂空卷曲如回文。虎背、臀以五横十一纵直线纹饰勾勒纹理；尾为三角状，中贯一孔。鹰面布于虎腿内收的最大平面处，以浅浮雕手法展现环眼一对，头顶两侧圆雕两个菌状凸起，势如竖起的机警鹰耳。眼下凸起线状阳文，是为口、眼分界，鹰喙亦内卷状。构思巧妙，结构紧凑，制作精细。图自网络[⑨]。比照虎座双鹰，年代距今 5300 年。

---

① 《辽宁喀左县东山嘴红山文化建筑群址发掘简报》，《文物》1984 年第 11 期，第 9 页。

② 《辽宁喀左县东山嘴红山文化建筑群址发掘简报》，《文物》1984 年第 11 期，第 10 页。

③ 红山文化双龙首玉璜，陕西虎牙 2022-02-19 百度。

④ 张敬国：《安徽含山县凌家滩遗址第三次发掘简报》，《考古》1999 年第 11 期，第 9、10 页。

⑤ 张敬国：《含山县凌家滩遗址第五次发掘的新发现》，《考古》2008 年第 3 期。

⑥ 张敬国：《含山县凌家滩遗址第五次发掘的新发现》，《考古》2008 年第 3 期，第 16 页。

⑦ 安徽省文物考古研究所：《考古发掘与学术研究》官网。

⑧ 国家文物局网站：《新时代百项考古新发现》湖北篇。

⑨ 《探秘石家河》（下），CCTV10《探索・发现》2020 年 7 月 26 日。

2.6 龙凤璜 87M9：18

安徽含山凌家滩出土。透闪石质地，灰白色，由两部分组合而成。半圆形，断面呈长扁方形。表面抛光，润泽光亮。一端圆雕成猪龙首，阴线刻出嘴；另一端圆雕凤首，龙凤眼睛均为对钻圆孔。两尾相接处上、下两侧各钻一孔，侧开暗槽，暗槽之间可用绳拴上使之成为一件完整龙凤璜。长16.5厘米，宽0.9~1.5厘米，厚0.5厘米[①]。图片（带暗槽）自网络[②]。研究人员认为墓主人是原始社会的贵族[③]。距今5000年[④]。

2.7 猪头玉饰

凌源三官甸子采集2号。豆青色软玉雕刻。两端雕刻两个大耳，长脸，噘嘴，形象生动，中间钻三个直径为1.9厘米的圆孔，下面制四个漏斗状小孔。长8.9厘米，宽2.6厘米。应是M1的随葬品。红山文化晚期[⑤]，以下限计，距今5000年。

从玉器功用看，发掘者认为安徽含山县凌家滩遗址出土玉鹰可能是凌家滩氏族徽帜的代表[⑥]。飞翔的翅膀上雕刻有猪的形象，可能当时的人们认为鹰飞得最高，能与神接触，能代表神的意思，其寓意表示用飞鹰把猪供献给太阳神，祈保安康幸福、五谷丰登[⑦]。而石家河的玉器从发掘的整体情况研判与巫觋有关，或者是法器，或者是政教合一的巫觋的穿戴品是很有可能的。红山的玉器从造型看更加接近日常生活，为墓主生前的珍贵用品随葬是可能的。猪头玉饰中间三个穿孔直径宽达19毫米，正是适宜手指穿过的宽度，或曾用为拉弓射箭所用的组合扳指（考虑到古代珍贵器物稀缺，有一器多用的可能性）。

从造型上看，动物造型全部为玉质，材料本身便显示了器物的不同寻常。而工艺和设计充分彰显高水平的制作能力。中轴对称是主流造型，唯石家河虎头鹰尾饰在艺术表达上另辟蹊径，在卧虎的主体雕刻基础上“蜷腿成鹰”，两种动物形象深度融合到如意状器型之中。整件雕刻360度无死角，而以躬身卧虎状貌为表现主体琢刻较多，鹰纹浅显、笔画寥寥，处次要地位。整体形象主次分明，构思精巧，形象生动可爱，线条流畅工致，为巧雕精品。宣传片中原名虎头鹰尾饰，笔者认为此名值得商榷。通过观察斟酌后重新定名为“虎鹰饰”。

从形貌特征看，每一件器物都具有唯一性，不同地区的风格存在一定共性。北方红山文化的两件玉饰厚度和长度比值较大，即属偏厚类型，雕纹圆润，立体感较强；而南方凌家滩文化的基本以浅雕线条和穿孔表现，加之修整外缘轮廓成型。湖北石家河文化玉器，雕刻以浅浮雕纹饰、局部以及边缘雕刻及镂空雕刻为鲜明特色，立体感介于红山和凌家滩之间。石家河和凌家滩两者普遍偏

① 张敬国：《安徽含山凌家滩新石器时代墓地发掘简报》，《文物》1989年第4期，第8页。
② 《探秘石家河》（下），CCTV10《探索·发现》2020年7月26日。
③ 《解密凌家滩》（一）远古的“城”，CCTV10《探索·发现》2017年5月24日。
④ 张敬国：《安徽含山凌家滩新石器时代墓地发掘简报》，《文物》1989年第4期，第9页。
⑤ 《辽宁凌源县三官甸子城子山遗址试掘报告》，《考古》1986年第6期，第501页。
⑥ 张敬国：《安徽含山县凌家滩遗址第三次发掘简报》，《考古》1999年第11期，第9、10页。
⑦ 张敬国：《含山县凌家滩遗址第五次发掘的新发现》，《考古》2008年第3期，第16页。

薄，多呈片状。从用料质量、纹饰繁缛程度和制作技术水平以及艺术表现手法综合来讲，石家河文化玉器既风格鲜明又程式化明显，是比较成熟完善的玉雕形貌，是张绪秋教授所认为的“出现了手工业和农业的第一次大分工”[①]社会的高端产品。

从保存状况看，由于质地的区别、埋藏环境的差异，这些玉器的颜色和质感差异较大。以土壤pH考量，石家河（临近孝感以此为鉴）土壤属中性偏碱性[②]，见图一。因此埋藏环境腐蚀性较小，玉器质地细腻，表面光滑，颜色纯净，原貌得以较好保持。凌源和喀左位于辽宁省西南部，处于“山梁正中一缓平突起的台地上，占据了台地向南伸展的前端部分”，应参考露地土样的pH，即偏碱性的7.5~8.0之间[③]，见图二。且当地几乎全年多风干燥，遗址处于岗地，因此保存环境比较适宜，得见玉色的温润淡绿或者光气内敛的斑驳黑白。凌家滩玉器地处酸性土壤，遗址所在区域黄红壤pH 5.0~5.5[④]。由于土壤酸性较强，墓中人骨几乎无存，全部被酸性土壤销蚀殆尽[⑤]。玉器属无机矿物质材料，耐受性较强，有幸保存下来，但器表多干涩，有微小蚀坑，颜色泛红褐，应失去很多玉质原有色泽和质感。

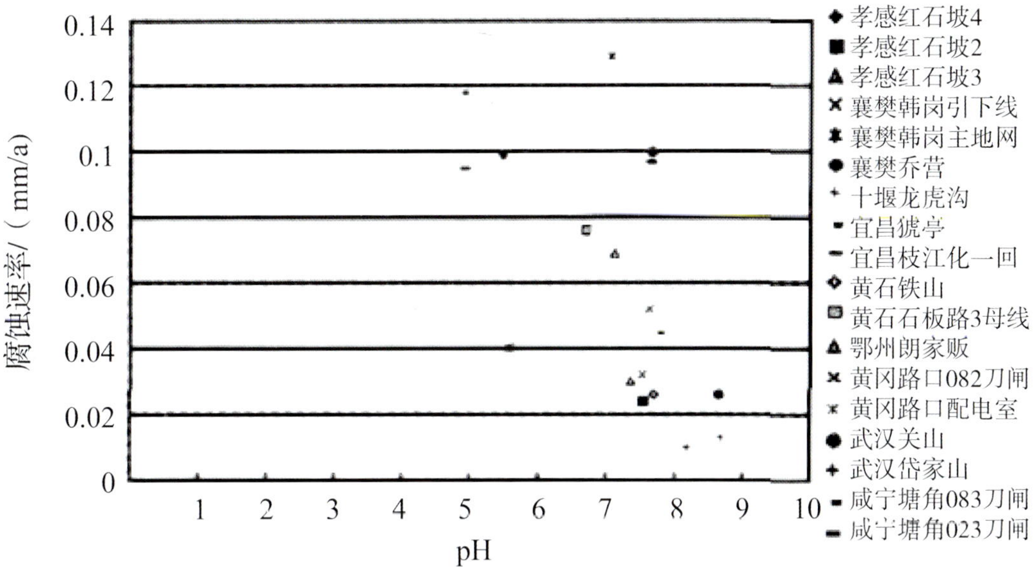

图一　土壤pH与接地网腐蚀速率

在生产力低下的原始社会尤其是早期，生产一件产品都是耗费较多精力的事，上述复式器物的制作更是比较艰难的。除了普通制作以外，还需具有创新能力，要富变化于整齐，在杂多中见整一。“创新是以现有的知识和物质，在特定的环境中，改进或创造新的事物，并能获得一定有益效果

① 《探秘石家河》（下），CCTV10《探索·发现》2020年7月26日。

② 喻亚非等：湖北省电力试验研究院：《湖北电网220 kV变电站接地网腐蚀状况研究》，《湖北电力》第31卷第4期，2007年8月，第6页。

③ 范庆锋等：《辽宁地区保护地土壤酸化现状研究》，《北方园艺》2013年第22期，第175页。

④ 周仲耆：《安徽土壤资源特点及其合理利用问题》，《安徽农学院学报》1984年第2期，第43页。

⑤ 《解密凌家滩》（二）神秘的玉器，CCTV10《探索·发现》2017年5月25日。

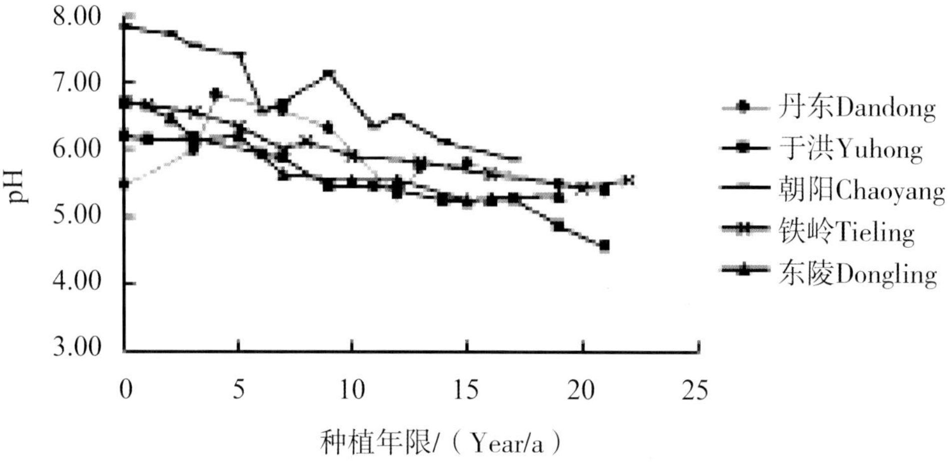

图二　各地区不同年限保护地表层土壤 pH

的行为。”马特里德利在《创新的起源》中讲到，多个案例表明“创新往往不是由一个发明家孤立完成，而是同时有多个技术团队入手。如同被一系列条件激发出来的核裂变一般，突然达到了临界点，不可阻挡地膨胀开来”。和我们直线距离约 7500 公里之外，距今约 4500 年的埃及，它们的文明创造的狮身人面像，是铜石并用时代人类创造的伟大复式作品。华夏大地创新创造当是遍地开花、满天星斗的，本文器物仅仅代表几个点而已，期待有更多的发现于此认知。

推测这些复式器物的制作动因，分析先民们追求创新带来的“有益效果”，尝试从两方面来分析。对于材料复合式器物，属于差异化组合式创新。祖先们在较多了解各类材料性能的基础上，力图用有较强光泽度、具有一定衍射和反射能力、具有较鲜明色彩的玉石和蚌壳以及可以衬托很多颜色的黑色胶粘填充物，竭力突出某些结构单元使之具有很强的视觉冲击和艺术美感，以便于使人产生震慑、印象深刻、团结集中的作用或者娱人娱己。创造潜能的发挥和自我实现，则能够给人以最高的喜悦，称为高峰体验[①]。也可以理解为创新的复合型艺术产品是创作者的精神需要和使用者现实需求的共同需要。对于结构上的复合器物，除了与上述类似的动因之外，还应考虑更深层面的精神式创新。当其他创新的空间几乎没有的时刻，仅能够依靠精神式创新，通过取得人们在情感、文化甚至信仰层面的共鸣实现。特异、别致的复合体，或者同种或者异类，无不是神通广大的人物、动物，或地面之王者，或天空的统帅，或水中的霸主，或白昼的权威，或黑夜的主宰，当他们集于一身的时候，无一例外都表达了超乎常态的、勇猛有力的、特异强大的甚至是超越自然的能满足人们某些心里幻想的形象，统治者借以标榜自我、暗示自我，同时用以鼓励、号令和指挥族群。

复合器物的成就也许就在于把最密集的经验与最强有力的思想的结合。或者要么被看作是一种从生活出发的飞翔，要么被看作是在幻想状态之中对那些无法实现的愿望的实现[②]。但确定的是它们是创作者或使用者共同的主观想象和内心的投射，更是经验的总结和应用。一方面是人们在优胜劣

① 赵伶俐：《人格与审美》，安徽教育出版社 2009 年 4 月版，第 27 页。
② 莫里茨・盖格尔著，艾彦译：《艺术的意味》，译林出版社 2014 年 10 月版，第 31 页。

汰的自然法则下，对生活产生的认知、畏惧、崇敬的一种反应；另一方面也是对自然和环境以及生死无力掌控和反抗的一种畏惧、示弱的表现；第三方面同时它们是制作者表达技术能力的物质载体，借以彰显他们丰富的想象能力、高超的设计能力和一流的创制能力，进而提升其地位以及获得其他未知的更好收益。每一种新事实就是一种新理论。因为往往我们离一般理论达到成熟的阶段还很远[①]。期待有更多关注和更深入的研究来完善我们的认知。

表一　出土人面

器物名称	图片	年代	位置	地点
石人面雕像		距今 8000—7500 年	房址	内蒙古赤峰市兴隆沟聚落遗址 F22
石双人面雕像	 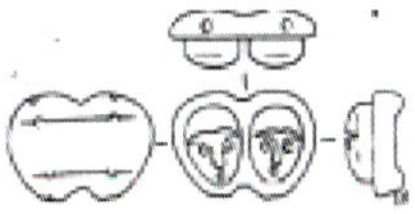	早于红山文化	灰沟	河北省迁西县东寨遗址
泥人头塑像		距今 5580 ± 110 年—5000 ± 130 年	主室西侧北壁	辽宁牛河梁“女神庙”遗址
玉双人连体头像玦	 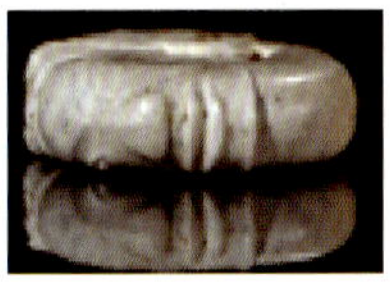	距今约 5300 年	瓮棺	湖北天门石家河遗址谭家岭
石人头雕像		距今 4150 ± 100 年	墓内	甘肃永昌鸳鸯池

① 卡尔·古斯塔夫·荣格著，成琼、王作虹译：《分析心理学的理论与实践》，译林出版社 2014 年 10 月版，第 3 页。

表二　出土动物

器物名称	图片	年代	位置	地点
双龙首璜形玉饰		距今 5485 ± 110 年	建筑址	辽宁喀左县东山嘴
玉鹰	 	距今 5300 年	墓葬	安徽含山县凌家滩遗址
玉璜	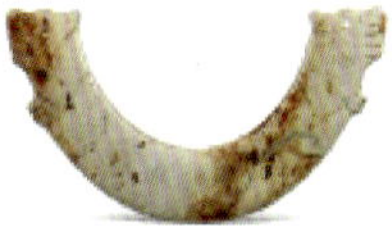 	距今 5300 年	墓葬	安徽含山县凌家滩遗址
虎座双鹰		距今约 5300 年	瓮棺	湖北天门石家河遗址谭家岭
虎鹰饰	 	距今约 5300 年	瓮棺	湖北天门石家河遗址谭家岭
龙凤璜	 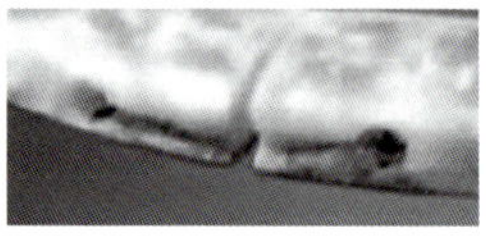	距今 5000 年	墓葬	安徽含山凌家滩
猪头玉饰	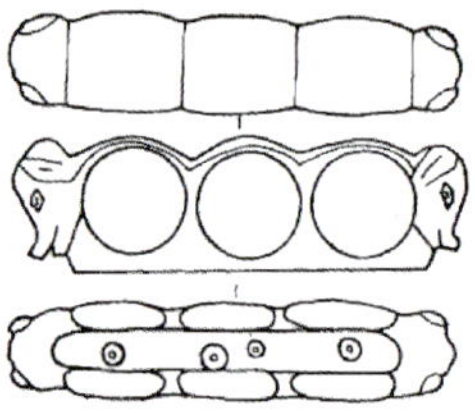 	距今 5000 年	墓葬	辽宁凌源县三官甸子城子山遗址

东北地区古族古国丛谈

——以魏晋以前的辽东地方为中心

萧景全　金花顺　邹　静　池　源[①]

一、夷狄华夏，差别在于文化

二、东夷、东北夷名称之转移

三、东夷最早移民辽东半岛，后来融入土著之中

四、夏家店下层文化是燕亳遗存

五、高台山文化与肃慎人有关

六、夏家店上层文化的族属为山戎

七、十二台营子文化是东胡人遗存

八、关于辽西窖藏商周青铜器

九、曲刃青铜短剑起源问题刍议

十、齐伐山戎，改变了辽东地缘政治格局

十一、“张店汉城”非汉代苍海郡郡治

十二、辽西郡是析分辽东而设立

十三、西团山文化是夫馀先世遗存

十四、汉代夫馀的前期王城在今吉林市

十五、莲花堡文化与东胡后裔有关

十六、秽貊和朝鲜由玄菟与乐浪二郡管理

十七、秽貊是先秦时期辽东东部当地部落

① 萧景全，抚顺市博物馆原馆长、研究馆员。
金花顺，抚顺市博物馆副馆长、副研究馆员。
邹　静，抚顺市博物馆考古队、馆员。
池　源，抚顺市新宾满族自治县永陵文物管理所所长、馆员。

辽东自古就是多民族聚居区。夏商周三代以来，辽浑太沿岸、鸭绿江上下、黄渤海之滨，到处留下各民族披荆斩棘、开拓榛莽的脚印。对辽东古代民族和地理，自战国秦汉以迄明清，官私文献多有载录，校勘注疏，不乏硕学鸿儒。近代以来，研究辽东古民族之中外学者，专著文章，汗牛充栋。笔者不揣浅陋，在前辈学者研究的基础上，从文献与考古资料两个方面，以各文化遗存中三足器的有无、墓葬中的火葬与非火葬等因素为切入点，力求条分缕析，从差异中辨别不同考古学文化遗存及其所对应的古族，以力求接近历史真相。此文所言主要以历史时期辽东地区资料为主，旁及瓜葛相连地带，文章如能对读者有些许启发，甚以欣慰。由于是丛谈，不免漫无边际，许多观点和判断谈不上是深思熟虑，但也不是随心所欲，而是我们多年思考和研究的心得。如能得到识者斧正或引起学术争论，活跃学术研究气氛，亦幸甚至哉。

一、夷狄华夏，差别在于文化

古今文献对辽东古代民族多有载录。讲辽东，先说中国。“中国”一词最早出现在实物上，是1963年陕西宝鸡出土的西周初年青铜器“何尊”，其铭文中有“惟武王既克大邑商，则廷告于天曰：余其宅兹中国，自之辥民”之句。这里的“中国”是指洛阳盆地及以其为中心的旁近地区。夏商周三代，其王朝分布核心在黄河中游一带，这里被称为“中原”，也即“中国”。武王灭商，实行分封制，其分封有四个层次。第一层，首先把宗亲贵戚外派建国，即所谓“封建亲戚，以蕃屏周”①。《诗经·大雅·民劳》：“惠此中国，以绥四方。”② 此中国，是指周王所在的京畿地方，因四方都有诸侯国，故称四方之内为中国。西周早期分封的重要诸侯国有齐、鲁、燕、卫、宋和晋等大国。《左传·昭公二十八年》记载武王分封姬姓四十人，而《荀子·儒效》则称：“(周公)兼制天下，立七十一国，姬姓独居五十三人。”③ 在这些姬姓贵族中，又集中在文王、武王和周公的后裔当中。这是属于宗亲的诸侯国。第二层，是分封有姻亲关系包括外戚等异姓功臣，最著名的有姜姓的齐国、纪国、申国和吕国。异姓国还有宋、鄫、莒、楚等国。第三层是对殷商遗民的分封，将商纣王的儿子武庚封到殷地，“以续殷祀”④。同时周武王又把商原来的王畿朝歌（今河南省鹤壁市区南部）分割成邶、鄘、卫三部分，派自己的弟弟霍叔、蔡叔和管叔领兵驻扎，以武力控制其地，史称“三监”⑤。对其他商遗民，除部分迁到洛邑外，余则分迁到大的诸侯国中，“启以商政，疆以周索”⑥，即在推行政令时，要保留商人原有的风习，而在疆理土地时，则要依从周人的法制来控制商人。最后一个就是将部落联盟时期的神农氏、黄帝、帝尧、帝舜、大禹等先贤的后裔进行“褒封”⑦。周人又称东北方的

① 《左传·僖公二十四年》，〔晋〕杜预《春秋经传集解》（一），上海人民出版社1977年版，第345页。

② 《诗经·大雅·民劳》，参见《十三经今注今译》，岳麓书社，1994年，第337页。

③ 《荀子集解》卷四，《儒效篇》第八，参见《诸子集成》2，上海书店，1986年影印本，第73页。

④ 《史记》卷三，《殷本纪》第三，中华书局点校本，1963年，第108页。以下二十四史和《清史稿》皆采用中华书局点校本，除首次出现标注出版时间外，其余不再标注。

⑤ 《史记》卷四，《周本纪》第四，唐张守节《正义》，第127页。

⑥ 《左传·庄公四年》，《春秋经传集解》（一），第198页。

⑦ 《史记》卷四，《周本纪》第四，第127页。

族群所在为“肃慎、燕亳，吾北土也”[①]。这些举措，将中国范围扩而大之。后来又把这些分封的诸侯国之外的族群按照“四方”划分为“蛮、夷、戎、狄”。“四名为泛指异族之通称，并无严格之分际与特殊意义”。“以夷蛮戎狄四名，配东南西北四方，成为东夷、南蛮、西戎、北狄之专名，此种风气，开始于春秋之时，至汉初而完成”[②]。

先秦时期所说的蛮夷戎狄和华夏族群早有交融，两者之间的区别，主要是文化、风俗的不同，而不是血统上的差别。周人的先祖不窋、公刘都曾“在戎狄之间”[③]生活。而“戎朝于周”[④]，说明戎也曾服事于周。

周初封燕于蓟，其早期贵族墓葬中就有异族文化因素。北京昌平白浮村西周时期贵族墓葬，出土了若干非中原式的鹰首、马首青铜短剑、鹰首刀、带铃匕首，这些具有北方青铜文化特征的器物被葬入墓中[⑤]，说明他们不排斥而是亲近异族文化。

张亚初先生的《从古文字谈胡、胡国与东胡》一文，为我们提供了西周时期中原诸侯国与北方胡人交往的相关金文资料。其中“胡叔胡姬簋铭文：胡叔胡姬作伯媿（kuì）媵（yìng）簋”。张亚初对此解读道：“这是胡叔胡姬夫妇为其女儿伯媿作陪嫁的媵器。胡叔的女儿是媿姓，那么胡肯定是媿姓国族。媿是鬼方之鬼的女化字，典籍亦使用怀、隗（wěi）、隤（tuí）等字来表示[⑥]。胡应是鬼方方国之一。这六件器有三件是器盖同铭，有三件盖铭是胡叔夫妇所作，器铭则是芮叔所作（7、4065—4067）。这表明胡叔之女是嫁到芮国去的。胡与芮通婚。春秋早期的芮子鼎是芮子为其妻叔媿所作器（4、2517）。这也是芮国与怀姓国通婚之证”。“胡叔簠铭文：胡叔作吴姬尊筐。”张亚初称：“‘胡叔作吴姬尊筐’之吴即虞。虞是姬姓。所以虞国之女称虞姬。这是胡叔为其夫人虞姬所作铜器。虞国在山西南部平陆县一带。胡与虞通婚。……晋南地区的鬼方国族由于与华夏族错居杂处，交往密切，受华夏族文化影响最深，因此，在民族融合的道路上走得较快。上面所说的西周中晚期胡国与芮国、虞国通婚，所作铜器、铭文用语与华夏地方完全一样，就是这一历史进程的具体体现。”[⑦]

《左传·庄公二十八年》：“晋献公娶于贾，无子。……又娶二女于戎，大戎狐姬生重耳，小戎子生夷吾。晋伐骊戎，骊戎男女（杜预注：女，纳女于人曰女）以骊姬。”[⑧]晋献公宠爱的骊姬是骊戎的女子，而骊戎也姓姬，完全没有民族隔阂。先秦史乘《世本·氏族篇》（冯孙翼集本）称：“鲜虞，姬

① 《左传·昭公九年》，《春秋经传集解》（四），第1320页。

② 赵铁寒：《春秋时期的戎狄地理分布及其源流》（上），台北《大陆杂志》1955年11卷第2期第6页。

③ 《史记》卷四，《周本纪》第四，第112页。

④ 《左传·隐公七年》，《春秋左传集解》（一），第42页。

⑤ 北京市文物管理处：《北京地区的又一重要考古收获——昌平白浮村西周木椁墓的新启示》，《考古》1976年第4期；另见韩建业著：《北京先秦考古》，文物出版社，2011年，第128页。

⑥ 参见陈公柔：《说媿姓即怀姓九宗》，《古文字研究》16辑，1989年，第211页。

⑦ 张亚初：《从古文字谈胡、胡国与东胡》，《文博》1992年第1期。

⑧ 《左传·庄公二十八年》，《春秋左传集解》（一），第198页。

姓，白狄也。”[①] 晋杜预《春秋释例》亦称：“鲜虞中山、白狄，姬姓。”[②]《国语·郑语》：“卫、燕、狄、鲜、虞、潞、洛、泉、徐浦。”三国吴人韦昭注曰：“卫，康叔之封，燕，邵公之封，皆姬姓也。狄，北狄也；鲜虞，姬姓在狄者也；潞、洛、泉、徐浦，皆赤狄，隗姓也。”[③] 姬姓为周宗室之姓，其封于北方者，逐渐自外于中原而成为狄人，如鲜虞，但姬姓的血统不能改变。汉朝初年，与汉高祖刘邦同里的卢绾，因功受封为燕王。“汉十二年（前195年），高祖崩，卢绾遂将其众亡入匈奴，匈奴以为东胡卢王。……居岁余，死胡中。孝景（帝）中六年（前144年），卢绾孙他之，以东胡王降，封为亚谷侯。”[④] 还有，汉末，“中山太守张纯叛入（辽西乌丸大人）丘力居众中，自号弥天安定王，为三郡乌丸元帅”[⑤]。汉朝官员能够叛入匈奴或乌丸并担任“东胡王”或“三郡乌丸元帅”，可见胡汉之间并没有不可逾越的鸿沟。隋唐皇室女系血统就为鲜卑人，隋炀帝杨广、唐高祖李渊皆拓跋鲜卑独孤氏之女所生[⑥]。凡此种种，说明中原人虽把戎、胡看作异类，但并不认为他们与华夏人血统不同。西晋山阴令江统著《徙戎论》，引《左传·成公四年》“非我族类，其心必异”之句，也只是说“戎狄志态，不与华同”[⑦]。江统所引《左传》这句话说的是对鲁国来讲，楚国是外族，外族一定和我们鲁国不是一条心。这话没有错。历史上，中原诸国与四夷确实利益碰撞不断，但中原诸侯国之间的互相征战亦照样频仍。战国时的赵、燕等国筑长城以防北虏，但最后却是被秦国而不是被北虏给灭掉了。所以说，戎狄与中原并没有天然的仇隙。江统所说的也就是戎狄的生活方式、精神信仰某些方面与中原人不同而已。

20世纪30年代，王桐龄先生著《中国民族史》，全书八章，从“汉族胚胎时代”开始的“汉族、苗族之接触”，到春秋战国时代“东夷、西戎、南蛮、北狄血统之加入”，再到汉晋时期“匈奴血统之加入”“乌桓、鲜卑血统之加入”“氐羌血统之加入”，以及隋唐与宋元时期“高丽、百济血统之加入”“突厥血统之加入”“吐蕃血统之加入”“契丹血统之加入”，以及“女真之汉化”“蒙古之汉化”，直到明清时代的“满洲之汉化”，概括搭建了中国“民族构建”的时空框架[⑧]。其核心观点，就是认为中国各族经过几千年的相互交流与交融，实际上都已经成为血缘混合的群体。汉族是这样，其他各族也是如此。王先生从历史文献的角度研究民族交往、交流与交融，对于我们考察中华民族多元一体格局形成过程具有重要参考价值。

“虽夷狄之邦，而俎豆之象存。中国失礼，求之四夷。”[⑨] 清人苏舆《春秋繁露义证》称：“韩愈《原道》云：‘孔子之作《春秋》也，诸侯用夷礼则夷之，进于中国则中国之。’程子亦云：‘《春秋》

① 〔汉〕宋衷注，〔清〕秦嘉谟等辑：《世本八种》，商务印书馆，1957年，第13页。
② 〔晋〕杜预注，徐渊整理：《春秋释例》卷九，中国社会科学出版社，2021年，第669页。
③ 《国语》卷十六《郑语》，上海书店据商务印书馆1934年版影印，1987年，第183页。
④ 《史记》卷九十三，《韩信卢绾列传》第三十三，第2637—2639页。
⑤ 《三国志》卷三十，《乌丸鲜卑东夷列传》第三十，中华书局点校本，1964年，第834页。
⑥ 王桐龄著：《中国民族史》，吉林出版集团有限责任公司，2010年，第280页。
⑦ 《晋书》卷五十六，列传第二十六《江统传》，中华书局点校本，1974年，第1532页。
⑧ 参见王桐龄著：《中国民族史·目录》，第1—13页。
⑨ 《三国志》卷三十，《魏书·乌丸鲜卑东夷传》第三十，第840—841页。

之法，中国而用夷道，即夷之。'" [1] 所以，司马迁著《史记·匈奴列传》称："匈奴，其先祖夏后氏之苗裔也。" [2] 就是这个道理。《旧唐书》卷一百九十五上《东夷传》记高丽、百济、新罗、倭国、日本事迹，撰著者也只是把这些地方之人看作文化上落后于中原人的夷族而已。

夷夏之间文化的差别，地域的不同也起了很大作用。自然环境的变化导致生存方式的改变，从而使不同地方人群的思想观念、人文历史、文化性格产生差别，古今中外的例子不胜枚举。"一方水土养一方人"就是这个道理。

林沄先生著《戎狄非胡论》，归纳了宁夏仰韶文化晚期到齐家文化前期、内蒙古伊金霍洛旗朱开沟遗址、陕北李家崖文化、内蒙古昭乌达盟夏家店下层文化、夏家店上层文化的古气候资料，认为"中国北方地区在新石器时代广布着农业定居居民，从夏代开始的气候干冷化过程，也并未很快就使这一地区变成游牧地带"，"从这样的文化地理的大背景上来考察战国以前的戎狄，可以发现，并没有记载说他们是'随畜牧而转移'的游牧人。相反，有些文献中明确记录了戎狄是有城的"，"因此，戎狄和华夏的区别，并非游牧人和农人的区别，也不是在人种上有大的不同" [3]。

杨建华先生在谈到戎狄的时候称："文献记载的戎狄出现在春秋时期，但是这并不能代表这群人是春秋时期出现的，只能说明这群人在这个时期强大到威胁了东周诸国，所以文献中才出现了他们的名字。当时的史料显示，与狄交往最密切的是晋国。在侯马上马墓地出土一种非晋式鬲，根据这种陶鬲的形制可以追溯到灵石旌界墓地和杏花墓地 [4]，而且还可以继续追溯到白燕遗址商代的筒腹鬲 [5]。如果这个推论不错的话，白燕文化以及它的贵族阶层的灵石旌界墓葬就是狄人的来源之一。《春秋》和《左传》中记载的狄，经济类型与语言文化与中原晋国没有大的差别 [6]。所以通过陶鬲的溯源和文献记载，戎狄应该是被最先边缘化的中原人。他们在礼仪、文字和精耕农业方面都不如同时期的商周王朝。随着中原王朝的扩展，他们采取了拒绝和回避的方式逐渐被排挤到中原王朝的北部，但是仍然与王朝以及东周诸国保持着密切的联系，这种联系包括通婚和战争。" [7]

林沄和杨建华二位先生的论断，特别是"通过陶鬲（三足器）的溯源和文献记载，戎狄应该是被最先边缘化的中原人"的观点，从考古学的角度对于我们理解中华文化多元一体格局的形成具有重要实证意义。

四方蛮夷与中原华夏之间，"剪不断，理还乱"的交融、碰撞关系，几千年来不绝如缕。《左传·定公十年》："裔不谋夏，夷不乱华。" [8] 华、夏，同义反复，华即是夏。《尚书·武成》第五《周

---

① 〔清〕苏舆撰；钟哲点校：《春秋繁露义证》卷第二，中华书局，2019年，第40页。

② 《史记》卷一百一十，列传第五十《匈奴列传》，第2879页。

③ 林沄：《戎狄非胡论》，参见《林沄学术文集》（二），第4—5页，科学出版社，2009年。

④ 林沄：《中国北方长城地带游牧文化带的形成过程》，《燕京学报》第十四期，2003年。

⑤ 晋中考古队：《山西太谷白燕遗址第一地点发掘简报》，《文物》1989年第3期。

⑥ 杨建华：《〈春秋〉和〈左传〉中所见的狄》，《史学集刊》1999年第2期。

⑦ 杨建华，邵会秋，潘玲著：《欧亚草原东部的金属之路：丝绸之路与匈奴联盟的孕育过程》，上海古籍出版社，2016年，第400—401页。

⑧ 《左传·定公十年》，《春秋左传集解》（五），第1675页。

书》："华夏、蛮貊，罔不率俾，恭天成命。"《正义》："冕服采章曰华，大国曰夏，及四夷皆相率而使，奉天成命"，"冕服采章对披发左衽，则谓有光华者也。"《释诂》云："夏，大也。故大国曰夏华；夏谓中国也。"① 周克商，扩大了周朝的疆域，故称"夏"。所谓"冕服采章"是借冠服华美来比喻疆域广大的赫赫宗周制度先进，文化发达，对披发左衽的蛮貊有感召作用。华夏辐辏裔夷，裔夷交融华夏，没有裔夷，何来中华？《春秋公羊传》："隐公，元年春，王，正月。……王者孰谓？谓文王也。曷为先言王而后言正月？王正月也。何言乎王正月？大一统也。"② 所谓大一统，即是"中国、戎狄，五方之民，皆有性也，不可推移"，"中国、夷、蛮、戎、狄，皆有安居"③，"天下远近、大小若一"④，"百姓昭明，合和万国"⑤，从而生生不息形成中华民族共同体国家至今。

二、东夷、东北夷名称之转移

秦汉文献对古代东方民族有夷、东夷、东北夷之称。夷的部族称呼，以甲骨卜辞关于人方的记载最早。人方，即是东夷。在甲骨文记载的战争中，以五期征人方规模最大，历时最长，占卜最多⑥。殷墟甲骨卜辞和金文也见有"尸方"⑦，有学者认为尸方即东夷⑧。《说文》："夷，平也。从大，从弓，东方之人也。"故而有"东方曰夷"之说⑨。也有学者认为卜辞中"方国的名号只能是'尸（夷）方'，不能读为'人方'，尽管在字形上每每难与'人字'分开。"⑩ 史载还有"四夷"之称。《尚书·大禹谟》："无怠无荒，四夷来王。"⑪《孟子·梁惠王》："莅中国而抚四夷也。"⑫ 不过，四夷以东夷最为常见。"武乙衰敝，东夷寖盛，遂分迁淮岱，渐居中土。"⑬《左传·昭公十一年》："纣克东夷而陨其身。"⑭ 把商对东夷的战争，说成商虽取得了胜利，但纣王透支了国力，给周武王征商创造了时机，导致纣王失国身亡。

---

① 〔唐〕孔颖达等撰：《尚书正义》卷十，《武成》第五《周书》，参见《续修四库全书》编纂委员会编：《续修四库全书·经部·书类》，上海古籍出版社，2002年，第41册，第679页。

② 参见傅隶朴著：《春秋三传比义·隐公元年·公羊》，中国友谊出版公司，1984年，第1页。

③ 《礼记》卷十二，《王制第五》，参见《十三经今注今译》，岳麓书社，第733页。

④ 《春秋公羊传注疏》卷一，《隐公元年》，参见台湾商务印书馆发行：《影印文渊阁四库全书·经部·春秋类》，1986年，第145册，第31页。

⑤ 《史记》卷一，《五帝本纪第一·帝尧》，第15页。

⑥ 黄盛璋：《关于殷周夷族起源分布与融合于汉族时地求源的思考》，参见陈秉新，李立芳著：《出土夷族史料辑考·序》，安徽大学出版社，2005年，第4页。

⑦ 参见陈秉新，李立芳著：《出土夷族史料辑考》，第7—13页。

⑧ 参见王锺翰主编：《中国民族史》，中国社会科学出版社，1994年，第103页；另见郭沫若：《卜辞通纂·征伐》，《郭沫若全集·考古篇》2，科学出版社，1983年，第462页。

⑨ 《周礼·夏官·职方氏》郑玄注引郑司农说，参见孙诒让撰：《周礼正义》卷六十三，中华书局，1987年，第2636页。

⑩ 李学勤：《商代夷方的名号与地望》，《中国史研究》2006年第4期。

⑪ 《尚书·大禹谟》，参见《十三经今注今译》，第144页。

⑫ 《孟子正义》卷一，《梁惠王章句上》，参见《诸子集成》（1），第54页。

⑬ 《后汉书》卷八十五，《东夷列传》第七十五，中华书局点校本，1965年，第2870页。

⑭ 《左传·昭公十一年》，《春秋经传集解》（四），第1337页。

周公、成王东征虽涉及淮夷，而主要是在“岱”地即今山东省境，此为东夷起源地区，山东半岛则是东夷中的嵎夷和莱夷所在。成王东征，封齐鲁以后，今山东境内的东夷势力一蹶不振。西周中期以后，淮夷兴起，也被称为“东夷”。到春秋战国时期，山东半岛至淮河流域的夷人，渐成中土之夷，他们与华夏族群融合，到汉魏时期已是汉族的组成部分。

战国秦汉以后的东夷，主要是指东北夷。东北夷，与先秦时期的东夷在地理与族群方面都有明显的不同了。西晋人陈寿撰《三国志》，其《魏书·东夷传》所记载的“夫馀”“高句丽”“挹娄”“秽”“马韩”“辰韩”“弁韩”“倭”，以及提到的北沃沮，除倭在海中之外，其余都属于东夷。不惟此也，仅《晋书》所见，从晋武帝咸宁二年（276 年），到晋惠帝永平元年（291 年），短短十五年间，就有咸宁二年二月“东夷八国归化”①，秋七月，“东夷十七国内附”②；咸宁三年，“东夷三国前后十余辈，各帅种人部落内附”③；咸宁四年三月，“东夷六国来献。是岁，东夷九国内附”④；太康元年六月，“东夷十国归化”，“秋七月，东夷二十国朝献”⑤；太康二年（281 年）三月，“东夷五国朝献。夏六月，东夷五国内附”⑥；太康三年九月，“东夷二十九国归化，献其方物”⑦；太康七年八月，“东夷十一国内附”⑧；太康八年八月，“东夷二国内附”⑨；太康九年九月，“东夷七国诣校尉内附”⑩；太康十年五月，“东夷十一国内附。……是岁，东夷绝远三十余国……来献”⑪；太熙元年（290 年）二月，“东夷七国朝贡”⑫；晋惠帝永平元年（291 年），“是岁，东夷十七国、南夷二十四部并诣校尉内附”⑬。这么多东夷之国，恐怕谁也弄不清楚到底都是哪些国别了，而所谓这些国，不过都是部落而已。

从历史上看，中原人对夷、东夷以及追、貊与蛮貊、胡貊的称呼是有转移的。东夷，商、西周时期泛指海岱和江淮之地的少数部落，到东周时期又将东北方部落归类于东夷或东北夷。同样，中原北方的胡貉、蛮貊、追、貊之名在战国时期也用到了东北部族身上。以秽貊为例。秽、貊之名最早见于《诗经·大雅·韩奕》，其文称：“王锡韩侯，其追其貊，奄受北国，因以为伯。”东汉人毛亨传曰：“追、貊，戎狄国也。”唐陆德明音义：“是貊为夷名，而追与之连文，故知亦是戎狄。此追貊亦二种之大名耳。其种非止一国，亦知百蛮之大总也。……其后追也、貊也，为猃狁所逼，稍稍东

① 《晋书》卷三，《武帝纪》，第 65 页。
② 《晋书》卷三，《武帝纪》，第 66 页。
③ 《晋书》卷三，《武帝纪》，第 68 页。
④ 《晋书》卷三，《武帝纪》，第 68、69 页。
⑤ 《晋书》卷三，《武帝纪》，第 72 页。
⑥ 《晋书》卷三，《武帝纪》，第 73 页。
⑦ 《晋书》卷三，《武帝纪》，第 74 页。
⑧ 《晋书》卷三，《武帝纪》，第 77 页。
⑨ 《晋书》卷三，《武帝纪》，第 77 页。
⑩ 《晋书》卷三，《武帝纪》，第 78 页。
⑪ 《晋书》卷三，《武帝纪》，第 79、80 页。
⑫ 《晋书》卷三，《武帝纪》，第 80 页。
⑬ 《晋书》卷四，《惠帝纪》，第 91 页。

迁者。以经传说貊，多是东夷。”[①]这里的“追”，学者从音韵关系上指出“追”“秽”相同[②]。《诗经》所记，是指西周宣王时，封韩侯为管理秽人和貊人的北方之伯。韩，姬姓之国，韩侯封地在并州，即今太原、大同和保定一带。

《孟子·告子章句下》：“夫貉，五谷不生，惟黍生之。无城郭宫室，宗庙祭祀之礼。”赵岐（东汉人）注：“貉在北方。其气寒，不生五谷，黍早熟，故独生之。”[③]再看《荀子》第一《劝学》：“干越、夷貉之子，生而同声。”高诱（东汉人）注：“貉，东北夷。”[④]《汉书》卷七十五《夏侯胜传》：“孝武皇帝东定薉貉、朝鲜。”张晏（汉魏人）曰：“薉也，貉也，在辽东之东。”师古（唐朝人）曰：“薉字与秽字同。”[⑤]《汉书》卷一上《高帝纪》第一上：“北貉、燕人来致枭骑助汉。应劭（东汉人）曰：“北貉，国也。”师古曰：“貉在东北方，三韩之属皆貉类也。”[⑥]汉代人为先秦文献作注，认为“貉”为“北方貉”者，是追述。而认为“貉为东北夷”，“在辽东之东”，“三韩之属皆貉类”者，是现实说法。汉唐人为“貉”作注的不同，正是胡貉名称转移的实例，而这种名称的转移在汉晋时被中原学者罗缕纪存。

貊，既有蛮貊，也有胡貉。林沄先生引《诗经·闷宫》“淮夷蛮貊”、《论语·卫灵公》“蛮貊之邦”、《礼记·中庸》“施及蛮貊”、《大戴礼记·礼察》“蛮貊四夷”等记载，指出，“以上的‘蛮貊’是用一南一北两个有代表性的族名泛指一切非华夏族人”，“像‘四夷’一样泛指一切非华夏族的‘蛮貊’，在汉代以后的文献中很流行，成为固化的合成词”，“总之，夷、蛮、貊都可以用来代表其他异族。所以‘蛮貊’‘夷貊’和‘蛮夷’都是同义的”。林沄先生又引《墨子·兼爱》“以利燕代胡貉之民”、《荀子·强国》“（秦）北与胡貉为邻”、《秦策·战国策》“北有胡貉代马之用”、《晏子春秋·谏下》“今夫胡貉戎狄之蓄狗也”、《吕氏春秋·义赏》“戎夷胡貉巴越之民”等记载，指出，“胡和貊连举是在较晚的战国时代才出现的现象，是因为都处于北方而相提并论”，“战国开始流行的‘胡貊’并举，到汉代更加流行，也固化为一个合成词。而且几乎成为‘胡’的同义词。这是因为中原的文人对北方各族缺乏实际知识，把一切北方民族都想象为同一经济类型和文化面貌的大族团”，“而且，汉人有把‘胡’扩大到泛指一切北方民族的倾向”。对于“貊”，林沄先生又指出，“汉代以后的文献仍有单称的‘貊’，专指高句丽及其‘别种’”，“汉以来被称为‘貊’的高句丽，和先秦时近燕且被燕所灭的貉，是什么关系？这是悬而未决的问题。说周初近燕的貊就在鸭绿江流域颇难令人信服”，“可以设想三种假说：（一）周初貊人分布很广，在大小凌河流域或更西南的地区和燕相邻。到战国燕国疆域向东北扩展后，才缩小到只局限于鸭绿江流域的一隅之地。（二）先秦貊人起初在以大小凌

① 《诗经·毛诗注疏》卷二十五，《大雅·荡之什·韩奕》，参见《文渊阁四库全书·经部·诗类》，上海古籍出版社，2003年，第69册，第859—860页。

② 蒙文通：《中国古代民族迁徙考》，《禹贡》第7卷，第6、7期，1937年。

③ 〔清〕焦循著：《孟子正义》卷十二，《告子章句下》，《诸子集成》（1），第505页。

④ 〔清〕王先谦著：《荀子集解》卷一，《劝学篇》第一，《诸子集成》（2），第2页。

⑤ 《汉书》卷七十五，《夏侯胜传》第四十五，中华书局点校本，1964年，第3156—3157页。

⑥ 《汉书》卷一上，《高帝纪》第一上，第46页。

河为中心的地区，战国时原地被燕国占领后，一部分不愿丧失独立的人迁移到东北方的山林地区，成为后来高句丽的重要组成部分。（三）高句丽和先秦的貊并无人种和文化上的联系，只是醉心于复古的王莽时代的人们把古代族称‘貊’硬派给高句丽而已（此说曾见于三品彰英：《涉貊族小考》，《朝鲜学报》4，1952年）”[①]。林沄先生关于蛮貊和胡貉的观点非常正确，应为不刊之论。对于林先生的三种假说，笔者倾向于第三种假说，而且认为以现今的资料来看，第三种假说大体不错。关于汉代的秽貊，我们将在后面加以讨论。

秽人，先秦文献记载少见且语焉不详。《吕氏春秋》卷二十《恃君览》："非滨之东，夷秽之乡。"汉代人高诱注："朝鲜乐浪之县，箕子所封。滨于东海也。非，疑当作北，犹言北海之东也。"又称："东方曰夷。秽、夷，国名。"[②]北海当为渤海，高诱说的是渤海之东是秽人居住的地方，概而言之，无具体所指。但把夷人之称转移到秽人身上了。

这种夷人称呼的转移，在西晋孔晁注解的《逸周书》中体现得最为明显。《逸周书》卷七《王会解第五十九》中，孔晁把"秽人"，解为"秽，韩秽，东夷别种"；"良夷"，解为"良夷，乐浪之夷也"；"发人"，解为"发亦东夷"；"俞，东北夷"；"周头，亦海东夷"；"高夷，东北夷高句丽"；"孤竹，东北夷"；"不令支，皆东北夷"；"不屠何，亦东北夷"（按：不，读"丕"，"大"之义）；"东胡，东北夷"；"山戎，亦东北夷"[③]。总之，一切都是东夷或东北夷。这就是西晋人所了解的夷或东夷名称转移之后在文献记载上的反映。不惟如此，直到唐代，也把高句丽人称作东夷，甚至到明代，还有人认为建州左卫的努尔哈赤"能制东夷"，这里的东夷是指女真诸部。

三、东夷最早移民辽东半岛，后来融入当地部落之中

山东半岛与辽东半岛隔海相望，中间又有庙岛群岛"路桥"相连，两地人员往来比较便捷。纵观两半岛交流历史，以山东半岛向辽东半岛移民为其主流。

新石器时代的山东大汶口文化[④]、白石文化[⑤]、山东龙山文化[⑥]，到青铜时代的岳石文化[⑦]遗存，在

① 林沄：《说"貊"》，《史学集刊》1999年第4期。

② 〔东汉〕高诱注：《吕氏春秋》卷二十，《恃君览》第八，参见《诸子集成》（6），第255页。

③ 〔晋〕孔晁解：《逸周书》卷七，《王会解》第五十九，《四部备要·史部》（清乾隆五十一年刻抱经堂丛书本），参见东郭士，马甫生，高雅凤，吴辽生编：《东北古史资料丛编》第一卷，辽沈书社，1989年，第5—6页。

④ 山东省文物管理处，济南市博物馆：《大汶口》，文物出版社，1974年。山东省文物考古研究所：《大汶口续集》，科学出版社，1977年。

⑤ 烟台市文物管理委员会：《山东烟台白石村新石器时代遗址发掘报告》，《考古》1992年第7期。

⑥ 山东省文物考古研究所，山东省博物馆，中国社会科学院考古研究所山东队，山东省昌潍地区文物管理小组：《山东姚官庄遗址发掘报告》，《文物资料丛刊》第5期，文物出版社，1981年，第1—43页；中国社会科学院考古研究所编著：《胶县三里河》，文物出版社，1988年；山东大学历史系考古专业教研室编：《泗水尹家城》，文物出版社，1990年；张学海：《章丘县城子崖古城址》，《中国考古学年鉴》（1991），文物出版社。1992年，第203—204页。

⑦《山东平度东岳石村新石器时代遗址与战国墓》，《考古》1962年第10期；赵朝洪：《有关岳石文化的几个问题》，《考古与文物》1984年第1期。

辽东半岛的大连地区一直到鞍山所属的岫岩满族自治县都有所发现，如大连长海县广鹿岛小珠山遗址①、大连旅顺口区铁山镇郭家村遗址②、大连瓦房店市长兴岛三堂村遗址③，岫岩满族自治县岫岩镇北沟遗址④，都发现了山东胶东地区或是大汶口文化，或是白石文化，或是龙山文化，或是岳石文化，或是珍珠门文化⑤时期的遗存。这些文化中的盆形鼎、袋足鬶、三足觚形器、三足钵、三环足盆、红褐色陶甗，是相继出现在辽东半岛的三足器。这是山东半岛莱夷人群向辽东半岛南端移民的反映。然而，两半岛之间的这种交往，在山东早期青铜时代的岳石文化之后便戛然而止了。

商代，珍珠门文化占据胶东直至海中小岛。珍珠门文化的陶器，"为夹砂素面褐陶系，制法以手制为主，棋类主要有甗、鬲、鼎、罐（平底），盆（平底）、簋、碗（平底）、杯、器盖等。……陶色以红褐色为主，褐陶次之，另有黑陶、灰褐陶，往往一器多色。器表以素面占绝大多数，纹饰有按窝纹、指甲纹、乳钉纹、附加堆纹、划纹，鬲、甗内外壁往往有篦状刮抹痕迹"⑥。"像珍珠门那样的遗存在胶东是比较普遍的，仅长岛县就有7处。烟台芝水、乳山南黄庄等处也都有同类遗存。其中有些是单纯的素面红褐陶遗存，有些兼有少量商式陶器，由于这类遗存明显的是继岳石文化发展而来并区别于商文化，所以我们认为它就是商代的东夷文化，称之为珍珠门文化。……在商代，整个胶东都还是东夷的天下"⑦。

辽宁大连长海县上马石上层文化遗址，陶器也呈现红褐化，以夹砂红褐陶为最多，陶质粗糙，手制，以素面磨光为主，纹饰有附加堆纹和刻划纹。器形以高裆细腰大袋足甗为最多，其次为桥状横耳壶和罐以及杯、碗、豆等，多桥状横耳、贴耳、鸡冠耳⑧。上马石上层文化遗存与珍珠门文化的面貌似有很多共性，二者生业环境相同，年代也相仿，它们之间的关系值得研究。上马石上层文化是大连地区含有三足器文化遗存的绝唱，此后，进入当地部落文化繁衍发展的时代，辽东半岛与山东半岛之间的往来关系处于一段很久的低潮时期。此后，大连地区的文化类型，进入被大连学者称为"双砣子三期文化"时期。

西周分封诸侯，武王将周王室中最有实力的太公望和周公家族分别封于齐、鲁，本意就是遏制东夷。然而，东夷并未轻易就范。齐立国之初，"莱侯来伐，与之争营丘。营丘边莱，莱人，夷也"⑨。《尚书·尧典》称："分命羲仲，宅嵎夷，曰旸谷。"孔传："东表之地称嵎夷。"唐人陆德明释文引东汉人马融曰："嵎，海嵎也；夷，莱夷也。"

---

① 辽宁省博物馆等：《长海县广鹿岛大长山岛贝丘遗址》，《考古学报》1981年第1期。

② 辽宁省博物馆等：《大连市郭家村新石器时代遗址》，《考古学报》1984年第3期。

③ 辽宁省文物考古研究所等：《辽宁省瓦房店市长兴岛三堂村新石器时代遗址》，《考古》1992年第2期。

④ 许玉林，杨永芳：《辽宁岫岩北沟西山遗址发掘简报》，《考古》1992年第5期。

⑤ 严文明：《东夷文化的探索》，《文物》1989年第6期；北京大学考古实习队：《山东长岛县史前遗址》，《史前研究》创刊号，1983年。

⑥ 刘延常：《珍珠门文化初探》，《华夏考古》2001年第4期。

⑦ 严文明：《东夷文化的探索》，《文物》1989年第6期；刘延常：《珍珠门文化初探》，《华夏考古》2001年第4期。

⑧ 辽宁省博物馆，旅顺博物馆，长海县文化馆：《长海县广鹿岛大长山岛贝丘遗址》，《考古学报》1981年第1期。

⑨ 《史记》卷三十二，《齐太公世家》第二，第1480页。

西周时期山东半岛的“南黄庄文化”[1]，保留了强烈的莱夷特点，珍珠门文化和南黄庄文化，阻遏了商周文化跨海东进辽东半岛。直到春秋时期的鲁襄公六年（齐灵公十五年、前567年），“十一月，齐侯灭莱”[2]，莱灭后，山东半岛的东夷小国才被齐国兼并。这就是我们在辽东半岛不见典型商周文化的史因。

莱夷在辽东半岛南端登陆后的踪迹，在今大连地区处处可寻。

大连学者对本区域内的积石冢多有研究。许明纲先生将积石冢分为四种类型。

第一种类型以旅顺口区老铁山和将军山为代表。墓葬筑于山脊，墓一般长7—20米，墓内分筑数量不等的墓室。有单排六墓室、三排九墓室。墓室一般长方形，底部铺有石块，墓顶用大石块覆盖。墓内出土陶器有泥质磨光黑陶和蛋壳黑陶片，还有夹砂褐陶豆、杯、罐和袋足鬶、黑陶三环足器、泥质磨光黑陶把杯，以及有把和无把杯、豆等小明器等。其中，泥质黑陶杯、三环足器和陶鬶等，与山东蓬莱紫荆山遗址出土的同类器相似。墓室内人骨架已不存，埋葬习俗不清楚。墓地应属于旅顺郭家村上层文化墓地，是受山东龙山文化影响的具有地方特色的文化，其年代为距今4000年至3000年前。

第二种类型以旅顺口区铁山镇于家村砣头积石墓为代表，此类墓葬用大石块垒砌墓室。墓室排列为东西七排，单室，墓室底部铺一层小海卵石，有的铺大石块。墓室内不填土，用海卵石封墓，呈隆起小丘（按：为连片墓地）。在石墙中间，填有残破陶片。墓室内人骨架为东西向，交错叠压在墓室中间，多者一墓21具，少者2具，男女老幼均有。一人死后葬入墓室，第二人死时将封墓海卵石扒开，将第二人尸体放在前人骨架之上，然后用海卵石封墓。后续死人依次埋葬。随葬陶器有夹砂褐陶罐、壶、舟形碗、盆、把杯、豆等；铜器有镞、泡、鱼钩、环。墓地当是于家遗址上层[3]的墓地，该墓地已进入青铜时代，距今应在3000年左右，相当于商周时期。

第三种类型以瓦房店市东岗乡成山积石墓为代表。墓葬先是在地下挖出方形土穴数个作为墓室，人死后埋入用土填好后，上面铺大石块作为封石。年代大约在3000年或稍晚些。

第四种类型以甘井子区营城子乡后牧城驿岗上墓地为代表，墓地建在属于双砣子上层文化类型遗址之上。埋葬时，先将墓地平整，然后用大石块筑成放射形石墙，四周用石块砌成圆圈，构成墓地，在墓地中间放射形石墙内筑墓室。墓室种类分为五种，第一种为大石板底墓，无石板壁；第二种是石棺墓，四壁用石板筑成；第三种是烧土块墓，只在墓底铺烧土块；第四种是石墓，在砾石中围筑长方形墓室；第五种为土坑墓。墓地是用砾石封成的。墓地总共建筑23座墓室。墓室内的人骨和铜兵器都被火烧过，为多人火葬，一墓少者2具，多者18具。这类结构的积石墓，还有甘井子区营城子乡后牧城驿村东“楼上”等地。这类积石墓，从岗上和楼上以及金县卧龙泉墓地中出土青铜

---

① 北京大学考古实习队：《山东长岛县史前遗址》，《史前研究》创刊号，1983年；王锡平：《胶东半岛夏商周时期的夷人文化》，《北方文物》1987年第2期。

② 《左传·襄公六年》，《春秋经传集解》（三），第831页。

③ 旅顺博物馆等：《旅顺于家村遗址发掘简报》，《考古学集刊》第1集，中国社会科学出版社，1981年。

短剑的形制、楼上积石墓中出土的明刀钱等看，年代大约在春秋至战国末年[①]。

王嗣洲先生将大连地区积石冢分为四期八段。

一期，A 型以 1975 年发掘的将军山 M1（6）为代表；B 型以 1964 年发掘的将军山 B1c 为代表。主要分布在山巅的脊上。随葬器物组合主要是罐、豆、壶、三环足器、盆和鬶等。前者相近于郭家村上层文化，后者又近于双砣子一期文化。

二期分为 C 型、D 型、E 型。主要分布在山坡或土垅或山岗上。C 型，以金州土龙积石冢为代表。葬俗为火葬和二次捡骨葬，有毁器现象，随葬仅为陶片，可辨识的器类有壶、罐等，皆为平底或圈足。D 型以旅顺于家砣头积石冢为代表。随葬器类有夹砂褐陶罐、壶、豆、杯、钵和盆等。纹饰主要有凸棱纹、刺点纹、弦纹和划纹，尤以凸棱纹与划纹组合成的编织纹最富特征。二次葬，未发现火葬。E 型以金州王宝山积石冢为代表。在墓室、墓壁及积石冢发现大量陶器碎片和石器，可辨器类有罐、壶、豆、锛、镞和环形石器等。人骨经火烧集中置放于墓室东北角或西南角，葬俗显然为火葬。为双砣子三期文化墓葬。

三期，F 型视为本期未进行发掘，以瓦房店市东岗乡城山积石冢为代表。采集有大型扁平石斧、环状石器、石纺轮及陶壶、罐等。还发现石镐形戈。相当或略晚于双砣子三期文化。

四期，以岗上（G1 型）和楼上（G2 型）为代表。器物组合有罐、壶、豆，铜锛、铜镞、铜泡、青铜短剑，滑石斧范、石镞、石纺轮、棍棒头，骨锥、骨鱼钩等。岗上 M6 出土的青铜短剑，时代可断在西周晚期至春秋早期。楼上 M6 出土的青铜短剑，时代应断在春秋中晚期。这一时期，是积石冢的没落期。岗上墓地多人集体火葬，“在同一墓室里以向南北交错放置的十余人叠压在一起，然后堆柴焚烧，人骨的燃烧程度是上层甚于下层，同时脊椎骨叠压整齐，证明是由完整的个体叠压一起进行的一次性火葬”。[②]

王嗣洲先生所划分的积石冢一期墓葬中的老铁山和将军山墓地，在辽东半岛的最南端。此期墓葬“除了墓葬形式在山东不见外，出土陶器均与山东龙山文化一致”[③]。笔者认为，这是山东龙山文化时期移民辽东的嵎夷和莱夷人群，他们登陆后即落脚海边生息繁衍，死后“入乡随俗”，接受当地部落“以石筑墓”的习惯，但保留自己的土葬习俗。随葬龙山文化特征的三足器又不施行火葬，应是早期移居于此的嵎夷和莱夷人的墓葬。

王嗣洲先生划定的二期积石冢，包括 C、D、E 三个类型，许明纲所划定的以于家砣头墓地为代表的第二种类型的积石墓也包含在其中。然而 D 型即于家砣头墓地为非火葬墓地，埋葬习俗显然与火葬的金州土龙积石冢和王宝山积石冢有很大的不同。将二者划为一个类型似乎不妥。

王嗣洲先生所划定的三期 F 形积石冢，因为没有进行发掘，性质不太明了，暂且不论。至于第

① 许明纲：《大连古代石筑墓研究》，《博物馆研究》1990 年第 2 期；另见大连文物考古研究所编：《大连考古文集》第一集，科学出版社，2011 年，第 217—231 页。

② 王嗣洲：《辽东半岛积石冢研究》，参见大连市文物考古研究所编：《大连考古文集》第一集，第 237—258 页。

③ 张翠敏：《辽东半岛新石器时代晚期文化区系类型以及与周边文化的关系》，《辽宁省博物馆馆刊》（2009），辽海出版社，2009 年。

四期的岗上（G1 型）和楼上（G2 型）墓地，皆为火葬墓地。其当地部落性质非常明显。

大连地区青铜时代到早期铁器时代，还有石棚和石盖墓两种遗存，前辈学者对此多有研究。近年，华玉冰先生所著的《中国东北地区石棚研究》[①] 对各地石棚资料收集颇广，可以参阅。笔者在此所要强调的是，作为墓葬，石棚、石盖墓都有火葬习俗，例外极少。其当地部落性质也是非常明显的。

“事死如事生。”埋葬习俗具有传统性和保守性，埋葬习俗的不同，应是人群不同的反映。以火葬和非火葬为标尺，对于我们界定辽东半岛自新石器时代以迄夏商周至汉唐时期的族属关系，具有标杆意义。

从以上考古资料可以看出，辽东半岛大连地区的一期（或第一种类型）积石冢，其年代如以胶东半岛为标尺，最早当在龙山文化时期。然而自二期积石冢开始，山东半岛向辽东半岛的移民潮开始降温，先前移民过来的莱夷人群，渐渐淹没在辽东半岛原住民的“汪洋大海”之中，非火葬习俗也消失得无踪无影了。正如张翠敏女士所分析的那样，“近年来，在辽宁桓仁的小北旺、冯家堡子等地发掘的高句丽早期积石冢，其形制和火葬葬俗与岗上、楼上墓地非常相似，之间有明显的渊源关系。墓室铺卵石的习俗从新石器时代晚期到双砣子三期、春秋时期乃至高句丽早期积石冢普遍存在，演变轨迹清晰可见，可谓一脉相承。……因此，大连地区新石器时代晚期积石冢是双砣子三期文化、双房类型和高句丽早期积石冢的共同源头”[②]。而高句丽早期墓葬确实是火葬，其源头在辽东半岛的观点，值得重视。

综上所述，莱夷虽很早就进入辽东半岛南端，并且在一段时间内保留了自己的文化特质，但在这里并没有形成具有莱夷人特征的新的文化类型，他们逐渐与当地人交融在一起了。而且中原文人，对当年涉足辽东半岛的夷人，并没有给予多少关注，汗牛充栋的古代典籍，很少见有对移居到辽东半岛的莱夷人的活动记载。

四、夏家店下层文化是燕亳遗存

山东半岛莱夷人向辽东的移民，走的是海路；而北方先民向辽东的移动，走的是陆路方向。由于辽西山地丘陵向辽北冲积平原和下辽河冲积平原与辽东山地丘陵结合部移民，地域宽大，路线较多，迁徙的族群亦不单一，情况相对复杂一些。

分布于辽西和内蒙古地区的夏家店下层文化[③]，是那里最早期的青铜时代文化，其年代约为公元前 20—前 14 世纪，即相当于中原地区的夏代至商代前期。夏家店下层文化影响到医巫闾山以北以

① 华玉冰：《中国东北地区石棚研究》，科学出版社，2011 年。

② 大连市文物考古研究所编著（张翠敏）：《于家砣头墓地》，科学出版社，2019 年，第 91 页。

③ 中国社会科学院考古研究所内蒙古工作队：《内蒙古赤峰药王庙、夏家店遗址试掘简报》，《考古学报》1961 年第 2 期；中国社会科学院考古研究所内蒙古工作队：《内蒙古赤峰药王庙、夏家店遗址试掘报告》，《考古学报》1974 年第 1 期。

东的阜新，柳河流域的阜新市彰武县、沈阳新民地区，形成高台山文化①。高台山文化与夏家店下层大体分据医巫闾山东西，二者具有亲缘关系。夏家店下层文化和高台山文化的人群来往极其密切，这从内蒙古自治区赤峰市敖汉旗大甸子墓地看得分明。一些高台山人生活在夏家店下层文化的村寨中，死后就埋葬在夏家店下层文化居民的“族墓地”中。这种高台山文化居民葬于夏家店下层文化墓地之中的事实，可能表现了他们由于婚姻关系或者其他原因结合到一个人群集团之内的情况②。高台山文化的人群向慕夏家店下层文化的实例，在辽宁阜新蒙古族自治县岱海墓地表现得非常明显。岱海人墓地的随葬器物中，有大量类夏家店下层文化的鬲、甗等器物出现，其墓地人骨测量的结果也得出“（岱海组）该人群的体质特征或也可以作为夏家店下层文化居民与高台山文化居民之间存在着相互交流融合的佐证”③。

高台山文化的三足器制作技术其来源别无它途，只有夏家店下层文化。而辽河平原的沈阳市康平与法库两县的顺山屯④和湾柳街类型⑤，浑河流域的新乐文化上层文化⑥、抚顺望花类型⑦，都是受高台山文化的直接或间接影响而发展起来的晚期青铜文化。高台山文化，依其所在的地理位置分析，该文化人群的西进，成为后来十二台营子文化产生的促进因素之一。法库湾柳街类型、沈阳新乐上层文化、抚顺望花类型则是高台山文化向东传布的苗裔，后来他们也融入东胡一系或者是其别种。

受辽东半岛南部考古现象的启发，我们审视辽东半岛以北东西方向包括四平与吉长地区的考古学文化，凡是遗址具有三足器内涵的文化类型，其墓葬皆不实行火葬，例如夏家店下层文化、夏家店上层文化，朝阳和锦州地区的十二台营子文化，阜新和沈阳地区的高台山文化，沈阳地区的新乐上层文化，抚顺地区的望花类型，吉长地区的西团山文化，其墓葬都不见火葬现象。吉林四平地区是个特殊之地，那里是南北和东西交通枢纽。在后太平遗址⑧，可见高台山文化的影子，其后，夏家店上层文化向东传播到吉长地区也必经此地，北边的白金宝文化南下也路经这里。后太平所发掘的Ⅱ区37座青铜时代的墓葬中，绝大多数为土葬墓，唯有M9和M36见有火烧痕迹，是不是葬俗所致，难以确定。而在今铁岭、抚顺东边的辽东丘陵山地，从抚顺和本溪太子河沿岸的马城子文化，抚顺清原与新宾两个满族自治县的石棚墓地、石盖墓，吉林通化地区的石棺墓、石盖墓以及后来的

① 沈阳市文物管理办公室（郑明）：《新民高台山新石器时代遗址和墓葬》，《辽宁文物》1981年第1期；沈阳市文物管理办公室（曲瑞琦，于崇源）：《沈阳新民县高台山遗址》，《考古》1989年第2期。

② 参见中国社会科学院考古研究所编著：《大甸子——夏家店下层文化遗址与墓地发掘报告》，科学出版社，1998年，第220—221页；另见刘晋祥：《大甸子墓地乙群陶器分析》，《中国考古学研究——夏鼐先生考古五十年纪念论文集》，文物出版社，1986年，第101—104页。

③ 辽宁省文物考古研究所编著（徐韶钢执笔）：《岱海墓地》，文物出版社，2013年。

④ 辛占山：《康平顺山屯青铜时代遗址试掘报告》，《辽海文物学刊》1988年第1期。

⑤ 曹桂林，许志国：《辽宁法库县湾柳街遗址调查报告》，《北方文物》1988年第2期。

⑥ 沈阳市文物管理委员会（曲瑞琦，沈长吉）：《沈阳新乐遗址试掘报告》，《考古学报》1978年第4期。

⑦ 抚顺市博物馆（徐家国）：《辽宁抚顺市发现殷代青铜刀》，《考古》1981年第2期；抚顺市博物馆考古队：《抚顺地区早晚两类青铜文化遗存》，《文物》1983年第9期。

⑧ 参见吉林省文物考古研究所等编著：《后太平——东辽河右岸以青铜时代遗存为主的调查与发掘》，文物出版社，2011年。

高句丽前期的石圹积石墓，无一不是火葬墓，而与这些墓葬同期的文化遗存，生活器皿中不见三足器。这对于我们研究辽东北部族系迁徙的空间分野，具有重要标示意义。

苏秉琦先生早已指出，“瓦鬲确是中国古文化中一种具有代表性的‘化石’。……我们知道瓦鬲不但可以视为中华古文化的代表化石，对于追溯中华古文化的始源与流变问题更具有特别的意义”①。苏先生八十多年前的观点，对于我们今天的研究仍有重要的启发作用。三足器是中华古文化中自新石器时代起直至战国时期中原各类型文化，以及受其直接或间接影响的周边诸文化中的代表性“化石”。作为饮食器，说明使用者有相似的饮食习惯与饮食方式；而作为祭祀器，说明使用者有相似的祭祀意识、祭祀对象或祭祀方式，连带丧葬习俗——都实行土葬而非火葬，这就是“文化的同一性”。

在谈到夏家店下层文化的渊源时，王立新、齐晓光、夏保国和卜箕大等学者认为，“长期开发后所造成的环境压力和来自周边强大考古学文化的挤压，都有可能使后岗二期文化被迫寻求新的生存空间。进入相当二里头文化阶段，该文化突然在豫北地区消失，而夏家店下层文化恰在西辽河水系区兴起”②。可见“来自中原后岗二期文化（按：曾被称为河南龙山文化后岗类型）的因素，在夏家店下层文化的孕育和生成过程中起到了至关重要的作用。……被夏家店下层文化所继承的后岗二期文化的因素又是大量的，所以这只能理解为后岗二期文化居民远距离迁徙的结果，而不能理解为一般的吸收和借鉴”③。

夏家店下层文化，与河南偃师二里头文化亦有亲缘关系。杜金鹏先生认为二里头文化向北传播到夏家店下层文化地区的途径，“大概不外乎太行山两侧的古通道，而以走太行山西侧的可能性最大”，“夏家店下层文化中来自中原二里头文化之诸因素，大概是经晋西南、过太原一带，沿太行山西侧通道进入北方草原地区的”④。杨建华先生画出了《二里头文化向北文化影响路线图》⑤，与杜先生所推断的路线不谋而合。二里头文化的人群投奔辽河上游，也可反证二里头文化与后岗二期文化的亲缘关系。

历史气候学的研究表明，夏—早商（4000—3500aBP）时期，中国气候相对温暖。竺可桢先生指出，从仰韶文化到安阳殷墟，大部分时间中国温度比今高 2 ℃左右，其中 1 月温度比今高 3—5 ℃。许靖华（1989）认为 3800aBP 以后，气候开始变暖，是全新世最为适宜的阶段，即全新世最大期（Holocene Maximum），当时欧洲人向北迁徙至斯堪的纳维亚地区，并在这一地区从事农业种植，而当时农作物的生长季节可能是过去两千年中最长的⑥。夏家店下层文化也正处于世界性的大温暖后

① 苏秉琦：《陕西省宝鸡市斗鸡台发掘所得瓦鬲的研究》，《苏秉琦考古学论述选集》，文物出版社，1984 年第 95、105 页。

② 王立新，齐晓光，夏保国：《夏家店下层文化渊源刍论》，《北方文物》1993 年第 2 期。

③ 王立新，卜箕大：《对夏家店下层文化源流及与其他文化关系的再认识》，参见吉林大学考古系编：《青果集——吉林大学考古系建系十周年纪念文集》，知识出版社，1998 年。

④ 杜金鹏：《试论夏家店下层文化中的二里头文化因素》，《华夏考古》1995 年第 3 期。

⑤ 参见杨建华，蒋刚主编：《公元前 2 千纪的晋陕高原与燕山南北》，科学出版社，2008 年，第 266 页。

⑥ 参见葛全胜等著：《中国历朝气候变化》，科学出版社，2010 年，第 25—27 页。

期，后岗二期文化的人群从豫北冀南向北方移动也就不令人奇怪了。

近年来陕北神木县石峁遗址发掘表明，夏家店下层文化与广阔的西北地区也存在着非同一般的交流关系：石峁皇城台南护墙发现数十件精美石雕，其中的卷曲纹图案，与大甸子彩绘陶中的“C”“S”形卷曲纹如出一辙，且都是作为兽面纹的重要组成部分；皇城台发现的“眼纹”石雕，也大多可在大甸子彩绘图案中找到存在传承关系的类似者；包括夏家店下层文化在内，辽西地区多处遗址发现的口簧都受到石峁骨质口簧影响。……石峁文化的输出带有更多地扩张与战争因素，如石峁城内及东门外发现多处砍头颅集中掩埋的祭祀坑，经体质人类学及古 DNA 研究，其中部分个体可能来自夏家店下层文化[①]。由此可见，夏家店下层文化时期到处修筑“石筑城寨”[②]绝不是偶然现象，同时期各部落之间的争夺一定非常激烈和残酷。

对夏家店下层文化，早年学术界普遍认为是由北向南渐进发展的，甚至认为同商文化的形成存在着某种关联。近年来的研究认为“夏家店下层文化的形成过程并无渐南渐晚的发展趋势”[③]，这是对王立新等学者观点的有力支持。

夏家店下层文化的主人后来发展为历史上哪个古族，目前学术界尚没有一致意见，他是否就是后来为被周人称为“吾北土也”的“肃慎、燕亳”里的燕亳族群，值得研究。1979 年，北京大学历史系考古教研室商周组编著（邹衡执笔）的《商周考古》一书出版，在谈到燕亳之时，引《左传》昭公九年“昔武王克商，……肃慎、燕亳，吾北土也”[④]的记载，认为“早期的肃慎（晚期的肃慎渐次向东北方向迁徙）与燕亳大概是商的与国，按其活动范围应在夏家店下层文化分布区，因而夏家店下层文化应该包括了肃慎和燕亳在内的古代文化”[⑤]。邹衡先生认为“夏家店下层文化燕山型同燕亳应该是有联系的，也有可能两者就是一回事”。邹先生所说的夏家店下层文化“燕山型”，是以今北京市为中心的[⑥]。后来，所谓的“燕山型”已被从夏家店下层文化中剥离出去，另以“大砣头文化”[⑦]命名。但邹衡先生关于夏家店下层文化与燕亳有关的观点值得重视，因为那时夏家店下层文化还没有将“大砣头文化”剥离出去，邹衡先生是从夏家店下层文化的总体面貌特征和分布地域来界定燕亳文化的。但笔者认为将肃慎划入夏家店下层文化之中，恐有不妥，肃慎文化另有渊源，详后。

① 刘国祥：《赤峰二道井子夏家店下层文化聚落及相关问题研究》，中国考古学会、中国社会科学院考古研究所主办“第三届中国边疆考古论坛”（2021）学术论坛论文。参见“中国新闻网”2021 年 12 月 19 日电。

② 参见徐光冀：《赤峰英金河、阴河流域的石城遗址》，载《中国考古学研究》编委会：《中国考古学研究——夏鼐先生考古五十年纪念论文集》，文物出版社，1986 年；《夏家店下层文化石城研究》，参见席永杰、王惠德、孙永刚等著：《西辽河流域早期青铜文明》第三章，内蒙古人民出版社，2008 年，第 108—127 页；赤峰考古队编著：《半支箭河中游先秦时期遗址》（赤峰考古队田野工作报告），科学出版社，2002 年。

③ 乌恩岳斯图著：《北方草原考古学文化研究——青铜时代至早期铁器时代》，科学出版社，2007 年，第 33 页。

④ 《左传・昭公九年》记载：“肃慎、燕、亳，吾北土也。”参见《春秋左传集解》（四），第 1320 页。

⑤ 北京大学历史系考古教研室商周组编著（邹衡执笔）：《商周考古》，文物出版社，1979 年，第 128 页。

⑥ 邹衡：“关于夏商时期北方地区诸邻境文化的初步探讨”，《夏商周考古学论文集》，文物出版社，1980 年，第 271 页。

⑦ 天津市文化局考古发掘队：《河北大厂回族自治县大砣头遗址试掘简报》，《考古》1966 年 1 期；乌恩岳斯图著：《北方草原考古学文化研究——青铜时代至早期铁器时代》第二章《大砣头文化》，第 40—56 页。

2004年，王绵厚发表《先秦时期中国东北“三大土著族系”及考古遗存新论》文章，提出：“本文认为，这种区别于商文化而广泛分布于辽河中、上游的早期青铜时代的‘夏家店下层文化’，主要应当是夏商周以来，中国北方‘燕亳’及其先世民族的遗存。”[①] 翌年，郭大顺和张星德所著《东北文化与幽燕文明》出版，书中亦认为“夏家店下层文化中心在燕北，而燕北地区的夏家店下层文化聚落址分布密集而多类型，层次多而有序，聚落间分化程度甚高，已出现像大甸子那样包括城址与大型墓地在内的中心聚落，应有最高层次的超中心邑落存在，当即‘燕亳’之所在”[②]。2006年，王绵厚发表《燕亳、北戎与东胡》一文，再次考证，“在公元前11世纪西周武王封召公奭于‘燕地’以前的夏商之际，在燕山和七老图山以北的上辽河流域和大凌河流域，即后来的‘长城地带’，确实早已活动和分布一支北方华夏系统的青铜文化部族。这支夏商北土的早期青铜文化部族，应是本文考述的‘燕亳’系青铜文化——‘夏家店下层文化’北系的核心”[③]。王、郭、张三位先生的观点，值得肯定。

燕国，李海荣先生考证认为：“妟，卜辞有‘妟其来’，‘贞：妟乎取白马□’[④]，‘丙寅，妇妟示五屯掃’[⑤]。可以看出妟与商王朝有着婚姻和贡纳关系。妟，西周彝名皆作匽，即燕国之燕。燕是商时古国，在‘召公封燕’以前已经存在。”[⑥]笔者认为，燕既然是中原以外的古族，则中原人称其为“燕亳”亦即“燕貊”十分正常。所谓燕亳犹如胡貉，都是中原人对北方不同族团人群的称呼。

周人称肃慎、燕亳所在之地为其“北土”，因为毕竟都是华夏文化系统的一员，彼此有文化同一性，所以周人才称燕亳为其北土之族。“肃慎、燕亳，吾北土也”，是说封国燕设在燕亳之地。“燕国在占有貊之故地并统治了一部分貊人之后，齐国人把燕国称为‘燕貊之国’是完全可以理解的。……齐人把燕国称为‘燕貊’，正如中原人把楚国称为‘荆蛮’一样，含有轻蔑鄙视之意”[⑦]。林沄先生的论断十分正确。齐宣王五年（前315），齐军伐燕掠燕器“陈璋方壶”和“陈璋圆壶”，改铸铭文为“伐匽（燕）亳邦之隻（獲）”[⑧]。齐人伐燕，进攻“燕亳邦”，自然师出有名了。然而林沄先生又认为燕亳应该分读，并认为亳即貊，称“西周时代，貊人的所在地，最有可能是在大小凌河流域。……或许燕的辽西郡就是因袭貊人原先的主要分布区而置，辽东郡则是取地于原箕氏朝鲜”[⑨]。然而西周时期，大小凌河流域先是魏营子文化，后有十二台营子文化人群活动，十二台营子文化是胡而不是

① 参见《东北史地》（学问）2004年第5期。
② 郭大顺，张星德著：《东北文化与幽燕文明》，江苏教育出版社，2005年，第373页。
③ 王绵厚：《燕亳、北戎与东胡》，中国社会科学院考古研究所编：《二十一世纪的中国考古学——庆祝佟柱臣先生八十五华诞学术文集》，文物出版社，2006年，第436页。
④ 参见董作宾：《殷墟文字乙编》5305，商务印书馆，1948年。
⑤ 参见罗振玉：《殷墟书契续编》5·20·7，影印本，1933年。
⑥ 李海荣著：“北方地区出土夏商周时期青铜器研究”，文物出版社，2003年，第99页。
⑦ 参见林沄著：《林沄学术文集·“燕亳”和“燕亳邦”小议》，中国大百科全书出版社，1998年，第184—187页。
⑧ 参见周晓陆：《盱眙所出重金络𦉜·陈璋圆壶读考》，《考古》1988年第3期；李学勤、祝敏申：《盱眙壶铭与齐破燕年代》，《文物春秋》1989年创刊号；何幼琦：《召伯其人及其家世》，《江汉考古》1991年第4期。
⑨ 参见《林沄学术文集·“燕亳”和“燕亳邦”小议》，第187—188页。

貊。而辽河以东的铁岭、沈阳、抚顺南北一线，有高台山文化、新乐上层文化和抚顺望花类型分布，这些文化显然也与貊人无涉。林先生认为“亳即貊”是正确的，但他认为燕亳应该分读值得研究，而且持分读观点者还有他人[①]。从《左传》行文来看，燕亳分读未必确当。辽东郡也非全部取地于箕氏朝鲜。春秋早期，齐桓公北伐山戎以后，海滨通道打通，燕始有“辽东之煮”，然而“上谷至辽东，地踔远，人民希，数被寇”，“朝鲜逾徼，劫燕之东地”，于是在燕昭王时期，“度辽东而攻朝鲜”，解决了“数被寇”的被动局面，设郡置县，将辽东控制在手。此不赘，详后。（池源）

五、高台山文化与肃慎人有关

肃慎，又作息慎、稷慎，是东北史上行踪最为扑朔迷离的一个民族。清乾隆年间编纂《满洲源流考》，开篇卷一《部族一》“满洲”之后即为“肃慎”[②]。书中引《竹书纪年》《史记》《汲冢周书·王会解》《孔子家语》《尚书序》《后汉书》《淮南子》《晋书》和《册府元龟》等提及肃慎的文献，唯独未引《左传·昭公九年》“肃慎、燕亳，吾北土也”这句话，因为《满洲源流考》的撰著者，是把肃慎看作诸申的。“金始祖本从新罗来，号完颜氏，所部称完颜部。……所居有白山、黑水，南北之境二千里而遥，固与本朝肇兴之地轮广相同。《大金国志》言金国本名珠里真，与本朝旧称所属曰珠申（诸申）相近，实即肃慎之音转也。五代以后尽得靺鞨旧部，于是女真之名始著”[③]。清人为了隔裂满族与中原之间的血脉关系，断不能承认“肃慎”是周朝所属“北土”上的部族，因而将《左传》的记载隐匿不提。

近代考肃慎地望学者，大多依据《山海经·大荒北经》中关于“大荒之中有山名曰不咸，有肃慎氏之国”[④]的记载，考证肃慎居地在长白山以北。清末民初著名学者曹廷杰著《东三省舆地图说》，其《肃慎国考》一百多个字，定“今东京城西南三十里宁古塔地方有古城基，当即肃慎国也”。然后依古史记载，将息慎、肃慎、挹娄、勿吉、靺鞨、渤海和女真串为一系[⑤]。曹先生所谓东京城宁古塔古城基，即今黑龙江宁安市渤海镇（原东京城镇）“渤海国上京龙泉府遗址”。20世纪七八十年代以来，在对肃慎史地的讨论中，有学者认为，以吉林地区为中心的西团山文化为肃慎遗存[⑥]，但这一观点并未被学界接受。还有学者认为“肃慎的分布当以今牡丹江流域即今宁安一带为中心”，并且认为肃慎的后继者“挹娄的分布区包括了今长白山以北松花江及黑龙江下游以南，东到日本海的广大地区，大体上相当于唐代黑水靺鞨的分布区”[⑦]。还有学者认为，“肃慎当在黑龙江下游，肃慎北及东至大海即今鄂霍次克海及日本海。其西南抵黑龙江、松花江合流处及张广才岭。西南约至今兴凯湖之西的镜

① 尚友萍：《“燕亳”与“燕亳邦”考辨》，《文物春秋》2014年第5期。
② 〔清〕阿桂等撰；孙文良，陆玉华点校：《满洲源流考》，辽宁民族出版社，1988年，第3—5页。
③ 《满洲源流考》，第82页。
④ 袁珂校注：《山海经校注》卷十二，《山海经第十七·大荒北经》，上海古籍出版社，1980年，第421页。
⑤ 参见丛佩远，赵鸣岐编：《曹廷杰集》，中华书局，1985年，第168页。
⑥ 薛虹：《肃慎与西团山文化》，《吉林师范学院学报》1979年第1期。
⑦ 谭其骧主编；张锡彤，王锺翰，贾敬颜，郭毅生，陈连开等著：《〈中国历史地图集〉释文汇编·东北卷》，中央民族学院出版社，1988年，第30页。

泊湖一带”[①]。更有学者认为，“肃慎的先祖在原始人类时代，从中原迁到东北地区时大概就落脚在长白山，后来在这里逐渐形成肃慎族氏”，“肃慎的中心居住地区，在长白山北牡丹江流域”，“安图县明月沟的‘安图人’遗址和宁安县镜泊湖南端的莺歌岭文化遗址，很可能是肃慎的先祖和肃慎人遗留下来的”[②]。另有学者则将关于肃慎地理位置在哪儿的观点分为“迁徙说”和“定域说”两种。而有学者赞同定域说，认为肃慎“自始即在今松花江以东的牡丹江流域”[③]。然而邹衡先生认为，“从文献记载来看，肃慎的原住地是在今长城附近，由于历史造成的原因，大概在周以后，肃慎的居处不断迁移，直至远离长城的地区”，“可知到了汉代，肃慎所至已远至今吉林甚至黑龙江（省）境内”，“可是，直到东周，肃慎仍在渤海湾附近”[④]。奚柳芳先生认为，西周“成、康以前的肃慎应在今辽宁省的西部及相近的地方。大致在今燕山以东、医巫闾山以西”。奚先生并根据辽西大凌河沿岸发现的多批窖藏西周青铜器、朝阳县魏营子西周早期墓地资料，认为“上述器物和遗址与燕和肃慎有无关系，殊难确定。假定这些器物和遗址属于周初燕国的范围内，那么，与燕国为邻的肃慎应相应移向东北一带，或当越过辽河，甚至可达松花江的上游”。“康王以后，肃慎不再来朝，到景王时已近五百年了，这期间已经经历了昭、穆期的衰微，西周的倾覆和春秋社会的大动乱。假如肃慎依旧在燕国的东北部边境外，当时的人不会一无所知。我们从詹桓伯追怀文、武、成、康辉煌业绩的那种无限深情的口气中，清楚地感到肃慎氏确已远徙了”[⑤]。奚先生的观点值得重视。其后，魏凡先生根据《左传》和《国语》的记载，提出，“由此推知肃慎的地望，当在燕亳的东北方，并且和燕亳为邻。都是在商周王朝的‘北土’范围之内。否则，史书不会把肃慎和燕亳并提”的观点。魏凡先生甚至认为，“近年在辽东若干较古老的遗址里曾发现有商周作风的青铜器，值得探索”[⑥]。然而单独的喀左窖藏青铜器构不成一个文化的主体要素，它只是一个文化人群的附属物，任何人群都可以拥有，以此来界定族属并不可靠。

郭大顺和张星德二位先生根据先贤学者傅斯年早在1931年撰著《东北史纲》时就敏锐地认识到“《左传》《国语》所谓肃慎，其地名不可实指，证以‘肃慎、燕亳吾北土也’一语，必去燕不远，当在今辽河流域，或内及滦河，外及鸭绿，正是战国时燕之东土”[⑦]，以及陈梦家和邹衡关于“肃慎原居地在燕山南北地区，后逐渐北移，而至东北吉林黑龙江地区”[⑧]的观点，结合最新考古资料研究后认为：“如从肃慎族是一支长期保存了东北地区固有文化特征的部族思考，可以考虑它可能与夏家店下层文化以东的诸早期青铜文化有更多关系。近年确立的高台山文化，就与肃慎族在时间、分布地域

① 张博泉编：《东北地方史稿》，吉林大学出版社，1985年，第30页。
② 董万仑著：《东北史纲要》，黑龙江人民出版社，1987年，第16—17页。
③ 参见孙进己，冯永谦总纂：《东北历史地理》，黑龙江人民出版社，2013年，第140页。
④ 邹衡著：《夏商周考古学论文集》，文物出版社，1980年，第266—267页。
⑤ 奚柳芳：《肃慎东迁考》，《吉林师范大学学报》（哲学社会科学学版）1980年第2期。
⑥ 魏凡：《就出土青铜器探索辽宁商文化问题》，辽宁省博物馆编：《辽宁省博物馆学术论文集》第一辑，1985年。
⑦ 傅斯年著：《东北史纲》，上海三联书店，2017年重印，第18页。
⑧ 陈梦家：《西周铜器断代（二）》，《考古学报》1955年第10册；邹衡著：《夏商周考古学论文集》，文物出版社，第266—268页。

及迁徙过程有不少相近之处。高台山文化的时代可早到先商时期，这与《左传》将肃慎与燕亳并提相一致。高台山文化的分布地域在辽西与辽东半岛之间的下辽河平原，正好在燕亳以东。”①郭、张二位先生的观点很有道理。

除《左传》泛泛记载“肃慎、燕、亳吾北土也”外，司马相如《子虚赋》也大略提到肃慎的方位：“齐，东陼钜海。……邪与肃慎为邻，右以汤谷为界。”郭璞（注）曰：“肃慎，国名，在海外，北接之。”②司马相如所说应该是肃慎尚未迁走时的地望，郭璞注曰齐与肃慎“北接之”，正与高台山文化的分布区在齐国的北面相合符节。

肃慎既为中原人早就知晓并有接触者，其商周时期的始居之地不可能远在长白山麓，而且其与中原早有联系，必受商周文化的濡染，应该是使用鼎鬲的民族。既然《左传》将肃慎与燕亳，两个方国一辞并列则夏商时期肃慎应与燕亳比邻而居。燕亳是夏家店下层文化的主人，则高台山文化就应是肃慎遗存。夏家店下层文化衰亡后，高台山文化也开始式微，其一部分融入魏营子文化③，一部分沿松嫩平原南部向东北方向移动到牡丹江中游河谷盆地。

论者考察肃慎缘起，多据其向中原王朝贡纳“楛矢石砮”而寻其居地。《国语·鲁语下》：“仲尼在陈，有隼集于陈侯之庭而死。楛矢贯之，石砮其长尺有咫。陈惠公使人以隼如仲尼之馆问之。仲尼曰：‘隼之来也远矣，此肃慎氏之矢也。昔武王克商，通道于九夷、百蛮，使各以其方贿来贡，使无忘职业，于是肃慎氏贡楛矢石砮。’”④实际上《国语》的作者，是根据肃慎氏贡纳楛矢石砮一事，通过孔夫子之口，宣扬“古者分同姓以珍玉，展亲也；分异姓以远方之职贡，使无忘服也”⑤的观点，亦即九州之外的远服，要遵循礼之规范，无废其职，尊崇周室。至于隼为肃慎氏之石砮射杀而坠于陈侯之庭的故事，不可当真。但此记载说明，春秋晚期，中原与肃慎尚保持联系。

春秋战国之际，肃慎从松嫩平原移动到长白山以北的牡丹江流域繁衍发展，其大致位置，如晋人杜预注《春秋左传集解》第二十二《昭公三》“肃慎、燕亳，吾北土也”一条所云：“肃慎，北夷，在玄菟北三千余里。”⑥另一位晋人郭璞注《山海经·大荒北经》“大荒之中，有山名曰不咸，有肃慎之国”一条所云：‘今肃慎国去辽东三千余里。’⑦不咸山即长白山已为世所公认。两位晋人一说肃慎在玄菟北三千余里，一说在去辽东三千余里。辽东指襄平，即今辽阳；玄菟郡郡治晋时在今沈阳市浑南区汪家街道上伯官村。肃慎东北距今辽阳和沈阳两地约三千余里，大体在今黑龙江省牡丹江市

① 郭大顺、张星德：《东北文化与幽燕文明》，江苏凤凰出版社2005年版，第375页。

② 司马相如：《子虚赋》，参见《影印文渊阁四库全书·集部·总集类·文选》，（台湾）商务印书馆发行，1986年，第1329册，第135页。

③ 辽宁省博物馆文物工作队：《辽宁朝阳魏营子西周墓和古遗址》，《考古》1977年第5期；喀左文化馆：《记辽宁喀左县后坟村发现的一组陶器》，《考古》1982年第1期；韩嘉谷：《燕史源流的考古学考察》，《燕文化论文集》，中国社会科学出版社，1995年。

④ 《国语·鲁语下》，华东师范大学出版社1987年版，第73页。

⑤ 《国语·鲁语下》，华东师范大学出版社1987年版，第73页。

⑥ 〔晋〕杜预：《春秋经传集解》（四），上海人民出版社，1977年，第1320—1321页。

⑦ 袁珂校注：《山海经校注》卷十二，第十七·《大荒北经》，上海古籍出版社，1980年，第421页。

一带。《新唐书·渤海传》称："地有五京、十五府、六十二州，以肃慎故地为上京，曰龙泉府。"[①]渤海上京龙泉府在今牡丹江市所属的宁安市渤海镇已为人所熟知。北宋人修《新唐书》，认为龙泉府为肃慎故地，与晋人的判断基本一致，应该有历史根据。

对牡丹江地区的肃慎文化，有学者认为莺歌岭文化为西周时期的肃慎文化遗存，还认为，"新开流文化应是肃慎的先世遗存，那么分布在三江流域的、由新开流文化演变而来的饶河小南山遗址、抚远海青遗址即可能是商周时期的肃慎遗存"，"海青遗址所反映的文化，在苏联境内亦有广泛的分布，被称为'乌里尔文化'，其年代为距今三千年左右。海青遗址在乌苏里江左岸，其分布范围大致在乌苏里江流域和松花江、黑龙江的汇流地带。这个地带或许是古肃慎族的发源地"[②]。笔者以为，肃慎的范围还是以牡丹江流域为中心，到不了三江汇流那么远的地带。距今约三千年时期，肃慎在辽河流域。莺歌岭文化与乌里尔文化，都不可能是西周肃慎文化，新开流文化更不可能是肃慎人遗存。

我们再看汉魏时期肃慎人的地望。曹魏齐王正始六年（245年），幽州刺史毌丘俭复征高句丽，高句丽王"宫遂奔买沟，俭遣玄菟太守王颀追之，过沃沮千有余里，至肃慎氏南界"[③]。这里的"至肃慎南界"，与《三国志·魏书·东夷传》中所记的"其后高句丽背叛，又遣偏师致讨，穷追极远，踰乌丸、骨都，过沃沮，践肃慎之庭，东临大海"[④]为一事。由以上文献可证，肃慎在沃沮之北。沃沮，陈寿《三国志》既称"沃沮"，再称"东沃沮"，又称"南沃沮"和"北沃沮"。沃沮，为秽人所居之地，汉武帝时期的蒇君南闾，就居于沃沮之地，武帝时所置玄菟郡郡治就设于沃沮城，这个沃沮亦即"在高句丽盖马大山之东，滨大海而居"[⑤]的东沃沮。沃沮（东沃沮）的范围，应以今朝鲜咸镜南道为中心，可能包括咸镜北道南部、两江道一带。南沃沮就是东沃沮，也即沃沮。正始六年"毌丘俭讨句丽，句丽王宫奔沃沮，遂进师击之。沃沮邑落皆破之，斩获首虏三千余级，宫奔北沃沮。北沃沮一名置沟娄，去南沃沮八百余里，其俗南北皆同，与挹娄接"[⑥]。

笔者认为，沃沮只有一个，所谓南沃沮、东沃沮、北沃沮，是参照坐标的不同而产生的称呼。东沃沮在盖马大山以东故称东沃沮，南沃沮是指沃沮之南，北沃沮是指沃沮之北，犹如今日所习称的辽南、辽西、豫北、豫东一样。李强先生早就意识到此点，他认为，"《三国志·魏书·东夷传》东沃沮条载，东沃沮北与挹娄、夫余，南与涉貊接。同书挹娄条则谓，挹娄南与北沃沮接。同书涉条又见记载，涉北与沃沮接。在同一史家的笔下，此处言东沃沮北与挹娄接，彼处言挹娄南与北沃沮接；此处言东沃沮南与涉貊接，彼处又言涉北与沃沮接。这绝不是一时的疏忽所致。恰恰说明，东沃沮的北境，即是北沃沮的北疆；东沃沮的南界，也就是沃沮的南界。而东沃沮东北狭，西南长，可方折千里，正合北沃沮去南沃沮八百余里之里程。其实，《后汉书·东夷传》《三国志·魏书·东

---

① 《新唐书》卷二百一十九，列传第一百四十四《北狄·渤海传》，中华书局点校本，1975年，第6182页。

② 参见干志耿，孙秀仁著：《黑龙江古代民族史纲》，黑龙江人民出版社，1987年，第105—109页。

③ 《三国志》卷二十八，《魏书》第二十八《毌丘俭》，中华书局点校本，1964年，第762页。

④ 《三国志》卷三十，《魏书》第三十《东夷传》，中华书局点校本，1964年，第840页。

⑤ 《三国志》卷三十，《魏书》第三十《东夷传》，中华书局点校本，1964年，第846页。

⑥ 《三国志》卷三十，《魏书》第三十《东夷传》，中华书局点校本，1964年，第847页。

夷传》没有为南、北沃沮立条，而是在东沃沮条下记述了前两者的情况，正说明沃沮包括了南北沃沮”①。李强先生的考证极有说服力，令人信服。《三国史记》记载，大祖大王四年（56年）秋七月，高句丽“伐东沃沮，取其土地为城邑，拓境东至沧海，南至萨水”②。沃沮被纳入高句丽境域之中。值得注意的是，高句丽西川王十一年（280年），肃慎曾与高句丽接战而败③，说明沃沮归于高句丽后，肃慎与高句丽相邻。

由以上可知，汉魏时期的肃慎（挹娄）境域，以今牡丹江市为中心，西抵张广才岭，东滨大海，北至兴凯湖今黑龙江鸡西市一带，南到图们江下游沿岸，分为若干子部落。考古所见的宁安东康遗址④、宁安牛场遗址⑤、宁安石灰场遗址（中层）⑥、海林振兴遗址（二期）⑦、海林东兴遗址⑧、海林河口遗址（早期）⑨、东宁大城子遗址（F1、F2）⑩、东宁团结下层遗址⑪等等已被命名为“团结文化”的这些遗存，应与肃慎（挹娄）人有关。

林沄先生认为今吉林省与黑龙江省交界处的“团结文化类型”和俄罗斯境内的“克罗乌诺夫卡文化⑫”是“《三国志》记载的另一个‘滨大海而居’的民族集团——沃沮的遗存”。林先生的理由是因为团结文化类型有大量陶豆发现，“也和有关挹娄独无俎豆的记载不合”⑬，所以认定团结文化是“沃沮遗存而非挹娄遗存”。林先生是把《三国志·魏书·东夷传·挹娄》条句读为“东夷饮食类皆用俎豆，唯挹娄不，法俗最无纲纪也”。然而中华书局点校本对此条的句子是断为“东夷饮食类皆用俎

① 李强：《沃沮、东沃沮考略》，《北方文物》1986年第1期。

② [高丽]金富轼著，孙文范等校勘：《三国史记》卷第十五，《高句丽本纪》第三《大祖大王》，吉林文史出版社，2003年，第191页。

③ [高丽]金富轼著，孙文范等校勘：《三国史记》卷第十七，《高句丽本纪》第五《西川王》，吉林文史出版社，2003年，第212页。

④ 黑龙江省博物馆：《东康原始社会遗址发掘报告》，《考古》1975年第3期；黑龙江省博物馆、哈尔滨师范学院历史系：《宁安县东康遗址第二次发掘记》，《黑龙江文物丛刊》1983年第3期；王辉等编著：《黑龙江考古文物图鉴》，黑龙江人民出版社，2000年，第151—156页。

⑤ 黑龙江省博物馆：《黑龙江宁安牛场新石器时代遗址清理》，《考古》1960年第4期。

⑥ 陶刚，安路，陈国庆：《黑龙江省宁安县石灰场遗址》，《北方文物》1990年第2期。

⑦ 黑龙江省文物考古研究所，吉林大学考古学系：《黑龙江省海林县振兴遗址发掘简报》，《北方文物》1997年第3期。

⑧ 陈国庆，张伟，李砚铁：《黑龙江海林市东兴遗址发掘简报》，《考古》1996年第10期；《黑龙江考古文物图鉴》，第166—169页。

⑨ 黑龙江省文物考古研究所等：《黑龙江海林市河口遗址发掘简报》，《考古》1996年第2期；《黑龙江考古文物图鉴》，第173—174页。

⑩ 黑龙江省博物馆：《黑龙江东宁大城子新石器时代居住址》，《考古》1979年第1期；《黑龙江考古文物图鉴》，第179—180页。

⑪ 黑龙江省文物考古工作队：《东宁团结遗址发掘报告》，《吉林省考古学会第一次年会会议材料》，1997年；《黑龙江考古文物图鉴》，第181—182页；另参见林沄：《论团结文化》，《林沄学术文集》，中国大百科全书出版社，1998年，第397—417页。

⑫ 关于团结文化与克罗乌诺夫卡文化，可参阅林沄著：《林沄学术文集》，第418—423页与冯恩学著：《俄国东西伯利亚与远东考古》，吉林大学出版社，2002年，第408—413页。

⑬ 林沄著：《林沄学术文集》，中国大百科全书出版社，1998年，第418—423页。

豆，唯挹娄不法俗，最无纲纪也”的，并没有说挹娄不使用俎豆。因此笔者认为，根据地望分析，林先生所说的“沃沮遗存”应为肃慎（挹娄）文化才符合历史实际。至于后来肃慎演变为挹娄、勿吉、靺鞨和女真，对这样一脉相承的体系，已有学者提出“肃慎、挹娄、勿吉不是同部”，“似可认为肃慎和靺羯有别，可能属不同部落”，以及“渤海人并非女真之源”的观点①。然而，1972 年发现的陕西乾陵陪葬墓“李瑾行墓志”，其墓志文清晰记载唐靺羯族将领李瑾行“其先盖肃慎之苗裔，涑沫之后也”②。涑沫即粟末。唐朝粟末靺羯人认为自己是肃慎的苗裔，祖宗不能乱认，这不会有错，而且粟末靺羯人大祚荣武周时期又建立了“渤海国”。由此可证，粟末靺羯族源为肃慎系统无疑。总之，靺羯也好，渤海也罢，女真的族源与唐代的靺羯，直至上溯至商周时期的肃慎有关，是不争的事实。

以三足器为重要内涵的古文化传播辽东，是历史时期中原古文化直接或间接对辽东的“第一波文化影响”。第一波文化奠定了后来燕秦汉在辽东建郡设县的政治基础。因此，研究古代民族的迁徙、交流与交融，除了结合历史文献以外，关注考古学遗存，对于古代民族迁徙路线及空间分野的判断也具有重要意义。杨建华先生在研究中国北方东周时期长城沿线戎狄与胡的关系时，分辨出“第一种遗存”和“第二种遗存”，“两种北方遗存的划分，不仅揭示了中国北方戎狄与胡先后出现的过程与原因，还回答了一些重大的历史问题”③，对于我们研究辽东民族同样具有重要的启发借鉴作用。

以三足器和火葬与非火葬为标尺再谈“马城子文化”。马城子文化遗存最早发现于 1974 年抚顺新宾满族自治县大四平镇东升洞穴④，其后辽宁省文物考古研究所和本溪市博物馆联合发掘了太子河上游的本溪满族自治县南甸乡马城子、小市镇张家堡、山城子乡山城子、北甸子乡北甸子等地洞穴墓，并命名为“马城子文化”⑤。1998 年春，抚顺市博物馆和新宾满族自治县文物管理所又在新宾大四平镇、平顶山镇和下夹河乡调查发现十余座洞穴墓⑥，从而将马城子文化的文化面貌、文化内涵、分布范围、文化性质和年代基本确定。这是分布于今抚顺和本溪太子河上游地区的一支早期青铜文化，年代约为商周之际，鼎盛阶段在两周时期。洞穴墓流行火葬，随葬品壶、钵、碗、罐等陶冥器和斧、锛、铲、凿、镞与权杖头等石器，发现数量极少的小件青铜器，还常见猪、鹿的下颌骨，并发现纺织品残片。这是一支以渔猎采集经济为主的青铜时代先民遗存。从分布地域和年代分析，其族属应是当地早期貊人。

有学者将与马城子文化分布地域有别、文化内涵不同、丧葬习俗不同、生业方式迥异的沈阳市

---

① 孙进已、张璇如等著：《女真史》，吉林文史出版社，1987 年，第 2—3 页。

② 参见马驰：《〈新唐书·李瑾行传〉补阙及考辩》，《文博》1993 年第 1 期；王晓莉，张美霞：《唐〈李瑾行墓志〉简考》，《碑林集刊》第八辑，2002 年。

③ 参见杨建华：《中国北方东周时期两种文化遗存的辨析——兼论戎狄与胡的关系》，《考古学报》2009 年第 2 期。

④ 肖景全，延德玉，李荣发：《辽宁新宾满族自治县东升洞穴古文化遗存发掘整理报告》，《北方文物》2002 年第 1 期。

⑤ 参见辽宁省文物考古研究所，本溪市博物馆（李恭笃、高美旋执笔）：《马城子——太子河上游洞穴遗存》，文物出版社，1994 年。

⑥ 肖景全，邢启坤，金辉编著：《新宾满族自治县文物志》，辽宁民族出版社，2018 年。

法库湾柳街遗址、康平顺山屯遗址、苏家屯老虎冲遗址、新乐上层文化和抚顺望花类型文化这些含有三足器、没有火葬习俗、从事农业兼有渔猎的文化遗存，统统整合到不见三足器、流行火葬、以渔猎采集为主要经济形态的马城子文化范围之内[①]，违背了考古学文化划分的最基本原则，没有道理。这些文化之间的差别很容易辨别。有人对此早有论见[②]。

六、夏家店上层文化的族属为山戎

山戎，至迟在夏商时期就活动于中国北方地区。东周初，从鲁隐公二年（前721年）春，“公会戎于潜”[③]，戎开始出现于《春秋》记载之中。而戎侵攻中原诸侯的最早记载是鲁隐公七年（公元前716年），“戎伐凡伯于楚丘（卫地）以归”[④]。鲁桓公六年（齐釐公25年、公元前706年）：“北戎伐齐，齐侯室乞师于郑，郑大子忽帅师救齐。六月，大败戎师，获其二帅大良、少良，甲首三百，以献于齐”[⑤]。此后中经鲁庄公、闵公，一直到鲁僖公十六年（前644年），“（周）王以戎难告于齐，齐征诸侯而戍周”[⑥]。戎、北戎、山戎攻击中原，不绝如缕。以至于时人称：“蛮夷猾夏，周祸也。”[⑦]《史记·匈奴列传》：“周平王去酆镐而东徙雒邑（前770年）。……是后六十有五年，而山戎越燕而伐齐，齐釐公与战于齐郊。其后四十四年，而山戎伐燕，燕告急于齐，齐桓公北伐山戎，山戎走”[⑧]。

面对戎狄的不断内侵，春秋五霸“尊王攘夷”的主要作用就是打击戎狄，拱卫华夏。《春秋·庄公三十年》记载：“齐人伐山戎。”[⑨]鲁庄公三十年（公元前664年），齐桓公伐山戎：“冬，遇于鲁济，谋山戎也，以其病燕故也。”[⑩]所以《管子·小匡第二十》夸赞齐釐公和齐桓公：“中救晋公，禽（擒）狄王。败胡貉，破屠何，而骑寇始服。北伐山戎，制泠支，斩孤竹，而九夷始听，海滨诸侯，莫不来服。”[⑪]《春秋》《左传》和《管子》记事简略，实际上齐伐山戎是一场大规模的征伐之战，彪悍的山戎人连同其盟友被强大的齐国击溃了。

山戎衰落了，但北方频仍的“戎患”并未止息，给中原北方各国造成很大困扰，为此晋国卿魏绛提出“和戎”之策，并举出“和戎有五利”的观点，获得晋悼公首肯，“使魏绛盟诸戎。修民事，

---

① 参见赵宾福著：《中国东北地区夏至战国时期的考古学文化研究》第五章，科学出版社，2009年；另见赵宾福：《马城子文化新论——辽东北部地区夏商时期遗存的整合研究》，《边疆考古研究》第6辑，科学出版社，2007年。

② 参见肖景全，郑辰：《辽东地区青铜时代考古学文化的相关问题研究——以抚顺地区的考古资料为中心》，《辽宁省博物馆馆刊》（2014），辽海出版社，2014年。

③ 《春秋·隐公二年》，《春秋左传集解》（一），第13页。

④ 《春秋·隐公七年》，《春秋左传集解》（一），第40页。

⑤ 《左传·桓公六年》，《春秋左传集解》（一），第01页。

⑥ 《左传·僖公十六年》，《春秋左传集解》（一），第305页。

⑦ 《左传·僖公二十一年》，《春秋左传集解》（一），第321页。

⑧ 《史记》卷一百一十，《匈奴列传》第五十，第2879页。

⑨ 《春秋·庄公三十年》，《春秋左传集解》（一），第204页。

⑩ 《左传·庄公三十年》，《春秋左传集解》（一），第205页。

⑪ 《管子·小匡》第二十，参见戴望著：《管子校正》，《诸子集成》（5），第126页。

田以时”[①]，晋国的和戎之策获得成功，时当鲁襄公四年（前569年）前后。

齐国伐山戎，还涉及孤竹，有学者认为孤竹的东界已达大小凌河流域[②]。败胡貉，还牵扯到屠何和泠支。屠何，西汉辽西郡十四县中有徒河县，徒河即屠何。对屠何的地望，八十多年前，吕思勉先生考证“不屠何，汉魏徒河县，属辽西郡。故城在今奉天锦县”[③]。当今学者比定屠何故城在今锦州市界内的观点与吕先生的判断相若[④]。但金岳先生认为“屠何”即夏商时期的“土方”，其地在今称为老哈河和牤牛河（包括其注大凌河下游至入海）流域，而屠何在东周为山戎、东胡。屠何、山戎被齐桓公所破以后，在春秋时出现了东胡，东胡乃屠何的后裔[⑤]。金先生所说的老哈河与牤牛河，在努鲁尔虎山两侧，这里在两周时期分别为山戎和东胡的活动地域，而此前这一带为夏家店下层文化人群的生息地，而夏家店下层文化多认为与“燕亳”有关，与屠何的关系并不明晰。因此，东胡为屠何后裔的观点还有待继续研究。但汉代的徒河县既然设在辽西走廊，说明此地与屠何古族有密切关系，《管子》将屠何归入“骑寇”之国，不一定准确，它应该是“海滨诸侯”小国之一。

屠何古城与汉代辽西郡徒河县城，在今葫芦岛市连山区邰集屯镇（原属锦州市锦西县）小荒地村女儿河北岸的邰集屯城址，包括小荒地北山城、农药厂小荒地北城、小荒地南城（英房古城、邰集屯古城）。其中紧傍女儿河北岸的小荒地北山城为先秦屠何故地，镇农药厂小荒地北城为汉徒河县所在，同期的小荒地南城可能是徒河之卫城或辽西郡戍边军镇[⑥]。泠支，即令支。《国语·齐语》：“（桓公）遂北伐山戎，刜令支，斩孤竹而南归。”三国韦昭注：“（令支、孤竹）二国，山戎之与也。刜，击也；斩，伐也。令支，今为县，属辽西，孤竹之城存焉。”[⑦]韦昭称令支和孤竹是和山戎相互交好的二国（与国），则二国应隔燕山东北与老哈河上游的山戎相邻。齐国对山戎、胡貉的用兵，主攻对象是“骑寇之国”，但首先扫荡辽西走廊的屠何、令支、孤竹这些山戎的同盟者，解决了侧翼之患才进击山戎。

对孤竹，《史记》卷六十一《伯夷列传第一》，唐司马贞《索引》按：“其传（其传盖《韩诗外传》及《吕氏春秋也》）云孤竹君，是殷汤三月丙寅日所封。……按：《地理志》（云）孤竹城在辽西令支县”[⑧]。孤竹、令支是商的封国，《汉书》卷二十八下《地理志》第八下，辽西郡，“令支，有孤竹城”[⑨]。《史记·周本纪》张守节《正义》引《括地志》云：“孤竹故城在平州卢龙县南十二里，殷时诸

① 《左传·襄公四年》，《春秋左传集解》（三），第818页。

② 参见王海著：《燕秦汉时期辽西走廊社会研究》，黑龙江人民出版社，2019年，第88页。

③ 吕思勉著：《中国民族史》，岳麓书社，2010年，第59页。

④ 《中国历史地图集·释文汇编·东北卷》，第5页；王绵厚：《关于锦西邰集屯三座古城的历史考察——兼论先秦“屠何”与“汉屠何”》，《社会科学战线》，1990年第3期；另见朱永刚，王立新：《辽宁锦西邰集屯三座古城址考古纪略及相关问题》，《北方文物》1997年第2期。

⑤ 金岳：《东胡源于土方考》，《民族研究》1987年第3期。

⑥ 朱永刚，王立新：《辽宁锦西邰集屯三座古城址考古纪略及相关问题》，《北方文物》1997年第2期。

⑦ 《国语》卷六，《齐语》，第84页。

⑧ 《史记》卷六十一，《伯夷列传》第一，第2123页。

⑨ 《汉书》卷二十八下，《地理志》第八下，第1625页。

侯孤竹国也。"[①]当代学者对孤竹的研究文章多达几十篇，但聚讼纷纭，莫衷一是。《〈中国历史地图集〉释文汇编·东北卷》考订今河北省迁安县西南的赵店子为令支县治址，并定孤竹城在河北省卢龙县西南南台山[②]。杨建华先生认为："锦州地区在汉代为徒河县，即《管子·小匡》中的'屠河'，《墨子·非攻》篇中'虽北者且、不著何，其所以亡于燕、代、胡、貊之间者，亦以攻战也'指明了'且'（即"䖒"，音"cuó"）与屠何相近。因此两者可能就是殷墟卜辞中'䖒方'，在燕国东北的锦州地区。C群[③]中位于渤海西北岸的迁安、卢龙一带则是古来认为的孤竹国，这与《孟子》'孤竹之君，居北海之滨'相符。《国语·齐语》韦昭注：'令支，今为县，属辽西，孤竹之城在焉'。与迁安、卢龙地理位置相近的喀左北洞二号窖藏中的一个罍上有'孤竹'二字的铭文及'亚'框中的'髟（音biāo）'字，把它们之间的关系解释为髟人建立的孤竹国是比较合理的。锦州地区的'䖒'与迁安、卢龙的'髟'都受商文化的影响，文化联系紧密。在锦州山河营子出土的陶鬲不是魏营子类型的，而是与围坊三期相似[④]，就说明了这一点。正因为商代花这样大的力气来经营北方和东北方，武王克殷后，这里和东方一样具有复辟商王朝的势力。因此，在西周初年，为了巩固政权，周朝把注意力放在了东方和北方，才派了太公望和周公建立了齐和鲁，派召公封了燕，其目的正如史墙盘铭所言：'逖䖒髟，伐夷童。'"[⑤]后来有学者详细考证"孤竹国都城就在卢龙城南"[⑥]。然而近年又有人认为孤竹城在今河北迁安县和滦县一带。据人民网2017年10月29日转引中国新闻网《专家学者河北迁安探秘神秘古国孤竹》的报道称："孤竹国中心疆域是在滦河与青龙河汇合地域，即现今的迁安市、卢龙县、滦县三者交界处，以及三县所辖地区"，"伯夷、叔齐庙建在故孤竹城上，城北为孤竹国，（迁安彭店子镇）坨上村一带就是国都。"卢龙、迁安和滦州（原滦县）俱在滦河与青龙河沿岸，孤竹城在此一带是没有问题的。

关于山戎的文化遗存的族属，考古学界早有讨论。先是，夏家店上层文化的发掘者认为"称它是'东胡'和东胡的前身山戎的遗存是妥当的"[⑦]。而后靳枫毅先生发表《夏家店上层文化及其族属问题》[⑧]一文，全面系统地分析了夏家店上层文化的基本特征和内涵，结合历史记载，推论该文化当为东胡遗存，并认为北京与河北的军都山的玉皇庙、葫芦沟和西梁垙墓地是山戎文化遗存[⑨]。但靳先

---

① 《史记》卷四，《周本纪》第四，张守节《正义》，第116页。

② 《〈中国历史地图集〉释文汇编·东北卷》，第3页。

③ C群：杨建华将燕山南北商周之际的青铜器存分为A、B、C、D、E五群，其中C群代表性遗存有蓟县张家园铜器墓、滦县陈山头村铜器墓、卢龙东闬（hàn）各庄铜器墓、迁安小山东铜器墓、迁安马哨村铜器墓和蓟县邦均铜器墓。主要特征是中原商周之际的鼎、簋的组合，有中原式和北方式工具和兵器、装饰品和当地的陶鬲共存。参见杨建华《燕山南北商周之际青铜器的分群研究》，《考古学报》2002年第2期。

④ 刘谦：《锦州山河营子遗址发掘报告》，《考古》1986年第10期。

⑤ 林沄：《释史墙盘铭中的"逖䖒髟"》，《林沄学术文集》，第174—183页；另参见杨建华著：《北方先秦考古研究》，科学出版社，2015年，第30—31页。

⑥ 刘军，孟凡栋：《孤竹国都城就在卢龙城南》，《秦皇岛日报》2011年8月19日，第2版。

⑦ 刘观民，徐光冀：《内蒙古东部地区青铜时代两种文化》，《内蒙古文物考古创刊号》，1981年。

⑧ 靳枫毅：《夏家店上层文化及其族属问题》，《考古学报》1987年第2期。

⑨ 靳枫毅：《军都山山戎文化墓地葬制与主要器物特征》，《辽海文物学刊》1991年第1期。

生的这一观点受到多人质疑。朱永刚、林沄、郭大顺和张星德等人都认为夏家店上层文化遗存应是山戎活动所遗留下的①。而韩嘉谷先生确认“齐桓公北伐的山戎，对象是以宁城地区为中心的夏家店上层文化”，并认为东胡文化“是在被齐桓公征伐过的土地上崛起，并联合山戎、孤竹诸部遗民，结成新的部落联盟，雄踞中国北部东方”，这支文化就是“十二台子营子文化”，这个新的部落联盟的文化属性，是“由辽东进入辽西的一个文化类型”。虽然韩先生认为“这个集团的主体虽然是属秽貊遗存的十二台营子类型系统，然而它已脱离原地（辽东）既久，又包含了新的内容”②这一观点值得商榷外，其主张以宁城为中心的夏家店上层文化为山戎遗存的看法值得肯定。近年，乌恩岳斯图也认为,“将夏家店上层文化的族属认定为山戎是比较符合实际的”③。中国社会科学院考古研究所在其编著的《中国考古学·两周卷》中也认为，“视夏家店上层文化为山戎的遗存不无道理”④。

夏家店上层文化，是古代欧亚大陆东部地区最为发达的晚期青铜文化。据研究，该文化的分布中心主要在内蒙古东南部的西拉木伦河流域及其以北地区、老哈河及其支流英金河、坤都河流域，以及孟克河、教来河流域，包括努鲁尔虎山东麓至大凌河上游地区，其中尤以老哈河中上游及其坤都河流域分布最为密集⑤。在辽宁建平县也有分布。其年代从西周早期一直延续到春秋中期。

杨建华等先生指出，西周早期和中期，是夏家店上层文化的形成期。此期，銎柄剑和齿柄刀是这一时期特有的工具、武器组合。青铜器中基本不见车马器和动物纹装饰，对马和马车的使用并不普及。这一时期也不见典型的中原式铜礼器和其他与中原文化相联系的铜器。他们应该是一支兼营一定畜牧业的定居人群。夏家店上层文化繁荣期的年代集中在西周晚期至春秋早期。此期的遗存非常丰富，已发现的大型墓葬几乎都是这一时期营建的。繁荣期的武器非常发达。其中青铜短剑发现的数量和种类都很多，主要以銎柄剑、人体和动物形柄铜剑和平首剑为主。銎柄剑分直刃和曲刃两种。管銎类武器在这一时期也比较常见，既有北方地区较为常见的管銎斧，也有中原戈与管銎相结合的管銎戈和銎内戈。还有青铜镞和铜盔，以及铜衔镳、节约、当卢等车马器。装饰品有泡饰、联珠饰、双尾饰、弹簧耳环。动物纹牌饰和装饰有动物纹饰的刀、剑。其中有一类被称为卷曲动物纹的装饰风格在夏家店上层文化中比较常见，主要表现的是卷曲的虎或豹等猫科动物的形象，类似的装饰风格在欧亚草原地区也有广泛的分布。卷曲动物纹往往是正视或侧视的虎的形象，爪和尾端有环形，前后腿上都有同心圆纹。立体圆雕和平面浮雕或透雕的单体动物也比较流行。最后在夏家店上层文化中还存在描述人与动物共存的狩猎场景，在宁城南山根M102出土的一件刻纹骨板上，生动地刻画了马车、猎手、狗和鹿共存的狩猎场景。在整个西周时期，草原地区各族曾广泛使用马车，

① 朱永刚：《夏家店上层文化的初步研究》，《考古学文化论集》（一），文物出版社，1987年；林沄：《东胡与山戎的考古探索》，《环渤海考古国际学术讨论会论文集》，知识出版社，1995年；郭大顺，张星德著：《东北文化与幽燕文明》，第508—510页。

② 韩嘉谷：《从军都山东周墓谈山戎、胡、东胡的考古学文化归属》，《内蒙古文物考古文集》（第1辑），中国大百科全书出版社，1994年，第336—347页。

③ 《北方草原考古学文化研究——青铜时代至早期铁器时代》，第177页。

④ 中国社会科学院考古研究所编著：《中国考古学·两周卷》，中国社会科学出版社，2004年，第523页。

⑤ 刘国祥：《夏家店上层文化青铜器研究》，《考古学报》2000年第4期。

不仅用来狩猎，而且用于战争。直到春秋时期中原与北方戎狄之间的战争中，马还是用于车战，没有出现真正意义上的骑兵。到西周晚期和春秋早期，夏家店上层文化迅速崛起，与中原人群大量接触，文化中的车马器和铜礼器的出现与中原文化的关系非常大。考古发现与文献记载的山戎与燕国的关系也非常吻合。该文化人群的族属为山戎，其衰落的重要原因可能与文献记载的鲁庄公三十年（公元前 664 年）的‘齐人伐山戎’有关。中国北方游牧的外来因素是在发达的游牧化时期（公元前 7 世纪左右）由南西伯利亚传入的。在夏家店下层文化衰落期以后，内蒙古东南部地区在很长一段时间内成为早期游牧人群——东胡的重要分布区。所以我们推测北部胡人南下也可能是夏家店下层文化消亡的原因之一。在南北双重打击下，占据宜农宜牧、资源丰富的辽西山地的夏家店上层文化人群产生了分化，一些人群向南发展融入中原的燕文化，另一部分人群则投向了北方来的胡人，转变了经济方式，从事游牧生活[①]。

以上杨建华等先生详细分析了山戎—夏家店上层文化的文化面貌、文化内涵、年代分期和部落族属，对于人们认识该文化，区别该文化与其文化面貌相似的另类青铜文化，例如十二台营子文化具有重要意义。山戎人群主要分布于西拉木伦河、老哈河与英金河沿岸，但大凌河上游地区也有分布，山戎交好辽西走廊的孤竹、令支和屠何，使其成为“与国”也是必然之事。

将夏家店上层文化认定为山戎遗存，没有问题，但位置似乎有些偏东北且局促于一隅。揆诸文献，两周之时，中原西北与北方，遍布戎狄。其中王京附近有犬戎，秦有西戎，晋、卫、邢、曹、燕诸国附近都有山戎。前辈学者吕思勉先生认为，“窃疑山戎占地颇广，次第为诸国所并。至战国时，惟近燕者尚存。后人追述管子之事，不知其时之山戎，疆域与后来不同也，则以为在燕北而已矣”[②]。吕先生的判断，对我们应有启发。

七、十二台营子文化是东胡人遗存

胡，是中国古代最为古老的部族集团。关于“胡”，张亚初先生在《从古文字谈胡、胡国与东胡》一文中，归纳了 36 条殷周铭文所保存的国族胡的史料，说明至迟在殷周时期胡就出现在中国北方历史舞台上。张先生指出，“孤竹国所铸造的青铜器铭文都有胡字（亚胡铸孤竹廼方鼎 4、2033；亚胡铸孤竹父丁卣 10、5271；亚胡铸父丁孤竹觚 12、7293；亚胡孤竹罍 15、9793）。……也就是说，孤竹器上的胡，就是东胡即东部之胡称的前身”。“我们通常所说战国以后的东胡（包括乌桓和鲜卑），也可能早在殷代就以胡自称。有迹象表明，东胡所包括的这两个族，早在夏代就生活在这一地区。……这个胡因在犬戎胡之东而得名”。“犬戎胡曾经是一个古老而强大的少数民族。《穆（天子）传》中的犬戎胡，在穆王时的铜器铭文中称作戎胡。这个胡是指整个犬戎系统（从陇西到陕西、山西、内蒙古）中的一支。它分布面很宽广。胡字训大和远。犬戎胡之胡就是因其分布的广远而得名。犬戎胡据铭文得知，是媿姓，属于鬼方系统。鬼方主要活动在山西、陕西黄河两岸地区”。“在西周中

① 《欧亚草原东部的金属之路：丝绸之路与匈奴联盟的孕育过程》，第 238—250 页。

② 吕思勉著：《中国民族史》，第 59 页。

晚期，据铭文可知，在蓝田一带比较华夏化的犬戎胡的一支建立了媿姓的胡国，以族名称国”。“到秦汉时代，胡指匈奴，甚至臣服于匈奴的国族也以胡称之”①。

西周时期，分布于大凌河中下游的十二台营子文化同夏家店上层文化的关系最为密切。前者的墓葬同夏家店上层文化的石椁墓结构类似；十二台营子文化的短茎式曲刃剑和T形柄曲刃剑接受了夏家店上层文化的影响，而且这种影响一直波及辽东乃至朝鲜半岛。

夏家店上层文化典型器类的环首刀、齿柄刀等在十二台营子文化也时有发现。反过来，十二台营子文化的某些文化因素对夏家店上层文化也产生了影响。夏家店上层文化T形柄曲刃剑柄部所装饰的精致复杂的几何纹，不是该文化的传统风格，在十二台营子文化中则是常见的题材，不仅见于短剑的柄部，而且也装饰铜镜、剑镖、斧、马具（镳、喇叭形器）等。十二台营子文化的早期与夏家店上层文化南山根类型的年代相当，其下限可延续到战国中期。也就是说，夏家店上层文化消亡之后，十二台营子文化还继续存在一段时间，即在燕国的势力到达这里以前②。

东胡是我国古代东北地区的一个重要部落联盟。它最早见于《逸周书》卷七《王会篇》和《山海经》卷十一《海内西经》。从西周中经春秋战国到魏晋，东胡都是我国古代史上比较重要的一个军事行政共同体。《史记》卷一百一十《匈奴列传》第五十：“燕北有东胡、山戎。”《索隐》引服虔云：“东胡，乌丸之先，后为鲜卑。在匈奴东，故曰东胡。”③东汉人服虔所说的东胡“在匈奴东，故曰东胡”，指的是战国晚期至汉初的东胡分布情况，而战国早期及以前，东胡的方位诚如赵武灵王所言：“自常山以至代、上党，东有燕、东胡之境。”④东胡之境在燕国之东，也就是“十二台营子文化”的分布范围。

燕国昭王年间（前311—前278年），燕将秦开“袭破走东胡，东胡却千余里”⑤，秦开亦“度辽东而攻朝鲜”⑥，“取地二千余里，至满潘汗⑦为界，朝鲜遂弱”⑧。燕国以满番汗为界是取地二千余里的结果，而秦开未击古朝鲜之前，“朝鲜踰徼，劫燕之东地”⑨。古朝鲜常寇掠辽东缘边地区包括今辽东半岛而为燕国所不能容忍，故而有“燕袭走东胡，辟地千里，度辽东而攻朝鲜”之战。

---

① 张亚初：《从古文字谈胡、胡国与东胡》，《文博》1992年第1期。

② 《北方草原考古学文化研究——青铜时代至早期铁器时代》，第202—203页。

③ 《史记》卷一百十，《匈奴列传》第五十，第2883—2885页。

④ 《战国策校注》卷六，《赵二》，台湾商务印书馆发行：《影印文渊阁四库全书·史部·杂史类》，1986年，第407册，第179页。

⑤ 《史记》第一百十，《匈奴列传》第五十，第2885—2886页。

⑥ 《盐铁论·伐攻》第四十五，参见《诸子集成》（8），第47页。

⑦ 满番汗，具体位置有争议，而且有学者认为“满”为衍文。满番汗应该与西汉辽东郡的番汗县有关，番汗县的县治在今朝鲜平安北道博川城南的古博陵城，其东为清川江，参见谭其骧主编《〈中国历史地图集〉释文汇编·东北卷》，第14页与孙进己，王绵厚主编《东北历史地理》第一卷，黑龙江人民出版社，1989年，第222页，因此满番汗或者番汗也大体应在此附近，或就在博陵城；另见李建才著《东北史地考略》（第三集），吉林文史出版社，2001年，第51页与杨昭全，孙玉梅著《中朝边界史》，吉林文史出版社，1993年，第27页。

⑧ 鱼豢撰：《魏略辑本》卷二十一，第3页下，〔民国〕张鹏一辑佚，关陇业书本。

⑨ 《盐铁论·备胡》第三十八，参见《诸子集成》（8），第41页。

从上引“朝鲜遂弱”那条记载分析，燕国并没有占领朝鲜全境，只是抵达今清川江（浿水）岸边，并没有进到朝鲜的中心地区大同江流域，朝鲜的境域缩小了，但并没有灭国，这就为后来貊系高句丽的崛起创造了条件。我们从《史记·朝鲜列传》的记载也可以证明这一点。据《朝鲜列传》记载，汉初的燕地人卫满，“聚党千余人，魋结，蛮夷服而东走出塞，渡浿水，居秦故空地上下鄣，稍役属真番、朝鲜蛮夷及故燕、齐亡命者，王之，都王险”①。卫满“东走出塞”的“塞”，是燕国所筑又被汉朝“复修”的“辽东故塞”。卫满出塞后便“渡浿水”，说明燕汉长城的东端终点在浿水岸边。浿水东岸是“秦故空地上下鄣”，这段“空地”离列水（今大同江）岸边的朝鲜王京还有相当一段距离，因此朝鲜王安排卫满落脚于此。未承想卫满竟然渐渐聚集力量，占领王险城，灭掉了已经衰弱的箕氏朝鲜。

有学者认为，“将《魏略》中作为燕与箕氏朝鲜边界的满番汗比定在鸭绿江与清川江流域都是不正确的。满番汗的地名或是河名虽然已无从考证，但一定在大同江流域。因此，燕与箕氏朝鲜的界河更可能是大同江，而不会是清川江，更不会是鸭绿江”②。鸭绿江是不正确的，但也不会是大同江，只能是清川江，已如前述。

东胡却千余里、燕国攻朝鲜取地两千余里，都没有说明这二千里的起点在哪里。对胡而言，燕未筑长城之前，东胡在燕国的东北边；秦开却胡，东胡却千余里。考古资料所见，在燕国东北边的今努鲁尔虎山与医巫闾山之间地带的辽宁喀左县、建平县、凌源市、朝阳县、北票市、朝阳市区、锦州市和阜新市一线发现许多十二台营子文化遗址之上迭压着典型中原燕国中晚期文化遗存的现象。笔者曾参与发掘的辽宁省建平县朱碌科镇水泉遗址，十二台营子文化层之上迭压着典型燕国中晚期遗存③，令人印象极为深刻。燕文化传播至此就是秦开却胡的结果，而被燕文化遗存迭压的十二台营子文化就应是被秦开所却的东胡人遗存④。燕国不但却胡，也深入到原为山戎所占的西拉木伦河、老哈河流域。1963 年发掘的赤峰蜘蛛山遗址，发现红山文化、夏家店下层文化、夏家店上层文化和战国——汉初四种文化堆积⑤。其中战国时期的堆积，就是燕国秦开却胡占据此地的明证。

由于秦开的攻击，东胡从这里向东北方或者东方退却了千余里。战国 1 里合今多少米不知，而汉代 1 里一说为今 414 米⑥；另一说为 325 米⑦。按前说，则一千余里合 414 千米。按后说，则合 325 千米。以后说距离来看，如果将上列这些当代城市用线连接起来，则从这条线向外后退 325 千米，则大体到今天的内蒙古自治区赤峰市及其所属的敖汉、奈曼和通辽市所属的库伦旗、科尔沁左翼后旗一线。也就是说，被秦开击退的东胡，大体应退却到今内蒙古自治区这几个旗一带甚至更远。当

① 《史记》卷一百一十五，《朝鲜列传》第五十五，1963 年，第 2985 页。
② 杨军，王秋彬著：《中国与朝鲜半岛关系史论》，社会科学文献出版社，2006 年，第 89 页。
③ 《北方草原考古学文化研究——青铜时代至早期铁器时代》第八章《十二台营子文化》，第 224—244 页。
④ 辽宁省博物馆，朝阳市博物馆：《建平水泉遗址发掘简报》，《辽海文物学刊》1986 年 2 期。
⑤ 中国社会科学院考古研究所内蒙古工作队：《赤峰蜘蛛山遗址的发掘》，《考古学报》1979 年第 2 期。
⑥ 杨宽：《中国历代尺度考》，商务印书馆，1955 年。
⑦ 陈梦家：《汉简考述》，《考古学报》1963 年第 1 期。

然，也有很大一部分东胡人留在当地未走，如1979年笔者也曾参与发掘的朝阳县十二台营子乡袁台子砖厂燕国墓地，出土“手制罐”的墓群与典型燕人“鼎豆壶”墓地共存一地且无打破关系，从一个侧面反映了战国中晚期之时，燕国疆域内东胡人与燕人相互交融的历史①。而且燕国修建长城以后，这些退却的东胡人还会返回到长城缘边地区，长城内外之人照常和平往来甚至在“胡市”进行贸易。

迭压在十二台营子文化层之上的典型燕文化遗存，其年代为战国中晚期。燕文化的到来正是“秦开却胡”的结果。十二台营子文化为东胡人的遗留，但东胡绝不是族称，犹如近代国人称西洋人亦不认为是族称一样。东胡是几个族群的统称，以乌桓、鲜卑为主体，以至于朝鲜（朝鲜胡国）、高句丽（故句骊胡）都可以被称为胡。甚至在明代，官员们谈到女真时，还称“国初分东胡为卫三百有奇”②；谈到蒙古时称“胡虏为中国之患，历代所不能免”③。到晚明，自诩为小中华的朝鲜也把文化上落后于他们的建州女真称为胡④，这样的例子在朝鲜《李朝实录》中屡见不鲜。

十二台营子文化即东胡族团的分布范围，大致西起努鲁尔虎山，与夏家店上层文化相临，南到辽西走廊及其以东的辽宁锦州沿海，东抵医巫闾西麓的辽宁义县，以松岭两翼的大小凌河流域为中心。十二台营子文化的居民过着定居生活，农业是其主要生产活动和生活来源。畜牧和渔猎业在经济活动中占有重要地位。十二台营子文化的铸铜业达到相当高的水平，除石范可以铸造简单的青铜兵器和工具以外，像三官甸子出土的蛙形饰、虎衔兔形饰、双蛇衔蛙形饰、青铜短剑“T”形柄首⑤，栾家营子出土的铃形饰和炮手营子出土的带铃铜勺、銮铃、当卢、铜斧⑥，等等，都需要复合陶范才能铸造出来，这缘于其与燕国有长期交往的原因，是中原陶范铸铜技术对东胡工匠产生直接影响的结果。

随着燕国向东北方向开拓，辽西地区的古族包括十二台营子文化的主人东却，除向敖汉、奈曼和通辽一带移动外，也有一部分徙居今沈阳地方，如沈阳郑家洼子类型⑦和沈阳马贝堡⑧青铜短剑类型遗存、本溪满族自治县富楼乡刘家哨青铜短剑墓⑨，都可能与辽西古族的东来有关。成璟瑭和徐韶刚二位先生关注并讨论了郑家洼子类型的性质，称“我们认为十二台营子类型与郑家洼子类型确实

① 辽宁省文物考古研究所：《辽宁近十年来文物考古新发现》，《文物考古工作十年》，文物出版社，1990年；另见王成生编著：《朝阳袁台子——战国西汉遗址和西周至十六国时期墓葬》，文物出版社，2010年，第231—232页。

② 魏焕：《巡边总论一·辽东边夷》，参见〔明〕陈子龙辑：《明经世文编》卷二百四十八，中华书局，1962年，第2611页。

③ 马文昇：《为会集廷臣计议御虏方略以绝大患事疏》，《明经世文编》卷六十四，第533页。

④ 参见［韩］郑容和：《从周边视角来看朝贡关系》，《国际政治研究》2006年第1期；另见孙卫国：《大明旗号与小中华意识：朝鲜王朝尊周思明问题研究》，北京商务印书馆，2007年，第020—021页。

⑤ 辽宁省博物馆：《辽宁凌源县三官甸子青铜短剑墓》，《考古》1985年第2期。

⑥ 李殿福：《建平孤山子、榆树林子青铜时代墓葬》，《辽海文物学刊》1991年第2期。

⑦ 沈阳市文物工作组：《沈阳地区出土的青铜短剑资料》，《考古》1960年第1期；沈阳故宫博物院，沈阳市文物管理办公室：《沈阳郑家洼子的两座青铜时代墓葬》，《考古学报》1975年第1期。

⑧ 参见沈阳市文物局编：《沈阳市文物志》第二章第二节《墓葬·马贝堡墓葬》，沈阳出版社，2019年，第137页。

⑨ 梁志龙：《辽宁本溪刘家哨发现青铜短剑墓》，《考古》1992年第4期。

存在一些共性，同时也注意到它们在墓葬结构、埋葬习俗即随葬器物等方面的差异，暂不宜判断两者关系密切”。“郑家洼子类型在墓葬结构、随葬器物组合等方面与周边以十二台营子墓地为代表的短茎式铜剑文化存在细节上的差别，但现在还没有足够的证据讨论其族属问题”，“东北地区车马器的分布主要集中在辽西地区，辽河流域腹地只有郑家洼子一处墓地出土车马器，辽东（其他）地区暂时没有发现，也就是说郑家洼子类型实际是东北地区先秦时期马具分布的东界”，“春秋晚期到战国早期阶段，木椁（棺）墓也是以辽河流域腹地的郑家洼子类型为界”[①]。

成璟瑭和徐韶刚二位先生注意到郑家洼子类型与十二台营子文化的异同，并没有将二者归于同一文化。值得注意的是，郑家洼子 6512 号墓的埋葬形式、出土的曲刃青铜短剑、喇叭形器、马衔等与远在辽西走廊的兴城市碱厂乡朱家村春秋晚期的青铜短剑墓[②]出土的同类器物极为相似。而据朱家村墓地清理简报编写者称，朱家村墓葬出土器物，其中一节直杆式马衔与辽宁省凌源三官甸子[③]青铜短剑墓出土的马衔相似；马镳的形制又与北京延庆玉皇庙 YYM18[④]、内蒙古宁城小黑石沟 92AⅡM1[⑤]出土的器物相似，在辽宁朝阳县袁台子 M122[⑥]可见同样形制的骨质马镳。上述三官甸子墓地属于十二台营子文化，为东胡遗存；延庆玉皇庙墓地属于玉皇庙文化，为“代”国遗存；小黑石沟墓地属于夏家店上层文化，为山戎遗存；袁台子 M122 属于十二台营子文化遗存，也属东胡。由此可见，朱家村墓葬的文化来源具有多样性。朱家村所在的辽西走廊，商周至春秋时期有山戎的与国孤竹、令支和屠何存在，他们是商的诸侯国，故其丧葬制度与中原相似；而这些诸侯小国的主体民族以当地部落人为主，且又长期与周边部族有密切的联系，朱家村的墓葬出现多种文化因素的聚合，当与此有关。

与朱家村青铜短剑墓葬相似的遗存在今沈阳郑家洼子出现，说明郑家洼子类型不是本地部落人遗存，其主人应是从辽西迁来。其迁徙的原因，或可能与齐伐山戎有关，山戎败退后，其一部分余众可能纠合沿海“与国”未宾服的余众徙往辽东，落脚今沈阳一带。而且郑家洼子类型与十二台营子文化的关系亦不能忽略，例如墓中出土的骨柄铜刀（齿柄铜刀），显然不是本地而是辽西地区夏家店上层文化或十二台营子文化的产物。说郑家洼子非当地固有的文化遗存，从其葬式也可窥见一斑。郑家洼子 6512 号墓主为仰身直肢葬，其东北面的 659 号墓亦为仰身直肢葬，而且为非火葬墓。这与辽西地区夏家店上层文化或十二台营子文化流行的仰身直肢葬具有一脉相承的特征，而与新乐上层文化墓葬的屈肢葬迥然不同。

沈阳地区，两周时期为新乐上层文化分布区。郑家洼子 6512 号墓和 659 号墓所在的郑家洼子

---

① 成璟瑭，徐韶刚：《郑家洼子类型小考》，《文物》2019 年第 8 期。

② 葫芦岛市博物馆（孟玲）：《辽宁兴城朱家村春秋木棺墓清理简报》，《文物》2019 年，第 8 期。

③ 辽宁省博物馆：《辽宁凌源县三官甸青铜短剑墓》，《考古》1985 年第 2 期；

④ 北京市文物研究所：《军都山墓地——玉皇庙》，文物出版社，2007 年，第 1142 页。

⑤ 内蒙古文物考古研究所等：《夏家店上层文化的青铜器》（韩中共同学术调查报告书二），首尔：东北亚历史财团，2007 年，第 292 页。

⑥ 辽宁省文物考古研究所（王成生）：《朝阳袁台子——战国西汉遗址和西周至十六国时期墓葬》，第 18 页。

村，1965年中国社会科学院考古研究所东北工作队发掘的肇工街遗址，其第二期即为典型的新乐上层文化遗存。在肇工街遗址南1500米的郑家洼子遗址（两遗址当年都在郑家洼子村界内）和墓地，其遗址一期文化与肇工街遗址二期的新乐上层文化判然有别，属于一种新的文化类型。这种新的文化类型，不见肇工街二期遗存中的鼎、鬲、甗三足器，出现了罐、壶、豆、盘等新的器类。石器有枕状器、棍棒头、石刀、石镰等。这种新的文化类型，与抚顺莲花堡文化[①]面貌极其相似，应属同一文化，遗憾的是当年没有分辨出来而将其归入新乐上层文化之中。郑家洼子战国至西汉时期遗址中发现的青铜短剑墓（M2），土坑墓，头向西北，侧身屈肢，腰部右侧佩残青铜短剑一把。青铜短剑仅存剑身和石质枕状器，剑身细长，尖锋残缺1/3，残长15.3厘米，宽1.5厘米。还有一件长颈壶，胎土中夹细砂，表面磨光，制作精致，高18.6厘米，腹径15.9厘米，壁厚0.5厘米。郑家洼子M2所出土的青铜短剑属于细形剑，在沈阳地区并不多见，年代较晚，大体在战国晚期至西汉初年。出土的长颈壶，也属战国晚期至汉初样式。然而从墓主人屈肢葬式上看似应属新乐上层文化墓葬葬式，而且M2还打破了郑家洼子遗址3B层，而郑家洼子遗址的年代也在战国晚期至西汉初期，这些复杂的现象，值得进一步研究。

2012年，辽宁本溪市平山区桥头镇金家村一座青铜短剑墓中出土了青铜壶1件、青铜短剑2件、铜镜形饰2件、铜肩甲式饰件（斧囊）2件，还有铜削、铜节约、牌饰、绿松石饰件等器物[②]。其中的铜肩甲式饰件（斧囊），与沈阳郑家洼子6512号墓出土的同类器形制相同。而令人瞩目的是青铜壶竟与沈阳郑家洼子6512号青铜短剑墓出土的泥质弦纹灰陶壶（6512：61）形制完全相同。说明本溪金家青铜短剑墓属于郑家洼子类型无疑。需要强调一点的是，金家出土的这件青铜壶，还有铜肩甲式饰件（斧囊）必须用复合陶范才能铸造出来，而这种青铜容器的铸造技术，在战国时期，非辽西青铜时代部落莫属。同样，本溪满族自治县富楼子乡刘家哨青铜短剑墓[③]出土的青铜短剑的“T”字形柄首以及青铜兽形器，也需要复合陶范才能铸造出来，也属郑家洼子类型遗留。揆诸辽东考古资料，迄今尚没有复合陶范发现。辽宁大学历史系1988年发掘的辽宁法库县湾柳街遗址，据称出土了3件陶范，所称的陶范毁损严重，发掘报告中所绘考古线图难以辨识器形[④]，只能存疑。吉林省大安汉书二期曾出土陶范五十余块，都是制造刀、锥、镞、饰牌、矛和鱼钩等小件器物的单范与合范[⑤]。似乎可以这样判断，先秦时期的辽东人尚未掌握复合陶范铸铜技术就直接跨入早期铁器时代。因此，那些需要复合陶范才能铸造出的青铜容器，都是从辽西或以远地区传播而来。

---

① 王增新：《辽宁抚顺市莲花堡遗址发掘简报》，《考古》1964年第6期；肖景全，周向永：《辽吉两省相邻地区早期铁器时代文化的发现与研究》，《辽宁省博物馆馆刊》第2辑，辽海出版社，2007年。

② 参见梁志龙主编：《本溪通史》上卷，第075页，辽宁人民出版社，2021年。

③ 梁志龙：《辽宁本溪刘家哨发现青铜短剑墓》，《考古》1992年第4期。

④ 辽宁大学历史系考古教研究，铁岭市博物馆：《辽宁法库县湾柳遗址发掘》，《考古》1989年第12期。

⑤ 吉林大学历史系考古专业，吉林省博物馆考古队：《大安汉书遗址发掘的主要收获》，参见东北考古与历史编辑委员会：《东北考古与历史》第一辑，文物出版社，1982年，第139页。

八、关于辽西窖藏商周青铜器

多年以来，在辽西的大凌河流域和辽东地区，陆续发现了多批窖藏商周青铜器（包括锦州市义县花尔楼①和喀左和尚沟墓葬②出土）。辽西喀左和义县窖藏青铜器，迄今出土了6批69件，另外内蒙古赤峰市克什克腾旗天宝同、赤峰翁牛特旗解放营子乡头牌子窖藏，以及朝阳市等还有一些零星发现③。这些窖藏青铜器从性质上看，可分两大类。第一大类是典型中原传入的商周器以及同时期当地原住部落铸造的青铜器，局限于今辽西大凌河沿岸，即朝阳市喀喇沁左翼蒙古族自治县山嘴子镇海岛营子村马厂（场）沟组，平房子镇北洞村、山湾子村，坤都营子乡波太沟村小波汰沟；锦州市义县稍户营子镇花尔楼村。第二大类是传入的北方系商周青铜兵器，从辽西到辽东都有发现。笔者在此仅就辽西喀左窖藏青铜器的性质进行讨论。

喀左窖藏青铜器中，以出土了带有“孤竹”和“㠱侯”铭文的北洞村窖藏青铜器最为引人注意。因为北洞窖藏青铜器里面出现了“㠱侯”铭文，所以很容易让学者想到商末时期的“箕子”。因此有一些学者根据文献记载，考订箕侯就是商之末王纣的“诸父”，子姓，商亡之前被纣王囚禁，武王灭商后，释放了箕子，箕子不忍周之释，走之朝鲜，亦即“箕子之明夷”，“明夷”就在后来被称为辽西的地方。越往后，关于箕子的传说“层累”地增加到箕子率五千人去到朝鲜建箕子朝鲜，立“八条之教”，等等。因这类论述文章甚夥，兹不一一列举了。本文不对箕子问题进行讨论，在此仅就喀左青铜器窖藏的性质略述己见。

对喀左窖藏青铜器的窖藏年代、器物年代、窖藏动机、窖藏主人及相关问题，以往有多位学者进行了研究，包括日本学者也有非常专业的研究。其中以郭大顺、张星德、杨建华和乌恩岳斯图诸先生以及日本学者广川守先生的研究最为详细④。

广川守先生利用与辽宁省博物馆合作的机会，对这批窖藏青铜器作了实地考察，而且有幸对一部分器物进行了实测。由于零距离接触了这些铜器，看得仔细的广川守先生经过对比研究，将这批铜器“均作为殷末周初之器处理”。同时，广川守先生还根据铜器的铸造特征，将这批铜器分为“中心地做出的精良铜器流入这一地区”部分和“地方制作的器物”部分。除此之外，还有对中心地制作的青铜器做过修补的情况。广川守先生所称的“中心地”是指西周所分封的包括燕国在内的各诸

① 辽宁义县文物保管所：《辽宁义县发现商周窖藏铜器》，《文物》1982年第2期。

② 辽宁省文物考古研究所，喀左县博物馆：《喀左和尚沟墓地》，《辽海文物学刊》1989年第2期。

③ 《东北文化与幽燕文明》，第430—434页。

④ 晏琬（李学勤）：《北京、辽宁出土铜器与周初的燕》，《考古》1975年，第5期；李学勤：《试论孤竹》，《社会科学战线》1983年第2期；葛英会：《燕国的部族及部族联合》，《北京文物与考古》总第期；孙守道：《论夏商周三代龙的演变》，《辽宁省博物馆论文集》第一辑，1985年，第191—196页；《东北文化与幽燕文明》第430—439页。［日］广川守著，蔡凤书译：《辽宁大凌河流域的殷周青铜器》，参见辽宁省文物考古研究所，［日］中国考古学研究会：《东北亚考古学研究——中日合作研究报告书》，文物出版社，1997年，第226—230页。杨建华：《燕山南北商周之际青铜器遗存的分群研究》，《考古学报》2002年第2期；另可参见杨建华著：《北方先秦考古研究》，科学出版社，2015年，第23—25页。

侯国。被广川守先生认定的流入大凌河地区的中心地做出的精良青铜器主要有：

方鼎，北洞2号窖藏、山湾子窖藏各1件。

圆鼎，北洞2号窖藏2件、小波汰沟1件、花尔楼1件，朝阳采集1件。

鬲，山湾子1件。

甗，马厂沟2件、山湾子3件、花尔楼2件。

簋，马厂沟3件、北洞2号1件、山湾子9件、花尔楼1件、小波汰沟1件。

盂，马厂沟1件、山湾子2件。

罍，马厂沟1件，北洞1号5件、2号1件，朝阳2件。

方罍，山湾子1件、小波汰沟1件。

瓿，北洞1号1件。

尊，山湾子2件。

卣，马厂沟2件。

贯耳壶，马厂沟1件。

盘，马厂沟1件。

盘鼎，马厂沟1件。

俎形器，花尔楼1件。

盘状器，山湾子1件。

广川守先生认为，上述这些青铜器，“几乎都是加工精良的优等品，特别是像前面所述那样的大型器的材质，一般来说杂质虽说是多一些，但除个别的几件之外，铸造得都很好。从器形和纹样看，这些东西毫无疑问都是在中心地制作的，可以认为其中集中了优秀之作”。广川守先生进一步认为，“首先可以明确看到与特定地域的关联是与西周时期以琉璃河为中心的燕国的关系。……进一步说，大凌河地区与以北京市为中心的地区之直接关联，并不只是燕国的西周时期。如亚字形铭文所显示的那样，可以认为这是比西周时期更早的器物。……这些器物所表现的，至少可以说予以殷墟为中心的河南北部、山西中部、陕西周原三个地区有着某种关系。……与其说这一地区的窖藏青铜器是成套被带进来的，不如说个别地接受更为妥当”①。

关于地方制作的器物，广川守先生以山湾子窖藏的牛纹罍、饕餮纹甗及花尔楼的小甗、马厂沟的饕餮纹甗，还有和尚沟②出土的卣和小波汰沟窖藏的饕餮纹圆鼎③为例进行了考察。广川守先生认为，以上是一些被认为是地方制作的青铜器。这其中，大型的罍和甗4件的铜质不大好，砂眼多。砂眼基本上是铜液浇灌之际冒出来的气泡。那么可以认为，范的制作和浇灌可能是相当困难的事。至于铸造上很差的大型地方器物，在细部形态上也有若干不同的地方，从整体上看，可以推测是模

① 《辽宁大凌河流域的殷周青铜器》，参见《东北亚考古学研究——中日合作研究报告书》，第219—222、225—226页。

② 辽宁省文物考古研究所，喀左县博物馆：《喀左和尚沟墓地》，《辽海文物学刊》1989年第2期。

③ 《辽宁大凌河流域的殷周青铜器》，参见《东北亚考古学研究——中日合作研究报告书》，第226—230页。

仿了靠近中心地制作器的形状。铸造上的问题，有一些如马厂沟窖藏出土甗或山湾子窖藏出土甗上带有榫卯的问题。关于器型，则是相当忠实模仿制作之物。可是关于纹样，则不是那么热心忠实模仿，这一点从个别器物上的所见得以明确。这一事实说明此地人对中心地纹样的思想并不是很理解，而仅仅是模仿了形式而已。这意味着，青铜器在这儿虽被制作，但中心地的文化传统在这儿却得不到反映，这就是佐证①。遗憾的是，广川守先生对于北洞2号窖藏出土的带流青铜钵并没有加以深入研究，他称"虽不能认为是中心地的奇怪之物，但由于关系到器型详细的情况缺如，而且与其他青铜器完全不同，所以在此不做讨论的对象"②。

郭大顺和张星德二位先生在所著《东北文化与幽燕文明》一书中，详细介绍了喀左窖藏青铜器后也认为"大致可分为中原式器和地方式器两部分"，并认为，"它们埋藏的年代，也从商代中期到西周早器，但都以西周早期为主。所以，它们所反映的历史问题，也应不限于周初封燕之后，而是包括了周初封燕之前的商代"。郭大顺、张星德二位先生对喀左窖藏青铜器的特征归纳出如下四点："（1）窖藏中与具有中原商周特征陶器同出的地方产品时代也在商周之际前后，这就进一步证实窖藏铜器确为当时埋藏；（2）与中原铜器伴出分别有具地方特点的陶、铜器，证明窖藏铜器应与地方青铜文化有关，据和尚沟1号墓共存陶器的特征，这种地方青铜文化即应是魏营子文化；（3）小波汰沟窖藏分辨出的诸如铃首匙、悬铃方座簋、覆钵状器盖等非商周式青铜器，这类特征鲜明的青铜器，具'北方式青铜器'作风。……朝阳地区的出土品，如小波汰沟的器盖，应与魏营子文化有关。这些具浓厚地方特色的产品，很可能就是魏营子文化本身所拥有的青铜制品；（4）对于铸有族徽铭文的铜器，是否都反映具体'族'的活动，还不宜作直接的肯定或否定的结论。"郭大顺和张星德二位先生认为喀左窖藏青铜器为魏营子文化③遗存。并认为，"关于这几批窖藏青铜器的功能，一般认为与祭祀有关"④。

对喀左窖藏青铜器，杨建华先生也进行了研究。她认为喀左窖藏青铜器，"（年代）即从殷周到西周之前；地域分布集中，以喀左为中心，个别分布到义县等地"；"这批铜器的年代、组合和铭文使人们很自然地将其与琉璃河的铜器联系起来。从两地共出的'匽侯'、'伯矩'和'圉'器反映出喀左一带与周初的燕国有密切的联系，而且在大凌河沿岸的喀左集中出土了这么多西周早期青铜器，说明它是在燕山以北与琉璃河遥相呼应的一个据点。'曩侯'与'孤竹'铭文以及商代青铜器，说明这里和琉璃河一样有殷商文化的存在。喀左青铜器上''和''铭文反映了与北方广大地区如周原和灵石等地的文化联系"。对喀左窖藏青铜器的性质，杨建华先生认为，"第一，北洞一、二号窖藏和山湾子均为方形圆角坑和方形圆坑，如果是为避战乱临时掩埋，没有必要在坑的形状上

①《辽宁大凌河流域的殷周青铜器》，参见《东北亚考古学研究——中日合作研究报告书》，第236页注44。

②《辽宁大凌河流域的殷周青铜器》，参见《东北亚考古学研究——中日合作研究报告书》，第226—230页。

③ 郭大顺：《试论魏营子文化》，《考古学文化论集》第一辑，文物出版社，1987年；董新林：《魏营子文化初步研究》，《考古学报》2000年第1期；《北方草原考古学文化研究——青铜时代至早期铁器时代》第四章《魏营子文化》，第226—230页。

④《东北文化与幽燕文明》，第430—439页。

花功夫。第二，这些窖藏上青铜器的摆放多以有重要铭文的‘重器’为中心，山湾子是以饕餮纹盂为中心，周围摆放9件簋，周围及上面放置其他铁器。北洞一号窖藏是二罍一瓿和三罍构成两个三角形，口朝上，器口平齐。有铭文‘父丁孤竹亚髟’（按：即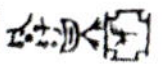[1]）的罍处于明显的位置。北洞二号窖藏为南北向，口朝上，为了保持器口平齐，坑底有意留成北高南低的坡状，并在较矮的器物下垫石头。以铸有‘㠱侯亚矣’铭文的方鼎（在最南端），其后是罍和蝉纹鼎，第三排是鼎和簋，钵置于簋上。第三，窖藏所处的地貌似有选择。……喀左青铜器窖藏的埋藏环境虽不全如此，但至少可以说，以北洞村为代表的窖藏应是举行某种仪式留下的”[2]。

乌恩岳斯图先生认为喀左窖藏青铜器与从夏家店下层文化而来的魏营子文化关系密切，他认为，“在喀左高家洞[3]、和尚沟墓地发现商式铜礼器与魏营子文化的陶器、铜耳环、金臂钏共存，表明商周铜器窖藏与魏营子文化之间存在着密不可分的关系”。乌恩岳斯图先生据《国语·齐语》：（齐桓公）“北伐山戎，刜令支，斩孤竹而南归”的记载，认为“孤竹国是长城以北比较强大的方国”，“初步推测孤竹国可能就是魏营子文化的居民所建立的方国。当然我们说魏营子文化的居民建立孤竹国，并不是排除少数殷遗或周族的居民迁居辽西的可能性”[4]。

上述几位学者的观点为：1. 喀左窖藏青铜器的埋藏年代，大体在殷商中晚期到西周早期；2. 这批窖藏青铜器除一部分为殷商时期外，多数以西周器为主，而且与周初的燕国有密切的联系，相对制作精良；3. 一部分为当地土著仿制，个别有具地方特征的器物，制作相对粗劣；4. 这批铜器发现于魏营子文化分布区，应与魏营子文化的主人密切相关，“魏营子文化的居民”建立了孤竹国，但是不排除魏营子文化主体居民之外有迁居此地的殷遗和周族之人加入；5. 从喀左北洞等窖藏青铜器现场情况分析，祭祀的性质比较明显。不惟祭祀，同类的器物在墓葬中也有发现。

笔者认为，喀左这批窖藏青铜器，有一批属于殷商时期器，年代最早的可到二里岗期，属于商代中期的器物，还有殷代晚期器和西周早期器。如果说是被商王封到此地的孤竹人所持有，那也不是始封之时所带来，很可能是商代中期以后，有商朝显贵因故迁来此地者携带而来。入周以后，燕人为羁縻孤竹、令支等殷遗，给予他们优渥待遇，连“燕侯作饙盂”都赐给了孤竹。从北洞一、二号窖藏来看，“孤竹亚髟”和“㠱侯亚矣”两器共出一地两坑，皆为殷代晚期器，说明商代之时，㠱侯与孤竹有密切的关系。至于说“魏营子文化居民”建立了孤竹国，莫不如说孤竹国与魏营子文化关系密切更符合实际。因为据学者考证，魏营子文化的年代上限为商代后期，而孤竹墨胎氏（墨夷氏、目夷氏）受封在商代早期，此时魏营子文化尚未形成；而魏营子文化的年代下限止于西周早期，而春秋时期孤竹国依然存在，因此孤竹国不可能是魏营子文化的居民所创建。墨胎氏受封北边，此时正当夏家店下层文化时期，墨胎氏就封于夏家店下层文化的边缘地带，与北边的令支、东边的屠何成

---

① 北洞窖藏青铜器一号坑出土的父丁罍的铭文拓片，铭文为竖行六字，此为横置。

② 参见杨建华：《燕山南北商周之际青铜器遗存的分群研究》，《考古学报》2002年第2期。另见杨建华著：《北方先秦考古研究》，第23—25页。

③ 辽宁省文物考古研究所：《辽宁喀左县高家洞商周墓》，《考古》1998年第4期。

④ 《北方草原考古学文化研究——青铜时代至早期铁器时代》第四章《魏营子文化》，第112—113页。

为商的“海滨诸侯”，他们与具中原文化传统的夏家店下层文化的人群保持良好的睦邻关系，同时与后来的燕国常有往来。到魏营子文化时期，孤竹等“海滨诸侯”与魏营子文化人群的关系也应不错。

早前，对喀左北洞村发现的一甗六罍窖藏青铜器，林沄先生在谈到其中“父丁孤竹亚微”六字罍铭时称：“唐兰认为铭文中第三、四两字即‘孤竹’，而把亚形中的字释为微，实际上，该字正是髟字。这批铜器均有商代作风，埋藏时间不会晚于周初。如果唐兰所释孤竹可以信从，则历史上有名的孤竹国乃是髟人所建方国之一。”[①]

笔者赞同以上学者关于喀左窖藏青铜器有祭祀形制的观点，而且认为这些窖藏埋藏的时间应是同时，其主人应为以孤竹为首的“海滨诸侯”，亦即孤竹、令支和屠何，他们是山戎的同盟者。当鲁庄公三十年（公元前664年），齐桓公北伐山戎，顺带扫荡山戎“与国”孤竹、令支和屠何之时，这三个小国的宗室与大臣携带国之重器北奔山戎。他们或许在事前，或许在途中，决定将这些青铜器窖藏起来，在窖藏之际，曾在今北洞举行“敬天法祖”仪式，祈求神灵和先祖保佑他们渡过难关，同时将其他一些青铜器在附近掩埋，这就应该是我们今天能在喀左发现这些青铜器的史因。

然而近年有学者提出，这批商周窖藏青铜器的窖藏时间为战国末年，是燕王喜为躲避秦国的进攻，迁都辽东时在半途掩埋起来的遗存。笔者称此观点为“燕王喜半途窖藏说”，此一观点，不说石破天惊，也在考古学界掀起了不小的震荡涟漪，这牵涉对这批铜器性质认定的大问题，有必要加以重视和讨论。

“燕王喜半途窖藏说”的根据，就是这些商周青铜器中有一部分应是战国时期的器物。然而持此说的学者并没有对所谓战国青铜器根据类型学进行年代考证，而是借用北京大学文博学院教授刘绪的判断，指认1973年5月8号在喀喇沁左翼蒙古族自治县平房镇北洞村二号窖藏出土的一件带嘴青铜钵[②]，“其材质和造型均不可能为西周器，可晚至战国”[③]。以一件内地未见的带流青铜钵来认定喀左青铜器是燕王喜时期所埋，这未免使其立论和考证没有坚实的基础。

众所周知，孤竹、令支和屠何是殷商时封于此地。这些受封的“海滨诸侯”小国居民，不可能清一色都是中原迁来，而主要还是以当地人为主，这些居民当中一定有一些智者出来参与铜器铸造工作，然而不管是来自中原的工匠还是受中原铸铜技术濡染的本地工匠，他们在制作铜器时，不可避免在一些器物上体现当地风格和传统特点。正如日本学者广川守先生在将喀左窖藏铜器分为“中心地做出的精良铜器流入这一地区”部分和“地方制作的器物”部分，在谈到地方制作的青铜器存在缺陷时所说，“这一事实说明此地人对中心地纹样的思想并不是很理解，而仅仅是模仿了形式而已。这意味着，青铜器在这儿虽被制作，但中心地的文化传统在这儿却得不到反映，这就是佐证”。这种情况在北方地区部族当中普遍可见。例如夏家店上层文化南山根M101[④]出土的铜鼎、铜鬲和

---

① 《林沄学术文集》，第180页。

② 喀左县文化馆，朝阳地区博物馆，辽宁省博物馆：《辽宁喀左县北洞村出土的殷周青铜器》，《考古》1974年第6期。

③ 王绵厚著：《东北亚走廊考古民族与文化八讲》，黑龙江人民出版社，2017年，第30页。

④ 辽宁省昭乌达盟文物工作站，中国科学院考古研究所东北工作队：《宁城南山根的石椁墓》，《考古学报》1973年第2期。

铜双联罐，都是本地自创的器形，在燕地和其他诸侯国不可能铸造这样器形的铜器。而小黑石沟M8501出土的铜平底罐、铜带盖圜底罐、铜双联罐、铜六联豆和铜勺[①]等本地风格的青铜器，与同墓出土的中原式青铜礼器泾渭分明，一眼可辨。喀左北洞2号墓的带嘴青铜钵，也是这种本地自创器形的产物。如果说这件带嘴青铜钵是战国时期器物，那么谁能指出其他还有哪件是战国时期的呢？而且迄今在中原地区也没有发现同类或相似的战国青铜器。燕王出奔辽东，其他青铜器之外，不可能只带从燕孝公以来一直到他在位期间（战国）所铸造的一件其貌不扬的铜钵吧？另外，当年燕王喜是哪个季节出发，是否必须沿大凌河古道东进？而且传国礼器既然已经带出王京，大队人马又在半路上将其抛弃，而且抛弃时又埋在不同地方，这些都是难以解释的问题。所以说，喀左出土的青铜器是燕王喜东迁辽东时半途所窖藏的观点并不可信。

九、曲刃青铜短剑起源问题刍议

关于曲刃青铜短剑的起源，一直是学术界颇有争论的问题。最早对青铜短剑进行系统研究的是日本学者秋山进午先生，他首提曲刃青铜短剑"起源于辽西说"[②]，其后中国学者林沄、迟雷、靳枫毅、王成生、朱永刚、刘国祥、朱凤瀚、徐光辉、乌恩岳斯图等学者先后参加讨论，对曲刃青铜短剑的起源问题提出了自己的看法[③]，日本、朝鲜和韩国也有学者表达了看法[④]，争论的焦点集中在"起源于辽西向东传播，还是起源于辽东向西传播"的问题上。我们赞同起源于辽西向东传播的观点。

2008年，师从林沄教授的吕军先生发表《东北系青铜短剑辽西起源新论》[⑤]一文，对曲刃青铜短剑的起源问题作了深入的再研究。吕军先生详细论述了东北系青铜短剑起源于辽西的观点，认为"根据已有研究，巴林右旗大板南山墓和翁牛特旗大泡子墓在夏家店上层（文化）的分期中，属于其

① 参见赤峰市博物馆，宁城县文物管理所：《宁城小黑石沟石椁墓调查清理报告》，《文物》1995年第5期。

② 秋山进午：《中国东北地方にぢける初期金属器文化の样相》，《考古学杂志》53卷4号，54卷1号、4号，1968年、1969年；秋山进午：《辽宁东部青铜器再论》，参见《东北亚考古学研究——中日合作研究报告书》，文物出版社，1997年，第243—276页。

③ 林沄《中国东北系铜剑初论》，《考古学报》1980年2期；林沄：《中国东北系铜剑再论》，《考古学文化论集》（四），文物出版社，1997年，第234—250页；迟雷：《关于曲刃青铜短剑的若干问题》，《考古》1982年1期；靳枫毅：《论中国东北地区含曲刃青铜短剑的文化遗存》（上、下），《考古学报》1982年4期、1983年1期；翟德芳：《中国北方地区青铜短剑分群研究》，《考古学报》1988年3期；王成生：《概述近年辽宁新见青铜短剑》，《辽海文物学刊》1991年1期；刘冰：《试论夏家店上层文化的青铜短剑》，《内蒙古文物与考古》1992年1期、2期；朱永刚：《东北青铜文化的发展阶段与文化区系》，《考古学报》1998年2期；刘国祥：《夏家店上层文化的青铜器研究》，《考古学报》2000年4期；朱凤瀚：《论中国东北地区与朝鲜半岛出土的短茎曲刃青铜短剑》，《中国历史博物馆考古部纪念文集》，科学出版社，2000年，第162—179页；徐光辉：《论中国东北系青铜剑的起源问题——以辽东地区的考古学资料为中心》，《边疆考古研究》（第1辑），科学出版社，2002年，第67—75页；乌恩岳斯图：《北方草原考古学文化研究——青铜时代至早期铁器时代》，科学出版社，2007年，第182—183页。

④ 日本、朝鲜和韩国学者的观点可参阅吕军：《东北系青铜短剑辽西起源新论》，吉林大学边疆考古研究中心编：《新果集——庆祝林沄先生七十华诞论文集》，科学出版社，2008年，第311页。

⑤ 《东北系青铜短剑辽西起源新论》，《新果集——庆祝林沄先生七十华诞论文集》，第311—322页。

早期阶段[①]。而目前的研究表明，夏家店上层文化的年代已可早到商周[②]，从这一点看，早期的銎柄式曲刃剑对东北系青铜短剑的产生具有极大的影响。我们有理由推测，东北系青铜短剑就是受到早期銎柄式曲刃剑的影响而产生出来并形成自己的特点——分体装柄剑，而创造性地制造出剑身与剑柄为分别铸造的短茎曲刃青铜剑"[③]。虽然赵宾福先生认为"在整个东北地区目前尚未发现有什么样的青铜短剑可以早到商代的例证——有准确无误的商代晚期陶器共存的例证"[④]，但夏家店上层文化中的銎柄式曲刃剑可以早到西周早期应是公认的事实，吕军先生的结论令人可信。

宋镐晸和肖景全等人亦间接或直接支持辽西起源说。宋镐晸先生认为，至于辽宁式铜剑的起源地是辽西还是辽东，还需要学界进一步研究，但是可以肯定的是其使用地区主要是辽西地区。因此，可以说主导辽宁式铜剑文化的民族应该是辽西地区的山戎等戎狄"[⑤]。肖景全等人支持辽西起源说的观点，反对将辽东地区含有曲刃青铜短剑的遗存命名为"双房文化"。[⑥]

但近年，还有学者坚持曲刃青铜短剑起源辽东说的观点，认为"由于于家砣头墓地所出多件弦纹壶，与曲刃青铜短剑墓共出的弦纹壶，前后演变序列清晰，可明确双砣子三期文化即曲刃青铜短剑文化的前身，从而可以确认，曲刃青铜短剑文化的起源地在辽东。而不在辽西，具体地区即为辽东半岛南端、黄渤海沿岸的大连地区"[⑦]。甚至认为，"双砣子三期文化发现的青铜短剑（年代）定为最早，具有坚定的基础"[⑧]。

由此可见，持辽东起源说的学者，多数都把新金双房6号墓出土的曲刃青铜短剑作为最早形态的剑，甚至有学者认为其年代可早到商末周初[⑨]。但笔者认为，双房6号墓的年代有重新界定的必要。双房6号墓是石盖墓，据最早报道这一考古发现的内部刊物《辽宁文物》1980年第1期和其后正式发表在《考古》1983年第4期的许明纲、许玉林《新金县双房石棚与石盖石棺墓》文章介绍，

① 朱永刚：《夏家店上层文化的初步研究》，参见苏秉琦主编：《考古学文化论集》（一），文物出版社，1987年，第99—128页。靳枫毅：《夏家店上层文化及其族属问题的探讨》，《考古学报》1987年2期。

② 内蒙古自治区文物考古研究所、克什克腾旗博物馆（曹建恩、齐晓光）：《内蒙古克什克腾旗龙头山遗址第一、二次发掘简报》，《考古》1991年8期；齐晓光：《内蒙古克什克腾旗龙头山遗址发掘的主要收获》，内蒙古文物考古研究所编：《内蒙古东部区考古学文化研究文集》，海洋出版社，1991年，第58—72页；齐晓光：《夏家店上层文化空首青铜斧及相关问题》，《内蒙古文物考古》（第一辑），中国大百科全书出版社，1994年，第317—326页。

③ 《东北系青铜短剑辽西起源新论》，第319页。

④ 《中国东北地区夏至战国时期的考古学文化研究》，第87页。

⑤ ［韩］宋镐晸：《中国东北地区的青铜器、铁器文化与朝鲜、涉貊》，《欧亚学刊》第十辑，中华书局，2012年，第142页。

⑥ 肖景全、郑辰：《辽东地区青铜时代考古学文化的相关问题研究》，参见《辽宁省博物馆馆刊》（2014），辽海出版社，2014年，第39—43页。

⑦ 郭大顺：《于家砣头墓地·序》；王绵厚著：《长白山区系考古与民族要论》第九章，《长白山南系的辽东青铜短剑文化源头与族属问题》，辽宁人民出版社，2022年。

⑧ 《长白山区系考古与民族要论》，第109页。

⑨ 徐光辉：《论中国东北系青铜剑的起源问题——以辽东地区的考古学资料为中心》，《边疆考古研究》（第1辑），科学出版社，2002年，第72页。

“六号石盖石棺墓，盖石已被破坏，据当地社员介绍，盖石为圆形”。这种圆形盖石的石盖墓，很少发现，其墓葬形制应该是此类墓葬中最晚期的特征，估计其年代超不过战国早期。对双房6号墓所出青铜短剑，辽东起源论者有人据其节尖靠前的特征，认为其年代可到西周早期，而据吕军先生介绍，这把剑是在使用过程中经过人工打磨后的“改制品”，如此，将其作为早期剑的标尺显然不合适。退一步说，即使其靠前的节尖是原生的，也不一定就是早期制品的硬证据，此种节尖如此靠前的短剑是一个孤证，此后我们再也没有在大连地区发现过这种形制的短剑。

至于双房6号墓的弦纹壶，其双横耳上翘的特性也是此类弦纹壶中的晚期形制。赵宾福先生将双房6号墓的年代定为战国时期，并认为与陶器共出的青铜短剑（双房M6：4）其废弃年代自然也在战国时期[①]，这是十分正确的判断。至于被翟德芳先生列为辽东早期形制的门脸青铜短剑，其结论并不可靠[②]。2004年春，为考察门脸短剑所在的清原土口子乡的古代文化分布状况和特征，笔者曾组织并参加了抚顺市博物馆对土口子、门脸一带的专题调查，意在该地寻找到早期青铜时代文化遗存的线索。在第三次全国文物普查期间，又对该地进行了全覆盖式的田野调查，但所见遗址多是以高柄豆、环耳壶、叠唇罐为主要内涵（在个别遗址中偶见一两例横剖面为梯形或长方形的鼎足）的早期铁器时代文化遗存，因此认为这里不是抚顺早期青铜文化的分布地区。再从门脸短剑本身分析，该剑形制短小，铸造不精，器身存在砂眼，呈现退化之貌，其年代定为战国后期为宜，它不属于青铜时代考古学文化遗存，因此也就不能作为“辽东起源说”的立论依据。

更有学者将双房6号墓作为大连地区晚期青铜时代文化的代表性遗存看待，加上抚顺大甲帮、凤城东山、辽阳二道河子石棺墓、抚顺大伙房祝家沟石棺墓等，统统归并到所谓的“双房遗存”之中，认为这一类遗存早期以双房6号墓为代表，其年代约在西周早、中期前后；晚期以祝家沟石棺墓为代表，年代约在春秋时期。同时认为，该遗存似最早出现于辽东半岛南部，此后，逐渐向北、向东扩展，至西周晚期，其势力已遍及辽东地区，及至春秋战国之交或稍后，双房遗存衰亡[③]。后来，又有学者将南起大连新金（普兰店市），中经盖州、凤城、辽阳、本溪，北到抚顺、铁岭、沈阳的28批含有青铜短剑、弦纹壶等石棚、石盖墓、石棺的遗存同样纳入到“双房文化”之中。甚至认为，大小凌河的“凌河遗存”的主体成分——叠唇筒腹罐、素面高领壶、曲刃青铜短剑等，“应该和辽东地区同期存在的‘双房文化’有着十分密切的联系。具体地说，这类因素很可能是双房文化自西周以后开始不断向北、向西拓展并且影响势力到达了此地”。“西周至春秋时期，由辽东南部双砣子三期文化蓄势演化而成的双房文化，此时发展到了它所在文化系统的巅峰时期。依靠曲刃矛、曲刃剑等当时最先进的青铜武器，该文化开始了大规模的对外扩张，并且在很短的时间内将自己活动的中心区域由原来的辽东半岛南端迅速扩大到整个辽东地区，而且外围影响势力几乎覆盖了大半个东北和东临的朝鲜半岛地区”[④]。

---

① 《中国东北地区夏至战国时期的考古学文化研究》，第162—176、191页。

② 翟德芳：《中国北方地区青铜短剑分群研究》，《考古学报》1988年第3期。

③ 王巍：《双房遗存研究》，《庆祝张忠培先生七十岁论文集》，科学出版社，2004年，第402—406页。

④ 《中国东北地区夏至战国时期的考古学文化研究》，第295、299页。

笔者认为，上面这些看法值得商榷。

众所周知，沈阳、抚顺地区的青铜短剑石棺墓，是从属于新乐上层文化、望花文化类型的考古遗存。如果按前述学者们的文化类型划分方法，势必发生一个很奇怪的考古研究现象，有学者认为“所谓的‘新乐上层文化’‘老虎冲类型’‘顺山屯类型’和‘望花类型’，甚至‘包括庙后山文化’在内，……这几种遗存或者说是几批材料应该同属于同一种考古学文化，现统称其为‘马城子文化’”①。又有人将属于这些文化的墓葬归并到另一个所谓的文化类型——“双房遗存”或“双房文化”之中。这种割裂一个事物本质联系的研究方法，势必造成文化类型划分的混乱，甚至可能产生乱用“文化类型”进行考古学研究的现象。

“双房遗存”论者认为，庙后山文化和大连双砣子三期文化是“双房遗存”的两个源头，其主要立论根据是二者都有早期“弦纹壶”发现。

我们先看所谓庙后山文化（应称马城子文化）的弦纹壶，在《马城子》报告介绍的 7 座洞穴 145 座墓葬的发掘中，总共只出土了 1 件弦纹壶（SCM12：4）②。可见弦纹壶在马城子文化遗存中并非普遍存在。抚顺地区，1974 年清理新宾东升洞穴墓中也有弦纹加水波纹的弦纹壶陶片发现。另外 1976 年在新宾满族自治县苇子峪镇甸边子村太子河北岸北崴子组石盖墓中出土了 2 件弦纹壶，敞口，假圈足，弦纹壶弦纹划刻草率，双耳上翘③。2001 年在新宾满族自治县大四平镇的龙湾村小红砬子洞穴中采集到一件弦纹壶④，目前在新宾和本溪太子河上游马城子文化分布区只发现了这 5 件弦纹壶，当然不排除今后还会有一些发现。由此分析，弦纹壶的分布中心不在马城子文化的分布区内，更不是马城子文化的原生陶器，外来的可能性很大。对此，本溪市博物馆的梁志龙研究馆员和笔者有相同的见解。

我们再看双砣子墓地出土的弦纹壶，于家砣头墓地出土的有半月形贴耳的弦纹壶，与青铜短剑墓中常见的弦纹壶很难说有一脉相承的源流关系。这种贴耳的弦纹壶除在于家砣头墓中出现过一次外，迄今为止，再也没有在其他地方发现过它的踪影，这种孤证材料很难证明其是双横耳加贴耳弦纹壶的祖型。

重要的是，于家砣头墓地与于家上层文化有可能不是一个文化类型。第一，于家砣头墓地打破于家上层文化遗址，“由于墓地破坏了部分遗址，所以墓地的时代应略晚于于家村遗址上层”，于家上层遗址“一般距今 3300—3100 年”⑤，那么于家砣头墓地的年代是多少呢？从《双砣子墓地》报告提供的数据看，有两次互相矛盾的碳素年代测定数据。第一次是“中国社会科学院考古研究所实验室公布的放射形碳素测定年代报告，公布了 1980 年监测的于家砣头积石墓地 M25 人骨测年两组数据，距今 2275 ± 110 年（公元前 325 ± 110 年）树轮校正年代距今 2280 ± 115 年；距今 2210 ± 110 年，

① 《中国东北地区夏至战国时期的考古学文化研究》，第 195—196 页。

② 参见《马城子——太子河上游洞穴遗存》，文物出版社，1994 年，第 263 页。

③ 参见《新宾满族自治县文物志》，第 371—372 页。

④ 参见《新宾满族自治县文物志》，第 287—288 页。

⑤ 大连市文物考古研究所：《于家砣头墓地》，科学出版社 2018 年 8 月版，第 86 页。

树轮校正 2215±115 年。这两组数据与墓葬的实际年代有较大的误差，所以一直未被采用。造成这样的误差有多方面的原因，如样品存放环境、是否被污染等，因此判断于家砣头墓地的年代，都是参照于家上层遗址的年代”。第二次数据是 2018 年中国科学院广州地球化学研究所对墓地人骨骨胶原进行了放射性碳素测年。“测年结果（距今）:2925±40 年，树轮校正 3044±42 年;2860±35 年，树轮校正 2967±41 年”[①]。

说第一次测定的数据与墓葬的实际年代有较大误差，那这个墓葬的实际年代是怎么得出来的？既然知道了“实际年代”，那还测试碳素年代干吗？怀疑第一次测年样品有问题，那第二次测年样品就敢保证没有问题吗？所以，于家砣头墓地的年代参照于家上层遗址的年代是有问题的——因为墓地的年代晚于遗址年代，从打破关系分析，两者可能不是一个文化类型。

更为重要的是，双房 6 号石盖墓与于家砣头墓葬“二者的葬俗存在巨大差别，于家砣头墓地为无火葬的丛葬墓，而双房类型主要为火葬”[②]。火葬与非火葬是两种不同的埋葬习俗。沈阳新乐上层文化、抚顺望花类型和吉林西团山文化，出土青铜短剑的墓地，都不实行火葬，这些文化类型的遗址陶器群，一律以夹砂红褐色陶的鼎、鬲、甗、壶为主流。上述几个文化类型的年代，其年代都不晚于于家砣头墓地，而且其文化发展程度都不低于于家砣头墓地，更看不出所谓“双房文化遗存”影响它们的丝毫因素。至于认为“双砣子三期文化发现的青铜短剑（年代）定为最早，具有坚实的基础”的观点更为不妥，因为没有资料证明双砣子三期文化遗存中发现过青铜短剑。

综上所述，将于家砣头墓地出土的弦纹壶看作双房 6 号墓弦纹壶的祖型的观点，认为曲刃青铜短剑文化的起源地在辽东而不在辽西，具体地区即为辽东半岛南端、黄渤海沿岸的大连地区的论断，难以令人信服。

笔者曾与铁岭博物馆的研究馆员周向永和大连市文物考古研究所的张翠敏研究馆员到辽阳市二道河子石棺墓以及普兰店区双房石盖墓地包括附近遗址进行过田野调查，结合后来该地的“第三次全国文物普查”资料，笔者认为，商周时期，辽阳二道河子石棺墓和双房石盖墓所在的地方及其周边，青铜时代遗址极为稀少，而且可见的遗址文化层十分浅薄，并没有可以形成一种考古学文化的土壤和条件。换言之，那里的青铜时代文化很不发达，向辽西传播“曲刃青铜短剑文化”的客观物质条件并不具备。

在辽宁辽阳县甜水满族乡兰河西岸塔湾村曾出土青铜短剑石范和青铜斧、凿石范，其中斧、凿石范上合外面凸雕有两个人头像，头像额头窄小、高颧骨、长鼻、深目、小嘴、尖下颌、耳朵靠上（辽阳市博物馆陈列资料）。考古所见人头像资料不多，辽西的朝阳县十二台营子青铜短剑 M1 曾出土人面形铜牌饰[③]，再远的西边北京市房山区琉璃河遗址 1193 号西周墓地曾出土过 4 件青铜人面饰[④]。辽

① 大连市文物考古研究所：《于家砣头墓地》，科学出版社 2018 年 8 月版，第 86—87 页。

② 大连市文物考古研究所：《于家砣头墓地》，科学出版社 2018 年 8 月版，第 93 页。

③ 朱贵：《辽宁朝阳十二台营子青铜短剑墓》，《考古学报》1960 年第 1 期。

④ 中国社会科学院考古研究所，北京市文物研究所琉璃河考古队：《北京琉璃河 1193 号大墓发掘简报》，《考古》1990 年第 1 期。

阳县甜水塔湾村出土的石范上的人面像，与朝阳县十二台营子青铜短剑墓中甚至北京琉璃河西周早期墓中出土的人面饰上的人面有相似之处，因此，甜水塔湾村的斧、凿石范，可能是受十二台子文化影响的产物或者就是迁移辽东的十二台营子文化的主人在此的遗留。

不惟如此，辽东和吉长地区与曲刃青铜短剑共出的曲刃青铜矛，其源头也在辽西地区。2022 年在编写《中国少数民族文物图谱·辽宁卷》期间，辽宁省博物馆的刘宁女士提供了 1 件馆藏曲刃青铜矛资料，该矛 20 世纪 70 年代采集于辽宁省建平县深井镇勿兰勿素村。铜矛范铸，完整，通长 28.5 厘米，骹长 10 厘米，刃最宽 4.6 厘米。矛的两侧曲刃呈连续波浪形弧线，叶尾向内折收，两侧叶刃各有三道凸线，线尾端铸有重圈兽目纹。矛叶中间直贯一条扁圆形柱状脊，骹柄上有对穿孔。由于是采集品，无其他可供断代的器物参考，初定其年代当在西周前期。1988 年 5 月，建平县榆树林子乡炮手营子村青铜短剑墓（M881）出土的曲刃青铜矛，发掘者定年代为西周中晚期至春秋早期[①]。努鲁尔虎山两翼的内蒙古赤峰市敖汉旗、辽宁省建平县这一带是夏家店上层文化与十二台营子文化的交汇地带，銎柄曲刃青铜短剑在此多有发现，但曲刃矛所见不多，曲刃矛是曲刃青铜短剑一系器物，应是辽东曲刃青铜矛的祖型。

笔者认为，曲刃青铜短剑及其重要共存陶器双横耳弦纹壶，其肇始之地在辽东北部的沈阳、抚顺和铁岭地区，其代表性遗存是新乐上层文化、望花文化类型和铁岭地区的青铜时代文化遗存，这里目前发现的弦纹壶数量最多。大甲帮石棺墓中的青铜短剑及弦纹壶是此类遗存中年代较早的器物，同期的短剑还有近年报道的铁岭大山嘴子青铜短剑[②]和后来沈阳市文物考古研究所发掘新民市法哈牛镇巴图营子村北崴子遗址出土的一件属于新乐上层文化时期的曲刃青铜短剑[③]，其不但短剑形制较早，伴出的青铜镞和青铜斧都具西周前期特征。这是自西周以来西辽河晚期青铜文化与下辽河流域文化交流的结果。

辽东的沈阳、抚顺和铁岭包括吉长地区最早接受西辽河流域青铜文化的影响，创造性地使用和发展了短茎曲刃青铜短剑这一具有时代意义和地区特征的青铜武器，并将这一类青铜器向东北南部的辽阳、鞍山、营口和大连地区传布开来，同时也使极具辽东地方特色的弦纹壶，一同被这些地方具有不同文化传统的人群所接受，成为丧葬礼仪中的典型器物之一。

大连地区的早期青铜文化，来源于山东半岛，岳石文化是其源头，岳石文化之后，大连地区的晚期青铜文化一直没有发展起来，这一时期的遗址，除见有铜镞、铜泡、铜鱼钩、铜环等简单的青铜器外，没有更为可观的器物出现。辽西商和西周时期发达的青铜文化没有影响到大连地区，只是在春秋战国之际，沈阳、抚顺或者西团山文化的曲刃青铜短剑及其弦纹壶和叠唇罐通过千山山脉西麓的辽阳、营口流布到大连，甚至达于海岛。大连长海县大长山岛上马石青铜短剑墓[④]，墓为土坑墓，葬式有仰身葬、侧身屈肢葬和俯身葬，没有火葬，显然与该地常见的火葬青铜短剑墓判然有

① 李殿福：《建平孤山子、榆树林子青铜时代墓葬》，《辽海文物学刊》1991 年第 2 期。

② 许志国：《辽宁铁岭大山嘴子青铜文化遗址调查》，《北方文物》2011 年第 2 期。

③ 2020 年，辽宁省田野考古汇报会资料。

④ 旅顺博物馆，辽宁省博物馆：《辽宁长海县上马石青铜时代墓葬》，《考古》1982 年第 6 期。

别，不是一个文化系统。3号墓出土的青铜短剑（M3：1），其“T”字形剑柄，需用复合陶范方能铸成，而辽东包括辽东半岛南端，直至青铜时代结束，也没有出现范铸技术，所以说，上马石青铜短剑墓的主人很可能是从辽西辗转迁来。

总之，各种考古迹象表明，大连地区的青铜短剑是流而不是源，且其年代大多在春秋战国之际或更晚，曲刃青铜短剑起源于辽西地区应是不争的事实。

十、齐伐山戎，改变了辽东地缘政治格局

《管子》卷二十三《地数》中记载一段管仲与齐桓公的对话，其文称：“夫楚有汝汉之金，齐有渠展之盐，燕有辽东之煮。”[①]这里的辽东之煮，道出了齐桓公伐山戎以后，燕国控制了辽东，开始在那里发展盐业的史实。

西周封燕后，“燕北有东胡、山戎”[②]环伺，燕东则有孤竹、令支和屠何等殷裔“海滨诸侯”小国，致使燕国向北方和东北方的开拓受阻。特别是山戎，多次“病燕”，逼得燕国不得不向齐国求救。于是欲称霸诸侯的齐桓公在鲁庄公三十年（前664年）“冬，（鲁庄公与齐侯）遇于鲁济，谋山戎也。以其病燕故也”[③]。于是齐桓公“北伐山戎，刜令支，斩孤竹而南归，海滨诸侯莫敢不来服”[④]，“三十一年夏六月，齐侯来献戎捷”[⑤]。齐国用了大半年时间，在鲁庄公三十一年夏六月，平定山戎等国。当初，齐鲁两国本来在鲁济地方共谋伐戎，但鲁庄公出尔反尔，没有出兵助齐，齐国只好自己进军。齐桓公班师回朝，派人赴鲁国“献戎捷”，既向鲁国示威，炫耀武功，又嘲弄鲁国，言而无信。

齐桓公北伐山戎、刜令支、斩孤竹，改变了燕东的地缘政治格局，燕国通往辽东的道路打通，渤海北部沿岸被燕国控制，从而具备了在辽东煮盐的客观条件。于是我们看到了这样的一个历史场景：“夫燕亦勃、碣之间一都会也。南通齐、赵，东北边胡。上谷至辽东，地踔远，人民希，数被寇。大与赵、代俗相类，而民雕捍少虑，有鱼盐枣栗之饶。北邻乌桓、夫馀，东绾秽貉、朝鲜、真番之利。”[⑥]

《史记·货殖列传》的这段文字不长，但内容丰富。有学者认为这段记载说得是汉武帝时期的情况，但细审文义，应该是齐桓公北伐山戎以后，亦即公元前663年后，燕国庄公二十八年直到燕昭王在位期间辽东渐渐出现的形势。

《史记·货殖列传》的这段文字内容，一是说燕国或者说是燕地的地理位置，南通齐国和赵国，西边则与代国为邻（俗相类），东北边是以乌桓为主体的东胡人，还有夫馀。东绾秽貉、朝鲜、真番之利。绾，索隐：绾者，绾统其要津，亦即燕国控制了通往东边秽貉、朝鲜、真番的交通要

① 戴望著：《管子校正》，参见《诸子集成》（5），广东教育出版社版，第383页。
② 《史记》卷一百一十，《匈奴列传》，中华书局1959年版，第2883页。
③ 《左传·庄公三十年》，参见《春秋左传集解》（一），江苏凤凰出版社2010年版，第205页。
④ 《国语》卷六，《齐语》，华东师范大学出版社1987年版，第85页。
⑤ 《左传·庄公三十年》，参见《春秋左传集解》（一），江苏凤凰出版社2010年版，第207页。
⑥ 《史记》卷一百二十九，《货殖列传》第六十九，中华书局1959年版，第3265页。

道。二是记载了上谷至辽东也即燕的东北边有乌桓、夫馀、秽貉、朝鲜、真番之胡。以往，多认为“乌桓者，本东胡也，汉初匈奴冒顿灭其国，余类保乌桓山，因以为号焉”①。然而从《史记》的记载看，战国时期乌桓这一族群就已出现在东北历史舞台上，“在公元前二世纪以前，不论其名称为何，事实上已经有乌桓族存在”②，夫馀亦然。三是将夫馀、秽貉、朝鲜和真番并列，说明他们属于不同的族团。四是说上谷至辽东，虽然通道打开，有一些燕国百姓开始移居此地，星星点点地散布在辽东各地（人民稀），然而他们生活得很不安稳（数被寇），他们“数被寇”的原因是辽东“有鱼盐枣粟之饶”。辽东地区三面环海，陆上河流纵横，江海鱼翔浅底。前已说过，燕国在春秋时期就在辽东煮盐，今辽宁省营口市一代的汉代遗存就发现煮盐器具③，应是对燕国煮盐业的继承。枣粟是燕汉人已有较为发达的园艺和农业的表现。这些都是东北夷人的垂涎之物，不时逾徼内犯也是必然。入犯者当然是燕汉人的邻居，即乌桓、夫馀，秽貉、朝鲜、真番这些部落，从广义上讲，这些民族都属于东北夷。这是战国燕时期，上谷至辽东地方的民族及他们之间关系的大致情况。

燕国昭王时期（前311—前279年），“燕有贤将秦开，为质于胡，胡甚信之”④。这里的“质”，非人质的质。《左传·哀公二十年》：“黄池之役，先主与吴王有质。”杜预注：“质，盟信也。”⑤燕国派知名的大将秦开为特使，到东胡人那里和他们签订盟约，胡人非常相信燕国的诚意。说明燕与东方诸族的政治关系十分热络，经济文化交往也一定活跃。

公元前3世纪中叶前后，燕与胡人的关系发生变化，双方的矛盾演变为军事对抗。于是，秦开“归而袭破走东胡，东胡却千余里。与荆轲刺秦王秦舞阳者，开之孙也。燕亦筑长城，自造阳至襄平，置上谷、渔阳、右北平、辽西、辽东郡以拒胡”⑥。燕将秦开破胡在什么时间？学者都认为在燕昭王时期，因为这一时期燕国处于最强盛时期，燕昭王在位三十三年，《史记·燕世家》：“昭王三十三年卒。”燕昭王三十三年即公元前279年，秦开破胡必在燕昭王去世之前，而燕昭王二十八年（前284年）燕国正大举用兵于齐，不可能抽调兵力破胡。具体时间只能在燕昭王二十八年破齐之后到燕昭王三十三年昭王去世之前的某一年进行破胡战役，也就是公元前284年到公元前280年之间的这三四年间⑦。这个年代推断是可信的。

《史记·匈奴列传》的记载很奇怪，燕将秦开怎么从胡地一回来就袭破走东胡，把东胡打跑了呢？实际情况绝不会是这样。《史记》多有把几件不同的事记在一起的现象。秦开为质于胡后，双方一定和平相处多年，只是后来双方矛盾爆发，才导致兵戎相见。燕向东北方包括辽河流域发动了战

① 《后汉书》卷九十，《乌桓鲜卑列传》第八十，第2979页。

② 马长寿著：《乌桓与鲜卑》，广西师范大学出版社，2006年，第106页。

③ 沙迹，王永梅著：《营口汉代考古》，江苏凤凰美术出版社，2017年，第062—067页。

④ 《史记》卷一百一十，《匈奴列传》第五十，第2885页。

⑤ 《左传·哀公二十年》，参见《春秋左传集解》（五），第1839—1840页。

⑥ 《史记》卷一百一十，《匈奴列传》第五十，第2885—2886页。

⑦ 参见陈平著：《燕史纪事编年会按》上编，北京大学出版社，1995年，第212—213页。

略性进攻。《史记·朝鲜列传》记载说:"自始全燕时，尝略属真番、朝鲜，为置吏，筑障塞。"[①]西汉桓宽的《盐铁论》也记载:"燕袭走东胡，辟地千里，度辽东而攻朝鲜。"[②]由此可见，燕昭王时期发动的"秦开却胡之战"，不但却胡，也包括对"朝鲜踰徼，劫燕之东地"[③]的古朝鲜的征伐。燕在辽东设郡建县、筑长城郭塞，形成以襄平即今辽阳为中心，管辖范围扩大到今朝鲜半岛清川江一带这样一个新的局面。而辽东郡障塞之外主要活动着被燕击退的古朝鲜及其联盟中的"海东诸夷，驹丽、扶余、馯貌之属"[④]。燕国却胡攻朝鲜将势力范围扩大到今朝鲜半岛清川江沿岸。

有学者将辽宁省建昌县碱厂乡东大杖子村战国墓定为"东大杖子类型"，认为，"东大杖子类型更可能属于貊人遗存"。并考证称，"燕国东扩发生在战国末年，当时箕氏朝鲜的领土是很大的，在满潘汗（清川江）以西还有两千余里（约八百千米），以此计算，无疑到达了辽宁西部，与'貊国'接壤"。而且认为沈阳地区的"郑家洼子类型的居民可能就是朝鲜侯的本体人群"[⑤]。这个结论，与历史实际相悖。貊国，本身概念就不甚清晰。而且除了《山海经》第十一《海内西经》记载"貊国在汉水东北，地近于燕，灭之"[⑥]以后，只有清人吴承志在《山海经地理今释》中提到"（貊国）汉水当作辽水"外，再也听闻不到"貊国人"的生息，何以确定"貊国"在辽西呢?

汉代的文献明明记载的是"燕袭走东胡，辟地千里，度辽东而攻朝鲜"[⑦]，说明古朝鲜在辽东徼外，怎么能跑到今建昌一带呢?如果从清川江往西的二千余里都是"朝鲜侯"的领地，那将置十二台营子文化分布区的东胡于何地?又如何理解燕"上谷至辽东，地踔远，人民稀，数被寇"呢?还有，战国末年，（燕王喜二十九年，前226年，始皇帝21年），秦军攻拔燕都蓟，"燕王喜亡，徙居辽东，斩（太子）丹以献秦"[⑧]，说明燕国一直控制着辽东。如果朝鲜侯占据辽东直至辽西，燕王喜何以能顺利徙居辽东呢?其实，东大杖子就是归化了燕国的胡人墓地。墓地附近应有燕国为安置胡人来居的类似后世明朝在开原设立"自在州"或曰"安乐州"一类城邑址有待发现。城邑址一是要在燕长城之内，其始居上限不早于燕国早中期之际。燕国对来投的东胡大小酋长，给予他们极为优渥的生活条件，赏赐众多金银珠宝。这些投燕的东胡酋长们，受到燕文化的濡染，同时保留自己的传统生活方式，东大杖子燕国墓地就是这种现象的最好写照。再比如前述的1979年发掘的朝阳县十二台营子乡袁台子（今属柳城镇袁台子村）砖厂战国墓地，胡人与燕人共葬一个墓地，胡汉交融体现得最为明显。

因此，将朝鲜侯的领地扩大到辽西的观点是完全错误的。当然，我们不否认"朝鲜踰徼，劫燕

① 《史记》卷一百一十五，《朝鲜列传》第五十五，第2985页。
② 《盐铁论·伐攻》第四十五，参见《诸子集成》（8），第47页。
③ 《盐铁论·备胡》第三十八，参见《诸子集成》（8），第40页。
④ 《尚书》卷十八，《贿肃慎之命·序》，参见《东北古史资料汇编》第一卷，第5页。
⑤ 参见周连科主编:《辽宁文化记忆·物质文化遗产》，辽宁人民出版社，2014年，第269—280页。
⑥ 《山海经校注》第十一，《海内西经》，第293页。
⑦ 《盐铁论·伐功》第四十五，《诸子集成》（8），第47页。
⑧ 《史记》卷三十四，《燕召公世家》第四，中华书局点校本，第1561页。

之东地”这一情况，朝鲜可能在某一阶段越过燕国与古朝鲜双方的习惯控制线，频繁向清川江以西寇掠燕国之东地，从而导致燕国被迫发动“度辽东而攻朝鲜”之战，但这不说明朝鲜侯控制了整个辽东地区甚至达于辽西一带。

十一、“张店汉城”非汉代苍海郡郡治

苍海郡，是汉武帝时期，在辽东以远的朝鲜半岛设置的第一个直属的汉郡。《汉书》卷六《武帝纪》记载，元朔元年（前128年）秋，“东夷薉君南闾等口二十八万人降，为苍海郡。三年（前126年）春，罢苍海郡”。[①]《后汉书》卷八十五《东夷列传》对此事则记载为：“元朔元年，秽君南闾等畔右渠，率二十八万口，诣辽东，内属，武帝以其地为苍海郡，数年乃罢。”同书又记载称：“秽，北与高句丽、沃沮，南与辰韩接，东穷大海，西至乐浪。秽及沃沮、句骊，本皆朝鲜之地。”[②]

关于昙花一现的苍海郡的地理位置，早年日本学者白鸟库吉等考证认为，沧海为今渤海，而定“苍海郡位于包括现在的鸭绿江上游流域及佟佳江（浑江）全流域的地方。卫氏真番国是指此地域，不应寻求于其他地区。武帝的苍海郡大概被设置在朝鲜的真番国”[③]。苍海郡如在白鸟库吉所主张的地方，则“苍海郡”之名名不副实。其后，曾参与撰写《满洲历史地理》的稻叶岩吉在其所著《满洲发达史》中，专有《沧海郡是否真番故地》及《真番国为朝鲜之忠清道》两节，认为“苍海郡系建置于真番之故地”，“真番国为朝鲜之忠清道”[④]。1931年，傅斯年先生在其所著的《东北史纲》中称：“然则苍海郡当在今朝鲜东北境，吉林东南境，其所谓苍海，乃东朝鲜海（笔者按：今称日本海），非渤海也。”[⑤]金毓黻先生则认为“苍海郡故地之大部分已括入临屯之内”[⑥]。

1988年，谭其骧先生主编的《〈东北历史地理〉释文汇编》出版，在《废苍海郡》一节中认为“该郡位置在今朝鲜江原道境内”，并引《后汉书·秽传》：“秽，北与高句骊、沃沮，南与辰韩接，东穷大海，西至乐浪。秽及沃沮、句骊，本皆（卫氏）朝鲜之地也”和朝鲜柳得恭《四郡志》“春川府，旧传有汉彭吴通貊碑，今无”等记载称：“据上引资料，可知涉地在今朝鲜江原道境内，其东所临之海为日本海而非渤海。”[⑦]

《东北历史地理》的著者认为“苍海郡之地应包括今松花江流域、图们江流域以至朝鲜江原道的

① 《汉书》卷六《武帝纪》，中华书局点校本，第169页。
② 《后汉书》卷八十五，《东夷列传》，中华书局点校本，第2817页。
③ 参见［日］白鸟库吉监修，箭内亘，稻叶岩吉，松井等撰：《满洲历史地理》第一卷，东京丸善株式会社，1913年，第6—7页。
④ 参见［日］稻叶岩吉原著；杨成能，史训迁合译：《东北开发史》（原名《满洲发达史》），辛未编译社，1935年，第29—30页。
⑤ 参见傅斯年著：《东北史纲》，上海三联书店2017年版，第50页。
⑥ 金毓黻著：《东北通史》，五十年代出版社，1943年版，1981翻印本，第74页。
⑦ 《〈东北历史地理〉释文汇编》，第49页。

广阔地区”[①]。还有学者认为苍海郡在我国今黑龙江省东宁县和吉林省珲春一带[②]，或者在今吉林延边地区、牡丹江地区东部、今朝鲜江原道和咸镜道以及俄国滨海地区[③]。杨军教授认为南闾所控制的区域“以今朝鲜咸镜南道为中心，包括朝鲜慈江道、两江道、江原道的部分地区可能还包括平安南道的部分地区，不应包括咸镜北道。这也就是苍海郡的辖区”[④]。2016 年，王天姿和王禹浪发表《西汉“南闾秽君”、苍海郡与临秽县考》一文，主张大连市普兰店张店汉城为苍海郡首府[⑤]。还有其他一些说法，不赘述。

笔者认为，苍海郡可能包括今朝鲜江原道，但对《汉书·食货志》所记“彭吴穿秽貊、朝鲜，置苍海郡”[⑥]的记载，这里的彭吴出使准备背叛朝鲜王右渠的秽君南闾地方，开通朝鲜至苍海道路，其背景是在卫氏朝鲜“所诱汉亡人滋多，又未尝入见；真番旁众国欲上书见天子，又拥阏不通”[⑦]的形势下，绝不可能大摇大摆地从朝鲜的王京附近通过，只能其北部擦边而过。而且南闾既然欲背叛右渠，说明他所控制的中心地方不可能在距离王险城（今平壤）太近的地方。从出土的“夫（夭）租薉君”银印[⑧]分析，沃沮地方应该是秽人的活动中心。因此，苍海郡的中心应该在沃沮地方，亦即后来玄菟郡郡治所设的沃沮城。至于朝鲜柳得恭《四郡志》“春川府，旧传有汉彭吴通貊碑”记载中的春川府，在今韩国的江原道而非朝鲜的江原道，春川市在韩国江源道西部，这里不属领（岭）东地方，应是“临屯部”所居之地。薉君南闾投汉之时，或可能也联合了这里的临屯部渠师，因此，彭吴处理完苍海郡设置事宜，前往今春川考察临屯部，所以有在春川府地方立碑以志的事情发生。但“碑址所在当即苍海郡郡治之所在”[⑨]的观点并不准确，苍海郡的中心应在沃沮城。杨军称苍海郡以今朝鲜咸镜南道为中心是准确的，可能包括咸镜北道和今朝鲜江原道北部地区，最远达图们江口，但是否包括今两江道、慈江道和平安南道值得研究。

总之，苍海郡向东应该濒临大海才名副其实。至于其地还包括松花江甚至今俄国滨海地区的观点，太过广阔穹远，不可取。

---

① 孙进己、冯永谦总纂，孙进己、王绵厚等主编：《东北历史地理》（第一卷），黑龙江人民出版社，1989 年，第 322—323 页。

② 吴廷燮：《东三省沿革表》，参见全国图书馆文献缩微复制中心编（黄维汉编纂；张世铨编）：《中国边疆史志集成·东北史志》第一部，第九册，2004 年，第 412、417 页；张博泉，苏金源，董玉英著：《东北历代疆域史》，吉林人民出版社，1981 年，第 50 页。

③ 刘子敏，房国凤：《苍海郡研究》，《东疆学刊》1999 年第 2 期。

④ 杨军：《涉人及苍海郡考》，《地域文化研究》2018 年第 4 期。

⑤ 王天姿，王禹浪：《西汉“南闾秽君”、苍海郡与临秽县考》，《黑龙江民族丛刊》2016 年第 1 期。

⑥《汉书》卷二十四下，《食货志》第四下，中华书局点校本，第 1157 页。

⑦《史记》卷一百一十五，《朝鲜列传》第五十五，中华书局点校本，第 2988 页。

⑧ 参见《中国大百科全书·考古学》，中国大百科全书出版社，1986 年，第 129 页；［日］冈崎敬著；常伟译，顾铭学校：《有关“夫租薉君”银印问题》，《东北亚历史与考古信息》1985 年第 4 期；佟柱臣：《“夫租薉君”银印考》，《中国考古学会第六次年会论文集》，文物出版社，1990 年；林沄著：《林沄学术文集》（二）《“夭租丞印”封泥与“夭租薉君”银印考》，第 182—185 页。

⑨ 佟冬总主编；丛佩远主编：《中国东北史》（修订版）第一卷，吉林文史出版社，2006 年，第 318 页。

综上，苍海郡的地望基本可以定论了。然而出人意料的是，2017 年 6 月 22 日，大连市在普兰店区召开“唤醒沉睡两千年汉代古城——普兰店张店汉城遗址的保护与利用研讨推进会”，大连大学东北史研究中心有学者在会上作了题为“汉·沧海郡地理位置考——以普兰店张店古城为中心”的主旨发言，举出 17 条论据，再次提出汉代的苍海郡遗址应在大连市普兰店区内的观点。

张店汉城址，20 世纪 70 年代发现，刘俊勇曾发表文章，考证张店汉城为西汉辽东郡所设十八县之一的沓氏县县城址，这一结论为大多数学者所认可①。笔者曾两次踏查过张店汉城遗址和附近的姜屯两汉墓地，在城址中见有与典型中原战国和汉时期一脉相承的陶器、瓦片等。见诸报道的有“临秽丞印”封泥、半瓦当、“千秋万岁”瓦当、绳纹板瓦、铜印、铜镞、安阳布、半两、五铢、货泉，还有铁农具，等等。城址附近分布大量的汉代贝墓、土圹墓、瓮棺墓等。出土有彩绘陶明器外，还发现有铜镜、铜车马饰件、铜鎏金嵌贝鹿镇、玉覆面，以及铜印和石印。尤其重要的是，在城址南部的海滩地中，发现两件西汉时期的“麟趾金”②。2010 年，辽宁省文物考古研究所对张店汉城东北约 5000 余米距离的姜屯汉墓进行了大规模发掘，确认墓葬年代由西汉早期直到东汉晚期，墓葬形制包括土坑墓和砖室墓③。

由此可见，无论是张店汉城抑或是城址附近的两汉墓葬，其出土器物，都与内地同时期的典型器物一脉相承，未见与此风格不同的外来器物遗存。苍海郡是为以秽君南闾为首的秽人所设立的一个汉郡，郡守南闾是土官而不是流官，其属下秽人与汉人是不同的民族，其生活方式、习俗信仰、丧葬制度等都与汉人有很大差别。可是我们在张店汉城和姜屯汉墓中，不见秽人在此生活留下任何器物的影子，何以见得这里是汉武帝时期为秽人所设的苍海郡呢？根据“搜狐网”和“百度百科”等网络媒体消息，以及有学者在研讨推进会上宣读的论文④，还有媒体记者归纳的六条主要观点，让我们对此进行讨论：

1. 一手文献记载的秽王南迁，并被汉武帝安置在辽东内属，设苍海郡，这一史实基本确定；

2. “内属”之意为归顺朝廷的属地或属国；

3. 沧海位置在辽东半岛两翼的黄渤海两岸，沧海郡必临近辽东地区的滨海之地；

4. 张店汉城位于渤海滨海地带，符合对沧海地望的考证范围；

5. 郡址必有汉代城址或汉代文物的发现；

6. 张店汉城的“马蹄金”，进一步坐实了该城不是一般的县级规模。

上述六条理由，第 1 条最为关键。我们看看所谓一手文献是如何记载的。记载秽君南闾内属最

① 刘俊勇：《综述旅大近年来考古新发现》，《辽宁文物》1980 年第 1 期；刘俊勇：《辽东沓氏县、文县县治考订》，《博物馆研究》1993 年第 3 期；《东北历史地理》第一卷，第三编第二章第一节《前汉的辽东郡·沓氏》，第 297—298 页；《大连通史》编纂委员会编：《大连通史》（古代卷）第五章《秦汉时期的大连·辽东郡沓氏县、文县县城》，人民出版社，2007 年，第 181—183 页。

② 《大连通史》（古代卷），第 182—183 页。

③ 辽宁省文物考古研究所编著：《姜屯汉墓》，文物出版社，2013 年，第 539 页。

④ 王禹浪：《汉·苍海郡地理位置考——以普兰店张店古城为中心》，《东北之窗》2017 年第 23 期。

为详细的当属《后汉书·东夷列传》，其文称："元朔元年，秽君南闾等畔右渠，率二十八万口，诣辽东，内属。武帝以其地为苍海郡，数年乃罢。"同书称："秽，北与高句丽、沃沮，南与辰韩接，东穷大海，西至乐浪。秽及沃沮、句骊，本皆朝鲜之地。"

主张张店汉城为苍海郡郡治所在的学者认为，"武帝为了全力攻打匈奴而稳住东北与辽东，抵御来自朝鲜半岛的威胁，将南闾秽君所率二十八万口安置在辽东内属，并专门设置了沧海郡以安置南闾秽君所率领的秽王所统的部属与军民"，"何谓辽东内属？《汉书》《后汉书》等文献已明确记载南闾秽君所率领的秽人归顺汉武帝以后，被安置在辽东地区，即所谓'辽东内属'之地。这是考证秽君所率领的族众究竟被汉武帝安置在何地的最重要的问题"。笔者认为，这是没有读懂《汉书》和《后汉书》书中关于苍海郡记载的相关文字。

让我们来解读一下上引这一手文献。

汉政府设置苍海郡之时，朝鲜王为右渠，右渠之祖父卫满曾被汉"辽东太守约为外臣"[①]，因为"秽及沃沮、句骊，本皆朝鲜之地"，所以南闾投汉必背叛右渠，因此《东夷列传》记载"秽君南闾等畔（叛）右渠"。

"南闾等"，一个"等"字说明不但南闾决定投汉，他属下各级部落头目也都同意南闾的决定，部落总计有秽人等二十八万人口，统一在南闾的率领下归属汉政府。

"诣辽东，内属"，是说南闾偕属下重要头目诣（到、前往）辽东郡襄平城，正式向辽东郡太守等汉官表态愿"内属"。因为朝鲜之地"属辽东外徼"[②]，右渠和南闾都属汉政府的"外臣"，南闾摆脱了右渠的管理，归顺入汉，特设一郡，所以称"内属"，并非"属国"，更非二十八万口秽人迁来辽东郡。二十八万口人不算少数，一下子涌入辽东，试问辽东郡如何安排这么多移民。

紧接着的一句话最为关键，即"武帝以其地为苍海郡，数年乃罢"。"以其地为苍海郡"，"其地"就是秽人现居之地。秽地"北与高句丽、沃沮，南与辰韩接，东穷大海，西至乐浪"，与张店汉城所在之地风马牛不相及。汉武帝在秽人所居之地设置了"苍海郡"。

"数年乃罢"，《汉书·武帝纪》记载为："三年（前126年）春，罢苍海郡。"不到两年时间，汉政府就决定撤销苍海郡建制，具体原因程妮娜有专著解读[③]，可以参阅。试想一下，如果苍海郡设于张店汉城，把这些迁来辽东地方的二十八万口秽人包括南闾等大小头目弃之不管，汉政府这不是自找麻烦吗？

上述六条理由中的第一条就站不住脚，其他各条就不必讨论了。

让我们来完整解读一下《后汉书》的记载："元朔元年，秽君南闾等（欲）畔右渠，（准备）率二十八万口（归顺汉廷），（南闾等）诣（前往）辽东（郡襄平城），（要求）内属，武帝以其地（按：秽人所居之地）为苍海郡，（因故）数年乃罢。"

① 《汉书》卷九十五，《朝鲜传》，中华书局点校本，第3863页。

② 《汉书》卷九十五，《朝鲜传》，中华书局点校本，第3863页。

③ 程妮娜著：《古代中国东北民族地区建置史》，中华书局，2011年，第37页。

由上可见，对《汉书》和《后汉书》记载的关于苍海郡文字的解读没有过关，是导致一系列错误判断从而作出错误结论的主要原因。

十二、辽西郡是析分辽东而设立

秦开度辽东而攻朝鲜，取地二千余里，至满番汗为界。关于燕国取地两千余里的问题，史学界早有讨论。然而这两千余里从哪儿算起，以及怎么从地理上看辽东这个问题，学者见解舛驳，值得继续探讨。

辽东是一个地理名词。辽东这一地名，最早出现在汉代人编写的《管子》一书中，其《地数篇》有“燕有辽东之煮”①的记载，是追述春秋时期燕国在辽东沿海以海水煮盐。燕国能在辽东煮盐，说明齐北伐山戎，打击海滨诸侯小国后，燕已降伏了今辽西走廊及左近一带的令支、孤竹、屠何等族，将辽东湾东西两侧沿海控制在手。关于“燕有辽东之煮”，有学者认为：“春秋时北燕为山戎所逼，岂能兼有辽东？”认为这是“战国时语”②。还有学者认为，“说燕设辽东郡之前已有作为地域名的辽东证据是不充分的。辽东作为地域名源自辽东郡”③。笔者认为这些观点并不正确。齐桓公伐山戎，海滨通道打开，燕国自然可以有“辽东之煮”了。说辽东作为地域名源自辽东郡，那么辽东郡的这个“辽东”是根据什么得来的呢，岂能凭空而得吗？辽东郡之命名，必本于春秋时已有的辽东之名，这应该是毫无疑义的。

战国晚期秦人编撰的《吕氏春秋》出现了“辽水”之名。书中记载：“何为六川？河水、赤水、辽水、黑水、江水、淮水。”东汉人高诱注：“辽水出砥石山，自塞外东流，直至辽东之西南入海。”④这是“辽水”首见于文献记载。“辽水”就是辽东之水——辽东最大之水。我们再看《山海经》，《山海经》第十三《海内东经》记载有：“潦水出卫皋东，东南注渤海，入潦阳。”西晋郭璞注云：“出塞外卫皋山。玄菟高句骊县有潦山，小潦水所出，西河（南）注大潦，音遼。潦阳县属潦東。”⑤这里，出现潦阳，潦阳是西汉辽东郡十八县之一，县治故址在今沈阳市辽中区茨榆坨街道偏堡子村南。由此亦可证，《山海经》记事年代的下限当在西汉时期。《山海经》中的“潦水”即是《吕氏春秋》中的“遼水”。“小辽水”，《新唐书》又称“少辽水”⑥。小潦水出潦山，潦山即辽山，为今辽宁省新宾和清原两个满族自治县的界山，今称龙岗山。《盛京通志》：“浑河：（盛京）城南十里，一名小辽水。……浑河源出长白山纳鲁窝集，名曰纳鲁河，西流入英莪（额）边门会噶桑阿河，为浑河。”⑦这里的纳鲁窝集，就是龙岗山。

---

① 《管子校正》卷二十三，《地数》第七十七，参见《诸子集成》（5），第 383 页。

② 郭沫若，闻一多，许维遹：《管子集校》，科学出版社，1954 年，第 1154 页。

③ 杨军，王秋彬著：《中国与朝鲜半岛关系试论》，第 91 页。

④ 《吕氏春秋》第十三，《有始览》第一，参见《诸子集成》（6），第 126 页。

⑤ 《山海经校注》，第 333、335 页，注 38—39。

⑥ 《新唐书》卷二百二十，列传第一百四十五《东夷・高丽》，中华书局点校本，第 6185 页。

⑦ 《钦定盛京通志》卷二十五，《山川・浑河》，参见《钦定四库全书》，上海古籍出版社，2003 年，第 0501 册，第 432 页。

《吕氏春秋》是战国时代的作品，《山海经》是西汉人所撰无疑。无论如何，“辽东”“辽水”之名出现的时间应该早于其被记载于书的时间。那么辽东是怎么来的呢？今人对辽东的解释莫衷一是。王禹浪《辽东地名考》中，汇集了时人对辽东的各种见解，可与参阅[①]。明嘉靖年间重修《辽东志》，其卷一《地理志·沿革·辽阳·辽东》中对辽东之名解释称：“辽，远也，以其远在九州之东，故名。又兼辽西而言。其分辽东辽西者，以其界乎辽河之东西也。”[②]《辽东志》的解释前半句正确，后半句不甚准确，辽东与辽西非以辽河为界，以辽河为界是明人的说法。辽东在九州之东，大体如此，所以说其远，是中原人（燕国人除外）认为其远。

或问辽东在九州之东，那辽西在九州之西吗？这是机械地理解古人之义。历史上，先有辽东之名，辽西则是燕国设郡时相对于辽东郡而后派生出来的地名（又兼辽西而言）。《辽东志》称辽东与辽西以辽河为界来划分的，在明代确实是这样，明人把辽河两边划分为河东与河西，但战国秦汉时期却不是这样。西汉辽东郡无虑县（辽宁省北镇市廖屯镇大亮甲村汉城址。一说在黑山县段家乡蛇山子汉城址）、房县（盘锦市大洼区清水镇小清村小盐滩汉城址）和险渎（辽宁省台安县新开河镇李家窑村孙城子汉城址）三县都在外辽河以西而不是以东。可见，汉代人并没有以辽河为界来划分辽东、辽西。

贺政权先生在《辽东一词的由来及其他》一文中，不同意《辽东志》对辽东的解释，认为如果这一说法成立的话，则“辽西”即为九州之西，但至今却从未出现过这一概念的“辽西”，且与现今的“辽西”位置不符[③]。贺先生不理解辽西郡是由辽东地方析分出去而成立的，故而得出错误的判断，不足为怪。

秦末，反秦起义军将领武臣自立为赵王，并命“韩广为赵（王）略地至蓟。〔索隐〕：二世三年十月，臧荼救赵，（项羽）封荼为燕王，徙广封辽东王，后臧荼杀韩广”[④]。原来，公元前209年，韩广至燕地，被燕国遗民拥立为燕王[⑤]。公元前206年，项羽攻入咸阳后，自封为西楚霸王，大肆分封诸将，认为臧荼功当封王，便命臧荼为燕王，但对韩广的地位也予以承认，而“徙燕王韩广为辽东王”[⑥]。臧荼就封后，请韩广到辽东就职，韩广不从，待在无终不走，被臧荼杀死[⑦]。“臧荼从入，分燕为二国”。二国，唐人司马贞疏称：“燕、辽东也。”[⑧]臧荼将燕国按地理单元分为两部分，一个是燕山之野的燕地，另一个是辽东。这种划分的观念至迟在西周时期就应该有了。燕山之野和辽东的分界大体在今河北省昌黎县的碣石山一带。燕国设郡时，又在行政上将辽东划分为辽东、辽西二郡。史

---

① 参见王禹浪：《辽东地名考》，《黑龙江民族丛刊》2011年第1期。

② 《辽东志》卷一，《地理志·沿革·辽阳·辽东》，参见金毓黻主编：《辽海丛书》，第一册，辽沈书社，1985年，第354页。

③ 贺政权：《辽东一词的由来及其他》，《东北地方史研究》1987年第2期。

④ 《史记》卷十六，《秦楚之际月表》第四《燕表》，中华书局点校本，第764页。

⑤ 《史记》卷八十九，《张耳陈余列传》第二十九，中华书局点校本，2576页。

⑥ 《史记》卷七，《项羽本纪》第七，中华书局点校本，第316页。

⑦ 《史记》卷七，《项羽本纪》第七，中华书局点校本，第320页。

⑧ 《史记》卷十六，《秦楚之际月表》第四《燕表》，二十九月，《索隐》，中华书局点校本，第764页。

载，元封元年（前110年），汉武帝巡幸北边，“北至碣石[①]，巡自辽西”[②]。可见，碣石在辽西郡地界之内。1984年至2000年多次进行的辽宁省绥中县万家镇止锚湾姜女石遗址[③]，以及1987年至1991年发掘的河北省秦皇岛市北戴河区金山嘴古城遗址[④]，就是秦汉设于辽西郡的两处皇家“行宫故址”。由此分析，辽西郡的东界不会超过今辽宁省锦州市的大凌河。

那么怎样理解燕国“取地两千余里”呢？秦开北却东胡、东击古朝鲜之后，燕国设立了“上谷”“渔阳”“右北平”“辽西”“辽东”五郡，这五郡之地，从上谷郡（郡治造阳，故址在今河北怀来县官厅水库南）向东北然后斜趋东南至辽东郡（郡治襄平，今辽宁辽阳市老城区）东界止，路程大约两千余里，在这两千余里“人民稀，数被寇”的地方设官治民，从法理上将辽东正式纳入燕国版图，因此称“取地两千余里”，而不是从“朝鲜侯”手里取地二千余里。

辽东作为地理单元，其范围大体是“西起燕山、滦河以北，东至清川江一带”[⑤]。到燕国击退东胡和朝鲜设五郡时，将辽东在行政区划上分割为辽东和辽西两郡，其划分的坐标是以医巫闾山至大凌河南北一线为界，辽泽也被划在了辽东，辽东的范围缩小了。刘子敏先生称，“从时间顺序看。是先有辽东之称，后有辽西、辽东之别”，“其界线是医巫闾山”[⑥]。刘先生的观点十分正确。

辽东的范围随着时间的推移又有所扩大。杨军先生研究，“南北朝时期已将朝鲜半岛北部称为辽东”。《宋书》卷28《符瑞志》“白虎见辽东乐浪”，已将这一地区称为辽东。参之高丽朝金富轼《三国史记》记载北魏给高句丽长寿王的“辽东郡开国公”封号，可以肯定，这种观念起源于南北朝时期。至晚在隋代，高句丽人已接受了这种观念，在与中原的交往中，也将自己国家的所在地称为“辽东”，高句丽王元在给隋文帝的表中即自称“辽东粪土臣元”[⑦]。《高足酉墓志》《高玄墓志》将这两位高句丽人分别称为“辽东平壤人”“辽东三韩人”[⑧]，说明把大同江流域称为辽东的习惯，

---

① 碣石，据文献记载，秦始皇、秦二世及汉武帝曾东巡海上，北至“碣石”，以期接触到仙人及蓬莱诸神。此“碣石”在何处，历来观点不一。20世纪80年代以来由于辽宁省绥中县止锚湾“姜女石”等秦代建筑群遗址的发现，使“碣石”的讨论更加引人注目。目前大致有四说：一是昌黎碣石山（谭其骧：《碣石考》，《学习与批判》1976年第2期）；二是北戴河金山嘴（冯君实：《“东临碣石”的碣石在哪里？》，《吉林师大学报》1978年第4期；黄盛璋：《碣石考辨》，《文史哲》1979年第6期）；三是辽宁省绥中县石碑地（陈大为，王成生：《碣石考证》，《中国考古学第六次年会论文集》，文物出版社，1987年；华玉冰：《试论秦始皇东巡的“碣石”与“碣石宫”》，《考古》1997年第10期。

② 《史记》卷二十八，《封禅书》第六，中华书局点校本，第1399页。

③ 辽宁省文物考古研究所编著（华玉冰，杨荣昌主编）：《姜女石——秦行宫遗址发掘报告》，文物出版社，2010年。

④ 河北省文物研究所，秦皇岛市文物管理处，北戴河区文物保管所：《金山嘴秦代建筑遗址发掘报告》，《文物春秋》1992年增刊；陈应祺：《秦皇岛市北戴河秦代行宫遗址》，《中国考古学年鉴》（1987），文物出版社，1988年，第105—106页。

⑤ 刘子敏：《关于“辽东”的考辨》，《中国边疆史地研究》1996年第1期。

⑥ 刘子敏：《高句丽族故地沿革考》，载杨春吉，耿铁华主编：《高句丽历史与文化研究》，吉林文史出版社，1997年，第184页。

⑦ 《北史》卷九十四，列传第八十二《高丽传》，中华书局点校本，1974年，第3117页；另见《隋书》卷八十一，列传第四十六《东夷·高丽传》，中华书局点校本，1973年，第1816页。

⑧ 转引自赵超：《唐代墓志中所见的高句丽与百济人士》，《揖芬集——张政烺先生九十华诞纪念文集》，社会科学文献出版社，2002年，第485—494页。

在高句丽人中一直沿袭到唐灭高句丽以后。……自435年，北魏封长寿王为“辽东郡开国公”始，在中原王朝封赐高句丽长寿王以下九王的封号中，都有“辽东郡开国公”或“辽东郡公”[①]，就是这个原因。

十三、西团山文化是夫馀先世遗存

在高台山文化、湾柳街类型、沈阳新乐上层文化以及抚顺望花类型分布的东与东南地方，先是古朝鲜不断向西“逾徼”，等秦开击退古朝鲜后，到战国西汉之交则有被称为“秽貊”族团在那一带活动。孔安国《古文尚书》卷十八《贿肃慎之命·序》称：“武王既伐东夷，肃慎来贺，王俾荣伯，作《贿肃慎之命》。”孔氏传：“海东诸夷：驹丽、扶馀、馯貌之属。”[②]“驹”，《集韵》：“驹骊，国名。又云：驹，俱遇切。”读俱，即句。《资治通鉴·晋纪》：“高句丽数寇辽东。”注：“句，如字，又音驹。”可证“句”有两音，驹丽即句骊[③]。“馯”，《集韵》：“馯，河干切，音寒，东夷别种名。”馯貌，即韩貉，“韩”即鲜[④]，韩貉亦即朝鲜。孔传《古文尚书》被认为是伪书，但孔安国毕竟是西汉中期人士，他所说的海东诸夷应该是当时的实录。“海东”，指辽东或辽东以东之地，甚至日本也被称为海东[⑤]。这里的驹丽、扶馀、馯貌，即句骊、夫馀和箕氏朝鲜等海东诸夷。孔安国卒于公元前74年，他为《尚书》作传时，高句丽尚未建国（《三国史记》记载高句丽的建国时间为公元前37年），孔安国所说的驹丽当是玄菟郡高句丽县所管辖的“句骊蛮夷”。

《三国志》：“高句丽，在辽东之东千里，南与朝鲜、秽貊，东与沃沮，北与夫馀接。都于丸都之下，方可二千里，户三万。多大山深谷，无原泽。随山谷以为居，食涧水。无良田，虽力佃作，不足以实口腹。……厚葬，金银财币，尽于送死，积石为封，列种松柏。”[⑥]“句骊一名貊（耳）。有别种，依小水为居，因名曰小水貊”[⑦]。西晋陈寿撰《三国志》时，高句骊正当西川王执政时期（279—292年），此前，高句骊东川王时，经魏军毌丘俭两次东征的打击，其王都被毁，死伤数万，民众流离失所，经中川王大约一代人的时间虽然尚未恢复，但“户三万”，按一户平均五口人计算，约达十五万人，其人口数量还是不少的。

句骊、夫馀和朝鲜虽被汉朝人称为海东诸夷，但他们之间在信仰和生活习俗上还是有很大的不同。

高句骊，葬俗颇有特色，石构墓穴，积石为封。魏存成归纳了各地报道的高句丽墓葬材料，总结道：“其墓葬分为积石墓和封土墓两大类。积石石圹墓流行于高句骊政权建立之前到公元5世纪。

① 杨军著：《高句丽民族的形成与演变》，中国社会科学出版社，2006年，第19—22页。

② 《东北古史资料丛编》第一卷，第5页。

③ 参见梁志龙著：《沸流集——高句丽及辽东史地论稿》，辽宁人民出版社，2015年，第1—2页。

④ 参见王小甫主编：《盛唐时代与东北亚政局》附录一王小甫：《朝鲜为“来朝之韩”说》，上海辞书出版社，2003年，第447—452页。

⑤ 参见韩昇著：《海东集——古代东亚史实考论》，上海人民出版社，2009年，第19—29页。

⑥ 《三国志》卷三十，《魏书·东夷传·高句骊》，中华书局点校本，第843、844页。

⑦ 《后汉书》卷八十五，《东夷列传·高句骊》，中华书局点校本，第2814页。

积石石室墓流行于公元3世纪末4世纪初至5世纪。中小型无壁画封土石室墓的上限，与积石石室墓出现的时间相当，其下限可到高句丽灭亡之后。大中型有壁画封土石室墓的时代在公元4世纪中叶至7世纪初。……积石石圹墓是高句丽本民族的墓葬类型，其以后发生的演变，与高句丽势力的发展即外部文化的影响有着密切的关系。公元4世纪初，高句丽占领了乐浪郡。乐浪郡是几百年以来中原政权在该地区的统治中心，受汉文化影响很深，其中包括外覆封土，内有木椁、砖室和石室的墓葬制度与结构。……由石圹向石室，积石向封土的转变，几乎是同时进行的，前后持续了两个世纪。……火烧迹象迄今只发现于积石石圹墓中，而积石石室墓和封土石室墓中都未曾发现。”①

由以上魏先生的分析可见，高句丽在受外来影响之前，其本民族流行的积石石圹墓是实行火葬的。

我们再看海东诸夷中夫馀的葬俗。1987年，蔺新建先生发表文章认为，“西团山文化与汉代夫馀文化在文化面貌上有许多相近之处，因此，它很可能就是夫馀文化之源”②。后来，朱永刚先生也认为西团山文化③应是扶余建国前的先行文化④。而刘景文和张志立二位先生则认为“分布在东北中部这一地域的西团山文化的主人，应是我国古文献中记载的秽貊族系中的一支，即‘土著涉人’”⑤。其实，涉（秽、薉）即是夫馀。吉林市地方，在西团山文化时期，遗址有大量三足器，墓葬不见火葬，显然与西边吉林市四平、辽宁省的康平、法库或是沿科尔沁沙地南缘东进的夏家店上层文化抑或十二台营子文化有关。早年，在吉林西团山文化的猴石山和长蛇山等遗址中发现过夏家店上层文化典型铜器齿柄刀⑥和联珠状铜饰⑦。这两种青铜器都是夏家店上层文化的典型器物的组成部分。吉林学者有人观察到西团山文化与辽宁某些青铜文化的关系。朱永刚先生注意到西团山文化在本地区的出现是一个突兀现象，“对此我们认为西团山文化可能源于周邻地区”，但朱永刚先生认为“位于辽东半岛北部下辽河平原及其东侧的山前地带，商周时期存在着以壶为主要随葬陶器的石棺墓和以素面夹砂红褐陶三足器为代表的诸类文化遗存，就最集中反映考古学文化传统的葬俗和陶器中的炊器系统来看，表现出与西团山文化早期遗存颇为相似的文化特征，从文化谱系的角度观察，存在着密切的亲缘关系”。朱永刚先生所指的下辽河平原及其东侧的山前地带的几个文化类型，包括“以小青岛M5:2、八宝沟M6:7为代表的陶壶。……辽阳二道河子出土的壶。……抚顺大甲邦出土的同类壶”⑧。对西团山文化素有研究的董学增先生认为，“辽宁东北部康平县顺山屯类型。法库湾柳街类型，沈阳

---

① 魏存成著：《高句丽遗迹》，文物出版社，2002年，第203—209页。

② 蔺新建：《两汉夫余研究》，《辽海文物学刊》1987年第2期。

③ 东北考古发掘团（佟柱臣）：《吉林西团山石棺墓发掘报告》，《考古学报》1964年第1期。

④ 朱永刚：《东北青铜文化的发展阶段与文化区系》，《考古学报》1998年第2期。

⑤ 刘景文，张志立：《西团山文化及其族属》，《北方文物》1985年第2期。

⑥ 吉林地区考古培训班：《吉林猴石山遗址发掘简报》，《考古》1980年第2期；董学增：《试论吉林地区西团山文化》，《考古学报》1983年第4期；吉林省文物考古研究所，吉林市博物馆：《吉林市猴石山遗址第二次发掘》，《考古学报》1993年第3期。

⑦ 吉林省文物工作队：《吉林长蛇山遗址的发掘》，《考古》1980年第2期。

⑧ 朱永刚：《西团山文化来源探索》，《辽海文物学刊》1994年第1期。

新乐上层文化，新民高台山（上层类型），抚顺市早期青铜文化和夏家店上层文化，同西团山文化之间存在着较多的共同性，而且时间的上限大致略早于或相当于西团山文化，因此我们认为它们也是西团山文化形成的来源，或者说它们的许多因素被融入西团山文化之中，与西团山文化的固有因素一起形成了一种新的文化"[1]。笔者认为，朱永刚和董学增先生所说的今沈抚间的新乐上层文化、抚顺望花类型文化，它们与西团山文化确有相似之处，但前两者不是西团山文化之源，它们都是受外来文化的影响而出现的地方文化类型。特别是猴石山和长蛇山墓葬出土的齿柄刀与联珠饰，显然来源于夏家店上层文化，溯源西团山文化，不应该忽视它们。后来，金旭东先生主编的《后太平——东辽河右岸以青铜时代为主的调查与发掘》的考古报告出版，其中后太平遗址第二地点出土的铜泡、弹簧耳环、环首刀、铜饰件；东岗遗址出土的锤斧；后太平遗址和墓葬出土的联珠饰、齿柄刀、燕尾形饰，以及只灼不钻的卜骨，还有死者覆面的葬俗等，报告的编写者也认为与夏家店上层文化有关[2]。由此可见，夏家店上层文化传播到四平与吉林是有据可查的。但夏家店上层文化已被学术界公认为"山戎"遗存，那山戎为何能分布到松花江流域来呢？可能的情况是西周时期，居于山戎东部的一支，由于某种原因从山戎本部分离出去，辗转迁徙到今四平地方，然后继续东去至松花江沿岸发展，形成"西团山文化"。

再看西团山文化的墓葬[3]，无一例外全部实行土葬而不见火葬。早年发掘吉林西团山石棺墓，佟柱臣先生就曾深刻指出，"西团山遗址上的浅袋锥足鬲，在形式上近龙山——殷周陶鬲的变种，与中原文化有密切关联，相反的在牡丹江、浑江、图们江等完达山脉以东的辽阔地带，就没有或很少发现陶鬲，这更证明吉林地区是中原陶鬲影响的边缘地区。由于西团山氏族有了鼎、鬲、甑，所以在炊爨饮食方法上，大体应和中原氏族相似"[4]。今天看这个问题，所谓大体与中原氏族相似，是通过山戎人或东胡人的传播而间接实现的。佟先生五十多年前的判断，对于今天的研究仍有重要的启示作用。由此我们再看老河深二期文化墓葬和吉林桦甸西荒山屯青铜短剑墓[5]，都是火葬墓，它们不可能是夫馀遗存，因为它们与西团山文化没有传承关系。

十四、汉代夫馀的前期王城在今吉林市

西团山文化既然是夫馀的先行文化，则夫馀故地在西团山文化的分布范围之内当是应有之义。

---

① 董学增：《吉林西团山文化六十年研究成果概述》，《博物馆研究》2009年第2期。

② 金旭东主编：《后太平——东辽河下游右岸以青铜时代遗存为主的调查与发掘》，文物出版社，2011年，第275页。

③ 东北考古发掘团（佟柱臣）：《吉林西团山石棺墓发掘报告》，《考古学报》1964年第1期；吉林市文管会，星星哨水库管理处：《永吉星星哨水库石棺墓及遗址调查》，《考古》，1978年第3期；吉林地区考古培训班：《吉林猴石山遗址发掘简报》，《考古》1980年第2期；董学增：《试论吉林地区西团山文化》，《考古学报》1983年第4期；吉林市文物考古研究所，吉林市博物馆：《吉林市猴石山遗址第二次发掘》1999年第3期；唐音：《东团山遗址》、刘景文：《帽儿山墓群》，参见吉林省文物考古研究所编：《田野考古集粹——吉林市文物考古研究所成立二十五周年纪念》，文物出版社，2008年，第43—48页。

④ 参见东北考古发掘团（佟柱臣）：《吉林西团山石棺墓发掘报告》，《考古学报》1964年第1期。

⑤ 吉林省文物工作队，吉林市博物馆：《吉林桦甸西荒山屯青铜短剑墓》，《东北考古与历史》（1），文物出版社，1982年。

夫馀之名最早出现在司马迁的《史记·货殖列传》中，其书称："夫燕亦勃、碣之间一都会也。南通齐、赵，东北边胡。上谷至辽东，地踔远，人民稀，数被寇。大与赵、代俗相类，而民雕捍少虑，有鱼盐枣栗之饶。北邻乌桓、夫馀，东绾秽貉、朝鲜、真番之利。"[①]有人认为这里所谓的"'燕北邻乌桓、夫馀，东绾秽貉、朝鲜、真番'，当指辽西'燕王'之四至"[②]，非也。这是指战国时期，夫馀[③]是与乌桓、秽貉、朝鲜和真番比肩的部族。

夫馀之名在《史记》《汉书》《三国志》《后汉书》《晋书》和《好太王碑》中皆作"夫馀"，但后来又出现"北夫馀""东夫馀"的称呼。

东晋安帝义熙八年（412年），高句丽第十九代王广开土王去世，其子长寿王为他树立的好太王碑记载："惟昔始祖邹牟王之创基也，出自北夫馀。天帝之子，母河伯女郎。……巡幸南下。路由夫馀奄利大水……然后造渡，于沸流谷忽本西城山上而建都焉。"这里的北夫馀和夫馀是一个地方。好太王碑文中还有"廿年庚戌（419年），东夫馀旧是邹牟王属民，中叛不贡，王躬率往讨。军到馀城，而馀举国骇服"的记载。

对好太王碑三个夫馀的出现，林沄先生考证认为，北夫馀"是指在高句丽之北的夫余，并非夫余之外别有夫余"。"碑文的'东夫余'，是指夫余之东部，犹如《三国志·东夷传》中专把沃沮之北部称为'北沃沮'一样。北魏崔鸿《十六国春秋·前燕录》记载，公元346年慕容皝'遣其世子儁与恪率骑万七千，东袭夫余，尅之，虏其王及部众五万余口以还'。可见在公元346年以前夫余王已领夫余主体部分西徙，这也就是《资治通鉴》卷97所说的'西徙近燕'的夫余。碑文所述的'东夫余'，应是主体部分西徙之后留在东部旧地的夫余遗民"[④]。林先生的考证非常正确。

关于夫馀的地望。上谷和辽东之北为乌桓和夫馀所在。上谷不论，辽东在战国早期并没有人工边界，因而没有标志物可资参考，它的北面从哪儿起始还真不好说。西晋人陈寿所著《三国志》记载："夫馀在长城之北，去玄菟千里，南与高句丽，东与挹娄，西与鲜卑接，北有弱水，方可二千里。"[⑤]《三国志》记载夫馀地望比《史记》多了许多参照系。其中有三个坐标点非常重要，一是"长城之北"，二是"去玄菟千里"，三是"南与高句丽接"。

陈寿所说的长城就是汉朝时修筑的长城。辽东长城在今铁岭市一带是从西向东而来再向东南斜穿而过，在今沈阳抚顺间继续向南延伸。从铁岭向东南直至今丹东，长城外对的是东而不是北，所以这个方向上不会有夫馀。而铁岭向西到今阜新市彰武县一线的长城，其北面是辽河干流两翼，西

① 《史记》卷一百二十九，《货殖列传》第六十九，第3265页。

② 王绵厚，朴文英著：《中国东北与东北亚古代交通史》，辽宁人民出版社，2016年，第095页。

③ 关于夫馀之名，《史记》《汉书》《三国志》《后汉书》《晋书》和《好太王碑》皆作"夫馀"；《魏书》则"夫馀"和"扶馀"互见，韩国首尔大学奎章阁藏《三国史记》作"扶馀"；1982年文物出版社出版的罗福颐主编的《故宫博物院藏古玺印选》二《秦汉至南北朝官印》"晋夫馀率善佰长"印和《北方文物》1997年第3期报道的1980年在内蒙古巴林左旗查干哈达苏木（乡）石房子嘎查（村）出土的"晋夫馀率善佰长"印皆作"夫馀"，据此，除引用资料外，笔者皆写作"夫馀"。

④ 林沄：《夫余史地再探讨》，《北方文物》1999年第4期。

⑤ 《三国志》卷三十《魏书·东夷传·夫馀》，第841页。

晋时的夫馀不在长城以北的辽河干流。我们再看“去玄菟千里”这一条。这里的“玄菟”即魏晋时的玄菟郡郡治。对魏晋时的玄菟郡郡治之所在，谭其骧先生主编的《〈中国历史地图集〉释文汇编·东北卷》认为后汉、三国和两晋的玄菟郡郡治高句丽县，在“沈阳市上伯官汉代古城”①；孙进己与冯永谦二位先生总纂的《东北历史地理》认为在抚顺市“劳动公园汉城”②；而王绵厚先生所著《秦汉东北史》则认为在“今沈阳东上伯官屯古城”③。近年来沈阳市文物考古研究所对上伯官古城遗址进行过勘探，从勘探结果来看，魏晋时期的玄菟郡郡治在上伯官古城是正确的。以此为坐标，北或者东北千里的距离，相当于今天的三百余千米，则大体抵达今吉林省吉林市一带。

夫馀南与高句丽接，西晋时期高句丽北界没有越过辉发河，高句丽“其与夫余接界之地在辉发河上游”④，亦即以今吉林哈达岭与夫馀为界。这就是我们根据陈寿的记载而推定出的魏晋时期的夫馀地望。而考古资料证明夫馀的中心在今吉林市松花江沿岸。

1982年，李健才先生在谈到夫余的疆域和王城时认为：“现在把夫余前期的王城推定在今吉林市龙潭山城或东团山城及其南麓的南城子，不但和‘初，夫余居于鹿山……西徙近燕’等文献记载相符，而且还和‘盖本涉貊之地，而夫余王其中’的记载相符”⑤。

1993年，国家文物局主编、吉林省文化厅组织编制的《中国文物地图集·吉林分册》出版，在《概述》中称：“根据文献记载，在战国至魏晋时期，吉林省中部生活着夫余族。……有人考订今吉林市一带是夫余前期的中心，今吉林市东团山的南城子是夫余前期的都城。近年来，考古工作者在东团山东南部帽儿山附近发现有数量庞大的墓群（笔者按：数量有七八千座以上），时代相当于西汉——东汉。墓葬均作土坑竖穴，多有木棺葬具，大型墓葬的木椁外还填有青膏泥，形制与中原的西汉墓葬十分相像。……文化性质与之相同的夫余遗址有吉林市泡子沿、永吉学古等。”⑥这从官方学术机构的立场上肯定了吉林市一带是夫余前期的中心。

2008年，为纪念吉林省文物考古研究所成立二十五周年编撰的《田野考古集粹》画册，发表了东团山遗址和帽儿山墓群的部分考古资料，再次确认为西团山文化晚期及汉—夫余遗迹⑦。金旭东先生在为该画册所撰的《吉林省文物考古的世纪回顾与展望》的序言中写道：“吉林省境内吸纳汉文化因素最多、分布最广泛的，是以吉林市为中心、南界达通化地区北部的夫余文化。目前，该文化已发掘的地点有榆树大坡墓地，吉林帽儿山墓地、东团山古城、泡子沿上层，东丰县宝山上层、大架山上层等。榆树大坡墓地和吉林帽儿山墓地性质相同，只是前者年代较早，约当西汉至东汉初年，后者则大致相当于西汉中晚期至南北朝。此外，二者在墓葬形制、出土遗物等级等方面所反映出的

---

① 《〈中国历史地图集〉释文汇编·东北卷》，第20页。

② 《东北历史地理》，2013年，第303、328页。

③ 王绵厚著：《秦汉东北史》，辽宁人民出版社，1994年，第81页。

④ 《东北史纲要》，第61页。

⑤ 李健才：《夫余的疆域和王城》，《社会科学战线》1982年第4期。

⑥ 国家文物局主编；吉林省文化厅编制：《中国文物地图集·吉林分册·概述》，文物出版社，1993年。

⑦ 《田野考古集粹——吉林省文物考古研究所成立二十五周年纪念》，第43—48页。

某些差异，代表着大坡与帽儿山墓葬等级的高下之别。”[①]

金旭东先生所说的榆树大坡墓地，是指榆树“老河深二期文化”墓地。金先生也看出了大坡墓地与帽儿山墓地的差异，但他认为是“代表着大坡与帽儿山墓葬等级的高下之别”。笔者则认为，大坡墓地和帽儿山墓地的埋葬习俗并非“等级高下之别”，而是火葬与土葬的差别。《榆树老河深》报告在总结大坡墓地老河深中层（二期）的“丧仪”时称：“这里盛行火葬，燃烧的程度不等，木椁已十分炭化的有二十四例。火葬是这一部族的鬼魂观念在丧葬仪式中的反映。……火葬的同时还殉马。在发掘中见有十二例。……在丧仪中，还有一种毁器的习俗。墓中见有二十三例。”[②]以此与帽儿山等地无火葬的墓葬对照，显然两地的埋葬习俗并不相同。如果认定今吉林市帽儿山、东团山古城遗址是汉代夫馀文化遗存，那么有火葬习俗的榆树“老河深二期文化”与帽儿山、东团山墓地的关系就值得进一步研究了。

至于学者们努力找寻所谓“北夷橐离文化”，恐怕要事倍功半。以邓树平先生在《橐离历史与文化研究》一书中归纳的典型橐离文化《古城、遗址、墓葬出土和采集的文物标本一览表》中所列举的“肇源望海屯古城、遗址、墓葬”，“吉林大安汉书二期墓葬”，“吉林农安邢家店北山 17 号墓”，“吉林榆树老河深墓地”、“宾县庆华古城和附近遗址”、“宾县索离沟遗址”、“宾县庆华古城城南遗址”、“哈尔滨东郊黄山南城和北城以及附近遗址”、“宾县城子沟屯西岗遗址”、“宾县虎头山陶窑址”、“宾县郭自俭屯北山遗址”、“宾县古城城北遗址”和“肇东东八里墓地”，邓先生认为这些遗址和墓葬，“它们所反映出具有统一特征的文化现象，基本上还是能够代表古橐离的文化面貌和特征的”[③]。

但我们分析上述遗址和墓葬，能够与“帽儿山墓葬”和“东团山遗址”具有渊源关系的还很难分辨出来，而且有些遗址和墓葬未见得就早于“帽儿山墓葬”和“东团山遗址”。论者千万不要随心所欲地解读《论衡》的记载，东北的历史并不像汉魏时有些文人学士所记叙的那样，一些神话传说更要审慎对待。对东汉王充《论衡·吉验篇》一节中“北夷橐離国”的“橐離”，黄晖撰《论衡校释》（附刘盼遂集解），黄晖与刘盼遂皆认为，“橐離”，疑《论衡》原文作“槖離”，“橐離国”作“槖離国”是也，此作“橐”，非。“槖離”即高丽之同音字。《梁书·高句丽传》亦写作“橐”，《后汉书·扶馀传》误作“索”，“皆坐不知其为高丽之音而致耳”[④]。

由上可见，王充所称的“北夷橐離国”，应作“高句丽”明矣，而非什么“北夷橐離国”。

近年，孙炜冉先生对《论衡·吉验篇》所述东明南渡掩淲水都王夫馀之事再次进行了考证，他亦认为“文献中的橐離、索離、槖離、槁離，俱是‘高丽’的异写，所指的也就是朱蒙所建之高句丽”，并且认为“如果将所谓‘橐離（槖離）认定为高句丽的话，那么只有可能是温祚南下建百济。……槖離王子南下所建之夫馀国，就是南夫馀百济。……这个传说在百年之后，经由海路流传

① 参见《田野考古集粹——吉林省文物考古研究所成立二十五周年纪念》，第 6—7 页。

② 吉林省文物考古研究所编：《榆树老河深》，文物出版社，1987 年，第 108 页。

③ 邓树平著：《橐离历史与文化研究》，黑龙江人民出版社，2012 年，第 29—30 页。

④ 黄晖撰：《论衡校释》（附刘盼遂集解）第一辑，中华书局，1990 年，第 88—89 页。

到了和百济隔海相望的中国东海沿岸地区，被王充载录”[①]。

孙先生关于“橐離王子南下所建之夫馀国，就是南夫馀百济”的观点，笔者与其有不同的看法。笔者认为，王充将夫馀王庶子朱蒙南奔卒本夫馀之事演绎为句骊王庶子东明东南走“因都王夫馀”故事，是把东明后来的身份移植到其出生身份而讲的故事。历史的真相是夫馀王庶子朱蒙因继承权之争失败而携部分裂南走，而后建高句丽而非温祚南下建百济。至于所谓“(东明)因都王夫馀，故北夷有夫馀国焉”的“夫馀”，显然是指沸流水岸的卒本夫馀。夫馀之北的橐離国，子虚乌有。

前已述及，西团山文化是夫馀的先行文化遗存，而西团山文化是由于夏家店上层文化的东来而形成。在西团山文化的晚期，即战国时期，燕国“袭破走东胡”“度辽东而攻朝鲜”，燕文化传播到辽东以远地区，促成西团山文化的转变，到两汉时期，继续吸收中原文化，形成“东团山”“帽儿山”“泡子沿”类型文化。看看这些文化的内涵，壶、罐、豆，以及五铢钱、铜镜、陶灶、铁锸、漆器等，处处可见燕汉文化的影子。西团山文化人群具有中原文化传统，他们对燕汉文化具有天然的亲和力，其生活方式的转变自然而然，帽儿山墓地七八千座墓葬，强烈的汉文化影响就说明问题。

十五、莲花堡文化是东胡后裔的遗存

燕国击败东胡和古朝鲜后，“燕亦筑长城，自造阳至襄平，上谷、渔阳、右北平、辽西、辽东以拒胡”[②]。东胡和箕氏朝鲜都在塞外继续生息。今铁岭市区以东属长城徼外，沈抚交界以东亦在燕长城以外。朝鲜被秦开击溃退至满番汗以东，而其北边的秽系部族则受影响不大且渐次向南移动。

战国秦汉之际的考古资料表明，在燕汉长城外徼的今铁岭以北以东的开原、西丰直至吉林省的辽源，以及今抚顺以东的新宾和清原两个满族自治县直到其相邻的吉林省通化、柳河包括桓仁富尔江沿岸、集安的部分地区，分布着以“高柄豆、矮圈足豆、壶、罐”为主要内涵的“团山子文化”或曰“莲花堡文化”遗存[③]，这是受燕汉文化强烈影响而出现的土著文化。这类文化的主体人群，属于广义的东胡或曰东夷，同时也有大批中原人（故燕齐亡命者）融入其间。值得注意的是，与莲花堡文化具有相似面貌的文化遗存在吉林市附近也有发现，被张忠培先生称为“文化三”[④]，后来林沄先生建议称此类遗存为“老河深二期文化”[⑤]。林先生曾在他的文章中绘了一幅地图，其标注“老河深二期文化”的范围大致在吉林扶余县以南的松花江及其支流伊通河两岸。然而像这种以高柄豆、环耳壶、迭唇罐（有些遗址发现战国或者汉代铁器）为典型器物的文化遗存，在吉林的辽源、通化，辽宁的铁岭、抚顺多有发现。高柄豆，有的豆柄上刻出镂空图案，特色鲜明。有学者认为“老河深

① 参见孙炜冉：《“两个高句丽”及“东明神话辨析”——〈三国史记〉与〈论衡·吉验篇〉的史料辨析》，载张伯伟编：《域外汉藉研究集刊》，第十八辑，中华书局，2019年。

② 《史记》卷一百十，《匈奴列传》第五十，中华书局点校本，第2886页。

③ 肖景全，周向永：《辽吉两省相邻地区早期铁器时代考古学文化的发现与研究》，《辽宁省博物馆馆刊》第2辑，辽海出版社，2007年；另见王增新：《抚顺莲花堡遗址发掘简报》，《考古》1964年第6期。

④ 张忠培：《吉林市郊区古代遗址的文化类型》，《吉林大学社会科学学报》，1963年第1期。

⑤ 林沄：《西岔沟铜柄铁剑与老河深、彩岚墓地》，《林沄学术文集》，大百科全书出版社，1998年，第352—367页。

二期文化”为夫馀人遗存，但“老河深二期文化”流行火葬，而“先行的夫馀文化”——西团山文化——是不流行火葬的，怎么到了两汉时期的夫馀人转而流行火葬呢？所以说“老河深二期文化”不可能是典型夫馀人遗存。已普遍被学术界认可的夫馀人文化遗存——吉林市郊泡子沿类型[①]是不流行火葬的。

但辽源、通化、铁岭和抚顺的“团山子文化”或者“莲花堡文化”是否属于夫馀遗存，还不宜遽下结论。也可能存在“异族同俗”现象，这需要进一步研究。而无论是莲花堡文化或是团山子文化包括吉林市的“文化三”或“老河深二期文化”，这是秦开却胡、扫荡古朝鲜以后，中原文化对辽东包括吉长地区的“第二波文化影响”，第二波文化影响给辽东带来了划时代的变化。

在今本溪满族自治县、桓仁满自治县与新宾满自治县接壤的富尔江沿岸有一些莲花堡文化遗存，宽甸、岫岩两个满族自治县还有凤城市直到辽东半岛则不见“莲花堡文化”。现在这一地方还没有分辨出具有代表性的文化类型。本溪地区有“上堡文化”，但内涵还有待继续丰富，这里属于古朝鲜向西扩张的地带，燕秦开“度辽东而攻朝鲜”，就包括收复这些被古朝鲜荐食的地方。而后，古朝鲜被压缩到鸭绿江以东，秽人部落开始向南移动占据这里。

汉朝建立后，辽东的东南部，与汉对峙的是以古朝鲜为首的部落联盟，“汉兴，为（朝鲜）其远难守，复修辽东故塞，至浿水为界，属燕（按：此燕非战国燕而是西汉的封国燕）”[②]。浿水为今朝鲜半岛的清川江，则从此往西北至西的长城之内，都属“燕地”。燕地有燕国遗民，包括跟随燕太子丹“散乱辽间”[③]的燕人，还有秦朝派往此地戍守边地的军士，以及汉朝建立后进入辽东郡的中原军民。这些人多活动于今沈阳、抚顺与辽阳之间。

多年以来，在沈阳市考古发现战国至汉代城址和遗址二十余处，墓葬多处。在沈抚交界的沈阳浑南区东陵街道上伯官村与抚顺市望花区李石街道刘尔屯村还发现战国秦汉城址、多处墓葬和遗物。这些都是典型的燕、秦和汉人遗存[④]。

汉初，在今铁岭以北地方，活动着乌桓部落。武帝元狩四年（前119年），汉王朝“徙乌桓于上谷、渔阳、右北平、辽西、辽东五郡塞外，为汉侦察匈奴动静。其大人岁一朝见，于是始置护乌桓校尉，秩二千石，拥节监领之，使不得与匈奴交通”[⑤]。

与玄菟郡徙郡高句骊西北差不多同时，“元凤三年（前78年）……冬，辽东乌桓反，以中郎将范明友为度辽将军，注引应劭曰：‘当度辽水以击之，故以度辽为官号。’将北边七郡，郡二千骑，击之”。同书又记载，“（元凤）六年春正月，募郡国徒筑辽东玄菟城。夏。……乌桓复犯边，遣度辽

① 吉林市博物馆：《吉林市泡子沿前山遗址和墓葬》，《考古》1985年第6期。

② 《史记》卷一百一十五，《朝鲜列传》第五十五，第2985页。

③ 《史记》卷一百三十，《太史公自序》第七十，第3317页。

④ 沈阳市文物局编：《沈阳市文物志》，沈阳出版社，2019年；徐家国：《辽宁抚顺县刘尔屯西汉墓》，《考古》1983年第1期；徐家国，刘兵：《辽宁抚顺市（顺城区李石寨镇河东村）发现战国青铜兵器》，《考古》1996年第3期；肖景全：《秦国铜矛的启示》，傅波主编；《抚顺地方史概览》，抚顺，2001年。

⑤ 《后汉书》卷九十，《乌桓鲜卑列传》第八十，中华书局点校本，第2981页。

将军范明友击之”[①]。范明友渡过辽水进击乌桓，说明乌桓在辽水之东。辽水之东的今抚顺当时正有玄菟郡郡治落脚此地，则乌桓不能在这一地方活动，而今辽河干流东西两侧的沈阳以北，以及铁岭的东西辽河交汇地区必有乌桓人生息于此，否则范明友到哪里去攻击乌桓人。

东汉末年，分布于上谷至辽东的乌桓，其中“辽西乌丸大人丘力居，众五千余落，上谷乌丸大人难楼，众九千余落，各称王。而辽东属国乌丸大人苏仆延，众千余落，自称峭王。右北平乌丸大人乌延，众八百余落，自称汗鲁王，皆有计策勇健。中山太守张纯叛入丘力居众中，自号弥天安定王，为三郡乌丸元帅，寇略青、徐、幽、冀四州，杀略吏民。灵帝末，以刘虞为幽州牧，募胡斩纯首，北州乃定”[②]。

“（东汉）建武二十五年（45 年），乌丸（即乌桓）大人郝旦等九千余人率众诣阙，封其渠帅为侯王者八十余人，使居塞内，布列辽东属国、辽西、右北平、渔阳、广阳、上谷、代郡、雁门、太原、朔方诸郡界，招来种人，给其衣食，置校尉以领护之，遂为汉侦备，击匈奴、鲜卑”[③]。

由于徙居塞内的乌桓人口日益增长，为了便于管理，汉安帝（107—125 年在位）时又设立“辽东属国”，领辽西郡划拨的“昌辽、徒河、宾徒”三城和辽东郡划归的“无虑、险渎、房”三城，合计六城，置属国都尉[④]管理乌桓事务。

汉朝的属国，据《汉书》所记，最早由汉武帝元狩二年（前 121 年）秋，为率四万余人内附的匈奴昆邪王“置五属国而处之”，师古曰：“凡言属国者，存其国号而属汉朝，故曰属国”[⑤]。属国“置都尉、丞、侯、千人”[⑥]等官。《后汉书》则记载为，“又置属国都尉，主蛮夷降者”，“稍有分县，治民比郡”[⑦]。属国并非行政机构，凡属国，例如广汉属国、蜀郡属国、犍为属国、张掖属国、张掖居延属国包括辽东属国，一律都是“别领”某某几城[⑧]。所谓“稍有分县，治民比郡”，就是说属国所管理的是每个县城里蛮夷所居的那部分，管理蛮夷相当于管理一郡之民那样设“都尉、丞、侯、千人”等官。由此可见，汉朝的属国，犹如后世明廷在辽东镇开原城内所设“自在”“安乐”二州（此二州也非行政机构），只是安置来投女真一样。而且，其所领的城内原有汉民，是不归属国都尉管辖的，非如有学者所说，辽东属国是由“六县组成”[⑨]，莫不如说，辽东属国在六县之内。明乎此，才能理解东汉政府设立属国的用意。

辽东属国设立后，乌桓时服时叛，但由于其总体人数不多且又各自为政，塞外乌桓大部附属于鲜卑，塞内的乌桓经建安十二年（207 年）曹操北征的打击，邑落离散，逐渐同化于汉族了。因此，

---

① 《汉书》卷七，《昭帝纪》，中华书局点校本，第 229、232 页。

② 《三国志》卷三十，《魏书·乌丸鲜卑传》，中华书局点校本，第 834 页。

③ 《三国志》卷三十，《魏书·乌丸鲜卑传》裴松之注引《魏书》曰，中华书局点校本，第 833 页。

④ 参见《后汉书》志第二十三，《郡国》五，中华书局点校本，第 3530 页。

⑤ 《汉书》卷六，《武帝纪》第六，中华书局点校本，第 176—177 页。

⑥ 《汉书》卷十九上，《百官公卿表》第七上，中华书局点校本，第 735 页。

⑦ 《后汉书》志第二十八，《百官》五，中华书局点校本，第 3621 页。

⑧ 参见《后汉书》志第二十三，《郡国》五，中华书局点校本，第 3514、3515、3521 页。

⑨ 《中国东北史》（修订版）第一卷，第 355 页。

明确的乌桓文化遗迹发现不多。1978 年，辽宁省凌海市右卫镇苗屯昌盛村发现一座多室石椁墓，郑君雷先生考证认为是“内附的乌桓或鲜卑的墓葬”①，后来田立坤先生研究后认为是乌桓墓葬②。1989 年 10 月，1991 年 8 月、10 月，铁岭博物馆的裴耀军和许志国等人，在康平县东关街道五棵树村沙场先后调查发现四五十座墓葬，清理 6 座东西向土坑竖穴墓，认为墓地的主人（1 座南北向的墓葬除外）为西汉早期游牧于辽东塞外的乌桓族③。2013 年发掘的鞍山市立山区沙河镇羊草庄墓地，既有典型的汉人墓（甲类墓地 63 座），也有土坑石椁墓包括砖椁和石室墓这种胡人墓（15 座）。发掘者认为这里的胡人可能是两汉之际归化内附的乌桓人④。很有道理。同样，先前 2001 年发掘的沈阳市大东区东陵西路棚户区改造时发掘的八家子汉魏墓群中随葬玛瑙珠、骨珠、琉璃珠、铜环、煤精珠和犬骨的 M6 和 M8⑤，也可能属于东汉时内附的乌桓人墓葬。

今铁岭市东北方向，考古所见的西丰县西岔沟墓地，学者对其族属的认定见解舛驳。发掘者孙守道先生认为墓地埋葬的是匈奴人⑥；曾庸先生认为族属应是乌桓⑦，赞成者有之⑧；田耘先生则认为是夫馀人的遗存⑨，也有学者支持这一观点⑩。最近，沉寂于文物库房 60 多年的西岔沟墓地考古发掘资料，终于由潘玲等人主编，以《西丰西岔沟——西汉时期东北民族墓地》之名整理出版。主编者断定西岔沟墓地属于乌桓人的遗存⑪，但依然有学者持怀疑态度⑫。从汉初辽东五郡民族分布情况分析，西岔沟为乌桓人的墓地，应该没有问题。夫馀人活动中心在今吉林省吉林市一带，西汉时期影响已达这里，但其主体还未在此聚居。从西岔沟出土的器物来看，乌桓人受汉文化的影响很大，而且乌桓与夫馀也互有交流。

《后汉书·东夷列传·秽》亦记载，“汉初大乱，燕齐赵人往避地者数万人”。燕人卫满，自率一千余人（聚党千余人），招集移居到朝鲜西边的燕、齐、赵数万亡民（中原人），推翻了箕准为国王的箕氏朝鲜政权，取而代之，是为“卫氏朝鲜”。流徙箕准朝鲜的燕、赵亡民，其中可能也包括驻

① 郑君雷：《辽宁锦县昌盛石椁墓与辽东属国》，《北方文物》1997 年第 2 期。

② 田立坤：《论辽西汉魏墓的乌桓文化因素》，参见张忠培，许倬云主编：《中国考古学跨世纪的回顾与前瞻》，科学出版社，2000 年。

③ 裴耀军，许志国：《康平县五棵树沙场墓地调查清理报告》，《辽宁省考古文集》（二），科学出版社，2010 年。

④ 辽宁省文物考古研究所编著（白宝玉，徐政）：《羊草庄汉墓》附录一徐政，白宝玉：《鞍山羊草庄墓地乙类墓葬属性再探讨》，文物出版社，2015 年。

⑤ 沈阳市文物考古研究所：《沈阳八家子汉魏墓葬群发掘简报》，《北方文物》2004 年第 3 期。

⑥ 孙守道：《“匈奴西岔沟文化”古墓群的发现》，《文物》1960 年第 8、9 期。

⑦ 曾庸：《辽宁西丰西岔沟古墓群为乌桓文化遗迹论》，《考古》1961 年第 1 期。

⑧ 王锺翰主编：《中国民族史》第 173 页；范恩实：《论西岔沟古墓群的族属——兼及乌桓、鲜卑考古文化的探索问题》，《社会科学战线》2012 年第 4 期。

⑨ 田耘：《西岔沟墓群族属问题浅析》，《黑龙江文物丛刊》1984 年第 1 期；周向永，徐超著：《铁岭的历史与考古》，辽海出版社，2020 年，第 93 页。

⑩ 李殿福：《汉代夫余文化刍议》，《辽海文物学刊》1987 年第 2 期。

⑪ 潘玲，田立坤，刘宁，李新全主编：《西丰西岔沟——西汉时期东北民族墓地》，文物出版社，2022 年。

⑫ 林沄：《西丰西岔沟——西汉时期东北民族墓地·序二》，第 007 页。

守今沈阳与抚顺西部的燕秦军民。

由此可见，汉朝时期，从燕山之野到辽东，再到卫氏朝鲜，汉人的数量渐渐多了起来，随着时间的推移和民族的不断交融，先进的汉文化的传播，有力地促进了当地经济和文化的进步和发展，华夏的语言和文字也在当地推广开来。汉人扬雄著《方言》，将“燕之东北、朝鲜洌水之间”划为一个方言区[①]，就是这种实况的记录。

十六、秽貊和朝鲜由玄菟与乐浪二郡管理

汉武帝元封二年（前 109 年），由于卫氏朝鲜国王右渠“所诱汉亡人滋多，又未尝入见；真番旁众国欲上书见天子，又拥阏不通”，并杀害汉辽东东部都尉官涉何。于是，汉政府“以故遂定朝鲜，为四郡。裴骃《集解》：真番、临屯、乐浪、玄菟四郡”[②]。《汉书》卷七十五《夏侯胜传》则记为，孝武皇帝“东定薉貉（秽貊）、朝鲜。唐人颜师古注引张晏（汉魏时人）曰：‘薉也，貉也，在辽东之东。’”[③]。

汉四郡，其中乐浪郡主要管理“朝鲜胡国”，朝鲜胡国，主要由西周时随箕子迁居半岛的中原人，以及汉初卫满“役属真番、朝鲜蛮夷，及故燕、齐亡命者”构成。

玄菟郡，《汉书》卷二十八下《地理志下》:“玄菟郡，户四万五千六，口二十二万一千八百四十五。县三：高句骊，上殷台、西盖马。”唐人颜师古注引东汉人应劭曰：“故真番、朝鲜胡国。”[④]同书又称：“玄菟、乐浪，武帝时置，皆朝鲜、涉貉、句骊蛮夷。”[⑤]

应劭称玄菟郡为“故真番、朝鲜胡国”，并不准确，朝鲜胡国应属乐浪郡。那玄菟郡到底管理哪些部族呢？我们来看看玄菟郡所属三县的名字，前面都有方位名词或形容词，是很特别的。句骊，《汉书》写作“句骊蛮夷”。盖马，有“盖马大山”“盖马国”之名。殷台，不置所云。但“高”“西”“上”都是汉语则是明确的。而“句骊”“盖马”“殷台”肯定不是汉语，应该是地名或因地得名的人群，是当地土语的汉语音注。有人解释玄菟是“北方（不咸山）之虎”[⑥]，那“乐浪”“临屯”“真番”怎么解释？这是以汉字字义解释玄菟，是否准确，应继续研究。王小甫认为：“韩民族始祖传说中的桓、檀、坛、盖马，这些字眼都来自 kom〉kam 即熊这个词。”[⑦]王先生的观点值得重视。

高句骊县肯定要管理“句骊蛮夷”，而上殷台和西盖马县管理什么蛮夷，《汉书》并未确指，但称“玄菟、乐浪，武帝时置，皆朝鲜、涉貉、句骊蛮夷”。其中乐浪郡，唐颜师古注引应劭（东汉时

---

① 参见〔汉〕扬雄撰；〔晋〕郭璞注：《方言》，浙江人民出版社 1984 年据扫葉山房 1919 年石印本影印《百子全书》本。

② 《史记》卷一百一十五，《朝鲜列传》第五十五，中华书局点校本，第 2985 页。

③ 《汉书》卷七十五，《夏侯胜传》，中华书局点校本，第 3156—3157 页。

④ 《汉书》卷二十八下，《地理志下》，中华书局点校本，第 1626 页。

⑤ 《汉书》卷二十八下，《地理志下》，中华书局点校本，第 1658 页。

⑥ 王绵厚、朴文英：《中国东北与东北亚古代交通史》，辽宁人民出版社 2016 年 1 月版，第 085 页。

⑦ 王小甫主编：《盛唐时代与东北亚政局》，上海辞书出版社，2003 年，第 448 页。

人）曰：“故朝鲜胡国。”乐浪郡管理的主体应该是“朝鲜胡国”，那剩下的涉貉（秽貊），则玄菟郡和乐浪郡都可以管理一部分，由此可以认为，西盖马和上殷台两县管理了部分秽貊人。《三国志》卷三十《魏书·东夷传·秽》记载：“秽，南与辰韩，北与高句丽、沃沮接，东穷大海，今朝鲜之东皆其地也。……其耆老旧自谓与句丽同种。……自单单大领（岭）以西属乐浪（郡），自领（岭）以东七县，都尉主之。皆以秽为民。”说明开始时沃沮地方也归玄菟郡管辖。而且单单大岭以东的沃沮地方，多为秽人，这其中应该包括盖马、殷台部落。1958年在朝鲜首都平壤贞柏洞墓葬中出土的“夫（夭）租薉君”银印。夭租，即沃沮[①]，是地名。薉君是沃沮这地方的涉人首领。“夭租薉君”银印，是汉政府制作并颁授给涉人首领的印信。这方银印的出土，是对《魏书·东夷传·秽》这段记载的最好注脚，也是汉政府对这里实行了羁縻管理的有力证明。

由以上讨论可知，《汉书》卷七十五《夏侯胜传》记载孝武皇帝“东定薉貉（秽貊）、朝鲜”的历史真相，原来汉政府所设四郡分管了当地秽、貊和朝鲜部众。

玄菟郡所属高句骊、西盖马和上殷台三县人口二十二万一千八百四十五，平均一个县的人口将近七万四千人，这个数量在当时来看是不小的。但位于今抚顺境内的高句丽县，是不是这七万四千人都是“句骊蛮夷”呢？回答是否定的。玄菟郡西迁以后，汉政府“至昭帝始元五年（前82年），罢临屯、真番，以并乐浪、玄菟。玄菟复徙郡句骊”[②]。先是临屯并入玄菟，真番并入乐浪，到玄菟郡徙郡句骊时，建制无存的临屯地方复又并入乐浪郡之内。《史记》和《汉书》常有将几件事合并在一起叙述的情况，昭帝始元五年的记事也是这样。我们读史时要注意分辨。

《汉书》卷二十八下《地理志下》载：“乐浪郡，户六万二千八百一十二，口四十万六千七百四十八。县二十五：朝鲜、讲、浿水、含资、黏蝉、遂成、增地、带方、驷望、海冥、列口、长岑、屯有、昭明（注曰：“南部都尉治”），镂方、提奚、浑弥、吞列、东暆、不而（注曰：东部都尉治），蚕台、华丽、邪头昧、前莫、夫（夭）租。”[③]这是玄菟郡徙郡句骊西北以后的乐浪郡形势。

《汉书·武帝纪》：“元封三年（前108年）夏，朝鲜斩其王右渠降，以其地为乐浪、临屯、玄菟、真番郡。注引臣赞曰：《茂陵书》：临屯县治东暆县。”[④]乐浪郡的属县中有东暆，即原临屯郡郡治所在县。不而县为乐浪郡东部都尉治，则不而县在乐浪郡东部无疑。由此亦可证，临屯郡在乐浪郡的东部。又《后汉书·东夷列传》：“至元封三年，灭朝鲜，分置乐浪、临屯、玄菟、真番四郡。……昭帝始元五年，罢临屯、真番以并乐浪、玄菟。……后以境土广远，复分（单单大）领（岭，下同）东七县，置乐浪东部都尉。……建武六年，省都尉官，遂弃领东地。”同书又记：“武帝灭朝鲜，以沃沮地为玄菟郡。后为夷貊所侵，徙郡于高句骊西北，更以沃沮为县，属乐浪东部都尉。”[⑤]

《后汉书》称“复分领东七县，置乐浪东部都尉”，那么这岭东七县，都是哪几个县呢？从上引

① 参见林沄：《夫余史地再探讨》，《北方文物》1999年第4期。

② 《后汉书》卷八十五，《秽传》，中华书局点校本，第2817页。

③ 《汉书》卷二十八下，《地理志下》，中华书局点校本，第1627页。

④ 《汉书》卷六，《武帝纪》，中华书局点校本，第194页。

⑤ 《后汉书》卷八十五，《东夷列传》，中华书局点校本，第2817、2816页。

文献中，已知东暆、不而和沃沮为岭东三县，剩下的四县，据清人丁谦《〈后汉书·东夷列传〉地理考证》研究："领东七县，考《前（汉）书·地理志》乐浪郡县二十五，至《后（汉）书》只县十八，其所省之东暆、不而、蚕台、华丽、邪头昧、前莫、夫（夭）租七县，必均在领东无疑。"①由此可知蚕台、华丽、邪头莫和前莫在岭东七县中。岭东七县，为临屯部落，临屯之北为秽人部落，而真番在以王险城为中心的朝鲜之南。临屯和真番都是卫氏朝鲜联盟中具有独立性的部落，因其位置一在朝鲜之南，一在朝鲜之东，所以"欲上书见天子"，能被朝鲜"拥阏不通"。而位处临屯之北的秽人部落，虽亦是朝鲜联盟内的一员，但因远离卫氏朝鲜主体部落，所以秽君南闾才敢"畔右渠"，并一度归顺汉廷。

本书第十一节中曾介绍过汉武帝元朔元年（前128年），秽君南闾率所部二十八万人口归顺于汉，汉政府在其地设苍海郡，不久又撤废一事。元封年间设立的玄菟郡，所管辖的夷貊，就包括秽君南闾所部。汉四郡"取吏于辽东"②的"流官"们，派到玄菟郡一定是与以南闾或其后人等为首的当地秽人产生利益碰撞，因而"为夷貊所侵"，不得不"徙郡于高句骊西北"③，这里的夷貊就是沃沮地方的秽人，这应该就是历史真相。

玄菟郡西迁后，其管辖范围也有变化，单单大岭以东划给了乐浪郡，岭东沃沮之地转归乐浪郡管辖，后又实行自治，设沃沮县管理当地秽人，其县侯对皇帝要尽朝贡义务。朝贡是对朝廷服属的表现，任何人不得阻碍。当年汉武帝发兵伐卫氏朝鲜，罪状中有两条与朝贡有关，一是"所诱汉亡人滋多，又未尝入见（朝贡）"。二是"真番旁众国欲上书见天子（朝贡），又拥阏不通"④。

因为汉玄菟郡非羁縻郡，故其"取吏于辽东"的官员都是汉人无疑，而所辖郡兵包括部分官兵的眷属也都是汉人。有学者研究，东汉边郡三十六个，边郡设有常备兵，每郡郡兵四五千人⑤，西汉边郡的郡兵也不会超过这个数量，或许在三四千人之间。玄菟郡如果有三四千员郡兵，应分配到所属三县驻防，作为郡治所在的高句丽县，其驻军可能多于其余两县，或许能达到二千人许。

玄菟郡徙郡高句骊西北的落脚点在哪里？早在清帝敕命编写《大清一统志》时便提出玄菟郡治西迁地点的问题。乾隆朝《钦定大清一统志》卷三十六《兴京·古迹·高句骊故城》："（高句骊）县为小辽水所发源，今兴京城北近浑河之源，盖即汉高句骊县地。"日本学者据此也将高句丽县旧址推定"以今兴京老城附近为高句骊县城所在地"⑥。自1940年，在今辽宁省新宾满族自治县永陵苏子河与二道河子交汇处的西南岸发现汉代城址（永陵南城址）以后⑦，历史考古学界多认为这里就是徙郡高句骊西北的第二玄菟郡郡治址，与《汉书》卷七《昭帝纪》"（汉昭帝元凤）六年（前75年）春

① 严一萍选辑：原刻影印《丛书集成》三编，清丁谦撰：《后汉书东夷列传地理考证》（浙江图书馆丛书），艺文印书馆印行，中华民国四年（1915年），第10页。

② 《汉书》卷二十八下，《地理志下》，中华书局点校本，第1658页。

③ 《后汉书》卷八十五，《东夷列传·高句骊》，中华书局点校本，第2816页。

④ 《史记》卷一百一十五，《朝鲜列传》第五十五，中华书局点校本，第2986页。

⑤ 胡宏起：《汉代兵力论考》，《历史研究》1996年第3期。

⑥ ［日］箭内亘等撰：《满洲历史地理》第壹卷，东京：丸善株式会社，1940年，第86页。

⑦ ［日］高桥匡四郎：《苏子河流域的高句丽与后女真遗迹》，长春：伪建国大学，1941年。

正月，募郡国徒筑辽东玄菟城”[①]的历史记载若合符节。2004年10月至2008年8月，辽宁省文物考古研究所与抚顺市博物馆、新宾赫图阿拉成文管所对永陵南城址进行了五个年度的发掘，确认遗址的二三期为西汉中期（武帝设四郡时期）至东汉时期[②]，即玄菟郡高句丽县来此后所建，且一直居住到再次西迁后仍未废弃。与此同时，汉武帝灭朝鲜，辽东郡也乘势将境域扩大到今抚顺市区一带。1988年发现的抚顺东洲区小甲邦林场汉遗址，就是西汉中期的遗存，这里属于扩大后的辽东郡辖境，因为此时，玄菟郡治所尚在沃沮城，不可能管辖到这里。

玄菟郡治徙郡高句骊西北，则东南就是高句骊所居。今新宾永陵镇东南地方正是今辽宁省桓仁满族自治县浑江和从今新宾满族自治县流出的富尔江交汇处，这里是高句骊人早期活动地域。玄菟郡附郭县——高句骊县，主要管理当地的“句骊蛮夷”。考古所见，从今新宾富尔江直到桓仁的浑江沿岸，多有高句丽早期城址分布，特别是桓仁满族自治县桓仁镇一带高句骊遗迹丰富，这里的高句骊部族，由“高句丽令主其名籍”，也就是管理其名册，名册就是户籍。《汉书・赵尹韩张两王传》：“县县各有记籍。”[③]《汉书·高帝纪上》:“籍吏民，封府库。”[④]“籍吏民”，就是登记官员和庶民的人口数量。玄菟郡，“户四万五千六，口二十二万一千八百四十五。县三：高句骊、上殷台、西盖马”。掌握户籍是需要人口普查的，可见汉政府对高句丽的管理是有效和深入的。

高句骊与句骊，有学者认为二者是两个不同部族，没有道理。范晔撰《后汉书・东夷列传・高句骊》，高句骊与句骊在一节中共见。唐代以前，高句骊、句骊、高句丽、高丽皆为一族或一国指称，所以不同只是书面译写或口语称呼的简繁不同，没有实质差别。马大正等学者认为，“从音韵学角度上讲，高句丽速读则为高丽，高丽与句丽音同。高，《广韵》古劳切，《集韵》居劳切。句，一音“jù”，而作郡国地名，则读“gōu”，《广韵》古侯切，《集韵》居侯切。无论从《广韵》，还是从《集韵》。高、句都是双声字，均可通”。“关于高句丽易名高丽之说，只要认真研读中国正史《高句丽传》《高丽传》，再参照《三国史记》等文献便可得到否定的结论，无须再论”[⑤]。

十七、秽、貊是先秦时期辽东东部当地部落

虽然先秦文献早有秽、貊的记载，而后辽东东部又出现了秽貊之名，但早年的民族史研究者对出现在辽东的秽貊并没有太多重视。20世纪的二三十年代，王桐龄的《中国民族史》、吕思勉先生的《中国民族史》、傅斯年的《东北史纲》和金毓黻的《东北通史》，对秽貊情况的考证以吕先生所着笔墨最多。吕先生在书中单列《貉族》为第六章，其文称“貉国之地，初在燕北，其后则在辽东之外。盖当燕开上谷、渔阳、右北平、辽西、（辽）东时，为所迫逐出走者也。《史记・燕世家》云：

① 《汉书》卷七，《昭帝纪》，中华书局点校本，第232页。

② 辽宁省文物考古研究所编著：《永陵南城址发掘报告》，文物出版社，2017年版。

③ 《汉书》卷七十六，《赵尹韩张两王传》第四十六，中华书局点校本，第3207页。

④ 《汉书》卷一上，《高帝纪》第一上，中华书局点校本，第25页。

⑤ 参见马大正，李大龙，耿铁华，权赫秀著：《古代中国高句丽历史续论》中国社会科学出版社，2003年，第233—234页、第235页。

‘燕北迫蛮貉。’此谓貉在燕北者。《货值传》云：‘燕北邻乌桓、夫余，东绾秽貉、朝鲜、真番之利。’此谓貉在辽东之外者也。……貉族国落，见于汉以后者：曰夫余，曰高句骊，曰百济，曰东涉，曰沃沮。……盖涉貉种落，散处辽东塞外，各自兴起者耳。”[1] 吕先生关于“夫馀、句骊、百济开国之事，相似太甚，其实为一事可知”的判断，至为灼见。以好太王碑碑文可证，实为句骊开国事无疑。其后，蒙文通的《周秦少数民族研究》专有《涉貊辰国马韩东徙》一节，称“涉盖即韩奕‘其追其貊’之‘追’，于西周与貊并盛，貊之东徙，追亦东徙为涉”[2]。但蒙先生并没有指出涉、貊东徙的路径及涉貊族群的文化面貌和文化特征，只是征引一些文献进行论说。1983年，抚顺市社会科学研究所举办“东北古代民族源流与分布学术研讨会”，与会的吉林学者武国勋先生提交了一篇《古代东北亚秽貊族综论》的论文。武先生的观点是“大秽貊论”，将秽貊的范围划得很大。1985年，张博泉先生的《东北地方史稿》出版，其第二章《秦汉时期的东北》有《涉貊、东胡两族兴起及其与汉朝的关系》一节，主要谈的是夫余，对涉貊一笔带过[3]。1986年，李健才先生所著《东北史地考略》刊行，未提秽貊。

1987年1月，干志耿、孙秀仁二位先生著《黑龙江古代民族史纲》，书中第四章《商、周时期的黑龙江各族》第二节《涉貊》，内容算是比较详细而且将发现于该省肇源县的白金宝文化认定为“涉貊人遗存”。书中称，“总括起来，大约涉和貊在西周时已见于文献记载。……至春秋初，方出现涉貊连词，直到汉代，这两种情况都是存在的。涉貊作为一个词出现的如‘东接秽貊、朝鲜’（《史记·匈奴传》）；‘北邻乌桓、夫余，东绾秽貉、朝鲜、真番之利’（《史记·货殖列传》；‘彭吴穿秽貊、朝鲜’（《汉书·食货志》）；“复与涉貊寇玄菟’（《后汉书·东夷列传》）；‘自高柳以东涉貊’（《魏书·田豫传》）等。涉与貊分立者亦有之，如‘东夷薉君南闾等口二十八万人降’（《汉书·武帝纪》）；‘诛貉将军阳俊，讨秽将军严尤出渔阳’（《汉书·王莽传》）；‘其印文言秽王之印，国有故城名秽城，盖本涉貊之地，而夫余王其中’（《三国志·魏志·东夷传》）。而且在朝鲜平安南道贞柏里土圹墓木槨中出土过薉君之铜印。貊则有‘隅辟越远，四貉咸服’（《汉书·礼乐志》）；‘辽东徼外貊人寇右北平’（《后汉书·光武帝纪》；‘又有小水貊，句丽作国，依大水而居’（《三国志·魏书·东夷传》）；‘句丽一名貊耳’（《后汉书·东夷列传》）等”。“涉貊的方位，据文献记载可知，在东胡之东，肃慎之南，燕之北。如果根据汉代涉貊系统诸侯的分布，则可以有具体的设想，如夫余在松嫩平原，则夫余本涉貊之地，有涉城，出涉王印，而且夫余为涉之衍读，故此地应是涉地；有人考证貊即发，发在吉林辉发河流域（武国勋《涉貊族考》）。又，高句丽为貊演变而来，故高句丽辖区亦为貊地；沃沮为涉貊系统所属，其分布地区在牡丹江以东、图们江流域，故此区亦为涉貊所居；朝鲜咸镜南道至江原道沿海一带为涉和东沃沮地。在如此广阔的地域内，分布着涉和貊，其考古文化类型亦因活动地区的不同而自有区别，吉林、黑龙江两省的松嫩平原正是涉貊活动的重要地区之一”。“北部涉貊族

① 吕思勉著：《中国民族史》，上海东方出版中心，1987年，第118—119页。

② 蒙文通著：《周秦少数民族研究》，上海龙门联合书局，1958年，第98页。

③ 张博泉：《东北地方史稿》，吉林大学出版社1985年版，第73—79页。

的活动中心在嫩江和松花江汇流地带，在这一地区分布着约当西周末、春秋初期的一种青铜文化类型，即以肇源白金宝遗址命名的白金宝文化类型。……根据出土文物的对比和白金宝文化类型的绝对年代，这种文化类型的时代大体与西周、春秋相当，应是涉貊族的文化”[①]。

以上是干志耿、孙秀仁二位先生涉貊研究的基本观点。二位先生认为，“涉和貊经历了由分而合，又由合而分的过程。在北部的涉族形成夫馀，在南部的貊族形成高句丽，在朝鲜的涉族，一部分内属加入汉族，而未迁徙者形成百济、新罗”。按干、孙二位先生的观点，从嫩江、松花江流域的松嫩平原，到长白山地，直至朝鲜半岛，从西周到春秋初年，甚至到汉代，全为涉貊人的活动地域，这恐怕与考古实际所见不符。我们看不出来夫余、高句丽以及百济、新罗与白金宝文化有何种文化传承关系。

近年来，考古学界已从嫩江流域分辨出四种性质有别的考古学文化，即属于夏至早商的肇源小哈拉文化[②]，年代在商末周初之际的“古城遗存”[③]，西周至春秋时期的白金宝文化[④]和战国早期至西汉时期的“汉书二期文化”[⑤]。上述四种考古学文化，是嫩江流域同谱系先后发展起来的不同演进阶段。值得注意的是，这四种文化遗存中或多或少都存在陶鬲，显然作为三足器的陶鬲是从辽河流域传播而来。白金宝文化、汉书二期文化与所谓的涉貊系究竟有多少关系恐怕难以确指。

1987年，董万仑先生所著《东北史纲》问世，在第一章第三节里有《发、橐离、秽貊》一段，也只用半页文字来记述秽貊[⑥]。1988年，汇聚了几位著名学者编著的《〈中国历史地图集〉释文汇编·东北卷》，也未涉及秽貊。

在上述几部大作相继出版期间，1985年，许宪范先生发表《涉貊迁徙考》一文，许先生对涉貊迁徙的论述颇详，他认为，“大约在新石器中期，整个山东半岛布满了东夷各部落。以后开始南北分徙：其北徙者，一部分沿着渤海北徙到河北北部，而另一部分则渡海迁徙到辽东半岛和鸭绿江上游以及朝鲜半岛的西北部一带；其南徙者，分布在山东半岛及其腹部地带”。“貉族作为东夷系的一个部落，在新石器时代，也可能与殷族一起居住过程中，有一部分融合为殷民，而大部分则保持着自己的部落组织。山东省寿光县纪侯台下出土‘己侯貊分己姜保作毁’，‘王令上道归（馈）貊子鹿三’等与貊族有关的记载，正说明貉族居住在山东半岛的事实。在周灭殷纣之际，貉族的大部分被周人所迫，其一部分渡渤海迁徙到辽东半岛分居在鸭绿江上游和辉发河一带，周人称他为‘发人’（貊人），这些发人就是东北新石器文化的传播者，也是东北秽貊族的先驱者；另一部分貉人则北徙到河

① 参见干志耿、孙秀仁著：《黑龙江古代民族史纲》，黑龙江人民出版社，1987年，第89—98页。

② 黑龙江省文物考古研究所、吉林大学考古学系：《黑龙江省肇源县小哈拉遗址发掘简报》，《北方文物》1997年第1期；黑龙江省文物考古研究所，吉林大学考古学系：《黑龙江省肇源县小哈拉遗址发掘报告》，《考古学报》1998年第1期。

③ 赵宾福著：《中国东北地区夏至战国时期的考古学文化研究》，第23—26页。

④ 黑龙江省文物工作队：《黑龙江省肇源白金宝遗址第一次发掘》，《考古》1980年第4期；黑龙江省文物考古研究所：《黑龙江肇源白金宝遗址1986年发掘简报》，《北方文物》1997年第4期。

⑤ 吉林大学历史系考古专业等:《大安汉书遗址发掘的主要收获》,《东北考古与历史》第1辑，文物出版社，1982年。

⑥ 董万仑著：《东北史纲要》，黑龙江人民出版社，1987年，第15页。

北各地成为《说文》所云的北方豸种”。“大量的考古资料证明东北夷第二松花江、嫩江交界处为分界线，其以西地域曾广泛地受中原文化的直接影响。先受河南仰韶文化的影响，后又受龙山文化的影响，再后又受中原三代青铜器文化的影响是比较深的。这些文化扩展到朝鲜半岛的西北部地区，其特点为彩陶和无纹黑陶。这些文化的主人很可能就是从新石器时代以来由中原迁徙东北的貉、韩以及殷遗民”。“东夷诸族在墓制的形式也具有共同性。东北辽东地区发现的‘积石墓’‘石棚’‘盖石墓’‘石棺墓’，据考古上的分析，其年代分别属新石器末至青铜时代，是从山东诸部族中传播而来的一种墓制形式”[①]。

许宪范先生关于貉人出自山东半岛的根据在哪里呢？山东半岛的寿光出土过青铜器《貉子卣》（《集成》05409）和《己侯貉子簋》（《集成》03230），铭文上有“己侯貉子”，但此己侯即西周时所封的纪侯貉子已为学术界所公认，此貉与涉貉之貉无关。而且涉貊由山东半岛渡渤海向东北迁徙，那嵎夷、莱夷被置于何方了呢？至于“东北辽东地区发现的积石墓、石棚、盖石墓、石棺墓，是从山东诸部族中传播而来的一种墓制形式”的说词，在考古上更是无法证实的观点。仅此两点，其说便不能令人信从。

1994年，王锺翰先生主编的《中国民族史》出版，第二章《夫余、乌桓与挹娄》第一节《夫余与高句骊》中有《涉貊及其与夫余、高句骊的源流关系》一段，对涉貊的论述多了起来，其观点与许宪范先生的说法异曲同工。其文称“殷周时，涉貊居山东半岛一带。在周灭商之际，为周人东进所迫，大部分向东北和北方迁徙，留在故地的，后来成为周人的一部分。古籍中的‘发’（亦作‘北发’）、‘高夷’，即是这时渡海徙居今东北地区聚居的两支。向北方迁徙的，分东、西两路，东路迁到靠近燕国，散居在今河北省东北部及今北京市房山县以南，陕西省代县以东至海之地；西路则远徙至今陕西省北部和山西省西北部的‘西河’（今山西、陕西两省之间黄河河段）地区[②]，后来由于戎狄及晋国的压力，他们又转徙到今河北省的南部。公元前4世纪中叶前后，燕、赵等过强盛，特别是燕昭王时（前331—前279），燕国派秦开北破东胡，居住在今河北省的大部分又被迫由陆路向东北迁徙，散布在今辽河以东及吉林省西北部地区[③]。至此，史书不再有今长城以内以涉貊或单称貊或涉的记事。涉貊成了专指东北夷或东夷的称呼。今东北地区的松嫩、松辽平原，鸭绿江、辉发河、图们江流域以及朝鲜半岛北半部，皆有秽貊人在那里劳动、生息、繁衍。……先后迁居东北地区的各支涉貊人……演变为各有称号的部族集团。初期出现的新称号有发、高夷、橐离（亦作槖离、索离）。……发，散居在今辉发河流域；高夷，居于今辽宁省桓仁县、新宾县，吉林省集安县和通化市一带；橐离大约住在今嫩江、松花江合流处以北的松嫩平原。战国以后先后出现的新族称又有夫余、高句骊、沃沮、东涉。……夫余一词，由‘涉’缓读演变而来，它反映了夫余族成员主要是涉貊人。而夫余国的统治者和被统治者分属涉族的不同支系，统治阶级来源于前述橐离的贵族。橐离是涉貊

① 许宪范：《涉貊迁徙考》，《民族研究》1985年第4期。

② 据《荀子·强国篇》，秦“北与胡貉为邻”；《管子·小匡第二十》记齐桓公“西征，攘白狄之地，遂至于西河……逾太行，与卑耳之貉拘秦夏”。

③ 《山海经·海内西经》：“貊国在汉水东北”，“汉水”当“潢水”之误笔。不取比定“辽水”之说。

族迁居东北地区最北的一支，《论衡》称之为北夷。被统治阶级主要有两部分组成：一是战国及以前先后移居今第二松花江中下游以西地区的部落，传说橐离王子东明南逃至此，以此地涉人为基础建国称王；二是夫余国强盛后，东明自所从出的橐离部落的广大部民，也成了被统治阶级的一部分。由于统治者和被统治者皆源出涉貊，故'夫余'一词既为族称，也为国号。……高句骊族的来源，主要出自涉貊，但分属很多支系"[①]。

以上《中国民族史》的作者，洋洋洒洒地论说涉貊在殷周时始居于山东半岛，其后中国北方和辽东（辽东半岛除外）全为涉貊足迹所及，北方民族的迁徙舞台似乎全由涉貊人独角演唱。然而，多年以来的考古资料证明，今山东半岛、河北省东北部、南部及北京房山县以南，陕西省代县以东、陕西省北部，山西省西北部，辽河以东及吉林省西北部地区，河北省南部，辽河以东及吉林省西北部地区，各有不同时期、不同文化面貌和文化内涵的多支考古学文化，这些不同时期的考古学文化何以都与涉貊人有关，恐怕没有人能回答出来。因此，《中国民族史》关于涉貊迁徙及分布的观点很是难令人信服。

1987年，由佟冬先生主编的《中国东北史》第一版印行，在第二章第二节中列有《南貊与北涉》一段。2006年，六卷本的《中国东北史》修订版发行，在第二章第二节中继续列有《南貊与北涉》一段，认为"商代及周之前期，貊人分布于各国之北部，涉人分布于东北地区的松嫩流域。春秋时代，随着华夏族势力的不断发展、壮大，一部分貊人被融合称为华夏族的一部分，另一部分则逐渐退向东北的南部。从此，貊与涉互相靠近，在东北地区内一南一北毗邻而居，直至汉代始融合为一"。"貊人原为北狄之一部"，"原来广泛分布于今山陕至东北地区的南部。接近周王畿之貊，很早就与周人建立了联系，并为周王朝所征服"。"公元前9世纪末，西部的貊人为'玁狁所逼，稍稍东迁'（《诗经》，《大雅·韩奕》郑玄笺），进入晋北燕北一带。及至春秋时代，貊人与山戎一样也大部涌入燕北及东北的南部，形成了'燕，北迫蛮貊'（《史记》卷34，《燕召公世家》）的形势。此后，在历史记载中，中原地区不再见有貊人的活动，貊成了东北地区少数民族的专名"。"涉，当即夫余之缩译，夫余一音又源于黑龙江省之乌裕尔河，故涉人以其原居地河流而得名"。"揆之文献，并结合地下考古材料，涉人原居地当在松嫩平原——松花江大曲折处的南北地区。文献记载，在这一带很早就存在着属于涉人的橐离国和涉国（《汉书》卷85，《东夷传·夫余国》）。从考古发掘材料看，这一地区广泛存在着白金宝文化，多数研究者认为属于夫余先世之文化遗留。……因此推测，至少在距今三千多年以前，涉人已生活于松花江大曲折附近。所以汉代史学家班固明确指出：夫余国所在'本涉地也'（《汉书》卷85，《东夷传·夫余国》）。同时，从很早的时代起，涉人就兴起了走向东南方的民族迁徙洪流，广泛分布于第二松花江、图们江、绥芬河流域，一直到朝鲜半岛的日本海沿岸。其中，大约以后来居住于东涉和沃沮等地的秽人迁徙最早。不过，规模较大、影响也较大的，是战国至西汉年间乌裕尔河流域秽人的一次大迁徙，它促成了涉与貊的大融合，并先后形成了东夫

---

① 王锺翰主编：《中国民族史》，中国社会科学出版社1994年12月版，第157—159页。

余、卒本夫余（高句丽）、南夫余（百济）等新的部落联盟或民族实体。”[①]《中国东北史》的编者认为秽貊衍生出夫馀诸部。

与前述《中国民族史》所论不同的是，《中国东北史》的编者认为貊人从各诸侯国的北方东迁，而涉是东北原住民——“涉与夫余皆源于乌裕尔河”，“故涉人以其原居地河流而得名”[②]。

其实，秽或者貊，并没有像论者所说的那样人数众多、地域广大。商周之际的秽与貊，他们像流星一样在诸侯国北方的天空中划过，不久就融入到他族之中。他们与战国至汉时北南迁徙的秽貊人，不是一回事。青铜时代至早期铁器时代，周之诸侯国毗邻的北方之族，从西至东，无一例外都使用三足器。而且，没有流行火葬的习俗。如果东迁，这些举族迁徙的人们，他们定居之后，不可能马上改变炊饮方式，三足器应该继续使用，而丧葬习俗更是几代人都难以改变的。然而我们看松辽平原东部丘陵山地，哪个类型文化能和他们对上号呢？当然，文化是可以改变的，东北地区，从新石器时代的平底直筒罐到夏商周时期的三足鼎鬲甗，再到燕汉的壶罐豆，都有阶段性的大变化。但这种改变，须有历史动因，我们只有从大的历史变革、激烈的气候和环境变化中把握民族迁徙、文化转变的规律，才能对错综复杂历史现象进行由此及彼正确的解读。

杨军先生在谈到秽貉族系的形成时，也认为：“貉系民族部众多，又分居于蒙古草原各地，因此，各族间差异应该是比较大的。……在匈奴系民族渐渐成为蒙古草原的领导者的时候，貉系各族就面临着两种选择，要么留下来，服从匈奴人的领导，要么迁徙。一部分貉系民族就是在这种情况下自草原迁入，进入东北各地的。……貉人进入东北以后，最初的居住地应在松嫩平原。后来因匈奴的势力也向松嫩平原渗透，所以，貉系各族才进一步东迁，进入浑江流域与鸭绿江中游。从此出发，貉人向南偏东的方向迁徙，进入朝鲜半岛的清川江一带，又向东南迁至今江原道，并在这两个地区形成国家，也就是两处所谓的‘貊国’。”[③]

胡与貉是否草原民族值得研究。学术界公认夏商周时期今内蒙古中南部地区，包括黄河河套及其东部、北部地区的朱开沟文化、陕北和晋西北的李家崖文化的主人，都是定居，主要从事农业兼营畜牧狩猎业。夏家店上层文化是山戎遗存，而山戎并非草原民族。同样十二台营子文化族属为东胡，其居民过着定居生活，经济形态亦以农业为主，兼营畜牧和渔猎业。胡不是草原民族的专称，农业居民照样可以称为胡。

王建新先生等更认为，“关于貊人的居住地，《山海经·海内西经》中有：‘貊国在汉水东北，地近于燕，灭之’的记载。吴承志《山海经地理今释》称：‘汉水当作潦水。……即《汉书·地理志》之潦水也。’可知貊人所居距燕国不远，且与辽河流域相近。所以，先秦时期貊人的居住地大致应在秽人居住的辽东和吉林以西，燕国所在的河北以东，也就是今辽西和辽河平原一带”。

王建新先生等把东北亚系青铜文化分为两个系统：一个系统分布于辽西和辽河平原，应该是先

① 《中国东北史》（修订版），第二卷，第165—169页。

② 《中国东北史》（修订版），第二卷，第341、165页。

③ 杨军著：《高句骊民族与国家的形成和演变》，中国社会科学出版社，2006年，第90—92页。

秦时期的貊人所创造的文化；另一个系统主要分布于辽东、吉长和朝鲜半岛地区，应该是先秦时期秽人所创造的文化。王建新等人列举了分布于辽西和辽河平原貊人文化系统，即“已经发掘的代表性遗址中，约相当于西周早中期的有喀左县和尚沟墓地①等遗址，约相当于西周晚期到春秋早期的有朝阳市十二台营子石椁墓②等遗址，约相当于春秋中晚期的有朝阳市小波赤石椁墓③、内蒙古宁城县孙家沟石椁墓④等遗址，约相当于春秋晚期到战国早期的有喀左县南洞沟石椁墓⑤、沈阳市郑家洼子土坑墓和木椁墓⑥等遗址，约相当于战国中期的有凌源县三官甸土坑墓和石椁墓⑦，喀左县老爷庙土坑墓⑧等遗址”⑨。

“貊国”本身就模糊不清，清人吴承志指汉水为潦水亦不知何据。《史记·匈奴列传》：“当是之时，而三国边于匈奴。索引：‘案：三国，燕、赵、秦也。’”《史记·货殖列传》：“（燕）东北边胡。”这个胡，学界公认是东胡，而不是貊。以王建新等列举的朝阳、喀左、宁城、凌源等地的墓葬看，属于十二台营子文化（凌河文化）遗存，而十二台营子文化，学术界多认为是东胡遗存。东胡与貊是先秦时期北方地区两个不同的族团。十二台营子文化的面貌比较清晰，而貊人文化，目前尚无人分辨出一个系统的考古学文化。至于沈阳地区的郑家洼子类型的主人，前已论及，它既不属于秽，也与貊人无涉，而是由辽西迁来的一支部落。

由此可见，辽东地区的秽貊、小水貊、梁貊等是早就生息于此并从事渔猎兼农生业的东北夷人。辽东地区两周时期的考古资料也没有发现他们由蒙古高原向辽东迁徙的文化留痕。因此，辽东秽貉或者貉（貊）是由蒙古草原迁入的观点难以令人信服。

由上可见，辽东地区从来还没有一个古族自称为“秽貊”者。有学者认为高句丽和夫馀族一样，同属于秽貊系统。其实，早期高句丽并不属于秽貊族系。《汉书·地理志下》记载，朝鲜、涉貉和句骊，是并列的蛮夷，不存在谁属于谁的问题。《汉书》卷六《武帝纪》第六记载，元朔元年（前128年）秋，“东夷涉君南闾等口二十八万人降，为苍海郡”。这是汉四郡设立之前，汉政府在辽东之东的沃沮地方最早建立的地方政权机构，而且二十八万人口一个郡，在当时是一个为数不多的大郡。由此可见，涉人的中心在沃沮地方，有“夫（夭）租薉君”银印为证。此时，汉政府还没有发动讨伐卫氏朝鲜之战，涉君南闾等人能够率二十八万庞大的人口内附汉政府，说明涉人有相对独立性。等到两汉之际高句丽崛起，加入了夫馀以及秽人、貊人的因素，中原汉地学者，才一会儿称高

① 《喀左和尚沟墓地》，《辽海文物学刊》1989年第2期。
② 《辽宁朝阳十二台营子青铜短剑墓》，《考古学报》1960年第1期。
③ 《朝阳小波赤青铜短剑墓》，《辽海文物学刊》1993年第2期。
④ 《宁城县新发现的夏家店上层文化墓葬及其相关遗物的研究》，《文物资料丛刊》第9集，1985年。
⑤ 《辽宁喀左南洞沟石椁墓》，《考古》1977年第6期。
⑥ 《沈阳地区出土的青铜短剑资料》，《考古》1964年第1期；《沈阳郑家洼子的两座青铜时代墓葬》，《考古学报》1975年第1期。
⑦ 《辽宁凌源县三官甸青铜短剑墓》，《考古》1977年第6期。
⑧ 《喀左老爷庙乡青铜短剑墓》，《辽海文物学刊》1993年第2期。
⑨ 王建新，刘瑞俊：《先秦时期的秽人与貊人》，《民族研究》2001年第4期。

句丽为貊，一会儿又称秽貊，甚至以貊指代高句丽，所谓“貊人犯法，罪不起于侯騶”[①]，侯騶（騶，《后汉书》作驺）即高句骊侯驺。陈寿将高句丽人称为貊人是时称，非常准确。不但陈寿将高句丽人称为貊人，而且高句丽人也自称为貊人。唐末把持高句丽朝政的西部大人、大莫离支泉盖苏文之孙泉献诚的墓志中有“公即襄公（按：泉盖苏文之子泉男生）嫡子也，生于小貊之乡”[②]的记载，小貊是否小水貊此不讨论，但高句丽是貊而非涉则是明确的。因此，所谓秽貊，只是汉魏时人对高句丽、秽、貊联合体的一种习称。《盐铁论·地广》第十六：“左将伐朝鲜，开临洮（屯），燕齐困于秽貉。”[③]这里把临屯郡与秽貊联系起来，说明西汉时，中原人所了解的秽貊主要在临屯一带了。以涉人为例，《三国志》卷三十《东夷传·涉》：“自单单大山领（岭）以西属乐浪（郡），自领（岭）以东七县，都尉主之，皆以涉为民。后省都尉，封其渠帅为侯，今不耐涉皆其种也。汉末更属句丽。”[④]可见，涉人虽“自谓与句丽同种。……言语法俗大抵与句丽同”[⑤]，但与高句骊是两族。公元56年，高句丽大祖大王四年秋七月，“伐东沃沮，取其土地为城邑，拓境东至沧海，南至萨水”[⑥]。由此，沃沮地方的涉人融入高句丽，所以陈寿撰《三国志》时，才能说涉“汉末更属句丽”“自谓与句丽同种”。但涉人融入高句丽并未丧失自己的独立性，所以才有《三国史记》记载的“大祖大王六十六年（118年）夏六月，王与獩貊袭汉玄菟郡，攻华丽城”，“大祖大王六十九年十二月，王率马韩、獩貊一万余骑，进围玄菟城”，“大祖大王七十年，王与马韩、獩貊侵辽东”[⑦]。《后汉书·孝安帝纪》也有相同内容的记载[⑧]，可见高句丽人也是把自己与秽貊人分开而论的。请注意，这里的獩貊，可能是由秽人与梁貊或小水貊人组成的部队。

秽貊并不像有些学者所说的那样是东北三大族系（东胡、肃慎、秽貊）之一。更非如其所说“在东北三大族系中，只有秽貊族系是农业民族”[⑨]。秽貊从来没有联合起来成为一个族团，我们也找不出公认的属于他们的文化遗存。正如林沄所说，“过去有的学者因为没有考察‘胡貊’连举的实际历史，便断言貊曾远布于西方，其实是不能成立的。还有不少学者对汉代才出现的‘秽貊’连举现象未作充分的历史分析，便信从东北自古以来有所谓的‘秽貊系’民族或‘秽貊系’考古学文化的谬说，这一迷信是亟须破除的”[⑩]。林先生的见解十分正确。

---

① 《三国志》卷三十，《魏书·东夷传·高句骊》，第844页。

② 参见孙进己等编：《东北古史资料丛编》，第三卷第十篇，《唐代海东藩阀志存·大周故左卫大将军右羽林卫上下上柱国六国公赠右羽林卫大将军泉君墓志铭并序》，辽沈书社，1989年，第643页；另见拜根兴著：《唐代高丽·百济移民研究》附篇《高丽移民墓志资料汇集》，中国社会科学出版社，2012年，第261页。

③ 〔西汉〕桓宽撰：《盐铁论·地广》第十六，《诸子集成》（8），第19页。

④ 《三国志》卷三十，《乌丸鲜卑东夷传》第三十《涉》，第848页。

⑤ 《三国志》卷三十，《乌丸鲜卑东夷传》第三十《涉》，第848页。

⑥ ［高丽］金富轼撰；孙文范等校勘：《三国史记》卷第十五，《高句丽本纪》第三《大祖大王》，吉林文史出版社，2003年，第191页。

⑦ 《三国史记》卷第十五，《高句丽本纪》第三《大祖大王》，第192、193页。

⑧ 参见《后汉书》卷五，《孝安帝纪》第五，第228、232、234页。

⑨ 李治亭主编：《东北通史》第二章第一节，中州古籍出版社，2003年，第76页。

⑩ 林沄：《说“貊”》，参见林沄著：《林沄文集》（二），科学出版社，2009年，第246页。

严文明先生曾指出："刘宋范晔编《后汉书》时才单立一个《东夷传》，该传在追溯东夷的历史时，主要根据现已亡佚的古本《竹书纪年》，其中保存了不少重要史料。当时东夷的后裔早已与华夏等族融为统一的汉人或华人，人们不能仍称其为东夷，遂错把东北地区、朝鲜和日本的古代民族称为东夷。实际上后三者与前者并无族源关系。"①

古代中原人对四夷的称呼并无严格的定义，称胡貉、戎狄，非如今人对满、蒙古、壮、藏各族等，有法定标准名称。两汉时对匈奴，既称其为胡，又称其为戎狄②，全无官方之统一规定。治史者，应以审慎的眼光看待古代中原文人学士对北方各族的史载，也应如考古学划分区系类型那样，综合排比分析，结合历史文献，利用考古资料，吸收国外研究成果，才能得出相对正确的结论。（萧景全）

① 严文明：《东夷文化的探索》，《文物》1979年第9期。

② 《后汉书》卷十九，《耿弇列传》，第715页。

辽东地区青铜时代三个“龙头山”史迹钩沉

王绵厚[①]

以考古学调查为基础，在20世纪以来对辽东“二江（鸭绿江、浑江）”和“二河（太子河、苏子河）”流域的从青铜器时代文化向西汉后高句丽文化的发展演变，提出来了新的考古学思考。并以本溪、桓仁、新宾三地发现的青铜时代龙头山类型盖石墓的文化内涵和时代，重新认识辽东地区青铜文化序列—马城子文化—新城子文化—龙头山类型—早期高句丽。同时讨论了“龙头山类型”的确认对认定高句丽和夫余起源的“南貊北秽说”的考古学意义。

自20世纪80年代起，余集中关注辽东青铜文化与高句丽起源关系的问题。就这一问题，我提出了辽东“二江”“二河”流域为高句丽起源中心文化区的疏论。而在这一区域中，有三个以“龙头山”命名的青铜时代考古遗址。现结合考古调查，把非专业人士容易混淆的三处龙头山遗址逐一钩沉，以厘清其考古学文化面貌。

第一个龙头山是浑江流域的桓仁龙头山。这一地点首次被发现是在第二次全国文物普查之后，21世纪初因五女山城等遗址申报世界文化遗产而引起人们关注。2004年国庆刚过，我接到时任省文化厅副厅长的顾玉才的电话，希望我为桓仁当地干部讲讲刚刚申遗成功的五女山城的历史文化价值。两天后，县政府派车来沈阳接我去桓仁。次日上午，我给全县数百名科局以上干部、教师讲课。午后闲暇，我请县文物管理所王俊辉所长陪同考察几处史迹（我向来有“抽空考古”的偏好）。俊辉轻车熟路，第一个田野点就领我看了二户来镇的龙头山石盖墓。该石盖墓位于新宾至桓仁公路北侧不到100米一个临江突出的山坡（即龙头山）上。登上山后，只见一块长方形不规则大盖石裸露在地表上。细观这块巨石，当腰两侧尚保留明显凿出的凹形磨痕，这说明盖石是经过专门加工的石材。两年后（2006年），王俊辉与省文物考古研究所李新全等正式发掘了这座石盖墓。从墓地结构和出土陶器看，该石盖墓是高句丽建国（西汉）以前浑江流域分布较多的考古遗存之一。而从族属来看，该石盖墓应属于青铜时代晚期的土著部族——小水貊。

第二个龙头山是新宾龙头山。对它的调查，与我20世纪90年代初研究高句丽南北二道有关。

---

① 王绵厚，辽宁省博物馆馆长，研究员。

1992年春，我约时任抚顺市博物馆馆长徐家国先生，调查由抚顺经新宾旺清门到通化江口村一线的高句丽“北道”。在由旺清门去转水湖山城的途中，家国先生引导我考察了一处石盖墓地。该石盖墓地位于新宾满族自治县旺清门镇南富尔江右岸的龙头山。据他讲，这处石盖墓也是“二普”后发现的。十年后（2002年5月），抚顺市博物馆萧景全馆长等对这处龙头山石盖墓进行了抢救性发掘，其成果刊于《辽宁考古文集（二）》。该发掘报告称，此处龙头山墓地位于旺清门镇东南，东隔富尔江与吉林通化县三棵榆树乡毗邻，既是辽宁与吉林的邻界又是苏子河与富尔江上游的交汇处，世为辽吉门户。附近还有汉晋高句丽时代的转水湖山城、白旗堡汉城（余考为贡城）以及明清旺清门等遗址，可见新宾龙头山一带古今地理位置十分重要。从已发掘的墓地情况看，这是一处典型的青铜时代晚期竖穴石盖墓群，报告中统以习惯的“石盖墓”称之。实际上同余先后调查的桓仁龙头山和永陵南二道河子彭家石构墓地一样，都是立穴或积石后在墓上专置盖石。其盖石的规格不一定与墓室结构大小完全契合（见原报告侧视图），所以所谓的“石盖墓”，准确地说应该是“盖石墓”。这类辽东盖石墓，在考古学文化上有三个普遍特点：半地穴式积石或石棺结构上置盖石；陶器多手制夹砂褐陶壶、罐、钵组合；多伴以火葬习俗。即余论析过的辽东“二江”“二河”地区前高句丽时代土著青铜文化的本质内涵。

第三个龙头山为太子河上游的本溪龙头山。据梁志龙先生在《北方文物》上的著文介绍，这一墓地位于本溪市溪湖区东风乡郑家村龙头山南，距太子河北岸约1000米，属于以石块垒筑的石棺墓性质。其出土的壶、罐、钵等陶器组合，与上述两地龙头山墓地基本吻合。据华玉冰等在《考古》2011年第6期《新城子文化初步研究——兼谈与辽东地区相关考古遗存的关系》中介绍，本溪龙头山墓地的陶器以陶壶为代表，多见于同区马城子文化的三、四期。以此论定本溪龙头山墓地，是继承马城子文化的“新城子文化早期”。该文实际上证明，本溪地区的龙头山一类青铜时代墓地代表了新城子文化的早期阶段。而且，本溪龙头山在时代上早于前文介绍的桓仁龙头山和新宾龙头山。特别是亲自调查过的新宾旺清门龙头山，其下限可能延至战国末到西汉，实际上属华玉冰等论定的“河夹心类型”晚期。这样看就明显出现了两种现象。一是本文所举的三处龙头山墓地在辽东考古学文化上的实际跨度，包括了华玉冰等所指的“新城子文化”和“河夹心类型”，成为马城子文化后辽东、吉南地区有代表性的土著青铜文化。二是本文介绍的三处龙头山墓地的考古发现，都在华玉冰等2006年发掘的本溪东营坊镇新城子墓地以前，而且以龙头山墓地年代最早且最具有代表性，不过包括笔者在内，一般均采用华玉冰在2011年《考古》刊发的“新城子文化”的命名。这可能反映了考古学文化的命名往往与有影响的研究或报告有关，最早的发现反而被忽视。如东北地区另一重要文化——西团山文化，虽发现很早，但定名却在20世纪50年代中央考古发掘团发掘以后。上举意欲“正名”的辽东“龙头山类型（文化）”，由于发现分散且内涵至今深悉缺乏，其命运大体亦如此。

在简列了上述三处以“龙头山”命名的考古地点后，我沉思历年考古践行，感到以“龙头山”命名的地名不可胜记。如1990年调查牡丹江上游的吉林敦化石湖古城时，发现泥河对岸也有一座龙头山。而上述三处龙头山，头两处已身临其境，第三处仅为耳闻。然三者有两个共性：第一个共性是三处墓地均分布在笔者论定的辽东盖石墓的中心区，即辽东“二江”“二河”地区；第二个共性是三地遗存的表象形态均不清晰，这可能是由于保存状况不同而导致的，如新宾旺清门龙头山墓地的地表只见巨石卧地并不知晓其内部结构，直到发掘后方了解真实面貌。

由上述共性引申想到，以龙头山墓地为代表的辽东青铜文化的文化内涵，尚属有待开发的处女地。如进入21世纪萧景全先生介绍的，几乎与辽东盖石墓中心区完全重合的青铜时代“堡寨”遗迹越来越多。即余在20世纪调查通化万发拔子遗址后著文提出的，辽东青铜时代的“石垣聚落”与上述龙头山一类墓地相呼应，并毗邻交错在青铜时代至高句丽早期的辽东大山曲谷中（见《高句丽古城研究》等）。这一曾被忽视的考古学现象，特别是其文化的一体性和关联性尚缺乏深入的考察。

可见，辽东的这三处龙头山墓地，给人们留下的考古学思考尚有很多。比如当年我与俊辉调查桓仁二户来龙头山墓地时发现的人工沟槽，很可能是用绳子拖拽大盖石到墓顶留下的。按当时的技术手段，该巨石非数人不可搬动。从这个例子分析，当时的大型盖石应多为墓室修好（积石）以后，靠众人之力拖上墓顶的。所以多数石盖墓，实际上应该是盖石墓。

再如，关于这类盖石墓的时代和性质，是更为复杂的问题。萧景全先生等发掘的新宾旺清门龙头山墓地，其时代下限应在秦开却胡以后至西汉初。所以，辽东这类盖石墓中出现一些燕汉文化因素本属正常现象。但从宏观来看，燕秦汉辽东长城线以外战国末至西汉时期盖石墓中存在的某些器物，并不一定是墓主人身份的直接证据。即文化的影响与族群的确认，尚不宜以个别器型为唯一依据。换言之，新宾旺清门龙头山一类西汉以前石构火葬墓地的墓主人，仍属“二江”“二河”流域貊系的“勾丽”部族（高句丽先人）。

最后，在讨论辽东地区三个龙头山类型时，对当代东北亚和长白山区系青铜时代考古学的更一个深层次的意义，是可以进一步明确与高句丽和夫余起源都关系尤重的“南貊北秽说”。

所谓“南貊”，是指笔者从20世纪由高句丽古城和墓地调查引出的辽东“二江”和“二河”流域为高句丽起源和早期建国的五部中心。

龙头山类型大盖石墓的发现在以下三个方面加深了对高句丽起源于辽东“二江”“二河”“南貊”的学理依据。

其一，三处龙头山正好分处太子河、浑江、富尔江和苏子河上游。对30年前笔者关于“二江”“二河”立论的考古学文化和民族地理推论，提供了新的考古学支撑。

其二，关于青铜时代马城子文化及后续新城子文化，与松花江流域西团山文化的关系，东北考古学界尚有不同认识。如吉林大学赵宾福先生等力主辽东马城子文化的接续者，是西周后“整体北迁”至松花江形成的西团山文化。辽东新城子文化的广泛分布，特别是本文分析的具有典型土著特征“龙头山类型”的普遍存在，为马城子文化的后续找到了传承有续的考古学文化载体，这对目前在学术界尚未完全共识的“南貊北秽说”补充了更充分的依据。

其三，这三处龙头山类型，其位置如上述正在高句丽起源的中心区。特别是经笔者亲自调查过的桓仁龙头山和新宾旺清门龙头山二地，都与汉代第二玄菟郡（永陵南二道河汉城）毗邻，与高句丽早中期都城五女山城和集安丸都近在百里，时代又均在战国后期至西汉。其中如新宾旺清门龙头山盖石墓群，1992发现时纯属偶然，当初是作为转水湖高句丽山城的附属墓地寻找的。经2002年萧景全先生等发掘证明，这是早于高句丽建国的西汉中期（汉武帝前后）的土著部族遗存。而且其位置又靠近余早年调查过的新宾白旗堡汉城（沟娄贡城）。其遗存性质和时代，均直接与从辽东大、小水貊族（勾娄），向高句丽演变的文化相关。弥补了考古学链条上的缺环。凡此种种，大大增强了高句丽起源“辽东南貊”的学理基础。

至于与之对应的夫余起源“北秽说”，因历年吉林考古工作者在松花江中游从西团山文化到东团山文化“秽城”和文献中“秽王”的印证，以及地处沈抚“玄菟北千里”（今700里）的认定。今吉林市与辽东高句丽并存的“北秽夫余”故地，已多为学术界公认。至此，辽东青铜文化的马城子—新城子—龙头山—高句丽的一脉相承，越来越明朗化了。

综上所述，作为辽东前高句丽时代土著青铜文化的标志，辽东“二江”“二河”区域青铜时代龙头山类型的盖石墓、石棺墓及其毗邻的石垣聚落，应当是21世纪辽宁“考古中国”的重头戏。因为据笔者自2018年以来承担的国家社科基金重点专项《长白山区系考古与民族论纲》的研究体会，作为东北亚第一名山的长白山区系，其考古、民族与文化的研究，由于受考古学发现的局限和跨省、跨国区域的影响，局部研究较为深入，总体研究和认识不够全面深刻。诸如对长白山区系中的高句丽、夫余、渤海、挹娄等族别研究较系统，而对各族系文化的关系则缺乏“大长白山文化观”，至少在总体理论体系中存在缺环。所以本文从辽东青铜器时代三个龙头山类型引申出来的“南貊北秽说”，即是对大长白山区系考古与民族文化研究的新思考。从上文举证的辽东地区三处龙头山盖石墓看，该考古学文化类型的共性是以“二江”“二河”为分布中心，以石构墓垣（晚期出现土坑叠石）上特置盖石及夹砂褐陶、火葬习俗为主要特征。其时代大体在辽东马城子文化后的西周末到西汉前中期（汉武帝）。三处龙头山盖石墓的年代顺序应该是本溪龙头山盖石墓（西周末至战国初）—桓仁龙头山盖石墓（战国初至汉初）—新宾龙头山盖石墓（战国末至西汉中期）。后者（新宾龙头山盖石墓）虽然已进入铁器时代，但在当时辽东燕秦汉长城线外的部族仍保留青铜文化晚期的文化特征，并与北邻松花江上游的同期文化交流密切。从这个意义讲，把继马城子文化之后的这一时段青铜文化命名为“龙头山类型”，似乎符合以早期考古发现为划分依据的学理原则。

吉林敦化岗子遗址群的考古新发现

张福有[①]

2016年4月28日，我在敦化田野调查中首次发现岗子遗址。6年来，去岗子遗址群考古调查100多次。每次台风和暴雨之后，都能在砬豁的冲沟和附近地表捡到一批文物。辽宁省博物馆原馆长王绵厚先生，高度重视岗子遗址的新发现。关于岗子遗址的意义，王绵厚先生指出："从近年来当地多次调查采集到的千余件遗物看，该遗址发现的意义应有三个'第一'。一、第一次明确岗子遗址为牡丹江上游青铜时代至渤海国时代的重要遗存（林沄和张福有命名为岗子类型）。这一发现，为这一重要多元文化过渡带的后续研究奠定了基础。二、第一次在一处遗址发现有对应年代的标志性遗物，如典型陶器、铜器、五铢钱等，为该遗址的断代、分期及族属研究提供了考古实证。三、第一次明确了沙河两岸的石湖古城与东山头遗址出土遗物具有统一性和依存关系，为确认至今殊无定论的渤海旧国故邑与东牟山的关系，找到了可靠依据。

诸如上述，相信随着发掘的继续和地层关系的确认，岗子遗址群在长白山区系（特别是长白山北系）考古与民族研究中的意义会进一步彰显。"[②]

一、基本情况

岗子遗址群，包括官地镇岗子砬豁、河东砬子、平地和岗子前山山城，东山头小城，北山，西山等地点。岗子"土龙"，从岗子到黑龙江宁安境内，包括北河沿、干沟子、大甸子、复兴楼等遗址。

---

① 张福有，吉林省文史研究馆馆员、研究员。曾任吉林省委副秘书长、办公厅副主任，白山市委副书记兼政协主席，吉林省委宣传部副部长，吉林省政协常委、文史委副主任等职。根据吉林省委安排，从2003年以来，主要从事东北史地重大问题研究。在《中国历史文物》《考古与文物》《社会科学战线》《北方文物》《人类学学报》《中国文物报》《东北史地》等刊物发表学术论文40多篇。在文物出版社、吉林人民出版社、吉林文史出版社等出版考古与历史研究学术专著10余部。主持国家科研项目1项、省级重点委托项目2项。建议修改了《辞海》个别词条。三次被吉林省文物局聘请为重大项目论证专家组成员。有30多项考古新发现，曾叫停工程，从铲车下护住的重要文物遗址，有的被评为全国"六大""十大"考古新发现，被公布为第八批全国重点文物保护单位，有的被纳入"考古中国"工作对象。填补一些考古空白，纠正一些误识误读。2022年6月11日，被国家文物局授予全国第四届"最美文物安全守护人"称号，是四届中的东北第一人。

② 赵险峰、邓树平主编：《东北亚古丝路文明研究》，河北人民出版社2021年12月版，第1、2页。王绵厚：《岗子遗址群的考古发现及诸文化要素讨论》，张福有：《吉林敦化岗子遗址的新发现和岗子类型》，同书第306—316页。

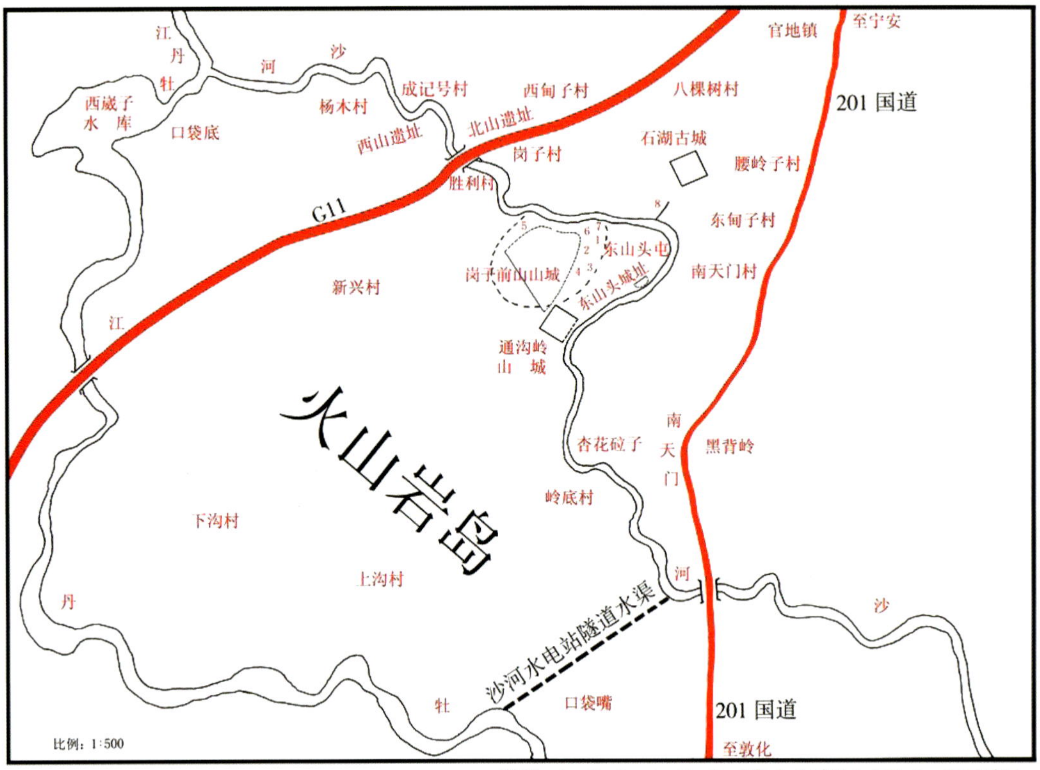

图例：1、2、3、4、5、6、7东山头遗址1-7区 8、岗子遗址

图一　敦化官地岗子前山山城与岗子遗址位置示意图

2017 年 3 月 10 日，吉林省文史研究馆在省政府召开了岗子遗址研讨会，我国著名考古学家林沄先生肯定了我提出的“岗子类型”。

图二　研讨会上张福有（右）与林沄（中）和魏存成先生（左）

2018年8月24日，吉林省文史研究馆名誉馆长、吉林省委原书记王云坤率队考察岗子遗址，给予高度评价。

图三　2018年8月24日，吉林省文史馆名誉馆长、吉林省委原书记王云坤到岗子遗址考察

图四　2018年7月11日，敦化市人大常委会主任徐立君率团视察岗子遗址，副市长孙红霞陪同（卢雅洁摄）

图五　吉林省文物考古研究所调查岗子遗址（左起：杨俊峰、王聪、高峰）

二、采集的主要器物

在岗子遗址中共采集到石器、陶器、五铢钱、玉璧、青铜车軎、铁车辖、铁刀、铁镞、铁甲片等文物1000多件①。这批文物，年代跨度约在8000年以上，汇集了旧石器时代晚期经新石器到青铜和早期铁器时代的遗物。从器物的文化属性看，包括莺歌岭肃慎文化、团结及和龙兴城沃沮文化、东团山夫余文化、六顶山渤海文化等。

六年来，我在岗子的考古调查，严格坚持地表采集器物，不搞挖掘。

图六　石臼，沙河右岸地头

图七　陶豆，砬豁，露底，以木棍取出

① 2018年前采集的文物已捐给敦化博物馆，吉林省文物局支持建立了“吉林乡村记忆·岗子村博物馆”陈列这批文物，通沟书院“岗子记忆”博物馆，亦保存部分器物。后来采集的仍在研究中。

图八　陶纺轮，砬豁北侧豆地

图九　陶豆柱，砬豁

图十　敲砸器，岗子前山山城

图十一　石斧，岗子前山山城

图十二　石斧，岗子前山山城

图十三　亚腰石铲，岗子前山山城

图十四　铁镬，岗子前山山城

图十五　铁镞，岗子前山山城

下面简要介绍一下重要的标志性器物。

1. 小型两面器

打制，采集于砬豁地表，是旧石器时代晚期东西方文化交流的产物。欧洲的距今 70 万年至 4 万年。中国华北的，经过确切年代测试，距今 1.2 万年。[①] 岗子砬豁采集的小型两面器（10.2 厘米 ×4 厘米 ×2 厘米）与此相同。

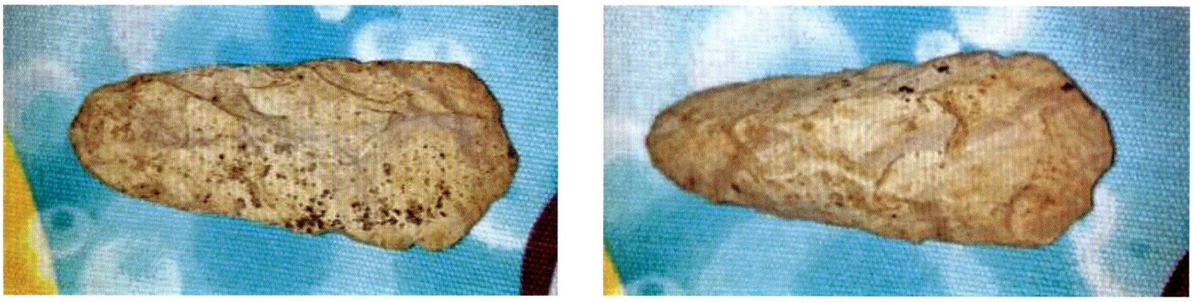

图十六　小型两面器

2. 黑曜岩凸刃刮削器

陈全家是吉林大学教授、中国考古学会旧石器专业委员会副主任。他说："这仍是黑曜岩，凸刃刮削器，边上经修整，构成圆弧。风化变色，这么大的（6 厘米 ×5.6 厘米 ×3 厘米），我是第一次见到。已不亮，至少在 1 万年以上！"

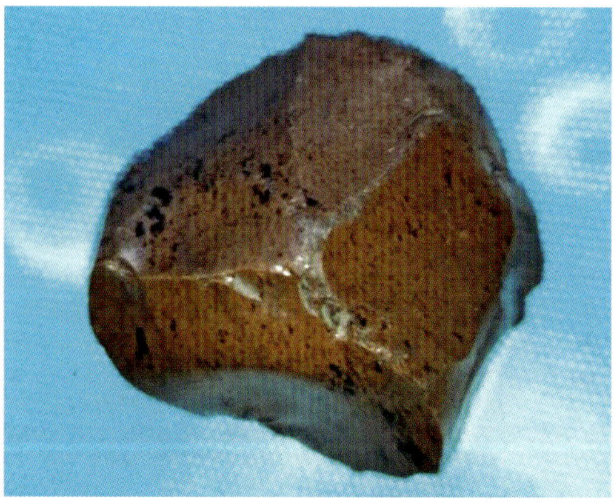

图十七　黑曜岩凸刃刮削器

3. 黑曜岩石叶石核

陈全家说："黑曜岩石叶石核（8 厘米 ×6.5 厘米 ×3 厘米），台面经修整，符合石叶石核标准。表皮风化。原料是开采的，一定有原产地，不是从当地河滩捡的。年代晚于上边的凸刃刮削器。"

① 陈宥成、曲彤丽：《旧大陆视野下的中国旧石器晚期小型两面器溯源》，《人类学学报》2020 年第 1 期。

图十八　黑曜岩石叶石核

4. 玉璧

2020 年 6 月至 9 月，“巴威”“美莎克”“海神”三次台风之后，在岗子砬豁遗址地点又采集到 40 多件陶豆把、器底、陶纺轮和黑曜岩石片等器物，其中有一件小型玉璧，其质地坚硬，呈墨绿色，直径 5 厘米，单边 2 厘米，璧面钻一孔，孔径 1 厘米，似两面钻，对接较好。中厚 1 厘米，厚薄均匀，边薄似刃，完全符合小型玉璧“肉倍好”的要素。[①]这件玉器，边的宽度比孔径多1倍，应为璧。

图十九　玉璧

5. 五铢钱

岗子砬豁遗址中，共采集 3 枚汉代五铢钱，证明这里是汉武帝设四郡之玄菟郡辖地。

图二十　五铢钱

① 《尔雅 · 释器》记载：“肉（周围的边）倍好（中间的孔）谓之璧，好倍肉谓之瑗，肉好若一谓之环。”

6. 青铜车軎

该车軎身长 5 厘米，粗端外径 5 厘米，内径 3.7 厘米，细端外径 3.2 厘米，内径 2.8 厘米。整体呈筒状，青铜质地，軎身中段饰宽带凸弦纹两周，每条弦纹宽 0.4 厘米。辖为长方形，两侧有辖孔，长 1.2 厘米，宽 0.8 厘米。车軎为车马器，是车轮的重要零部件，套在轮轴的外端，以防车轮脱落。其制作规整、组合装配精密，反映了当时机械制作精巧的技术水平，也反映了当时有资格乘车的人身份、地位高贵。该车軎与吉林市帽儿山夫余墓地出土的车辖、车軎完全一样。

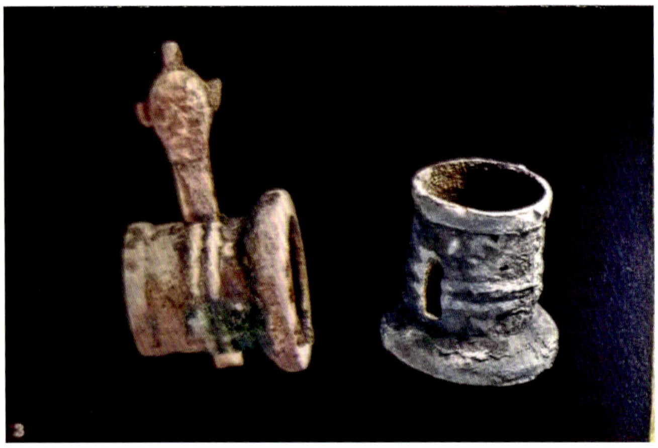

图二十一　吉林市帽儿山夫余墓地出土的车軎

图二十二　岗子前山山城中采集的车軎

7. 岗子类型陶器

（1）折沿鼓腹罐。13 件。以口沿不同分为 3 式。Ⅰ式，4 件。标本 1，2016DGH Ⅴ：4，夹砂褐陶，圆唇，折沿，鼓腹，火候高。口径 18 厘米。标本 2，2016DGH Ⅱ：25，夹细砂灰褐陶，折沿，鼓腹，火候高。口径 20 厘米。标本 3，2016DGH Ⅱ：7，夹细砂黑褐陶，轮制，胎质较厚，火候较高，罐的折沿表面及器物的外面均经过打磨。口径 18 厘米，残存高 9.5 厘米。标本 4，2016DGH Ⅱ：5，夹砂黄褐陶，折沿，鼓腹，下部残。Ⅱ式，4 件。标本 1，2016DGH Ⅴ：1，夹砂黑褐陶，圆唇，折沿，鼓腹，器表面磨光。口径 20 厘米。标本 2，2016DGH Ⅲ：4，夹细砂褐陶，圆唇，折沿，器表面磨光。口径 16 厘米。标本 3，2016DGH Ⅱ：4，夹砂灰褐陶，圆唇，侈口，折沿，斜腹，下部残缺，轮制，火候较高。标本 4，2016DGH Ⅴ：2，泥质黑陶，圆唇，侈口，展沿，内外均磨光。口径 14 厘米。Ⅲ式，5 件。标本 1，2016DGH Ⅲ：1，夹砂黑褐陶，方唇，口沿面部下凹，折沿凸棱明显，器物表面磨光。口径 24 厘米。标本 2，2016DGH Ⅷ：11，夹砂红褐陶，器形不规整，火候不均。口径 20 厘米。标本 3，2016DGH Ⅱ：14，夹砂黑陶，圆唇，折沿，沿面内凹，器形规整，表面磨光。口径 20 厘米。标本 4，2016DGH Ⅲ：3，夹砂褐陶，火候不均，色彩不一。方唇，折沿，底残。口径 18 厘米。标本 5，2016DGH Ⅱ：15，夹砂黄褐陶，圆唇，折沿，沿面内凹，筒形腹，火候高。口径 12 厘米。

（2）长颈敛口壶。1 件。2016DGH Ⅴ：8，夹砂黑陶，口部残缺，敛口，长颈，鼓腹，腹饰有錾耳。口径 12 厘米，最大腹径 32 厘米。

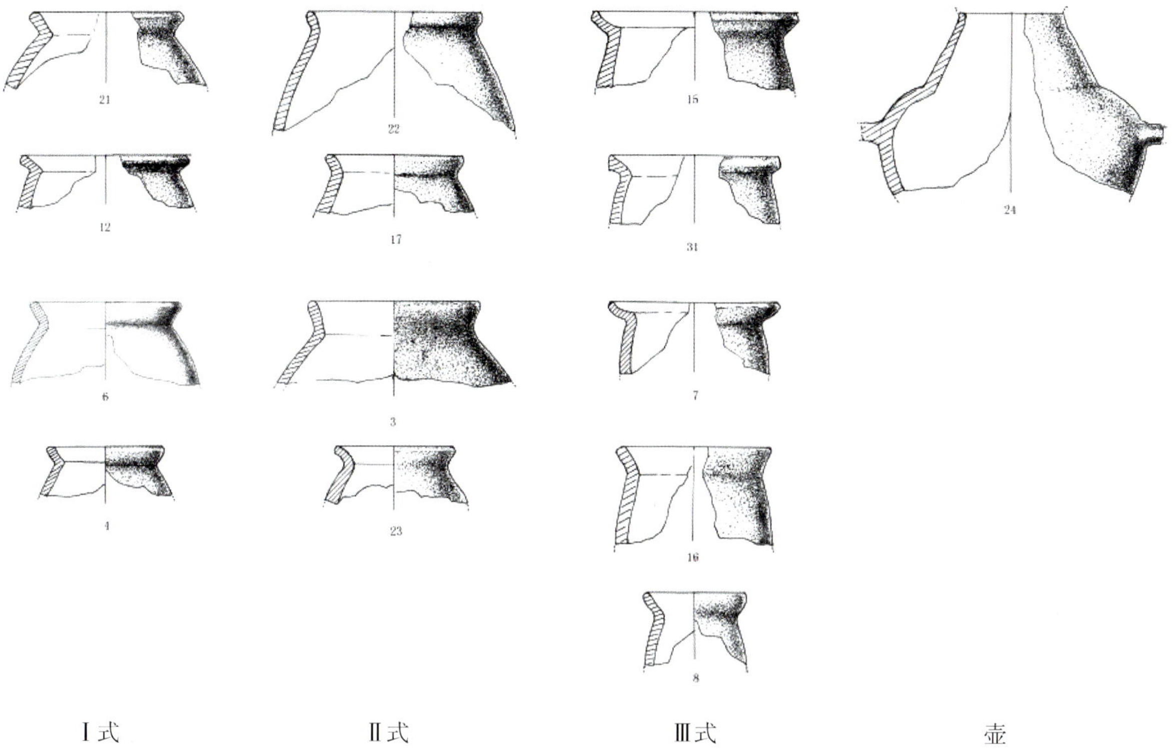

图二十三　陶器著录与绘图（孙仁杰绘）

8. 陶豆

2件。标本1，2016DGH Ⅳ：2，夹细砂黑陶，豆盘残。残高11.6厘米，豆柄直径6.2厘米、高6.6厘米。

标本2，2016 DGH Ⅷ：6，夹细砂红褐陶，手制，陶胎较厚，火候较高，陶豆表面涂有黑衣并经磨光。器形较规整，豆盘口为圆唇，深腹，口径15厘米，腹深6厘米，豆柄呈柱状，中空，直径6厘米，足部以泥带围筑呈喇叭口，足底直径9厘米。

图二十四　黑陶豆

图二十五　红褐色陶豆

图二十六　黑陶豆把

9. 平顶形耳

平顶形耳，与折沿鼓腹罐不是同一个体，很特殊，是为首见。

图二十七　平顶形耳

10. 渤海国铁刀与铁镞

图二十八　渤海国铁刀与铁镞（岗子前山山城与砬豁采集）

三、“土龙”情况

从岗子武圣观东北约200米起，到北河沿荒格子，分布“土龙”石堆9处。编号为TL01~09号。岗子村外，还发现14处。从岗子到黑龙江宁安复兴楼村，长约110公里。

1. TL01号，位于武圣观东北约200米。坐标为东经128° 21′ 30″，北纬43° 32′ 18″，海拔463米。土石混筑，现存土石堆长13米，宽6米，高1.1米。顶部有2个坑，南侧有2块大石头，大致2米长，1米宽。两个坑，中间相连。北侧有6块倚护石，每块长约1米，宽约0.8米。

图二十九　TL01号堆，底边围有6块倚护石

图三十　TL09号堆现状

其西侧有一个大坑，呈长方形，长 10 米，宽 4 米，深 1.3 米。其南侧被采石头破坏，地表有夹砂红褐色陶片。

TL09 号，过官地镇后，在 201 国道北约 350 米，距 8 号 910 米，48 度。顶部有 2 个较大的坑，坑内以石砌墙，但已坍塌。最大的坑，长 9.06 米，宽 6 米，深 1.65 米。坐标为东经 128° 26′ 4″，北纬 43° 34′ 17″，海拔 460 米。在 2 个大坑周围，共有 24 个小坑。或属后期人为扰动。在第 11 号小坑中，有 1 个擂石，玄武岩，带孔，长 14 厘米，宽 12.8 厘米，厚 12 厘米。在其西北侧外缘的耕地中，采集到 1 个石网坠。

在其北侧，是官地镇北河沿村。村北有一座山，形同岗子前山的蝙蝠山，在当地也叫“蝙蝠山”，距 9 号土龙 960 米，345 度。蝙蝠山中间有一道梁，两边各有一个大窝子，形成与岗子前山一样的“簸箕崴子”。两座蝙蝠山相距 6.8 公里，可以对面相望。这两座山，都是青铜时代遗址，地表有密集的石器和夹砂陶器。两座蝙蝠山下，分别有一个东山头村屯。两个东山头村屯，相距也是 6.8 公里。

图三十一　北河沿遗址的蝙蝠山

图三十二　岗子前山遗址的蝙蝠山

四、有关历史文献

从历史文献中看，汉魏时期居于长白山北的是挹娄。挹娄至少有四个特点：穴居、农耕、善射、居不咸山北。

1. 穴居

《后汉书》中记载："挹娄，古肃慎之国也。""处于山林之间，土气极寒，常为穴居，以深为贵，大家至接九梯。"① "挹娄人喜乘船寇抄，北沃沮畏之，每夏辄臧于岩穴，至冬船道不通，乃下居邑落。"②《隋书》中记载：靺鞨"地卑湿，筑土如堤，凿穴以居，开口向上，以梯出入"③。敦化岗子的"土龙"，荒格子中现在仍存有深坑，坑中有石墙，有擂石和石网坠等。

图三十三　岗子河东砬子地点石穴中的陶豆、陶罐等陶器

图三十四　岗子河东砬子地点石穴中的通道

这个石洞确实不小。据当地老人传说，此冰洞从岗子能通到附近的成记号村。2016年10月20日，我（图三十五戴头灯者）与赵岳强、于亚茹（右一）、唐文福（右二）、陈琦（立于底层洞穴者）下到洞穴中，走了七八米，还可以走，但因是雨季，有落石砸到赵岳强的后背上，我们便退出来，未敢再深入。

石穴的南口，也是正口，被采石破坏了。2018年秋季之前，在北面还有五六个口。我们就是从最大的朝上开口的洞口下去的。2018年秋后，这些开口向上的洞口也被填上了，严重地改变了遗址原貌。

图三十五　岗子河东砬子地点石穴中

① 晋司马彪撰，梁刘昭补注：《后汉书》卷八十五《东夷列传》第七十五，吉林人民出版社1995年版，第1603、1604页。

② 晋司马彪撰、梁刘昭补注：《后汉书》卷八十五《东夷列传》第七十五，吉林人民出版社1995年版，第1606页。

③ 唐魏徵等：《隋书》卷八十一《列传》第四十六，吉林人民出版社1995年版，第1199页。

图三十六　可容4人的河东砬子石穴开口向上的洞口

2. 农耕

南朝宋范晔《后汉书》卷八十五《东夷列传》第七十五中记载：挹娄“有五谷”[①]，如同沃沮“宜五谷，善田种”[②]。在岗子遗址和北河沿、复兴楼遗址中，采集大量石铲、石锄、石镐、石斧，与“善田种”“有五谷”高度吻合。

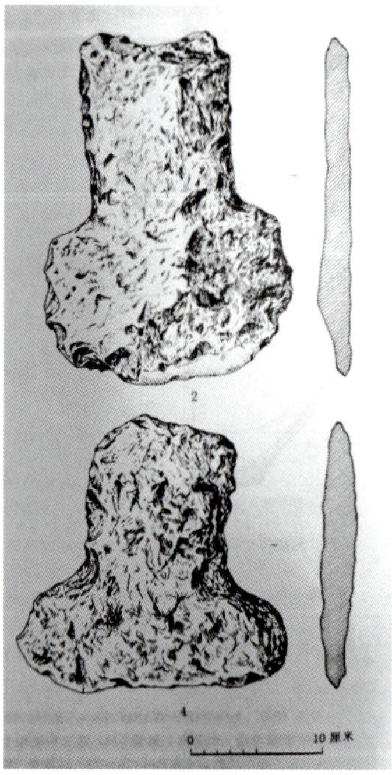

图三十七　兴城新石器时代有肩石锄

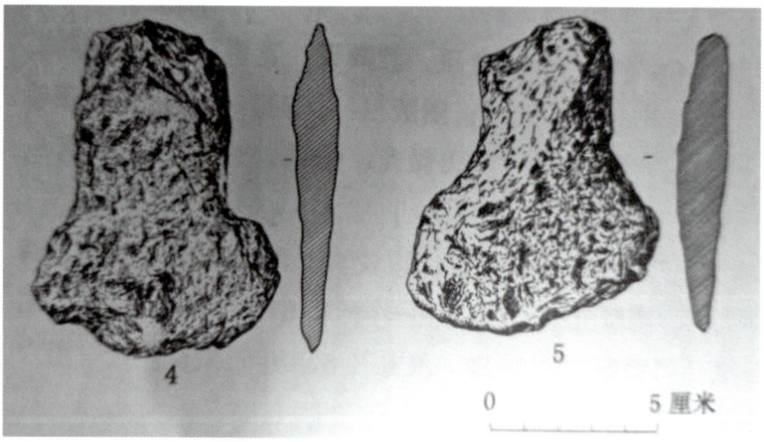

图三十八　兴城青铜时代有肩石锄

① 晋司马彪撰、梁刘昭补注：《后汉书》卷八十五《东夷列传》第七十五，吉林人民出版社1995年版，第1603页。
② 晋司马彪撰、梁刘昭补注：《后汉书》卷八十五《东夷列传》第七十五，吉林人民出版社1995年版，第1606页。

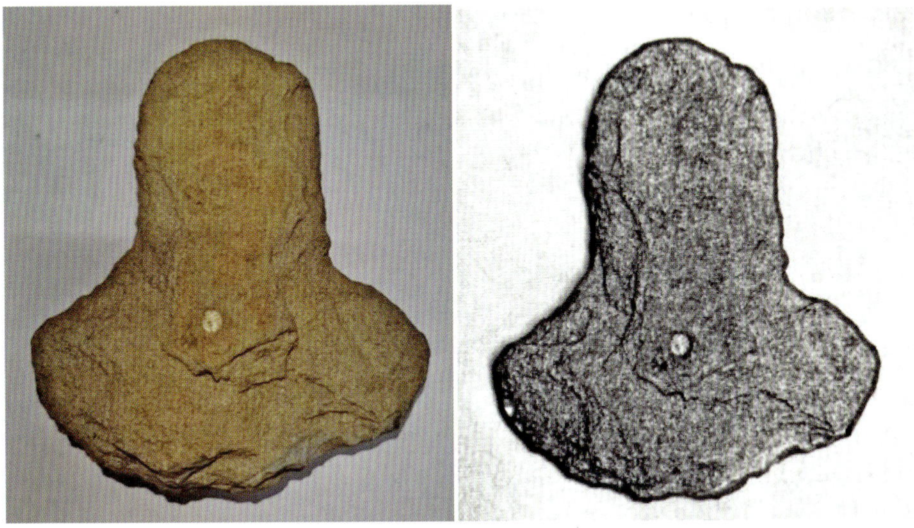

图三十九　岗子前山山城中采集的有肩石锄照片与线图（张天保绘）

和龙兴城文化和柳庭洞类型，经考古发掘，其有肩石锄与鼓腹陶罐，其年代为距今 4800—4300 年。岗子遗址群中，从地表采集到相同器物，其年代，大体应差不多。①

《北史》中记载：勿吉“其国无牛，有马，车则步推，相与偶耕。土多粟、麦、穄，菜则有葵”②。粟，通称“谷子”。麦，与现称一致。穄，是一年生草本植物，俗称“糜子”。葵菜是一种古老的蔬菜，早在汉代以前即已栽培，供蔬食，现多野生，有少量种植。这与岗子一带的状况完全一致。岗子遗址中在地表采集到一件青铜车軎，极为珍贵，这不是偶然的。

图四十　TL09 号的石网坠

3. 善射

《后汉书》中记载：挹娄“多勇力，处山险，又善射，发能入人目。弓长四尺，力如弩。矢用楛，长一尺八寸，青石为镞，镞皆施毒，中人即死”③。《隋书》记载：“矢皆石镞，即古之肃慎氏也。”④ 在调查中，于凤凰店和北河沿都在地表采集到石镞，弥足珍贵。尤其是在北河沿遗址捡到的石镞，以青石磨制，两边双侧磨刃。石镞长 3.3 厘米，根部宽 0.9 厘米，残尖部宽 0.6 厘米，厚 0.1 厘米。两侧双面磨刃宽 0.15 厘米，均匀锋利，不可多得。

① 吉林省文物考古研究所、延边朝鲜族自治州博物馆：《和龙兴城——新石器及青铜时代遗址发掘报告》，文物出版社 2001 年 12 版，第 38、101、157 页。

② 李延寿：《北史》卷九十四《列传》第八十二，吉林人民出版社 1995 年版，第 1713 页。

③ 司马彪撰、梁刘昭补注：《后汉书》卷八十五《东夷列传》第七十五，吉林人民出版社 1995 年版，第 1604 页。

④ 魏徵等：《隋书》卷八十一《列传》第四十六，吉林人民出版社 1995 年版，第 1199 页。

图四十一　北河沿遗址的石镞（左，A 面；右，B 面）

4. 居不咸山北

唐魏徵等《隋书》卷八十一《列传》第四十六中记载：挹娄之后世靺鞨分为七部，“其七曰白山部，在粟末东南”[①]。粟末部在今吉林市一带。吉林市东南，正是敦化一带。唐房玄龄等《晋书》卷九十七《列传》第六十七中记载：“肃慎氏一名挹娄，在不咸山北。”[②]“不咸山”，即长白山。《山海经·大荒北经》中有：“大荒之中有山，名曰不咸，有肃慎氏之国。”出自《山海经·大荒北经》：“大荒之中有山，名曰不咸。”[③]这个问题在清代就已经解决了。嘉庆重修《大清一统志》卷六十七“吉林山川长白”条：“古名不咸山。”光绪十八年（1892 年）进士吴士鉴和光绪三十一年（1905 年）秀才刘承幹合著的《晋书斠注》中注明：“不咸山，即长白山。”[④]这已是定论。

图四十二　牡丹江支流沙河环绕的东山头（可能为东牟山）（张福有摄）

宋郑樵所著《通志略·都邑略第一》中记载：“挹娄，即古肃慎国，都不咸山。”[⑤]这条史料极为重要，未见有人提及。挹娄以长白山为都，肯定不会是在长白山主峰上，应是在长白山北多种文化

① 魏徵等：《隋书》卷八十一《列传》第四十六，吉林人民出版社 1995 年版，第 1199 页。
② 房玄龄等：《晋书》卷九十七《列传》第六十七，吉林人民出版社 1995 年版，第 1531 页。
③ 晋郭璞注，《山海经·大荒北经》，京华出版社 2000 年 5 月版，第 69 页。
④ 房玄龄等：《晋书》，吴士鑑、刘承幹：《晋书斠注》，中华书局 2008 年 9 月版，下卷第 1604 页。
⑤ 宋郑樵：《通志略·都邑略第一》，上海古籍出版社 1990 年 10 月版，第 245 页。

图四十三　2018 年 7 月 11 日，张福有在他发现的岗子遗址（卢雅洁摄）

因素汇集在一起的敦化岗子一带。清代进士吴士鉴和秀才刘承幹合著的《晋书斠注》中还注明：“大氐保挹娄之东牟山、奥娄河，其地在吉林东南敦化县境。奥娄为挹娄之转音，挹娄国名殆因此水。”①这条文献是很有价值的，不可忽视。忽汗河，是牡丹江。奥娄河，当即沙河，是牡丹江的第一条大支流，不应是海兰江和布尔哈通河。因此，将岗子东山头推定为东牟山比将图们磨盘山推定为东牟山更为合理。当然，这仍需要开展考古发掘才能加以证明。

习近平总书记指出：我国考古发现和研究成果“实证了我国百万年的人类史、一万年的文化史、五千多年的文明史”②。岗子的考古新发现，不仅有可能证明“千年古都百年县”，而且能实证岗子一万年的文化史、五千年的文明史。“先有岗子，再有官地，后有敦化”，民谚得以考古证实。

岗子遗址群，是敦化的宝贝，理应倍加珍视、倍加爱惜才是。

① 房玄龄：《晋书》，吴士鉴、刘承幹：《晋书斠注》，中华书局 2008 年 9 月版，下卷第 1604 页。
② 2022 年 5 月 31 日《中国文物报》头版。

论秦朝对东北地区的统治管理及影响

李德山[1]

公元前221年秦灭六国，秦王政改号称皇帝，建立起了我国历史上第一个中央集权的封建王朝。秦始皇废封建，立郡县，统一了文字和度量衡等。秦朝在制度上继承了燕国对东北地区的统治和管理。秦朝虽然对东北地区的统治和管理不足20年，但因为有燕国奠定的基础，所以秦朝更以其强大的国家施政能力，愈加紧密地把东北地区纳入了我国多民族国家的统一整体之中，为后世东北地区政治、经济、文化的发展奠定了坚实基础，为中原文化的东传进一步拓宽了传播的渠道。

秦朝建立于公元前221年，是由战国时代后期的诸侯国秦国发展起来的统一大帝国。秦朝建立后，在全国实行郡县制，如《史记·秦始皇本纪》所言："分天下以为三十六郡，郡置守、尉、监。"秦朝十分重视东北地区，并承袭燕国之制，仍置右北平、辽西、辽东郡，各郡所辖地区亦无变化。秦始皇此举，意在维护东北地区原有的秩序，保持社会稳定。此外，秦始皇还对燕之北长城稍加改造，以增强其防御功能；修建直通东北的"驰道"，以保证政令的畅达。所有这些统治措施和政策，对东北地区及古代民族以后的历史发展发挥了重要作用，促进了东北地区社会的发展和进步。

此前，由于秦朝国祚不永，统治东北地区也仅有15年左右的时间，所以，有关秦朝统治管理东北地区及其影响的研究并不多见，使人们对秦朝东北边疆治理缺乏全面完整的认识和了解。鉴于此，本文将秦朝东北边疆治理的史实给予系统化论述，并对其影响加以总结。

一、秦国进军东北地区

秦孝公三年（公元前359年），孝公采纳商鞅的建议，实行变法，史称"商鞅变法"。商鞅变法的核心内容就是废井田、重农桑、奖军功，实行统一度量和建立县制等一整套变法求新的发展策略。它革除了奴隶制，确立了封建制，促进了社会和生产的迅速发展。《史记·商君列传》记载："行之十年，秦民大说，道不拾遗，山无盗贼，家给人足。民勇于公战，怯于私斗，乡邑大治。"为秦国统一天下打下了坚实的基础。自此之后，秦国开始东进，统一中国的大幕正式拉开。

公元前228年，秦军攻赵，赵王迁降秦，赵公子嘉自立为代王。代王嘉为求生存，与燕联合，驻军上谷（今河北怀来县），以图抗秦之策。此时，面对大军压境，燕王喜已经意识到，单纯地依靠

① 李德山，历史学博士，东北师范大学东北民族民俗博物馆馆长、古籍整理研究所所长，教授、博士研究生导师。

武力已无法与秦军对抗。于是便决定由太子丹组织荆轲等人图谋刺杀秦王嬴政，以此抵制秦军的进攻。

公元前227年，燕太子丹遣荆轲使秦，秦开之孙秦武阳为其副，赴咸阳刺杀秦王。事败后，荆轲被肢解而死。此事造成的直接后果是秦王大怒，《史记·秦始皇本纪》记载："体解轲以徇，而使王翦、辛胜攻燕。"《资治通鉴·秦纪二·始皇帝二十年》记载："王于是大怒，益发兵诣赵，就王翦以伐燕。"刺杀之举不仅未能挽救赵国和燕国，反而加速了秦军灭亡这两国的进程。

同年，《史记·秦始皇本纪》言："燕、代发兵击秦军，秦军破燕于易水之西。"燕军大败。第二年，秦军攻克燕此时的都城蓟城（今北京西南）。燕王喜和太子丹看到大势已去，遂决定放弃燕之西部地区，东走以图自保。《资治通鉴·秦纪二·始皇帝二十年》曰："冬，十月，王翦拔蓟，燕王及太子率其精兵东保辽东，李信急追之。"李信率秦军跟踪进入辽东，穷追燕王喜和太子丹而不舍。这是秦军首次大规模深入东北地区。

形势危急，在秦军的强力追剿下，太子丹率领部下抵达衍水（今辽宁省辽河支流太子河）。此时，《史记·刺客列传》言，代王嘉遣人送信于燕王喜谓："秦所以犹追燕急者，以太子丹故也。今王诚杀丹献之秦王，秦王必解，而社稷幸得血食。"代王嘉完全低估了秦王誓灭燕的决心，错判了当时的形势。尽管燕之大势已去，燕王喜却仍存求和得以"血食"之侥幸心理，轻信了代王嘉的建议，《资治通鉴·秦纪二·始皇帝二十一年》载，"燕王使使斩丹，欲以献王"，将太子丹的首级奉献给了秦王。《读史方舆纪要·山东方舆纪要·山东七》谓，衍水自此遂名"太子河"，以纪念太子丹。

杀死太子丹并献出首级，只是延缓了一下秦军在东北地区的灭燕行动。四年后的公元前222年，《史记·秦始皇本纪》记载："大兴兵，使王贲将。攻燕辽东，得燕王喜。还攻代，虏代王嘉。"燕国与代王嘉俱被灭，正式确立了秦对东北地区西部和南部的统治。

秦军攻燕、灭燕、进军并占领东北，前后历经五年，迫使燕王喜和太子丹不得不率领大军及燕国由各阶层人士组成的随从人员经辽西而进入辽东，并最终落脚于辽东。《史记·刺客列传》记载说："燕王喜、太子丹等尽率其精兵东保于辽东。"即可为证。《史记·秦始皇本纪》又载："燕王东收辽东而王之。"在求和不成，复国无望的情势下，燕王索性在其东北的领土上继续"王之"。并且，这样的"王之"维持了四年之久。可以这样说，燕国在其亡国前的五年多时间里，统治中心已完全转移到了东北地区，相应的，其政治中心、文化中心等一并随迁而至东北地区。燕国灭亡，战事消歇后，这批燕国的军民应该是整体性地滞留在了这里，而没有返乡，没有重回中原内地。他们迅速地与早来于此的燕人汇合，并与当地的其他民族融合，成为了辽西、辽东地区又一批次的华夏移民。

太子丹在衍水被杀后，后人为了纪念他，将衍水改称为"太子河"，这是古代东北地区唯一一条因人而命名的河流。这件史实本身证明定居在太子河的居民当大部分是太子丹的随从及部下，或者为其后代，他们推崇太子丹的所作所为，感佩其为国尽忠的义气，遂以其人名为河名，足见燕文化对这里影响之深远。

而秦军对东北地区进行的大规模战争，东进的兵力也有数千人之多，《史记·王翦列传》记载："秦将李信者，年少壮勇，尝以兵数千逐燕太子丹至于衍水中，卒破得丹，始皇以为贤勇。"实际上，这不仅是秦军首次大规模深入东北地区，也是自夏商以来，中原地区中央王朝军队第一次大规模进入东北地区作战。数千秦军与燕王喜、太子丹所率“精兵”交战，战争场面之宏大，意义之重要，远非齐桓公讨伐山戎之战可比拟。只不过文献中的记载较为疏略，我们不好过多论述而已。

总之，秦军的打击，燕国君臣及军民的东迁，以及秦军在东北地区的灭亡燕国，主观上是秦国统一中国的战争，是燕国为求继续“血食”而进行的殊死对抗；但在客观上，却为这一地区的文化融合和社会变革积蓄了精神的和物质的基础，增加了新的积极因素和动力。这是秦王朝建立前夜一场新的中原文化传播活动。

二、秦朝统治管理东北的措施

因为深入辽东地区灭亡了燕国，所以秦朝在公元前221年建立后，完全继承了燕国在东北地区的领土。秦族及秦国崛起于我国西部，秦始皇统一中国后，面对如此广袤、此前并不熟悉的领土，秦朝主要采取了以下几种统治措施，即设郡置县、开辟交通、增修燕之北长城等。毫无疑问，这些措施的执行，为东北地区社会发展提供了新的契机。

首先，设置郡县。《史记·秦始皇本纪》记载：“分天下以为三十六郡，置郡守、尉、监。”《正义》：“《风俗通义》云：……秦始皇初置三十六郡以监县也。”《集解》：“《汉书·百官表》曰：‘秦郡守掌治其郡，有丞；尉掌佐守典武职甲卒；监御史掌监郡。’”秦代的郡作为国家最高一级的行政组织，其行政、军事、司法诸系统的配置十分完备。根据《汉书·地理志》记载，以及金毓黻先生在《东北通史》上编中的考证，知秦代在东北地区设置的郡县，一仍燕国之旧制，郡名没有变化，仍为右北平、辽西、辽东三郡。郡治及每郡下置县，也是如此。有学者根据《史记·周勃世家》的记载，认为秦时辽西、辽东两郡“属县共计二十九”[①]，此为误解之论。首先，《汉书·地理志》明确记载“秦置”辽西郡有县“十四”；辽东郡有县“十八”。两郡合计凡三十二县，显然与“二十九”之数不合。其次，《周勃世家》说：“燕王卢绾反，勃以相国代樊哙将……追至长城，定上谷十二县，右北平十六县，辽西、辽东二十九县，渔阳二十二县。”《资治通鉴·汉纪四·高帝十二年》谓此事：“而令绛侯勃代将，将兵定燕反县。”结合两书记载可知，汉高帝十二年（公元前195年），燕王卢绾反叛，高祖刘邦命绛侯周勃代替樊哙率军平叛，追至燕北长城妫州段（今河北怀来县一带），夺回并安定了上谷郡十二县，右北平郡十六县，辽西、辽东郡二十九县，渔阳郡二十二县。因为上谷、右北平及渔阳三郡较近，故周勃将其属县几乎全部夺回；而辽西、辽东两郡较远，只夺取并安抚了二十九县，仍有七县未及夺回安定。如此而已。退一步说，即使辽西、辽东两郡共有二十九县，亦当为汉置，而非秦设。实际上，一句“定燕反县”说得已经很清楚了，只不过一时没能全部“反县”而已。

秦朝制度，县之长官为令。县下设乡，乡有三老，类似乡长，掌管教化。乡下再设亭，亭设亭长，为秦朝最基层的地方官员。这样，自郡而县，自县而乡，自乡而亭，环环相扣，建立起了非常系统、严密的地方行政管理制度。东北地区的郡县虽然荒远，但制度一致。

---

① 佟冬主编：《中国东北史》第一卷，吉林文史出版社1998年版，第251页。

其次，开辟交通。秦朝以前，由中原通往东北的道路主要有两条：古北口（今北京市密云区古北口镇东南）—平刚（今内蒙古自治区宁城县甸子镇黑城子古城）—柳城（今辽宁省朝阳市），被称为“古北口—平刚—柳城道”，春秋以前即已存在。卢龙（今河北省卢龙县）—平刚—柳城，被称为“卢龙—平刚—柳城道”，商周时即已开通。[①]两道中，以卢龙—平刚—柳城道开辟较早，在辽西各廊道中为常行之路，燕将秦开袭破东胡等走的就是此路[②]。另外，箕子之朝鲜和齐桓公伐山戎、孤竹走的也应是此路。而燕王喜及太子丹来东北，及李信所率秦军进击东北，当以古北口—平刚—柳城道为途。东北地区古民族秦代以前与中原地区的联系，走的也是这两条道。

这两条廊道，为先秦时期中原与东北进行政治、经济、文化诸方面交流的重要陆上干线。但两条廊道的局限在于：一是均要翻越今之燕山，对大宗物品的运输多有不便；二是穿行于燕山及辽西地区的山谷中间，逶迤而行，容易迷路而不知何往。“老马识途”的故事即可为证，《韩非子·说林上》谓：“管仲、隰朋从桓公伐孤竹，春往冬反，迷惑失道。管仲曰：‘老马之智可用也。’乃放老马而随之，遂得道。行山中，无水。隰朋曰：‘蚁冬居山之阳，夏居山之阴，蚁壤寸而有水。’乃掘地，遂得水。”可见不仅容易“失道”，而且还有“无水”之虞。

秦始皇统一六国后，立即下令废除战国以来各地的堡垒和关塞，以国都咸阳为中心，向全国各地修筑“驰道”和“直道”，《史记·秦始皇本纪》曰：“二十七年（公元前220）……是岁，赐爵一级。治驰道。”《集解》：“应劭曰：‘驰道，天子道也，道若今之中道然。’”《资治通鉴·秦纪二·始皇帝二十七年》亦载：“治驰道于天下。”注：“孔颖达曰：驰道，如今御路也；是君驰走车马之处，故曰驰道。”据此则知，秦之“驰道”开修于嬴政称皇帝的第二年，即公元前220年。《汉书·贾山传》记载秦之驰道：“为驰道于天下，东穷燕齐，南极吴楚，江湖之上，濒海之观毕至。道广五十步，三丈而树，厚筑其外，隐以金锥，树以青松，为驰道之丽至于此。”据考，“这两条路是驰道的主要干线，一条是从咸阳出发，过函谷关，经今日山东到达辽宁。另一条向南直达今天的湖北、江苏和浙江境内”。[③]

这条直达今天的辽宁的驰道，亦称“东方大道”。其在中原内地的所经，系从咸阳出函谷关（今河南省灵宝市北），沿黄河东行至今山东省淄博市附近，并在此分路，向东的一条直达今成山头（今山东省威海市荣成市成山镇）；向北的一条约在今山东省滨州市附近过黄河，直达今河北省沧州市，再延伸至蓟（今北京市密云区）。由蓟再往北，就进入了东北地区。

自蓟而进入东北地区的这条驰道，并没有与原有的两条廊道相通，或就其原路而扩充，而是傍海而新开辟出来，故称傍海道。据崔向东先生考证，“辽西傍海道分为二段，一段是由蓟出发，经由无终、令支和孤竹东行至临渝关，出临渝关沿渤海岸向东北行进，抵达碣石（今绥中）。秦统一六国后，修治驰道，从燕都到碣石有道路相通。另一段是从碣石东北行经兴城、锦州进入辽东”。[④]“临渝

① 崔向东：《辽西走廊变迁与民族迁徙和文化交流》，《广西民族大学学报》2012年第34卷第4期。

② 崔向东：《辽西走廊变迁与民族迁徙和文化交流》，《广西民族大学学报》2012年第34卷第4期。

③ 赵云旗：《中国古代交通》，中国国际广播出版社2011年版，第8页。

④ 崔向东：《辽西走廊变迁与民族迁徙和文化交流》，《广西民族大学学报》2012年第34卷第4期。

关”即山海关。此条傍海道与山东段相接，为“东方大道”的末段，也即古人“东穷燕齐”之所指。

这条驰道的开通，避免了前两条廊道翻山、迷路之苦，并使东北地区与中原地区的交通干线增加至三条，极大地促进了两地在各个层面的交流。秦始皇的五次东巡，走的都是这条驰道。《史记·秦始皇本纪》记载，三十二年（公元前215年）秦始皇的第四次东巡，经傍海道而“之碣石”，进入了辽西郡，到达了今辽宁省绥中一带的沿海地方。二世皇帝元年（公元前209年），登基伊始的胡亥即欲巡行郡县，《史记·秦始皇本纪》说：“二世与赵高谋曰：‘朕年少，初即位，黔首未集附。先帝巡行郡县，以示强，威服海内。今晏然不巡行，即见弱，毋以臣畜天下。’春，二世东行郡县，李斯从。到碣石，并海……遂至辽东而还。”秦二世不仅沿傍海道到达了碣石，而且比其父走得更远，出锦州而进入了辽东地区。秦朝在享国的15年间，秦始皇、秦二世父子两次沿傍海道而巡行辽西、辽东，充分表明秦王朝对东北疆域十分重视，同时也表明，秦朝皇帝对东北地区战略地位的高度关注。

驰道之外，秦朝还修建有“直道”。《史记·秦始皇本纪》记载：“三十五年（公元前212年），除道，道九原抵云阳，堑山堙谷，直通之。”可见直道的修筑比驰道晚。直道是比驰道低一级的陆路干线，据林剑鸣先生考证，秦朝只修筑了一条直道，系从咸阳出发，终达今内蒙古自治区包头市，全长1800里。[①] 秦直道的路基遗迹已发现，在今内蒙古自治区原伊克昭盟，即今鄂尔多斯市东海湾子，发现了近百米的遗迹，路面宽达22米。[②] 据此可比对驰道之规模。文献中没有东北地区修筑直道或通直道的记载。

再次，增修燕之北长城。秦朝建立后，对其威胁最大的是北方草原的众多游牧民族，他们被统称为“胡”。其中，尤以匈奴势力最大，社会发展程度亦高，对强大的秦帝国虎视眈眈，秦朝亦对其充满了戒心。秦始皇三十二年（公元前215年），据《史记·秦始皇本纪》记载：“始皇巡北边，从上郡入。燕人卢生使入海还，以鬼神事，因奏录图书，曰：‘亡秦者胡也。’始皇乃使将军蒙恬发兵三十万人北击胡，略取河南地。”虽然“击胡”取得了胜利，但却不能让秦始皇放下心来。《史记·秦始皇本纪》便又载，秦始皇三十四年（公元前213年），开始“筑长城”。秦所筑长城的具体情况，《史记·蒙恬列传》云：“筑长城，因地形，用制险塞。其临洮，至辽东，延袤万余里。”秦之长城西起临洮（今甘肃省岷县），西北北段长城，许多地方都沿用了各国长城之旧。东北地区的长城也是如此，以燕之北长城为基础加以修筑，仅在个别地方有所延伸。如围场县内的秦长城，较之燕之北长城原址，向北扩展了近20公里。大体是从多伦县南进入围场县北部[③]。到达赤峰市后，又向北扩展了约50余公里。目前，东北地区西段的秦筑长城，自多伦至阜新段走向比较清楚，多有遗迹可寻[④]。自阜新以下，秦筑长城与旧长城完全重合，只是略加修葺而已。

与燕之北长城一样，秦朝同样在长城沿线修筑有台、鄣、城等防御工事，供戍卒驻扎使用，其

① 林剑鸣：《秦史稿》，上海人民出版社1982年版，第381页。

② 史念海：《秦始皇直道遗迹的探索》，《文物》1975年第10期。

③ 郑绍宗：《战国秦汉时期古长城的发现与研究》，《河北师范学院学报》1981年第1期。

④ 郑绍宗：《战国秦汉时期古长城的发现与研究》，《河北师范学院学报》1981年第1期。

形制、规模亦大体与燕国相同。台址如围场县十五号村之烽火台，砌台为圆形，底部直径15米，上部直径2.5米。鄣址如赤峰市北五里岔村之遗址，长50米，宽40米。城址如围场县之岱伊古城，长、宽均为200米。

秦筑长城的功用，同战国时六国所筑长城的功用一致，就是“拒胡”，用此墙将农业民族与游牧民族分隔开来，以保证秦帝国直接统治区域内的安定局面。从客观上说，万里长城的修筑，有力地保障了帝国版图内社会生产的恢复和发展，为秦朝先进文化、先进技术等向长城沿线地区的传播，以及华夏族人口向北部、东北部地区的迁移，并加快与当地各民族的融合，推动广大北方及东北方社会的全面进步，都起到了十分积极的作用。

三、东北地区的社会发展

秦朝对东北地区采取的统治措施，对当时东北地区的社会发展产生了重大影响，为以后历代封建王朝统治管理东北地区奠定了坚实的基础。具体而言，一是有利于中原文化向东北地区的持续传播，二是在此基础上，推动了东北地区的社会变迁。事实也的确如此，虽然文献中对这一史实没有具体记载，但我们结合考古发掘材料，仍可做出一些总结。

先论中原文化向东北地区的传播。

其一，从考古发现的兵器上看。20世纪70年代以来，考古工作者在长城沿线或长城以南多次发现秦代或与秦有关的文物，如在辽宁省建昌县出土了三晋兵器“屯留戈”和“言戈”；新金县后元台村出土了魏国的“启封戈”[①]，“启封”二字为秦篆，应为秦灭魏后所加刻。宽甸县太平哨发现了秦二世元年的“石邑戈”[②]，庄河县出土了赵国的“春平侯剑”[③]；吉林省集安市阳岔乡发现了赵国的“阳安君”青铜短剑[④]，吉林省长白朝鲜族自治县发现“蔺相如铜戈”[⑤]，朝鲜平安南道出土过秦戈等遗物[⑥]，诸如此类，这些武器，或为秦军灭六国时所缴获，或为秦国所自造。秦军进入东北戍守屯驻，将其携来，后遗留于各地。

虽然《老子·三十一章》谓“夫兵者，不详之器”，但战争及武器却是文化传播的重要媒介和载体，为文化传播三种方式之一的“扩散传播”的主要形式之一。大批秦兵的陆续到来，中原文化亦随之而入。他们星散于右北平、辽西、辽东诸郡及长城一线，中原文化同样落地生根，直接影响了这一地区的文化变迁和社会发展，特别是在风俗习惯、思想与价值方面，不断地向中原文化靠拢。

其二，从考古发现的货币看。秦统一全国后，亦制定了统一的币制：黄金为上币，以镒为单位；

---

① 冯永谦、邓宝学：《辽宁建昌普查中发现的重要文物》，《文物》1983年第9期；黄盛璋：《旅大市所出启封戈铭的国别、地理及其相关问题》，《考古》1981年第4期。

② 许玉林等：《辽宁宽甸县发现秦石邑戈》，《考古与文物》1983年第3期。

③ 旅顺博物馆：《旅大地区发现赵国铜剑》，《考古》1973年第6期。

④ 张雪岩：《吉林集安县发现赵国青铜短剑》，《考古》1982年第6期。

⑤ 丁贵民、韩彩霞：《吉林长白朝鲜族自治县发现蔺相如铜戈》，《文物》1998年第5期。

⑥ 佟冬主编：《中国东北史》第一卷，第257页。

方孔圆钱为下币，以半两为单位，称“秦半两”。这一制度，推行于全国。东北地区多有秦半两钱的出土，如在辽宁省辽阳市，出土了秦半两钱和秦中平城戈①。1974年冬，今内蒙古自治区敖汉旗老虎山遗址出土秦半两钱3枚；1975年秋同一地点出土秦半两钱20余斤，2500余枚，原考古发掘报告认为：“这批半两钱的外边多毛边，似刚铸出来未经使用。”②

这些出土的秦半两钱说明，在短短的19年间，东北地区不仅使用统一的中央货币，而且很有可能已授权在当地铸造。东北的这一地区，在制度上与中原内地是同步发展的，“因此对东北各族的历史发展，也是个有力的促进”③。

其三，从考古发现的权衡器看。首先是权的出土，秦权在东北地区早已不是罕见之物，各地多有出土。1974年至1975年，敖汉旗老虎山遗址，除出土秦半两钱外，还出土秦权一件。权呈圆梯状，底径25厘米，顶端台面直径17.5厘米，通高18.5厘米，权重30.75公斤。权身正面有一长方形凹槽，原为镶嵌铜诏版之处，诏版已脱离，故不见诏文④。1976年至1977年冬，河北省围场县大兴永东台子和小锥山之秦长城遗址附近，先后发现秦代铁权三件。一件呈扁圆形，通高17厘米，权重28.15公斤。另两件分别重32.65公斤和32.60公斤。三件铁权上均篆刻秦始皇二十六年（公元前221）所颁统一度量衡的诏书，其文为：“廿六年，皇帝尽并兼天下诸侯，黔首大安，立号为皇帝。乃诏丞相状、绾，法度量则不壹，歉疑者皆明壹之。”⑤此诏书为《史记》《资治通鉴》诸文献所不载。1976年今内蒙古自治区三眼井出土秦权一件，底径23.8厘米，通高17.1厘米，重31.431公斤，权身满铸诏书铭文。⑥其次是陶量的出土，东北地区出土的秦朝的陶量，数量仍多，如1963年，在今内蒙古自治区赤峰市蜘蛛山遗址一次就发现秦陶量四件，均已残破。已修复的一件，腹部刻有秦始皇二十六年（公元前221年）所颁统一度量衡的诏书，仅存16字。经实测，其容积为31100毫升，容纳小米的重量为25.85公斤，约为秦斗的15斗5升半。四件陶量的形状、大小一致。⑦1975年，今内蒙古自治区奈曼旗沙巴营子一次出土了秦陶量五件，已修复三件，容积恰为秦商鞅方升的10倍，其中一件上篆刻“黍禾”二字，另两件戳印篆书“木”字。未能复原的两件，一件腹部也刻有秦始皇二十六年（公元前221年）所颁统一度量衡的诏书。⑧

秦权、秦陶量在东北地区的大量出土，并且每件上几乎都刻有诏书铭文，直观地说明了当时秦朝的施政能力是异常强大的。东北地区虽然远在边塞，但因为有郡县制的存在，有以秦驰道为主的几条交通干线的勾联，使得右北平郡部分地区，辽西、辽东郡，以及朝鲜半岛北部部分地区，内地

① 佟柱臣：《中国边疆民族物质文化史》，第4页，巴蜀书社1991年版。
② 敖汉旗文化馆：《敖汉旗老虎山遗址出土秦代铁权和战国铁器》，《考古》1976年第5期。
③ 佟柱臣：《中国边疆民族物质文化史》，第4页。
④ 敖汉旗文化馆：《敖汉旗老虎山遗址出土秦代铁权和战国铁器》，《考古》1976年第5期。
⑤ 《位于长城以北的我省围场县发现秦代铁权和十多处古城遗址》，《河北日报》1976年12月24日。
⑥ 《我省赤峰县发现秦代铁权》，《辽宁日报》1977年3月18日；昭乌达盟文物工作站：《赤峰县三眼井出土秦铁权》，《考古》1983年第1期。
⑦ 中国社会科学院考古研究所内蒙古工作队：《赤峰蜘蛛山遗址的发掘》，《考古学报》1979年第2期。
⑧ 纪松闻：《秦始皇统一度量衡诏书的陶量在吉林出土》，《光明日报》1975年2月6日。

化倾向已十分明显。而且，在一些地方，诸如辽西、辽南诸地，应已基本实现了内地化。文化方面，尤其应该如此了。

综上所述，秦朝统治东北的措施，设置郡县、开辟交通等，这与其统治中原内地的措施并无不同，而且是同时进行的。增修燕之北长城，亦与修筑北方的长城没有区别，但所有这些措施的施行，使得中原文化整体性地推进到东北地区。其规模和气势，显然要大于和强于以前的任何一次东传。

再论东北地区的社会变迁。

春秋战国之际，是我国历史上从奴隶制向封建制过渡的大转折时期。中原地区一些文化先进、社会经济发展较快的诸侯国，如齐、晋、鲁、郑等，春秋末期就已大体上完成了向封建制的转化。而燕国由于地理的和民族的诸原因的限制，如《战国策・燕策》所言："寡人蛮夷辟处，虽大男子，裁如婴儿。"以及《史记・刺客列传》所云："北藩蛮夷之鄙人。"所以，向封建制的转化较晚，大约在燕昭王时期才最终完成。之后，才开始具有右北平、辽西、辽东、朝鲜半岛北部的部分东北地区领土。由于时间的限制，燕国仅对这些东北领土经营了数年的光景即告亡国。因此，当时的东北这些地区，主要仍然处于由奴隶制向封建制过渡的阶段，封建制尚没有彻底取代奴隶制而建立起来。这是就燕之北长城以南、以西地区而言；而燕之北长城以北和以东地区，则是原始社会末期的氏族制和奴隶制并存的社会发展阶段。

秦王朝在继承了燕国的这部分东北地区领土后，在统治架构和统治方式上亦与燕同。但由于秦朝是一个天下一统的强大的封建国家，所以，迅即以摧枯拉朽之势荡涤了右北平、辽西、辽东及朝鲜半岛北部部分地区的奴隶制残余，最终确立了封建制在这一地区的主导地位。

这些东北地区的社会变迁，既得益于中央王朝的强大和强力，也得益于自三代以来中原文化的持续东传，特别是孤竹国的辐射、箕子的东迁和教化、齐桓公的北伐、燕国的经营，等等。由文化变迁带动了社会变迁。主要表现在以下几个方面：

第一，铁制农具的普遍出现。东北地区铁制农具的出现，大约始于战国中末期，与燕国在东北设郡并移民大有关系。自战国末年至有秦一代，在西部的赤峰市、兴隆县、建平县、敖汉旗、奈曼旗、朝阳市、葫芦岛市、大连市之旅顺区和普兰店市，东部的宽甸、朝鲜半岛北部诸地，均有铁制农具的出土。并且有这样的趋势，越靠近中原，出土的铁制农具越多，即西部多于中部，中部多于东部。这与文化传播的规律是吻合的，距离文化圈核心近的地区，最先得到了这种文化的辐射和影响。

铁制农具的种类十分丰富，凡斧、镢、铲、锸、刀、镐、五齿耙、锄、镰、掐刀等皆有数量较多的出土。如敖汉旗老虎山遗址，一次即出土铁制农具100多件[①]，抚顺莲花堡遗址出土镢、斧、锄等铁制农具近10种[②]。尤其值得注意的是，在喀左县羊角沟遗址还出土了一件铁铧[③]，这是犁耕法开始

① 敖汉旗文化馆：《敖汉旗老虎山遗址出土秦代铁权和战国铁器》，《考古》1976年第5期。

② 王增新：《辽宁抚顺市莲花堡遗址发掘简报》，《考古》1964年第4期。

③ 邓宝学：《建国以来朝阳地区考古收获》，《辽宁省考古博物学会成立大会会刊》1981年版。

在东北西部地区施行的证明。如果再联系到文献记载辰韩“服牛乘马”的史实，则谓犁耕法是秦代传入东北地区，即是有据之论，而并没有晚到汉代。有学者指出：“东北早期铁器的使用，应该与战国晚期燕政权对其北方疆域的开拓，以及秦汉时期对东北南部的管辖进一步完善这一历史背景密切相关。虽然东北广大北部地区的土著居民，在接受中原文化影响的同时并没有放弃原有文化传统，但铁器的出现及由南向北渐次传播及推广使用，却标志着铁器作为物质文化发展的一个新时代的开始。”并且统计出东北地区“早期铁器的遗址和墓葬”有近30处①。由此可见，铁器在一些地区几乎成为了日常之物。

虽然在有些地区铁制农具并没有完全取代铜制农具和石制农具，但毕竟这些地区从整体上已过渡到了铁器时代了。铁制农具的使用，是农业生产技术领域里的一次革命，不仅大大提高了农业劳动效率，改进了农业耕作和生产技术，而且促进了农业生产的迅速发展。正如恩格斯所指出的那样：“铁已在为人类服务，它是历史上起过革命作用的各种原料中最后的和最重要的一种原料。”②铁犁牛耕使古代东北地区西部在农业发展上进入了一个崭新的阶段。

第二，城镇兴起。城镇通常指的是以非农业人口为主，具有一定规模工商业的居民点，是社会文明发展到一定阶段的产物。东北地区城镇的出现，大约始自战国后期燕之修筑北长城及设郡和屯戍。东北地区首先出现的城镇，为燕之右北平、辽西、辽东三郡的郡治平刚（今内蒙古自治区宁城县甸子镇黑城子古城）、且虑（今辽宁省葫芦岛市邰集屯古城）和襄平（今辽宁省辽阳市老城）。到了秦代，已发展成为地方行政中心，同时，也是当时的经济和文化中心。以黑城子古城为例，地处今老哈河上游两条支流的交汇处，两条辽西廊道均由此经过，是东北西北部草原与中原内地交通的重要孔道，见证了太多的沧桑变化。燕之郡治，今称花城；秦之扩建，今称外罗城，具有相当的规模，在当时为东北地区最大城镇之一是没有疑问的。除此之外，尚保留有遗址的，如奈曼旗沙巴营子、大连市旅顺区牧羊城、赤峰市冷水塘古城、凌源县安杖子古城、建平县下霍家地古城、建昌县城子沟古城，诸如此类，均为秦代古城址，其中有的可能还是当时县治之所在。

郡治、县治以外，由长城沿线军事设施如城、鄣、烽、燧等及屯戍点发展起来的城镇数量亦多。已发现的这一类古城镇遗址，大约有赤峰市北部的东城子、上水泉、蜘蛛山、小城、山头、撒水坡，敖汉旗的新惠镇，奈曼旗的西土城子、西五间房，诸如此类，均脱胎于军事设施而来。此类城镇从规制上看，多数小于第一类城镇。

城镇的兴起，促进了农村人口向城镇的集中，这十分有利于农业、手工业和商品经济的发展。此种情景，在燕秦以前的东北地区是罕见的。

第三，商品经济的发展。在商品经济发展的诸多要素中，货币与商品不可或缺。到了秦代，货币在东北地区广泛流行，商品交易则更加活跃。虽然截止到现在，秦朝所铸“上币”还鲜有发现，但如前所述，秦朝的“下币”，也即半两钱或秦半两却有大量发现，长城以南及长城沿线的赤峰市、

① 朱永刚：《东北燕秦汉长城与早期铁器时代考古学文化研究的若干问题》，《社会科学战线》2014年第4期。
② 恩格斯：《家庭、私有制和国家的起源》，《马克思恩格斯全集》第21卷，第186页。

敖汉旗、辽阳市、集安市诸地均有出土。特别是敖汉旗老虎山遗址，一次发现2500余枚秦半两钱，不仅数量多，而且还很有可能是在当地铸造。这就说明了一个问题，随着商品贸易的发展，所需货币的数量亦越来越大，为了有利于商业的发展，遂准允货币可在东北地区就近铸造，以满足所需。此举大约开辟了东北地区造币的先河，在东北地区经济发展史上占据着十分重要的地位。从文献记载上看，当时东北地区之间和中原内地之间进行贸易的商品，最主要的有以下几种。其一为盐，东北产盐，主要集中在辽西、辽东两郡的沿海地区，自古闻名。因为辽西、辽东地区古属幽州地界，所以《逸周书·职方》即载："（幽州）其利鱼盐。"可见早在商周时期，此地的"鱼盐"就已被天下所熟知。到了春秋战国，此地之盐的产量更多，《管子·地数》曰："楚有汝汉之金，齐有渠展之盐，燕有辽东之煮，此三者亦可以当武王之数。"其《轻重甲》亦曰："楚有汝汉之黄金，而齐有渠展之盐，燕有辽东之煮，此阴王之国也。""辽东之煮"所指即辽东地区所产之盐，因系煮海水取盐，故名。"武王之数"谓燕国因为有辽东之盐，经济实力大增，几乎与周武王的实力相当。"阴王之国"，马非百先生《管子轻重篇新诠》说："《揆度篇》云：'天筴阳也，地筴阴也。'齐、楚、燕三国各持有自然特产为其他各国所无，足以造成独占之局势，以操纵天下，所谓得地独厚者，故谓之'阴王'。"[①] 由此可见燕之"辽东之煮"之产量和影响。燕国能够跻身战国七雄，当与此大有关系。秦朝建立后，辽东地区盐的产量有进一步的提高，仍为与中原内地进行贸易的大宗商品之一。其二为各种海产品，主要产地在辽西、辽东及朝鲜半岛北部。其三为"文皮"，即虎、豹之皮。早在春秋战国，箕子朝鲜的"文皮"和"毤服"就畅销于中原内地，《管子·轻重》就有"吴越不朝，珠象而以为币乎？发、朝鲜不朝，请文皮毤服以为币乎"的记载，《尔雅·释地》又曰："东北方之美者，有斥山之文皮。"同样是谓此而言。根据《管子·揆度》的记载，阴山之礝碈、柴山之白玉、发和朝鲜之文皮、汝汉之黄金、江阳之珠、秦明山之曾青（矿物颜料），为当时天下七大名产。其四为玉，东北产玉并加工玉，自古已然。春秋战国抵秦汉，更为时人所宝重。《尚书·顾命》："大玉、夷玉、天球、河图在东序。"陆德明《释文》："夷玉，马云：'东夷之美玉。'《说文》：'夷玉即珣玗琪'。"而《尔雅·释地》则载："东方之美者有医无闾之珣玗琪焉。""医无闾"今名医巫闾，为辽西地区第一名山，亦为先秦时期东北之"镇山"，《周礼·夏官·职方氏》即谓："东北曰幽州。其山镇曰医无闾。"可见当时东北产玉之地主要在辽西之医巫闾山，以其本身名，则为"珣玗琪"，以其采玉加工玉之人或民族名，则为"夷玉"。其五为其他出产，如山戎族培植的戎菽、冬葱，孤竹族繁育的巨虚（驴），等等。

上论交易品中，除盐系经过加工生产外，其余皆为东北地区所自有之土特产品。这些产品，实际上早在秦代以前就已畅销中原内地，到了秦代，由于社会的发展，生产力的提高，产品的质与量有了进一步的提高和增加而已。

马克思曾指出，不同的民族或部落之间，由于自然环境不同，因而发现的"生产物"也不同，

① 马非百：《管子轻重篇新诠》，第318页，中华书局1979年版。

于是“引起了彼此间生产物的交换，并使这种生产物渐渐转化为商品”。[①] 东北地区的土特产品受到中原内地的喜爱，转化为重要的商品而输入内地，就这一史实看，符合商品贸易的基本规律。另一方面也说明，就这一史实看，当时东北地区的经济发展仍然处于后进状态，诸多手工业还没有发展起来，除了极个别手工业品可自行生产外，其他如生活品等，均需自中原地区输入，而其输出，也只能以土特产品为主。

第四，科学技术有所进步。就文献记载和考古发掘看，自燕之设郡到秦朝灭亡这 60 多年时间里，东北地区，特别是长城以南、以西的有治区域内，在一些科学技术领域，又有新的发展，主要体现在青铜冶炼和青铜制造、铁器制造上，以及建筑领域上。东北地区的青铜冶炼和青铜器制造，起源于商代孤竹国。但在燕秦以前，主要是在今辽西地区进行。燕秦时期，已扩散到东北的腹地，如在今吉林省桦甸市西荒山遗址，发现的青铜器中含铅量较大的，做成剑柄和铜镜；含铅量小的铜合金，则做成剑身、刀身、铜钏等物品。[②] 而在有治之区，如今辽宁省沈阳市郑家洼子遗址出土的青铜器，从合金比例、铅的混用等方面看，证明此时东北地区的青铜冶炼技术已达到了一个较高的水平，已掌握了一些铜合金的金属配比的原理和方法。[③] 根据出土青铜器研究，东北地区青铜器在铸造工艺上，除已采用分铸法、焊接法和模印花纹等技术外，还应用了鎏金技术，以防止器物表面氧化，保持其光洁美观。[④]此时，东北地区还出现了青铜饰品，如用青铜铸双蛇衔蛙，[⑤]虎衔兔[⑥]，虎、鹿、蛙形节约[⑦]，鱼形节约[⑧]，等等。除动物形象之外，青铜艺术的另一个重要题材是各种几何形体和花纹的创作。另外，青铜短剑的制作亦有浓郁的地方特色[⑨]。在铁器制造方面，前已有言，自燕秦至汉初，东北地区截止到现在已发现的“早期铁器的遗址和墓葬”有近 30 处，说明铁器制造技术已经有了飞速的进步。“值得注意的是，一些墓葬发现的铁器并非都属于中原系统，如榆树老河深、西丰西岔沟、新宾旺清门出土的触角式和长杆穿环式铜柄铁剑、平首无格铁剑；老河深、扎赉诺尔、拉布达林、孟根楚鲁出土的铲形镞、双刃尖锋镞以及铠甲片、带扣等；还有滚兔岭出土的镖、旺清门出土的戈等，器形和制作工艺明显有地方特色。这一时期燕秦汉长城以北及呼伦贝尔草原，一方面大量输入中原系铁器和铁料，另一方面受中原文化影响，吸收中原铸铁技术在当地加工制造具有地

① 马克思：《资本论》第 1 卷，第 424 页，人民出版社 1975 年版。

② 吉林省文物工作队、吉林省博物馆：《吉林桦甸西荒山屯青铜短剑墓》，《东北考古与历史》第 1 辑，文物出版社 1982 年版。

③ 沈阳故宫博物院，沈阳市文物管理办公室：《沈阳市郑家洼子的两座青铜时代墓葬》，《考古学报》1975 年第 1 期。

④ 锦州市博物馆：《辽宁锦西县台集屯徐家沟战国墓》，《考古》1983 年第 11 期。

⑤ 辽宁省博物馆：《辽宁凌源三官甸子青铜短剑墓》，《考古》1985 年第 2 期。

⑥ 辽宁省博物馆：《辽宁凌源三官甸子青铜短剑墓》，《考古》1985 年第 2 期。

⑦ 辽宁省博物馆：《辽宁凌源三官甸子青铜短剑墓》，《考古》1985 年第 2 期。

⑧ 辽宁省博物馆、朝阳地区博物馆：《辽宁喀左南洞沟石椁墓》，《考古》1977 年第 6 期。

⑨ 林沄：《中国东北系青铜剑初论》，《考古学报》1980 年第 2 期；翟德芳：《中国北方地区青铜短剑分群研究》，《考古学报》1988 年第 3 期；佟柱臣：《中国东北地区、内蒙古地区和朝鲜北部青铜短剑的研究》，《文物》2001 年第 8 期；（韩）吴江原著，李慧竹译：《关于辽宁——朝鲜半岛西北部中细型铜剑的研究》，《北方文物》2005 年第 1 期；成璟瑭：《中朝韩对短茎式青铜短剑研究的检视与比较》，《边疆考古研究》2007 年第 1 期。

方特色的铁制品。"[①]可见从铸造到铁器制造，东北地区无论是长城以南、以西地区，还是长城以北、以东地区，都已能够独立完成。此时东北地区能否冶铁，却还是一个不好下结论的问题。有的学者认为燕国的冶铁技术已相当发达，而且在今辽宁省凌源县三官甸子遗址还发现了一件并非实用的陶鼓风管，为提高冶铁炉温所用，故当时已能够冶铁[②]。可直至现在，仍"尚未在本地区发现冶铁铸造遗址"[③]，所以，关于此问题的最终结论，还有待于来日的考古发掘。

在建筑方面，前已有述，可以建造一定规模的城镇及其房屋。内蒙古自治区宁城县秦代建造的外罗城，面积为1800×800平方米，城外挖有沟壕以备防卫。虽然城的面积一般要小于中原地区，但功能上却没有大的差别。另如奈曼旗沙巴营子古城，墙为夯土板筑，在北墙上造有木结构的两座两层望楼，底层为粮仓，上层为瞭望设施。城内北部为一高台建筑，是官府衙署之所在。西南部是手工业区，东部和南部是居住区[④]。与同时代的我国古城没有区别。虽然所造房屋已经无存，但建造房屋的砖与瓦却有较多的出土，凡板瓦、筒瓦即瓦当等种类齐全。在赤峰市蜘蛛山遗址中，一次就发现了4800余块板瓦，筒瓦1600余块，上面均模印花纹，有环纹、兽形纹、饕餮纹等[⑤]。说明其既讲实用，也注重美观。另外，长城的修筑，亦充分反映了秦代的建筑技术水平。

第五，通行小篆文字。秦代以前，曾在东北地区发现甲骨文。到了战国，流行的是燕国文字，从考古上看，主要的载体是燕的货币，如明刀钱等。秦朝建立后，由于政府的强力统治，东北地区文字的字体马上改行秦的小篆，且流行的区域更广，这是"书同文"的要求使然。在赤峰蜘蛛山、奈曼沙巴营子出土的秦代陶量上的诏书铭文以及另刻的"黍禾""木"诸字，都是典型的小篆。就目前看，东北地区流行和使用秦代文字的范围尚不出长城以外的地区，其载体除陶量外，还有秦代的货币。

从以上几个方面的简单论述看，秦代东北地区的政治、经济、文化诸领域，较之前代，特别是长城以南、以西的有治地区，已经有了显著的变化。由于秦朝国寿不永，这些变化的有些方面，还很难与其前的燕及其后的汉截然分开而论，但无论如何，秦朝居于其中，它的承前启后的历史功绩和诸多历史性的建树是不可忽略和不容抹杀的。李学勤先生指出："秦朝由于存在的时间很短，不可能在历史上充分发挥作用，而不久建立的汉朝，其辉煌的文明所造成的影响，范围绝不限于亚洲东部，我们只有从世界史的高度才能估价它的意义和价值。"[⑥]"汉承秦制"，汉朝"辉煌的文明所造成"的世界性影响，是秦朝打下的基础，秦朝的一切制度建设，为汉朝提供了最有参考价值的母体。具体到东北地区，也同样是如此。

① 朱永刚：《东北燕秦汉长城与早期铁器时代考古学文化研究的若干问题》。

② 佟冬主编：《中国东北史》第一卷，吉林文史出版社1998年版，第299、300页。

③ 陈建立等：《从铁器的金属学研究看中国东北地区铁器和冶铁业的发展》，《北方文物》2005年第1期。

④ 李殿福等：《奈曼沙巴营子战国古城发掘报告》，吉林省文物工作队1980年油印本。

⑤ 中国社会科学院考古研究所内蒙古工作队：《赤峰蜘蛛山遗址的发掘》，《考古学报》1979年第2期。

⑥ 李学勤：《东周与秦代文明》，文物出版社1984年版，第60页。

鲜卑神兽考

——从一件陶器的神兽纹谈起

邵国田[①]

1981年8月，我陪中国社会科学院考古研究所内蒙古工作队杨虎先生沿老哈河右岸进行史前遗址调查时，在敖汉旗康家营子乡吴家营子村的农民家征集了一批保存完整的鲜卑文化陶器，其中有一件印有“神马”纹的陶壶。这是迄今为止所见到的唯一一件印有“鲜卑神兽”的陶器，而且不只是神兽，还有骑者，两者一前一后，构成互应关系的一组纹饰。笔者从释读这件陶壶的纹饰内涵说起，对鲜卑神兽的相关问题略作分析。

一、对敖汉旗出土的鲜卑陶壶神兽纹的释读

这件陶壶首发在《敖汉文物精华》一书中，初定为“神马纹”，并作了如下描述：“泥质灰陶，盘口外叠唇，圆肩，平底，颈部压磨竖向条纹，腹肩界有一道弦纹，腹部横向压印出四排马纹，两匹为一组，前一马乘坐一人，其一手握缰，一手持策在击打马的臀部，后一马为‘神马’，身上有花纹，四蹄为‘爪’形，其面上部出一‘角’，状如犀牛角。近底部一侧穿一小孔。过去在鲜卑的墓葬中曾多次发现神马纹铜牌饰，神马纹出现在陶器上还是第一次。此类马当为史籍所载导引拓跋鲜卑走出大山的‘神兽似马，其声类牛’的神兽。因此，这件陶器（图一）的纹饰对研究鲜卑的宗教信仰是十分珍贵的资料。”[②]

以上便是最初报道对这件陶壶的描述。需要补充的是整个神兽与马均头向右做奔跑状。这件陶器虽发表已过近20年，但没有引起研究者对这件陶壶神兽纹的关注。在最初报道时虽已指出这便是导引拓跋鲜卑走出大森林的“神兽”，也提到“神马”，但在鲜卑崇拜的神兽中有神马，与似马的神兽是两回事。这里关键的一点是“似马”的“似”字，“似”是相似而不是相同，是指整体外形和主要肢体相似。《魏书·序纪》载：“献帝命南移，山谷高深，九难八阻，于是欲止。有神兽，其形似马，

---

① 邵国田，内蒙古自治区敖汉旗博物馆馆长、研究员。

② 邵国田主编：《敖汉文物精华》，内蒙古北方文化出版社2004年版，第92页。

1

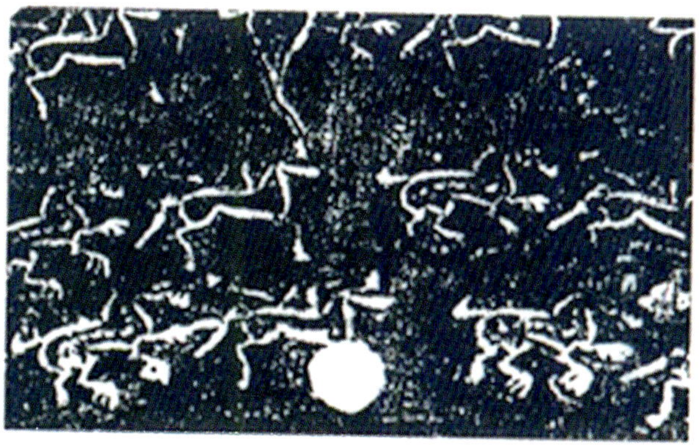

2

1. 陶壶　2. 陶壶纹饰拓片

图一　神兽纹陶壶

其声类牛，先行导引，历年乃出。”①

“似”马的另一层意思是还有一些不像马的地方，也许正如这件陶壶神兽纹饰所反映的独角、卷尾、爪足等部位差别是不似的部分。至于类似牛吼叫的声音是表现不出来的。

有神兽前一马作比较，更显两者的形相似，局部差别很大。还可从中看到，鲜卑神兽和真马大小相似，奔跑的姿势相似，步调一致，亦步亦趋。

这里似乎有一个问题，即乘马者在前而神兽却步其后尘，似与史籍所言有矛盾，不是说靠神兽导引拓跋鲜卑才走出大山走向草原，表现在陶壶纹饰上也应该是神兽在前，骑者在后才是。

我们再看《魏书》在论述神兽导引迁徙之前，尚记载一段神人有关献皇帝拓跋隣的提议：“献皇帝讳隣立。时有神人言于国曰：‘此土荒遐，未足以建都邑，宜复徙居。’”②献皇帝得到神人的指点，复徙居南迁，但因再一次南迁艰难险阻，山谷高深，于是欲止，才有神兽出现。故看纹饰中的人与兽的前后关系，便得出骑马者在前应为神人的认识。

如果此说有道理，那么，这种神人、神兽纹饰便是一幅拓跋鲜卑迁徙图，叙述着鲜卑先祖在神人和神兽的导引下，历经九难八阻，途经数千里从“大泽”迁至匈奴故地。因此，陶壶的这组图案可称为“神人神兽引迁图”。

在一些鲜卑文化陶器中，见有多件饰以成排的马纹，如在通辽市舍根等墓群就出土有 6 件马纹陶器，其“腹部滚轮压印马纹，做万马奔腾状，我们称之为万马奔腾壶”③。20 世纪 70 年代，笔者在

① 《魏书·序纪》，中华书局 1984 年版，第 2 页。

② 《魏书·序纪》，中华书局 1984 年版，第 1、2 页。

③ 张伯忠：《哲里木盟发现的鲜卑遗存》，《文物》1981 年 2 期 10 页。文中还说：“我们发现的马纹装饰中有六种不同姿态的马纹图案，或万马奔腾，或漫步草地，或人驯马为主的复合图案。”

敖汉旗三道湾村征集一批鲜卑陶器，其中一件即印有“万马奔腾”纹饰陶壶①。对这种万马奔腾画面过去一般认为是鲜卑游牧经济的体现，而现在，我们考证了神人神兽引迁图后，也是否可认为这是在描绘鲜卑迁徙的场面呢?

对于神人神兽组合成“引迁图”纹饰，神人可能是鲜卑萨满教中的萨满，神兽则是萨满的介质，或是作法时的一种道具。这便可以理解为每每在迁徙时，要举行宗教仪式和法事活动以鼓舞部民在征途中勇往直前，保佑旅途的安全。主导这类宗教活动的自然是萨满。构成神兽的主体要素是马（形态）和牛（吼声）两种，头上生角，身上的斑纹、虎尾、爪足等几种动物综合体，也是原始宗教的万物皆有神的表达。这种多种动物集于一身的形象最早见新石器时代的玉器，如保存在故宫博物院的被考证为红山文化大玉祖神像脚踏着的神兽便是牛首虎足②，还见于兽身鸟首的青铜器等。鲜卑的神兽为马形，与鲜卑在他们的发展史中曾为游牧民族有关，马是他们的代步工具，有了马形神兽的导引顺利长途迁徙。

二、对砧子山岩画的鲜卑单骑图的再认识

与前举陶壶的骑马的神人相类似的还有一幅岩画，也应该与导引拓跋鲜卑迁徙有联系，而且刻在一座在百里之外就能见的拔地而起的圆柱体的砧子山上，则更有其探讨的价值。

砧子山位于内蒙古赤峰市克什克腾旗西部的达里诺尔湖北岸约 4 公里处，海拔 1341.7 米，相对高度约 110 米。岩画便刻绘于山之南侧中部崖壁之上。岩画总长度为 400 余延长米，总面积达 4000 平方米，可分 12 组。崖画内容有乘骑者、群马、群鹿、虎、豹、人物等，以鹿最多，马次之。从东南向西北的第一组便有 4 匹马，头向东南，左向横排式做奔腾状（图二：2）。最高的一幅是一个单骑者，头向左，马扬首阔步，圆眼，翘鼻，头顶部出双勾形似角。全鞍辔，尾后扬，近尾根处起圆节，向后折曲，圆臀较肥胖，腿较细，前后迈开做行走状。乘者左臂握辔，右手握鞭在击马臀部。下着紧腿裤，足蹬靴（图二：1）。

这幅单骑图刻于整个岩画的最高处，是这一处岩画群的至高点，刻工细腻，造型准确，是这一批岩画中最精彩、时代感最强的，也是内蒙古东部区岩画的精品。

对于这一批岩画的年代，最初调查者依据砧子山周围古代遗址的分布情况，仅提出大致的年代范围，即发现了较多的辽、金、元代遗址，为砧子山岩画的断代提供一定的依据③。其后又有人认为：“砧子山岩画应属于契丹建国前部落时代或更早到鲜卑时期，岩画为乌恒、鲜卑、库莫奚及契丹民族所遗留，其依据则是从凿痕看使用了金属工具，马和人物绘画风格接近于唐代和辽代壁画技法，马匹肥大健壮，马背上的马具齐全，骑士身着胡服，脚蹬短靴，人物、动物特征写实等特点明显。”④这便是对这批岩画的时代判定为南北朝至契丹建立前的四个不同民族的依据，时间跨度有 500 余年

① 材料未发表。陶壶现存敖汉旗博物馆。

② 孙守道：《红山文化玉祖神考》，《中国文物世界》159 期，1998 年 11 月。

③ 克什克腾旗文物志编委会：《克什克腾旗文物志》，内蒙古人民出版社 1993 年版，第 120 页。

④ 韩立新：《克什克腾旗岩画》，内蒙古文化出版社 2013 年版，第 199 页。

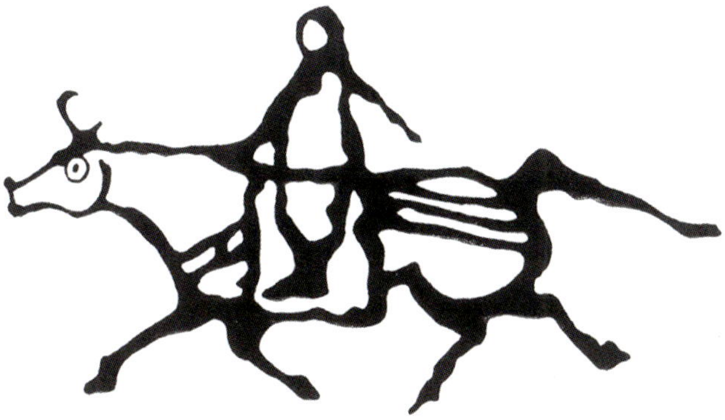

1

2

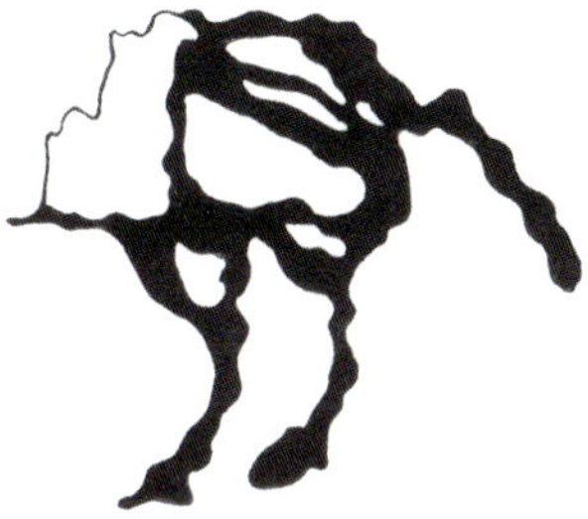

3

1. 鲜卑单骑图　2. 群马奔腾图　3. 残马图
图二　砧子山岩画

（420—907 年）。究竟是哪个民族和哪个时代还是未知数，或者说很笼统。

岩画的断代是很困难的，但这些岩画由于民族特点和时代特征十分明显，把它拿到历史文化的大背景中去寻找两个以上相同的要素，达到就大致可以确定其年代和族属。

1. 从马的特征看具汉代马的风格，头较小，体壮而肥健，四足细，马尾打结很具汉代马的遗风，与前述敖汉旗陶器上压印神兽神人骑马纹的马相比也有很多相同之处。

2. 岩画马上所乘坐的人物与神兽神人图的骑马人物相似。岩画的人物也是前后两臂左手执缰、右手执策（有人认为是飘带或发辫，均不确）。两者所不同是一幅为高度图案化，而另一幅描绘而已，表达的是统一族属——鲜卑，同一内容——神人或部落长。

3. 马鞍具是这幅岩画所定时代的关键。鞍具的演变有过多篇分析的文章，如杨泓先生的《骑兵和甲骑具装——中国古代军事装备札记》讲到马鞍的演变，西汉后期到东汉初，马鞍具成形，设有马鞍的一类，此时马鞍前后桥还很矮，鞍鞯基本是方形，最具时代特点的是雷台东汉墓出土的铜骑俑上的马鞍子[①]（图三：2）。至于西晋才有了马镫。马镫的出现是马具的巨大改进，也是断代的重要依据。辽宁省北票县喇嘛洞前燕时期墓出土的以及北燕冯素弗墓出土的木芯包银的双马镫，应是中国马具中较早的双马镫。冯素弗死于北燕太平七年（451 年）[②]。最早的马镫是在长沙西晋永宁二年（302 年）出土的一组陶俑上见到的，以及南京象山东晋七号墓出土陶俑上的马鞍具的单马鞍[③]（图三：3）。看砧子山单骑图的马具中似乎不见马镫，骑者的双脚不是踏在马镫的姿势，而是脚尖下垂，整个腿斜伸于前马腿后侧，这是没有发明马镫前较普遍的姿势，有马镫的骑者则是将脚踏在马鞍的踏板上（图三：1）。

1

2

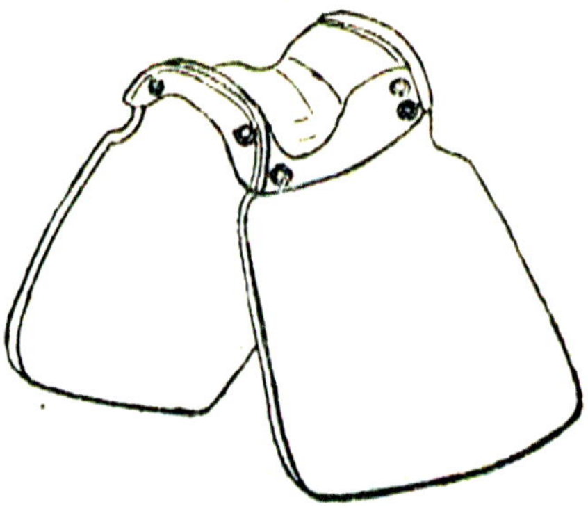

3

1. 5 世纪吉林省吉安高句丽的王石墓壁画《射猎图》局部　2. 南京象山东晋七号墓出土的陶马

3. 雷台铜骑俑及铜马

图三　马鞍俑和骑马的壁画

① 杨泓：《骑兵和甲骑具装——中国古代军事装备札记之二》，《文物》1997 年 10 期，第 29 页。

② 黎瑶渤（徐秉琨、冯永谦）：《辽宁北票县西官营子北燕冯素弗墓》，《文物》1973 年 3 期。

③ 湖南省博物馆：《长沙两晋南朝隋墓发掘报告》，《考古学报》1959 年 3 期。

也许认为马镫因骑者的腿部掩盖省略未表现。在此岩画群中，还有一幅金鞍鞯的残马图存有方形鞍鞯，未有乘者，便不会有因人腿掩盖马镫的现象，未见镫，说明此时的马鞍尚未配镫（图二：3），也由此证明此画制作的相对时间应在2—9世纪。

4.辅助证明。在鲜卑陶器的排队中，即将前举神人神兽图灰陶壶之排序在通辽六家子、新胜屯和舍根组属于第三期典型陶壶（2—3世纪末）①。这种样式的另一陶壶也见于拓跋鲜卑的墓葬中。这对砧子山岩画的时代断代起到辅助作用。

以上四点大致可以证实砧子山岩画的年代和族属。这是迄今为止首见的以岩画艺术形式记录鲜卑迁徙、狩猎、游牧生活的画面，对于研究鲜卑的宗教崇拜具有重要的资料价值。拓跋鲜卑迁徙是学术界非常关注的并基本确定了其迁徙的路线，砧子山即在迁徙路线旁②。第一次迁徙至“大泽”已确定在呼伦贝尔的扎赉诺尔，再向西南迁徙，又会遇到第二个“大泽”即达里诺尔湖，它是天然的大渔场，自然会引起鲜卑人的注意。在广袤的贡格尔草原上突兀隆起的砧子山，风景优美，远远望去像一只头向西南的卧虎，在平坦如砥的草原之上，更显雄浑壮阔，它成为鲜卑人的圣山是很自然的。鲜卑人把他们信奉的神人或先祖如史籍所载率领他们从大山走向平原的宣皇帝，推寅献帝邻，其迁徙策略多出宣、献二帝，故人并称号曰“推寅”③。由此看来，砧子山岩画群，即是鲜卑人以岩画的形式来祭祀先祖或神人导引他们迁徙伟业的一种方式。

在单骑图中的马有两个细节值得关注，其一，马头顶部出弯勾形双角，原认为弯耳④，细观之双角出于头顶处，而不是出在耳的部位，故明确这是兽角，故神人所乘的也应是神马。其二，马鼻子处有上翻唇。翻唇的马更具神兽的特征，在西方称之为“格里芬”⑤。此马又是大圆目，这些都是神兽的特征。

三、各地出土的鲜卑金神兽

除了陶壶所见的鲜卑神兽图外，还出土了多件黄金神兽，在以往的报道中多数称之为“牌饰”，可分为单体型、双连体型、多连体型三类。

单体型神兽有共2件。其一，出土于通辽市科尔沁左翼中旗希伯花苏木六家子鲜卑墓中，称为

---

① 魏坚主编：《内蒙古地区鲜卑墓葬的发现与研究》第227页。六家子墓地的年代：原发现者根据器形比较和出土的“位至三公”铜镜将其定为东汉晚期至西晋。
另见张柏忠：《哲里木盟科左中旗六家子鲜卑墓群》，《考古》1989年5期。

② 宿白：《东北、内蒙古地区的鲜卑遗迹——鲜卑遗迹辑录之一》，《文物》1977年第1期。
魏坚主编：《内蒙古地区鲜卑墓葬的发现与研究》第249页。
两者均绘制一幅拓跋鲜卑迁徙的路线图，后者比前者细致，还作了说明：“依据上述鲜卑墓葬分期分区，现在可以将拓跋鲜卑的迁徙路线看得更为清晰些。这条路线即嘎仙洞—拉布达林—扎赉诺尔—孟根楚鲁—南杨家营子—苏四汰—和日木图—东大井—三道湾—白灵庙—西沟营子(和林格尔)，时间大体为公元前1世纪—公元4世纪初。”其中南杨家营子、苏泗汰位于赤峰北部。

③ 《魏书·序纪》，中华书局1984年版，第2页。

④ 韩立新：《克什克腾岩画》第148页。呼伦贝尔市：内蒙古出版集团，内蒙古文化出版社，2013年。

⑤ 郭物：《翻唇神兽：东方的“格里芬”》，《欧亚学刊》第9辑，第215—238页。中华出版局2009年。

神兽金饰牌。为半浮雕式，模铸而成，很接近陶壶的神兽像，头顶出一角，鬣鬃立起，尾上卷，四蹄爪形，长吻如圭形，躯体有不规则形浅池装饰①（图四：1、2）。另一件单体神兽见于赤峰市博物馆，为长方形金饰牌，整体为马形，四腿很粗壮，爪足虎尾，为鹿角，出土于松山区宫家营子乡②（图四：3）。

双连体型金神兽有1件。出土于通辽市科尔沁左翼中旗腰力毛都苏木北哈拉吐村。纯黄金模铸。半浮雕式。中间应为一神人，两兽伏于神人腋下，前爪握于神人脚腕处，神人立于兽后爪的连接处。原认为这组兽的头部有三道鬣鬃，但从三道线与头顶的夹角形看偏斜，很像神人张开的双臂。四足粗壮，细腰，尾部呈“S”形。上铸出不规则连环③（图四：4）。

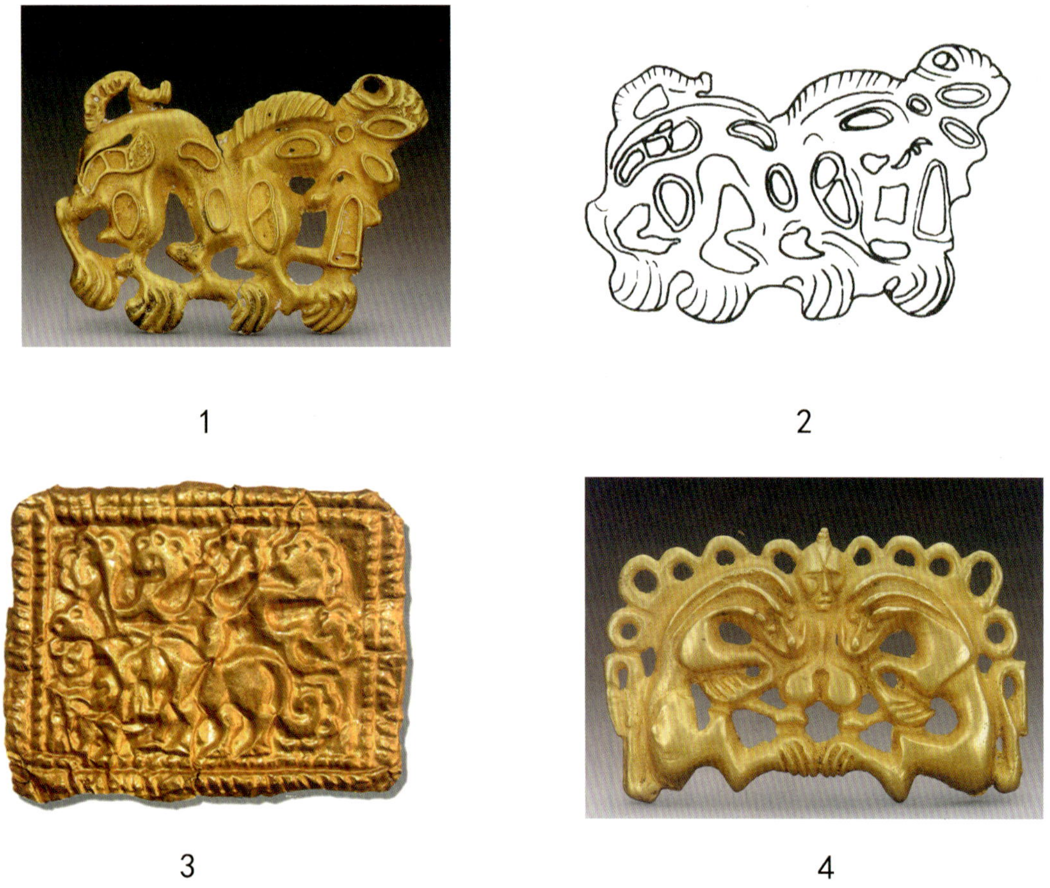

1. 六家子出土的金神兽　2. 六家子出土金神兽线图　3. 宫家营子出土的金神兽　4. 双连体鲜卑金神兽

图四　单体、双连体鲜卑金神兽

① 塔娜主编：《科尔沁历史瑰宝》，内蒙古人民出版社2009年，第175页。

② 于建设主编：《赤峰金银器》，远方出版社2006年，第10页。

③ 塔娜主编：《科尔沁历史瑰宝》，第173页。文中所言：“双乳下垂，怪兽前爪执女乳头。”因此称之为“双兽女神金饰牌”。细观之下垂的两个似乳房的应该是中间人物紧口裤，兽的前爪也不持乳头，而握住双腕部。故此人从面部五官及头饰上看不是女性而应该是男性，这一人物的双臂展开在抚摸两兽的动作。此件与凉城县小坝子滩出土的一件神驭兽纹金饰牌相似。

四连体型金神兽有2件。均出土于内蒙古凉城县小坝子滩村的一处鲜卑金银器窖藏中[①]。一件背面刻有“猗㐌金”三字铭文（图五：1）。兽为上下排列，两两相背（图五：2）。“猗㐌”即“猗㐌”，是桓皇的名字，即拓跋猗㐌，其所统帅的部称为“猗㐌部”。“昭皇帝讳禄官立，始祖之子也。分国为三部，帝自以一部居东，在上谷北，濡源之西，东接宇文部；以文帝之长子桓皇帝讳猗㐌统一部，居代郡之参合陂北。”[②]金神兽刻上部落长的名字，说明这种神兽便是导引拓跋鲜卑走进中原分封于代郡并在建立了北魏政权的征程中所发挥的重要作用，还是拓跋鲜卑的精神圣物，也是部落首领的象征或宗教首领。这是唯一一件刻有部落长名字的金神兽，时代也较晚，整体有些变化，如身子变瘦，尾变短，面首部变长，呈现出格式化的形状，但马的外形没有变，一看便是由马变化而来的神兽。

史载，这个文帝长子叫猗㐌的桓皇帝于昭皇帝十年与帝率十万骑助晋并州刺史司马滕，破匈奴别种刘渊西河、上党。“乃使辅相卫雄、段繁於参合陂西累石为亭，树碑以记行焉”，“定襄侯树碑於大邗城南，以颂公德”[③]。这是猗㐌一生中的大事件，所以在他的居地参合陂建亭立碑以记之，这与刻铭金兽有异曲同工之意。

在这处窖藏中出土的另一件四连体型金神兽更具图案化，以圆孔代目，面部简略，吻较短，左右出一半浮雕式兽面纹。分上下两排，首相背，下面两兽首相对。四兽均从肩至首有所表现，躯体、四足均合于一块长方金板上。这件四连体金神兽可分为左右两组，应是大小兽合于一组的造形，即一小马形兽立于大马形兽之背上[④]。下边中部凸起一兽面，两侧见两个更小的兽首（图五:3）。

这件金神兽最精彩的部分是在上两兽中骑一神人，从体态上看是一男性。其下着垂乳形的紧腿裤，足蹬靴。双臂均曲肘向上，似在握缰驾驶双兽。这一举动与前举陶壶的骑者、岩画的骑者、金双神兽的骑者是相统一的，看得出这个风格的延续性，也许是萨满在举行法事中的一个特殊动作。

赤峰市博物馆收藏一件二方连续的三组对兽纹金饰牌。在长条形金片上锤揲出三个方格框，每格内为背相对半浮雕式金兽纹，形状和纹饰与前举“猗㐌金”铭金神兽相似，只是简略些，其尾很长，圆目，出双角[⑤]（图五：4）。

以上是已发表的鲜卑金神兽，分别收藏于通辽市博物馆、赤峰市博物馆、呼和浩特市博物馆和内蒙古自治区博物院，共6件。这类黄金神兽还未见银、铜等其他质地，故更显珍稀和神圣。在民办博物馆也见有收藏。这6件金神兽有4件系孔，应该有金链相系而悬佩于胸前，佩戴者也应该是萨满或部落长。

① 张景明：《内蒙古凉城县小坝子滩金银器窖藏》，《文物》2002年第8期50—52页。

② 《魏书·序纪》，中华书局1984年版，第5页。

③ 《魏书·序纪》第6、7页。有关代人卫操《魏书》有传，《北史》载“当魏神元时，颇自结附，与从子雄……来归，……封定襄侯。恒帝崩后，操立碑于大邗城南，皇兴初……掘得此碑”。由此可知卫操与卫雄为从父子关系。

④ 王建琪、邵清隆主编：《成吉思汗——中国古代北方草原游牧文化》，第138—140页。北京出版社2004年版。在此书中将未刻铭文的四连体四神兽称为“四鸟纹金饰牌”，显然有误，还是马形神兽。

⑤ 于建设主编：《赤峰市金银器》，远方出版社2006年版，第10页。

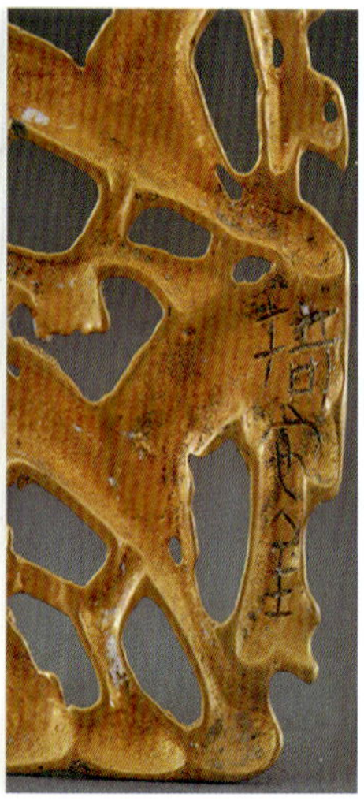

1

2

3

4

1. 小坝子滩出土的四连体金神兽刻铭　2.“猗㐌金”金神兽
3. 小坝子滩出土四连体骑神人金神兽　4. 赤峰市文物店收藏的六连体金神兽
图五　四连体和六连体的鲜卑金神兽

四、对导引拓跋鲜卑迁徙神兽的探讨

1. 鹿类不是迁徙导引神

在各种鲜卑饰牌中，还有两种动物大量出现，一种是鹿，最典型的是三鹿纹饰牌，以及步摇鹿首冠饰；另有单体鹿、双体鹿等形式，出土有铜、银、金等质地。

被匈奴赶到大山的拓跋鲜卑变成了居于山林的民族，原来的游牧业变为狩猎业和采集业的低等原始生产方式，猎鹿、驯鹿、养鹿是他们日常主要生产活动。学界部分学者认为导引拓跋鲜卑迁徙的“神兽”即为驯鹿，是一种蹄瓣大、体轻、善于穿行森林和沼泽地的牲畜，能负重百斤，是名副其实的“森林之舟”。另外驯鹿在形态上，角似鹿非鹿，身似马非马，头似驴非驴，蹄似牛非牛，和

“神兽”也基本相同。与之相对应的考古材料便是三鹿纹饰牌[①]。

那么我们便将三鹿纹饰牌作以分析。目前发现的三鹿纹饰牌有金、铜包金、银、铜等质地，是诸鲜卑纹样中很普遍的一类（也包括双鹿），为三只同样姿势，即伫立回首，应是梅花鹿，不是“四不像”那种驯鹿。整个画面给人一种平和安静的印象，所表现的是追求恬静的生活状态，没有长途奔徙的内容。导引拓跋鲜卑南迁的神兽，是四蹄腾空奔走状（图六：1、2）。

将鹿视为导引迁徙神兽的另一种理由则是“四不像”是“森林之舟”，能驮百斤货物，善走山林与沼泽地。但我们知道，在商周之际的鲜卑祖先东胡，便是南至辽河北抵额尔古纳河的蒙古草原东部最丰饶的广大地区，学界比较统一的认识是夏家店上层文化便是东胡族文化遗存。东胡是一个强大的部落联盟，最强盛时号称“控弦之十余万”，推算其人口达百万。公元前2世纪初，冒顿单于弑父篡位后，便对东胡发动了征服的战争，最终统一了蒙古草原，其版图也扩展到大兴安岭脚下，迫使东胡人逃进了深山，才保留下了民族火种。所以说，拓跋鲜卑南迁，其实是因匈奴势衰西移后又回迁原祖地，从逃进山林的以狩猎和采集为生存方式又恢复到原东胡的游牧生活。回迁中导引在前的马一类的神兽，似乎也有老马识途的含义在内。在夏家店上层文化贵族墓就曾出土了金马[②]。故崇马为神也是鲜卑继承其祖先东胡文化的文化传统。

诚然，鹿纹也是东胡族以及鲜卑所崇拜的神，前举克什克腾旗的龙头山夏家店上层文化的遗址、巴林左旗南杨家营子墓葬中均出土有类似的青铜奔鹿，这不必说，明显看到两者的承续性和同一性[③]。在蒙古高原欧亚大陆草原地带的不同历史时期的游牧狩猎各民族都将鹿当作崇拜之神，如匈奴的青铜鹿、斯基泰文化的金鹿以及分布草原的大量鹿石等，举不胜举。换言之，即使拓跋鲜卑将鹿当作神兽之一，也不是导引他们走出山林沼泽的神兽，两者不能混为一谈。

2. 翼马也与导引迁徙之神无关

另一种观点是翼马是拓跋鲜卑迁徙的神兽，依据是在内蒙古呼伦贝尔市扎赉诺尔鲜卑墓地出土的模铸铜带扣共2件，上饰半浮雕的相对“翼马各一匹，马的吻部出一弯角上翘，昂首扬尾，双翼展开，四蹄腾空。反映了早期鲜卑族的古老传说”[④]。

同样的翼马纹铜带扣还出土于距离拓跋鲜卑迁徙路线较远的吉林榆林老河深鲜卑墓群第56号墓中，2件长方形鎏金带扣，“吻部有弯角上扬，似犀牛状，昂首扬尾，四蹄腾空，双翼伸展，作奔翔状。墓葬中出土的马、鹿等动物牌饰，是北方民族喜爱的一种装饰。特别是那种与扎赉诺尔所出的形制、内容一致，类马似牛、吻上生角的神兽牌饰，与《魏书·序纪》所记载的神兽相当接近，出

① 魏坚主编：《内蒙古地区鲜卑墓葬的发现与研究》，科学出版社2004年版，第255页。

② 于建设主编：《赤峰金银器》，第2页。该金马为宁城县小城子乡那斯台墓地出土，卧式、回首，目、嘴均为剪影式圆孔。其实，夏家店上层文化的铜马和骨器上刻的双马纹及铜器上的马纹，比比皆是。

③ 龙头山夏家店上层文化遗址出土的青铜奔鹿，见《成吉思汗》，第66页（北京出版社2004年）。南杨家营子，见中国社会科学院考古研究所：《内蒙古巴林左旗南杨家营子遗址和墓葬》，《考古》1964年第1期。

④ 王建琪、邵清隆主编：《成吉思汗——中国古代北方草原游牧文化》，第136、137页。认为翼马是拓跋鲜卑导引迁徙神，北京出版社2004年。还有黄雪寅：《鲜卑冠饰与中国古代冠帽文化》一文，《内蒙古文物考古》2002年第1期，第75页。

土实物与鲜卑传说间有着密切的关系”[①]（图六：三）。

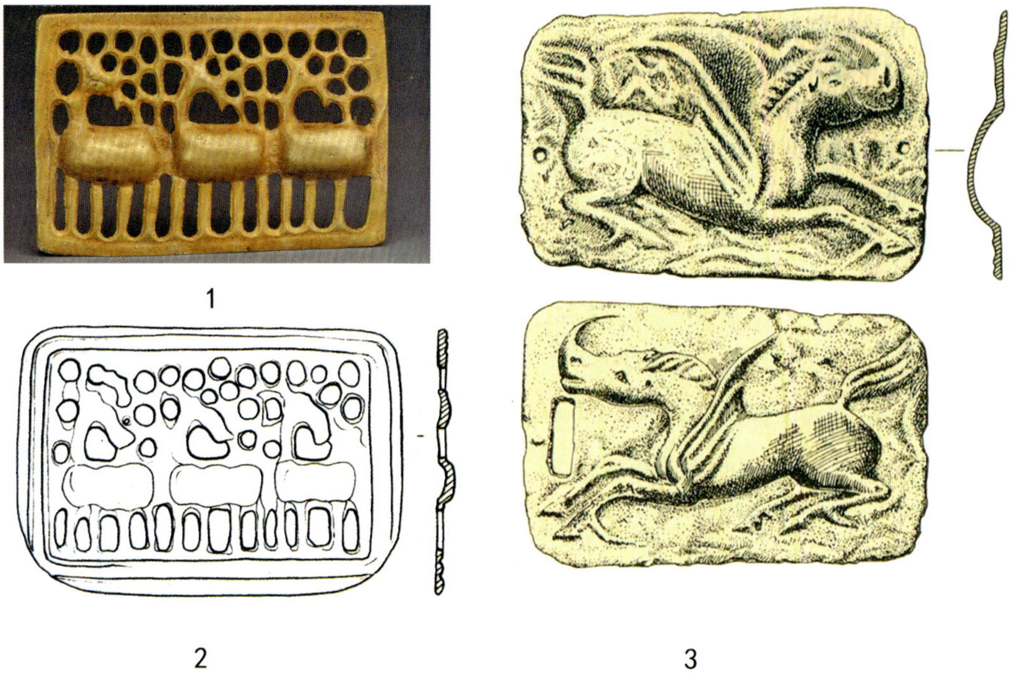

1. 内蒙古察右后旗井滩村出土的三鹿纹金牌饰　2. 敖汉旗康家营子出土的三鹿纹铜牌饰
3. 吉林榆树县老河深鲜卑文化墓葬出土的翼马纹鎏金铜带扣
图六　鲜卑三鹿纹牌饰、翼马纹带扣

这一观点也被一些研究者所认同，“内蒙古扎赉诺尔和吉林榆树都出土有头带尖角、背树双翼的鎏金飞马铜牌，学者们认为此种飞马形象就是传说中的神兽。……拓跋鲜卑的神兽形象属于偶蹄类的马，它也许仅仅是一匹飞马”[②]。

这种翼马纹在中国出现得很早，至少在西汉之先就有出现。汉武帝时，还派人到西域引进汗血宝马与大宛马，汉武帝为此写了《天马之歌》，崇马之风达到了一个高潮，无论大型石雕或纹饰出现大量的翼马纹，还流传着马压匈奴的故事。中国的翼马纹也受到了古希腊、意大利、波斯的影响，狮子等神兽均有加翼，统称为翼兽。

这里还要更正一个问题，就是前举扎赉诺尔和榆树出土的带扣上的翼马的所谓吻部出“尖角”，这不是角，是动物的翻唇表现。前叙砧子山岩画的马有翻唇，不如这两套带扣的马纹明显，呈弯勾形上扬之状，这种风格常见于斯基泰、萨尔马泰、塞人等文化中。也有学者认为，辽西地区新石器时代赵宝沟文化小山遗址出“四灵纹”陶尊上的野猪也如翼马纹的鼻上卷钩，是翻唇的最早实例[③]。

在鲜卑以动物为题材、为装饰的各种质地的饰牌中，马纹与马形象占据很大比例，大马背上立

① 吉林省文物工作队、长春市文管会、榆林县博物馆：《吉林县老河深鲜卑墓群部分墓葬发掘简报》，《文物》1985 年第 2 期，第 68—82 页。

② 姚大力：《论拓跋鲜卑族的早期历史——读〈魏书·序纪〉》。本文原载于《复旦学报》2005 年第 2 期，并收入姚大力所著《北方民族史十论》，广西师范大学出版社 2007 年版，第 1—17 页。

③ 中国社会科学院考古研究所内蒙古工作队：《内蒙古敖汉旗小山遗址》，《考古》1987 年 6 期，第 495 页。

一小马的子母马就是其中的一类（图七：1），还有单体马、双连体或多连体的马或马纹，较为典型的有通辽市科尔沁左翼中旗希伯花苏木六家子鲜卑墓，与金神兽同出的单金马（图七：2）和双金马（图七：3），其中单金马耳后和臀部各出鼻套以系金链，双金马和金神兽也出套系金链的双鼻，金链脱失，说明都应是悬挂于胸前的牌符类器物，不是一般人所拥有的。

1

2

3

4

1. 通辽市开鲁县福兴地出土的金子母马　2. 通辽市六家子出土的双金马
3. 通辽市六家子出土的金马　4. 宁城县那斯台墓葬出土的金卧马
图七　各地出土的东胡和鲜卑金马

3 和 4 两件马形饰牌的马均为卧式。通辽市开鲁县福兴地黄金子母马，母马为卧式。这样的卧式与伫立鹿一样，显示出平静祥和的恬静状态。

五、小结

通过对拓跋神兽的综合分析，可以归纳两个特征，即单一性和珍稀性。现梳理如下。

单一性，是指神兽的“职能”单一，即专职导引拓跋鲜卑迁徙的一项“任务”。目前发现鲜卑负责迁徙之神兽共 7 例，陶器纹饰 1 例，金器 6 例，均出土于内蒙古自治区。这种现象并不偶然，与拓跋氏迁徙的路线相契合。已发现考古材料，有三个支撑点，即包括最东北的北魏祝文刻地——嘎仙洞、砧子山鲜卑神人骑行岩画、猗㐌金神兽出土点内蒙古凉城，即《魏书·序纪》所记的参合陂，从出发地到参合陂总趋势是东北—西南，呈现出“S”形的迁徙路线，空间跨度有 2000 余公里，这些均在内蒙古自治区境内。从凉城向南折去至洛阳算作结束，长达 4 个世纪。这三个支撑点中有铭文、有图像、有刻铭的金神兽，再加上近年考古发掘的一批鲜卑墓葬，鲜活地记述了拓跋鲜卑所创造的迁徙的伟业故事。

珍稀性，是指稀少而珍贵。已发现的较少，不像鹿、虎、翼马、翼兽那样普遍。质地均为黄金，陶器纹饰也仅见 1 件。这可能与其专一性有关。刻铭的 1 件使我们知道，“猗㐌金”是文帝长子统参合陂北，封桓帝、其弟猗㐌，封盛乐故城，封穆帝，而文帝居上谷。那就是说，这三帝均有资格配享金神兽。只有他们才能掌控与神沟通的神权，最后达到迁徙的目标，完成了由部落走向建国的路程。金神兽给予拓跋氏部民迁徙的精神支撑，克服千难万险，具有不可替代的独特作用，也成了部落传承物，被珍藏起来，并在今天重见天日，使我们能通过这些珍宝来窥见鲜卑人的精神世界。

金神兽有单体、双体、多体等不同类型，这可能有早晚的关系，即单体与多体有一定时间差距，四连体的“猗㐌金”是个时间坐标，单体可能是较早的形态。有一点很明确，即无论单体、双体，还是多体，都是独立存在的。不像三鹿纹金银铜饰、翼马纹带扣，都是腰带等服饰的装饰物。因此，金神兽是萨满活动的专用法器，有独尊的“身份”。

此类神兽到北魏王朝之后，又将“其形似马”改作“神兽如牛”，有人认为是附和拓跋氏为“皇帝之裔”，宜为土德，故改马为牛。如牛，鲜卑金牛神兽还没见到，但我们从最初的神话传说中就仅有马（形）、牛（声）两个要素，体现马与牛在鲜卑萨满教自然中万物皆有神的突出位置。

我们也似乎看到鲜卑的观念对契丹族源神话的影响，即在两河（潢水与土河）出现的青牛白马的神话。更为直接的祖宗则是阴山七骑之一奇首可汗。当我们看到砧子山岩画单骑图的鲜卑神人，似看到了那幅名画《阴山七骑》的影子。

说到神人，能成为本篇文章所倚重的材料便是陶器神兽之前骑马人，与神兽为伍，当然可以理解为神人，进而也有萨满在迁行中举行法事的推论。赤峰岩画多集中分布于西拉木伦河上游的百岔河，分布着多处神面像，是萨满胜地，巫觋的舞台，是史前至商周原始宗教最活跃的集中地。

除了陶器纹饰上的骑驶者和砧子山岩画的单骑者可以考证神人外，在鲜卑金器中也见到两个骑者，这四个人物中，只见有一人面目清楚，即通辽哈拉吐出土的所谓“双兽女神”像，之所以认为女神，是将双裤腿看成了双乳。细观其面应该是一位“男神”。原认其“高鼻深目”也不确，但颧骨高，头顶梳发辫和留出一绺三角形髡发，言外之意是与西域相关的胡人，如果将其与夏家店上层文化人像相比较，两者十分相似，如较著名的立人柄青铜曲刃短剑的男女像颧骨、鼻子较高，尖下颌。

有意思的是，在出土双神兽的墓中还出土两件金人像，两人似同模所铸，原认为“人面金饰牌”，实际上是完整的人坐像，这个人高颧骨、阔鼻、小眼睛，环头是高勾形饰，阔肩略耸，双腿内屈。这些弯勾形饰当为步摇，是萨满的巫与觋（图八：1）。这组神人像应是与萨满有关的“神人”，是日常生活中的保护神，起到护身符的作用。同一墓地出土两种神人像，一个立于两神兽间，即迁徙的保护神，另一类是平常保护神，各负其责。这种宗教形式也一直延续到辽代，阿鲁科尔沁旗花根塔拉辽早期墓中出土两件男女金人像，头戴三叉形高冠，也是高颧骨、小目、阔鼻（图八：2）。

1　　　　2

1. 通辽市科尔沁左翼中旗北哈拉吐嘎查出土　2. 阿鲁科尔沁旗花根塔拉出土的金人像
图八　鲜卑与契丹的巫觋金像

至于说到拓跋鲜卑的神人、神兽含有西域文化因素，就在已见到的对排或二方连续的呈条带状的分布，如赤峰 6 个兽排在一起的，就有中亚西亚纹饰排列的风格。还有翼马、翼虎等饰牌，也具有西方特色。明显的例子便是夏家店上层文化的文化遗存就有诸多西方的因素，更何况有认为拓跋的族源在青藏，而不在大兴安岭，与西域拉近了距离，这便更具备直接有与西域联系的条件了。

粟特人留在青海的部分遗迹遗物考述

——为祝贺冯永谦先生米寿而作

崔永红①

汉唐时期，曾经有一部分粟特人在今青海省境内生活过，并且一度在河湟地区形成比较强大的势力，其间，在青海省境内留下了胡人牵驼图模印砖、波斯银币、萨毗城等遗迹遗物。本文在前人研究的基础上，对其进行简要考述。

粟特人是从我国东汉时期直至唐代往来活跃在丝绸之路上，以擅长经商而闻名于欧亚大陆的一个古代民族。中国古代文献称粟特人为昭武九姓、九姓胡、杂种胡、粟特胡等。粟特人的本土位于中亚阿姆河和锡尔河之间的泽拉夫珊河流域，即西方古典文学所说的粟特地区（Soghdian，音译是“索格底亚纳”），其主要范围在今乌兹别克斯坦，还有部分在塔吉克斯坦和吉尔吉斯斯坦。在粟特地区的大大小小的绿洲上，有一个个大大小小不同的城邦国家，其中以撒马尔罕为中心的康国最大，它常常是粟特各城邦国家的代表。此外，安国也是相对较大的粟特王国②，还有曹、石、米、何等邦国，不同时期或有分合。有的专家认为，昭武九姓的“九姓”泛指众多，未必就实指九个姓或九个国。粟特人的诸多城邦国家在历史上存在了上千年，但是，由于没有形成统一国家，国家组织十分不坚固。到8世纪上半叶，阿拉伯人控制了粟特，粟特古国渐趋消亡。

粟特人富于冒险精神，是中古时期丝绸之路上的贸易担当者。《隋书》记载，粟特人“皆深目高鼻，多须髯，善于商贾，诸夷交易多凑其国”③。《旧唐书·西戎·康国传》记载，粟特人“善商贾，争分铢之利。男子年二十，即远之旁国，来适中夏，利之所在，无所不到”。他们兴商贩易，在丝绸之路沿线建立了一系列的商业聚落。粟特商人大量入华，带来了珠宝、香料、药材等商品，也带来了音乐、舞蹈等艺术，还传播了西亚的祆教、摩尼教和景教。同时，他们也把中国的丝绸等物品贩卖到西域各国，为中西经济文化交流互鉴做出了伟大贡献。

---

① 崔永红（1949—　），甘肃省古浪县人，青海省社会科学院研究员，青海省文史研究馆馆员，享受政府特殊津贴专家，主要从事青海地方史研究。

② 参见荣新江：《丝绸之路与东西文化交流》第四编《丝绸之路上的粟特商人与粟特文化》，北京大学出版社2015年版，第229页。

③ 《隋书》卷八十三《西域传·康国》，中华书局点校本。

粟特贵族曹祛、康宁、安但、史嗣、史度、史多悉多、安忠敬等人还先后在河湟地区出任过级别较高的官职[①]。粟特人在青海留下的遗迹遗物不少，过去我们对此研究不够，对其缺乏了解。

一、出土模印砖上的胡人形象很可能是粟特人

2014 年前后，青海省博物馆展出了一块胡人牵驼图模印砖，该砖出土于西宁市湟中区总寨镇徐家寨汉晋墓，是一种带有浮雕图像的墓壁砖，由雕好的印模压铸而成。模印砖呈长方形，长 18.7 厘米，宽 15.5 厘米。画面主题为一双峰骆驼，驼峰背部置有骑具，驼前有一牵驮胡人，头戴扁帽，脚穿长靴，右手执缰绳，左手握长巾，身穿窄袖短袍，背景是一排起伏的山峦。[②]画面构图新颖而简洁，风格粗犷而古朴，是独具风格的珍贵文物（图一）。过去，青海学术界一般认为这个模印砖上的胡人可能是鲜卑人的形象，我也没有异议。最近，通过学习了解，我又认为，此模印砖上的胡人很可能是粟特人的形象。

图一　徐家寨汉晋墓出土的胡人牵驼图模印砖

① 崔永红：《汉唐时期粟特人在青海的活动概况及遗迹》，《青海民族大学学报》2020 年第 4 期。

② 青海省博物馆、青海民族博物馆编著，祝君主编：《河湟珍藏·民族民俗文物卷》，文物出版社 2012 年版，第 21 页。

原因：一是东汉两晋时期曾经有一部分粟特人在今青海省境内生活过，并且一度在河湟地区形成比较强大的势力。作为汉晋时期河湟地区的“胡人”，粟特人的影响比鲜卑等其他胡人更大。当时鲜卑人刚来，在政治上还没有崭露头角，影响有限。二是粟特人乃中古时期丝绸之路上的贸易担当者，与鲜卑人等其他胡人相比，他们更擅长经商，更习惯于长期牵驼奔波在中西交通要道上，也就更符合模印砖想表达的意图。出土胡人牵驼图模印砖的徐家寨汉晋墓，在总体上采用的是中国人的葬俗，而墓中的胡人牵驼图模印砖，却反映的是异域风格的文化。说明来自异域的移民在生活情境变化了的华夏文化中，既希望坚持自己的传统，又不得不符合中国风俗，于是死后被埋葬时，在采用中国式墓葬的同时，又通过反映他们生活场景的模印砖，以求对自身文化的认同和坚持。于是，胡人牵驼图模印砖就成了他们在异国的丧葬制度和习俗中表达自身文化的载体。

推测青海出土模印砖上的胡人很可能是粟特人的形象，需要与能确定是粟特人的形象进行比较。日本慈贺县甲贺市有个私立的美秀美术馆（Miho Museum），该馆藏有据称出土于我国北方北齐墓的围屏石榻，石榻上面有十一块加彩石雕镶板，雕刻工艺精湛，画面内容丰富（图二、图三）。专家普遍认为其墓主为粟特人，画面反映的是粟特商队行进的情景。如邢福来先生通过对2000年6月发掘的北周安伽墓，1982年甘肃天水石马坪墓葬中出土的屏风石棺床，现藏日本Miho美术馆的石雕镶板，现分别藏于法国巴黎吉美博物馆、美国波士顿美术馆、华盛顿弗利尔艺术厅及德国科隆东亚艺术博物馆据称1920年前后河南安阳的北齐墓葬出土的三块画像石及一对石阙，进行综合研究后认为，随葬围屏石榻是旅居中国北方的粟特贵族在北朝至隋初葬俗的一大特征，“随葬围屏石榻的墓葬的主人应该都是具有一定身份地位的粟特贵族”。[①] 荣新江先生在研究了诸多粟特贵族墓后也认为，日本Miho美术馆藏石棺床编号D的石板上绘的胡人牵驼而行的画面与史君西壁的出行图表现的一样，“都是粟特商队行进的情形”[②]。我感觉，随葬围屏石榻墓葬的粟特商旅图等，与西宁市徐家寨汉晋墓出土的胡人牵驼图模印砖的风格基本一致，人物的长相、装束打扮等十分相似，同时也有一定的差别：青海出土的胡人牵驼图模印砖画面简洁，内容单纯，只有一个人物，

图二　Miho石屏风骑马牵驼出行图原图

① 邢福来：《北朝至隋初入华粟特贵族墓随葬用围屏石榻研究》，《考古与文物》集刊，2019年。

② 荣新江：《北周史君墓石椁所见之粟特商队》，《文物》2005年第三期。

骆驼背上是空的，可能与时代较早有关系；而中国其他地方发现的时代较晚的粟特人艺术品则画面比较复杂，人物众多，如加彩石雕镶板的骆驼背上驮有高大的包裹，骆驼右侧和后面各有一胡人随行，下面有三个披发的游牧民族（嚈哒和突厥人）骑马而行。荣新江先生认为，骆驼驮着的高大包裹是个半支架的帐篷，到了一个地方非常快就可以搭出帐篷来，随从的披发突厥人是负责粟特商队护卫的。

图三　Miho石屏风骑马牵驼出行图线图

另外，1995年在甘肃省敦煌机场佛爷庙墓群出土了唐代胡人牵驼模印砖（图四），长36厘米，宽23.5厘米，厚5厘米，通体及图案为青灰色，砖上花纹图案以浮雕形式表现出来，线条流畅、娴熟，画面圆厚，给人以强烈的动感。胡商头戴尖顶帽，深目高鼻，浓须髯，身穿翻领紧身窄袖及膝长袍，腰束带，下穿紧身裤，足着长靿靴。左转身仰首，右手执

图四　敦煌出土的唐代胡人牵驼模印砖

鞭下垂，左手小臂上曲执驼缰。骆驼体型浑圆，两前腿微曲，驼尾上扬。驮架两侧搭载十字捆扎的椭圆形驮囊，上坐立一返首小鸟，似乎与胡商开心交谈[①]。这块胡人牵驼模印砖与青海出土的更为相似。发掘者没有明确指出砖上的人物是不是粟特人，我认为，极有可能也是粟特人的文化形象。因为据长期从事中外关系史研究的权威专家荣新江先生得出的结论："粟特人经过长时间的经营，在撒马尔罕和长安之间，甚至远到中国东北边境地带，逐渐形成了自己的贸易网络"，"从北朝到隋唐，陆上丝绸之路的贸易几乎被粟特人垄断"[②]。正如史料所说"诸夷交易多凑其国"，粟特人不仅代表自己国家往来东西与中国做生意，而且常常受雇于别的西域国家与中国做生意。所以丝绸之路上出土的胡人牵驼模印砖反映的基本上都是粟特人的形象。

二、西宁出土的大量波斯银币应该是粟特人携来的

图五　西宁出土的波斯银币

青海省是历史上丝绸之路南线的必经之地，西宁有粟特人来华贸易时所遗外国钱币。例如西宁出土的大量波斯银币应该是粟特人携来的。众所周知，1956 年，西宁市城隍庙街出土了 76 枚银币，银币的一面是头戴新月冠的王者肖像，脸前冠后都有钵罗婆文铭文；另一面有祆教拜火祭坛，两侧各站一名祭司，祭司的背后印有不同的铭文（图五）。考古学家夏鼐先生认为是波斯萨珊朝卑路斯时期（457—483 年，北魏孝文帝太和年间）的银币，并说："由第四世纪末到第六世纪时尤其是第五世纪中（包括卑路斯在位的时代），西宁是在中西交通的孔道上的。这个比较稍南的交通路线，它的地位的重要在当时决不下于河西走廊。……现在这一大批第五世纪的波斯银币在该地被发现，更可替我们增添实物的证据。"[③]荣新江等专家认为，丝路沿线出土的萨珊银币是从事中转贸易的粟特人携来的，西宁出土大量银币正是他们来华贸易的明证[④]。

三、纳仁萨拉古城可能是粟特人康艳典所筑萨毗城

南北朝时期，粟特人不但前往中国北方，而且也去南方经商。据陈良伟先生考证，粟特人去南朝的路线计有两条，其一，由粟特出发，北偏东行，经费尔干纳、伊塞克湖，入塔里木盆地，然后

① 《敦煌宝藏》：《敦博馆藏精品——胡人牵驼模印砖》，澎湃新闻·澎湃号·政务。

② 参见荣新江：《丝绸之路与东西文化交流》第四编《丝绸之路上的粟特商人与粟特文化》，北京大学出版社 2015 年版，第 232—234 页。

③ 夏鼐：《青海西宁出土的波斯萨珊朝银币》，《考古学报》1958 年第 1 期。

④ 荣新江、张志清主编：《从撒马尔罕到长安——粟特人在中国的文化遗迹》，第 5、6 页；荣新江：《丝路钱币与粟特商人》，《丝绸之路与东西文化交流》，第 240—248 页。

或经龟兹、焉耆、古楼兰、鄯善，入柴达木盆地，再由吐谷浑国南下入建康；其二，由粟特出发，向东经瓦罕支道、帕米尔支道、塔里木南支道、柴达木南支道、“吐谷浑道”、岷江支道（沿线所经主要路过岷江流域）或白龙江支道（沿线所经主要路过白龙江流域）的组合[①]。

1969 年，在新疆吐鲁番古墓中发现了一份粟特文的地名录，记录的是唐朝末年粟特人在欧亚大陆的交通路线，从西到东分别是拂菻（拜占庭）、苫国（叙利亚）、波斯（伊朗）、安国、吐火罗、石国、粟特、拔汗那（大宛）、朅盘陀（大石国）、佉沙（疏勒）、于阗、龟兹、焉耆、喀喇沙尔、高昌、萨毗、吐蕃、吐浑、弭药、薄骨律[②]。其中“吐浑”即吐谷浑，其国土主要在青海省境内（图六），5—9 世纪，“吐谷浑道”非常著名[③]。另外，“萨毗”很可能也在青海省境内。

敦煌写本《沙州伊州地志》残卷记载：“石城镇……本汉楼兰国。隋置鄯善镇，隋乱，其城遂废。贞观中，康国大首领康艳典东来，居此城，胡人随之，因成聚落，亦曰典合城。其城四面皆是沙碛（上元二年改为石城镇，隶沙州）。……萨毗城，西北去石城镇四百八十里。康艳典所筑。其城近萨毗泽。”据史料记载，唐贞观年间（627—649 年），粟特胡裔康艳典曾经率部在若羌一带先后筑城四座，分别为石城镇（在若羌县城南不远处）、新城、蒲桃城、萨毗城。

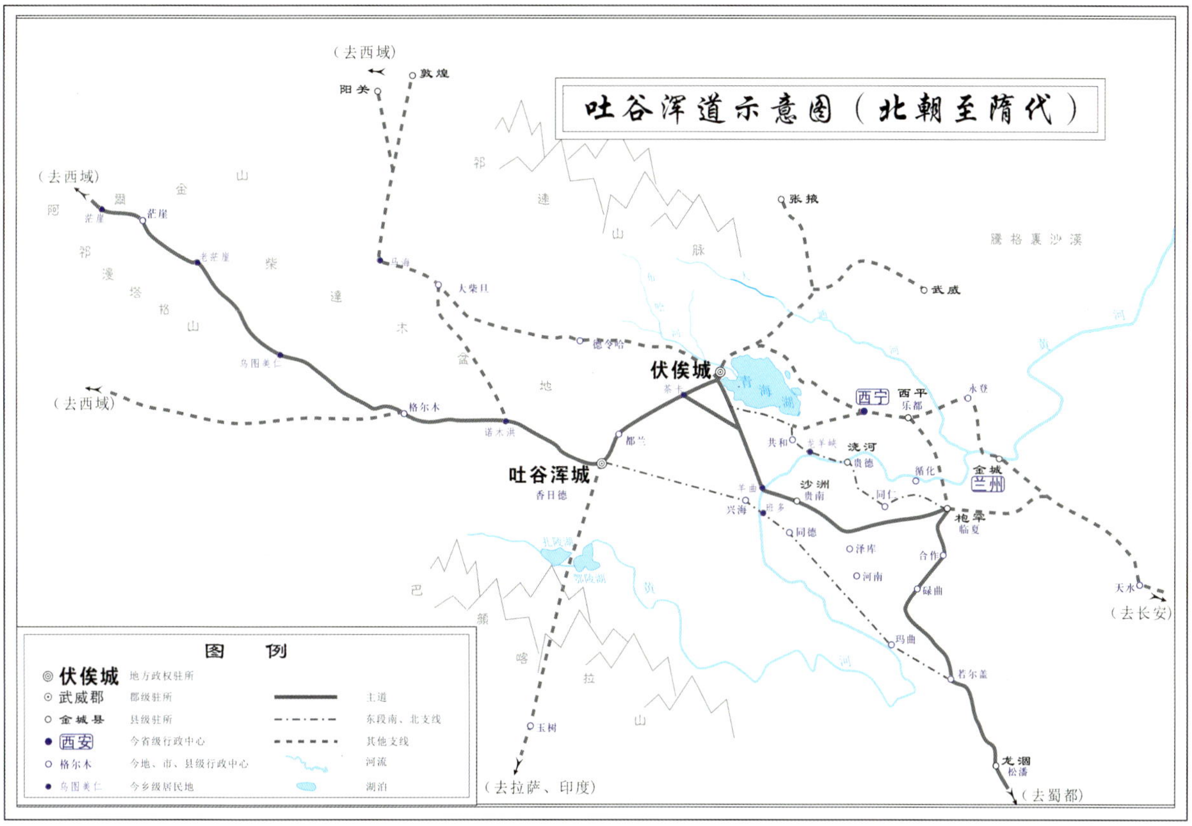

图六 吐谷浑道示意图

① 参见陈良伟：《丝绸之路河南道》，中国社会科学出版社，2002 年版，第 296、297 页。

② 参见林梅村：《粟特文买婢契与丝绸之路上的女奴贸易》，《西域文明》，东方出版社 1995 年版，第 71 页。

③ 详见崔永红：《丝绸之路青海道史》，青海人民出版社 2021 年版，第 60—66 页。

上述史料都提到“萨毗”一名。据李志敏先生研究，新疆若羌县米兰古城出土的吐蕃文书中提到过“Tshal-byiCan-can”，黄盛璋先生在《于阗“使河西记”地理研究》一文中证明其中的“Ysba”为“萨毗”的对音。大多学者都认可“萨毗”即唐史“苏毗”异译的说法。英国学者F.W·托马斯的《有关新疆的吐蕃文书》中有“萨毗地区”“萨毗地面”“大萨毗所辖地区”“萨毗军元帅”等名称，其由来都与萨毗部族有关。李志敏先生认为，如果按居地而言，萨毗人实际是分为三个不同部分的。第一部分分布在今西藏自治区北部与青海省玉树藏族自治州相连的地区，唐史中又译作“孙波”，吐蕃曾经划其为孙波茹；第二部分萨毗部落是吐谷浑的别部，其居地在今柴达木盆地一带，向西与塔里木盆地南缘相接；第三部分萨毗人则指迁居于今新疆且末一带的萨毗人①。

《新唐书》卷四十八《地理志·羁縻州》记载：“自蒲昌海（即新疆罗布泊）南岸，西经七屯城（今米兰），汉伊脩城也。又西八十里至石城镇（今若羌），汉楼兰国也，亦名鄯善，在蒲昌海南三百里，康艳典为镇使以通西域者。又西二百里至新城，亦谓之弩支城，艳典所筑。”康艳典在塔里木盆地南缘所筑四城目的在于“以通西域者”，所以，萨毗城及萨毗泽必当是塔里木盆地南缘通往羌中的商业大道。今青海省西部通往新疆若羌县通道附近有尕斯库勒湖（又写为格孜湖、噶斯湖），其里程与上引敦煌写本《沙州伊州地志》残卷所记“四百八十里”很相近，例如《辛卯侍行记》卷六记载：“（自若羌）东南行，一百里磨朗，又一百里阿武喇司布接克，一百里特必达板，五十里阔什塔什，五十里一立必契曼，六十里噶斯池。”②噶斯池即今青海省茫崖市尕斯湖，距若羌（唐之石城镇）四百六十里，与上引“四百八十里”十分相近，可证萨毗泽即尕斯库勒湖。此地是吐谷浑别部萨毗人居地之西端。《唐光启元年沙州地志残卷》又云“恒有吐蕃及吐谷浑往来不绝”，显然指吐蕃灭亡吐谷浑以后的史事，这时吐蕃国界与唐在塔里木盆地南缘领土相连，从而对石城镇等地开始了不断的进犯③。

我认为李志敏先生关于萨毗泽即今茫崖市尕斯库勒湖的观点应该是可信的。此湖不仅方位、里距与史书记载高度吻合，而且位于古丝绸之路通道上，符合康艳典筑城的目的。

更巧的是，尕斯库勒湖西侧阿拉尔草原上有个那仁萨拉古城，位于原青海省茫崖行委所属老尕斯乡西19公里处（今属新疆若羌县铁木里克乡），在铁木里克河上源两条小河交汇的地方。“铁木里克”在维吾尔语、哈萨克语中是“铁匠”或“产铁的地方”之意；蒙古语则称这个地方为“图门布鲁克”，意为泉很多的地方，或“湖水中小洲”的意思，后一种说法与这一带的地形地貌十分吻合。“那仁萨拉”是蒙古语音译，“那仁”是“细小的河”之意，“萨拉”是“交汇处”的意思。此名称与古城的位置也非常吻合。古城确实处在两条小河的夹角处，南面的小河水清，较窄，人可以跨过去；北面的河水较浑浊，较宽。城址南距新疆若羌县铁木里克乡旧乡政府所在地约5公里，北距315国道约15公里，东北距茫崖市花土沟镇约35公里。据2013年海西州文物部门调查著录，该那仁萨拉

① 李志敏：《关于萨毗播仙部族的几个问题》，《喀什师范学院学报》1996年第4期。

② 陶保廉：《辛卯侍行记》，甘肃人民出版社2002年版。

③ 参见李志敏：《关于萨毗播仙部族的几个问题》，《喀什师范学院学报》1996年第4期。

“城址东西长 160 米，南北宽 158 米，现仅存西墙，夯土筑，夯层厚 5—10 厘米，残高 1.5 米，底宽 10 米，其他三面为墙基，底部有一层厚 20—30 厘米的芦苇（图七）。南墙有一城门，门宽 11 米，墙基呈弧形。古城外东北 60 米处有一处瞭望塔，瞭望塔呈长 20 米、宽 15 米的长方形，塔高 13 米”①。

图七　尕斯库勒湖西侧的那仁萨拉古城

2019 年 7 月 28 日，笔者参加了海西州政协和茫崖市政协组织的实地考察，考察中发现该古城位于河水环绕的台地，台地高出河床三五米至六七米不等，古城依地形而建，由于小河有弯曲，故古城呈三面环水的面貌。古城已残破，很可能毁于较大的洪水。残存的城墙断断续续有多处，城墙基址比较明显，城的总体轮廓基本能看清。城墙夯层中除夹杂有芦苇外，还有红柳之类的细树枝，有羊粪块以及河中淤泥干燥形成的泥块等物（图八）。

图八　那仁萨拉城墙中有羊粪块和泥块

① 辛峰主编：《海西州第三次全国文物普查资料精选》，中国民族摄影艺术出版社 2013 年版，第 15 页。

此古城虽面积不大，但位于三面环水、易守难攻的地点，附近又有烽火台（即瞭望塔），它应该既有军事据点的功能，又有储存商旅货物等用途，很可能是唐贞观年间粟特人康艳典所筑四城之一的萨毗城。

四、民和县胡李家汉墓发现的欧洲人骨可能与粟特人有关

2001 年 10 月至 11 月、2002 年 4 月、2004 年 4 月至 5 月，青海省文物考古研究所、民和回族土族自治县博物馆，对位于民和县中川乡胡李家村的胡李家汉墓进行了抢救性发掘，共发掘墓葬 9 座，出土陶器等文物 72 件。9 座墓的时间可分为西汉晚期、王莽前后、东汉中期、东汉晚期 4 个时期。其中 M1 属于东汉晚期。经过初步鉴定，M1 中的 3 具骨骼的体质特征为欧洲人种，发掘者认为：“这是目前青海省唯一的欧洲人种材料，也是迄今发现的位置最东的欧洲人种遗骸（汉代及以前）。但从对该墓葬的形制、随葬品的类型以及埋葬方式等方面观察来看，这些居民除了种族特征外，文化和风俗都属于典型的汉文化，表明他们当时已经融合到汉文化的生活方式中。”关于他们的族属，发掘者根据《史记》《汉书》和《后汉书》中的记载，认为汉代的湟中地区是羌人、小月氏、汉人的杂居区，“从时间和地域来看，符合欧洲人种特征的应是小月氏”[①]。我认为，胡李家汉墓一部分有欧洲人种特征的墓主也有可能是粟特人。因为根据《隋书》的记载，昭武九姓即粟特人本是月氏人，原居祁连山北“昭武城”（今甘肃省临泽县），因被匈奴所破，西逾葱岭，支庶各有分王，以“昭武”为姓。东汉时期从西域再次东迁来到河湟地区的粟特人，或许其欧洲人种的特征得到了进一步强化。所以说，胡李家汉墓一部分有欧洲人种特征的墓主也很有可能是粟特人。

---

① 青海省文物考古研究所、民和回族土族自治县博物馆：《青海民和县胡李家汉墓 2001 年至 2004 年发掘简报》，《四川文物》2019 年第 5 期，第 15—28 页。

丝绸之路陆路东北线的开发

周亚利[①] 李家宾

“丝绸之路”，最早是指西汉时，由张骞出使西域开辟的以长安（今西安）为起点，经甘肃、新疆到中亚、西亚并联结地中海各国的陆上通道。由这条路西运的货物中以丝绸产品影响最大，故名“丝绸之路”。

丝绸之路基本走向定于两汉时期，包括南道、中道、北道三条路线。

19世纪末，德国地质学家李希霍芬将这条东西大道誉为“丝绸之路”。德国人胡特森在多年研究的基础上，撰写成专著《丝路》。从此，“丝绸之路”这一称谓得到世界的认可。丝绸之路，概括地讲，是自古以来，从东亚开始，经中亚、西亚进而联结欧洲及北非的这条东西方交通线路的总称。随着近代以来学术研究的深入、考古发现的增多，丝绸之路的含义越来越广，范围也越来越大。其线路不仅仅局限于中国与中亚、南亚的交通线路，还包括西亚、地中海以及海上丝路所连接的朝鲜半岛、日本、东南亚等地的路线，贸易物品也不仅仅有丝绸，还有瓷器、手工制品、植物、动物、美术品乃至人口。丝绸之路是文化交流之路，贸易往来之路，因而是一条活路，是由若干条路组成的网路，它随着各地政治环境的变化而时通时关，也随着社会的发展而不断增加线路。本文所研究的只是丝绸之路陆路东北线中的主要路线。

一、昙无竭取经路线给我们的启示

东北通往中亚、南亚、西亚路怎么走？我们从北燕高僧昙无竭去印度取经之路可以窥见一斑。

从龙城到河南国

关于昙无竭西行取经的信息，《高僧传》有较详细的记载：

“释昙无竭。此云法勇。姓李。幽州黄龙[②]人也。幼为沙弥便修苦行。持戒诵经。为师僧所重。尝闻法显[③]等躬践佛国。乃慨然有忘身之誓。遂以宋永初元年[④]招集同志沙门僧猛、昙朗之徒二十五人。共赍幡盖供养之具。发迹北土远适西方。初至河南国。仍出海西郡。进入流沙到高昌郡。经历

① 周亚利，辽宁省朝阳市博物馆研究馆员。

② 今辽宁省朝阳市。

③ 公元399年去印度取经，413年回国。

④ 公元420年，北燕太平十二年。

龟兹、沙勒诸国。登葱岭度雪山。障气千重，层冰万里。下有大江流急若箭。于东西两山之胁系索为桥。十人一过，到彼岸已，举烟为帜。后人见烟，知前已度，方得更进。若久不见烟，则知暴风吹索，人堕江中。行经三日，复过大雪山。悬崖壁立，无安足处。石壁皆有故杙孔，处处相对。人各执四杙，先拔下杙，手攀上杙，展转相攀。经日方过，及到平地，相待料检。同侣失十二人。进至罽宾国礼拜佛钵。停岁余。学梵书梵语。求得《观世音受记经》梵文一部。复西行至辛头那提河。汉言师子口。曰缘河西入月氏国。礼拜佛肉髻骨及睹自沸木舫。后至檀特山南石留寺。住僧三百余人。杂三乘学。无竭停此寺受大戒。天竺禅师佛驮多罗。此云觉救。彼土咸云。已证果。无竭请为和上。汉沙门志定为阿阇梨。停夏坐三月日。复行向中天竺。界路既空旷，唯赍石蜜为粮。同侣尚有十三人。八人于路并化。余五人同行。无竭虽屡经危棘。而系念所赍观世音经未尝暂废。将至舍卫国。野中逢山象一群。无竭称名归命。即有师子从林中出。象惊惶奔走。后渡恒河。复值野牛一群鸣吼而来。将欲害人。无竭归命如初。寻有大鹫飞来野牛惊散。遂得免之。其诚心所感在险克济。皆此类也。后于南天竺随舶泛海达广州。所历事迹别有记传。其所译出《观世音受记经》，今传于京师。后不知所终。”①

关于昙无竭一行取经的出发地，古文献没有记载。从昙无竭为黄龙人判断，他们的出发地应为北燕都城龙城②。当时龙城最著名的寺院是始建于东晋永和元年（345年）的龙翔佛寺，因为从文献上和考古资料上均未看到北燕之前今朝阳有其他著名的寺院。

《出三藏记集》是中国现存最早的佛教文献目录。其作者为僧佑，僧佑的生卒年代为445—518年，是距离昙无竭在世年代最近的作者。《高僧传》又称《梁高僧传》，南朝梁慧皎所撰。《高僧传》撰写于梁天监十八年（519年），其关于昙无竭的内容基本来源于《出三藏记集》，其他文献资料中关于昙无竭的记载与《出三藏记集》和《高僧传》无大的出入。这些文献资料关于昙无竭取经路线出发后的第一个地点都是“河南国”。“河南国”是南朝时宋、齐、梁对吐谷浑国的称呼，因其地在今青海境内黄河之南而得名。其时吐谷浑辖境东至叠川，西邻于阗，北接高昌，东北通秦岭，方圆千余里。其首领慕璝、慕利延、度易侯、伏连筹，曾先后被夏国赫连定、南朝宋、齐、梁封为“河南王”。如《宋书》卷五《本记》第五记载：“十二月丁亥，河南国、河西王遣使献方物。”宋元嘉十六年（439年）“六月己酉，陇西吐谷浑慕容延改封河南王”。《南齐书》卷二《本记》第二记载：“五月丙午，进河南王吐谷浑拾寅号骠骑大将军。”《南齐书》卷二记载：冬十月戊子，以河南王世子吐谷浑易度侯为西秦、河二州刺史、河南王。《梁书》卷三十三《列传》二十七记载：“（梁天监）四年三月，禊饮华光殿。其日，河南国献舞马，诏率赋之。”《梁书》卷二《本记》第二记载：“镇西将军河南王吐谷浑休留代进号征西将军。”根据以上记载可以确定，《出三藏记集》所记载的“河南国”应为吐谷浑国。

为什么昙无竭一行要经过吐谷浑再西行走新疆的古丝绸之路到印度？我们分析，昙无竭取经一

① 南朝梁慧皎：《高僧传》，《海山仙馆丛书》本。

② 今辽宁省朝阳市。

行人中应有鲜卑人。

北燕是汉族冯跋建立的政权，但北燕政权是建立在后燕基础之上的。后燕建始元年（407年）后燕王慕容熙在出殡苻皇后之时，冯跋政变，推慕容宝养子慕容云（高云）登上王位。北燕太平元年（409年），高云爪牙离班、桃仁杀死高云，推冯跋为主，建立北燕。后燕政权是慕容鲜卑政权，后燕从统治阶级上层贵族到普通百姓很多人都信奉佛教，这从文献中或出土文物中都得到证实。《乐府诗集》卷二十五《横吹曲辞五》记载，后燕王慕容垂虔心向佛，经常举办佛事活动。他所作的歌词中有："慕容攀墙视，吴军无边岸。我身分自当，枉杀墙外汉。慕容愁愤愤，烧香作佛会。"这里的"吴军"，指东晋的军队。这首歌词应是慕容垂于后燕燕元二年（384年）至后燕永康元年（396年）期间所作，讲的是慕容垂攀上城墙瞭望，看到东晋军队人数众多，来势凶猛，而后燕军队人少而寡不敌众，慕容垂心情愁苦、愤慨，于是举行法会，请僧人诵经烧香拜佛，祈求佛祖保佑。这清楚地表明，后燕统治者对佛教信仰的虔诚。《晋书》卷一百二十四记载，后燕建始元年（407年），慕容熙宠妃"苻氏死，熙悲号躃踊，若丧考妣……制百寮于宫内哭临，令沙门素服"。这段记载反映了后燕僧人参加宫廷的丧事活动情况。

北燕统治者崇信佛教的最有力证据是冯素弗墓出土的压印有佛像的山形金珰。1965年在北票西官营子发现了北燕冯素弗夫妇两座石椁墓。冯素弗墓出土了大量珍贵文物，其中一件山形金珰上装饰着佛像。金珰高6.8厘米、宽8.4厘米，背面中间压印有一佛二胁侍像，周边饰锯齿纹和蝉纹、忍冬花纹，正面以细金丝穿缀圆形小金花。佛像面相长圆，双手结禅定印，结跏趺坐，有火焰纹背光。佛像两旁各立一胁侍菩萨，手捧供物①。"金珰"是慕容鲜卑贵族特有的金步摇冠前面的装饰，而"金珰附蝉"更是只有皇帝的高级侍臣"侍中"才能佩戴的服饰。冯素弗是冯跋之弟，立国时的第二号人物，曾先后任范阳公、侍中、车骑大将军、录尚书事、大司马、辽西公等职。冯素弗死于北燕太平七年（415年），享年三十余岁。冯素弗头上戴着装饰佛、菩萨像的步摇冠，表明他和其他北燕统治者都崇信佛教。

龙翔佛寺是从前燕沿袭下来的，经过后燕到北燕，龙翔佛寺的僧人中应当有汉族和鲜卑族或其他民族。

前燕建立之前的慕容廆时期，慕容廆同父异母的哥哥吐谷浑与慕容廆发生马斗，吐谷浑带领所属族人西迁到今青海一带，但两地之间一直没断联系，这从《阿干歌》中的歌词"辞我土棘住白兰"②可以证实。吐谷浑西迁先住在阴山地区，过了十多年才迁到青海，后落脚在白兰。慕容廆怎么知道吐谷浑住白兰？说明慕容廆与吐谷浑之间没有间断往来。龙翔佛寺的僧人或许有在青海的亲戚或朋友，知道从龙城到青海再到新疆古丝绸之路的路线，所以昙无竭才选择走吐谷浑西迁路线再向西，走古丝绸之路去印度取经。

吐谷浑西迁路线是怎样的呢？

① 黎瑶渤（徐秉琨、冯永谦）：《辽宁北票县西官营子北燕冯素弗墓》，《文物》1973年第3期。

② 今青海省都兰县。

《晋书》卷九十七记载：廆悔之，遣其长史史那楼冯及父时耆旧追还之。吐谷浑曰："先公称卜筮之言，当有二子克昌，祚流后裔。我卑庶也，理无并大，今因马而别，殆天所启乎！诸君试驱马令东，马若还东，我当相随去矣。"楼冯遣从者二千骑，拥马东出数百步，辄悲鸣西走。如是者十余辈，楼冯跪而言曰："此非人事也。"遂止。

文献明确记载是往西走，这也与下一个地点相符。即《晋书》卷九十七记载的"于是乃西附阴山"。

吐谷浑在阴山一带没有继续前行，而是居住了一段时间。"属永嘉之乱，始度陇而西。"[①] 也就是说正值"永嘉之乱"才"始度陇而西"。"永嘉之乱"是晋怀帝永嘉年间（307—312 年）发生的一场战乱。晋惠帝在位期间，政治腐败，八王战乱相继。永兴元年（304 年），匈奴贵族刘渊利用时机起兵离石[②]，国号汉。晋怀帝永嘉四年（310年），刘渊死，其子刘聪继立。第二年，刘聪派遣石勒于苦县宁平城[③]歼灭晋军十余万人，俘杀太尉王衍等。同年，派刘曜率兵破洛阳俘怀帝，纵兵烧掠，杀王公士民三万余人。史称这一时期为"永嘉之乱"。

吐谷浑自 3 世纪末迁居阴山南麓，至 4 世纪初迁出该地，驻居十余年之久。

"陇"即陇山。位于陕西、甘肃交界的地方。"度陇而西"即过陇山向西。《北史》记载："吐谷浑遂从上陇，止于袍罕。"袍罕，古县名，秦置，故治在今甘肃临夏县东北[④]。

根据上述记载，大致可以了解吐谷浑西迁的路线：辽西—阴山—过陇山—袍罕—白兰。昙无竭取经路线从龙城到河南国也应是这条路线，这就容易理解为什么文献记载昙无竭取经路线从龙城到河南国之间没什么著名的都市了。

二、羌中道

我们所熟知的丝绸之路陆路一般是从西安往西，走祁连山北麓到达新疆天山，再由天山北麓或南麓过帕米尔到中亚、南亚等。而昙无竭一行到西域走的却是羌中道。"羌中道"的名称出现在《史记》《汉书》等典籍中，羌中道是经河湟地区、青海湖、柴达木盆地的古代通道名称，是东西横贯甘青地区的丝绸之路的重要组成部分。汉代因此地属羌人而得名。如环青海湖地区有卑禾羌等，柴达木盆地西北部有婼羌等。羌中道的名声由张骞通西域而为人们熟知。文献记载，汉武帝建元二年（前139年），张骞首次从长安出使西域，到达楼兰[⑤]、龟兹[⑥]、于阗[⑦]等地，其副手更远至安息[⑧]、身毒[⑨]

① 《晋书》卷九十七。
② 今属山西。
③ 在今河南省鹿邑县西南。
④ 北魏迁今临夏县。
⑤ 今新疆若羌县境内。
⑥ 今新疆库车县境内。
⑦ 今新疆和田县境内。
⑧ 今伊朗。
⑨ 今印度。

等。张骞从西域回归时，吸取前往匈奴时被拘留的教训，改行南道，依傍南山，经于阗、且末、鄯善，向东南经阿尔金山，进入柴达木盆地。张骞本打算取道“羌中”返汉，但不幸再次被匈奴拘押年余，乘匈奴内乱之机才得以逃归。从史书记载可知，从战国（公元前480—前222年）末期开始，日益强大起来的秦国不断向西拓展疆土，许多羌人部落迫于秦国的压力，纷纷离开青海地区迁往西藏、西域和西南各地。羌中道这个时候就已经形成了。今天，新疆地区仍有很多带“羌”字的地名，如“叶尔羌”“婼羌”“阿特羌”“阿羌”等，这与羌中道的开辟是分不开的。

为什么说昙无竭一行走的是羌中道而不是祁连山北麓的古丝绸之路？主要是依据文献记载，昙无竭一行到河南国后“仍（于是）出海西郡”，然后过“流沙”再到“高昌郡”。

西海郡故城位于青海省海北藏族自治州海晏县县城约1公里，青海湖东北侧、湟水南岸的金银滩草原上，俗称“三角城”，为西汉新莽时代所设“西海郡”郡城遗址。《汉书》卷十二记载，西汉平帝元始四年，“置西海郡，徙天下犯禁者处之”。与已有的东海、南海、北海三郡齐名，取“四海归一”之意。王莽失败后，羌人又还据西海，郡亦废弃。东汉永元（89—104年）中也曾一度设置，后来又废弃不用。所以永元十四年（102年）曹凤才建议缮故西海郡城，汉拜凤为金城西部都尉，屯龙耆。龙耆城即西海郡址所在。《后汉书·西羌传》说：“其功垂立，至永初中诸羌叛乃罢。”在永初二、三年（108、109年），护羌都尉曾因此徙于张掖。那么此次缮西海郡，屯田龙耆，并没有维持几年又重入羌人之手，自此以后西海郡地一直就不在汉王朝控制之内。在城址内发现的“西海安定元兴元年作当”铭文瓦当，是很好的断代依据。

南凉和西秦时改称“海西郡”，又称“三角城”。

十六国时期此地为鲜卑族乙弗勿敌国的范围，西秦时［东晋义熙十四年（418年）］，在东邻西秦的压力下，乙弗乌地延①率户十万降西秦，成为西秦王国属部。西秦将此地改称“海西郡”。

昙无竭一行出了海西郡，“进入流沙到高昌郡”。如果昙无竭一行走的是祁连山北麓的古丝绸之路，那么，此路线那些著名的都市如武威、张掖、酒泉等应该反映在文献中。《出三藏记集》和《高僧传》记载的昙无竭一行出海西郡后就“进入流沙”再到高昌郡。从这点上看，他们应该走的羌中道。

从羌中道到高昌郡必经“流沙”，这个“流沙”就是今天新疆伊吾与甘肃西部瓜州之间的哈顺戈壁，古代称为“莫贺延碛”。唐时此处以西皆称“域西”，就是我们今天常说的“西域”的起点。

莫贺延碛，又称八百里瀚海，这一带气候极端干旱，年降水量在30毫米以下，是干燥剥蚀最强的高原区域，几乎所有的地面寸草不生。法显描述到沙河的境况：“沙河中多有恶鬼、热风，遇则皆死，无一全者。上无飞鸟，下无走兽。遍望极目，欲求度处，则莫知所拟，唯以死人枯骨为标帜耳。”②

唐玄奘西天取经也经过这里。《大唐大慈恩寺三藏法师传》记载：“莫贺延碛长八百里，古曰沙

① 乌地延：“首领”之意。

② 法显：《佛国记》，见《佛国记两种》《海上丝绸之路稀见文献丛刊》，文物出版社2020年5月版。

河。上无飞鸟下无走兽，伏无水草，顾影唯一。四夜五日口腹干焦几将殒绝。四顾茫然，夜则妖魅举火，灿若繁星，昼则惊风拥沙，散若时雨。”

19世纪著名探险家、文化大盗普尔热瓦尔斯基路经莫贺延碛，这样描写道：“大碛直径110公里，海拔1600米，为波状平原，到处是高台，像塔一样的黄土悬崖，土壤掺着沙砾的卵石覆盖着，戈壁中既没有植物，也没有动物，甚至连蜥蜴和昆虫也没有，白天地面灼热，笼罩着一层像充满烟雾的浑浊空气，一路上到处可以看见骡马和骆驼的骨头，呈现出一片十分可怕的现象。”

从海西郡到流沙再到高昌郡[①]这条连线看，昙无竭应该是沿青海湖北缘，经过今青海省海西蒙古族藏族自治州、大柴旦湖北缘、新疆罗布泊西缘到达高昌郡的。

到达高昌郡以后的路线基本与古丝绸之路常走的路线合为一体，即经过高昌、龟兹、疏勒，越葱岭到达中亚、南亚或欧洲等地。

三、丝绸之路陆路东北线的形成

从陇山过黄河到达东北地区的路线是何时形成的？我们可以从考古资料上寻找答案。

从考古资料上看，有些器物的传播路线显示出是从西北地区或河套地区传播到东北地区的。

（一）口簧琴的传播路线

口簧琴是一种弦乐器。到目前为止，中国最早的口簧琴发现于陕西石峁遗址，距今4000年。在2016年、2017年连续两年的考古发掘中，石峁考古队在石峁遗址皇城台发现了数量巨大、品类丰富的各类遗物，包括陶器、骨器、石器、玉器等重要遗物。在数以万计的各类骨器中，考古人员甄别出一批重要乐器——口弦琴[②]。口弦琴在我国先秦文献中被称作“簧”，并一直保留至今，是中国最小的民族乐器，流行于我国蒙古族、羌族、回族、达斡尔族、鄂伦春族、鄂温克族、赫哲族、满族，以及云南部分少数民族中。国外的爱斯基摩人、印第安人、北欧拉普人、北海道阿依努人等也擅用此类乐器。石峁遗址骨制口弦琴绝对年代距今约4000年，数量达二十余件，是目前国内所见年代最早、数量最多的簧片乐器。

稍晚期的口簧琴见于赤峰和朝阳的夏家店上层文化遗存中。其中赤峰夏家店遗址M14出土一件骨口簧。原被定名为“骨梭”[③]。此墓为一座以石块砌筑、上覆石板的石棺墓，墓主为青年女性，仰身直肢，有木质葬具，随葬陶罐、铜刀、铜锥、铜扣、骨针、骨珠及骨口簧。这件口簧长9.8厘米，为窄条薄片状，宽首窄尾，中央剔刻簧舌，根宽尖窄，框首钻孔。舌尖顶端有一大圆孔，或与增强簧舌的发音效果有关。

另一件出土于内蒙古克什克腾旗龙头山遗址。口簧宽首窄尾，舌尖残。长9厘米，见该报告附图一五：3[④]。

① 今新疆吐鲁番。

② 或称口簧琴。

③ 中国科学院考古研究所内蒙古工作队：《赤峰药王庙夏家店遗址试掘报告》，《考古学报》1974年第1期。

④ 曹建恩，齐晓光：《内蒙古克什克腾旗龙头山遗址第一、二次发掘简报》，《考古》1991年第8期。

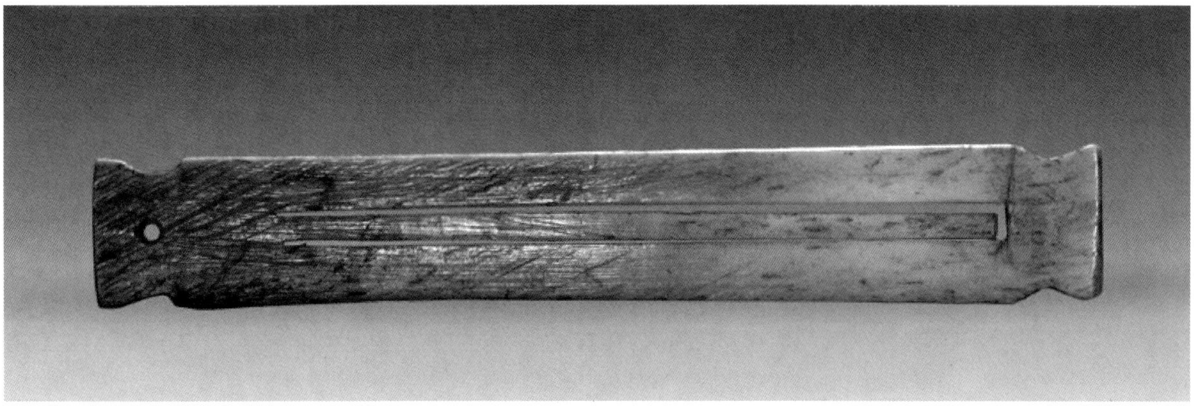

图一　石峁遗址出土的口簧（孙周勇：《陕西神木石峁遗址出土口簧研究》，《文物》2020 年 1 期）

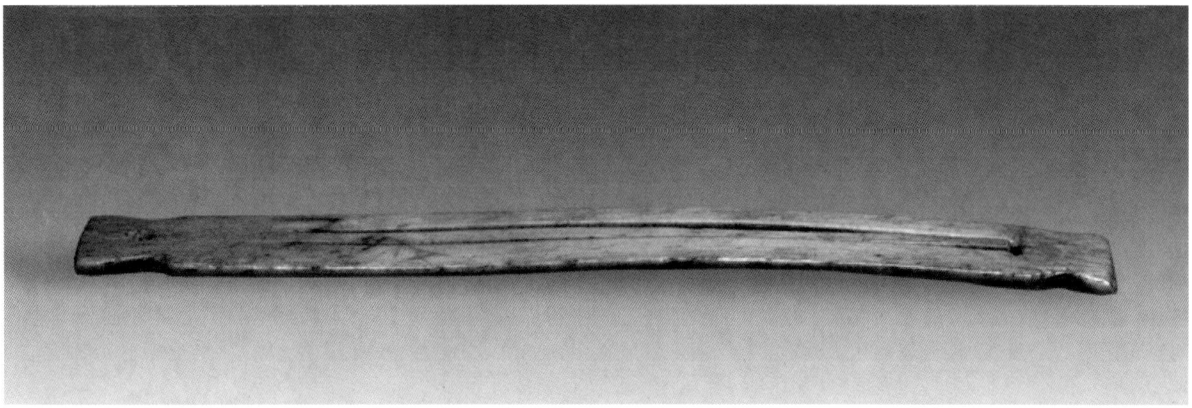

图二　石峁遗址出土的口簧侧面（孙周勇：《陕西神木石峁遗址出土口簧研究》，《文物》2020 年 1 期）

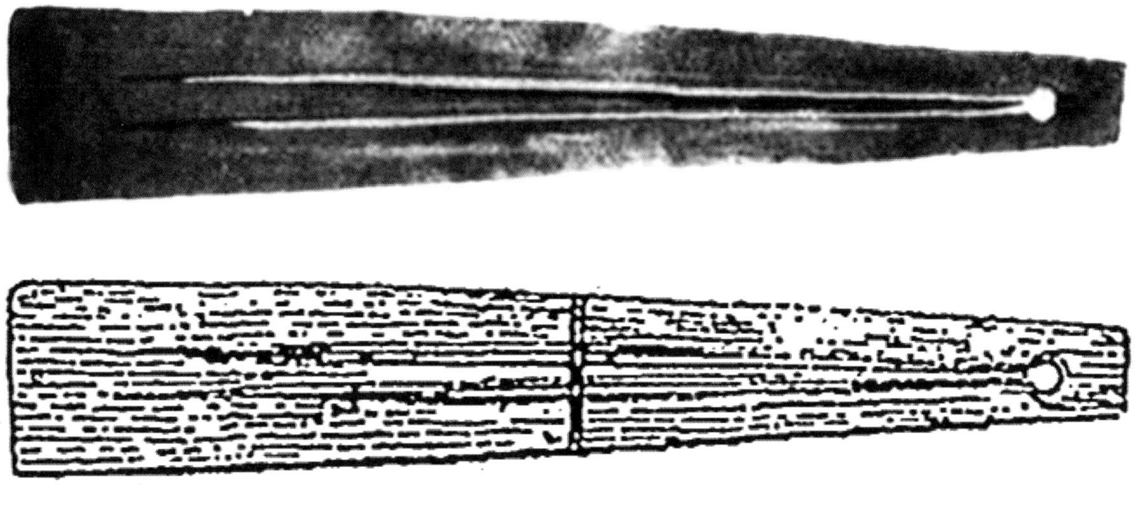

图三　赤峰夏家店遗址 M14 出土的骨口簧（孙周勇：《陕西神木石峁遗址出土口簧研究》，《文物》2020 年 1 期）

图三这两件口簧年代大约在西周至春秋时期。发掘于 20 世纪 70 年代的辽宁建平水泉遗址[①]，这里曾采集到多件骨质口簧，其文化属性应为夏家店上层文化。

① 辽宁省博物馆等：《建平水泉遗址发掘简报》，《辽海文物学刊》1986 年第 2 期。

图四　辽宁建平水泉遗址出土的骨口簧（朝阳市博物馆藏）（孙周勇《陕西神木石峁遗址出土口簧研究》，《文物》2020 年 1 期）

从以上出土地点不难看出其传播路线是自陕西石峁，经鄂尔多斯，过黄河向东北方向传播，到赤峰，再到朝阳。

（二）梯形墓的传播路线

梯形墓即墓棺、墓椁的形制是前宽后窄、前高后低的形制。这种形制是慕容鲜卑活动区域流行的墓葬形制，然而这种形制并不是本地区自古至今延续下来的，而是一种外来的墓葬习俗。经过溯源研究，这种墓葬形制来自中国西部。比如中国甘肃、青海地区的青铜时代早期文化——齐家文化就存在这种墓葬形制。如秦魏家 M50（图五）、M91（图六）[①] 等。

这种梯形墓在内蒙古鄂尔多斯朱开沟遗址四段（夏晚期）和五段（商早期）墓葬中也存在。如朱开沟 M2002（四段）（图七）和朱开沟 M2006（五段）（图八）等都是梯形墓。

朱开沟 M2006 墓主人男性，墓中出土有蚌串珠。齐家文化、朱开沟文化、下辽河流域青铜文化、夏家店上层文化均发现有男性戴装饰品的习俗。

下辽河流域青铜文化也存在这种梯形墓。沈阳新民高台山遗址 M731、M744、M745、M743 均为梯形墓，而且葬式亦为屈肢葬，与齐家文化一致。从梯形墓传播的路线也可以看到从中国西北地区经黄河河套地区，过黄河向东北地区传播的路线自古有之。

从出土文物中还可以看到从西北地区到东北地区传播路线的例证，这里就不一一列举了。

由上可以了解到，自龙城至河南国的基本线路为辽西龙城—阴山呼和浩特—包头—过黄河—鄂尔多斯—陕西榆林—陇山—青海湖东部河南国。

这条路是草原丝绸之路东北线通往丝绸之路青海路的基本线路。迹象表明，昙无竭取经路线、吐谷浑西迁路线、齐家文化先民东迁路线基本是一条路线，有细微差别，方向基本相同。

（三）青铜器的传播路线

中国最早的青铜器群出现在新疆地区的古墓沟——小河文化、林雅文化、甘青地区的四坝文化、齐家文化中。其中哈密林雅文化制铜业最为发达，其次是时代与之接近的四坝文化和齐家文化。

① 谢瑞琚：《略论齐家文化墓葬》，《考古》1986 年 2 期，第 152 页图四、第 150 页图二。

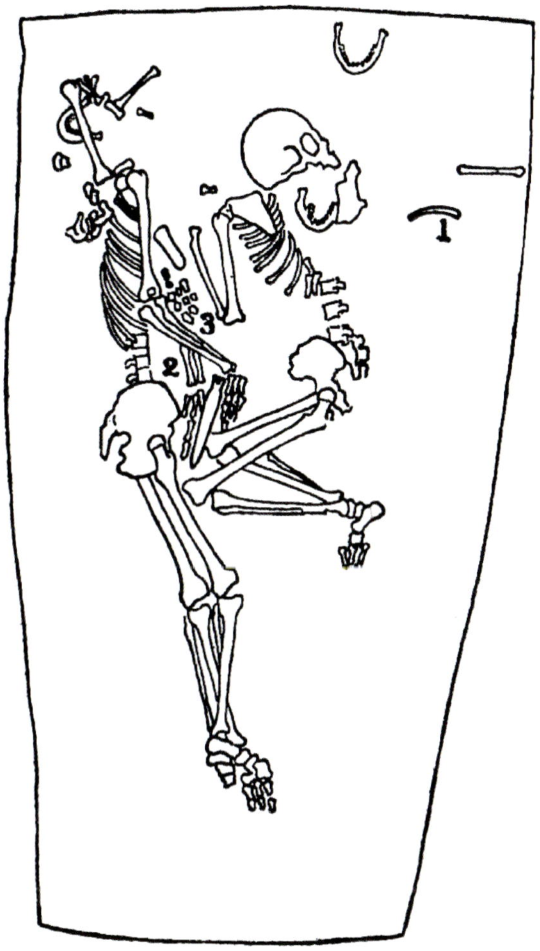

图五　秦魏家 M50

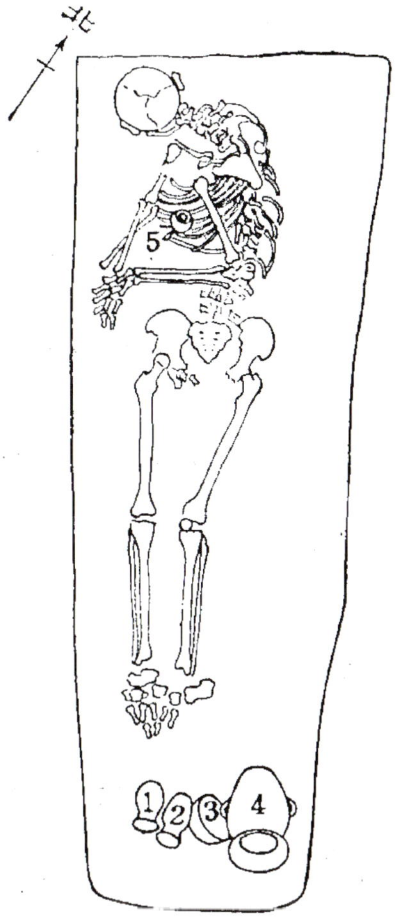

图六　秦魏家 M91

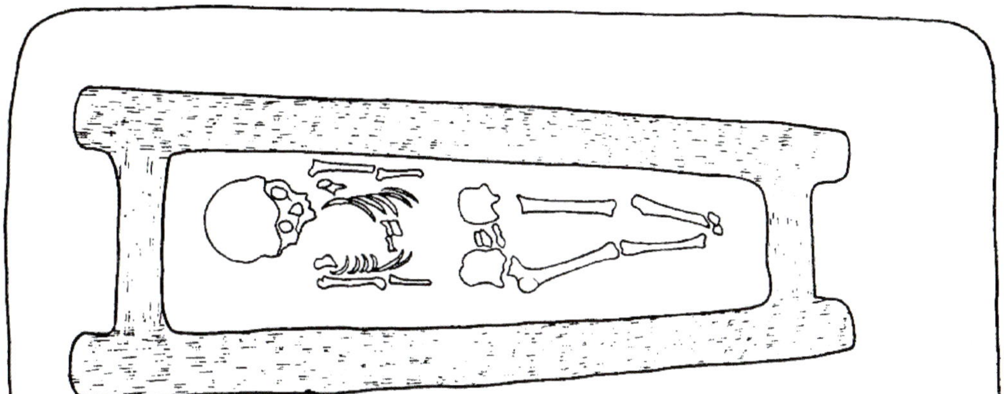

图七　朱开沟 M2002（四段）梯形墓

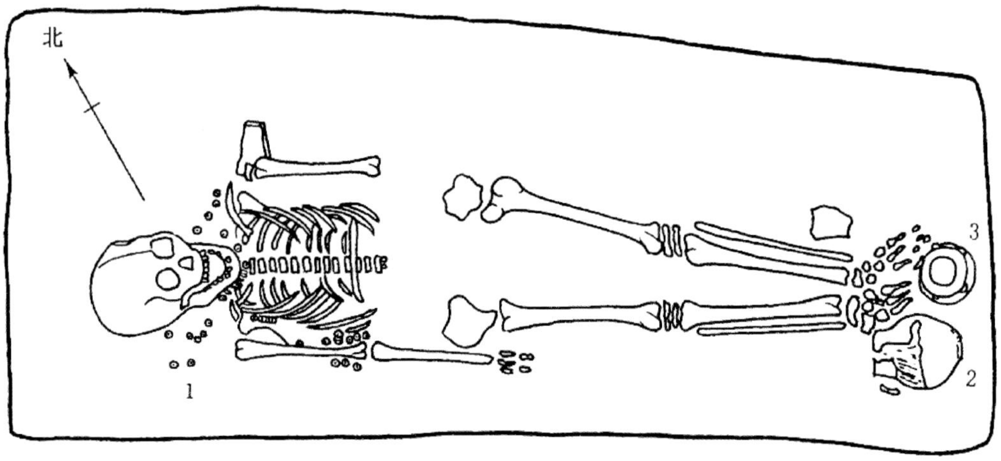

图八　朱开沟 M2006（五段）梯形墓，男性，饰蚌串珠

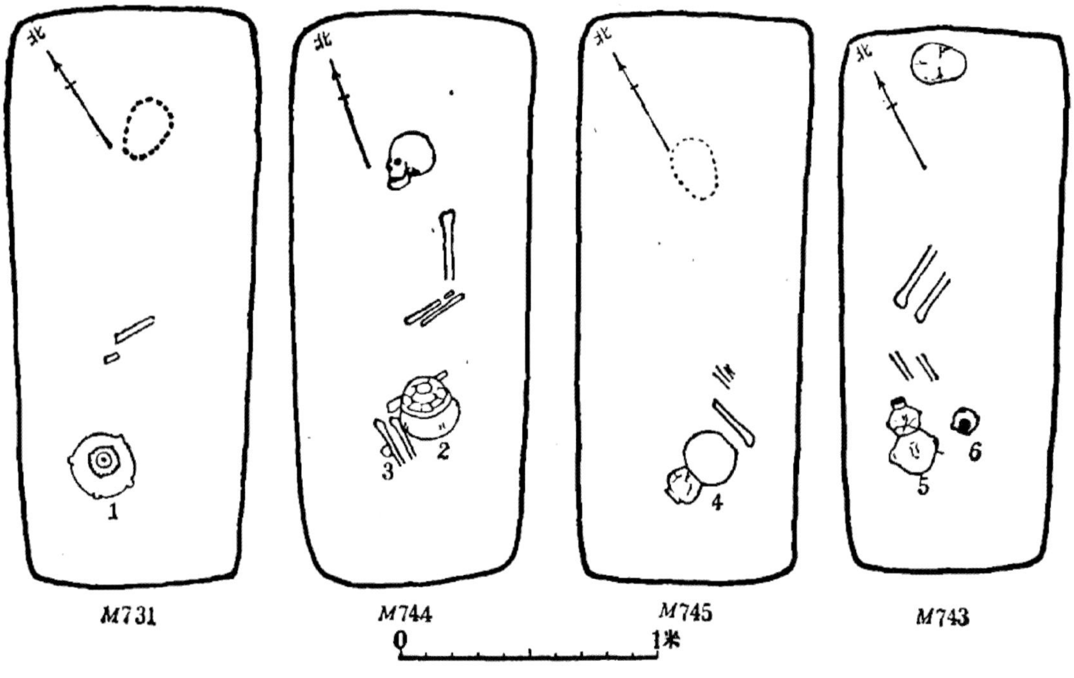

1、2、4、5. 壶与高足钵套合　3. 石棍棒头　6. 小壶

图九　高台山遗址葬式和随葬品位置

林雅文化是以天山北路墓地命名的青铜文化。林雅文化在公元前 3 世纪末开始出现，公元前 2 世纪前半叶形成，公元前 2 世纪中叶开始衰退。20 世纪 80 年代新疆考古所对林雅文化墓地进行了发掘，共发掘了 700 多座墓葬，出土了 3000 多件文物，其中以铜器最多，铜器中以小装饰品和工具为主，同时也有大量的铜器装饰品，林雅文化也发现了很多陶器。林雅文化是新疆发现较早、出土器物较多的一处青铜文化，对铜器的研究有着重要的作用。

四坝文化是指甘肃河西走廊中西部的青铜时代文化，主要包括干骨崖遗址、火烧沟遗址、东灰山遗址以及四坝滩遗址等，年代为距今 3900—3400 年，四坝文化大量使用金属器物，铜器以小型器物为主，彩陶文化特别发达，因四坝滩遗址的发现，故被考古界命名为“四坝文化”①。

齐家文化是黄河上游地区新石器时代晚期至青铜时代早期文化，以甘肃广河县齐家坪遗址命名。主要分布在甘青境内的黄河沿岸及其支流渭河、洮河、大夏河、湟水流域。宁夏南部和内蒙古西部有零星发现。年代在距今4200—3600年。

从对新疆、甘肃、青海地区的早期青铜器与中原地区的青铜器、中国北方青铜器比较来看，中原地区二里头文化三、四期的青铜器不早于北方系青铜器，更晚于新疆、甘肃、青海地区的青铜器。

东北地区最早的青铜器出现在下辽河流域青铜文化。下辽河流域青铜文化是分布于今彰武、康平、法库、抚顺、新民、沈阳、辽阳等地的青铜时代考古文化遗存，包括平安堡遗址第三期文化遗存、顺山屯类型、高台山类型、法库弯柳街遗址等。其年代为距今3700年至战国时期。下辽河流域早期青铜文化主要分布在彰武、康平、法库一带，是辽西夏家店上层文化的主要来源。

平安堡三期文化遗存的年代为距今3700±135年至距今2875±130年②，顺山屯类型的年代为距今3595±135年（经树轮较正）。高台山类型，据东高台山遗址的碳十四测定年代数据为3370±90年③，法库弯柳街遗址，据碳十四测定年代数据为距今3340±150年（经树轮较正）。

下辽河流域青铜文化的青铜器不仅是东北地区较早的，而且与西北地区有密切的关系。

从辽宁法库弯柳街遗址出土的青铜铃首刀和赤峰征集的同类型铃首刀、鄂尔多斯征集的青铜铃首刀，可以看出三地的联系及传播路线走向。也就是草原丝绸之路东北线其中的一条路线，即辽宁—赤峰—包头的路线，然后过黄河接陆路经鄂尔多斯到青海的路线。

图十　法库弯柳街遗址出土的青铜刀（商末周初，高台山文化）

图十一　赤峰征集的青铜铃首刀

① 安志敏：《甘肃远古文化及其相关的几个问题》，《考古通讯》1956年第6期。

② 辽宁省文物考古研究所、吉林大学考古系：《辽宁彰武平安堡遗址》，《考古学报》1992年第4期。

③ 朱永刚：《夏家店上层文化的初步研究》，《考古学文化论集》第一辑。

图十二　鄂尔多斯征集的青铜铃首刀

四、结论

从上述考古资料可以看出，草原丝绸之路东北线（即从包头、呼和浩特、赤峰、下辽河流域）的开发应该不迟于距今 3700 年，开发的主人即来自中国西北地区的东胡的远祖（那时还不称为“东胡”）。东晋时期东北地区与中亚、西亚及印度的联系，其中一条路线是上述路线延伸到内蒙古鄂尔多斯、陕西榆林、过陇山至羌中道，出阿尔金山山口，再经过天山南麓而达中亚、西亚地区。

草原丝绸之路的路线多道，本文只探讨其中的东北路线的形成和道路经地。

北魏与后燕参合陂之战遗址考

刘溢海①

作为奠定北魏立国基础与定都平城的最为关键的魏燕参合陂之战，其战地至今有两种说法，即“凉城说”与“阳高说”，而真正战地在阳高而非凉城。之所以出现了错误的“凉城说”，概因郦道元在《水经注》中未分清汉与魏两座不同的“参合”城而致。本文即通过典籍载录与实地调查将这一历史错案翻过来。

悠悠平城，巍巍大同，一座城市，两个名字，走过两千多年的沧桑岁月，经历过战马嘶啸、刀戈铿锵的洗礼，而今，一座高楼如林的古都新城矗立在这块有着十万年文明的古老大地上。

崔嵬武州山，瑰丽云冈佛。北魏时代，这里是古代丝绸之路的东方起点；而今，这里又是“一带一路”项链上一颗不可或缺的宝石，一座北中国大地上重要的交通枢纽与民族融合、团结友好的大舞台。可有谁知道，大同的过去却曾是紫塞边关、烽火狼烟。两千多年的岁月中，这里曾发生过大小数百次战争，而最为著名的、已被载入历史典籍的却只有两次：白登之战与参合陂之战。而今，在白登之战的古遗址——大同东北的马铺山上，已经建起一座“白登之战遗址”纪念塔，供人们游览与凭吊；而另一次大战——参合陂之战，却几乎被人遗忘。此地距大同只有五六十公里。它位于阳高云门山下。现在，让我们翻开尘封的历史，以典籍载录为向导，来到大同东北的阳高，寻找这处古战场遗址吧！

然而，令人遗憾的是这处本来发生在阳高云门山的大战，却因为郦道元没分清位于阳高与凉城的两座参合城，在他的《水经注》中，竟发生了错误，误导了不少当今人，就连中国最为权威的两大部辞书——《辞海》与《中国历史地图集》中，都跟着郦氏，把参合陂大战的战地定在了内蒙古凉城县岱海。我的这篇论文，就是要把这两部权威辞书中的错误结论翻过来，让参合陂大战的真正战地重回到阳高的土地上。

对于这场被弄错地址的大战，大同的赵忠格、吕秀琴、古鸿飞、曹杰等诸学者，都曾著文指出参合陂战地在阳高而非凉城，就连已故日本学者前田正名先生在他的《平城历史地理学研究》中也说此战发生在平城（大同）东北，而偏偏中国最有权威性的两大部辞书却出了错，确实到了该纠正的时候了。

---

① 刘溢海，山西省左云县三晋文化研究会会员。

这里，我不想再引述典籍中一段段难懂的文言文对此次大战的记录，只把吕秀琴在她的《大同历代战争》中[①]《慕容宝兵败参合陂》一文抄几段于后：

“北魏和后燕都是鲜卑族建立的方国，拓跋氏和慕容氏世为姻亲，慕容垂还是拓跋珪的舅辈……”

可就是这样世代有着姻亲为甥舅的两国，却因几件事反目成仇，导致发生了395年的参合陂大战。这里不再陈述两国间发生战争的原因，只看吕秀琴书中所述此次大战的经过：

“后燕建兴十年（395年）五月，慕容垂派太子慕容宝率兵八万，又命范阳王慕容德、陈留王慕容绍率兵一万八千为后备，向北魏大举进攻。……与此同时，北魏拓跋珪在燕军到来之前，召集群臣商议对策。长史张衮（gǔn）分析说：燕军过去打了许多胜仗，这次大军出征，气焰嚣张，应该避其锋芒，出其不意，方能取胜。拓跋珪按张衮的计策，让各部携带牲畜、财产全部西渡黄河，故意摆出退败的样子，以逸待劳。”“燕军长驱直入，一路上也未遇到魏军抵抗，一直进军到五原，兵临黄河，并准备造船渡河，与魏军交战。这时，魏军早已严阵以待，在黄河南岸屯兵十五万……燕军在黄河北岸一直停留了四个月，也找不到作战机会。农历十月底，天气变冷，燕军兵疲马困，士气涣散。……农历十月二十五日，慕容宝烧毁船只，连夜往回撤军。农历十一月初，突然狂风四起，黄河冻结，拓跋珪立即选精兵两万，渡过黄河，日夜兼程，进军神速。农历十一月初九晚，燕军到达参合陂东（大同东北，即今阳高至天镇的小磨口、白羊口一带的南洋河谷地），在蟠羊山下背水安营。而此时魏军轻骑已抵达参合陂西，拓跋珪命士兵束马口衔枚疾走，登上蟠洋山以待偷袭燕军。燕军翌日清晨起来，才发现山上全是魏军，军士大乱。魏军凭借有利地形，居高临下，从山上冲入燕军势不可挡。燕军仓促应战、全军溃散。魏军堵住燕军退路，使燕军拥挤到冻结的河道上，人马相踏、压死与溺死者万余人。慕容宝与慕容德只带领千余人突围而逃，慕容绍死于乱军之中，鲁阳王等被俘虏的文武将吏达数千人。魏军获得兵甲、粮食、物资数以万计。战后，拓跋珪从被俘虏文武大臣中挑选有才干的留下，其余几千俘虏全部被活埋。”

上述这段文字，不仅简述了这次大战的过程，同时也明确指出该战地在大同东北的阳高至天镇间的今南洋河谷地。接着，吕秀琴又叙述了战后第二年，慕容垂亲率大军卷土重来，并到参合陂战场看到去年自己军队惨败的人马相叠压场面，气恨交加，吐血而死在归途中之经过。

一千六百多年前的这场燕魏之战，前后虽经历四个多月，但真正的相互激战却只发生在农历十一月初十的那天，其战地就在大同东北阳高蟠羊山下的南洋河谷地。这个地方当年本属汉朝代郡之参合县，却因为北魏在凉城西南建立的那个参合县给混淆了。而郦道元没分清两个不同朝代、不同地点的参合县，却把本来发生在阳高的大战写在了凉城，直至《辞海》与《中国历史地图集》的编者跟着郦道元，把凉城县的岱海当作参合陂，使得这一错误至今未能改正过来。2009年版的《辞海》中“参合”条：“（1）古县名，[1] 西汉置。治今山西阳高南。东汉末废。[2] 北魏置。治今内蒙古凉城西南近长城处。孝昌中废。（2）陂名。即今内蒙古凉城东北岱海。拓跋什翼犍十六国时

① 吕秀琴：《大同历代战争》，山西人民出版社2004年版，第11页。

代建国二年（339 年），拓跋什翼犍会诸部落首领于此。北魏登国十年（395 年）后燕慕容垂遣子伐魏，大败于此，北魏势力自此进入中原。”[①]

《辞海》在此虽然正确区分了西汉置于阳高与北魏置于凉城的两个不同时、不同地的参合县，却把本在阳高的参合陂说成是凉城的岱海，接着又把北魏于 395 年大败后燕的大战也定位于岱海，这样一来就误导了更多学者在他们的书籍与论文中对参合陂大战遗址的定位。

1982年地图出版社出版的《中国历史地图集》第4册第52页的《北朝魏并、肆、恒、朔等州》，图中把凉城郡旁的岱海明确标为“参合陂”。

正是由于上述《辞海》和《中国历史地图集》对参合陂在凉城岱海的错误定位，使得凉城县的学者苏西恒先生凭依此两书进行研究，甚至写出了一部十余万字的《拓跋珪与凉城》一书。此书于 2014 年 10 月内部印刷 2000 册，并赠我一册。该书中把凉城县三苏木乡榆树坡村说成是拓跋珪的出生地（第 34 页）。现在该村已立起一块高大的“拓跋珪出生地”标示牌。在该书第 40 页作者又写道：“事关北魏生死存亡的另一次战役——参合陂大战，现已毫无悬念地就在凉城进行的，具体地点就在今岱海东北部，麦胡图索代沟以西到中水塘一带。”

沈阳有位叫张松的青年学者，是《辽沈晚报》的记者。他的《三燕寻踪》一书[②]，也受上述几本书的误导，在该书撰写前不远千里，亲自来到凉城县，找到苏西恒先生到岱海北调查所谓的“参合陂大战故地”。在张松此书上册第 199 页有幅照片，照片中的苏西恒先生手指着身后的洞金山对张松说：“洞金山下岱海边的这片狭窄平原，就是一千六百多年前燕魏参合陂古战场。”

2016 年 7 月 30 日，我坐友人刘志尧的车，到右玉杀虎口会见凉城的苏西恒先生与张松一行三人（张松是再次来凉城寻找当年大战的埋尸坑），我们在一街头小店共进午餐。我返回太原不久，就先后收到了张松与苏西恒二位寄赠的《三燕寻踪》与《拓跋珪与凉城》。当我用了一个多月时间读完张、苏二人的书后，我致信张松，并复印了大量有关参合陂大战的典籍原文、今学者论文和许多种地图，以快递寄给张松，告他该战地在阳高而不在凉城。张松读完我的那封长达 20 页的信与各种资料后，终于同意了“阳高说”，并表示今后此书如再版，一定将参合陂战地写在阳高。

张松是位极负责任的学者。没想到两年后的 2018 年 6 月，他再次组团租车出行。他们一行 13 人中包括几位学者，还有沈阳与朝阳市慕容氏的几位后人。他们这一行人此行目的，一是寻找并调查阳高的参合陂与蟠羊山，二是慕容后人要在当年的祖先战败处举行一个祭奠的仪式（在出发前已拟就一篇数百字祭文）。6 月 18 日，也就是狗年端午节那天，我收到了张松的一条手机短信说，他们一行已来到阳高，找到几位大同的考古学者和阳高当地农民，来到阳高县罗文皂镇北部的云门山南麓，当地农民指着云门山说，此山的另一个名字就叫蟠羊山。大同考古学者与农民说法一致。张松他们终于找到了蟠羊山，于是便在此地面对北山跪拜，由慕容氏后人念祭文。祭文刚念完，他们对面不远处的一座坟地中突然起火，他们赶忙去扑打，而就在此时，天空突降暴雨将山火浇灭。这一

① 辞海编委会：《辞海》彩图本第一册第 217 页。

② 张松：《三燕寻踪》，辽宁教育出版社 2016 年 3 月版，该书图文约 50 万字，上下两册。

突发山火又很快被大雨浇灭之场景令他们倍感神奇不解。张松回沈阳后，又给我发来短信说，经过六年的艰苦寻找，几次来山西与内蒙古，他终于在阳高找到了真正的参合陂大战遗址，力争他的书再版时把这一历史错案给翻过来。在我所知的研究参合陂大战的当今学者中，张松是第一位亲临实地调查，且不惜花费金钱、时间与付出辛劳的学者。

对于参合陂大战的地址，日本学者前田正名先生（1921—1984年）在他的《平城历史地理学研究》中写道："北魏登国十年（395年）秋七月，慕容垂派其子慕容宝攻击北魏，寇犯五原；同年冬十月，于平城东北的参合陂与北魏太祖所率的军队作战而被打败。"在同书第172页，还有一幅《中山城与桑干河上游之间交通路线图》。在该图中的平城（大同）东北部标有"参合"。[①]图中的中山城即后燕都城（今河北省定州市）。从中山城到参合陂有东、中、西三条路。东路绕过太行山走河北平原，经永定河、桑干河谷地，虽远却平坦，易于骑兵行走。中路经飞狐道南北穿太行山，虽近却徒险。西路经灵丘道走灵丘、浑源，也是山地。前田先生作为一名外国学者，对参合陂战地之研究还是比较准确的。

我们从燕军两次（395年、396年）伐魏的出征路线，也可证明参合陂在阳高而非凉城。《魏书》的《徒河慕容廆（wěi）传》中虽叙述了大战经过，却未细说行军路线。而《晋书》之《慕容垂传》中记载了燕军第一次出征走的是东路，即幽州一线："初，宝至幽州，所乘车轴无故自折。术士靳安以为大凶，固劝宝还，宝怒不从，故及于败。"幽州在今北京西南，燕军经河北平原、永定河谷、南洋河谷地到达参合，然后再西进到五原、黄河边，往返走的都是这条路，而与凉城岱海毫无相干。

在参合陂大败后的次年（396年），慕容垂亲率大军再次伐魏，《晋书》中亦有载："宝恨参合之败，屡言魏有可乘之机。……垂从之，留（慕容）德守中山，自率大众出参合，凿山开道，次于猎岭。遣宝与农（慕容宝、慕容农）出天门，征北慕容隆、征西慕容盛逾青山，袭魏陈留公泥于平城，陷之，收众三万余人而还。"上文中说明燕军此次伐魏是分两路出征，慕容宝、隆、盛经天门、青山，走的是西路。天门在今唐河谷地。他们经倒马关进入灵丘，经浑源再到平城。这次顺利地夺取了魏陈留公守的平城，并获众三万余人还。而父亲慕容垂自己率军走的是中路飞狐道，此道经唐河谷地西北行，转北，在倒马关向北到涞源，再经飞狐道北口到河北蔚县，然后沿恒山东部的六棱山南侧之祁夷水（今广灵壶流河）再北行入桑干盆地（大同盆地东北部），前往参合陂，去祭奠去年战死者。《晋书》接着写道："垂至参合，见往年战处积骸如山，设吊祭之礼，死者父兄一时号哭，军中皆恸。垂渐愤呕血，因而寝疾，乘马舆而进，过平城北三十里疾笃，筑燕昌城而还。……垂至上谷之沮阳，以太元二十一年死，年七十一。"从慕容垂走的这条路线，也可证明参合陂在阳高。当全军在战败处设祭哀悼死者后，垂吐血病重，只好乘马舆（马驮轿）前进（西行），过平城北三十里病加重，说明他们当时走的是采梁山北麓的那条通道，即由阳高城西行，沿着今阳高县的长城乡、镇边堡，再到镇川堡，然后南折准备到平城驻扎。却未料到，走到平城北三十里处，大约在今孤山北部一带，垂病加重，只好择地驻扎，并筑燕昌城而还。关于燕昌城的位置，殷宪（1943—2015年）

① 前田正名著、李凭等译：《平城历史地理学研究》，上海古籍出版社2012年版，第170页。

先生曾考证，其址在今新荣区驻地之东北、明次边（小边）北的下甘沟村北，此地有古城遗址。此地出土过“燕帝富贵”的瓦当，证明此古城即燕昌城。殷先生还认为，当时燕军仓忙中筑的燕昌城，应该是在原有某古城旧基上加筑而成的。假如参合陂是岱海，慕容垂率的军队在岱海北洞金山下祭奠死者后，再到燕昌城，其所行路线就与《晋书》所载之路相悖了。而苏西恒先生硬说洞金山就是蟠羊山，显得有些太牵强，并毫无根据。

关于“参合陂”地名的读音，正确的念法应为“三合碑”。“参”的读音，常见的有三种，即：“参加”的“参”（cān）、“人参”的“参”（shēn）、“参差”的“参”（cēn）。然而，该字在古代还有三个读音，其中的一个即读“三”（sān）。在《汉语大字典》中“参”字第二个读音“sān”后注：“同三，数词。”[①]《辞源》中“参”字下标有六个读音，其第四个音读“sān”，通“三”[②]。在“参合”条下注：“古县名。读第四音“三”，汉置，属代郡，后废。在今山西阳高东南。”[③]

曹杰先生在《漫话阳高》的《参合陂之战》一节写道：“参合陂位于阳高东，是由阳高的黑水河（古称雁门水）、白登河（古称敦水）和天镇的沙河（古称㙇水）三河汇流而成的水潭。其东西长 20 里，南北宽 15 里，水域广阔，一望无际。其东北有雁门山和盘山，古称蟠羊山。”[④]曹杰先生在此说出了“参合陂”的本义，是由三条河汇流而成的水潭（湖），故“参”读“三”是正确的。也有人认为，三条河是由黑水河、黄水河（源于采凉山北坡，东流）和白登河汇合成了参合陂，也合情理。无论如何，参合陂的正确读音应该读为“三合碑”。

关于“陂”的读音，有三个。当读“bēi”时，其义有 A 池塘（水域），B 水边（岸），C 山坡。在阳高的特定地名“参合陂”中，应读“碑”，而且是 A 的义，即水域与湖泊。古代的这个大湖在《山海经》中已有载述：“……雁门水又东南流，屈而东北，积而不潭，其陂斜长而不方，东北可二十余里，广一十五里，蒹葭丛生焉。”可见此沼泽地之古老，直到如今，在阳高城东北的铁路（京包线）之北谢家屯到柳林堡之间，仍是一片沼泽地，这是古代参合陂的遗迹。今阳高城东部的北徐屯乡所有的十几个村庄仍属低洼地带，最低处的南徐屯村海拔只有 1008 米，而其北部的云门山海拔却在 2000 米左右。北徐屯乡所有村庄都是低洼的滩地（盐碱地），雨涝更甚。这里正是古代参合陂水域的中心位置。

关于参合城的具体位置，近年有人在罗文皂镇的莫家堡东北（京包铁路北侧）发现有古城遗址，专家认为即是当年汉代置的参合城。在莫家堡东北还有“古城梁”地名，亦可印证。至于陂与城的关系，应是古代在此已有一个水域叫“参合陂”（三合碑），西汉时，在此陂之北岸位置稍高处（海拔 1100 米）建了一座城，城以陂命名为“参合县”（三合县）。此城北部地势不断升高，其西北方为云门山（古雁门山、蟠羊山）主峰，海拔 1958 米。有人推测参合是座山城，其实应是在云门山南麓。

① 《汉语大辞典》，四川辞书社、湖北辞书社 1986 年联合版，第一册第 388 页。

② 《辞源》，商务印书馆版，第一册第 444 页。

③ 《辞源》，商务印书馆版，第一册第 445 页。

④ 曹杰：《漫话阳高》，山西人民出版社 2015 年版，第 12 页。

问题终于得以明白。我们可以说，当年燕魏大战的主战场正是在阳高至天镇云门南坡到参合陂北岸这一狭长地带进行的。当时正值初冬，参合陂水面虽已结冰，但经不住大批军马踩压，冰塌而溺水死亡大量人马亦在情理中，而山坡上的人马尸骨叠压惨景，直到次年还在。可见山之南坡到山下的岸畔都成了战场。可以想象，双方十几万大军在一起厮杀，没有一个广大的场地是难于展开的。

在中国几千年的历史中，发生过大大小小难以计数的战争，有的早被历史遗忘与湮没了，有的却被典籍载录下来，特别是那些规模巨大、影响重大，甚至关系着国家生死存亡与历史进程的重大战争，如战国的长平之战，三国的赤壁之战，南北朝的淝水之战等。发生在大同土地上的两次最大的古代战争——白登之战与参合陂之战，虽都影响巨大，但相比之下，参合陂之战的历史意义远比白登之战重要得多。参合陂之战是关系到北魏生死存亡的重要一战，它奠定了北魏王朝的百年根基，加速了黄河以北华夏大地统一的进程。参合陂大战之胜利，对于大同后来成为北魏之都相当重要。如果此仗北魏失败，就不会有后来的迁都平城，也不会有北魏的再迁洛阳进入中原。参合陂之战的胜利奠定了平城作为近百年首都的基础。如果没有参合陂之战的胜利，平城就不会成为北魏之首都，今日之大同也不会成为全国历史文化名城，也不可能成为全国十大古都之一，大同也不可能有云冈石窟之骄傲，更不可能成为当时北中国丝绸之路的东方起点。

现在，我们找到了真正的参合陂大战之遗址，就应该重视它、利用它，也应该像白登山那样，在阳高的云门山上建一座“参合陂之战遗址纪念塔”供人怀古与凭吊，并可成为一个旅游景点。如果此纪念塔将来建成后，在大同的土地上，就有了一西一东两座重大古战场标志。如今，天镇至左云的“长城天路”已经通车，参合陂战场正好被此路从中穿过。倘若阳高能在参合陂古战场上多作些文章，除建立标志性观光塔之外，可否建一座“参合陂之战遗址”大公园，以云门山为中心，使之与长城天路相连相融？这对于阳高，对于天镇，对于大同的旅游与文化，乃至经济的促进与繁荣，影响无疑会是巨大的。

现存，凉城县不仅树起了“拓跋珪出生地”巨碑，而且在县城北山上塑了一座拓跋珪铜像，假事真办，谁也无权干涉并将碑与像推倒。相反，在阳高的参合陂真正战地，却既无碑，也无塔，默默无闻。对此，张松说：以历史的观点看，参合陂大战没有必要看谁胜谁负，拓跋珪与慕容垂是大英雄，他们都为民族融合的进程贡献了力量，倘若在阳高云门山上为他们塑两尊铜像，倒是很有意义的。

“北燕南渡”考

冯永谦　张　松　姚　韫[1]

我国历史上的东晋时期，是一个重要的历史时代，相继出现很多小王朝，史称“十六国”。这个时候，在北方的龙城（今辽宁朝阳）前后相继出现三个小王朝的政权，有鲜卑人慕容皝起自立为燕王（337年），后其子慕容儁建前燕（元玺元年——慕容暐建熙十一年、352—370年）、慕容垂建后燕（燕元元年——高云正始三年、384—409年）、汉人冯跋建北燕（太平元年——冯弘太兴六年、409—436年），此“三燕”相继存在86年，对当时中国北方的历史发展，作出了应有的贡献。

其中北燕的建立，是冯跋因高云为其幸臣所杀，由后燕接过政权[2]，在建立北燕过程中，具有远见又有魄力的跋弟冯素弗起主要作用，故在当时群臣推冯跋为主时，跋曾让位素弗，因此《晋书》称“跋之伪业，素弗所建也”。只可惜冯素弗死的过早[3]，对外无力抗拒邻国，对内使北燕朝廷无制衡权臣，因此，当冯跋病重，其四弟冯弘夺位[4]，“弟弘，杀跋子翼自立。后为魏所伐，东奔高句丽。居二年，高句丽杀之”[5]。由于北燕后期国力衰落，北魏伐燕，冯弘不能抵抗，于太兴六年（436年）冯弘弃龙城东走高句丽，北燕遂亡。

---

① 冯永谦，辽宁省文物考古研究院研究员。
张松，辽宁国际传播中心记者，副高（高级记者），文学硕士。
姚韫，沈阳大学文法学院副教授，文学博士。

② 房玄龄等：《晋书》卷一百二十五《载记》二十五《冯跋载记》，中华书局点校本1974年版第3127页载：“（后燕慕容）熙怒，及即伪位，密欲诛跋兄弟。其后跋又犯熙禁，惧祸，乃与其诸弟逃于山泽。每夜独行，猛兽常为避路。时赋役繁数，人不堪命，跋兄弟谋曰：‘熙今昏虐，兼忌吾兄弟，既还首无路，不可坐受诛灭。当及时而起，立公侯之业。事若不成，死其晚乎？’遂与万泥等二十二人结谋。跋与二弟乘车，使妇人御，潜入龙城，匿于北部司马孙护之室。遂杀熙，立高云为主。云署跋为使持节、侍中、都督中外诸军事、征北大将军、开府仪同三司、录尚书事、武邑公。……（三年后）云为其幸臣离班、桃仁所杀，跋升洪光门以观变。帐下督张泰、李桑谓跋曰：‘此竖势何所至！请为公斩之。’于是奋剑而下，桑斩班于西门，泰杀仁于庭中。众推跋为主，跋曰：‘范阳公素弗才略不恒，志于靖乱，扫清凶桀，皆公勋也。’素弗辞……群臣固请，乃许之，于是以太元二十年乃僭称天王于昌黎，而不徙旧号，即国曰燕，赦其境内，建元曰太平。”

③ 冯素弗死后葬于今辽宁省北票市西官营子村东姜家山，墓葬于1965年9月发现，遂进行发掘。考古发掘报告已发表——黎瑶渤（徐秉琨、冯永谦）：《辽宁北票县西官营子北燕冯素弗墓》，《文物》1973年第3期。

④ 魏收：《魏书》卷九十七《海夷冯跋传》，中华书局点校本1974年6月版，第2127页：“跋弟文通，勒兵而入。跋惊怖而死，文通袭位。翼勒兵出战，不利，遂死。跋有男百余人，悉为文通所杀。”

⑤ 房玄龄等：《晋书》卷一百二十五《载记》二十五《冯跋载记》，中华书局点校本1974年11月版，第3133页。

但在这亡国事变中，发生一件事，确是后来我国历史上颇具光彩的一笔。此事是北燕灭国之际，冯业没有随冯弘东去高句丽，而是南走归南朝刘宋，最后到达岭南地区，经过几代人的努力，与岭南族群融合，在那里开辟出一片新天地，拓展和保卫南疆，成为我国历史发展中，在五胡十六国末、南北朝前期，是一页绚丽篇章，是东北汉人抵达中国最南端的促进族群融合、文化南播之重要史事，是开发粤西、提振岭南兴起的卓越历史贡献。

北燕冯氏南迁，经历漫长时间，如果从太兴六年（436年）北燕亡国算起，冯弘东去高句丽，冯业率人南走，在岭南经过四代到南朝梁大同初年（535年），冯宝和俚族首领冼英完婚，稳定岭南，前后长达百年，方始完成"南渡"壮举。

本文所谓的"南渡"，在中国历史上此前也曾有发生，这是在北燕灭国冯业去岭南之前的西晋末年，中原地区战乱，士庶随晋室南下，这是汉族第一次大规模向南迁徙，史称"衣冠南渡"，对南方地区发展有重要贡献。今冯业之举，亦可称之为"北燕南渡"，故本文以此词语冠之，曰《北燕南渡考》，盖史实也，故称之。冯业一系在岭南的发展，进行开发建设，传播文化，改变风俗，做出许多有益历史进展之事，因而更值得加以探讨。

虽然，"北燕南渡"的进程曲折，波澜壮阔，然而在历史书写中却被严重忽略，很少记载。因此，我们在很少的文献中进行梳理，加以考证，使之能了解这段历史的内涵，以补史之不足。

一、北魏灭北燕战争

在北魏统一北中国的历史进程中，最难攻下的却是偏居冀东北与辽西一隅之地的弱小北燕。魏军带甲百万，所向无敌，冯氏北燕与之对抗完全是不对等的两方交锋，然而北魏竟用了二十年（416—436年）时间才攻灭北燕！即便在北魏大军进抵北燕都城的前夕，燕王冯弘宁肯率数万军民悲怆东撤，宁肯将龙城一把火烧光，也绝不向北魏投降，燕军抵抗力之顽强，可见一斑。

早在东晋义熙十年（北燕太平六年、414年），北魏派于什门出使北燕，使者对北燕王态度傲慢，于什门失于礼节，北燕天王冯跋则将北魏使者扣留。此外，北燕将领库傉官斌投降了北魏，不久又背叛北魏重新归附北燕。招降纳叛均是两国忌讳之事，兼之前怨，双方的敌视态度自然有增无减，已到了战争前夜。

北魏发动的灭燕之战，前后共计六次，冯跋在位时两次，冯弘在位时四次。

1.东晋义熙十二年（北燕太平八年、416年），北魏明元帝拓跋嗣派遣骁骑将军延普，渡过濡水，进攻库傉官斌，把他杀了。随即又乘胜进攻北燕幽州刺史库傉官昌、征北将军库傉官提，把他们全部杀掉。

2.东晋义熙十四年（北燕太平十年、418年），拓跋嗣征调征东将军长孙道生、安东将军李先、给事黄门侍郎奚观等人，率领精锐骑兵两万人袭击北燕；又命骁骑将军延普、幽州刺史尉诸，从幽州率兵进攻北燕，北魏攻伐北燕的条件日趋成熟。

3.北魏延和元年（北燕太兴二年、432年）六月，拓跋焘亲自率军进攻北燕，七月抵达和龙，北燕石城太守李崇等十郡降魏。八月，北燕王派数万人出城迎战北魏军，北魏昌黎公拓跋丘击败北燕军，斩杀一万多人。北燕国尚书高绍率领一万余家，退保羌胡固。拓跋焘亲自率军进攻高绍的军队，斩杀了高绍。与此同时，北魏的平东将军贺多罗进攻带方，抚军大将军、永昌王拓跋健进攻建德，骠骑大将军、乐平王拓跋丕进攻冀阳，全部攻克，拓跋焘班师回国。同时，北魏军强行将营丘、成周、辽东、乐浪、带方、玄菟六个郡的百姓三万家迁徙到幽州。

4. 北魏延和二年（北燕太兴三年、433 年）六月，北魏永昌王拓跋健、左仆射安原等督率各路军队进攻和龙，将军楼勃另外率五千骑兵围攻凡城。北燕凡城守将封羽投降，北魏军裹胁凡城三千多家百姓班师。

5. 北魏太延元年（北燕太兴五年、435 年）六月，拓跋焘命令骠骑大将军、乐平王拓跋丕，镇东大将军徒河人屈垣等率领骑兵四万人攻打北燕。七月，北魏乐平王拓跋丕等人抵达北燕都城和龙城下，掳掠男女六千口回国。

6. 北魏太延二年（北燕太兴六年、436 年）四月，北魏大将娥清、古弼攻克北燕的白狼城。高句丽派遣将领葛卢孟光率两万军队，随同北燕的使臣阳伊来到和龙，迎接北燕王冯弘。五月，冯弘率领和龙城中所有的居民向东迁徙，北燕灭亡。

回过来再看北燕，在冯跋执政时期，北燕与北魏政权的关系虽不友好，但由于冯跋的励精图治，国力恢复，北魏虽偶有攻燕，却无功而返。冯跋死后，北燕的国势转下，而北魏国力正强，周边已定，攻伐北燕已提到日程上来，最后终于灭掉了北燕。

二、北燕灭亡族支离散

北燕被北魏派兵攻打，都城失陷在即，冯弘见大势已去，抵抗无力，王族诸人在国破家亡之时，向外奔走，族支离散，而较为集中的逃离者，共有三支，其出走线路大体有三个方向：

主要一支是王室东去高句丽，第二支西去中原及西北投降拓跋北魏，第三支南渡，投靠与北燕交好的南方汉族刘裕所建宋朝。三支中除东走高句丽的那些人，其后下落不明，而西去与南渡的两支均有事迹彰显。

1. 西去北魏，由于冯弘骄惯太子，对其另外子女则有疏远，其子冯崇、冯朗、冯邈明显被嫉，他们也深知北燕必亡，只是时间早晚的问题，他们曾说：“今国之将亡，人无愚智皆知之。”为了他们自身安危着想，三子西去投奔北魏，躲过被杀戮的危机。在北魏三人中，一支在北魏朝堂位列王侯，而北魏的皇后有三燕龙城五后（一常氏四冯氏共五人）控制北魏后宫，尤其是冯朗之女以太后之尊临朝听政，推出改变中国历史的“太和新政”，为孝文帝迁都奠定雄厚根基，她就是大名鼎鼎的冯太后，史称“千古一后”，与“千古一帝”之秦始皇并肩而立，可以想见冯太后的历史作用。谁能想到，北魏灭了北燕，冯氏却改变了拓跋未来的发展，雄强胡族竟受制于汉女！西去之北燕冯氏，就其地位和影响力而言，高于南渡之北燕冯氏。只可惜的是，这一支人丁不旺，在残酷的宫廷内耗中，已湮没于历史长河之中。

2. 东走高句丽，是冯弘王室诸人及和龙城中百姓，此举也是由于当时形势使然。据《资治通鉴》载，北燕尚书郭渊劝燕王送款献女于魏，乞为附庸。燕王（冯弘）曰：“负衅在前，结忿已深，降附取死，不如守志更图也。”冯弘在无望中求助高句丽，被高句丽接入腹地安置。其实高句丽别有所图，掳掠了大量北燕臣民及财富，还将当年燕国辽东之地尽数收归囊中，此次魏燕之战最大的受益者应是高句丽。

据史料记载，高句丽派遣将领葛卢率几万军队随同北燕的使臣阳伊来到和龙，迎接北燕王冯弘[①]。北燕尚书令郭生开启城门迎接北魏军，魏军却以为北燕故意诱敌深入，不敢进城。郭生于是指挥军队进攻冯弘，冯弘开启东门迎接高句丽军入城，与郭生的军队在皇宫前会战，郭生被流矢射死。葛卢率军进入和龙城，命令高句丽将士夺取了北燕的军械库和国库，并在和龙城中大肆抢劫。

太兴六年（436年）五月初五，冯弘率领和龙城居民东迁，这标志着北燕的灭亡。临走前，冯弘纵火焚烧了宫殿，大火连烧十几天[②]，和龙城变成废墟，燕都从此衰落。

北燕亡国之君冯弘的下场如何？据史书记载，冯弘到高句丽后，安置于平郭，后又移置到北丰[③]。冯弘虽寄人篱下，但对高句丽人如同自己一样对北燕臣民随意处罚，深为不满，高丽人一气之下把他的太子要去作人质，并赶走了他的侍从。冯弘感到受了侮辱，又派人与南朝刘宋联系，准备去投宋，宋文帝派人到高句丽迎接，高句丽王于北魏大延四年（438年）三月派高仇等人把冯弘及其子孙十多人全部杀掉，其葬处不明，谥号昭成皇帝。这里提到冯弘生命最后时刻的两个地点：平郭与北丰。

平郭，据《东北历史地理》考证：平郭为前汉所建，隶辽东郡，后汉时亦有，“《后汉书·郡国志》载，辽东郡有‘平郭’县。从考古发现看，后汉平郭县地同前汉。经调查，今辽宁省盖县熊岳镇九垅地有后汉墓群，其中有明确纪年的后汉顺帝‘永和五年造作’的铭文砖。这处九垅地后汉古墓群，距离前汉平郭县（即今盖县县城下之汉城址）甚近，说明后汉时辽东郡平郭县仍在此附近。九垅地后汉墓群，当是后汉时平郭县辖境内的墓群，永和五年为公元140年”。[④]这就是说，平郭在今辽宁省盖州市旧城，而冯弘及其妻子等迁住于此，可能住了一年多时间。

北丰，地理定位则较为复杂，前汉时无建置，《后汉书》始见丰县，《三国志·魏书·三少帝纪》

---

① 魏收：《魏书》卷九十七《列传》八十五《海夷冯跋传》，中华书局点校本1974年6月版，第2128页：“崏曰：‘魏以天下之众击一隅之地，以臣愚见，势必土崩。且高丽夷狄，难以信期，始虽相亲，终恐为变。若不早裁，悔无及也。’文通不听，乃密求迎于高丽。太延二年，高丽遣将葛卢等率众迎之，入和龙城，脱其弊褐，取文通精仗以赋其众。文通乃拥其城内士女入于高丽。”

② 司马光：《资治通鉴》卷一百二十三《宋纪五》，中华书局点校本1956年6月版，第3862页：“五月，乙卯，燕王帅龙城见户东徙，焚宫殿，火一旬不灭；令妇人被甲居中，阳伊等勒精兵居外，葛卢孟光帅骑殿后，方轨而进，前后八十余里。”

③ 魏收：《魏书》卷九十七《列传》八十五《海夷冯跋传》，中华书局点校本1974年6月版，第2128页：“高丽乃处之于平郭，寻徙北丰。文通素侮高丽，政刑赏罚，犹如其国。高丽乃夺其侍人，质任王仁。文通忿怨之，谋将南奔。世祖又征文通于高丽，高丽乃杀之于北丰，子孙同时死者十余人。”

李延寿：《北史》卷九十三《北燕冯氏传》与上引《魏书》同。

司马光：《资治通鉴》卷一百二十三《宋纪五》，中华书局点校本1956年6月版，第3867页：“初，燕王弘至辽东，高丽主琏遣使劳之曰：‘龙城王冯君，爰适野次，士马劳乎？’弘惭怒，称制让之；高丽处之平郭，寻徙北丰。弘素侮高丽，政刑赏罚，犹如其国；高丽乃夺共侍人，取其太子王仁为质。弘怨高丽，遣使上表求迎，上遣使者王白驹等迎之，并令高丽资遣。高丽王不欲使弘南来，遣将孙漱、高仇等杀弘于北丰，并其子孙十余人。”

④ 孙进己、冯永谦总纂：《东北历史地理》，黑龙江人民出版社2013年7月版，上册，第257页。

则有“北丰”县，高句丽《好大王碑》中有“北丰”城，且记载较详。但北丰县过去无考。顾祖禹《读史方舆纪要》卷三十七载：“北丰城，在（明沈阳中）卫西北。后汉末，公孙度据辽东，置城于此，谓之丰城。司马懿伐辽东，丰人南徙青、齐，其留者曰北丰。宋元嘉十五年，北燕主冯弘奔高丽，至辽东，高丽处之平郭，既而徙之北丰，寻杀之。胡氏曰：‘慕容翰议以偏师从北道攻高丽，即此北丰道云。’”顾氏谓北丰城在沈阳中卫西北，误。据《东北历史地理》考证：“今本溪县城小市镇北下堡村东山有小城子，周九百米，疑此城即北丰城。”[①] 故此可知，北燕亡国之君冯弘命丧之北丰城，在今辽宁省本溪境内，北燕王朝终结于本溪。

3. 南渡一支是冯业，后于岭南与俚族融合，开枝散叶，兴盛四百余年。本文于后面将讨论冯业南走及其发展问题。

三、北燕亡“族人”冯业南渡

“北燕南渡”，如果从时间看，是从北燕太兴六年（436年）龙城失陷于北魏、冯弘率城中军民东走高句丽起，然后冯业南去南朝刘宋，后来在梁大同初年（535年）罗州刺史冯融命其子高凉太守冯宝迎娶当地强大的俚族女首领冼英止，历经四代人（冯业—冯諠—冯融—冯宝），历经百年，才完成了由辽西至粤西的转移，并影响了岭南地区的历史进展，这才是“北燕南渡”的全部内涵。

“北燕南渡”所留下的可供参考资料很少，如冯业渡海启程地点不明、冯氏南渡海路及西迁粤西之具体线路一字无存，这段涉及朝代更迭、地理交通、城址定位、人文往来的漫长复杂的历史，除了史书中只言片语外，几乎一片空白，因此研究难度很大。

回顾北燕历史，在冯跋即位后，即与南朝交好，在东晋也与北燕往来，其青州刺史申永就主动联系北燕，冯跋也遣使回复[②]。很明显，东晋与北燕通好，对北魏来说也是一个威慑，这对两国来说都是需要的。

冯弘即位之初，便与南朝刘宋王朝展开联络：“及自立，乃与刘义隆交通。”[③] 冯氏北燕与南朝刘宋交好日久，两国关系甚笃，因此，北燕亡国出走，去南朝刘宋应是最好的选择。但冯弘出走去南朝需要航海，而他带走的人、物甚多，条件不具备，北燕又是陆地国家，而且是北方人，素无航海习惯，也无更多船只备用，因此他选择东走高句丽，去地也曾为“三燕”领土的辽东。从古代道路看，由龙城（今辽宁朝阳）出走，无论是东去辽东还是南去南朝，一般通途就是向南走到今锦州地，然后东转去辽东，经医巫闾山之南，向前走过辽河，即到辽东；这条道路在此之前和之后，都是存在的，至今都是公路和铁路选择的路线。高句丽最初安置冯弘是在建于今盖州的平郭县，后又转至今本溪境内的北丰县，路途亦顺，其去辽东的道路舍此别无他途。

---

① 孙进己、冯永谦总纂：《东北历史地理》，黑龙江人民出版社 2013 年 7 月版，上册，第 379 页。

② 房玄龄等：《晋书》卷一百二十五《载记》二十五《冯跋载记》，中华书局点校本 1974 年 11 月版，第 3133 页："晋青州刺史申永遣使浮海来聘，跋乃使其中书郎李扶报之。"

③ 魏收：《魏书》卷九十七《列传》八十五《海夷冯跋传》，中华书局点校本 1974 年 6 月版，第 2127 页。

冯业浮海南渡，当是冯弘由龙城南走至今锦州之地时，才让冯业由此出走，去南朝的刘宋[①]。后来的事实，去高句丽的冯弘被高句丽杀死，并连同他带去的子孙十余人同时被杀，一个人都没有放过。

现在看冯业是怎么走的。当龙城陷落时，他也应是随大队人马一起离开，但在走到今锦州地界之后，冯弘没有让冯业再随大队东去高句丽，而是由他和三百人从渤海辽东湾的海岸乘船，南去到南朝刘宋，遂有此次的"浮海归宋"之举。从历史上看，由今锦州之南的海岸至山东半岛，是有航路的[②]，而且其中就有最近冯弘派遣在北燕原为南朝宋臣的朱脩之回国去求救兵，其走的路线据文献记载，就是由这里经海路到山东半岛的东莱上岸，然后回都城建康。冯业也是去南朝宋，即和朱脩之回国求救兵走的路线是一致的，而且两者前后相隔时间亦很近，因此，二人所走的道路也应相同：即从今锦州南面海岸乘船，先到山东半岛的东莱，离船上岸后即是青州。山东半岛从东晋到南朝刘宋，这里都是其管辖之地，两朝都设有青州，冯业由此南去，走与朱脩之回国所走的道路应是相同的，陆是刘宋辖地，道路方便无阻，南行可直达都城建康（今南京）。

笔者对冯业由北燕都城龙城（今朝阳）出走，到南朝刘宋都城建康（今南京）的路途选择，是根据文献进行考证的，《北史》说："融本北燕苗裔也。初，冯弘之南投高丽也，遣融大父业以三百人浮海归宋，因留于新会。"[③]这里要注意的有两点，是非常关键的事。一是冯业是怎样去南朝宋的？当时北燕都城陷落，冯业是随冯弘一起由龙城出走，但走到中途冯弘安排冯业南去刘宋，《北史》说的"冯弘之南投高丽也，遣融大父业以三百人浮海归宋"此语可以为证，对这段文献记载应该做这样理解：一是"冯弘之南投高句丽也"，说明冯弘去高句丽是从龙城向南走的，而这正是今天从朝阳去锦州的古道，然后"遣"冯业"浮海归宋"，也正好说明冯业去刘宋，是冯弘于出走途中"派遣"的，不是在此之前或之后另行安排的。二是冯业"浮海归宋"问题，因对"浮海"却有不同理解，有人说：当年冯业"浮海归宋"是他乘船南走，无意识地到了新会，因此"留于新会"，或是另

---

① 其后事实证明，冯弘入高句丽后，无论是居于平郭还是居于北丰，都是高句丽安排的，并去其侍者，要其子王仁为人质，冯弘已同于平民，家族等人均已失去人身自由，活动受限，冯弘曾想南去投宋，但走不出去，刘宋派军队来接冯弘等人，高句丽亦不放行。北魏要冯弘等人，高句丽不给。最后，冯弘及其子孙十余人全部被高句丽杀死。可见如果冯业亦随同冯弘入高句丽，岂能逃出？也是只有死路一条，如此，冯业必不能从高句丽出走去南朝宋。（魏收：《魏书》记此事，见卷九十七列传八十五《海夷冯跋传》，中华书局点校本 1974 年 6 月版，第 2128 页，其载："高丽乃处之于平郭，寻徙北丰。文通素侮高丽，政刑赏罚，犹如其国。高丽乃夺其侍人，质任王仁。文通忿怨之，谋将南奔。世祖又征文通于高丽，高丽乃杀之于北丰，子孙同时死者十余人。"）

② 东莱郡（今山东莱州市东北六十里），位于山东半岛北岸，与渤海沿岸通航，在北燕时期见于航海记载的有：
一、房玄龄等：《晋书》卷一百二十五《载记》二十五《冯跋载记》，中华书局点校本 1974 年 11 月版，第 3133 页："晋青州刺史申永遣使浮海来聘，跋乃使其中书郎李扶报之。"
二、沈约：《宋书》卷七十六《朱脩之传》，中华书局点校本 1974 年 10 月版，第 1970 页："时魏屡伐弘，或说弘遣脩之归求救，遂遣之。泛海至东莱，遇猛风柁折，垂以长索，船乃扶正。海师望见飞鸟，知其近岸，须臾至东莱。"此外，渤海北部的辽东湾和渤海湾中航路分布很多，见于房玄龄等：《晋书》卷一百二十五《载记》二十五《冯跋载记》，中华书局点校本 1974 年 11 月版，第 3130 页："匡曰：'章武郡临海，船路甚通，出于辽西临渝，不为难也。'跋许之。'"这段文献记载，说明是从北燕辽西郡临渝（今山海关）去章武郡（今天津市西南大成县），亦有海路相通，可知北燕时在渤海沿岸各地，也通水路，且不止一处。

③ 李延寿：《北史》卷九十一《列传》七十九《谯国夫人冼氏》，中华书局点校本 1974 年 10 月版，第 3005 页。另见魏征等：《隋书》卷八十《谯国夫人传》，中华书局点校本 1973 年 8 月版，第 1800 页。

一种解释说，冯业乘船南行，遇海上大风，船被风刮到新会，因此就“留于新会”了，但这都不是事实，是望文生义的不切实际的想法，应该摒弃。我们认为，既要“浮海”，这是选择路途，是出走的一种方式，而“归宋”才是目的，既然是这样，“浮海”之后，目的就是要“归宋”，不与宋发生联系怎么叫“归宋”呢？而且不“归宋”就没达到目的。因此，“浮海”后在东莱登岸，首先就应该是去刘宋的都城，朝见宋朝皇帝，而不是去其他别的什么地方，如果是那样就不叫“归宋”了。而冯业南走时虽然是在渤海辽东湾中，然后于山东半岛的东莱上岸，这样走的海路难道不是“浮海”吗？非得到公海上航行才叫“浮海”？对此不可做如此机械的理解。冯业登岸后，由陆路南上，到刘宋都城建康。江南刘宋王朝也没有亏待冯业，封冯业官职，委任他去岭南新会做官，因此《北史》才这么说“因留于新会”，这是很合于情理的。正因为刘宋王朝封冯业官职后，他才去新会的，如果不是宋封其岭南为官——新会太守，冯业去新会干什么？如若不是他怎么会想到要去新会？此事不言自明，不用深辨。而且后来事实更证明，不仅冯业宋封其为官，而他的子孙也都由南朝的齐、梁封有官职，为高凉、罗州刺史等，并且也是因受封而迁徙，而并非自主改换地点，其所以世居岭南，也是由于封有官职造成的，而非是像有的人推断那样：最初冯业到岭南是自然飘落来到的，这一点必须明确指出其非。

四、冯业去岭南新会路线

现在还有一个问题，研究冯业去岭南新会，是如何走的？是水路还是陆路？这个问题困扰很多人，而且认识颇有偏差，故此略为考辨。

这个问题的出现，是由文献中“浮海归宋”记事衍生的，认为冯业是走海路到新会的，甚或还有海上遇有暴风，刮到新会的。这种认识是不符合实际的。

首先，这个认识是对文献记载的一个误解，是只注意“浮海”了，认为冯业逃离龙城后，“浮海”就到了岭南新会，实际这是不存在的。冯业出走，是投奔南朝宋的，不是去岭南逃生的，而且北燕和岭南素无联系，冯业根本不了解情况，又无相关人牵引，冯业去新会干什么？断然不能。实际是冯业到了南朝宋后，被封官职派到岭南，因此才“留于新会”。所以我们讲，冯业在东莱上岸后，没有走海路，而是走陆路到南朝宋都城建康的。

有人认为冯业等南去“投宋”，全程都是由海路走的，而在南行途中被大风刮到新会，这更是一种误解。我们知道，中国沿海如果有台风，都是生自太平洋的，一般是从东南向西北行进，没有从北向南刮台风的。冯业出走，是因国破后去南朝投刘宋，目的应是其都城建康（今江苏南京），此去必须朝见刘宋皇帝，备述原委，表示竭诚来投，希望朝廷庇护，得以生存。这是必然之理，不能不这样做。如其投宋行程，若果走海路的话，船只由北向南去，即应从长江口入，去建康（今南京）舍此别无它途。如果在长江口以北遇台风，不会刮向南，只会吹向北，怎么能到新会？事实上在长江口以北遇台风的机会也是不多见的。如果冯业的船只到了长江口，进入内地长江航行，也就没有被风刮去新会的可能。如果冯业船只到了长江口不转入长江，而是继续南行，这是“投宋”吗？那我们不禁要问：冯业此时不去宋都城而是南走要干什么？岂不有违初衷！再假如，冯业的船只过长江口以后遇到台风，风刮船只南走，从东海到南海，要过台湾海峡，然后到新会，这可能吗？有这样的“长风”吗？从东海吹送船只到南海的新会几千里？除非有一种风专门吹送冯业的船只，不然是不会有这种情况发生的，自然界是没有这种风的。再说，如果冯业的船只确是遭遇大风了，海上风暴凶猛，狂浪滔天，风力迅疾，破坏性极大，冯业航海的多只木船应该早已被风刮得七零八落，这样风吹几千里的长途海路，恐怕是四散漂零了，他所带的三百人，还能完好无损地在新会同地一起登陆吗？还有，冯业的船只被风刮到新会，那么刘宋朝廷是怎么知道他们到新会的？如果不知道怎么会封冯业为新会太守？有人可能说：是冯业派人去朝廷报告的。事情有这样简单吗？冯业是国破家亡之人，投宋是乞求庇护，还妄自尊大，派手下人前去通报，朝廷就封其官职，这就太没有当时王朝的“礼法”了吧！会是这样吗？我想冯业应该是不会这样行事的。再者，如果冯业到新会后还要去建康，朝见刘宋皇帝，那他们当初为何不从长江口入直接去建康朝见刘宋皇帝呢？再说，船遇风后也不想办法中途上岸吗？沿海可登岸的地方多着呢，任何地方遇风都可紧急靠岸，比如台州、温州、福州、泉州、厦门、汕头等地，即或没设港，也可避风，并且上岸后可随时转去刘宋都城建康，为什么不这样做？而一任风刮到新会呢？到新会后再去建康，这是为什么？从人之常情说，会有这样做的吗？因此，无论从哪方面看，冯业“浮海投宋”去新会的事，都是不存在的；只有被朝廷封了官职去赴任，才到的新会，这方是正途。

其次，又有人认为，冯业从建康去岭南是由海上走的，这个说法就更不可能了。为什么？我们简单作以分析，就清楚了。

第一，宋的都城建康是在内陆，而不是在海边，东去距海尚有六百里之遥，走海路并不方便。同时冯业等人，自幼生活在北方，没有大海中航行的习惯，尤其是长途海路，是无法适应的。因此，当不会选择走海路。

第二，如果走海路，是要具备条件的。首先，需要有船只，船只谁给预备？由于是航海，其出行人数有三百之多，这就需要船只，而且不止一艘，从锦州海岸到东莱可以，勉强渡过。若是由建康去新会赴任，海途遥远，由朝廷安排单程送一个远在几千里外的一般官员郡守赴任，然后空船返回，查看历史上，没有先例，古代官吏都是自行赴任的，朝廷也不会专为冯业赴任兴师动众派船护送。而且有国内交通，朝廷能派船护送吗？可以自备，如果这样认为，那就更离谱了。你想，一个出逃的亡国之入，能办到吗？据研究，此刻冯业年龄不大，有人认为仅是一个十余岁的儿童，且不说是儿童，即或成年人，一个国亡家破逃难之人，资财匮乏，自己解决远途海船，有这个能力吗？其次，如果航海，路程遥远，船行较慢，需要很长时日才能到达，冯业带有三百人众，这段航行海上，要备足日常饮食及生活所需物品，这是很大的负担，如果走陆路，沿途吃住都没有问题。

第三，如果乘船，当进入茫茫大海之后，浪涛山起，船只颠簸，若遇风雨，更为凶险，冯业等北方之人，不习惯航海，如何能经得起如此长途时日的海上生活？因此，无论是朝廷还是冯业本人，都不会选择走海路，而若在国内走，就没有上面提到的这些问题了。此外，有海陆两途的选择时，冯业岭南之行，一定是会选择走国内路程的，即或是江河乘船，也是异常平稳的，且可随时靠岸，这和大海完全不同。

第四，由建康去岭南是有陆路的，完全不用航海。从交通道路看，由陆路去岭南，早已有道路，秦汉时平定岭南，几十万大军可通，冯业几百人过不去了？秦始皇平定岭南，后设三郡：南海、桂林、象郡，汉武帝平定南越后，设九郡：南海郡（治番禺，今广东广州）、合浦郡（治合浦，今广西合浦北）、苍梧郡（治广信，今广西梧州）、郁林郡（治布山，今广西贵县）、交趾郡（治羸𨻻，今越南北部河内一带）、九真郡（今越南中部）、日南郡（治西卷，今越南广治省）、儋耳郡（治儋县，今海南省西部）、珠崖郡（治瞫都，今海南琼山县）。去岭南过五岭，也是自古即有道路的，并非无路可通，所谓"五岭"，是因有五条通道而得名，就汉代五岭通路说，始安的越城岭道、临贺的萌渚岭道、桂阳的都庞岭道、骑田岭道，还有早就闻名的大庾岭道，正是由于这种原因，《晋书·地理志》才说："秦始皇既略定扬越，以谪戍卒五十万人守五岭。自北徂南，入越之道，必由岭峤，时有五处，故曰五岭。"① 原来五岭得名，是因去南越有五条道路而被命名，至此，还有陆上无路的迷惑吗！

第五，从疆域看，从东晋到南朝宋，其领土广大，拥有南中国地区，西到今四川成都，南到海以至今域外，北有湖北以至山东半岛，宋在这片土地上，普遍设置州郡，在全国设有二十二州、二百七十七郡、一千三百一十六县②，可以看出行政建置如此密布，各州、郡、县之间均应有道路相通，不会封闭无路吧？事实也是确有道路，略摘文献几例：《宋书》卷三十八《州郡志四》载：益州，去"京都水九千九百七十"里，此是益州（今成都），去都城建康（今南京），走水路，有路可通，各郡县间无江河者也是有陆路相通的。广汉（今四川广汉市北），去"州陆六百，去京都水九千九百"里。犍为（今四川宜宾西），"去州陆九十，去京都水一万"里。豫州（今安徽寿县）所辖汝南郡（今湖北武汉市江夏区东），"去州水一千，陆七百。去京都水三千，陆一千五百"里。再看冯业要去的岭南，"广州（今广东广州），……领郡十七，县一百三十六。户四万九千七百二十六，口二十万六千六百九十四。去京都水五千二百"里。广州所辖郡"高凉（今广东恩平、阳江、高州），……去州水一千一百，去京都水六千六百"里。苍梧郡（今广西梧州市），去"州水八百，去京都水五千五百九十"里（梧州并不近海，却称水路，可见称水路者，皆不是走海上）。新会（今广东江门市新会区北杜阮镇），去"州三百五十"里。由此可以看出，州至京都、郡至州至京都，都有路可通，有水路，也有陆路。在此要指出一点，文献中所说的"水路"，均指内地江河，并非指海上航行，古人用字是非常准确的，不会河海不分，如益州、广汉、豫州、梧州并不近海，却说是"水路"距离，显然是指江河，高凉去广州，也无须海上航行，却也称"水路"，包括广州至京都也和益州（今成都）说法相同而称"水路"，并不是称"海路"，可见即或是广州也不是走"海路"由海上到达。通过上述记载，既然各地都有路相通，冯业作为朝廷命官赴任，路途行走，还是在国内地区有保障，不仅安全，而且食宿等应该也是没有问题的，这和在茫茫大海上航行有许多东西都要自备，并且还有颠簸风浪覆舟的危险完全不同！古今道路相同。今天市、县、乡、

① 房玄龄等：《晋书》卷十五《地理志下》的《交州》，中华书局点校本 1974 年 11 月版，第 464 页。

② 沈约：《宋书》卷三十五至卷三十八《州郡志》，中华书局点校本 1974 年 10 月版，第 1027、1208 页。其中远在西部的益州（今四川成都）辖 29 郡、128 县；南面广州（今广东广州）辖 17 郡、136 县；北边青州（治临淄）辖 9 郡 46 县，东莱郡（今山东莱州市东北六十里）领 7 县，"去州陆五百，去京都二千一百"里。

镇、村、屯都互有道路相通；古代也是如此，州、郡、县、村寨间，也是有路互通的，没有两者之间无路的。因此可知，冯业去新会以及后来去粤西等地，互相间往来，一般在陆者也都是在内地前行，完全没有必要进入海中航行前往。

在此特别要说的是，不要误解冯业“浮海归宋”这句话，此处文义非常明确，是为“归宋”而“浮海”的，并不是浮海到新会的。冯业是在到南朝刘宋都城建康后，被朝廷封了岭南的官职，他才去新会的，这点是必须明确的；同时其赴任旅程，也是在刘宋王朝的国内行走的，而非选择危险与困难并存的海上去新会的。

五、冯业在建康受命官职终于新会

北燕太兴六年（436 年），冯业率三百人离开北燕故土后，目标就是建康。在建康，他被宋文帝封为怀化县侯，实职是新会太守。

冯业南渡后，在新会太守的位置上寿终正寝，他死葬却在番禺（今广州）。“岭南冯氏始太祖业公之墓，安坐于番禺龙城北山，坐北向南，夫妻合冢一厝，遗迹尤存。”①

冯业应是高寿，可能活了七十多岁。因为其子冯諠被任命为罗州县令时，正值萧梁王朝（502—557 年）。罗州（今粤西化州），是萧梁初创时所立新州，那时冯业大约去世不久，萧梁皇帝封冯諠去新建之罗州赴任。

冯业离开北燕南渡，是冯弘太兴六年（436 年），萧梁立国是在 502 年，两者相距 66 年。冯业南渡后，抵达新会，到萧梁立国时，他在新会生活已有 66 年。周忠泰判断：冯业离开北燕时还是个少年，多说十来岁的年纪。如按此年代计算，冯业死时应已古稀之年，至少是七十多岁了。

六、冯业家族历史的差误

如今定居岭南的北燕冯氏后裔，追溯先祖往事，存在一些认知分歧，如：岭南冯氏先祖是北燕王子冯业，还是比其更早南渡的东晋大臣冯祖思？又如：冯弘与冯业究竟是何关系，冯业是冯弘的儿子还是冯氏族人？

这些问题不是今天产生的，而是很早就出现的历史遗留问题。

岭南冯氏先祖之疑，见于唐开元中的《冯君衡墓志铭》和《冯君衡神道碑》，两文的撰写者为同一人张说。

令人不解的是，涉及冯君衡先祖的行文，张说竟前后表述不一：最早的《冯君衡墓志铭》②，记岭

---

① 高凉冯氏宗亲会总（宗）谱编辑委员会：《高凉冯氏总（宗）谱》，2015 年印行，第 184 页。

② 张说：《赠潘州刺史冯君墓志铭》文：“公讳君衡，字正平，广管高州人也。昔毕万苗裔，邑于冯城，因以为氏。其适南越者，则袁宏《过江录》所载：长乐冯祖思之后也。远居偏地，代为右族。带甲千人，拟四豪之公子；田润百里，齐万户之封君。祖盎，持节总管高州都督、耿国公，薨赠左骁卫大将军、荆州大都督，恩命分府为三州，授君之三子，子智戣，高州刺史，子智玳，恩州刺史，犹子子游，潘州刺史。公，荆州之孙，恩州之子，量包山海，气逸风云，阴德以济物，力行以游道，散岸从心，乘化而没斯，实一方超迈会真之士也。”（载《全唐文新编》卷二百三十一，第 2613 页）

南冯家来自东晋的冯祖思；而略迟的《冯君衡神道碑》①，则记岭南冯家来自于冯业。

冯君衡是唐朝大臣，冼夫人第五代孙，耿国公冯盎之孙，宦官高力士（本名冯元一）之父。冯君衡出身岭南冯氏，官至潘州刺史，圣历元年（697年），受监察御史万国俊诬告谋反，坐罪处死。

《冯君衡墓志铭》所指出的冯祖思，其名为冯怀，字祖思，长乐郡信都县人，东晋官员，西晋末渡江的侨姓士族之一，在东晋历任临海太守、黄门侍郎、侍中、太常、护军将军。

历史上著名的“衣冠南渡”在晋永嘉五年（311年），冯祖思家族即应在这一阶段从中原迁入江南，这距冯业南渡的太兴六年（436年）要早125年，冯祖思与冯业族源虽然都是长乐信都人，但却不是同支，且与冯业南渡时间相隔太久，难续行辈。

张说是唐代高官，睿宗时，任同中书门下平章事，监修国史，玄宗开元元年（713年）拜中书令，封燕国公。张说敦气节，重然诺，为文属思精壮，长于碑志，朝廷大述作，多出其手，时人称为“大手笔”，有《张燕公集》。

由此可知，张说文才高、懂历史、性耿直，又身居高位，其写墓志应该不会错的，怎么会有写冯君衡墓志时，竟然前后不一，将冯家先祖这等重要信息写错呢？

为何会出这等差错？有些研究者提出的意见是：

北燕冯氏在岭南再度崛起后，至唐时已经六世，统治根基稳固，具有相当势力，这便引起了朝廷的严重警惕，先是唐太宗欲派十万大军灭冯盎平岭南，幸被冯盎好友魏徵劝阻，才免于一场飞来横祸。不过，冯家的好运并未延续多久，到武则天篡唐建周后，这位刚愎多疑的女君主找碴重创岭南冯氏，冯君衡、冯元一父子便是这场家族惨祸的受害者。

深知内情的张说刻意回避敏感的冯氏北燕起源，而搬出完全不相干的东晋冯祖思，这样说其先世，是否有避嫌避祸之意？令人怀疑。②只是后来，冯元一（冯君衡之子，即高力士）显贵，成为一人之下万人之上的人物，张说见冯氏反转、形势有变，自然更正前错，令真正的冯氏祖先——北燕王子冯业亮相前台。

其实这个问题没有那么复杂，在唐时张说书写冯氏家族史时，对其写冯君衡出身的墓志铭和神道碑有前后不一致的情况，现在很多研究者认为：是因冯氏南渡后，家族在岭南落地生根，经多代发展，枝繁叶茂，开发建设岭南，在唐时拥有岭南，已有很大势力，因此，使朝廷感到很大威胁，每欲除之，后来果然发生事变，冯氏受挫，受当时政治影响，遂使张说撰文出现前后不同的记述，前文迫于政治压力，不能言及北燕冯氏，隐瞒出身，因此不得不追踪为东晋冯祖思。

我们说，这种研究的猜想是不存在的。按常理说，存不存在威胁，其实与家族渊源没有关系，

① 张说：《赠广州大都督冯府君神道碑铭》文：“府君讳君衡，其先长乐人也，释赵归秦，本家上党，分燕徙越，又据高良，自远祖荣、怀化侯业，以至于大父赠荆州都督盎，先考高州使君智戣，咸以勋绩，建旟本郡，甲兵雄于一方，政化沓于千里。君蕴含宏光大之德，守冲默安贞之志，秉难进易退之操，诣希声若讷之道，为而不有故物誉难得而称，静以居常，故世荣无由而及，以圣历之岁，终于本城，子幼家艰，丧礼盍阙。”（载《全唐文新编》卷二百三十，第2605页）

② 其实这也只是怀疑，因北燕和唐朝也没关系，并不是两个敌对国，是谁的子孙有什么关系？前朝的子孙后朝也并不全杀，更何况北燕与唐朝早隔多代，更没有关系了，何必避讳北燕王族后裔？

如果构成“威胁”的话，也是现实的，是当时岭南冯家，管什么北燕冯家和东晋冯家，这事果真存在也跟家族来源没有一点关系。试问：出自北燕冯氏又怎样？是北燕冯氏，就要夺唐朝江山？如是东晋冯氏，就不夺唐朝江山了？这个说法明显是站不住脚的，只要说北燕冯氏就“犯罪”，说东晋冯氏就“平安”，这能讲得通吗？北燕冯弘和唐朝也非世仇，历史上也无交往，为何在唐朝怕提北燕冯家？这不是没有的事吗！此事经我们考虑和研究，主要是张说对岭南冯家渊源不熟悉，采用有根据的资料来源误用，因而出现岭南冯氏家族来源前后不一致的情况。

首先看冯君衡墓志铭。张说开篇即写：“公讳君衡，字正平，广管高州人也。昔毕万苗裔，邑于冯城，因以为氏。其适南越者，则袁宏《过江录》所载：长乐冯祖思之后也。”这表述的何等明白，张说是用东晋时文化名人袁宏的《过江录》这篇文写的冯君衡家世。张说在墓志铭中说：冯君衡早年家世“其适南越者，则袁宏《过江录》所载：长乐冯祖思之后也”。看明白了吧！这里边没有张说的个人意见，而是用了东晋袁宏的《过江录》这篇文章写的。这说明张说初次写冯君衡墓志铭时，对其家世也不太清楚[①]，不得不借助其他材料，袁宏的《过江录》就是最好的依据[②]，照录家世渊源，在张说写的冯君衡墓志铭中，冯业就变成了冯祖思的后裔。这是其一。

还有其二。袁宏错处，也是有原因的。当袁宏写《过江录》时，谈到由北方来到晋朝的冯氏，是“毕万苗裔，邑于冯城，因以为氏，其适南越者”，“长乐冯祖思之后也”。而《晋书·冯跋载记》说“冯跋字文起，长乐信都人也，小字乞直伐，其先毕万之后也。万之子孙有食采冯乡者，因以氏焉”。你看两者文字记载多么相同，都是毕万之后，都居于冯城（乡），因以为氏，尤其冯跋是“长乐”人，而冯祖思也是“长乐”人，而且冯祖思名冯怀，字祖思，则冯怀与冯跋、冯弘之名又多么相近！因此，袁宏不察，遂将岭南冯氏渊源写成“其适南越者，长乐冯祖思（冯怀）之后也”。因其有许多方面均相似，故其误也可以理解。

这些正是后世张说写冯君衡墓志铭时致误的原因。正因为有此误，再写神道碑时，作者张说对岭南冯氏的家世已有所了解，就改正了初写墓志铭时了解情况不深，现在知道了原委，即作了订正，写得准确了。这也符合事物发展规律，并且也是合理的。

明确了岭南北燕冯氏之祖乃冯业后，还有“冯弘与冯业是什么关系”问题。

据《北史·谯国夫人传》载：冯弘“遣融大父业以三百人浮海归宋，因留于新会”。后世的《新会县志·职官表》没有添加什么，只记载：“冯业，龙城人，宋封怀化侯，任新会太守。”《资治通鉴》记载：“冯业……冯弘族人。”

如果按此记载，冯业和冯弘似没有什么关系，但也有不同意见，其存在已经很久，一时也说不

① 冯君衡是冯宝五世孙，其时，距冯业南渡已过九代，即或同为朝臣，平时见面也不能谈先祖当年是在怎样情况下逃跑的，故外人不会知道详情。

② 袁宏是东晋时人，曾官吏部郎，当时以文章名世，《晋书》以此立传（见房玄龄等：《晋书》卷九十二《袁宏传》，中华书局点校本 1974 年 11 月版，第 2391 页），传称：“宏有逸才，文章绝美”，作有《东征赋》《北征赋》，还有长文《三国名臣颂》被全文录于其本传中，袁宏“撰有《后汉纪》三十卷及《竹林名士传》三卷，诗赋诔表等杂文凡三百首，传于世”。张说撰写冯君衡墓志时，见有晋代名家的文章，且是前代名人写冯家之事，自然相信，因而家世出身照录，并非张说有惧当时（实际是不存在）的政治环境怕受迫害，而曲意隐瞒事实来写的。

清楚。

对于这个问题，杜文玉认为应以《资治通鉴》为准：如果冯业与冯弘"是父子关系，有做帝王的祖先，冯君衡的墓志与神道碑，以及《高力士神道碑》还能不提到？"[①]

而王兴瑞则说："未知孰是。"[②]

对此，也有很多人认为：之所以出现家史弄错家族来源，正史对此家族来源含糊不清的情况，或许是当时形势使然。

我们觉得，对冯业家族渊源关系问题，应该讨论清楚，不能这么含混下去。冯业是冯弘的儿子还是族人，现在根据文献材料可以进行分析。我们经过审慎研究，认为冯业应是冯弘的族人，而不是他的儿子。理由如下：

1. 冯弘败亡东走高句丽时，带走他的部下包括全城士女，当然更不能抛开自己的子孙，他以为在他的羽翼下，他的子孙在高句丽是安全的，他的子孙除冯崇等三个儿子早些时投入北魏外，其他子孙都被同时带走，相随"子孙十余人"都到了高句丽。所以后来在高句丽被杀的，也是他的"子孙十余人"。而这十余人，确是冯弘的嫡系子孙，没有其他外人。

2. 北燕国亡，冯弘东走高句丽时，在途中让冯业南去刘宋，《北史》说："冯弘之南投高丽也，遣融大父业以三百人浮海归宋。"高句丽本在北燕的东边，冯弘投高句丽离开龙城是向南走的，因此说"南投"。为何如此？虽然说高句丽总体位置是在北燕的东面，但因为从龙城（今朝阳）至锦州这里早已有古道，而此段路亦甚平，是古代重要的交通道路，这样冯弘东投高句丽起始段却是向南走的，所以文献不说是向东走，而是"南投高丽也"，这不就很说明问题吗！随后述其"遣业浮海归宋"，这应是走了一段路后，才做这件事的，即走到今锦州地段时，应分途走了，冯弘投高句丽转东，同时也近海滨，于是就让冯业南去"浮海归宋"，这个分路行走是在今锦州地界完成的。但我们在这段行文里边，没有看到冯业是冯弘儿子的任何迹象，如果是冯弘的儿子，就不能说"遣业浮海归宋"，而应是如此写："遣三百人送皇子业浮海归宋"，或"遣三百人护皇子业浮海归宋"。但是没有这样写，没说明其身份或关系，已说明冯业与冯弘不是父子。为什么这样说？我们要看到，文中用一个"遣"字，"遣"字是"派遣、打发"的意思，如冯弘让朱脩之回宋求救兵，对臣下可以这么说，但"遣冯业"，这个"遣"字说的是很不客气的，语意中冷漠没有亲情，同时还是"归宋"，就更明显了，"归"就是"还给、归还"的意思，就是"不要了"，将冯业推给宋朝了，由他去吧！这是什么意味？还不能说明问题吗？由此可见，冯业不是冯弘的儿子。还有研究者说冯业此时年纪甚小，就十余岁，那就更值得疑虑了，就是年纪再大也不行，让其只身南去，尤其在当时人眼中，所去之地，万里南疆，山重水复，蛮烟瘴雨，生离死别，身为"皇帝"的父亲对自己的子孙在外不放心，都要带在自己身边，同去高句丽，而不舍得"遣"去他地，唯独让冯业只身万里南去自己不熟悉的地方，能放心让孤零零的年纪幼小的儿子自己走吗？就因为他们之间没有父子的关系，不想让

① 杜文玉：《高力士家族及其源流》，《唐研究》第四卷。

② 王兴瑞：《冼夫人与冯氏家族》，中华书局 1984 年 6 月版。

他留在自己身边，才让他只身南去。因此可知，冯业应该不是冯弘的儿子。

3. 许多研究者都认为岭南冯氏先祖关系前后不一致，是当时政治环境使然，在皇权下书写者为规避风险，有意写错，如果是当时有这种政治气候的话，这样写，此事尚可理解。但是到了宋朝，一切都已成为历史，冯家已时过境迁，朝廷也不再对岭南冯氏感到“威胁”了，书写者没有政治压力，既然没有危险存在，也不必回避曲说，还要隐瞒历史吗？没有这个必要。因此，《北史》说：“融本北燕苗裔也。”[①]这句话很值得玩味，都已经说到这个程度冯融是“北燕苗裔”了，却不肯进一步说，或直接说是“融本北燕冯弘后裔”或“融本北燕冯弘之苗裔也”。北燕王族人数众多，王者仅二人，冯跋儿子均被冯弘杀死，只有冯弘一人了，不用专称，而用泛称“北燕”，显然不是冯弘子孙。所以为什么不说了？就因为冯融不是冯弘“之子孙”或“后裔”，故此不说。尤其是《资治通鉴》明确记载：“冯业……冯弘族人。”这个说法，是实事求是，是可信的，司马光治史是很严谨的，写了十九年才完成的《资治通鉴》，可以说字斟句酌，并且在宋时有些魏晋时期的史料尚存，司马光应是看过，所以他才说冯业是冯弘的“族人”，此说当有所本，应是有根据的。综观《资治通鉴》全书，对史事记述都很准确，历来对此书的评价很高，无失实之处，因而像冯业的出身这样的事也是不会隐瞒的，并且也没必要歪曲。所以，《资治通鉴》认为是其“族人”而不是“皇子”，这说明冯业的确不是冯弘的儿子，否则不会如此记录。

4. 冯业不是冯弘的儿子，这个“族人”是谁的儿子？我们先看冯弘家族，他有兄弟四人，还隐有二人即冯跋“从兄”冯万泥、冯乳陈之父，因此在龙城北燕朝廷，冯氏兄弟见于史者应有六人[②]。其后的情况是，冯乳陈因造反被杀（其家是否绝嗣不知），冯弘为争夺皇位，将冯跋的儿子全部杀死，除此之外，还有冯跋弟冯素弗、冯丕、从兄冯万泥与另一从兄即冯乳陈之父。这样，冯业应是冯素弗、冯丕或冯万泥的儿子，即冯弘的“族人”。他不愿带冯业去高句丽，也是由于不是亲生儿子的关系，于是在亡命逃走时，中途“遣”其去南朝宋的。以冯氏家族关系看，从文献记载的语气看，冯业应是在冯素弗、冯丕、冯万泥三人（冯乳陈父系一支，因冯乳陈反叛被杀，其另有无儿子不知）中选择一人。冯素弗史中有传，但未言其子女，似无子女。这样冯业很可能是冯丕的儿子（因冯家另二人冯万泥本人和冯乳陈一起反叛出走，在白狼城战败均被杀，也似再无儿子），但冯业

---

① 李延寿：《北史》卷九十一《列传》七十九《谯国夫人冼氏》，中华书局点校本 1974 年 10 月版，第 3005 页：“梁大同初，罗州刺史冯融闻夫人有志行，为其子高凉太守宝聘以为妻。融本北燕苗裔也。”

② 冯跋兄弟四人，为冯跋、冯素弗、冯弘、冯丕，见房玄龄等《晋书》卷一百二十五《冯跋载记》，中华书局点校本 1974 年 11 月版，第 3127 页：冯跋“三弟皆任侠，不修行业，惟跋恭慎……于是以太平二十年乃僭称天王于昌黎。……署弟素弗为侍中、车骑大将军、录尚书事，弘为侍中，征东大将军、尚书右仆射、汲郡公，从兄万泥为骠骑大将军、幽平二州牧。”“跋弟丕，先是，因乱投于高句丽，跋迎致之，至龙城，以为左仆射、常山公。”“从兄子乳陈为征西大将军、并青二州牧、上谷公。”“初，跋之立也，万泥、乳陈自以亲而有大功，谓当入为公辅，跋以二藩任重，因而弗徵，并有憾焉。乳陈性粗犷，勇气过人，密遣告万泥曰：‘乳陈有至谋，愿与叔父图之。’万泥遂奔白狼，阻兵以叛。跋遣冯弘与将军张兴将步骑二万讨之。……乳陈等惧而出降，弘皆斩之。”从乳陈称万泥为叔父，可知还有一“从兄”即乳陈之父，史未载失名。叛者皆被冯弘所杀。

魏收：《魏书》卷九十七《海夷冯跋传》载其兄弟：“海夷冯跋，字文起，小名乞直伐，本出长乐信都。……母弟素弗、次丕、次洪（即冯弘，洪，异字），皆任侠放逸。”中华书局点校本 1974 年 6 月版，第 2126 页。

不是冯弘亲生儿子，由不愿带其一起走来看，因而"遣"之，故史称其为"族人"是可信的。

5. 史书中也有说冯业是冯弘儿子的，这怎么解释？《新唐书》载："冯盎，字明达，高州良德人，本北燕冯弘裔孙。弘不能以国下魏，亡奔高丽，遣子业以三百人浮海归晋。"[①]这个说法是不可信的。为什么？我们可以看，在《新唐书》之前所出各种史书凡载有北燕史事者，皆无冯业是冯弘之子的记录，《新唐书》在诸史中是最晚写出的，如果冯业是冯弘的儿子，此前所出诸史为何不写？显然不是冯弘之子。在《新唐书》刊刻二十多年后的《资治通鉴》中，却明确说"冯业是冯弘族人"，不说是其儿子，问题不是很清楚了吗！而且《新唐书》在文中说："遣子业以三百人浮海归晋"的文句中，仅是十一个字，即出现不应有的常识错误：东晋在420年灭亡，冯业是在北燕436年亡国出走的，此时东晋已灭亡了十六年，南朝刘宋王朝早已建立起来，何来东晋？然而冯业却在东晋灭亡十六年后还"浮海归晋"，晋在哪里呢？这样的史文严谨吗？因此，在这个问题上，我们认为《新唐书》是率意而为，"之子"是其揣度之词，不能成为定论，说冯业是冯弘之子，这并非史实。我们再进一步考察，欧阳修的《新唐书》于嘉祐五年（1060年）成书，初刊亦在嘉祐间（1056—1063年），而司马光的《资治通鉴》于元丰七年（1084年）成书，晚于《新唐书》二十多年[②]，《新唐书》已完成并刊刻面世，而司马光的《资治通鉴》尚未动笔，待其动笔时，司马光是不同意其说的，所以他就在写《资治通鉴》时，否定冯业是冯弘的儿子，直言是"族人"，用以更正其谬，司马光这话就是为驳《新唐书》而说的。事实不是这样吗！

七、冯业之子冯諠任"罗州县令"

冯业到广州新会后，有了安身立命之地，但作为北燕南渡，新会不是终点，而是在岭南发展的起点。

此后冯氏在岭南受南朝几个朝廷的任命封官，逐渐西迁，由新会至粤西，经历了几十年，直到南朝梁大同二年（536年），才于粤西彻底安顿下来，回首出发时烽火连天亡国日的北燕太兴六年（436年），冯氏在岭南度过了百年时间。

冯氏南渡，首居新会，后因受封，进入粤西，是否直接到今茂名化州（古罗州）的？从目前的资料看，冯氏最先抵达处不是化州，而是紧临茂名的阳江，冯业之子冯諠为"阳江的罗州"任县令，此罗州不是化州的古罗州。

冯氏西迁，是从冯业之子冯諠的任命开启的，据冯氏家谱记载，冯諠受封"罗州县令"。

罗州在哪里？现在一种比较流行的说法称：罗州，始置于南朝宋元嘉三年（426年），檀道济筑

---

① 欧阳修、宋祁：《新唐书》卷一百一十《冯盎传》，中华书局点校本1975年2月版，第4112页。

② 吴枫主编：《简明中国古籍辞典》，吉林文史出版社1987年5月版：第894页："《新唐书》，纪传体史书。北宋欧阳修（1007—1072年）、宋祁（998—1061年）等撰。……书成于仁宗嘉祐五年（1060年），书初刊于北宋嘉祐间（1056—1063年）。"

第748页："《资治通鉴》，北宋司马光（1019—1086年）主编。……为英宗首肯，乃设置书局，以刘攽、刘恕、范祖禹为协修，奋笔十九年，著成此编。书成于神宗元丰七年（1084年）。……取材博综十七史、唐以来实录及杂史、谱录、碑褐、家传、行状、小说、文集凡三百种以上。"

石城于陵罗江口（即今化州市合江镇），置罗州县，县治所在陵罗江口，后移置于今化州市东北隅的旧城岭，属广州高凉郡。

而据茂名市俚人文化研究会副会长郭安胤考证则不然，他在《俚人聚居地区罗州建置小考》指出：罗州是俚人聚居地区的重要建置，为南朝梁武帝（萧衍，464—549年）于梁大通二年（528年）平俚洞时置，治今化州。罗州地理位置非常重要，可控制今鉴江、九洲江（龙化水）、北流河、罗定江（南江、晋康水）四大流域和今南海（涨海）、北部湾（东京湾）二大海域，是古代交通要道。但于此需要明确几个问题：

一是罗州不是罗州县，这是两个不同时间、不同地区的建置。罗州，南朝梁大通二年（528年）置于越州高兴郡（今化州）；而罗州县，则于南朝宋（420—479年）初置今阳江（广州高凉郡）。

二是1996年7月出版的《化州县志》认为宋元嘉三年（426年）宋檀道济筑石城于陵罗江口置罗州县，不符合事实。檀道济是南朝刘宋的重臣，一直活动在对北魏的征战中，没有来过岭南的越州高兴郡（今化州）或者广州高凉郡（今阳江）。

三是“罗”字地名是俚人聚居地区常见的地名，今岭南广大地区各处都有。

四是作为村名的罗州，也见于湖南省、广东省、湖北省、福建省等地。

从广东省地图查阅可知，广东新会以西，阳江、茂名、湛江等三个地级市，在沿海岸线自东向西一线排开，从新会至阳江，只有三百多里，比从新会至茂名少了一半路程。阳江，是冯氏于岭南西迁的第二个落脚点。

北燕冯氏在阳江势力不小，冯盎发迹的根据地与埋骨地，均在阳江。

冯宝妻冼夫人曾派其孙冯盎带兵平定广州的王仲宣叛乱，冯盎应该是从阳江而非从茂名出发，这样才能迅速进兵广州，稳定局势平叛安民。

只是，冯諠在阳江的罗州县令位置上的时间也不长，随着形势的变化，冯氏继续向西去，而再往西走，就进入今茂名地界，则是另一个建置的罗州了。

此时，已到了冯諠之子冯融的时代，他是一位处于家族与粤西历史转折点的关键人物，举足轻重，神圣使命须由其一肩承担!

八、“北燕南渡”冯融与化州

“北燕南渡”的岭南迁徙线路及当事人，大体概况为：冯业南朝宋之新会刺史（今广东新会）—冯諠齐之罗州县令（今广东阳江）—冯融梁之罗州刺史（今广东茂名化州）—冯宝高凉郡太守（今广东高州）。待冯諠谢任“罗州县令”或过世后，其子冯融任职又有变动，原因是萧梁王朝代齐，新朝廷封冯融为“罗州刺史”。

此罗州在何地，据目前的研究意见，认为不在阳江，而在今隶属茂名的化州市。

但与化州毗邻的茂名市所属的高州市，认为古罗州不在化州，而是在今高州南塘镇。

高州之南的茂名市电白区，虽未介入罗州之争，但却称由新会、阳江一路西去至茂名的北燕冯氏，定居是在“电白冯家村”，冼夫人之墓目前定址于电白区电城镇山兜村。

但无论怎样，从阳江的罗州县令到化州的罗州刺史，官升一级按理是喜事，但所封之地却越来越偏，已深入俚僚称雄汉家弱势的粤西腹地，这对当年的北燕冯氏而言，却是一种艰难的历程。

今化州位于广东省西南部、鉴江中下游，东接南方油城茂名，西南邻著名港城湛江，地形狭长。化州历史悠久，开发较早。秦始皇统一中国后，今之化州属象郡地。其间南朝宋元嘉三年（426年）置罗州县，为鉴江流域建制最早的县份。

南朝俚族女首领冼英，与罗州刺史冯融之子冯宝联姻，她反对分裂割据，维护国家统一和民族团结，被封为中郎将、石龙郡太夫人；辅佐冯氏四代，历梁、陈、隋三朝治理罗州、石龙郡，政绩卓著。

宋代，大批名宦学士贬谪化州。其中有龙图阁学士、协修《资治通鉴》的范祖禹，唐宋古文八大家之一的苏辙，以及梁焘、龚夬、莫伋等。他们重教化，兴农桑，传播中原文化和先进生产技术，对开发化州作出过杰出的贡献。

关于罗州地点，岭南学界尚存争议，但主要意见是定为今茂名市的化州。

九、冯宝冼夫人“联姻”

冯宝、冼夫人完婚[①]，正式进入汉俚同心协力治理岭南时代。他们婚后，曾在石龙郡生活过，冼夫人众多封号中就有“石龙郡夫人”的封号，其子冯仆曾被陈朝封为“石龙郡太守”。

石龙郡在哪里？史载，南朝梁大通中（527—529年）置石龙郡，治石龙县，为罗州治。

1980年，国家博物馆到化州考古调查，证实了石龙故址在县东三里的旧城岭上。据《化州志》记载：石龙古城“在县东三里大芬坡”。大芬坡，是在城址前面的一个较大坡地平岗的土名。旧城岭也是一块平岗，高约12米，西面紧靠鉴江、罗江的汇合处。石龙古城，坐北向南，夯土板筑，城基大都保存。

石龙郡定位的首要条件是：鉴江、罗江的汇合处。此两江在今化州市合流。在距两江合流也就一两里距离的岸边，临江而立一座古城，此城址就是石龙郡址，即古罗州的治所所在地。今化州的罗州（治石龙郡）古城遗址，位于茂名市化州东北隅的旧城岭。罗州城始建于南朝梁（503—557年），为土筑，南宋以后毁，解放初城址尚清晰，墙基凸出地面一至数尺不等，古城呈“回”字形布局，坐北向南，夯土板筑，城基尚存。经实测，古城东西宽330米，南北长300米，周长1260米，总面积9.9万平方米。

南朝陈太建二年（570年），陈朝封冯宝任石龙郡太守，册封冼夫人为石龙郡夫人，其地点就在这里。冯宝和冼夫人一家人在这里生活的时间较长，当时的石龙古城，景色秀丽，市井繁华。

宋绍兴三年（1133年），郡守李丹于河西筑城（即今之化州城），比之梁朝罗州古城，要晚六百多年。

目前的化州古城，仅剩一座城楼，城楼后的大院归化州市公安局，院内存有古树，有人面子

① 李延寿：《北史》卷九十一《列传》七十九《谯国夫人冼氏》，中华书局点校本1974年10月版，第3005页：“梁大同初，罗州刺史冯融闻夫人有志行，为其子高凉太守宝聘以为妻。融本北燕苗裔也。”

树、凤凰树，树龄二百余年，为清代所植。

作为冯冼文化重地的化州，存在着大量冯冼遗迹。为冯冼后人所建宏道村，始建于明万历元年（1573年）。宏道村的冼太庙，坐北向南，背倚平田岭，面向子秀江，庙前空旷，风景优美。宏道村人认为该庙是冯氏族人的祖庙，先祖不懈地开发岭南，形成了维护国家统一、促进民族团结融合、爱护人民、发展经济、改革社会等光辉灿烂的冯冼文化。这种文化不仅是一笔十分珍贵的历史文化遗产，还是中华民族优秀文化财富的重要组成部分。

石龙城东南二十里有“冯渡”村名，说是冯宝、冼夫人当年的练兵场，冯渡村口七星朝月湖上风景甚佳，据说，当年冯冼夫妇于此度过初婚的美好岁月。

“罗州刺史”的封号，不断出现于众多冯氏子孙的官衔记录中，有若冯氏家族的身份标配，由此可知，古罗州今化州与南渡冯氏有着深厚的渊源。

十、粤西湛江境内的“唐代罗州”

南渡的北燕冯氏与罗州历史密切相关。罗州，历代建置有多处，均不在一地[①]，广东的罗州前后有两址，一在今茂名市化州东北的旧城岭处，在隋时于大业初废。二是罗州在唐武德五年复置，六年治所在石城县，今广东湛江市廉江东北，此罗州天宝元年改为招义郡，乾元元年复为罗州。

今化州市学界所考证的罗州，创建时间早于阳江罗州，早了一百多年，认为始置于南朝宋元嘉三年（426年），名将檀道济筑石城于陵罗江口（即今化州市合江镇），置罗州县，县治在陵罗江口，后移置于今化州市东北隅的旧城岭，属广州高凉郡。从古罗州在化州成建制开始，到唐武德六年（623年）的197年间，罗州州治均在今化州。

之后，唐代罗州州治从今化州移至到今廉江河唇镇，而在今化州新置南石州开始，到北宋开宝五年（972年）废罗州入辩州[②]（今化州），前后349年。

简言之，古罗州建制诞生于今化州，后分治为南石州和罗州，罗州从今化州境迁徙至今廉江河唇，即古罗州前段的197年历史在今化州境内，后段的349年历史在今廉江河唇境内。

现在要说明的是，这座后迁治于今湛江市所属廉江市的唐初罗州，很可能是北燕冯氏所建，即是冯盎所建的。

我们之所以推断唐代罗州可能为冯宝、冼夫人之孙冯盎所建，是因为该城创建之日（唐武德五年、622年）前后，正是“岭南的冯盎时代”，是这位北燕南渡的重要人物的活跃期。

---

① 除在广东两处罗州外，历史上还有：南朝梁置罗州，治岳阳，今湖南汨罗市东北长乐镇；西魏置罗州，治竹山县，今湖北竹山县；北齐置罗州，治齐昌郡，今湖北蕲春县西北六里罗州城；隋大业初改岳州为罗州，治巴陵县，今湖南岳阳市；唐武德元年于延福县境侨置罗州，今陕西绥德县东南部；唐武德四年置罗州，治罗山县，今河南罗山县。

② 史为乐主编：《中国历史地名大辞典》，中国社会科学出版社2005年3月版，第2923页：“辩州，唐贞观九年（635年）改南石州置，治所在石龙县（今广东化州市）。天宝元年（742年）改为陵水郡，乾元元年（758年）复为辩州。辖境相当今广东化州市及广西陆川县部分地。天佑元年（904年），朱全忠以‘辩’‘汴’声近，上表更名勋州。五代南汉复为辩州。北宋太平兴国五年（980年）改为化州。”

据《隋书》等记载，开皇十年（590年），番禺夷人王仲宣、陈佛智等起兵造反，冼夫人派冯盎率军讨伐陈佛智，冯盎击败叛军，将陈佛智斩首，并趁势率军进至南海，与隋朝大将军鹿愿的部队会合，然后与广州守将慕容三藏合兵攻打王仲宣，王仲宣的部队溃败，广州得以保全。隋文帝因冯盎平叛有功，任命他为高州刺史①。

恭帝杨侑义宁二年（618年），隋朝灭亡，冯盎赶回岭南，集聚民众，自任首领，统率部众五万人。不久，冯盎以苍梧、高凉、珠崖、番禺地区依附割据岭南的林士弘。

唐朝武德三年（620年），广州（一作番禺）、新州（今广东新兴）的贼帅高法澄、冼宝彻杀死原隋朝官吏，占据二州，归附于林士弘，冯盎率军打败他们。

不久，冼宝彻的侄子冼智臣重新在新州集聚军众，自称首领，与冯盎对抗。冯盎率军进讨平灭叛军，冯盎活捉冼宝彻、冼智臣等人，于是占据广州、苍梧（今广西梧州）、朱崖（今雷州半岛、海南岛一带）的地盘，自称总管。

武德五年（622年）七月十八日，冯盎接受唐朝名将领李靖的檄文，率领部属归顺唐朝。唐高祖李渊在冯盎的辖地设置高州、罗州、春州、白州、崖州、儋州、林州、振州八州，任命冯盎为上柱国、高州（今广东阳江）总管，封吴国公，不久改封越国公，任命冯盎之子冯智戴为春州（今广东阳春）刺史、冯智彧为东合州（今广东雷州）刺史。不久，唐高祖再改封冯盎为耿国公。

综上所述，这时岭南地面的重要历史事件，几乎皆与冯盎有关，冯盎为政治军事等目的，移治罗州城，将罗州从今化州移至今廉江。

这座唐代罗州，位于广东省廉江市河唇镇龙湖村南面，始建于唐武德五年（622年）。清代《广东通志》载：“唐罗州在县东北三十里龙湖，城址犹半亘山麓。”

该城于1959年被调查发现，1963年进行试掘，城址平面呈曲尺形，位于平缓山岗的顶部，九州河在山脚下流经并注入北部湾。

经文物调查和考古发掘得知，罗州城遗址面积约6万平方米，平面布局效仿唐长安城的迹象明显，由几个既独立又联结的城区组成，以官署为主体，里坊、街市的区域界线分明。A区在城西北，地势较高，平面方形，是官署所在，有主干道南向通各区；B区在城中部，平面长方形，东面紧靠龙湖；C区在城南部，平面长方形；D区在C区东面，平面方形；南郊有独立小城一座，可能是罗州城的一处固定的市场遗址。

唐代罗州尚存部分夯土城墙，残高3~5米，宽1.5~3.4米，用土、石灰、沙、细石夯筑而成。城的东南面有一处城门，宽1.5~2米，城的西、北面有护城河。城内地表散布许多陶瓷片、瓦当、瓦、

① 魏徵、令狐德棻：《隋书》卷八十《谯国夫人传》，中华书局点校本1973年8月版，第1802页：“番禺人王冲宣反，首领皆应之，围洸于州城，进兵屯衡岭。夫人遣孙諠帅师救洸。諠与逆党陈佛智素相友善，故迟留不进。夫人知之，大怒，遣使执諠，系于州狱，又遣孙盎出战佛智，战剋，斩之。进兵至南海，与鹿愿军会，共败仲宣。夫人亲被甲，乘介马，张锦伞，领彀骑，卫诏使裴矩巡抚诸州，其苍梧首领陈坦、冈州冯岑翁、梁化邓马头、藤州李光略、罗州庞靖等皆来参谒。还令统其部落，岭表遂定。高祖异之，拜盎为高州刺史，仍赦出諠，拜罗州刺史。追赠宝为广州总管、谯国公。册夫人为谯国夫人。以宋康邑廻授仆妾冼氏。仍开谯国夫人幕府，置长史以下官属，给印章，听发部落六州兵马，若有机急，便宜行事。”

砖等。出土莲花纹瓦当、菊瓣纹瓦当、施青黄釉的四耳罐、碗、碟、豆及陶釜等，还发现一处用长方形砖砌成的凹字形排水沟。

唐代罗州城是以我国古代都城布局为标准进行规划建设的，同时根据地形，结合防卫、用水、交通运输的需求，巧妙利用龙湖深潭通九州河，从而形成该城建筑布局的特色，是研究唐代广东城市建筑及探讨当时政治、经济面貌与社会结构的一处重要历史遗址。

唐代罗州古城，现为广东省重点文物保护单位。

冯盎所处时代，岭南地区时有大乱、形势多变、政局动荡，冯盎移治罗州城，军事目的应高于经济目的，因此不大可能建大城，屯兵重于屯民。

后来，此城很可能被另一北燕南渡的后人、冯盎之侄冯士翙沿用。因粤西地面不稳，且李唐政权对日渐坐大的北燕冯氏不够信任，总欲除之，故冯士翙开始陆续转移冯氏经营重心，由新会—阳江—茂名—湛江，通过雷州半岛跨海去振州[①]，这是居安思危、未雨绸缪的一步高棋，而地处雷州半岛边的新罗州，正好是冯氏再度南渡的一处重要中转站与桥头堡。

十一、北燕冯氏南渡兴旺的设计者冯融

在“北燕南渡”这一重大历史事件中，有一位承上启下的关键人物：谯国公冯宝之父、萧梁王朝之罗州刺史冯融。

关乎南渡冯氏命运转折的重大决策，从其发展看，均是出自冯融的筹划，此人堪称北燕冯氏南渡兴旺蓝图的设计者！仅就冯氏家族的发展而言，冯融一生做过两件大事：令长子冯宝迎娶俚族首领冼英站稳脚跟，命次子冯贝入琼留条后路——前者可考，史称“冯冼联姻”；后者属于推论，但分析指向始终不离冯融身影。

在留存至今的岭南冯冼史料中，有一位令人爱戴的“冯都老”，其人是谁？有说是冯融，有说是冯宝。

“冯宝说”来自民间，是这样表述的：冯宝迎娶冼英后，搬到冼家去住，虽然其身份有点儿类似北方地区的“上门女婿”，但他的政治地位却不低。冯宝借助冼氏在俚人部落中的崇高威望，增强了自己在俚人族群里的号召力，广大俚人同样尊冯宝为自己的部族首领。每当冯宝与冼夫人出巡时，“每行部所至，蛮酋焚香具乐，望双旌而拜，迎者相望”，并高兴地欢呼：“冯都老来矣！”

“冯融说”来自官方的《新会县志》，此说被《高凉冯氏总（宗）谱》采纳，记述为：“融公袭阴（阴误，应是荫——本文引者，本段凡未注明“本文引者”括号内的文字均为原谱书所注）罗州刺史，冯融能以礼仪诗歌威震于族俗，吸引文人，相与诗歌。蛮众化之蕉荔之乡（罗州产香蕉、荔

① 史为乐主编：《中国历史地名大辞典》，中国社会科学出版社 2005 年 3 月版，第 2042 页：“振州，唐武德五年（622 年）改临振郡置，治所在宁远县（海南省三亚市西北崖城镇）。天宝元年（742 年）改为延德郡，乾元元年（758 年）复为振州。辖境相当今海南省海南岛西南部地。北宋开宝五年（972 年）改名崖州。”

枝），弦歌日闻。冯融每行部（部落）所至之处，各蛮首均焚香且乐望丰仪而相旌（称赞）拜迎，辄相告曰：‘冯都老来矣，毋焉不善，以缨罪戮（认为犯于战争是罪过，是羞辱），自是峒僚溪间乐樵耕（打柴和耕种），而不罹于镝锋者（没有战争而罹难）数十年’。融公之墓在新会飞鹅岭那艇迳右，冢基有廿余里，外有石人、石码（“码”误，应是“马”——本文引者）、石狮、石箭（此字当误——本文引者），又有一所铜鼓山傍瓦山，真伪莫辨，今佳芜没焉。融公是奠定汉越联姻的先驹（“驹”误，应是“驱”——本文引者）。”[①]

“都老”，是古代南方某些少数民族对酋长、长辈的称呼。《隋书》说：“本之旧事，尉陀於汉，自称‘蛮夷大酋长、老夫臣’，故俚人犹呼其所尊为‘倒老’也。言讹，故又称‘都老’云。”[②]《宋史》亦载：“其族铸铜为大鼓……相攻击，鸣鼓以集众，号有鼓者为‘都老’，众推服之。”[③]

两相比较，从其身份看，称“冯都老”为冯融说更近理，不仅因此说出自官方史料，可信性更强；即从逻辑角度考虑，冼英是俚族首领，位高权重，就算冯融提出婚聘，冯宝愿意迎娶，关键还是需冼英同意，若不同意事亦无成。“冯冼联姻”之所以能实现，若非冯融官声好威信高，礼贤下士深孚众望，为冯氏提亲打下了良好的信誉基础，是不可能成功的。可以说，“冯冼联姻”的完成关键是冯融，而非冯宝。

冯融治下的罗州，社会有序、民众安乐，俚人敬称“冯都老”。但是却又“号令不行”，这是为何？俚人族群不可能对“冯都老”又敬爱又反对吧，岂不矛盾？

文献记了“号令不行”，其前还有四字：“非其土人”，这是很重要的事。就是说，冯氏不是本族人，是外来者，人虽然很好，也认可其行事，但终究不是一个民族，感情有一定障碍，号召没有威力，因此其“号令不行”，这是很自然的。

那么，如何消除这一隔阂和隐患呢？最好的好办，是融入当地族群，改变自己的身份，最快的捷径就是联姻！冯家大公子和俚族大首领结为夫妇，一切问题与矛盾都可迎刃而解。冯融想到了这一点。

由此可知，“冯姻联姻”的成功，必须是双方秉持共同理念，求同存异互谅互让，谋求利益最大化的彼此妥协、认真谈判后的共赢成果。

那种认为“冼英是下嫁、冯宝乃赘婿”，或“冯宝娶冼英是给俚族面子”的想法[④]，有失公允，未免偏颇。

“冯冼联姻”成功之后，又出现一个问题，就是冯宝、冼夫人夫妇住在哪儿？这个问题，在今广东的高州、化州、电白、阳江四地争议不休，目前四方学界也达不成统一意见。

现在有一种说法值得关注：冯宝冼夫人婚后住罗州（今化州），其兄冼挺住南梁州（今茂名电白区，冼夫人也曾在那里生活过），而今天的高州乃萧梁王朝设立的电白郡，曾由南梁末期军阀“高州

① 高凉冯氏宗亲会总（宗）谱编辑委员会：《高凉冯氏总（宗）谱》，2015年印行，第164页。

② 魏徵等：《隋书》卷三十一《地理志下》，中华书局点校本1973年8月版，第888页。

③ 脱脱等：《宋史》卷四百九十五《蛮夷三》抚水州，中华书局点校本1977年11月版，第14209页。

④ 按：冼夫人名字应是冼百合，据历代《冯氏族谱》均作冼百合，其父冼耀辉，冼英之名，出于近年戏剧的称呼，不足为据。本文主冼百合，后不再注。

刺史”李迁仕据守。

此说法勾勒的冯宝、冼夫人的行踪线路图，即化州（罗州）的冯宝娶了今电白（南梁州）的冼百合，两人初婚住化州，随后奇袭盘踞于今高州（今高州市长坡镇长坡村）的李迁仕，一击成功。为抚安地面乎定黎庶，夫妻二人从化州迁入高州，此后基本就住在新开辟的地盘了。

据《隋书》载：“遇侯景反，广州都督萧勃征兵援台。高州刺史李迁仕据大皋口，遣使召宝。宝欲往，夫人止之曰：‘刺史无故不合召太守，必欲诈君共为反耳。’宝曰：‘何以知之？’夫人曰：‘刺史被召援台，乃称有疾，铸兵聚众，而后唤君。今者若往，必留质，追君兵众。此意可见。愿且无行，以观其势。’数日，迁仕果反，遣主帅杜平虏率兵入灨石。宝知之，遽告，夫人曰：‘平虏，骁将也，领兵入灨石，即与官兵相拒，势未得还。迁仕在州，无能为也。若君自往，必有战斗。宜遣使诈之，卑辞厚礼，云身未敢出，欲遣妇往参。彼闻之喜，必无防虑。于是我将千余人，步担杂物，唱言输赕，得至栅下，贼必可图。’宝从之，迁仕果大喜，觇夫人众皆担物，不设备。夫人击之，大捷。迁仕遂走，保于宁都。夫人总兵与长城侯陈霸先会于灨石。还，谓宝曰：“陈都督大可畏，极得众心。我观此人必能平贼，君宜厚资之。”①

现在与今高州争“古高州”的不是化州、电白，而是阳江。阳江学界认为梁时高州不在茂名在阳江。还认为，不仅古高州在阳江，最早的罗州也在阳江。

所有争论皆来源于古老的“高凉郡”，它是岭南地区曾经存在过的一个极为重要的古郡县，范围很广：东起今恩平市的西北部；西达化州，与湛江市接壤；南至南海②。

就是说，跨时四五百年、地域广大的古高凉郡与今广东恩平、阳江、茂名、湛江皆密切关联，在分分合合的漫长岁月中，留下太多迄今难解的历史疑团，需要今人去解决，对古今高州③、罗

① 魏徵等：《隋书》卷八十《谯国夫人传》，中华书局点校本 1973 年 8 月版，第 1801 页。

② 史为乐主编：《中国历史地名大辞典》，中国社会科学出版社 2005 年 3 月版，第 2174 页：“高凉郡，东汉建安二十五年（220 年）孙权分合浦郡置，属交州。治所在思平县（今广东恩平市北）。辖境相当今广东阳江、阳东、阳西、阳春、恩平、高州、茂名、电白等市县地。西晋治所移至安宁县（今广东阳江市西）。南朝宋复治思平县。南齐移治安宁县。隋开皇九年（589 年）平陈后废。大业二年（606 年）改高州复置，治所在高凉县（今阳江市西），辖境扩大，又包括今吴川、化州二市地。唐武德四年（621 年）复改为高州。天宝元年（742 年）改为高凉郡，乾元元年（758 年）复为高州。南朝末，保障岭外数州安宁的冼夫人，即本郡的越族首领。”

③ 臧励龢等编：《中国古今地名大辞典》，商务印书馆中华民国二十年（1936 年）五月版，第 772 页：“高州，南朝梁置，治高凉，在今广东阳江县西三十里。唐徙治良德，在今广东茂名县东北，改曰高凉郡，寻复曰高州，徙治电白，在今广东茂名县东北四十里，宋曰高州高凉郡，元为高州，徙今茂名县治，明为高州府，清因之。”

史为乐主编：《中国历史地名大辞典》，中国社会科学出版社 2005 年 3 月版，第 2163 页：“高州，南朝梁大同中置，治所在高凉郡高凉县（今广东阳江市西）。辖境相当今广东鉴江及汉阳江流域地区。隋大业二年（606 年）改为高凉郡。唐武德四年（621 年）复置，贞观二十三年（649 年）移治良德县（今广东高州市东北）。天宝元年（742 年）改为高凉郡，乾元元年（758 年）复为高州。大历十一年（776 年）徙治电白县（今广东高州市东北长坡镇旧城村）。辖境缩小，仅为今高州市、建白县部分地。北宋景德元年（1004 年）废，三年（1006 年）复置。元至元十七年（1280 年）改为高州路。”

戴均良主编《中国古今地名大词典》，上海辞书出版社 2005 年 7 月版，第 2476 页：“高州，南朝梁置，治高凉县（今广东阳江市西），辖境相当今广东省鉴江及漠阳江流域地区。隋初改为高凉郡。唐武德六年（623 年）复置，贞观时移治良德县（今广东高州市东北），辖境缩小，相当今茂名、高州、电白等县地。元升为路。”

州[1]之所在，学术界也早就注意到这些问题了。

研究冯融生平，还有一个需解问题，即其次子冯贝的去向问题。长久以来，海南冯氏后裔很多，散居各地，他们都认为："冯氏入琼始祖为冯背。"冯背是谁？

关于此人出身，有冯宝冼英之后说，有冯盎之后说，但均经不起推敲。后经阳江研究冯冼文化学者冯峥告知笔者："冯背实为冯贝，乃冯融之子、冯宝的弟弟。"此说可信。那么，冯贝是何时去海南岛的呢？

目前在当地最通行的说法是，冯贝是随冼夫人进入海南的。

1982年5月3日，《海南日报》副刊《椰风》发表了白苗文章《冼夫人和海南黎族》，经其考证，冼夫人一生曾四次入琼，分别是：

第一次，海南置崖州之前，冼大人秘密到海南，协助朝廷策划恢复重置州郡。

第二次，冯宝卒（551年），岭南遍地皆烽火，冼夫人以黎族首领和太守夫人身份，一面动员亲族迁移海南巩固后方，另一面巡遍各州积极帮助陈朝统一岭南。

第三次，隋陈交替时期（589年），冼夫人赞成统一反对叛乱，亲披犀甲乘白马领骑卫抚置岭南后，曾到现海南省海口市龙华区新坡镇梁沙村驻军。

第四次，隋开皇十一年（591年），"时番州总管赵讷贪虐，诸俚獠多有亡叛"。[2]隋文帝委托冼夫人招抚。当时，冼夫人已是七十多岁高龄的人，但她不计个人安危，亲带诏书历十余州，宣告上意，所到皆降，相传这次来海南在梁沙村开府设帐。

其中认为第一次与第二次，是冯贝最有可能随冼夫人入琼的时机。

不过，第一次入琼，崖州未立，冼百合尚未与冯宝婚配，怎么可能带冯贝跨海入琼呢？

第二次入琼时机不错，但依据冯宝卒年（五十岁）推测，其弟冯贝的年龄按常理也应过四十岁了，在千余年前的南北朝时代已属高龄了，这么大年纪才渡海南迁、进行创业，大约不甚合适。

若冯贝是在此之前入琼的，决定他去向的，就不是冼夫人，只能是其父——罗州刺史冯融。

身为北燕王族后裔的冯融，思忖家族何去何从的战略取向，为万全计，他一手命长子冯宝娶俚女冼百合稳定局面，一手命次子冯贝入琼开辟新地，抓住海南尚未开发潜力无穷的战略机遇，进行部署，识见之远，非常人可比。

---

① 臧励龢等编：《中国古今地名大辞典》，商务印书馆中华民国二十年五月版，第1349页："罗州，南朝梁置，治石龙，在今广东化县东北。隋废。唐复置，移治廉江，在今广东廉江县北，寻改曰招义郡，后复为罗州。宋废。"
史为乐主编：《中国历史地名大辞典》，中国社会科学出版社2005年3月版，第972页："罗州，南朝梁置，治所在石龙县（今广东化州市），辖境相当今广东化州市地。隋大业初废。唐武德五年（622年）复置，六年（623年）治所在石城县（今广东廉江市东北）。天宝元年（742年）改为招义郡，乾元元年（758年）复为罗州，辖境相当今广东廉江、吴川二市地。北宋开宝五年（972年）废。"
戴均良主编《中国古今地名大词典》，上海辞书出版社2005年7月版，第1801页："罗州，南朝梁置，治石龙县（今广东化州市），辖境约相当今广东省茂名、化州、吴川等市。隋大业初废。唐武德五年（622年）置，治石城县（天宝初改廉江县，今广东廉江市），辖境相当今廉江市和吴川市西部地区。天宝元年（742年）改招义郡。乾元元年（758年）复为罗洲。北宋开宝五年（972年）并入化州。"

② 魏徵等：《隋书》卷八十《谯国夫人传》，中华书局点校本1973年8月版，第1803页。

而从南渡冯氏后来的发展脉络看，确实是按照冯融的安排部署的步子走的。

目前，就海南来说，冯氏后裔分布于海南省各地，其中琼山琼海和澄迈为主要聚居地，总人口约十二万。澄迈县老城镇石村多为冯姓村民，是名副其实的海南冯氏第一村。

十二、“冯冼联姻”恰逢岭南经济崛起之时

成语谓“时势造英雄”，以“冯冼联姻”为代表的这两大北南精英集团的结合，之所以引发出持续的轰动效应，一个很重要的时代背景是：它正处于岭南经济崛起的时候，谁先掌握住时机，谁便能“近水楼台先得月”，获得令人炫目的时代红利！

南朝，是上承接东晋下开启隋朝的时期，也是继东晋之后由汉民族所建立起来的统治政权，在我国历史上有着极其重要的地位，为华夏文明的继承发展起到了不可替代的作用，同时南方的城市在这个时期也得到了相应的发展，在南朝时期的首都建康城与当时的古罗马城并称为是“世界古典文明两大中心”。[①]

由此可见，以建康为首的南朝文化在当时的影响不容小觑，并且能够在人类历史上留下深远的影响。而门阀士族在这个时期逐渐衰落，渐渐地改变了南朝的社会阶级，从而形成了“南弱北强”的局面。

从东晋的后期开始，门阀士族逐渐走向了衰落，这给了岭南土著崛起的契机。士族制度的弊端在于自身的腐朽上，由于门第的地位使得高级士族不需要用功就能获得不错的官职以及地位，从而使得许多贵族子弟不思进取，整日沉浸于奢靡生活之中。

因此，在东晋和前秦的淝水之战以后，一些庶族出身的将领从此展露自身领导才能，为庶族的崛起开了个好头。往后的南朝开国皇帝宋、齐、梁、陈的皇帝，都是庶族出身，而且南朝帝王在实际执政中敢于分权给庶族掌管，士族制度的生存在此时变得摇摇欲坠。

而在此时，人口不断地南迁，也加速了岭南地区的开发，而土著人群在这时便起了重要的作用。岭南的主要粮食作物是水稻，栽培水稻的历史最早可以追溯到新石器时代，由郭义恭《广志》记载的“南方地气暑热，一岁田三熟”得知，南北朝时期培育出了三熟稻。粮食产量的增长和农业的进步，是岭南土著发家的立足之本，这也是为什么南朝交通重心逐渐转移到广州的原因之一。

还有就是岭南特殊的气候特点，使得经济作物得到了广泛的种植，有荔枝、龙眼、柑橘等几十种。种类繁多的经济作物，为岭南人民的物质生活的提升作出了极大的贡献，其作用不亚于基础农业，为岭南地区的经济发展作出了比较特殊的贡献。

岭南手工业的发展起步比较晚，虽然比内地的水平要低，但是有着自己的特色。因为地理位置的原因，亚热带气候环境，让岭南可以种植多种所需的植物，例如棉花、麻布和葛布等。这些材料所制成的织物，外观不仅精美得体，穿着还更清凉舒适，其中有几种还成了岭南向朝廷进贡的物品。

---

① 王广禄、吴楠：《寻觅六朝建康城昔日繁华》，《中国社会科学报》2016 年 4 月 22 日：“建康作为吴、东晋、宋、齐、梁、陈六个朝代的都城，曾一度领先于东亚及东南亚各国都会，与古罗马城并称为‘世界古典文明两大中心。’”

另一个与商业相辅相成的手工业就是造船业，我们国家的海外交通正式开通是在两汉时期，到了南朝时期岭南海外贸易开始了蓬勃发展的新时期。因为这时候岭南受到了朝廷的重视与开发，岭南新经济区的兴起和造船业的发达，让本就处于南海边的岭南成为了各商旅落脚贸易的地点。

地理的优越性，让岭南地区海外交通的发展更加便利，又因为与都城建康的关系，让陆上的交通也有所加强，岭南的海外交通，在宋文、梁武时期达到了鼎盛，也给后世朝代的繁荣奠定了基础。

在岭南的农业、手工业和海外交通的共同发展下，岭南地区的商业在南朝时期有了一定的发展，出现了一些商会都市。广州在此时便成了岭南地区的交通枢纽和经济中心，因为孙吴早先在这里设为州治，所以广州也是岭南地区的政治中心。

国内外的商人皆汇聚于此，商品种类数量很多，主要的商品有象牙、珍珠、琉璃和孔雀等奇珍异宝，广州也因此成为了岭南地区最大的商业都市。

综合当时的时代背景来说，岭南外来人口的不断迁入，让这个地处深山边界的蛮荒之地，得到了良好的劳动力补充，有了人那就能开出发更多的地，又因为得天独厚的气候条件，使得农业的发展较为迅速，粮食作物与经济作物的同时发展，造就了商业与手工业的良好基础。

通过上述所说各行业的发展可以看出，从东晋开始岭南便已经成为了全国经济大区之一，发展最为明显的是在南朝时期。

岭南经济的迅速崛起，让当时的统治集团迫切登上历史舞台的欲望更加强烈，梁武帝末期以陈霸先为首的一批岭南著名人物，凭借着岭南的实力起兵，建立了陈朝。而像徐度、沈恪、淳于量等大战南朝梁，立下汗马功劳，遂成为陈朝的开国功臣。

岭南的粮食补给，是此次战争胜利的制胜所在，因为有了岭南源源不断的物资供给，陈霸先才能迅速地攻破梁朝都城建康，平了侯景之乱，建立了以岭南为核心的政权。

十三、“侯景之乱”后的岭南政坛

南朝梁太清二年（正平元年、548 年）八月，爆发了“侯景之乱”，这对萧梁王朝是致命的一击！经此动乱，江南经济遭到严重破坏，“衣冠南渡”后形成的江左门阀势力险遭团灭，以致跄踉出局。

在这一时代巨震、重新洗牌的转折关头，岭南汉俚融合形成的冯冼军政集团闪亮登场，因精准把握时机，积极支持庶族陈氏上位掌权，新生的冯冼集团走出南朝政坛的边缘地带，并迅速划割属于自己的利益范畴，一跃成为岭南地面的实际领导者！

自此，“北燕南渡”后的冯氏王族，终于成功完成万里迁徙的战略大转移，于岭南绝处逢生；而长期受抑的俚族也开始转换身份，成为粤西一支举足轻重的政坛力量。

“侯景之乱”对于当时的门阀士族的打击，是毁灭性的，这也给了庶族地主势力上升的不二良机。

侯景在叛乱时期，大肆屠杀当时的门阀地主子弟，使得门阀地主的数量直线下降，而在战乱中饿死的权贵也不在少数。《梁书·侯景传》记载：“既攻城不下，人心离阻，又恐援军总集，众必溃散，乃纵兵杀掠，交尸塞路，富民豪家，有意裒剥，子女妻妾，悉入军营。”[①]

当时，建康的世族地主无一幸免，中央政治就此崩塌，所以地方庶族地主借此拥兵自重。可见，历经了东汉、吴、东晋、宋、齐、梁几代所沿袭的世家制度，此时受到何等致命的打击。

这个混乱的时期，让本就处于上升发展的江南庶族和地方少数民族豪强变得更加活跃，通过利用国都被破的时机割据一方。

这些讨伐侯景的将领，都在战争中获得了官职，成了陈王朝其中的一员，从此门阀世族地主垄断政权的状况一去不复返了。

有的世族丧失了劳动力，有的世族丧失了原有的官位，世族地主没了田地和地位，他就与庶民没什么两样，南朝后期世族的阶级社会地位，有如从喜马拉雅山变成了马里亚纳海沟，不能不让人感叹世事无常！

“侯景之乱”开始后，侯景的势力发展迅猛，先是攻占了建康，其后又派兵进军抢夺各地城池，梁朝的政权几乎覆灭。而地方势力也在此时蠢蠢欲动，以“勤王”为由，招兵买马壮大势力，从《梁书》记载中可知，徐文盛在“太清二年，闻国难，乃召募得数万人来赴。世祖嘉之，以为持节、散骑常侍、左卫将军、督梁南秦沙东益巴北巴六州者军事、仁威将军、泰州刺史，授以东讨之略”。[②] 可见当时的地方地主已经可以称得上是一方诸侯了。

侯景最初起兵之时，也就不过千人，等到打下建康城时，已经召集到了十万兵力。这也侧面表达了社会各阶级，对于统治者的严重不满，想要通过武力来改变国家现状。

各地方军府及地方长官见此现状，无不乘机招募士兵来发展自己的私人武装势力。“侯景之乱”后，梁末和陈初个人所拥有的私兵数量比起以前大为增加，其中的许多将领都是陈朝的开国将军，他们都是在“侯景之乱”时，以反攻侯景为由而起家的。最鲜明的例子就是陈霸先，以岭南地区的优势，反攻建康，平定侯景，最终建立了陈朝。

“侯景之乱”加速了奴隶的解放，加剧了南朝梁的消亡。

虽然早在秦汉时期就已经进入了封建社会，但是奴隶还依旧存在着。直至南北朝时期，奴隶问题一直占据着比较严重的地位，又因为东晋南朝时期奴婢众多，直接导致了社会阶级矛盾的激烈碰撞。

然而，奴婢问题在“侯景之乱”中获得了解决，在此期间出现了大量奴婢解放浪潮，许多奴隶在这个时候不仅获得了人身自由，有的还能得到官位。这其实就是侯景的策略之一，侯景作为北方政权的统治者来到江南，必定不可能马上获得江南人民的支持，那么为了反梁就必须拥有另外的力量。所以，侯景便想到了这一招：解放奴隶。

此时，江南的奴隶正处于水深火热之中，有一个人来搭救他们，还给他们资产和将领官位，那他们就有理由为侯景誓死效忠，这也是为什么侯景攻破建康城后，能拥兵十万的原因。

---

① 姚思廉：《梁书》卷五十六《侯景传》，中华书局点校本 1973 年 5 月版，第 843 页。

② 姚思廉：《梁书》卷四十六《徐文盛传》，中华书局点校本 1973 年 5 月版，第 641 页。

这阶段是社会最底层奴隶扬眉吐气的时代，是他们砸碎旧时代镣铐可以自由行动的大好时期。侯景此举虽是为了自己的权力之争，但是对于当时扫除奴隶制残余起到了不可或缺的作用，也影响到了阶级的变化。

总之，“侯景之乱”不仅打击了南朝门阀世族的力量，还促使了庶族地主的崛起。南朝军事力量和社会经济的衰退，导致了南朝后期社会阶级制度的变动，这对南朝后期的社会历史发展有着极大的影响，也推动了岭南地区的统治者登上历史舞台。

岭南社会阶级的变动，简言之就是由地方阶级上升成了统治阶级。至于影响岭南社会阶级变动的原因，总的可以将其归结为三点：一是中央对地方的开发，让岭南地区经济实力大涨；二是岭南地区土著招兵买马，建立了自己的武装力量；三是“侯景之乱”，导致了南北地区的动荡不安。

所以，岭南地区社会阶级的变动是必然的，当时的统治者以及腐朽的社会阶级制度促使了这一变化，也使得陈朝因此走上了历史舞台。

冯冼军政集团，正是这一历史变化动荡期的受益者之一。没有人能随便成功，天时、地利、人和三要素缺一不可，能整合上述资源者，必有过人的胆识与智慧，而冯宝、冼百合，正是这一时代弄潮儿群体中的佼佼者。

十四、谯国公冯宝在岭南的威望与贡献

谯国公冯宝正史无传，他的事迹仅在《隋书·谯国夫人传》中有所反映。在这篇由唐初名臣魏徵主笔、写得洋洋洒洒的两千余字长文中，冯宝的形象十分模糊，只在向冼夫人寻策问计时留下四字：“何以知之？”。至于冯宝的政绩，究竟为岭南作过哪些贡献？魏徵只字未提。

这难免给后人造成如下错觉：误认为冯宝不过是冼夫人耀眼功业的陪衬与点缀，他的存在可有可无，甚至用贬损之词说他是“俚族赘婿”。显然，这不是历史真相。

在朝廷的权力架构中，冯宝一直是代朝廷执政安民的岭南实际的第一领导者（生前）与名义领导者（去世后），冼百合封号众多，其最尊贵的封号是“谯国夫人”，这也是由冯宝的“谯国公”封号而来的。无论冼百合多么出众，南朝及后来的隋朝毕竟是汉人当政，欲绕过冯宝单树俚族冼百合，是不可能的。在南朝帝王们的眼中，岭南的汉家政权话事人，唯有冯宝。

冯宝生前的地位，更不是无足轻重的。即便在《隋书·谯国夫人传》中也写道：“及宝卒，岭表大乱，夫人怀集百越，数州晏然。至陈永定二年，其子仆年九岁，遣帅诸首领朝于丹阳，起家拜阳春郡守。”[①] 这可是不一般的记述，“及宝卒，岭表大乱”，这区区七字，便令明眼人立刻知道冯宝在岭南政坛上的真实分量。

试想，若冯宝不过是个可有可无的配角，是凡事皆由冼夫人主持与代劳的“俚族赘婿”，那些脑生反骨、见风使舵的岭南豪强们，谁会把一个无用的窝囊废放在眼里？为何“及宝卒”，就压不住局势，便“岭表大乱”？道理很简单：只要冯宝在，他们就不敢造次行事，就得按规矩来；只要冯宝在，

① 魏徵等：《隋书》卷八十《谯国夫人传》，中华书局点校本1973年8月版，第1802页。

他们就不敢图谋不轨，就不敢反！

这说明，当年身居岭南的冯宝，不仅朝廷认可，地方实力派也认可。这还说明，冼百合是冯宝的鼎力支持者，是冯宝最重要的助手。冼夫人真正走上历史舞台，不是在“冯冼联姻”之初，而是在冯宝去世之后。

被朝廷器重的冯宝出任高凉太守，迎娶俚族首领冼百合后，冯宝便很少被提到，信息寥寥，冯宝真的没有做什么，而是一切政务都由妻子代劳，自己无所事事了吗？答案是否定的。

真实的情况，《隋书·谯国夫人传》中还是有所透露：谯国夫人“每共宝参决辞讼”，这里说的是冼百合“参决”，而不是“主决”，一语道破其中疑问。另外，也可能冯宝与冼百合做了内部分工，冼百合侧重外交与军事，冯宝则主抓教育与民生，在冯宝看来，后者才是富国强兵、长治久安的根本保障。

据高州学界考证，如今的高州长坡中学，是当年冯宝开设的“仕林学堂”的旧址，如此说来，冯宝应是长坡中学的第一任校长。从另一角度讲，“仕林学堂”算得上是南朝当年“建康太学”高州“分校”，任教上课的先生相当于而今院士的级别，受教学生真的是三生有幸。

高州博物馆原馆长张均绍说：由于冯宝和冼夫人大力改革俚人的社会习俗，使高凉地区的俚人社会风气大为改变，过去那种“好相攻击”“侵掠旁郡”的野蛮恶习逐渐消失，代之以“乐樵耕而不罹锋镝”①的安定局面。

冯宝还在辖区开设教馆，吸纳俚人子弟入学读书，并亲自到馆讲学，岭南高凉一带始有教化，出现了“士相以为诗歌，蛮中化之，蕉荔之圩，弦诵日闻”的文明风尚。高州民间，至今还流传有“冯宝指令读诗书”的诗句。经冯宝多年经营，早先蛮荒的高凉郡处处回荡琅琅读书声，汉族封建文化在高凉地区得到广泛传播，逐渐在俚人地区造就了一批知识分子。

冯宝出任高凉太守前，当地的医疗卫生条件十分落后，到处充斥信神不信医的迷信观念，俚人一旦患病便认为是邪魔附体，就请来“神巫”驱病消灾。为扭转这种风气，冯宝经常派军医到高凉百姓中去讲防病治病的道理，并将治疗常见病的简单验方传授给当地的少数民族，使无数俚族百姓摆脱了病痛之苦。俚族百姓对冯宝感恩戴德，视其为救苦救难的大恩人，亲切地称他为“冯公宝”。

身为地方官的冯宝，为高凉百姓做了很多实实在在的事。

他把先进的汉文明传入岭南地区。冯宝在冼夫人的协助下，教民耕织，用铁制农具代替落后的刀耕火种，帮助当地俚族百姓兴修水利，采用“牛耕田”等先进的生产技术，带动了这一地区社会生产力的迅速提高，过去的贫困之地，财富日聚、人丁兴旺，成为温馨富庶之乡。

首先，农业生产稳定发展。据《隋书》记载，岭南地区的俚族人民“尽力农事”，百姓安居乐业，连年丰收。高凉地区百姓根据当地的自然特点发展香蕉、荔枝、龙眼等果类种植，并且达到一定的规模，出现了成片种植的蕉林和荔枝林，其果类远销海内外。唐代中期，冯宝、冼夫人的后裔高力士（系冯君衡之子名冯元一），每年都从高凉故里运送大批新鲜荔枝到长安，进献给皇帝、皇后

① 参见高凉冯氏宗亲会总（宗）谱编辑委员会：《高凉冯氏总（宗）谱》，2015 年印行，第 184 页。

享用。荔枝是很著名的，曾引发诗人杜牧的无限感慨，写出："长安回望绣成堆，山顶千门次第开。一骑红尘妃子笑，无人知是荔枝来。"这首感怀诗传唱千年，如今这一地区还有一种荔枝的品种名为"妃子笑"。

其次，家庭手工业得到发展。高凉地区的百姓不仅会养蚕种麻，而且善于纺纱织布。据《太平寰宇记》记载，高凉和雷州一带，"唯织葛种苎为衣"，所出产的葛布、都落布、吉贝布等棉麻织品质地甚佳，一直被列为贡品。

在冯宝的支持下，高凉地区还出现了作坊式的制造业。最普通的是制陶作坊，不论从制作规模还是设计造型，或是产品质量上，都达到了相当水平。

高凉地区的陶器制作业，早在汉代便形成了一定规模，在高州发现的蒲杓岭汉代窑址中，曾保留有完整的窑室及陶器产品遗存。隋唐时期，陶器制作业遍及高州各地，但多数集中于冼夫人故里一带的乡村，有些窑址往往以群体形式出现，排列数座或十数座，产品有砖瓦、碗碟等建筑材料及生活器物。在冯、冼定居地——冯家村旁的木马河边，分布有十余座古窑，其烧制的产品大部分是砖瓦，少部分是碗、盆等器物。当地民间流传有一段与此有关的神话传说：冯宝、冼夫人在建造冯家村时，需要大量的砖瓦。白天，请匠人制作；夜晚，则遣鬼神来帮助。当地百姓将这些烧制陶器、砖瓦的古窑址称为"鬼窑"。据文物普查统计，这种"鬼窑"在高州市地区共发现一百五十多座。这些文化遗存，证明当时作坊区的手工业规模是比较大的，体现了当时社会生产力的发展水平。

社会的稳定，生产的发展，促进了经济交往的频繁，增加了社会财富的积累，这是冯宝、冼夫人时期高凉地区经济发展的结果。据《新唐书·冯盎传》记载："盎族人子猷，以豪侠闻。贞观中，入朝，载金一舸自随。高宗时，遣御史许瓘视其貲。瓘至峒，子猷不出迎，后率子弟数十人，击铜鼓、蒙排，执瓘而奏其罪。帝驰遣御史杨璟验讯。璟至，卑辞以结之，委罪于瓘。子猷喜，遗金二百两，银五百两。"①

高州市博物馆原馆长张均绍认为：冯子猷虽是当地的部族首领，聚结财富的能力比百姓容易得多，但他能载金一舸去朝见皇帝，这么多的财富，连皇帝都被惊动了！后来他又毫不吝惜地赠大量黄金白银给御史杨璟。如果当时的社会生产力不高，经济基础薄弱，在这小小的地域内，怎么可能积累如此巨大的物质财富？这必然是经过一段和平安定的历史时期，生产得到稳步发展，百姓安居乐业所形成的。这种局面的开创，不能不归功于冯宝、冼夫人的奋斗与努力。

长坡旧城冼太庙位于高州市长坡镇旧城村，据当地村民说法，旧城村古时又称冯家村，是冯宝与冼夫人后代的聚居地之一，村民多数姓冯。这里的百姓世代沿袭在长坡旧城冯宝公祠、冼太庙拜祭先祖的习俗，并参与由官府主持的在长坡旧城冼太庙的祭祀活动。

"相传高州市长坡镇旧城村，是冯宝与冼夫人后代生活的地方。旧城村从南朝梁代置电白郡（县）至明成化初，是当时的政治、经济、文化和军事中心，因此官府选择在旧城修建冼太庙。"张均绍向我们如此介绍说。

① 欧阳修、宋祁：《新唐书》卷一百一十《冯盎传·附子猷传》，中华书局点校本 1975 年 2 月版，第 4114 页。

旧城村中有一项技艺，被列入茂名市非物质文化遗产名录，或可说明冯家村与冯宝家族的渊源。“冯家村的祖先从北燕（今辽宁北票）迁徙而来，高凉胡琴传统制作技艺，随冯氏家族的祖先来到高凉，后在旧城村落地生根。”据广东省群众文化馆副研究馆员、副教授周泽明介绍：旧城村生活着冯冼家族的后人，经高州市文化馆工作人员实地调研，古粤西地区并无胡琴，在冯家村传承下来的胡琴技艺很可能是由北燕冯氏传入高凉地区的。

现存旧城冼太庙为明清时期的建筑，但庙中所藏的文物，多数可追溯至魏晋南北朝和唐宋时期。庙前殿的右侧，现在陈列着一排在旧城村出土的历史文物，有砖、瓦、陶器等。其中，一件瓦当残件十分明显，外观呈浅灰色，印有一清晰的凸起的兽面纹，浓眉凸眼，长牙露齿。

高州市博物馆馆长陈冬青说：“出土的两件兽面纹瓦当残件，与廉江龙湖城址发现的唐代兽面纹瓦当极为相似，从它的质地、尺寸、风格来看，应是唐代甚至唐代以前的遗物。”

据陈冬青介绍，当地出土的陶罐多数为直口平唇，口沿外撇，溜肩鼓腹，平底，肩部四耳或两耳，颜色有青灰色和红褐色两种，皆不施釉。根据其器型和装饰，这些陶罐最早可上溯至魏晋南北朝时期，最晚也不晚于唐代。

在陈列的一系列文物中，陈仓米最为当地人所津津乐道。陈仓米实为碳化后的稻米，主要在村民冯敏元家中地下挖出。陈冬青说：陈仓米的出土，说明过往旧城曾设有粮仓储存粮食，是旧城在冯冼时代处于高凉政治经济中心的一个重要佐证。

南朝梁大同元年（535 年），冯宝、冼百合于岭南高凉喜结良缘，这是一个被历史铭记的日子。它意味着岭南历史的新篇章从此揭开，宣告长达百年（436—535 年）、历时四代人（冯业—冯諠—冯融—冯宝”的“北燕南渡”，至此圆满结束。

南朝梁太平二年（557 年），冯宝病逝高凉，享年五十岁，他的妻子冼百合继承其遗志，又奋斗了四十五年，享年九十岁。

冯宝、冼百合后，冯冼军政集团成为号令岭南各派势力的旗帜，已具备了独立建国的资本，后被保持战略清醒的冯盎婉拒。从这时起，“北燕辽西冯氏”变成了“北燕岭南冯氏”。

岭南，是那个时代“衣冠南渡”的汉族文明抵达的中国最南端。

冯宝单独雕像目前只有一尊，立于今高州水库良德区内的凤凰山磨盘岭上，相传冯宝过世后葬于此地。

谯国公冯宝墓，坐巽向乾兼巳亥分金，位于凤凰山磨盘岭山岗上，居高临下，视野开阔，四周青山秀丽，绿水波平，风光旖旎。冯宝墓地通长 75 米，宽 32 米，墓园内面积 2400 多平方米，主体地面建设沿轴线由西向东分级抬高，从前往后第一级为墓地拜堂，第二级为香炉、供台和冯宝石雕像，第三级为冯宝主墓，第四级为冯宝墓后土、风水墙、文笔塔等。墓地左右两边各有一道冯宝冼夫人文化长廊，并陈列墓地从元朝至今相继出土大量文物，这对于研究梁、陈、隋时期的墓葬文化有很高的历史价值。

近年为重建冯宝墓园，立起冯宝雕像，岭南北燕冯氏后人费尽心力，克服了资金、政策等各方面的种种困难，对先祖表现出深厚敬意。在冯宝公墓园的重修过程中，辽宁学者为此也付出很多努力，精心构思，义务做设计工作，查找相关资料，绘图，进行符合历史风貌的墓园设计，并为冯宝墓园书写各种所需的题字①。

十五、北燕冯氏是开发粤西的汉族先驱者

作为“北燕南渡”本文的结尾，再说几句相关的话。本文最初是想写成“北燕冯氏是开发岭南的汉族先驱”，但广义的古代岭南范围较大，除今天的广东、广西全境、湖南与江西的部分地区外，还应包括海南省及曾在古代中国版图内的越南，另外，冯氏南渡赴粤前的南越赵氏、东吴孙氏的贡献也不应忽视，本着符合历史、尊重先人的原则，故改为：北燕冯氏是开发粤西的汉族先驱者。

“衣冠南渡”前，汉族聚居的核心区，是在黄河流域的所谓中原地带，长江以南的汉文明仅呈“点状分布”，即集中于若干城市区域内，如南京、广州、武汉、长沙、成都等地，尚未形成点面的全覆盖，而与汉人分庭抗礼的，是庞大的俚、僚族群。

“僚”，读“老”，僚人，是中国古代南方民族中的一大群体，是对特定时期活跃在中国古代岭南和西南地区一些民族的泛称，在《濮祖经》《魏书・獠传》等典籍中均有记载。

僚人来自百越，祖源是骆越，他们从南方迁徙，后进入云贵高原。魏晋南北朝时期，僚人从云贵高原进入巴蜀大地，史称“僚人入蜀”，影响巴蜀地区发展长达三百年之久。

僚人或与当地汉族融合，或消失，或流变为仡佬等民族群体，或向南迁徙到泰国、老挝、越南等东南亚国家。

由此可见，当年的俚僚族群枝系庞杂、人数众多、根基深厚、势力强大。

遗憾的是，长期以来，俚僚族群与汉族政权为争夺生存空间、资源的争斗，此起彼伏，战争远多于和平。

从秦始皇派大军征粤，到汉代的路博德、马援平粤……无数的汉俚之争、汉僚之争的记载，充

① 张松于此补充附记：冯宝墓的重修，涉及高端的古建筑维修，若找专业机构参与，设计费开价之高令人咋舌。高州市委宣传部副部长许金福向冯家提议，可请辽宁冯永谦先生代为设计，高凉冯氏宗亲会长冯金卓立即向冯永谦先生说明此意，老先生欣然应允。

冯永谦先生是我国著名考古学家，辽金史、长城史专家，却与“三燕”尤其是冯氏北燕渊源颇深。1965 年 9 月，他与徐秉琨于北票西官营子村发掘了北燕皇帝冯跋之弟冯素弗及其妻属墓，亲手发掘出如今家喻户晓的北燕双马镫、鸭形玻璃注、冯素弗四大官位印章等珍贵文物，尤其是双马镫与玻璃注——古代欹器，已成为辽宁省博物馆镇馆之宝，入选中央电视台的“国家宝藏”栏目向世界播出。

2015 年与 2017 年，年过八旬的冯永谦先生亲自在北票西官营子的冯素弗墓前，为来自高州的领导、冯氏后人讲解北燕历史与当年冯素弗墓的发掘往事。2018 年，84 岁的冯永谦先生受邀请，由沈阳赴广东高州，去了广东冯氏所在地的许多地方，并在高州冼太庙、长坡冼太庙等地参谒冯宝、冼夫人像，还赴尚未动工的冯宝墓址实地考察，提出规划设计意见，连夜为冯宝墓园画了设计草图，不辞辛苦而甘尽义务，其精神值得学习。

冯永谦先生后来回忆说：为设计冯宝墓园，他找了由汉代至隋唐大量墓园资料，参考了柳宗元等名人的墓园资料，最后将冯宝墓定为隋唐风格，这样会最接近当时的时代特色。

由辽西冯素弗墓至粤西冯宝墓，全程参与的冯永谦先生是这段动人历史的见证者，并且他还主张冯业此去南朝刘宋并到岭南的地方主政，经过子孙百年发展从而改变了当地的政治局势和经济、文化面貌是“北燕南渡”，应提出这一学术新名词，认为“北燕南渡”经得起时间检验，因此冯宝的历史地位不应埋没，对其要作新的评价，他的历史作用应大书特书！

斥典籍，不可胜数。

如《南齐书》载："越州，镇临漳郡，本合浦北界也。夷獠丛居，隐伏岩障，寇盗不宾，略无编户。"①

《南齐书》载："土有瘴气杀人。汉世交州刺史每暑月辄避处高，今交土调和，越瘴独甚。刺史常事戎马，唯以贬伐为务。"②

《南齐书》载："广州，镇南海。滨际海隅，委输交部，虽民户不多，而俚獠猥杂，皆楼居山险，不肯宾服。西南二江，川源深远，别置督护，专征讨之。"③

在一世纪，东汉交趾郡（在今越南）的两姐妹徵侧、徵贰发动起义，九真、日南、合浦等地纷纷响应，叛军连下六十五城，徵侧在麊泠县自立为王。后汉建武十八年（42年），后汉派伏波将军马援率兵平叛。次年，二徵兵败被杀④。

南朝宋文帝刘义隆在位时，展开了对咄咄逼人、不听号令的林邑国（占婆，今越南中南部）的惩罚行动。他派龙骧将军交州刺史檀和之、振武将军宗悫讨伐林邑，于元嘉二十三年（446年）一举攻克林邑北部重镇区粟城（今越南广治西北），斩区粟王范扶龙，将城中十五岁以上的人全部活埋，填尸筑成"京观"！

古代交战时，战胜的一方把敌军的尸体和头颅全部堆积起来，盖上泥土夯实，筑成金字塔形状的大土堆，是一种非常野蛮的行为，以震慑敌胆，以壮军威，称其为"京观"。

尽管马援平定二徵起义、安定岭南后，为郡县修治城郭，穿渠灌溉，造福利于百姓，并与越人申明旧制，加以约束⑤。但没过多久，建武二十四年（48年），他再度领兵远征武陵、五溪蛮夷，次年受阻于壶头，在军中病逝，享年64岁。

虽然征伐频繁，恩威并用，但汉族与俚僚族群的矛盾并未减弱，且经常征讨，兵连祸结、荼毒岭南。

仅从地图看，南越、东吴的地域不小，如南越国全盛时疆域包括今广东、广西（大部分地区）、福建（一小部分地区）、海南、香港、澳门和越南（北部、中部的大部分地区），但其实控土地究竟有多少，则令人生疑。像粤西、广西等地区，俚僚地方实力派与汉族冲突剧烈，冼夫人的父亲即在与萧梁王朝的战争中阵亡，故冯融出任罗州刺史时，"虽世为方伯"，却"号令不行"。

这就是北燕冯氏入粤前的岭南形势：地区经济文化落后、民族矛盾尖锐激烈、汉室政策推行不

① 萧子显：《南齐书》卷十四《州郡志上》越州，中华书局点校本1972年1月版，第267页。

② 萧子显：《南齐书》卷十四《州郡志上》越州，中华书局点校本1972年1月版，第267页。

③ 萧子显：《南齐书》卷十四《州郡志上》广州，中华书局点校本1972年1月版，第262页。

④ 范晔：《后汉书》卷二十四《马援列传》，中华书局点校本1965年5月版，第838页："交阯女子徵侧及女弟徵贰反，攻没其郡，九真、日南、合浦蛮夷皆应之，寇略岭外六十余城，侧自立为王。于是玺书拜援伏波将军，以扶乐侯刘隆为副，督楼船将军段志等南击交阯，军至合浦而志病卒，诏援并将其兵。遂缘海而进，随山刊道千余里。十八年春，军至浪泊上，与贼战，破之，斩首数千级，降者万余人。援追徵侧等至禁谿，数败之，贼遂散走。明年正月，斩徵侧、徵贰，传首洛阳。封援为新息侯，食邑三千户。"

⑤ 范晔：《后汉书》卷二十四《马援列传》，中华书局点校本1965年5月版，第839页："援所过辄为郡县治城郭，穿渠灌溉，以利其民。条奏越律与汉律駮者十余事，与越人申明旧制以约束之，自后骆越奉行马将军故事。"

动、武力镇压多于教化。

而冯氏，又是来自辽西的外地汉族，在南朝无民族、地域等根基，被朝廷封至有如火药桶般的粤西地区，其肩负使命的艰难、其面临的改革风险，着实触目惊心、不言而喻。

客观而言，北燕冯氏“浮海南渡”是国破家亡后的被迫之举，非主观行为，由北至南，由辽西至粤西，距离万里，到最后经过了整整一百年（436—535年），北燕国灭至冯冼联姻，才算走完了这波澜起伏的“百年南渡路”。

北燕冯氏要克服路途的遥远、气候的变化、饮食的不适、语言的隔膜、瘴疠的威胁、朝局的动荡、战祸的凶险，困难如林，但冯氏已无回头之路，想乱世存活、异地崛起，就必须改头换面，以新岭南人之姿入乡随俗，倾全力投入粤西新农村建设，而这恰恰是以前的汉族集团力所不逮，甚至丝毫未做的。

是北燕冯氏，把北方先进的生产技术、治国理念带入粤西的；是冯宝把建康太学的儒家思想、汉家理念带入高凉的；是辽西冯氏，实现了北方草原丝绸之路与岭南海洋丝绸之路这两大文明板块全面对接的；“好心精神”，是以冯冼为代表的汉俚两大族群化干戈为玉帛的共同创造，是中华传统文化高居皇冠的精神瑰宝，福泽千年，造福万民，为后世永远的敬仰并纪念①。

笔者谨以此文，发掘历史，纪念那令人心荡神驰、感天动地的“北燕南渡”百年风云，以告慰于开发岭南的先人！

① 2017年5月，高州长坡中学与冯宝故乡辽宁北票西官营中学结成“友好学校”，在长坡中学校园内和西官营子中学校园内栽种了友谊树。冯氏宗亲还承诺扶助西官营子中学的贫困学生，为其升学深造助一臂之力。

2023年10月28日，由辽宁省社科联主办、朝阳市社科联和朝阳市三燕文化研究会承办的“三燕文化彰显当代价值”研讨会在朝阳召开。来自茂名高州的冯博文当选为常务副会长，来自湛江的冯伟、冯国荣、冯国喜从祖国大陆的最南端回辽宁祭祖，南北往返，途程七千余里，冯伟先生已是年过七旬的老人了。他们的到来，受到了朝阳老乡的盛情款待。他们先人的丰功伟绩被盛赞高评，被视为古代辽宁人对岭南重大的“文化输出”，输出的不仅有“辽宁的文化”，更有“辽宁的自信”。他们的到来，还惊动了整个“岭南冯氏”。以后，会有更多的岭南冯氏回归朝阳，看龙城思燕浮屠，拜祭北票冯素弗墓，海内外百万冯氏将共同纪念“北燕南渡”，海雨天风、悲壮南行、披荆斩棘、涅槃重生！冯氏“北燕南渡”是光荣的历史！

北燕王族南下对岭南影响研究

——以岭南农业、岭南联姻、岭南文化和南海丝绸之路为例

周忠泰[①]

北燕王族南下，对岭南影响巨大。惜岭南学者只论岭南而不论北燕，辽宁学者则只论北燕而不论岭南，实未能真正理解北燕王族南下的意义。本文拟从农业生产、联姻意识、汉文化和南海丝绸之路等角度展开论述。冀文章对一南一北的南北朝和隋唐研究有抛砖引玉的作用。

一、北燕王族南下成为岭南最强豪酋

岭南冯氏本北燕王族，在北燕即将灭亡之际，王族冯业“以三百人浮海归宋，因留于新会”，遂定居岭南[②]。自冯宝娶俚人大族冼氏为妻[③]后，冯家遂代代为岭南豪酋，至唐初的冯盎，已拥有岭南二十几州，地数千里[④]，“甲兵雄於一方，政化沓於千里”[⑤]，子孙“历仕州郡者数十人，唐末犹为富室”[⑥]，成为南北朝至隋唐间岭南最大豪酋，左右岭南平乱近四百年[⑦]。

二、北燕王族南下促进岭南农业发展

（一）诸燕以屯田垦荒、重视农桑为国策

两晋十六国时期，五胡南下内迁，中原出现大量汉族流民。前燕王慕容廆认识到那些或有耕种经验，或满腹经纶的中原汉族流民，认为还处于游牧时期的辽西鲜卑族人是求之不得的人才。于是和东晋一样，按流民籍贯设相应郡县收容流民，“虚怀引纳，流亡士庶多襁负归之。廆乃立郡以统流

---

① 周忠泰，华南师范大学文学学士、广西师范大学教育硕士，广州市象贤中学语文高级教师，广东石油化工学院文法学院兼职导师，广东省非物质文化遗产研究基地等兼职研究员。出版专著 1 部，发表论文 50 余篇。

② 魏徵：《隋书》卷八十《谯国夫人传》，中华书局 1973 年版，第 1802 页。

③ 魏徵：《隋书》卷八十《谯国夫人传》，中华书局 1973 年版，第 1802 页。

④ 刘昫：《旧唐书》卷一百零九《冯盎传》，中华书局 1975 年版，第 3288 页。

⑤ 刘昫：《旧唐书》卷一百零九《冯盎传》，中华书局 1975 年版，第 3288 页。

⑥［明］黄佐：《广东通志》卷二十《姓氏》，广东省方志办 1999 年版。

⑦ 周忠泰：《南北朝至隋唐间岭南豪酋冯氏家族记事》，《湖南科技学院学报》2012 年第 11 期。

人”[①]，辽河流域因此人口急增十倍，汉人远多于鲜卑族人。伴随着郡县设立，慕容廆组织流民开荒垦田，租给流民耕牛和种子。因此，辽河流域的经济得以迅速增长，被视为“法制同于上国”[②]的文明地区。这种汉化政策，其后的诸燕政权均有所继承。

除了屯田垦荒，诸燕都“历意农桑”。前燕就向东晋求桑种，“先是辽川无桑，及廆通于晋，求种江南，平川桑悉由吴来”[③]。北燕天王冯跋要求百姓“人殖桑一百根，柘二十根”[④]，还“下书省徭薄赋，堕农者戮之，力田者褒赏，命尚书纪达为之条制”[⑤]。

令人感慨的是，在三燕故地的辽宁朝阳市朝阳县，近年发现了一棵1700年的古桑树，这是三燕政权重视农桑的“活着的文物”。

（二）岭南农业还处于火耕水耨的原始阶段

从汉至隋，岭南农业都是处于火耕水耨的原始水平，《史记》记：“楚越之地……火耕而水耨。”[⑥]到隋，《隋书》还是说：“江南之俗，火耕水耨……无蓄积之资。”[⑦]岭北江南尚且如此，岭南更是这样，南朝徐陵《广州刺史欧阳頠德政碑》说：“火耕水耨，弥亘原野。”[⑧]

（三）岭南冯氏继承了诸燕屯田垦荒、重视农桑的国策

了解了岭南农业远远落后于诸燕后，就明白北燕王族南下是多么有意义。

岭南冯氏继承诸燕屯田垦荒国策的举措体现在以下几点。

1.冯家的奴隶非常多。《旧唐书》记冯盎“奴婢万余人，所居地方二千里”[⑨]，《唐大和上东征记》记冯若芳“奴婢居处南北三日行，东西五日行，村村相次”[⑩]。冯盎和冯若芳的“奴婢”，其实就是屯田垦荒的奴隶。

2.冯家拥有非常多的田地。《冯君衡墓志铭》记冯家“田垌百里，齐万户之封君”[⑪]，《高力士神道碑》（高本姓冯，是冼夫人第五代孙）记冯家“有田千里”[⑫]。上段有关冯盎和冯若芳的记述，除了体现冯家奴隶多，实也体现冯家屯田多。

冯家屯田也体现在冯家辖地保留的许多“丁”字地名上。北方称的“奴婢”，南方称“家丁”。冯家当年屯田，其家丁住地被称为“冯家丁寨”，后来简化为“丁”字地名保留下来。如茂名市电

---

① 房玄龄：《晋书》卷一百零八《慕容廆载记》，中华书局2000年版。
② 房玄龄：《晋书》卷一百零八《慕容廆载记》，中华书局2000年版。
③ 房玄龄：《晋书》卷一百二十五《冯跋载记》，中华书局2000年版。
④ 房玄龄：《晋书》卷一百二十五《冯跋载记》，中华书局2000年版。
⑤ 房玄龄：《晋书》卷一百二十五《冯跋载记》，中华书局2000年版。
⑥ 司马迁：《史记》卷一百二十九《货殖列传》，中华书局1999年版。
⑦ 魏徵：《隋书》卷三十一《地理下》，中华书局1973年版。
⑧ 欧阳询：《艺文类聚》卷五十一《广州刺史欧阳頠德政碑》，上海古籍出版社1998年版。
⑨ 刘昫：《旧唐书》卷一百零九《冯盎传》，中华书局1975年版。
⑩ ［日］真人元开：《大唐和上东征记》，中华书局2000年版，第67—71页。
⑪ 周绍良等编：《全唐文新编》，吉林文史出版社2000年版，第2575页。
⑫ 陶仲云、白心莹：《陕西蒲城发现高力士残碑》，《考古与文物》1983年第2期。

白区电城镇丁村、海南海口市丁村、阳江合水镇的古丁坡（重阳墟附近）和高州古丁镇古丁村等地名，都是当年冯家屯田垦荒的地名，详见拙作《“丁村”和“古丁”二词考》①。

3.冯家粮食产量大。史载，冼夫人击败李迁仕时，曾“将千余人，步担杂物，唱言输赕”②，这一千多人挑的，就多是粮食。另外，冼夫人与陈霸先会师后，冯家“厚资”陈霸先，使陈霸先粮食非常充足，充足到竟然“分三十万石”给王僧辩③。按陈霸先之北伐侯景：大宝元年正月始于始兴，先后打败蔡路养、李迁仕，于第二年六月继续北上，七月与荆州军王僧辩会师。此时来自鱼米之乡的王军“乏食”，按理离开始兴已“一年有半”的陈军也应“乏食”才是，可是，陈部虽仅“三万人”，竟“有粮五十万石”。陈霸先出手大方，把大半（“三十万石”）粮食分给王军，似乎对粮食的补给很放心。这是怎么回事呢？这是因冯家“厚资”了陈霸先④。为配合冯家“厚资”，陈霸先任命自己族人陈拟任罗州（今鉴江中下游）刺史，以“应接军粮”。即“陈拟……高祖疏属……又进讨侯景，至豫章，以拟为罗州刺史，与胡颖共知后事，并应接军粮”。就是因有冯家“军粮”，陈霸先才这么“阔绰”，可见冯家粮食产量之大。且冯家可能已一年两造，王军之所以农历七月缺粮，是因为北方一年一造，农历七月正是青黄不接之时，而岭南一年两造，农历七月早造已收获，故冯家能短时间内筹集到五十万石粮食“厚资”陈霸先。

除了屯田垦荒，冯氏还继承了北燕“历意农桑”的国策。天宝年间，第五次东渡的鉴真被风浪吹到冯家辖区海南崖州，得到冯崇债的热情接待。鉴真看到崖州人一年养八次蚕⑤。海南崖州一直以来都是管治薄弱、经济落后之区。既然崖州都已出现桑蚕业，那海北也应这样。《岭南代答》对高州水绸的记述，就印证了这一点。其云：“水绸，广西亦有桑蚕，但不多耳……以高州所产为佳。”⑥这段记述虽是记于宋，但应是有历史传承的，联系唐天宝间崖州一年养蚕八次的情况，比较崖州和高州相同的政治环境，联系诸燕重视桑蚕业的传统，相信高州应亦如崖州一样，已出现桑蚕业，且已具规模，故宋才会出现“以高州为佳”的现象。20世纪八九十年代，高州农村，特别是曹江、泗水等镇，还流行养蚕，高州缫丝占广东省缫丝业的较大份额。

近些年，在临近高州的化州（冯融出任刺史的古罗州）发现了与辽宁朝阳几乎同期的古桑树，疑似种桑养蚕之习俗由北燕南渡冯氏带来。

三、北燕王族南下促进岭南联姻意识提高

（一）诸燕以联姻为国家外交国策

北朝因战事激烈，各政权间常以联姻来改善关系，巩固结盟。故诸燕都较重视联姻，现以北燕

① 周忠泰：《“丁村”和“古丁”二词考》，《怀化学院学报》2012年第3期。

② 魏徵：《隋书》卷八十《谯国夫人传》，中华书局1973年版。

③ 司马光：《资治通鉴》第一百六十四卷，中华书局1984年版。

④ 魏徵：《隋书》卷八十《谯国夫人传》，中华书局1973年版。

⑤ ［日］真人元开：《大唐和上东征记》，中华书局2000年版，第71页。

⑥ 〔宋〕周去非：《岭外代答》卷六《水绸》，中华书局1999年9月版。

为例，列举几例。

1. 冯跋嫁女柔然

柔然又被记作“蠕蠕”。“蝚蠕勇斛律遣使求跋女伪乐浪公主，献马三千”，朝臣有反对意见，冯跋力排众议，“遣其游击秦都率骑二千，送其女妇于蝚蠕”①。

2. 冯跋娶斛律女

冯跋嫁女给斛律可汗不久，“蝚蠕斛律为其弟大但所逐，尽室奔跋，乃馆之于辽东郡”。冯跋不但“待之以客礼”，且“纳其女为昭仪”②。

3. 冯弘娶慕容氏

慕容氏是鲜卑族的大姓。冯弘原配是王氏，冯弘未登基之时，立王为王妃。除王氏外，冯弘还娶有慕容氏。冯弘登基后，不立王氏为王后，而立慕容氏为后。

4. 冯弘嫁女拓跋氏

鲜卑拓跋氏建立北魏，北燕和北魏关系并不友好，北燕努力用和亲的方法来改善和北魏的关系。延和元年（419年）前后，北魏多次侵袭北燕，北燕为缓和关系，冯弘“遣其尚书高颙请罪，乞以季女充掖庭，（魏）世祖许之”③。

5. 冯朗娶高丽王氏女

冯朗是冯弘与原配王氏的儿子，北魏文明皇后的父亲，文明皇后的本传说：“母乐浪王氏。”④“乐浪”即乐浪郡，是汉武帝在朝鲜半岛设置的四郡之一，治所是朝鲜县（今平壤大同江南岸），管辖是现朝鲜半岛北部。

（二）岭南联姻意识薄弱

南朝是士族门阀制度流行时期，不但士庶间，士族内部高低阶层之间都不通婚。南朝公主，只与世胄名门望族联姻，不考虑嫁“有才能”的人。如褚湛之“尚宋武帝第七女始安哀公主……哀公主薨，复尚武帝第五女吴郡宣公主。诸尚主者，并因世胄，不必皆有才能”⑤。望族元规“八岁而孤”，“兄弟三人，随母依舅氏”居，有“资财巨万”“土豪”“以女妻之”，元规母同意，但元规以土豪为“非类”而不同意⑥。

岭南也是，李贲“世为豪右”，且“富于辞藻，诣选求官”，但“吏部尚书蔡撙以并姓无前贤”，即没有门第，仅“除广阳门郎”⑦。

南朝崇尚门阀造成民族不联姻，人不和，政不通。

---

① 房玄龄：《晋书》卷一百二十五《冯跋载记》，中华书局2000年版。

② 房玄龄：《晋书》卷一百二十五《冯跋载记》，中华书局2000年版。

③ 周绍良等编：《全唐文新编》，吉林文史出版社2000年版。

④ 李延寿：《北史》卷十三《后妃上》，中华书局1974年版。

⑤ 李延寿：《南史》卷二十八《褚裕之传》，中华书局2016年版。

⑥ 姚思廉：《陈书》卷三十三《儒林》，中华书局1972年版。

⑦ 司马光：《资治通鉴》第一百五十八卷，中华书局1984年版。

（三）岭南冯氏继承了诸燕联姻的外交国策

了解岭南民族联姻意识上的“落后”，就明白北燕王族南下是多么的有意义。

1. 冯冼联姻

北燕王族冯家南下岭南，当其苦于“他乡羁旅，号令不行”时，自然想到用联姻这种方式解决问题。梁大同初，冯宝与冼夫人结婚。冯冼联姻后，岭南地方政府开始能约束越人。《冼夫人本传》说：“（冼夫人）每与夫宝参决辞讼，首领有犯法者，虽是亲族，无所舍纵。自此政令有序，人莫敢违。”①《新会县志》则说：“（冼夫人）能约束诸酋，远近怀畏。”②《广州人物传》也说：“俚人始相率受约束。融所以结人心者，婚冼氏之力也。”③

不单地方政府能约束越人，中央政府也能约束越人了。如梁侯景、陈欧阳纥、隋王仲宣等动乱，中央都能借冼夫人之力迅速平乱，确保施政到达岭南。

万历《高州府志》这样评论冯冼联姻的作用：“当陈隋之时，而无冼氏也者，高凉非中国；有高凉而无冼氏也者，则魋结跣足之俗，未必解辫发而袭冠裳也。”④

2. 冯许联姻

冯许联姻，是指永徽初年冯盎子冯智玳与唐宰相许敬宗的联姻。当时，冯家迎亲场面非常盛大，用百辆大车运去南方的端砚等珍奇异宝，且绕城三周才入长安城许家。这种炫耀钱财的做法惊动了朝野，许敬宗因此被贬。

因为许家几代在岭北都是经史界的权威，嫁到岭南的许家女儿有读书、写作的习惯，汉文化水平颇高，所以这次联姻促进了汉文化在岭南的传播。许敬宗还用冯家所送的端砚赠送亲友，开以端砚赠送亲友之风，促进端砚的开采和推广，岭南古越族上层社会形成了研习书法、崇尚读书和写作的风气。详见拙作《论唐岭南豪酋与岭北经史笥联姻促进端砚开采和推广》⑤，可参阅，此处从略。

3. 冯李联姻

冯李联姻是指岭南冯氏集团与李唐宗室的联姻。最起码有两桩，一桩是冯盎曾孙女与唐太宗孙朗陵郡王李玮的联姻，另一桩是与冯家一同南下的慕容王后（即冯弘的王后）族人、岭南桂州荔浦府君的第二女慕容真如海嫁唐太宗孙成王李千里的联姻。这两次联姻在汉越间起到了桥梁的作用，改善了汉越关系，促进了岭南的稳定和发展。同时，对高力士人生轨迹也有很大影响。因为高力士与朗陵郡王的冯妃同是冯盎曾孙，高力士是李玮小舅，睿宗的堂小舅（李玮是睿宗堂兄），唐玄宗的堂舅父，且李千里兄弟与高力士家族又有姻亲关系。这促使高力士在唐玄宗诛韦后和太平公主等政变中，坚定地站在玄宗一边，这也是玄宗登基后，非常信任高力士的原因。其情形及意义详见拙作

① 魏徵：《隋书》卷八十《谯国夫人传》，中华书局 1973 年版。

② 〔清〕林星章：（道光）《新会县志》卷五《官职表》，成文出版社 1966 年版。

③ 〔明〕黄佐：《广州人物传》卷二《冯融传》，《四库全书存目丛书》本，齐鲁书社 1997 年版。

④ 〔明〕曹志遇：（万历）《高州府志》卷六《冼氏夫人传》，《日本藏中国罕见地方志丛刊》本，北京书目文献出版社 1991 年版。

⑤ 周忠泰：《论唐岭南豪酋与岭北经史笥联姻促进端砚开采和推广》，《怀化学院学报》2012 年第 3 期。

《论岭南冯氏集团与唐太宗孙的联姻》[①]，参阅该文，此处从略。

4. 冯麦联姻

冯麦联姻，是指唐潘州刺史冯君衡（高力士父亲）与广东韶关豪酋隋宿国公麦铁杖家族的联姻，这是豪酋与豪酋的强强联手的婚姻，其情形及意义详见拙作《唐高力士祖父之谜和高力士父亲被杀二事考》[②]，于此从略。

5. 冯宁联姻

冯宁联姻，是指冯家与广西钦州豪酋隋宁逵家族的二次联姻。宁氏也是北方南下而成为岭南大酋的家族。《刺史宁道务墓志铭》记刺史宁道务，其父宁璩是隋安州刺史宁猛力之孙、唐钦州都督宁长真之次子，其“太夫人冯氏□□□□邦之女也”[③]。由于冯誼和钦州豪酋常一起造反，与宁璩联姻的应是冯誼这支。又，《大唐西域求法高僧传》载：“咸亨二年，（义净）坐夏扬府。初秋，忽遇龚州使君冯孝诠，随至广府……往岗州，重为檀主。及弟孝诞使君、孝𤥙使君、郡君宁氏、郡君彭氏等合门眷属，咸见资赠，争抽上贿，各舍奇飡。”[④]冯孝诠的家为岗州（今新会），去龚州（现广西平南）任刺史，其三兄弟均是刺史（即“使君”），由于冯士翙也曾任岗州刺史，而新会是冯家北燕南下时的落脚点，故这三兄弟应是冯士翙的子孙。他们之中，有一人的夫人是“郡君宁氏”，与宁氏家族联姻。

四、北燕王族南下促进岭南汉文化的传播

（一）诸燕以吸引汉文化为国策

综观五胡内迁时期，除鲜卑族外，其他四胡（匈奴、羯、氐和羌）都曾有根深蒂固的汉夷分歧的意识，在崛起过程中，都曾残酷烧杀劫掠过汉人。

但五燕（前燕、后燕、南燕、北燕和西燕），自慕容廆起，就能和汉人和平相处，多设侨郡收留汉人。又能唯才是举，大量任命流民中的士人为官。如慕容廆“推举贤才，委以庶政，以河东裴嶷、代郡鲁昌、北平阳耽为谋主，北海逄羡、广平游邃、北平西方虔、渤海封抽、西河宋奭、河东裴开为股肱，渤海封弈、平原宋该、安定皇甫岌、兰陵缪恺以文章才俊任居枢要，会稽朱左车、太山胡毋翼、鲁国孔纂以旧德清重引为宾友”。不但如此，五燕大都能在辖区内大力推广汉文化，如慕容廆以“平原刘赞儒学该通，引为东庠祭酒，其世子皝率国胄束修受业焉。廆览政之暇，亲临听之，于是路有颂声，礼让兴矣”[⑤]。如冯跋“下书曰：‘武以平乱，文以经务，宁国济俗，实所凭焉。自顷丧难，礼崩乐坏，闾阎绝讽诵之音，后生无庠序之教，子衿之叹复兴于今，岂所以穆章风化，崇阐斯文！可营建太学，以长乐刘轩、营丘张炽、成周翟崇为博士郎中，简二千石已下子弟年十五

① 周忠泰：《论岭南冯氏集团与唐太宗孙的联姻》，《湖南科技学院学报》2012 年第 5 期。

② 周忠泰：《唐高力士祖父之谜和高力士父亲被杀二事考》，《湖南科技学院学报》2012 年第 3 期。

③ 〔民国〕陈公佩：《钦县志》卷十三《金石》，民国三十六年（1947 年）石印本。

④ 〔唐〕义净：《大唐西域求法高僧传》，中华书局 2000 年版，第 152 页。

⑤ 房玄龄：《晋书》卷一百零八《慕容廆载记》，中华书局 2000 年版。

已上教之。’”[①] 冯跋曾告戒太子翼：“吾闻君人以学为本，不学无以立。尊敬太师傅，人伦之始。汝其夙夜虔虔，钦承明训。”[②]

亦因此，诸燕国内，鲜卑和汉关系融洽，鲜卑人大量汉化。后来隋朝皇帝之杨氏，唐朝皇帝之李氏，其祖先都是汉化鲜卑人，这应与当年鲜卑人不像别的胡人那样歧视汉人，吸引汉文化为国策有关。

（二）岭南汉越文化势如水火

岭南汉越文化冲突强烈，越人常逐杀北来“侨寓”汉人。

“土人李长仁为乱，悉诛北来流寓，无或免者。”[③] 梁硕亦是这样，当时王机征讨梁硕，“（梁）硕恐诸侨人为（王）机，于是悉杀其良者”[④]。“（交）州土豪李贲反，逐刺史萧谘，谘奔广州”[⑤]。

这是因为越人不“宾服”。晋朝时，“广州南岸，周旋六千余里，不宾属者乃五万余户，及桂林不羁之辈，复当万户”[⑥]，到南朝宋代还是这样，“前后屡为侵暴，历世患苦之”。[⑦]

汉人亦不示弱，不断征讨。致要设置“二江”“督护”“专征讨之任”[⑧]，官员则“唯以战伐为务”[⑨]。其结果是汉越文化势如水火，走入恶性循环中。

（三）岭南冯氏继续诸燕推广汉文化国策

了解越人对汉文化的抗拒后，就明白北燕王族南下是多么的有意义。

北燕冯氏南下后，越人走出了不“宾服”的恶性循环，出现“忠贞”“赤心向天子”和“忠孝”事。如陈欧阳纥之乱，冼夫人说：“我为忠贞，经今两代，不能惜汝，辄负国家。”如隋王仲宣之乱后，冼夫人以诏书做教材，常年摆陈于庭院以训导子孙：“汝等宜尽赤心向天子。我事三代主，唯用一好心。今赐物具存，此忠孝之报也，愿汝皆思念之。”[⑩]

而且“忠孝”事，出现了良性循环。如唐冯盎拥有岭南二十州，有人劝他效仿赵佗称帝独立，冯盎以“恐忝先业”拒绝了这一建议[⑪]。冯盎“先业”正是冯宝冼夫人的功业，也是冼夫人“忠孝”训导的结果。又如高力士，一生伴随李唐四代——睿宗、玄宗、肃宗和代宗，始终“赤心向天子！”[⑫]

---

① 房玄龄：《晋书》卷一百二十五《冯跋载记》，中华书局 2000 年版。

② 房玄龄：《晋书》卷一百二十五《冯跋载记》，中华书局 2000 年版。

③ 〔唐〕欧阳询：《艺文类聚》卷五十一《广州刺史欧阳頠德政碑》，上海古籍出版社 1998 年版。

④ 周绍良等编：《全唐文新编》，吉林文史出版社 2000 年版。

⑤ 姚思廉：《陈书》卷三十三《儒林》，中华书局 1972 年版。

⑥ 房玄龄：《晋书》卷五十七《陶璜传》，中华书局 2000 年版。

⑦ 沈约：《宋书》卷九十七《夷蛮》，中华书局 1974 年版。

⑧ 马端临：《文献通考》卷六十一《职官考十五》，中华书局 1986 年版。

⑨ 萧子显：《南齐书》卷十四《州郡上》，中华书局 1972 年版。

⑩ 魏徵：《隋书》卷八十《谯国夫人传》，中华书局 1973 年版。

⑪ 刘昫：《旧唐书》卷一百零九《冯盎传》，中华书局 1975 年版。

⑫ 王溥：《唐会要》卷七十，上海古籍出版社 1991 年版。

冯家传播汉文化，也有文物佐证。龙朔元年（661 年），冯智玳妻子、许敬宗之女许夫人去世，冯家为其写了《许夫人墓志铭》，该碑工整端丽，书写规范，没有一个当时岭南很流行的土俗字，且能熟练使用汉语典故，精通各种艺术手法，押韵精准，与中原文化水平无异。故冯家在唐初就有人考中进士，可能是唐岭南第一位进士。《元和姓纂》记："高州冯氏……高州都督耿国公冯盎代为酋领；窦州刺史合浦公冯士翙代为酋领，兄（冯）煜进士。"[1] 按王承文考证，冯煜中进士当在唐太宗或高宗时期的事情[2]。

冯家在越人中推广汉文化情形，黄佐这样概括："(冯融）能以礼义威信镇其俗，汲引文华，士相与为诗歌，蛮中化之，蕉荔之墟，弦诵日闻。"[3] 唐玄宗则这样概括："岭南州县，近来顿习文传。自今以后，其岭南五府管内自身有辞藻可称者，每主补选时，任令应诸色乡贡，仍委去使准考试。有堪及第者，具奏闻，愿赴者听。"[4]

而俚人势力最为深厚的高州，也"风化日开"了。《高州府志》说："高凉自有冯氏浮海北来，世悍南服，驰声上国，风气日开。"[5]《古今图书集成》更说："自隋之后，（高州）渐袭华风，休明之化，沦洽于兹。椎跣变为冠裳，侏离化为弦诵，才贤辈出，科甲蝉联，彬彬然埒于中土。"[6]

需要特别强调的是，唐后在岭南两广形成的白话（又称广东话），也是北燕王族南下推广汉文化的结果。

由于冯家不像赵佗那样被越化，而是历三四百年保持很高汉文化水平，而这期间，其又是岭南第一豪酋，一呼百应，以汉语发号施令，故学汉语就成为俚人时髦，从而使汉语在冯家辖区传播，形成广东话。这体现在广东话方言区大体与冯家辖区相重合，且以高州为中心。

现在，广东话虽以广州音为代表，但广州并不在广东话区中心，在边缘上。广东话在珠江口以西，珠江口以东即是客家话和潮汕话区。故广州往南是大海，往东、往北不远即不是广东话区。而高州则是广东话区中心，其往东、往北和往西四五百里都是广东话区，且往南四五百里本来也是广东话区，只是宋后受东来潮汕话"侵蚀"而已，因为孤悬海南却属广东话的儋州话和迈话可证，未受宋后潮汕话"侵蚀"前，高州往南四五百里本也是广东话区，故整个广东话方言区与当年冯盎"地方二千里"的辖地非常吻合。

更能证明广东话的形成是北燕王族南下推广汉文化的结果的是海南迈话和儋州话。下面以迈话为例重点说明这个问题。

迈话是广东话的一个次方言，主要分布在两个地方：一是海南三亚市崖城镇水南村一带（以下简称水南村迈话点），有六千人左右；二是海南三亚市凤凰镇羊栏村以及妙林乡林家村和妙山村（以

---

① 〔唐〕林宝：《元和姓纂》卷一，中华书局 1994 年版。

② 王溥：《唐会要》卷七十，上海古籍出版社 1991 年版。

③ 〔明〕黄佐：《广州人物传》卷二《冯融传》，《四库全书存目丛书》本，齐鲁书社 1997 年版。

④ 王溥：《唐会要》卷七十，上海古籍出版社 1991 年版。

⑤ 〔清〕杨霁等：（光绪）《高州府志》卷六《风俗》，清光绪十五年（1889 年）版。

⑥ 〔清〕陈梦雷：《古今图书集成》卷一千三百五十七《职方典》，中国戏剧出版社 2008 年版。

下简称三亚迈话点），亦有六千人左右。两个地方相距一百多里。我认为这个广东话的次方言形成于南下的北燕王族冯氏管治海南之隋唐时期，其理由有以下两点。

1. 迈话的形成时间与冯氏家族管治当地时间吻合

迈话形成上限不过南北朝梁代，下限不过宋，中间正是冯氏家族管治海南之隋唐时期，具体如下。

（1）迈话形成上限在南北朝梁代

西汉武帝元封元年（前110年），汉在海南岛置珠崖、儋耳郡，领十县，迈话两个方言点均属珠崖郡临振县。到汉初元三年（前46年），汉元帝诏罢珠崖郡。自此，海南遂处于长达六百多年脱离中央管治状态。

我认为，迈话形成上限不能达汉。因为，汉在海南置郡时期，郡治均在岛北，时间仅五六十年，而且这时期，越人年年造反，汉越长期处于敌对状态，故汉文化在岛南当是极其微弱的。而之后六百多年，海南处于脱离中央的状态。以六百多年的历史冲刷岛南这微弱的汉文化遗存，这汉文化应该是消失殆尽，故迈话的形成上限不达汉代。

南北朝梁武帝大同（535—546年）中，冼夫人请命于朝，置崖州，海南结束六百多年脱离汉政权管治的状态，至此，海南遂渐受汉文化影响，迈话才有可能形成。所以，迈话形成上限在南北朝梁代。

（2）迈话形成下限不过宋

宋在海南设一州和三个军，一州为琼州，辖地为岛东北；三军为南宁军（辖地为岛西北），万安军（辖地为岛东南），吉阳军（辖地为岛西南）。

水南村迈话点在北宋政和元年（1111年）前，是吉阳军和宁远县治地，之后，吉阳军和宁远县移治宁远河北岸，距离水南村约一公里的现崖州古城处，迈话方言点成为附郭。由于北宋政和元年吉阳军移治宁远河北岸，而那里的军话可以确切肯定是宋政和元年后吉阳军守卫士兵的语言，而迈话分布在政和元年前的崖州城，旧城的方言当比新城的方言更久远才合理，所以，我们以吉阳军守军的军话作为参照物，可以确定迈话形成不迟于宋——因为，既然新崖州城的军话形成于宋代，那旧崖州城的迈话形成就不应迟于宋。

既然迈话形成上限不过南北朝梁代，下限不过宋，那其形成时间便正是冯氏家族管治海南之隋唐时期。

2. 迈话的分布与冯氏家族历史吻合

迈话的分布与冯氏家族的历史相吻合，具体有以下三例。

（1）水南村迈话方言点与冼夫人的汤沐邑吻合

水南村的迈话方言点正是在冼夫人的汤沐邑上，那里至今还是冯氏及其先后姻亲冼氏（岭南姻亲）和慕容氏（北燕姻亲）三姓的聚居点，这三姓人都是讲迈话的。原属水南一队（即上坊）、现住水南新村的冯德广保存有《冯氏族谱》，谱中记冯宝、冼夫人和冯崇债为水南村冯姓人的祖先。这个现象可证水南村迈话点是形成于岭南冯氏治理海南的隋唐时期。

（2）水南村的迈话方言点与唐冯崇债的历史相吻合

天宝七年（748 年），鉴真东渡日本失败，漂流到海南振州江口，得到水南村的振州别驾冯崇债的救助，鉴真一行当时和冯崇债有交谈，并没语言障碍。《大唐和上东征记》这样记载："（鉴真）到振州江口泊舟……别驾冯崇债遣兵四百余人来迎。引至州城，别驾来迎，乃云：'弟子早知和上来，昨晚梦有僧姓丰田，当是债舅。此间若有姓丰田者否？'众僧皆云：'无也。'债云：'此间虽无姓丰田人，而今和上即将当弟子之舅。'即迎入宅内，设斋供养。又于太守厅内，设会授戒，仍入州大云寺安置……住一年。"①岭南冯氏自隋代管理冼夫人汤沐邑起，至唐天宝年间，来振州已有一二百年，以三十年一代计，则冯氏在振州已六七代，这可是不算短的时间，从鉴真一行和冯崇债的对话，以及鉴真在振州开坛讲学长达一年的情况来看，当时振州有汉语方言岛。对应现在崖州的三种汉语（迈话、军话和海南话）的分布情况和传入振州的时间，可以确定，当年冯崇债他们使用的汉语当是他的子孙现在都还使用的迈话，水南村迈话确是形成于冯氏管治海南的隋唐时期。

（3）三亚迈话方言点与冯若芳历史吻合

唐振州别驾冯崇债护送鉴真北上时，路过同族冯若芳的庄园，看到冯若芳宅后有堆积如山、产于阿拉伯的苏芳木及乳香，又云其"每年劫取波斯船，又掠人为奴婢"，故人们认为冯若芳"南北三日行，东西五日行"的奴婢村落当"是波斯奴村落"②。

而冯若芳的庄园在哪里？现在考古发现，今三亚（唐振州）和陵水（唐万安州）一带有大批唐代伊斯兰教徒墓，此墓群"可能是我国规模最大，年代最久远的伊斯兰文化古迹"③，考古发现与史籍记述唐冯氏家族波斯奴的村落非常吻合，说明当年冯若芳的波斯奴村落是真实存在的，而且就是在陵水至三亚一带。而三亚迈话点就是与这些伊斯兰墓相邻，说明三亚迈话确是冯若芳管治波斯村落时使用的方言。

直到现在，三亚迈话方言点与伊斯兰的村庄回辉村依然相邻，这伊斯兰村的来源也应是唐代岭南冯氏管治时期（自然，由于伊斯兰教徒有聚居的习惯，唐以后东南亚的伊斯兰教徒继续迁入补充回辉村，这流和源是不排斥的，也正是因为在唐代有岭南冯氏波斯奴这个源头，有聚居习惯的伊斯兰教徒宋以后才会迁来，从而形成今天的回辉村）。

另一体现迈话是冯若芳庄园的语言的证据是，三亚迈话方言点是在古良田上，正是史籍所记冯若芳庄园"南北三日行，东西五日行"的体现。

三亚迈话点有三个村，分别是林家村（古名田寮村或椰根村）、妙山村和三亚村，三亚村因 1940 年日军在村上修机场，已被拆迁，村民多并入林家村和妙山村。这三个村都是处于当地最好、被称为"米缸田"的良田——"妙林洋"（此地名是以妙山村和林家村的村名第一个字合称而来）上。《崖州志》卷十三《关隘》说"（妙林洋）地形广阔，水土不恶，屯兵驻营，最据形胜"④。20 世纪 80 年

① ［日］真人元开：《大唐和上东征记》，中华书局 2000 年版，第 67 页。

② 司徒尚纪：《广东文化地理》，广东人民出版社 1993 年版，第 304 页。

③ 司徒尚纪：《广东文化地理》，广东人民出版社 1993 年版，第 301 页。

④ 张嶲、邢定纶、赵以濂：《崖州志》卷十三《关隘》，广东人民出版社 1983 年版。

代初，崖县农业资源和区划报告称：妙林洋是崖县最大的田洋，面积13000多亩，土地平坦连片，土层深厚，结构良好，属于洪积水稻土，有机质含量高，在2%以上，磷钾协调，实属极品良田。因为土地肥沃，袁隆平院士的育种基地就建在这里，袁院士生前长期工作在这里。

而且从古地名一看，三亚的迈话点确有古庄园的特点。按《正德琼台志》，林家村古名田寮村[①]，“寮”就是指长排房的宿舍，里面是大通铺的那种宿舍，这正是奴婢之房屋。黄谷甘和李如龙调查后这样记这个村：“（林家）村以田洋中的大路为界分称东寮、西寮，实为古之田寮村。”[②]这说明那里古时分东、西两个长寮（至今林家村人写家庭地址还是写“林家村西辽某组”或“林家村东辽某组”，只是把“寮”误写成“辽”罢了，音还是一样），是规模很大的奴隶村寨。

又，按《正德琼台志》，林家村古名椰根村[③]，椰根村的得名，黄谷甘和李如龙调查后说：“村后的官坡旧称椰根坡，故有椰根村之故称。”[④]由此可知，椰根村所在地（即椰根坡）实又名官坡，这说明那里原是官家之田地，而岭南少数民族又有称汉为“官”之习惯，冯氏家族正是当时的“官”（汉人）。

其实，妙林洋是由古代的一个大潟湖（即毕碧潭）堰塞而成，随着时间的推移，其自北往南不断堰塞，从而自北往南不断出现洋田。明代实行卫所制，当地南部出现桑高军屯，原来隋唐冯家在北部的屯田“并”[⑤]入明代的军屯之中，遂使冯家这段屯田史被明代历史遮盖。

所以，三亚迈话点确是当年冯若芳的庄园，迈话形成于冯若芳屯田时期。

综上所述，我们看到，旧崖州城水南村的迈话点和三亚迈话点两地相距一百多里，长期以来，两地村民老死不相往来，本不应出现相同的方言。而现在出现了相同的方言，则说明它俩肯定有相同的历史文化。而两地又“恰好”与南下的北燕冯氏的历史文化有如此密切的关系，这充分证明，迈话是南下的北燕冯氏使用的语言遗传。迈话随北燕冯氏南下，最后扎根于天涯海角三亚市，不但隔着高山，还隔着大海，由于这特殊的地理环境因素，其一千多年来，没有受到强势方言的侵扰，保存得很完整，实是汉语大家族的老长辈，堪称汉语活化石。

中唐张籍在其《永嘉行》诗中说：“黄头鲜卑入洛阳……公卿奔走如牛羊……南人至今能晋语。”准确来说，应是“黄头鲜卑入洛阳……公卿奔走入诸燕……粤人至今能燕语”才是也。

五、北燕王族南下促进南海丝绸之路发展

（一）北燕重视航海，善于航海

北燕本临海之国，又是北朝中唯一的汉人政权，孤立在东北方，国力又弱，长期被北魏侵凌，故其甚重视与南方刘宋的联系。又由于陆路被北魏所阻，所以与刘宋的联系只有海路，故北燕冯氏

① 〔明〕唐胄：《正德琼台志》卷十二《乡都》，上海古籍出版社1981年版。
② 黄谷甘、李如龙：《海南岛的“迈话”——一种混合型方言》，《广东民族学院学报》1986年第4期。
③ 〔明〕唐胄：《正德琼台志》卷十二《乡都》，上海古籍出版社1981年版。
④ 黄谷甘、李如龙：《海南岛的“迈话”——一种混合型方言》，《广东民族学院学报》1986年第4期。
⑤ 黄谷甘、李如龙：《海南岛的“迈话”——一种混合型方言》，《广东民族学院学报》1986年第4期。

甚重视航海，这是关系国家存亡之事，岂可马虎？每每战事危急，冯氏便派使者航海到南方求救。如元嘉九年（432年），冯弘“遣修之南归求救。修之泛海至东莱，遂还建康”。又元嘉十二年（435年），北燕“数为魏所攻，遣使诣建康称藩奉贡”。三个月后，又“遣右卫将军孙德”到刘宋乞求救援[①]，这些均体现冯家重视航海，善于航海。

最能体现冯家善于航海的还有以下两件事。

一是冯弘为了在短期内迅速提高国力，曾派自己的堂兄冯买、堂弟冯睹协助大臣褚匡由海道回到自己的旧乡长乐，组织了五千余户（应有几万人）由海路脱离北魏，逃到北燕[②]。组织五千余户在敌人眼皮底下进行海上大迁移，不善于航海是办不到的，冯买、冯睹便是前线策划者。

二是冯弘投靠高句丽时，“遣（冯）融大父（冯）业以三百人浮海归宋，因留于新会”[③]。冯业此“浮海”，不谓不远矣，从最北几至最南，应有数千海里，“三百人”也应是个不小的船队了。而当时，北燕动荡不安，准备工作应是较仓促的，但冯业还是到了新会，不可不谓其善于航海。冯业的“三百人”之中，应有较多的造船和航海能手，其经验自然传给冯家后人。

（二）岭南越人还处于独木舟的阶段

汉人虽在汉南越国时便能制造出海大舟，但长期以来，汉越间互相敌视，互不往来，故这种技术一直未能在岭南西南境的越人中推广，直至魏晋时期，岭南西南境地区的越人依然靠独木舟生活。当地的县志说：“‘道光二十六年（1816年）夏，大水，石宁下江堤大溃，民田沙积，民居多坏，长岐圩上江堤溃，冲出一独木舟，木质黑而坚……’1977年9月下旬，化州长岐公社石宁村附近鉴江堤段被洪水冲毁，冲出古独木舟10多艘，收回6艘……1977年中国科学院考古研究所对2号、3号独木舟进行放射性碳元素断代测定，确定为东汉至魏晋间制造，其余各舟与此两舟木质相同，舟型基本一致，制作年代相差不远。”[④]这说明东汉至魏晋间汉人的造船技术未能在岭南西南境的越人中推广。

（三）岭南冯氏传播航海技术

冯氏南下后，与冼夫人联姻，“怀集百越”，汉人先进的造船及航海技术便得到迅速推广。由于冯家本是航海的能手，其造船了得，故其在这方面的贡献尤为突出。

北燕航海技术传给冯氏后人，这在唐初冯子猷身上有体现。唐初冯子猷入朝，曾“载金一舸自随”[⑤]，“舸”乃大舟也，非越人独木舟也，“自随”则体现其航海的熟练。

另外，海南岛现还有许多事迹（如闹军坡等）都说明冼夫人曾率领大军到过海南，这些行动自然要运送大批军队和物资，在这过程中，北燕冯氏善于造船和航海的经验便在岭南西南境的越人中得到推广，使粤西南的高州一带的民间造船技术得到迅速提高，在岭南造船业中处于领先水平。

① 司马光：《资治通鉴》卷一百二十二，中华书局1984年版。
② 〔明〕唐胄：《正德琼台志》卷十二《乡都》，上海古籍出版社1981年版。
③ 魏徵：《隋书》卷八十《谯国夫人传》，中华书局1973年版。
④ 刘佐泉：《雷州文化的历史和特征与“海上丝绸之路”》，《湛江师范学院学报》2004年第4期。
⑤ 欧阳修、宋祁等：《新唐书》卷一百一十《冯盎传》，中华书局1975年版。

就是延至实行海禁，闭关锁国的明代，高州还是广东的造船中心，子月说：“（明）广（东）船分官造和私造，广州、潮州和高州是造船中心……海禁森严时，福建商人往往到广东高州、潮州造船……他们所造的出洋舶，‘必千斛以上’。走私巨商王直在广东高州所造的海船，‘方一百二十步，容二千人，木为城，为楼橹，四门其上，可驰马往来’。”①

为何处于偏僻的粤西南，虽不是官船的制造中心，但其民间的基础一点都不逊色，如果不是有隋唐的历史传统，是不会出现这种情况的。

（四）南海丝绸之路使冯氏家族富可敌国

冯氏南迁后，借助与越人的联姻建立了粤西南的桥头堡，借助自己带来的造船和航海技术，借助越人与东南亚的语言和民俗的相似，加之推行民族融合政策，南北人间穿针引线和打击贪官污吏，使南海丝绸之路在南朝梁代“逾于前代”，翻出新篇章，也为隋唐南海丝绸之路的繁荣打下了基础。

自古“广东之富，在商不在农”，由于商业的繁荣，加上走海道减少了陆路沿途的盘剥，故利润丰厚，“欲拔贫，诣徐闻”这句谚语在唐代也甚为流行②，冯氏家族便出现多位富可敌国的人物。

隋唐间的冯盎“奴婢至万人”，自己也承认“人生富贵，如吾希矣”③。

唐高宗朝的冯子猷上朝竟“载金一舸”，其财富多得惊动了唐高宗，竟“遣御史许玃”不远千里来岭南“视其赀”，又挥金如土，迫皇帝的使者受贿④。

唐高宗朝的冯智玳的财产多得连任唐宰相的许敬宗也垂涎，为多索钱财竟愿嫁女给他，冯家亦财大气粗，毫不掩饰自己财富，其迎亲的车有百辆之多，且绕长安城三周才入城⑤。

又如上文唐玄宗朝的海南万安州有大首领曰冯若芳。

冯氏经营南海丝绸之路，始自南朝梁代的冯宝和冼夫人，历陈代的冯仆、隋唐的冯盎、唐初的冯子猷和冯孝诠⑥、盛唐的冯若芳和中唐代宗朝平定吕太一动乱的冯季康⑦，直至唐末，历好几百年。故嘉靖《广东通志》说冯氏“为高州大姓，子孙历仕州郡者数十人，唐末犹为富室”。⑧

冯氏在北方，已与南方少数民族有边境互市，并进行和日本的北方海上丝绸之路的贸易，南下之后，又进行与南方少数民族的互市（如阳春重阳的高凉墟和电白霞洞正月十七的晏公庙庙会即是当年互市的遗风），大大促进了南海丝绸之路的发展，与北方内陆的丝绸之路存在较好的互补性。这种互补，使我国对外贸易的广度大为增宽，数量大为增加，商品的品种大为丰富，引种的植物大为

① 子月：《岭南经济史话》，广东人民出版社2000年版。
② 〔清〕彭定求：《全唐诗》卷八百七十七，上海古籍出版社1986年版。
③ 刘昫：《旧唐书》卷一百零九《冯盎传》，中华书局1975年版。
④ 〔明〕曹志遇：（万历）《高州府志》卷六《冼氏夫人传》，《日本藏中国罕见地方志丛刊》本，北京书目文献出版社1991年版。
⑤ 周忠泰：《论唐岭南豪酋与岭北经史笥联姻促进端砚开采和推广》，《怀化学院学报》2012年第3期。
⑥ 〔唐〕义净：《大唐西域求法高僧传》，中华书局2000年版。
⑦ 〔明〕黄佐：《广东通志》卷五十五《何如瑛传》，广东省方志办1999年版。
⑧ 〔明〕黄佐：《广东通志》卷二十《姓氏》，广东省方志办1999年版。

增多，对佛教文化和伊斯兰文化的输入有很大的作用。详见拙作《论冯冼氏与南海丝绸之路》[1]，论述于此从略。

六、小结

北燕王族南下，虽仅三百多人，如被人消灭或被越人越化，就如大海一朵浪花了。幸好他们凭进步的观念和先进的技术，“打拼”成为岭南第一豪酋，且影响岭南三四百年之久，从而开花结果，为岭南隋唐大发展打下了坚实基础。

特别强调的是，南北朝至隋唐，是我国南北少数民族融合期，这之中，北燕冯家功勋卓越——在北朝，冯家的女儿，即北魏冯太后促进北方民族融合，推广汉文化，发展北方经济；在南朝，冯家媳妇冼夫人也促进南方民族融合，推广汉文化，发展南方经济。可以说，冯氏这两位伟大女性，一北一南，在中华民族融合的历史进程中，是找不到可与之比肩、能出其右的。

又，北燕还有与外族互市通商等经验，这势必促进岭南民族的互市，如广东阳春市古丁坡的重阳墟、广东电白的晏公庙会等；冯家也有先进的金属冶炼技术，也势必促进岭南铜鼓和铁器冶炼技术的提高，如广东阳江刀具自古闻名；等等。如此可记之事很多，冀拙作抛砖引玉，以后有更多这方面的研究，使之发扬光大，是所愿也。

① 周忠泰：《论冯冼氏与南海丝绸之路》，《冼夫人文化与当代中国——“冼夫人文化与当代中国”研讨会论文集》，广东人民出版社 2002 年版。

千年汉俚　融合南北

张均绍[①]

这是一个遥远的历史之事，一个悲欢离合的民族情怀。距今1720年前，中国历史上出现了大变动。从420年东晋的灭亡，到539年隋朝的统一，经历了170年。其间，我国形成了南北对峙局面，史称南北朝。

一、北魏鲸吞诸国，北燕分崩解体

南北朝，是我国古代一个分裂的时期，上承东晋及五胡十六国，下接隋朝，中间分为南朝和北朝。南朝自420年刘裕代晋到589年陈亡，经历了宋、齐、梁、陈四个朝代；北朝从439年北魏统一时算起，534年分为东魏、西魏。之后，北齐代东魏，北周代西魏，北周又灭北齐。581年，隋灭北周，又灭掉陈和残梁，南北重新统一。

历史回放至386年的北魏时期。淝水之战后，鲜卑部的拓跋珪，于386年重建代国，旋改国号为魏，史称北魏。从398年起，先后灭掉后燕、夏、北燕、北凉，439年统一北方。

北燕，407—436年，十六国时期慕容云、冯跋建立的政权。407年，冯跋发动政变灭后燕。拥立后燕惠愍帝慕容宝的养子、高句丽人高云（慕容云）为帝，定都龙城，仍沿用燕国号，史称北燕。409年，慕容云被部下离班、桃仁所杀，谥号为懿帝。冯跋平定政变后，即位于昌黎龙城（图一）。

430年9月，冯跋病逝。其弟冯弘杀跋之诸子自立。冯弘之世，北魏连连进攻，掠徙北燕民户。435年，弘遣使请高句丽出兵迎弘。436年4月，北魏大军又攻龙城。5月，冯弘在高句丽的保护下，率领龙城百姓东渡辽水，投奔高句丽（图二）。北魏军进占龙城，北燕亡。

二、冯业三世守牧，无法号令南疆

公元437年，冯弘在投奔高句丽的同时，吩咐其第四子冯业，率领王室家族三百人及其兵士南下投奔宋王朝（图三）。

① 张均绍，历任广东省高州市图书馆馆长、高州市博物馆馆长、高州市地方志办公室主任。

图一　朝阳北塔，此地是北燕当年的都城

图二　冯弘率领龙城全体居民弃城东迁高句丽

图三　冯业率领北燕王室家族三百人南渡投靠宋国

冯业率众三百人从北燕投奔南朝宋国后，被宋文帝任命为广东新会太守，后升任罗州刺史，此为北燕王室后裔在广东任职的第一代人。冯业之子冯代喧，南朝齐继任罗州刺史，此为北燕王室后裔在广东任职的第二代人。冯代之子、冯业之孙冯融，南朝梁再任罗州刺史，此为北燕王室后裔在广东任职的第三代人。南朝宋文帝从赐封冯业为罗州刺史时起，至南朝梁武帝封冯融为罗州刺史时止，冯氏王室家族三代都为州郡高官。然而，冯业祖孙三代虽任罗州刺史，却都甚感不适，处处不顺，号令不了地方，这是因为汉俚民族隔阂所致。因此，冯业为孙子起名为冯融，就是希望他能够融和汉俚民族，开创民族团结新局面。然而，冯融在罗州的任职，民族矛盾虽有所缓和，但民族关系也未得到根本改善。

梁中大通六年（534 年），朝廷对高凉俚人地区实行招抚政策，委任当地的俚人首领为郡县长官。但是，朝廷对于俚人聚居中心的高凉郡仍怀有戒心，不放心让高凉郡长官给俚人首领担任，故此，特别选派了一名南下汉官——冯宝担任高凉太守。

冯宝是什么人？冯宝是冯融的儿子，冯业的曾孙，生于梁天监六年（507 年）。他自小勤奋好学，饱读儒家经典著作，广受孔孟礼教影响，养成君子品行。年青时被送到京城建康太学读书，交游很广。20 岁考取功名，27 岁被梁朝廷委任为高凉太守。他年青得志，风流倜傥，决心在政坛上大显身手，以显示冯氏王室家族的传统光辉。

梁中大通六年（534 年）春，冯宝到高凉郡上任了。他上任伊始，满怀壮志，即令差役通知各垌首领到太守府议事。但到来参加议事的首领却大大出乎他的意料。因为在高凉郡内，大大小小的部落有一百多个，部落首领当然也有一百多人。可是，到来参加议事的首领却只有寥寥的十来人，而且到会的十来人看到许多首领不来，也找个借口溜走了，剩下只有几个人。召集的人不到会，只好作罢。（图四）

图四　从冯业至冯融，三代任职高官，却号令不了地方俚人

转眼间，高凉地区已到夏收季节。这时，高凉太守冯宝很早就吩咐后勤仓贮官，计算出各垌部落应征的官粮数字，告知各部落首领，并规定了各部落的缴交日期。过了不多久，各部落缴纳官粮的日期到了，可是，并不见有人来交纳粮食。这时，高凉太守才真正意识到问题的严重性，因为朝廷的政令在俚人地区贯彻不下去，郡守的指令在俚人地区也无法执行，他在这里没有任何威信。

为什么会出现这种现象？原来任职高凉太守的冯宝是个从北方进来的汉族官吏，他在这里没有任何社会依靠。因为冯家虽“三世为守牧”，但其家族发展的曲折起伏，使他们在社会上的政治地位大受影响。他们始初屈居于鲜卑族之下，继而夺得王位，建立起一个雄踞一方的汉族政权，忽而又国破家亡，流离迁徙，最后托身于岭南荒蛮的百越聚居地。在这种情况下，他们在官吏队伍中，寻找不到当时的士族做后台；在地方的统治地域内，也得不到当地的豪酋做依靠。所以他们便出现了官职虽然不小，却号令不了地方的僵局。作为时任高凉太守的冯宝来说，也像他的父辈们一样，政不通，令不行，这种状况也是不难理解了。

三、冯冼和亲袂结，地方政通人和

冯宝的父亲冯融，因为在罗州任刺史，与远在良德任职高凉太守的儿子难得一见。这天，他拨冗到良德探望儿子冯宝。冯宝一见到父亲冯融，立即把满腹的委屈一股脑儿地全倒了出来。这时，冯融耐心地倾听完儿子的诉说，也深感问题的严重性。他想，作为朝廷的命官，如果长期打不开局面，朝廷怪罪下来，谁也受不了。因此，必须找到一个有效的方法，化解当前的矛盾。

当冯融向冯宝问及在高凉的部落首领谁最有威信时，冯宝毫不思索地说："冼首领在当地最有威信。"

"我能去见见她吗？"

"当然可以。"冯宝说，"冼首领待人接物是非常随和的。"

第二天一早，罗州刺史冯融在其儿子高凉太守冯宝的陪同下，到雷垌首领府拜访冼首领。

冯融一行人来到雷垌的入口处，眼前被一排整齐的平房所阻隔，平房的大门口站立着两个俚人侍卫兵。当侍卫兵看着冯宝领着一位素不相识的人进来时，很有礼貌地对冯宝说："冯太守，请你过来登记一下进村名牌。"

冯宝遵照要求在名牌上登记完进村的名字后，侍卫人员将冯融等人进村的名牌挂在墙上的"入村挂牌处"，又把坐骑牵走，拴进旁边设立的马栏窝内，让它自由吃草。然后领冯融等人登上义堂岭，再由义堂岭上的侍卫兵往聚义厅内通报。通报完毕，立即在义堂岭跑马道旁的堑壕上，落下一座吊桥，让人员通过。

冯融等人通过吊桥，走进聚义厅。冼首领见有客人来了，立即上前，走出聚义厅大门口迎接。冯宝对冼首领说："这是家父冯融，在罗州任刺史。他要我领他来拜见冼大首领。"

"哎哟！冯太守别这么客气，难得刺史大人光临。我事前未知大人来访，未出远迎，有失体面了。"宾主一番寒暄后坐定。

冯融初入雷垌，看到雷垌处处有军事布防，而且管理得井井有条，感到十分惊奇。他再看看冼首领，只见她身上穿着一件紧身的俚妇服，外面披着一件绛红色的披风，显得十分精明干练。再听她所说的几句客套话，也十分得体，给人一种亲和感。这就是冼首领给冯融刺史的良好的第一印象。（图五）

"久闻冼首领才能卓著，本人十分钦佩。不知首领所辖的高凉各部落目前的状况如何？"冯融想试探一下冼首领是否对社会关注，并想从中引出对冯宝工作的支持。

冼首领对冯融所提的问题好像很感兴趣，她说："过去的十年，高凉各部落是在战争中度过的，这是高凉的不幸，也是朝廷的不幸。我们都应对这场战争进行认真反思。目前我们部落最重要的任务就是重建家园，让各部落的民众都得以休养生息。"

"冼首领，您认为怎样才能使民众得以休养生息？"冯融紧接着追问。

这时，只见冼首领端起茶杯，呷了一口，若有所思地说："冯大人，您知道我们所喝的这种茶的名称吗？它叫七里香，出产于雷垌深山。我们雷垌村西南三里处有个小山，名叫大天井。其实山名是因为山上有三个神秘的岩洞，每个岩洞都有一个几十米深的天然洞井，三口井心连心，沿着第一口井的井底石壁可爬到第二井、第三井。第一井和第二井内都有流水声，水从第三井口吐出，清澈透明，甘甜可口。在第三个井的出口处，有一块巨石，在巨石崖隙中生长有一棵千年古茶树，此树

图五　罗州刺史冯融去雷垌会见冼首领

奇特，茶树根将整个巨石抱裹住，茶芽从石周的茶根处长出。用此茶芽制作的茶叶冲制出来的茶，其茶味能随风飘香七里。但此株老茶树每年春秋两季只能采摘两次，每次炒的茶叶只有八两，八两就是极限，超过此极限则会伤及茶树元气，来年不但抽不了芽，而且会枯死。所以必须固本培元。与此同理，高凉部落地大物博，物产丰富，还出产黄金、犀角、凤尾、金丝雀，但数量有限，每年上缴朝廷的赋税也有限。如果朝廷不顾实际，无限量地加大数量，强征强压，就会伤及部落的元气，引起民众不满，爆发冲突，这就是十年来的动乱根源。要让高凉各部落的民众休养生息，就要平息战乱，稳定人心，发展生产，改善生活。朝廷对待高凉各部落，要像我们对待老茶树一样，细心呵护，固本培元。冯大人，您说是不是？”

“是！是！您说得太好了！”冯融称赞地说。

这时，冯融又陷入了沉思：“是啊，高凉物产丰富，地广人众，但山势险阻，离朝廷遥远，被阻隔的俚人，自成体系。所以自古以来，各部落首领凭借天然险阻，割地称雄，易以为乱，朝廷对此难以管治。但不治也不行，最简单的办法就是武力镇压。但压而不服，于是矛盾激化为战争。能否有新的办法，使当地州郡官员与俚僚民众能鱼水相融，和平相处？朝廷政令如何才能在俚人地区畅通无阻？”

冼首领看着冯融沉默不语，若有所思的样子，关心地说：“冯大人，您意见如何？”

“您说得太好了！我赞同您的意见。”冯融从沉思中回过神来，继续回味刚才冼首领的话语。冼首领几句简单的回答，生动的比喻，精辟的分析，令冯融对她刮目相看。他想不到在这山重水复的高凉腹地，竟有如此奇女子！此后，冯融又与冼首领谈论时政及兵法等诸问题，只见冼首领仪表大方，态度从容，言辞精辟，智辩纵横。冯融十分钦佩，赞叹不已！这时天色已晚，冯融因要赶路回良德，只好告别冼首领，相约改天再会。

冯融刺史亲访雷垌，被冼首领高贵的气质和敏锐的社会洞察力所折服。但如何才能使当太守的儿子冯宝与冼首领搞好关系，化解当前势不两立的汉俚矛盾？这既是能否顺利推行朝廷政令，也是事关儿子仕途的重大问题啊。想着想着，突然眼前一亮：何不让儿子冯宝与冼首领和亲？对，和亲！

综观历史记载，有特定政治目的的联姻，史称“和亲”。和亲是中国历史上各民族、各政权首领之间为平衡彼此的关系而缔结的一种姻亲关系，也是汉族封建统治者与少数民族首领之间，为达到一定的政治目的而使用的策略。在中央政权的宫廷里，一直有汉族与异族和亲的典例，如西汉王朝就有九名公主与外族和亲，其中耳熟能详的和亲典故就有“文姬归汉”“昭君出塞”“文成公主”等。在北方政权里，有拓跋氏与匈奴的和亲、后秦与北魏的和亲、北魏与前燕的和亲、西秦与南凉的和亲、北凉与北魏的和亲等。在自身所在的北燕政权里，也有北燕帝王冯跋的女儿乐浪公主嫁给柔然民族的可汗斛律、柔然可汗郁久闾斛律的女儿嫁给冯跋等事例。这一桩桩的和亲，都有着鲜明的政治色彩，他们用最神圣的感情，演绎了战争与和平的交替，铁血与友谊的平衡，以及各族文化的碰撞与融合。但在当今的高凉，是否也能延续着前代的和亲故事，开创汉俚民族融合的新篇章？

冯融冷静地分析了冯宝与冼首领和亲的种种可能性。他认为，社会发展到当今的梁代，朝廷的“绥抚政策”得到实施，战事已经结束，高凉各部落的民众盼着稳定和安宁，这就是他们和亲的有利条件。但是否能促得成和亲，还须征求他们二人意见。

他立即找来冯宝，说：“宝儿，爹知道你在高凉任职太守的难处，孤军深入，独掌难鸣啊！爹给你指点一条出路：你与冼首领和亲。”

“什么，和亲？一个堂堂正正的朝廷汉官，与一个地地道道的‘蛮女’和亲，这不是乱套了吗？”冯宝连连摇头。

“宝儿啊，冼首领不是一般的‘蛮女’，她是地方俚人民族大首领！你与她和亲，是执政的需要！我们冯家的历史你是清楚的，它是经历了国破家亡的苦难，最后才托身岭南之地的，我们没有当朝的士族做后台，在政坛上没有根基。因此，你必须要在地方实力派中建立信义，赢得当地部落的支持，才能打开执政局面。冼首领年轻貌美，才华横溢，是不可多得的人才，你与她和亲，是天作之合啊！”

冯融一席语重心长的劝说，让冯宝沉默了。他从父亲的劝说中，领略到了他与冼首领和亲的意义。

“既然这样，我就听爹的，您说怎办就怎办吧！”冯宝答应了。

“好，马上办理。现在就准备礼物，明天一早派人送往雷垌首领府，向冼首领提亲！”冯融高兴地说。

与此同时，冯融又连夜修书一份，连同聘礼一起送往雷垌首领府。

第二天上午，冯宝差人把聘礼送到了雷垌首领府。冼首领打开礼品盒一看，礼物不多，里面只有冯融的亲笔信一封，心形金项链一条，翡翠玉手镯一副。冯融的亲笔信写道：

“首领阁下，前日贵府一聚，阁下对局势之分析，言之有理，吾甚赞同。阁下对部落之管治，井井有条，吾钦佩有加。无奈小儿冯宝，任职太守，异地执政，难展宏愿。若能与阁下联手治理，定会政通人和。若能与阁下联姻缔结，更将锦上添花。吾此心愿，可否实现？候待佳音。冯融亲书。”

冼首领读着冯融的亲笔信，看着信中言真意重的语句，感受到这位老父亲对儿子的一片苦心。她情不自禁地联想到自己献躯沙场的老父亲，他已无缘享受战后的和平生活了，只希望父亲在天之灵，能保佑她带领高凉各垌部落，走向稳定和安宁。她认识到，要稳定安宁，就要拥有行政权力，要参与更广泛的国事活动。因为她切身感受到在众多的首领中，有的为了巩固自己部落的统治而滥杀汉人；有的穷兵黩武，扩大自己的地盘；有的掠夺人口，占山为王。这些丑恶的现象如不进行有效的整治，是不能保证生活稳定安宁的。这个时候冯融刺史的来信，以及要求与冯宝和亲的心愿，不正是实现她参与更广泛的国事活动的良机吗？想到这里，她的心突然“怦怦”地一阵乱跳。

冼首领待自己的心情平静下来后，便将冯融刺史的来信以及高凉太守要求和亲的消息告诉母亲及哥哥冼挺，征求他俩的意见。

冼首领得到母亲及哥哥的支持，便毅然冲破民族束缚，接纳冯宝，同意与冯宝和亲。她把礼品盒里的礼物只留下冯融的亲笔信，其余的项链、手镯都拿出来让来人退回去，并给冯融回了一封信。（图六）

图六　冼首领亲笔为冯融回信

再说冯融收到了冼首领的回信，十分高兴，拆开一看，只有四个字：

“红伞一把。”

冯融看着这四个字，一头雾水。他不知道这四个字的含义。他马上找来军师询问。军师说：“你向俚人求婚不能送项链、手镯，因为这是汉人的风俗。俚人地区的求婚风俗是：男方要送女方一把红纸伞，如果女方同意了，就会收下来，并将七色布用彩线扎成十二个生肖，夹在伞骨中，并在伞边露出一段红线，然后把红纸伞留下来，供在神台上；如果不同意，女方就会把红纸伞还回给男方。现在冼首领回给您的四个字，已经隐含同意的意思了。您赶快按照俚人求婚的风俗，带着红纸伞去正式求婚吧！”

啊！原来俚人的习俗还很讲究哪！冯融立即差人带着一把红纸伞到冼首领家为冯宝正式求婚。事到如今，当然一切都如愿以偿了。一个汉俚族属的冯冼联姻，取得了完美的和谐结局。

山花烂漫的大同元年（535 年）三月初三日，是冯冼联姻的大喜日子。去年的三月初三日，是冼英任职俚人大首领的大好日子；今年的三月初三日，则是冼英与冯宝缔结良缘的吉祥日子。冼英时年二十三岁。这天，良德城内处处喜气洋洋。冯融亲自为儿子冯宝的婚礼作具体操持。大红花轿在前，彩旗队、花鼓队、唢呐队紧跟其后，一行人浩浩荡荡从良德出发至雷垌迎亲。

在雷垌，送亲队伍更是热闹。只见冼英一身豪华的俚妇打扮，头戴金花冠帽，双耳垂挂数个金吊环，颈上套着三个大型银项圈，手腕佩上红玉镯，身上穿着七色锦绣短衣，下身穿上银绣筒裙，脚佩镶珠脚环，足穿革底花鞋。从上到下，金闪闪，银灿灿，珠光宝气，名贵豪华。这是典型的俚人民族豪华服饰形象。但她不肯坐入冯家抬来的大红花轿，而是骑着一匹雪白色的巴斯马，威风凛凛地跟着花轿后面走。伴随身边的是她的哥哥冼挺，他骑的是一匹火红色的高头烈马。身后跟着的是与她一起征战的甘、盘、陈、廖、祝五员大将。随后伴送的人员打着铜鼓、敲着铜锣、吹着螺号，步伐整齐，好像军队中的仗义队。他们一直把自己爱戴的大首领送到良德城内的太守府。（图七）

高凉太守冯宝与俚人大首领冼英的联姻，立刻轰动整个岭南，因为这是在岭南的上层人物中，创造了和亲的范例。这场既有家世利益又有族群关系的和亲，带来了强烈的社会反响。因为冼夫人直接参与了政事，引进了先进的中原文化，大力改革了俚人的社会陋习，从而促进了民族融和，推动了社会进步，从此政通人和，百业兴旺，经济繁荣。

四、历史起伏跌宕，冯冼浴火重生

（一）岭南的冼夫人，是冯冼文化的中流砥柱

俚人民族大首领冼夫人与高凉太守冯宝的联姻，使岭南地区出现政通人和局面，国家统一，民族团结，经济繁荣，成了当时社会发展的主流，使岭南的和平稳定景象一直持续了一百多年。

此后，在唐代长寿二年（693 年），冯冼家族却出现了一件震惊朝野的重大事件。时年，武则天收到一封匿名信，说岭南“流人”谋反。为了弄清真相，武则天派出监察御史万国俊到广州调查。万国俊到广州后，为了显示自己的监察政绩，不分青红皂白，随心所欲地诬告岭南流人谋反，结果

图七 大同元年（535 年）三月初三日，高凉太守冯宝与俚人大首领冼英联姻

错杀了两千多人。潘州刺史冯君衡被诬告为“策叛”之罪，被革除官职、没收家产。父亲受株连，儿女也惨遭罹难。儿子冯元一时仅 10 岁，被强制与母麦氏分离，锁拿为奴，并受阉割之刑。圣历元年（698 年），岭南讨击使李千里将他进奉给武则天。因他天资聪颖，悟性很高，甚得武后喜欢，将他留在身边使用，并按佛家左右护法神将金刚力士之意，改其名为力士。后因犯小错被逐出宫外，由内宫高延福收为养子，改姓高，从此便称高力士。冯君衡的女儿冯媛是冯元一的姐姐，也被俘入宫为奴。冯媛入宫后，因她生得娇艳灵巧，文才出众，武后准备留她在宫中，封为才人。但冯媛却不愿充当才人。她向武后苦苦请求，请赐她削发为尼。武后准其要求，让她到泰山庵堂做信尼。

这次事件，给冯冼家族以致命打击，冯冼的声威跌落到了历史的最低值。然而，历史是不能随意更改的，真相终究会有大白的一天。武则天后来也知道了事件的真相，对那些牵涉此次事件的造假官员给予严厉的处理。

先天二年（713 年），李隆基登基，改年号为开元。李隆基称帝后，立即恩准高力士回乡寻母。因为那次冯君衡事件发生时，冯元一与母亲麦氏失散。麦氏是隋大将军宿国猛公铁杖之曾孙女。高力士与母失散时年仅 10 岁。20 年后，岭南节度使在泷州（今罗定）找到了麦氏，并把她送至京城。母子失散多年，相见不相识。麦氏对力士说：“胸前七黑子在否？”力士解开上衣一看，果然如是。麦氏又取出一项金环给力士辨认，力士立即认出这金环是他小时候经常戴在身上的佩饰品。双方信物俱全，母子身份确定无疑，令他们悲喜交集，激动得相抱痛哭。

唐玄宗知道了高力士母子的遭遇后，甚表同情，即召见他们母子俩，封其母麦氏为越国夫人；追赠其父冯君衡为广州大都督。对高延福夫妇过去对力士的抚养与扶助，玄宗也表示赞许，并赐给他们夫妇黄金百两以示嘉奖。天宝七年（748 年），玄宗加封高力士为骠骑大将军，位列三品。至此，冯君衡事件彻底地得到了平反，冯冼家族又恢复了往日的生机，在岭南地区蓬勃发展。

其间，广大群众对冼太夫人的崇敬并不因为冯君衡事件而减弱，而是更加怀念冼太夫人，甚至历代朝廷都对冼夫人进行多次追封。从南朝至清朝，朝廷对冼夫人进行了十次封赐：（1）南朝梁天正元年（551 年），封为“保护后夫人”。（2）陈太建二年（570 年），封为“中郎将、石龙太夫人”。（3）开皇八年（500 年），封为“宋康郡夫人”。（4）隋开皇十年（590 年），封为“谯国夫人”，并开幕府，设官属，给印章，听发部落六州兵马，达到了冼夫人仕途的最高峰。（5）仁寿元年（601 年），赐夫人海南临振县汤沐邑一千五百户。（6）仁寿二年（602 年），谥“诚敬夫人”称号。（7）南汉，追封为“清福夫人”。（8）宋朝，追封为“显应夫人”，加封“柔惠夫人”。（9）明朝，追封为“高凉郡夫人”。（10）清朝，追封为“慈佑夫人”。

一千多年来，各地纷纷建立庙宇以志怀念，这现象一直延续至现代（图八）。这是一个特殊的社会现象，这个社会现象的产生，与冯宝、冼太夫人所在的社会背景及历史功绩联系在一起，就构成了一个社会底蕴十分深厚的文化现象，这个现象就是冯冼文化。冯冼文化也有一个形成、发展和传承的过程，是研究冯冼历史的重要组成部分。

图八　设立于高州市冼太文化广场的冼夫人出征青铜像

（二）北燕王室的冯太后，是叱咤北魏的中坚力量

公元430年，北燕第一帝君冯跋病死，其弟冯弘自立为王。公元431年三月，冯弘废原配王氏，封夫人慕容氏为皇后。第二年（432年）正月，废黜王氏所生的太子冯崇，立慕容氏所生之子冯王仁为太子。公元436年四月，北魏大军兵围龙城，尚书令郭生开城门招引魏军。王氏所生的冯崇、冯朗、冯邈先后归降了北魏。冯弘拒降北魏，率龙城民户随高句丽军队东迁，投靠高句丽，后因冯弘蔑视高丽王，被高丽王杀害，北燕灭亡。

冯弘被杀前派出第四子冯业率三百人浮海投宋，成为岭南后来北燕王室冯氏族人发展的来源，也为北燕王室的冯氏家族保存了一支血脉。

与此同时，冯弘与原配王氏所生的第二子冯朗，在北燕时娶有王氏为妻，王氏随夫冯朗归附北魏，先后生了一子一女，所以他们都是北燕皇帝冯弘的孙子、孙女。他们仍然留在辽西生活，为北燕皇族后人在北方的传承和发展奠定了基础。

前燕、后燕、北燕三个王朝，从公元337年慕容皝称王时起，至公元436年鲜卑化的汉人冯氏北燕的灭亡，其间虽几经兴衰，前燕、后燕、北燕仍在以辽西地区为中心的中国的北方大地上进行了长达99年的王朝统治，在北方历史上写下了精彩的一章，是中国历史上不可缺少的一页。而冯朗降魏和冯业投宋，又为北燕皇族冯氏后人在中国南北两个方向的传承和发展，造就了新的辉煌。

冯弘孙女冯太后，她的父亲为冯朗，母亲王氏，为乐浪（今朝鲜平壤）人，是冯朗在北燕时所娶。因多年的社会动荡，直到归附北魏任官长后，生活暂时得以安定，王氏夫人才给冯朗生下一个儿子，取名冯熙。公元442年，王氏夫人又生下一个女儿，这就是后来叱咤北魏风云的冯太后。

此时，北魏太武帝拓跋焘完成了北方的统一，并与南朝形成了对峙之势。冯女出生后不久，父亲冯朗因受一桩大案株连被太武帝诛杀。冯女因年幼被没入宫中，成了拓跋氏的婢女。幸好她在宫中得到姑母冯昭仪的多方照应。公元452年，13岁的文成帝拓跋濬登基不久，11岁的冯女被选为贵人，公元456年，被立为皇后。公元465年，时年26岁的文成帝拓跋濬英年早逝，年仅12岁的太子拓跋弘嗣位，是为献文帝，皇后尊为皇太后，太后临朝辅政。拓跋弘是文成帝拓跋濬与梁国蒙县人李氏所生之子，拓跋弘立为太子后，按当朝规矩，李氏要被赐死，冯太后便把拓跋弘视为己出，担当起养育之责。献文帝即位后，由于贪权狂傲的太原王车骑大将军乙浑欺凌这孤儿寡妇，阴谋篡位。冯太后不畏强权，定策诛杀丞相乙浑，稳定局势后，依据北魏制度归政献文帝。公元476年，献文帝病死，太后再度临朝称制达14年。其间，冯太后充分施展自己的政治抱负，运用高超的政治智慧和钢铁般的手腕，纵横捭阖，排除干扰，对北魏的政治、经济和风俗习惯进行了卓有成效的改革，为北魏的社会稳定和经济发展作出了卓越贡献。（图九）

冯太后虽为北魏皇后，但对北燕王国怀有很深的感情，并且以特殊的方式寄托自己的思念之情。公元485年，冯太后为其祖父北燕王冯弘祈福，在三燕和龙宫殿旧址上修建了“思燕佛图”木塔。此木塔后来毁于火灾。隋文帝仁寿年间，当地居民奉诏在其旧址上又重建一座砖塔，称为宝寺塔，即今朝阳北塔，并葬有隋文帝所赐释迦牟尼舍利两粒。唐天宝年间曾作维修，辽代又两次修葺，并更名为延昌寺塔，形成了现今以三燕宫殿夯台基为地基，“思燕佛图”木塔的台基为台基，

隋唐砖塔为内核，辽塔为外表的朝阳北塔。其独特的“塔上塔”“塔包塔”的构筑形式，向人们昭示着北塔“五世同体”的辉煌历史的同时，也留下了冯太后对北燕皇帝冯弘祖父的一份深情。

图九　冯太后石雕像

公元 490 年，冯太后去世，享年 49 岁，谥号文明皇后，加上文成帝的谥号“文成”二字，称“文成文明皇后”。

冯太后是北燕皇帝冯弘的孙女，冯太后是北燕王室冯氏在中国北方地区的延续，是“三燕文化”的主要代表人物之一。而处于高凉地区“冼夫人文化”的代表人物——冼太夫人，则是北燕皇帝冯弘的玄孙媳妇，冼太夫人应称冯太后为“姑太太”。因此，北有冯太后，南有冼夫人，体现了“冼夫人文化”与“三燕文化”南北两地的发展与传承关系。

五、千里调查研究，冯冼追根溯源

过去对冯冼文化的研究，主要是对冼夫人文化的研究，这时期的研究具有几个特点：一是在地域上，主要是围绕着冼夫人的活动中心——高凉郡所属地域范围来进行，进而扩大到海南各地，因为这些都是冼夫人直接管辖的地域。二是从时间上，主要是从冯业南下任罗州刺史时开始，到冯元一（高力士）时止，因为这些人和事都是发生在高凉地域内，各地学者对这段历史比较熟悉，研究起来也得心应手。三是从人物选择上，主要是围绕着冼夫人进行，因为冼夫人在历史上表现得太特殊了，她一生及其身后曾受到十次朝廷的册封及追赐，这在中国历史上是绝无仅有的第一人。但随着研究的步步深入，冼夫人的研究已满足不了需要。为此，广东省成立了“冯宝文化研究会”；高州冯氏总会编印了《高凉冯氏总谱》，他们为冯冼两家的历史提供了大量资料。高州市冼学研究会顺应时代潮流，决定对“冼夫人文化”进行一次全面的提升，把“冼夫人文化”提升为“冯冼文化”。

为了对冯冼文化进行系统的研究，决定对冯冼文化进行一次全面调查，彻底弄清冯冼文化的根源，于是便把这个调查项目名称定为“寻找冼夫人足迹”。调查时间从 2015 年至 2018 年止，共用四年时间，深入冼夫人当年所巡视的地方，以及与冼夫人有关联的地方进行采访拍摄。采访拍摄范围，覆盖全国相关的省市，其中南到海南省三亚市的天涯海角，北到冼夫人丈夫冯宝的祖居地——辽宁省的朝阳北票市。此外，还到达海外的马来西亚、越南、泰国等地，追寻各类的冯冼文化遗迹一千多处，但调查重点以广东、辽宁两地为主，因为广东高州是冼夫人故里，在高州市境内保存的冼太庙达 373 座；辽宁北票是冼夫人丈夫——冯宝的祖居地，是北燕皇帝冯弘的故乡，也是后来叱咤北魏风云的冯太后的诞生地。

为使调查工作顺利开展，在广东的高州市和辽宁的北票市，分别组建了调查组，人员由市委宣传部牵头，派出一名副部长兼任调查组组长，电视台派出一位副台长任调查组副组长。下设编导、摄像、主持、史学专家组成。

高州市调查组的人员如下：

许金福：高州市委宣传部副部长、文明办主任。

叶明：高州市广播电视台副台长。

黄雨：高州市广播电视台总编辑室主任。

区朋华：高州市广播电视台摄像师。

李建：高州市广播电视台节目主持人。

张均绍：高州市文史专家。

北票市调查组的人员如下：

韩宪臣：北票市委常委、宣传部部长。

李宗庆：北票市委宣传部副部长、精神文明办主任。

李秀华：北票市文化局副局长。

唐丽红：北票市广播电视台副台长。

冯永谦：辽宁省文物考古研究所研究员。

张松：《辽沈晚报》主任记者。

作为北燕王朝冯氏族人的老家北票，辽代设有川州，它南临渤海，北接内蒙。因为最早在这里发现鸟类化石和开花类植物化石，因此，北票被认为是“世界上第一只鸟飞起、第一朵花盛开的地方”。

时光逆转，在1600多年前，北方进入了混乱的五胡十六国、多民族争霸时期。在如今的辽宁朝阳北票一带，先后建立了前燕、后燕和北燕政权。最后一个王朝政权——北燕，为北魏所败，使北燕分崩离析，其国民分为三支：第一支是冯弘原配王氏所生的冯崇、冯朗、冯邈，归降北魏，继续在辽西生活，成为北魏国民；第二支是不愿降魏的冯弘，亲自率领的龙城民户东迁，投靠高句丽，成为高句丽国民；第三支是由冯弘的第四子冯业率三百人浮海投宋，成为南朝宋国的国民。然而这三支北燕遗民，分属三个国家，他们各为其主，互不沟通，以至一千多年来，他们虽然已很熟悉了自己的生活环境，但他们并不熟悉自己家族的变迁史，更谈不上辽宁北票的冯氏家族以及广东高凉的冼氏家族，竟是姻亲关系；他们也不知道，冯氏家族与冼氏家族，已组成了一个冯冼大家庭，成了“冯冼文化”的历史聚焦点，这也许就是命运的安排吧。历史不可能重演，但岁月会将其模糊，同时也将一切加深厚重。从东北辽宁到岭南广东，虽然遥遥相隔，但历史就这样不远万里地为千年之前的冯冼家族的结合埋下伏笔。

2013年1月6日，《辽沈晚报》主任记者张松到广东省肇庆市宣传部采访时，随手翻阅了一份《南方日报》。一篇名为《高州，神采奕奕冼夫人福地笑迎八方客》的报道吸引了他的目光，尤其当他看到文中说“南梁大同元年（535年），罗州刺史冯融，听说南越俚人冼大首领很有才华，便给自己的儿子冯宝（时任高凉太守）娶为妻。冯融本是皇室后裔，虽担任州郡长官，但因客居他乡，号令不了地方土著民族。冯冼联姻后，夫人约束本宗族人，遵守礼法”时，他震惊了，兴奋了。将如此巧合地看到冯宝的身世来源，而与他苦苦追寻却一直无法突破的北票部分采访计划不谋而合，那是时隔1579年之后，终于在高州找到了圆满的答案。张松为此多次自费进入高州各地采访，在《辽沈晚报》撰写了长篇文章，还原了这一段鲜为人知的历史故事，引起了东北三省的轰动。

2015年11月，高州市调查组一行六人，乘着广东盛夏的余热，穿着单薄的短袖衣衫，直飞辽宁北票，住进了北票大酒店。谁也没想到，当夜却飘起了大雪。遍地的皑皑白雪，酒店的银装素裹，员工的清扫雪地，令高州调查组人员兴奋不已。据北票朋友说，这是北票当年下的第一场大雪，是高州朋友给我们带来了好运。

北燕时期末代国君冯弘，出生于长乐郡新都县（今河北省衡水市冀州区）。公元311年，冯弘的父亲冯安，为避战乱，举家东迁和龙（今辽宁朝阳北票）住在长谷村，冯弘的子女们都出生在这里。冯宝是冯弘的玄孙，出生于岭南广东，与高凉俚人大首领冼夫人联姻，冼夫人也就成了冯弘的家里人，是冯弘的玄孙媳妇。但是，一千多年的风云变幻，一千多年的沧海桑田，掩盖了多少文化遗址，抹掉了多少历史记忆。只有这巍峨的大黑山，默默地见证了这段千年的历史。（图十）

大黑山，是辽宁西部面积最大的一座高山，大黑山的北边就是内蒙古的敖汉旗。如果没有这座山，北边的科尔沁沙地就会把北票这一带全部吞噬掉。大黑山原始森林密布，异石奇峰，沟壑万千，最高峰还常年积雪。（图十一）

大黑山以其自身的优势，掩护过北燕的几个重要人物逃过了劫难。北燕的第一代帝君冯跋、第二代帝君——高州冯氏先祖冯弘，以及冯跋的弟弟车骑大将军冯素弗等。因为他们都曾经得罪过慕

图十　调查组人员在北票大黑山考察时留影（左五：冯永谦，前排右三：张均绍）

图十一　调查组人员在北票考察大黑山

容王朝的最后一任皇帝慕容熙，慕容熙怀疑他们想要取代自己，所以就派人去追杀他们，结果冯跋、冯弘、冯素弗等人就跑到了大黑山躲避。慕容熙派来追杀他们的将军叫孙护，他是冯跋的朋友，也是冯素弗的朋友，于是就找了个借口，说是在围捉他们时，突然天上出现了电闪雷鸣，天神把冯氏族人捉去了，已经得到报应了，然后就回去复命，就这样放过了冯氏兄弟。冯跋三兄弟在这里避难以后，很快就杀回了龙城。他们秘密地潜伏在今天的朝阳市，然后趁慕容熙出城给太后送葬的机会，杀了慕容熙，取代了慕容王，这就成就了今天所说的北燕王朝。

在北票保存最完好的冯氏文化遗迹就是冯素弗墓了。冯素弗是北燕天王冯跋的弟弟，是一个非常重要的人物，实际上是他帮助哥哥冯跋建立了北燕，在北燕建国的时候，他起了重要作用。在北票市西官营子镇馒头沟将军山的冯素弗墓出土了大批文物，其中出土了四枚印章，分别是“辽西公章”“范阳公章”“车骑大将军章”“大司马章”，这就印证了冯素弗一身兼四职的超然地位。但这位叱咤一时的风云人物，却过早去世。北燕太平七年（415 年）冯素弗卒，是年只有三十多岁。冯素弗墓被国务院批准列入第六批全国重点文物保护单位名单。（图十二）

历史是不可以假说的，但可以换个角度进行推理分析。冯素弗如果不是如此过早去世的话，北燕也许就不会如此快地灭亡，冯氏的后人也不会逃亡到南越。因为当时在北燕从建国及建国以后所制定的政策，冯素弗都起到了决定性的作用。正是因为他过早地去世，后来继承王位的冯弘，出现了执政上的错误，加速了北燕的灭亡，造成了北燕的分崩离析。如果冯素弗不过早去世，可能就不会产生冯氏后人逃亡到岭南这样的一个历史情况。但正是由于出现了这样的历史情况，才造成了今

图十二　高州冯氏宗亲会代表到北票冯素弗墓地拜祭先祖冯素弗

天这么一个结果。在岭南，冯冼家族大力地开发了中国的南疆，使南疆得到迅速的发展。冯冼联姻促进了民族融和，社会稳定、经济发展，就是那个时代的社会主流。为此，高州的调查组完成了几个特殊的使命：一是调查了冯宝家族在辽宁北票的文化遗迹；二是调查了高凉冼氏在辽宁朝阳北票市的分布；三是为辽宁北票的冯氏与广东高州的冼氏重新续上了关系，让他们回到了千年前建造的北票老家。

六、南北冯冼友好来往，高州北票两地齐飞

从 2015 年开始，高州和北票两市加强了联络，互相组团前往对方处考察。

2015 年 7 月 5 日，北票市委常委、政法委书记黄克忠等一行 14 人，组成考察团到高州市调研冼夫人文化。

2016 年 6 月 13 日，高州冯氏宗亲会组团前往北票祭奠这位功勋卓著的先祖冯素弗。

2017 年 1 月，北票市委宣传部派出电视台记者到高州拍摄冯冼文化纪录片。2017 年 2 月 27 日，广东茂名市组成冯冼文化考察团，到辽宁北票市考察。考察团参观了北票市博物馆、功德寺、国家级大黑山森林公园等相关单位，并在北票市博物馆召开了冯冼文化交流座谈会。同年 4 月，高州冯氏宗亲会组织冯冼文化考察团，到北票考察祭祖。同年 5 月，北票市文化局、教育局组团到高州考察，并促成高州市长坡中学与北票市西官营子中学结为友好学校。

2018 年 4 月 18 日至 19 日，辽宁省朝阳市人大常委会副主任、北票市委书记张秀军，带领北票

考察团对高州市经济建设和冯冼文化进行考察。北票市考察团先后考察了高州市冠誉新材料制造有限公司发展情况、满亨工业园区规划建设情况、长坡旧城冼太庙和冯宝公祠文化建设情况、高凉旧城遗址、长坡中学冼夫人文化进校园基地建设、长坡县域副中心规划情况、高州冼太庙和根子镇贡园荔枝主题文化园建设、根子镇红荔阁文化建设情况。北票市考察团认为，高州市经济发展势头良好，旅游资源丰富，两地的历史文化渊源深厚，有着一份浓浓的冯冼文化情结。4 月 19 日，广东高州市与辽宁北票市进行友好城市签约（图十三）。这标志着高州和北票两市将本着平等互利、优势互补的原则，形成长期、全面的战略伙伴关系，为实现优势互补、资源共享、互相促进、共同发展，为今后在各领域的合作建立坚实的基础。高州市和北票市正式签订千年友好城市协议，这是千年冯冼文化的延续，拉开两地交流合作的新序曲，谱写了两地携手发展的新篇章（图十四）。

图十三　高州·北票，友好城市签约仪式

图十四　为南北互助题字“千年汉俚，融和南北”

关于黑龙江流域的靺鞨人

魏国忠[1]

以往学术界对隋唐五代时期黑水靺鞨的研究，由于缺乏考古资料的支撑而主要是从文献上着眼，故这一研究领域一直处于模模糊糊、若明若暗的状态而并没有获得实质性的突破。这关乎历史上的唐王朝以及渤海国与黑水靺鞨的地域分布和相邻关系等问题。故而，对黑水靺鞨的综合研究工作，就显得尤为重要和突出。

近年来，笔者通过梳理相关的历史文献、和对黑龙江沿岸我省境内部分市县隋唐五代时期重要遗迹进行实地调查，获得了一批较为重要的第一手材料。同时，随着第三次全国文物普查的深入开展，又陆续揭示出很多以往不曾刊布的重要材料和信息。其中黑河、逊克、萝北、绥宾等市县，均有较多的考古发现和重大收获。最为引人瞩目的是沿黑龙江和松花江中下游地区的考古调查，在两江的沿岸丘陵和台地之上发现了一大批遗址、古城、堡寨和采集到许多珍贵的文物标本。后又通过对今俄罗斯远东地区阿穆尔捷特自治州等地靺鞨遗址和我国境内黑龙江沿岸隋唐五代时期靺鞨遗址等相关材料的反复比对，可以断言，在黑龙江两岸发现的这些文化面貌略同、年代相近的文化遗存，就是隋唐五代时期黑水靺鞨人的文化物质遗留。

那么，黑水靺鞨文化究竟来源于哪一种文化呢？目前，据笔者所掌握资料显示，在萝北县境内所发现的与靺鞨文化存在密切联系的几处新石器时代晚期遗址中，存有与靺鞨文化类似的因素。但目前还不是笔者在这篇文章里所要探讨的课题，留待日后专门对其进行综合研究。如上这些发现，无疑为黑水靺鞨文化的深入研究提供了极其珍贵的资料，同时也为探索黑水靺鞨的地域分布范围及其与渤海国的邻界等提供了非常重要的线索。

一、简单地回顾

（一）俄国对黑龙江沿岸靺鞨文化的综合研究及考古发掘

1953 年，苏联考古学界即开始了对靺鞨人的村落遗址、古城和墓葬的考古调查和研究，他们最早是从阿穆尔省（即今黑龙江左岸）开始进行全面系统的考古调查和研究工作的，后来扩展到了沿海地区（即今俄罗斯远东滨海地区）。

---

[1] 魏国忠，黑龙江省社会科学院历史研究所研究员。

1960—1961 年，在犹太自治州（今阿穆尔杰特）的纳依菲尔德发掘了墓葬。但他们并没有弄清楚出土的文物标本，究竟是历史上哪个民族的文化物质遗留。

1964 年，在阿穆尔省诺维彼得罗夫卡的杜尔依卡河附近的台地上发掘了墓葬。

1968 年，又在结雅河（即精奇里江）支流别拉雅河（即毕尔拉河）附近、特耶伊茨科耶发掘了墓葬。最为重要的是，苏联的考古学者在考古发掘过程中，还出土了唐“开元通宝”钱币。这枚古钱币的出土，为我们提供了重要的断代依据，不难发现该处墓葬和毗邻遗址的确切年代为我国历史上的唐代，该地区历史上的土著居民，就是唐代的黑水靺鞨人。

另外，在海兰泡的阿爱罗波尔特地区的柯魁镇，曾发现过靺鞨古城，有城墙和城壕组成的居住址，同时还出土了典型的靺鞨器物，有带编织纹饰的窄颈高体瓶（实际上就是带网格纹的盘口翘沿罐，这和在萝北及绥滨地区出土的陶器为同一文化系列）及其他文物标本。在另外一些稍晚的穴居遗址中，也出土了靺鞨陶罐。

以上这些考古发掘，累计共清理了一百余座墓葬，这些基础工作，后来通过苏联考古学家 A·П·奥克拉德尼科夫的综合研究，终于将这些通过考古发掘获得的文物标本的民族族属弄清楚了，并将这些出土文物特征一致的遗址、墓葬、古城确定为“靺鞨文化”。

综上所述，由于苏联学者们对靺鞨文化的先期探索，为后来的包括中国学者在内的深入而广泛的研究，提供了可供参考的重要佐证。

（二）我国对黑龙江沿岸黑水靺鞨文化遗址的考古调查和发掘

1973 年，考古工作者发现了绥滨县福兴乡同人文化遗址，同年由黑龙江省博物馆（今黑龙江省考古研究所）与中国科学院考古研究所（1977 年后属于中国社会科学院）联合发掘了该处遗址。

1974 年，考古工作者又发掘了绥宾县蜿蜒河遗址。

1976 年，考古工作者在黑龙江上游地区的呼玛县江湾农场，发现了一号和二号遗址。后来在爱辉县（今黑河市）的长发屯和小乌斯力也有重要的考古发现。而后在逊克县和孙吴县等地，也陆续地发现一批黑水靺鞨文化遗址。

1983 年考古工作者又在萝北县团结乡砖厂发掘了团结墓葬，出土了一批典型黑水靺鞨文化遗物，其中代表性器物有盘口罐、盘口翘沿罐和各式筒形罐。

如上所列举的这些国内外科学考察活动，从整体看来，我们国内所做的工作和研究，远不及俄国的广泛和扎实。至今也没见有正规的大型学术专著问世。国内对黑水靺鞨的综合研究工作仍然没能全面而深入地展开。到目前为止，也仅限于发表一些零散的文章。黑水靺鞨文化的研究领域仍然还有广阔的空间，对此希望能引起学术界和有关方面的高度重视。

（三）黑龙江省对黑龙江沿岸所辖市县开展的文物遗址调查

这些调查，主要是南北朝时期勿吉人和隋唐五代时期黑水靺鞨人的遗迹调查情况。

1. 鹤岗市的历史遗迹调查

（1）东山包遗址

该处遗址是 1982 年鹤岗市文物管理站在对市属东南郊区例行考古调查时发现的，该遗址位于东方红公社的前安民屯东南约 0.5 公里处的乌鸡河右岸 600 米处的沙丘上。该遗址南北长约 200 米，东西宽约 100 米，遗址地表中见有压制石器和陶片。

（2）黑山头遗址

该遗址位于梧桐河支流乌鸡河上游河岸的高丘之上，东邻乌鸡河右岸 200 米，西邻双泉大队约 300 米，遗址东西长约 70 米，南北宽约 60 米，地表多见有各式陶器残片，可分为夹砂红褐陶、红衣陶，素面居多。纹饰主要有附加堆纹、凸弦纹、拍印水波纹三种。器形中见有直口罐和侈口罐等文物标本。

笔者撰写有题为《乌鸡河名考》的论文，待刊。

（3）小山遗址

该遗址位于梧桐河下游右岸频河岸的丘岗上，因该地有一自然形成的石山故名“小山”。西距东方红公社新立大队 2 公里，遗址面积很大，地表上均见有夹砂灰褐陶、夹砂黄褐陶、夹砂灰陶和红衣陶四种。纹饰有拍印方格纹、凸弦纹、拍印人字纹、拍印圆圈纹和附加堆纹。器形种类有侈口罐、盘口罐和红衣陶侈口罐。

（4）志成养鱼场遗址

在东方红乡志成大队养鱼场附近、梧桐河下游右岸的一级台地上发现一处遗址，面积为 300 平方米左右①。

笔者认为，以上这四处遗址是目前获知的在鹤岗市区内，通过考古调查所发现的南北朝时期的勿吉人的文化物质遗留，最为重要的是还发现了“友谊县凤林文化”中典型器物：带角状把的陶罐。

除此之外，在其周边与之近邻的相关遗址中，大都含有隋唐五代时期黑水靺鞨人的文化物质。

2. 萝北县域内的考古调查和基础研究

下面笔者出示的 12 处遗址，主要是 2007 年第三次全国文物普查以前文物部门调查发现的。

名山镇名山岛遗址、名山镇莲花道班遗址、名山镇油库西遗址、团结镇龙滨遗址、肇兴镇东兴遗址、太平沟乡炭窑遗址、延军遗址、延兴遗址、团结镇前卫遗址、苇场乡东胜遗址、苇场遗址、肇兴镇卫东遗址。上述这些遗址，现大多损毁。

如上所列举的这 12 处遗址，是经过鹤岗市文物管理站统计过比较成型的遗址，均属于公布和发表过的。这当中最为重要的是名山岛遗址，在当年的考古调查中，同样也发现了与友谊县“凤林文化”中典型的带角状把残片。

原来这些遗址被确认的年代，现在看来是有必要商榷的。如上大部分已被确认的遗址，经过与毗邻类同遗址的反复比较后，笔者认为，除其中有几处遗址属于是南北朝时期勿吉人的之外，其余均属隋唐五代时期黑水靺鞨人的文化物质遗留。

2009 年，笔者带队在萝北县展开第三次文物普查工作，在短短的十几天时间里，我们一共调查发现各历史时期的遗址 50 多处，采集各类文物标本 1000 余件。其中，隋唐五代时期黑水靺鞨遗址

① 邹晗：《鹤岗市郊梧桐河下游右岸几处原始社会遗址》，《北方文物》1984 年第 1 期。

就多达30余处。同一历史时期的古城址五处。其中最为重大的考古发现是江岸古城遗址、江岸古城西南卫城遗址、共青石场古城遗址、七家子古城遗址、名山农场三队东北山堡寨等，再加上前述的12处遗址，均为同一历史时期。这样一来，萝北县境内的这类遗址、墓葬、古城（主要指南北朝时期勿吉人和隋唐五代时期的黑水靺鞨人），粗略统计竟多达50余处。这还是不全面的统计，若以萝北县实际土地面积、现在所调查出这些遗址和非常少的文物拥有量（指2009年三普以前）相比较，不成正比。也就是说明，萝北县至今也没进行过彻底的全面的文物调查和开展过广泛的文物征集。2009年笔者带队沿着被省、市、县文物考古机构历年所调查过的路线，在短短的十几天时间里，就调查这么多遗址。可以肯定一点，萝北县在南北朝至隋唐五代时期，古城和遗址也会大大超过目前这个数据。保守估计这一历史阶段的遗迹、古城、墓葬，加在一起肯定会多达百余处以上。只有全面科学系统地对萝北县境内的历史文化资源进行全面调查，才能为省内外的考古学界、历史学界和民族学界在深入研究时提供重要佐证。

3. 绥滨县历史遗迹调查

绥滨县境内的黑水靺鞨人的文化物质遗留，主要集中反映在同仁文化遗址中所出土的文物之上。1973年夏季，由黑龙江省博物馆历史部（今黑龙江省考古研究所）与中国科学院考古研究所（1977年后属于中国社会科学院），共同对该遗址进行了科学发掘，出土了一大批珍贵的文物标本。在后来的研究中，该遗址曾被科学地分为两期文化。其中一期文化遗址大致可早到隋唐时期，为黑水靺鞨人的文化物质遗留。而二期文化遗址，当时也被推论为属于是黑水靺鞨人的文化物质，考虑到周边与之类似的遗址和墓葬及俄罗斯大部分遗址中出土的同类器物进行比较，发掘者认为同仁文化二期的年代为宋代。笔者认为，这个结论值得商榷。因为历史上的两宋时期，靺鞨诸部均已改称生女真或女真（熟女真）。至于同仁文化一期早段，笔者认为是南北朝时期勿吉人的文化物质遗留，一期文化的晚段及二期文化遗址的早段，属于是隋唐时期黑水靺鞨人的文化物质遗留。上述论断是笔者专门做过“凤林文化·同仁文化·团结墓葬·萝北县共青石场古城”类同文物器形的科学比对后得出的结果。

除此之外，早已公布出来的绥滨县中兴乡中兴古城西北西亮子沟遗址、北山乡迎春遗址、忠仁镇合江青年农场遗址、中兴乡高力村西北五十二连遗址、绥东镇六里村遗址、富强乡松滨村遗址、绥东镇东胜村遗址、二九零农场一队墓地、绥滨农场五队遗址、大同乡吉里村西遗址、中兴乡高力村西北沙丘遗址、四十连遗址、绥滨农场二龙山遗址等，均属于是隋唐五代时期黑水靺鞨这一文化范围。

以上这九处同一文化特征的遗址，仅是绥滨县境域内这类遗址中的一少部分。估计在第三次全国文物普查结束后，这个数据还会攀升的。

下面笔者再简约地梳理一下文献中对黑水靺鞨的记载，看看其具体情况究竟是怎样的。

二、文献史料中的黑水靺鞨

靺鞨，作为历史民族族别的名词，最早出现在唐李百药撰《北齐书》中，据记载，黑水靺鞨在北齐武帝河清二年（563年）、三年（564年），天统元年（565年）、二年（566年）、四年（568年），武平元年（570年）、四年（573年）、六年（575年），靺鞨皆有朝贡。

《北齐书》记，“是岁室韦、库莫奚、靺羯（鞨）、契丹并遣使朝贡”。同书又记，“是岁高丽、靺羯（鞨）、新罗并遣使朝贡”[①]。在《隋书·靺鞨》条中有记：“靺鞨，在高丽之北……凡有七部……其六曰黑水靺鞨。”[②]另如《旧唐书·靺鞨》条有如下记载：“靺鞨，盖肃慎之地，后魏谓之勿吉……黑水靺鞨最处北方，尤称劲健。”[③]除外，在《新唐书·黑水靺鞨》中有如下记载：“黑水靺鞨，居肃慎地，一曰挹娄，元魏时曰勿吉。”[④]

据史料记载，隋代靺鞨诸部的分布情况和地域大致如下：“靺鞨在高丽之北，遗落各有酋长，不相总一。凡有七种；其一号粟末部，与高丽相接，胜兵数千，多骁武，每寇高丽中；其二曰伯咄部，在粟末之北，胜兵七千；其三曰安车骨部，在伯咄东北；其四曰佛涅部，在伯咄东；其五曰号室部，在佛捏东；其六曰黑水部，在安车骨西北；其七曰白山部，在粟末东南，胜兵不过三千，而黑水尤为劲健。自佛捏以东，矢皆石镞，即古之肃慎氏也。”[⑤]

唐代黑水靺鞨的具体情况，按文献记载分析，诸部靺鞨的地理位置并没有太大的变化。《新唐书·靺鞨》条记载，“……其著者曰粟末部，居最南，抵太白山，亦曰徒太白，与高丽接，依粟末水以居，水源于山西，北注它漏河；稍东曰汨（汨；是伯字误写）咄部；又次曰安居骨部；益东曰拂捏部；居骨之西曰黑水部；粟末之东曰白山部。部间远者三四百里，近二百里。白山本臣高丽，王师取平壤，其众多入唐，汨咄、安居骨等皆奔散，寖微无闻焉，遣人迸入渤海。唯黑水完强，分十六落，以南北称，盖其居最北方者也”[⑥]。

从上述文献记载中可以明显地看出，唐灭高丽（高句丽），白山部的绝大部分民口已降唐朝。文献中的“其众多入唐”，指的就是大批白山部众降唐，具体时间也就是唐灭高句丽之时的公元668年。高句丽的灭亡，导致与其接壤或邻近的“汨咄（伯咄）、安居骨（安车骨）等部靺鞨”皆奔散逃避，正如史书记载的那样，“寖微无闻焉，遣人迸入渤海”。此时的“汨咄、安居骨等部靺鞨”为避战乱，早已逃得不知去向，或剩余的一少部分被收归并入渤海。在原来汨咄、安居骨等部靺鞨所辖区域之内，此时段已出现真空状态。这也是阿什河流域和哈尔滨附近地区时至今日，很少见到有成组和系列的所谓靺鞨文物出露的主要原因。在上述地区，仅见20世纪30年代由俄国人发现的几件散碎的文物标本，还不足以证明是庞大族群的文化物质遗留。

另有文献记载，黑水靺鞨“其地南距渤海，北、东际于海，西抵室韦，南北袤两千里，东西千里”，“分为十六部，部又以南北为栅”即分为南黑水靺鞨与北黑水靺鞨。

---

① 李百藥：《北齐书》卷七，中华书局1972年点校本，第92、93页。

② 魏徵：《隋书》卷八十《靺鞨》，中华书局1973年点校本，第1821页。

③ 刘昫：《旧唐书》卷一百九十《靺鞨》，中华书局1975年点较本，第5358页。

④ 欧阳修：《新唐书》卷一百四十四《靺鞨》，中华书局1975年点校本，第6177页。

⑤ 魏徵：《隋书》卷八十《靺鞨》，中华书局1973年点校本，第1821页。

⑥ 欧阳修：《新唐书》卷二百一十九《北狄·黑水靺鞨》，中华书局1975年点校本，第6177页。

史书中对黑水靺鞨有十六部的记载，对有确切族团名称的可复原出十部：

按《新唐书·靺鞨》条中的记载，大致可复原八部。如："初，黑水西北又有思慕部，益北行十日得郡利部，东北行十日得窟说部，亦号屈设，稍东南行十日得莫曳皆部，又拂涅、虞娄、越喜、铁利等部……拂涅、铁利、虞娄、越喜时时通中国，而郡利、屈设、莫曳皆不能自通。"[①] 这当中的思慕部、郡利部、窟说部、莫曳皆部、拂涅部、虞娄部、越喜部、铁利部八部，即史书中记载的十六部黑水靺鞨中的部分部族。

另外，在《五代史》中还出现了黑水兀儿部、黑水胡独鹿部。倘若将这两部加上，正好为十部黑水靺鞨。按《新唐书》中的记载，黑水靺鞨分为十六部，至此还尚差六部。缺失的这六部黑水靺鞨，有望从唐代以后辽金时期至元代的水达达及其他部族之中去寻找蛛丝马迹。如上史书中记载的这十部黑水靺鞨，均属于是靺鞨系统。

那么，考古发现和文献记载中出现的这些黑水靺鞨诸部中究竟存在怎样的联系？他们之间的地域分布和相关情况又如何呢？

笔者通过多年的考古调查和深入研究，结果发现，在松花江中下游的汤原县与鹤岗市接壤处起始，由南向北（指在松花江左岸）就存着在大面积的黑水靺鞨人的文化物质遗留，按着史书记载依次向北两千里，显然是夸耀之辞，而实际上黑水靺鞨诸部不可能拥有两千里的地域，但从史书的记载中仍能让人感觉到黑水靺鞨的地域广大、幅员辽阔。也就是由今松花江中下游越过了今黑龙江向北，黑水靺鞨诸部的绝大部分仍在今俄境。在上述地域，从中俄两国历年的考古发掘所出土的文物标本中均可以得到证实，并获得了包括历史、民族及考古学界的一致认同。

据史料记载，唐王朝对黑龙江地区黑水靺鞨的行政机构设置，起始于唐"开元十三年（725年），安东都护薛泰请于黑水靺鞨内置黑水军，续更以最大部落为黑水府，仍以其首领为都督，诸部为刺史焉。中国置长史焉，就其部落监领之"。同书又记："开元十四年，黑水靺鞨遣使来朝，召以其地为黑水州，仍置长史，遣使镇押。"[②]

这是一条非常重要的史料，即说明，唐王朝虽然在黑水靺鞨区域内设置了府州一级的管理机构，但仍然遣派信使藉以镇压监管。

除此之外，史料中还对黑水靺鞨的风俗、生产生活、畜牧养殖、农业、丧葬、军事等方面，均有较详细的描述。如："人劲健，善步战，常能患它部。俗编发，缀野猪牙，插雉尾为冠饰，自别于诸部。性忍悍，善射猎，无忧戚，贵壮贱老；居无室庐，负山坎地，架木其上，覆以土，如丘冢然。夏则出随水草，冬入处。以溺盥面，於夷狄最污秽，死者埋之，无棺椁，杀所乘马以祭。……无书契。其矢石镞，长二寸，盖楛弩遗法。畜多猪，无牛羊。有车马，田耦以耕，车则步推。有粟麦。"[③]

① 欧阳修：《新唐书》卷二百一十九《北狄·黑水靺鞨》，中华书局 1975 年点校本，第 6177 页。
② 刘昫：《旧唐书》卷一百九十《靺鞨》，中华书局 1975 年点校本，第 5358 页。
③ 欧阳修：《新唐书》卷二百一十九《北狄·黑水靺鞨》，中华书局 1975 年点校本，第 6178 页。

另据《新唐书·东夷传·流鬼》中记载："去京师万五千里，直黑水靺鞨东北，少海之北，三面皆阻海，其北莫之所穷。"[①]

除外，在《旧唐书·室韦传》中还见有这样的记载，"……其北大山之北有大室韦部落，其部落傍望建河居，其河源出突厥东北界俱轮泊，屈曲东流，经西室韦界，又东经蒙兀室韦之北，落俎室韦之南，又东流与那河、忽汗河合，又东经南黑水靺鞨之北，北黑水靺鞨之南，东流注于海"[②]。这是一条尤为重要的关于南黑水靺鞨与北黑水靺鞨的史料。也就是说明，南北黑水靺鞨诸部的地域分布，均在那河（嫩江下游汇入东流松花江段）、忽汗河（牡丹江）汇流处之东北进入南北黑水靺鞨境，由此可见，黑水靺鞨的地域分布，一直以来没有越过今牡丹江汇入松花江的依兰县境内。

如上出示这些是文献史料对黑水靺鞨的记载，而中俄两国通过多年的考古发掘和调查，也基本能够在文献记载的大致区域内，发现并且渐渐地复原了黑水靺鞨人的包括生产生活用具、丧葬习俗、婚嫁、军事、政治以及和中原王朝、周边邻族的族际关系等。

综上所述，在黑龙江省东北部地区，特别是汤原县东北、鹤岗市、萝北县、绥滨县，经过多年的考古调查和考古发掘，从所接触到的诸多遗址和出土大量文物标本中，大致可以勾画出从南北朝至隋唐五代时期黑水靺鞨的分布和地域，从西起鹤岗市与汤原县接界、东到绥滨县松花江与黑龙江汇流处，沿江交汇的平原和低山丘陵台地之上，分布着为数众多的南北朝时勿吉人和隋唐五代时期的黑水靺鞨人的文化物质遗留。其中，在鹤岗市梧桐河支流乌鸡河就是地名活化石，也就是南北朝时期勿吉人西迁前的祖居之地。

除此之外，隋唐五代时期黑水靺鞨文化，尤以萝北和绥滨两县境内的遗址、墓葬、古城分布较多。通过与境外（主要是俄罗斯）类同遗址、墓葬、古城和出土文物的比对研究，在黑龙江省东北部地区发现的这一历史时期的古代文化遗存，仅属于黑水靺鞨系统中的一部分。后通过笔者在梳理文献史料时获知，黑水靺鞨有南北之分，况且，黑水靺鞨在靺鞨诸系统中尤为劲健。是唯一可与强大的渤海国抗衡的、唐朝依赖的主要力量。在鹤岗市所辖区县发现的近一百余处（这是一个保守数据），这一历史时期的遗址、墓葬、古城，就是所谓的南黑水靺鞨的文化物质遗留。而从黑龙江左岸的阿穆尔杰特以北向东至海，即属于北黑水靺鞨的重要活动区域。

也就是说，以现在的松花江为界，自汤原县东北和鹤岗起始由西向东经由萝北县至绥滨县辖境、在松花江左岸由南向北密集分布着诸多遗址和古城、墓葬。其年代均为历史上的南北朝至隋唐五代时期，也就是历史上北朝时期的勿吉人、隋唐五代时期的黑水靺鞨人主要辖控和活动区域。从松花江南岸起始向南——完达山一线，历史上主要是渤海和黑水靺鞨的空悬地带，在这一空悬区域以南，即今天的勃利、七台河、密山、虎林等市县的完达山南麓，向东至俄罗斯的滨海地区，属于渤海领域。

这样一来，黑水靺鞨与渤海国之间的空悬地带就十分清晰地凸现出来了，即由著名的黑龙江湿

① 欧阳修：《新唐书》卷二百二十《东夷传·流鬼》，中华书局1975年点校本，第6209页。
② 刘昫：《旧唐书》卷一百九十九《室韦》，中华书局1975年点校本，第5358页。

地、松花江湿地和乌苏里江湿地，以及联通这几大湿地的三江平原的广阔区域。每年从三月份起始直至十一月份，泡沼泥泞、湖河沟叉纵横，人、车、马举步维艰。水涝之年，方圆千里的湿地汪洋一片，形成了一道在古代不可逾越的天然屏障，阻隔了黑水靺鞨与渤海国之间的相互征战和侵伐。

通过多年的考古调查和深入而广泛的研究，在双鸭山地区，主要是松花江南岸，西自张广才岭东侧的依兰土城子，斜向东南至完达山北麓向东至海，在这一广阔区域里，各个历史阶段文化遗迹的年代谱系和古代民族均已清晰地呈现出来，大部分古遗址、古城，均属于不同历史时段由新石器时代晚期—汉—晋时期的挹娄人、南北朝时期的勿吉人累年修建的。而历史上的隋唐时期，在该地区几乎没有发现靺鞨族系的文化遗址和遗物。

对黑龙江东北部地区的区域考古调查和历史研究，着重能够解决我国历史上魏晋末端和南北朝时期，挹娄人向勿吉人过渡期间模糊的历史文献记载。只要搞清楚这些遗址、墓葬、古城的民族族属、历史年代区划等问题，就能够解决历史上的勿吉和黑水靺鞨的民族徙迁及演变过程。而历史上的隋唐五代时期，黑龙江沿岸的黑水靺鞨人就曾经与隋唐王朝有过密切的文化交流和往来。唐王朝曾于开元十三年（725 年），正式册封黑水靺鞨为地方的都督、刺史。这同时更加证实了，在这块大地上的古代先民（包括俄境类同文化区域），除了商周、春秋战国、两汉魏晋时期在文献上的模糊记载之后，出现了非常清晰而准确的文字和年号记载，再次被中原王朝纳入到有效的控制管理体系之内。黑水靺鞨，是唐王朝在东北地区牵制和扼控渤海的主要依附力量。

至于如何有针对性地对这些古代遗址、古城、墓葬进行研究和有序利用，仍是学术界面临的一大课题。

三、勿吉与靺鞨的关系

靺鞨称号始见于史书是在北齐河清二年（563 年），但最初靺鞨之“鞨”写作“羯”，《北齐书·武成帝纪》“河清二年”条就是这样写的：“是岁，室韦、库莫奚、靺羯、契丹并遣使朝贡。”“河清三年”条记靺鞨朝贡也是作“靺羯”[①]。北齐天统元年（565年），史书中开始出现“靺鞨”，同上书“天统元年”条载：“是岁，高丽、契丹、靺鞨并遣使朝贡。”二年、三年、四年条记其来贡，也皆作“靺羯”，而未用“靺鞨”。在这以后，“鞨”并未完全取代“羯”，直到唐、宋、元三朝的史料中，有时还出现将“靺鞨”写作“靺羯”。如唐开元二年（714 年），唐册封大祚荣的大臣崔忻返回途中在今大连市黄金山的刻石、《通典・乌洛侯传》《文献通考・室韦传》，都将“靺鞨”写成“靺羯”。《契丹国志》中也是“靺鞨”与“靺羯”互见。

勿吉与靺鞨虽出现于不同历史时期，但并非族称的改换，而是同一语词在不同时期的异译。因为今读“hè”之“鞨”，不见于《说文解字》；羯，《说文解字》作“居谒切”，即读“jí”，与“吉（jí）”音同。以今读音而论，“靺羯（mò jié）”与“勿吉（wù jí）”音也相近。可见，“靺羯”与“勿吉”只是同音对译用字不同，“靺鞨”是“靺羯”的改写。

① 杜佑：《通典》，中华书局点校本 1988 年版。

勿吉、靺鞨族的来源，一般根据史书记载，认为它们源于挹娄。其分布区域，《魏书》只笼统地说“存高句骊北”，《北史》《隋书》也未对其地域作完整介绍，只是在叙述诸部所在地时，讲到它们在白山（今长白山）、粟末水（今第二松花江）和黑水（今黑龙江）地区。按两唐书载，其地“东至于海，西接突厥，南界高丽，北邻室韦”。相当于今地理，东临日本海，西约以今俄国结雅河及我国嫩江附近与室韦、契丹相邻，南在今松花江上游地区及图们江处与高丽接壤，北达鄂霍次克海及包括库页岛在内的广大地区。在这一区域内，“数十部”靺鞨人散居各地。其中著名的七部大体是：粟末部最南，抵长白山而居，约在以今吉林省吉林市为中心的第二松花江地区；伯咄部在粟末部东北，在今拉林河流域；安车骨部在伯咄部东北，即今黑龙江省依兰县东南和以东地区；拂涅部在伯咄部东，今牡丹江下游以东至兴凯湖一带；号室部在拂涅部东，约在今兴凯湖南的绥芬河流域；黑水部因居黑水两岸得名，分布在今松花江注入黑龙江处附近下至博朗湖一带的黑龙江南北地区；白山部在粟末部东，约居于今牡丹江上游及其以东的延边地区。七部之外的诸小部分布，只知在今黑龙江以北和俄国滨海地区，尚有思慕、郡利、窟说、莫曳皆、虞娄、越喜等部。

此外，在隋末唐初先后有两批靺鞨人迁出上述地区，移住今辽宁省朝阳市一带。第一批约在隋大业八年（612年）。是年，隋炀帝杨广征高丽，当时附于高丽的靺鞨南境的厥稽部酋长突地稽，率其部及另七部凡千余家归隋，隋炀帝安置他们于柳城（今辽宁省朝阳市）。八部为厥稽部、勾使来部、窟突始部、悦稽蒙部、越羽部、步户赖部、破爱部、步括利部。唐太宗李世民时，此八部又一度被移居幽州（治所在今北京市城区西南）昌平城。第二批在668年唐亡高丽国后，被迁的主要是后来创建渤海国的大祚荣所在的粟末靺鞨（即原靺鞨粟末部）人。他们在唐对高丽的战争中，站在高丽一边与唐抗争，高丽国亡后被强迫迁于营州（州治在今朝阳市）。

四、社会生产与社会组织

勿吉、靺鞨族的社会生产，比挹娄时期有了长足进步，但在大多数领域还只是量的增加，尚未达到引起社会变革的程度。狩猎业还是他们赖以生存的社会生产部门之一，尤其在北部和东北部地区更占有重要地位。角弓和楛矢既是他们的狩猎工具，也是他们的战斗武器。为了增强弓箭的杀伤力，猎取皮大、毛厚和肉多的大野兽，他们常在每年七八月间“造毒药，傅矢以射禽兽”。在捕打的小兽中，貂最为他们重视。勿吉人为了多猎取貂鼠，流行着一种习俗，父母若在秋冬死时，“以其尸”作诱饵“捕貂”。貂是一种毛皮小兽，对一个尚未进入文明社会的民族来说，貂对于解决日常生活所需本无多大意义，有这一情况出现，联系在此之前中原地区已有“挹娄貂”美名流传，显然是为了交换。因此推断，勿吉人的狩猎生产已不同于原始的狩猎活动。

农业有了进一步发展。耕作方法已采用“耦耕”，达到相当于中原地区春秋时代的耕作水平。农作物的品种有粟、麦、穄，并种植一种名“葵”的蔬菜。粮食作物已食用有余，出现了“嚼米酝酒，饮能致醉”。畜牧业以养马、喂猪为最普遍，且已有了一定的规模。如北魏太和初（元年，477

年）勿吉人向北魏朝贡，一次就献马五百匹；靺鞨人养猪，一些富户已多“至数百口”[①]。猪和马之所以成为他们主要的饲养牲畜，是因为猪是他们的衣食之源，“食其肉而衣其皮”；马则是他们与中原地区主要的交换物之一，这在挹娄时期已存在，当时已“有马不乘，但以为财产而已”。

手工业发展也很显著，以车、船的制造最突出。南北朝时他们会造步行推的小车，到隋唐时期已能制作马拉大车。船的制造比制车历史早，当时已较普遍地用作水上交通工具。勿吉使臣朝贡北魏，从其境至今洮儿河一段路程，就是乘船往返。乙力支在北魏谈到，他们已与百济商量，准备“从水道并力取高句丽”，说明他们社会内已有了能运送大批人员的船只。他们也能加工铁制品，如考古发现相当于勿吉时期的黑龙江省绥滨同仁遗址下层文化，出土了铁锛、小刀、铁镞、铁带卡等；属于靺鞨遗存的吉林省永吉县大海猛遗址等处，发现的铁制兵器和生产工具有刀、剑、匕首、矛、镞、铠甲、马具及斧、锛等。

农牧业的迅速发展和铁器的普遍使用，不仅表明其社会生产力有很大发展，而且决定了靺鞨人的社会组织将临近文明社会。事实也正是这样，这时虽然氏族组织还存在，但已出现分解和重新组合。前述著名七部，是七个发达的部落，史书所说其“凡为数十部”或“离为数十部”，是将一些氏族和部落合在一起说的，隋炀帝时迁居柳城的突地稽所率厥稽部等八部，就是粟末部下的一些氏族。各部在社会生产力迅速发展中，“以强凌弱”，互争雄长，展开了激烈的争夺盟主地位的斗争，到了唐初，众多的靺鞨部落已以区域形成了南部以粟末部、北部以黑水部为核心的两大部族集团（或说部落联盟），并以新的称号——粟末靺鞨和黑水靺鞨作为联盟的名称。这种以区域形成的部落联盟，是人类社会组织由以血缘为纽带向以地域为单位发展的一种过渡。靺鞨人由于有这一变化，从此两个联盟集团便走上了不同的发展道路：粟末靺鞨在 7 世纪末建立震国政权后，吸收了高丽、夫余等族遗民发展为渤海族；黑水靺鞨则在较长时期内保留原有称号，进入 10 世纪后才改称女真。

勿吉、靺鞨人的氏族社会，据史载和考古资料，可以看到以下一些特点：其一，各部落和氏族居于不同地区，各自在一个首领领导下，独立地组织生产和生活，尚未形成全族的统一首领。史书所记“邑落各自有长，不相总一”或“离为数十部，酋各自治”，是对这一社会情景的描述。但是到了 6 世纪末 7 世纪初（隋代），由于频繁的兼并战争，社会中出现了号称“大莫弗瞒咄”的渠帅。其二，每个部落有自己的武装。在著名七部中，大部落有“胜兵七千”，一般的为三千。其三，已确立了严格的一夫一妻制，妇女已成了男子的附属物，丈夫对妻子已握有生杀大权。正是由于这种夫权制的确立，所以其社会内部存在“其妻外淫，人有告其夫者，夫辄杀妻，杀而后悔，必杀告者，由是奸淫之事终不发扬”。其四，居住是“凿穴以居，开口向上，以梯出入”。住屋面积约 30 平方米左右。为了防止外部的侵掠，已有了城堡建筑。城址在牡丹江、松花江和乌苏里江流域以及黑龙江中下游地区均有发现。据介绍，在黑龙江省的东部、南部各地，发现了“数以十计的勿吉城堡”，皆依山傍水，一般长宽皆只有几十米。其五，两极分化在不少部落内已存在，个别地区已出现家庭奴隶。隋末迁到柳城的厥稽等八部，至唐代已有“家僮数千人，以财力雄边，为夷人所惮”。

① 杜佑：《通典》，中华书局点校本 1988 年版。

这一时期其社会所以如此迅速地发展，中原地区先进的政治、经济和文化影响，起了促进作用。仅据史载勿吉与中原王朝的官方来往说，它们于延兴年间派乙力支朝贡建国于黄河流域的北魏后，于太和初（元年，477年）、九年（485年）、十年（486年）、十三年（489年）、十七年（493年），自景明四年（503年）“迄于正光”（503—525年），“贡献相寻”。

540年到北齐时，“朝贡不绝”。朝贡使团的人数，有时一次多达五百余人。据日人池内弘统计，勿吉在近一百年内，到中原朝献有三十余次。在这种表示臣属关系的来往过程中，一方面他们以贡品形式把大批土特产品运到中原地区，太和初一次就贡马五百匹；另一方面，他们返回时，中原朝廷又“回赐”大量锦帛、绢、金银制品等物。这种一来一往，丰富了两族的物质生活，特别是促进了勿吉社会的经济发展。绥滨同仁遗址出土的铁镰等，形制均与中原地区出土的同时期同类器物相仿，从一个侧面反映了中原地区经济、文化对勿吉、靺鞨社会发展的影响。

五、黑水靺鞨

前面谈到，靺鞨诸部在相互兼并过程中，于7世纪初形成了北部以黑水部、南部以粟末部为核心的两个部落联盟集团，有了黑水靺鞨与粟末靺鞨新称号。7世纪末，东北地区发生了契丹、奚等族反唐的大动乱，粟末靺鞨在这一动乱中建国称号，不久改称渤海。远处边陲的黑水靺鞨，则选择了加强与唐王朝联系，保持原来民族特色的发展道路。两唐书对这一变化，以《靺鞨传》或《黑水靺鞨传》介绍靺鞨族的发展变化，以《渤海靺鞨传》或《渤海传》叙述粟末靺鞨为主干建立的渤海国的兴衰。

黑水靺鞨共有十六部。其中除作为主体的黑水部外，已知的部名有思慕、郡利、窟说、莫曳皆、拂涅（原为著名七部之一）、虞娄、越喜、铁利八部，另七部名称史失记载。他们分布在东包库页岛至今日本海，西约在嫩江和俄国结雅河附近与室韦为邻，北达鄂霍次克海，南以嫩江下游和松花江北岸，沿松花江至今依兰县附近再折而东北向至海与渤海地相接（渤海未强盛前，今牡丹江下游以东至海也为黑水靺鞨所有）。在这个区域内，已知八部（后四部后臣属渤海）所在分别为：思慕部，居于今俄国布列亚河（清称牛满江）和阿姆贡河（清称恒滚河）上游地区；郡利部，分布在黑龙江入海口附近；窟说部，在库页岛北部地区；莫曳皆部，居库页岛东南部；拂涅部，分布在牡丹江下游以东的今密山县一带；虞娄部，约有兴凯湖以东至海之地；越喜部，在乌苏里江以东地区；铁利部，居住在今黑龙江省依兰县附近。

黑水靺鞨的社会状况，总的看来，较南面的粟末靺鞨低下，但其区内各部发展水平并不平衡。居于黑龙江下游以西、以东包括库页岛在内的一些部落，还以渔猎为业，过着“夏出随水草，冬入处地穴”的原始游猎生活；分布在黑龙江中游附近的一些部落，虽然还穴居，但考古发现表明，这里的生产力发展水平，已具备了出现贫富分化、向阶级社会过渡的条件，如在今俄国布拉戈维申斯克（海兰泡）阿爱罗波尔特地区的柯奎镇，发现了靺鞨古城，出土的遗物中有空首铁斧等。再如前面提到的上限至勿吉、下限可至女真早期的位于松花江注入黑龙江附近的绥滨县同仁遗址，上下层文化中皆出土了削、铸、镰、带扣等多种铁器。

黑水靺鞨人有以下一些特点和风俗：人皆强悍凶猛，无忧愁悲伤，贵壮贱老；善步战，每恃其勇，常为邻近民族之患；人喜编发，缀野猪牙和插雉尾作冠饰；死者不用棺椁，埋入土后杀其生前骑马以祭等。以上这些一方面表明，黑水靺鞨尚未跨出原始社会门槛，同时又看到阶级社会的某些因素已在其社会内出现。

黑水靺鞨独自与中原王朝来往，是在8世纪初。在此之前，在唐王朝与高丽旷日持久的战争中，因战场主要在辽东地区，距其境远，他们基本上未介入。后来契丹首领李尽忠在营州起事反唐，武则天调集唐军镇压东北地区诸少数民族的反抗，他们怕灾祸及己，与粟末靺鞨人同向当时北方强族突厥请求庇护。唐中宗李显在8世纪初复位后，对粟末靺鞨等改用“招慰”政策，黑水靺鞨随即派出使臣“假道”震国（即渤海），与唐联系，归服唐朝。

开元十年（722年），其酋倪属利稽朝唐，唐玄宗李隆基以其所领为勃利州，任命他为刺史。

725年，因安东都护薛泰奏请，唐在其境置黑水军。次年，唐又在其地置黑水州都督府（简称黑水府），以其首领为都督，诸部部长为刺史，另派人任长史至其地“监领之”。至此，黑水靺鞨地区正式纳入唐王朝的版图。后来，渤海日趋强盛，唐又因“安史之乱”后无力东顾，于是其南部的拂涅、虞娄、越喜、铁利等部为渤海兼并，北部的一些部落似也一度臣属渤海。10世纪初，当渤海衰亡之际，黑水靺鞨在逐渐向南发展的同时，其兀儿、胡独鹿两首领所在的部落，先后于后唐同光二年（924年）、三年（925年）派人向后唐朝贡。

后唐长兴三年（932年）以后，黑水靺鞨转附于正在崛起的契丹，并以契丹人对他们的称呼“女真”为新号。

靺鞨族是我国东北地区一古老的少数民族，靺鞨族起源、发展，一直到唐代建立渤海政权，历代文献中都有一些记载，但只靠文献有诸多问题还难以确认，而近年来先后开展的大量的调查发掘工作，大大充实了以往的文献研究，有不少问题得到突破和解决，有的问题虽然一时还无法定论，但是也提出了值得思考的线索。

《魏书》记：“勿吉国，在高句丽北，旧肃慎国也。……去洛五千里。自和龙北二百余里有善玉山，山北行十三日至祁黎山，又北行七日至如洛瓌水，水广里余，又北行十五日至太鲁水，又东北行十八日到其国。国有大水，阔三里余，名速末水。其地下湿，筑城穴居，屋形似冢，开口于上，以梯出入。……国南有徒太山，魏言‘大白’，……去延兴（471—476年）中，遣使乙力支朝献。太和（477—499年）初，又贡马五百匹。乙力支称：初发其国，乘船泝难河西上……沉船于水，南出陆行，渡洛孤水，从契丹西界达和龙。自云其国先破高句丽十落，密共百济谋从水道并力取高句丽，遣乙力支奉使大国，请其可否。”

上述记载中与挹娄有关的民族，《后汉书》《三国志》和《晋书》首先都提到夫余。此时期夫余的中心在今第二松花江中游地区（详见下文）。

其次提到的是沃沮。《后汉书》和《三国志》同样设沃沮，沃沮有东沃沮、北沃沮、南沃沮之称，据考证，东沃沮为统称，其北部为北沃沮，南部为南沃沮。《后汉书》记：“东沃沮在高句骊盖马大山之东，东滨大海，北与挹娄、夫余，南与涉貊接。其地东西狭，南北长，可折方千里。”《三国志》记："东沃沮在高句丽盖马大山之东，滨大海而居。其地形东北狭，西南长，可千里，北与挹娄、夫余，南与涉貊接。"《后汉书》所记"其地东西狭，南北长，可折方千里"，比《三国志》所记"东北狭，西南长，可千里"明确。

1977年，吉林大学考古专业师生与黑龙江省考古队共同发掘了黑龙江省东宁团结遗址，该遗址下层命名为团结文化，而且被确认为北沃沮遗存。据研究，该文化的分布，北边没有越过兴凯湖，南边至朝鲜咸镜北道中部。其主要特征是：一、陶器壁较厚，夹砂，手制，火候不高，呈红褐、灰褐至黑褐色，素面，常见的器物有瓮、罐、豆、碗、甑等，圆柱状耳和乳状耳流行，豆分为高圈足和柱把两种；二、磨制石器继续流行，包括斧、锛、刀、镰、镞、矛等，出现斧、镰、锥铁工具；三、房址为长方形或近方形半地穴式，斜坡门道或无门道，有的构筑曲尺形取暖烟道（火炕）；四、团结遗址下层的碳14测定年代为公元前420±105年，公元前150±100年，公元前110±105年，公元65±85年，而且发现西汉五铢钱[①]。根据夫余和沃沮的活动地区推算，汉魏时期，挹娄所在应是西起张广才岭北段和小兴安岭，东至日本海，包括三江平原及其周围山地在内的广大地区。

《晋书》和《魏书》无沃沮传，《晋书》记肃慎在不咸山北，即长白山北，《魏书》记勿吉在高句丽北。《晋书》《魏书》不设《沃沮传》，说明其不再独立存在，其南部大半归高句丽所有，而北部被挹娄、勿吉所占，因而勿吉与高句丽则直接相接，乃有勿吉与百济并力共击高句丽之谋。勿吉与高句丽接壤的地区在延边一带。

北魏时勿吉族的活动中心，上引《魏书·勿吉传》通过记载中原到勿吉的往返路线则更为明确。对此，金毓黻已予考证：和龙，即今朝阳；洛瓌水、洛孤水，即西辽河上游；太鲁水，即今洮儿河；难河，即今嫩江，嫩江先后与洮儿河、第二松花江合流后，继续东北流去形成松花江主流，最后注入黑龙江，可统称为难河；《魏书》所记勿吉国内大水速末水，即此松花江主流。北魏使者松花江乙力支"初发其国，乘船泝难河而上"，视江水流向也只能是主流松花江。[②]因此，这时勿吉族的活动中心是在主流松花江流域。

关于勿吉的考古遗存，近年已陆续有所发现。与"波尔采文化"和蜿蜒河遗址年代相当或稍晚的还有绥滨四十连遗址、黑龙江左岸俄罗斯伯力以西大萨马卡河口的布拉戈斯诺文遗址、黑龙江省萝北团结墓葬、抚远三角洲黑瞎子岛（乌苏里岛）上的科尔萨科沃早期墓葬和绥滨同仁遗址一期等。常见陶器是喇叭口大罐、深腹筒形罐、斜壁碗和斜口箕形器。其中喇叭口大罐最具特色，可以看出它与上述喇叭口球腹罐属于同类器物，高度大都在30厘米以上，有的超过40厘米，高领，展沿，腹身上鼓下收，由原来的球形变为倒梯形，所以整体瘦高；口沿做法有敞口，又增加了盘口，而且都饰有附加堆纹，敞口者是在口沿外侧的下边粘贴一圈泥条，附加堆纹饰在此泥条上，盘口者是在口沿内侧又立贴一圈泥条，附加堆纹饰在原口沿上；大罐的肩部和上腹部普遍地刻印纹饰，常

① 匡瑜：《战国到两汉的北沃沮文化》，《黑龙江文物丛刊》1982年第1期；林沄：《论团结文化》，《北方文物》1985年第1期；李强：《沃沮、东沃沮考略》，《北方文物》1986年第1期。

② 金毓黻：《东北通史》，社会科学战线杂志社1980年翻印本，第168—170页。

见的有弦纹、短斜线纹、指甲纹、水波纹等，有的还间衬四组或五组双乳丁纹。深腹筒形罐与喇叭口大罐相比，多数是领粗矮，口沿外展程度小，口径一般不大于腹径，腹部微鼓呈筒形，大底，也有的和喇叭口大罐器形相同或相近，但是其通高大都在20厘米以下，大小和喇叭口大罐明显有别；深腹筒形罐口沿外侧下边都饰有附加堆纹，做法与喇叭口大罐的敞口纹饰相同，肩部和上腹部也刻印着与喇叭口大罐基本相同的纹饰；就整体造型而言，此深腹筒形罐与“波尔采文化”和蜿蜒河遗址出土的侈口深腹罐应有一定关系。各遗址、墓葬的碳14测定年代，绥滨四十连遗址有三个，距今一为2115±80年，树轮校正为2090±95年，二为2075±85年，树轮校正为2050±100年，三为1720±80年，树轮校正为1660±90年；布拉戈斯诺文遗址为公元370±20年；萝北团结墓葬为公元344—531年；科尔萨科沃早期墓葬为公元540年；同仁遗址一期距今1420±80年，树轮校正为1355±85年。[①] 年代自汉代开始，一直延续到整个南北朝时期，甚至到唐初。

最近同仁遗址的发掘报告在2006年第1期《考古学报》上也发表了。[②] 这是在上述同类遗存中，继萝北团结墓葬报告之后又发表的一篇重要报告，而且有明确的层位关系。该遗址分为一、二两期，一期又分为早晚两段。其碳14测定年代，一期早段距今1420±80年，树轮校正为1380±80年（599—684年），比上述过去发表的数字稍有区别，明确进入隋唐；一期晚段距今990±80年，树轮校正为960±80年（994—1186年）；二期距今845±80年，树轮校正为820±80年（1131—1277年）。报告发表的一期陶器，比过去介绍得全面，主要器类仍是喇叭口大罐（盘口）、深腹筒形罐、斜壁碗和斜口箕形器。从地层叠压打破关系来看，同属一期从早段到晚段，跨越几百年，陶器中所反映的文化面貌仍延续未变，而到了二期，即发生了明显改变，横耳器在此地流行开来。

在属于晚期遗存的凤林古城东城墙中，出土木炭的碳14测定年代距今1735±89年[③]。同时期发掘的还有双鸭山市保安村城址[④]。

这些聚落遗址和山城的特点，与《魏书·勿吉传》所记勿吉“筑城穴居”的习俗相符合。类似

---

① 夏鼐：《碳14测定年代和中国史前考古学》附表，《考古》1977年第4期。李英魁：《黑龙江萝北县团结墓葬清理简报》，《北方文物》1989年第1期。黑龙江省文物考古研究所：《黑龙江萝北团结墓葬发掘》，《考古》1989年第8期。菊池俊彦著，于建华、丰收译：《黑龙江萝北县靺鞨遗迹》，《北方文物》1992年第2期。谭英杰、赵虹光：《黑龙江中游铁器时代文化分期浅论》，《考古与文物》1993年第4期。赵虹光、谭英杰：《再论黑龙江中游铁器时代文化晚期遗存的分期——科尔萨科沃墓地试析》，《北方文物》2000年第2期。

② 黑龙江文物考古研究所，中国社科院：《黑龙江绥滨同仁遗址发掘报告》，《考古学报》2006年第1期。

③ 谭英杰、孙秀仁、赵虹光、干志耿：《黑龙江区域考古学》，中国社会科学出版社1991年版。黑龙江省文物考古研究所：《黑龙江省双鸭山市滚兔岭遗址发掘报告》，《北方文物》1997年第2期。干志耿：《三江平原汉魏城址和聚落址的若干问题——黑龙江考古千里行随笔》，《北方文物》1999年第3期。靳维柏、王学良、黄星坤：《黑龙江省友谊县凤林古城调查》，《北方文物》1999年第3期。黑龙江省文物考古研究所：《黑龙江省友谊县凤林城址1998年发掘简报》，《黑龙江省友谊县凤林城址二号房址发掘简报》，《考古》2000年第11期。田禾：《凤林文化浅析》，《北方文物》2004年第1期。黑龙江省文物考古研究所编著：《七星河——三江平原古代遗址调查与勘测报告》，科学出版社2004年版。黑龙江省文物管理委员会：《黑龙江省友谊县凤林古城址的发掘》，《考古》2004年第12期。

④ 黑龙江省文物考古研究所：《黑龙江省双鸭山市保安村汉魏城址的试掘》，《考古》2003年第2期。

山城在黑龙江沿岸的俄罗斯境内也有不少发现。[①]

三江平原及周围山地，幅员辽阔，从目前发现来看，这个时期整个地区的文化面貌既有共同的因素，也有不同的因素，起码松花江南北两侧就有区别。如果说这些都属于挹娄、勿吉遗存范畴的话，那么又说明勿吉在南迁之前就已存在不同的部落或群体。其中松花江北侧的几处遗址、墓葬，自汉至唐文化面貌一脉相承，长期延续下来，文献记载自北朝末期开始这里是勿吉、靺鞨七部之一黑水部的活动地区，所以该地区隋唐时期的遗迹则是黑水部的遗迹。

六、勿吉族南下及粟末靺鞨部遗存

从上引《魏书·勿吉传》知道北魏太和（477—494 年）中，勿吉族活动中心在主流松花江流域，其实此时其势力已开始南迁，并逐步接近原夫余中心故地。此事可见《魏书·高句丽传》的记载，其曰："正始（504—508 年）中，世宗于东堂引见其使芮悉弗，悉弗进曰：'高丽系诚天极，累叶纯诚，地产土毛，无愆王贡。但黄金出自夫余，珂则涉罗所产。今夫余为勿吉所逐，涉罗为百济所并，国王臣云惟继绝之义，悉迁于境内。二品所以不登王府，实两贼是为。'""夫余为勿吉所逐"，具体发生在哪一年，《魏书》没有记载，而在《三国史记·高句丽本记》中有明确记载，即文咨王三年（494 年），其曰："文咨王三年二月，扶余王及妻孥以国来降。"

夫余始见于《史记·货殖列传》，《史记》卷一百二十九《货殖列传》："夫燕亦勃、碣之閒一都会也。——北邻乌桓、夫馀，东綰秽貉、朝鲜、真番之利。"《后汉书》《三国志》《晋书》皆设有《夫余传》，因为北魏时夫余灭亡，所以《魏书》不再设《夫余传》。汉魏时期的夫余活动中心，《三国志·夫余传》记："夫余在长城之北，去玄菟千里，南与高句丽，东与挹娄，西与鲜卑接，北有弱水，方可二千里。"据考证，此时玄菟郡郡治在沈阳或抚顺附近，玄菟之北千里，约今七百里，即第二松花江中游的吉林地区。[②]《三国志·夫余传》还记："其印文曰'涉王之印'，国有故城名涉城，盖本涉貊之地。"这里既记涉，又记涉貊，实际是涉，说明夫余之前，这里原是涉地。

过去在吉林市已发现多处汉代的遗址、墓葬和多件陶器、铁器，[③]近年又在永吉杨屯和榆树老河深发现了具有明确叠压关系的汉代文化遗存，即下层是西团山文化遗存，中层是汉代文化遗存，上层是靺鞨文化遗存[④]。对于下层的西团山文化，过去有的学者主张是肃慎文化遗存，现在则多倾向是涉的文化遗存。杨屯中层文化遗存，发掘者曾提出应是中原迁入的汉人文化遗存；榆树老河深中层文化遗存主要是墓葬，数量相当多，发掘者提出是鲜卑墓葬。但是已有不少学者认为包括榆树老河

① E·N·杰列维杨科著，林树山、姚凤译：《黑龙江沿岸的部落》，吉林文史出版社 1987 年版。

② 李健才：《东北史地考略》，吉林文史出版社 1986 年版，第 17—25 页。

③ 吉林省考古研究室、吉林省文物工作队：《统一的多民族国家的历史见证——吉林省文物考古工作三十年的主要收获》，《文物考古工作三十年》，文物出版社 1997 年版。

④ 吉林市博物馆：《吉林永吉杨屯大海猛遗址》，《考古学集刊》第 5 集，科学出版社 1987 年版。吉林省文物工作队：《考古学集刊》第 7 集，科学出版社 1991 年版。吉林省文物考古研究所：《榆树老河深》，文物出版社 1987 年版。

深中层在内的吉林地区的这种汉代文化遗存，应是夫余文化遗存，这样说并不否认中原汉文化对夫余的影响，或者会有部分汉人迁居此地。

永吉杨屯和榆树老河深的上层靺鞨遗存主要是墓葬，而与这两处墓葬各种特征相同的还有永吉查里巴墓群。①这三处墓葬以竖穴土坑为主要形制，使用木质葬具，流行二次葬习俗并常见火烧迹象，这些情况在萝北团结墓葬中都有所发现，说明这是靺鞨族的原有葬俗，而且在文献中也有类似记载。《旧唐书》卷一百九十九下《靺鞨传》记："死者穿地埋之，以身衬土，无棺敛之具，杀所乘马于尸前设祭。""死者穿地埋之"，可以理解为土坑墓。对照《新唐书》卷二百一十九《黑水靺鞨传》，知道《旧唐书》所说的"靺鞨"，是指黑水靺鞨，黑水靺鞨活动地区仍在勿吉南迁之前的区域，所以其风俗习惯更便于长期得以沿袭。另据《晋书》卷九十七《肃慎氏传》所记"交木作小椁"和《史记》卷二《夏本纪》注中引《括地志》所记"交木作椁"，又知靺鞨族原是有木椁葬具的。与此同时，在老河深中层墓葬中，使用的同样是竖穴土坑墓，木制葬具和火烧迹象也有发现，特别是呈梯子形的木制葬具和在木制葬具一端隔出边箱的做法，又分别见于老河深上层墓葬和查里巴墓葬，说明夫余葬俗对靺鞨、渤海也有影响。出土的陶器中，上述主流松花江下游流行的喇叭口大罐，在永吉杨屯和榆树老河深的墓葬中还有发现，而原有特征则明显减弱退化。深腹筒形罐则是最主要的器类，其口沿做法，除原有的附加堆纹仍在流行外，又出现了双唇、方唇、圆唇等不同形式，肩部和上腹部的原有纹饰也逐渐消失。其他还出现了鼓腹罐、瓶、壶等器物，其中鼓腹罐的数量仅次于深腹筒形罐，其特征为腹鼓呈球形，底较大，口部的做法多是束颈侈口，口沿稍外卷，少量是直口、敛口。这种鼓腹罐在夫余之南的高句丽以及辽西三燕和辽宁境内诸多汉代遗存中是经常看到的。深腹罐类皆属于夹砂陶，鼓腹罐类则多属于泥质陶。夹砂陶多为褐色或以褐色为主，制法也多为手制，有的辅以轮修。泥质陶多为灰色或以灰色为主，制法则为轮制或手制轮修。另外，金属随葬器物的种类和数量也增加了许多，主要是生产工具、兵器、包括精美带具在内的生活用具和装饰品等。三处墓葬的时间，永吉杨屯的碳 14 年代测定树轮校正距今 1535 ± 85 年，同时有的墓中还出土了背带甲纹的"开元通宝"；榆树老河深的一座墓葬填土中出土了北周"五行大布"铜钱；永吉查里巴的碳 14 年代测定距今 1545 ± 95 年，树轮校正 1480 ± 105 年，同时在有的墓中也出土了背带甲纹的"开元通宝"铜钱。由此看来，这三处墓葬自北朝到唐持续了相当长的时间，其上限正好与勿吉族南下、夫余被逐而灭亡的时间同时。

此后不久，勿吉改称靺鞨，《隋书》始为靺鞨立传，《北史》仍是《勿吉传》。在《隋书·靺鞨传》和《北史·勿吉传》中都记载该族有七部，内容也相同。而在《魏书·勿吉传》中还无此七部之记载，说明此七部是从 5 世纪末勿吉向南发展之后逐渐形成的。七部之中的粟末部，"居最南，抵太白山，亦曰徒太山，与高丽接，依粟末水以居"，②此粟末水即第二松花江。所以，包括上述三处墓葬在内的此时期吉林地区的靺鞨遗存属于粟末部遗存。勿吉族南下粟末水，夫余王及其王室投奔高句

① 吉林省文物考古研究所：《吉林永吉查里巴墓地》，《文物》1995 年第 9 期。

② 欧阳修：《新唐书》卷二百一十九《黑水靺鞨传》，中华书局点校本 1975 年版。

丽，但其居民随之迁徙的并不会多，大量留在当地的居民必然和勿吉族融合，所以粟末部中含有众多的夫余人口是毫不奇怪的，《旧唐书·地理志》对居于慎州的靺鞨，先记“涑沫靺鞨”，又记“浮渝靺鞨”，并非没有道理；《旧唐书》卷三十九《地理志二》记：“慎州武德初置，隶营州，领涑沫靺鞨乌素固部落。”“黎州载初二年，析慎州置，处浮渝靺鞨乌素固部落，隶营州都督。”而且上述三处墓葬中已显示出原当地夫余墓葬的影响。与此相似，位于粟末部东南的白山部，近年不少学者提出应包括原沃沮人口在内，同样是不难理解的。

值得注意的是，1938 年俄国人 K. A·热烈兹涅柯夫在哈尔滨市东侧的阿什河右岸发现了一处墓地，从出土的陶器来看，其年代与上述墓地的上限年代大体相当。1957 年黑龙江省博物馆在哈尔滨市东北、松花江南侧的宾县老山头遗址，同样发现了一件时代较早的红褐色深腹筒形罐，手制，口沿下有锯齿状的附加堆纹，同时还有一些类似口沿陶片。[①] 由此推想，粟末部本部可能是原来居住在主流松花江下游及黑龙江中游地区的挹娄、勿吉族中的某些部落或群体溯松花江而上，经阿什河、拉林河流域到达第二松花江中游地区的。

在阿什河、拉林河流域之东与张广才岭主脉之间，还有一条南北流向的蚂蚁河，自蚂蚁河流域向南经拉林河上游地区，也可进入吉林地区，因此以后要注意发现蚂蚁河流域的类似遗迹。

七、以粟末靺鞨部为主体建立渤海政权

勿吉、靺鞨族南迁之后，自北朝至隋与中原来往不断，“然其国与隋悬隔，唯粟末、白山为近”[②]。“开皇中，栗来（粟末——笔者注）靺鞨与高丽战，不胜。有厥稽部渠长突地稽者，卒（率——笔者注）忽赐来部、窟突始部、悦稽蒙部、越羽部、步护赖部、破奚部、步步括利部，凡八部，胜兵数千人，自扶馀城西北齐（举——笔者注）部落向关内附。处之柳城，乃燕都之柳城，在燕都之北。”[③] 度地稽被拜为右光禄大夫，与边人来往，“悦中国风俗，请被冠带，帝嘉之，赐以锦绮而褒宠之”[④]。对此，《旧唐书·靺鞨传》具有同样记载：“有酋帅突地稽者，隋末率其部千余家内属，处之于营州，炀帝授突地稽金紫光禄大夫、辽西太守。武德初，遣间使朝贡，以其部落置燕州，仍以突地稽为总管。……贞观初，拜右将军，赐姓李氏。寻卒。子谨行，伟貌，武力绝人。……累授镇军大将军，行右卫大将军，封燕国公。永淳元年卒，赠幽州都督，陪葬乾陵。”近年李谨行墓志在乾陵出土，其曰：“公讳谨行，字谨行，其先盖肃慎之苗裔，涑沫之后也。”[⑤] 由此可知，自隋代始，营州则集聚了大量粟末靺鞨人，并迅速接受了中原先进的思想和文化。

---

① K. A·热烈兹涅柯夫著、孙秀仁译：《阿什河下游河湾地带考古调查收获》，《黑龙江文物丛刊》1983 年第 2 期。赵善桐：《黑龙江宾县老山头遗址挖掘简报》，《考古》1962 年第 3 期。

② 魏徵：《隋书》卷八十一《靺鞨传》，中华书局 1973 年点校本。

③ 乐史：《太平寰宇记》卷七十一《河北道》之二十《燕州》，注引隋《北蕃风俗记》，见清纪昀等编撰《四库全书》，台湾商务印书馆影印文渊阁本，第 469 册，第 580 页。

④ 魏徵：《隋书》卷八十一《靺鞨传》，中华书局 1973 年点校本。

⑤ 中国文物研究所、陕西省古籍整理办公室编：《新中国出土墓志》，陕西文物出版社 2000 年版，上册 85 页有拓片，下册 96—98 页有志文。

唐灭高句丽后，又有一部分靺鞨人及高句丽人迁居营州。营州是唐王朝通往东北和对东北各少数民族进行统治的咽喉要地。武则天年间，契丹首领李尽忠率众反唐，杀营州都督赵翙，于是趁此战乱，迁居营州的靺鞨人和高丽人东走，而称王建国。对此，《旧唐书·渤海靺鞨传》和《新唐书·渤海传》的记载有所区别。

起兵首倡者，《旧唐书》记是大祚荣和乞四比羽，《新唐书》记是乞乞仲象和乞四比羽，大祚荣是乞乞仲象之子。大祚荣姓氏之来源，金毓黻考证："乞乞仲象本与乞四比羽同族，而仲象附于契丹，官大舍利，其子祚荣遂以大为氏，非其固有之姓也。"[①]

大祚荣的族属，《旧唐书》言"本高丽别种也"，其意不确，"别种"也有不同之理解；而《新唐书》改为"渤海，本粟末靺鞨附高丽者，姓大氏"，说明了渤海大氏的确切族源不仅是靺鞨，而且是粟末部，同时也说明了它曾与高句丽的关系，应以《新唐书》为准。大祚荣一家迁居营州不是在隋代，而是在高句丽灭亡之后。

大祚荣"率众保挹娄之东牟山"，"筑城以居之"，此地据考证是在牡丹江上游之敦化，这里属挹娄故地[②]。之后渤海又经中京、上京、东京，最后定都于上京。因此，迄今除上述第二松花江流域外，在牡丹江流域和图们江流域等广大地区发现了多处墓葬、城址、遗址等渤海遗迹。墓葬的形制结构，竖穴土坑还保留一段时间，后来受高句丽墓葬影响，经竖穴石圹逐渐转变为石室，而墓葬中出土的陶器，最常见的和最有代表性的仍然是深腹筒形罐，学术界习惯称为靺鞨罐，前边已经谈到，这是由粟末部及其前身部落或群体一直延续下来的代表性器物，由此也证明，渤海的原始文化主要是继承靺鞨几部中的粟末部文化。

由于粟末部接受中原先进思想文化在靺鞨各部中最早，大祚荣在建立政权的过程中虽然与唐王朝发生了摩擦，但是他建立政权，"自号震国王"，分明是渊源于武则天曾封其父乞乞仲象之震国公，从中透露出他对唐王朝的向往。之后不久，"睿宗先天二年，遣郎将崔訢前往册拜祚荣为左骁卫员外大将军、渤海郡王，仍以其所统为忽汗州，加授忽汗州都督"，这是《旧唐书·渤海靺鞨传》的记载。《新唐书·渤海传》是这样记载的："睿宗先天中，遣使拜祚荣为左骁卫大将军、渤海郡王，以其所统为忽汗州，领忽汗州都督，自是始去靺鞨号，专称渤海。"先天二年，即开元元年（713 年）。该年崔訢去渤海，第二年返程路过旅顺，凿井刻石，即鸿胪井刻石。鸿胪井刻石原在大连旅顺口区黄金山北麓，20 世纪初被日本海军作为日俄战争的战利品盗运日本，现放在东京千代田区皇宫内建安府的前院。被一起盗运走的还有于 1895 年由清前任山东登、莱、青三州长官安徽省贵池县人刘含芳修筑的遮盖在刻石顶上的方形石亭，所以有人将刻石和石亭合称为"唐碑亭"。刻石为褐红色硅岩，宽 3 米、厚 2 米、高 1.8 米，碑文刻在左上角，其文曰："敕持节宣劳靺羯使鸿胪卿崔忻井两口永为记验开元二年五月十八日。"文献所记崔訢，此刻为崔忻，学术界多认为应以刻石为准。通过这

① 金毓黻：《渤海国志长编》卷十九。引自王承礼、张中树点校《渤海国志三种》第 613 页，此《渤海国志三种》，指唐宴《渤海国志》、黄维翰《渤海国记》和金毓黻《渤海国志长编》，天津古籍出版社 1992 年版。

② 刘昫：《旧唐书》记"桂娄"有误。中华书局 1975 年点校本，第 613—641 页。

次册封，该政权被正式定名为渤海，定位为唐王朝的一个边疆州和都督府。忽汗州又称“渤海都督府”。据《新唐书》卷四十三下《地理志》七下，唐王朝当时在边疆少数民族地区“即其部落列置州县。其大者为都督府，以其首领为都督、刺史，皆得世袭”，统称“羁縻州”，“渤海都督府”则是其中之一。五十年后，宝应元年（762年）唐王朝又诏以渤海为国，其地位得到进一步巩固和提高。在此过程中，唐王朝的多项制度和文化很快传入渤海，促进了渤海政治、经济、文化诸方面的全面发展。对此，已有多处文献记载与考古发现，并有多种论著发表出版，本文不再论述。

豆谷离宫初考

张福有　高畅键[①]　周荣顺　宋峰宇

集安梨树园子南遗址，位于国内城北、丸都山城东南、集安禹山墓区 JYM0000 号墓即琉璃明王陵东南角下，出土卷云纹铭文瓦当，莲花纹、兽面纹、忍冬纹瓦当，还出土汉代白玉耳杯、鎏金铜箭头等高等级文物，有成排的高句丽宫殿柱础等。根据文献记载、由遗址所处环境及出土的高等级文物及年代等方面判断，该遗址应是琉璃明王所筑之豆谷离宫。此宫建成后，琉璃明王曾住过并薨于此宫，葬于此宫附近的豆谷东原。将集安梨树园子遗址推定为琉璃明王所筑之豆谷离宫，考古学依据比较充分。

吉林集安梨树园子南遗址，原名“粮库遗址”，又称“党校遗址”。1937 年，日本人在集安调查古迹时，当时此地设有兵舍，故又将此处称为“兵舍遗址”。

根据文献记载、出土遗物及环境辨析，我们认为，该遗址当为高句丽第二代王琉璃明王类利所筑之豆谷离宫。

一、遗址概况

对集安梨树园子南遗址，只能根据《集安县文物志》等记载和当地老住户的介绍，作以大致了解。

（一）位置

据《集安县文物志》记载，梨树园子南遗址，位于集安城北端的梨树园子南，今集安市委党校院内（图一）。

地理坐标为东经 126° 10′ 40″，北纬 41° 7′ 54″，海拔 198 米，海拔 210 米。“遗址坐落在一片宽阔的高台坡地上，高出平地约 7~10 米，高台坡度在 5°左右。遗址北约百米有两座大型封土石室墓，为禹山墓区 JYM3341 和 JYM3340，东距集安县博物馆约 80 米。遗址向南可俯视国内城。这里背依禹山，宽阔向阳。”[②]

---

① 张福有，吉林省委副秘书长、省委宣传部副部长、吉林省文史馆馆员、吉林省诗词学会会长、《长白山诗词》主编，出版文物考古与诗词等一百余部。

高畅键，山西师范大学本科毕业，山西师范大学硕士毕业，博士就读于东北师范大学历史文化学院中国史专业。

② 吉林省文物志编委会：《集安县文物志》，1984 年 10 月版，第 45、46 页。

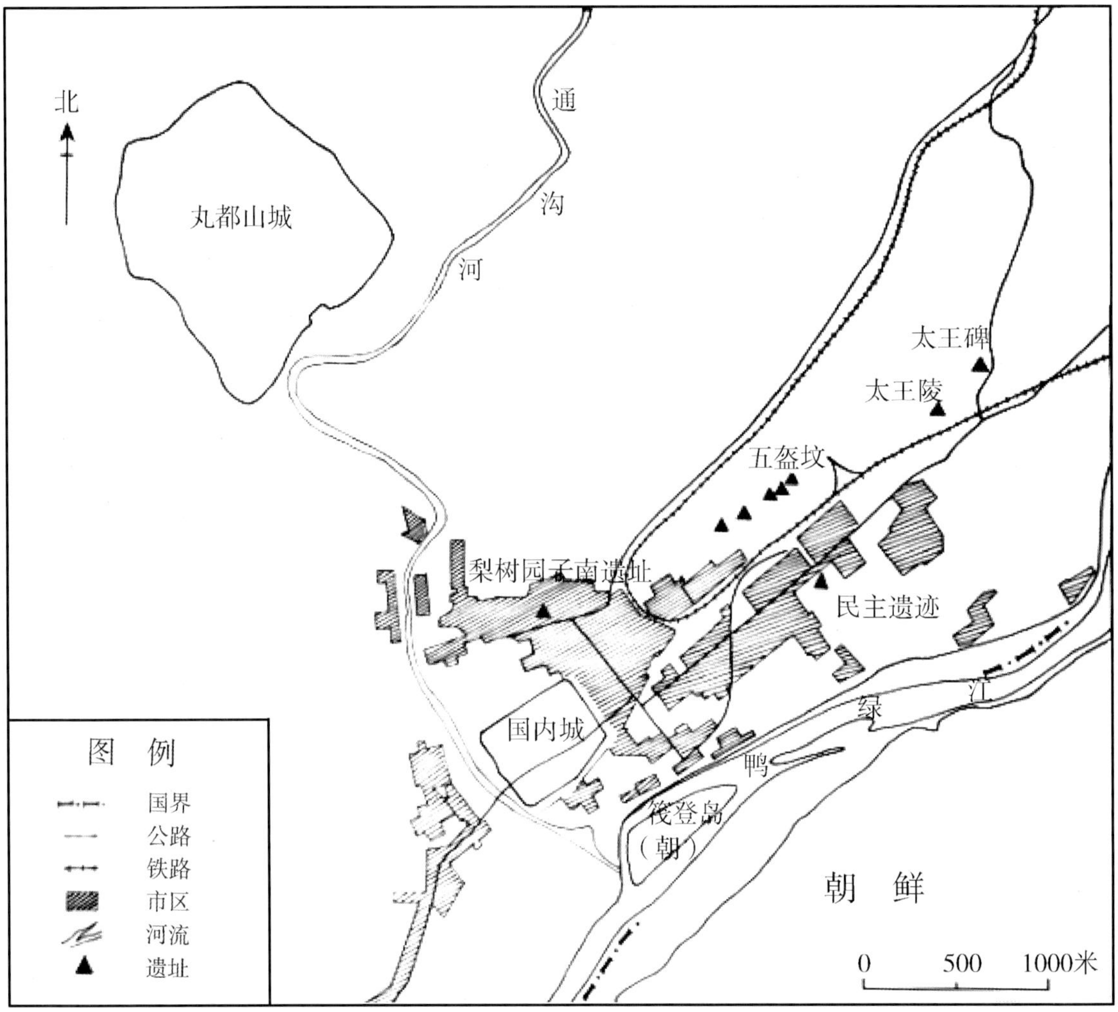

图一 梨树园子南遗址位置图 郭建刚绘

（二）范围

经集安博物馆实地调查，得知："遗址表面清晰，东西长约150米，南北宽约80米。在遗址偏西部，有四块东西向排列的巨大的花岗岩础石，在此延长线上的地下，更有大量的础石埋藏。可以推想当年的建筑规模是相当大的。现在地表仍见散布有许多建筑物上用的板瓦、瓦当。"①

集安市博物馆现存3块梨树园子遗址出土的花岗岩柱础（图二），简介如下：

柱础1，保存在博物馆南侧。柱础面为正八边形，整个础石呈扁圆形。直径105厘米，厚46厘米，上部有高14厘米的正八边形柱础面，直径64厘米，正八边形的对角线长25厘米。

柱础2，保存在博物馆展厅中。柱础面为正八边形，整个础石呈扁圆形。直径97厘米，厚43厘米，上部有高14厘米的正八边形柱础面，直径70厘米，正八边形的对角线长29厘米。

① 吉林省文物志编委会：《集安县文物志》，1984年10月版，第46页。

柱础3，保存在博物馆西北角。柱础面为正八边形，整个础石呈扁圆形。直径83厘米，厚46厘米，上部有高9厘米的正八边形柱础面，直径53厘米，正八边形的对角线长20厘米。

图二　柱础1　柱础2　柱础3　周荣顺摄

（三）现状

20世纪60年代，梨树园子南遗址尚有较大空地，地表呈现大量高句丽时期瓦当和板瓦、筒瓦残件等。后因建楼，地表已基本全部硬覆盖。

二、出土文物

梨树园子南遗址内，出土遗物丰富，档次高。据《集安县文物志》记载："1958年8月原粮库在此遗址上平整晒粮场地时，曾发现过有许多文物，计有白玉耳杯1件，鎏金箭镞20枚，鎏金器盖1件，鎏金挂勾1件。近年来在遗址中采集到的瓦当很多，多为泥质红色，纹饰有莲纹、忍冬纹、兽面纹。以莲纹瓦当较多，并可分多种形式。从遗址中出土瓦当的形制及陶质、陶色看，与集安东台子遗址、丸都山城内遗址所出土的瓦当基本一致。遗址表面散布的碎瓦片以红色居多，瓦上的纹饰有模印方格纹、席纹、菱形纹等。出土的白玉耳杯经北京玉石专家鉴定，系用新疆和田玉核心部分磨制而成，磨工精细，造型优美，玲珑剔透。当为汉代宫中用物，后传入高句丽，至今仍晶莹可爱，堪称传世佳品。遗址出的鎏金箭镞，也是高句丽遗物中的精品，所见不多，当是高句丽王室贵族所用之物。从整个遗址的建筑规模及其出土遗物推测，可能是一处高句丽时期的官署或王室贵族的居住址。"①

（一）集安市博物馆馆藏梨树园子南遗址遗物

1. 集安博物馆正在展出该遗址的瓦当3件。

（1）忍冬纹瓦当，直径14厘米，厚3.5厘米，筒部残长19.5厘米（图三）。

（2）莲花纹瓦当，通长19.5厘米，宽14.8厘米，高14.8厘米（图四）。

（3）莲花纹瓦当，直径15厘米，筒长34.5厘米，厚3.6厘米（图五）。

2. 展出鎏金铜镞7件（图六）。

3. 馆藏该遗址文物63件。

① 吉林省文物志编委会：《集安县文物志》，1984年10月版，第46页。

（1）红褐陶忍冬纹瓦当，基本完整 1 件，残件 12 件。

（2）红褐陶莲花纹瓦当残件 42 件，其中六瓣 8 件，八瓣 13 件。

（3）红褐陶兽面纹瓦当残件 1 件。

（4）灰砖 1 件。

（5）灰陶筒瓦残件 1 件。

（6）红陶筒瓦残件 1 件。

（7）花岗岩柱础石 3 件。

（8）灰砖 1 件。

（二）吉林省博物院馆藏梨树园子南遗址遗物

白玉耳杯 1 件（图七）。

（三）辽宁省博物馆藏梨树园子南遗址遗物

辽宁省博物馆藏梨树园子南遗址遗物 2 件。

1.“泰”字瓦当。新中国成立前出土，完整。“瓦当为泥质灰陶，烧制火候较高，平面呈扭曲状，似为火烧过度所致，仅残一小部。直径 14.5 厘米，厚 1.7—2.1 厘米。当面内向连弧卷草纹，八等分浅浮雕式，中间乳突上有阳模‘泰’字，四周内向连弧内有八个汉字，仅残一字，文曰‘岁□戌年造瓦敀记’。外缘为一周折线纹。此瓦当与‘丁巳’瓦当的形制、纹饰相同，年代亦相近，同为 4 世纪上半叶所造”（图八）。现藏辽宁省博物馆，藏品号 93 号。①

2.“十谷民造”瓦当。夹砂灰陶，火候较高。“残存部分为原瓦当的四分之一，残存半径 7.5 厘米，厚 2.3 厘米。夹砂灰陶，火候较高。当为平面，饰四等分内向连弧卷草纹，浅浮雕。连弧内有阳模‘十谷民造’四字，弧外有‘去’符号。周缘为折曲线纹”（图九）。瓦当现藏辽宁省博物馆。②

图三　忍冬纹瓦当

图四　莲花纹瓦当

图五　莲花纹瓦当

① 吉林省文物志编委会：《集安县文物志》，1984 年 10 月版，第 256 页。

② 吉林省文物志编委会：《集安县文物志》，1984 年 10 月版，第 256、257 页。

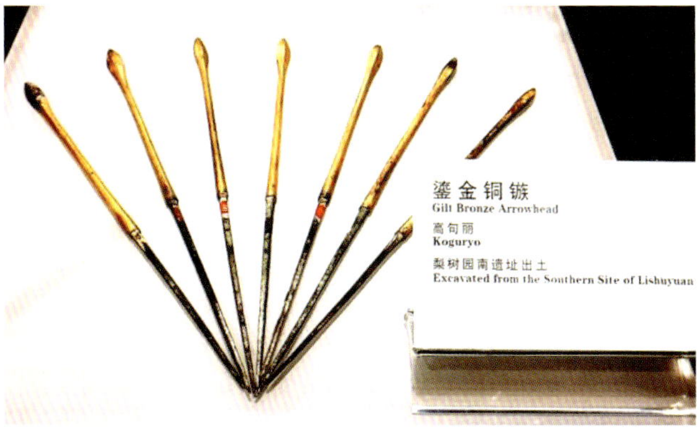

图六　鎏金铜镞

图七　白玉耳杯　张福有摄

图八　“泰”字瓦当

图九　“十谷民造”瓦当

图十　忍冬纹瓦当　张福有摄

（四）在梨树园子南遗址未建楼之前，该地居民采集部分器物

1. 红褐陶忍冬纹瓦当1件。略残。直径14.7厘米，厚4.5厘米。筒部未存。属高浮雕六枝忍冬纹，线条流畅，较为均匀，中部乳突不甚大。边缘凸起1.2厘米，宽1.3~2厘米，立体感较强（图十）。

2. 红褐陶莲花纹瓦当残件 1 件。残，存有小大半，乳突完整，遗有六个莲瓣，实际当为九瓣。六瓣之间，有五个三角形小乳突。直径 15 厘米，厚 3.6 厘米，筒残长 3.5 厘米，厚 1.6 厘米。边缘凸起 1.5 厘米。圆突外饰一周凸弦纹，构成莲蕊（图十一）。

3. 忍冬纹瓦当 1 件。完整，直径 14 厘米，残长 13 厘米，厚 4 厘米（图十二）。

4. 忍冬纹瓦当一件。完整，直径 13.3—13.6 厘米，残长 19.4 厘米，厚 3 厘米（图十三）。

5. 忍冬纹瓦当一件。完整，直径 14.5 厘米，残长 8.5 厘米，厚 3—4 厘米（图十四）。

6. 立瓣莲花纹瓦当 1 件。红色泥质陶，火候较高。完整，当面基本完好，直径 16 厘米，厚 4.5 厘米，边缘凸起、宽厚，高浮雕立瓣莲纹，中部圆形乳突，外饰两周凸弦纹，为花蕊。花纹外围立起九个莲瓣，花瓣外饰一周连珠纹（图十五）。

7. 红褐陶绳纹板瓦 4 件。

（1）绳纹板瓦 1，长 17 厘米，宽 15.6 厘米，厚 3~3.5 厘米。背面饰布纹。背面有一道凸楞，长 13.5 厘米，宽 4.6 厘米，高 0.5 厘米（图十六）。

（2）绳纹板瓦 2，长 11.6 厘米，宽 8.5 厘米，厚 2.1 厘米。背面饰布纹。未残之边缘，有一道平面压印痕，长 8.7 厘米，宽 1.2 厘米（图十七）。

（3）绳纹板瓦 3，长 9.7 厘米，宽 7.6 厘米，厚 1.8 厘米。背面饰布纹，未残之边缘，有一道平面压印痕，长 5.2 厘米，宽 1.2 厘米（图十八）。

（4）绳纹板瓦 4，长 10 厘米，宽 9 厘米，厚 0.9 厘米。背面饰布纹（图十九）。

8. 红褐陶席纹板瓦 1 件。长 7.6 厘米，宽 4.5 厘米，厚 2.8 厘米。背面饰布纹（图二十）。

9. 灰瓦 2 件。

（1）灰瓦 1，长 8.2 厘米，宽 3.3 厘米，厚 1.5 厘米。背面饰布纹（图二十一）。

（2）灰瓦 2，长 4.9 厘米，宽 4.2 厘米，厚 1.4 厘米。背面饰布纹，漫漶严重（图二十二）。

10. 夹粗砂陶罐残片 1 件。高 6.2 厘米，宽 6.1 厘米，厚 0.5 厘米。口沿长 6.2 厘米，宽 1.8 厘米，厚 0.9 厘米。其中的“夹砂”，白色，似为云母粉。口沿下方钻一圆孔，从外向内钻，孔径外侧 0.8 厘米，内侧 0.5 厘米（图二十三）。其年代当在青铜时代。

11. 石网坠 1 件。用匾状自然河卵石，在两端各打一缺。长 4.7 厘米，宽 4.1 厘米，厚 0.9 厘米（图二十四）。这样的石网坠与集安长冈遗址、腰营南台子遗址所出石网坠相同，证明这里本是一处原始社会至青铜时代遗址，后被高句丽利用。①

（五）其他

在梨树园子南遗址，采集到熔石 2 件。这里的熔石与该遗址西北角集安禹山墓区 JYM0000 号墓即琉璃明王陵上的熔石完全一致，应是从以山为陵的琉璃明王陵上滚落下来的。

熔石 1，长 28 厘米，宽 18.5 厘米，厚 15 厘米（图二十五）。

熔石 2，长 17 厘米，宽 11 厘米，厚 7 厘米（图二十六）。

---

① 吉林省文物志编委会：《集安县文物志》，1984 年 10 月版，第 22、31 页。

图十一　红褐陶莲花纹瓦当

图十二　忍冬纹瓦当

图十三　忍冬纹瓦当

图十四　忍冬纹瓦当

图十五　立瓣莲花纹瓦当

图十六　绳纹板瓦

图十七　绳纹板瓦

图十八　绳纹板瓦

图十九　绳纹板瓦

图二十　红褐陶席纹板瓦

图二十一　灰瓦

图二十二　灰瓦

图二十三　夹砂粗陶罐片

图二十四　石网坠

图二十五　熔石

图二十六　熔石

三、初步认识

梨树园子南遗址，应是高句丽第二代王琉璃明王类利所筑之豆谷离宫。

（一）文献记载

《三国史记》记载：琉璃明王二十九年（10 年）“秋七月，作离宫于豆谷”。三十七年（18 年）“秋七月，王幸豆谷”“冬十月，薨于豆谷离宫。葬于豆谷东原，号为琉璃明王”。①

《三国史记》是朝鲜古籍中的第一部纪传体断代史，作者为金富轼。据孙文范等先生介绍，金富轼生于 1075 年，1151 年谢世。自幼熟读诗书，三十岁中举，历任户部尚书、平章事、集贤殿大学士等职。金富轼是朝鲜、韩国历史学的奠基人，也是高丽时期著名的文学家和诗人。高丽仁宗二十三年（1145 年），时年七十岁的金富轼奉命撰修《三国史记》。他在撰修过程中，主要参照了《尚书》《春秋》《左传》《孟子》《史记》《汉书》《后汉书》《晋书》《南齐书》《梁书》《魏书》《南史》《北史》《隋书》《旧唐书》《新唐书》《资治通鉴》《册府元龟》《通典》《古今郡国志》《新罗国纪》《风俗通》《括地志》等中国古代文献典籍，还参照了朝韩古代文献，如《三韩古记》《海东古记》《新罗古记》《新罗古事》《帝王年代历》《鸾郎碑文》《崔致远文集》《花郎世纪》《鸡林杂传》《海东高僧传》等。《三国史记》在问世后 25 年就传入中国，藏于秘阁。②

（二）豆谷是通沟

琉璃明王类利建豆谷离宫，幸豆谷离宫，又薨于豆谷离宫，葬于豆谷东原。“豆谷”位于何地，就成为解决问题的关键。

高句丽研究百余年间，国内外学者均不知晓“豆谷”在何地。2004—2005 年，为了考证高句丽王陵特别是琉璃明王陵，张福有、孙仁杰、迟勇反复在集安调查，均无所获。请教了五位对高句丽研究深有造诣的先生，亦无答案。最后，还是从文献记载中受到启发。

《三国史记·列传第五》载：“赐密友巨谷、青木谷，赐屋句鸭渌、豆讷河原以为食邑。”③ 此事在《三国史记》《高句丽本纪第五》东川王卷中记为：“赐密友巨谷、青木谷，赐屋句鸭渌、杜讷河原以为食邑。”④

从中可知，“豆讷河原”与“杜讷河原”，乃同地异写，是同一条河。由此又得知，《三国史记》所载中川王十二年（259 年），“冬十二月，王畋于杜讷之谷”，这三处记载的“豆讷河原”“杜讷河原”“杜讷之谷”，就是《三国史记·杂志第六·地理四》中所记载的“杜讷河”⑤。“豆讷河原”“杜讷河原”“杜讷之谷”，就是“杜讷河”。这个开悟太重要了！

由此得知，“豆谷”，也是一条河。对此，还可从好太王碑中“然后造渡。于沸流谷忽本西，城

① 金富轼著、孙文范等校勘：《三国史记》，吉林文史出版社 2003 年 10 月版，第 180、181 页。
② 金富轼著、孙文范等校勘：《三国史记·校勘说明》，吉林文史出版社 2003 年 10 月版，第 1、2 页。
③ 金富轼著、孙文范等校勘：《三国史记》，吉林文史出版社 2003 年版，第 519 页。
④ 金富轼著、孙文范等校勘：《三国史记》，吉林文史出版社 2003 年版，第 209、210 页。
⑤ 金富轼著、孙文范等校勘：《三国史记》，吉林文史出版社 2003 年版，第 449 页。

山上而建都焉”找到证据。好太王碑中的“沸流谷”，就是《三国史记》和《三国遗事》中的“结庐于沸流水上居之”的“沸流水”。实际是指浑江及其支流富尔江。

再从集安国内城边实地考察，只有两条江河。一是鸭绿江，在《三国史记》中已称作“鸭渌谷”。共有两处：一处是大武神王之弟带素，“与从者百余人，至鸭渌谷”①。另一处是“西鸭渌谷左勿村乙巴素者，琉璃王大臣乙素之孙也”②。由此可知，“豆谷”就不可能是鸭绿江了。二是通沟河。水出通川者，正是通沟河。所以，“豆谷”，就是“通沟”。“通沟”，亦称“洞沟”。洞，通也。豆谷，通沟，乃双声叠字、音转意递。“豆谷”，就是“通沟”在琉璃明王时期之称谓。

辑安设县前，叫通沟巡检。现在还有通沟村、通沟街道。通沟村，地处通胜街道办事处驻地西南 1000 米处，海拔 177 米。东与集安市区、西与麻线乡麻线村、西北与红星村和石庙村、北与山城村为邻，南临鸭绿江。下设 12 个村民小组，辖通沟、西堡、江岗、万宝渟、外山城 5 个自然屯。村委会驻通沟屯（图二十七）。

图二十七　通沟河（豆谷）与鸭绿江（鸭渌谷）汇合口（杜文忠摄）

因早年居民姓李的住户居多，故得名李家堡子，也有人叫通沟甸子的，后因为该村位于通沟河西岸，改叫河西村。又根据该村位于通沟河畔，更名为通沟。

清道光末年始有人居住，光绪二十八年（1902 年）由怀仁县划归辑安县，仍属蕴和保。1912 年隶属城厢区蕴和保，1923 年为一区河西村。东北沦陷时期，先后为一区河西村、东岗保河西甲、辑安街通沟区。1945 年为一区通沟村。1956 年 3 月，为通沟乡通沟村。1958 年 9 月，为红旗人民公社通沟管理区，同年 12 月，为城镇人民公社通沟管理区，1961 年 3 月，为城镇人民公社通沟生产大队，1965 年 3 月，为郊区人民公社通沟生产大队。1983 年 3 月，为郊区乡通沟村，1984 年 11 月，为集

① 金富轼著、孙文范等校勘：《三国史记》，吉林文史出版社 2003 年版，第 184 页。
② 金富轼著、孙文范等校勘：《三国史记》，吉林文史出版社 2003 年版，第 201 页。

安镇通沟村，1989 年 2 月，为通沟乡通沟村，1996 年 10 月，撤销通沟乡，成立通胜街道办事处，为通胜街道通沟村。域内有全国重点文物保护单位，高句丽时期的丸都山城和洞沟古墓群山城下墓区、万宝渟墓区、七星山墓区。其中列入世界文化遗产项目的有丸都山城、山城下贵族墓葬区、王字墓、JQM0871 号墓、JQM0211 号墓。[①]20 世纪 20 年代，日本出的记录集安高句丽遗迹的书名就叫《通沟》。1962 年确定第一批全国重点文物保护单位时，本应叫通沟古墓群，为避开日本已出书名《通沟》，改为洞沟古墓群。

豆谷是通沟，破译后，张福有当即告诉事先请教过的方起东、李健才、李殿福、魏存成、耿铁华、程远、姜润东诸先生，得到一致赞同和认可。

（三）豆谷离宫与琉璃明王陵的位置关系

通过豆讷河原、杜讷河原、杜讷之谷，破译了豆谷是通沟，找到了葬于豆谷东原的琉璃明王陵，即集安禹山墓区 JYM0000 号墓（图二十八）。

图二十八　豆谷离宫西北角的琉璃明王陵，葬于豆谷东原（张福有摄）

豆谷东原，是通沟河东岸的高阜。在高阜之上的集安禹山墓区 JYM0000 号墓，东南距梨树园子南遗址直线距离为 245 米。其地理坐标为东经 125° 10′ 35″，北纬 41° 07′ 59″，海拔 283 米。长 30 米，宽 28 米，高 2.5 米，已被吉林省文物考古研究所、集安市博物馆所著《集安高句丽王陵》一书认为“此墓有可能是集安现存最早形态的高句丽王陵”[②]。张福有、孙仁杰、迟勇所著《高句丽王陵通考》《高句丽

① 参见王伟卿主编：《集安市地名志》，吉林文史出版社版 2014 年版，第 39、40 页。

② 吉林省文物考古研究所、集安市博物馆编著，傅佳欣主编、王洪峰副主编：《集安高句丽王陵——1990—2003 年集安高句丽王陵调查报告》，文物出版社 2004 年 6 月版，第 366 页。

王陵统鉴》两书，认为此陵就是琉璃明王陵[①]，得到著名考古学家李殿福、李健才等先生的肯定。

吉林省文史研究馆于2016年、2018年，两次组织馆员到现场考察，提出有关建议，得到吉林省委、省政府领导的重视和多次批示。

2018年5月2日至3日，遵照吉林省委、省政府领导的批示，吉林省文物局组织专家组，由吉林大学王培新教授、东北师大傅佳欣教授、吉林省文物考古研究所王志刚副所长、辽宁省文物考古研究所李新全书记组成专家组，由傅佳欣任组长，到集安现场考察，并召开了论证会。省委宣传部、省民政厅、省文化厅、省外办、专家组成员，集安文物局、民政局主要负责人参加了会议，就高句丽第二代王琉璃明王类利之陵一事形成初步意见。2018年5月9日，省文化厅向省政府作了《关于对高句丽第二代王琉璃明王类利之陵调查情况的报告》，认为：

1. 可以认定其为高句丽时期古墓，属于早期大型墓葬，年代约为公元前1世纪末至3世纪初，可能与王陵有关。

2. 另行选址，迁移烈士塔。烈士塔已经对古墓造成破坏，严重影响了古墓的环境风貌，按照集安高句丽遗产总体保护规划要求，该烈士塔应协调相关部门迁移。

3. 进行考古工作，适时开展对JYM0000号墓保护维修项目，最大可能展示其历史与考古价值。

2018年7月，吉林省文物考古研究所、集安市博物馆初步清理了烈士塔大门外较小平台，出土大量红色、灰色绳纹瓦、火烧瓦和2件玛瑙珠。玛瑙珠与辽宁桓仁望江楼墓区4号墓的相同，有学者认为桓仁望江楼4号墓是高句丽第一代王朱蒙墓[②]，这应是琉璃明王陵之重要证据。烈士塔大门外较平台还出土1件陶片，夹有白色云母粉，与梨树园子南遗址采集的带孔陶片相同，证明二者关系密切。与琉璃明王陵年代、级别相当。现在，这项工作仍在推进中。

（四）豆谷离宫与国内城、丸都山城的位置关系

国内城，位于集安市区内。《集安县文物志》记载，城略呈方形，方向为155°，地理坐标为东经126° 10′ 439″，北纬40° 04′ 153″，海拔181米。东墙长554.7米，西墙长664.60米，南墙长751.50米，北墙长715.20米，周长为2686米[③]。2003年，吉林省文物考古研究所、集安市博物馆发掘了国内城，公布“此次测得的城墙数据为北墙长730米，西墙长702米”[④]。这样，国内城的周长则变为2738.2米。具体是，西墙增加37.4米，北墙增加14.8米，共增加52.2米。

高句丽于汉元帝建昭二年（前37年）在汉玄菟郡高句丽县境内建国，第一个都城在辽宁桓仁五女山山城。40年后，在汉平帝元始三年（3年），由第二代王琉璃明王类利将都城迁至集安国内城。北魏明元帝承光三年（427年），由高句丽第二十代王长寿王巨连将都城由国内城迁至今朝鲜平壤，

① 张福有、孙仁杰、迟勇：《高句丽王陵通考》，香港亚洲出版社2007年版，第86—89页。
张福有：《高句丽王陵统鉴》，香港亚洲出版社2007年版，第15—24页。

② 张福有、孙仁杰、迟勇：《高句丽王陵通考》，香港亚洲出版社2007年版，第48、49页。
张福有：《高句丽王陵统鉴》，香港亚洲出版社2007年版，1—13页。

③ 吉林省文物志编委会：《集安县文物志》1984年10月版，第61、62页。

④ 吉林省文物考古研究所、集安市博物馆编著：《国内城》，文物出版社2004年6月版，第11页。

在国内城设都 425 年。

“国内城”一词，在中国正史中最早出现于《周书·高丽传》：高句丽“治平壤城……其外有国内城及汉城，亦别都也”①。其后成书的《隋书·东夷高丽传》载：高句丽“都于平壤城……复有国内城、汉城，并其都会之所，其国中呼为‘三京’”②。唐杜佑在《通典》中，指明了国内城的地理位置：“马訾水，一名鸭绿水，源出东北靺鞨白山……去辽东五百里，经国内城南……”③李朝时期的《三国史记·地理志》中，记载了国内城的为都情况：“自朱蒙立都纥升骨城，历四十年，孺留王二十二年（3 年）移都国内城”“都国内，历四百二十五年；长寿王十五年（427 年），移都平壤”④。关于国内城《旧唐书》《新唐书》中亦有记载。西安出土的《泉府君夫人高提昔墓志》中也有：“夫人讳提昔本国内城人也。”⑤

国内城包括丸都山城，是高句丽的第二个都城。琉璃明王类利迁都于国内城，筑尉那岩城即丸都山城。这基本上已是高句丽研究中的定论与通识。这里需要指出的是，有人认为“高句丽第一次所迁之都为今霸王朝山城是不会有错的”；又将丸都山城别名“山城子山城”错为“城子山山城”，而冠以“城子山山城”之称的山城较多，误导了学界⑥。认为霸王朝山城是尉那岩城这肯定是错了。“霸王朝山城石材整齐划一，皆为楔形石，砌筑工艺先进，均平层错缝叠砌，属三期山城。”三期山城的时间约在“331—427 年左右，计约 100 年⑦。”经过考古发掘和“碳十四测年结果，初步判断霸王朝山城两处城的使用年代最晚可在公元六世纪末至七世纪初”⑧。公元 3 年时，霸王朝山城尚不存在，不可能是尉那岩城。

国内城定位之后，琉璃明王迁都到国内城 7 年之后所筑的豆谷离宫，就应当与国内城有位置与距离方面的共存关系。

梨树园子南遗址距国内城北墙 360 米。王宫，无疑应在王城之内。国内城中，应有高句丽王宫之址，只是因城内现代建筑过多过密，未得考古发掘证实。20 世纪 70 年代，县政府与县公安局院内，花岗岩柱础成排，而且有多排，很有可能就是王宫遗址。

丸都山城内的宫殿遗址十分明确，而且经过考古发掘得以确认。宫殿址位于Ⅲ区中的 B 区，是丸都山城内最为平整的台地。“丸都山城宫殿址依山势而建，整体东高西低，落差 13 米。宫殿四周以块石垒砌宫墙，现仅存基础。受地势所限，宫殿址的平面形状并不规则，东、西两墙较为平直，

① 魏收：《周书》，中华书局 1975 年版。

② 魏徵等：《隋书》，中华书局 1975 年版。

③ 杜佑：《通典》，商务印书馆 1935 年版。

④ 金富轼著、孙文范等校勘：《三国史记》，吉林文史出版社 2003 年版，第 443 页。

⑤ 王其祎、周晓薇著：《国内城高民：最早入唐的高句丽移民——新发现唐上元元年（泉府君夫人高提昔墓志）释读》，《陕西师范大学学报》（哲学社会科学版）2013 年 5 月，第 42 卷第 3 期。

⑥ 刘子敏、苗威著：《中国正史〈高句丽传〉详注及研究》，香港亚洲出版社 2006 年 9 月版，第 25 页。

⑦ 张福有、孙仁杰、迟勇著：《高句丽古城考鉴》，吉林文史出版社 2016 年 12 月版，上卷第 52 页、下卷第 44 页。

⑧ 吉林省文物考古研究所（安文荣、徐廷执笔）：《吉林集安市霸王朝山城 2015、2016 年发掘简报》，《考古》2021 年第 10 期。

南北墙呈斜边状。东墙长 91 米，西墙长 96 米，北墙长 75 米，南墙长 70 米，周长 332 米。整座宫殿址及附属设施为不规则四边形，南北长 95.5 米，东西宽 86.5 米，面积 8260.75 平方米。”① 丸都山城宫殿中没有火炕等取暖设施，应为夏宫。现存宫殿遗物，年代虽不属于琉璃明王时期，但其规模与大体格局，难以否认当从琉璃明王所筑尉那岩城时奠基。

丸都山城地理坐标为东经 126° 09′ 247″，北纬 41° 09′ 008″，西墙北部拐点海拔 648 米，为谷口簸箕型山城。周长 6947 米，用自然石、加工毛石、楔形石砌筑而成。有 8 门，有瞭望台、角台、女墙、筑洞，有蓄水池。出土莲花纹、兽面纹、忍冬纹瓦当、板瓦和筒瓦。出土“晋高句骊率善佰长”铜印。在丸都山城东墙北段、北墙多处、西墙北段，保存着一期城墙遗迹。完全采用自然毛石砌筑城墙，所用石材不经任何加工，石块小，不整齐，厚薄不均，宽窄不等。砌筑时，基本不错缝、不压缝，常见直缝而上者。经实测，东墙北段一处 1 平方米范围内，墙表用石 89 块，乃当时生产力水平所限。在丸都山城发现早期城墙遗迹，是高句丽古城考鉴中的一个重要收获。丸都山城具备公元 3 年琉璃明王筑尉那岩城的一期特征，可以证明尉那岩城就是丸都山城。②

梨树园子南遗址东西长约 150 米，南北宽约 80 米，面积 12000 平方米，大于丸都山城宫殿址南北长 95.5 米，东西宽 86.5 米，面积 8260.75 平方米，足够安置豆谷离宫的格局。从距离上看，梨树园子南遗址距丸都山城宫殿址约 2 公里，作为豆谷离宫，里距也是适宜的。

（五）出土器物等级甚高

1. 白玉耳杯

现藏于吉林省博物院的白玉耳杯，藏品号为 2944 号，乃国家一级文物。1958 年 8 月出土于梨树园子南遗址。这件耳杯是用汉白玉磨制的，光滑润泽，杯内隐约可见几条带状白瑕，柔美和谐。杯口呈长圆形，长边两侧各附一长条抹角、微微翘起的耳（或称为“羽”），矮假圈足，呈长方形，四角抹圆，出土时基本完好，只是在口沿近耳处、一耳端圆角和底部长边中部，各有一点点残痕，不仔细看不易发现。杯口长 13 厘米，宽 9.5 厘米，通高 3.2 厘米。出土层位不清。伴出一批鎏金器，都是高句丽时代的典型器物。

玉制耳杯，出现于秦汉之际，数量不多，大都为宫中用物。《集安县文物志》指出：“此耳杯制作相当精良，玉质洁白晶莹，据专家鉴定，系用新疆和田玉芯部精心磨制而成，做工精细，实属尊贵。从耳杯的玉质、做工及形制看，绝非高句丽自己的产品，亦非出自民间，当为汉代畿内工匠的杰作，似为汉代宫中之物。其形制、大小，与满城汉墓出土的耳杯极相似，质料与做工则更精。白玉耳杯从中原传入高句丽的时间约在二三世纪或更晚些。传入的原因可能是赐予，也可能是交换。推测前者的可能性更大些。这种赐予，恰可说明汉魏之际，高句丽国家同中央政权之间的联系。”③

---

① 吉林省文物考古研究所、集安市博物馆编著：《丸都山城》，文物出版社 2004 年 6 月版，第 69 页。

② 张福有、孙仁杰、迟勇：《高句丽古城考鉴》上、中、下卷，吉林文史出版社 2016 年 12 月版，下卷第 3 页。

③ 吉林省文物志编委会：《集安县文物志》，1984 年 10 月版，第 176、177 页。

2. 鎏金铜箭头

1960 年 2 月，出土于梨树园南遗址。箭头全长 30 厘米，其中铤长 12.7 厘米，镞长 16.3 厘米。造型优美、线条流畅，堪称精美的艺术品，现藏于集安市博物馆，藏品号 103。镞身鎏金，下部为圆柱形，上部呈扁四楞桂叶状，尖部锋利，铤身未鎏金，断面为正方形，渐收为尖，便于加杆。如此奢侈的武器，应是宫廷仪仗的兵器，为国家一级文物。

3. 瓦当与柱础

梨树园南遗址，出土高句丽时期的瓦当，囊括高句丽时期的全部瓦当种类，莲花纹、兽面纹、忍冬纹，应有尽有。不仅种类全，而且数量多。同时，还有大量的汉代绳纹瓦等瓦件。梨树园南遗址内，埋有成排的、大量的花岗岩柱础，这绝非一般的遗址。

关于集安高句丽遗址中出土瓦当的编年等问题，已有李殿福、林至德、耿铁华、张福有、王飞峰、夏增威、王晓华等专门作以研究，取得丰硕成果。①

从梨树园子遗址中出土瓦当来看，卷云纹瓦当应在莲花纹、兽面纹、忍冬纹瓦当之前。集安禹山墓区 JYM0000 号墓，出土绳纹瓦与熔石，与梨树园子南遗址出土的绳纹瓦一样。由此或可知，"十谷民造"卷云纹瓦当，应为集安最早的瓦当。这与辽宁桓仁"望江楼"4 号墓之下出土的卷云纹瓦当应有联系。其年代，明显早于 3 世纪末。"高句丽使用板瓦、筒瓦，并逐渐使用瓦当的时间，是在 3 世纪末，而梨树园子南之建筑址，大约为高句丽中期左右。至于高句丽王陵用瓦，其时间就更晚了。"② 这一段话，与集安高句丽王陵的实际不符。经过考古发掘，琉璃明王之子大武神王之陵即集安麻线 JMM626 号墓。③ 这座墓，"是一座前方后圆形阶墙积石墓，这种先在地面围筑阶墙，然后内部填石、筑阶坛，再筑石圹的方法应为早期高句丽墓葬类型。墓葬南侧弧形阶墙围筑的半圆形坛在过去的工作中曾有发现，但过去未能充分认识这种弧形阶墙。该墓的这类阶墙在高句丽早期墓葬中多次发现，但墓葬规模均偏小。像麻线 626 号墓这种前圆后方形大型墓葬，应该是此类墓葬的同时期最高规格形态"。"根据该墓的结构和墓葬所处的显著位置等诸多因素分析，该墓应是高句丽较早的王陵，年代约在 1—2 世纪"④。

集安麻线 JMM626 号墓上的瓦，是黑灰色绳纹瓦，数量甚多，与琉璃明王陵上的灰色瓦相同。

---

① 李殿福：《集安卷云纹铭文瓦当考辨》，《社会科学战线》1984 年第 4 期。林至德、耿铁华：《集安出土的高句丽瓦当及其年代》，《考古》1985 年第 7 期。张福有：《集安禹山 3319 号墓卷云纹瓦当铭文识读》，《东北史地》2004 年第 1 期；《集安禹山 3319 号墓卷云纹瓦当铭文考证与初步研究》，《社会科学战线》2004 年第 3 期；《集安禹山 3319 号墓卷云纹瓦当铭文识读与考证》，《中国历史文物》2005 年第 3 期。耿铁华：《集安新出土文字瓦当及释读》，《北方文物》2006 年第 4 期；《集安出土卷云纹瓦当研究》，《东北史地》2007 年第 4 期。耿铁华、张赢予：《高句丽瓦当艺术研究》，吉林大学出版社 2020 年 10 月版。王飞峰、夏增威：《高句丽丸都山城瓦当研究》，《东北史地》2008 年第 2 期。王晓华：《集安高句丽瓦当的艺术渊源》，2013 年 5 月，延边大学硕士论文。

② 刘子敏、苗威著：《中国正史〈高句丽传〉详注及研究》（刘子敏《后记》），香港亚洲出版社 2009 年 9 月版，第 351 页。

③ 张福有、孙仁杰、迟勇著：《高句丽王陵通考》，香港亚洲出版社 2007 年 12 月版，第 4 页、第 19、20 页。张福有著：《高句丽王陵统鉴》，香港亚洲出版社 2007 年 12 月版，第 25—31 页。

④ 吉林省文物考古研究所、集安市博物馆编著：《集安高句丽王陵》，文物出版社 2004 年 6 月版，第 39 页。

完全可以肯定，大武神王薨于44年，其陵的年代在1世纪中叶，墓上已经用瓦了。不仅如此，薨于48年的第四代王闵中王的石窟前，有瓦；被弑于53年的第五代王慕本王的墓（JMM2381号墓）前，有瓦；薨于59年的第六代王太祖大王的王陵（JQM0871号墓）有瓦；被弑于165年的第七代王次大王的墓（JMM2378号墓）前，有瓦；薨于179年的第八代王新大王陵（JS砖M0036号墓）有瓦；薨于197年的第九代王故国川王的王陵（JYM2110号墓）有瓦。葬于集安的这八位高句丽王陵之上都有瓦，年代都在1世纪至2世纪之间，除闵中王石窟外，多经过考古发掘，有5座已经确认为王陵，有2座列入待核实的王陵，均写入《集安高句丽王陵》一书，多已列入《世界遗产名录》中（图二十九、图三十）。认为高句丽王陵上用瓦是在3世纪末，显然不符合集安的实际。

桓仁“望江楼”4号墓当为高句丽第一代王朱蒙墓。集安禹山墓区JYM0000号墓，应为第二代王琉璃明王陵。琉璃明王陵下的梨树园子遗址是豆谷离宫，从这一侧面，也得到印证。

1.绳纹瓦

2.墓顶绳纹瓦

图二十九　绳纹瓦

图三十　辽宁桓仁“望江楼”4号墓出土的卷云纹瓦当（王俊辉提供）

四、结语

集安梨树园南遗址，在未经考古发掘、遭到严重破坏的情况下，尚出土大量珍贵文物，采集到2件国家一级文物，非同小可。根据文献记载、遗址所处环境及出土高等级文物的年代等方面判断，该遗址应是琉璃明王所筑之豆谷离宫。此宫建成后，琉璃明王曾住过并薨于此宫，葬于距此宫不远的豆谷东原，即集安禹山墓区JYM0000号墓。综上所述，将集安梨树园子遗址推定为琉璃明王所筑之豆谷离宫，考古学证据是比较充分的。

朝阳史谭

孙国平　孙　航[①]

一、朝阳与草原丝绸之路

在中国古代，为了加强对外的文化交流与经贸往来，在国内与国外之间，开创出多条丝绸之路。其中连接中东、欧洲与东北亚地区的丝绸之路，它的中心结点就在今天的朝阳。

（一）朝阳地理位置与历史文化概况

朝阳，地处辽宁、河北、内蒙古三省区交界处的古幽燕之地。前俯燕山，背依蒙古草原与大漠，东邻渤海，是草原游牧民族与中原农耕经济相互交汇的地带，更是中原文化与东北少数民族文化互相交流的桥梁地带。自商周、秦汉启始，历隋唐、辽金，直至现在，历朝皆有重要行政建置。史前的红山文化，又是中华文明的发源地之一。

历史上“老马识途”“不食周粟”的故事，就发生在今天的朝阳。曹操征乌桓，唐太宗征高丽班师祭祀，辽世宗狩猎龙山，乾隆驻跸三座塔厅，也全在朝阳发生。十几位大燕皇帝，都是地道的朝阳人。

（二）吐谷浑首先开创了草原丝绸之路

在东晋太康四年（283 年），鲜卑慕容部首领慕容廆的马群因与兄长慕容吐谷浑的马群发生了争斗，慕容廆便训斥了吐谷浑，吐谷浑一气之下，便率领自己的 1700 户家人和马群，离开了大棘城（今北票市章吉营子乡），踏上了西迁之路。越过青径岭（今朝阳与内蒙古交界的大青山），穿过赤峰，经历内蒙古阴山，又西南度过陇山，至枹罕（今甘肃临夏）及甘松（今枹罕岭东南甘松岭）。

此后，又向西前进，最后到达青海湖以西的白兰（今柴达木盆地都兰一带），在此立国。

（三）三燕高僧西天取经，重走吐谷浑之路

首先是支昙猛。支昙猛是后燕慕容垂聘请的军师。在后燕建兴十年（395 年），慕容垂派太子慕容宝率大军攻打北魏。军旅到达参合陂（今山西省阳高县罗文皂镇），支昙猛见有风暴突起，便建议慕容宝做好魏军袭击的准备，慕容宝不听，结果在夜间魏军突然来袭，燕军毫无防备，遭受惨败。支昙猛见慕容内部不团结，恃强居傲，不听劝说，遭受惨败，便决定离开慕容，从山西阳高出发，

---

① 孙国平，朝阳县文物管理委员会办公室主任。
孙航，朝阳市龙城区博物馆副研究馆员。

西北越过阴山，向西到达青海，又西北穿过吐鲁番，到库车，越葱岭。“从大秦路入达王舍城，及返之日，从陀历道而还东夏”。支昙猛比后秦法显取经还早四年。

第二位西天取经之人是龙城昙无竭。龙城是今朝阳的古称，东晋十六国时期，是前燕、后燕和北燕的都城。

昙无竭在南朝宋武帝永初元年（420 年）由龙城出发，所走之路与吐谷浑西迁的路相一致。先是到达青海的河南国（中原对吐谷浑国的称呼），再出青海西部，穿过吐鲁番，途经龟兹（今新疆库车），登葱岭，过雪山，到达北印度。经历二十多年时间，最终从海上回到广州。

这条草原丝绸之路，自开创后，亚欧之间的文化与经济贸易往来不断。昙无竭取经中，把中国文化带到了西亚，也把古天竺的文化带回了中国，写出了《历国传记》。

在考古发现中，北燕冯素弗墓中出土的多件玻璃器，朝阳七道泉子北魏墓中出土的波斯萨珊银币和朝阳唐墓中出土的东罗马金币，以及朝阳北塔辽代天宫中发现的波斯玻璃瓶，还有朝阳唐代古墓中大批出土的胡人俑、陶骆驼等，都说明古代的西亚与今天的朝阳之间，贸易往来和文化交流始终不断。

还有，草原丝路东端的朝阳，又是通向东北亚的交通要道。为佛教东传、为朝鲜半岛和日本列岛的文化发展，起到了重要的作用。

草原丝绸之路东端起于朝阳，也是朝阳人创建而成，为后世的文化交流与贸易往来作出了巨大贡献。

二、凤凰山中闾山祠

朝阳城东凤凰山，古时称“龙山”。“龙山”一名，最早见于史籍者，为《晋书·慕容皝载记》和《十六国春秋·前燕录》。东晋咸康七年（341 年），前燕慕容皝命阳裕等于“龙山之西”修建龙城。又于永和二年（345 年）“立龙翔佛寺于山上”。龙山一名，自东晋始，一直沿用至元朝。《元一统志》卷二：“和龙山（即龙山别称），在兴中州东。南北长六十里，东西广二十里。一峰特耸，号曰天柱孤峰。”

于西晋以前，龙山有何名称，因历史久远，史书无载而不可得知。但何时由“龙山”改称“凤凰山”，史籍及方志亦未有提及。于凤凰山顶华严寺旧址，现仍有一口铁钟保存。铁钟铸于清康熙十一年（1672 年），铭文中有“辽东锦州府城西北古柳州大凌河南凤凰山”字样。依此知在清康熙十一年即已将此山改称凤凰山了。又据《塔子沟纪略》记载，顺治八年（1651 年）有蒙古色楞台吉曾到凤凰山打猎，发现卧佛洞。依此推断，由龙山改称凤凰山，当属顺治年间（1644—1661 年）之事，还要早于康熙十一年（1672 年）。

隋朝文帝杨坚，因于佛寺中由僧人抚养长大，称帝后，十分崇信佛教。除于全国各州建塔供舍利之外，还十分重视祭山、祭海活动。《隋书·礼仪志》载：开皇“十六年（596 年）正月，又诏北镇于营州龙山立祠”。即是后世所称的“闾山祠”。《隋书》所称的“北镇”，实为北方镇山或东北镇山的简称。而北方镇山，即今医巫闾山。

尽人皆知，医巫闾山在今锦州市所辖的北镇县（今称北镇市）境内。距朝阳市不足一百五十公里。隋文帝下令将闾山祠不建于闾山而修建于今天的朝阳城东凤凰山，实属令人不解。原因是，在当时，隋朝虽已立国十有六年，但在统一之前，中国处于分裂割据局面已逾二百八十余载。中国东北有诸多民族，如鲜卑、匈奴、室韦、契丹、库莫奚、高句丽等，各据一方。而今朝阳在隋统一之前，为高宝宁地，于583年归于隋，是为龙城县。而于龙城之北十几里地之外，是属契丹活动地域。1978年秋，凌北公社新荒地大队（今双塔区他拉皋镇新荒地村）在今狼山南坡平整土地，发现两座隋代古墓。其中一座墓中出土墓志一合，志盖刻有“大都督韩府君之墓志”九字。墓主人韩暨，为“昌黎龙城人”，即今朝阳人。墓志所提昌黎，实属沿用旧称。依墓志志文记载，韩暨因才学出众，于“开皇四年（584年），总管洛阳公以东北一隅，九夷八狄，绥怀抚慰，不易其人，自非雄略英谋，罕当斯冀。遂上表特奏君与北平总管府参军事刘季略前往契丹国奖导诸部。未几，敕授都督，宣扬皇化，夷狄顷心，屈膝稽颡，咸希朝贺”。此事在《隋书》中可得到印证。《隋书·高祖纪》：开皇四年“五月癸酉，契丹莫贺弗遣使请降”。“九月庚午，契丹内附”。五年四月“甲申，契丹主多弥贡方物”。又《隋书·契丹传》载：“开皇四年，率诸莫贺弗来谒。五年，悉众款塞，高祖纳之，听居其故地。”又，于20世纪80年代，朝阳交警队在他拉皋村北小山上修建检车线施工时，在山顶发现隋时砖砌界墙。证明，龙城之北，是为契丹居住地。虽如此，隋朝政府仍将契丹视为华夏一支，契丹所居之地是与中原为一体。故于开皇十六年（596年）正月，下诏在龙山修建闾山祠，遥祭闾山。北宋时，于太平兴国八年（983年）在定州（今河北省保定市辖县级市）遥祭闾山，是为同一道理。

闾山祠建成后，历唐、辽，至有金一朝始迁于闾山。但何时迁走，史书无载。《北镇县志》中有“大定四年复建”的记载。《金史·礼志七》：大定四年，“立冬，祭北岳恒山于定川，北镇医巫闾山于广宁府。封……医巫闾山为广宁王”。《北镇县志》所记，概应与此有关。

唐朝安史之乱后期，史思明之子史朝义战败，走投无路，自缢于闾山祠中，此事在《新唐书》中有记。由此可知，闾山祠自始建至废弃，在今凤凰山中矗立有五百多年。

有关闾山祠修建地点，笔者认为，既然正史有记，且非一处，于今朝阳凤凰山中建有闾山祠，当是确有其事。而且定会建于山中。时至今日，闾山祠废弃已逾九百余年，虽早已圮废，但于建筑基址处，应有当时砖瓦残块保存。于20世纪末，笔者曾踏遍龙山诸峰与沟壑，只寻得龙翔佛寺遗址，唯不见闾山祠遗址。2013年，龙城区化石园区主任胡瑞卿先生介绍：说有一风水大师知晓闾山祠地址，当即随同前往考察。于今凤凰山南坝党沟沟里，地势十分幽雅，且环境颇佳，面对龙山峭壁，尤如置身于闾山之前。待寻遍附近地面后，无奈，山前沟中地面土层，早已被一位买地之人用勾机将山间土层翻个底朝天！早已失去原有地貌，更寻不到原有地面。故已无法找到隋时砖瓦残块。既见史书记载，闾山祠遗址的确切地址在于何处，已无关紧要。即使将闾山祠遗址翻到地下，但其建筑遗物仍保存于凤凰山中。

相信，闾山祠的修建地点，定会成为朝阳旅游开发的一处绝佳的景点。

三、点说慕容

金庸先生为朝阳“慕容街”题字：“龙城朝阳，三燕故都。传奇慕容，华夏一脉。”其中，“传奇慕容”即指今日遍布于全国的慕容氏一族。

有关慕容族源，依《十六国春秋》记载：“昔高辛氏游于海滨，留少子厌次以君群夷，遂世居辽左，邑于紫蒙之野，号曰东胡。秦汉之季，为匈奴所破，分保鲜卑山，因以为号。”在《晋书·慕容廆载记》中，亦记有“其先有熊氏之苗裔，世居北夷，邑于紫蒙之野，号曰东胡”。其后所记《十六国春秋》同。高辛氏，为上古五帝之一，是为黄帝重孙帝喾。有熊氏，即黄帝。此二处记载，皆说慕容为黄帝之后裔。

有关慕容姓氏，《十六国春秋》载：廆“曾祖莫护跋，魏初率诸部落大人自塞外入居辽西，从司马懿讨公孙渊有功，拜率义王，始建王府于棘城之北。时燕、代少年多冠步摇冠，跋见而好之，乃敛发袭冠，诸部因呼之为步摇，其后音讹为慕容，遂以慕容为氏”。至慕容涉归，“自云慕二仪之德，继三光之容，即以慕容为姓”。

337 年，慕容皝称燕王。慕容儁继燕王位后，于 352 年在蓟城称帝，是为北京建都第一人。慕容垂复国，是为后燕。386 年，慕容垂在中山正式称帝。之后，历宝、详、麟、熙五帝，又有泓、德、超、永，建南燕、西燕。慕容一族，共有十一人称皇帝，加谥慕容皝为文明皇帝，共十二人为帝。行政管辖有今辽宁、吉林、内蒙古、山东、山西、河南、河北等地。慕容一族，自入居辽西，到后燕建始，期间历时近二百年。

在这近二百年间，慕容一族，在为中国北方社会发展、中国历史发展，均曾作出不朽贡献。于此略述一二：

（一）开创出中国北方草原丝绸之路

285 年，慕容廆与庶兄吐谷浑因马群撕咬而行斥责，吐谷浑遂行西迁。自大棘城出发，越青径岭，过赤峰，经阴山，又西南度过陇山，至枹罕及甘松，之后又向西到达青海湖以西白兰。为后世开创出一条蒙古草原通道，是由今朝阳为东起点，向西直到西亚的一条商贸之路。

后燕高僧昙无竭西天取经，由龙城出发，所走之路，就是当年吐谷浑西迁之路。

这条中国北方草原丝绸之路，首先由慕容一族创出，成为以后中西经贸往来、文化交流的一条重要通道。

（二）引桑种于江南，促进中国北方经济发展

东晋初年，慕容廆与晋通好，见江南吴地官民衣着华丽，询知以蚕丝织帛而衣，遂于江南求取桑蚕种苗，开始在燕辽大地推广种桑养蚕。《晋书·慕容廆载记》：“先是辽川无桑，及廆通于晋，求种江南，平州桑悉由吴来。”（平州为魏晋行政建置，辖辽东、昌黎、玄菟、带方、乐浪五郡。州治襄平）

有关江南求取桑种时间，经推断，是在 300 年前后。至今，已有 1700 年。在朝阳县西五家子乡还保留一株此时所栽的“慕容桑”。

后至慕容皝，仍是“躬巡郡县，劝课农桑”。

由江南引得桑蚕，为促进中国北方经济发展和提高人民生活质量起到推动作用。

（三）推动民族融合，为创建中华民族共同体铺路

西晋末，永嘉之乱，民间疾苦难言。“时二京倾覆，幽冀沦陷。廆刑政修明，虚怀引纳，流亡士庶多襁负归之。廆乃立郡，以统流人……于是推举贤才，委以庶政……”（见《晋书·慕容廆载记》)。此段记载是说今河南、河北、山东、山西、内蒙古等地百姓与一些饱学之士，因不堪忍受战乱之苦，纷纷拖家带眷投奔慕容廆，廆依据来人祖籍，分别设立郡县，安置流民。然后又招纳流人中有才学者，都委以重任。

此举既起到安顿流民作用，还任用一批贤才。在这些士庶之中，有多个民族成员，有乌桓、匈奴、异姓鲜卑等，也有大批汉人，为民族大融合创造了条件，也为形成中华民族共同体打下了坚实的基础。

（四）重教办学，培养人才

前燕王慕容皝，勤政为民，招贤纳士，非常注重人才培养。将都城迁至龙城后（342 年迁都），即办起大学，学校设在龙城内。按《十六国春秋》记载，当时有“学徒千余人”。到 345 年，在龙山有黑白二龙戏翔，慕容皝观赏祭龙后，即将自己所居宫殿改为学校，名曰“东庠”。赐大臣子弟为“官学生”。慕容皝每月都要到东庠检查学生学习情况，还亲自为学生写教材，一是《太上章》，一是《典戒十五篇》。东庠是当时中国北方最早的官办大学，为前燕培养出大批人才。

（五）首创中国科举之制

对于中国科举制度，一般认为起始于隋。但科举制度初创，当始于前燕。燕王十四年（348 年）正月，前燕需要选贤任能，“皝亲临东庠考试学生，其通经秀异者，擢充近侍”（见《十六国春秋·前燕录》)。这段记载是说，燕王亲自到东庠考试学生，选出成绩优异者，留在自己身边，做自己的侍从。

通过考试选拔优秀人才，应是中国科举制度之始。

（六）为佛教东传作出贡献

345 年，佛教正式传入前燕，燕王下令，在龙山之上修建“龙翔佛寺”。是为中国北方佛教祖庭。1949 年春，在朝鲜黄海南道安岳郡发现佟寿墓，墓中壁画有莲花纹饰，莲花与佛教有关，说明佟寿信佛。

1976 年在朝鲜大安市德兴里发现一座高句丽时期壁画墓。在墓室北壁保存有墓主人生平题记。其中有“释迦文佛弟子□□氏镇”字样，从“□□氏”分析，墓主人是复姓，是中原或北方民族姓氏。已有人将此处缺文释为“慕容”。但依题记中所记官职，“辽东太守、东夷校尉、幽州刺史”等断定，墓主人生前曾在河北与辽西一带为官。此墓下葬时间是 408 年，墓主人出生在 332 年，是前燕早期。佟寿与释迦文佛弟子均曾是前燕、后燕政权中要员，后来投奔高句丽。此说明，在前燕时就将佛教传入到朝鲜半岛。

（七）对朝鲜半岛和日本列岛产生重大影响

在朝鲜半岛三国时代和日本列岛古坟时代，均发现大批与三燕文化相同或近似遗物。在韩国釜山福禄洞墓地、在陕川玉田、高灵等地与日本奈良县大阪等地，发现很多此时古墓，出土有马具、金牌饰、金耳坠、金冠饰、铜镳斗、铜镜、甲胄、环首刀等，与三燕时期遗物有的完全相同，有的十分相近。包括日本滕之木古坟石棺形制，与三燕时期木棺形制完全相同。时代与中国南北朝同期。

此说明，三燕文化已对朝鲜半岛和日本列岛产生了重大影响。

（八）创造出双马镫，提高了骑兵的战斗力

中国在西晋时出现马镫，是三角形单镫，置于马身左侧，只为上马之用。到前燕中期，开始出现木芯双马镫。1988 年在王坟山发掘一座前燕中期大墓，墓中出土木芯铜马镫一对。1976 年在王坟山一座前燕早期古墓中，出土一件铜制单马镫。1965 年在北票北燕冯素弗墓中出土木芯双马镫，与 1988 年王坟山古墓马镫相一致。

创造出双马镫，为骑兵作战解放了双手，提高了骑兵的战斗力，也为后来世界骑兵提高了战斗力，这在世界军事发展史上也是一大贡献。

（九）创造出梯形木棺，影响了后世丧葬习俗

在所发现的三燕时期古墓中，所有装殓墓主的木棺，平面皆为梯形，前高后低，前宽后窄。与中原长方形棺椁明显不同。这种梯形木棺形制，深刻影响了后世的丧葬习俗，至今凡有人去世，仍在使用梯形木棺。

（十）创造了灿烂的三燕文化

以慕容为主体的前燕、后燕和北燕三个政权，共历时二百余年，为今天留下了大批的遗物、遗迹，是被称之为“三燕文化”。

三燕文化中，又创造出多个中国北方之最。

如：中国北方最早的都城遗址；中国北方最早的佛教寺院遗址；中国北方最早的皇陵；中国北方最早的皇家园林遗址；中国最早的金步摇实物；中国包括全世界最早的马镫实物；等等。

三燕文化，已成为今日朝阳、辽宁省乃至全国独具特色和具有唯一性的地域文化，为开发特色文化旅游提供了丰富的资源。

由此可见，慕容一族，既是我中华民族的一支，又是一个了不起的家族。相信，慕容一族为中国历史发展曾作出不朽贡献，其后世也更会为今天中华民族复兴、国家强盛作出更大贡献！

读史漫议

梁志龙[①]

平时读读史书，倒是一种乐趣，偶有所得，便记在纸上，然后输入电脑，慢慢有了积累，却纷然无序，忽汉忽清忽唐，不成文样。近时得闲，稍作整理，以时间为纵线，由远及近编次，串在一起，计得二十六则，所议未必正确，权当读书记录耳。今逢冯永谦先生米寿之日，无酒币为献，谨以此作贺，礼虽浅薄，还望不弃也。

一、《史记》中朝鲜境内燕秦汉长城

《史记·朝鲜列传》："朝鲜王满者，故燕人也。自始全燕时，尝略属真番、朝鲜，为置吏，筑鄣塞，秦灭燕，属辽东外徼。汉兴，为其远难守，复修辽东故塞，至浿水为界，属燕。燕王卢绾反，入匈奴，满亡命，聚党千余人，魋结蛮夷服，而东走出塞，渡浿水，居秦故空地上下鄣，稍役属真番、朝鲜蛮夷，及故燕、齐亡命者，王之，都王险。"[②]

解释几个词。

1. 全燕

战国时，燕国在朝鲜"筑鄣塞"，即修筑了长城。这道长城修筑于何时，多人推定筑于燕昭王时期，这个推定有误。"自始全燕时"，《史记索隐》解释说："谓六国燕方全盛之时。"[③]

《战国策》中也有"全燕"这个词。

《战国策·燕一·苏秦将为纵北说燕文侯》："苏秦将为从，北说燕文侯曰：'燕东有朝鲜、辽东，北有林胡、楼烦，西有云中、九原，南有呼沱、易水，地方二千里……夫安乐无事，不见覆军杀将之忧，无过燕矣。大王知其所以然乎？夫燕所以不犯寇被兵者，以赵之为蔽于南也。秦赵五战，秦再胜而赵三胜，秦赵相弊，而王以全燕制其后，此燕所以不犯难也。"[④] 此事发生在燕文公二十八年（前334年），"燕东有朝鲜"，说明这个时候朝鲜归燕所有，即《史记》所说"尝略属真番、朝鲜"。翌年，文公卒，齐因燕丧伐之，取十城。燕国领土遭到蚕食，此时之燕，则称为"破燕"。

---

① 梁志龙，本溪市博物馆副馆长，研究员。

② 司马迁：《史记·朝鲜列传》，中华书局点校本1959年版，第2985页。

③ 司马迁：《史记·朝鲜列传》，中华书局点校本1959年版，第2985页。

④ 《战国策》，上海古籍出版社1985年版，第1039页。

《战国策·燕一·燕昭王收破燕后即位》:“燕昭王收破燕后即位,卑身厚币,以招贤者,欲将以报仇。故往见郭隗先生曰:‘齐因孤国之乱,而袭破燕。孤极知燕小力少,不足以报。然得贤士与共国,以雪先王之耻,孤之愿也。’”①

“破燕”和“全燕”,是意义相反的两个词汇。破燕,被人袭破之燕;全燕,未被袭破之燕、完整之燕。由此推论,朝鲜境内的燕国长城,修筑于燕被齐国攻破之前的可能性最大,即燕文公之时。

《史记·律书第三》有一个词汇“全秦”,与“全燕”意义相仿:“历至孝文即位,将军陈武等议曰:‘南越、朝鲜,自全秦时内属为臣子,后且拥兵阻阨,选蠕观望。’”②

2. 上下鄣

上下鄣不是秦朝在朝鲜半岛设立的两道长城,而是位于长城线上的两个地名,即上鄣和下鄣。

“上”和“下”命名的地名,结构大体相同,即在相同的某个地名前边,分别冠以上字和下字,以此区别两地位置的不同。这种地名,常常是两者相对,距离较近,举目相望,上下呼应。上、下地名,一般沿水而定,居于上游者称上,居于下游者称下。这类地名现在也常见,如本溪的上牛心台、下牛心台、上石桥子、下石桥子等。上、下地名可以简化,如上牛、下牛、上石、下石。

这类地名,秦代也有。甘肃天水市一座秦代墓葬里,出土了7幅松木板地图,图中标注的地名中,许多带有上、下字样,如上杨谷和下杨谷、上临和下临、上获思和下获思等③。

《苍颉篇》:“鄣,小城也。”上鄣和下鄣,应该是设于长城附近的两座或一座城堡。今桓仁县有上古城子、下古城子两个地名,但这里只有一座城,即下古城子。分析这里最初只有古城子地名,后来附近又形成了新的聚落,于是人们根据河水(今六道河)流向,将原古城子称作下古城子,居于上游的聚落,则称作上古城子。上鄣和下鄣,也可能是这种情况。《史记索隐》又云:“案《地理志》乐浪有云鄣。”④云鄣,应该是秦朝设于朝鲜半岛乐浪郡的一座小城堡的名称。

有关秦朝在朝鲜半岛长城的记载较少,主要有下列数条。

《盐铁论·诛秦》:“秦既并天下,东绝沛水,并灭朝鲜。”⑤绝,渡过。这条史料说明秦的领域已经过了沛水(大同江),间接记下了秦长城在沛水对岸。

《晋书·地理志》乐浪郡遂城县注云:“秦筑长城之所起。”⑥《通典》一百八十六卷《边防二·东夷·高句丽》:“碣石山,在汉乐浪郡遂城县,长城起于此山。今验长城,东截辽水而入高丽,遗址犹存。”⑦《通典》为唐人编著,那时仍能看见秦长城遗迹。

“秦灭燕,属辽东外徼。”这句话是说,秦灭掉燕国之后把朝鲜归属于“辽东外徼”。徼,指的是

① 《战国策》,上海古籍出版社1985年版,第1064页。
② 《史记·律书第三》,中华书局1959年版,第1242页。
③ 甘肃省文物考古研究所等:《甘肃天水放马滩秦汉墓群的发掘》,《文物》1989年第2期。
④ 《史记·朝鲜列传》,中华书局1959年版,第2985页。
⑤ 《盐铁论校注·诛秦》,中华书局2015年版。
⑥ 《晋书·地理志》,中华书局1974年版,第427页。
⑦ 转引自《东北古史资料丛编》(第三卷),辽沈书社1990年版,第364页。

边塞，相对外徼而言，辽东似有内徼。分析秦在朝鲜设立的长城，即为“外徼”，而燕在朝鲜设立的长城，则为“内徼”，即《史记》中所称的“辽东故塞”。

3. 故塞

“汉兴，为其远难守，复修辽东故塞，至浿水为界，属燕。”这里的“其”，指的是秦在朝鲜境内的长城，相对于燕国边塞而言，这是一条“新塞”，而“故塞”，无疑所指的是此前的燕国长城。《史记》中的这句话明确告诉我们，汉代在朝鲜并没有设立新的边塞，而是对燕国留下的“故塞”重新进行了修缮，继续沿用而已。

秦时朝鲜“属辽东外徼”，汉时则“属燕”，这个“燕”，指的是汉分封侯国的燕国。

汉和燕国是同一条长城。

秦是另一条长城。

秦长城要远于燕和汉长城，更向半岛南部深入。

于是我们说，朝鲜半岛有两道长城，一条是战国时期燕国修筑（故塞）、汉时利用的长城，由于这条长城靠近辽东，推测可能又被称作“内徼”，另一条是秦朝修筑的长城，即“辽东外徼”。

4. 汉兴

汉朝何时在朝鲜半岛修筑长城，文献中仅有泛泛的“汉兴”一词的时间提示，而无确切记载。

汉兴，字面理解意为汉朝兴起之时，也就是汉朝初期，具体而言，起点应该从汉高祖刘邦称帝算起。《史记·货殖列传》：“汉兴，海内为一，开关梁，弛山泽之禁。”①《史记·汉兴以来诸侯王年表》中，司马迁说了这样一句话：“臣迁谨记高祖以来至太初诸侯，谱其下益损之时，令时世得览。”②年表名称中的“汉兴以来”，此处变作了“高祖以来”，显然在司马迁的眼里，高祖之世，当即“汉兴”这一时间段落。据此可以认定，“汉兴”之时，在朝鲜“复修辽东故塞”，应在汉高祖时期，最大的可能时间，当在卢绾为燕王之时。

《汉书·高帝纪》载，秦二世元年（前209年）八月，“韩广自立为燕王”。汉高祖元年（前206年）二月，“徙燕王韩广为辽东王，燕将臧荼为燕王，都蓟”。六月，“燕王韩广亦不肯徙辽东。秋八月，臧荼杀韩广，并其地”③。汉高祖五年（前202年）七月，卢绾跟随刘邦“从击燕王臧荼，臧荼降。高祖已定天下，诸侯非刘姓而王者七人。欲王卢绾，为群臣觖望，及虏臧荼，乃下诏诸将相列侯，择群臣有功者以为燕王。群臣知上欲王卢绾，皆言曰：‘太尉长安侯卢绾常从平定天下，功最多，可燕王。’汉五年八月，乃立卢绾为燕王。诸侯王得幸莫如燕王”。十二年（前195年）二月，卢绾反叛，遭到樊哙、周勃率军攻打。“四月，高祖崩，卢绾遂将其众亡入匈奴，匈奴以为东胡卢王。”④

随着卢绾叛入匈奴，卫满则逃亡朝鲜。卫满亦当参与了卢绾反叛汉朝的行动，不然不会在此时逃入朝鲜。卫满“东走出塞”，这个“塞”，应该就是汉朝修筑的长城。“出塞”之后，他才渡过浿

① 《史记·货殖列传》，中华书局点校本1959年版，第3261页。

② 《史记·汉兴以来诸侯王年表》，中华书局点校本1959年版，第803页。

③ 《汉书·高帝纪》，中华书局点校本1962年版，第11、28、31页。

④ 《汉书·卢绾传》，中华书局点校本1962年版，第1891、1893页。

水，来到秦朝故地上、下鄣居住。由此可见，汉塞（燕塞）在今日大同江的北岸，而秦塞则在大同江的南岸。《盐铁论》说，秦朝“东绝沛水”，乃信史也。卫满进入朝鲜后，“会孝惠、高后时天下初定，辽东太守即约满为外臣，保塞外蛮夷无使盗边”。这里的“塞”，依然指的是汉塞。汉武帝元封二年（前109年），汉派使臣涉何诱谕卫满孙子右渠，右渠不肯奉诏。“何去至界上，临浿水，使御刺杀送何者朝鲜裨王长，即渡，驰入塞，遂归报天子曰‘杀朝鲜将’。”[①] 这里记述的涉何归途由南向北，他在邻近浿水的地方，让他的马夫杀死了朝鲜裨王长，然后渡过浿水，急急地进入了长城。这条记述也证明了汉塞在大同江西北。

卫满逃入朝鲜的时间，当与卢绾逃入匈奴时间大体一致，即汉高祖十二年（前195年）四月，汉塞此时已在朝鲜半岛出现，说明修筑时间在汉高祖时期当无异议。

二、真番和藩国

《史记·太史公自序》说:“燕丹散乱辽间，满收其亡民，厥聚海东，以集真藩。”[②]“真藩”即“真番”，朝鲜半岛有藩国，当即真藩国之省。

《说文》：“鲈，鲈鱼也，出乐浪藩国。”段注：“乐浪藩国，真番也。”[③]

此外，《说文》还有如是记载：“鲛，鲛鱼也，出乐浪藩国。”“鲕，鲕鱼也，出乐浪藩国。”“魦，魦鱼也，出乐浪藩国。”“鱳，鱳鱼也，出乐浪藩国。”

三、高句丽侯驺

《汉书·王莽传》：“初，五威将帅出，改句町王以为侯，王邯怨怒不附。莽讽牂柯大尹周歆诈杀邯。邯弟承起兵攻杀歆。先是，莽发高句丽兵当伐胡，不欲行，郡强迫之，皆亡出塞，因犯法为寇，辽西大尹田谭追击之，为所杀，州郡归咎于高句丽侯驺。严尤奏言：‘貊人犯法，不从驺起，正有它心，宜令州郡且慰安之，今猥被以大罪，恐其遂畔，扶余之属必有和者。匈奴未克，扶余秽貊复起，此大忧也。’莽不慰安，秽貊遂反。诏尤击之，尤诱句丽侯驺至而斩焉。传首长安，莽大悦，下书曰：‘乃者，命遣猛将，共行天罚，诛灭虏知，分为十二部，或断其右臂，或斩其左腋，或溃其胸腹，或绌其两胁。今年刑在东方，诛貉之部先纵焉。捕斩虏驺，平定东域，虏知殄灭，在于漏刻。此乃天地群神、社稷、宗庙佑助之福，公卿、大夫、士民同心将率虓虎之力也。予甚嘉之。其更名高句骊为下句骊，布告天下，令咸知焉。’于是貉人愈犯边，东北与西南夷皆乱云。”[④]

《三国志·高句丽传》：“王莽初，发高句丽兵以伐胡，不欲行，强迫遣之，皆亡出塞为寇盗。辽西大尹田谭追击之，为所杀。州郡县归咎于句丽侯騊，严尤奏言：‘貊人犯法，罪不起于騊，且宜安慰，今猥被之大罪，恐其遂反。’莽不听，诏尤击之。尤诱期句丽侯騊至而斩之，传送其首诣长安。

① 《史记·朝鲜列传》，中华书局点校本1959年版，第2986页。

② 《史记·太史公自序》，中华书局点校本1959年版，第3317页。

③ 《说文解字注》，上海古籍出版社1981年版，第579页。

④ 《汉书·王莽传》，中华书局点校本1962年版，第4130页。

莽大悦，布告天下，更名高句丽为下句丽。当此时为侯国，汉光武帝八年，高句丽王遣使朝贡，始见称王。”[①]

引上述史料，要说明以下问题。

第一，驺是高句丽第一代王朱蒙。

关于这个问题，史学界有“是”与“不是”的两种观点。

我赞同“是”的观点。

《汉书·王莽传》高句丽侯的名字叫“驺”，繁体作“騶”，《后汉书》《梁书》《北史》《通志》《资治通鉴》等，均沿用《汉书》作“驺”，而《三国志·高句丽传》繁体却作“騊”，显然这是因騶、騊字形相近而误。

这个“驺”，与高句丽第一代王朱蒙名字的另一种写法邹牟的“邹”，是一个音，应是邹牟的省称。《好太王碑》:“惟昔始祖邹牟王之创基也，出自北夫余。”[②]《三国史记·高句丽》:“始祖东明圣王，姓高氏，讳朱蒙。”自注曰：“一云邹牟。”[③]

“侯驺”的侯，是爵号。

高句丽最高统治者本来称王，王莽登基做了皇帝的第一年，便把少数民族地区的“王”一律降为“侯”。《汉书·王莽传》：始建国元年，王莽“又曰：汉氏诸侯或称王，至于四夷亦如之，违于古典，缪于一统。其定诸侯王之号皆称公，及四夷僭号称王者皆更为侯”[④]。《后汉书·高句丽传》说，严尤杀了高句丽王驺，传首长安后，王莽高兴了，于是把高句丽王更为下句丽侯。这个说法不对。将“四夷”（包括高句丽）之王更为侯，此前已经实施，没有必要重新再来一次。此时王莽改动的是高句丽的名字，把那个高字去掉，称“下句丽”。一个“下”字，表现出王莽对高句丽的贬侮。

高句丽王变成了高句丽侯，高句丽王邹牟，于是变成了高句丽侯驺。

有人说，驺，是高句丽古邹加的省称[⑤]。《后汉书·高句丽传》李贤注：“古邹大家，高句丽掌宾客之官，如鸿胪也。”如果驺是古邹加的省称，那“侯驺”一词，不就成了两个官爵称呼的前后排列了吗?

有人说，侯驺，指的是高句丽多勿侯[⑥]。我们知道，多勿侯名字叫松让，如果这个“侯”真的是他，那应该叫“侯松让”或用他的省称叫作“侯松”或“侯让”，不会把他叫作“侯驺”。要记住，“侯”是爵位，“驺”是人的名字。

这样的称谓可以举出好多例子。

《史记·卢绾传》：汉五年冬，刘邦拟封卢绾为燕王，“群臣知上欲王卢绾，皆言曰：‘太尉长安

① 《三国志·高句丽》，中华书局点校本 1959 年版，第 844 页。
② 王健群：《好太王碑研究》，吉林人民出版社 1984 年版，第 202 页。
③ 《三国史记·高句丽本纪·始祖东明圣王》（校勘本），吉林文史出版社 2003 年版，第 173 页。
④ 《汉书·王莽传》，中华书局点校本 1962 年版，第 4105 页。
⑤ 耿铁华：《王莽征高句丽兵伐胡史料与高句丽王系问题》，《北方文物》2005 年第 2 期。
⑥ 王绵厚：《汉书·王莽传中高句丽侯驺其人及其沸流部》，《东北史地》2009 年第 5 期。

侯卢绾常从平定天下，功最多，可燕王'”[1]。

《三国志·韩传》：“侯准既僭号称王，为燕亡人卫满所攻夺。”[2]

侯卢绾、侯准的词组结构，与侯驺相同，都是官爵加名字。

所以说，这个“驺”，既不是高句丽官名古邹加，也不是多勿侯松让，应该是一个名字叫“驺”的高句丽侯，这个人就是高句丽王邹牟（朱蒙）。

也许是为了“尊者讳”，《三国史记》篡改了这段历史，把“侯驺”改为“大将延丕”，并将事件发生时间放在了高句丽二代王琉璃明王三十一年（12年）：“王莽不听，诏尤击之。尤诱我将延丕斩之，传首京师。莽悦之，更名吾王为下句丽侯，布告天下，令咸知焉。”[3]“延丕”从哪里来的？我们不得而知，但有人就是相信这个无据之说，《三国志集解》引丁谦曰：“严尤诱斩之句骊侯驺，当是统兵之员。”

第二，虏知和虏驺都是本族的最高领导者。

《汉书·王莽传》记载，王莽得知高句丽侯驺被诱杀后“传首长安”，高兴之余，下了一道诏书，诏书里两次提到了一个叫“知”的人：“乃者，命遣猛将，共行天罚，诛灭虏知，分为十二部，或断其右臂，或斩其左腋，或溃其胸腹，或绌其两胁。今年刑在东方，诛貉之部先纵焉。捕斩虏驺，平定东域，虏知殄灭，在于漏刻。”[4]“知”名字前边加个“虏”，除了表示轻蔑外，表明这个人是中原之外的少数民族，在这篇诏书里，王莽也把高句丽侯驺称作“虏驺”。

这个“知”是谁？

“知”是匈奴第十八世单于，即乌珠留若鞮单于，原名叫囊知牙斯，为了回应王莽改名为单字的诏令，把名字改为“知”。王莽建国元年，派出五威将，“北出者，至匈奴庭。授单于印，改汉印文，去玺曰章。单于欲求故印，陈饶椎破之。单于大怒”[5]。这个“单于”，就是“知”。由于王莽失策，引起匈奴人的不满，“遂寇边郡，杀略吏民”[6]。

王莽在诏书里提到两个人，一个是匈奴单于知，一个是高句丽侯驺，前一个是匈奴最高领导人，后一个也应该具有相同地位。

王莽诏书说：“捕斩虏驺，平定东域。”东域，广义是指东方，这里指的应该是居于东方的高句丽领域。如果驺只是一个将领，杀了他，怎能说是平定了东域？

只有杀了高句丽最高领导人，这样说才合情理。

驺是高句丽第一代王朱蒙。《三国史记》记录的高句丽早期王系，有重新考订的必要。

---

① 《汉书·卢绾传》，中华书局点校本1962年版，第1893页。

② 《三国志·韩传》，中华书局点校本1959年版，第850页。

③ 《三国史记·高句丽本纪·琉璃明王》（校勘本），吉林文史出版社2003年版，第180页。

④ 《汉书·王莽传》，中华书局点校本1962年版，第4105页。

⑤ 《汉书·王莽传》，中华书局点校本1962年版，第4115页。

⑥ 《汉书·王莽传》，中华书局点校本1962年版，第4119页。

四、“相加”标点正误

《后汉书·高句丽传》：“其置官，有相加、对卢、沛者、古邹大加、主簿、优台、使者、皂衣先人。”[①]《三国志·高句丽传》:“其国有王，其官有相加、对卢、沛者、古雏加、主簿、优台丞、使者、皂衣先人。”[②] 此后《梁书》《南史》《通典》等史籍，也有类似的记载，都说高句丽官爵中有“相加”一职。

然而无论在中国史籍中，还是在朝鲜史籍中，我们都找不到哪位高句丽人担任过“相加”一职。我疑高句丽“相加”一职，本为相、加两职，标点有误，于是合二为一了。

相，就是高句丽国相。《三国史记》记载了担当国相的人有明临答夫、乙巴素、高优娄等7位。《史记·朝鲜列传》记汉武帝征朝鲜时，“朝鲜相路人、相韩阴、民溪相参、将军王唊”等人降汉。《史记集解》引《汉书音韵》曰：“戎狄不知官纪，故皆称相。”《史记索隐》引如淳曰：“相，其国相。”[③] 由此可见，无论汉时朝鲜，还是高句丽官爵中的相的称谓，皆来自中原。

加，是高句丽借自夫余的一种官称。《三国志·夫余传》：“国有君王，皆以六畜名官，有马加、牛加、猪加、狗加、大使、大使者、使者。”[④] 高句丽中具有“加”的官职称谓有古邹加、古邹大加、大加、小加等。

总结上文，对《后汉书》《三国志》等史籍勘误如下：其官有相、加，而不是相加。

五、《三国志》“侯邑君”标点正误

中华书局点校本《三国志·涉传》：“自汉以来，其官有侯邑君、三老，统主下户。”[⑤]

按，“侯邑君”作“侯、邑君”为是，乃两种官称，中间需有顿号。

侯，是汉政权对藩属国君封赐的爵号。《三国志·涉传》云：“后省都尉，封其渠帅为侯。”正始六年（245年），岭东涉人归属高句丽，于是乐浪、带方出兵征伐，“不耐侯等举邑降”，八年（247年），不耐侯“诣阙朝贡，诏更拜不耐涉王”[⑥]。《三国志·东沃沮传》也说：“汉建武六年，省边郡，都尉由此罢。其后皆以其县中渠帅为县侯，不耐、华丽、沃沮诸邑皆为侯国。夷狄更相攻伐，唯不耐侯至今犹置功曹、主簿诸曹，皆涉人作之。”[⑦]

邑君，是汉对地方酋长封赐的官爵。《三国志·马韩传》：“其官有魏率善、邑君、归义侯、中郎

---

① 《后汉书·高句丽传》，中华书局点校本1965年启，第2812页。
② 《三国志·高句丽传》，中华书局点校本1959年版，第843页。
③ 《史记·朝鲜列传》，中华书局点校本1959年版，第2989页。
④ 《三国志·夫余传》，中华书局点校本1959年版，第841页。
⑤ 《三国志·涉传》，中华书局点校本1959年版，第848页。
⑥ 《三国志·涉传》，中华书局点校本1959年版，第848页。
⑦ 《三国志·东沃沮传》，中华书局点校本1959年版，第846页。

将、都尉、伯长。”又云：“诸韩国臣智加赐邑君印绶，其次与邑长。”[①]

六、小大兄

朝鲜德兴里壁画墓题记中，载有与墓主人镇有关的官职多种：“仕位建威将军、国大小兄、左将军、龙骧将军、辽东太守、使持节、东校尉、幽州刺史”[②]，其中“小大兄”一职，多人释作小兄和大兄，说镇先做小兄，继任大兄，“小大兄”标点应该为“小、大兄”[③]。

我们注意到，与镇有关的官职，除“小大兄”外，均为中原官职名称，因此，仅在“小大兄”前边加一“国”字的用意，表明这个官职与其他官职不同，为高句丽国所独有。

小兄和大兄，确是高句丽的两个官职名称。

《魏书·高句丽传》：“其官名有谒奢、太奢、大兄、小兄之号。”[④]

《旧唐书·高丽传》：“其官大者，号大对卢，比一品，总知国事，三年一代。次曰太大兄，比正二品。对卢以下官，总十二级。”[⑤]这里出现“太大兄”。

《新唐书·高丽传》：“官凡十二级：曰大对卢，或曰吐捽；曰郁折，主图簿者；曰太大使者；曰帛衣头大兄，所谓帛衣者，先人也，秉国政，三岁一易，善职则否，凡代日，有不服则相攻，王为闭宫守，胜者听为之；曰大使者；曰大兄；曰上位使者；曰诸兄；曰小使者；曰过节；曰先人；曰古邹大加。”[⑥]这里出现“帛衣头大兄、大兄、诸兄”。“帛”为“皂”之形误，“帛衣”即“皂衣”。

《通典·高句丽》：“其国建官有九等。其一曰吐捽，旧名大对卢，总知国事；次曰太大兄；次郁折，华言主簿；次太大夫使者；次皂衣头大兄，东夷相传所谓皂衣先人者也。以前五官掌机密，谋政事，徵发兵马，选授官爵。次大使者，次大兄，次收位使者，次上位使者，次小兄，次诸兄，次过节，次不过节，次先人。又有状古雏加，掌宾客，比鸿胪卿，以大夫使者为之。又有国子博士、大学博士、舍人、通事、典书客，皆以小兄以上为之。”[⑦]这里有“太大兄、皂衣头大兄、大兄、小兄、诸兄”。

《新唐书·泉男生传》：“泉男生，字元德，高丽盖苏文子也。九岁，以父任为先人，迁中里小兄，犹唐谒者也。又为中里大兄，知国政，凡辞令，皆男生主之，进中里位头大兄。久之，为莫离支，兼三军大将军，加大莫离支。”[⑧]这里出现了“中里小兄、中里大兄、中里位头大兄”。《泉男生墓志》亦云：“年十五，授中里小兄，十八授中里大兄，年廿三改任中里位头大兄。”[⑨]

---

① 《三国志·马韩传》，中华书局点校本1959年版，第850、851页。
② 康捷：《朝鲜德兴里壁画墓及其有关问题》，《博物馆研究》1986年第1期。
③ 杨军：《安岳3号墓和德兴里壁画墓铭文新说》，《史学集刊》2021年第5期。
④ 《魏书·高句丽传》，中华书局点校本1974年版，第2215页。
⑤ 《旧唐书·高丽传》，中华书局点校本1975年版，第5319页。
⑥ 《新唐书·高丽传》，中华书局点校本1975年版，第6186页。
⑦ 转引自《东北古史资料丛编》（第三卷），辽沈书社1990年版，第363页。
⑧ 《新唐书·泉男生传》，中华书局1975年版，第4123页。
⑨ 转引自《东北古史资料丛编》（第三卷），辽沈书社1990年版，第636页。

《泉男生墓志》："年始志学，本国王教小兄位，年十八，教大兄位。年二十，加中里大兄，廿三迁位头大兄。"[①] 这里出现了"小兄、大兄、位头大兄"。

《高慈墓志》记载，高慈的祖父高式，"本番任三品栅城都督、位头大兄兼大相"，父亲高文，也做过"三品位头大兄"[②]。

位头大兄，可能就是皂衣头大兄。

根据上述史料可以看出，大兄是一个官职系列，分作好多等级，由低至高为大兄、皂衣头（位头）大兄、太大兄。其中位头大兄不见于史籍记载，而是见于墓志。小大兄也不见于史籍记载，仅见于德兴里壁画墓等同于墓志的题记中。我疑小大兄并不是小兄、大兄的合称，而是大兄系列中的一级官职，与它对应的便是太大兄，小大兄在大兄系列的排位，应在大兄之上，即太大兄、小大兄、大兄。

我说，"小大兄"一称，补史之遗。

七、奢与使者

高句丽官职中有"奢"，最初出现在《魏书·高句丽传》："其官有谒奢、大奢、大兄、小兄之号。"[③] 隋《韩暨墓志》，说韩暨父韩祥，曾被高句丽俘获，"未履平壤之郊，递拜大奢之职"[④]，实证高句丽确有"大奢"官职。

另有意俟（侯）奢、褥奢等。

《奉使高丽记》记载中，"使者"官称的别名，常常为"奢"，说明"奢"和使者当是一回事。如："大夫使者，比三品，亦名谒奢"；"大使者，比正四品，一名大奢"；"拔位使者，比从五品，一名儒奢"；"上位使者，比正六品，一名契达奢，使者，一名乙奢"[⑤]。

关于奢就是使者的问题，学者已有论述[⑥]，但却未见说及原因。

其实，使者称奢，就是音变。使者急读，就是奢。"使者"两字，就是"奢"的反切。"使"之声为"sh"，"者"之韵为"e"，两者相切，即为奢"she"。

就是这么简单。

八、昔宁稟离王

《三国遗事·纪异·高句丽》引《珠琳传》："昔宁稟离王侍婢有娠，相者占之曰：'贵而当王。'

① 转引自《东北古史资料丛编》（第三卷），辽沈书社 1990 年版，第 646 页。

② 转引自《东北古史资料丛编》（第三卷），辽沈书社 1990 年版，第 641 页。

③ 《魏书·高句丽传》，中华书局点校本 1974 年版，第 2215 页。

④ 朱子方、孙国平：《隋韩暨墓志跋》，《北方文物》1980 年第 1 期。

⑤ 《翰苑·高丽》注引陈大德《奉使高丽记》，转引自《东北古史资料丛编》（第一卷），辽沈书社 1990 年版，第 395 页。

⑥ 高福顺：《高句丽中央官制研究》，吉林大学出版社 2015 年版，第 166 页。

王曰：'非我之胤也，当杀之。'婢曰：'气从天来，故我有娠。'及子之产，谓为不祥，捐圈则猪嘘，弃栏则马乳，而得不死，卒为扶余之王。"自注："即东明帝为卒本扶余王之谓也。此卒本扶余，亦是北扶余之别都，故云扶余王也，宁禀离乃夫娄王之异称也。"①

这条记载来自《论衡·吉验篇》，但有改动。

《论衡·吉验篇》："北夷橐离国王侍婢有娠，王欲杀之。婢对曰：'有气大如鸡子，从天而下，我故有娠。'后产子，捐於猪溷中，猪以口气嘘之，不死；复徙置马栏中，欲使马借杀之，马复以口气嘘之，不死。王疑以为天子，令其母收取，奴畜之，名东明，令牧牛马。东明善射，王恐夺其国也，欲杀之。东明走，南至掩淲水，以弓击水，鱼鳖浮为桥，东明得渡，鱼鳖解散，追兵不得渡，因都王夫馀。故北夷有夫馀国焉。"② 橐离，有的版本写作櫜离。

将上面两条史料做以比较，分明可见《三国遗事》"昔宁禀离王"，就是《论衡》"北夷櫜离王"的形讹，鲁鱼亥豕，故生此错。"昔"的上部与"北"字形近，宁，繁体作"寧"，与"夷"字形近，"禀"显然是"櫜"的笔误。"昔宁禀离王"，其实就是抄错了"北夷櫜离王"中的几个字。

所谓"宁禀离乃夫娄王之异称"，不可信啊！

九、鱼鳖浮为桥

高句丽始祖朱蒙逃出扶余后，路过一条大河，鱼鳖搭桥，他才过河而去，建立了高句丽国。

《论衡·吉验篇》："东明善射，王恐夺其国也，欲杀之。东明走，南至掩淲水，以弓击水，鱼鳖浮为桥，东明得渡，鱼鳖解散，追兵不得渡，因都王夫馀。"③ 东明就是朱蒙。

《好太王碑》："应声即为连葭浮龟，然后造渡。"④

《魏书·高句丽传》："朱蒙乃与乌引、乌违等二人，弃夫余，东南走。中道遇一大水，欲济无梁，夫余人追之甚急。朱蒙告水曰："我是日子，河伯外孙，今日逃走，追兵垂及，如何得济？"于上鱼鳖并浮，为之成桥，朱蒙得渡，鱼鳖乃解，追骑不得渡。"⑤

按，朱蒙祷告鱼鳖成桥的传说，或来自周穆王叱鼋鼍为梁的故事。

《文选》郭璞《江赋》："想周穆之济师，驱八骏于鼋鼍。"注引《纪年》曰："周穆王三十七年，征伐，大起九师，东至于九江，叱鼋鼍以为梁。"⑥ 又，《文选》江淹《恨赋》："方架鼋鼍以为梁。"同样注引《纪年》曰："周穆王三十七年，征伐，大起九师，东至于九江，叱鼋鼍以为梁。"⑦

① 《三国遗事·纪异·高句丽》（校勘本），吉林文史出版社 2003 年版，第 38 页。

② 《论衡校释》，中华书局 1990 年版，第 88 页。

③ 《论衡校释》，中华书局 1990 年版，第 88 页。

④ 王健群：《好太王碑研究》，吉林人民出版社 1984 年版，第 202 页。

⑤ 《魏书·高句丽传》，中华书局点校本 1974 年版，第 2214 页。

⑥ 《文选》，中华书局 1977 年版，第 189 页。

⑦ 《文选》，中华书局 1977 年版，第 235 页。

十、“男就妇家”的婚俗

“男就妇家”是高句丽婚俗的一大特征。

《后汉书·高句丽传》:“其昏姻皆就妇家，生子长大，然后将还，便稍营送终之具。”[①]《三国志·高句丽传》：“其俗作婚姻，言语已定，女家作小屋于大屋后，名婿屋，婿暮至女家户外，自名跪拜，乞得就女宿，傍顿钱帛，至生子已长大，乃将妇归家。”[②]

高句丽第一代王朱蒙在卒本的婚姻，我疑亦是“男就妇家”。

《三国史记》载：“朱蒙至卒本夫余，王无子，见朱蒙，知非常人，以其女妻之。王薨，朱蒙嗣位。”[③]朱蒙何以承袭了卒本扶余王的王位，除了卒本扶余王没有儿子这个因素外，应该还有一个更重要的原因，即朱蒙也是赘婿。

《三国史记·百济本纪》说，朱蒙到卒本后，“娶召西奴为妃”，召西奴是有两个孩子的寡母，她对朱蒙的“开基创业”,“颇有内助”[④]。我疑这个记载的背景，同样反映了朱蒙“就妇家”而居的婚姻状态。

十一、灌水

高句丽有五部（又称五族），南部为灌奴部。《后汉书·高句丽传》：“凡有五族，有消（涓）奴部、绝奴部、顺奴部、灌奴部、桂娄部。”李贤注：“四曰南部，一名前部，即灌奴部也。”[⑤]

李殿福先生认为，今辽宁宽甸为高句丽时期的南部[⑥]。

宽甸县有灌水镇，居于叆河上源。汉代，谓河为水，如辽河称辽水、太子河称大梁水、浑江称盐难水等，灌水一名，或为汉代水名之遗留。灌水镇现为叆河流经之地，叆河，汉时称为灌水欤？高句丽五部中的灌奴部，由灌水而得名乎？

灌水有高句丽山城，现称高台堡山城，它与灌奴部有无关系，需要考虑。

十二、赤岘与枧岘

《北史·高句丽传》：“正始五年，幽州刺史毌丘俭将万人出玄菟，讨位宫，大战于沸流，败走，俭追至枧岘，悬车束马，登丸都山。”[⑦]

---

① 《后汉书·高句丽传》，中华书局点校本 1965 年版，第 2813 页。

② 《三国志·高句丽传》，中华书局点校本 1959 年版，第 844 页。

③ 《三国史记·高句丽本纪·始祖东明圣王》（校勘本），吉林文史出版社 2003 年版，第 175 页。

④ 《三国史记·百济本纪·始祖温祚王》（校勘本），吉林文史出版社 2003 年版，第 275 页。

⑤ 《后汉书·高句丽传》，中华书局点校本 1965 年版，第 2813 页。

⑥ 李殿福：《两汉时代的高句丽及其物质文化》，《辽海文物学刊》1986 年第 1 期。

⑦ 《北史·高句丽传》，中华书局点校本 1974 年版，第 3112 页。

《三国志集解》引《太平寰宇记》，觇岘作“赤岘”：“俭追至赤岘，悬车束马，登丸都山。”[①]

我按：赤岘，多作“觇岘”。《康熙字典》标注读音为“赫”。

其实，此字应读“赤”,《太平寰宇记》作“赤岘”已证。今吉林省集安市板岔岭即其山也。赤、岔音近，今名仍旧。

明代，朝鲜史料中这个山名仍然存在，不过读音有点儿变化罢了。

朝鲜《李朝实录》世祖十一年（成化元年，1465 年）记载，朝鲜欲攻打居住在婆猪江（浑江）的建州女真李满住部落，曾被掳走的汉人称波右告知道路云：“自李满住家东行四十余里到大茶玩岘，岘高峻，不能并骑而行，逾岘又东行六七十里，路颇平坦。”[②]“茶玩岘”当为“玩茶岘”之误。

万历二十三年（1595 年），朝鲜派南部主簿申忠一出使建州，第二年回国后，将沿途所经，绘制撰写了《建州纪程图记》，内云：“自仇郎哈洞至蔓遮洞，过处其间，林木交柯，松桧参天，自枯木大者小者风落横路，不计其数。蔓遮岭岭上有丛祠，胡人过此者，必致敬而后乃行之。”[③]“蔓遮岭”即“玩茶岘”。

蔓、玩音同，茶、遮，一音之转，今名板岔，其音仍旧。

赤岘当即此山。赤、遮、茶、岔，均为一音之转。疑赤岘之赤前当有一字，即玩、板同音或音近之字，或史家之省，或转抄遗漏，今不得见也。

十三、高句丽城墙上的木栅

高句丽山城石筑城墙上，常常见有石洞。以五女山城为例，其石洞位于女墙内侧根基附近，间距大体在 2 米之内。我们分析这些石洞是用来竖插木柱的，在木柱之间，横置木板或木杆，形成木头城墙，从而增加石筑城墙的高度。

值得注意的是，五女山城城墙上的部分石洞，上面盖有石板，这可能是插入木柱之前，防止土石落入洞内而采取的措施[④]。这一现象提示我们，石墙上面的木头墙，并不是和石墙同时构筑的。在构筑石墙的时候，仅仅构筑了石洞，而到了特殊的战争时期，才可能修筑木头城墙。

下面引述的文献，应该证明了这点。

唐贞观十九年（645 年），李勣率军攻打高句丽辽东城，高句丽为了防御唐军的抛车石弹，在城墙上构筑了木头防御设施。

《旧唐书·高丽传》：“时李勣已率兵攻辽东城，高丽闻我有抛车，飞三百斤石于一里之外者，甚惧之，乃于城上积木为战楼，以拒飞石。勣列车发石以击其城，所遇尽溃，又推撞车撞其楼阁，无不倾倒。”[⑤]《新唐书·高丽传》：“勣列抛车，飞大石过三百步，所当辄溃，虏积木为楼，结絙网，不

① 《三国志集解》（影印本），中华书局 1982 年版，第 629 页。

② 吴晗辑：《李朝实录中的中国史料》，中华书局 1980 年版，第 562 页。

③ 《建州纪程图记校注》，辽宁大学历史系 1979 年印行，第 10 页。

④ 辽宁省文物考古研究所：《五女山城》，文物出版社 2004 年版，第 21 页。

⑤ 《旧唐书·高丽传》，中华书局点校本 1975 年版，第 5323 页。

能拒。以冲车撞陴屋，碎之。”[①]《册府元龟·将帅部·攻取》：“闻我军中有抛车，飞三百斤石一里之外者，甚惧之。于是城上积木编板以战，数加绳网于其上，以拒飞石。”[②]

《旧唐书》记“城上积木为战楼”，《新唐书》简化为“积木为楼”，《册府元龟》则记为“城上积木编板”，相互参校，新旧唐书所说的“战楼”“木楼”，其实就是《册府元龟》中的“编板”，也就是木板构筑的城墙。

贞观十九年，唐军在攻打安市城的时候，高句丽也在城墙上增筑了木头城墙。

《旧唐书·高丽传》：“乃令江夏王道宗筑土山，攻其城东南隅。高丽亦埤城增雉以相抗。李勣攻其西面，令抛石撞车坏其楼雉，城中随其崩坏，即立木为栅。”[③]

《新唐书·高丽传》：“江夏王道宗筑距堙，攻东南，虏增陴以守，勣攻其西，撞车所坏，随辄串栅为楼。”[④]

《旧唐书》记“立木为栅”，《新唐书》则记为“串栅为楼”，所谓“楼”及“战楼”，应该就是木栅墙围起来的防御工事。

这些木头城墙，都是战时匆忙在石筑城墙上建筑起来的。而石墙上的石洞，则是石墙建筑时为木墙的预留“基础”。

后金时期都城赫图阿拉，仍然保留了这种石墙上构筑木墙的作法：“内城高七丈，杂筑土石，或用木植横筑之城上，环置射箭穴窦，状若女墙。”[⑤]

高句丽山城有的石墙低矮，仅见略高的女墙，如桓仁高俭地山城局部城墙段落就是如此。这类城墙的女墙内侧根基处，推测应该有石洞。一遇战事，则“立木为栅”，快速建起木头城墙。

高句丽晚期山城多为土墙，土墙低矮，有的仅是一道土塄，高不及一米，基本没有防御能力。分析这类土墙，就是培护木栅墙的基础，而因时间久远，木栅腐朽无存，仅仅留下了培土的基础。

十四、栅城

高句丽另有栅城。

《资治通鉴》：唐总章元年（668 年），“九月，李勣拔平壤。勣既克大行城，诸军出他道者，皆与勣会，进至鸭绿栅，高丽发兵拒战，勣等奋击，追奔二百余里，拔辱夷城，诸城遁逃及降者相继”[⑥]。

鸭绿栅，应该是设在鸭绿江边的栅城。

百济也有栅城：《资治通鉴》：唐龙朔元年（661 年），“百济立两栅于熊津江口，仁轨与新罗

① 《新唐书·高丽传》，中华书局点校本 1975 年版，第 6191 页。
② 《册府元龟·将帅部·攻取》，转引自《东北古史资料丛编》（第三卷），辽沈书社 1990 年版。
③ 《旧唐书·高丽传》，中华书局点校本 1975 年额，第 5325 页。
④ 《新唐书·高丽传》，中华书局点校本 1975 年版，第 6193 页。
⑤ 张鼐：《辽夷略》，《清入关史料选辑》第一辑，中国人民大学出版社 1985 年版，第 104 页。
⑥ 《资治通鉴》，上海古籍出版社 1997 年版，第 1846 页。

兵合击，破之，杀溺死者万余人”[①]。

两栅，当系两座栅城。这种栅城，应为战时临时设立的简易围城，四壁以原木为栅，故有此称。战争时期，如以土石筑城，既费时，且难筑，筑栅为城，则是优选。

高句丽另有栅城。《魏书·高句丽传》记载，世祖时，派遣李敖前往高句丽册封高句丽国王高琏，李敖到了高句丽都城平壤，探访地方情况，得到高句丽地境的情报是：“东至栅城，南至小海，北至旧夫余。”[②]《三国史记》也有关于栅城的记载：“太祖大王四十六年（98年）春三月，王东巡栅城。至栅城西罽山，获白鹿。及至栅城，与群臣宴饮。赐栅城守吏物段有差，遂记功于岩，乃还。冬十月，王至自栅城。”[③]四年后，太祖大王又“遣使安抚栅城”[④]。《三国史记》引贾耽《古今郡国志》：“渤海国南海、鸭绿、扶余、栅城四府，并是高句丽旧地也。自新罗泉井郡至栅城府，凡三十九驿。”[⑤]根据《三国史记》记载，“栅城”最迟在东汉永元十年（98年）即已出现，而据《古今郡国志》则知，唐时渤海国这个栅城仍然存在。东汉至唐，绵绵六百余年，何样木栅能不朽烂？我想这个栅城的城墙，最初可能是木栅结构，后来改为土石。墙体虽变，而城名未改，仍以“栅”称之。

十五、岩城

高句丽多有“岩城”之称，如尉那岩城、白岩城、苍岩城、紫岩城、掠岩城等。岩城，当即山城。有人说，岩州城又称衍州城，得名于衍水。《奉天通志·山川志·辽阳县》云：“隋唐以上诸书，不闻有载太子水者，窃意辽置衍州，或取义于衍水，溯及燕丹而命为河也。”[⑥]此说不确，衍州，当得名于岩州。《新唐书·地理志》：“太宗亲征，得盖牟城，置盖州，得辽东城，置辽州，得白崖城，置岩州。”[⑦]按，白崖城即白岩城。

高句丽亦有山城之称，如横山城、磨米山城、圆山城、大豆山城等。同样是山城，为什么有的称为“岩城”，有的称为“山城”？我想这与山城地貌有关，“岩城”当有险峻的矗立崖壁，而山城则无。

十六、梁水之地乃其故乡

《辽史·耶律羽之传》载，辽太宗即位，耶律羽之上表曰：渤海“遗种浸以蕃息，今居远境，恐为后患。梁水之地乃其故乡，地衍土沃，有木铁盐鱼之饶，必安居乐业”。表上，帝嘉之。是岁，诏

① 《资治通鉴》，上海古籍出版社1997年版，第1836页。
② 《魏书·高句丽传》，中华书局点校本1974年版，第2215页。
③ 《三国史记·高句丽本纪·太祖大王》（校勘本），吉林文史出版社2003年版，第191页。
④ 《三国史记·杂志·高句丽》（校勘本），吉林文史出版社2003年版，第452页。
⑤ 《三国史记·高句丽本纪·太祖大王》（校勘本），吉林文史出版社2003年版，第192页。
⑥ 《奉天通志·山川志·辽阳县》（缩印本），沈阳古旧书店1983年版，第1718页。
⑦ 《新唐书·地理志·河北道》，中华书局点校本1975年版，第1128页。

徙东丹国民居于梁水[①]。

梁水，即今太子河。

太子河并非渤海民众故乡，而耶律羽之为什么要这么说呢？

渤海民众主要以靺鞨及高句丽遗民构成，靺鞨不居梁水，但高句丽曾占领辽东，梁水即为流经辽东的主要河流，此所谓“乃其故乡”，可能是将渤海民众视作高句丽人了，辽世或有此看法。因耶律羽之的建议，大量渤海移民被迁徙到太子河流域的辽阳等地。

十七、张其哈剌佃子

张其哈剌佃子是一个地名，名中的张、剌、佃，史料中有时被写作章、喇、甸或奠，有时又被省作张其哈剌佃或张其哈佃等。这个地名，最初出现在明代万历元年（1573年）移建辽东六堡的记事中。

《明实录》“万历元年八月丁巳”条，记载了蓟辽保定边务兵部右侍郎汪道昆提出辽东善后六事，其中一事建议开扩障塞，云：“张其哈喇佃子，土沃可耕，且去叆阳等处适中，声援易及，宜建孤山堡军于其地。又，险山、江沿台、大佃子、新安等五堡，地多不毛，军无可耕，出险山一百八十里，亦得沃地宽佃子、长佃子、双塔儿、长岭、建散等五区，且当松子岭等处极冲之地，宜将五堡军移建各处，修建六堡。”

移建六堡的建议，乃李成梁提出。

《明史·李成梁传》：“当万历初元时，兵部侍郎汪道昆阅边，成梁献议，移建孤山堡于张其哈剌佃，险山堡于宽佃，江沿、新安四堡于长佃、长岭诸处，仍以孤山、险山二参将戍之，可拓地七八百里，道昆上于朝，报可。自是生齿日繁，至六万四千余户。”[②]

汪道昆《辽东善后事宜疏》对此事有详细说明：“臣阅辽阳迤东，据总兵官李成梁揭议移建六堡，其一为孤山堡，其五皆属险山。夫孤山去叆阳堡百里间，□与洒马吉堡、碱场堡尤近。先年建堡于此，添设提调戍之，土瘠军逃，仅存四百，易以守堡，□愈不支。去堡东三十里，有沃土一区，地名张其哈剌佃子，旧为贼首孟草塔、张摆失所据，今悉为墟。其地当虏四冲，扼虏温洞之口，则叆阳、洒马吉、碱场皆为内地。请以孤山堡军移建于此，则南赴叆阳仅五十里，北赴碱场仅三十里，非惟声援易及，重以肥衍可耕，则皆戍守之利也。”[③]张摆失在明隆庆三年（1569年），死于明军手中。《明实录》“隆庆三年四月丁丑”条：“先是四月中，虏酋张摆失、艾失哈等拥众近边，声言欲寇碱场、孤山。辽阳副总兵李成梁，率中军指挥苏承勋等出边迎击之，而以原任参将谢廷相督选锋冲其前，至夹河山城，突入虏营，斩获贼首张摆失等一百六十四级，夺马一百余匹，贼遂遁去。”夹河山城，即今新宾县下夹河乡太子城，初为高句丽山城，明时先后被女真人和明军利用。张摆失死后，张其哈剌佃子一度成为瓯脱之地，李成梁因此说这里“悉为墟”。根据汪道昆奏疏可知，

① 《辽史·耶律羽之传》，中华书局点校本1974年版，第1238页。

② 《明史·李成梁传》，中华书局1974年版，第6191页。

③ 《东北少数民族史料摘编·明经世文编》，天津古籍出版社1992年版，第192页。

张其哈剌佃子位于孤山堡（今本溪县孤山农场）东三十里，南五十里为叆阳堡（今宽甸县叆阳镇），北三十里为碱场堡（今本溪县碱厂镇）。

万历二年六月，朝鲜使臣宋大春在辽东都司获得了汪道昆题本（应是《辽东善后事宜疏》抄件），这个题本所述更为详尽："孤山地方张其哈剌佃子，乃通贼要路，出没无时，贻害地方，俱非一日。……孤山堡应移张其哈剌佃子，东西九百丈，计长五里，南北三百，计阔一里零二百四十步，西有稠林并原垦荒田约五里，河北可以建城。计其四至，南、北、东俱边隘，南至红石崖冲五里，东至大滑石岭冲三里，北至小滑石岭冲五里，又至温头岭冲十里，尽南由三岔儿接叆阳堡界后草河台五十里，尽北至温头岭，接碱场堡界金宝墩二十里，西至孤山旧堡三十里。"①

据上又知张其哈剌佃子附近的几个地名，向南五里为红石崖，向东三里为大滑石岭，向北五里为小滑石岭，再五里为温头岭。红石崖，疑即今本溪县东营房乡红土甸子。准此，张其哈剌佃子当在今红土甸子北五里处，此地现为东营房乡大阳村。

大阳村为山区一处狭长的小盆地，与上引题本所记张其哈剌佃子地貌很接近："东西九百丈，计长五里，南北三百，计阔一里零二百四十步。"题本说"河北可以建城"，河，指的就是流经大阳的南太子河，河的北岸，正是该地较为开阔之处。由于负责迁筑城堡的清河守备王惟屏，"畏虏惮劳，伪呈不便"，在孤山堡东北十里处建了一个新堡，即孤山新堡（今本溪县东营房乡新城子村），并没有把孤山堡移建在张其哈剌佃子。因新堡地点与原定地点不符，王惟屏被革职。

万历三十七年（1609年），熊廷弼巡按辽东，到了张其哈剌佃子，他在奏疏中，对张其哈剌佃子的地貌和环境有所描述，他说："臣勘疆时曾亲自其处，乃是一山峡，起孤山堡迤东北，而插入建地中二十五里，宽不逾数十丈，窄仅十数丈，形如拗项瓠，有入无出。两旁皆高山峻壁，深林密菁。"又说："张其哈喇佃子不过一山沟地耳。"②他还说："勘至张其哈塔子店（张其哈剌佃子），初入口，仅并骑，渐入渐宽，周围数十里中坦，而四面皆巉崖峭壁。"③

这些描述，与现今大阳地貌相合。

把六甸中的赫甸当作张其哈剌佃子④，不确，把张其哈剌佃子推定为东营房乡湖里村⑤或红土甸子村⑥，也不确。

十八、夹河山城

《明实录》隆庆三年（1569年）四月丁丑，"先是，四月中，虏酋张摆失、艾失哈等拥众近边，声言欲寇碱厂、孤山，辽阳副总兵李成梁、中军指挥苏承勋等出边迎击之，而以原任参将谢廷相督

① 许葑：《荷谷先生朝天记》，《燕行录全集》（第六集），韩国东国大学校出版部2001年版。
② 熊廷弼：《谨叙东夷归疆起贡疏》，《熊廷弼集》，学苑出版社2011年版，第270页。
③ 熊廷弼：《性气先生传》，《熊廷弼集》，学苑出版社2011年版，第1178页。
④ 辽宁省博物馆编：《辽宁史迹资料》，辽宁省博物馆1962年印行，第78页。
⑤ 刘谦：《明辽东镇长城及防御考》，文物出版社1989年版，132页。
⑥ 《本溪地名轶事》，辽宁人民出版社1993年版，第22页。

选锋，冲其前，至夹河山城，突入虏营，斩首张摆失等一百六十级，夺马一百余匹，贼遂遁去”。《明史·李成梁传》：“三年四月，张摆失等屯塞下，成梁迎击斩之，歼其卒百六十有奇，余众远徙，遂空其地。”[①]

张摆失是建州女真的一个首领，一度控制着太子河上游地方。

张摆失占据的夹河山城，即为今新宾县太子城，本为高句丽时期建筑的山城，建州女真及明朝均行沿用。

《奉天通志·山川志·兴京县》卷七十五《山川九》“兴京县”：“夹河又北流，经太子城村东，存有石城遗址。”注曰：“《兴京县志》：‘太子城在太子河上游南夹河村山上，垒石为之，围里许。内有智井，下系铁锁，其事迹无考。’按，明《全辽志》清河堡所属一堵墙堡，有夹河山城墩，疑即此处。又，《盛京通志》：‘高丽旧城，兴京城南一百二十里，周围三里三十步，南与西各一门，其西曰钟家河村小峪里，又西曰一堵墙。’按地势今名，太子城者即此。”[②]《奉天通志》又载：“本溪县马家城子村，为明一堵墙堡故址，明季毁于清军，今遗址尚存。今村东与兴京界太子城，即其所属夹河山城墩之故址。”[③]

太子城里现有两座墩台，其中一座应该为明时所建的夹河山城墩。《全辽志》：“一堵墙堡，官军五百六员名。小夹河墩、傅二墩、夹河山城墩、代子河台、盘岭墩。”[④]

今天我们所称的太子城，明朝时称夹河山城。

十九、东山

东山，是明代关涉辽东史料中经常出现的一个地名，引例如下：

《明实录》成化十二年（1476年）十二月壬辰：“整饬边备兵部右侍郎马文升言，辽阳东山新添东州、马跟单、清河、碱场、叆阳五堡，孤悬境外，距辽阳三四百里，山林深阻，人迹罕到。”

明巡按山东御史陈王庭《恭陈军前紧要事宜乞圣明速赐处分以裨战守以图全胜事》：“清河、叆阳、宽奠沿山居民，性多犷悍，不受约束，日以挖参盗矿为业，难以数计，亦奴酋所素惮者，召以兵名，畏不敢来，然皆垂涎夷利，堪与贼敌。合无未兵之先，遍榜山民，随大兵齐进，倘然奋勇登先，斩关夺寨，将奴土宇准与耕种为业夷寨之利，民得兢取。有能擒斩奴酋并其头目及俘获首功者，一例给赏。此风一倡，望风自众，东山草木，胥皆军兵。”[⑤]

严从简《殊域周咨录》二十四卷《女直》引《辽东边论》：“复以锦义、宁远、前屯五卫以翼广宁，增辽阳东山诸堡以扼东建。”[⑥]“东建”，东部建州的省称。

---

① 《明史·李成梁传》，中华书局1974年版，第6183页。

② 《奉天通志·山川志·兴京县》（缩印本），沈阳古旧书店1983年版，第1679页。

③ 《奉天通志·山川志·本溪县》（缩印本），沈阳古旧书店1983年版，第1708页。

④ 《全辽志·边防志》，科学出版社2016年版，第116页。

⑤ 《筹辽硕画》卷十六，第10页。

⑥ 《殊域周咨录》，中华书局1993年版，第742页。

《全辽志》:"邓将军祠:祠在辽阳，祀都指挥邓佐。成化丁亥（1467年），东山与虏血战，阵殁。"①《故昭勇将军都指挥邓公墓志铭》也说:"东山等处，屡有贼窥我境土，掠我人畜，特调为之保障。"②

《全辽志·方物志》:"松子，东山有，小不堪用，外夷来者佳。"③外夷，当指居处桓仁、新宾的建州女真。

清代，这个地名仍在沿用。

乾隆二十二年（1757年）本溪县《重修温泉寺碑记》:"兹者，沈郡东南百八十里沟儿汤温泉寺存焉。前有太水，清波环绕，后有层峦，耸翠照临，左右诸岭，实为壮观，固东山之第一胜境也。"④

《解氏族谱·谱序》:"始祖有志，为长久之计，遂夺奉界辽阳东山镶红旗属内，分太牛录所管，地名汤沟哈食蚂火罗。……嗣后，俗改地名香磨堡子，即册注哈食蚂火罗。"⑤香磨堡子，今本溪县小市镇香磨村。

金梁《奉天古迹考》也提到东山:"谚云:关东三宝，人参、鹿茸、乌拉草。按，人参产于东山，初夏得者谓芽参，花时得者谓朵子参，霜后得者曰荒草参。"又说:"貂鼠产东山者，色黄，边外色紫黑。"今人作注:"东山:长白山，因其位于东北地区东部而称之。"⑥此注谬矣。按，边，指柳条边，这里东山和边外对举，知东山在边内。长白山在边外，东山断不指长白山明矣。

"东山"一称，辽代即已出现。

《辽史·地理志》:"东梁河自东山西流，与浑河合为小口，会辽河入于海，又名太子河，亦曰大梁水。"⑦

综上可知，东山泛指辽阳以东的山区，成化年间，这里建了东州、马跟单、清河、碱场、叆阳五堡，位于今抚顺南、本溪县东、凤城北、宽甸西北等地，明时归属辽东都司管辖，是当时辽东都司的东部疆界，由此继续向东，则为建州女真的活动区域，主要为今新宾、桓仁、宽甸东部，虽然这里也是山区，但不在东山指向的范围之内。

二十、三家岭和磨石谷

《四镇三关志·才贤考》记载了嘉靖三十六年（1557年）发生在辽东的一场战事:

"张元祯，山东奇山所千户。好谈兵，善骑射，身长八尺，勇力过人。先备御懿路，本城南关居民虽附城郭，犹居旷野，每虏突入，抢掠一尽。元祯乃请筑城，营缮有方，军民永赖。转沈阳游击。嘉靖丁巳秋（嘉靖三十六年，1557年），东虏万骑由清河堡突入，祯率所部迎敌，在三家岭、磨

① 《全辽志·典礼志》，科学出版社2016年版，第362页。
② 张君弘编著:《辽阳明代墓志》，辽宁大学出版社2013年版，第101页。
③ 《全辽志·方物志》，科学出版社2016年版，第366页。
④ 《本溪碑志》，辽宁民族出版2016年版，第32页。
⑤ 李林:《满族宗谱研究》，辽宁民族出版社2006年版，第306页。
⑥ 金梁:《奉天古迹考》，沈阳出版社2013年版，第56页。
⑦ 《辽史·地理志》，中华书局点校本1974年版，第456页。

石谷地方独奋勇当先，俘斩五十三颗，得夷马二十匹，亲斩首二颗，夺衣甲器械二百余件。总督王忬、巡抚路可由荐祯勇往直前，冒锋力战，分布要害，效死克敌，官军咸仗其威，重地通赖保全。升锦义参将，世授指挥佥事。”①

张元祯，山东人，做过奇山所的千户，奇山千户所位于今烟台市芝罘区。张元祯调入懿路（位于今铁岭县新台子镇懿路村）的时间不详，后升为沈阳游击。就是在沈阳游击的任上，他率军打败了从清河城（今本溪县清河城镇）突入而来的万名“东虏”（建州女真）。这次战斗主要地点有两个，一个是三家岭，一个是磨石谷。两地在哪儿？

第一，清河城为明代辽东边墙沿线的堡城，东边为建州女真活动区域，包括今新宾县和桓仁县，西边为明代内地，沿太子河可至辽东都司（今辽阳市）。对方已经“由清河堡突入”，显然进入了清河城西侧的内地。

第二，在清河堡内侧的今本溪县小市镇，有磨石峪村，疑即磨石谷。在小市镇与本溪市明山区交界处，有山一座，名叫三架岭，现有隧道通过，名三架岭隧道。三家岭，疑即今三架岭。

张元祯的行军路线，当由沈阳南下，至本溪市威宁营（明代堡城），然后东上，至本溪县境内。这条路是明代沈阳前往清河城的主要通道，萨尔浒战役中，明军李如栢率领的军队走的就是这条路。

二十一、双岭

双岭，是明代辽东都指挥佥事邓佐殉国之地。

《明实录》“成化三年二月己亥”条：“总督辽东军务左都御史李秉等奏，海西、建州等虏入鸦鹘关。抄掠佛僧洞等处，副总兵施英等，分兵御之，遣都指挥邓佐率军五百，前哨至双岭，遇伏战死，一时陷没者百余人。时英亦次树遮岭，与参将周俊兵合，去佐不远，不能应援，致损士马，挫军威，罪不可宥。事下兵部言，施英向以启衅要功被劾，今立功自赎。今复行行，师失律致陷佐等，诚宜逮问。但兴兵之际，用人方急。上是之曰：施英姑不问，仍令杀贼赎罪。”李秉又奏：“双岭之战，随征官军署都指挥邓佐、达官指挥使李刚等九十八人阵亡，请以辽东都司官库，人给绵布四匹，以备丧具，从之。”

双岭在本溪县清河城附近，天启四年（1624年）八月，毛文龙部下李尚忠率兵来过这里：“据选锋后营都司李尚忠报称：奉文随带领守把毛有寿等兵三百余员名，本月十九日，日西，哨至清河、双岭、曹能峪，山上见有许多达子，五六千骑，约差二十里。”②

光绪三十二年（1906年）编写的《奉天兴京乡土志》记载了双岭：“双岭，在治城西南一百七十四里，东、西麻户、望城冈三界之中，山位南而偏西，干络斜行，直接马圈子，东北一带诸山，西南正脉，由麻户直入抚顺、辽阳交界，东面包括小甸子、东麻户，西面包括西麻户数界。”③

---

① 《四镇三关志·才贤考》，中州古籍出版社2018年版，第541页。

② 《东江疏揭塘报节抄》，浙江古籍出版社1986年版，第40页。

③ 《奉天兴京乡土志》，光绪三十二年编，油印稿，抚顺市图书馆藏，第38页。

这里的“治城”，指的是兴京，即今新宾。双岭是一座山峰名称，而以此峰得名的村屯，位于今本溪县清河城镇西约 6 公里，邓佐殉国之地，正当在此。而施英所在的树遮岭（有文献写作树遮屯、树遮里），应该在双岭西侧，更靠近内地。邓佐与女真来敌在双岭交战，说明此次来寇的女真人已经突破清河城，进入明代辽东辖域。

在双岭附近的张家街村的山上，有一座明代烽火台，在第三次文物普查登记表中，有这样的记载：“双岭烽火台，位于本溪县高官镇西麻户村张家街东约 1000 米小山顶上，保存较好，海拔高度 499.8 米，平面呈圆形，台顶直径 3.5 米、台高 5 米，台顶现长满杂树。烽火台以石、砖、土建筑，台外周底部砌筑石块，其上封土，烽火台附近地表，散落大量青砖，分析应该为台周上部脱落。台外周围有 2 米宽的平台。站在台上视野开阔，可见现今清河城与高官两镇。”

邓佐是从奉集堡出兵，迎向清河城。奉集堡，位于今沈阳市苏家屯区。邓佐的行军路线，比照现今地图，可能是这样的：从奉集堡南下，至本溪市威宁营，沿太子河东北行，过偏岭，沿太子河支流五道河北上，过红光（旧称高丽营子）、西麻户、张家街，至双岭。

邓佐死后，遗体运回辽阳。1968 年，邓佐及其妻子杨氏墓志在辽阳市兰家乡响山子出土。邓佐墓志记载，他的葬地在辽阳“城南三十里曰钟家之峪”[①]，这个响山子，当即明代的钟家峪。

辽阳有邓佐祠。《辽东志》：“邓将军祠，辽阳城钟楼东，弘治间为都指挥邓佐建，表忠义。有碑，巡抚吴祯撰。”《全辽志》:“邓将军祠，祠在辽阳，祀都指挥邓佐。成化丁亥（1467 年），东山与虏血战阵殁。戊子（1468 年）八月，诏立祠谕祭。”[②] 史学家孟森考证，满人堂子里祭祀的邓将军，就是邓佐[③]。

二十二、叫场和虎剌海

《明代辽东档案汇编》中，有几条关于叫场、虎剌海等人在抚顺马市交易的记载，见于《定辽后卫经历司呈报马市抽分与抚赏夷人用银物清册》（一九二）内：

1. 万历六年四月初三日，“落雨，夷人叫场等四十五名到市，与买卖人……猪牛等物，换过麻布、粮食等货。一号起……抽税银五两二分四厘”[④]。

2. 万历六年五月初三日，“抚赏买卖夷人叫场等二十三名：牛二只，价银七钱五分；猪一只，价银一钱；盐一百五十五斤，价银六钱二分。共用银一两四钱七分”[⑤]。

3. 万历六年七月十二日，“抚赏买卖夷人叫场等二十一名：牛一只，价银二钱八分；猪三只，价银三钱七分；兀剌一双，价银七分；红布四匹，价银四钱八分；盐二百七十斤，价银一两八分；盐三百八十斤，价银一两八分。共用银二两二钱八分”[⑥]。

---

① 张君弘编著：《辽阳明代墓志》，辽宁大学出版社 2013 年版，第 101 页。

② 《全辽志・典礼志》，科学出版社 2016 年版，第 362 页。

③ 孟森：《清代堂子所祀邓将军考》，《明清史论著集刊》（上），中华书局 2006 年版，第 370 页。

④ 辽宁省档案馆等：《明代辽东档案汇编》（下），辽沈书社 1985 年版，第 808 页。

⑤ 辽宁省档案馆等：《明代辽东档案汇编》（下），辽沈书社 1985 年版，第 812 页。

⑥ 辽宁省档案馆等：《明代辽东档案汇编》（下），辽沈书社 1985 年版，第 814 页。

这个“叫场”，就是努尔哈赤的祖父觉昌安。

4. 万历六年六月二十一日，“抚赏买卖夷人虎剌海等十二名：牛三只，价银一两一钱；猪六只，价银五钱九分；兀剌五双，价银三钱五分；布一匹，价银一钱二分；盐二百二十斤，价银九钱。共用银三两六分”[①]。

虎剌海，音近扈喇虎，应为同一人名字的不同写法。虎剌海，扈尔汉之父也。扈尔汉少时随父投靠努尔哈赤，被努尔哈赤收为养子，赐姓“觉罗”，后为清初五大臣之一，《清史稿》有传。在文献上，虎剌海除了被写成扈喇虎之外，还有许多不同的写法，如扈拉琥、扈拉瑚，等等。有人考证，扈喇虎是努尔哈赤的姐夫，朝鲜申中一《建州纪程图记》中的“童好罗厚”就是扈喇虎[②]。图记这样记载努尔哈赤家族世系：佟交清哈——子托时，托时下面为：“女婿童好罗厚，子忽哈。”“托时”下面又云：“子奴尔哈赤，己未生。妻三。子歹舍，庚辰生。其下五子二女皆幼。”[③]

根据音韵分析，“好罗厚”与“扈喇虎”相对应的文字声同，推测为同一个人当无疑问。童，即佟，为扈喇虎的姓。其下标注的他的儿子忽哈，当即扈尔汉。忽和扈同音，哈和汉声同。扈喇虎世居雅尔古寨，寨子位于今桓仁县雅河乡南老台。扈喇虎在万历十六年（1588 年）领着儿子投靠了努尔哈赤，他在什么时候娶了努尔哈赤的姐姐，是个疑问。扈尔汉是努尔哈赤的外甥，努尔哈赤把他当作养子，原来有这么一层亲属关系啊。《八旗满洲氏族通谱》“雅尔湖地方佟佳氏”有这样的记载：“达尔汉侍卫扈尔汉，正白旗人，世居雅尔湖地方，国初，随其父扈喇琥来归。太祖高皇帝优育之，养以为子，赐姓觉罗。”[④]

明代辽东档案记录的这次扈喇虎率领族人进行交易的地点在抚顺马市，说明尽管这时候清河、宽甸也有马市，且与扈喇虎居地距离近于抚顺，但抚顺马市，仍为建州女真的主要交易场所。

二十三、也老江

《李朝实录》宣祖二十九年（万历二十四年，1596 年）记南部主簿申中一书启，内云：“建州卫西自辽东界，东自蔓遮部落。以我国地方准计，则西自昌城，东止高山里。左卫，也老江上，右卫，西海（应为海西）卫地界云。”[⑤]《建州纪程图记》云：“尼求里部落西南间，一山崒嵂，高出半天。遥望山顶，隐隐有石城，横带向西逶迤。问之，则乃也老江上天作郁灵山城。”又云：“也老江源出叆阳地方，东流与婆猪合，流下山羊会前鸭绿江云。”[⑥]辽大校注本注云：“也老江，谙巴雅尔河，今桓仁县西南浑江支流大雅尔河。”[⑦]

---

① 辽宁省档案馆等：《明代辽东档案汇编》（下），辽沈书社 1985 年版，第 813 页。

② 关惠喜：《关于扈拉瑚是努尔哈赤姐夫的考证》，《关惠喜文集》，吉林文史出版社 2018 年版，第 79 页。

③ 《建州纪程图记校注》，辽宁大学历史系 1979 年版，第 23 页。

④ 《八旗满洲氏族通谱》（缩印本），辽海出版社 2002 年版，第 251 页。

⑤ 吴晗辑：《李朝实录中的中国史料》，中华书局 1980 年版，第 2218 页。

⑥ 《建州纪程图记校注》，辽宁大学历史系 1979 年版，第 12 页。

⑦ 《建州纪程图记校注》，辽宁大学历史系 1979 年版，第 34 页。

按：也老，即郁灵、于罗音变，应指浑江。《建州纪程图记》所记郁灵山城在也老江上，也揭示了这一答案。郁灵山城即今五女山城，它位于浑江岸边，而不在雅河岸边。所谓也老江源出叆阳地方云云，当是误记。

二十四、瓜地和滚掛之地

淌石流也称石瀑，是一种地质现象，辽东山间偶可见到，如桓仁和宽甸交界的花脖子山坡上、桓仁夹道子牛心山南坡上、本溪市平顶山东坡上等地，都有。这种地质现象表现为满山坡都是石头，其上不生树木，不见杂草，石头累累，大小不一，如石头阵一样，一片一片地覆盖了山坡。

桓仁村民把它称作“瓜地”，究其原因，可能把那一块块石头当作了“瓜”来看待，这个俗称倒也形象。

读朝鲜赵宪写于明代万历二年（1574 年）《朝天日记》，方知“瓜地”一说，由来久矣。

他在日记里有这样的记载：六月二十日癸亥，晴。过连山关，宿于甓洞彭文珠家。问彭曰：“尔田几何？”曰：“有一月耕之地。”曰：“这田有税乎？”曰：“这是滚掛之地，自来无税。”曰：“何谓滚掛之地？”曰：“山上倾险之地，难分畎亩，滚沦垦起，土掛查上，故谓之滚掛。”①

按照彭文珠的解释，滚掛之地，就是倾险的山地。我疑“滚掛”乃为“滚瓜”的谐音，指的就是“瓜地”。那满山坡的石头，不也像一个个滚动的瓜吗?

瓜地无法耕垦。所谓“滚沦垦起，土掛查上”的解释不明不白，无非这句话里，有着滚字和掛字，于是强硬地做了这个不通的解释。

二十五、莽牛哨

《清史稿·地理志·怀仁》：“浑江南流旋曲处有哈达山，乾隆十一年（1746 年）设莽牛哨于此，寻废。”②

怀仁（今桓仁）确有牤牛哨，但这里不是乾隆十一年设立莽牛哨的地方。

光绪三十四年（1908 年）《怀仁乡土志》：“牤牛哨，佟佳江中最险要之哨也，在县城之北、五女山之南，江水至此转而西流，南接城关保小通天沟，北通朋亲保金银库沟，距城八里。江中有大礁石露出，如牤牛，因以名哨。两岸乱石崚嶒，布入江中。水线狭处，仅可容舟。每逢水落时，槽船木排最易搁浅。待秋水一涨，则又骇浪翻腾，怒涛澎湃，流水之声，急如牛吼，稍有不慎，则遭碰触之虞。光绪三十三年，禀请拨款委员凿修，易险为夷，更其名曰回天哨。哨下太平湾江身宽阔，波浪潆洄，春夏之交，帆樯云集，多以此为停泊处也。”③

---

① 赵宪：《朝天日记》，《燕行录全集》（第五集），韩国东国大学校出版部 2001 年版，第 148 页。

② 《清史稿·地理志·怀仁》，上海古籍出版社、上海书店 1986 年版，第 281 页。

③ 《怀仁乡土志》中编《地理类》。

这个牤牛哨，就是现今桓仁浑江水库大坝所在处。

《清史稿》把乾隆十一年设立的莽牛哨，放在了桓仁县境内的牤牛哨，属于张冠李戴，搞错了位置，查阅《清实录》便知。

《清实录》乾隆十一年七月己酉、乙卯、丁巳、八月癸巳等条，先后记载了这事的经过。起初，清朝官员准备在凤凰城柳条边外开垦，并在牤牛哨地方设兵屯田，朝鲜国王以设屯后“不能禁人来往”等种种不实借口，上奏朝廷，表示反对。朝廷派遣熊岳副都统什勒扪前去查看，什勒扪报称：“中江东北哨二十里，江中有一洲，其北支水一曲，即莽牛哨地方，江中有石一条，即系与朝鲜分界处，现在添拨官兵设防，皆在吾界内。”[①]后朝鲜国王屡次奏请，乾隆无奈，只好答应了他的请求，放弃了莽牛哨的设置。

莽牛哨所在的中江，位于鸭绿江上，在今宽甸境内。

二十六、外三保

本溪曾经有个地名叫“外三保”，最初归属桓仁县，后来划给了本溪县，这个地名民国时期还在使用，现在则不用了。

“外三保”这个名称，最初出现在光绪三十四年《怀仁县乡土志》，该书《地理类》载：“老岭为怀仁西方之屏蔽，体、胥、昌外三保附焉。”[②]《物产类》又载:“桦菰，外三保多，制造品木耳，消售处内地。”[③]

桓仁初建，称怀仁县，所辖大村大屯的名称，几乎都被废弃了，而却人为地为 41 个地方重新起了名字，这些地方被统一称为“保”。

每保名称的第一个字，合起来是一首诗，诗的每两句为一组，分别赋给不同方向的村屯。诗是这样的组合：“雍熙时永煦，冲融蕴致祥。朋惠恒周洽，同咸因睦常。太寿肇蕃降，锡履阜建长。群丰普庆恺，平衍体胥昌。”按照东、北、西、南四路，又将和、亲、康、乐四字分别作为各保新起名字的第二个字[④]，如此，一些新的地名出现了，如南路十个保的名称，依次为群乐保、丰乐保、普乐保、庆乐保、恺乐保、平乐保、衍乐保、体乐保、胥乐保、昌乐保。

由于这些新起的地名多有重复字，而且不易记住，如今除了普乐保（堡）还在使用外，其他名称都消失了。

南路中有三个保，即体乐保、胥乐保、昌乐保，距离县城较远，大部分辖地位于太子河流域，因此称为“外三保”。《怀仁县乡土志·地理类·方域》：“体乐保，城南百九十里，东昌乐，西边门，南胥乐，北昌乐。胥乐保，城南二百里，东衍乐，西本溪，南凤凰，北体乐。昌乐保，城南百八十里，东衍乐，西边门，南体乐，北长康。”[⑤]

---

① 《清实录东北史料全辑》（四），吉林文史出版社 1998 年版，第 130 页。

② 《怀仁乡土志》中编《地理类》。

③ 《怀仁乡土志》中编《物产类》。

④ 《怀仁乡土志》中编《地理类》。

⑤ 《怀仁乡土志》中编《地理类》。

宣统二年（1910年）《怀仁县志·地理上·方域》记载了外三保辖领的村屯名称："体乐保，距城二百一十里，所属十三屯：大川、三道沟、二道沟、张家房身、岭里、青沟子、国松川、李二胡阳沟、边门、石洞沟、凉水泉子、外青沟子、大阳堡子。胥乐保，距城二百二十里，所属二十五屯：小孤山子、头道沟、二道沟、三道沟、四道沟、五道沟、六道沟、大东沟、小东沟、大阳沟、花子洞、冰沟子、红土沟、五间房、三道阳沟、粮台、望蓝岭、红土甸子、东轂轮沟、天桥沟、佛爷岭、水栅栏子、孙家堡子、小掛瓢子、凉水泉子。昌乐保，距城二百里，所属十七屯：大阳沟、老营沟、老□沟、西老营沟、太平沟、留金壁沟、霸王河、长岗岭、仰回子沟、橙场、夫妻树、罗圈帐、大地、小东沟、驴子沟、关门子、河坑。按南十保，沿大雅河南北两岸参错而设，南与宽甸犬牙相错，北与西十保地势相接。东界浑江，西至水栅栏为兴京界。"①

1930年《桓仁县志·民治志·区村制》记载了外三保归属第四区八里甸子管辖，也记载了各保辖领的村屯名称："自民国十一年九月间，奉省令，划全县为八区。第四区公所驻八里甸子，距县城一百二十里，所属八里甸、老岭沟、柞木村、马鹿村、羊胡沟、红土村、大阳村、四平街、东瓜岭。各村及附属各小村地址如下：羊胡沟村，东至长岗，西至大阳村，南至黑坑村，北至马道岭，距区公所三十五里。统辖黑坑村、西老人沟，计共二百九十二户，男九百七十四丁，女七百一十一口。红土甸村，东至黑坑村，西至水栅栏，南至望蓝岭，北至大阳村，距区公所五十里，统辖水栅栏、冰沟子，计共二百四十七户，男八百九十二丁，女七百一十三口。大阳村，东至羊胡沟，西至水栅栏，南至红土甸子，北至三道沟村，距区公所四十里，统辖大阳堡、二道沟，计共二百一十户，男七百八十二丁，女五百三十一口。"②

据上可知，外三保即今本溪县东营房乡洋湖沟、红土甸子、大阳三地。

外三保与本溪的分界，基本上是沿着柳条边划定的，可以这样说，外三保归属桓仁的历史根由，是清代设立的柳条边。柳条边以东为桓仁界，以西则为本溪界。再远一点儿追溯，则与建州女真有关。外三保的大阳，即历史上的张其哈剌佃子，此地一度为建州女真酋领张摆失所有，后来又归属努尔哈赤。桓仁是建州女真的兴起之地，因此，它与外三保所在的地域，有着千丝万缕的割不断的联系。

1996年《桓仁县志》记载："1946年冬，国民党军队占领辽东解放区，桓仁县政府暂时撤离县城，在农村坚持游击战，出于战争需要，安东省政府批准将第九区所辖四平街、西河掌、烟筒沟、闹枝沟、冬瓜岭、大东沟、吕家堡子等自然屯和拐磨子全区划给新宾县。同时将第九区所属的红土甸子、大阳沟、羊胡沟三个村划给本溪县。"③2009年《本溪满族自治县志》也载："1946年11月，将桓仁县的'外三保'即洋湖沟、大阳、红土甸子及四平、西河掌、东沟岭、大东沟等10个村划归本溪县。"④

就这样，外三保离开了桓仁。

① 《怀仁县志·地理上·方域》（第一册），第15页。

② 《桓仁县志·民治志》（第二册），第17—19页。

③ 《桓仁县志》，方志出版社1996年版，第42页。

④ 《本溪满族自治县志》，辽宁民族出版社2009年版，第79页。

渤海国建筑瓦上文字刍议

李 东[①]

渤海考古一直是东北考古研究工作的一个重点，随着近年考古工作的开展，尤其是随着渤海上京城、西古城、八连城的考古发掘报告的出版，将一些新的研究成果展现在世人面前，其中，出土了一批带有文字的建筑瓦件，尤其值得关注。以往，虽然有相关的渤海建筑瓦上文字研究成果，但还没有成系统，或囿于资料的不足，或囿于探讨范围狭隘。随着这些考古报告的出版，无疑为深入研究渤海建筑瓦上的文字和深入讨论，提供了契机。本文拟以近年渤海三京（上京、中京、东京）考古发掘的实物资料做基础，对渤海建筑瓦件的文字做尝试分析，敬请方家斧正。

一、渤海建筑瓦的文字研究脉络和现状

最早提出渤海建筑瓦文字研究的是金毓黻，他在《渤海国志长编》[②]里提及这个现象，并作为一个内容进行了初步的分析。文字瓦研究首先被较多日本学者关注，他们早期主要从渤海文字瓦的形制特征[③]、印文性质[④]等方面进行研究。新中国成立以后，因为地域因素的关系，在延边工作的李强，他的《论渤海文字》[⑤]首次以专题的形式进行了分析，得到了大家的认可，此后相当长的一段时间没有与此相关的更多讨论。

自20世纪80年代以来，国内先后有多位学者对渤海出土文字瓦进行了研究，角度亦各有不同。有的从瓦上文字的文化渊源及属性方面予以分析[⑥]，有的从文字内容上进行分类说明[⑦]，有的从文字的识读方面加以考证[⑧]。其后的二十余年里，国内对渤海文字瓦的研究大多仍以对瓦文属性和个别

① 李东，吉林省文物考古研究所研究员。

② 金毓黻：《渤海国志长编》，《社会科学战线》杂志社翻印本。

③ 原田淑人、驹井和爱：《东京城》东亚考古学会，《东方考古学丛刊》（第五册），1939年。

④ 三上次男：《渤海的压印瓦和其历史性质》《高句丽和渤海》，吉川弘文馆1990年版；藤泽一夫《制瓦技术的进展》，《日本的考古学》第6卷，河出书房新社1965年版。

⑤ 李强：《论渤海文字》，《学习与探索》1982年第5期。

⑥ 李强：《论渤海文字》，《学习与探索》1982年第5期。

⑦ 孙秀仁：《唐代渤海的文字和文字瓦》《黑龙江古代文物》，黑龙江人民出版社1979年版。

⑧ 石羽：《关于渤海瓦文“返”字检释的一条史料》，《博物馆研究》1983年第3期；李强：《激海“文字瓦”摹误订正》，《黑龙江文物丛刊》1984年第3期。

文字的释读等方面为主[①]。在此期间，日本学者认识到渤海板瓦和筒瓦上文字的差异，对文字瓦的研究提出了新的设想[②]，但并未进行进一步的挖掘。近年来，渤海上京和西古城、八连城报告出版以后，一些学者又纷纷在撰写文章开展新一轮的讨论，其中有渤海专家刘晓东的《渤海文字瓦模印文字分期的几点思考》[③]，八连城报告的作者梁会丽的《八连城出土文字瓦研究》[④]，黑龙江七台河文管站的叶丽萍的《唐代渤海的文字瓦与文字》[⑤]，刘晓东的《渤海文字瓦模印文字内容、性质含义的再思考》[⑥]，田村晃一的《上京龙泉府出土的压印瓦的几点思考》[⑦]，江雪、方强的《渤海国文字瓦"以""其"释读及瓦文书体考察》[⑧]，刘晓东的《渤海文字瓦的发现、研究与著录评述》[⑨]，赵振成、孙玮冉的《馆藏渤海文字瓦研究》[⑩]等文章，从不同视角阐述了渤海建筑瓦件上的一些要点，很有价值。

二、渤海建筑瓦上的文字分析

（一）渤海建筑瓦上文字的发现

清初顺治年间，流放宁古塔一带的文人方拱乾（1569—1667年）就在上京龙泉府遗址发现了这种奇特的瓦片，并在其游记《绝域纪略》（又名《宁古塔志》）中写道："有东京者……黄瓦累累，无字可寻，唯一瓦有字曰'保高丽作'，字多不完，岂高丽耶？"方拱乾是发现记载渤海国文字瓦的第一人。渤海国文字瓦就是在板瓦或筒瓦内面上施有戳印或刻划文字的瓦片，是一种带文字的建筑构件。这种有文字的瓦都是灰瓦，琉璃瓦上一律无文字。文字瓦大多是戳印，少量是刻划的。

19世纪末到20世纪初，一些外国学者采集和研究了这些文字瓦，但由于他们对汉字的了解有限，研究毫无结果。直到20世纪30年代，我国东北史研究专家金毓黻（1887—1962年）先生才真正对文字瓦进行了整理和研究。金先生在1933年参加了日本东方考古学会对渤海上京龙泉府遗址的发掘，采获大量文字瓦残片，进行了分类整理和研究后，将其研究成果收于《〈渤海国志长编〉卷二十〈金石古迹〉》。金先生将其所采获的80余字归纳为七类。

文字瓦并不止上京地区有发现，在渤海国东京龙原府遗址（今吉林省珲春市八连城）、中京显德府（今吉林省和龙县西城乡古城村头道平川西南）等遗址均有发现。

1982年，吉林省延边博物馆李强先生对渤海国文字瓦资料进行了较详尽的统计，至20世纪80

① 马洪：《渤海压印瓦"仫"字的构形来源》，《北方文物》2011年第2期。
② 田村晃一：《东北亚的都城与渤海》，吴丽丹译自《东洋文库论丛》第64号，2005年2月。
③ 刘晓东：《渤海文字瓦模印文字分期的几点思考》，《北方文物》2016年第1期。
④ 梁会丽：《八连城出土文字瓦研究》，《西部考古》第8辑。
⑤ 叶丽萍：《唐代渤海的文字瓦与文字》，《黑龙江史志》2012年第9期。
⑥ 刘晓东：《渤海文字瓦模印文字内容、性质含义的再思考》，《北方文物》2015年第1期。
⑦ 田村晃一：《东北亚的都城与渤海》，吴丽丹译自《东洋文库论丛》第64号，2005年2月。
⑧ 江雪、方强：《渤海国文字瓦"以""其"释读及瓦文书体考察》，《北方文物》2013年第4期。
⑨ 刘晓东、李玲：《渤海文字瓦的发现、研究与著录评述》，《庆祝魏存成先生七十岁论文集》，科学出版社2015年。
⑩ 赵振成、孙玮冉：《馆藏渤海文字瓦研究》，《牡丹江师范学院学报（哲学社会科学版）》2017年第4期。

年代初，我国收藏的文字瓦总计近400块，150多个文字和符号，加上20世纪30年代日本人和金毓黻先生所收录的文字瓦，共有250多个文字和符号。

在《六顶山与渤海镇——唐代渤海国的贵族墓地与都城遗址》报告中称共采集文字瓦577件，其中戳印占绝大多数。李强先生对这些文字进行了认真研究，将其分为三类，即正楷类、殊异字类和符号类。此后的研究，都是以这些为基础。

（二）关于渤海建筑瓦文字的分类

根据现有的发现材料和以往的研究成果，我们认为可以把渤海建筑瓦件的文字分成以下几类：

1. 按工艺分，可以分成戳印、刻划

渤海建筑瓦件上的戳印文字：八连城（上左）、西古城（上右）、上京城（下左）

在这里，应该重点强调的是，在以往很多研究文章中，把渤海建筑瓦上的戳印技法说成模印或者压印，这是不对的。所谓模印，是有花纹或图案的模具压印施纹而成。纵观渤海建筑瓦件上的文字，均没有花纹图案，通常以戳印形式压在板瓦和筒瓦上面的。

在板瓦上，一般压在距离凸面上沿 2~3 厘米的地方，距离上缘 7~8 厘米的地方压印的情况很罕见。见有反方向压印、横向压印的标本，不过多数情况为正常压印。筒瓦标本，印面均被压在瓦唇上面。筒瓦也有反向压印和横向压印的情况。存在一个瓦体上见有 1 处或多处印面的情况，板瓦最多可能会有 5 个，筒瓦最多 2 个印面。渤海文字瓦特别是戳印文字瓦的文字过于简略——绝大多数为一字，少数为二字，三字以上极为罕见，从这一点可以认定，这就是印章形式的“戳印”。

以上京城为例，《上京城》报告披露，在上京城皇城南门址共采集到戳印文字瓦标本 66 件，其中戳印文字为单字者 28 件，双字者 38 件。印面有的略呈方形，多数呈长方形。单字印的印面多数为长方形，字体一般修长。对于横向长方形的印面言，字体则较宽。方形印，最小的印面边长 1.2 厘米，较大的印面介于 3.5~4 厘米。长方形印，最大的印面纵向长 6 厘米、横向宽 4 厘米，就是印章的规模大小。

故而，正确认识“戳印”这个概念，才可以说是文字研究的专属范畴。我们认为，这点区分非常重要。

戳印的文字中，有带边框的和不带边框的以及阴文和阳文的区分。这种区别可能有时代早晚的差异。

而刻划文字就比较好理解，是在瓦件没有入窑或烧成后在瓦件上刻划的形式。这种形式比较随意，有很强的创意。

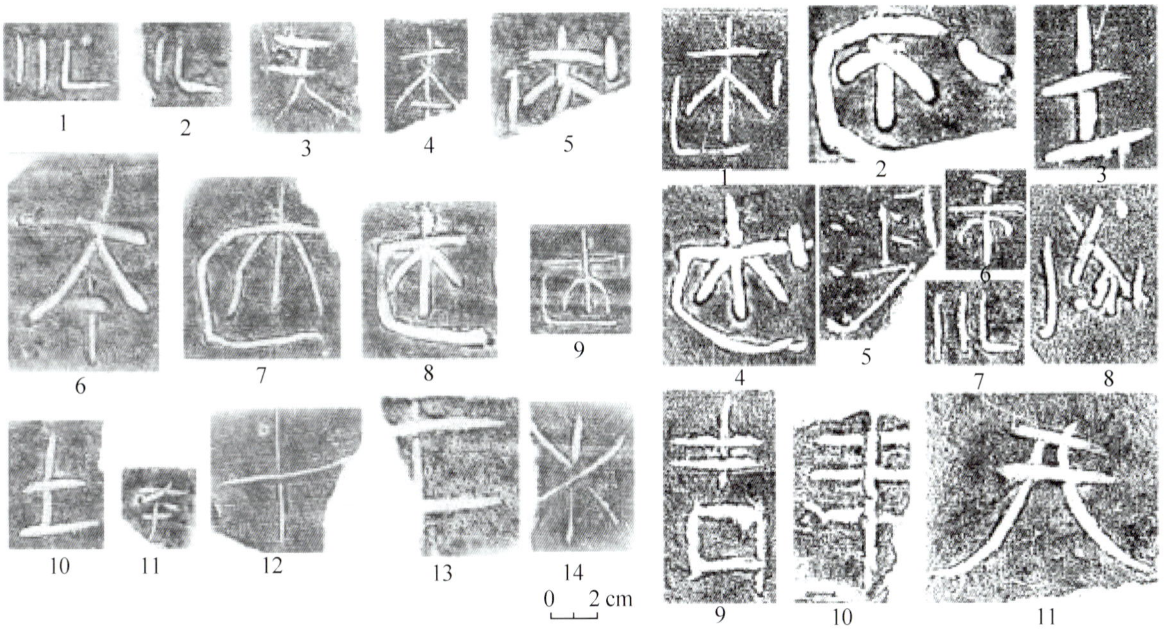

渤海建筑瓦件上的刻划文字（左八连城，右西古城）

2. 按文字的书体分，有楷书、行书、隶书

（1）楷书

上京城

八连城

西古城

（2）行书

西古城

八连城

上京城

（3）隶书

上京城

西古城

八连城

3. 按文字的内容分，有记事和吉言吉语类

（1）记事类多是数字，多以隶书形式出现，如西古城、八连城出土的上述文字瓦上的数字类模印文字“十二”“十三五”“十三六”“十三七”“十三八”均为单纯的数字类文字。上京城出土的上述文字瓦上的数字类模印文字“保十”“難十”“由十”“非十”“舍十”“弃十”“利十”“仄十”“延由十”等就不是单纯的数字类文字，而是在数字“十”前分别加上了名称类文字加以界定或说明。

（2）吉言吉语类多以楷、行、隶书文字出现，如“保德”“泰”“昌”“顺”“吉”“足”“公”“信”“仁”等。

分析后，我们不难发现，在这些戳印文字中，多是以楷、隶等书的形式出现，少数也有行书；而行书主要是在刻划文字里，部分戳印文字中也有；隶书则多数是用来记录数字的。

4. 渤海建筑瓦件上的文字性质

一种特定的现象出现，一定有其必然的历史原因，渤海建筑瓦上的文字也一样，不会例外。

首先，我们看一下建筑瓦上出现文字的历史渊源。关于瓦上文字的起源，史学家们有不同的说法：有人认为始于西汉，有人认为始于秦代，有人认为源于战国。都是在瓦当上出现。

为了破解文字瓦当起源之谜，1996 年，陕西省考古研究所雍城考古队在凤翔县长青乡孙家南头堡子壕遗址进行了科学试掘，先后在秦代文化层和战国时期秦国文化层中发现了一批文字瓦当。这批文字瓦当均为秦文字瓦当，考古工作者从而确定秦文字瓦当源于战国时代，这一论断已被公认是科学可信的。

中国传统建筑，瓦和瓦当是至关重要的部件。瓦的最大功能是覆盖屋顶。在瓦上用文字，便赋予了新的意义。瓦当作为门面，率先使用文字和图案符号，装饰美学和祈福吉祥。而在瓦上使用文字，则是后来又出现的，最先可能是区分瓦件，也可能是责任到具体工匠，但都没有脱离是生产过程中的区分划别。而渤海国的大量文字瓦出现，显然不单单是在生产环节上的作用，后来更是赋予了文化属性和祈福作用。很多学者对渤海文字瓦进行了分类，有的还细致到对单独“字”的探讨。我们认为这些都属于就字说字，还没有放到原来的历史环境中去研究。

（1）渤海国的建立

696 年，营州的契丹起义，使得该地区的少数民族均被卷入其中，粟末靺鞨也不例外。趁营州都督赵翙被杀，朝廷慌乱之时，援兵未到，守防空虚的良机，粟末靺鞨人在其酋长乞乞仲象和靺鞨酋长乞四比羽的带领下，冲出营州，东渡辽河，向靺鞨故地奔去。

唐朝时值武则天当政，在对营州的少数民族起义的处理上，武则天采取了武力镇压和封爵招安的双重政策。

一方面，派曹仁师等二十八将率重兵追讨，遭到失败。契丹出自游牧生活，其行军迅速，机动灵活，很快攻下檀州、冀州、瀛州、幽州。直到唐朝万岁通天二年（697 年），武则天派武懿宗、娄师德率二十万大军平叛。由于突厥和奚反契丹，唐军联合奚军，打败契丹起义军，起义最终被镇压。

另一方面，知道粟末靺鞨东逃以后，武则天派使臣赐封乞乞仲象为震国公，乞四比羽为许国公，赦免其罪。朝廷安抚的目的：其一可以分解反唐的队伍，使得契丹和粟末靺鞨不能联盟；其二也是想稳住乞乞仲象和乞四比羽，不让他们重返故地，遗患以后。

没想到的是，乞四比羽拒绝接受朝廷的赐封，继续东逃。此举激起朝廷的盛怒，武则天派契丹降将玉钤卫大将军李楷固追剿，追剿中斩杀乞四比羽，乞乞仲象也在追兵的穷追猛打中去世，所剩余部在乞乞仲象的儿子大祚荣的带领下继续抵抗。

大祚荣“骁勇善用兵，靺鞨之众及高丽余烬，稍稍归之”[①]，他团结靺鞨人、高丽人，和李楷固决战于天门岭，此役至关重要，大祚荣打败唐军追兵，使得唐军大败而归。

---

① 《旧唐书》卷 199 下，中华书局版，第 5360 页。

唐朝圣历元年（698年），突厥入侵，占领了妫州、檀州、定州、赵州，唐朝无暇他顾，契丹此时又归附突厥，阻隔了中原到东北的道路，武则天无法继续向大祚荣用兵。大祚荣有了喘息之机，他迅速率领余众向东进发，回到长白山东北坡的牡丹江上游地区原挹娄故地，“据东牟山，筑城以居之”[①]，依山川之险，筑城以居，安顿下来。这个即所谓的渤海旧国，位于现在的吉林省。

大祚荣建立地方政权后，自号为“震国王”是有根据的。697年，武则天为瓦解反唐的起义军，曾赐封乞乞仲象为震国公。作为其子，他沿用这个封号，既可以言有所出处，也可以向唐朝示好。这也是大祚荣聪明过人之处。

应该说，在唐朝的追剿下，大祚荣已深深感受到唐朝力量的强大，自己远不是其对手。惊魂未定的他知道，为了保存自己的政权，和唐朝修好是唯一的出路。他需要的是时机。

虽说契丹暂时隔阻了唐朝大军的道路，但这绝对是暂时的。一旦突厥被唐朝所击败，契丹势必回到唐朝的掌控之下。而这种局面一旦形成，唐朝的矛头所指就是靺鞨。

大祚荣深知此中的厉害。他在自号“震国王”时，实际上自动默认了唐朝对他的统辖和宗主地位。至于以后，唐朝追究其罪名时，其也可以以之为借口，逃脱干系，至少不会遭到灭门之灾。

当然，他更希望的是找到机会，主动亲近唐朝，既不被追究罪责，同时也可以保全自己的地方政权，那才是最好的结果。

渤海国建立之初，恰逢唐初“贞观之治”以后，唐太宗历经隋末农民起义的烟尘，在战火的洗礼中建立起唐朝这个封建大帝国。他深刻地懂得“水可以载舟，亦可以覆舟”的道理，看到了民族问题的复杂。于是，他总结了历代民族统治政策的经验，顺应时代发展的要求，采取了一系列的有利于社会发展的政策。

一方面，他继续采取封建统治阶级的压迫剥削政策，在当时的历史时期，整个中国的各个地区，生产力发展水平是有很大差距的。唐朝在实现全国大统一的背景下，融合了各个民族的社会经济、文化，使得唐朝在中国的历史中，达到封建社会的鼎盛时期。其封建统治达到空前的有利，人民的思想、生活在封建秩序中迅速地发展着。这样的发展也包括渤海国。

另一方面，唐太宗接受了北魏、北齐、北周这样多年的历史事实，在少数民族曾经统治过的地区，采取了以其人治其地的原则。唐初的统一，使得各民族得到进一步的大融合，唐太宗以一视同仁的眼光和远见，使整个中国成为统一的大局概念。民族的矛盾转化到最小的限度，各族人民都为中国这个大家庭而心甘情愿地贡献着。对待少数民族的官吏，朝廷在使用中，不分彼此。

地方的民族地区，采取不直接干预，由当地的少数民族首领因俗管理，受邻近州府节度监管，尊重当地少数民族的社会生活习惯。只是在领土和行政体制上明确是中国的版图和地方机构，是唐朝不可分割的一个组成部分。

只有在这样的统治思路下才使得渤海国有机会建立，否则大祚荣被消灭只是时间问题。当然，渤海国的建立还有其他的客观因素，但这一点至关重要。

---

① 《旧唐书》卷199下，中华书局版，第5360页。

从史料可以看到，在渤海国十五代王的历史上，有十二代王遣王子或重要的王室成员朝唐，且有留为宿卫。所谓留宿卫，是指将其王室的成员质押在唐朝京师，做守护京师的护卫。这是属国向朝廷尽献忠心的表达形式，如果其质押的人是王子，则可以让人体会到对朝廷不二的忠心。

为了消除朝廷对其的不信任心理，其从被招安的同时即以王子做人质，到长安宿卫，就是要表达渤海国王室的忠诚。

从这一点上，可以明确地讲，在渤海国统治者的头脑中，其即朝廷的臣子，虽有地方自治的权力，那也是朝廷赋予的。渤海国的自治时刻不能独立于中原王朝的控制范围以外。这个角色渤海国把握得还是相当不错的，在其存在的二百余年中，与唐朝保持了良好的臣属关系，受到了唐朝的多次表扬。“遵礼仪而封部和乐，持法度而渤海晏宁”既是唐文宗对渤海国主大彝震的褒奖，也是对渤海国多年来的忠诚的肯定。

即使唐王朝灭亡以后，渤海国与唐朝的后继王朝仍保持君臣关系，在与后梁、后唐的关系中始终履行臣子的义务，接受朝廷的册封，包括王室成员的册封。

唐朝玄宗开元元年（713 年），派遣郎将崔忻以摄鸿胪卿的身份，奉皇帝的诏命任持节宣劳靺鞨使，前往渤海旧国，册拜大祚荣为左骁卫员外大将军、渤海郡王，并以大祚荣所辖地域为忽汗州，加授大祚荣为忽汗州都督，全权主掌全州诸事。但有一个条件，就是去“靺鞨”称号，专称渤海。从此，中国历史上在东北地区又一个地方政权建立，渤海国也才算安定下来。

（2）渤海国建京

渤海国是一个被朝廷招安的地方政权，其曾有过背叛朝廷的经历。这些经历让渤海贵族必须亦步亦趋，严格按照唐朝的规矩从事，从不敢“越雷池半步”。从建造京城上可以充分看到这一点。

渤海国的上京，从形制上看是模仿长安城而建，只是规模小了很多。渤海国的另外两个曾经为都的京城——中京显德府和东京龙原府，也是依长安城的形制而建，规模都不大。

中京的城址，位于现在吉林省和龙县的西古城，大钦茂在此为王都仅十年左右，便徙居上京。因此，中京的修建只是宫城和皇城，外郭城的修建十分草率。

东京的城址，位于现在吉林省珲春市的八连城，大钦茂以东京为王都的时间也很短，其死后，成王大华玙即位后就回迁上京，总共时间大约十年。形制与上京一致，外郭城尚未建全。宫城和王城有了形制。

效仿长安城的形制来修建自己的王城，是渤海国积极学习唐朝先进文化的具体表现。

在效仿唐朝模式的过程中，渤海人学到了建筑、设计、礼仪、文化等多方面的知识，使得其在封建化的进程里迅速赶上时代的步伐。

（3）渤海建筑瓦件上的文字

渤海国的建筑瓦上的文字就是在这样的大背景下出现的，那么，它必然与这个时代背景相关。它体现的是什么呢？戳印文字是制瓦过程中的最后一道工序。那么，印面上的文字代表什么呢？李强主张代表工人的姓名，田村晃一也认为压在印面上的文字大部分是工人的姓或者名，我们认为这个有所狭隘，如果认为所有的字都属于工匠的姓氏也未免过于牵强。戳印文字可能有姓氏之属，但更主要的是体现吉言吉语，有少量的数字是记事类，体现了渤海和唐朝在文化上的统一性。众所周知，渤海国的建筑用瓦是有范畴的，不是什么建筑都用瓦。皇家宫殿、墓葬（有墓上建筑）和官方衙署以及寺庙等建筑商用瓦，而文字瓦就发生在这些地方。在都城内发现的建筑文字瓦有相当一部分是寺庙址的遗存。所以，这些文字所体现的是多是贵族利益和宗教思想。

①吉言吉语类

从中国的秦汉时代出现文字瓦当开始，建筑瓦件上的文字都是吉祥、祈福之用词。诸如“长乐未央”“永保千秋”“千秋万岁”“延年”“长乐”“安吉”“宜延寿”等。

渤海的文字瓦上的文字也主要是吉语，诸如“保德”“成”“泰”“佛（仏）”“素”“珍（珎）”“德”“王”“左李”“吉”“天”“述”“土”等。

这里，有对自己命运的祈福，如“成”“珎”“泰”“昌”“吉”，这里的“成”是立成，建都立成。“珎”是对自己能够立稳根基的珍视。“泰”“昌”“吉”都是家国稳固、国泰民安之意。也有对唐朝的忠心，如“左李”“佛（仏）”“保德”“李文”，其实“左李”即“佐李”，辅佐李唐之意，其他猜解、释义都不合理。“佛（仏）”是唐朝时期一个特殊的社会现象，对佛的崇拜既是一种心灵的寄托和信仰，也是迎合唐朝的崇佛政治，类似的字还有“素”。“保德”，李白诗句“愿言保明德，王室伫清夷”[①]，王维有诗“天保无为德，人欢不战功”[②]，这既是对唐朝汉学的推崇，更是表达对唐朝的忠心。“德”是以“德”治天下，对唐不再有二心。

也有对江山社稷的祝福，如“王”“德”，既然成为渤海郡王，“王”的称号是至高无上的，在瓦上打上“王”字，即是最好的说明。

②记事类

戳印文字中的记事类多数是数字，有很多数字，没有什么规律性，但也可能是当时生产瓦的批次或交付的检验批次，应该和生产有关。一些文章认为是铺设瓦的行列序号，我们认为这是推测，没有任何依据证明，不足以认同。西古城、八连城出土的有“仁大”（反书）、“李文”和“左李”三例，上京城出土的有“卯若”“北刀”“保德”“難仏”“毛地”和“宝德”六例。以及上京城出土的上述文字瓦上的数字类模印文字“保十”“難十”“由十”“非十”“舍十”“弃十”“利十”“仄十”“延由十”应该是记事类。

记事类可以分几种，一种是佛教用语，如“仏”“善”“钵”，基本上可以判定就是寺庙。一种是数字，如“十二”“十三五”“十三六”“十三七”“十三八”等，应该是时间的表述。一种是姓氏，诸如“李”“王”“仇”“乌”等。

三、结语

通观渤海国的上京城、西古城（中京）、八连城（东京）考古报告中所列举的文字瓦上的数据，

① 唐李白：《感时留别从兄徐王延年从弟延陵》。

② 唐王维：《三月三日勤政楼侍宴应制》。

我们进行比较，不难得出这样的结论：

渤海国在瓦上使用戳印和刻划汉字是有其心理上的因素的，在归附于唐王朝的过程中，其恪守规矩，严格以礼相待。“去靺鞨号，专称渤海”，既是对族人的训诫，也是不可违背的信条。所以，在学习和照搬唐朝礼仪的同时，汉人的“生死有命，富贵在天”思想也深深地扎入渤海人尤其是贵族的心中，在“走保故里”的惶惶心态中，更是迷信到生活中的每个环节。渤海国如此倾心于汉文化，甚而将之确立成其国策。在其对外的敕、表、书、诗、铭、信等均采用汉文形式，充分表达出锐意效仿唐朝的心情。同时，也充分体现出渤海国和唐朝是“疆理虽重海，车书本一家”[①]的历史史实。吉言吉语放在屋顶瓦上，瓦当用莲花图案，都有迎合唐朝统治阶级崇尚佛教的思想，更有为自己祈福的表现。

通过建筑文字，我们了解到当时的渤海还没有自己的文字，很多的记述需要汉人的帮助，在工匠中也不缺少这种情况。结合贞惠公主和贞孝公主以及孝懿皇后的墓碑通篇使用汉字的情况，可以断定，渤海人在日常生活中，汉字是其官方语言。渤海人也在和唐朝汉人的学习中逐渐融入到中华大家庭，成为多民族国家不可分割的一部分。

从渤海国瓦上文字的研究，我们可以断定，渤海国的瓦上文字表现形式就是两种，即戳印文字和刻划文字。就其内容而言，戳印文字带有明显的目的性，就是吉言吉语，表达的是一种祈福观念，相当于汉瓦当上的“长乐未央”，高句丽瓦当上的“大吉”等用意。而刻划文字相比戳印文字来看，书写比较随意，没有很强的目的性，更大的可能是工匠的随意发挥，从笔画顺序的不规范和字体的形态观察，应该是工匠业余模仿的消遣之作。一些学者在渤海国建筑瓦上发现的殊异字，也可以印证就是制瓦工匠的随意创作。

我们认为，渤海国的瓦上文字研究应该从释义和分类中走出来，更需要关注的是渤海时期对汉字的使用技法以及其独特的书体艺术风格研究，作为汉字四书体，唐朝时期已经集大成，仅楷书四大家，唐朝就有欧阳询、颜真卿、柳公权三位。而渤海国作为唐朝的羁縻府州，对汉字的魅力也是无法拒绝的，因此在瓦上用文，也是当时的时尚之举。戳印文字的戳料多是木质，我们在瓦上留下的痕迹可以观察到，日本学者田村晃一也已经观察到[②]，在刊刻印章时的用刀技法和书体的特征以及文字布局、留白等都有其独特性，这也是以后渤海国瓦上文字研究的乐趣之所在。在此基础上，对文字使用上进行分期，更有助于解决很多渤海国政治、文化、宗教以及建筑反映出来的社会问题。

① 温庭筠：《送渤海王子归国》，《温飞卿诗集》卷九。

② 田村晃一：《上京龙泉府出土的压印瓦的几点思考》，吴丽丹译自《东洋文库论丛》第64号，2005年2月。

北京地区壁画墓

齐　心[①]

北京有着3000多年建城史与800多年建都史。先人们在这里留下了丰富的遗迹与遗物，仅就古代墓葬而言，目前就已发掘了数千座之多，遍布北京城区与郊区，为研究北京史提供了不可替代的第一手资料。而其中壁画墓则更加突出地展现了北京地区古代社会生活、文化生活、民族习俗等诸多方面的历史风貌。北京地区壁画墓最早可上溯至东汉，下迄明清，延续不断，绝大多数为唐、辽、金三朝墓葬，其中又以辽代数量最多，有二三十座，几乎是已发掘北京地区壁画墓总和的二分之一。这些墓中的壁画多数已漫漶不清，仅有十余座保存较好。下面仅择重要者简要介绍几座，希望能够以此引起学术界对这一课题的关注与研究。

北京地区共发现有壁画的冢墓四五十座，主要分布在门头沟、石景山、密云、丰台、海淀、大兴、延庆、房山、西城、东城等区。北京地区发现最早的壁画墓是通州德仁务东汉壁画墓。

一、后汉壁画墓

此壁画墓是北京发现最早的壁画墓室，位于通州景区德仁务村，是一座大型东汉墓，为区级文保单位。旧有三大土台，称“三大冢”。“文化大革命”中被破坏，仅有一冢。封土高5米，东西25米，南北20米。墓室南北朝向（坐北朝南），墓室分东西相通两室，平面呈正方形，四角攒尖顶。室内地面在白灰面上是模印乳钉菱纹方砖，室顶满绘云雷纹，白色雷纹与红色云纹相间，象征天象，表示死者魂魄升天。该墓技艺与装饰艺术较高，墓规模大（5室12耳室，两条墓道），布局结构之精，是北京地区首次发现的东汉壁画墓，表现距今2000年前的汉代丧葬文化的真实情况。

另一座位于通州区张家湾的残毁严重的东汉墓[②]，在墓顶墁印花方砖，上刻阴线朱雀和“天吉”铭文。“天吉”即“升天大吉也”。在墓门处绘“朱雀神”，灵魂乘朱雀升天（驾鹤西去之意）。“天”又有“命运”之意，“天吉”即一生命运吉祥，乃总结平生之语意，也寓意家族兴旺，繁衍生息。因此从该墓线刻工艺与简约绘画透见其厚葬之风。

---

① 齐心，北京市文物研究所所长、研究员，现北京市文物考古研究院研究员。

② 《通州区文物志》，《田一良文集》资料，未正式发表。

二、魏晋北朝壁画墓

魏晋北朝时期北京历经曹魏、西晋，十六国时期的后赵、前燕、前秦、后燕、北魏、东魏、北齐、北周等十个王朝，政权频易，匈奴、鲜卑、羯、氐、羌等各个少数民族统治者纷纷入主中原，建立政权。北朝是中国历史上第一次民族大融合的时代，北京在这一时期成为北方的军事重镇，不仅是汉族政权防御少数民族进攻的屏障，也成为诸少数民族征战的场所。北京地区目前已发现近十座魏晋北朝墓，其中壁画墓共两座，分别为石景山八角村西晋壁画墓和西城区王府仓北齐壁画墓，前者墓内壁画清晰可见，后者墓内壁画仅存痕迹，图像已不可辨。

石景山八角村魏晋壁画墓，1997 年在石景山八角村银杏宝宝乐园东侧被发现。该墓墓室呈刀把形，是一座由墓门、墓道、前室、甬道、后室组成的砖砌石椁墓。

墓门东向，门上雕刻有浮雕两幅：上刻武士执戟图，下为三角纹图案（暂算作单独一幅）。

该墓的壁画均绘在前室石椁内，即椁顶、东西壁及后壁之上。由于室内被淤土填塞和被水浸泡，有些地方的壁画已经漫漶不清。椁的正面檐下绘有五个兽头和四个圆形图案。

石椁后壁绘家居图（图一），男性墓主人端坐榻上，身穿红褐色合衽袍（或上衣），宽袖，束腰带，头戴一顶红褐色披肩风帽。蓄须红唇，右手执一饰有兽面的麈尾，左手抚胸，在观赏歌舞伎乐，表现“家居宴饮”的主题。主人面前置一平几。左右各一侍女，其中左侧侍女头梳花髻，宽袖长袍，右侧侍女手持黑色托盘，盘中置一碗，二人均面向主人。东壁上部绘条形图案，正中绘一曲

图一　石景山八角村魏晋壁画墓　家居图

足案，案左侧一侍女，画面已漫漶不清。西壁壁画生动地展现了车马出行与农牧桑林等场景，分上下两部分：上部绘双牛耕耘图，画面中一农夫手扶犁趟地垄，下部为乘车出行图，画面中绘有乌篷车，车外二侍相伴。顶为穹隆顶，上画两个圆形图案，东侧圆内画日中三足乌，西侧圆内画月中蟾蜍，两处图画相映成趣。

前室中部是以青石板块仿帐篷式组成的矩形石椁一个。绘于石椁后壁的墓主人手持麈尾的形象，与同一时期中原与高句丽壁画墓中所见墓主人形象基本一致，具有鲜明的时代特征。

魏晋墓虽然在结构上沿袭了东汉晚期的形制，但壁画中出现了新的题材。麈尾是曹魏正始以来清谈风气与玄学思想萌芽与发展的表征物。“清谈”一称“麈谈”，目前经考古发掘的辽阳上王家村东晋墓、云南昭通霍承嗣墓、朝鲜安岳东晋冬寿墓等墓中，所绘墓主人都以手执麈尾的形象出现。在如此大的范围内出现相似的壁画题材，反映出时代风气与思想观念的变更，说明尽管当时战乱频仍，但文化上并无隔膜。

此墓壁画史料价值极高，墓主人所执麈尾显示了墓主人的身份。据《晋书》记载，西晋末年，高级将领刘琨手执麈尾指挥作战，前燕司马也手执麈尾，可见石景山西晋墓墓主人可能是当时蓟城的一位名士，同时结合墓中出土的弩机等随葬物，可知墓主人可能是军官。这些壁画墓虽然存在着地域文化的某些差别，但同时也显示出共同的时代特征。

总之，石景山八角村西晋墓出土的壁画价值极高，对研究北京地区西晋的历史、礼制甚至中国美术史都有极其重要的学术价值①。

三、唐壁画墓

唐代北京地区属幽州，治所蓟县，为范阳节度使治下，其地理位置处于北方草原文化与农耕文化的过渡区。因此，唐代北京地区的社会经济、文化、民族构成呈现多元化的特点。唐承魏晋南北朝民族融合之趋势，统一的王朝为各地区、各民族的交往和流动提供了广阔的社会背景和区域空间，靺鞨、高句丽、室韦、突厥降众、契丹和奚等部落相继被安置在幽州，唐政府设羁縻府州对其进行管辖，“自燕以下十七州，皆东北蕃降胡散诸处幽州、营州界内，以州名羁縻之，无所役属”。北京地区目前已知有唐壁画墓九座，分别是姚家井薛府君墓、延庆铝箔厂侯臣墓、丰台史思明墓、陶然亭何府君墓、右安门外王郅夫妇合葬墓、八里庄王公淑墓、太平路纪公夫妇墓、丰盛胡同李正纶墓等。其中最有代表性的当属陶然亭东侧的何府君墓与海淀区八里庄发现的王公淑墓。

（1）何府君墓

何府君墓于1988年在宣武区陶然亭东侧的燕京汽车厂内被发现。该墓为单室砖墓，由墓门、甬道、墓室三部分组成。墓门向南开，两侧及上部影作立柱、门簪、阑额、柱头斗拱（图二）、补间斗拱、人字拱、挑檐、瓦垄等结构。甬道两侧各有两个小龛，砖雕灰塑成力士和菩萨形象。甬道两端砌有两道封门砖。

① 参见《文物》2001年第4期。

墓室平面近方形，四壁微弧，穹隆顶已不存。棺床位于墓室西北，东、南两面作成须弥座形，装饰有壸门和彩画。墓室四角及东、西、北三壁中部影作出七根立柱。南壁券门东侧影作一灯台或衣架，西侧影作两把椅子。西壁南部有一塔形浮雕。西壁北侧及北壁西侧各有一副壁画，西壁上为墓主人及侍女形象，北壁为马厩，内绘马夫和一匹骏马。北壁东部及东壁的南北各有一个壁龛，壁龛外观影作成建筑形式，均有彩画。

该墓早年被盗，仅出土墓志一盒，墓志首题“大燕柳城何府君墓志铭并序”，可知该墓主为史思明僭号“天顺元年”（759 年）合葬的何府君与其妻兰陵康氏。史思明于 756 年更国号为“大燕”，自称“应元皇帝”，建元“天顺”，何府君不以大唐为正统，却自认“大燕”百姓，以“天顺”纪年，可见幽州百姓正统观念之淡薄。何府君墓的发现为研究“安史之乱”时期幽州政治、民风，以及藩镇兵制、军将制度，提供了确切的实物资料。

（2）八里庄王公淑墓

1992 年 9 月 2 日发现于海淀区八里庄玲珑公园西墙外，是北方唐墓的重要发现。墓为弧方形单室砖墓，由墓道、甬道、墓室三部分组成。

墓道位于墓室南侧，为斜坡式。该墓墓门西侧、甬道两侧、墓室东西北壁均绘有壁画。墓门西侧隔墙上砌有角柱，柱顶有残斗拱，柱及斗拱皆涂朱红色。甬道东西两壁贴地面各有一马蹄形壁龛，龛外均涂有朱红色边框。墓室平面弧方形，东西两壁各有一砖雕仿木构门，两门皆涂成朱红色。墓室靠北壁有一棺床，棺床上东西两侧砌有帐形隔墙，南侧有栏杆的痕迹。棺床正面装饰精美，束腰式，束腰部分饰缠枝牡丹纹雕砖。棺床两侧各出一壶门，表面涂朱红色。墓室北、东、西壁上均有壁画。

东壁壁画大部分已毁，从残迹来看可能是家居生活图，人物前绘有一炉一盘，盆内置一细柄长勺，炉旁绘有一花纹案。

西壁壁画全毁，仅存装饰花纹。

南壁，原绘有两个人物，仅存脚部，其脚后有一扁壶状物品。墓已坍塌，壁画内容不得而知。

北壁，是一幅弧形壁画，长 290 厘米，高 156 厘米，红色画框，画面中央是一株硕大的牡丹，根直径 12 厘米，枝头有 9 朵盛开的牡丹花（花朵最大直径 42 厘米），采用勾勒填色画法，褐色勾根茎，叶用黑色勾边，花朵也是勾边填色，深浅不一，层次分明，有立体感。牡丹东西两侧花丛下，绘有两只形态各异相对的芦雁，东边的一只侧头正视，双目圆睁，西边的一只侧身探头，长颈前伸，羽毛略张。芦雁身后分别为一株秋葵、一株百合，牡丹花左上角是两只飞舞的蝴蝶，翅膀伸展，花纹艳丽，为画面增加了动态（图三）。

首先，整幅画面构图对称，勾廓填色兼用晕染，主题牡丹置于画面中心，成为视觉的焦点，主次一目了然。

其次，花鸟的画法均是不显根土的折枝画法，秋葵、百合都是折枝，将折枝牡丹丛集在一起，就构成了牡丹花丛，既忠于自然，又表现了画家的意趣与匠心。

再次，在颜色线条的表现力上，芦雁的描绘更显功力，尾羽与双翅线条疏放，大块点染，颇有

图二　何府君墓　影作阑额、柱头、斗栱等结构

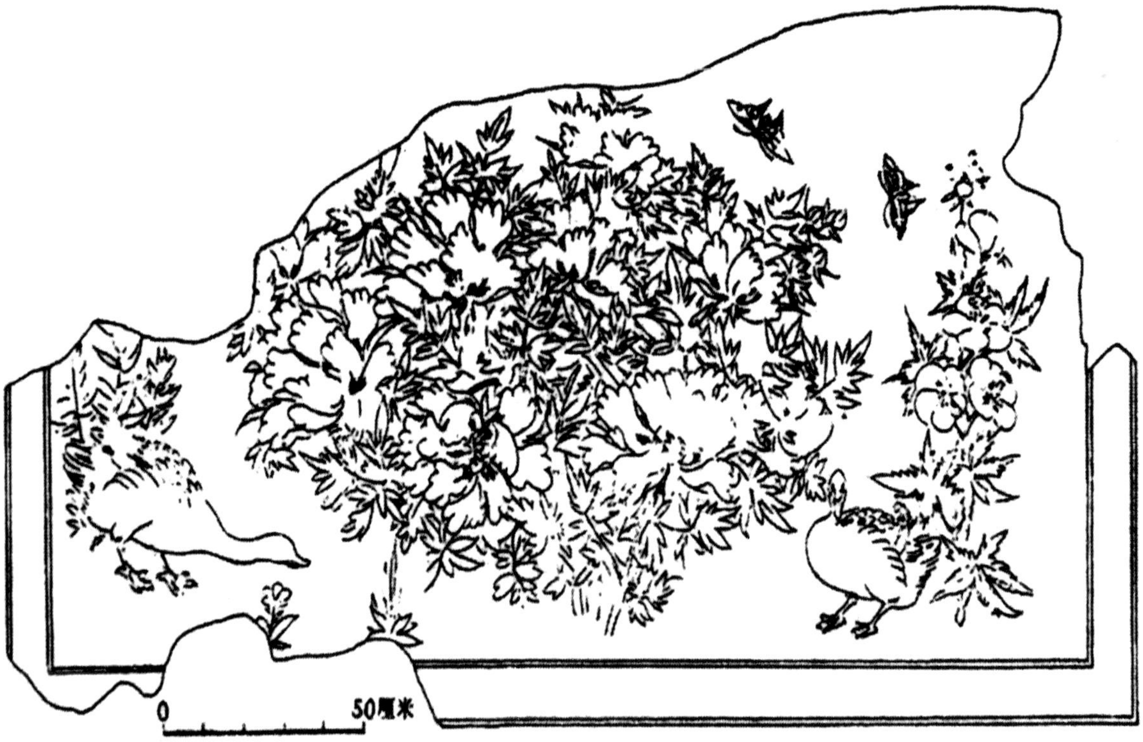

图三　王公淑墓　牡丹芦雁图

些大写意花鸟中“写”的意味，这样运笔画法的禽鸟具有悠闲舒适的田园气息。王公淑墓《牡丹芦雁图》在题材风格和审美情趣的特点上，代表了中晚唐花鸟画的一种发展趋势。

唐人十分喜欢牡丹雍容华贵的气质，而牡丹也最能反映大唐帝国的辉煌与繁荣。该壁画是折枝牡丹、正面鸟的形象，罗世平先生认为此画法与边鸾样式之间存在承袭关系。

边鸾是唐代画坛名家，以画牡丹最为著名，唐人推崇其“最长于花鸟，折枝草木之妙，未之有也”(《唐朝名画录》)。他在思想意趣与表达技法上对绘画的发展，为五代花鸟画的繁荣准备了条件。

王公淑墓“牡丹”与边鸾花鸟画题材关系密切。王是山西人，边鸾早年也活动在山西，王公淑墓中的《牡丹图》与边鸾花鸟画题材样式的关系密切，并非巧合，应该看作是边鸾样式在民间的传承。《牡丹芦雁图》除风格样式、审美情趣上反映出明显的时代特点外，更是唐代社会风尚的真实写照。唐代有赏牡丹的习俗，赏花、赋诗、作画大盛于唐代开元、天宝年间，以后演变成节令，重牡丹是在于牡丹的富贵之气，人们寄寓牡丹富贵属性，成为社会文化的一部分，约定俗成，由唐继宋，已成定说。

王公淑墓壁画中有大型《牡丹芦雁图》，棺床束腰处线刻缠枝牡丹纹砖雕，墓志盖上线刻有折枝牡丹，似乎有一种隐晦的含义，那就是“托物言志”，取牡丹富贵属性来表达“子孙富贵，家族繁荣”的祈福目的。王公淑墓中有三处表现牡丹花，可见牡丹的时代风尚由地上进入地下，牡丹在唐代壁画墓中成为重要的内容。

（3）延庆县铝箔厂唐侯臣壁画墓

此墓为一座保存较为完整的夫妻合葬墓，墓门方向南偏西，墓室平面呈椭圆形，穹隆顶，由墓门、甬道、墓室组成。墓门墙宽 2.3 米，残高 2.8 米。门券之上砌有影作直棂窗。窗上部砌一个壁龛，龛内立置方砖墓志一合。甬道为券顶，已被破坏。室内及甬道地面均铺设残砖。墓室北壁砌一棺床。

墓门墙、甬道、室内墙壁、棺床及地面均抹有一层白灰面。券门上绘有四神，未发现青龙、白虎。上部绘十二生肖。墓门两侧绘有身穿铠甲武士，武士脚旁各有一只镇墓兽。镇墓兽的后面是身穿胡服，腰挎弓和箭囊的男侍。男侍之后是手持笏板的文吏，再后是侍女，其中一侍女双手捧方盒，另一侍女手捧包袱。

在棺床后面的北壁上，绘有屏风式的六幅画，每幅画都有红色边框，框内绘人物一个、大树一株和山石两块。其中人物为男性，体态肥胖，身着圆领宽袖红袍衫，裤腿肥大，头戴方冠，脚穿翘头履，展现的是墓主人生前饮酒、吟诗的生活情景。树下人物图这种题材（图四），唐代不断增多。

据出土墓志记载：墓主人为侯臣，卒于唐开元二十二年（734 年）。侯臣墓的发现为研究北京地区唐代社会生活与葬制提供了新的资料。

（4）丰盛明同李正纶墓

2008 年 1 月 15 日，北京市文物研究所在西城区金融街丰盛胡同发现李正纶墓。墓室呈圆形，已被盗。根据墓志可知，李正纶官至银青光禄大夫（文散官），卒于唐龙纪元年（889 年），次年（890

图四　侯臣墓　树下人物图

年）下葬。

此墓由墓道、甬道、墓室等组成。墓壁残存有花卉、水鸟壁画，花卉用黑色勾边，红色晕染而成，牡丹、树木、假山舒展自然，鸟儿栩栩如生，宛然一幅园林景色的缩影。此墓是近年来北京地区唐代壁画墓的新发现。

（5）丰台史思明墓

史思明墓于1966年在丰台区林家坟村西约百米处被发现。此墓在唐代已被破坏，"文化大革命"中再度遭劫，面目全非。1981年对该墓进行了抢救性发掘。

经清理发现，墓室被严重破坏，单室，仿帝陵形式用汉白玉石条砌成，墓室前设有20余米斜坡式墓道，墓道内填满石料，并发现有石像生的残断手臂。墓道两侧各设有一耳室，东侧耳室已毁，唯西侧残存一耳室，耳室内有壁画残迹。

史思明墓出土有嵌金铁马镫、铜牛和几枚玉册的玉简。玉册乃一种泛称，随不同场合称谓有所变化，即位的称玉册，随葬的称谥册、哀册，多为郊庙、陵庙的祝文、祭文等。

目前，学术界认为此墓是史思明墓，唐肃宗乾元二年（759年），史思明更国号"大燕"，自称"应天"皇帝，建元"天顺"。史思明墓的发现为研究"安史之乱"提供了重要资料。

唐幽州发现的九座壁画墓中有五座为夫妻合葬墓，并多有墓志，对墓葬断代是重要见证（墓志铭多有考证，多发表在《北京文博》上）。壁画题材分七类：①星象、太阳；②四神；③瑞兽、镇墓兽；④十二生肖；⑤人物：墓主人、马夫、持戟武士、胡服挎弓武士、持笏板文吏、持物侍女；

⑥屏风：六曲屏风、牡丹芦雁屏风等；⑦家具与器具：椅、几、桌、炉、瓶、凤头壶等。以上诸多内容，既表现出人们对宇宙的认识，又多方面展现当时社会生活习俗和生活情趣①。

四、辽壁画墓

辽辖北京凡196年。五代时后唐河东节度使石敬瑭叛唐，向契丹主耶律德光求援，契丹兵南下灭后唐，立石敬瑭为帝，是为后晋。后晋天福元年（936年），高祖石敬瑭将燕云十六州割让给契丹，是为辽辖北京之始。同年，耶律德光升幽州为南京，作为陪都（图五）。直到辽天祚帝保大二年（1122年），金与北宋联兵攻辽，金军攻陷辽南京析津府，是为辽辖北京之终。北京地区辽代壁画墓，主要有丰台区马家堡赵德钧与种氏合葬墓、石景山区八宝山革命公墓院内韩佚墓和大兴区青云店辽墓等。

（1）赵德钧与种氏合葬墓

赵德钧曾任后唐幽州节度使，封北平王，后归辽，其子赵延寿任辽南京留守，其家族在辽早期煊赫一时。1960年赵德钧与妻种氏合葬墓在永定门外马家堡被发现，是迄今为止北京地区发现年代最早、面积最大的辽墓。埋葬时间为辽穆宗应历八年（958年）。

此墓为三进九室，穹隆顶已坍塌。每室平面均为圆形，四壁有通道通往各室。除中间的前、

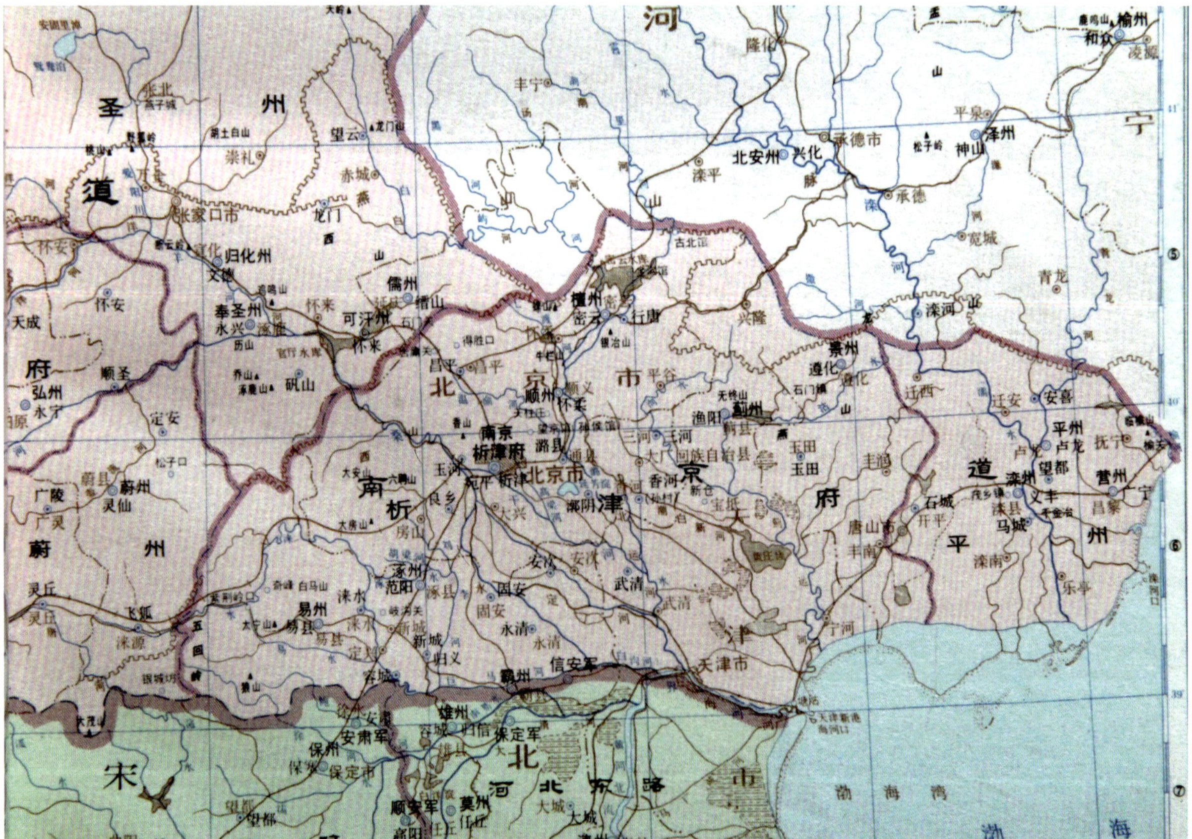

图五　辽南京道地图

---

① 《北京考古史·魏晋隋唐卷》。

中、后室，其余六室是放置粮、钱物的仓库和厨房，左后室为仓库（图六），右后室为厨房。壁画主要集中在中室，室壁有砖砌斗拱、直棂窗、门楣等仿木建筑，其余空间则全部用红、白、黑三色粉刷，虽大部分已褪色脱落，但仍存有壁画多幅。

壁画采用的是汉族艺术风格，描绘了主人悠闲的日常生活。其中东壁壁画保存较好，画面共九人，三人看画（图七），其余六人均为男女侍者，三人聚首所赏画画面，画中似绘一只鸟。另两幅壁画中，东侧一幅描绘了一女仆在案前两袖卷起揉面的姿态；西侧一幅则描绘了一个身着汉服、手持食盘的妇人（图八），低眉敛目、神态安详，不似侍女，据陈直先生推测，此壁画描绘的当为种氏以饮食迎接后晋少帝的故事。

1960 年曾于此墓南 10 米处发现过一方辽代墓志，为“辽故卢龙军节度使太师中书令北平王赠齐王天水赵公夫人故魏国夫人赠秦国夫人种氏合祔墓志铭”，根据这一线索，发掘者认为这座墓葬是应历八年（958 年）的北平王赠齐王赵德钧和妻种氏合葬墓。

（2）韩佚墓

墓主韩佚，燕人，其祖韩延徽为辽太祖耶律阿保机所器重，封为宰相。此后，其家族历代显贵。

韩佚葬于圣宗统和十三年（995 年），其墓 1981 年在石景山区八宝山革命公墓院内被发掘，后证实此地韩家山即为韩佚家族墓地。

该墓为圆形穹隆顶单室砖墓，墓门南向，由墓门、墓道、甬道四个部分组成（图九、图十）。壁画绘制在甬道和墓室中，以白灰墙皮为地仗，斗拱、椽、枋、柱均剥落严重。影作八柱，柱间绘壁画。甬道壁绘一官吏。

墓室北壁，正中绘三扇花鸟围屏，内有两只麻雀和盛开的花朵。围屏两侧各绘侍女，东侧侍女手捧托盘，西侧侍女状似侧首回望。墓室东、西两壁，分别绘一幅侍女图：东壁侍女手持琵琶伫立于桌旁；西壁为侍女沐浴更衣图，其身后绘有衣箱、衣架。各幅中间以花卉、飞鸟画相隔（图十一、图十二）。

墓顶，正中绘莲花，墓顶四周分绘十二生肖与人物（图十三）。整个墓室绘画布局匀称合理，人物形象逼真。

此墓还出土有越窑青瓷水注、盏托、注碗等珍贵瓷器。越窑青瓷水注上刻画有仙人宴饮图案。

（3）大兴区青云店辽墓

2002 年 4 月，北京市大兴区青云店镇东南的西杭子村王致和腐乳厂西墙外发现两座砖墓，该地地处凤河流域（图十四）。经抢救性清理，得知两座墓形制相同，均为青砖砌成的圆形穹隆顶单室墓，由墓道、墓门及门墙、甬道、墓室四部分组成。墓室内壁绘有壁画，墓门上部呈弧形，有三个斗拱，均用黑色线条勾边，斗拱之上为一排椽子，共十根。

（A）大兴区青云店一号辽墓壁画

一号墓位于王致和腐乳厂西围墙外，东距围墙 9.3 米。发现时，墓顶部已被破坏掉，墓葬结构依然保存（图十五）。

墓道位于墓室南部，平面呈长方形，南北残长 0.9 米，北端东西宽 2.4 米。墓门前向南 0.5 米处

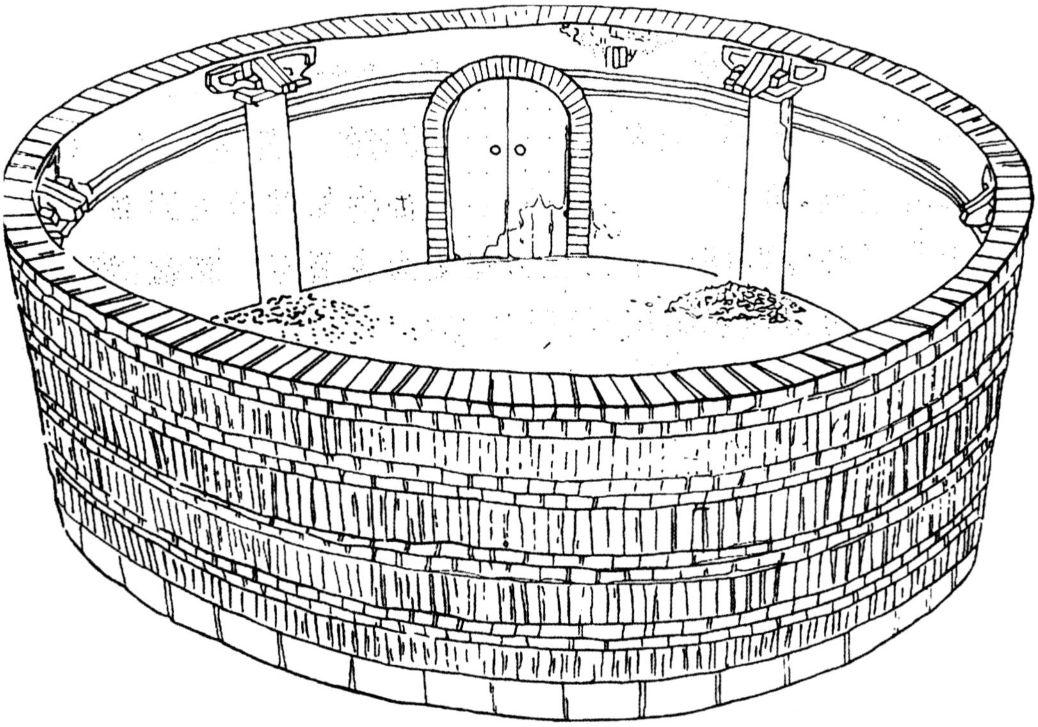

图六　辽赵德钧墓　左后室透视图

图七　辽赵德钧墓壁画：赏画图

图八　辽赵德钧墓壁画：庖厨图

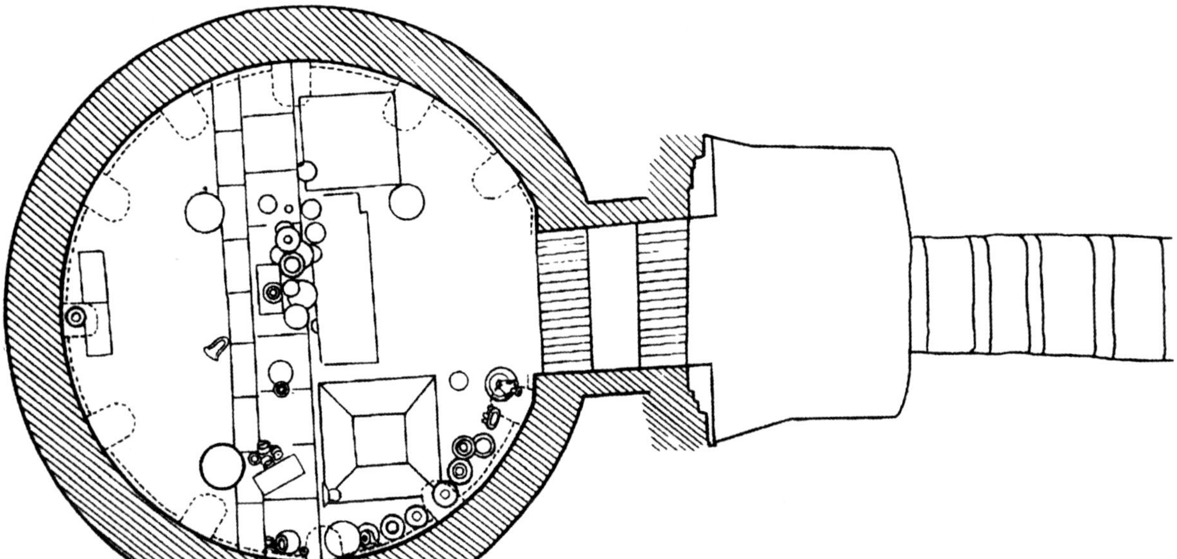

图九　辽韩佚墓平面图

图十　辽韩佚墓剖面图

图十一　辽韩佚墓壁画：侍女图

图十二　辽韩佚墓壁画

图十三　辽韩佚墓壁画：云鹤生肖图

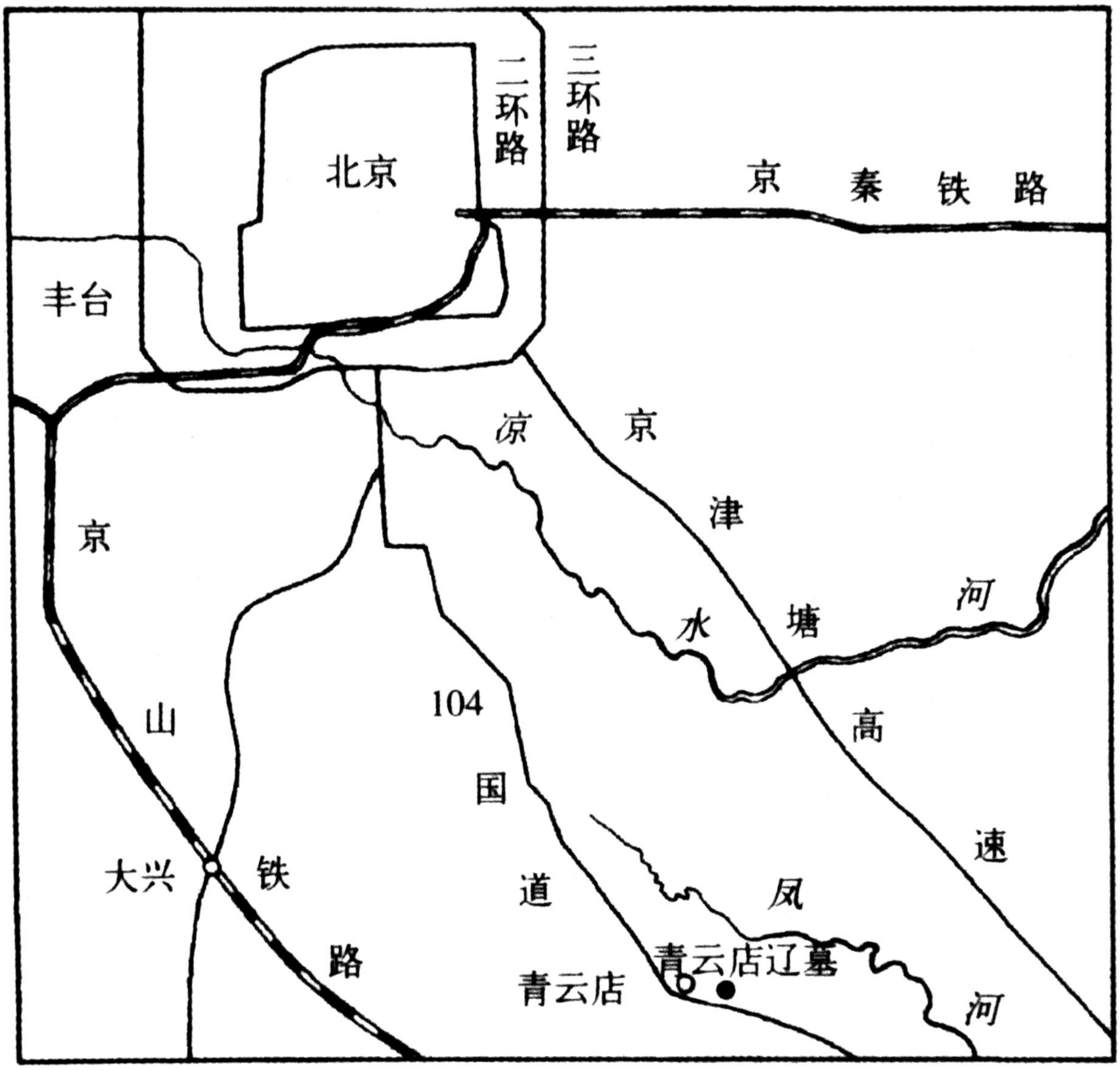

图十四　大兴区青云店辽墓位置图

略内收，东西宽 1.5 米，墓门在门墙中部，上部呈弧形，东西宽 0.84 米，高 1.34 米。门墙东西长 2.1 米，残高 2.44 米，门墙上部有 3 个斗拱（由西往东分别为 1 号、2 号、3 号）。斗拱高 0.36 米，间隔 0.12 米，其中 1 号、3 号斗拱残，东西残宽 0.54 米，2 号斗拱东西宽 0.72 米。3 个斗拱均为黑色刷边，斗拱上 0.18 米高处有一排东西向椽子，共 10 根，间隔 0.1 ~ 0.2 米，直径 0.05 米。从斗拱向上高 0.52 米到椽子，外出墙壁 0.32 米（图十六）。甬道长、宽与墓门相同，券顶，南端有两层封门砖，砖呈人字形摆放，进深 0.91 米，残高 0.34 米。

墓室（图十七），位于甬道北侧，单砖加泥砌制，顶部是青砖白灰黏合砌制，墓底无砖。墓室直径 3.2 米，墙厚 0.18 米，残高 2.3 ~ 2.43 米。北半部有一棺床，东西两边连着墓壁，长 3.2 米，南北宽 1.52 米。南部有一层包边砖，包边砖上残留 3 个完整壶门，高均为 0.18 米，由西向东，1 号宽 0.26 米，2 号宽 0.36 米，3 号宽 0.24 米。

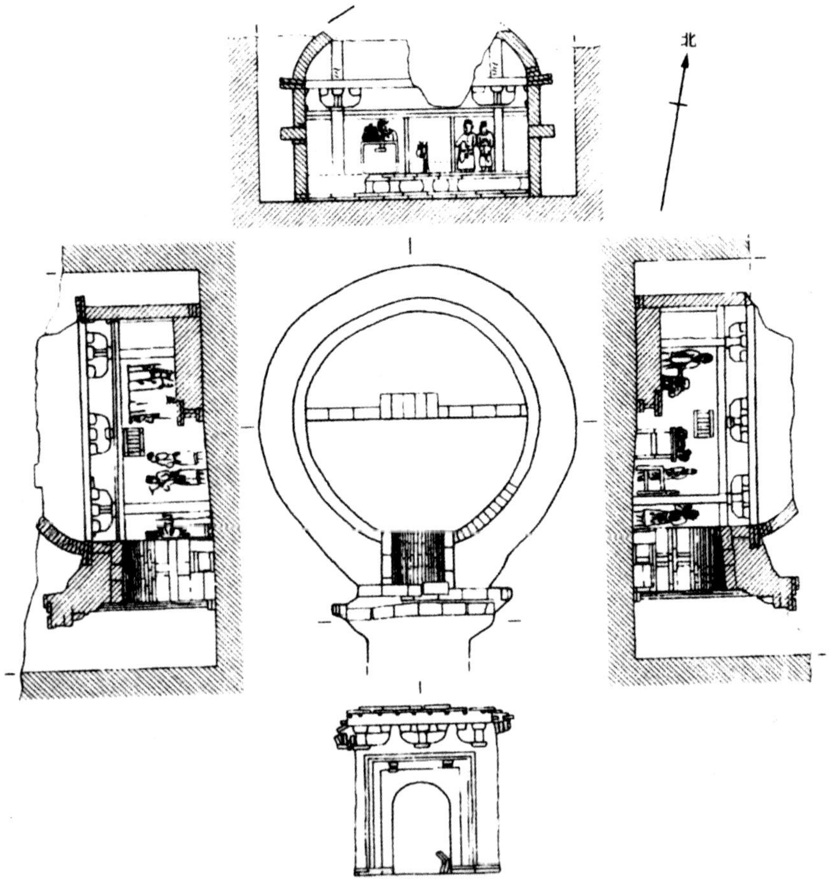

图十五　大兴区青云店一号辽墓平、剖面图

图十六　大兴区青云店辽墓　墓门上方的斗栱

图十七　大兴区青云店辽代砖室壁画墓墓室

墓壁绘有 4 根立柱，8 个斗拱。4 根立柱分别位于墓室东南角（1 号）、西南角（2 号）、西北角（3 号）和东北角（4 号）。斗拱在立柱上方，用红色刷成。北壁上方的 1 个斗拱被破坏，共残存 7 个。斗拱间隔在 0.46 ~ 0.5 米之间。斗拱上方有 0.1 米厚的两层砖砌成的一个圈，凸出内壁 0.025 ~ 0.05 米，内刷红色，顶部从这层砖开始起穹隆顶。另外，斗拱上有 2 条宽 0.17 米的黑带，内绘云纹。

壁画以四根立柱相隔，分成四部分。

第一部分位于墓室南壁（图十八）1 号和 2 号立柱之间，中部是墓门。壁画高 1.3 米，宽 0.74 米。墓门上方有一组花草图案，再上为一组斗拱。墓门东侧绘一侍女，着青衣，束白丝带，高髻簪花，面部丰满，手持一个通体饰花纹的圆腹长颈凤首壶（图十九）。墓门西侧绘一侍女，高髻簪花，面部丰满，着红衣，束白丝带，立于一盏灯旁，作点灯状。该灯有三个黑色灯碗，下方两侧的两个灯碗为绘制，上方中央的一个用雕砖影作，凸于墓壁（图二十）。

第二部分位于墓室西壁（图二十一）2 号和 3 号立柱之间，间距 2.09 米。壁上中部距墓室地面 0.9 米有一砖砌的破子棂窗，窗宽 0.41 米，高 0.28 米。此壁上方有 3 个斗拱，两个在立柱上方，一个在窗户上方。窗户南边绘有两个侍女，高髻簪花，面部丰满，均腰系白丝带。穿红衣者作抄手状，扭头注视穿白衣者，穿白衣者双手执一根挑杆。窗户北侧绘一名侍女，高髻簪花，面部丰满。其北侧至 3 号立柱间绘的是晾布料场景，布料花色不一，有红、白等色。整个画面破损严重。

第三部分位于墓室北壁（图二十二）3 号和 4 号立柱之间，间距 2.16 米。中间是两扇门，高 1.08 米，宽 0.53 米，门底部距墓室地面 0.1 米，门为红色，可以看见中部及下部各绘有一排黑色门钉。

一扇门向外开启，有一侍者右手托举一盘，盘内盛有食物，向室内走来（图二十三）。此壁中部上方斗拱被破坏掉。门的西侧绘有一红边木箱，箱子正面有一横置的黑色锁具，箱子顶面放置一直口鼓腹容器，容器表面饰有垂环纹及折线，仿编织篓状，内盛满方孔圆形钱币（图二十四）。箱子后面有一高髻簪花、面部丰满、着浅色衣的侍女坐于椅子上，右手托腮，肘部支撑于箱子顶部，作休息状。门的东侧绘有两侍女，高髻簪花，面部丰满，一位着红衣，束丝带，手持白色巾状物，一位着浅黄衣，束玉带，双手托黑色盏托及白色盏（图二十五）。

第四部分位于墓室东壁（图二十六）4号和1号立柱之间，间距2.12米。4号立柱南侧绘一正面夫人，高髻簪花，面部丰满，上身着浅色衣，下身着红衣，双手于胸前持白色巾状物；其左边一男童以右手牵该妇人左臂，髡发，可见额际留两撮短发，着圆领紧袖上衣、长裤，脚穿鞋（图二十七）。第四部分壁画中部上方有一破子棂窗，和西壁破子棂窗对称，大小相等。窗下有砖砌的一张桌子和一把椅子，桌子高0.6米，面宽0.5米；椅子面高0.4米，宽0.45米，椅子背略曲，椅子通高0.62米，椅子和桌子凸出墙壁0.04米。桌面上自北向南绘黑色圈足碗、黑色盏托和白色盏、带花纹的水注，碗内盛数枚石榴，椅子后立一红衣侍女（图二十八）。

（B）大兴区青云店二号辽墓壁画

二号墓，墓室壁画以立柱作为间隔，虽因浸水和破坏，大部分壁画已模糊不清，但仍可看出由四部分内容组成。其中，1~4号立柱之间画一髡发男童，作写字状。墓壁装饰采用壁画与影作结合的手法，墓中出土器物带有唐代风格，故此墓年代为辽代早期。

两座墓的壁画中均绘有髡发儿童，可知当时汉人儿童有髡发的习俗。

（4）刘六符家族墓

刘六符，祖籍河间。祖父刘景，景宗朝任南京副留守。父慎行，官至北府宰相。六符在辽兴宗、道宗朝任宰相，官至太尉、兼侍中。其家族在辽累代高官，地位显赫。

2007年在丰台区云岗街道东王佐北部的中国航天科工集团第三研究院院内，共发现两座砖室墓，一号墓为辽代燕国公刘六符及四位夫人合葬墓，二号墓则为刘六符之子刘雨墓。

（A）一号刘六符墓

墓为砖结构二次葬多室壁画墓，由墓道、天井、前室、东西耳室、后室组成，墓门与前室之间有甬道相连。根据墓志可知，第一次埋葬时间为辽道宗清宁三年（1057年），此后四位夫人相继埋葬，最后一位埋葬时间是辽道宗寿昌四年（1098年）。

墓门、前甬道、前室、东西耳室残存部分壁画，因水碱侵蚀，白灰层脱落严重，壁画内容保留不完整，仅残存不足30平方米。

墓门为砖砌仿木结构，墓门阑额上承三朵砖雕斗拱，均为五铺作重斗拱计心造，斗拱表面由黑线勾绘边框，内填白色。拱眼壁彩绘飞鸟、花卉。墓门阑额下为砖雕门簪、门洞。门洞上彩绘门额，两侧彩绘立颊，立颊内侧彩绘凤鸟、流云，外侧彩绘人物。

前甬道内壁两侧也各有一彩绘门吏。一奴婢手持骨朵，并作髡发。另一奴婢身着汉服，反映了民族交流。

图十八　大兴区青云店辽墓墓室南壁壁画

图十九　大兴区青云店辽墓壁画：侍女捧壶图

图二十　大兴区青云店辽墓壁画：侍女点灯图

图二十一　大兴区青云店辽墓墓室西壁壁画

图二十二　大兴区青云店辽墓墓室北壁壁画

图二十三　大兴区青云店辽墓壁画：托盘侍者图

图二十四　大兴区青云店辽墓壁画：理财图

图二十五　大兴区青云店辽墓壁画：侍女图

图二十六　大兴区青云店辽墓墓室东壁壁画

图二十七　大兴区青云店辽墓壁画：戏耍图

图二十八　大兴区青云店辽墓壁画：居家饮宴图

图二十九　刘雨墓壁画：夫妻对坐图

前室两侧壁、券顶有彩绘图案，因白灰剥落严重，壁画内容已漫漶不清。

（B）二号刘雨墓

墓为双室砖墓，由墓道、天井、墓门、前室、后室等部分组成。前室、后室壁面用墨线勾勒出长方形壁画五幅，由于晚期盗扰，斗拱和壁面残缺不全，壁画部分已脱落。

壁画西壁绘设宴图，东北壁有托盘人物图案，东南壁有温酒人物图案，均为日常生活内容（图二十九）。北壁画中有朱红大门一合，门有两扇，其中一扇半开，一人自外而入。

（5）大兴新城北区 16 号地壁画墓群

大兴新城北区 16 号地壁画墓群，于 2008 年发现。其中有辽代壁画墓 7 座，编号分别为 M17、M18、M21、M26、M41、M42、M44。墓地西距永定河仅数千米，被永定河泛滥的泥沙掩埋，因此保存较好，多数辽金墓保持原状。北京地区发掘的辽金墓葬多数被破坏，因此这批墓葬的发掘资料尤显重要。16 号地辽金墓规模较大，保存较好，且内涵丰富，出土较多精美的瓷器和富有浓郁生活气息的陶明器，丰富和拓展了我们对这一地区墓葬形制、丧葬习俗、建筑形制、经济状况、社会生活等多方面的认识。

根据墓葬形制、出土器物等方面的依据，我们认为这批墓葬的时代应为辽中晚期至金初。

这里的辽代壁画墓结构，多为竖穴土圹砖式墓与圆形穹隆顶砖室墓，由墓道、甬道、墓门、墓室、棺床等部分构成，有些还有祭台。壁画绘于墓门之上，或墓室内的顶部及其墓壁四周。

壁画内容多为斗拱、门、直棂窗、椽子、屏风等建筑构件，也有装饰于门、斗拱和椽之间的线条，或简单的花卉、祥云图案。有的墓门两侧彩绘喜鹊、牡丹等图案（图三十）。

（6）西城区百万庄辽丁文道、丁洪墓

1958 年在北京西郊百万庄发现两座辽墓，均早年被盗掘。其中一号墓为圆形双室砖墓，分前、后两室，中间由甬道相连，并且残存有壁画。

（A）西城区百万庄辽丁文道、丁洪墓

一号墓，出土有墓志，根据墓志，前室出土墓志为丁文道，后室出土墓志为其子丁洪。

一号墓除前室外，其他壁画全部脱落。墓门周围绘有花卉图案。墓壁四等分，砖砌四立柱，上绘红彩，东壁有直棂窗。

甬道两侧分别绘有门吏，一人身着圆领紫衣，手执伞盖（图三十一），另一门吏具体形象无法辨认。墓室东西两壁各绘有一武士，均白面黑须，其一手执长剑（图三十二），另一手执短刀（图三十三），其前各立有一文臣。其他壁画大部分已经脱落，由残存的痕迹大致可辨认出其中一幅为女仆烹饪的题材。

（B）西城区百万庄辽墓

在西城区百万庄还发现两座辽墓，编号为一号、二号墓，系两座砖室墓。一号墓为圆形，二号墓为八角形单室墓。墓顶及墓壁大部分塌毁，无法辨认全貌。

图三十　大兴新城北区辽代壁画墓群：墓门正面彩绘

图三十一　丁文道墓甬道右侧壁画（摹本）

图三十二　丁文道墓前室壁画（摹本）

图三十三　丁文道墓前室壁画（摹本）

墓室周壁仅存下半部，每边长 1.6 米，壁面施彩绘，但已漫漶不清。室内中央设有一长方形砖砌骨灰台，呈槽状，内置骨灰（火葬）。随葬器物已盗劫一空，仅有百余枚宋钱[①]。

（7）西城区丰盛胡同辽墓

1964 年在西城区丰盛胡同，发现一座圆形砖墓。墓内绘有壁画，其内容为墓主人起居图像。墓内还出土一件陶鏊锅。

（8）西城区府佑街辽墓

府佑街两座辽墓，皆为圆形券顶砖室墓。壁画上部有仿木结构的“一斗三升”式斗拱并影作假门和桌椅。墓在壁上残留红、黑色彩壁画，内容为一件梅瓶和三人物像，其中一人坐式，似为墓主人，前后立两个侍者[②]。

（9）海淀区西北农场辽墓

在西北农场共清理出四座辽墓，均为单室圆形火葬墓，都已被盗。其中有一座墓保存有较为完整的一幅壁画，内容为四名乐人并排而立，或吹箫，或打牙板、吹笛及排箫。

（10）昌平区陈庄辽墓

陈庄辽墓，位于南口镇东约 3 千米的龙虎台台地的东缘，北倚军都山。

① 苏天钧：《北京郊区辽墓发掘简报》，《考古》1959 年第 2 期。
② 苏天钧：《近年来北京发现的几座辽墓》，《考古》1972 年第 3 期。

墓为圆形砖石墓，穹窿顶。墓室北壁有方形砖龛，须弥座式。龛内盛骨灰。墓室地面未铺地砖，但填土内的白灰碎片有彩绘痕迹，推测该墓原有壁画。墓内出土文物较多，大多是陶瓷器，共49件，有七枚宋币（咸平元宝、天禧通宝）。值得注意的是，骨灰盒前陶俑二件（图三十四、三十五），一男俑为灰陶，模制，站立，昂首，髡发，身穿左衽圆领长袍，左肩上有一个花头纽扣，系腰带，两手相握垂于胸前，脚穿尖头靴，身高50.3厘米。女俑出自骨灰龛前右侧，与男俑相向而立，髡发，上身内着圆领衫，外套对襟短袄，下身着褶裙，腰系带，脚穿圆头鞋，高51.5厘米。经研究，两个男女俑皆为髡发，面目丰满，阔鼻，以及穿着，均为契丹人形象，并往年其他出土人物信息，进一步推测此墓应为辽末金初契丹墓，在北京是首次发现，极为重要①。

（11）昌平区邓庄辽墓

邓庄辽墓于2009年3月发掘。该墓是一座砖石墓，墓门向南，以砖石封堵，正面做出拱券，门洞外砌筑长方形门框，顶部绘祥云、花鸟图案，两侧各有一只喜鹊，门框两侧有卷叶纹。墓门上部两端有砖砌仿木斗拱，两斗拱之间空白处为彩绘（图三十六）。墓室通高2.5米，立面抹灰，白灰上彩画，但被淤土掩盖，模糊不清。在室顶与墓壁结合处，同样影作斗拱，斗拱是红彩，黑色勾轮廓。顶的纹饰，分上下两层，每层分隔为10个画幅，每幅之间用红、黑色的线条分隔。下层绘祥云

图三十四　昌平陈庄辽墓出土髡发男俑、女俑图

① 周景诚等：《北京陈庄辽墓发掘简报》，《文物》1993年第3期。

图三十五　昌平陈庄辽墓出土髡发男俑、女俑测图

图三十六　昌平邓庄辽墓斗拱与壁画

图案，饰红、黑、白彩。上层绘莲花。墓室后端是砖砌棺床，须弥座式，绘三朵莲花（图三十七）。棺床上置火葬骨灰。出土遗物有陶罐、提梁罐、陶甑、六錾耳锅等[①]。

① 参见《昌平区文物志》，燕山出版社 2010 年版。

图三十七　昌平郊庄辽墓棺床与壁画

（12）顺义区安辛庄辽墓

墓为圆形砖砌单室墓，拱券顶，甬道平面呈方形，木门，两壁有砖砌立柱。砖柱上两层卧砖，上涂红色，仿木结构，西壁为砖砌直棂窗，窗下砌一桌子。棺床位于墓室北部，其上散落棺钉等，未见尸骨，推测为火葬（图三十八、图三十九）。

随葬品有瓷器、铜器、铁器、骨器等。瓷器 74 件，有注壶、鸡冠壶、执壶、托杯、盘口瓶、碗等。铜器多达 129 件，有铜镜、鎏金三通、节约等。铁器 77 件，有箭镞、削刀、锁、马镫等。骨器如鸣镝 6 件，镝上有孔，能发出音响。总之，该墓出土器物不乏精品，如瓷器注壶、鸡冠壶、盏托、鸣镝、鎏金马具等，尤其是种类全的鎏金铜马具，在北京辽墓中是首次发现。几件精美瓷器，黄绿色的鸡冠壶，盖上有一圆雕坐猴，双手作揖，形象乖巧[①]。

（13）崇文区彭庄辽墓

彭庄辽墓是 20 世纪 50 年代发现的，共 7 座。

其中一号墓完整，墓门正南方，平面呈圆形，直径 6.25 米，墓壁用灰砖砌成，并施有黑白色彩，但因年久水浸已漫漶不清。东侧墓壁砌出桌椅，砖床四周皆朱色瓮门。墓为火葬墓。出土文物以瓷器为主，以定窑瓷器为精致。墓中出土“祥符通宝”铜钱，相当于辽圣宗时期。

二号墓，亦有壁画，但因受损严重，已模糊不清[②]。

① 参见祁庆国、王武钰：《顺义安辛庄辽墓发掘简报》，《文物》1992 年第 6 期。

② 参见苏天钧：《北京郊区辽墓发掘简报》，《考古》1959 年第 2 期。

图三十八　顺义安辛庄辽墓墓门

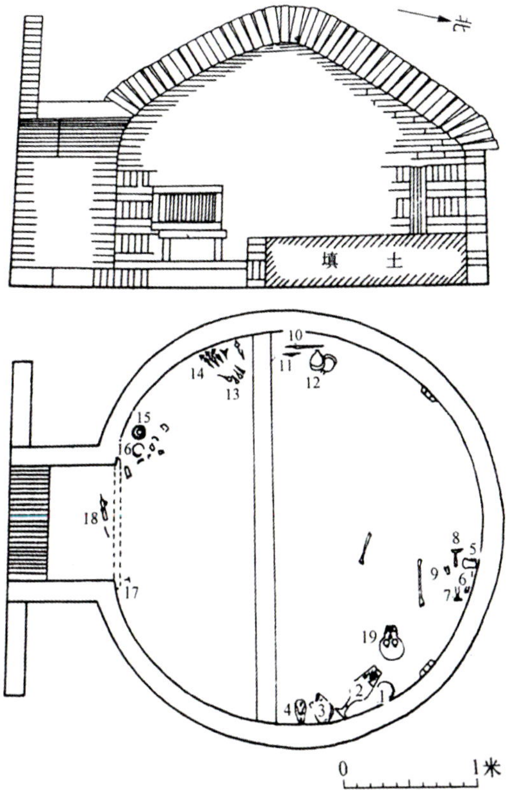

图三十九　顺义安辛庄辽墓平、剖面图

(14) 海淀区西翠路辽墓

西翠路辽墓早期被盗。墓门正南方向，墓室为圆形，墓道长 2.85 米，甬道长 1.38 米，两壁有对称的圭形壁龛，墓室为仿木结构，墓室四角皆有柱头，柱头上皆有斗拱，斗拱上绘有类似牡丹花题材的彩绘，色彩鲜艳。东西两壁各设假门，每扇门上皆有八个一排的门钉，共两排。北壁有彩绘，残存图案为圆形鼓凳、荷花、水鸟、小鹅等写生图画，形象生动。惜因脱落漫漶，完整壁画已不存在了[①]。

五、金壁画墓

金辖北京地区凡六十多年。金灭辽后，金帝完颜亮于贞元元年（1153 年）迁都燕京，改称中都，为金辖北京地区之始。金宣宗贞祐二年（1214 年），中都被蒙古占领，为金辖北京地区之终。北京地区发现的金壁画墓有六座，在此列出几座加以介绍，以便了解金代墓葬的壁画情况。

(1) 石景山区八角村金赵励壁画墓

2002 年 3 月 9 日，北京城建公司在五环路八角立交桥施工中，于北京西郊石景山区八角村附近的工地上，发现金代早期砖砌壁画墓一座，墓中出土了墓主人赵励的墓志。这座墓具体位于石景山

① 参见苏天钧：《北京郊区辽墓发掘简报》，《考古》1959 年第 2 期。

路北侧，北京游乐园东侧，五环路第 26 号桥墩的西北部（图四十），墓葬后编号为一号墓。

一号墓发现时，墓顶已被施工的挖掘机掘坏了一大部分。北京市文物研究所的考古工作者经五天清理，才使该墓完全被揭露出来。这座墓由墓道、影风墙、墓门与墓室四部分组成。

墓道位于墓室以南居中，正南北方向，南北长 1.77 米，东西宽 1.86 米，斜坡向下，最深处 2.3 米，内填五花土，形状不是很规则。影风墙位于墓道最北端，紧贴墓门向东西两侧作水平方向延长，东西总宽 2.9 米，残长 1.7 ~ 2.26 米，由单青砖、白灰黏合砌成。

影风墙的墓门以上部分，绘有花卉图形的壁画，墓门东西两侧部分，也都绘有壁画，现东侧墙壁上的壁画，仍可大略分辨，西侧墙壁上的壁画已无法辨认了。

墓门位于影风墙中部，上部为圆拱形，通高 1.44 米，宽 0.8 米，进深 0.36 米，门内残留两层封门的立砖。

墓室位于墓道正北，坐北朝南，由单青砖（半块砖）以白灰黏合砌筑而成，四壁砌成圆形单墓室，上顶砌作穹隆形（图四十一）。墓室外部通高2.42米，外径2.7米，内室高2.25米，内径2.3~2.38米。

据墓志，这座墓下葬于金初皇统三年（1143 年），墓主赵励为汉族士人，故其墓向仍上承辽代汉人墓的坐北朝南式。

在墓室南壁和墓门的东、西两侧，各有一个壁龛。东侧壁龛距墓门东壁 0.26 米，高 0.45 米，宽 0.12 米，进深 0.2 米，西侧壁龛距墓门西壁 0.18 米，高、宽及进深尺寸与东侧相近，两龛下距墓室

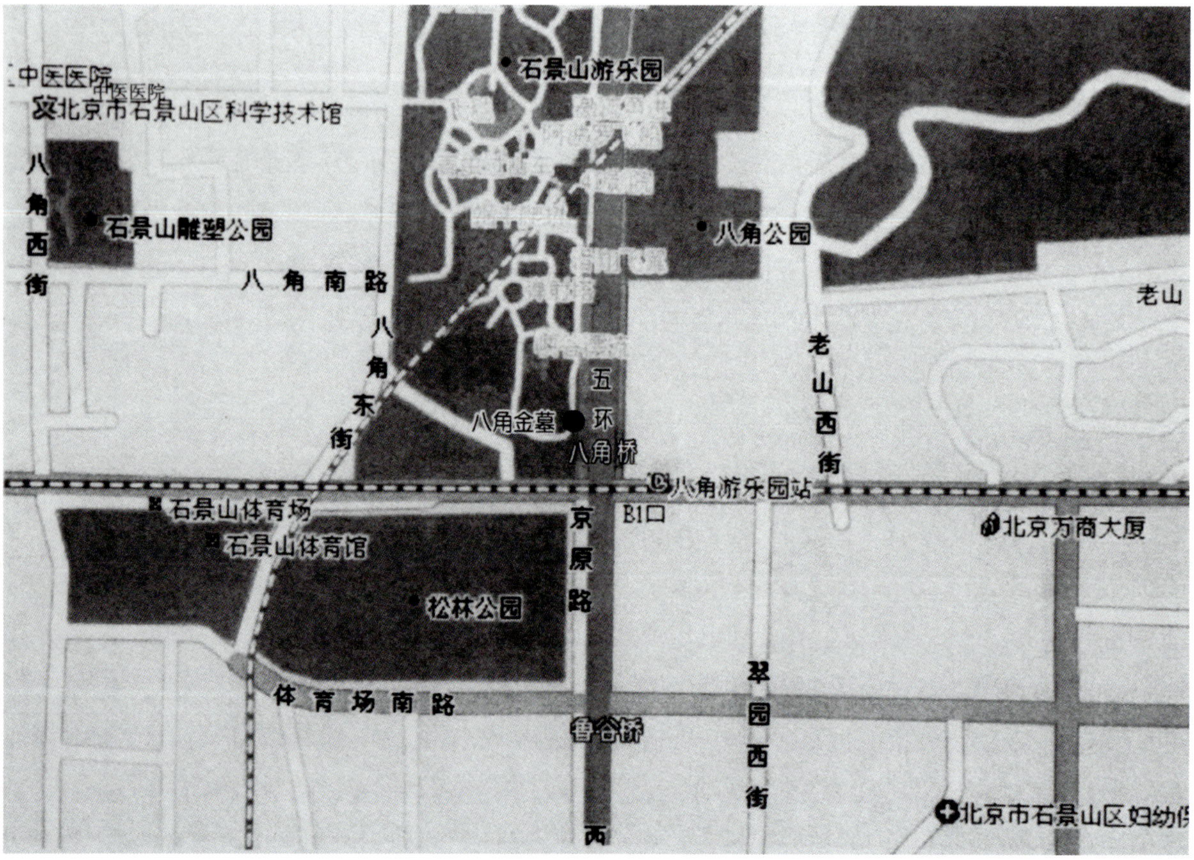

图四十　石景山区八角金代壁画墓位置图

图四十一　石景山区八角金代壁画墓墓室

底面均为 8 厘米左右。墓室底面以长方形条砖南北向错缝平铺。墓室后部居中是砖砌的棺床，棺床与墓壁不相连属，平面作长方形，从侧面看为“亚”字形，长 1.34 米，宽 0.91 米，高 0.36 米。墓四壁因以白灰粉壁遮挡，因此尚看不出其砌法。砌筑墓室的砖，均为青色，单面带 6 条粗沟纹，规格为 34 厘米 ×17 厘米 ×5 厘米。

八角村金墓是座圆形单室砖砌壁画墓，墓中的壁画大体可分为墓顶与墓壁两大部分。

由于该墓墓顶在发现时，已经被建筑施工的挖掘机掘毁了东半部，因此只残存了墓顶西半部下方边缘的三朵缠枝蕃莲图案。花的枝叶，系用墨单线描出，中心的花朵，则用橙红色线条勾成。这种花卉图案，是辽金壁画墓中常见的类型。枝叶的墨线，用笔洗练流畅，表现了纯熟的技巧。因为东半部墓顶已被掘毁，我们现在已不能确知墓顶一共应绘有几朵这样的缠枝花卉了，也不知除了这种花卉之外，墓顶还绘有其他什么图案。但有一点必须指出的是，墓室内左右两拱与上下两枋间的六个横置长方形空格中，绘制的十二生肖图像，现仅存十个，连同墓顶现存的三朵缠枝花卉图案，应当统一归并到墓顶的天象图案组合中去。

八角村金墓的十二生肖，发现前已被挖掘机掘毁了东北角的两个，现在还有十个。这十个生肖是墓室内正北居中一格的“子鼠”（图四十二）与“丑牛”（图四十三），东南角的“辰龙”（图四十四）与“巳蛇”（图四十五），正南门楣上的“午马”（图四十六）与“未羊”（图四十七），西南角的“申猴”（图四十八）与“酉鸡”（图四十九），西北角的“戌狗”（图五十）与“亥猪”（图五十一），缺“寅虎”与“卯兔”。由此可以推知，墓室内东北角被掘毁的两个生肖，应当就是紧接

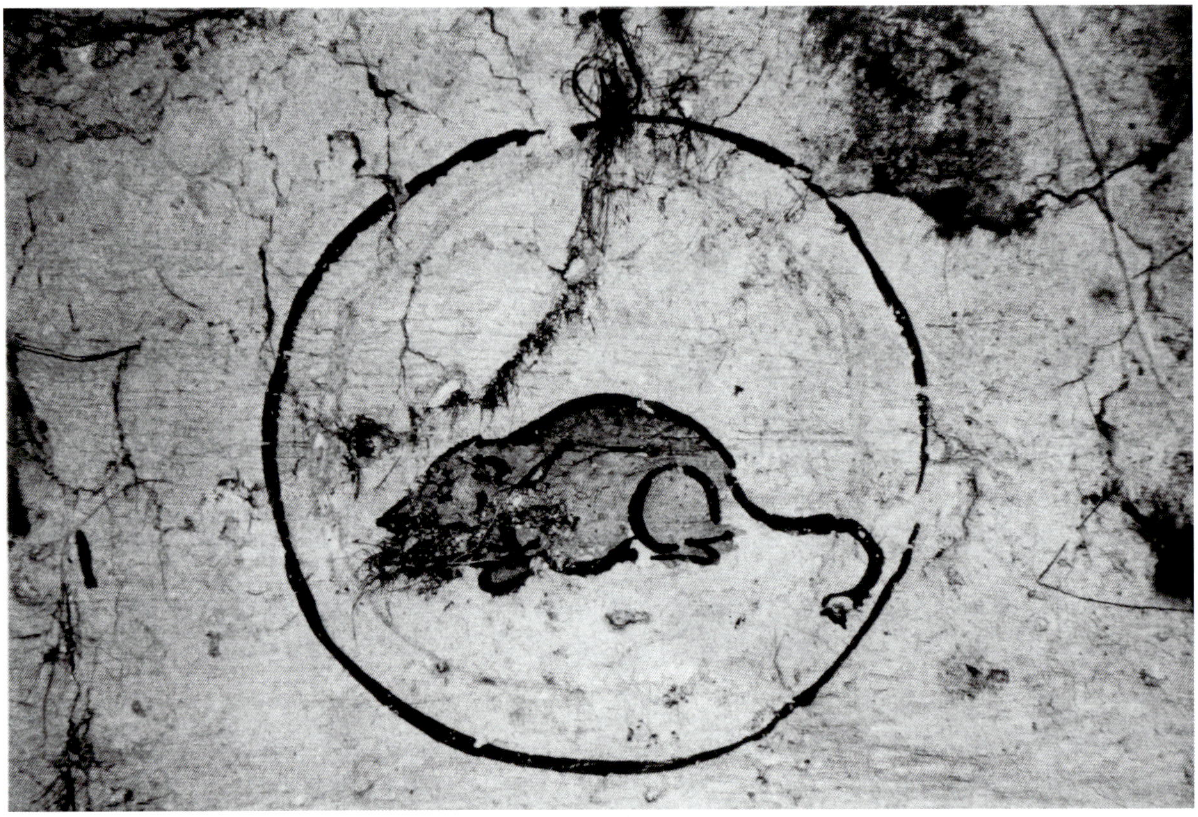

图四十二　石景山区八角金代壁画墓壁画：子鼠图

图四十三　石景山区八角金代壁画墓壁画：丑牛图

图四十四　石景山区八角金代壁画墓壁画：辰龙图

图四十五　石景山区八角金代壁画墓壁画：巳蛇图

图四十六 石景山区八角金代壁画墓壁画：午马图

图四十七 石景山区八角金代壁画墓壁画：未羊图

图四十八　石景山区八角金代壁画墓壁画：申猴图

图四十九　石景山区八角金代壁画墓壁画：酉鸡图

图五十　石景山区八角金代壁画墓壁画：戌狗图

图五十一　石景山区八角金代壁画墓壁画：亥猪图

在墓室正北鼠、牛之后的“寅虎”与“卯兔”。这十二生肖的排列，应当自正北居中主位上方开始，经东而东南、正南、西南最后至西北，顺时针方向旋转一周，最后又回到正北。这似乎也显示出环绕墓室内壁一周的五幅壁画，也应与这十二生肖相应，按第一幅正北居中、第二幅东北、第三幅东南、第四幅西南、第五幅西北的顺序排列。正南因为是门，无壁画，故而轮空。以上十个动物图形，用“瘦可见骨”来形容其绘画风格，还是比较贴切的。

八角村赵励墓，虽为圆形单室墓，但圆形墓壁却被六根砖砌的内凸立柱分成了六格，这一点与六角形墓室颇有相同之处。无论是六角形、八角形还是圆形墓室，辽金雕砖壁画墓墓顶和墓壁最终都要被分为八个或六个等份。

此墓壁的六格中，因正南被封门洞的立砖占去，无法绘制壁画，所以实际上墓壁上的壁画只有五幅。这五幅壁画自正北居中那幅起，按顺时针方向旋转排列。第一幅是正北居中的“侍寝图”，第二幅是东北隅的“备茶图”，第三幅是东南隅的“备宴图”，第四幅是西南隅的“散乐图”，第五幅是西北隅的“侍洗图”。

第一幅“侍寝图”（图五十二），位于墓室内正北居中，正对墓门的棺床后上方“主位”上，画面描绘的是侍女服侍主人夫妇于寝室中起居的图景。此图兼有早晨侍奉墓主夫妇起床和晚暮侍奉主人夫妇就寝的双重作用，是同时具有起始与迄止双关循环意义的画幅。画中前上方，是分隔寝室内外的绣花幔帐，幔帐已向两侧打起拉开。幔帐后的进深处，是墓主夫妇的寝室，居中放置一木制大卧榻。卧榻的三面均设有云头纹护栏板，由五组云头纹雕花木板连成。榻的四角，各置一根木望

图五十二　石景山区八角金代壁画墓壁画：侍寝图

柱，将两侧与内里正面的云头纹护栏板分隔为三组。卧榻里面居中横置一睡枕。睡枕两端，以绦巾扎成的花结自然散落于榻上。榻后立置的是四扇软屏风，软屏风以深色木框为架，在四组纵列的绢质屏面上各绘有枝叶茂盛、繁花竞放的牡丹图一幅。卧榻外东侧，一侍女面容秀媚，鬟髻高耸，广袖深衣，双手当胸，正斜执团扇，凭榻恭立，服侍着主人夫妇起床或就寝。我们不难发现，卧榻上是空的，并未绘制墓主夫妇坐卧于榻上的形象。

第二幅“备茶图”（图五十三），位于墓室内壁东南隅。备茶图承袭的乃是辽代汉人壁画墓传统，八角村金墓的构图相对简单，人数也少，人物线条多简约轻率，色彩也比较简单平淡。八角村金墓“备茶图”画面六人可分为左右两组（以画面内人物自身的左右关系来描述，下同）。右面一组共四人。最右边为一侍吏，上唇有两撇胡须，看样子似为一小头目，他头扎黑帛巾，身穿淡黄色圆领长袍，面向西双手笼袖恭立。其左一仆，灰头帕、灰袍服，上唇也有两撇胡须，向左弯腰躬身而立，右手执壶，左手持盏，身体微向前倾，正由执壶中向茶盏内倒水冲茶。倒茶仆人面前是一土黄色木方桌，桌中央放置一个食盒，桌上还散置有茶托、茶盏等茶具。方桌的左边，是一髡头契丹小奴，双手持茶托、茶盏，与倒茶者相向弯腰躬身而立，正恭候着倒茶仆人为他手中的茶盏倒水冲茶。髡头小奴身后是另一仆佣，只见他手托一碧纱笼圆形茶托盘，茶托盘内已装好了五只已冲完茶的茶盏，正等着倒茶者手中的茶盏冲毕后装入。此人头戴浅蓝色头巾，正侧身引颈，双目凝神，注视着倒茶仆人冲茶，好像生怕茶水溢出，烫着他的手。壁画描绘出这三人相互呼应、眉目灵动的样子，于粗率中见天真，颇具写意风格。左面一组二人。其上方一人穿着与最右边侍者完全相同，上唇与颏下均有髭须，双手向下拄着一长竹管，似乎在向下方茶炉中吹火。其下方蹲着一髡奴，大约也是在照看茶炉或用茶碾碾茶。可惜下方壁画因墙壁潮解而漶漫不清，已无从分辨了。辽代壁画墓中大量出现的“备茶图”，正是北宋茶文化传入燕辽汉人士族群体中的自然反映。八角村金初墓中的“备茶图”，应是这一风习的流波余绪。

第三幅“备宴图”（图五十四、五十五），位于墓室内东南隅。画中七人，可分为两组。右面一组四人，均为年轻女仆。最右边一个素帕罩头，对襟素袍，面目俊秀，手捧一大瓷汤盘，面向右，正要领头走出画面。紧随其后的女仆，花格帕罩头，上身着对襟红罗短衫，下着素裙，右手向上执一羹匙。再后面一位女仆，也是素帕裹头，背负一袋，侧身向左而行。其后的女仆也以帕巾裹头，对襟素长袍，左臂弯曲，左手托一盛酱醋调料的小瓷罐，跟在前三位之后。左面一组三人，其最前居右一人为一中年女仆，看样子是负责备宴的女仆老妈子，只见她高髻长袍，身向右侧前行，头却转而后顾，左手执巾，而右手向左手交叉，以食指点向左侧两男仆，口中不知在嘱咐着什么。最左侧两男仆，头戴黑色头巾，均着圆领袍服，居后排者为红色，居前排者为素色，二仆均弯腰躬身，双手各托一菜盘，恭听中年女仆嘱咐，二仆前方为一方形木质食桌，桌上放有五盘佳肴。

第四幅“散乐图”（图五十六），位于墓室内壁西南隅。图中绘有六人，均头戴官场常见的幞头，幞头后两支长长的硬脚向两侧平展，幞头上插花以示为戏装。但最右侧的两位鼓手的幞头前脸上，又扎有束帛巾，恐怕是由于击鼓时动作剧烈，担心幞头脱落而采取的加固措施。其余四人，均戴黑色幞头，不扎巾。这四人均穿圆领长袍，文官装束；而幞头上加扎帛巾二人，却身穿武官短装

图五十三　石景山区八角金代壁画墓壁画：备茶图

图五十四　赵励墓备宴图及上方所绘的生肖龙与蛇

图五十五　石景山区八角金代壁画墓壁画：备宴图

图五十六　石景山区八角金代壁画墓壁画：散乐图

战袍。这六人，又可分为两组。第一组，为右边两个鼓手，前排鼓手击腰鼓，后排鼓手击大鼓。第二组共四人，右侧后排紧靠击大鼓者，口吹横笛，前排紧靠击腰鼓者，口吹觱篥，吹觱篥者左边一人，手弹琵琶，前排最左端者，双手击拍板。这六人均蓄八字胡，明显为男性。

第五幅“侍洗图”（图五十七），位于墓室内壁的西北隅。图正前方放置一高脚方木桌，上置水注、盘、碗等器皿。桌后侍立的四名男侍者，可分为左、右两组。右侧一组两人，最右侧者，头扎帛巾，上身穿红衫，正弯腰躬身，双手持鸡腿瓶，将瓶中水倒入其旁边另一侍者双手所端盆中，端盆的侍者亦头扎帛巾，身穿素色长袍，腰束素绦，弯腰躬身，正双手端盆恭接其旁侍者所倾瓶中之水。左侧一组也是两人。其中居右者头扎帛巾，身穿圆领土黄色长袍，中腰束带，双手执巾拱抱于胸前，头向右微侧，双目正注视着右侧二侍者由瓶往盆中注水。最左侧侍者，也头戴束幅巾，身穿圆领土黄色长袍，中腰束带，双手合抱于胸前，面向左，恭然侍立，不动声色。这四人似乎是在墓主夫妇饮茶、宴乐忙活了一天之后，正侍奉他们洗手净面，准备入中堂后室就寝。而墓室北壁居中的第一幅侍寝图，正是连接其他四幅壁画，使其每日周而复始的中间环节。

在历代的壁画墓中，金代的壁画墓原本就发现较少，在北京地区就更少，而像八角村这次发现的金代初年壁画墓，不仅在北京地区，即使在全国，也属首例。它对我们了解辽金时期丧葬习俗的传承演进具有典型意义，为我们研究金初雕砖壁画墓的形制及绘画的题材风格，也提供了宝贵的第一手资料。

由于赵励下葬的年代上距辽亡仅 20 年，其地又在辽南京故地燕京，墓主人基本生活在辽朝。

图五十七　石景山区八角金代壁画墓壁画：侍洗图

其祖上数代均在辽为官，因此无论是墓葬形制还是壁画内容均与北京、河北等地发现的金墓有所不同，却与本地区所见辽代壁画墓十分相似。以墓顶壁画为例，河北宣化下八里村发掘的八座辽壁画墓均彩绘有天象星图，而赵励墓中枋间所绘十二生肖图像，当是承袭了辽墓这一传统。据宿白等专家分析，砖室墓内顶绘制天象图的传统，可上溯至两汉时期。雕砖壁画墓中，墓顶天象图是陷辽汉人沿袭唐宋旧制的具体体现。赵励墓与陷辽汉人的雕砖壁画墓题材风格相同，对了解辽金时期丧葬习俗的传承演进具有重要意义。北京地区至今仅发现赵励墓这一座陷辽汉人砖雕墓。

（2）门头沟区育新学校金代壁画墓

育新学校金代壁画墓，1990 年在门头沟区育新学校施工中被发现。

此墓为单室砖墓，由墓门和墓室两部分组成。墓门为砖雕仿木建筑，通高 2.96 米，面阔 2.8 米，厚 0.56 米，门上有三组斗拱。

墓室为圆形穹隆顶，直径 3 米，通高 2.85 米，墓室北侧砌有棺床。墓室四壁与穹隆顶上绘有彩绘壁画，但剥落严重。墓室顶部壁画全部脱落，所绘内容无法辨认。墓室四壁有四根立柱，将墓室分成四大部分，每根立柱上承托砖雕斗拱，并绘有檩枋檐椽，以及缠枝牡丹、飞鸟。檩枋之下绘有人物及影作，是壁画的主体部分。壁画主要色调为酱红色，斗拱及影作局部饰黑色，人物服饰为蓝色，人物的脸、嘴、领口、袖口处饰以朱红色，整幅壁画绘制较为潦草，用色简洁，色调对比强烈。墓室南壁，正南壁中为墓门，砖饰影作屋宇形状，两柱间有三组斗拱。墓门两侧绘有门吏，手握木棒，头戴黑色幞头，身着圆领蓝色长衫，足蹬黑靴，蓄有短髭。墓室东壁，用砖雕成檩、椽、瓦，其下绘有幔帐、屏风，以及影作桌椅。画面中为男女主人宴饮场景，并绘有二侍者。北壁正中为影作殿宇，通高1.5米，两柱间有三组斗拱，殿宇两侧绘有盆栽荷花与牡丹。西壁影作与北壁基本相同，影作南北两侧各立有一个身着圆领蓝袍的男侍者，南侧侍者守护着长明灯，灯盏用砖雕成，火焰及灯杆用红色绘制。

育新学校金代壁画墓，其绘画虽然绘制粗糙，但仍是北京地区这一时期壁画墓中较为重要的发现，特别是其中的影作木结构，为了解金代建筑结构及家具形式提供了重要参考资料。

（3）延庆县晏家堡村金墓

晏家堡村金墓，2002年发现于延庆县张山营镇晏家堡村北，是一座辽末金初的砖室壁画墓。该墓圆形单室，南北向，由墓道、墓门、甬道、墓室等部分组成。墓室内壁按圆周八等分，砖雕柱角上有斗拱装饰。原来甬道和墓室内壁均绘有壁画，现仅残存四幅，描绘了居家生活、侍女、鼓乐等内容。壁画人物生动、线条流畅、眉目传神、色彩艳丽，虽然剥落较为严重，但人物的面貌、服饰仍清晰可辨。此外，此墓出土有琥珀饰件、骨梳、小铜人等文物。

（4）延庆县张山营金墓壁画

2005年4月，北京市文物研究所在北京延庆县张山营镇晏家堡村北发掘了一座金代砖室壁画墓（图五十八）。该墓为青砖砌制的圆形单室墓，通长12.3米，由墓道、墓门、甬道、墓室等几部分组成（图五十九、图六十）。

墓道位于墓门南面，墓道上口距地表0.5～0.6米，平面呈长方形，南北长5米、东西宽0.96～1.06米、深1～3.52米，墓道南端略向东偏，共有七级台阶，每级台阶宽0.4～1.05米、高0.2～0.4米。墓门位于甬道南边，墓门在门墙中部，门框仅残存底部，宽1米、进深0.6米、残高0.38～0.6米。现存封门砖两层，人字形摆放，残高0.6米。门墙东西宽3米、残高0.6～2.55米，外用白灰粉墙，其上用红色画出象征性的双门框。内门框东西宽1.4、残高0.6米；外门框宽2.54米、残高2～2.24米。在内门框之内，画有一个黑色门框，宽1.8米、残高0.82米，黑色线条宽0.07米。在门墙东侧上部，有一个斗拱，已残缺不全，外涂红色，残宽0.47米、高0.38米。门墙上部应有仿古建筑门楼，已经被破坏无存。另外在墓门与南侧墓道之间，形成一个平面近似长方形的坑，东西长3.08米、南北宽0.92米，底部距地表3.55米，应是建造此墓时留出的工作平台。

甬道位于墓室南侧，平面呈长方形，南北长1.84米、东西宽1.9米、高2.4米，甬道顶部券砖，仅残留中间一部分，券砖为两层，厚0.4米。甬道东西两壁用白灰粉墙，至1.52米高处，砌有两层外凸0.03米的砖，砖上粉以红色，红色线条宽0.15米，此两层砖以上开始起券。在甬道东西两壁上分别绘有壁画，保存状况较差。甬道内用砖铺地，系青砖南北向错缝平铺。砖的规格为0.4米×0.2米×0.06米。

墓室位于甬道北侧（图六十一），顶部早期已经被破坏，底部平面为八角形，四周砖雕有斗拱立柱，斗拱之上为穹隆顶，墓顶内壁粉以白灰，其上零星点缀数朵红花。墓室直径3.5米、残高0.75～2.4米。立柱将墓壁划分为八部分，除正南甬道一侧外，每部分上绘有壁画，应为7幅，现存东南角、西南角墓壁两幅壁画。立柱高1.2米、宽0.12米，外涂红色。立柱之上为斗拱，四周应有八个斗拱，现存五个，这八个斗拱应是相互对称的，间距 1.4 米，斗拱宽 0.7 米、高 0.35 米，外涂红色。墓室周壁用青砖加泥砌制。砌法：1.08 米以下，为一平一竖法，1.08 米以上，以青砖错缝平砌，至 1.75 米以上开始内收起券。室内铺地砖，以青砖南北向错缝平铺，用砖规格同甬道铺地砖。墓室内未见骨架和葬具，只在填土中发现零碎的烧骨，应是采用火葬的方式。

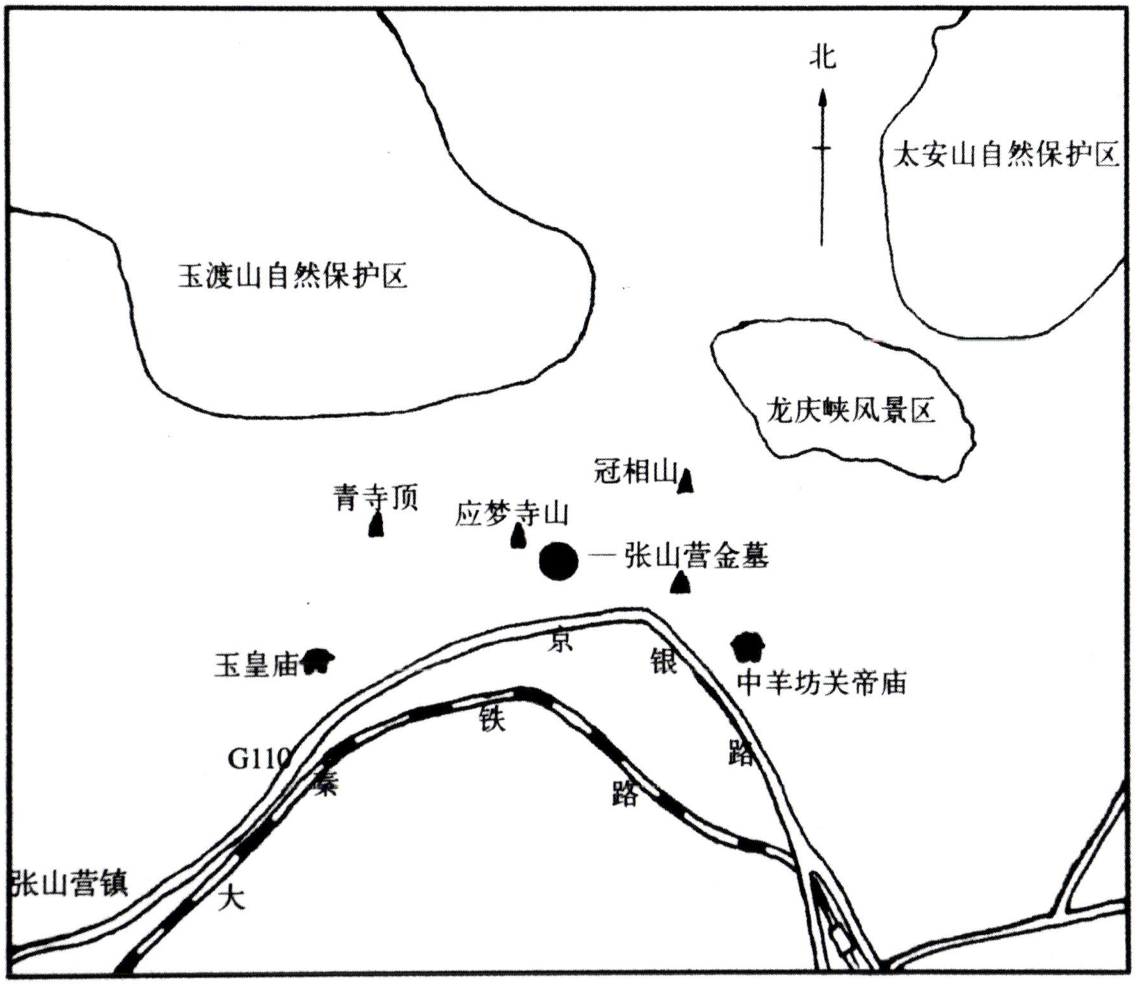

图五十八　延庆县张山营金代壁画墓位置图

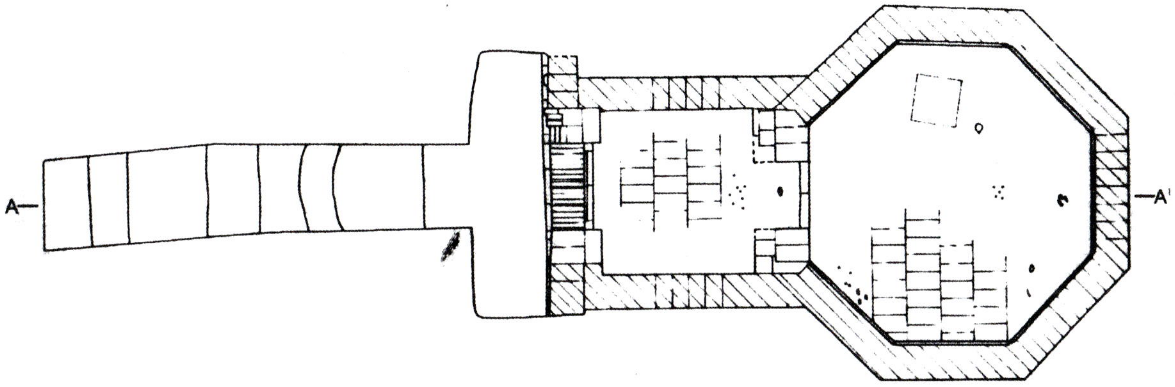

图五十九　延庆县张山营金代壁画墓墓底平面图

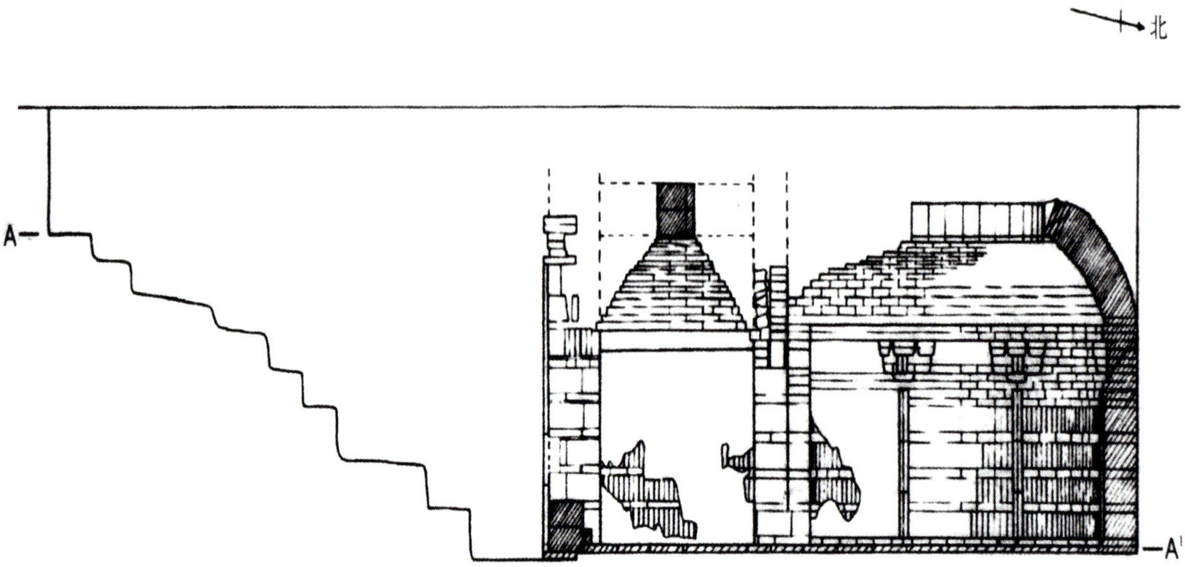

图六十　延庆县张山营金代壁画墓墓室剖面图

图六十一　延庆县张山营金代壁画墓墓室

甬道及墓壁尚残存壁画四幅，分别描绘出行仪仗、侍女、鼓乐等内容。

甬道东侧壁画长1.7米、高1.52米（图六十二），绘有4个男性佣人，均为圆领长衫，面色红润。南起第一人身强体壮，着青衣红裙，侧目向北，手持仪杖，腰部残缺；第二人着红衣，束黑丝带，侧身向南注视着青衣者，左手做拈花状，右手部分不详（图六十三）；第三人面色红润，着青衣，左手托起一物，回首侧目向北，右手及腹部以下残缺（图六十四）；第四人大部分残缺不全，仅见部分褐色衣物。

甬道西侧壁画（图六十五），同样绘有4个男性佣人（图六十六），内容与东侧甬道壁画基本对称。南起第一人，着青衣，侧身向南，左手持杖，右手握于胸前，大部分残缺；第二人着褐衣，束黑腰带，双手置于胸前，左手做拈花状，右手食指向上，侧身向南，回首向北；第三人着红衣，束黑腰带，足蹬黑靴，双手握于胸前，侧身向南；第四人，着青衣红裙，白色长裤，脚穿布鞋，脸部及腰部残缺不全，具体手势不详，侧身向南。

墓室东南侧壁画（图六十七），长1.4米、宽1.08米。绘有4人，为乐队，腰部以上均残缺不全。南起第一人为鼓手，仅存握鼓槌的一只手，身前立一红色大鼓；第二人着青衣黑靴；第三人着红衣，束黑腰带，足蹬黑靴；第四人着青衣，束黑色腰带，双手将一物抱于怀中。

墓室西南侧壁画（图六十八），绘有四位侍女，均为交领长衫，面部丰满红润，柳叶细眉，樱桃小口（图六十九）。南起第一人，上身着交领青衣，下身着白色斑点装饰的红色花裙，高髻簪花，面部丰满，侧身向北，仅存头部及足部；第二人着红衣，高髻簪花，面部丰满红润，双手托盘，盘中之物模糊不清，侧首向南，注视南起第一个侍女，腹部以下残缺；第三人着白衣，红色花裙，高髻广袖，鬓角头发修长，双手托一注碗，碗内置一圆形执壶，侧身向北，等待传唤；第四人着红衣，青色长裙，双手托盘，盘中之物模糊不清，侧身向北，恭敬而立。

壁画人物生动、线条流畅、眉目传神、色彩艳丽，虽然剥落较为严重，但人物的面貌、服饰仍清晰可辨。金代壁画在延庆是首次发现，在北京地区弥足珍贵。

北京地区辽金时期壁画墓各有特点

北京地区辽墓壁画继承了汉唐以来墓室壁画的传统，但又有其独到之处，保留了契丹民族自己的文化底蕴，具有浓郁的中国北方古代草原画派风格，形成了一种具有浓郁民族特点的墓室壁画。它以简朴的白描线条，勾绘出一幅幅契丹民族生活的场面。

北京地区辽代墓葬壁画主要以人物画为主，在众多人物中，多数为奴仆、侍从，有门吏、驭手、护卫、鼓乐手及备食、侍宴的侍从等。相对而言山水画在北京地区几乎没有出现。北京地区辽代早期壁画较为简略，多为人物肖像、男女侍从，中晚期多为出行、归来、宴饮等场面，注重反映本民族生活习性。

契丹族居穹庐，随水草，四时无定，本无筑墓入殓的葬俗。契丹人的葬俗最开始是实行天葬，《隋书》八十四卷《契丹传》记载："父母死而悲哭者以为不壮，但以其尸置于山树上，经三年后乃收其骨而焚之。"后来，在中原文化的影响下，契丹民族文化与汉文化日渐结合，辽建国后始效汉族习俗修建墓室，厚葬风气很快蔓延开来。墓室规模之大、随葬物品之丰富豪华，超过了同时期的中

图六十二　延庆县张山营金代壁画墓甬道东侧壁画

图六十三　延庆县张山营金代壁画墓甬道东侧壁画：红衣佣人图

图六十四　延庆县张山营金代壁画墓甬道东侧壁画：青衣佣人图

图六十五　延庆县张山营金代壁画墓甬道西侧壁画

图六十六　延庆县张山营金代壁画墓甬道西侧壁画：佣人图

图六十七　延庆县张山营金代壁画墓墓室东南侧壁画

图六十八　延庆县张山营金代壁画墓墓室西南侧壁画

图六十九　延庆县张山营金代壁画墓墓室西南侧壁画：侍女图

原地区，绘制墓室壁画也逐渐增多。墓室有单室、多室之分，形制有圆、方、长方、六角、八角之别，构筑有砖室、石室、石棺、木椁等。早期多为单室墓，石棺中期以多角形为主，石木、砖木混合结构，室内多筑有棺床，并有多室墓和装饰性结构出现。晚期多室墓较为普遍，结构更为复杂。

北京地区辽代壁画墓，可分为早、中、晚三个时期。

早期，为辽穆宗时期至辽圣宗发生“澶渊之盟”的前后，此时处于契丹由奴隶社会向封建社会过渡的阶段。这一时期北京地区发现的辽代汉人壁画墓主要有辽穆宗应历八年（958年）赵德钧墓，辽圣宗统和十三年（995年）韩佚墓，壁画的题材和布局多存唐代墓室壁画的遗风。

中期，包括辽圣宗、兴宗时期。这是辽代极盛的时代。壁画墓增多，壁画的题材广泛。

晚期，为辽道宗时期至辽代灭亡。这一时期的墓室壁画已趋于标准化。北京为辽境内的汉民族聚居地区，这一地区处于契丹草原文化和中原汉族文化的混合地带，必然存在着两种文化成分。壁画题材主要沿用着中原地区所惯用的墓室壁画内容，如家居宴饮、散乐歌舞等。宴饮散乐内容是北京地区辽墓壁画的常见题材。“澶渊之盟”后，战争平息，辽境内各项生产有了发展，契丹族皇室贵族每年坐享宋室送来的巨额岁币，生活日趋豪华奢侈，击鞠打猎，宴饮散乐，乐此不疲。

金代是女真族人于12世纪初在中国北方所建立的王朝。女真族是世代居住在长白山和松花江、黑龙江流域的一个古老民族，先秦时称为“肃慎”，汉代和三国时称为“挹娄”，北朝时称为“勿吉”，隋唐时称为“靺鞨”，辽金元时称为“女真”。1115年，已经统一的女真族在完颜部落首领阿骨打的领导下，推翻了契丹的统治，于1125年建立了金朝，建都会宁。1127年金灭北宋，先后迁都燕京（今北京）、开封，辖有黄河以北及黑龙江、松花江、辽河流域的大片领土，成为与南宋相对峙的一个王朝。同契丹贵族入主中原的情形一样，女真贵族也不可避免地为中原的先进文化所同化，为了和汉族较高的文明相适应，对新占领区采取了“因俗而治”的方针。从金大定至明昌年间，由于与南宋政权一度媾和，民族矛盾得到缓和，从而使金朝统治地区的经济、文化得到了稳定发展。女真人行土葬，早期“死者埋之而无棺椁”。金国成立后，受契丹人、汉人的影响，渐有棺椁之制，贫富的差别在墓葬形制上有明显的反映。贫者有棺无椁，富者则棺椁俱全，或用石棺木椁，或用木棺石椁。金墓中比较多见的是竖穴土圹石椁墓。金正隆年前多为土葬，石椁内置木棺，大定年后火葬较为普遍，石椁内置石函或木匣盛放骨灰，这种石椁墓当是由辽墓的石室、石棺简化而来的。官僚贵族的墓葬随葬品较多，墓内多有壁画、砖雕或石雕。

北京地区发现的汉人金代墓葬壁画内容，以墓主人生活图画及武士、侍女、花卉、动物、卷云为多。金大定年以后的世宗、章宗时期墓葬壁画少有发展。

北京地区金代壁画墓在继承传统的基础上又有所发展，墓室壁画描绘对象较为自由和多样。在传统题材的基础上，又出现了一些新鲜活泼、带有民间情趣的内容，如家居、宴饮、备茶、散乐以及十二生肖等内容。

到金正隆、大定时期，丧葬习俗发生了较大的变化，这些在墓葬形制与出土器物的变化上都有所反映，表明随着汉化程度的加强和女真社会经济的发展，女真政治中心转移到了中都的史实。2002年石景山八角村金墓出土的壁画，对研究辽金时期丧葬习俗，壁画形制与绘画题材、内容、风格都有着极其重要的意义。

总之，北京作为辽代陪都南京城（图七十）和金代的首都中都城（图七十一），保留了大量的辽金遗址和遗物，特别是数量较多的辽金时期墓葬，迄今为止已发现数十座。在这些墓葬中有一部分保存着精美的壁画，它们用丰富多彩的内容，描绘了极具民族特色的社会生活，是中国古代绘画艺术宝库中的奇葩，为研究契丹和女真族的社会生活、文化艺术以及契丹、女真族同汉族之间的关系等提供了极为宝贵的实物资料，具有较高的历史、艺术和科学价值。

北京地区发现最早、规模最大的辽代壁画墓，应为辽穆宗应历八年（958 年）的赵德钧及妻种氏合葬墓，此墓 1960 年发掘于永定门外马家堡。墓为三进九室，总面积达 144 平方米。结构较为简单，每室平面均为圆形，均用沟纹砖砌成。墓室间距大致相等，四壁有通道通向各室。除中间的前、中、后三室，其余六室是放置粮食、钱物的仓库和厨房。中室放棺木，墓壁砌筑斗拱、直棱窗、门楣等仿木建筑并饰以装饰性砖雕，墓底用方砖交错平铺。墓壁全用红、白、黑三色粉刷，虽大部分已脱落，但仍存有壁画多幅。壁画采用的仍是汉族艺术风格，描绘了主人悠闲的日常生活。壁画绘有庖厨、赏画等内容。

北京地区最有代表性的辽代早期汉人壁画墓是辽圣宗统和十三年（995 年）韩佚墓，1981 年在八宝山革命公墓院内发掘，墓为圆形穹隆顶砖室墓，直径 3.2 米。壁画在甬道和墓室中，均绘在白灰墙皮上，剥落严重。甬道壁绘一官吏。墓室北壁正中绘三扇花鸟围屏，内有两只麻雀和盛开的花朵，围屏两侧各绘一侍女，东侧侍女手捧托盘，西侧侍女正翘首眺望。墓室东、西两壁分别绘三幅

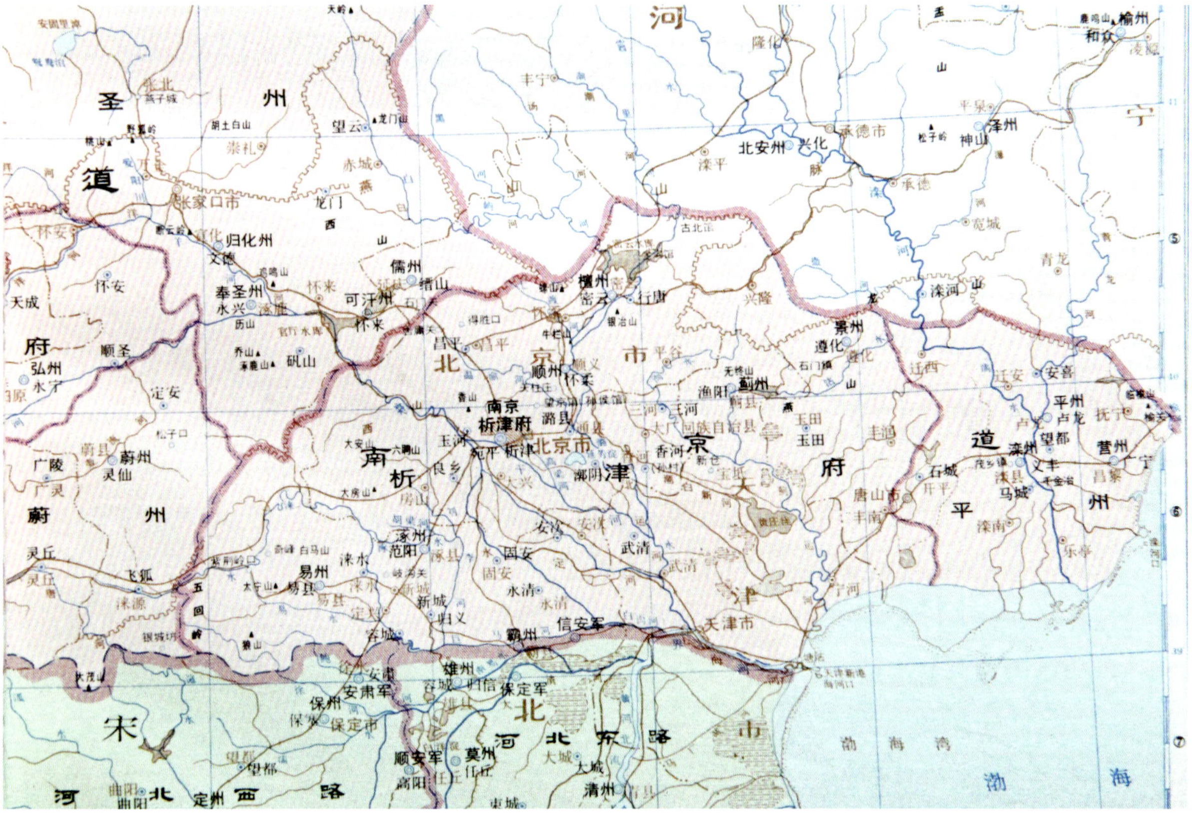

图七十　辽南京道图

图七十一　金中都路图

画，每幅画有侍女一人，侍女着圆领宽袍，下束裙，脚穿皂鞋。东壁绘一手持琵琶、伫立桌旁的侍女，西壁为侍女沐浴更衣图，身后绘有衣箱、衣架。各幅中间绘花卉、飞鸟。墓顶正中绘莲花，墓顶四周分别绘十二生肖人物。整个墓室绘画布局匀称合理，人物形象逼真，可惜因潮湿剥落严重，不能窥其全貌。壁画的题材和布局多体现出唐代墓室壁画的遗风。

六、蒙元壁画墓

成吉思汗十年（1215 年），蒙古占领金中都，为蒙古辖北京之始；明太祖洪武元年（1368 年），明军攻陷大都，为元辖北京时代的终结，共计 153 年。至元八年（1271 年），元改中都为大都，成为全国的政治、经济和文化中心。蒙古族建立的元朝，结束了我国五代以来，特别是辽、宋、西夏、金等政权之间长达 300 余年之久的割据和对峙，开创了一个疆域空前辽阔、多民族日益融合的大一统封建王朝。金代北京仅算得是一个地方性政权的都城，元代大都正式成为整个华夏的中心。元大都不仅是一个政治中心，也成为一个国际性的大都市，不仅云集着四方民众和各国家、各民族的官员、客商，还是各国货物的集散地。北京城在这个时期发展到一个新的高度。近年来北京地区发现、清理了元代壁画墓四座，其中两座是门头沟区斋堂镇元代壁画墓、耶律铸夫妇合葬墓，其余两座均分布在密云区境内，一座在太子务村，另一座在疃里村。

（1）斋堂镇西斋堂村元墓

斋堂镇西斋堂村元墓，于 1979 年发现于门头沟区西斋堂村东。墓为砖砌穹隆顶单室壁画墓，由墓道、墓门、墓室组成。在墓顶附近的地堰上，还发现辽天祚帝天庆元年（1111年）墓幢一座。壁画绘制于墓门两侧、墓室四壁和顶部。

墓室南壁中为墓门，门东侧壁画已毁，门西侧、西壁、北壁及穹隆顶壁画保存完好。墓顶以穹隆顶为基点，绘制有六瓣巨大莲花，外围缠枝莲十二朵，再外为黄、粉、紫色小莲花。墓门洞西侧墨书楷字“安堂斋”，东侧书“乐堂”。墓门西侧墙壁画有侍女二名，前者形态端庄，双手托一果盘，内置桃、石榴等果品；后者面带愁容，双手托盘，盘中置高足碗。墓门东侧壁画内容与西侧相同。西壁是一组连环画，整个画面由四株树干将画面内容分为三部分。右侧为祭祀先人的场面，中间为审理案情的场面，左侧为处理犯人的情景。北壁绘紫红色棺床，床档间绘有山水画四幅，远处重峦叠嶂，云雾缭绕，岸畔松柏常青，山林间有楼阁殿宇，风格粗犷，用笔简率，兼施青绿重彩，气势雄浑。

在墓室后部的下方，围绕棺床画出床档的边框。在北壁的床边框内又绘一幅水墨山水画。西壁的床档边框内绘一幅水墨山水画。

北京密云疃里村墓，北壁有两幅山水画，东西壁北端各有一幅山水画，画带边框，也是床档画，该墓出土元“至大二年”刻款陶碗。赤峰元宝山元墓，在棺床两端的墓室壁面处各画一幅带边框的山水画，画面以山水为主，缀以骑驴隐士、楼阁，亦为此类。由此可推知，元代北方的汉人和蒙古人有在寝床床档上设置表现天人合一、闲情逸致的水墨画之风习，墓中才会流行模仿该风习的壁画。

斋堂墓所画最全面，是既画出床档，又画出水墨画的唯一实例。

那么斋堂墓到底是元墓还是辽墓呢？斋堂墓是一座砖筑单室的方形墓，后部设棺床，其上放一具木棺。棺的前档板上彩绘帐幔和一位拿托盏的男侍图。男侍头戴圆顶宽沿的笠式帽，这是元代常见帽式，称为“钹笠冠”，在甘肃漳县元代汪世显家族墓中出土过实物。故宫收藏的历代帝王画像中，元文宗和元成宗都戴这样的“钹笠冠”。辽代无此类帽式。男侍穿交领右衽袍，也是元代蒙古人的袍式。辽墓壁画中所见男袍基本是圆领袍，汉式右衽，契丹式左衽。而元墓壁画中的蒙古男子则穿交领右衽袍。如赤峰市元宝山和三眼井元代蒙古墓中的男主人和男侍都是穿交领右衽袍。元代刻本《事林广记》中的人，在插图中，穿交领右衽袍者屡见不鲜。斋堂男侍的耳后留有发辫，挽杯状，垂于肩上，乃是元代蒙古人的发式。故宫收藏的历代帝王画中，成吉思汗、忽必烈都作此种发式。西安曲江池元墓的人俑和赤峰元宝山元墓壁画中的男主人、男侍也是这种发式。所以，斋堂棺画的男侍是典型的元代蒙古男子装束（图七十二）。斋堂墓墓门两侧的壁画都画有侍女，西侧保存完好。发掘简报称侍女外穿宽袖袄，但简报所附图版，后来发表在《中国美术全集》中的彩色图版很清楚，方知是外罩半袖衫，而非是宽袖袄。女子外罩半袖衫在唐、宋、金墓壁画中都有发现，元代亦十分盛行。如辽宁凌源富家屯元代墓、赤峰元宝山元墓、山西孝义下吐京元代墓的壁画中，女主人和女侍都外罩半袖衫，辽墓壁画中虽然有大量女子，却未见一例穿半袖衫者。斋堂墓的头上顶小花冠，与辽宁凌源富家屯元墓北壁《侍寝图》中的侍女相类似，而辽墓壁画中却没有发现过，故斋堂墓壁画中的女侍也是这种女子形象。辽代和元代的民族构成、社会生活有较大差别，重新确定斋堂墓的时代有重要意义。除上面涉及的方面外，还有两点值得注意：斋堂的方形砖室墓，代表了北方元墓的流行形式，迄今北京地区发现的辽代砖室墓与山西大同地区一样，都是圆形的；斋堂墓出土的三彩罐和三彩炉不是辽三彩，而是少见的元三彩标本。

综上所述，斋堂壁画墓可以肯定是元墓。

（2）密云太子务元代壁画墓

1977年北京市文物管理处在密云县西田各庄太子务村清理了一座元代壁画墓。

该墓墓门南向，为上圆下方的砖室墓，因早年被盗，穹窿式墓顶已塌陷。墓室四壁抹泥一层，均绘有壁画，部分壁画已残缺。拱眼上绘写生花卉。壁画均以墨彩描绘宽线墨框，框出四个部分，象征四面屏风。

墓室四壁砖雕帷幕走水一周，四隅绘垂幕。墓室壁绘单扇屏风一架，边框涂浅赭色。画心绘人物图，图中绘五人，左起第一人是一位戴冠、短须、左手执蕉叶扇的中年男子，当为主人，另有手执器物或捧物的二男二女，当为侍者，人物两侧绘有竹石花卉。

图七十二　斋堂壁画墓　棺档上所绘男侍

墓室南壁开墓门，墓门西侧绘牡丹花，东侧壁画已剥落，墓门正上方绘横匾，饰褐红色卷云纹边，匾上墨书“永安之堂”四字。

西壁绘三开屏风一架，画心剥落严重，画面不清，但尚可见牡丹花。屏风右侧有砖砌影作灯檠一架。

北壁亦绘三开屏风一架，正中画心墨绘梅花竹石图。

屏风、帷幕，都是元代贵族常用的陈设。该墓壁画线条流畅，尤其是梅花竹石作为独立题材的出现，为研究元代绘画的技法与风格提供了有价值的资料。

七、清壁画墓

北京在清代继续为都，继元、明两朝之后，继续保持着全国政治、文化中心的地位。崇祯十七年（1644年），李自成攻破北京城，明王朝被推翻。随即，清军入关，北京开始进入清朝统治时代，直到1912年，满族统治者正式退出历史舞台，清朝结束，也宣告了中国两千多年的君主专制制度的结束。

在清代，北京作为全国的政治、文化中心，是满族贵族聚居的中心，在满族政治制度、风俗习惯的影响下，北京地区清代墓葬在葬制葬俗上也有着自己的特点。目前北京地区清代壁画墓仅发现一座，位于门头沟区色树坟乡南港村。

1987 年被发现的门头沟清代壁画墓，墓主为马怀印与两位妻子，下葬年代在嘉庆年间（壁画上题为乾隆十年）。该墓坐北朝南，墓室为舟蓬式，平面呈长方形。墓室内东、西、北三壁均绘有壁画，壁画采用单线白描，完整如新。

北壁上部画幔帐，下部绘四幅花鸟画，自左至右依次为梅花图、牡丹图、菊花图与荷花图。

东西两壁每壁各绘二男二女。东壁画中有一座桥贯穿整幅画面，二男二女着宽袖长袍行走桥上，人物手中或托盘或托盒，均为侍者，桥面左侧有一只昂首挺立的仙鹤（图七十三）。西壁内容与东壁基本相同，只是画面右侧绘有一对梅花鹿，空中绘有飞舞的蝙蝠，意为“福禄寿全”，与东壁画合在一起又有“鹤鹿同春”之意。

图七十三　马怀印壁画墓壁画：人物与仙鹤

八、对北京地区壁画墓的几点认识

本文介绍的北京地区自东汉至清代的十余座壁画墓，反映了北京地区墓葬的些许情况和时代地域风尚，限于资料缺乏，很难总结出若干特点，在此仅对各时代壁画墓的结构与壁画题材作以初步总结，希望起到抛砖引玉的作用，引起学术界的关注。

如果一定要找出几点共性，笔者认为有如下几点：

（1）壁画内容丰富多彩

北京地区壁画墓内容丰富多彩，涉及人物故事、房屋建筑、室内装饰、山水风景、动物花卉、宗教信仰、风俗礼仪、社会生活等诸多方面。出色的人物塑造是北京地区壁画最具感染力之处，既有奴仆、男女侍从，又有墓主及宾客形象，既有年迈的老者、健壮的男吏，又有柔美的女侍、活泼的儿童，其衣着、神态各有不同，体现了画师的深厚功力。人物形象中最多者莫过门吏和备食、侍宴的侍从，这些人物形象向人们展示了墓主生前生活的富足与闲适，既有对起居饮食的描绘，也有宴聚宾客、埋头赏画的场景，甚至还有公堂断案的工作情景，以表现家居生活场景者为多。富丽的房屋建筑和室内装饰是壁画的另一个令人过目难忘之处。既有外部甬道、门楼的刻画，又有室内斗拱、门窗、桌椅、屏风帷幕的刻画，还有杯盘碗盏、箱笼衣架等器具的描摹，重现了墓主生前的居室环境。山水风景、动物花鸟是壁画内容的第三项引人注目之处。其中莲花和祥云的描绘又居首位，多用于屋宇构件的局部装饰；动物形象主要为十二生肖和飞鸟，数量不多；山水画直到辽代晚期才开始出现，且出现较少，北京地区仅发现一处，即斋堂镇元墓棺床床档上的四幅。

（2）“事死如事生”的观念

壁画内容多数表现墓主人生前生活起居、信仰、爱好等，或体现晚辈对长辈的孝道，或时代流行的风尚（花卉、鸟兽）。总之，壁画内容既体现了其身份地位，也表现了幻想继续享受生前美好生活的愿望。

以石景山西晋墓为例，墓主人端坐帐中，手握（执）麈尾（麈尾是魏晋名士常用的“雅物”），是当时清谈风尚的表征物，这种时代流行的器物，可在墓主人形象中找到原型。

（3）浓厚的宗教文化色彩

魏晋南北朝时期是我国佛教发展的第一个高峰。武则天至唐玄宗时期，佛教受到统治者的大力提倡，实现了中国化、本土化。契丹建国后，佛教被定为国教，辽道宗甚至“一岁饭僧三十六万，一日而祝发三千”。佛教在北京地区也得到了广泛传播，民众对佛教的崇信在这一时期的壁画墓中有所体现，如唐何府君墓中砖雕塑的力士、菩萨形象，七级塔形浮雕，佛教中的莲花更是成为墓葬装饰的重要花卉。辽丁文逌、丁洪墓中出土的灭罪真言，王泽日诵经十卷，以及金墓中的四神、十二生肖、辟邪、镇墓兽等均受到佛教思想的影响。

（4）普遍绘寓意深邃的花卉、动物

海淀王公淑墓中绘折枝牡丹花，金赵励墓顶绘花蕊，并绘有十二朵牡丹，牡丹花寓意祥和、和谐、富贵，体现了人们对美好生活的寄托与向往。此外，唐代花鸟、蝙蝠、松树、百合、瑞兽，以及石榴、桃等水果，也都有很深的寓意，一般寓意“松鹤延年”“百年好合”“鹤鹿同春”“多子多福”等，以祈求今生来世的美好生活。

耶律阿保机为中国历史发展作出巨大贡献

金永田①

耶律阿保机（872—926年），耶律氏，字阿保机，小字啜里只，汉名亿，契丹迭剌部霞濑益石烈（县）耶律弥里（乡）（今内蒙古赤峰市巴林左旗一带）人，其为契丹开国皇帝，庙号太祖，谥号大圣大明神烈天皇帝。

咸通十三年（872年），阿保机出生于契丹迭剌部的一个贵族家庭。在他降生前后，契丹内部争夺权势的斗争十分激烈，这场斗争中，耶律氏家族失利，阿保机祖父被杀，父亲及叔伯无奈逃离故乡，年幼的阿保机也时刻受到威胁，为了不致遭到杀害，祖母"常匿于别幕，涂其面，不令他人见"。阿保机幼年生活环境十分险恶，但在逆境中却增长了才智，铸就了钢铁般的意志和体魄。《辽史》说他"既长，身长九尺，丰上锐下，目光射人，关弓三百斤"。伯父释鲁任部落联盟于越时，提携阿保机为挞马狘沙里（侍卫亲兵队长），从此出仕为官。后来，释鲁被害，阿保机亲自破获并审理此案，部分杀害释鲁的人受到应有的惩罚，并依靠亲兵队的威力，相继降伏小黄头室韦，破越兀、乌古、六奚诸部，被国人誉为"阿主沙里"（契丹语"小祖宗"之义），在遥辇氏部落联盟中享有极高的威望，并在以后的岁月中，建立了辉煌的业绩。

关于阿保机此后的重要政治活动，《辽史·太祖上》均有记载：

"唐天复元年（901年），岁辛酉，（遥辇氏部落联盟）痕德堇可汗立，以太祖为本部夷离堇（军事首领），专征讨，连破室韦、于厥及奚帅辖剌哥，俘获甚众。冬十月，授大迭烈府夷离堇（遥辇氏部落联盟军事长官）。"

"明年（902年）秋七月，以兵四十万伐河东、代北，攻下九郡，获生口九万五千，驼、马、牛、羊不可胜纪。九月，城龙化州于潢河之南，始建开教寺。"

"明年（903年）春，伐女直，下之，获其户三百。九月，复攻下河东怀远等军。冬十月，引军略至蓟北，俘获以还。……遂拜太祖于越（仅次于可汗），总知军国事。"至此，阿保机已经成为遥辇氏部落联盟无冕之王了。

"明年（904年），岁甲子，三月，广龙化州之东城。九月，讨黑车子室韦，唐卢龙军节度使刘仁恭发兵数万，遣养子赵霸来拒。……擒霸，歼其众，乘胜大破室韦。"

① 金永田，内蒙古自治区赤峰市巴林左旗博物馆馆长、副研究馆员。

“明年（905年）七月，复讨黑车子室韦。”

“明年（906年）二月，复击刘仁恭。还，袭山北奚，破之。……十一月，遣偏师讨奚、霫诸部及东北女直之未附者，悉破降之。十二月，痕德堇可汗殂，群臣奉遗命请立太祖。曷鲁等劝进。太祖三让，从之。”耶律阿保机自担任挞马狘沙里（侍卫亲兵队长）以来，率领契丹铁骑，南略北伐、东征西讨，消灭敌军摧枯拉朽，降伏诸部所向披靡，好像身上有使不完的劲，凸显了其青春活力和不屈不挠、英勇奋战的英雄气概。不仅如此，阿保机还把政治触角深入中原，与唐末一些割据军阀进行软实力较量。

10世纪初，唐朝垂危，契丹在北方悄然崛起。中原却出现了许多割据势力，为瓜分唐朝疆土、争权夺势、攫取财富而打得昏天黑地，为了各自的利益，都想争取契丹的支持。为此，他们先后遣使奉书纳币，请求契丹出兵相助打败对手。另一方面，耶律阿保机也有意进入中原一探虚实，为越过长城逐鹿中原做准备，因此，与唐末割据势力频繁接触。

《辽史》载：天祐二年（905年）七月，“唐河东节度使李克用遣通事康令德乞盟。冬十月，太祖以骑兵七万会克用于云州，宴酣，克用借兵以报刘仁恭木瓜涧之役，太祖许之。易袍马，约为兄弟”。

刘仁恭，唐末五代藩镇割据将领，原为卢龙节度使李可举部下。先投靠晋王李克用，后与李克用反目，遂投靠汴州节度使朱温，因其妄图割据河朔，受到朱温的讨伐。刘仁恭不仅与李克用、朱温有嫌隙，而且与契丹也早有宿仇。

契丹遥辇氏部落联盟痕德堇可汗末期，刘仁恭多次率军进入契丹地面烧毁草原，使契丹不得放牧，战马多死。时痕德堇可汗懦弱，无力还击，只好献良马求牧地，刘仁恭借机敲诈。此仇痕德堇至死未得报。今李克用求阿保机攻打刘仁恭，阿保机爽快答应。《辽史》载：“及进兵击仁恭，拔数州，尽徙其民以归。”“明年（906年）二月，复击刘仁恭。”此举，不但为痕德堇了却刘仁恭烧荒害牧、敲诈良马的怨恨，也满足了李克用借兵的意愿，还俘获众多人口充实契丹本土，可谓一举多得。

就在阿保机与李克用联合攻击刘仁恭的时候，汴州朱温于天祐三年（906年）“遣人浮海奉书币、衣带、珍玩来聘”，即带着礼物前来访问，以示交好。

朱温，后梁首位皇帝。乾符二年（875年）参加王仙芝、黄巢领导的农民起义军，先后攻陷洛阳、长安等地。中和二年（882年）他却归附唐军与李克用等联合镇压义军。因功，唐僖宗赐名全忠。朱全忠与李克用虽然一同镇压义军，但后来却产生矛盾。

李克用，与朱温同为唐末将领并一起参加黄巢农民起义，继而又参与镇压义军。一次，黄巢起义军路过朱温所辖地盘，在朱温的请求下，李克用配合朱温将黄巢军队打败。为此，朱温设宴答谢李克用，而李克用在宴席上对朱温恶语相加，朱温怒火中烧，夜里派人将李克用居舍点燃，想灭掉这一狂徒，谁想天降大雨，将火浇灭，李克用得以逃生，两人由此结下了仇恨并长期交恶。

阿保机云州赴约，与李克用称兄道弟，酬酢甚欢。但酒气未消，却与后梁暗中勾结，李克用愤懑在胸。有人说，阿保机与李克用结盟，又与朱温过从甚密有失诚信，其不知阿保机为契丹国和自己的统治地位有求于朱温。古代中原政坛有一条制度，即少数民族政权及首领须得到中原王朝的册封，才算合理合法。

阿保机初登汗位，急需获得中原王朝的承认。后梁太祖朱温有资格册封耶律阿保机，而李克用却无能为力。阿保机便向朱温提出册封请求。诡计多端的朱温向耶律阿保机提出两条要求：一、共同出兵灭掉李克用；二、要求阿保机派子侄辈和契丹贵族后辈三百人到东都（汴京）做御前侍卫。达成协议并付诸实施方可册封。阿保机认为两个条件均使契丹失分，尤其让契丹子弟宿卫后梁宫廷，这三百名子弟在朱温手中，成了实际上的人质，阿保机看透朱温意欲控制契丹的野心，果断地拒绝这些条件。《辽史》载："（太祖）元年（907 年）春正月庚寅，命有司设坛于如迂王集会埚，燔柴告天，即皇帝位。"从此不再为册封而劳心。他在广阔的草原上，做起皇帝来。耶律阿保机与中原割据势力的周旋，虽然攫取大量人口及财富，得到了历练，提高了他与中原政治人物打交道的智慧，但也付出极大的心血和体力。

契丹旧制，可汗每三年一选。耶律阿保机掌权后，总结以往契丹内部为争夺部落联盟领导权而互相残杀的教训，在儒家文化的影响下，试图废除可汗三年一选的传统，实行汗权由一家一姓世袭的制度。这样势必影响坚持三年一选可汗守旧势力的利益。906 年，阿保机登上可汗宝座，太祖元年（907 年）即皇帝位之后，行有多年，阿保机也不召开选汗会议，于是迭剌部有资格竞选可汗的人起来反对，其中阿保机的弟弟们表现得尤为激进。《辽史》载：太祖五年（911 年）"皇弟剌葛、迭剌、寅底石、安端谋反"，史称"诸弟之乱"。第二年（912 年），趁阿保机南征返回时，诸弟阻拦阿保机，要求恢复三年一选可汗的旧制度，逼阿保机交出皇权；第三年（913 年），形势更趋严峻，斗争愈加残酷，诸弟纠集更多反对派，组织大规模武装力量，伺机谋杀阿保机，并自行设置象征天子权力的旗鼓，准备自立为王，更有甚者，"剌葛遣其党寅底石引兵径趋行宫，焚其辎重庐帐，纵兵大杀。……其党神速姑复劫西楼，焚明王楼"，破坏极大。

太祖七年（913 年）四、五月，阿保机北追剌葛；寅底石自到不殊。"秋八月己卯，幸龙眉宫，轘逆党二十九人……"太祖八年（914 年）"秋七月丙申朔，有司上诸帐族与谋逆者三百余人罪状，皆弃市"。然而，对其弟弟们却网开一面，"不忍执法，或杖而释之"。至此，这场叛乱才算基本结束。

契丹八部，除迭剌部之外还有七部，他们继诸弟叛乱后，也打着维护可汗三年一选旧制的旗号，要求阿保机退位。据《契丹国志》载：因阿保机执政多年"不肯代立，诸部共责诮之"。实际是强迫其交权，面对七部反对派强大力量，阿保机采取以退为进的策略，交出象征可汗权力的旗鼓，征得七部首领的同意，带领所部（包括大量汉人）自立一部，到炭山东南建汉城而居。经过努力，经济得以发展，物质基础和军事实力不断提升。在此情况下，阿保机采取其妻述律平之策，告七部大人说，我有盐池，你们每年都来取盐，可知盐有主人否，你们应当带着牛羊和美酒来犒劳我。"诸部以为然，共以牛酒会盐池，阿保机伏兵其旁，酒酣，伏发，尽杀诸部大人，复并为一国，东北诸夷皆畏服之。"至此，契丹八部全部归于阿保机旗帜之下。

在历次平定叛乱的战争中，阿保机殚精竭虑，追讨搏击，国家发展计划几度被打乱，身体亦受到极大损伤。

叛乱平定后，阿保机并没有停歇下来。《辽史》载："神册元年（916 年）春二月丙戌朔，上在龙化州，迭烈部夷离堇耶律曷鲁等率百僚请上尊号，三表乃允，丙申，群臣及诸属国筑坛州东，上尊号曰大圣大明天皇帝，后曰应天大明地皇后。大赦，建元神册。”三月，“立子倍为皇太子”，彻底废除可汗世选制，确立了皇权世袭制，从此，契丹迈进了封建社会门槛。

阿保机志向宏远，心胸开阔。为了建设强大的契丹帝国，他求才若渴，礼贤下士，不仅仰仗族人，还重用俘获或归附契丹的汉族官僚知识分子，阿保机重用的汉官很多，其中有幽州安次人、后唐幽州观察度支使韩延辉，蓟州玉田人韩知古和蓟州衙校康默记等人。

阿保机在汉人的帮助下，大胆进行改革，取得辉煌成绩：一、以立皇太子的方式，摒弃了部落联盟可汗世选制，确立皇权由一家一姓世袭制度。二、早在阿保机接任可汗之时（905 年），即有意建设皇都，906 年，阿保机在西楼举行射金簇箭仪式，在箭落之地修建了“龙眉宫”。太祖二年（908 年）建“明王楼”。因诸弟之乱等事故发生延迟至神册三年（918 年），方开始大规模建都工程，三个月之后，一座辉煌壮阔的大都会出现在草原上，时名“皇都”，会同元年（938 年）十一月，辽太宗耶律德光“诏以皇都为上京，府曰临潢”。三、接受历次反叛的教训，进一步巩固集中统一的国家政权。契丹官分南北，以前北、南二府权责分散，通过调整后，统一控制在皇帝之下；耶律阿保机根据“迭剌部人众势强，故多为乱”的现实，将迭剌部分为二院，削弱其实力，以便更容易驾驭。四、重用汉人官员，开启因俗而治的先河。五、改变契丹法无定律，有犯罪者，而无法定其刑罚的尴尬，制定《决狱法》及其他法律。六、契丹建国后，随着政治、经济形势迅速发展，基于民族意识和文化建设需求，创制了契丹大、小字，与汉文一同使用，有力地促进了文化发展。至此，国家机器趋于完备并开始正常运转，一个生气勃勃的契丹国在北方崛起。

耶律阿保机是个善于吸收中原文化的君主，神册三年（918 年）二月，命康默记“建皇城（辽上京）”，“五月乙亥，诏建孔子庙、佛寺、道观”。神册四年（919 年）“秋八月丁酉，谒孔子庙，命皇后、皇太子分谒寺观”。据上述史料可知阿保机对儒家文化是高度重视的。

阿保机虽然出身草原马背民族，却深深濡染了儒家文化“百善孝为先”的精髓。《辽史》载：神册四年（919 年）“九月，征乌古部，道闻皇太后不豫，一日驰六百里还，侍太后，病间，复还军中”。自从任挞马狘沙里以来，阿保机人不卸甲、马不离鞍，不顾自己的安危，时刻为了契丹的利益而浴血奋战，并发生诸弟之乱、七部夺权、捭阖中原等太多事情，时年四十七岁的阿保机感觉累了。此次回家侍母，又放心不下在外的几十万大军，太后病间，快马疾驰，飞奔军营，因“天大风雪，兵不能进”，或因身体不适，在乌古部边地休息至十月丙午日。趁着风停雪霁之机，“命皇太子将先锋军进击，破之，俘获生口万四千二百，牛马、车乘、庐帐、器物二十余万”。

契丹建国以来，阿保机始终坚持领土扩张战略，如今，纲纪整肃，朝廷清明。在此形势下，阿保机决意出兵幽云地区，神册六年（921 年）十月，“丙子，上率大军入居庸关”。当年“十一月癸卯，下古北口。丁未，分兵略檀、顺、安远、三河、良乡、望都、潞、满城、遂城等十余城”。但在望都之战中阿保机被晋军打个措手不及，吃了大败仗。通过以往与中原多次接触和交手，阿保机认识到，要夺取燕云之地并不容易。何况，西北诸部与东部渤海形成的钳形压力不可小觑。因此，确定先伐西北诸部，继而征服渤海，然后再南下中原的战略方针。此计一出，朝中产生了畏难情绪，为此阿保机发表了一番宏论。辽天赞三年（924年），“六月乙酉，召皇后、皇太子、大元帅及二宰相、诸部头等诏曰：‘上天降监，惠及烝民。圣主明王，万载一遇。朕既上承天命，下统群生，每有征行，皆奉天意。是以机谋在己，取舍如神，国令既行，人情大附。舛讹归正，遐迩无愆。可谓大含冥海，安纳泰山矣！自我国之经营，为群方之父母。宪章斯在，胤嗣何忧？升降有期，去来在我。良筹圣会，自有契于天人，众国群王，岂可化其凡骨？三年之后，岁在丙戌，时值初秋，必有归处。然未终两事，岂负亲诚？日月非遥，戒严是速。’”这段说辞，虽然令人不解，但也发挥了战前动员的效果。于是，天赞三年（924年），阿保机率主力部队转移到西和西北部，进讨乌孤山和古单于国，攻下回鹘城，破胡母思山诸蕃部，拔浮屠城，尽取西鄙诸部。这一年攻城略地的战争，是激烈的，也是残酷的，虽然取得了胜利，但对阿保机来说，是消磨筋骨、摧残生命的一年，健康状况大不如前。但是，按原定计划，渤海未被征服，阿保机心有不甘。关于是否东征渤海的问题，朝中产生了应乘势而为，马上挥师渤海或刚刚征伐西北诸部，需要休整一段时间等不同意见。反对东征渤海的人不在少数，据分析，皇后述律平根据群臣意见和太祖健康状况也反对出兵渤海。怎奈，阿保机的性格比较倔强，他认定的事很难改变。但阿保机对皇后的反对意见，并没有进行简单的回驳，为了达到出兵渤海的目的，就又拿出数年前那篇宏论，以“朕既上承天命，下统群生，每有征行，皆奉天意”的说辞说服皇后和众臣。此言一出，谁还敢违背天意，谁能忤逆皇命？百鸣归一，只好听皇帝的安排。于是，阿保机在天赞四年（925年）“十二月乙亥……乃举兵亲征渤海大𬤇譔”。这次东征有一个特点，那就是“皇后、皇太子（倍）、大元帅尧骨（耶律德光）皆从”。几乎全家上阵。如此安排说明两重意思：一、皇帝亲征，皇后、太子、大元帅皆从，是皇后制定的确保皇帝安全的万全之策。二、此次东征渤海，势在必得，所以皇家主要人物全力以赴。另外，韩知古、韩延辉、康默记、萧思温等忠臣良将护佑左右，并集契丹主力部队，征调回鹘、新罗、吐蕃、党项、室韦、沙陀、乌古等部队作为辅助，组建了一支强大的远征军，向渤海进发，力求一举伐灭渤海国，不得有半点差池。计划可谓全面周到，组织充分严谨。

攻打渤海国的战斗似乎进行得很顺利。天显元年（926年）春正月，“庚申，拔扶余城，诛其守将。丙寅，命惕隐安端、前北府宰相萧阿古只等将万骑为先锋，遇𬤇譔老相兵，破之。皇太子、大元帅尧骨、南府宰相苏、北院夷里堇斜涅赤、南院夷里堇迭里是夜围忽汗城。己巳，𬤇譔请降”。之后的战争中虽有叛复，但最终获得以大𬤇譔投降、渤海国覆没为终极目标的全面胜利。至此，由阿保机创建的契丹国，成为我国古代北方东起日本海，西至流沙，北绝大漠，幅员万里的强国了。可惜，天显元年（926年）秋七月，“甲戌，次扶余府，上不豫……是日，上崩”。天赞三年（924年），阿保机所发表的宏论中说“三年之后，岁在丙戌，时值初秋，必有归处”，虽然与阿保机逝世的时间相符，但明眼人一看便知，那是杜撰之词。笔者根据阿保机数十年的运筹帷幄，转战南北，宵衣旰食，冲锋沙场等情况分析，得出阿保机因积劳成疾，在伐渤海战斗中故疾突发而辞世的推测，这是接近事实的。

阿保机是一个有梦想，敢于追求的人。在他登上可汗宝座的第二年建设了龙眉宫，表露他对龙的追求。龙是什么？在中国古代是天子象征。可想而知，阿保机在龙眉上建宫殿，就与龙拉上了关系，说明他就是“真龙天子”了。辽太祖二年（908年），又在西楼建筑了明王楼，表露了对明王的追求。他要当一代明君。而他在天赞三年（924年）出征西北诸部前夕发表的那篇宏论中所提到的“圣主明王”，表白的是，他要做一个圣贤国主、明德君王，这也是他一生的追求，创建辽国他做到了，实至名归，他为中华民族的形成，为中华文化的塑造，为因俗而治方针的创立，为祖国北方疆域的开拓，立下了不可磨灭的功勋。耶律阿保机是我国封建帝王中的佼佼者之一，他为中华民族的历史发展作出了巨大的贡献！

辽代后族研究

——耶律氏皇权存亡与后族萧氏历史功过

冯永谦　张　松①

辽代是我国历史上由契丹族联合汉族和其他少数民族，在中古时期建立的一个王朝，雄踞北中国，在五代后梁贞明二年（907年）建国，至北宋靖康二年（1125年）灭亡，立国219年，和五代及北宋共存，形成我国历史上第二次南北朝。辽朝在其辖境内，设有五京，普遍建立州县，城郭相望，道路相通，人烟稠密，广阔的草原上从未有过如此繁荣的景象，从此改变了以前的荒漠游牧面貌，对开发、建设北中国作出了巨大的贡献。

辽王朝是以契丹族为主体建立的政权，因此研究契丹族就是一个重要课题。但由于历史上流传下来的关于契丹族的史料缺乏，因此，对契丹族进行研究就显得进展很难，则更觉得非常必要。

契丹族的辽朝，享国二百多年，这个王朝有一特殊之点，就是有掌权的皇族耶律氏，还有后族萧氏，一树二枝，两者互为婚姻，历久不变。但是辽王朝在未建国之前，不存在后族一说，其真正形成后族，是在大辽王朝建立之后，有了掌权的皇族，才有婚姻的后族。后族一出现，便与辽朝国祚相始终，兴有后族，亡亦有后族。契丹后族萧氏和契丹皇族耶律氏，互为婚姻，荣辱与共，因此，我们对其中的纠葛就应给予足够的关注，不应忽略。

按照社会常理来说，辽代萧氏世为后族，其事迹当很彰显，然而事实却并非如此，虽然《辽史》有记载，但对于庞大的后族，其文字简略不详，颇难深入了解，此情况当有《辽史》成书较晚，中间隔有金朝，经过战火烽烟，改朝换代的原因，使档案损失，资料不全，疏漏讹误，自然难免，由此《辽史》中虽撰有《外戚表》专章记述，而其本身的先天残缺，错漏不全，行辈颠倒，叙事不够清晰，族系有欠详明，因此，虽《外戚表》在，也不是完整准确之史文，故亦不足为据。

关于后族史事，由于文献资料不足，因此历来对辽代后族研究者甚少。近年在对后族研究中，有两篇文章先后面世，专题论述，深入探考，文字量很大，也较系统，征引分析，钩沉辑补，可借以了解后族情况②。此前学界对辽代后族的认识，多就表面了解，未作深层次研究，欠缺提纲挈领、

① 冯永谦，辽宁省文物考古研究院研究员。
张松，辽宁国际传播中心记者。

② 冯永谦：《辽史外戚表补证》，《社会科学辑刊》1979年第3、4期。
蔡美彪：《辽代后族与辽季后妃三案》，《历史研究》1994年第2期。

握住主脉，而是陷入汪洋大海般的“泛后族研究”文字里，什么拔里、乙室已、二审密……对于研究者而言，开门即迷失，门槛未跨进便多半难以为继了。

历朝历代的顶层权力，实际只掌控在两三家顶级权贵手中，外围之人绝难染指，更不容他人觊觎。辽代的核心权力，只握在契丹族辽太祖一系的皇族耶律氏及后族萧敌鲁、萧阿古只两族系的两大家族手中。这两大家族齐心协力、精诚合作，辽朝就稳定、就发展；一旦他们之间势力失衡、出现偏差，大辽就震荡、就紊乱，甚至亡国——辽代的历史就是这样的历史，复杂亦很简单。

辽代后族虽统一姓萧，但来源很复杂，从大贺、遥辇、迭剌，从古八部到二十部，分分合合、时聚时散，研究后族，据蔡美彪先生考证，来源久远，起源甚至要早到制造“营州之乱”的唐代辽西枭雄孙万荣、李尽忠，如此则扑朔迷离，难得要领，这未免太过并且是人为地复杂化了。

因此，搞清楚族系的关系很重要。在蔡美彪先生之前，研究辽代后族历史，冯永谦写有《辽史外戚表补证》一文，这是一篇依据历史文献，结合近年来考古发现出土的辽代墓志资料，对《辽史》中残缺不全的《外戚表》进行全面的补缺纠讹，使之更为完整和系统；同时提出一个重要理论，即“母前夫之族与母后夫之族”问题，就是说辽朝的后族来源很确定，并且亦很明晰，辽太祖淳钦皇后述律平的母亲嫁过两个男人，与回鹘（突厥）族胡母里的子孙即述律后之母前夫生了三个孩子，女是耶律老古母、男为欲稳和萧敌鲁，其后又与契丹族糯思的子孙婆姑（月椀）即述律后之母后夫也生了三个孩子，女即太祖皇后述律平与其弟萧室鲁和萧阿古只。这样说来，完整、准确、清晰的表述是：母前夫回鹘族萧敌鲁家族与母后夫契丹族萧阿古只家族，此二支族系都是后族，为辽朝通婚的皇后人选。

由此可知，述律平是契丹人，不是回鹘人，而大名鼎鼎的萧绰萧太后却出自母前夫之族，反倒有回鹘血统。再严格点说，契丹人长期委身于突厥人的势力范畴，母前夫之所谓回鹘族或更贴近于突厥族。

辽代的皇后、手握重兵的国舅，就在萧敌鲁与萧阿古只家族间产生，两大家族在辽代的历史中，却是明争暗斗、惨烈斗法，他们曾联手擎托起大辽天下，也因为分裂撕碎了契丹江山。

我们认识辽代的后族，虽然都为萧氏，但其家族渊源存在差异，因此经过深入研究，就会发现他们在辽朝历史发展中，起到的作用不同，或致兴邦，或致亡国。现在看来，所以会产生这样重大的问题，究其根源，与冯永谦提出的后族始源“母前夫之族”和“母后夫之族”的两大族支有关，是他们的不同作用，从而造成这种后果。现在我们就从已经分辨清晰的“母前夫之族”与“母后夫之族”这两个家族着手，深入探究两家族在以争皇后、掌重权为出发点的辽朝统治里，他们是如何进行这种相互纠葛的活动，并最终导致（虽然也有皇帝本身的问题）辽朝的灭亡的。

一、辽太祖时代后族势力崭露头角

每当说到辽代，似乎是耶律家族的“独舞”，但真实的历史则是：有辽 219 年，是一出耶律与萧氏的“东北二人转”。即便在耶律氏风光无限之时，“耶律”与“萧”也基本是平起平坐的，辽太祖建威猛皮室军[①]，述律后也置精锐属珊军[②]，即使辽代较为稳定的帝后关系，也证明了一个颠扑不破的人间真理：有实力，才有尊重。

耶律离不开萧。阿保机每逢军国大事，必与述律平商议，辽太祖何等英雄人物，一样要听皇后述律平的意见[③]。

辽太祖远征时，上京老营就是交给述律平来镇守的。诸弟叛乱，述律平亲自领兵督战、震慑叛军，令剌葛、寅底石们心怀忌惮。

不过，由女人出头露面、领兵上阵并非常态，辽代的皇后们自然想到启用娘家人——国舅代行权力，这就自然形成了辽代的“后族集团”。这个集团强大到可以左右大辽政局，这个趋势越到中后期越明显，当皇帝的耶律外甥们几乎成了摆设。

辽代的国舅们位高权重，这个权，主要指兵权，兵权才是真正的权力，在辽太祖的二十一位佐命功臣里，皇后述律平的兄弟萧敌鲁与萧阿古只，两位国舅位列其中，前者被辽太祖比作“手”，后者被辽太祖喻为“耳”，都是人身肢体重要器官，其重要由此可见。辽太祖的贴身侍卫军都是由他们统带的，辽代一人之下，万人之上的“北府宰相”，就是为萧氏后族专设的，地位之高、信任之专，简直无以复加。

《辽史》谓：萧敌鲁，性情宽仁厚道，力大过人，熟悉军事。阿保机还没有即位时，他就每天服侍左右，每逢征讨，必定参与指挥布阵。阿保机登基后，萧敌鲁与弟萧阿古只以及耶律释鲁、耶律曷鲁一同主管宿卫。辽太祖征讨奚人及刘守光，萧敌鲁在海滨攻城略地，斩首俘获甚众。不久，耶律剌葛等作乱，溃败后北逃。萧敌鲁率轻骑追赶，昼夜兼程，到榆河，击败剌葛党人，生俘剌葛献上，辽太祖大为嘉赏，赏赐十分优厚。后来征讨契丹西南面的部落，萧敌鲁功劳居于诸将之首[④]。喻为“手”，即与主人不可分离，足可左右辽朝政权存亡，是辽太祖倚靠的核心人物。又如敌

① 脱脱：《辽史》卷四十六《百官志二》载：“初，太祖以行营为宫，选诸部豪健千余人，置为腹心部，耶律老古以功为古皮室详稳。则皮室军自太祖时已有，即腹心部是也。太宗时增多至三十万耳。”

② 脱脱：《辽史》卷三十五《兵卫志中》载：“皇后述律氏居守之际，摘蕃汉精锐为属珊军。”“属珊军，地皇后置，二十万骑。”又卷三十七《地理志一》仪坤州谓：“应天皇后述律氏，适太祖。太祖开拓四方，平渤海，后有力焉。俘掠有技艺者多归帐下，谓之属珊。”

③ 脱脱：《辽史》卷七十一《后妃传》，中华书局点校本 1974 年 10 月版，第 1199 页，《太祖皇后述律氏传》：“太祖淳钦皇后述律氏，讳平，小字月理朵。……太祖即位……行兵御众，后尝与谋。太祖尝渡碛击党项，黄头、臭泊二室韦乘虚袭之；后知，勒兵以待，奋击，大破之，名震诸夷。……幽州刘守光遣韩延徽求援，不拜，太祖怒，留之，使牧马。后曰：‘守节不屈，贤者也。宜礼用之。’太祖乃召延徽与语，大悦，以为谋主。吴主李昪献猛火油，以水沃之愈炽。太祖选三万骑以攻幽州。后曰：‘岂有试油而攻人国者？’指帐前树曰：‘无皮可以生乎？’太祖曰：‘不可。’后曰：‘幽州之有土有民，亦犹是耳。吾以三千骑掠其四野，不过数年，困而归我矣，何必为此？万一不胜，为中国笑，吾部落不亦解体乎！’其平渤海，后与有谋。”

④ 脱脱：《辽史》卷七十三《萧敌鲁传》，中华书局点校本 1974 年 10 月版，第 1222 页。萧敌鲁：“其母为德祖女弟，而淳钦皇后又其女兄也。……敌鲁性宽厚，膂力绝人，习军旅事。太祖潜藩，日侍左右，凡征讨必与行阵。既即位，敌鲁与弟阿古只、耶律释鲁、耶律曷鲁偕总宿卫。拜敌鲁北府宰相，世其官。太祖征奚及讨刘守光，敌鲁略地海滨，杀获甚众。顷之，剌葛等作乱，溃而北走。敌鲁率轻骑追之，兼昼夜行，至榆河，败其党，获剌葛以献，太祖嘉之，锡赉甚渥。后讨西南夷，功居诸将先。”

鲁之弟萧阿古只：少卓超出众，成年后，勇武骁强，擅长射箭，临阵一往无前，射击敌人甲盾时能应弦洞穿。阿保机为于越时，因为阿古只颇有能力且勇武无畏，故被阿保机赏识命其军前效命。阿保机即可汗位之后，萧阿古只与其同母异父的兄长萧敌鲁一道总揽腹心部。太祖阿保机筹划治理奚地，命萧阿古只统领一百骑前去应对，逆党迭里特、耶律滑哥一向畏惧他勇武有谋略，互相告诫说："此人惹不起！"剌葛北逃之后，萧阿古只奉命与萧敌鲁率领腹心部兵马向北进击剌葛，经过昼夜兼行，到达榆河，终于追上叛军并降服之。辽太祖神册元年（916年），萧阿古只征讨西南夷，立有战功；奉太祖之命南征中原山西，攻城略地，先后攻取了朔州（今山西朔州）、蔚州（今河北蔚县）、新州（今河北涿州）、武州（今河北张家口市宣化区）、妫州（今河北怀来）、儒州（今北京延庆）等州，斩杀俘获一万四千七百多人。辽太祖神册二年（917年）三月，萧阿古只又同周德威大战于居庸关之西的新州，大败周德威所率五州之兵，斩获三万余众，进而威震中原。取得大胜的契丹军，追击敌方残兵赶至河北平原，阿保机命萧阿古只为统军。辽太祖神册三年（918年），在萧敌鲁病逝后，萧阿古只接任北府宰相一职，执掌兵部和契丹统军之权。子孙世袭其职。辽太祖天赞元年（922年），萧阿古只又奉命与王郁进击掠地于燕、赵一带，攻破磁窑镇。而后，太祖阿保机率军西征，命萧阿古只总揽南边守土职责。辽太祖天显元年（926年），萧阿古只随太祖阿保机东讨渤海，破扶余城。萧阿古只独自率领精锐骑兵五百，击败老相军队三万余众，再显其威勇善战之名。攻下扶余城仅六天后，以阿保机之弟耶律安端和萧阿古只为统帅，二人率一万骑兵为先头部队，击破了大諲譔的老相所统领的三万渤海主力军。渤海平定后，改为东丹国。不久，渤海已降附的部分郡县又反叛，盗贼纷起。萧阿古只又与康默记合兵讨伐，所向披靡。适逢贼人游骑七千从鸭渌府前来增援，兵势十分嚣张。阿古只率部下精兵，挫其兵锋，一战而胜，斩首俘虏三千余人，并攻占敌兵之据点回跋城①。这不免使人产生这样的印象：辽太祖耶律阿保机的江山，几乎一半是萧氏后族打下的！

二、述律平令"母后夫之族"力压"母前夫之族"

当年决定大辽后族走向的述律平，为皇帝儿子辽太宗耶律德光选择了哪家女做皇后呢？当然是"母后夫之族"的那些同父同母的兄弟们的女儿。耶律德光的皇后萧温，是述律平二弟室鲁之女②，是耶律德光的亲表妹。

---

① 脱脱：《辽史》卷七十三《萧阿古传》，中华书局点校本1974年10月版，第1223页。萧阿古只："少卓越，自放不羁。长骁勇善射，临敌敢前。每射甲楯辄洞贯。太祖为于越时，以材勇充任使。既即位，与敌鲁总腹心部。剌葛之乱也，淳钦皇后军黑山，阻险自固。太祖方经略奚地，命阿古只统百骑往卫之。逆党迭里特、耶律滑哥素惮其勇略，相戒曰：'是不可犯也！'剌葛既北走，与敌鲁追擒于榆河。神册初元，讨西南夷有功，徇山西诸郡县，又下之，败周德威军。三年，以功拜北府宰相，世其职。天赞初，与王郁略地燕、赵，破磁窑镇。太祖西征，悉诿以南面边事。攻渤海，破扶余城，独将骑兵五百，败老相军三万。渤海既平，改东丹国。顷之，已降郡县复叛，盗贼蜂起。阿古只与康默记讨之，所向披靡。会贼游击七千自鸭渌府来援，势张甚。阿古只帅麾下精锐，直犯其锋，一战克之，斩馘三千余，遂进军破回跋城。"

② 脱脱：《辽史》卷七十一《后妃传》，中华书局点校本1974年10月版，第1200页，太宗皇后传："太宗靖安皇后萧氏，小字温，淳钦皇后弟室鲁之女。帝为大元帅，纳为妃，生穆宗。及即位，立为皇后。性聪慧洁素，尤被宠顾，虽军旅、田猎必与。"

自萧敌鲁、萧阿古只后，辽代的外戚势力愈发根深叶茂、风光无限。萧阿古只的女儿萧撒葛只，即辽太祖淳钦皇后述律平的另一个侄女，在耶律阮被封为永康王后，嫁给耶律阮为妻，耶律阮即皇帝位是为辽世宗，萧撒葛只自然贵为皇后[①]。自太宗系的辽穆宗耶律璟之后，耶律倍、耶律阮父子一脉，成了大辽皇位的法定接班人，如辽景宗、辽圣宗、辽兴宗、辽道宗、天祚帝，从血统上讲，都是萧氏后族的"皇帝外甥"，皇帝的任免都得他们点头才行，有辽一朝，萧氏权倾朝野，权势之盛，高居历代后族之冠！

在辽代，前台出面的是耶律，后台站着一堆萧，特别是在"诸弟之乱"（剌葛、迭剌、寅底石、安端等诸弟反阿保机）与"火神淀之乱"（耶律察割暗杀辽世宗耶律阮）后，内讧惨烈的耶律皇族备受重创，后继乏人。辽穆宗耶律璟嗜酒如命，难理朝政；辽景宗耶律贤幼年被叛党惊吓，身体孱弱。虽然以后陆续出现耶律休哥、耶律化哥、耶律仁先等一批股肱之臣，但皇族耶律氏元气已伤，今不如昔，大辽国的权力重心自此开始向萧氏后族倾斜。

不过，这其中有一个微妙却很关键的区别，即后族不是铁板一块，如前所述，分为两大枝："母前夫之族"与"母后夫之族"。即冯永谦所考证的，述律平的母亲与一位回鹘族（也有说是突厥族）的前夫生了三个孩子：女为耶律老古母，男为欲稳、（萧）敌鲁；再嫁后，又与契丹族的丈夫婆姑生了三个孩子：女即述律平，男为（萧）室鲁、（萧）阿古只。由此形成了后族萧氏"母前夫之族"与"母后夫之族"的两大支族系。

耶律皇族内乱，丧失对大辽政权的绝对控制后，后族的"母前夫之族"与"母后夫之族"，把大辽中后期的政局搅得沸反盈天，从某种角度讲，大辽因后族而兴，也因后族而亡。最初，"母前夫之族"的萧敌鲁，看不上"母后夫之族"的萧阿古只，对这位同母异父的弟弟经常训斥，但述律平不这么看，对同母的亲弟弟萧阿古只百般呵护与关爱，萧敌鲁一殁，她就忙不迭地把萧阿古只扶上了位，令其成为大辽后族的利益代言人，萧阿古只的女儿还成了辽世宗耶律阮的皇后。也就是说，述律平先把二弟室鲁的女儿萧温嫁给自己的儿子耶律德光（辽太宗），再把三弟萧阿古只的女儿萧撒葛只嫁给孙子耶律阮（辽世宗），无论谁当皇后，都是自己娘家人，于是"母后夫之族"力压"母前夫之族"，这就埋下了两家族日后内部纷争的伏笔。

三、权臣萧思温为"母前夫之族"抢回了顶级权力

在辽代的后族之争中，"母前夫之族"的萧敌鲁系与"母后夫之族"的萧阿古只系，斗得昏天黑地，不仅伤了和气，还出了人命！

"母前夫之族"萧敌鲁一系，是在辽穆宗执政后期开始反击的，出头的话事人叫萧思温，是萧敌鲁族弟忽没里之子、萧敌鲁的族侄。萧思温趁辽穆宗"黑山之变"被庖厨所杀的敏感空当，处心积

---

① 脱脱：《辽史》卷七十一《后妃传》，中华书局点校本1974年10月版，第1201页，《世宗皇后传》："世宗怀节皇后萧氏，小字撒葛只。淳钦皇后弟阿古只之女。帝为永康王，纳之，生景宗。天禄末，立为皇后。明年秋，生萌古公主。在薅，察割作乱，弑太后及帝。后乘步辇，直诣察割，请毕收殓。明日遇害。"

虑又千钧一发地将耶律贤扶上位，这就是大辽历史上的第五位皇帝辽景宗[1]。这样一来，萧氏“母前夫之族”通过一场变相的宫廷政变，剧情反转，瞬间压倒了“母后夫之族”。

大名鼎鼎的萧绰萧太后是哪支的？她是“母前夫之族”萧敌鲁系的[2]。所谓一朝天子一朝臣，“母前夫之族”势力上台，自然用“母前夫之族”的家族成员。如此，大辽复杂的后族问题就理顺了：辽圣宗皇后萧菩萨哥是哪系的？“母前夫之族”的[3]。圣宗朝的领军大将、即辽宋澶渊之战被阵前射死的先锋大将萧挞凛是哪支的[4]？“母前夫之族”的。“母前夫之族”的萧绰信用同一族属的萧菩萨哥（萧绰兄长之女、亲侄女）、萧挞凛（侄子）……就是再正常不过的事了。

那么，失势的“母后夫之族”即萧阿古只系的国舅们会乖乖交权，任人摆布吗？当然不能，不把失去的权力夺回来，他们誓不罢休！

“母前夫之族”萧敌鲁系的萧思温，凭借长期的秘密运作与洞察力、非凡的精明算计，借拥立耶律贤上位，将辽国大权一把抓在自家手里。耶律贤即位后，为回报萧思温，拜其为北院枢密使，兼北府宰相，后加尚书令，封为魏王……萧思温一荣俱荣的“母前夫之族”萧敌鲁系成员一时得意忘形，放松了警惕，岂知杀身之祸已悄然逼近了。

当萧思温们大摆筵宴，高调庆功之际，失落的“母后夫之族”萧阿古只系已磨刀霍霍，咬牙切齿地图谋报复了！保宁二年（907 年），萧思温扈从辽景宗出猎闾山，途中被国舅萧海只、萧海里兄弟杀害。蔡美彪先生经研究断定：萧海只、萧海里二人，与萧阿古只系有千丝万缕的联系，看来萧海只等应是“母后夫之族”的。

萧绰掌权后，必然重用萧敌鲁系的“母前夫之族”，但问题在于，在“边防未靖，族属雄强”的严峻局面下，立刻排座次、搞分家，只能祸起萧墙、亲痛仇快，为了维系萧氏大家族的团结，萧绰还是分给了“母后夫之族”萧阿古只系一杯羹，把其中一些德才兼备者提上了“领导岗位”，如萧恒德与萧排押，此二人均为萧阿古只的四世孙。

萧恒德，早年迎娶越国公主耶律延寿女，拜驸马都尉，历任北面林牙、东京留守等职，先后征

---

① 脱脱：《辽史》卷七十八《萧思温传》，中华书局点校本 1974 年 10 月版，第 1267 页。“萧思温，小字寅古，宰相敌鲁之族弟忽没里之子。……时穆宗湎酒嗜杀，思温以密戚预政，无所匡辅，士论不与。十九年，春蒐，上射熊而中，思温与夷离毕牙里斯等进酒上寿，帝醉还宫。是夜，为庖人斯奴古等所弑。思温与南院枢密使高勋、飞龙使女里等立景宗。保宁初，为北院枢密使，兼北府宰相，仍命世预其选。上册思温女为后，加尚书令，封魏王。”

② 脱脱：《辽史》卷七十一《后妃传》，中华书局点校本 1974 年 10 月版，第 1201 页，《景宗皇后萧氏传》：“景宗睿智皇后萧氏，讳绰，小字燕燕，北府宰相思温女。早慧。……帝即位，选为贵妃。寻册为皇后，生圣宗。景宗崩，尊为皇太后，摄国政。……于是，后与斜轸、德让参决大政，委于越休哥以南边事。……后明达治道，闻善必从，故群臣咸竭其忠。习知军政，澶渊之役，亲御戎军，指麾三军，赏罚信明，将士用命。圣宗称辽盛主，后教训为多。”

③ 脱脱：《辽史》卷七十一《后妃传》，中华书局点校本 1974 年 10 月版，第 1202 页，《圣宗皇后萧氏传》：“圣宗仁德皇后萧氏，小字菩萨哥，睿智皇后弟隗因之女。年十二，美而才，选入掖庭。统和十九年，册为齐天皇后。尝以草茎为殿式，密付有司，令造清风、天祥、八方三殿。既成，益宠异。……生皇子二，皆早卒。开泰五年，宫人耨斤生兴宗，后养为子。……帝崩，耨斤自立为皇太后，是为钦哀皇后。”

④ 脱脱：《辽史》卷八十五《萧挞凛传》，中华书局点校本 1974 年 10 月版，第 1313 页。“萧挞凛，字驼宁，思温之再从侄。父术鲁列，善相马，应历间为马群侍中。”

伐北宋、高丽、兀惹、女真，并使高丽成为辽朝属国。不过，用归用，这根亲疏有别的弦儿，在萧绰那里可是绷得紧紧的。战功卓著的萧恒德后因私通宫人，导致越国公主忧愤而亡，被承天太后萧绰赐死[①]，追封兰陵郡王。

回过头来看萧绰对本家的萧挞凛的态度。萧挞凛阵亡后，萧绰恸哭失声，辍朝五日[②]……谁远谁近，这位萧太后分得很清。

又如萧排押，娶辽景宗之女卫国公主耶律长寿女，在辽圣宗时历任左皮室详稳、同政事门下平章事、政事令、东京留守、北府宰相等职，与阻卜、北宋、高丽作战，战功显赫，先后被封为兰陵郡王和东平郡王，然而在第三次“辽丽战争”中仅一次败北，便前功尽抹，旋即免官[③]。对不同派系者，萧绰的态度是只准成功，不容失败！

总之，“母前夫之族”萧敌鲁系的萧绰，对“母后夫之族”萧阿古只系的国舅们，是用而不专、用而不信。在萧敌鲁系掌权的时代，萧阿古只的后人们活得很紧张，心情挺压抑。

这种委屈与压抑，特别体现在一个叫萧柳的辽代国舅身上，此人是萧阿古只五世孙，幼养于伯父萧排押之家，多知、能文、膂力绝人，曾力斩拦路大蛇，颇有汉高祖之雄风气概。萧柳能文能武，打仗冲锋在前，屡立战功，人品亦佳[④]。但在萧绰当政时，他却混得很窝囊，他走到什么地步了呢？他成了大家喝酒时要怪出洋相的小丑，沦为供人取笑毫无人格尊严的戏子！《辽史·萧柳传》说：“柳好滑稽，虽君臣燕饮，诙谐无所忌，时人比之俳优。临终，谓人曰：‘吾少有致君志，不能直遂，

---

① 脱脱：《辽史》卷八十八《萧恒德传》，中华书局点校本 1974 年 10 月版，第 1342 页。“恒德，字逊宁。有胆略而善谋。统和元年，尚越国公主，拜驸马都尉，迁南面林牙。……十四年，为行军都部署，伐蒲卢毛朵部。还，公主疾，太后遣宫人贤释侍之，恒德私焉。公主恚而薨，太后怒，赐死。”

② 脱脱：《辽史》卷八十五《萧挞凛传》，中华书局点校本 1974 年 10 月版，第 1313 页。“萧挞凛，字驼宁，思温之再从侄。父术鲁列，善相马，应历间为马群侍中。挞凛幼敦厚，有才略，通天文。……（统和）六年秋，改南院都监，从驾南征，攻沙堆，力战被创，太后尝亲临视。……（统和十五年）上赐诗嘉奖，仍命林牙耶律昭作赋，以述其功。……二十年，复伐宋，擒其将王先知，破其军于遂城，下祁州。上手诏奖谕。进至澶渊，宋主军于城隍间，未接战，挞凛按视地形，取宋之羊观、盐堆、凫雁，中伏弩卒。明日，輤车至，太后哭之恸，辍朝五日。”

③ 脱脱：《辽史》卷八十八《萧排押传》，中华书局点校本 1974 年 10 月版，第 1341 页。“萧排押，字韩隐，国舅少父房之后。多智略，能骑射。统和初，为左皮室详稳，讨阻卜有功。四年，破宋将曹彬、米信兵于望都。凡军事有疑，每预参决。……圣宗征高丽，将兵由北道进，至开京西岭，破敌兵，斩数千级。高丽王询惧，奔平州。排押入开京，大掠而还。帝嘉之，封兰陵郡王。开泰二年，以宰相知西南面招讨使。五年，进王东平。排押为政宽裕而善断，诸部畏爱，民以殷富，时议多之。七年，再伐高丽，至开京，敌奔溃，纵兵俘掠而还。渡茶、陀二河，敌夹射，排押委甲仗走，坐是免官。”

④ 脱脱：《辽史》卷十五《萧柳传》，中华书局点校本 1974 年 10 月版，第 1316 页。“萧柳，字徒门，淳钦皇后弟阿古只五世孙。幼养于伯父排押之家。多知，能文，膂力绝人。统和中，叔父恒德临终，荐其才，诏入侍卫。十七年，南伐，宋将范庭召列方阵而待。时皇弟隆庆为先锋，问诸将佐谁敢当者，柳曰：‘若得骏马，则愿为之先。’隆庆授以甲骑。柳揽辔，谓诸将曰：‘阵若动，诸君急攻。’遂驰而前，敌少却。隆庆席势攻之，南军遂乱。柳中流矢，裹创而战，众皆披靡。时排押留守东京，奏柳为四军兵马都指挥使。明年，为北女直详稳，政济宽猛，部民畏爱。迁东路统军使。秩满，百姓愿留复任，许之。从伐高丽，遇大蛇当路，前驱者请避，柳曰：‘壮士安惧此！’拔剑断蛇。师还，致仕。柳好滑稽，虽君臣燕饮，诙谐无所忌，时人比之俳优。临终，谓人曰：‘吾少有致君志，不能直遂，故以谐进。冀万有一补，俳优名何避。’顷之，被寝衣而坐，呼曰：‘吾去矣！’言讫而逝。耶律观音奴集柳所著诗千篇，目曰《岁寒集》。”

故以谐进。冀万有一补，俳优名何避！’顷之，被寝衣而坐，呼曰：‘吾去矣！’言讫而逝。”由此可见，俳优哪是萧柳的本意，是不得已没有办法才这样做的。一代大辽豪杰，堂堂萧阿古只之孙，却人在屋檐下，不得不低头，甚至要靠自降身份、折损尊严来谋求容身之地，以免受萧绰的警惕与打击。其后，耶律观音奴集柳所著诗千篇，名曰《岁寒集》。

萧恒德的被杀、萧排押的被贬、萧柳的隐忍与痛苦，预示着“母前夫之族”萧敌鲁系与“母后夫之族”萧阿古只系的矛盾剑拔弩张、势同水火，预示着一场大辽高层的“宫廷风暴”已山雨欲来，决裂，就在眼前！

四、“夺子之战”为两大后族党争火上浇油

辽代后族之争，“母前夫之族”萧敌鲁系与“母后夫之族”萧阿古只系两大族系的争权夺势，在皇太后萧绰，特别是辽圣宗耶律隆绪撒手人寰之际，轰然爆发，双方彻底撕破脸，大打出手了！“母前夫之族”萧敌鲁系的萧思温，借政变上位后，其女萧绰逐渐掌控辽朝大权。萧绰是很有政治手腕的女主，能压得住台面儿，但令其忧虑的是，她这一系的“死党”不多，人丁不旺。虽然萧绰也用了一些能干的外臣，如耶律斜轸、耶律休哥、耶律隆运（韩德让），但怎么也不如自家人用得踏实，敢托底可交心。为加强自己的家族势力，萧绰把自己兄长萧继先（萧思温之二兄胡鲁古、尼古只之子过继给萧思温）的女儿萧菩萨哥选为辽圣宗的皇后，又把自己的族侄萧挞凛提拔为辽军统帅……一切都安排得好好的，怎奈天不由人：萧菩萨哥所生之子早夭；萧挞凛在辽宋澶渊之战中被宋军用床子弩射死。萧挞凛阵亡噩耗传来，萧绰辍朝五日，终日以泪洗面，娘家后继无人、大权可能旁落的担忧成了萧绰的难言心病。

“母前夫之族”萧敌鲁系的时运不济、人才凋零，自然给了虎视眈眈、觊觎权位的“母后夫之族”萧阿古只系可乘之机，就在此时，萧阿古只家族的萧耨斤被推上前台。

萧耨斤虽为“母后夫之族”萧阿古只系权贵萧和之女，但因本系受压，因此入宫身份低微，仅是一个宫女。据说她长得很丑、很黑，颜值跟闭月羞花的萧菩萨哥压根没法比，按理，她没有一点儿机会[①]。

但吊诡的历史却是这么设计的：卑微且丑陋的萧耨斤不知采用了什么手段，避开了萧绰警惕的目光，居然为辽圣宗生了个儿子——后来的辽兴宗耶律宗真。不仅如此，萧耨斤还服了一种“灵丹妙药”，不久便容光焕发、判若两人，备受辽圣宗宠幸。

萧菩萨哥这下慌了神，情急之下，那孩子一下生，还没见亲娘一眼，就被萧菩萨哥抱走领养，

① 脱脱：《辽史》卷八十八《后妃传》，中华书局点校本1974年10月版，第1203页。“圣宗钦哀皇后萧氏，小字耨斤，淳钦皇后弟阿骨只五世孙。黝面，狠视。……久之，入宫。尝拂承天太后榻，获金鸡，吞之，肤色光泽胜常。……已而生兴宗。仁德皇后无子，取而养之如己出。后以兴宗待仁德皇后谨，不悦。圣宗崩，令冯家奴等诬仁德皇后与萧浞卜、萧匹敌等谋乱，徙上京，害之。自立为皇太后，摄政。……三年，后阴召诸弟议，欲立少子重元，重元以所谋白帝。帝收太后符玺，迁于庆州七括宫。……后初摄政，追封曾祖为兰陵郡王，父为齐国王，诸弟皆王之，虽汉五侯无以过。”

以后基本不让见生母面儿了。为救场，萧菩萨哥还紧急为辽兴宗安排了一位本族系的皇后萧三嬿[①]……这便在萧耨斤与耶律宗真母子间狠狠钉下了一根带血的楔子，在“母前夫之族”萧敌鲁系与“母后夫之族”萧阿古只系本已骑虎难下的僵持关系上，再度火上浇油。

那时节，连局外人都分明嗅到一触即发的浓浓火药味，只要有风吹草动，但凡擦出那么一点点火星儿，一场撼动辽廷的政局大地震，就将扑面而至、呼啸袭来！

《辽史》中将大辽钦哀皇后萧耨斤写成一个又黑又丑又愚又狠的坏女人，而她的对手萧菩萨哥则被衬托为一个既美貌又聪明、既善良又浪漫的好女人，但若换个角度看历史，将视角置于惨烈、残酷的辽代后族之争，即“母前夫之族”萧敌鲁系与“母后夫之族”萧阿古只系的血拼对决情境下，会深刻感受到，萧绰当政时，萧阿古只一系是何等战战兢兢、如履薄冰，活得是多么的委屈而挣扎，而作为家族利益代言人的萧耨斤被作为筹码硬塞进没有人性关怀的政坛斗争中，这是一个怎样被侮辱与被损害的可怜女人啊！

当作为一个女人、一位母亲的起码尊严被践踏如泥时，萧耨斤即被汹涌的仇恨彻底吞噬，她走向了人性的极端，辽代两大后族间的尖锐矛盾再也无法调和了。

萧菩萨哥生活奢侈，她每日珍馐美味，天天歌舞升平；她用黄金与白金造车，她路过山林时草木都变得灿然生辉、五光十色；她很会讨皇帝欢心，枕边风吹得辽圣宗昏昏然[②]，萧菩萨哥的做派，令其后台——姑母萧绰都看不下去了，告诫侄女不要太奢侈，同样奢侈的萧太后劝人收敛，足见萧菩萨哥过的是怎样纸醉金迷的日子。

辽兴宗本人，在这种异化的教育下，也忘记生母的生育之恩，他只记得一个美貌性感风骚多姿的母亲，记得一个珠光宝气富贵雍容的母亲，记得一个他要什么给什么天天带他吃吃喝喝的母亲，记得一个告诉他人生苦短要及时行乐的母亲……他太爱这个带给他深刻记忆的养母，而疏远了自己的生身之母，两大后族的矛盾在下一代辽帝的争夺中拧成死结。

在萧菩萨哥倒台后的岁月里，尚未掌权的辽兴宗不停地跟生母顶撞，为养母说话，他为萧菩萨哥喊冤抱屈、鸣不平。

五、“母后夫之族”萧阿古只系五大国舅力挺萧耨斤

萧耨斤以宫女身份入围，居然后来居上、反客为主，最后杀掉萧菩萨哥，一跃升为掌控辽朝大权的法天太后，不是她个人能力多么杰出，而是因为她身后有一个强大的后族集团——“母后夫之族”的萧阿古只系的强力支持。

① 脱脱：《辽史》卷八十八《后妃传》，中华书局点校本1974年10月版，第1204页。“兴宗贵妃萧氏，小字三嬿，驸马都尉匹里之女。选入东宫。帝即位，立为皇后。重熙初，以罪降贵妃。”

② 脱脱：《辽史》卷七十一《后妃传》，中华书局点校本1974年10月版，第1202页。“圣宗仁德皇后萧氏，小字菩萨哥，睿智皇后弟隗因之女。年十二，美而才，选入掖庭。……尝以草茎为殿式，密付有司，令造清风、天祥、八方三殿。既成，益宠异。所乘车置龙首鸱尾，饰以黄金。又造九龙辂、诸子车，以白金为浮图，各有巧思。夏秋从行山谷间，花木如绣，车服相错，人望之以为神仙。”

萧思温在“宫廷政变”后得手，萧绰权倾天下，“母前夫之族”萧敌鲁系一时春风得意，但这不意味萧阿古只的后人们自此服软认输，更惨烈的宫斗还在后边。

此时萧孝穆、萧孝先、萧孝诚、萧孝惠、萧孝友，这些国舅爷都手握实权，影响着朝政，萧耨斤绝不是一个人在战斗！

两相比较，“母前夫之族”萧敌鲁系则人丁凋零，女人（萧菩萨哥）不能生，男人（萧挞凛）早已战死疆场，后辈子孙有出息的屈指可数，萧绰望眼欲穿想培养出一个“后萧敌鲁时代”的家族接班人，但不遂人愿，她等来的是人走茶凉，人亡权失。萧绰一去世，萧敌鲁家族的权势便急转直下了。

萧耨斤的兄弟，那些阿古只族系的国舅们，人多势众，几乎个个带兵，有兵权就有一切，如在平辽阳渤海大延琳的战争中，领兵统帅先是萧孝穆、后是萧孝先，平西羌靠萧孝友，萧阿古只族系的势力是何等庞大。

因为缺人缺兵缺根基，萧绰一死，成天吃喝玩乐的萧菩萨哥就镇不住朝纲了，即便她抱走萧耨斤的儿子即辽兴宗，并给他洗脑，终究远水不解近渴，在辽代中后期，即便高高在上的皇帝也不能一言九鼎，后族国舅们的态度不容忽视并至关重要。

萧菩萨哥一派也有族系成员，如萧浞卜①、萧匹敌②，但实力平平，手段也不够狠辣，根本斗不过萧孝先、萧孝友那些能地动山摇的国舅们。所以，萧菩萨哥的结局很凄凉，圣宗皇帝一死，她就被萧耨斤劈面詈骂、毫不留情地轰了出去，软禁起来，最后钦哀派人刺杀，使仁德自缢而死，她的手下被杀的杀、贬的贬，一点儿抵抗力都没有。

对养母满怀深情的辽兴宗，虽为萧菩萨哥求情告饶，但无济于事，反而引发萧耨斤对辽兴宗胳膊肘往外拐的厌恶与警觉，认为他站到萧菩萨哥一系阵营中去了，开始渐生废帝之心③，于是，另一场更加惊心动魄的巨斗又如阴云聚顶，悄然逼近了。

萧耨斤从宫女一跃升为大辽贵妃、太后，不是她个人多么优秀，而是其背后家族势力的强力支撑，简言之，萧绰病故谢幕后，被压制两朝（景宗朝、圣宗朝）长达六十二年的“母后夫之族”的萧阿古只系终于卧薪尝胆，翻了上来，大辽政坛变天了！

---

① 脱脱：《辽史》卷六十二《刑法志下》，中华书局点校本1974年10月版，第943页。“兴宗即位，钦哀皇后始得志，昆弟专权。冯家奴等希钦哀意，诬萧浞卜等谋反，连及嫡后仁德皇后。浞卜等十余人与仁德姻援坐罪者四十余辈，皆被大辟，仍籍其家。幽仁德于上京，既而遣人弑之。迫殒非命，中外切愤。”

脱脱：《辽史》卷七十一《后妃传》，中华书局点校本1974年10月版，第1202页。“圣宗仁德皇后萧氏……帝崩，耨斤自立为皇太后，是为钦哀皇后。护卫冯家奴、喜孙等希旨，诬告北府宰相萧浞卜、国舅萧匹敌谋逆。诏令鞫治，连及后。”

② 脱脱：《辽史》卷八十八《萧匹敌传》，中华书局点校本1974年10月版，第1343页。“匹敌，字苏隐，一名昌裔。……既长，尚秦晋王公主，拜驸马都尉，为殿前副点检。……十一年，圣宗不豫。先是，钦哀与仁德皇后有隙，以匹敌尝为后所爱，忌之。时护卫冯家奴上变，诬后弟浞卜与匹敌谋逆，以皇后摄政，徐议当立者。公主窃闻其谋，谓匹敌曰：‘尔将无罪被戮。与其死，何若奔女直国以全其生！’匹敌曰：‘朝廷讵肯以飞语害忠良。宁死弗适他国。’及钦哀摄政，杀之。”

③ 脱脱：《辽史》卷七十一《后妃传》，中华书局点校本1974年10月版，第1203页。“圣宗钦哀皇后萧氏，小字耨斤，淳钦皇后弟阿古只五世孙……（重熙）三年，后阴召诸弟议，欲立少子重元，重元以所谋白帝。帝收太后符玺，迁于庆州七括宫。”

萧耨斤能够后来居上、翻云覆雨，靠的是自己的五个兄弟，即影响辽代中后期朝局的五大国舅：萧孝穆、萧孝先、萧孝诚、萧孝友、萧孝惠。这其中，萧孝惠是辽道宗宣懿皇后萧观音的父亲。后来，事情发展的结果，有些意外，萧孝先与萧孝友，直接参与了两大宫廷政变，孝先郁不得志①，孝友被灭族②。

萧耨斤的父亲萧和，不像萧绰的父亲萧思温，没那么多花花肠子，他带家族翻身做主人的成功经验就一条：多生儿子，多子即多福。他不仅生了五个后来皆位列王爵的儿子不说，连女儿、孙女都成了大辽皇后，富贵不可言状。但前提是，"母前夫之族"萧敌鲁那系的人生孩子少，后继乏人，这才给了"母后夫之族"萧阿古只系的翻盘机会。

萧孝穆是萧和家族的精英，是大辽的忠臣，辽阳的大延琳叛乱就是他平定的。他还力主辽宋和平，劝谏闲着无聊欲妄动刀兵的辽兴宗应恪守两国盟好。但辽兴宗最终没听他的话，对盘根错节的外戚后族集团，吃过亏的他始终存有戒心。萧孝穆一生公忠体国、谨言慎行，虽出自"母后夫之族"萧阿古只系，却不站队，心里念着百姓、装着国家。萧孝穆当年就被誉为大辽王朝的"国宝臣"，为萧阿古只家族的崛起开辟了前进的通道，但他那几个野心勃勃的弟弟却背叛了他的信仰，陷入了争权夺利的惨烈的宫廷恶斗。

六、辽兴宗与母亲萧耨斤分道扬镳

辽代历史上有一次惊悚的宫廷政变，史称"滦河之变"，写在史书里的主角是皇太弟、天下兵马大元帅耶律重元与其子楚王、南院枢密使涅鲁古，牵连的皇亲国戚、部属亲信四百余人，他们处心积虑欲扳倒的是辽道宗耶律洪基，但这笔变天账却是耶律洪基的父亲辽兴宗耶律宗真欠下的，所谓"父债子还"，报应不爽。

耶律宗真上位后，与生母萧耨斤性格相左、理念对撞，渐渐势同水火，有你没我。耶律宗真念着养母萧菩萨哥，成天为生母的死敌喊冤诉苦。"母前夫之族"萧敌鲁系虽然失势，但被该族系洗脑的辽兴宗却为其站台，两大后族依然在暗地过招，彼此不依不饶。萧耨斤对耶律宗真也不客气，处处打压，随便指责，为了一点儿小事，竟逼皇帝儿子与罪犯当堂对质，令耶律宗真颜面扫地！尊严是不可触犯的，权力是不可触犯的，双方最终的摊牌已进入倒计时阶段。

除长子耶律宗真外，萧耨斤还有个小儿子叫耶律重元，萧耨斤密谋以重元换宗真，支持她政变的是两位国舅：楚王萧孝先与兰陵郡王萧孝友，都是掌兵权的实力人物。

---

① 脱脱:《辽史》卷八十七《萧孝先传》,中华书局点校本1974年10月版,第1333页,"孝先,字延宁,小字海里。……兴宗谅阴，钦哀弑仁德皇后，孝先与萧浞卜、萧匹敌等谋居多。及钦哀摄政，遥授天平军节度使，加守司徒，兼政事令。重熙初，封楚王，为北院枢密使。孝先以椒房亲，为太后所重。在枢府，好恶自恣，权倾人主，朝多侧目。三年，太后与孝先谋废立事，帝知之，勒卫兵出宫，召孝先至，谕以废太后意。孝先震慑不能对。迁太后于庆州。孝先恒郁郁不乐。"

② 脱脱：《辽史》卷八十七《萧孝友传》，中华书局点校本 1974 年 10 月版，第 1334 页，"孝友，字挞不衍，小字陈留。……清宁初，加尚父。顷之，复留守东京。明年，复为北府宰相。帝亲制诰词以褒宠之。以柴册恩，遥授洛京留守，益赐纯德功臣，致仕，进封丰国王。坐子胡覩首与重元乱，伏诛，年七十三。"

一切都安排停当，大辽政坛眼见就要变天了，在这历史转折的敏感关口，竟闪现出一个惊人的变化：深明大义的耶律重元背着支持自己上位的母亲与舅舅，急急火火跑进辽兴宗的居处，揭发了母亲的夺权阴谋。那一年，耶律重元十二岁。

后来的事情，史书里交代得很清晰：萧耨斤被贬，萧孝先靠边，萧孝友潜伏下来酝酿着下一次政变……辽兴宗未敢大开杀戒，他还没有这样的绝对实力。另外，重元弟弟的义举也温暖了他的心。在他当政的岁月里，对这个让位的弟弟百般关爱，一次兄弟两人喝酒，辽兴宗一时兴起居然许诺自己百年之后将皇位传给弟弟，哪想到这“酒桌之言”竟酿成了日后大祸。

七、辽代“滦河之变”背后的权争解析

讲辽代的历史，一定要说“滦河政变”。那是大辽王朝国运浮沉的转折点，是契丹族群难以释怀的伤心记忆。在滦河这一地理位置，辽代设置了行宫，辽帝夏捺钵的关键落脚点就在这里。在滦河，手足相残、亲情撕裂，道义的崇高被赤裸裸的功利挤至冰冷的墙角，暖心的人性温情一瞬间被撕下伪装的世俗抢夺砸得粉碎！《辽史》中欲言又止，一场惊心动魄的“滦河政变”，被一笔带过。金庸《天龙八部》中“萧峰救主”精彩桥段的真实历史背景，即是此事件真实形象的描写。想走入辽代风云激荡的光阴深处，想感受千年前传奇契丹的爱恨情仇，去“滦河之变”发生地的多伦，在那块而今已呈沙化地貌的山间盆地，在那座幽暗凄冷的圣宗贵妃墓，在那触目皆是的沟纹砖、布纹瓦间，许许多多的辽代人物会在苍茫天穹间生动浮现，包括辽道宗、皇太后萧挞里、叛乱的重元和涅鲁古父子、国舅萧孝友以及被演绎为大侠萧峰的耶律仁先，还有从兴中府（今朝阳）奔来救驾的忠臣姚景行——行走在辽山辽水间，唤起你千年的回忆。

在辽代中后期，即萧敌鲁家族之台柱子承天太后萧绰死后，辽圣宗终于摆脱母后的阴影走上前台，并开始倾向启用萧阿古只家族的子弟，如萧孝穆、萧孝先等，以保持两大后族之间的互相掣肘、势力平衡。到了萧阿古只家族的法天太后萧耨斤上位后，新仇旧恨一起算，狠辣扳倒萧敌鲁家族的齐天太后萧菩萨哥，将其党羽杀的杀、贬的贬，屈抑三朝（穆宗、景宗、圣宗）长达近百年的阿古只家族终于扬眉吐气，完成逆袭，再度将自世宗朝失去的大权夺了回来！

当时支撑阿古只家族门面的是五大国舅：萧孝穆、萧孝先、萧孝诚、萧孝友、萧孝惠。此外，还有一些外延，如亦属阿古只家族的萧和尚、萧革，他们是萧阿古只兄室鲁的后人。

因为辽兴宗明显倾向于“母前夫之族”萧敌鲁系，其母萧耨斤便动了“废帝”之心，准备用小儿子耶律重元换下不听话的长子耶律宗真，没想到，重元居然跑到皇帝哥哥那里，把萧阿古只家族的阴谋和盘托出，把掌舵这一集团的老娘萧耨斤给出卖了。

耶律重元本人最初没有接班的念头，但古今中外有几人能经得住名利的诱惑，而且还是皇位的诱惑，特别是他周围的人不断煽风点火，母亲怨、舅舅恨、儿子牢骚、亲信不满……时间一长，他的心就被说活了。

在后来的紧要关头，耶律重元顶不住儿子涅鲁古的煽动与威胁，被裹挟于叛乱群体，晚节不

保，身名俱裂！[①]

“滦河政变”的主角，在《辽史》里记载的是耶律重元与耶律涅鲁古父子，表面看是耶律家族的内讧，往深处看，则是萧氏后族特别是“母后夫之族”萧阿古只系的暗流涌动，其幕后操控人叫“陈六”（或陈留）。“陈六”并非陈姓汉人，蔡美彪认为，这是一位契丹大权贵，即先后被晋封为兰陵郡王、吴王、秦王、丰国王的，钦哀皇后萧耨斤的四弟萧孝友。

细察“滦河之变”的台前幕后，分析各种隐秘细节，重元与涅鲁古父子竟是被人利用的傀儡道具，重元是一点儿主意都没有，儿子说啥听啥。涅鲁古被射死后，叛军的主帅终于浮出水面、现出原形——大辽枢密院副使、西北路招讨使萧胡睹[②]。这是一个口吃、斜眼、卷发的怪客，是被其大伯父萧孝穆称为“家族异相”的逆子，是大辽王朝由盛转衰的掘墓人！在大辽219年的历史上，出现过两位“异相”之人：一位是谋杀辽世宗、制造“火神淀之乱”的耶律察割；一位就是萧胡睹。不过，萧胡睹也不是真正的幕后主角，主角是他父亲萧孝友。此人躲在幕后出谋划策，他不露声色，但那些令人不寒而栗的阴谋，几乎都是他一手炮制的[③]。

辽兴宗虽然惊险获胜，驱逐了母后，贬了跟班的二舅萧孝先，但他动不了盘根错节、树大根深的外戚集团，只能被迫妥协，静待时机，抽丝剥茧，慢慢削弱。表现为：若干年后，他模仿春秋之郑伯，从庆州迎回母亲，装出母子重逢、一笑泯恩仇的假相；在对西夏的战争中，他依然起用心向母后的四舅萧孝友，令他位居中路手握重兵，自己故意向世人呈现“舅甥团结”的融融和气。

辽兴宗驾崩后，其子辽道宗耶律洪基不幸卷入这场残酷的政治斗争中，他无比惊险地挺到了最后，终于举起屠刀，将参与叛乱的重臣，也是他的至亲们，杀的杀、剐的剐、贬的贬、抄的抄，却自此彻底衰落，走上了下坡路。历史反复验证、强调一个颠扑不破的真理：堡垒，从来都是从内部攻破的。

“滦河政变”，辽道宗族灭了萧孝友一系，重创了萧阿古只家族，但在大辽的历史舞台上，这只

---

① 脱脱：《辽史》卷九十六《耶律仁先传》，中华书局点校本1974年10月版，第1396页。“（辽道宗清宁）九年七月，上猎太子山，耶律良奏重元谋逆，帝召仁先语之。……悉委仁先以讨贼事。乃环车为营，拆行马，作兵仗，率官属近侍三十余骑阵柢枑外。及交战，贼众多降。涅古鲁中失堕马，擒之，重元被伤而退。仁先以五院部萧塔剌所居最近，亟召之，分遣人集诸军。黎明，重元率奚人二千犯行宫，萧塔剌兵适至。仁先料贼势不能久，俟其气沮攻之。乃背营而阵，乘便奋击，贼众奔溃，追杀二十余里，重元与数骑遁去。帝执仁先手曰：‘平乱皆卿之功也。’加尚父，进封宋王，为北院枢密使，亲制文以褒之，诏画滦河战图以旌其功。”

② 脱脱：《辽史》卷一百十四《萧胡睹传》，中华书局点校本1974年10月版，第1513页。“萧胡睹，字乙辛。口吃，视斜，发鬈，伯父孝穆见之曰：‘是儿状貌，族中未尝有。’及壮，魁梧桀傲，好扬人恶。……初，胡睹尝与重元子涅鲁古谋逆，欲其速发。会车驾猎太子山，遂与涅鲁古胁弩手军犯行宫。既战，涅鲁古中流矢而毙，众皆逃散。时同党耶律撒剌竹适在围场，闻乱，率猎夫来援。其党谓胡睹曰：‘我军甚众，乘其无备，中夜决战，事冀有成；若至明日，其谁从我？’胡睹曰：‘仓卒中，黑白不辨。若内外军相应，则吾事去矣。黎明而发，何迟之有？’重元听胡睹之计，令四面巡警待旦。是夜，同党立重元僭位号，胡睹自为枢密使。明日战败，胡睹被创，单骑遁走，至十七泺，投水死。五子，同日诛之。”

③ 脱脱：《辽史》卷八十七《萧孝友传》，中华书局点校本1974年10月版，第1334页。“清宁初，加尚父。顷之，复留守东京。明年，复为北府宰相。帝亲制诰词以褒宠之。以柴册恩，遥授洛京留守，益赐纯德功臣，致仕，进封丰国王。坐子胡睹首与重元乱，伏诛，年七十三。”

不过是段插曲，无非换了拨演员，所谓“铁打的营盘流水的兵”，错综复杂的斗争远未达到高潮。

耶律重元、涅鲁古父子制造的“滦河政变”，是大辽政局转折的一道分水岭，表面看是耶律氏的内讧，实则是帝后两族，准确讲是耶律氏与后族之萧阿古只家族的公开摊牌。不过，在此之前，两家便已翻脸了，这就是《辽史》中记载的“萧阿剌被杀”事件[①]。

取代萧敌鲁家族重新上位的萧阿古只家族没站多久，仅经兴宗、道宗两朝即被打了下去，其中一个重要原因是其内部分裂了。如在“滦河政变”中，背后操控的萧孝友、萧胡睹父子与同一族系的辽兴宗皇后、辽道宗母亲萧挞里，便分成敌我两派，势同水火。经此政变，萧阿古只家族内部的分枝萧孝穆系与萧孝友、萧孝先系，便疏远乃至脱钩了，这是后族萧氏的一次分裂。

八、皇族后族的公开摊牌：国舅萧阿剌无罪被杀

萧阿剌是大辽亲王萧孝穆之子、兴宗皇后萧挞里的亲兄弟，曾被封为西平郡王。与其父、被誉为“国宝臣”的萧孝穆一样，萧阿剌秉承忠义家风，赤心侍主，但说到城府心机、政治智慧，萧阿剌远不及其父萧孝穆。

萧孝穆知道大辽政坛的深浅利害，他会向君主、同僚说出自己的“正确意见”，但对方若意见相左甚至执意不从，他就把嘴闭上，低调行事，多余的话一句不说，更不会据理力争，犯颜抗上，他属于辽代政坛能办事、会做人的“佛系”。

但萧阿剌不同，他看不惯的人一定要批，他认为对的事一定要争，不惜在朝堂之上发起争论，不给对方台阶下，不知面子为何物，他想做辽代的魏徵、萧瑀，可惜且可怕的是，耶律洪基不是李世民，辽道宗不是唐太宗。

萧阿剌做得最错一件事是：他没有处理好家族内部的团结问题，把本是“一家子”的、本可以争取合作的族弟萧革变成了敌人，推向了自己的对立面。而早就想削弱“母前夫之族”萧阿古只家族势力的辽道宗，表面听信萧革谗言，冤枉萧阿剌，实际是借萧革之手杀萧阿剌。之后，又将如惊弓之鸟、惶惶不可终日、为求自保却站错队（卷入“滦河之变”）的萧革凌迟处死[②]，转眼间一箭双雕，灭掉两大国舅，权力争夺之血腥，令人不寒而栗！

按理，授封亲王、身为顾命大臣的萧革没必要反道宗，他为何最终与道宗分道扬镳？《辽史》中缺漏了哪些重要细节？一切皆谜。

辽道宗杀舅，还是自己亲大舅，毫不容情。只因萧阿剌当堂顶撞他，与之有隙的萧革见缝插针地进一句谗言，他就当即“缢杀”萧阿剌。

---

① 脱脱：《辽史》卷二十一《道宗本纪》一，中华书局点校本 1974 年 10 月版，第 258 页。“（清宁七年五月）辛亥，杀东京留守陈王萧阿剌。”在《辽史》卷一百十三《萧革传》中载：萧革在清宁元年“与国舅萧阿剌同掌朝政。革多私挠，阿剌每裁正之，由是有隙，出阿剌为东京留守。会南郊，阿剌以例赴阙，帝访群臣以时务，阿剌陈利病，言甚激切。革伺帝意不悦，因谮曰：‘阿剌恃宠，有慢上心，非臣子礼。’帝大怒，缢阿剌于殿下”。

② 脱脱：《辽史》卷一百十三《萧革传》，中华书局点校本 1974 年 10 月版，第 1510 页。“萧革，小字滑哥，字胡突堇，国舅房林牙和尚之子。警悟多智数。（圣宗）太平初，累迁官职。……后上（道宗）知革奸计，宠遇渐衰。（道宗清宁）八年，致仕，封郑国王。九年秋，革以其子为重元婿，革预其谋，陵迟杀之。”

噩耗传来，援手未及的太后萧挞里悲痛欲绝："阿刺何罪？而遽见杀！"

为保自己儿子的皇位，萧挞里与自己的亲叔萧孝友、亲侄萧胡睹成生死冤家[①]。孰料儿子翅膀一硬，便对忠心耿耿的大舅、自己的亲兄弟、左膀右臂，举起了屠刀！

有道是"无情最是帝王家"，中国历史上唯一的"杀虎女英雄"萧挞里，在权力与亲情的绞杀博弈中，精神撕裂。

九、皇族后族斗争的牺牲品：被利用的奸臣耶律乙辛

辽代历史上著名的"十香词案"，被史家定性为一桩大冤案，其结果是辽道宗杀妻灭子、奸臣当道，朝廷逆淘汰盛行，国运一落千丈！以致道宗死后，帝位再传无人，只能传给昏弱无能的孙子耶律延禧，是为最后的天祚帝，繁荣兴盛的辽朝的统治凄凉地收场了。

"十香词案"的基本脉络是奸臣耶律乙辛[②]、张孝杰[③]、单登一党，借辽道宗疏远皇后萧观音之机，诬陷萧观音私通伶人赵惟一，激怒辽道宗，昏庸的辽道宗偏听偏信，大起冤狱，重创国本，留下万世之憾。

不仅今日史家为萧观音叫屈，即便在当年，为皇后、太子鸣不平者也大有人在，不仅有王鼎

① 脱脱：《辽史》卷七十一《后妃传》，中华书局点校本 1974 年 10 月版，第 1204 页。"兴宗仁懿皇后萧氏，小字挞里，钦哀皇后弟孝穆之长女。性宽容，姿貌端丽。帝即位，入宫，生道宗。重熙四年，立为皇后。……道宗即位，尊为皇太后。……（清宁）九年秋，敦睦宫使耶律良以重元与其子涅鲁古反状密告太后，乃言于帝。帝疑之，太后曰：'此社稷大事，宜早为计。'帝始戒严。及战，太后亲督卫士，破逆党。"

② 脱脱：《辽史》卷一百一十《耶律乙辛传》，中华书局点校本 1974 年 10 月版，第 1483 页。"耶律乙辛，字胡覩衮，五院部人。父迭剌，家贫，服用不给，部人号'穷迭剌'。……（乙辛）及长，美风仪，外和内狡。……咸雍五年，加守太师。诏四方有军旅，许以便宜从事，势震中外，门下馈赂不绝。凡阿顺者蒙荐擢，忠直者被斥窜。大康元年，皇太子始预朝政，法度修明。乙辛不得逞，谋以事诬皇后。后既死，乙辛不自安，又欲害太子。乘间入奏曰：'帝与后如天地并位，中宫岂可旷？'盛称其党驸马都尉萧霞抹之妹美而贤。上信之，纳于宫，寻册为皇后。……时皇太子以母后之故，忧见颜色。乙辛党欲跃相庆，谗谤沸腾，忠良之士斥逐殆尽。乙辛因萧十三之言，夜召萧得里特谋构太子，令护卫太保耶律查剌诬告耶律撒剌等同谋立皇太子。诏按无迹而罢。又令牌印郎君萧讹都斡诣上诬首：'耶律查剌前告耶律撒剌等事皆实，臣亦与其谋，本欲杀乙辛等而立太子。臣等若不言，恐事白连坐。'诏使鞫劾，乙辛迫令具伏。上怒，命诛撒剌及速撒等。乙辛恐帝疑，引数人庭诘，各令荷重校，绳系其颈，不能出气，人人不堪其酷，惟求速死。反奏曰：'别无异辞。'时方暑，尸不得瘗，以致地臭。乃囚皇太子于上京，监卫者皆其党。寻遣萧达鲁古、撒把害太子。乙辛党大喜，聚饮数日。上京留守萧挞得以卒闻。上哀悼，欲召其妻，乙辛阴遣人杀之，以灭其口。……（大康七年，乙辛）幽于来州。后谋奔宋及私藏兵甲事觉，缢杀之。乾统二年，发冢，戮其尸。"

脱脱：《辽史》卷二十三《道宗本纪》三，中华书局点校本 1974 年 10 月版，第 279 页。"（大康三年）六月己卯朔，耶律乙辛令牌印郎君萧讹都斡诬首尝预速撒等谋，籍其姓名以告。即命乙辛及耶律仲禧、萧余里也、耶律孝杰、杨遵勖、燕哥、抄只、萧十三等鞫治，杖皇太子，囚之宫中。辛巳，杀宿直官敌里剌等三人。壬午，杀宣徽使挞不也等二人。癸未，杀始平军节度使撒剌等十人，又遣使杀上京留守速撒，及已徙护卫撒拨等六人。乙酉，杀耶律挞不也及其弟陈留。丙戌，废皇太子为庶人，囚之上京。己丑，回鹘来贡。杀东京留守同知耶律回里不。辛卯，杀速撒等诸子，籍其家。"

③ 脱脱：《辽史》卷一百一十《张孝杰传》，中华书局点校本 1974 年 10 月版，第 1486 页。"张孝杰，建州永霸县人。家贫，好学。重熙二十四年，擢进士第一。……是年（大康三年）夏，乙辛谮皇太子，孝杰同力相济。及乙辛受诏按皇太子党人，诬害忠良，孝杰之谋居多。"

《焚椒录》记其被诬事件经过，还有辽宁义县籍的辽代官员梁援在当时也为此冒死申辩[①]。

时隔千年，今天我们再来看这个案件时，仍然可以看到这里边的皇族与后族、后族不同族支之间势力角逐的迹象。

先看耶律乙辛家族，他们虽是耶律皇族，但其实他是族内的穷人，其父耶律迭剌被族人奚落为“穷迭剌”，利益集团内部的分层更加势利而严苛，背景不够、家境寒涩，同样被轻贱、受打压，上升渠道基本是堵死的，一般来说，你能耐再大，好事也轮不到你，除非出现“特殊的变动”。耶律乙辛运气不错，他等来了这个“变动”，即辽代帝后两族二元统治结构的失衡。继耶律察割制造的“火神淀事变”后，耶律一系的核心骨干、数百皇族被屠戮殆尽，或遭受牵连被一贬到底，辽景宗当年被藏在柴火堆里方躲过一劫，因惊吓过度落下残疾，后半生赖在床榻成了瘫子，可见当年耶律皇族同室操戈的血腥惨烈。

皇族势力的严重削弱，权力真空的出现，这才给后族上位提供了可乘之机。无论是萧敌鲁家族还是萧阿古只家族，谁上位都能瞬息掌控朝局，而堂堂的耶律皇帝常常有如摆设，要看后族的眼色，这些在历史上称为“外戚”的人，在辽代其集团空前强大。

如此一来，帝后两族即耶律氏与萧氏间的矛盾便空前激烈起来，来自皇族的反抗至道宗一朝趋向高潮！道宗斥老娘、杀舅舅、杀老婆，甚至杀与老婆一条心的太子，这就是反抗的白热化表现。一句话：大辽的天下，到底姓萧还是姓耶律?

削弱后族、重振皇族，辽道宗想得倒不错，但人才不是随用随取、说有就有的，待到用人时，方才发现皇族内部满目疮痍、人才凋零。另外，辽道宗对当年皇族内部的血腥屠杀仍记忆犹新，他真怕再冒出一个耶律察割来，再捅出一个“火神淀事变”来。所以，他一面防着后族萧，一面盯着皇族耶律，但怕啥来啥，在那伸手不见五指的“滦河政变”的漆黑浓夜中，想取而代之的，正是他的亲叔叔耶律重元。

统治阶级内部分裂，才可能有下层出头的机会，旁枝且穷困的耶律乙辛就是这么钻的空子。

不是说耶律皇族的直系亲属中一个人才都没有，像耶律仁先、耶律义先就可以，但正因为他们是直系且有能力，辽道宗反而不敢大用、久用，偶尔重用也时刻绷紧神经，随时准备翻脸。从这一角度讲，“昏君”辽道宗精明得很。

当然，我们不能因此否定耶律乙辛的能力与手段。他长得相貌堂堂，确实有一定的办事才能。因为出身贫贱，所以耶律乙辛很努力，很在意每一次出头的机会，特别是比那些目空一切的皇族后族们有眼力，身段很柔软，更能低下头，这一点，恰恰是辽道宗最需要的。

① 冯永谦、薛景平：《辽代梁援墓志考》，《北方文物》1986年第2期。该墓志出土于辽宁省义县大榆树堡乡四道岔子村梁援墓中。志文载：“皇太子即昭怀大孝德顺宗皇帝是也。冬，权诸行宫副都部署兼判三班院，适值贼臣耶律英弼等，畏东宫之英断，肆巧言以构之，公欲冒死上奏，潜作二书，一以致父母，一以示子孙，用史馆印识之。遂奏状曰：‘皇太子年小，事理暗昧，不同凡庶。’及陈故事，用启上心。英弼等大怒，请下吏，孝文皇帝不令致办。至今家藏二书，永以为宝。”墓志中的孝文皇帝，即辽道宗。东宫，即道宗皇帝长子耶律濬。耶律英弼，即耶律乙辛。梁援为辩构陷皇后及太子事，写下“遗书”留家，可见当时风险之大。

辽道宗需要在皇族后族坚牢的体系中钉入一根楔子，他需要一把“杀人的刀”，而这根楔子与这把刀，正是没根没派、唯命是从的耶律乙辛。也就是说，不是耶律乙辛的诬告起了决定作用，而是帝后两族的权斗已冰炭难容，辽道宗内心早已起了杀心，耶律乙辛的作用不过是当个帮凶，及时递刀而已，他不是“十香词案”的主角，也不可能是主角，他没有那么大的能量，只是一个帮凶的角色。

十、辽西郡王萧德良反水，同室操戈亲戚递刀

分析引动辽代政坛震荡的“十香词案”，史家多归罪于耶律乙辛与张孝杰，仿佛两个奸佞之人手眼通天，可左右大辽朝局似的，这有点儿太高估他们了。

想扳倒辽道宗的太子与皇后，仅凭耶律乙辛和张孝杰还没有如此大的本事，辽道宗皇后萧观音之死是有人递刀的结果，递刀的不是别人，是她亲侄——辽西郡王萧德良，也称萧余里也[①]。

破解辽代政局的动荡内因，首先要搞清后族弄权的幕后始末，一解百解，一通百通。

讲辽代后族，尽量回避“泛后族”，陷入那些如天书般记录族群名号中，根本就排列不清，不知谁与谁是一系的，如果删繁就简，不作琐碎追索，直接研究皇后家族的沉浮兴衰，即辽太祖淳钦皇后的弟弟萧敌鲁与萧阿古只，即冯永谦所总结的“母前夫之族”萧敌鲁系与“母后夫之族”萧阿古只系两大家族，问题就可得到解决，两族支间的争权较量，更可看得清楚。

这两大后族集团从辽初斗到辽末，太宗朝萧阿古只家族先拔头筹，景宗朝萧敌鲁家族后来居上，兴宗朝阿古只后人反攻倒算，到了天祚帝当政时，萧敌鲁一系又翻了上来！像景宗、圣宗朝著名的萧绰萧太后，就是萧敌鲁族系的。

这两大家族不仅互掐，还内耗，最熟悉的例子是萧阿古只系的萧德良斗死自己的姑姑、辽道宗宣懿皇后萧观音。

辽圣宗妃子萧耨斤代表萧阿古只家族，干掉圣宗皇后萧菩萨哥，依仗的是自己手握兵权的五个兄弟：萧孝穆、萧孝先、萧孝诚、萧孝友、萧孝惠[②]。

在兴宗朝至道宗朝，尤其是“滦河之变”前后，五兄弟联盟中的三系或惨遭重创或后继无人，表现为：萧孝穆的长子萧阿剌因犯颜抗上被辽道宗当庭缢杀；而萧孝先系子孙碌碌无为；萧孝友系最惨，因参与重元之乱为主犯而灭门。

唯有安分守己、循规蹈矩的萧孝惠系因为出了懿德皇后萧观音，以及皇太子耶律濬而独领风骚，俨然萧阿古只家族领袖一般的存在。

---

① 脱脱：《辽史》卷一百一十一《萧余里也传》，中华书局点校本 1974 年 10 月版，第 1491 页。“萧余里也（即萧德良），字讹都椀，国舅阿剌次子。便佞滑稽，善女工。重熙间，以外戚进。……咸雍中，会有告余里也与族人术哲谋害耶律乙辛，按无状，出为宁远军节度使。自后余里也揣乙辛意，倾心事之，荐为国舅详稳。大康初，封辽西郡王。时乙辛擅恣，凡不附己者出之，乃引余里也为北府宰相，兼知契丹行宫都部署事。及乙辛谋构皇太子，余里也多助成之，遂知北院枢密事，赐推诚协赞功臣。以女侄妻乙辛子绥也，恃势横肆，至有无君之语，朝野侧目。”

② 冯永谦：《辽晋国夫人墓志考》，《辽宁大学学报》，1983 年第 6 期。墓志载萧孝穆五兄弟于重熙六年时官爵：“（晋国）夫人姓萧氏，父讳谐里，母齐国太妃，太妃有五子：长曰讳孝穆，枢密使，兼政事令，吴国王；次讳孝先，兵马都总管，燕京留守，晋王；次讳孝诚，大国舅，兰陵郡王；次讳孝友，西北路招讨使，兰陵郡王；次讳孝惠，北宰相，殿前都点检，楚王。”

另外，萧孝诚系的小三房萧知微一支，因为女儿萧骨浴成为太子妃，并生下皇孙耶律延禧，也有来日崛起的盼头与希望。

但这样一来，同一家族的不同枝系便因利益分割问题，由同盟军变成陌路人了。萧孝惠与萧孝诚这两支的昌盛，自然让曾经连续担任家族之主红得发紫、而今却门庭衰落的萧孝穆系分外眼红，尤其是被缢杀的萧阿剌的二儿子、驸马都尉萧德良（即余里也，尚兴宗二女郑国公主斡里太）、萧阿剌大儿子萧德温之子驸马都尉萧酬斡（即萧霞抹，尚道宗三女越国公主特里）[①]，均对自家地位的衰落不甘心，力图挽回颓势。

出身寒微且没有根基的耶律乙辛，为何敢把皇后、太子拉下马？如果没有来自萧氏后族同门的主动递刀与遥相呼应，耶律乙辛岂会轻举妄动？也就是说，萧观音母子的倒台，也有娘家势力的卷入，否则耶律乙辛的目的也难以顺利实现。

对后族来说，要想家门昌盛，必须有皇后和太子，不然就只能坐视他人享受荣光，如果把萧孝惠系的萧观音母子扳倒，换上萧孝穆系的女子，那么，孝穆系就会重新崛起，恢复曾经的荣耀。

于是，觊觎后位和太子位的萧孝穆系主力萧德良和萧德让兄弟，就和不甘心被太子分权的首辅耶律乙辛一拍即合，建立起“倒后联盟”。

其实，出身显贵的萧德良也曾经是耶律乙辛防范打压的对象，早在咸雍二年（1066 年）十二月，乙辛忌惮北府宰相萧知微（太子岳父），就诬告萧知微与护卫萧忽古谋害他，萧德良也被牵连其中，因为这件事，萧知微罢相出镇顺义军，萧德良也出镇宁远军。

心术不正的萧德良意识到耶律乙辛在道宗面前的地位和能量，就转过头投靠乙辛，“揣乙辛意，倾心事之”[②]，成为铁杆乙辛党，在乙辛的举荐下出任许多重要官职。

大康元年（1075 年）十一月，萧孝惠系的萧观音被赐死，后位就腾了出来，经过乙辛和萧德良的运作，大康二年（1076 年）六月二十三，辽道宗册立萧德良的侄女、萧德温（契丹名：别里剌）的长女萧坦思为皇后[③]，后位再次落到萧孝穆系。

---

① 脱脱：《辽史》卷一百一十《耶律乙辛传》，中华书局点校本 1974 年 10 月版，第 1485 页。“林牙萧岩寿密奏曰：‘乙辛自皇太子预政，内怀疑惧，又与宰相张孝杰相附会。恐有异图，不可使居要地。’出为中京留守。乙辛泣谓人曰：‘乙辛无过，因谗见出。’其党萧霞抹辈以其言闻于上。上悔之。”

脱脱：《辽史》卷一百《萧酬斡传》，中华书局点校本 1974 年 10 月版，第 1429 页。“萧酬斡，字讹里本，国舅少父房之后。祖阿剌，终采访使。父别里剌，以后父封赵王。酬斡……尚越国公主，拜驸马都尉，……时帝欲立皇孙为嗣，恐无以解天下疑，出酬斡为国舅详稳，降皇后为惠妃，迁于乾州。初酬斡母入朝，擅取驿马，至是觉夺其封号；复与妹鲁姐为巫蛊，伏诛。诏酬斡与公主离婚，籍兴圣宫，流乌古敌烈部。”

② 脱脱：《辽史》卷一百一十一《奸臣》下《萧余里也传》，中华书局点校本 1974 年 10 月版，第 1491 页。“萧余里也（萧德良），字讹都椀，国舅阿剌次子。……咸雍中，会有告余里也与族人术哲谋害耶律乙辛，按无状，出为宁远军节度使。自后余里也揣乙辛意，倾心事之，荐为国舅详稳。大康初，封辽西郡王。时乙辛擅恣，凡不附己者出之，乃引余里也为北府宰相，兼知契丹行宫都部署事。及乙辛谋构皇太子，余里也多助成之，遂知北院枢密事，赐推诚协赞功臣。以女侄妻乙辛子绥也，恃势横肆，致有无君之语，朝野侧目。”

③ 脱脱：《辽史》卷七十一《后妃列传》，中华书局点校本 1974 年 10 月版，第 1205 页。“道宗惠妃萧氏，小字坦思，驸马都尉霞抹之妹。大康二年，乙辛誉之，选入掖庭，立为皇后。居数岁，未见皇嗣。后妹斡特懒先嫁乙辛子绥也，后以宜子言于帝，离婚，纳宫中。八年，皇孙延禧封梁王，降为惠妃，徙乾陵，斡特懒还其家。顷之，其母燕国夫人厌魅梁王，伏诛。贬妃为庶人，幽于宜州，诸弟没入兴圣宫。”

随后，萧坦思早死的父亲祗候郎君萧德温被追封赵王，叔父西北路招讨使、驸马都尉萧德良封辽西郡王，五叔汉人行宫都部署、驸马都尉萧德让封柳城郡王。

萧德良还把小侄女、萧坦思的妹妹萧斡特懒，嫁给耶律乙辛的儿子耶律绥也，和乙辛也成为亲家。

大康三年（1077年），萧德良与耶律乙辛铲除太子耶律濬夫妻，为萧坦思生子做准备。讽刺的是，萧坦思入宫几年都没有生育，一个没有儿子的皇后会有什么下场？萧菩萨哥①、萧三嬦②都是前车之鉴。

为了打破僵局，萧德良利用契丹人都迷信的“姐妹共夫利于生子”的说法，把萧坦思已经嫁给耶律绥也、连生几个儿子的妹妹萧斡特懒推荐给道宗。

昏聩的道宗就命萧斡特懒与丈夫离婚进宫，但仍旧没有生出一男半女。可见，问题不在萧氏姐妹，而在于沉溺酒色的道宗。

眼看侄女们生子无望，萧德良和耶律乙辛的目光投向北平郡王耶律淳③。耶律淳是辽兴宗的孙子、辽道宗的侄子、宋魏国王耶律弘本（契丹名：和鲁斡）的儿子，同时也是萧德良三弟萧德恭的女婿。萧德恭的女儿姚哥娘子是耶律淳的正妃，他的儿子萧莹，则迎娶耶律淳的妹妹郑国公主，身为皇弟的耶律弘本又长期担任南京留守，是道宗朝势力最大的亲王。

因此，耶律乙辛向辽道宗举荐皇侄耶律淳为皇嗣，群臣没人敢反对，只有北院宣徽使萧兀纳和夷离毕萧陶隗反对，他们劝道宗立孙子耶律延禧。

在有直系子孙的情况下，没几个人会愿意把皇位传给侄子，眼看生不出儿子的道宗，也只得听从忠臣的建议，把目光投向唯一的孙子耶律延禧，并为了继承人的未来，开始疏离、打压萧德良和耶律乙辛，为耶律延禧即位清理障碍。

就这样，费尽心机的萧德良尽管扳倒了皇后和太子，却因为侄女没有生出儿子，还是没有取得最后的胜利。这也是萧观音母子的运气吧，试想，如果萧坦思姐妹真的生出儿子，那萧观音母子就真的没有翻身的机会了。

十一、辽亡前的皇族后族之争：天祚帝的“洗牌”

天祚帝耶律延禧是大辽的亡国之君，准确地说，在耶律大石（辽德宗）率部万里西迁于中亚立国（西辽）、为辽续命前，已立国219年的辽王朝，是在天祚帝手中崩溃的。

总结辽亡金兴的历史教训，史家的普遍观点是：天祚帝喜好游猎、贪图享乐、任用奸佞、政治

① 脱脱：《辽史》卷七十一《后妃列传》，中华书局点校本1974年10月版，第1202页。“圣宗仁德皇后萧氏，小字菩萨哥，睿智皇后弟隗因之女。……钦哀虑帝怀鞠育恩，驰遣人加害。……后已崩，年五十。”

② 脱脱：《辽史》卷七十一《列传后妃》，中华书局点校本1974年10月版，第1204页。“兴宗贵妃萧氏，小字三嬦，驸马都尉匹里之女。选入东宫。帝即位，立为皇后。重熙初，以罪降贵妃。”

③ 脱脱：《辽史》卷九十八《萧兀纳传》，中华书局点校本1974年10月版，第1413页。“大康初，为北院宣徽使。时乙辛已害太子，因言宋魏国王和鲁斡之子淳可为储嗣。群臣莫敢言，唯兀纳及夷离毕萧陶隗谏曰：‘舍嫡不立，是以国与人也。’帝犹豫不决。”

昏庸，故此以致亡国。

也有说法，还生动地将其归纳为“一只鸟（海东青）决定了大辽气运”。以此说明辽代严重的东北边患，并以此批判天祚帝民族政策的种种错缪及直面危机的公关能力不足。

这些观点固然不错，遗憾的是忽略了隐藏其中的最关键的一点：洗牌！洗谁的牌？辽代两大后族之一的“母前夫之族”萧敌鲁系洗“母后夫之族”萧阿古只家族的牌，而幕后的牵线人、策划者，正是史家眼中的“昏庸天祚帝”。还是那句话：再昏庸的帝王，对权力不昏庸；再糊涂的帝王，对位置不糊涂。

这种权力洗牌，从辽兴宗时期就开始了。兴宗父皇圣宗刚逝世，两大后族的斗争便立即公开化且白热化。辽兴宗是萧阿古只家族的外孙、外甥，却心恋养他爱他的萧敌鲁家族，在两派的激烈博弈中最终站在了萧敌鲁家族一边，罢黜了阿古只家族的代表——母后萧耨斤，但未敢再进一步，兵权还在萧孝穆、萧孝先这些阿古只家族的国舅们手里。

到了道宗朝，萧阿古只家族与皇权间的矛盾迅速激化，在辽道宗清宁九年（1603 年）爆发了“滦河之变”。表面看是皇族间的争权夺利，是耶律重元与耶律洪基叔侄间的帝位之争，但唆使耶律重元、涅鲁古父子阴谋叛乱的背后出谋划策者却是萧阿古只家族的亲王萧孝友。“滦河之变”平定后，萧孝友一家被灭了门。

其实在“滦河之变”前两年（道宗清宁七年，1061 年），辽道宗就准备对盘根错节、威胁皇权的阿古只家族动手了，居然冤杀大舅萧阿剌，而且是当庭缢杀的！出手之狠辣、心肠之歹毒，把他亲娘、萧阿剌的亲妹子仁懿皇后萧挞里刺激得声泪俱下，由此可见，双方的矛盾已激化到何种地步！

道宗大康元年（1075 年）“十香词案”爆发，皇后萧观音及太子耶律濬惨死，萧阿古只家族再遭重创，不过，其余脉萧德良、萧霞抹之辈仍在布局，继萧观音后，萧坦思、萧斡特懒又成为辽道宗的皇后，萧阿古只家族势力犹存，基本盘未动。

很可惜的是，萧阿古只的精明子孙们千算万算没赢过天算，无论是萧坦思还是萧斡特懒，谁都生不出辽道宗的子嗣来，而没有皇子就没有权力的继承人。

为不使皇权旁落、血统旁落，没有皇子，就找皇孙，太子耶律濬有儿子耶律延禧，这才为道宗所看中，被隔代指认，是跨辈上位的。与其曾祖、皇太爷辽兴宗耶律宗真一样，耶律延禧虽出自萧阿古只族系门庭，却站在了萧敌鲁族系一边，而且最终成了萧阿古只家族的掘墓人！

如果说，辽兴宗的“吃里扒外”，是因为旧情、因为爱，那么天祚帝的“反戈一击”，则源于刻骨铭心的仇与恨：奶奶萧观音是怎么死的？父母耶律濬夫妇怎么死的？谁是耶律乙辛、张孝杰们的后台？萧德良、萧霞抹，你们跑得了吗？

对制造冤案的马前卒耶律乙辛、张孝杰，耶律延禧上位即夺官削爵、开棺戮尸，对萧阿古只家族的那些背后出阴招儿的国舅们天祚帝不能这么做，但处罚更狠、更致命：我让你们的对手上台，我让你们失去权力！对权贵们而言，失去权力，就等于失去话语权，等于失掉命根子，没权，就没有一切！

那么，天祚帝是怎么重新起用被打压、冷落多时的萧敌鲁家族的呢？了解一下他的皇后出身即一目了然。据《辽史》卷七十一《后妃传》记载："天祚皇后萧氏，小字夺里懒，宰相继先五世孙，大安三年入宫。明年封燕国王妃，乾统初册为皇后……兄奉先、保先等。"

天祚帝皇后萧氏，是萧继先五世孙。萧继先是谁呢？萧继先是萧绰萧太后的父亲、景宗朝北府宰相萧思温的族侄，因萧思温只有三个女儿没儿子，萧继先就过继给思温为继子，所以叫"继先"。

萧继先是从萧思温的哪位兄弟处过继来的呢？据《景宗本纪》载：思温有二兄[①]，胡鲁古与尼古只，均为辽代高官，胡鲁古兼政事令，尼古只兼侍中。萧继先为何人之子？没有明言，应在胡鲁古与尼古只二人中之一。

萧思温是萧敌鲁的直系后人吗？不是。萧思温是萧敌鲁五世祖胡母里后裔的另一族支。萧敌鲁只有两个儿子，萧翰与萧干，萧翰因参与谋反——"火神淀之变"而伏诛，死于世宗天禄三年。还有一子萧干，此外再无其他子女。

总体来讲，萧敌鲁系子嗣不旺，儿子少，女儿们又生不出那么多儿子来，在与人丁兴旺的萧阿古只家族的较量中，每每失衡。

例如，萧敌鲁系的萧思温没儿子[②]，过继为儿子的萧继先，十分富贵，但膝下只有一子萧绍宗。萧绍宗位置很高，为辽兴军节度使、太傅、侍中、驸马都尉、吴王、赠中书令、魏王、尚秦国长公主，依然富贵无比，也才生了三个儿子。

经此梳理，条分缕析，便清清楚楚了，可知，天祚帝钦选的皇后夺里懒，是"母前夫之族"萧敌鲁系萧思温之继子萧继先的后人，具体而言，即萧继先四世孙蒲打（萧槁剌）之女[③]。

如此"洗牌"，辽代的后族大权历经兴宗、道宗两朝的血腥争夺，就从"母后夫之族"萧阿古只系手中再度转至"母前夫之族"萧敌鲁系手中，这是一次伤筋动骨的"洗牌"。

此时的大辽王朝，犹如一位风烛残年的老人，任何疾病与细微变动都可能夺去它的生命，而那只被人们认定的海东青，不幸成了压垮大辽的"最后一根稻草"——皆为人祸，小鸟何罪！

十二、萧敌鲁家族未雨绸缪：权力的"双保险"

天祚帝耶律延禧上台，辽代两大后族的权力天平滑向"母前夫之族"萧敌鲁系一边，为保住这惊心动魄、来之不易的权力，萧敌鲁一系增置"双保险"：不仅皇后是敌鲁系的，皇妃也是，绝不把砝码放在皇后一人身上。

---

① 脱脱：《辽史》卷八《景宗纪》（上），中华书局点校本 1974 年 10 月版，第 93 页。"（保宁四年三月）追封皇后祖胡母里为韩王，赠伯胡鲁古兼政事令，尼古只兼侍中。"

② 脱脱：《辽史》卷七十八《萧思温传》，中华书局点校本 1974 年 10 月版，第 1267 页。"萧思温，小字寅古，宰相敌鲁之族弟忽没里之子。通书史。太宗时为美秃里太尉，尚燕国公主，为群牧都林牙。"
脱脱：《辽史》卷九十八《萧继先传》，中华书局点校本 1974 年 10 月版，第 1268 页。"萧继先，字杨隐，小字留只哥。幼颖悟，叔思温命为子，睿智皇后尤爱之。乾亨初，尚齐国公主，拜驸马都尉。"

③ 脱脱：《辽史》卷七十一《后妃传》，中华书局点校本 1974 年 10 月版，第 1206 页。"天祚皇后萧氏，小字夺里懒，宰相继先五世孙。大安三年入宫。明年，封燕国王妃。乾统初，册为皇后。性闲淑，有仪则。兄弟奉先、保先等缘后宠柄任。女直乱，从天祚西狩，以疾崩。"

为何？看看竞争对手萧阿古只系丢权的惨重教训吧：一旦皇后失宠，如萧观音，怎么办？皇后被废，随即连带太子失位，整个家族跟着遭殃！

再者，皇后一旦生不出皇子，又怎么办？如萧坦思与萧斡特懒，在古代的皇权角逐中，皇后不育无异失去权力与地位。

为此，萧敌鲁系做了重大调整，皇后有子接班最好，但地位低一级却同样是皇帝枕边人的皇妃，也应当是自家闺女，也要给皇帝生儿育女。无论最终上位的是"皇后"还是"皇妃"，都不能出"萧敌鲁系门庭"。辽代末年的北府宰相萧义出自萧敌鲁系，这是1976年发掘法库叶茂台16号辽墓时知道的，冯永谦解读出这一辽代机密，将其最早写入《辽史外戚表补证》中[①]。

1976年夏，于辽宁省法库县叶茂台村发现辽北府宰相萧义墓，出土墓志一方，记载了当时许多史实，也记录了《辽史》失载的萧敌鲁后裔，足补史之阙文，诚为可贵。如墓志这样记述萧义世系："其先迪烈宁，太祖姑表弟，应天皇后（述律平）之长兄也。"一语道明萧义身世，迪烈宁即萧敌鲁，萧义乃敌鲁之后。

天祚帝的德妃，是萧义的二女儿。《辽史·后妃传》载："天祚德妃萧氏，小字师姑，北府宰相常哥之女。寿隆二年入宫，封燕国妃，生子挞鲁。乾统三年改德妃，以柴册礼封挞鲁为燕国王，加妃号赞翼。"[②]这位《辽史》中的萧常哥，即墓志中的萧义。

出自萧敌鲁系的萧义是大辽忠臣，是辽末撑起大辽江山的最有力的人，他去世后不久，辽朝就崩溃了，以一人之生死关乎天下之安危，萧义的重要性不言而喻。

辽道宗耶律洪基是萧义主持安葬的；天祚帝耶律延禧是萧义扶上台的；辽朝的一些重大典礼仪式如柴册礼，萧义是可以代皇帝主持的；萧义任南女直都监、授东京四军副指挥使时，桀骜的女真不敢反；萧义还是当年辽朝廷内屈指可数的"战略清醒派"，将族女耶律南仙嫁给西夏国主李乾顺，辽夏联姻[③]，为大辽留了一条后路。

萧义最后以年老为由致仕，年老多病是一方面，更重要的是，他发现大辽两大后族之争并未消泯，反而愈斗愈烈，即便是未雨绸缪、安置"双保险"的萧敌鲁家族，也无法齐心合力一致对外，他殚精竭虑四下扑火，却摁住葫芦起了瓢，最终一声长叹，踉跄出局，洒下一地的无奈与破碎。

十三、令人玩味的"辽末文妃案"

辽朝的灭亡不但亡于军事，更亡于政治，这个所谓的"政治"的内核，是辽代两大后族集团的摊牌与决裂，"母前夫之族"与"母后夫之族"，即"萧敌鲁家族"与"萧阿古只家族"的翻脸，竟把身为国家储君的太子都搭了进去，这对古代王朝的江山安稳无异致命一击，是最为严重的事。这样的事，在其他王朝，哪怕只经历一次就会动摇国本，如汉武帝晚年爆发的"巫蛊之祸"，错杀皇后

① 冯永谦：《辽史外戚表补证》，《社会科学辑刊》1979年第3、4期。

② 脱脱：《辽史》卷七十一《后妃传》，《天祚德妃萧氏》，中华书局点校本1974年10月版，第1206页。

③ 脱脱：《辽史》卷二十七《天祚纪》一，中华书局点校本1974年10月版，第321页。"（乾统五年正月）庚寅，以辽兴军节度使萧常哥为北府宰相。……三月壬申，以族女南仙封成安公主，下嫁夏国王李乾顺。"

卫子夫与太子刘据，若非刘彻下“罪己诏“，及时止损，强大的汉朝恐怕也会瓦解消亡！而如此恶性事件，在辽朝居然发生了三场，并且其中两次都是善良的皇后与天下归心的太子被害死的惨烈结局，致使后继不仅是隔代接班，而且是所选非人，辽朝由此走向灭亡。

第一场“圣宗仁德皇后被钦哀后谋害案”，抢的是太子耶律宗真（辽兴宗），即“母前夫之族”萧敌鲁系的齐天后萧菩萨哥自己不能生育，将“母后夫之族”萧阿古只系的妃子萧耨斤所生之子耶律宗真抱走抚养，不仅夺走了萧耨斤的母爱，还剥夺了失位的萧阿古只家族重掌权柄的计划与盼头。萧耨斤与众兄弟（国舅）一定要把自己的儿子、外甥抢回来，表面是“夺子之战”，实为“夺权之战”！其结果，是仁德皇后为钦哀后害死。

第二场“道宗宣懿皇后及太子耶律濬诬陷被害案”，同样是夺权之战，但出现一个插曲，即此次夺权是发生在萧阿古只家族内部，萧孝穆派（代表人物为萧德良与萧霞抹）对萧孝惠与萧孝诚派的一次夺权闪击，其大背景是萧阿古只系力压萧敌鲁系掌控辽廷大权，令辽道宗耶律洪基如坐针毡，这才借萧孝穆派之手以毒攻毒。虽然这场较量是宣懿皇后萧观音与太子耶律濬被害，但说到底，还是两大后族争权夺位引发的连带悲剧。

至于此次事件活跃在前台的耶律乙辛、张孝杰，当然是其本身品德低下，出自他们的本性，误国害人，但也有被人利用的因素，是用完即弃的棋子，再风光再张狂也不过是一闪即逝的帮凶角色[①]。

第三场“天祚帝文妃及其子敖卢斡被害案”，还是这个问题，陷害方式固定，过程大同小异。文妃出身按《辽史》其本传说：“天祚文妃萧氏，小字瑟瑟，国舅大父房之女。”但其上几世都没交代清楚，不知其渊源，如文妃萧瑟瑟与其子（天祚帝长子）晋王耶律敖卢斡，是哪一族支的；谋害萧瑟瑟与敖卢斡母子的权臣萧奉先，又是哪一族支的。

按《辽史》后妃传载：“天祚皇后萧氏，小字夺里懒，宰相继先五世孙。大安三年入宫。明年，封燕国王妃。……兄弟奉先、保先等缘后宠柄任。”但《辽史·后妃传》“天祚文妃萧氏”条又载：“诸皇子敖卢斡最贤，素有人望。元后（后应是妃）兄奉先深忌之，诬南军都统余覩谋立晋王，以妃与闻，赐死。”是因遭萧奉先“深忌之”进馋言，将文妃与敖卢斡赐死。《辽史·后妃传》“天祚元妃萧氏”条说：“元妃萧氏，小字贵哥，燕国妃之妹。年十七，册为元妃。”燕国妃之妹，根据这些记载，天祚元妃萧氏贵哥，是天祚皇后萧氏夺里懒的妹妹，其兄则是萧奉先。

如此看来，天祚帝的皇后与元妃以及萧奉先是萧思温族系的，则是“母前夫之族”后代。而天祚文妃其传已自言为“国舅大父房之女”，只是不知其世次，据冯永谦《辽史外戚表补证》大父房为“母后夫之族”，即室鲁一系。蔡美彪认为是萧革之后，按《辽史外戚表补证》萧革亦恰是室鲁后裔，为“母后夫之族”。于是，问题就清楚了，“母前夫之族”与“母后夫之族”的两族支的争斗，

① 脱脱：《辽史》卷二十七《天祚纪》一，中华书局点校本 1974 年 10 月版，第 317 页。天祚帝于正月即位。“二月壬辰朔，改元乾统，大赦。诏为耶律乙辛所诬陷者，复其官爵，籍没者出之，流放者还之。”“三月丁卯，诏有司以张孝杰家属分赐群臣。”“（乾统二年）夏四月辛亥，诏诛乙辛党，徙其子孙于边，发乙辛、得里特之墓，剖棺，戮尸；以其家属分赐被杀之家。”

就是很自然的了。萧奉先坑害萧瑟瑟、敖卢斡母子，是“母前夫之族”与“母后夫之族”两大后族的对决，若萧瑟瑟的这位很会做人、极得民心的王子敖卢斡上位，那可就要出大问题了！现在这个昏庸无能肆意乱爱的天祚帝，是可以借助的力量，尤其是其妹天祚帝皇后夺里懒未生育，北府宰相萧义女萧师姑所生的燕王挞鲁又早夭，这意味着好不容易翻上来的萧敌鲁家族因“后继无人”再度出局，如何肯甘心！据《皇子表》知天祚有六子，元代修史时粗疏，有“四子未详所出”，其中皇子耶律定应是萧奉先妹天祚帝“元妃”萧贵哥的儿子，封秦王，故萧奉先力挺秦王上位。这就是萧奉先如此不遗余力地制造这一场悲剧的原因。文妃案的结果，加快推进了辽朝的灭亡速度！

十四、耶律章奴的“叛国”内幕

辽代两大后族集团的势力博弈，关乎辽王朝的生死存亡，但“后族党”并不都姓萧，还有姓耶律的，如耶律章奴。

在人物名角辈出的《辽史》中，耶律章奴不过是个微不足道的过客，但正是此人，却把两大后族即便斗得天昏地暗也务必幕后操作的宫廷权争，赤裸裸地摆上前台且广而告之，他是一个不按规则出牌的、坏了规矩的人。而任何事情，一旦矛盾公开化，便再无回旋的余地，出牌两方只能一条道儿跑到黑，输赢在所不计。

耶律章奴是大辽后族之“母后夫之族”萧阿古只系的。“阿古只党”在辽道宗执政末期，力荐坐镇南京（今北京）的北平郡王耶律淳上位。耶律淳不是辽道宗的子嗣，而是辽道宗的父亲辽兴宗的孙子，其父乃辽兴宗皇弟耶律弘本，按辈分，耶律淳是辽道宗的族侄。

那么，耶律淳和“阿古只党”是何关系呢？耶律淳是道宗朝“阿古只党”的代表人物萧德良（即萧余里也）点头力挺的。耶律淳是萧德良三弟萧德恭的女婿，萧德恭的女儿姚哥娘子是耶律淳的正妃，萧德恭的儿子萧莹迎娶了耶律淳的妹妹郑国公主——这种“亲戚套亲戚”的关系不是一般的牢固。

大辽五京，南京析津府是辽国的膏腴之地，谁能坐镇南京，谁就是大辽国举足轻重的人物，如耶律休哥、耶律仁先、耶律隆庆、耶律淳等。金庸在《天龙八部》中给大侠萧峰封个“南院大王”，镇守的就是南京。

耶律淳上位是萧德良策划的，但在朝堂公开提名则是由权臣耶律乙辛代劳的，耶律乙辛在前在明，萧德良们在后在暗。乙辛之辈表面活动，实则都是替树大根深的“后族党”奔走的。

耶律乙辛的提案后被北院宣徽使萧兀纳和夷离毕萧陶隗给否了，其实是辽道宗自己否的。萧兀纳与萧陶隗劝道宗立孙子耶律延禧，本是道宗的心意，毕竟那才是自己的直系骨血，在无儿子的前提下，哪有“传侄不传孙”的道理呢？

辽道宗采纳了萧兀纳、萧陶隗的建议，为给接班人扫清障碍，开始打压萧德良和耶律乙辛，但并未处理耶律淳，这给日后留下一颗可随时引爆的定时炸弹！

耶律章奴，字特末衍，季父房之后裔。何为“季父房”呢？就是辽太祖耶律阿保机的兄弟们及其后裔组成的大辽皇族。

阿保机是老大，想搞“君主专制一言堂”，诸弟们则坚持“三年一选的草原民主制”，谁对谁错姑且不论，总之诸弟们老造反，其后人也不闲着，这股气一直压在肚子里没消。“不胜任就让贤，大辽皇位岂有种乎！”耶律章奴就是这种理念的继承者与践行者。

据史料记载分析，耶律章奴的父亲查剌就是这样一个执着的人，虽是皇族却不为体制服务，有才不予帝王家，隐居不仕。而耶律章奴聪明机敏，善于谈论，是个关注时事、忧国忧民的辽代热血青年，会不会当官打仗不知道，文人气倒是挺重的。耶律章奴是按资排辈熬上来的：大安年间，补为牌印郎君，乾统元年（1101年），累迁至右中丞，兼领牌印宿直事，六年（1106年），因为值宿不谨慎，降为知内客省事；天庆四年（1114年），授东北路统军副使；五年（1115年），改任同知咸州路兵马事。

由耶律章奴的经历看，在发迹前没在大辽国的核心部门历练过，但早晚出入大内，对宫廷秘事指定知道不少，负能量郁积过甚，长期压抑发泄不出去，牢骚满腹，又激烈求变，这样的人城府不深，容易走极端。只是这个“极端”走得太不是时候了，居然爆发在辽金决战的护步达岗之战的关键时刻！

史载，及至天祚亲征女真，萧胡《辽史》原文作“覩”担任先锋都统，章奴任都监。大军渡过鸭子河，章奴与魏国王耶律淳之妻兄萧谛里及其外甥萧延留等人谋划扶立耶律淳，引诱将士三百余人逃回。[①]

大军出行、大仗在即，作为都监的人先跑了，辽军上下的士气一下子就泄了！护步达岗之败，耶律章奴是要负重要责任的。

至此，事情远未结束，《辽史》记载：其后天祚大军为女真击败。耶律章奴反叛后的活动，派萧谛里、萧延留以废天祚立淳之事飞速报告于耶律淳。耶律淳犹豫不决。恰在此时天祚帝派出的行宫使者乙信带着天祚的书信前来，详述章奴反叛王命之经过，耶律淳对着使者失声痛哭，便将萧谛里、萧延留斩首献给天祚。

耶律章奴不仅临阵叛逃、动摇军心，还派心腹到南京鼓动耶律淳自立，建新的朝廷，大辽江山从这一刻起，才真正走上灭亡的道路！

耶律章奴最厉害的一招儿，用今日说法，就是发表了“讨天祚帝檄文”，而且这“檄文”他是在祖庙正式宣读的，让列祖列宗评理，让群众睁开雪亮的眼睛论个公道！《辽史》是这样记载的：章奴见耶律淳不从，掠上京，取府库财物，至祖州，率僚属告太祖庙云：“我大辽基业，由太祖百战而成。今天下土崩，窃见兴宗皇帝孙魏国王淳道德隆厚，能理世安民，臣等欲立以主社稷。会淳适好

① 脱脱：《辽史》卷二十八《天祚纪》二，中华书局点校本1974年10月版，第332页。天庆五年九月，女真陷黄龙府，天祚帝亲征。“乙巳，耶律章奴反，奔上京，谋迎立魏国王淳。上遣驸马萧昱领兵诣广平淀护后妃，行宫小底乙信持书驰报魏国王。时章奴先遣王妃亲弟萧谛里以所谋说魏国王。王曰：‘此非细事，主上自有诸王当立，北、南面大臣不来，而汝言及此，何也？’密令左右拘之。有顷，乙信等赍御札至，备言章奴等欲废立事。魏国王立斩萧谛里等首以献，单骑间道诣广平淀待罪。上遇之如初。章奴知魏国王不听，率麾下掠庆、饶、怀、祖等州，结渤海群盗，众至数万，趋广平淀犯行宫。”

草甸，大事未遂。迩来天祚惟耽乐是从，不恤万机，强敌肆侮，师徒败绩。加以盗贼蜂起，邦国危于累卵。臣等忝预族属，世蒙恩渥，上欲安九庙之灵，下欲救万民之命，乃有此举。实出至诚，冀累圣垂佑。”①

此后，耶律章奴“西至庆州，复祀诸庙，仍述所以举兵之意，移檄州县、诸陵官僚，士卒稍稍属心”。

不怕多灾难就怕思想乱，耶律章奴这么一闹，等于把辽廷内讧彻底曝光，把斗了二百多年的皇族之争、皇族后族之争、两大后族之争，彻底曝光！

辽国的人心乱了，队伍没法带了。自此，大辽国运一落千丈，崩溃进入倒计时。

十五、耶律余睹的“反水”

弱金灭强辽，仅用十一年时间，如此摧枯拉朽顺风顺水，皆因辽朝内部出了“带路党”，其代表人物是领军大将耶律余睹。耶律余睹背叛了自己的国家，但此人并非坏人，他不仅知兵善战且“慷慨尚气义”②，在朝廷中是口碑不错的一个很被看重的人。其与另一位反叛者、耍嘴皮子的耶律章奴不同的是，耶律余睹是少说多做的实干派，他曾为大辽平定了张撒八起义，身任东路都统要职，在军中拥有很高的威望。

耶律余睹叛国是被逼的，逼走他的，表面看是天祚帝耶律延禧，实际是权臣萧奉先，后族之间的争权夺位，使耶律余睹无片土立足之地③。

大辽王朝到了天祚帝时期，“母前夫之族”与“母后夫之族”两大后族内部的三大分支在储君人选问题上发生激烈分歧：“母前夫之族”的萧敌鲁系（权且把世系不明的萧奉先算作此支）支持秦王耶律定；“母后夫之族”的室鲁派支持晋王耶律敖卢斡，“母后夫之族”阿古只系的萧孝穆派支持北平郡王耶律淳。具体而言，即萧奉先挺耶律定，萧瑟瑟挺敖卢斡，耶律章奴挺耶律淳。

那么，天祚帝挺谁呢？他谁都不挺，就挺他自己。在他眼中，两大后族都是危险势力，他们彼此斗得越狠，牵制越多，皇帝的位置才越安稳，任何一派一家独大，都会令天祚帝坐立不安，必打出头鸟！

当时，晋王敖卢斡素有贤名，为天下所望，又是长子，继位呼声最高，自然成了天祚帝的重点打击对象，“大热必死”是古已有之的传统。这就是“辽季后妃三案”中的文妃案的爆发内因。

《辽史·天祚纪》保大元年对此案原委有简要叙述：“上有四子，长赵王，母赵昭容；次晋王，母文妃；次秦王、许王，皆元妃生。国人知晋王之贤，深所属望。元妃之兄枢密使萧奉先恐秦王不

---

① 脱脱：《辽史》卷一百《耶律章奴传》，中华书局点校本 1974 年 10 月版，第 1430 页。

② 脱脱：《辽史》卷一百零二《耶律余睹传》，中华书局点校本 1974 年 10 月版，第 1442 页。

③ 脱脱：《辽史》卷一百零二《耶律余睹传》，中华书局点校本 1974 年 10 月版，第 1442 页。“其妻天祚文妃之妹；文妃生晋王，最贤，国人皆属望。时萧奉先之妹亦为天祚元妃，生秦王。奉先恐秦王不得立，深忌余睹，将潜图之。适耶律挞葛里之妻会余睹之妻于军中，奉先讽人诬余睹结驸马萧昱、挞葛里，谋立晋王，尊天祚为太上皇。事觉，杀昱及挞葛里妻，赐文妃死。余睹在军中闻之，惧不能自明被诛，即引兵千余，并骨肉军帐叛归女直。”

得立，潜图之。文妃姊妹三人，长适耶律挞葛里，次文妃，次适余睹。一日，其姊若妹俱会军前。奉先讽人诬驸马萧昱及余睹等谋立晋王，事觉，昱、挞葛里等伏诛，文妃亦赐死。独晋王未忍加罪。余睹在军中，闻之大惧，即率千余骑叛入金。”

这位晋王耶律敖卢斡为人不错。据史料记载，敖卢斡武艺高强，为人宽厚，天生喜欢称赞别人的长处，掩饰别人的短处。耶律敖卢斡曾入寝殿，见内侍茶剌正在看书（当时宫中不准内侍读书，一经发现，便要严惩），他就拿过书来翻看，赶上诸王到来时，将书偷偷放入袖里，随后还给茶剌，叮嘱道：“别再让人看见了！”[1]

由这件小事可见，敖卢斡非常会做人，同情弱势群体，他若上位，国家必有凝聚力，大辽不会亡。

再往前看，辽道宗太子的耶律濬，也是这样的人。

辽朝末年不是没有优秀接班人，却纷纷死于内耗与权争，死得毫无意义。

辽道宗与天祚帝手中均有延寿国祚、振兴大辽的选项，但他们却不约而同地选择了走向亡国的“最坏的死路”。

耶律余睹不逃即死！当年（辽兴宗朝）同样是后族内讧，萧阿古只家族对萧敌鲁家族反攻倒算，萧敌鲁系的兰陵郡王萧匹敌硬挺，以忠臣自居，结果死得很惨[2]，没人同情，没人翻案，做人嫁衣，死也白死。

耶律余睹前脚刚跑，萧奉先就唆使天祚帝派兵来追，追到今辽宁医巫闾山，眼见要追上了，领头的萧干（回离保）对大家说：如果我们今天奉旨杀人，高兴的是萧奉先，我们就是下一个耶律余睹！众人深以为然，掉头回京扯谎复命。可见当时辽国内部已涣散一片，人心思变[3]。这位萧干在辽亡前夕，率部于今河北秦皇岛山区建立了“大奚国”。在王朝倾覆的前夜，人人都在想后路，打自己的小算盘。

杀了萧瑟瑟，跑了耶律余睹，这一派已遭重创。但萧奉先不依不饶，务必斩草除根，斩尽杀绝！

保大二年（1122年），耶律余睹担任女真监军，率兵突然来犯，天祚帝十分忧心。萧奉先说：

---

① 脱脱：《辽史》卷七十二《晋王敖卢斡传》，中华书局点校本1974年10月版，第1216页。“（晋王）甫髫龀，驰马善射。出为大丞相耶律隆运后，封晋王。性乐道人善，而矜人不能。时宫中见读书者辄斥。敖卢斡尝入寝殿，见小底茶剌阅书，因取观。会诸王至，阴袖而归之，曰：‘勿令他人见也。’一时号称长者。及长，积有人望，内外归心。……上知敖卢斡得人心，不忍加诛，令缢杀之。或劝之亡，赦卢斡曰：‘安忍为蕞尔之躯，而失臣子之大节。’遂就死。闻者伤之。”

② 脱脱：《辽史》卷八十八《萧匹敌传》，中华书局点校本1974年10月版，第1343页。“匹敌，字苏隐，一名昌裔。……先是，钦哀与仁德皇后有隙，以匹敌为后所爱，忌之。时护卫冯家奴上变，诬后弟涅卜与匹敌谋逆，以皇后摄政，徐议当立者。公主窃闻其谋，谓匹敌曰：‘尔将无罪被戮。与其死，何若奔女直国以全其生。’匹敌曰：‘朝廷讵肯以飞语害忠良。宁死弗适他国。’及钦哀摄政，杀之。”

③ 脱脱：《辽史》卷一百零二《耶律余睹传》，中华书局点校本1974年10月版，第1442页。追耶律余睹。“天祚遣知奚王府萧遐买、北宰相萧德恭、大常衮耶律谛里姑、归州观察使萧和尚奴、四军太师萧干追捕甚急。至闾山，及之。诸将议曰：‘萧奉先恃宠，蔑害官兵。余睹乃宗室雄才，素不肯为其下。若擒之，则他日吾辈皆余睹矣。不如纵之。’还，绐云追袭不及。”

“余睹乃是大辽的后裔，这次前来不会有灭辽之心，不过想扶立晋王而已。如果陛下为社稷着想，不吝惜一个儿子，诛杀他，可以不必交战而敌人自退。”于是，天祚帝赐死晋王耶律敖卢斡，内外官员无不伤心流泪，人心更加离散[①]。

为了权力，为了皇帝的宝座，天祚帝杀功臣、杀老婆、杀儿子，利令智昏，权令人狂，走到这一步，大辽王朝是一点救儿都没有了。

被誉为“宗室雄才”的耶律余睹叛逃金国，将大辽的底牌如实相告，金兵如虎添翼，指哪儿打哪儿，如入无人之境，再加上耶律章奴的一通策反、萧奉先们的浑水摸鱼，大辽彻底乱套，是金灭辽，还是辽灭辽？一目了然！

仅举一例。金太祖完颜阿骨打闻知辽天祚帝在大鱼泺，亲自率精兵一万人去袭击。让蒲家奴、宗望、耶律余睹率军做前锋，昼夜兼行，马匹大多疲乏，在石辇驿追上辽主时，军兵才到了一千人，辽军则有二万五千人。双方短兵相接，优势辽军将金兵包围了好几层，天祚帝以为宗望兵少必定失败，就与妃嫔们从高处的土山下到平地来观战。耶律余睹指示给金军诸将看，说：“这是辽主的旗帜华盖，如果我们聚集起来冲过去，就可以达到目的！”于是骑兵飞驰而去，天祚帝望见大惊，掉头逃走，辽兵随即溃败。

为老婆、外甥复仇而来的耶律余睹，代表着他背后的后族党与萧奉先的后族党大打出手，“母前夫之族”与“母后夫之族”内战变外战，在“最后的晚餐”中掀翻了大辽盛宴，打没了江山，争来斗去，皆为输家。

辽朝灭亡后，耶律余睹也就失去了价值，没人在乎他的存在，有说他郁闷而死，有说他被异族所杀，他的对手萧奉先也是类似下场，失国之人即失魂，失去依靠，命运大同小异。

十六、“最后的萧太后”萧普贤

在国破家亡的最后时刻，辽代两大后族不再争权夺位，转向救亡图存，“母前夫之族”与“母后夫之族”，尤其是萧敌鲁与萧阿古只两大国舅的后人都在思考这样一个严肃问题：大辽国路向何方？契丹民族的未来在哪里？

辽末，“母后夫之族”萧阿古只家族出了一位巾帼英雄，《辽史》称其为萧普贤，她还有一个挺好听的名字“姚哥娘子”。萧普贤是北辽皇帝耶律淳的皇后，北辽一闪即逝，萧普贤也来去匆匆，但却在大辽的黄昏天空留下一抹灿烂的晚霞，她光彩照人！懂得这段历史的人，敬称她为“最后的萧太后”。

天祚保大二年（1122年），风华绝代两百余年的大辽王朝，犹如一个衰朽的老人，蹒跚地迈向了它宿命的终点。国破家亡的危难时分，大辽末帝耶律延禧收拾金银细软仓皇出逃。多少达官贵宦择

---

① 脱脱：《辽史》卷一百零二《萧奉先传》，中华书局点校本1974年10月版，第1440页。“初，奉先诬耶律余睹结驸马萧昱谋立其甥晋王，事觉，杀昱。余睹在军中闻之惧，奔女直。保大二年，余睹为女直监军，引兵奄至，上忧甚。奉先曰：‘余睹乃王子班之苗裔，此来实无亡辽心，欲立晋王耳。若以社稷计，不惜一子，诛之，可不战而退。’遂赐晋王死。中外莫不流涕，人心益解体。”

机待变，卖主求荣。多少赳赳武夫，跪倒在强敌脚下求生乞活。这时节，威震万邦的大辽国只剩下南京一座摇摇欲坠的京城，城中被拥立仅三个月的“天锡皇帝”耶律淳在惊恐中暴病而亡，留下孤儿寡母苦撑危局。曾经是萧绰、耶律休哥等契丹英豪跃马扬鞭、指点江山的繁华南京，如今却沦为一座凄风苦雨里的垂危之地。所有的苦难都落在一个名叫萧普贤的契丹女人肩头，史册中未载她的生辰，却记下了她的死期，她是大辽国最后的“萧太后”。

辽天祚保大二年（1122 年），距大辽亡国只有三年时间了，那是个多灾多难的岁月。北疆，完颜阿骨打统率的女真铁骑踏破了大辽的半壁河山。南界，称臣纳贡的弱宋也撕毁前约趁火打劫！风雨飘摇的大辽国内无粮草、外无救兵，仅靠这残山剩水苦苦撑持，仅凭这残兵败将抵御两面夹击。亡国，只是时间早晚的问题。

在这一年，天祚帝仓皇出逃。大辽朝中无主，辽兴宗的侄子耶律淳被宰相李处温、宗室大臣耶律大石、奚王回离保强行将黄袍披在身上，成了北辽政权第一个也是最后一个皇帝，年号“建福”①。不过，同样的“黄袍加身”，当年的宋太祖赵匡胤可谓志得意满，而对被逼上皇位的耶律淳而言，他的处境却连个傀儡都不如。

一开始，耶律淳幻想以废除“岁币”、缔结盟约的笼络之策，与和好百年、视如兄弟之邦的北宋建立新的关系，取得北宋的支持。

没想到，一贯低眉顺目的北宋，这次却强横起来，不仅将他的盟书撕得粉碎，还派出二十万大军誓师北伐！碰了北宋的硬钉子，耶律淳被迫转向他最不愿意接触的大金国，低三下四地奉表于金，乞求附庸。但金太祖对耶律淳的降表看都不看，不屑一笑，依旧磨刀前来。

最令耶律淳焦虑的是，跑得踪影皆无的天祚帝获悉自己被废降为“湘阴王”，勃然大怒。这回不仅不跑，反而主动跳了出来，拼凑几万兵马，杀奔南京兴师问罪。

此时已六十一岁的耶律淳本是多病之躯，他渴望的生活不过是封妻荫子，晚年儿孙绕膝寿终正寝。怎想到，竟这般晚景凄凉，活得如此惊心动魄！

辽天祚保大二年（1122 年）六月，只当了三个月遭罪皇帝的耶律淳一命呜呼撒手人寰，他的妻子萧普贤被众臣推上前台。这位萧德妃被尊为皇太后，主持军国大事，无论她愿意与否，都必须接下这烫手的山芋。

登上大位的萧普贤放眼四顾，大辽国势已是四面楚歌。她麾下属僚人怀二心，周边环境杀机四伏，朝廷权贵个个神不守舍，度日如年。在辽南京遗址，曾出土了一枚德兴年号的银钱。“德兴”是

① 脱脱：《辽史》卷二十九《天祚纪》三，中华书局点校本 1974 年 10 月版，第 343 页。保大二年三月。“初，诏留宰相张琳、李处温与秦晋国王淳守燕。处温闻上入夹山，数日命令不通，即与弟处能、子奭，外假怨军，内结都统萧干，谋立淳。遂与诸大臣耶律大石、左企弓、虞仲文、曹勇义、康公弼集番汉百官、诸军及父老数万人诣淳府。处温邀张琳至，白其事。琳曰：‘摄政则可。’处温曰：‘天意人心已定，请立班耳。’处温等请淳受礼，淳方出，李奭持赭袍被之，令百官拜舞山呼。淳惊骇，再三辞，不获已而从之。以处温守太尉，左企弓守司徒，曹勇义知枢密院事，虞仲文参知政事，张琳守太师，李处能直枢密院，李奭为少府少监、提举翰林医官，李爽、陈袐十余人曾与大计，并赐进士及第，授官有差。萧干为北枢密使，驸马都尉萧旦知枢密院事。改怨军为常胜军。于是肆赦，自称天锡皇帝，改元建福。降封天祚为湘阴王。遂据有燕、云、平及上京、辽西六路。”

萧普贤被百官尊为皇太后，称制后所立的年号。此钱字形虽尚可辨析，但细部笔画平夷不清。钱币整体不精的神态，真实地反映了铸钱时北辽上下惶恐不安、行将覆亡的时代面貌。

最先向萧普贤发起挑战的，是宰相李处温。此人眼见大辽朝不保夕，便暗地施展两面手段。一面私通北宋权臣童贯，准备挟持萧普贤纳土归宋；一面结交金人，承诺做内应献出南京城。机敏的萧普贤察觉李处温言行有诈，趁其不备率先下手，将李处温擒拿捕杀，躲过了上位以来的第一场危机①。

面对北宋与金国的南北夹击，萧普贤采取“合金抗宋”的应对方略。对兵势正盛的金国，她五次上表金廷，请求金朝皇帝立耶律定为北辽之主，其他条件均答应。金国虽不允，却迟缓了征辽时间，令风雨飘摇的北辽赢得了千钧一发的喘息良机。

而对必欲置辽国死地而后快的北宋，萧普贤则坚决抵抗。当背叛辽国投靠北宋的郭药师率兵杀进南京时，驻守南京的辽朝大将回离保（萧干）正带兵在外。城防空虚，留守城内的老弱妇孺，怎敌郭药师的虎狼之师？

占领南京七座城门的郭药师自以为胜券在握，大功告成，以征服者的姿态敦促退守悯忠寺（今北京法源寺）的萧普贤投降。并纵容麾下官兵大肆抢掠，滥杀契丹人与奚人。

南京城内哀嚎遍地，哭声震天。契丹人被宋兵沿街追杀，几乎所有人都判定，大辽就要灭亡了！此时，逃亡在外的天祚帝仍游猎行乐，对国家安危全然不计。

就在这亡国灭种的生死时刻，绝望的契丹人看到了这样一幅悲怆场景：他们的萧太后一身戎装从悯忠寺中走出，一脸肃杀，英气贯身。她痛斥郭药师派来的招降使，然后手握钢刀登上城楼，向跟随她的部众分发武器。是光荣战死，还是忍辱偷生？萧普贤选择了前者。

史册里并未记载当时的战况，但对最终的结局却记得分明：进攻的郭药师部队反被包围了！

苦战三昼夜后，除郭药师、杨可世和几百残兵逃脱外，其余兵将惨遭围歼。杀红了眼的契丹人一直将北宋十五万大军追杀到白沟（宋辽界河），才收手驻足。

如果说，在大辽国势鼎盛，又恰逢萧绰、耶律斜轸、耶律休哥等人杰横空出世时，北宋的战败尚有情可原，那么，在大辽即将陨灭，只剩孤儿寡母守危城，已攻占城门、人数是守城辽军几十倍的宋军，居然被一个中老年女人带着决死的寥寥部众剿杀围歼，这是怎样的耻辱！

不难想象当时可能出现的奇异场面：一个满身披挂的契丹女人，带着浑身是血的千百部众，竟在一马平川的平原上追击漫山遍野的十几万宋军！经此一战，宋人吓得肝胆俱裂，只将收复旧疆的希望寄托在非亲非故，最后又成了自家掘墓人的女真人身上。

金人对辽宋两国间这般不可思议的战局本不相信，当最终确认消息属实时，面对号称雄兵百万的宋廷，金太宗投去了一抹轻蔑的冷笑。

---

① 脱脱：《辽史》卷二十九《天祚纪》三，中华书局点校本 1974 年 10 月版，第 344 页。“已而淳死，众乃议立其妻萧氏为皇太后，主军国事。奉遗命，迎立天祚次子秦王定为帝。太后遂称制，改元德兴。处温父子惧祸，南通童贯，欲挟萧太后纳土于宋，北通于金，欲为内应，外以援立大功自陈。萧太后骂曰：‘误秦晋国王者，皆汝父子！’悉数其过数十，赐死，脔其子奭而磔之；籍其家，得钱七万缗，金玉宝器称是，为宰相数月之间所取也。”

在辽王朝的生死存亡之秋，萧普贤虽以一己之力，奇迹般地击退了向北犯境的宋军，但辽南京守军也基本拼光了老本。金太宗坐山观虎斗，在辽宋打得两败俱伤后，他终于出手了。

金军不是宋军，当年的大金铁骑是令亚洲各国闻之变色的百战雄师。若萧绰、耶律休哥在世，辽军自可与之一搏，胜负之数尚难预料。但天祚帝保大二年（1122 年）的辽王朝已是强弩之末，与宋军血拼后的羸弱辽军对阵金兵，只能是以卵击石，自取灭亡。

明知不敌，萧普贤也未屈服。她派耶律大石带兵扼守金兵攻燕的必经之地居庸关，这是当时情势下所能做出的最好选择。如果耶律大石能在居庸关阻遏金军，北辽就有时间重聚抗金力量，就有可能延长国祚东山再起。但残酷的现实，终究不以萧普贤的个人意志为转移。

辽天祚帝保大二年（1122 年）十一月，金兵冒严寒进抵居庸关，耶律大石领兵严防死守。就在辽金交锋的前夕，突然发生了一场匪夷所思的巨大山崩，飞落而下的岩石将守关辽兵砸得非死即伤，不战自溃[①]。而关外的金兵，却毫发无伤。大辽气数已尽！

辽天祚帝保大二年（1122 年）十二月，金兵直逼辽南京，一路势如破竹，守城官员见大势已去，献城降金，南京地区全部陷入金兵之手。萧普贤被迫率部分残兵急出古北口。

萧普贤的最终命运是凄惨的。史载，她率残部赶到四部族找到天祚帝，一心为国的她本想契丹人合兵一处，团结抗金再图崛起，但昏庸的天祚帝满脑子盘算的只是自己的私利，只要自己富贵一生，祖宗基业、社稷江山与他何干？他不听萧普贤的申诉，认为耶律淳被立为帝是犯上作乱，萧普贤主持国政就是无视皇权。他命人将萧普贤捆起，用契丹人最残忍的酷刑处死了这位为国舍命的巾帼英雄。他还念念不忘已作古地下的耶律淳，将这位窝囊的北辽皇帝除其属籍，贬为庶人[②]。

萧普贤悲壮赴死的一刻，大辽最后的复国希望便荡然无存了。

辽天祚帝保大三年（1123 年）四月，金兵在青冢将辽朝秦王定、许王宁、诸妃、公主、所有大臣全部俘虏。天祚帝和梁王雅里四下奔窜，如丧家之犬又苟延残喘了一两年，对金人再未组织起丝毫的抵抗，直至被金人俘获，辽朝的江山彻底崩盘。

存在 219 年的大辽王朝，历经九帝：太祖、太宗是创业雄主；世宗、穆宗是过渡之客；景宗、圣宗将大辽推向了鼎盛巅峰；兴宗抱残守缺；道宗昏庸无道；天祚帝实为败家根苗！

与参差不齐、功业迥异的大辽九帝相比，契丹后族的女人们除萧耨斤令后世诟病外，几乎个个光彩照人：敢作敢为的述律平，纵横捭阖的萧燕燕，心寄社稷的萧观音，胸怀天下的萧瑟瑟，勇赴国难的萧普贤。

在大辽国破家亡的离散岁月，历史只给了萧普贤不到八个月的时间。她严惩内奸，南退宋军，

---

① 脱脱：《辽史》卷二十九《天祚纪》三，中华书局点校本 1974 年 10 月版，第 345 页。保大二年十一月。“秦晋王淳妻萧德妃五表于金，求立秦王，不许，以劲兵守居庸。及金兵临关，崖石自崩，戍卒多压死，不战而溃。德妃出古北口，趋天德军。”

② 脱脱：《辽史》卷三十《天祚纪》四，中华书局点校本 1974 年 10 月版，第 355 页。“保大二年，金兵日逼，天祚播越，与诸大臣立秦晋王淳为帝。淳死，立其妻萧德妃为太后，以守燕。及金兵至，萧德妃归天祚。天祚怒诛德妃……”第 353 页。“而金兵大至，德妃奔天德军，见天祚。天祚怒，诛德妃。降淳庶人，除其属籍。”

北拒金兵，她用自己柔弱的双肩一度撑起了大辽垂危江山的万斤重担。她伫立在南京城头的血色夕阳里，令绝望的契丹人心头重燃希望之火，血管中重新迸发出为尊严而战的大辽热血！

那一刻，耶律阿保机、萧绰、耶律休哥等契丹雄杰英魂附体，在那危亡当头的历史时空中，镌刻下一首悲怆而豪壮的英雄史诗！

十七、在西夏救亡大辽的成安公主耶律南仙

辽朝覆亡前，两大后族的精英代表均展开了拯救家国的图存努力，萧阿古只家族出了萧普贤，萧敌鲁家族则培养了族女耶律南仙，前者被誉为大辽“最后的萧太后”，后者则是大辽的“成安公主”。

据 1976 年于法库叶茂台出土的萧义墓志可知，“其先迪烈宁，太祖姑表弟，应天皇后（述律平）之长兄也”。一语道明萧义身世，迪烈宁即萧敌鲁，萧义乃敌鲁之后。

当萧阿古只家族的萧普贤在辽南京亲自出马，率部与北犯宋军殊死一搏之际，萧敌鲁家族的萧义做了什么呢？

他想得更远：改朝换代已不可避免，大辽王朝与契丹民族得另谋出路、转换阵地了。

辽末执掌朝廷大权、又洞悉世事风云的萧义，已敏锐嗅到山雨欲来的危险气息。在他看来，辽朝两大后族的争权斗法已严重触伤了大辽的统治根基，再斗下去毫无意义，现在最要紧的是想出路，下一步该怎么办？

所以，他义无反顾地交出了手中的权力，交得非常彻底。回归老家法库。不久，萧义病逝，他去世后仅三年（1114 年），女真首领完颜阿骨打即起兵宁江州，公开反辽；十一年（1125 年）后，天祚帝被俘，辽朝灭亡。

可见，当时的情况非常严峻，在致仕交权前，萧义对大辽后事做了紧急部署，来看看他的“应急思路”。

乾统五年（1105 年）春，萧义出任北府宰相，掌佐军国大政。鉴于四面楚歌的动荡形势，萧义上台仅三个月，便为辽朝可能出现的变局未雨绸缪，经其努力，促成了辽与西夏的联姻。史载，天祚帝将“族女南仙封为成安公主，下嫁西夏国王李乾顺”为妃，第二年，“夏国遣派李造福等来谢”，达成辽与西夏的和好。这是萧义精心谋划、提前布局的一步好棋！

当时的天下，辽、（北）宋、（西）夏三国鼎立，辽宋一度兵戎相见，辽夏的关系更糟糕，辽兴宗曾两征西夏，结果两战两败，差点当了西夏人的俘虏。辽道宗当政时，见西夏的梁太后擅权专恣，对辽朝也不恭敬，遂于道宗寿昌五年（1099 年）遣人至夏，鸩杀（毒死）梁太后，李乾顺亲政，时年十六岁，即夏崇宗，辽夏两国的仇恨是越结越深。

萧义属于当时辽朝权力核心层中为数不多的“战略清醒派”，在他看来，虽然辽国势大，但内政不稳，又四面树敌，绝非善策，现北有女真，南有宋朝，若再与小而强横的西夏势同水火，这对大辽王朝的稳定百害而无一利。基于这一思路，他建议天祚帝与西夏借联姻而联盟，即便与西夏不能成为朋友，也切莫变成敌人。

多年后，人们才看到萧义这一举措是何等的高瞻远瞩，证据如下：

（一）宋夏长年战争，李乾顺希望同宋朝讲和，宋哲宗不许，李乾顺恳请辽朝出面代为斡旋，给足辽帝面子；（二）天祚帝保大二年（1122 年）三月，金军攻打辽西京（今山西大同），李乾顺急派五千兵马援助，西京失守遂还师；（三）天祚帝保大二年（1122 年）五月，李乾顺得知辽天祚帝逃入阴山，乃遣大将李良辅领兵三万救援，与金将完颜娄室战于宜川河畔，夏兵大败；（四）天祚帝保大二年（1122 年）七月，李乾顺遣大臣曹价向天祚帝恭问起居，并馈赠粮饷；（五）天祚帝保大三年（1123 年）正月，李乾顺再次出兵救辽，被金军阻击不能前进；（六）天祚帝保大三年（1123 年）五月，天祚帝伪降金朝，西遁云内州（今内蒙古自治区土默特左旗），李乾顺遣使于夏国边境迎驾，请天祚帝入夏境；（七）天祚帝保大三年（1123 年）六月，天祚帝遣使册封李乾顺为“夏国皇帝”，且诏命李乾顺发兵救辽。

这时，金朝也派遣使臣入夏，向李乾顺提出：如天祚帝逃入夏境，应将其擒捕送金；夏如能以事辽之礼事金，金允许将辽国西北一带的土地割让给夏。

李乾顺见辽朝灭亡已成定局，为了保全夏国的割据地位，遂答应了金国的条件，拒绝天祚帝入境，使其无路可逃，终被金国擒获。

客观而言，李乾顺虽未能最后救天祚帝一命，但也未予加害，他终究是西夏的君主，捍卫自己国家、民族的利益实乃天经地义。作为天祚帝的姑爷，一个外人，李乾顺此前为辽朝所做的一切，已算是仁至义尽了。

萧义推崇的大辽成安公主耶律南仙，是一位女中豪杰。她嫁给李乾顺后，与其他妃子相处融洽，这在和亲公主中是很少见的。李乾顺的曹妃生育一子，生时异光满室，耶律南仙见而爱之，请名“仁孝”，令保姆持至宫中，时抚摩不忍释。对这个非自己亲生的西夏王子，耶律南仙却视若己出，从小就教育李仁孝“亲辽爱辽”，处心积虑地欲在西夏王室内培养出一位未来的“大辽王朝代言人”，并所愿得偿。

史载：“（李仁孝）幼聪颖，长多材艺。初，金兵破辽，辽主西走，即恸哭，请兵赴援；宜水之败，咄嗟者累月；及乾顺臣金，泣谏不听，悒郁而卒。”

作为极可能登上西夏最高权力宝座的未来王储，李仁孝对辽朝的情感如此之深，皆仰耶律南仙的平素抚育教导之功。试想，此人若能继位，将会为大辽王朝带来多么大的战略利益！

耶律南仙见故国已亡，自己付出无数心血培育成人的世子李仁孝又撒手人寰，双重打击令其悲愤欲绝，于是绝食而亡，为国尽节。

耶律南仙的智慧与忠诚，证明了“母前夫之族”萧敌鲁系的萧义的识人之明，着实眼光不虚。

十八、大辽后族助耶律大石西迁建国

辽朝统治崩溃后，由耶律大石西迁中亚建国，又延命九十二年，史称“西辽”。耶律大石成了西辽开国皇帝辽德宗，不少景教徒认为他就是传说中的祭司王约翰。

严格讲，辽与西辽是一个国家，世系相承，一如西汉与东汉皆为汉，北宋与南宋皆为宋，辽朝兴于中国，亡于中亚，前后长达311年。

耶律大石当年从金军营中逃出时，手下仅剩二百余人，这点实力不可能支撑未来的浩大西征，重塑大辽，纯属痴人说梦。耶律大石之所以迅速恢复元气，得益于大辽皇太妃萧胡辇在今蒙古国留下的家底。萧胡辇是大辽两大后族之一的“母前夫之族”萧敌鲁系的[①]，在同为萧敌鲁系的辽末北府宰相萧义欲借西夏势力复国的计划失败后，萧胡辇未雨绸缪的提前安排为耶律大石的西迁及时注血，直接助力了西辽的创建。在辽朝惊心动魄的复国运动中，萧敌鲁系居功至伟！

皇太妃萧胡辇，戍守大辽西疆时有两大功绩，一是“西征阻卜”，二是“奏置三州”。

统和十五年（997年）三月，“皇太妃献西边捷”。是年五月，敌烈八部人杀本部详稳结阻卜等叛乱，萧胡辇命部将萧挞凛率轻骑追击至西北，“获部族之半”，重挫叛部，诸部悉降，“拓土既远，降附亦众”，自此“诸蕃岁贡方物充于国，自后往来若一家焉”。

统和十八年（1000年），阻卜部再叛，“阻卜叛酋鹘碾之弟铁刺不率部众来附，鹘碾无所归，遂降，诏诛之”。

此次阻卜叛乱长达三年，均被萧胡辇率军平灭。一时，萧胡辇之名威震四方，俨然成为大辽国“西疆的女皇”。

在萧胡辇戍守西北期间，即圣宗统和二十二年（1004年），她上书辽廷，奏请将可敦城（今蒙古国鄂尔浑河与图勒河之间的青陶勒盖·巴勒嘎斯古城址）设为镇州，设建安军节度使，这是辽代开拓西北的一项重大举措。据《辽史·地理志》记载：“镇州，建安军，节度。本古可敦城，统和二十二年皇太妃奏置。选诸部族二万余骑屯军，专捍御室韦、羽厥等国，凡有征不得抽移。渤海、女直、汉人配流之家七百余户，分居镇、防、维三州。东南至上京三千余里。”[②]

除镇州外，还有维州（今蒙古国哈达桑·巴勒嘎斯古城址）、防州（今蒙古国培勒·乌兰·巴勒嘎斯古城址），三州分布，镇州坐镇中部，维州与防州分居两翼，构成了辽朝的西北防线。

三州建立以后，辽朝西北诸部的叛乱明显减少，西北路招讨司也由胪朐河一带移驻此地，辽朝甚至开始在西北大规模屯田，至此西北才正式纳入辽朝的有效控制中。

三州之中以镇州最为重要，并且很快就经受了战争考验。开泰二年（1013年）正月，“达旦国兵围镇州，州军坚守，寻引去”。由此可见镇州城之坚固，虽然此后还发生了如磨古斯叛乱等事件，但

---

① 皇太妃萧胡辇，为辽太宗二子耶律罨撒葛妻，景宗封罨撒葛为齐王，赠皇太叔，故萧胡辇称皇太妃。罨撒葛事见《皇子表》：“太宗五子，靖安皇后萧氏生二子，穆宗第一，见帝纪。罨撒葛第二。会同元年，封太平王。世宗诏许与晋主往复以昆弟礼。景宗封齐王，赠皇太叔，谥钦靖。穆宗委以国政。谋乱，令司天魏璘卜日，觉，贬西北边戍。景宗即位，撒葛惧，窜于大漠，召还，释其罪。保宁四年，病疽薨。”《辽史》卷八《景宗纪》上，保宁元年三月，“太平王罨撒葛亡入沙沱。乙丑，夷离毕粘木衮以阴附罨撒葛伏诛。癸巳，罨撒葛入朝。……夏四月戊申朔，进封太平王罨撒葛为齐王……”2000年在内蒙古巴林左旗林东镇发现辽代萧兴言墓，出土墓志载：“祖讳乌咽里，驸马，大王，招讨使，有二妻，赛哥公主、钵国娘子；钵国娘子，即皇太妃之女也。”可知，皇太妃，萧思温之女也，景宗睿智皇后之姊。（参见向南、张国庆、李宇峰：《辽代石刻文续编》，辽宁人民出版社2010年1月版，第188页）

② 脱脱：《辽史》卷三十七《地理志》一，中华书局点校本1974年10月版，第451页。

辽对漠北的控制权一直持续到辽代末期。

大辽覆灭之际，耶律大石率辽军残部奔赴中亚，途经镇州，获得大量的人马物资补给，方得以恢复元气，万里远征①，创建西辽，又将辽朝国祚延续了九十多年，由此足见萧胡辇当年“奏置三州”的深谋远虑。

萧胡辇镇守大辽西北时期，不但确保了边塞安宁，而且拓地千里，其武功之盛，在辽代诸将里无人匹敌，用“功勋卓著”誉之毫不为过。正是由于她的赫赫武功，才使得大辽契丹国之威名饮誉欧亚，蜚声海外。

十九、辽代后族石抹明安助元灭金

辽灭金兴后，从民间到朝廷，突然冒出了“移剌”与“石抹”两大家族，他们从何而来？

原来，辽王朝虽被女真族创建的金国所逐，但代表大辽帝族与后族的“耶律与萧”并未消失，只不过转换名头，改为“移剌与石抹”了，其中很多人融入了金代的统治阶层，转换角色成了金廷的达官显贵。

这些摇身一变的移剌与石抹们，既助金也灭金，不少人虽易姓更名却未失故国情结，最终借蒙古之力，攻灭大金，报了郁积心头百年的国恨家仇！

由萧氏转为石抹的金代名臣有石抹明安、石抹也先、石抹扎剌儿等。金蒙“野狐岭之战”的胜败走势与石抹明安息息相关。

金卫绍王大安三年（1211年）七月，成吉思汗发兵南下攻金，两国在今河北张家口地区爆发了历史上著名的“野狐岭之战”，十万蒙古铁骑大败四十五万金军精锐，这是蒙古灭金的第一场大战，野狐岭之战令金国威风扫地，金军自此信心重挫，一败涂地。

尽管蒙军威武，尽管成吉思汗用兵如神，尽管自古以来以少胜多、以弱制强的战例比比皆是，但拥有4∶1的绝对兵力优势且武器精良、后勤补给充足的金军，怎会被对方十万人马打得抱头鼠窜？令后人百思不解。

回归真实历史可知，原来一个叫石抹明安的人在其中起了重要作用。这位契丹萧氏后人“身在金营心在蒙”，提前将金军的作战部署、虚实底细如数向成吉思汗交了底，如此一来，两军战端未开即胜负已判。

当时，石抹明安作为大金使臣赴蒙古军营谈判，成吉思汗对其礼遇有加，并巧施攻心计，将这位早对金廷心怀不满的大辽后人变成了蒙古的“高级卧底”。

---

① 脱脱：《辽史》卷三十《天祚纪》四，中华书局点校本1974年10月版，第355页。“大石不自安，遂杀萧乙薛、坡里括，自立为王，率铁骑二百宵遁。北行三日，过黑水，见白达达详稳床古儿。床古儿献马四百，驼二十，羊若干。西至可敦城，驻北庭都护府，会威武、崇德、会蕃、新、大林、紫河、驼等七州及大黄室韦、敌剌、王纪剌、茶赤剌、也喜、鼻古德、尼剌、达剌乖、达密里、密儿纪、合主、乌古里、阻卜、普速完、唐古、忽母思、奚的、糺而毕十八部王众……遂得精兵万余，置官吏，立排甲，具器仗。明年二月甲午，以青牛白马祭天地、祖宗，整旅而西。”

石抹明安的反水，对金军伤害极大。石抹明安向成吉思汗提供了重要的金军情报，使成吉思汗有效制订了具有针对性的作战计划，为蒙古军野狐岭之战的胜利立下了汗马功劳。

这之后，石抹明安出任金国抚州守将，蒙古军至，他献城以降，将蒙古铁骑引入了金国的中原腹地。他还建议成吉思汗乘胜追击，切勿给金军丝毫喘息之机，成吉思汗遂命石抹明安率军抚定云中（今山西大同）东西两路，随即南进，进攻金国河北诸郡。

石抹明安与蒙古猛将三合拔都联手，由古北口攻抚景、蓟、檀、顺诸州。他还建言成吉思汗废屠城之制，变屠掠为招抚，所到之处，金军多迎降。

元太祖十年（1215年），石抹明安取通州，收降金国右副元帅蒲察七斤，驻军于京南建春宫。而这位投降的蒲察七斤原姓耶律阿海，也是一位素有复国之志的契丹皇族之后。

此后，石抹明安又率军计破金御史中丞李英、元帅左都监乌古论庆寿所领护粮军于永清，败金将完颜合住的一万两千援兵于涿州宣封寨，尽得其辎重。

当年四月，石抹明安率军克万宁宫，取富昌、丰宜二关及固安县。

五月，石抹明安参与攻取金中都之役。随着金中都的失陷，宣告金国大势已去。

石抹明安因功被封为兼管蒙古汉军兵马的都元帅，加太保，世称明安太保。这种封赏，在元初可以说是“位极人臣”了！

二十、朝阳柳城“石抹氏”曾出惊天动地人

今辽宁朝阳隋唐时期称“柳城”，金末元初，柳城有一个显贵世家：石抹氏。石抹氏源自大辽萧氏后族，在金、元两朝出将入相，战功赫赫：石抹也先为蒙元帝国兵不血刃取东京；石抹查剌身先士卒灭东夏；石抹库禄满誓效大汉伏波将军马革裹尸还；石抹继祖满腹经纶，经史子集无所不通；石抹宜孙被刘基誉为“邦家之干城，庶民之父母”……

石抹也先的先祖名叫库烈儿，是石抹氏家族目前可考的第一代“大辽遗民”。辽亡金兴之际，库烈儿仿效商末伯夷、叔齐的“不食周粟”例，发誓“不食金禄”，于是率部远徙。库烈儿高寿，享年九十，临终之夜得疾，“命家人候日出则以报，及旦，沐浴拜日而卒”[①]。“拜日”也就是朝拜太阳，乃契丹族世代相传的风俗信仰。关于库烈儿的事迹，在《沿海上副万户石抹公神道碑》和《总管黑军石抹公行状》中，记载大致相同。

据《元史·石抹也先传》载，石抹也先与其先祖库烈儿一样，也是个以忠孝为本、“不食金禄”且以“灭金复仇”为己任的坚定“复辽派”。“（石抹也先）年十岁，从其父问宗国之所以亡，即大愤曰：‘儿能复之。’及长，勇力过人，善骑射，多智略，豪服诸部。金人闻其名，征为奚部长，即让其兄赡德纳曰：‘兄姑受之，为保宗族计。’遂深自藏匿，居北野山，射狐鼠而食。”[②] 但实际情况

---

① 宋濂：《元史》卷一百五十《石抹也先传》，中华书局点校本1976年4月版，第3541页。“辽亡，改述律氏为石抹氏。其祖库烈儿，誓不食金禄，率部落远徙。年九十，夜得疾，命家人候日出则以报，及旦，沐浴拜日而卒。”

② 宋濂：《元史》卷一百五十《石抹也先传》，中华书局点校本1976年4月版，第3541页。

则不然。

石抹也先的曾孙石抹良辅对其曾祖的回忆，被元朝人胡祗遹写入《石抹氏神道碑》，由碑文透露信息可知：历史中真实的石抹也先是个识时务的人，他“食金禄”、当金官、效忠金廷，积极入世，从未隐居山林，让官于兄，也不过是权宜之计，且看石抹良辅对石抹也先的生平事迹记录：“公幼颖悟，未冠，雄勇过人。以将家子，弓槊鞍马不习而能。及长，精通吏事。契丹、女直两朝语言、风俗、政治、典故，耳目习熟。仕金为译事，未几，以明辨廉干迁西北路招讨使幕官，继以军功拜万夫长。公请让职于族兄章达纳（即《元史》中所说的‘赡德纳’），愿以副贰自处，金帝嘉其逊悌友爱而从之。”

译事，在金朝的正式称呼是译史，是负责翻译的低级吏员。在尚书省、御史台和枢密院等中央机构都设有译史，诸京、府、转运司和防御州、刺史州、招讨司也设译史。石抹也先因通晓契丹语言、文字而担任了西北路招讨司的译史，继而又升任西北路招讨使的属官，后因军功升任万户（也可能是奚部长）。他将其职务让于其兄，自己担任副职，实为壮大本家族的势力，以礼让之举获得金朝皇帝的赞许与认同，这与元史中塑造的那个一心复辽、与金廷势不两立的石抹也先形象，似风马牛不相及。

石抹也先在金朝为官恪尽职守、任劳任怨，但这种种表象非其真心，当金廷衰落、蒙古崛起之时，他的“反金面目”瞬间毕现，所以，尽管《元史》对石抹也先的生平有美化之嫌，但对其“敬辽反金”的心理描述，还是很真实的。

金章宗死后，金朝开始衰落，朝纲紊乱，史载：“逆臣擅命，乾纲解弛。宗室贵戚素无威柄，重以宴安佚乐，升平日久，平居无事，口脂面药，软媚如妇人女子。一旦内乱遽起，惶骇忧惧，莫知所为。”石抹也先见天下有变，良机降临，立刻与其兄率所部（应以契丹人及契丹同种的奚人为主）投降了率军伐金的成吉思汗，成吉思汗令其归属名将木华黎麾下，这个潜伏多年、骨子里对金人恨之入骨的石抹也先即将迎来他人生的精彩华章——智取东京。

在随木华黎进攻金朝东京（今辽宁省辽阳市）时，石抹也先任先锋，“谍知金人新易东京留守将至，也先独与数骑邀而杀之，怀其所受诰命，至东京，谓守门者曰：‘我新留守也。’入据府中，问吏列兵于城何谓，吏以边备对，也先曰：‘吾自朝廷来，中外晏然，奈何欲陈兵以动摇人心乎！’即命撤守备，曰：‘寇至在我，无劳尔辈。’是夜，下令易置其将佐部伍。三日，木华黎至，入东京，不费一矢，得地数千里、户十万八千、兵十万、资粮器械山积，降守臣寅答虎等四十七人，定城邑三十二。金人丧其根本之地，始议迁河南。”[①]就这样，蒙古大军不费吹灰之力，就拿下了重兵镇守的大金东京，石抹也先献上的这一“见面礼”令成吉思汗大喜过望，自此对其委以重任、信任有加。

紧接着，蒙古军进攻金国北京（今内蒙古宁城县大明城），金北京路宣抚使兼北京留守奥屯襄率兵二十万在花道迎战，被击败，阵亡八万人。随即，北京被围困，城中粮尽，金军中的契丹人首先出降，城围愈急。城中发生了内乱，奥屯襄被北京宣差提控完颜习烈所杀，不久，完颜习烈也被人

① 宋濂：《元史》卷一百五十《石抹也先传》，中华书局点校本 1976 年 4 月版，第 3542 页。

所杀，金军出降，北京陷落。木华黎愤恨城久不破，想要坑杀全城军民，石抹也先劝阻说："北京为辽西重镇，既降而坑之，后岂有降者乎？"幸得石抹也先及时劝阻，万千北京军民的性命才得以保全。之后，石抹也先被任命为北京的达鲁花赤，招降了割据兴中府（今辽宁省朝阳市）的石天应。

达鲁花赤乃蒙古语，原意为"掌印者"，是代表成吉思汗行使权力的各地军政、民政和司法官员，即督官，后来成为元朝地方各级最高长官的通称。达鲁花赤一般须由蒙古人或色目人担任，身为中原契丹遗民的石抹也先能出任这样的高官，足见蒙古人对他的倚重与信任。

金宣宗贞祐二年（1214年）十月，锦州张鲸聚众十余万，杀节度使，自称临海郡王，向蒙古投降。次年四月，成吉思汗命木华黎派张鲸总领北京十提控兵马南征。但是张鲸投降蒙古只是出于自保，并不想替蒙古卖命。石抹也先协助脱忽阑阇里必监督张鲸军。军至平州时，张鲸谋叛，"也先执鲸送行在所，帝责之曰：'朕何负汝？'鲸对曰：'臣实病，非敢叛。'帝曰：'今呼汝弟毂为质，当活汝。'鲸诺而宵遁，也先追戮之，毂已杀使者应其兄矣。致既伏诛，也先籍其私养敢死之士万二千人号黑军者，上于朝。"锦州张鲸、张毂兄弟麾下的精锐黑军自此为石抹家族所拥有，世代相袭。蒙古人允许石抹也先拥有自己的私家军队，连最为敏感、关乎利害的兵权都授予他，这是对石抹也先所建功勋的至高肯定。

金宣宗贞祐三年（1215年）五月，石抹也先被成吉思汗"特恩锡虎符，拜镇国上将军，以御史大夫提控诸路元帅府事。是岁十月，诏同左监军王守玉偕来至阙，敕自滦水东、辽水西土地郡邑，一听公约束"。

这时的石抹也先拥兵数万、占地千里，可以说是大权在握、风光无限，他还娶了一位蒙古夫人，开始与蒙古勋贵沾亲带故。这是他人生的巅峰，但好景不长，金宣宗兴定元年（1217年），石抹也先随同木华黎南征，在进攻金朝蠡州（今河北省蠡县）北城时，被飞石击中而死，时年四十一岁。

石抹也先战亡后，其子石抹查剌袭任其父的御史大夫，此人一身武艺，箭术精绝，发矢无不中，尝一日射飞雉三十。石抹查剌继续统领其父的黑军，该军将士"皆猛士，衣黑为号，故曰黑军"。所向披靡，旌旗所指，敌望之胆寒，乃蒙古名将木华黎手中的王牌师、先锋军。

金宣宗兴定二年（1218年），石抹查剌统率黑军"从木华黎攻平阳、太原、隰、吉、岢岚、关西诸郡，下之。遂攻益都，久不下，及降，众欲屠其城，查剌曰：'杀降不祥，且得空城，将安用之？'由是遂免"。石抹查剌同其父一样主张不杀降者，与动辄屠城的蒙古军形成鲜明对照。

金宣宗兴定三年（1219年），黑军被分屯于真定、固安、太原、平阳、隰、吉、岢岚等地。不久，蒙古大军南征，石抹查剌率领黑军为先锋，在黄河边击败金将白撒、官奴部，渡河后再战，大败金军。"长驱破汴京，入自仁和门，收图籍而还。帝悉以诸军俘获赐黑军。"

金哀宗天兴二年（1233年）九月，木华黎之子塔思率蒙古大军攻陷了金朝将领蒲鲜万奴在东北建立的割据政权东夏的南京（今吉林省延吉市磨盘村山城），擒获蒲鲜万奴，东夏亡。史书中对石抹查剌在这场战争中的英勇表现做了逼真再现："围南京，城坚如立铁，查剌命偏将先警其东北，亲奋长槊大呼，登西南角，摧其飞橹，手斩陴卒数十人，大军乘之，遂克南京。诘旦，木华黎解锦衣赏之。"

元太宗十三年（1241年），窝阔台汗任命石抹查剌为真定、北京两路达鲁花赤。元太宗皇后乃马真氏临朝称制第二年（1243年），石抹查剌卒于家乡柳城（今朝阳），享年四十四岁。

石抹查剌病故后，其长子石抹库禄满袭其爵位，元世祖忽必烈任命库禄满为黑军总管，并且下诏书褒奖其家族："起本将家，致身戎伍。祖野仙有展土开疆之效，父查剌着攻城略地之功。尚克前修，勉勉后效。"

库禄满承继石抹家风，擅长射猎。"关弓满二石，画的于侯方寸，去百步射之，无不中，继发必破其括。"这段史载，颇有三国吕布辕门射戟之风范。

石抹库禄满曾射杀过猛虎，"（库禄满）从两骑逐兔北野山，遇樵者奔曰：'虎才负嵎，慎勿往。'公不听，驰而前。虎踞地大吼，从骑失色，公戒毋动，独按骑复行，直虎十步止，挟矢以待。虎跃而起，引马少避，一发中其吭以死。"

石抹库禄满为人慷慨激昂，生前曾留下这样的豪言壮语："恶死好生，人之情。吾不用斧锧驱大夫士，不以身先之，谁肯捐躯以致命耶？且男子当援枹死事，书之竹帛，炳炳然后世。岂呫呫死户牖下，效儿女子乎？我尝闻汉伏波将军誓以马革裹尸，真丈夫也。"

元宪宗八年（1258年），元军进攻南宋襄阳、樊城，库禄满与堂弟度剌登上云梯攻城，度剌战死。中统三年（1263年），李璮反叛，库禄满随军出征，率先登上济南城墙，不幸飞矢中额而卒，时年四十一岁。

石抹也先家族弓马娴熟，多为征战沙场的赳赳武夫，但到了其后人石抹继祖、石抹宜孙，却家风陡转，屡出舞文弄墨的翩翩儒雅文士。

如石抹库禄满之孙石抹继祖，幼年起即在浙江生活，以前进士史蒙卿为师。"自经、传、子、史，下至名法、纵横、天文、地理、术数、方技、异教外书，靡所不通。"

石抹继祖与其先辈不同，没有经历过战争，其最大的军事行动也就是镇压过几次规模很小的农民暴动而已。石抹继祖平生喜好和文人墨客交往，对做官没有兴趣，四十岁时，就请求致仕，以其弟石抹振祖代替自己任职。之后，他纵情于台州的山水之间，筑抱膝轩为宴游之所，家事交给诸子，自己一无所闻，自号太平幸民。石抹继祖卒年六十七岁，著有《抱膝吟咏》若干卷。

又如石抹继祖的庶长子石抹宜孙，也喜好文学，不恋功名。石抹宜孙与刘基（刘伯温）交往密切，关系融洽，两人经常赋诗酬唱，唱和之诗达到九十七首之多。刘基的文集《诚意伯文集》中有不少此类诗，刘基还写有一篇《处州分元帅府同知副都元帅石末公德政碑颂》，褒赞石抹宜孙为"邦家之干城，庶民之父母"。

元顺帝至正十八年（1358年）十二月，朱元璋兵取兰溪（今浙江省兰溪市），逼近婺州，石抹宜孙的母亲住于婺州，他亲自率兵解救，但是被朱元璋所败。不久，石抹宜孙升任浙江行省参知政事。元惠宗至正十九年（1359年），朱元璋攻克处州，石抹宜孙率数十人突围至福建边界，想要组织兵力回救处州，但人心已散，事不可为，后被乱兵所杀。"事闻，朝廷赠推诚宣力效节功臣、集贤大学士、荣禄大夫、上柱国，追封越国公，谥忠愍。"

元朝覆灭后，名震南北的石抹氏家族再度易姓，到了明清两朝，其中不少人改为"舒穆禄氏"，这一姓氏时见于今天的满族、锡伯族人的祖传家谱中，北方地区的一些“舒”姓即来源于此，最具代表性的是著名作家舒庆春，也就是我们熟知的老舍先生。

二十一、结语

掌握辽代国家政权核心的，是契丹族的皇族耶律氏和后族萧氏，他们结成联盟，互为婚姻，历时二百多年，这在中国历史上也是很少见的。在这个历史时代中，发生很多微妙的事，似有似无，若断若续，引人关注，其内涵是什么，值得进行研究。

我们观察辽代的历史时发现，如果对其他民族暂且不计的话，而以契丹族来说辽朝，只有皇族和后族两姓，又系互为婚姻，关系特殊，其江山应该是很稳固的，但是却常会出现一些事故，而其来源就是掌握权力的皇族和后族，本来两族间的黏合是外力无法破坏的，怎么就会出现问题？现象可能看到了，原因在哪里？未见探讨。对这个问题，研究者常是忽视了，或者没有注意到，因此，我们看学术界，尚无答案。

之所以找不出答案，是过去研究契丹族没有抓住本质，什么审密，什么迭剌，又是拔里，又是乙室己，等等，这些名字，根本不知道是什么关系，越弄越复杂，有追溯更远的，找到了李尽忠，又找到孙万荣，但越是这样做，越是理不出个头绪，自己都弄不清楚是什么关系了，如何进行研究？

我们对契丹族进行研究，考察皇族，又考察后族，尤其对后族的研究，将“母前夫之族”和“母后夫之族”的理论，运用到后族的实际中去，既清晰明确，又方便实操。这时再看“母前夫之族”萧敌鲁系与“母后夫之族”萧阿古只系，就变得异常简单了，两族系的百年纷争，就看得清楚了。原来皇帝选后，就在“母前夫之族”的萧敌鲁系和“母后夫之族”的萧阿古只系中进行，两族系的人为了赢得在朝廷中的影响力和话语权，抓紧输送皇后就成为第一要务，于是两族系就展开了钩心斗角的权谋斗争，有时还和皇族搅在一起，弄得朝廷中硝烟弥漫，几乎断送大辽江山，真所谓兴有后族，亡亦有后族。

辽代后族既然如此重要，应认真进行研究。于是我们根据整体观察后的深思熟虑，写此《辽代后族研究》，在文中探讨了耶律氏皇权存亡与后族萧氏历史功过。当然，这是一个很重大的课题，现提出我们的观点，供研究辽史者参考。

辽朝五京互动机制研究

张志勇[①]

辽朝设有五京，五京在辽朝国家行政管理体制中占有重要地位，在辽代社会治理过程中发挥了十分重要的作用。通过对辽代五京问题研究的学术史梳理，检索辽史和碑刻资料，制定了《辽史》所记辽代五京留守官员表、碑刻资料所记辽代五京留守官员表。在对此进行统计分析的基础上，就辽朝五京互动机制实现途径与效应问题进行了探讨。

辽朝是我国历史上以契丹民族为主体建立起来的强盛王朝，在我国北方和东北地区统治二百多年。契丹（辽）朝建立以后，随着统治区域的不断扩大，针对境内存在的不同生产与生活方式的民族，因俗而治，一国两制（有的专家学者认为是一国多制），即"以国制治契丹，以汉制待汉人"。于是在辽朝的中央统治机构，便分别设置了北、南面官两大系统，进行管理。为了加强对地方的治理，从而巩固其长久统治，契丹统治者则先后设置上京临潢府、东京辽阳府、南京析津府、中京大定府和西京大同府，到辽兴宗重熙十三年（1044 年）辽朝地方五京体制最终形成。辽代五京的设立不是偶然的，是辽代社会发展到一定历史阶段的必然产物，也是发展契丹社会政治、经济、文化、教育的需要，更是巩固多民族统治与维护统一的需要。辽代五京作为独特的行政管理体制，通过互动机制发挥社会治理机能，从而有效地实现辽王朝对地方的管理与统治。

本文基于行政管理与社会治理视角，基于对辽代五京研究学术史的梳理，运用典型人物与个体案例分析等方法，全面钩沉文献资料与考古资料，并就辽代五京一体化、内外互动机制、五京机构、五京官员升迁转任、政绩及其相关问题进行较为全面深入而又系统的思考与探索。

一、关于辽朝五京研究的学术史梳理

关于辽代五京问题的研究一直是学界所关注的焦点问题之一，专家学者们根据有限的文献资料与考古资料，就辽代五京设置问题、设置的目的与意义、设置的原因、性质与功能、建筑与布局特征、体制与官员、作用与影响等问题展开研究，提出许多真知灼见。笔者从以下几个方面进行梳理与评述。

① 张志勇，辽宁工程技术大学公共管理与法学院教授。

1. 关于辽朝五京设置问题研究

辽代五京设置的时间、年代、建立者、建立的顺序诸问题学界没有多大争议，文献记载得也比较清楚。但是关于辽代“中京”设置问题学界有一些分歧。辽朝是有一个“中京”还是两个“中京”？还是“中京”为“南京”之误？清代考据学家赵翼认为“中京”为“南京”之误[①]。袁刚、李俊义则认为辽朝历史上曾经设立了两个“中京”，即镇州和后来的中京大定府。但是镇州成为中京不久，就再度陷落。然而，在镇州早已易手，“中京”尚未建成之前，辽朝确曾设立过中京留守司，并任命室昉为中京留守[②]。对此，他们提供了一些现象，引发后来者思考。何天明则提出“辽朝步入盛世的京城——辽中京”[③]。笔者检索了辽代文献资料，其中在辽圣宗正式建立中京之前，《辽史》中就有多处记载“中京”的史料（见表），考古资料尚未发现。所以辽代可能存在着两个“中京”。

2. 关于辽朝五京的性质问题研究

辽朝五京性质问题，史学界分歧比较大。由于分析的角度不同，可谓是仁者见仁，智者见智。一种观点认为上京是都城，其余为陪都，以何一民为代表。他认为：“辽王朝实行五京制，上京为首都，其余四京（中京、东京、南京、西京）则为陪都，从而形成五个地区性的政治、经济、文化中心城市。”[④]第二种观点认为自辽圣宗建成“中京”后，上京临潢府成为陪都，而“中京”则成为事实上的首都。历史地理学家谭其骧肯定地说：“事实上的首都却已移在中京大定府，上京临潢府变成了旧都，也是一个陪都。”[⑤]针对上述观点，林荣贵则提出：“上京是有辽一代的法定首都，而中京在法律上和事实上均非首都。”[⑥]葛剑雄则认为：“上京是有辽一代法定首都，但是法律上的首都可能是名义上的首都，而未必是事实上的首都。”以此来论证“中京是辽后期事实上的首都”[⑦]。第三种观点以傅乐焕为代表，认为“五京”不是辽朝的政治中心，“四时捺钵”在辽朝政治体制中具有政治中心或政治核心的作用[⑧]。李桂芝认为：“游牧的契丹人所建的国家，具有行国的基本特征，它的政治中心不再具有城国特征的五京。……辽国的政治中心也随着皇帝的行踪转移。”[⑨]任爱君：“辽朝具有浓厚的行国特征，虽称五京，但政治权力的中心却不在京城。”[⑩]萧爱民对此作了系统而又深入的研究，提出：“由于契丹皇帝一年四时捺钵，不住在五京中，至五京属于临时行为。在五京中，辽朝既没有建中央

① 〔清〕赵翼：《廿二史考异》卷八十三《辽史》，凤凰出版社2008年版，第924页。

② 袁刚，李俊义：《辽朝在不同时期设立的“中京”及其相关问题探讨》，《赤峰学院学报》（汉文哲学社会科学版）2013年第7期，第8页。

③ 何天明：《辽朝步入盛世的京城——辽中京》，《西部资源》2010年第6期，第51页。

④ 何一民：《中国城市史》，武汉大学出版社2012年版，第317页。

⑤ 谭其骧：《辽朝后期迁都中京考实》，《中华文史论丛》1980年第2期，第43—53页。

⑥ 林荣贵：《辽后期迁都中京说驳议——与谭其骧教授商榷》，《中华文史论丛》1983年第1期。

⑦ 葛剑雄：《也谈辽后期迁都中京——读林荣贵同志：辽后期迁都中京说驳议》，《中华文史论丛》1983年第1期，第310—322页。

⑧ 傅乐焕：《辽史丛考》，中华书局1984年版，第37页。

⑨ 李桂芝：《辽金简史》，福建人民出版社2001年版，第51页。

⑩ 任爱君：《辽朝史稿》，甘肃民族出版社2012年版，第8、第279页。

衙署，也没有设朝官，所设的京官属于地方官。因此，辽朝的政治中心也就不是五京中的任何一京了。”[①] 康鹏也认为：“辽朝地方统治制度融合了游牧文明与农业文明两种不同因素，‘城国’与‘行国’兼具，有着鲜明的特色。与中原帝制王朝不同，辽朝始终没有固定的中央政府所在地，五京之中的任何一个京城都不是真正意义上的国都。辽朝的政治中心在于四时捺钵，中央政府总是跟随皇帝四处游移。”[②] 第四种观点认为辽代有首都、有陪都、有大城市，以张国庆为代表。他说：“辽有五京，上京临潢府，为辽代前期的首都；中京大定府，为辽代中后期的政治中心；还有东京辽阳府、南京析津府和西京大同府，均为辽的陪都。五座京都，五座大型城市，加上城区居民，构成了辽代典型的城市社区。”[③] 我比较倾向于第四种观点，但是又有所不同。辽设五京，上京为首都，中京为陪都，其他三京是大型城市，五大城市构成一个有机的联合体，在推进契丹社会一体化进程中发挥了重大作用。

3. 关于辽朝五京建筑风格与整体布局方面的研究

辽代五京建筑风格与整体布局研究的文章比较多，专家学者们运用有限的文献资料和丰富的考古资料，从建筑学、城市学等不同角度，运用调查、考古及对比的方法进行研究。陈述在分析京邑城镇的建置次第和类型过程中，分别就辽朝五京的营建和规制问题进行了全面而又系统的分析，他说：“关于京城整体规划、监修和布置，具体建筑物的设计、施工以及土木操作，主要是由汉人韩延徽、康默记、贾去疑等以及其他汉人流民和俘奴担负。阿保机及其左右的契丹人，对于这一事业的主持、决定，采取了主动的积极态度，是很明显的。”[④] 还就各个京城的规制分别作了分析。舒焚在对辽朝的疆域和行政区划分析过程中，还绘制了辽五京和府、州、军、城表[⑤]，为进一步开展研究奠定了基础。项春松则从历史与考古角度，对辽代五京整体建置、布局、功能等做了研究[⑥]。刘晋华在其硕士论文中，就“京”与“都”、城市与都城含义、五京性质、五京城市规模、建立过程与原因、地理与自然环境、布局特征等问题提出了一些看法[⑦]。

关于这方面的研究还有张瑞杰的《辽上京、辽中京遗址述略》[⑧]，孙晨的《试论辽代都城之朝向——以辽上京和辽中京为例》，文章在近几年来辽上京考古发现的基础上，通过其结构分析认为朝向为“坐西朝东”，并将其与辽中京进行对比，探索其朝向的差异之成因，认为都城朝向的转变与契丹的汉化、辽宋关系的转变、辽代统治重心的南移密不可分[⑨]。此外，姜含的《辽代五京建制研究》、

① 萧爱民：《辽朝政治中心研究》，人民出版社 2014 年版，第 11、第 59 页。

② 康鹏：《辽五京：理解辽朝地方制度关键——访中国社会科学院历史研究所副研究员康鹏》，《中国社会科学报》第 1056 期，2016 年 9 月 23 日。

③ 张国庆：《辽代社会史研究》，中国社会科学出版社 2006 年版，第 97 页。

④ 陈述：《契丹社会经济史稿》，生活读书新知三联书店 1963 年版，第 82、第 96、第 85 页。

⑤ 舒焚：《辽史稿》，湖北人民出版社 1984 年版，第 135—162、第 142 页。

⑥ 项春松：《辽代历史与考古》，内蒙古人民出版社 1996 年版，第 48—87 页。

⑦ 刘晋华：《辽代五京布局特征研究》，东北师范大学硕士学位论文，2018 年，第 8—37 页。

⑧ 张瑞杰：《辽上京、辽中京遗址述略》，《赤峰学院学报》（汉文哲学社会科学版）2014 年第 2 期，第 18、19 页。

⑨ 孙晨：《试论辽代都城之朝向——以辽上京和辽中京为例》，《文物鉴定与鉴赏》2019 年第 6 期，第 28—30 页。

冯珊珊的《辽上京城市形态》、王睿的《辽代都城制度研究》（硕士论文）及王淑兰的《历史地理视角下的辽代城市研究》（博士学位论文）也进行了相关探讨。

4. 关于辽朝五京功能与作用方面的研究

陈述先生认为“城市是经济、政治和文化综合表征”，京城建立“会促进经济文化交流”“客观上有一定促进作用”①。王德忠从军事、经济、文化三个方面讨论辽朝五京城市功能。他认为：“五京的军事功能主要是由辽朝所处的‘四战之区’的环境所决定的，而各京在军事上承担的任务各不相同。经济功能表现在五京既是辽朝境内最大的消费性城市，又是所在地区商业贸易、手工业生产的中心和支持辽朝国家财政运作的基础。”“五京城市既是文化得以存在的有效载体，又为文化的进步繁荣提供了不可或缺的物质基础，主要通过学校教育、皇室的祖先祭祀和佛、道等宗教的传播等方式表现出来。”②萧爱民认为上京是辽太祖耶律阿保机的创业之地，又是“辽内四部族”的牧地，契丹统治者十分重视，故在五京之中地位最重要；东京是用来控制渤海、女真，备御高丽的；西京是备御西夏和西南各游牧民族的；南京是备御北宋的，经济最为发达，为财政的主要来源③。任爱君也是这种观点，认为“五京的特点不同，作用也不相同”④。赵望秦、张新科提出：“五京作为各种资源的集中地，既是权力的象征，政治斗争和获取政治权力的工具，也是辽王朝进行地域集团控制、民族调和与文化整合的据点。”⑤凡是研究辽代五京问题的专家学者无不提到辽朝五京的功能与作用，在此就不一一赘述了。

5. 关于辽朝五京文化与教育方面的研究

关于辽朝五京文化与教育问题，一直以来是专家学者们关注的热点问题，也是进一步深入开展五京问题研究的核心与关键。郑恩淮提出辽朝文化中心在南京（今北京），辽王朝在境内设有五京，上京乃辽太祖创业之地，为辽朝政治中心。辽朝的文化中心却不在辽上京，在辽南京。理由：一是史书记载辽南京经济文化发达。二是《辽藏》工程浩大，约六千卷，历时七十余年，雕印于燕京阳台山清水院（今北京西山大觉寺）。三是1974年山西应县木塔发现一批辽代印刷品，均为辽南京雕印⑥。王德忠也对辽朝五京的文化功能作了比较系统而又深入的研究。高福顺对辽代五京教育问题研究颇深，不仅发表了系列论文，还出版了《辽朝教育研究论集》，分别就辽朝的教育政策、五京学的建立发展与演变、五京学与国子学的区别、五京学的内容与特点、五京教育的地位与影响等问题阐述了自己的观点⑦。辽朝的五京学随五京的形成以及辽朝文化教育的不断深入发展而最终完备起来，并在推动辽朝文化交流、人才培养、社会发展等方面发挥了十分重要的作用。

① 陈述：《契丹社会经济史稿》，生活读书新知三联书店1963年版，第82、第96、第85页。
② 王德忠：《论辽朝五京的城市功能》，《北方文物》2002年第1期，第77页。
③ 萧爱民：《辽朝政治中心研究》，人民出版社2014年版，第11、第59页。
④ 任爱君：《辽朝史稿》，甘肃民族出版社2012年版，第8、第279页。
⑤ 赵望秦、张新科：《辽金史解读》，华龄出版社2007年版，第84页。
⑥ 郑恩淮：《辽朝文化中心在南京（今北京）》，《辽宁工程技术大学学报》（社会科学版）2009年第2期，第175页。
⑦ 高福顺：《辽朝教育研究论集》，吉林文史出版社2014年版，第29—77页。

6. 关于辽代五京行政管理体制方面的研究

这是与本课题研究关联最为密切的内容。关于这方面问题的研究内容不多，在专家学者们出版的学术专著中有所论及。舒焚认为："辽朝的行政区划，存在三个系统：一是以民政为主的系统，即京、府、州、县；二是军政、民政兼理系统，即部族辖地；三是军事管制系统和单纯的军政系统，即招讨、统军等司辖地。"[①] 这些区划和有关机构与职官的设置，经太祖、太宗始奠，以后逐渐发展和完善起来。岛田正郎认为："在辽朝，与州县制并存的还有都城制。"并就五京六府设置的统治机构与官员作了描述与分析[②]。康鹏在其《辽代五京体制研究》博士论文中，就燕京地区的军事机构、东京道与东丹国的关系、上京与中京地区诸州县性质、中京地位与边疆军事机构、辽朝统治特征与官员选任方式等问题作了全面而又系统的考辨。杨福瑞指出："从阿保机'依唐州县建城'开始至圣宗开泰年间，辽朝进行了百余年的州县制推行历程，最终在其统治区内确立了五京行政区划体系格局。"[③] 李谷城结合"辽代南京—古之幽州—今北京地区"的实际，在大量文献资料与考古资料检索基础上，对辽代南京地区机构设置、留守官员、职掌、政绩、升迁等问题进行了系统梳理[④]。杨军与王旭东合著[⑤]及其王旭东[⑥]的《辽代上京留守选任研究》《辽代五京留守研究》《辽朝东京留守的选任及其特点》文章中，对辽代五京留守进行了全面的研究。考察辽代五京建立和五京留守的职掌，分析了辽代五京留守的任选，阐述了五京留守的历史地位和作用，认为汉族留守的选任由前期的战时需要逐渐向中后期的荫补、科举等制度性措施过渡[⑦]。

综上所述，学术界关于辽代五京诸问题的研究，提出许多有价值的观点，也发掘出一些新的资料，为我们做进一步的思考与研究奠定了基础。但是个别问题研究还不够深入，一些领域还亟待开发。因此，本文基于行政管理与社会治理视角，在对文献资料与考古资料的充分检索基础上，拟就辽代五京互动机制问题作进一步探讨。

二、辽朝五京概述

1. 辽朝五京设立经过与发展

从现有辽朝史料记载看，辽朝五京并非同时设置。始于辽太祖建皇都与西楼，到辽太宗会同元年（938 年），"以皇都为上京，升幽州为南京，改南京为东京，圣宗城中京，兴宗升云州为西京，于是五京备焉"[⑧]。可见，五京的建置从太宗时开始诏修改建，至兴宗朝才宣告完备，前后用了106年。

---

① 舒焚：《辽史稿》，湖北人民出版社 1984 年版，第 135—162、第 142 页。

② ［日］岛田正郎著、何天明译：《大契丹国》，内蒙古人民出版社 2006 年版，第 167 页。

③ 杨福瑞：《辽朝地方州县行政区划体系的形成及其特点》，《宋史研究论丛》第 12 辑，2011 年版，第 580 页。

④ 李谷成：《辽代南京留守研究》，中国社会科学出版社 2013 年版，第 1—5 页。

⑤ 杨军，王旭东：《辽代南京留守的选人与转迁研究》，《求索》2013 年第 4 期，第 68—71 页。

⑥ 王旭东：《辽代五京留守研究》，吉林大学博士学位论文，2014 年，第 19—26 页。
王旭东：《辽代上京留守选任研究》，《学术探索》2014 年第 7 期，第 117—122 页。

⑦ 王旭东：《辽朝东京留守的选任及其特点》，《兰台世界》2017 年第 10 期，第 75—78 页。

⑧ 脱脱：《辽史》，中华书局点校本 1974 年版，第 438 页。

在这个过程中，五京由不成熟到逐渐成熟，由不完善到逐渐完善（见表1）。叶隆礼在《契丹国志·四京本末》中，对辽朝上京、中京、南京、东京建立的时间、过程，各京所处的地理条件和自然环境、民族、风俗民情作了介绍与分析①。辽朝五京各有特点，在辽朝国家管理和社会治理体系中发挥着十分重要的作用。

表1　辽朝五京设置情况表

序号	名称	设立时间	京址	资料出处
1	上京	辽太祖神册三年（918年）二月，始建皇都 辽太宗会同元年（938年）十一月，诏以皇都为上京	建皇都于西楼地。临潢府（今内蒙古赤峰市巴林左旗林东镇南的波罗城）	《辽史》卷1《太祖纪上》12页。《辽史》卷4《太宗纪上》45页。《辽史》卷37《地理志一》440页
2	南京	初为南京，也称燕京。 辽太宗会同元年（938年）得后晋所献燕云十六州地，升幽州为南京	析津府（今北京）	《辽史》卷3《太宗纪上》30页。《辽史》卷4《太宗纪上》45页。《辽史》卷40《地理志四》494页
3	东京	辽太祖神册四年（919年）二月，修辽阳故城，以汉民、渤海户实之，改为东平郡。天显元年（926年）二月，改渤海国为东丹国。天显三年（928年），辽太宗迁东丹民以实东平，升东平郡为南京。太宗会同元年（938年）十一月，升幽州为南京，改南京为东京	辽阳府（今辽阳市）。 上京、东京、南京于同年设立，合称"三京"	《辽史》卷2《太祖纪下》15、22页。《辽史》卷4《太宗纪上》30页。《辽史》卷4《太宗纪上》45页。《辽史》卷38《地理志二》456页
4	中京	辽圣宗统和二十五年（1007年）春正月，建中京	大定府（今内蒙古宁城县大名城）。 与原三京合称"四京"	《辽史》卷14《圣宗纪五》163页。《辽史》卷39《地理志三》481、482页
5	西京	辽兴宗重熙十三年（1044年）十一月，改云州为西京	大同府（今山西大同市），辽兴宗以后，始有"五京"	《辽史》卷19《兴宗纪二》231页。《辽史》卷41《地理志五》506页

2. 辽朝五京设立目的与原因

关于辽朝五京设立的目的问题，专家学者们基于不同角度，也有不同的看法。若从行政管理视角出发，则可概括为强化对地方的管理与控制，巩固辽朝长治久安。李桂芝说："五京是用来统辖州县的，治理的重点是汉人和渤海人。"② 傅海波、崔瑞德说："每一座都城……是一个当地行政管理网的区域性中心。""这些都城，尤其是南京和东京的总管（留守），在其各自地区内行使着极大权力，他们是辽朝政治体系中最强有力的人物之一。"③ 由此可见，辽朝统治者加强对地方的管控，乃至全国的管理与控制是设置五京的根本目的。

通观辽代五京，各有各的特点，因而设置的目的也不尽相同。陈述说："五京建置各有各的目的。""南京以制燕云，东京以制渤海，上京为国家根本。"④ 上京是辽太祖创业之地，故是国家的根本；中京居五京之间，联络其他四京，方便与北宋交往；东京是用来控制渤海、女真，备御高丽的；南

① 叶隆礼：《契丹国志·四京本末·初兴本末》，中华书局2014年版，第240页。

② 李桂芝：《辽金简史》，福建人民出版社2001年版，第51页。

③ 傅海波，崔瑞德：《剑桥中国辽西夏金元史》，中国社会科学出版社2007年版，第78页。

④ 陈述：《契丹社会经济史稿》，生活·读书·新知三联书店1963年版，第85页。

京是备御北宋的，经济发达，辽王朝财政的主要来源；西京是用来防御西夏的。《辽史·地理志》说得非常清楚：“总京五，府六，州、军、城百五十有六，县二百有九，部族五十有二，属国六十。”在“东至于海，西至金山，暨于流沙，北至胪朐河，南至白沟”[①]幅员万里的大地上，建立起以五京为中心的行政管理体制，并实施有效的管理。

关于辽代五京设置的原因也是多方面的。思想上是“因俗而治”“一国两制”治国政策的体现；政治方面基于巩固契丹贵族的统治地位的考量；经济上是由不同生产方式与生活方式决定的，再就是确保契丹贵族的经济利益需要；历史上借鉴中原王朝城市治理经验，保留像辽阳、幽州、渤海古城的历史传统；文化上不同民族的交流与认同，并进行文化的整合；从地理条件上看，五京所处地理位置十分重要，进可攻，退可守，是拱卫辽王朝这座大厦的天然屏障；再加上受自然环境的影响等，在此不一一而论。

3. 辽朝五京的管理机构与官员

关于辽朝五京的行政管理机构，《辽史·百官志》“南面京官”条载：“辽有五京。上京为皇都，凡朝官、京官皆有之；余四京随宜设官，为制不一。大抵西京多边防官，南京、中京多财富官。”据文献记载和碑刻资料可知辽朝五京所设机构主要有：

一是宰相府、内省司、诸使、留守司兼府尹、都总管府、都虞侯司、警巡院、处置使和由博士、助教组成的“五京学”。五京最高长官称留守。二是设有宰相三京：东京、中京、南京，设左右相和左右平章事。三是上京和东京设内省司。四是五京各州皆有节度使。中京高州、东京益州等地区有观察使，也有团练使、防御使、刺史，多沿唐制。五是辽南面分司官有分决诸道滞狱使、按察诸道刑狱使、采访使，但不常设。辽南面财赋官除转运使外，长春、辽西、平州等路，俱有钱帛司及“某州钱帛都提点”，辽代节度州最高，下有观察州、团练州、防御州、刺史州。

笔者根据《辽史》纪、传、表、志以及《辽代石刻文编》《辽代石刻文续编》文献与考古资料，检索辽代五京留守官员，制表如下。

表2 《辽史》所记辽朝五京留守官员一览表

序号	姓名	民族	京属	任职时间	五京官职	升迁转任	资料出处
1	赵延寿	汉	中京	太宗大同元年（947年）二月，升镇州为中京	以赵延寿为中京留守，治镇州	大丞相兼政事令、枢密使	《辽史》卷4《太宗纪下》59页。《辽史》卷48《百官志四》804页
			南京	太宗会同二年（948年）	南京留守	封魏王	《辽史》卷76《赵延寿传》1247页
2	张砺	汉	中京		进拟中京留守	大丞相	《辽史》卷76《张砺传》1248页
3	耶律牒蠕	契丹	南京	太宗大同二年（948年）十月	南京留守，封燕王		《辽史》卷5《世宗纪》64页
4	赵思温	汉	燕京	太宗天显年间	燕京留守		《赵匡禹墓志》辽代石刻文编299页
			上京	太宗天显十一年(937年)	改南京留守		《辽史》卷76《赵思温传》1231页

① 脱脱：《辽史》，中华书局点校本1974年版，第439页。

续表

序号	姓名	民族	京属	任职时间	五京官职	升迁转任	资料出处
5	韩匡嗣	汉	上京		拜上京留守	临潢尹	《辽史》卷74《韩知古传》1251页（中华书局版）
			南京		改南京留守	摄枢密使	
6	耶律和里	契丹	东京		终东京留守		《辽史》卷75《耶律觌烈传》1238页
7	耶律拔里得	契丹	中京	世宗继位	迁中京留守		《辽史》卷76《耶律拔里得传》1246页
8	耶律牒蜡	契丹	南京	世宗年间	为南京留守	封燕王	《辽史》卷113《逆臣中·耶律牒蜡传》1506页
9	萧思温	契丹	南京	穆宗应历九年（959年）夏四月	南京留守	兵马都总管	《辽史》卷6《穆宗纪上》75页
10	高勳	汉	上京	穆宗应历初	出为上京留守	寻移南京	《辽史》卷85《高勳传》1317页
11	耶律娄国	契丹	南京	穆宗年间	改南京留守		《辽史》卷112《逆臣上·耶律娄国传》1501页
12	韩德让（耶律隆运）	汉	南京	景宗乾亨二年（980年）七月	权知南京留守事		《辽史》卷9《景宗纪下》102页
13	韩德威	汉	东京	圣宗统和六年（988年）七月	上京皇城使 东京留守	兼政事令、门下平章事、兼侍中	《辽史》卷82《韩德威传》1291页。《辽史》卷12《圣宗纪三》131页
14	刘守敬	汉	南京		南京副留守		《辽史》卷86《刘景传》1322页
15	刘景			景宗时	南京副留守		
16	耶律道隐	契丹	南京	景宗乾亨二年（980年）十二月	南京留守	蜀王，徙封荆王	《辽史》卷9《景宗纪下》102页
17	耶律除室	契丹	上京	景宗乾亨三年（981年）五月	上京留守	平乱有功，加封同政事门下平章事	《辽史》卷9《景宗纪下》104页
18	马得臣	汉	南京	景宗乾亨初	命为南京副留守	累迁政事舍人、翰林学士	《辽史》卷80《马得臣传》1279页
19	耶律抹（末）只	契丹	东京	圣宗统和元年（983年）四月	东京留守	枢密副使 兼侍中	《辽史》卷10《圣宗纪一》109页
20	耶律休哥	契丹	燕京	圣宗统和元年（983年）十月	南京留守 燕京留守		《辽史》卷10《圣宗纪一》108、112页
21	耶律稍	契丹	上京	圣宗统和元年（983年）十一月	上京留守	吴王 行临潢尹事	《辽史》卷10《圣宗纪一》112页
22	耶律化哥	契丹	上京	圣宗统和四年（986年）	拜上京留守	迁北院大王	《辽史》卷94《耶律化哥传》1381页
23	耶律斡腊	契丹	东京	圣宗统和中	为东京留守		《辽史》卷94《耶律斡腊传》1382页
24	吴浩	汉	南京	圣宗统和九年（991年）闰月	南京副留守		《辽史》卷13《圣宗纪四》141页
25	萧恒德	契丹	东京	圣宗统和十年（992年）十二月	东京留守		《辽史》卷13《圣宗纪四》143页

续表

序号	姓名	民族	京属	任职时间	五京官职	升迁转任	资料出处
26	耶律海里（耶律景）	契丹	上京	圣宗统和十年（992年）十二月	迁上京留守	南院大王 封漆水郡王	《辽史》卷13《圣宗纪四》144页
27	室昉	汉	南京	世宗天禄中	南京留守判官		《辽史》卷48《百官志四》804页
			南京	穆宗应历间	改南京副留守	迁工部尚书寻改枢密副使	《辽史》卷79《室昉传》1271页
			中京	圣宗统和十二年（994年）七月	授中京留守，治大定府	南院枢密使 加尚父	《辽史》卷13《圣宗纪四》145页
28	耶律隆庆	契丹	南京	圣宗统和十六年（998年）十二月	南京留守	梁国王	《辽史》卷14《圣宗纪五》154页
			燕京	圣宗开泰元年	燕京管内处置使		《辽史》卷48《百官志四》809页
29	萧排押	契丹	东京	圣宗统和二十二年（1004年）	东京留守		《辽史》卷14《圣宗纪五》160页
30	耶律受益	契丹	上京	圣宗开泰元年（1012年）七月	上京副留守		《辽史》卷15《圣宗纪六》171页
31	陈昭衮	汉	上京	圣宗开泰年间	同知上京留守		《辽史》卷81《陈昭衮传》1286页
32	马廷旭	汉	南京		南京留守		《辽史》卷105《能吏·马人望传》1462页
33	马渊	汉	中京		中京副留守		
34	马人望	汉	中京	道宗年间	擢中京度支司盐铁判官		《辽史》卷105《能吏·马人望传》1462页
			上京	道宗年间	改上京副留守		
			南京	道宗年间	判南京三司使事		
			中京		迁中京度支使		
35	王继忠	汉	中京	圣宗开泰二年（1013年）春正月	中京留守	检校太师	《辽史》卷15《圣宗纪六》172页
36	耶律洪稳	契丹	南京	圣宗开泰二年（1013年）春正月	出为南京留守	为惕隐	《辽史》卷64《皇子表》990页
37	耶律资忠	契丹	上京	圣宗开泰三年（1014年）二月	出为上京副留守	出使高丽	《辽史》卷15《圣宗纪六》175页
38	耶律团石	契丹	东京	圣宗开泰三年（1014年）六月	东京留守	讨高丽	《辽史》卷15《圣宗纪六》175页
39	耶律善宁	契丹	东京	圣宗开泰四年（1015年）春正月	东京留守		《辽史》卷15《圣宗纪六》176页
40	耶律八哥	契丹	东京	圣宗开泰七年（1018年）十月	东京留守	为都监，伐高丽	《辽史》卷16《圣宗纪七》184页
				圣宗太平六年（1026年）二月	东京留守		《辽史》卷16《圣宗纪七》199页
41	韩制心	汉	中京	圣宗开泰八年（1019年）二月	中京留守	前南院 枢密使	《辽史》卷16《圣宗纪七》184页
			南京	圣宗开泰九年（1020年）十一月	南京留守	析津尹 兵马都总管	《辽史》卷16《圣宗纪七》188页
			上京	圣宗开泰中	拜上京留守	封漆水郡王	《辽史》卷82《萧制心传》1292页
			南京	圣宗太平三年（1023年）十一月	南京留守	南院大王 兵马都总管	《辽史》卷16《圣宗纪七》192页
42	武白	汉	上京		国子学博士		《辽史》卷82《武白传》1294页
			中京		权中京留守		

续表

序号	姓名	民族	京属	任职时间	五京官职	升迁转任	资料出处
43	耶律宗业	契丹	中京	圣宗开泰八年（1019年）十二月	中京留守	大定尹	《辽史》卷16《圣宗纪七》187页
44	耶律合葛	契丹	上京	圣宗太平三年（1023年）七月	上京留守	南府宰相封漆水郡王	《辽史》卷16《圣宗纪七》191页
45	萧孝穆	契丹	南京	圣宗太平三年（1023年）十一月	南京留守（燕京）	北府宰相封燕王	《辽史》卷16《圣宗纪七》192页
			东京	圣宗太平十年（1030年）十一月	改东京留守	封东平王	《辽史》卷17《圣宗纪八》205页
			南京	兴宗即位	寻复为南京留守	徙秦王	《辽史》卷87《萧孝穆传》1332页
46	仇道衡	汉	中京	圣宗太平三年（1023年）十二月	中京副留守		《辽史》卷16《圣宗纪七》192页
47	萧孝先	契丹	南京	圣宗开泰五年（1016年）	南京统军使	国舅详稳	《辽史》卷87《萧孝穆附萧孝先传》1333页
			上京	圣宗太平五年（1025年）十二月	迁上京留守	汉人行宫都部署	《辽史》卷17《圣宗纪八》198页
			东京		改东京留守	复为国舅详稳	《辽史》卷87《萧孝穆附萧孝先传》1333、1334页
			南京	兴宗重熙四年（1035年）	为南京留守	徙晋王	
48	萧敌烈	契丹	上京	圣宗开泰初	拜上京留守		《辽史》卷88《萧敌烈传》1340页
			中京		为中京留守		
49	萧滴洌	契丹	南京	兴宗重熙六年（1037年）	降同签南京留守事	累迁右夷离毕	《辽史》卷95《萧滴洌传》1390页
			中京		出为中京留守	拜北院枢密使	
			西京	兴宗重熙十九年（1050年）	改西京留守		
50	耶律弘古（字盆讷隐）	契丹	南京	圣宗统和初	寻徙南京统军使		《辽史》卷88《耶律弘古传》1346页
			东京	圣宗统和十三年（995年）	以战功迁东京留守	封楚国公	
51	耶律弘古（字胡笃堇，胡覩堇，胡覩衮）	契丹	上京	圣宗太平六年（1026年）十二月	同知上京留守	前南院大王	《辽史》卷17《圣宗纪八》200页
			南京	兴宗重熙六年（1037年）五月	南京留守		《辽史》卷18《兴宗纪一》218页
52	杨佶	汉	南京	圣宗太平八年（1028年）	同知南京留守事		《辽史》卷89《杨佶传》1353页
53	耶律敌烈	契丹	上京	圣宗太平八年（1028年）七月	上京留守	前南院大王	《辽史》卷17《圣宗纪八》202页
			南京	道宗大康四年（1078年）	同知南京留守事		《辽史》卷96《耶律敌烈传》1402页
			上京		迁上京留守		
54	耶律野	契丹	中京	圣宗太平八年（1028年）十二月	同知中京留守		《辽史》卷17《圣宗纪八》203页

续表

序号	姓名	民族	京属	任职时间	五京官职	升迁转任	资料出处
55	耶律蒲奴（古）	契丹	上京	圣宗开泰末	上京内客省副使		《辽史》卷48《百官志四》802页
55	耶律蒲奴（古）	契丹	东京	圣宗太平五年（1025年）	寻迁东京统军使		《辽史》卷87《耶律蒲古传》1336页
55	耶律蒲奴（古）	契丹	燕京	圣宗太平十年（1030年）十一月	权知燕京留守事	奚王兼侍中	《辽史》卷17《圣宗纪八》205、206页
56	耶律重元	契丹	南京	兴宗年间	南京留守	封皇太弟 北院枢密使	《辽史》卷112《逆臣上·耶律重元传》1502页
57	萧惠	契丹	南京	圣宗开泰二年（1013年）	改南京统军使		《辽史》卷93《萧惠传》1373页
57	萧惠	契丹	东京	圣宗开泰二年（1013年）	知东京留守事		《辽史》卷48《百官志四》803页
57	萧惠	契丹	南京	圣宗太平七年（1027年）	寻迁南京统军使	左迁南京侍卫亲军马步军都指挥使	《辽史》卷93《萧惠传》1374页
57	萧惠	契丹	燕京	圣宗太平十年（1030年）十一月	燕京统军使		《辽史》卷17《圣宗纪八》206页
57	萧惠	契丹	东京	兴宗即位	东京留守		《辽史》卷93《萧惠传》1374页
58	马保忠	汉	燕京	圣宗太平十年（1030年）十一月	权知燕京留守事	宰相 兼枢密使	《辽史》卷17《圣宗纪八》206页
59	萧阿古（姑）轸	契丹	东京	圣宗太平十年（1030年）十一月	统军使	前奚王府都监	《辽史》卷17《圣宗纪八》206页
59	萧阿古（姑）轸	契丹	东京	圣宗太平十一年（1031年）七月	东京留守		《辽史》卷18《兴宗纪一》212页
60	萧普古	契丹	东京	兴宗重熙三年（1034年）二月	东京留守	以北院枢密使	《辽史》卷18《兴宗纪一》215页
61	耶律玦	契丹	南京	兴宗重熙初	同签南京留守事		《辽史》卷91《耶律玦传》1364页
62	萧朴	契丹	东京	兴宗重熙中	拜东京留守	韩王 魏王	《辽史》卷80《萧朴传》1281页
63	刘伸	汉	中京	兴宗重熙五年（1036年）	权中京副留守		《辽史》卷98《刘伸传》1416、1417页
63	刘伸	汉	西京		改西京副留守		《辽史》卷98《刘伸传》1416、1417页
63	刘伸	汉	南京		南京副留守		《辽史》卷98《刘伸传》1416、1417页
63	刘伸	汉	上京	道宗时	迁上京留守		《辽史》卷98《刘伸传》1416、1417页
64	萧撒八宁（萧撒八，疑为一人）	契丹	东京	兴宗重熙七年（1038年）十二月	东京留守事	再任兼之	《辽史》卷18《兴宗纪一》221页
64	萧撒八宁（萧撒八，疑为一人）	契丹	东京	兴宗重熙十年（1041年）二月	东京留守		《辽史》卷19《兴宗纪二》225页
65	萧孝忠	契丹	东京	兴宗重熙十年（1041年）十月	东京留守		《辽史》卷19《兴宗纪二》225页

续表

序号	姓名	民族	京属	任职时间	五京官职	升迁转任	资料出处
66	耶律侯哂	契丹	南京	兴宗重熙中	累迁南京统军使	寻为北院大王	《辽史》卷92《耶律侯哂传》1368页
			东京	兴宗重熙十二年（1043年）正月	徙东京留守		《辽史》卷19《兴宗纪二》228页
67	耶律仁先	契丹	东京	兴宗重熙十二年（1043年）正月	权知东京留守事		《辽史》卷19《兴宗纪二》228页
			南京	兴宗重熙二十四年（1055年）十月	同知南京留守事 授燕京留守同知	吴王兼权析津府尹事	《辽史》卷21《道宗纪一》252页。《耶律仁先墓志》文编，353页
				道宗清宁二年（1056年）六月		为南院枢密使	《辽史》卷21《道宗纪一》254页
			南京	道宗清宁四年（1058年）十一月	南京兵马副元帅	吴王徙封隋王	《辽史》卷21《道宗纪一》257页
			南京	道宗咸雍元年（1065年）十二月	南京留守	辽王徙封晋王	《辽史》卷22《道宗纪二》265页
68	耶律马六	契丹	西京	兴宗重熙十五年（1046年）六月	西京留守	汉人行宫都部署	《辽史》卷19《兴宗纪二》233页
69	耶律贴不	契丹	中京	兴宗重熙十九年（1050年）四月	中京留守	以汉王	《辽史》卷20《兴宗纪三》242页
			东京	道宗清宁五年（1059年）六月	东京留守 西京留守	吴王	《辽史》卷21《道宗纪一》257页
70	萧孝友（陈留）	契丹	东京	兴宗重熙十九年（1050年）十二月	出知东京留守	北府宰相 赵王	《辽史》卷20《兴宗纪三》242页
			南京	兴宗重熙二十四年（1055年）九月	上京留守、南京留守	宿国王（疑东京之误）	《辽史》卷21《道宗纪一》252页
			上京		改上京留守	更秦王	《辽史》卷87《萧孝穆附萧孝友传》1334页
			东京	道宗清宁二年（1056年）十二月	东京留守	为北府宰相	《辽史》卷21《道宗纪一》254页
71	萧塔列葛	契丹	南京	兴宗重熙十二年（1043年）	同知南京留守	世预选为北府宰相	《辽史》卷85《萧塔列葛传》1318页
			东京	兴宗重熙十九年（1050年）十二月	俄授东京留守	为北府宰相 南院枢密使	《辽史》卷20《兴宗纪三》242页
			南京	兴宗重熙二十一年（1052年）十二月	统军使	以北府宰相	《辽史》卷20《兴宗纪三》245页
72	耶律侯古	契丹	中京	兴宗重熙二十四年（1055年）十一月	中京留守	以南院大王	《辽史》卷21《道宗纪一》252页
			东京	道宗清宁四年（1058年）十月	同知东京留守事	为南院大王	《辽史》卷21《道宗纪一》256页
			上京		为上京留守		《辽史》卷64《皇子表》991页

续表

序号	姓名	民族	京属	任职时间	五京官职	升迁转任	资料出处
73	韩绍文	汉	上京	兴宗重熙二十四年（1055年）十二月	上京留守	参知政事同知枢密院事	《辽史》卷21《道宗纪一》253页
74	耶律查葛	契丹	上京	道宗清宁二年（1056年）六月	上京留守	以南院枢密使、赵国王	《辽史》卷21《道宗纪一》254页
75	耶律和鲁斡	契丹	上京	道宗清宁四年（1058年）十一月	拜上京留守	宋国王	《辽史》卷21《道宗纪一》254、255页
			南京	天祚帝乾统六年（1101年）十月	改南京留守	皇太叔为惕隐	《辽史》卷27《天祚皇帝纪一》322页
76	萧阿剌	契丹	东京	兴宗重熙六年（1037年）	出为东京留守		《辽史》卷90《萧阿剌传》1355页
				道宗清宁七年（1061年）五月	除东京留守		《辽史》卷21《道宗纪一》258页
77	萧惟信	契丹	南京	道宗清宁九年后	历南京留守	左右夷离毕	《辽史》卷96《萧德传》1400页
78	耶律庶箴	契丹	东京	道宗咸雍元年（1065年）	同知东京留守事		《辽史》卷89《耶律庶成附庶箴传》1350页
79	耶律合术	契丹	西京	道宗咸雍二年（1066年）十二月	西京留守	为南院大王	《辽史》卷22《道宗纪二》266页
80	萧素飒	契丹	中京	道宗咸雍四年（1068年）六月	中京留守	右夷离毕	《辽史》卷22《道宗纪二》268页
			南京	道宗大康中	改南京统军使	右夷离毕	《辽史》卷95《萧素飒传》1392页
81	耶律白	契丹	中京	道宗咸雍六年（1070年）六月	中京留守	追赠辽西郡王	《辽史》卷22《道宗纪二》269页
82	耶律良	契丹	中京	道宗咸雍初	出知中京留守事	为惕隐	《辽史》卷96《耶律良传》1399页
83	耶律宜新	契丹	中京	道宗咸雍九年（1073年）十二月	中京留守	以知北院枢密使事	《辽史》卷23《道宗纪三》275页
84	萧铎剌	契丹	东京	道宗大康元年（1075年）十二月	东京留守事	为夷离毕	《辽史》卷23《道宗纪三》277页
85	萧燕六	契丹	西京	道宗大康元年（1075年）十二月	西京留守	为左夷离毕	《辽史》卷23《道宗纪三》277页
86	耶律孟简	契丹	中京	道宗大康初	出为中京留守		《辽史》卷104《文学传下》1456页
87	萧速撒	契丹	上京	道宗大康二年（1076年）	出为上京留守		《辽史》卷99《萧速撒传》1421页
88	耶律颇的	契丹	南京	道宗大康四年（1078年）	改同知南京留守事	召拜南府宰相	《辽史》卷86《耶律颇的传》1328页
89	耶律乙辛	契丹	中京	道宗大康二年（1076年）十月	出中京留守	复为北院枢密使	《辽史》卷23《道宗纪三》278页

续表

序号	姓名	民族	京属	任职时间	五京官职	升迁转任	资料出处
90	萧挞不也（萧兀纳）	契丹	南京	道宗大康二年（1076年）十二月	南京统军使	以左夷离毕	《辽史》卷23《道宗纪三》278页
			上京	天祚帝天庆六年（1116年）六月	上京留守	契丹行宫都部署兼副元帅	《辽史》卷28《天祚皇帝纪二》334页
91	耶律引吉	契丹	东京		累迁东京副留守		《辽史》卷97《耶律引吉传》1409页
92	萧速剌	契丹	上京	道宗大康三年（1077年）六月	上京留守		《辽史》卷23《道宗纪三》279页
93	耶律回里不	契丹	东京	道宗大康三年（1077年）六月	同知东京留守		《辽史》卷23《道宗纪三》279页
94	耶律世迁	契丹	上京	道宗大康八年（1082年）四月	上京留守		《辽史》卷24《道宗纪四》287页
95	邢熙年	汉	中京	道宗大安元年（1085年）正月	中京留守		《辽史》卷24《道宗纪四》287页
			上京		判上京留守	临潢尹事	《耶律弘世墓志》辽代石刻文续编，191页
96	窦景庸	汉	中京	道宗咸雍七年（1071年）	拜中京留守		《辽史》卷97《窦景庸传》1409页
97	耶律铎鲁斡	契丹	南京	道宗咸雍年间	累迁同知南京留守事		《辽史》卷105《能吏·耶律铎鲁斡传》1463页
98	耶律那也	契丹	南京	道宗大安二年（1086年）六月	同知南京留守事	知右夷离毕事	《辽史》卷24《道宗纪四》291页
			中京	天祚帝乾统六年（1106年）	拜中京留守	改北院大王	《辽史》卷94《耶律那也传》1384页
99	耶律坦	契丹	南京	道宗大安三年（1087年）十一月	同知南京留守事	以惕隐	《辽史》卷25《道宗纪五》296页
100	耶律燕哥	契丹	西京	道宗大安三年（1087年）	为西京留守		《辽史》卷110《耶律燕哥传》1488页
101	韩资让	汉	中京	道宗寿昌三年（1097年）十一月	中京留守	为知枢密院事	《辽史》卷26《道宗纪六》310页
102	牛温舒	汉	中京	道宗寿昌四年（1098年）六月	兼知中京留守事	以参知政事	《辽史》卷26《道宗纪六》311页
					摄中京留守事		《辽史》卷86《牛温舒传》1325页
103	萧得里底	契丹	南京	道宗寿昌五年（1099年）十月	同知中京留守事	知北院枢密使事	《辽史》卷26《道宗纪六》312页
104	耶律何鲁扫古	契丹	东京	道宗寿昌六年（1100年）五月	东京留守	为惕隐	《辽史》卷26《道宗纪六》313页
105	萧夺剌	契丹	西京	天祚帝乾统初	改西京留守		《辽史》卷92《萧夺剌传》1368页

续表

序号	姓名	民族	京属	任职时间	五京官职	升迁转任	资料出处
106	耶律大悲奴	契丹	上京	天祚帝乾统初	历上京留守		《辽史》卷95《耶律大悲奴传》1392页
107	耶律慎思	契丹	中京	道宗大安四年（1088年）十二月	中京留守		《辽史》卷25《道宗纪五》297页
			上京	天祚帝乾统二年（1102年）十一月	上京留守	为北院枢密副使	《辽史》卷27《天祚皇帝纪一》319—320页
108	耶律淳	契丹	东京	天祚帝乾统六年（1106年）十月	东京留守	越国王为南府宰相	《辽史》卷27《天祚皇帝纪一》322页
109	萧保先	契丹	东京	天祚帝天庆六年（1116年）正月	东京留守		《辽史》卷28《天祚皇帝纪二》333页
110	大公鼎	渤海	东京	天祚帝天庆六年（1116年）正月	摄东京留守事		《辽史》卷28《天祚皇帝纪二》333页
			南京	天祚帝	南京副留守		《辽史》卷105《能吏·大公鼎传》1460页
			东京	天祚帝	改东京户部使		
			中京	天祚帝	拜中京留守事		
111	高清明（臣）	汉	东京	天祚帝天庆六年（1116年）正月	东京副留守		《辽史》卷28《天祚皇帝纪二》333、334页
112	萧韩家奴	契丹	南京	道宗清宁初	历南京统军使	北院宣徽使	《辽史》卷96《萧韩家奴传》1399页
			上京	天祚帝天庆六年（1116年）六月	上京留守	知北院枢密使事	《辽史》卷28《天祚皇帝纪二》334页
113	萧己薛	契丹	西京	天祚帝天庆七年（1117年）二月	西京留守		《辽史》卷28《天祚皇帝纪二》335页
			上京	天祚帝天庆十年（1120年）六月	上京留守	以北府宰相	《辽史》卷28《天祚皇帝纪二》339页
114	耶律习泥烈	契丹	西京	天祚帝天庆九年（1119年）八月	西京留守		《辽史》卷28《天祚皇帝纪二》338页
115	萧德恭	契丹	上京	天祚帝保大元年（1121年）正月	兼判上京留守事	试中书门下平章事	《辽史》卷29《天祚皇帝纪三》342页
116	耶律处廉	契丹	中京		同知中京留守事		《辽史》卷98《耶律俨传》1416页

表3　碑刻所见辽朝五京留守官员一览表

序号	姓名	民族	京属	任职时间	五京官职	升迁转任	资料出处
1	韩佚	汉人	上京	景宗保宁初	上京副留守	加太保	《韩佚墓志》，辽代石刻文编101页
2	王说	汉人	上京		上京副留守		《王说墓志》，辽代石刻文编132页
			中京		宣差中京大内都部署		
3	耶律褯古	契丹	上京		公摄上京留守	临潢尹	《萧氏夫人墓志》，辽代石刻文编48页

续表

序号	姓名	民族	京属	任职时间	五京官职	升迁转任	资料出处
4	邢公定	汉人	上京		上京副留守		《冯从顺墓志》，辽代石刻文编169、170页
5	萧相公	契丹	上京		改授上京留守		《萧相公墓志》，辽代石刻文编231页
6	萧继远（《辽史》中的“继先”）	契丹	上京		上京留守	北府宰相	《萧阛墓志》辽代石刻文续编135页，《秦晋大长公主墓志》248页
7	耶律隆祐	契丹	上京	圣宗统和二十二年（1004）	加推上京留守	临潢尹	《耶律隆祐墓志》，辽代石刻文续编52页
8	耶律遂正	契丹	东京	圣宗时期	权东京留守		《耶律遂正墓志》，辽代石刻文续编68页
			上京		迁上京留守		
			中京		改中京留守		
9	耶律污斡里	契丹	上京		公摄上京留守		《萧氏夫人墓志》，辽代石刻文续编48页
10	张绩	汉人	上京	兴宗重熙十四年（1045年）冬	改授上京留守		《张绩墓志》，辽代石刻文编314页
11	耶律庶几	契丹	上京	兴宗重熙十八年（1049年）正月	任上京留守		《耶律庶几墓志》，辽代石刻文编295页
12	耶律宗政	契丹	上京	道宗清宁二年（1056年）	寻判上京留守	魏国王	《耶律宗政墓志》，辽代石刻文编307页
13	耶律宗愿	契丹	中京		授中京留守	判大定尹事	《耶律宗愿墓志》，辽代石刻文续编149页
14	耶律宗福	契丹	东京		先授知东京留守		《耶律宗福墓志》，辽代石刻文续编，142页
15	贾师训	汉人	中京	道宗大安年间	移中京留守		《贾师训墓志》，辽代石刻文编479页
16	耶律弘世	契丹	上京	道宗清宁六年（1060年）	授上京留守	临潢尹事	《耶律弘世墓志》，辽代石刻文续编192页
			西京	道宗咸雍六年（1070年）	授西京留守	大同尹事	
17	邓中举	汉人	中京		中京少尹		《邓中举墓志》，辽代石刻文编488页
			燕京		燕京副留守		
18	梁援	汉人	上京	道宗大安六年（1090年）冬	上京留守	临潢尹事	《梁援墓志》，辽代石刻文编521页
19	耶律奴	契丹	中京	道宗大康年间	拜中京留守		契丹小字《耶律奴墓志铭》考释，《民族语文》2001年第2期。
20	萧惟忠	契丹	西京		判西京留守事		《萧孝恭墓志》，辽代石刻文续编169页
21	耶律呕里思	契丹	东京		东京留守	同中书门下平章事	《耶律弘世妻秦越国妃墓志》，辽代石刻文续编229页
22	刘霄	汉人	上京		知上京留守		《耶律弘世妻秦越国妃墓志》，辽代石刻文续编230页

需要说明的是，《辽史》有传，且与碑刻记载一致的，就没有列在表2上；《辽史》有传，需要碑刻资料作补充的，就列在上面了。表3所列是《辽史》无传，且又在五京任过职的五京留守官员，其中表2有116人，表3有22人，总计138人。以上检索未免挂一漏万，待以后逐渐完善和补充。其目的是为研究提供依据，也为其他专家学者作进一步深入研究提供参考。

三、辽朝五京互动机制的实现与效应

辽朝五京的设立，不是偶然的。从外部看，是由一些因素和客观条件造成的；从内部看，则是各京机构相对完备，政治、经济、文化、教育等职能部门相对齐全，人员配备也比较到位，区域内诸州互相作用、相互影响，实现了行政、民政、财政、军政的一体化。五京也不是孤立的，它作为地方管理的一级行政机构，通过内外、上下互动机制发挥作用，并产生十分显著的效应。

1. 通过皇帝巡幸实现上下互动

契丹是个游牧民族，建立政权以后统治者依然保持游牧民族的传统习惯，到全国各地游猎，并借打猎、习武之名以及边境吃紧、有军事行动等到各京巡幸。契丹民族独特的行政文化，即捺钵文化，分春、夏、秋、冬捺钵。捺钵过程中皇帝要在行营随机处理一些政务，并借捺钵之际，对五京进行巡查。萧爱民制作了一个非常详细的《辽帝到五京时间与所用词汇表》，并统计分析出太宗天显二年（927年）即位至天祚帝保大五年（1125年）的198年间，契丹皇帝至五京的总次数约为101次。其中，太宗12次，世宗1次，穆宗5次，景宗12次，圣宗44次，兴宗11次，道宗9次，天祚帝7次[①]，这充分说明辽代皇帝对五京的高度重视。这些巡幸除了安邦定国、宣扬国威、抚慰百姓、观风问俗等内容外，更主要的是要让地方官员汇报地方治理情况。通过巡视、检查、监察、督察，发现问题及时处理，以此提高行政效能，达到巩固政权统治的目的。

2. 通过行政命令与执行实现上下互动

通过皇帝诏令、中央政府的行政命令、派遣官员巡视、按问地方刑狱治理等方式，要求五京管理机构与官员严格执行来实现上下互动。比如，三京确立后就以“三京”名义下达诏谕和行政命令；五京全部确立以后，就以“五京”名义下达诏谕和行政命令。这样既保证了行政指令的一致性，也简化了公文程式，更有利于各京执行的统一性。

辽圣宗统和元年（983年）下诏：“谕三京左右相、左右平章事、副留守判官、诸道节度使判官、诸军事判官录事参军等，当执公方，毋得阿顺。”[②] 圣宗统和九年（991年）春正月，“诏免三京诸道租赋，仍罢括田”[③]。圣宗统和十二年（994年）六月，室昉奏：“三京诸鞫狱官吏，多因请托，曲加宽贷，或妄行搒掠，乞行禁止。”上可其奏。[④] 圣宗统和十四年（996年）正月，“蠲三京及诸州赋税”[⑤]。

---

① 萧爱民：《辽朝政治中心研究》，人民出版社2014年11月版，第59页。

② 脱脱：《辽史》，中华书局点校本1974年版，第112页。

③ 脱脱：《辽史》，中华书局点校本1974年版，第141页。

④ 脱脱：《辽史》，中华书局点校本1974年版，第1290页。

⑤ 脱脱：《辽史》，中华书局点校本1974年版，第147页。

圣宗开泰四年（1015年）十一月，“诏汰东京僧，及命上京、中京洎诸宫选精兵五万五千人以备东征”。[①] 兴宗重熙十五年（1046年）四月，“禁五京吏民击鞠”。[②] 兴宗时期，耶律重元“奏请五京各置契丹警巡使，诏从之”。道宗大康三年（1077年）六月，“遣使按五京诸道狱”。[③] 天祚帝天庆三年（1113）夏闰四月，“李弘以左道聚众为乱，支解，分示五京”。皇帝或中央机构下达行政命令，要求地方官员严格执行，在这个过程中实现了上下互动。

3. 通过官员职位升转实现五京互动

五京互动主要是通过官员的升迁、转任等方式实现的。辽朝五京官员中最高级别的是留守，所以五京留守权力最大，副留守次之。根据对文献资料和考古资料的检索分析，有辽一代担任五京留守的人次：上京留守与副留守为51人次、中京37人次、东京41人次、南京（燕京）58人次、西京11人次，总共198人次。从现有资料来看，上京与南京人数较多，西京后建置担任留守的人数较少，其余二京人员相差无几。这些五京留守官员的频繁调动，正是五京互动机制的重要表现形式。五京留守官员的异动，有助于促进五京一体化发展，更有助于提升五京社会治理的整体化水平。如萧孝先，契丹人，圣宗太平五年（1025年）迁上京留守，后改东京留守，兴宗重熙四年（1035年），复为南京留守。刘伸，汉人，从兴宗重熙五年（1036年）开始，先后担任中京副留守、改西京副留守，徙南京副留守，到道宗时迁上京留守。《辽史》说他“政务宽简，民用不扰”，治理刑狱，“人以不冤”。耶律遂正，在圣宗朝先后担任东京留守、上京留守、中京留守。《墓志》说他：“所至之乡，化而成俗。或延宾介，或恤刑名。事简民安，政清吏肃。水一盏而蕉一本，悉去强豪；钱如粟马如羊，从来富盛。”还有像室昉（表2，序27）、马人望（表2，序34）、韩制心（表2，序41）、萧孝穆（表2，序45）、萧滴冽（表2，序49）、萧惠（表2，序57）、耶律仁先（表2，序67）、耶律侯古（表2，序72）、耶律遂正（表3，序8），等等。正是这些有素质、有才干、政绩突出的五京留守官员在五京之间的流动与交流，才使五京之间形成互动机制，有助于提升地方的管理水平与治理能力，从而有效地维持了辽王朝在地方的长期统治。

4. 通过五京城市功能的发挥实现与国家社会的互动

辽代五京作为辽代的五大城市，其功能较为完备，在辽代社会的地位较高，作用发挥十分明显。从辽朝五京城市的功能来看，主要有以下七项：

一是政治功能。五京是辽朝在地方的行政中心，中央下达的行政命令，通过五京留守实施执行，从而有效地保证令行禁止。所以，五京，尤其是上京和中京不仅是政治中心，也是地方行政管理的中心。因此，五京是我们理解辽朝地方统治制度的关键（康鹏语）。

二是经济功能。辽代五京的经济功能具有多方面的表现：一是根据不同地域生产方式的不同，采取不同的经济发展与调整方式。上京地区，“地沃宜耕植，水草便畜牧”，所以，一方面“与汉人

① 脱脱：《辽史》，中华书局点校本1974年版，第177页。

② 脱脱：《辽史》，中华书局点校本1974年版，第373页。

③ 脱脱：《辽史》，中华书局点校本1974年版，第233页。

杂处，分地耕种”[①]；另一方面，保留部族制，发展畜牧业生产。二是实行不同的财政调整政策与措施。南京、中京地区经济较为发达，所以多设财富官员，以确保国家的财政收入。总之，随着商品经济的活跃，城市逐渐商业化，因而其经济功能往往要超过政治功能。

三是生活功能。辽朝五京居住着不同生活方式、具有不同风俗习惯的民族，怎样进行管理才能给人们生活提供便利呢？辽朝统治者遵循古训：“天地之间，风气异宜，人生其间，各适其便。王者因三才而节制之。”[②]因此，辽朝在五京“各遵其俗”“各安其风”“因宜为治”，即推行“因俗而治”的政策，收到“家给人足”的效果。可能有些夸张，但是，辽朝的因俗而治，的确收到明显效果，“因俗而治，得其宜矣”[③]。

四是定位的功能。从地理学角度看辽朝五京具有方位定向、距离定标的功能。一是辽朝五京分布在东（东京）、南（南京）、西（西京）、北（上京）、中（中京居间），形成一种联动机制。二是以五京为中心标出方位与距离的远近。比如以南京为例，昌平县：隶幽州，在京北九十里，户七千。永清县：在京南一百五十里，户五千[④]。叶隆礼在记叙契丹兴起之地时说：“地有二水：曰北乜里没里，复名陶猥思没里者，是其一也，其源出自中京西马盂山，东北流，华言所谓土河是也。”[⑤]三是古代城市，尤其是辽代，一般城内都建有寺庙，按照有寺必有塔的现象，塔高耸入云，可给旅行的人们提供方向指示。

五是文化功能。辽朝是一个多民族文化聚合的国家。境内契丹及其他少数民族文化、汉文化、渤海文化等多元并存。但是主要表现为游牧文化（草原文化）与农耕文化碰撞，既互相吸收，又互相排斥；既互相吸纳，又保留传统。比如，上京，契丹及其他游牧民族文化较为浓烈；东京，汉与渤海文化并存；南京与中京，尤其是南京汉文化较为发达。尽管各京文化发展不够平衡，但是，辽朝五京作为文化的载体，在文化整合过程中发挥着十分重要的作用。

六是教育功能。随着辽朝五京的先后建置，辽朝在五京也设立了以博士、助教组成的“五京学”，分别设置于上京临潢府、中京大定府、南京析津府、东京辽阳府和西京大同府，其地位和影响与国子学大体相当，也是辽朝科举考试生源的主要来源之一。辽朝五京教育发展也不够平衡，南京最为发达。五京学作为辽朝教育的载体与平台，在人才培养与发展地方文化教育事业过程中发挥了独特的作用。

七是防御功能。保国安民是国家的基本职能之一，也是十分重要的职能。古代城市最初都以军政为主。辽朝设有五京，设置的目的也具有强烈的军事色彩。五京就是五张屏障、五根支柱，支撑着辽王朝这个大厦。设东京以备御渤海与女真，设南京以备御北宋，设西京以备御西夏与西南各部族，设上京以备御北方和控制契丹各部族，中京居间，用以机动。尽管有五京屏障，也未能避免辽

① 脱脱：《辽史》，中华书局点校本 1974 年版，第 279 页。

② 脱脱：《辽史》，中华书局点校本 1974 年版，第 685 页。

③ 脱脱：《辽史》，中华书局点校本 1974 年版，第 494 页。

④ 脱脱：《辽史》，中华书局点校本 1974 年版，第 349 页。

⑤ 叶隆礼：《契丹国志·四京本末·初兴本末》，中华书局 2014 年版，第 241 页。

朝灭亡的命运。女真兴起，完颜阿骨打采取先东向北，由北向中，由中向西，由西向东的攻击战略，先后攻克辽朝五京。天祚帝天庆六年（1116年）五月，金军攻陷东京；天祚帝天庆十年（1120年）五月，金军攻克上京；天祚帝保大二年（1122年）正月，金克中京；天祚帝保大二年（1122年）四月，金取西京；天祚帝保大二年（1122年）十二月，金主抚定南京。大石林牙，即耶律大石劝谏天祚帝说："自金人初陷长春、辽阳，则车驾不幸广平淀，而都中京；及陷上京，则都燕山；及陷中京，则幸云中；自云中而播迁夹山。向以全师不谋战备，使举国汉地皆为金有。国势至此，而方求战，非计也。当养兵待时而动，不可轻举。"[①] 天祚帝不听，结果大石西去，天祚帝遇到金人战败。这段话耶律大石先概述了五京陷落的顺序，又分析了当时的形势，劝谏天祚帝要养兵，等待时机与金人决战，结果天祚帝没有采纳。耶律大石与天祚帝分道扬镳，内部分裂，实力削弱，最后导致灭亡的结局。这也从另一个角度看出辽代五京设立除了管理上的目的与意义外，更重要的是战略意义，即拱卫辽王朝的统治，可概括为"设五京以屏辽"。

综上所述，辽朝以五京为地方行政管理核心，形成了互动机制，强化了对地方的管理与控制，充分发挥了五京的城市功能，收到了明显成效。辽代五京对金朝也产生了一定影响。因检索不一定全面，有些观点润色不到位、考虑不够全面，也不一定成熟，恳请同仁批评指正。

① 脱脱：《辽史》，中华书局点校本1974年版，第349页。

辽太子耶律倍对民族文化融合的传播与影响

屈连志[①]

纵观中华民族五千年文明史，契丹王朝具有举足轻重的历史地位，它促进了北方少数民族文化与中原儒家文化的融合与发展，开创了新的历史阶段。耶律倍作为契丹王朝第一任皇太子，不仅自己仰慕中原文化，而且积极倡导儒家文化，对中原汉族文化与契丹族草原文化的融合起到了至关重要的作用。

一、耶律倍家族的文化影响

耶律倍（899—936），本名图欲（或作突欲、托云），为辽太祖耶律阿保机的长子，神册元年被册立为皇太子，亦称人皇王。

耶律阿保机登基后，围绕朝廷意识形态定位，提出“受命之君，当事天敬神。有大功德者，何先”的问题。当时信奉佛教的契丹贵族都选择了“佛教”，耶律阿保机认为佛教不是本土宗教。精通儒家学说的耶律倍提出“孔子大圣，万世所尊，宜先”（见《辽史》卷七十一《列传第二》）的主张，耶律阿保机欣然同意。开始修建孔庙，命耶律倍春秋时节对孔庙进行祭祀。耶律倍的这项提议，为汉民族儒家文化在契丹族的传播创造了条件。

天显元年（926 年）七月，耶律阿保机在征渤海回程途中病逝。在述律皇后的支持下，耶律倍之弟耶律德光登基为帝，这就是辽太宗。心灰意冷的耶律倍回到北镇医巫闾山，将从中原购买的万余卷善本图书藏于医巫闾山绝顶望海堂，每日吟诗作画，歌啸其中。耶律德光登基后，对耶律倍百般猜忌，派人对耶律倍的一举一动进行严密监视。耶律倍无奈只好浮海投奔后唐。临登船前作《立木海上刻诗》一首：“小山压大山，大山全无力。羞见故乡人，从此投外国。”耶律倍的《立木海上刻诗》是现存最早契丹人用汉语创作的完整诗歌作品。该诗还是用汉语与契丹语写成的双语诗，其中的“大山”与“小山”既是汉字也是契丹字。无论在哪个语系里，都寄寓着诗人对命运的无奈与困

① 屈连志，北镇市文旅中心主任。

惑。所以，耶律倍堪称辽代第一位著名的汉语文学家，正是他奠定了耶律氏家族崇尚文学、雅好诗词的传统。

契丹王朝共经历九代皇帝，其中六位皇帝出自耶律倍一系。辽圣宗、兴宗、道宗等帝王都精通汉文化，都有作品流传。辽圣宗耶律隆绪是耶律倍的曾孙，10 岁能诗，善绘画、通音律、精骑射，是有辽一代著名的文治武功全能君主，曾制曲达百余首。辽代实行科举制也是从圣宗朝开始。圣宗还曾下诏大规模印行《五经注疏》《史记》《汉书》等汉文典籍，并组织人员用契丹文翻译《贞观政要》等汉文书籍。这些举措极大强化了契丹文化与汉文化的交流融合。

辽兴宗耶律宗真及他的儿子道宗耶律洪基也都酷爱汉文化，通音律、善书画、喜吟咏。《辽史·兴宗本纪》载，耶律宗真曾以《日射三十六熊赋》《幸燕诗》对进士进行考核。还与当时契丹著名诗人萧韩家奴结为亲密“诗友”。耶律宗真与群臣宴饮赋诗、赐臣僚诗以及他与宋朝使臣钓鱼赋诗等文雅事件屡载史册。只是他的作品多已失传，仅在王寂《辽东行部志》中存诗一首，近年在北票出土的《耶律仁先墓志》中存有两句。

辽道宗耶律洪基也是文雅帝王，制诗、赐臣下诗赋等是其执政时期的寻常之事。据《老学庵笔记》载，辽相李俨作《黄菊赋》献道宗，道宗遂作《题李俨黄菊赋》赐之，诗曰：“昨日得卿《黄菊赋》，碎剪金英填作句。袖中犹觉有余香，冷落西风吹不去。”

这首生动而富有神韵的诗，被认为是辽代绝句的压卷之作。其诗赋作品曾由国史监修耶律良编成《清宁集》，可惜散佚。

此外，耶律倍这一家族中在辽代擅长文学的还有耶律倍之四子耶律隆先，其代表作品有《阆苑集》等。据目前所存的文献看，辽代诗歌的主体部分都是由耶律倍家族创作出来的，也是契丹文化与汉文化整合更新、优势互补的可贵结晶。

生活于金代的耶律倍七世孙耶律履以及金元易代之际的耶律倍八世孙耶律楚材，也是诗坛重要的少数民族作家，是契丹族诗词家的代表。更重要的是通过他们的作品，能让人感受到多民族文化融合给文学史所带来的深刻影响。耶律履以其较深的汉文化、契丹文化修养为金王朝的儒家文化传播作出了重要贡献。

在风云变幻的蒙元政坛上，耶律楚材为中书令达十四年，他对蒙古旧有的陋习进行大胆改革，很多政令法规都出自他之手。耶律楚材是蒙古帝国由奴隶制向封建制转变的关键人物，也是耶律家族文学领域的重要传承人。他的文章不但构思新颖，音韵和谐，而且字里行间倾注着诗人对生活的无限热爱和积极向上的奋发精神。耶律楚材留下很多脍炙人口的诗篇，现存于世的有《湛然居士文集》。

耶律铸是耶律倍九世孙，耶律楚材次子。楚材去世后嗣领中书省事，至元中奉诏监修国史，朝廷有大事多咨访于他。耶律铸为官过程中创作了大量的诗文。清代四库馆官员从《永乐大典》中辑出六卷编成《双溪醉隐集》问世。

总之，耶律倍家族的诗文作品给后人留下了丰富的知识信息，也为中国多民族文化融合留下了宝贵财富。

二、耶律倍《立木海上刻诗》创作地及出走路线探寻

耶律倍的皇位被其弟耶律德光篡夺后，一直饱受猜忌，不仅自己从东丹国被迁到了东平（今辽宁省辽阳市），连东丹国的百姓也被迁了出来。耶律德光还加派人手严密监视哥哥的一举一动。耶律倍熟读汉族史书，深知自己尴尬的处境十分危险，甚至有随时丢掉性命的可能。迫于无奈，他只好载着喜欢的诗书浮海投奔后唐。在临登船之际，耶律倍在木板上刻下了那首著名的《立木海上刻诗》。

关于耶律倍《立木海上刻诗》的创作地点，史书没有明确记载。《辽史》中只是说耶律倍留下刻诗后，"携高美人载书浮海而去"。《五代会要》记载为"自登州泛海内附"，而登州是跨海后上岸所在地，属于山东地界。而如今流行的考证有两种说法，一种是认为在今辽宁省大连市甘井子区，另一种说法认为是今辽宁省大连市金州区。

要想考证耶律倍浮海出走地，首先要理清他的出发地。《辽史・列传第二》记载："倍既归国，命王继远撰建南京碑，起书楼于西宫，作乐田园诗。"这个"西宫"就应该在医巫闾山。当初耶律倍购书万卷，藏于医巫闾山。他通晓阴阳五行，了解音律，精通医药、砭灸之术。辽、汉文章都写得很精妙，还曾翻译过《阴符经》。耶律倍能精通这些知识绝非一年两年就能掌握的，应该是他当上太子时就在医巫闾山修建了西宫，并时常派人去中原购买图书供他学习。

在医巫闾山望海堂遗址附近，有一占地面积约 8000 平方米的古代建筑遗址，四周有石头围墙，遗址中部有一座方形建筑台基，四周用条石砌筑。遗址内分布大量沟纹砖和琉璃瓦等具有典型辽代特征的建筑构件。经考古人员推断，此地应为当年辽太子耶律倍的行宫——西宫。

从东丹国迁回辽阳后，耶律倍打算在医巫闾山安度残生。于是在医巫闾山绝顶兴建藏书楼，因"山南至海二十里"（见《契丹国志》），所以取名"望海堂"。耶律倍打算与高美人在这里过起田园生活。然而，随着耶律德光对他们的监视越来越严密，被逼无奈的耶律倍只能选择出走。

据《契丹国志》记载，耶律倍的母亲述律平用牵马表决的方式选举耶律德光为帝后，耶律倍"率数百骑欲奔唐，为逻者遏"（见《契丹国志》卷十四）。至此说明述律平与耶律德光在选举前就已经做好充分准备，变相将耶律倍软禁起来，防止他带人离开。

能载着大量图书去后唐，说明耶律倍的出发地就在医巫闾山，因为他的书楼建在医巫闾山，也只有从医巫闾山出发，才不会引起守卫们的注意。另外也说明他已提前谋划好逃离路线，是充分做好各方面准备后出发的。《五代会要》卷二十九记载："长兴元年十一月，契丹东丹王突欲，率蕃官四十余人，马百匹，自登州泛海内附。"如果从医巫闾山出发，赶往大连有六七百里路程，至少要走七八天才能到达。耶律倍带这么多人马，暗探密布的沿途不可能不被人发现。即使从辽阳出发到大连的距离也是六七百里路程，不是近路。而耶律倍的望海堂藏书楼因"山南至海二十里"，说明从这里就能看到大海，距离海边肯定不会太远。

急于逃离的耶律倍绝不会舍近求远，冒着被抓住的风险，绕路数百里从大连浮海出发。从最近距离看，耶律倍应该在今辽宁省北镇市沟帮子街道登船出发。《契丹国志》等史料所载的"山南至海二十里"有可能笔误，应为"五十里"。沟帮子距离北镇医巫闾山约五十华里，也就半天的路程，清

代初期这里还曾芦苇遍地，濒临大海。

另外，耶律倍在出走时间节点上之所以选择十一月，就是缘于沟帮子附近的海滩属于泥沼地，平时泥泞无比，根本无法踏足，因此也不会有人把守。隆冬季节，泥泞的海滩都已结冻，人马踩上去就不会深陷其中。因此，这里才是耶律倍最佳登船地点，也是第一首辽诗的诞生地。

三、耶律倍对中原地区书画创作的影响

耶律倍之所以要一心投奔后唐，除了后唐明宗李嗣源出于政治需要多次向他发出邀请外，最主要的原因就是耶律倍对中原文化的心往神驰。

耶律倍到达中原后，后唐明宗李嗣源用最高礼仪迎接他，并赐耶律倍李姓，名为赞华。在后唐，耶律倍切实感受到中原文化的博大精深，他对汉族文化已到痴迷程度。白居易是耶律倍仰慕的伟大诗人，为效仿白居易，耶律倍自诩乡贡“黄居难，字乐地”，与“白居易，字乐天”（见《尧山堂外纪》卷六十四）相对应。

在后唐，耶律倍不仅接受了中原文化的熏陶和洗礼，同时也将草原文化带到中原。尤其在绘画方面，耶律倍的北方草原派画风对中原绘画产生了深远影响。《尧山堂外纪》卷六十四记载，东丹王有文才，博古今，尤工画人物鞍马，世传东丹王《千角鹿图》，李伯时常临之，董北苑有跋云。

李伯时即宋代著名画家李公麟，以画马著称于世。画作能被李公麟临摹，说明耶律倍的绘画功底已被中原绘画名家认可。很多古籍对耶律倍的文才给予肯定。北宋《宣和画谱》记载：赞华系出北虏，是为东丹王，故所画非中华衣冠，而悉其风土故习。是则五方之民，虽器械异制，衣服异宜，亦可按图而考也。宋徽宗赵佶是公认的大画家，在北宋文化昌盛名家辈出的大背景下，耶律倍的画能被赵佶看中收藏，可见其绘画水平不同凡响。

《皇朝类苑》卷五十载：秘府有东丹王千角鹿。东丹王归中国，赐姓李氏，名赞华，尤工画，亦能为五言诗，其子兀欲亦善丹青。这里不仅说明耶律倍绘画水平和文学造诣深厚，受他的影响，他的儿子辽世宗耶律阮也善于绘画。

契丹族属于草原游牧民族，对马匹的依赖非同寻常。耶律倍描画本部落游牧骑射生活及塞外景色能曲尽其妙，形成了独具特色的“北方草原画派”，在中国美术史上，书写了独树一帜的篇章，为北方少数民族与中原汉民族文化交流起到了积极推动作用。宋朝刘道醇在《圣朝名画评》畜兽门第三评价：古今为蕃马者亦可数，胡瓌得其肉，东丹得其骨。元代著名画家朱德润评价耶律倍的画：“观其笔法圆细，人马劲健，真有盛唐风韵，故可宝也。”

身在他乡的耶律倍也常常怀念故土家国，创作的画作多是贵人酋长胡服骑射。据《宣和画谱》记载，北宋末年，耶律倍画作被收藏于皇宫秘府的尚有十五幅，内容多为少数民族骑射之类，如《双骑图》《射骑图》《雪骑图》《番骑图》《女真猎骑图》等。

综上所述，由于耶律倍从辽朝建国之初开始推行“尊孔崇儒”的政策，才有辽圣宗科举制度的开始。随着辽代儒学的传播，选拔人才数量大幅增加，很多契丹贵族子弟“乐慕儒宗”，接受汉族的传统道德观念，为进一步促进民族文化融合起到了积极促进作用。

辽朝僧、俗信众佛事行为之互动及其特征

——以石刻文字为中心

张国庆[①]

有辽一代，寺院僧尼与在俗信士的佛教信仰中有许多互动行为。譬如高僧拟修寺院，信众舍力具修；高僧设坛度众，居士诵经斋戒；高僧入阙讲经，皇帝赐授名号官衔；僧尼“福田”布施，居士舍财饭僧；等等。佛教传播过程中的僧、俗信众佛事行为之互动，彰显了辽朝佛教发展的两大特征：佛教内容的“世俗化”与世俗社会的“佛教化”。

10—12 世纪，由北方草原游牧民族契丹人建立的辽朝，佛教盛行，五京诸道，寺塔林立，僧尼众多；上起帝王后妃，下至平民百姓，崇佛信教者十分普遍。有辽一代，无论是出家住寺的专职佛教从业者僧尼，还是居家在俗的崇佛男女信士，他们为信仰之需要，日常都进行着名目繁多的佛事活动。笔者钩沉辽代石刻文字资料发现，辽朝出家僧尼和在俗信士的佛事行为，既有他们各自独立的活动内容，也有较多的紧密互动。辽朝僧、俗信众佛事行为的交集与互动，彰显了辽朝佛教内容的“世俗化”与世俗社会的“佛教化”特征。

一

石刻文字资料显示，辽朝僧、俗信众佛事行为的互动，主要表现在以下几个方面：

其一，高僧“杖锡”云游某处，选址拟修寺院；崇佛皇帝诏赐寺额，信佛官贵施钱赞助，平民百姓舍力具修。

“锡”，指锡杖。“杖锡”，亦称“携锡”或“振锡”，是僧人手持的专用法器。所谓“杖锡”，是指僧人手持锡杖云游四方，讲经宣法。辽朝一些高僧“杖锡”云游，遇有能够建佛寺之宝地，便会就地化缘集资，以便创建新刹；或遇有寺庵残破者，亦力倡修葺之。譬如辽道宗寿昌五年（1099 年）的《慈悲庵慈智大德幢记》即记载了燕京悯忠寺高僧惟脤杖锡云游至“上都”创建新寺：“师志在杂花，行依四分……后因游方，止于上都（上京，今内蒙古赤峰市巴林左旗林东镇），别创精蓝，挂锡

① 张国庆，辽宁大学历史学院教授。

而住。”[①] 天祚帝天庆五年（1115 年）的《大安山莲花峪延福寺观音堂记碑》亦载：高僧恒简“闻大安山莲花深谷景静山□，□□□景，即知是通理、通圆旧隐道场，群贤养道之所，杖锡寻访，特来斯地。此方径庵荒漏，绝于人迹。□林前□□□而□远□空庵二座，蓬蒿侵没，左右□民。复睹峰峦八面，恭望□安厨松桧□□庇护庵伴中□平□□晚陷莲寓之状。□岗□□耸秀，盘曲之形将□。右□隐清池□授之□彭祖，左泊隐寿寨峭壁之下。睹则棉栽深垓，创志伏声□□□□□□□□□挂锡，更不能游至于此。乾统十年，有通理法□□□大师于燕京宝塔寺三千讲□，杖锡而至，偶然契会简公，欲重修之”[②]。

辽朝高僧“杖锡”至某地新建或重修寺院，崇佛的契丹皇帝知道后，当然很高兴，或自觉主动，或应高僧之请，毅然题赐寺额，以示褒奖和支持。如天祚帝乾统八年（1108 年）的《兴中府安德州创建灵岩寺碑》即记载了道宗朝高僧开悟上人“杖锡”至兴中府安德州重修灵岩寺，并得到道宗皇帝两赐寺额：“重和（熙）初，元有郡人雄武军节度使太原王公育，与邑人尹节、高耸等，礼请开悟上人住持，经始营葺。僧众蚁附，工徒子来。……清宁四载，特赐净觉之名；咸雍六年，复赐灵岩之号。”[③] 天祚帝天庆六年（1116 年）的《灵感寺释迦佛舍利塔碑铭》亦记载了僧人守奇、道邻兄弟二人“杖锡”至兴中府某寺住止，于此化缘修建释迦佛舍利塔，并得到崇佛的道宗皇帝题赐寺额“灵感”：“氏兄弟二人，长曰守奇，夙植善根；次曰道邻，素宏愿力。自童子时，已有聚沙之戏，后果志于出家。既受具已，大通宗乘。先隐于龙岫之一兰若，后为城中人请居此寺。一日，钵中忽出异光，不散者久之。既而乃得舍利二粒，玉彩晶灿，不可正视，人争传戴之。由此乃舍衣钵，特兴塔像。复求化官长暨贵戚并豪族之家，各助以金帛车服，或诸珍玩，计获数百万钱，共为成办之。……因上（道宗）闻之，以精诚有感，故灵应必通，乃敕其寺曰灵感。”[④]

要建成一座大型的佛教寺院，需要崇佛信教的僧、俗信众共同完成。因而，有辽一代的许多大型寺院之修建，都是依靠民间佛教组织“千人邑”的力量完成的，富庶的官贵人家出资，没钱的穷苦百姓出力。自辽朝前中期开始，契丹辽地城乡广大僧、俗信众纷纷自发组织起来，一种俗称“千人邑”的民间佛教组织应运而生。所谓“千人邑”，是指参加该组织的人数在千人左右，目的是群策群力，以成诸种佛事功德。如辽圣宗太平五年（1025 年）的《广济寺佛殿记》即云：“度功量费，价何啻于万缗；纠邑随缘，数须满于千室。乡曲斯听，人谁不从。独有檀那，潜征翠琰。所欲令闻不朽，咸可纪于石铭。惟希净办既坚，共勿轻于金诺，此所谓千人之邑耶！悉愿时资润屋，日广精蓝，愈固虔诚，即趋良会。”[⑤] 石刻文字资料显示，辽穆宗应历年间重新修葺的涿州范阳白带山云居寺，就是依靠“千人邑”的人力和物力，僧、俗互动，共同完成的。前朝所建的云居寺，历经隋唐五代至辽朝前期数百年风雨及战乱，已经破败不堪。在穆宗皇帝和燕京留守、秦王高勋的支持下，

① 向南：《辽代石刻文编》，河北教育出版社 1995 年版，第 493 页。

② 向南、张国庆、李宇峰辑注：《辽代石刻文续编》，辽宁人民出版社 2010 年版，第 288 页。

③ 向南：《辽代石刻文编》，河北教育出版社 1995 年版，第 593 页。

④ 向南：《辽代石刻文编》，河北教育出版社 1995 年版，第 662 页。

⑤ 向南：《辽代石刻文编》，河北教育出版社 1995 年版，第 177、178 页。

寺主谦讽和尚组织邑众千余人，群策群力，将云居古寺修葺一新，为圣宗朝续刻石经创造了有利条件。辽穆宗应历十五年（965年）的《重修范阳白带山云居寺碑》即载："今之所记，但以谦讽等同德经营，协力唱和，结一千人之社，和一千人之心，春不妨耕，秋不废获，立其信，导其教，无贫富后先，无贵贱老少，施有定例，纳有常期，贮于库司，补兹寺缺。"①

其二，高僧云游四方，设戒坛普度信众；俗家居士入坛受戒得度，日常诵经念佛，持斋守戒。

有辽一代，一些高僧经常云游四方，所到之处，开设戒坛，讲经宣法，传戒度众。如辽道宗咸雍八年（1072年）的《特建葬舍利幢记》即载：燕京西紫金寺前三学寺论主、传戒大师法均，"去咸雍六祀四月八日，于马鞍山惠聚寺内开大乘菩萨戒坛，广度于四众，使之灭六根罪，增十善心。诸恶早除，余疾兼免。不听者听，不语者语，手足拘挛者皆得伸之。□日清明，四色莲花捧日现矣！余之胜事，纷若难名，无所具录。洎南宋间来求戒者，不可胜录，自古及今，未之有也"②。法均大师戒坛度众之事，大安七年（1091年）的《法均大师遗行碑铭》亦见记载："（法均大师）因顺山上下众心之愿，始于此地，肇开戒坛。来者如云，官莫可御。凡瘖聋跛伛，贪愎憍顽，苟或求哀，无不蒙利。至有邻邦父老，绝域羌军，并越境冒刑，捐躯归命。自春至秋，凡半载，日度数千辈。半天之下，老幼奔走，疑家至户到，有神物告语而然。……乃受西楼、白霫、柳城、平山、云中、上谷泉、本地紫金之情，所到之处，士女塞途，皆罢市辍耕，忘馁与渴。遞求瞻礼之弗暇，一如利欲之相诱。前后受忏称弟子者，五百万余。"③

见诸石刻文字戒坛度众之辽代高僧，还有燕京开悟寺通圆大师法颐。天祚帝天庆五年（1115年）的《大安山莲花峪延福寺观音堂记碑》即云：通圆大师法颐，"自此因缘大化，至于燕京西紫金寺开坛，含灵步礼而来受忏灭罪者，日不减二十余万"④。还有燕京永泰寺传菩萨戒忏悔正慧大师和云居寺的通理大师等。天祚帝天庆六年（1116年）的《忏悔正慧大师遗行记》即载：正慧"为三界之导师，布八方之化主。普设义坛，所度之众，数过以百余万"⑤。天祚帝天庆八年（1118年）的《云居寺续秘藏石经塔记》亦载：云居寺通理大师，"至大安九年正月一日，遂于兹寺开放戒坛，仕庶道俗，入山受戒。叵以数知海会之众，孰敢评之。师之化缘，实亦次之。方尽暮春，始得终罢。所获施钱，乃万余镪"⑥。等等。

高僧设坛讲经传戒，广大民间俗家信佛人士蜂拥而至。这些人受戒被度后，虽然没有剃发出家，却也专心居家修炼，日常诵经念佛，持斋守戒，样样不落，彰显了佛教信仰中的又一种僧、俗之互动。如辽道宗咸雍五年（1069年）的《董匡信及妻王氏墓志》即记载董匡信的妻子"太原王氏，柔嘉贞正，耀映闺门，辅内睦族，足为母范；又恒以清净心日课上生法花观音品，十数年间，

① 向南：《辽代石刻文编》，河北教育出版社1995年版，第34页。
② 向南：《辽代石刻文编》，河北教育出版社1995年版，第350页。
③ 向南：《辽代石刻文编》，河北教育出版社1995年版，第438页。
④ 向南、张国庆、李宇峰辑注：《辽代石刻文续编》，辽宁人民出版社2010年版，第287页。
⑤ 向南：《辽代石刻文编》，河北教育出版社1995年版，第658、659页。
⑥ 向南：《辽代石刻文编》，河北教育出版社1995年版，第671页。

持六斋戒”[①]。辽道宗咸雍七年（1071年）的《弘农杨公墓志》记载墓主杨公“晚年□志释教，受持斋戒，诵读经咒”[②]。天祚帝乾统七年（1107年）的《梁国太妃墓志》亦云：“（梁国太妃）尤嗜浮屠法，其营饰庙像，日玩其籍，或时飨其徒，以治斋戒。”[③]等等。辽代有些俗家佛教信徒对佛教之信仰已至笃弥深，他们自戒度之后，亦便终生禁荤素食。如天祚帝乾统五年（1105年）的《白怀友为亡考妣造陀罗尼经幢记》即载，白怀友的父亲白继琳在世时，“魁梧庞厚，乡闾畏惮，然性善崇尚我教，重和（熙）中，会吕上人传菩萨戒于里之驿亭，自是不食荤血，奉五戒，终身无堕”[④]。

其三，高僧入阙设坛，讲经宣法；崇佛皇帝为之赐授师德名号及僧俗官衔。

辽朝有些高僧曾经应诏“杖锡”赴阙，到京城皇宫内殿或皇帝四时捺钵行宫设置讲坛，专为契丹皇帝及朝臣讲经宣法。石刻文字资料显示，高僧入阙讲经宣法时，往往还会得到辽朝皇帝赐授的各种荣誉，如赐紫、僧俗官职及师德名号等。譬如辽道宗清宁九年（1063年）的《纯慧大师塔幢记》即记载了兴宗、道宗时期的纯慧大师非浊曾两次入阙设坛讲经的故事：“（重熙）八年冬，（纯慧大师）有诏赴阙，兴宗皇帝赐以紫衣。十八年，敕授上京管内都僧录。秩满，授燕京管内左街僧录。属鼎驾上仙，驿征赴阙，今上（道宗）以师受眷先朝，乃恩加崇禄大夫、检校太保。”[⑤]辽道宗寿昌五年（1099年）的《慈悲庵慈智大德幢记》记载道宗朝觉智大师亦曾入阙讲经：“师（惟脤和尚）志在杂花，行依四分。其他典论，有□力通。后因游方，止于上都，别创精蓝，挂锡而住。大安九年，会门人觉智大师诏赴阙廷，因达黈听，乃特赐紫衣慈智之号。”[⑥]

天祚帝天庆五年（1115年）的《大安山莲花峪延福寺观音堂记碑》亦记载了道宗朝高僧恒简入阙讲经及所获誉衔之事：“（恒简）受具之后宗习（维）识论，□于学肆，寻于山水。……中京檀信□奇师解行，坚请下山，入京开化。学徒闻风齐至，亲□礼敬□□道器□亲九□讲为内殿忏悔主，□赐紫袍，加检校太师、通悟之号。”[⑦]此碑刻还记载了高僧法颐曾两次入阙，为道宗和天祚帝讲经并获誉衔的事：“师之实德道播群方，道宗皇帝美其道风，行业恢隆，愿一瞻礼，宣请而至。师道器宇量环奇，尤加弥重，特赐紫袍、通圆之号。当今天祚皇帝宣请为内殿忏悔主，加特进、守太师、辅国通圆之号。钦师弥德，不类于常。”[⑧]

辽朝入阙讲经高僧获得契丹皇帝赐授“师”“德”名号的例子亦常见。如天祚帝天庆八年（1118年）的《鲜演大师墓碑》即记载了鲜演大师入阙为道宗皇帝讲经并获赐赠名号之事：“清宁五年，未及弱龄，试经具戒，擢为第一。不日间，辞众游方，寻师就学。始于白霫，次于幽燕。凡践论场，

① 向南：《辽代石刻文编》，河北教育出版社1995年版，第338页。
② 向南、张国庆、李宇峰辑注：《辽代石刻文续编》，辽宁人民出版社2010年版，第139页。
③ 向南、张国庆、李宇峰辑注：《辽代石刻文续编》，辽宁人民出版社2010年版，第257页。
④ 向南：《辽代石刻文编》，河北教育出版社1995年版，第550页。
⑤ 向南：《辽代石刻文编》，河北教育出版社1995年版，第317页。
⑥ 向南：《辽代石刻文编》，河北教育出版社1995年版，第493页。
⑦ 向南、张国庆、李宇峰辑注：《辽代石刻文续编》，辽宁人民出版社2010年版，第287、288页。
⑧ 向南、张国庆、李宇峰辑注：《辽代石刻文续编》，辽宁人民出版社2010年版，第287页。

声名日益。有秦楚国大长公主谓师曰：‘愿为善友，请入竹林寺，永为讲主。’周载之余，声闻于上，特赐紫衣、慈慧德号。……故我道宗，圣人之极也，常以冬夏，诏赴庭阙，询颐玄妙，谋议便宜。唯师善于敷扬，协于听览。大安五年，特授圆通悟理四字师号。……寿昌二年，迁崇禄大夫、检校太保，奉旨开坛，七十有二。……至于天庆二年，固辞帝阙，潜养天龄。”①

其四，寺院僧尼“福田”布施，赈济灾民；俗家居士舍财饭僧，供养僧“宝”。

所谓“福田”，是指僧、俗佛教信徒若散播布施、供养之种子，就能结出福德之实。有辽一代，寺院僧尼于“福田”行为下的各种民间赈济活动，如火如荼地进行着，是为僧尼佛事行为的重要内容之一。

譬如向受灾民众施舍钱财。据文献史料记载，辽朝后期，契丹辽地自然灾害频仍，遭灾地域之广，灾损程度之深，致贫民众之多，历朝罕见。于是，寺院僧尼纷纷行动起来，捐钱捐物，帮助政府救灾民于水火。如《辽史·道宗纪》即载，辽道宗大安三年（1087年）五月，“海云寺进济民钱千万”②。一些寺院的僧尼还不时举办“无遮会”，向灾民施舍钱粮。“无遮会”为佛教用语，意为贤圣道俗上下贵贱无遮，平等行财施和法施的法会。在佛教的发祥地天竺（古印度），大致每五年举行一次“无遮会”，每次七十五天。③唐玄奘《大唐西域记》卷五亦载：“于五印度城邑乡聚，达巷交衢，建立精庐，储饮食止医药，施诸羁贫，周给不殆。圣迹之所，并建伽蓝。五岁一设无遮大会。倾竭府库，惠施群有。唯留兵器，不充檀舍。”④由此可知，佛教“无遮会”活动中的一项重要内容，就是僧尼等通过这项活动向因灾致贫的俗世民众施舍粮米钱物。中国古代佛教的“无遮会”始于南朝萧梁中大通元年（529年）。至辽朝，寺院之僧尼亦有以此“无遮会”形式进行赈灾济贫者。如天祚帝乾统十年（1110年）的《宝胜寺前监寺大德遗行记》即载，宝胜寺大德大师于“乾统四年，因遘厉其疾，以日者卜之，言天禄尽。师乃发上善心，请诸师德，转读藏教，设无遮会”⑤。宝胜寺僧人的“无遮会”除了为大师祛疾祈福外，也包括向民众施粥济困。总之，无论僧尼们主办的“无遮会”是否还有其他主观目的，但这种以宗教集会施舍为主要形式的集会，客观上都达到了一定程度的赈灾济贫目的，并实现了对政府和民间其他救助方式的有益补充。

譬如寺院设“义仓”开仓放粮，赈济灾民。辽朝不少大的寺院都设有“义仓”，平时贮存粮米，荒年开仓赈灾。如辽穆宗应历十五年（965年）的《重修范阳白带山云居寺碑》即云：“凡水之滨，山之下，不远百里，仅有万家，予馈供粮，号为义仓。”⑥天祚帝乾统八年（1108年）的《妙行大师行状碑》亦载：妙行大师“尝一次添香□□□□□□□随郡县纠化义仓，赈给荒歉，凡有乞者，无

① 向南：《辽代石刻文编》，河北教育出版社1995年版，第667、668页。

② 〔元〕脱脱等：《辽史》卷二十五《道宗纪五》，中华书局点校本1974年版，第295页。

③ 任继愈主编：《宗教词典》，上海辞书出版社1981年版，第143页。

④ 〔唐〕玄奘：《大唐西域记》，上海人民出版社1977年版，第429页。

⑤ 向南：《辽代石刻文编》，河北教育出版社1995年版，第604页。

⑥ 向南：《辽代石刻文编》，河北教育出版社1995年版，第33页。

使空回”[①]。天祚帝乾统十年（1110年）的《宝胜寺前监寺大德遗行记》也记载，鞍山某寺传戒大师闻听宝胜寺大德大师“以精进慈悲喜舍为务，乃相谓而言曰：‘苟岁不登稔，如何济世？’遂同建义仓，凡不足者，随众而惠之”[②]。等等。

譬如修路架桥，方便灾民出行。契丹辽地洪灾多见，洪水过后造成的一大严重后果，便是道路与桥梁被冲毁，给民众的日常生产和生活带来极大不便。因此，每当洪水过后，一些寺院的高僧便主动出来，筹集资金，铺路修桥，以方便灾民出行。民国二十四年《天镇县志》卷三《金石志》引辽道宗大康十年（1084年）的《重修桑干河桥记》即详细记载了辽道宗大康三年（1077年）至大康十年（1084年）间西京道宏（弘）州和蔚州当地崇佛信众在高僧崇雅等人组织下，捐施钱物，修建桑干河大桥之过程：“缘此桑干大河，春开秋冻，夏月泛涨，损伤人畜，是大厄难。当日菩萨行人救苦，兴桥普济生灵。大辽国天佑皇帝太（大）康三年，除授崇雅西京僧录。因上供去从此桥过，木植朽烂，人畜过往至甚艰难。崇雅与律主大师法华、座主、主簿、正字四人共议，再盖大桥。三人为首，请崇雅于南七侯村开坛放戒，不忝皇帝宣赐《御制菩萨提心戒本》两卷，付授崇雅，命广流通遍及未闻。由此戒文助成大事，于西东宏蔚二州，僧尼二众化到钱近五百贯。太（大）康九年，买桥梁枋木柗柱，于河两边出得板石。十年正月内，木植载到桥头。三月二十七日，南七侯院开戒坛，消放天佑皇帝《御制菩萨提心戒本》，远近村坊律主等，诱劝尽发胜心，受菩萨提心戒。人各思施钱物工价，可及五百贯，择定四月三十日，桥北岸垒迭石仓，三宝冥加。九日，夜头明，水移南岸。十日，旱滩造住，日施百有余工。四月十九日，北仓了毕，南岸建立石仓，水深难下。二十一日，亦头明，水移北岸，滩上造作灵异之事，众人备见。其三石仓用大石板，个个眼凿方圆五十，垒迭之时，重重相搀，羽羽相衔。所有石眼上下用其柏柱贯穿，柱小径五十。石仓近则百千万岁，远则壤劫为期，此桥木植甚至丰大，并是载木，可得百有余年。木植自后有坏，远近村坊、寺院异众子孙，代代随顺宗祖各发胜心，盖此桥时，只换木植，石仓无动。其桥四接中间，大梁长五十五尺，小径尺五。其余三接，栋梁各长三十五尺，小径尺五。漫枋长一丈六尺，面阔八寸，厚加五寸。地枋栿长丈七，面阔一尺，厚六寸。勾栏椿长丈五，见方八寸，可截三个使用。自后只买柴木，检括不中。今此大桥，工价可及千贯。桥东北石塔，里面造玉石文殊像、龙王、土地三圣。文殊菩萨亦名妙吉祥，降五百条毒龙，镇压大桥。河南河北邑人，月十五斋食香花，供养三尊，苦心求告，无不应愿。但纪实事，不及制文。太（大）康十年五月二十日立。”[③]

譬如建“义冢”掩埋遭灾死亡之无主尸骨。有辽一代，每当大灾（如水灾）过后，郊野便会出现很多因灾而亡者之遗骸，每至于此，一些寺院僧人便行动起来，捡拾遗骸，建“义冢”而掩埋之。如辽道宗寿昌五年（1099年）的《义冢幢记》即记载了一件西京大华严寺僧人“义冢”掩尸之善事：“大安甲戌岁，天灾流行，淫雨作阴，野有饿莩，交相枕藉。时有义士收其义骸，仅三千数，

① 向南：《辽代石刻文编》，河北教育出版社1995年版，第587页。
② 向南：《辽代石刻文编》，河北教育出版社1995年版，第604页。
③ 民国二十四年《天镇县志》卷三《金石志》。

于县之东南郊，同瘗于一穴。”然由于“厌其卑湿，掘地及泉”，结果却“出其掩骼，暴露荒甸，积聚如陵”。西京大华严寺僧人示化等了解实情后，“虔择福地，时建道场，供佛延僧，洗心盥掌，运有委骨，置在坛内”。佛教法会结束后，他们便将这些无主遗骸“迁葬于粟山之屺，目曰义冢”[①]。

寺院僧人能够“福田”赈灾，救济俗世贫民；与之相对应，世俗之家的佛教信徒们，从帝王后妃到平民百姓，他们亦常常或祈福“饭僧”，或斋施“供养”，为寺院僧尼的日常生活提供便利与帮助。有文献记载，辽朝崇佛皇帝中，辽圣宗耶律隆绪、辽兴宗耶律宗真和辽道宗耶律弘基等都曾不同程度地“饭僧”。如圣宗皇帝“饭僧”，《辽史》卷十《圣宗纪一》载：辽圣宗统和二年（984 年）九月“辛未，以景宗忌日，（圣宗）诏诸道京镇遣官行香饭僧”；《辽史》卷十三《圣宗纪四》载：辽圣宗统和十年（992 年）九月“癸卯，（圣宗）幸五台山金河寺饭僧”；辽圣宗统和十二年（994 年）四月“戊戌，以景宗石像成，（圣宗）幸延寿寺饭僧”；《辽史》卷十六《圣宗纪七》载：辽圣宗太平二年（1022 年）三月“戊子，（圣宗）为宋主饭三京僧”，等等。如兴宗皇帝“饭僧”，《辽史》卷十九《兴宗纪二》载：辽兴宗重熙十一年（1042 年）十二月“己酉，以宣献皇后忌日，上（兴宗）与皇太后素服，饭僧于延寿、悯忠、三学三寺”。如道宗皇帝“饭僧”，《辽史》卷二十三《道宗纪三》载：辽道宗咸雍八年（1072 年）正月“癸未，乌古敌烈部详稳耶律巢奏克北边捷。以战多杀人，（道宗）饭僧南京、中京”；辽道宗大康四年（1078 年）秋七月“甲戌，诸路奏饭僧尼三十六万”；《辽史》卷二十五《道宗纪五》：辽道宗大安九年（1093 年）夏四月“乙卯，兴中府甘露降，（道宗）遣使祠佛饭僧”，等等。

辽朝俗家佛教信徒供养“三宝”之一“僧尼”的行为亦十分普遍，这在石刻文字资料中多有描述。如辽道宗咸雍四年（1068 年）的《阳台山清水院藏经纪》即载，佛教信徒邓从贵即曾舍财供养寺僧：“今优婆塞南阳邓公从贵，善根生得，幼龄早事于熏修，净行日严，施度恒治于靳惜。咸雍四年三月四日，舍钱三十万，葺诸僧舍宅，厥道是念。”[②] 邓从贵出资修缮僧舍，属于“僧”供养中的“财供养”[③]。天祚帝天庆六年（1116年）的《张世卿墓志》亦载，佛教信徒张世卿生前也经常出资修僧舍，建道场，设斋饭，供养僧尼：“中敞大小二亭，北置道院、佛殿、僧舍大备。东有别位，层楼巨堂，前后东西廊具焉，以待四方宾客栖息之所。……每年四月二十九日，天祚皇帝天兴节，虔请内外诸僧尼、男女邑众，于园内建道场一昼夜，具香花美馔，供养斋设，以报上方覆露之恩。……至供周年，筵僧一万人。及设粥济贫，积数十载矣。”[④] 天祚帝天庆七年（1117 年）的《张世古墓志》亦云，佛教信徒张世古生前亦经常舍财供养寺僧：“每年马鞍山供合院僧，三十余载，今犹未尽。筵僧施贫，以为常务。”[⑤] 等等。

---

① 向南：《辽代石刻文编》，河北教育出版社 1995 年版，第 495、496 页。
② 向南：《辽代石刻文编》，河北教育出版社 1995 年版，第 332 页。
③ 《善见律毗波沙》卷十三：佛教之“财供养”有“饮食、衣服、汤药、房舍”四种。
④ 向南：《辽代石刻文编》，河北教育出版社 1995 年版，第 655、656 页。
⑤ 河北省文物研究所：《宣化辽墓》（上），文物出版社 2001 年版，第 267 页。

二

佛教传播过程中的僧、俗信众佛事行为之互动，彰显了辽朝佛教发展的两大特征：佛教内容的“世俗化”与世俗社会的“佛教化”。

这里所说的佛教内容“世俗化”，是指源于古天竺具有高深教义的宗派学理型佛教，向东流传，生根中土，至辽朝中后期，已经开始向民间佛教转化，逐渐趋近民俗佛教。“佛教”与“世俗”原本无涉，佛教视彼岸，世俗重现实。但就佛教功能而言，其宏旨在于救度众生，解脱苦难。有学者认为：“佛教与世俗之间，存在着既相互对立又相互依存的关系。……佛教在传播过程中对世俗社会的有机结构与互动原理的认同与融摄，佛教寺院通过各种佛事活动来沟通并调整寺院与世俗社会的互动关系，与信众共同来维持或建构生命存在的理想范式，从而维持社会的和谐，并使之正常运作。”①

辽朝因僧、俗信众佛事行为的互动而出现的佛教内容“世俗化”，其主要表现，首先是辽朝皇帝赐授一些高僧荣誉官衔，致使僧侣上层有趋俗“涉政”之倾向。譬如辽代后期的兴宗和道宗两朝，皇帝们时常向高僧大侣赐授誉衔俗官，这样一来，便大大助长了这些人的乖傲气焰，他们时常“非奉诏”即“入阙”，在朝堂论坛讲经之余，往往无所顾忌地“妄述祸福”。王雷泉先生指出，“佛教的内证体验、超越哲学、佛国理想和修行仪轨等信仰内核，透过社会的经济与政治层面，扩展到世俗文化领域，取得传播媒体及表现形式，以此实现改造并提升世俗生活的本怀，在这一过程中，佛教也必然受到被超越对象——世俗社会的影响、改造乃至同化，从而偏离出原有的价值体系而走向世俗”②。辽朝高僧大侣中的多数法德高尚，学养深厚，严守戒规，超然度外，专心弘法，远离朝政，但有些高僧在接受皇帝赐授誉衔俗官过程中，尽管并非主动伸手去要，但的确也未见他们有任何推辞。这就充分表明辽朝的某些高僧并不排斥“世俗”，他们的所作所为，已对辽朝佛教内容走近“世俗”起到了推波助澜作用。

其次是组织佛教邑社与经营“福田”布施，致使广大僧、俗信众佛事行为之本身趋向“世俗”。从辽朝中期开始，契丹辽国的佛教已普及全境，于是，城乡基层的广大僧、俗佛教信众便纷纷行动起来，一种俗称“千人邑”的民间佛教邑社组织，犹如雨后春笋，破土而出，蓬勃发展。辽朝僧、俗佛教信众组建“千人邑”的主要目的是量力集资，参与各种佛教“福田”活动。有辽一代，契丹辽国广大的城乡僧、俗佛教信众于“福田”下的各种俗间赈济与“饭僧”活动，如火如荼地铺展开来，昭显了辽朝佛教走近世俗的另一侧面。大乘佛教的基本教义是以信众共同实行普度众生为原则，而恰好辽朝佛教的“千人邑”等民间佛教组织为广大僧、俗信众提供了实现这一原则的理想环境。事实证明，不论贫富与贵贱，不分民族与阶层，辽朝僧、俗信众通过参加佛教邑社组织，经营“福田”，既为自身积累了获得解脱的无限功德，同时也达到了赈灾救济贫困及扶持佛教发展的

① 杨富学、王书庆：《从生老病死看唐宋时期敦煌佛教的世俗化》，《敦煌学辑刊》2007年第4期。

② 王雷泉：《神圣化与世俗化——以〈大金沃州柏林禅院三千邑众碑〉为例》，吴言生主编《中国禅学》第一卷，中华书局2002年版，第397页。

目的。

与佛教走向“世俗化”基本同步的，是世俗社会因受佛教影响而出现的“佛教化”现象。台湾学者郑志明教授说过：世俗社会的“佛教化”，“是指致力于佛教神圣境界的开发，将佛教神圣性的宗教经验经由社会化的宣导与转化，成为世俗信众普通共有的信念，主要有三个活动面向，即仪式性活动（以佛教的各种仪式来为群众消灾解厄与增强功德福报，进而以佛教的仪式取代了社会原有的祈福仪式）、共修性活动（以集体的宗教行为与实践感受，改变个人的生命情操与生活态度）与传播性活动（将佛教的知识与艺术推动到世俗社会之中，成为群众的主要精神食粮与教化系统）”[①]。具体到契丹辽国，其世俗社会的“佛教化”现象，并没有像郑志明教授概括得那么系统和全面，说明辽朝世俗社会的“佛教化”还不是很成熟。辽朝世俗社会受佛教影响而出现的“佛教化”现象，主要反映在两个方面：一是世俗人生某个时段被烙印上各种佛教痕迹。也就是说，至辽朝中后期，佛教普及民间，迅速贴近世俗，世俗佛教对人生的不同阶段，均产生了不同程度的影响。譬如契丹妇女生育期间要建“佛教道场”，父母给孩子取名时好用“佛名”“佛号”，人死之后多用“荼毗”（火葬），等等。二是世俗生活某一方面的佛教烙印。辽朝人崇佛信教，致使契丹辽地佛教十分兴盛。佛教在贴近“世俗”的过程中，人们生活的某些方面，往往会被打上了各种“佛教”烙印，譬如将护肤美容称作“佛装（妆）”，佛教信徒喜好素食、饮茶，将“佛诞”纳入岁时节日，等等。

走向“世俗”是佛教发展的必经之路。杨富学、王书庆曾言：佛教“只有通过改变自身，关注并适应现实生活，入乡随俗，通过与中国文化，尤其是儒学思想的结合，才能使广大民众所容易理解并接收，也只有这样，作为外来文化的印度佛教才有可能在中国找到适宜的土壤，最终培育出根苗，并开花结果”[②]。佛教在东土神州的每一步发展，都与民间的世俗文化存在着密不可分的关联，此亦正如《大正藏》卷四十八《六祖大师法宝坛经》记载禅宗六祖慧能所言：“佛法在世间，不离世间觉，离世觅菩提，恰如寻兔角。”辽朝后期佛教已经呈现出明显的贴近世俗之趋向，然而，与同一时期的北宋佛教相比，两者的“世俗化”程度还是有着较大的不同。换言之，辽朝佛教还没有完全走进“世俗”，譬如还没有出现倒卖度牒和紫衣师号现象，功利取向尚不十分明显，等等。事实上，辽朝佛教的确继承了唐代学理型佛教传统，贵族化的义学宗派兴盛，学术特色浓郁，居于东亚佛教文化圈的中心地位。但认为辽朝佛教只是“平民化”而没有任何“世俗”表象，佛教信仰也没有丁点功利特征，就显得偏颇和不够客观了。笔者始终认为，信仰者的虔诚不等于没有功利目的，统治者对佛教的支持与优容，也并非完全抛弃了政治目的与集团利益。这就是贴近“世俗”的辽朝佛教[③]。

---

① 郑志明：《从台湾万佛会谈佛教的社会参与》，转引自王雷泉《神圣化与世俗化——以〈大金沃州柏林禅院三千邑众碑〉为例》，吴言生主编《中国禅学》第一卷，中华书局 2002 年版，第 397 页。

② 杨富学、王书庆：《从生老病死看唐宋时期敦煌佛教的世俗化》，《敦煌学辑刊》2007 年第 4 期。

③ 张国庆：《辽代佛教世俗表象探微——以石刻文字资料为中心》，《黑龙江社会科学》2014 年第 4 期。

契丹“三石烈”与达斡尔族

卓 仁[①]

辽太宗耶律德光为分化迭剌部势力，于会同二年（939年）将五院、六院部中的欧堇突吕、乙斯勃、斡纳阿剌“三石烈”迁徙至“乌古之地”。随着历史的变迁，“三石烈”中的一部分，成为新形成的达斡尔人共同体的一个成员。

达斡尔族近代所绘的历史地图上，有两条鄂嫩河（也称斡难河）：一是位于今蒙古国东北部及俄罗斯境内的鄂嫩河（达斡尔族称此河为大鄂嫩河）；一是位于今俄罗斯境内黑龙江上游左岸的一条支流（达斡尔族称此河为小鄂嫩河），这是两条不相干的河（图一）。为何两条相距近一千华里的河流，都被达斡尔族人称为鄂嫩河呢？要解答这一问题，我们有必要了解并追溯契丹人在辽代早期的一段历史。

一、关于契丹“三石烈”人迁徙的记载

《辽史·太宗纪》记载：“（会同）二年（939年）冬十月丁未，上以乌古部水草肥美，诏北、南院徙三石烈（石烈，契丹语‘县’之意）户居之。”以上记载是说在辽太宗年间，太宗下诏，徙三石烈户居乌古之地。《辽史·太宗纪》又载：“（会同三年八月）丙辰，诏以于谐里河、胪朐河之近地，给赐南院欧堇突吕、乙斯勃（《营卫志》又作欧昆、乙习本）、北院温纳何剌（《营卫志》又作斡纳河剌）三石烈人为农田。”[②]以上记载表明，仅隔一年后，辽太宗又诏令所迁三石烈人在乌古之地耕种农田。除以上记载外，《辽史·食货志上》也作了更加具体的记载：“太宗会同初，将东猎，三克奏减辎重，疾趋北山取物，以备国用，无害农务，寻诏有司劝农桑、教纺绩，以乌古之地水草丰美，命瓯昆石烈居之，益以海勒水之善地为农田。三年，诏以谐里河、胪朐河近地，赐南院欧堇突吕、乙斯勃，北院温纳河剌三石烈人，以事耕种。”[③]以上谐里河即今哈拉哈河（又称喀尔喀河），胪朐河为今克鲁伦河，海勒水即今海拉尔河。

史料记载表明，“三石烈”的迁徙开垦和农耕，对海拉尔河、哈拉哈河、克鲁伦河、额尔古纳

① 卓仁，呼伦贝尔学院特聘研究员，莫力达瓦达斡尔族自治旗达斡尔学会常务副理事长，主要研究方向为达斡尔族历史、文化。

② 《辽史》卷四《太宗下》，中华书局补注本2018年版，第163页。

③ 《辽史》卷五十九《食货志上》，中华书局补注本2018年版，第2437页。

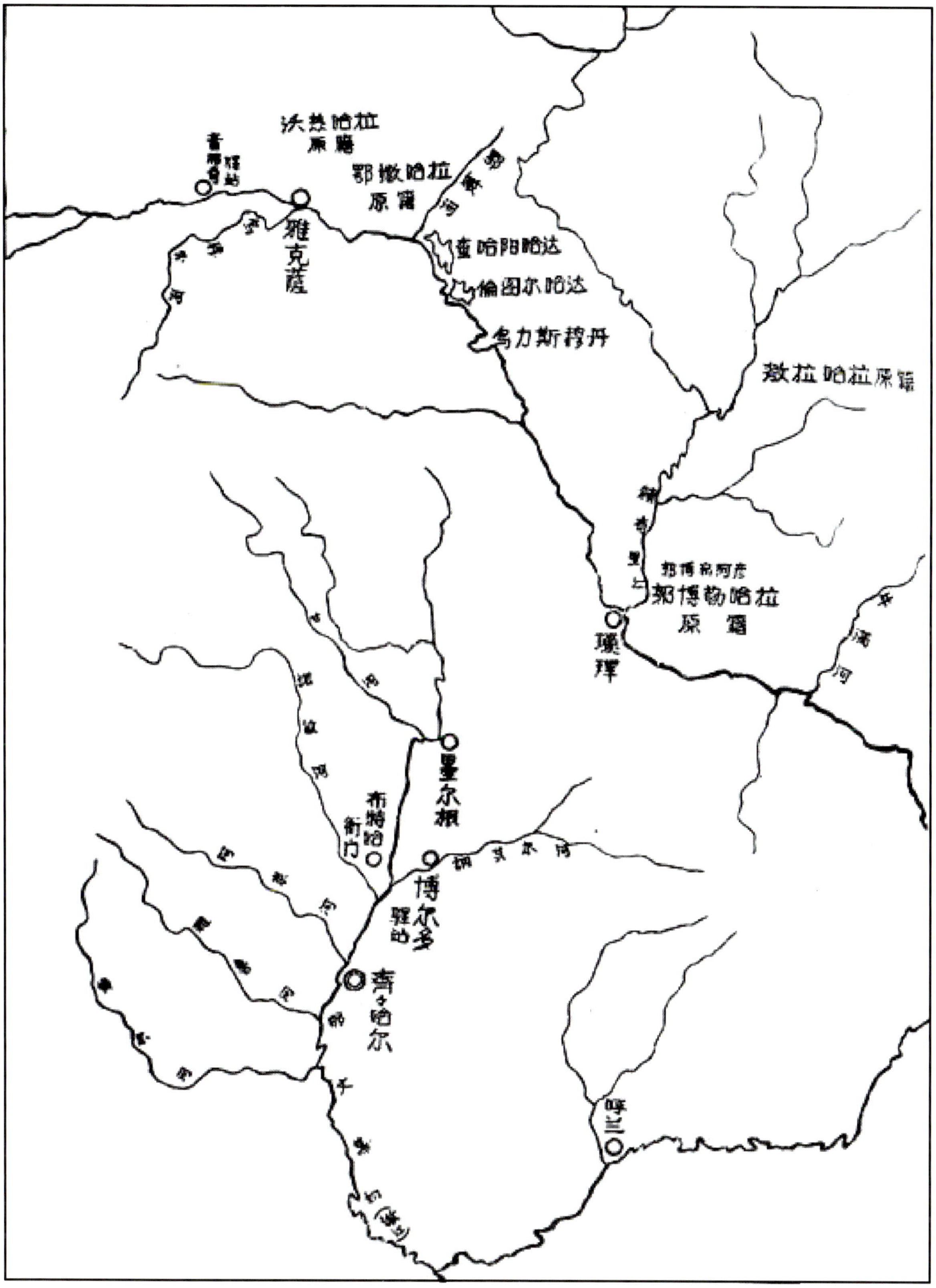

图一 1957年，由全国人民代表大会民族委员会派遣的内蒙古东北少数民族调查组所绘制的标有（小）鄂嫩河的达斡尔族历史地图

河、鄂嫩河等地区的农业开发是很有意义的，在这一地区，不仅农业屯垦得到推行，而且关系到国计民生的粮食也丰盈了契丹人的仓廪。除了以上经济意义外，“三石烈”人的迁入，客观上拓展了契丹北部疆域，扩大了辽国的领土范围，同时，契丹第二任皇帝耶律德光在当时的历史背景下，利用“三石烈”人戍边屯垦之举，达到了分化迭剌部的目的，在一定意义上巩固了皇权。这也是耶律德光迁“三石烈”人背后的政治目的。

二、关于“三石烈”来历的考证

（一）欧堇（欧昆）突吕不

欧堇（欧昆）突吕不，这样的部族名称，在《辽史》中虽无记载，但却是真实存在的，考证如下：

《辽史·太宗纪下》记载：“（会同二年）冬十月丁末，上以乌古部水草肥美，诏北、南院徙三石烈户居之。”这里并未说明哪三个石烈。接着又具体记为：“三年（即会同三年）八月丙辰，诏以于谐里河、胪朐河之近地给赐南院欧堇突吕乙斯勃，北院温纳阿剌三石烈人为农田。”[①]这里的“欧堇突吕乙斯勒”一笔书下来，未有区分。而《辽史·营卫志下·部族下》对之却记为：“欧昆石烈，太宗会同二年，以乌古之地水草丰美，命居之。三年，益以海勒水之地为农田。”“乙习本石烈，会同二年，命以乌古之地。”[②]显然《太宗本纪》《营卫志》所记的是同一事件的内容，后者仅记有欧昆（同欧堇）、乙习本（同乙斯勒）两石烈，未有突吕字样，而“突吕”即突吕不，在阻午可汗二十部与太祖二十部中都是实际存在的部族，乙习本（乙斯勒）即遥辇氏八部中的乙室活部，阻午可汗二十部中的乙室已部。太祖二十部中的乙室部，这二部族加上北院温纳阿剌（斡纳阿剌），虽无“突吕”已够三石烈。

类似“欧堇突吕部”的记载，在太祖二十部中都有相仿的例证。如辽太祖二十部中有突吕不室韦部、涅剌拏古部、迭剌迭达部、乙实奥隗部、楮特奥隗部、品达鲁虢部等。从突吕不室韦部到品达鲁虢部，它们的部名分别冠有突吕不、涅剌、迭达、乙室、楮特、品这些契丹贵族部落的部名。这是因为，他们是契丹贵族统辖下的部族部落，要分别受那些契丹族部落的监督。与此相类似，欧堇突吕不，即属这种方式，应是突吕不部贵族统辖下的部族隶属部落。

（二）乙斯勃（乙习本）部

这一部在唐代已出现，名为乙失活部，到遥辇氏时期为遥辇氏八部之一的乙室活部。在这里，“乙习本”“乙失活”“乙室活”为同音异译。

乙失活部没有参加唐大贺氏部落联盟。《旧唐书》《新唐书》分别记载的失活部、乙失活部，就是这个部落，它被设置为倌州。《新唐书》记载：“倌州，万岁通天元年（696年）以乙失活部落置。

① 《辽史》卷四《太宗纪下》，中华书局补注本2018年版，第160页。

② 《辽史》卷三十三《营卫志下》部族下，中华书局补注本2018年版，第1417、1418页。

侨治范阳县（今天津市蓟州区）境。”[①] 它是避开当时的战争而靠近唐朝朝廷这边来的。由于范阳是在中原地区，这个部落的首领和广大成员了解中原地区情况较多。首领之一的可突于，虽然自己的部落不在大贺氏部落联盟之内，但是由于本人的军事才能，并由于积极为部落联盟效劳，在这个部落联盟的晚期，被推选为联盟的军事首领。他在部落联盟内长期掌握兵马大权，形成自己的强大势力，杀死邵固，另行推举屈列为部落联盟长，以遥辇氏代替大贺氏。可突于的部落乙室活部，这时参加了遥辇氏部落联盟，在联盟中占据着仅次于或等同于旦利皆部的地位。后来，可突于被杀，这个部落的力量依然强大。涅里为可突于报了仇。涅里与可突于一样，也是乙室活部的氏族贵族，是这个部落的首领可突于的有力继承者。

阻午可汗二十部时的“世里合一”包括迭剌部和乙室部。它们原是从一个部发展而成的两个部落，在阻午可汗时期曾经又合而为一。不过这种合而为一是名义上的，迭剌部仍然以大部的地位出现，迭剌部夷离毕是部落联盟的军事首长，直接掌握迭剌、乙室两个强大的部，势力很大。

阻午可汗二十部中的“二审密”（国舅）为五，当时由于除了乙室已、拨里两氏族之外，还有其他氏族与遥辇氏族互为婚姻。乙室已、拨里两氏族分别繁衍成为部落，再加上不知其名的三个国舅别部，共为五个。后来，乙室已的大翁、小翁两氏族，拨里部的大父、小父两氏族，又各自成为部落；而原有的三个国舅别部由于种种原因而削弱，合并为一个国舅别部。国舅部落，仍为五个。这五个国舅部落的大部分也都与耶律阿保机的祖辈互为婚姻。可见，乙斯勃（乙习本、乙习已）部，即遥辇八部的乙实活部。阻午可汗二丨部中的乙实已部，当是奴隶主贵族部落。

（三）斡纳阿拉石烈

斡纳阿剌部，来自旧契丹氏族集团的五院部、六院部中的六院部。而五院部、六院部的母体是迭剌部。契丹迭剌部的成立，要上溯到唐开元、天宝年间前后。当时，因为其势力弱小，始终未见被列入八部中的情况。后来，辽太祖耶律阿保机以该部中的一部分人为基础振兴起来。《辽史·太祖本纪》的序中载有：“（阿保机）契丹迭剌部霞濑益石烈耶律弥里人。”[②]

据此，可以对阿保机家族在迭剌部中的地位略予推测。但是，由于当时阿保机的势力还较弱，他想建立君主专制政权时机还不成熟，即使后来当上皇帝，也面临着旧势力的反对，以及统治集团内部中不服控制，同族昆弟中企图谋反者甚多等威胁现政权的各种隐患。面对这样的形势，阿保机听从心腹大臣的建议，下决心将迭剌部分化为两个部，即五院部、六院部：“天赞元年冬十月甲子……分迭剌部为二院。”[③]“天赞元年，以强大难制，析五石烈为五院，六爪为六院，各置夷离毕。”[④]由此可见，辽代的斡纳阿拉石烈，追本溯源，可上溯到阻午可汗二十部、遥辇氏八部时期的迭剌部，且该部又是契丹开国皇帝耶律阿保机所出的部，所以，六院部中的斡纳阿拉石烈理所当然是契丹贵族部落。

① 《新唐书》卷四十三《地理志七下》。

② 《辽史》卷一《太祖本纪上》，中华书局补注本 2018 年版，第 1 页。

③ 《辽史》卷二《太祖本纪下》，中华书局补注本 2018 年版，第 63 页。

④ 《辽史》卷三十三《营卫志下》，中华书局补注本 2018 年版，第 1417 页。

三、对“三石烈”人迁徙原因的分析

耶律阿保机登上汗位之初，可以说耶律氏的势力还较弱，再加上不容轻视的很快被收归于统治之下的旧势力的存在，所以，一般来讲，阿保机建立理想的君主专制政权还为时尚早。就连耶律氏母体的迭剌部中也还残存有旧势力，而且，伴随耶律氏的统治而重新产生的集团中也出现了不服控制的情况。《辽史》记载，耶律曷鲁在神册三年（918年）即将病卒之际向阿保机说：“惟析迭剌部议未决，愿亟行之。”[①]由此可见，作为控制强大的迭剌部的手段，太祖的重臣曾有将迭剌部肢解的建议。在阿保机即位的第八年，他要处死的对手辖底在被诛杀之时的遗言中也这样说：“迭剌部人众势强，故多为乱，宜分为二，以弱其势。”[②]辖底因为阿保机地位的提高不满而企图谋反，但作为新兴的耶律氏的一员，对阿保机打破以氏族制度为基础的旧势力也曾全力协助。然而，在实际上辖底还是与人多势众的旧势力气脉相通的。所以，他的言行必然是自相矛盾。曷鲁的希望也好，建议也罢，还有辖底的遗言是否对阿保机起了作用，但至迟在神册初年（916年），太祖周围就已经在酝酿实施分化迭剌部这个计划了。这个计划阿保机最终还是在他生前的天赞元年（922年）付诸实施。这个计划被拖得如此之晚，可以认为是由于迭剌部内的旧势力要比预料的强大。

五院部、六院部就是在经历了如此复杂的过程之后形成的。可以想见，对于具有雄才大略并一心想要皇位安稳的耶律阿保机来说，将“强大难制”的迭剌部分成两院，并不是他的最终目的，他的最终目的一定是想要在时空上分化迭剌部，以彻底免除政治上的威胁及后患。遗憾的是，他还没有来得及实现他的愿望，便撒手人寰，永远地离开了他无限眷恋的江山。好在他强有力的继任者——次子耶律德光，继承了他的遗志，并在父皇死后的第十三年，即会同二年（939年），将迭剌部的欧昆（堇）石烈、乙习本（勃）石烈、斡纳阿拉石烈迁往了远离辽上京的“乌古之地”。耶律德光名义上是让“三石烈”人到那里戍边、屯垦耕种，为大辽开疆拓土并生产更多的粮食、农副产品，实则达到了分化、分而治之、永久发配的目的。

四、“三石烈”人与达斡尔族的关系

辽代迁往“乌古之地”屯垦、戍边的部分契丹人，即在海拉尔河、克鲁伦河、哈拉哈河流域从事农耕、畜牧活动的“三石烈”人，是这一地区最早从事农耕的人们。随着生产、生活范围的逐渐扩大，这些人中的一部分又慢慢地向北迁移，并在额尔古纳河、斡难河（即鄂嫩河）、石勒喀河等流域定居从事农耕、放牧活动。这部分人还将附近一条河流，以斡纳阿剌石烈之名命名为“斡难河（鄂嫩河）”。在此之前，此河在史料中未发现有斡难名称的记载。查阅《中国历史地图集》可知，第一次标注鄂嫩河恰在契丹耶律德光会同五年（942年），也就是“三石烈”人迁入这一地区三年之

① 《辽史》卷七十三《耶律曷鲁传》，中华书局补注本2018年版，第2988页。

② 《辽史》卷百十二《列传第四十二·逆臣二》，中华书局补注本2017年版，第3622页。

后。[①] 在这个时期，契丹人不仅用石烈名命名了河流而且留下了诸多历史遗迹。对此，达斡尔族著名学者阿力先生在 2018 年初，与几位同胞重走二百多年前达斡尔先辈赴新疆戍边之路。他们一路边体验先辈长途跋涉之艰难，一路还考察了蒙古国境内的历史古迹。阿力先生将在蒙古国的所见所闻写入了他撰著的《索伦部的西征与戍边》书中（图二），他在书中还写下了他的所见所闻：“除了克鲁伦河流域外，肯特省北部的鄂嫩河流域，也分布有契丹时期的城址、居址和石壁文字等遗存（图三），表明该地区是当时辽王朝疆域的重要组成部分。”[②]

左图：建于 1200 多年前的契丹时期古塔
右上图：通天古塔塔顶
右下图：塔体内外壁上刻满了密密麻麻的各种文字
图二　蒙古国东方省克鲁伦河畔辽代契丹人建的砖塔（阿力摄）

后来，经过历史的变迁，“三石烈”中“斡纳阿剌石烈”的后人，又辗转迁徙至鄂嫩河东北约九百华里外的黑龙江上游左岸，并将居住地附近的一条小河仍以石烈名的前两个字“斡纳”命名为

① 谭其骧：《中国历史地图集第五册：隋、唐、五代十国时期》，中国地图出版社 1996 年版，第 82、83 页。
② 阿力：《索伦部的西征与戍边》，中央民族大学出版社 2018 年 7 月版，第 342 页。

图三　蒙古国布尔干省境内的契丹古城遗址（阿力摄）

鄂嫩河（即小鄂嫩河）。在这里，“斡纳”“斡难”与“鄂嫩”为同音异译。对此，辽金史大家陈述先生指出：“黑龙江左的小鄂嫩河，显然是因大鄂嫩河而得名。”[①]“斡纳阿剌石烈”的人为何要从大鄂嫩河地区迁往小鄂嫩河地区呢？对此，史书中没有任何记载，此问题困扰了很多研究达斡尔族历史的专家、学者，也困扰了很多达斡尔族关心本民族历史的人们。笔者经过深入分析及研究，认为此迁徙的原因大致有二：

1. 蒙古部兴起：由于蒙古人的勃兴，斡纳阿剌石烈的人们怕卷入他们部落、部族间的纷争和战火，所以为避兵燹而远走他乡，直至迁徙到了九百华里外的小鄂嫩河地区定居。

2. 辽国灭亡：1125 年辽国灭亡。居于东流松花江南岸的契丹属国达卢古，在辽国灭亡前十年，即在金收国元年（1115 年）被女真人完颜阿骨打征服。在这里，“达卢古”是对达古卢、达古尔、达呼尔的一种变读。经过专家学者的考证，“达卢古”是辽代达斡尔先人的主体。达卢古被女真征服后，女真人为防御日益强大的蒙古部侵扰，强行让所俘获的各部族挖筑边壕（即今天的金长城）。达斡尔口传历史表明，“达卢古”挖筑完边壕后，女真人还强迫这些人为其守边，不得离开边壕（图四）。达斡尔先人为女真人守边约七十年后，农安地区的契丹人耶律留哥举行反金起义，率部众投奔成吉思汗。他们在路经边壕时杀死或是吓跑了看守达斡尔人的女真人。因不可考的原因，这些达斡尔先人并未同留哥一起投奔成吉思汗，而是沿着嫩江向北迁徙，辗转来到了额尔古纳河、黑龙江中

① 陈述：《达呼尔的来源》，《中国民族问题研究集刊》，第 108 页。

图四　辽末金初，达斡尔族先人被女真人役使，修筑了被族人称为“乌尔阔”的东北路金边壕，即金长城，图为莫力达瓦达斡尔族自治旗境内的金长城

上游流域定居，并形成了以“达卢古”（即达古尔、达呼尔）为主体，有不同部族加入的人们共同体——达斡尔族。生活在鄂嫩河地区的斡纳阿剌石烈的人们，应是在这一时期前后迁入到黑龙江上游左岸小鄂嫩河地区并加入到达斡尔人共同体中的（图五）。因为都曾是辽国的属民，两个部族在语言、文化风俗等方面相同或相近，且同是“亡国”之民，所以因共同的情感基础而相互认同并结合在一起，那是很自然的事情。

“三石烈”中的“斡纳阿剌石烈”成为达斡尔共同体成员后，亦按达斡尔人的风俗习惯，将全体成员的姓氏冠以“鄂嫩”，也称为“鄂嫩哈勒”。从此，鄂嫩哈勒成为达斡尔族大家庭的一名成员，也是历史上达斡尔族十八大姓之一、今天的达斡尔族四大姓其中之一（敖拉、鄂嫩、莫尔登、郭布勒）。至于“三石烈”中的“欧堇突吕石烈”“乙斯勃石烈”的历史走向如何，笔者在查阅《辽史》时，找到了一段有关记载：保宁三年（971 年）“十一月庚子，胪朐河于越延尼里等率户四百五十来附，乞隶宫籍。诏留其户，分隶睦、积庆、永兴之宫，优赐遣之”[①]。从以上记载的时间看，这些人毫无疑问就是当年被耶律德光分封在“乌古之地”的“三石烈”中其他成员。从“斡纳阿剌石烈”的历史走向分析，这些人极有可能就是“三石烈”中的“欧堇突吕石烈”和“乙斯勃石烈”两个石烈的人。他们不仅回到了故里，而且还受到当时的皇帝辽景宗的分封和优待。

① 《辽史》卷八《景宗本纪上》，中华书局补注本 2018 年版，第 336 页。

正是因为历史上有契丹“三石烈”人的迁徙，以及后来“斡纳阿剌石烈”的认同、加入，使得达斡尔民族中加入了契丹族人，注入了契丹的血液，经过若干世纪的基因交流，使得今天的达斡尔族人血液中都有契丹人的遗传基因。笔者认为，达斡尔族与契丹具有最近的遗传关系的历史原因，就是因契丹“三石烈”中“斡纳阿剌石烈”的加入，并成为达斡尔人共同体的一个成员。虽然现在在史书上尚未发现契丹“斡纳阿剌”就是达斡尔族“鄂嫩氏”的明确记载，但“斡纳”与“斡难”“鄂嫩”相同的发音、共同生活的地域、共同的经济类型，以及达斡尔族口传历史“在古代，达斡尔人曾在（大）鄂嫩河称霸过”①，还有已故辽、金史大家陈述先生在他的有关著述中明确指出的“（大）鄂嫩河与达斡尔族有渊源”，②我国著名辽、金史专家孙进已先生在他的论著中也曾提出的“三石烈北迁应是形成达斡尔民族共同体的来源之一”③，我国著名契丹、女真史专家滕绍箴先生在他的著述中也明确指出的“事实告诉我们，斡难河地区是达斡尔族鄂嫩氏始祖的开拓地区”④，再结合三次分子考古学研究得出的结论，我们可以认定，达斡尔族中的鄂嫩氏来自契丹皇族迭剌部的斡纳阿剌石烈，他们是纯正的契丹族人。以上的这些记载、论证及研究结论，不可能只是巧合，它们应具有比较完整的印证关系。

图五　蒙古国境内鄂嫩河支流巴拉金河旖旎风光（阿力摄）

① 阿拉坦噶塔：《达斡尔蒙古考》，载乐志德主编《达斡尔资料集》第二辑，民族出版社 1998 年版，第 21 页。

② 陈述：《关于达斡尔族的来源》，《中国民族问题研究专刊》1957 年版，第 108 页。

③ 孙进已：《东北民族源流》，黑龙江人民出版社 1987 年版，第 60 页。

④ 滕绍箴：《达斡尔族文化研究》，辽宁民族出版社 2014 年版，第 10 页。

对此有些读者可能会产生这样的疑问：如果达斡尔族的鄂嫩氏来自契丹迭剌部中的斡纳阿剌石烈，作为契丹贵族他们应该掌握契丹最重要的非物质文化之一文字，可为何在达斡尔族的社会生活中，没有契丹文字的流传呢？要解释这一问题，道理很简单，因为契丹大字是在920年创制的，因字体简要不够使用，没有推行。契丹小字是在922—924年创制出来的，契丹小字创制出来后，当时主要用于皇帝诏书、谕令，外交书信、哀册等，并没有在社会上立即流行。况且“三石烈”被迁往“乌古之地”的时间仅在契丹小字创制出来的十五年后（即924—939年）。在当时的历史背景下，“三石烈”人是不可能掌握契丹小字的。所以在达斡尔族民间，也就不可能有契丹文字的流传和保存。

我们可以确认，契丹“三石烈”人是辽初迁往“乌古之地”屯垦、戍边最早的契丹部族，他们中的“斡纳阿剌石烈”也应是达斡尔族先人之一。由此，足见达斡尔族与传统契丹部族的源流关系。

2022年6月30日

辽萧莹墓志校补

常志浩[①]

辽萧莹墓志，出土信息不详，除志盖外，现仅可见残志拓片两张。经缀合发现，萧莹墓志现存拓片为原石右下方和左上角拓片，缺志石左上方与右下角的拓片。重新校录志文可以推知，萧莹幼年受家庭崇佛影响，代亡父出家资福；成年后受世婚制影响，尚和鲁斡女韩国公主，身陷政治旋涡，只好寄情宴饮，明哲保身。在天祚龙飞之后，本想一展抱负，又英年早逝。

辽代萧莹墓志原石似藏于私人手中，从现仅见的拓片来看，萧莹墓志已残为多块，字多漫漶，不易识读。目前有《辽代石刻文续编》据常红所提供的拓本录文，都兴智先生在考证萧莹家世之余，也对萧莹墓志录文做了订正。新近有彭泓博《五方辽宁出土的辽代墓志校勘》一文，亦涉及萧莹墓志录文校订[②]。通过研读拓片，笔者发现萧莹墓志在录文与考释方面仍有未尽之处，不揣浅陋，写成此文以就教于方家。

一、残志复原与校录

（一）残志复原

萧莹墓志现仅有残志拓片两张，《续编》未做缀合，予以分别录文，略有遗憾。据《续编》所言，萧莹墓志盖方形，每边长105厘米，那么墓志也当为方形，这也符合辽代墓志的常见形制。笔者通过对比拓片与志文内容发现，《续编》所言“残志第一块”当为萧莹墓志右下角残块，共有22行，其中第1、2、3、4行首尾完整，其他仅存下半行内容，上方均有不同程度的缺损；“残志第二块”当为墓志左上角残块，共计23行，皆仅存上半行内容。并且，右下角志石之17、18、19、20、21、22行与左上角志石之1、2、3、4、5、6行可以合缀连读（下简称“右17行”“左1行”等）（图一）。

同行可合缀，如：

1.右17行与左1行缀合可见：“……宰相进封韩王，俄总枢……书令，加采访、判东京留守、赠大承相、守太师。”由右16行可知，此段主要是记述萧莹祖父萧知足的官职。萧知足又名萧阿

① 常志浩，辽宁师范大学历史文化旅游学院。

② 向南等：《辽代石刻文续编》，辽宁人民出版社2010年版，第241页。都兴智：《辽〈萧莹墓志〉略考》，《辽金历史与考古国际学术研讨会论文集下》，辽宁教育出版社2012年版，第170—175页。彭泓博：《五方辽宁出土的辽代墓志校勘》，《吉林广播电视大学学报》2022年第1期，第156—160页。

刺，《辽史》有传。据本传记载：“清宁元年，遗诏拜北府宰相，兼南院枢密使，进王韩，明年，改北院枢密使。”[①] 此处记载与缀合志文大致相同。

2. 右 18 行与左 2 行缀合可见：“公主即王第三子，讳德恭，少不仕，以父……节度使。妣漆水郡夫人耶律氏。公即讳莹。”据《萧德恭墓志》记载，萧德恭“未弱冠，特授左奉宸”“授忠正军节度留后”“夫人漆水郡耶律氏”[②]。可知，萧德恭以父荫入仕，终官忠正军节度留后，娶妻耶律氏，与缀合后志文大体一致。

左右行可连读，如：

1. 右 19 行与左 3、4 行连读可见：“性刚勇□□有节□辩谈□□能清言，尤不□□……富贵介意，好书史百家之言，尤精方技射御之……”此行旨在介绍志主性情，萧莹性喜辩谈，能清言，不以富贵介意，好书史百家，与左 6 行“酒酣但放言高论”是标准的隐逸形象。尤其是右 19 行与左 4 行可以连读，即萧莹“好书史百家之言，尤精方技射御之（术）”。

2. 右 20 行与左 4、5 行连读可见：“□□遁去，会皇叔祖尚……长女皇姑韩国公主，将出降嘉偶，公首膺□□，寻加防御使、驸马都尉。”此处记载大致是说，萧莹在出家不久即与耶律和鲁斡长女韩国公主结为连理，此处也可得到萧莹母耶律氏墓志的印证：“长男莹，稚孺出家，特奉皇太后圣旨归元，时年一十有九，得偶于兴宗皇帝次男，皇太叔祖长女郑国公主为妻，特授驸马都尉。”此处为郑国公主，当是在天祚朝萧莹妻又有晋封[③]。

3. 右 21 行与左 6 行连读可见：“……不在列，常扈从辇辂，所过必载酒高会，与故□宾□相宴饮，酒酣，但放言高论……”此处是说萧莹以驸马都尉扈从皇帝行帐，每日寄情于宴饮清谈。

4. 右 22 行与左 7 行连读可见：“……而时人亦未有知者，寿昌七年正月”，此处右 22 行末字“寿”与左 7 行首字“昌”，正好组成道宗年号“寿昌”。

（二）残志校录

依据上述复原结果，笔者依据诸家校勘成果重新校录如下：

（总 1，右 1）□始平军节度使、驸马都尉萧公墓志铭并序

（总 2，右 2）□□监□史馆修撰张榖撰

（总 3，右 3）乾统元年夏五月，车驾次庆陵驻驿，以

（总 4，右 4）道宗皇帝梓宫在茔□，命礼官□与故行

（总 5，右 5）……□□□庙之……霸萧莹始平军节度使，每宴飨班列加礼遇其恩[④]例尤不与[⑤]□□

（总 6，右 6）……遂以遄急奉迎……

① 《辽史》卷九十《萧阿剌传》，中华书局点校本 1975 年版，第 1355 页。

② 向南等：《辽代石刻文续编》，辽宁人民出版社 2010 年版，第 154 页。

③ 根据辽代王爵制度，郑在韩前，见李忠芝：《辽代封爵制度研究》，吉林大学博士学位论文 2016 年，第 75 页。

④ “恩”，《续编》《略考》《校勘》未识别，笔者据拓片识为“恩”。

⑤ “与”，《续编》《略考》《校勘》未识别，笔者据拓片识为“与”。

（总7，右7）……顾尤重，速遣使与翰林医院驰驿而至，直赴辽阳，而未及治疹，薨逝已矣[①]□

（总8，右8）……公[②]主已下儿女亲族掩泣，不胜其极。有司以状闻

（总9，右9）……使敕祭具，礼营葬事，给班剑、笞□、鼓吹，赐东园秘器，凡赗赙加等，赠龙虎卫

（总10，右10）……之外，赐医巫闾山北□择茔地，□致堂祭，特异其数，与前来敕祭葬例

（总11，右11）……诏付史馆论撰公之世族、爵位，卒葬时日，与其终始之大节，志于其墓，且[③]

（总12，右12）……兰陵郡者久为著姓，自……

（总13，右13）……帝祖母撒葛芝夫人，生子曰萨懒里，为北宰相。其后谓之以□

（总14，右14）……讳孝穆，尚书令、兵马大元帅、守太师、枢密使、吴国王，赠□

（总15，右15）……[④]

（总16，右16）祖讳知足，补父任，累迁西北路招讨使、兼侍中，□

（总17，右17，左1）北府[⑤]宰相进封韩王，俄总枢……（17）……书令，加采访、判东京留守、赠大承相、守太师

（总18，右18，左2）公主即王第三子，讳德恭，少不仕，以父……节度使。妣漆水郡夫人耶律□。公即讳莹

（总19，右19，左3）性刚勇□□有节□辩谈[⑥]□□能清言，尤不□□富贵介意，好书史百家之言，尤精方

（总20，右20，左4）技射御之□□□□□遁去，会皇叔祖尚……妃长女，皇姑韩国公主，将出

（总21，右21，左5）降嘉偶，公首膺□□，寻加防御使、驸马都尉，自是……不在列，常扈从辇辂，所过必

（总22，右22，左6）载酒高会，与故□宾[⑦]□相宴饮，酒酣，但放言高论……而时人亦未有知者，寿

（总23，左7）昌七年正月[⑧]

（总24，左8）道宗皇帝宫车□□□□王公□往诣[⑨]行在，入……

---

① “已矣”，《续编》《略考》未识别，《校勘》录“已□年”，误，据拓片当识为“已矣”。

② “公”，拓片字迹漫漶，萧莹尚耶律和鲁斡长女韩国公主，据此补。

③ “且”，《续编》《略考》误录作“上”。

④ 第15行，由现存拓片来看，下半行为空白，未刻字。盖因本行内容述及尊者，撰刻者平抬至16行顶格书写。

⑤ “北府”，拓片字迹漫漶，萧知足以北府宰相晋封韩王，见上引《辽史·萧阿剌传》，据此补。

⑥ “辩谈”，《续编》《略考》《校勘》未识别，笔者据拓片识为“辩谈”。

⑦ “宾”，《续编》《略考》《校勘》未识别，笔者据拓片识为“宾”。

⑧ 按，第23行，“月”字后接“道宗皇帝”，撰刻者为表尊敬平抬至第24行，墓志第5、15行亦如是；《续编》《略考》《校勘》句末点为“……”，误。

⑨ “诣”，《续编》《略考》未识别，《校勘》误录为“馆”，笔者据拓片识为“诣”。

（总 25，左 9）上为之□莅乃□□其□□备[①]宿卫，监护辒辌车至……

（总 26，左 10）户，皆复职位。公治□□□□□下□□政，颁诏条视民……

（总 27，左 11）不得侵扰吾民。故有□□者□□□寘于法，由是人……

（总 28，左 12）车驾幸医巫闾山[②]谒陵，庙上□□公，蕃使入觐，备宴飨……

（总 29，左 13）治，使人人自便[③]，功未就而得□□，年四十四。妹二人……

（总 30，左 14）哥选入皇叔、守太尉、兼侍中，南大王郑王为……

（总 31，左 15）寻奏□出家便赐紫衣德□弘□余四……

（总 32，左 16）大志，居常鞅鞅不得意，一旦遭遇方□发其蕴……

（总 33，左 17）二十日，葬于显州北。铭曰：

（总 34，左 18）连[④]城之壁，□□于□……

（总 35，左 19）积彼功业，□此俊[⑤]□……

（总 36，左 20）汝惟懿亲，□□于番……

（总 37，左 21）今也长□……

（总 38，左 22）年方□命……

（总 39，左 23）□文□□……

综上来看，萧莹墓志为方形，每边长 105 厘米，志文阴刻楷书，凡 39 行，满行 35 字以上。墓志格式规整，笔迹清丽，制作精良，可惜残破严重。从拓片来看，志石当碎为 4 块或以上，仅存右下与左上角，占原石三分之二左右。

二、萧莹生平钩沉

萧莹生于“代有男十为列国之王，世有女三作宫中之后”[⑥]的钟鸣鼎食之家，幼年便遁入空门。十九岁在仁懿皇太后的安排下还俗，与耶律和鲁斡长女韩国公主完婚。此后在道宗时期，扈从行在，大隐于朝。至天祚即位，始出仕为节度使，方要伸济世之才，却在四十四岁壮年殁于始平军节度使任上。学者认为，萧莹一生极有个性，不思仕进，有古名士之风[⑦]。然而仔细梳理萧莹及其父母墓志可以发现，萧莹不论是出家、尚主还是隐逸，似乎并非出自个人意愿。萧莹亦非无经世之志，其长期不仕，也是另有原因。下面试证之：

① “备”，《续编》《略考》《校勘》未识别，笔者据拓片识为“备”。

② “山”，《续编》《略考》《校勘》未识别，笔者据拓片识为“山”。

③ “自便”，《续编》《略考》《校勘》未识别，笔者据拓片识为“自便”。

④ “连”，《续编》《略考》录作“逴”。

⑤ “俊”，《续编》《略考》《校勘》未识别，笔者据拓片识为“俊”。

⑥ 向南等：《辽代石刻文续编》，辽宁人民出版社 2010 年版，第 271 页。

⑦ 都兴智：《辽〈萧莹墓志〉略考》，《辽金历史与考古国际学术研讨会论文集下》，辽宁教育出版社 2012 年版，第 170—175 页。

（一）萧莹出家

萧莹墓志因志石残破，文字漫漶，信息丢失较多。然据其父《萧德恭墓志》："有子名善光，幼而未冠。"① 其母《萧德恭妻耶律氏墓志》云："儿女有七，长男莹，稚儒出家。"② 可知，萧莹为萧德恭的长子，小名善光，在幼年便出家为僧。至于其出家原因，实际是受了家庭环境的影响。首先，其小名"善光"，即佛号。《佛说佛名经》有"南无善光佛"③。再者，据萧莹母墓志记载，耶律氏在萧德恭死后"酒脯断来，用资太师之灵；金珠施尽，广铸诸佛之像"。可知萧莹母是虔诚的佛教信徒。第三，萧莹英年早逝，其长子亦出家，萧莹母墓志云："孙男有五，长孙马也郎君，年三十三，所为驸马身故，诚难极德，代以出家，用而资福，蒙恩致赐。"④ 这句是说，萧莹长子马也郎君在萧莹死后，也曾出家为僧，为萧莹资福。如此我们即可明晰萧莹出家之原因，因萧德恭家庭笃信佛教，在萧德恭去世之后，萧莹在家族传统的影响下出家为父"资福"。据都兴智先生推算，萧德恭亡时，萧莹仅十四虚岁，且从墓志记载看，萧莹"好书史百家之言，尤精方技射御"，并不信佛，其出家恐非出自个人意愿。

（二）萧莹尚主与隐逸

萧莹出身辽代后族集团萧和家族，因为世婚原因，在出家五年之后，萧莹奉仁懿皇太后圣旨还俗，娶韩国公主为妻，岳父是天祚朝皇太叔祖即道宗之弟和鲁斡。又据萧莹母墓志，萧莹之妹，姚哥娘子即嫁于和鲁斡次子魏国王耶律淳为妻，这在萧莹墓志中也有记载，其第 29、30 行云："妹二人……哥选入皇叔、守太尉、兼侍中，南大王郑王为……"此处"某哥"即姚哥，"郑王"即耶律淳，天祚继位，耶律淳进为郑王，至天祚六年以后，方晋封魏国王⑤。受契丹世选制的影响，和鲁斡作为兴宗皇帝次男，在道宗一朝，是天祚帝皇位的有力竞争者，处境微妙。萧德恭家与耶律和鲁斡婚姻紧密，这无疑会加重道宗的猜忌。因此萧莹在道宗一朝，以隐逸自处，并不热心政事。萧莹婚后"常扈从辇辂"，以理度之，萧莹作为皇帝扈从，会有更多的外放任职机会。但其"所过必载酒高会，与故□宾□相宴饮，酒酣，但放言高论……"萧莹只是纵情于辩谈、宴饮，并不显露自己的才干，这或可用明哲保身来解释，也因此声名不显，即墓志第 22 行所谓"时人，亦未有知者"。

（三）萧莹之志

萧莹在道宗时期大隐于朝，恐非出自本心。墓志记载其"性刚勇□□有节□辩谈□□能清言，尤不□□富贵介意，好书史百家之言，尤精方技射御之……"此处记载展示了萧莹的两面形象，一面是好辩谈，能清言，不以富贵介意，有魏晋处士之风；另一面是性刚勇，好书史百家之言，尤精方技射御之术。好骑射，有勇力，通书史，有经世济民之才。哪一面才是萧莹的真实追求呢？我们

① 向南等：《辽代石刻文续编》，辽宁人民出版社 2010 年版，第 153 页。

② 向南等：《辽代石刻文续编》，辽宁人民出版社 2010 年版，第 270 页。

③［清］雍正帝敕修：《大藏经》第 24 册，中国书店 2010 年版，第 1034 页。

④ 向南等：《辽代石刻文续编》，辽宁人民出版社 2010 年版，第 271 页；按《续编》句读为"长孙马也郎君，年三十三，所为驸马，身故，诚难极德，代以出家"，误。

⑤《辽史》卷三十《天祚本纪四》，中华书局点校本 1975 年版，第 352 页。

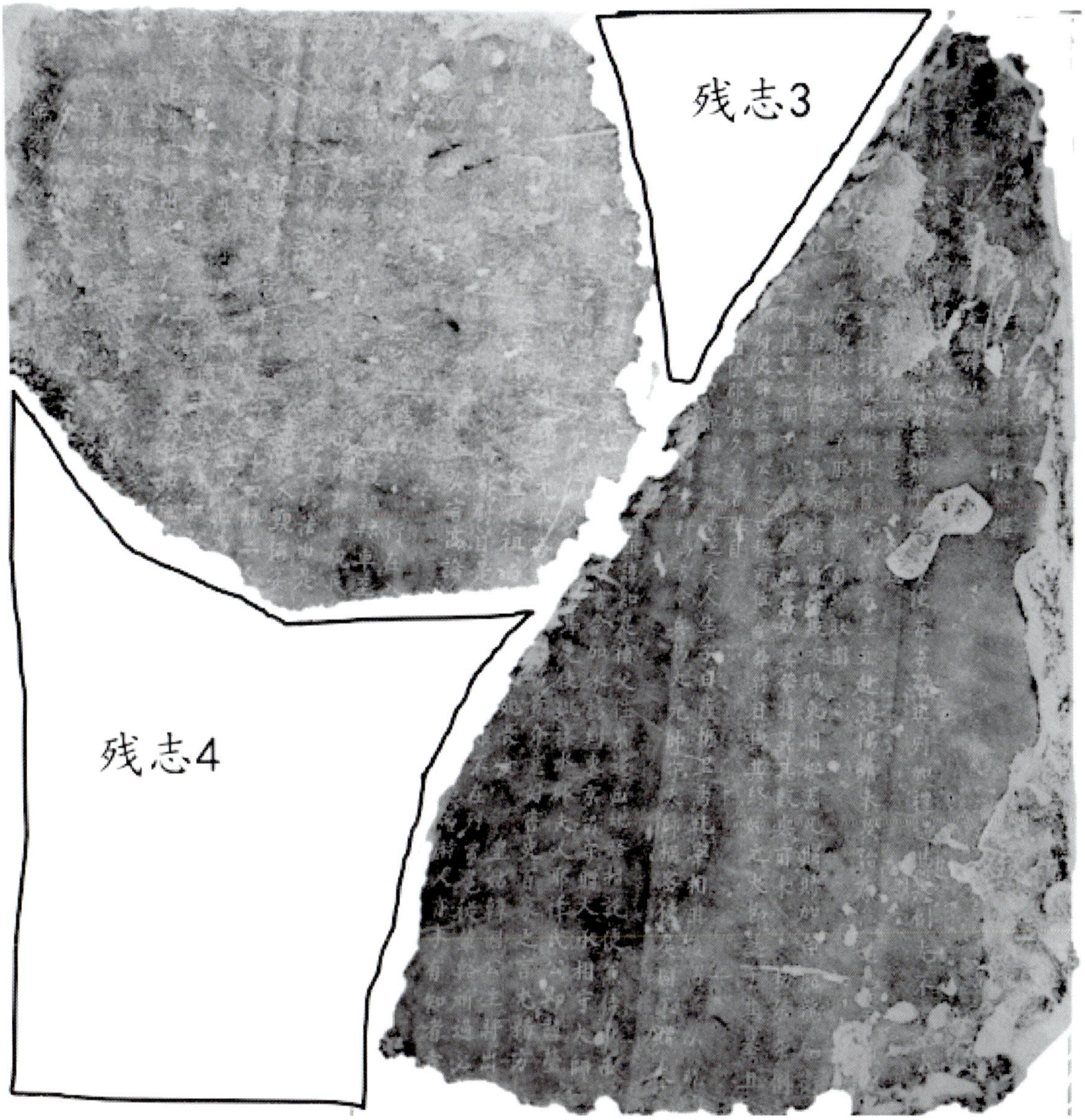

图一　萧莹墓志复原图

从萧莹之后的人生抉择可以得出结论。在乾统元年，天祚帝即统之后，四十三岁的萧莹未遑辞让，就出任始平军节度使，可见其出仕迫切之心。据墓志记载："公（萧莹）治□□□□□下□□政，颁诏条视民……不得侵扰吾民。故有□□者□□□寘于法，由是人……车驾幸医巫闾山谒陵，庙上□□公，蕃使入觐，备宴飧……治，使人人自便，功未就而得□□。"可知萧莹不避繁剧之任，想要在官场有一番作为。墓志又说，萧莹"大志，居常鞅鞅不得意，一旦遭遇方□发其蕴"。由此推知，纵情宴饮只是他的伪装，天祚继位给了他施展抱负的政治舞台。可惜天不假年。

综上来看，因为萧莹父萧德恭早逝，年幼的萧莹听从家庭安排，出家资福。成年之后，又出于世婚原因，与道宗之弟和鲁斡联姻。这也使得萧莹在道宗朝处境微妙，为明哲保身，只得寄情宴饮。在天祚即位之后，萧莹以为终于脱离了政治旋涡，积极仕进，可惜天不遂人愿，以四十四岁壮龄英年早逝。

文化青州呼唤绝代伉俪

——谈赵明诚李清照与青州

李　森[①]

上苍真是无比幸运地眷顾青州！九百多年前，青州迎来了赵明诚、李清照伉俪。而事实上，青州有愧这对夫妇。这座城市历史并未记取他们的过往，名士才女不是千百年来青州人的骄傲和自豪。

回望历史，青州人不知有“归来堂”可谓久矣。乾隆乡贤李文藻虽称李清照“改嫁宋人不甚论”，却不明她与青州城是何关系。迄至光绪《益都县图志》成书，编纂者们难辨赵明诚仰天山题记真相，误以为他曾任知青州，仍未意识到城中有座“归来堂”。李清照去世之后，青州没有建起类似王世贞“留鼻亭”之类的纪念遗存，没有找到一件真正属于她本人的传世文物，没有发现一条她受到青州人怀念的文献史料，没有一首诗词作品流传在青州人记忆中。青州人知有“归来堂”，自今人王仲闻考证始。王氏号称“宋朝人”，乃前贤巨擘王国维之子，他于20世纪正式揭出“归来堂”在青州而非诸城的新结论。从此，李清照花落青州。1989年青州举办“全国第二届李清照学术讨论会”，历史真相广为人知。

“千古第一才女”李清照，是个惊才绝艳的女神级存在，而人文荟萃的青州则是她与丈夫赵明诚长期“屏居”的千年名城，李清照让青州拥有了一位有史以来最伟大的女性。赵李伉俪对于青州的贡献是巨大而独特的，给这座城市增添了无限荣耀和浪漫色彩。我个人之见，青州打响李清照品牌，优势因素明显，主要表现在三个方面：

一是，学界公认李清照一生最幸福、最有意义的时光是在青州度过的。她在这里生活超过十四年，正值锦瑟年华的人生上半场。词坛女杰主要建树在青州，创作出大量诗词并撰有《词论》，首提词“别是一家”之说。李清照爱上了青州城！她的倾情吟咏——《如梦令·常记溪亭日暮》《一剪梅·红藕香残玉簟秋》《醉花阴·薄雾浓云愁永昼》《鹧鸪天·桂花》《忆王孙·湖上风来波浩渺》《浣溪沙·小院闲窗春色深》诸词，成为名动天下的千古绝唱。李清照感召引领着当代青州学人，为他们开启了诗词之路，成为心中膜拜的精神导师。旷世才女虽去犹在，依然大放光彩地照耀着青州城，这就是文化巨星的恒久魅力。

---

① 李森，山东大学历史文化学院教授。

二是，李清照与赵明诚所著《金石录》是“屏居”青州最大的学术收获。一代金石学宗师赵明诚在世时，乃国内最有成就的金石学大家和收藏家。赵李夫妇志趣相投，广求古器、彝铭、刻石、遗碑，效仿欧阳修《集古录》，撰著《金石录》30卷，将金石刻辞2000种编排成帙。该书体例虽仿《集古录》，却规模更大、价值更高，代表了当时金石著录研究的最高水平。因两书同为中国金石学史上的开创性著作，兴起于北宋的金石学又称“欧赵之学”。后世言金石者，必首推《金石录》。是书倾注了夫妻毕生心血，实系共同校订整理而终成李清照之手的学术合著，堪称二人“志坚金石”的精魂化身。

三是，青州“归来堂”作为享誉中国文化史的经典符号，承载着厚重的伉俪文化，具有宋词极品产出地和中国金石学学科诞生地的双重重大意义。人们提及李清照，尽可忽略她的生卒地，却总忘不了她与丈夫赵明诚“屏居”青州的精神世界“归来堂”。正是在这座集私家图书馆、博物馆性质于一体的“归来堂”中，夫妻潜心治学，著书立说，竖起了金石学和诗词学两个领域里的标杆。金石宗师、词国女皇正式崛起。“归来堂”里的“绝代伉俪”就是我们青州足以骄人傲世的城市文化记忆，独一无二的中华品牌。

据我看来，若将赵李夫妇、“归来堂”、《金石录》和《词论》四个元素集合一起，青州打响李清照的独特优势便显现了。这是她的故乡，是其寓居地济南、开封、南京、杭州、金华所不能比拟的，各地都打不出这套组合拳。笔者近年发掘出“绝代伉俪，金石之魂”这层深意，在李清照研究史上，是继学界“千古第一才女”“词国女皇”之后，又一次颇具意义的表达。同时明确冠以赵明诚“金石宗师”称号，提炼出“金石宗师，词国女皇，绝代伉俪，光耀人寰”这一核心价值。至此，赵李夫妇相互成就，形成合力，益增新彩。

当前中华优秀传统文化复兴伟业，已大步流星走进黄金时代，宣传弘扬李清照及其诗词面临前所未有的新机遇。青州一定要以感恩之心，致敬一代词宗李清照，勇于担当，开拓创新，坚定不移地举全市之力打响这张金字品牌。在具体操作上，提出八项举措：

（一）设立“李清照文化艺术节”，让“中国诗歌之城”青州成为当代诗词人“朝觐”的圣地。该节要与其故乡和寓居地展开互动，最好共同或轮流举办。也可与“世界诗歌日（每年三月二十一日）”同步举行，为期一周。尤其我们发现2024年还是李清照诞辰九百四十周年，建议青州举办“世界诗歌日·中国诗歌之城·青州·首届李清照文化艺术节启幕仪式暨纪念李清照诞辰九百四十周年大型晚会”，彰显缅怀李清照的世界意义。

（二）择机适时召开全国性李清照学术会议或中华诗词学术研讨会，发起“词皇杯”国际诗词征文大奖赛。

（三）邀请“中国诗歌万里行”走进青州，奋力登上央视“中国诗词大会”，聘请诗坛朗诵大家作为青州形象代言人，进一步打响李清照和青州诗词的知名度与能见度。

（四）借助李清照、世界级考古发现龙兴寺佛像、“中国诗歌之城”青州和世界风筝之都潍坊的综合影响力，今后青州、潍坊联手申办一届全国性的诗歌艺术盛会“中国诗歌节”和全球诗歌界的奥林匹克盛会“世界诗人大会”。

（五）提议在青州东湖旧址竖立李清照塑像以示纪念。这是因为有学者发现北宋青州曾有个东湖，而笔者则首发其覆，考证揭示出东湖系李清照著名的《如梦令》《忆王孙》词作诞生地。

（六）李清照所写词章对青州这座文化名城意义重大，建议聘请书法名家和能工巧匠将其全部刊刻上石。

（七）下功夫研究推出一批关于李清照、赵明诚的高质量文创产品。

（八）绘制李清照、赵明诚青州访古寻碑行迹图，设立夫妇驻足处标志牌，以便游人研学，重走当年伉俪路。

然则打响李清照品牌的最佳手段是拍摄影视剧，这需要在大力深化学术研究的基础上，以创新求突破。笔者近年公开发表两篇论文《李清照研究的新收获》《金石录探索的新收获》，经统计和研究得知，“屏居”青州及出仕莱淄期间，赵明诚四处游历，访古寻碑活动遍及山东各地，足迹西至泰山，东到天柱山、云峰山，南达沂山，北至寿光。现身于齐州、长清、莱州、淄州、临淄和临朐等地，数度往返于开封、青州之间。《金石录》中所记青州文物计有十六件：戟铭、郑道昭哀子诗、尧庙碑、张烈碑、胡长仁碑、临淮王像碑、崔仁纵碑、投龙诗摩崖、石灯台颂、鹡鸰颂、尧山神碑、长明灯颂、心经、薛平碑、铭幡竿石、修文宣王庙记。还有赵明诚在莱淄和长清所见郑文公碑、李邕碑、邢氏白居易《楞严经》、陇东王感孝颂，等等。

山东大学青州文化研究课题组依据开掘出的科研新成果，支撑起一部全新文学剧本《绝代伉俪》，完整呈现夫妇一生历程，于2019年提出“影视并举”动议，先行策划拍摄电影，并与有关影视部门联合开启前期工作。课题组首次全面钩沉并梳理了“屏居”青州期间的夫妻行踪，遴选确定了需要展现的拍摄景点三十五处（包括确证和推测去过之地）：范公亭、表海亭、富相亭、看山亭、南楼、简政堂、山斋、矮松园、王曾宅；洋溪、东湖、石子涧；南洋桥、虹桥；龙兴寺（观大齐碑和精品佛像）、兴教禅寺、弥陀寺、广福寺；尧王山、仰天山（文殊寺、白云洞、赵明诚题刻）、玲珑山（白驹谷题刻）、云门山（大云寺、大云顶、云门洞、投龙诗碑、灯台颂、佛像）、驼山（昊天宫、佛像）、大峪（崔氏祖茔），以及开封天水公府、莱州静治堂、昌乐馆、淄州衙署和开元寺、长清灵岩寺与孝堂山，并含泰山、沂山、天柱山、云峰山诸景点。最主要拍摄场景赵府、归来堂、易安室则依托青州古城偶园和李清照纪念祠。影片中拟出场历史人物数十位，主要是李清照、赵明诚、李格非、赵挺之、郭夫人、赵明诚兄妹及妯娌、文及甫、傅察、谢克明、李擢、范仲淹、欧阳修、苏东坡、黄裳、曾孝序、希辨大师、定慧长老、宋徽宗、蔡京、王定。

《绝代伉俪》以金石宗师赵明诚、词国女皇李清照“屏居”青州生活为主题，演绎他们访碑治学、吟咏览胜的浪漫爱情和文旅故事，将湮灭的历史重新浮现在人世间，全面呈现神仙眷侣一生中的最美好时光。影片要朝着大型史诗级目标迈进，争取成为经典。一定要将青州文化最大限度地广为宣传出去，大幅提升青州城市的知名度和美誉度。这是课题组在策划上创发的新意。这需要一流的制片人、编剧、导演和演员阵容。另外，创作一首唱响李清照、赵明诚的主题歌曲也是影片成功不可或缺的关键因素。

青州文化天地广阔，自当尽上绵薄之力。这里略言三事：

其一，根据笔者研究，青州博物馆藏古代四大石翁仲实系北宋乡贤、三元宰相王曾父祖墓前所立石刻。这可对比取证于彼时宰相王旦墓石翁仲和宋八陵石像生的肖似风貌，尤其与传世著名的宋太祖、太宗、真宗、仁宗祖孙三代帝王画像风格颇多高度契合处。青博四大石翁仲印证中国绘画史，艺术价值极高，堪称不可多得的“国宝”。

其二，闻名遐迩的“青州微笑”实际上表现的是佛国世界的欢愉美好氛围，主要展示极乐净土吸引力，这是对众生脱离“苦海”“恶世”的灵魂感召与深情呼唤。

其三，青州仿古楼尚需科学定位，展现内涵。于此再申浅见：青州自古就是一座闪耀人文历史光辉的伟大英雄城市。山左此城古，青州英雄多！较之省会济南，青州拥有比名士文化更为重要的英雄文化。我们要做正确的事情，该楼名称的上佳首选是英雄楼，退而求其次乃青州名人楼，应主打以英雄文化为龙头的名士文化，四面楼匾可题“海岱雄风”“气冲霄汉”“面山负海”“信美青州”“三山联翠”“障城如画”“东人之都”“士女倾城”等，以此弘扬“奋发向上，永创一流”的青州“英雄精神”，彰显壮美“英雄城市”的独特内涵。同时，重建名垂青史的“表海亭”，与“英雄楼”形成双璧，可收理直气壮、均能打响之效。

附记：青州市近期将要举办“李清照历史文化学术交流会”，对文化青州建设来说，这是大事。唯惜敝人教务在身，不能赴会，甚感遗憾。在我粗浅认知里，学术研究若不深入其地、调研访谈，则绝无有所发明之可能。北宋末青州处于金石研究和诗词创作的学术前沿，从绝代伉俪身上，我们看到了两颗巨星博访穷搜、锲而不舍的治学精神，钦佩他们为中华文明作出的杰出贡献，增强了民族自豪感与文化自信力。深刻启迪今人：唯有用心用力钻研，方不负这历史文化。特奉拙文，提出请教，以匡不逮，并与青州乡亲共同表达对先贤的热切追思之情，纪念祈盼已久，即将到来的李清照诞辰九百四十周年。青州怀念绝代伉俪，青州要靠绝代伉俪，绝代伉俪与青州永在！

鸣谢山东大学青州文化研究课题组成员的辛勤付出！

金中都水关遗址的保护与利用

陈晓敏[①]

金中都水关遗址位于北京市丰台区右安门外玉林小区，凉水河北岸 70 米处。1990 年在北京园林局建宿舍楼时被发现，1991 年进行正式考古发掘，是北京地区除部分金代城墙外仅存的金中都建筑遗迹，1990 年被评为全国十大考古发现。1995 年和 2001 年，金中都水关遗址先后被评为北京市级文物保护单位和全国重点文物保护单位。

一、保护金中都水关遗址的意义

1991 年，北京市政府决定在水关遗址上建立博物馆，原地保护。考古发掘之后，发现水关的上半部建筑已被破坏，保存较好的是建筑基底部分。水关为南北方向，河水由城内从北向南经过城墙下的水关流入护城河。现存的遗址主要由城墙下过水涵洞底部的地面石、洞内两厢残石壁、进出水口两侧的四摆手、水关之上的城墙夯土四个部分组成。全长 43.4 米，过水地面石长度 21.35 米，两厢石壁之间宽 7.7 米。四摆手外端有石砌泊岸，四摆手和过水地面石两端钉有擗石桩。从考古发现可知，整个水关修建在厚厚的沙层之上，水关的最下层是一排排的地钉，地钉之上铺设衬石枋，衬石枋与地钉采用榫卯结构相连接。在衬石枋上固定地面石和砌石板墙。周围空隙处用土夯实。最后在涵洞上修建城墙。修建是按挖土方—打地桩—铺衬石枋—铺地面石—筑涵洞—周围夯实—筑城墙等程序施工，最后完成河水流经城墙下的水关建筑。水关遗址是木石结构建筑，为了建筑水关使用了大量木、石、铁、沙石等建筑材料，制作木桩、衬石枋、木银锭榫、大木架等使用的是柏木，大约用了 1800 根 1~2 米长的木桩，现遗址大约使用了 530 立方米的青石成材，大约有 2500 根铁银锭榫。

由于金中都水关遗址的发现，确定了当时中都城内水源的确切路线，自城西“西湖”（今莲花池）水进入中都城至鱼藻池（今青年湖），过龙津桥向南穿过丰宜门和景风门之间的南城墙下流入金代护城河。金中都水关遗址是现存中国古代都城水关遗址中体量最大、最完整的古代水关建筑，基本上同宋代《营造法式》中所记载的水关修建方法相一致，是宋、金物质文化技术交流的有力见证。元、明、清水涵洞的建造在不同程度上都受到了宋代水关建造设计的影响。金中都水关遗址

① 陈晓敏，北京市考古遗址博物馆研究馆员。

的发现，也为研究北京城的历史提供了重要的实物资料。2001 年被公布为第五批全国重点文物保护单位。

二、金中都水关遗址保护方法及难点

（一）保护方法

水关发掘后，环境的变化和水关遗址本身结构、用材的复杂和博物馆建筑的缺陷，使得在相互影响下，水关遗址在保护过程中常常面临险情。

1. 1995 年，辽金馆建成开馆，开展了水关遗址的基础保护工程，该项保护工程由中国文物保护技术协会北京精文文物科技开发公司进行设计施工，主要在遗址原有和发掘的基础上，对遗址本体存在的残损问题进行研究分析，并制订了相应保护措施。具体保护措施如下：

（1）对流砂层和城墙、夯土基础的保护加固；

（2）对木桩、木排地基进行保护；

（3）对铁锭、铁串钉进行保护；

（4）对石质构件进行防风化保护。

这些措施在不同程度上对遗址本体进行有效保护，减缓了残损速度，也为后期遗址保护工作积累了一些保护经验。

2. 2001—2004 年水关遗址木构件保护工程，通过对遗址内暴露在外的擗石柱、大木枋等木构件进行的研究，采用科学手段对 206 根擗石桩进行了保护加固。长时间的监测结果显示该工程所采用的保护方法对木构件的保护起到了积极作用。

3. 自 1990 年遗址发掘以来，对遗址内的“关键柱”进行了三次保护。1995 年，采用有机高分子材料进行了表面防风化加固，但是效果并不理想。2000 年 1 月，对悬空部位进行了支顶、裂隙灌浆，并用玻璃罩对柱体实施了围护，这次加固虽然起到了一定的保护作用，但是并没有从根本上解决柱体不稳定的变化。2001 年 10 月至 11 月，北京文物研究所在敦煌保护所专家指导下对“关键柱”再次进行了保护加固：锚固开裂柱体；支顶东北角悬空部位；修补东南角缺损部位；加固柱体表面的风化；残隙灌浆。通过长期监测，本次保护措施对关键柱本体的保护起到了决定性作用，保护后的关键柱没有出现明显残损加剧的现象。几年后，地上经过保护处理的木质材料，陆续出现开裂残损，水关本体木桩霉变、塌陷、石面塌陷、断裂。

4. 2010 年，水关本体沉降现象加重，辽金馆开展了对金中都水关遗址沉降的长期观测，该项工程主要是针对遗址出现的沉降问题进行长期监测，采用精密水准仪徕博 NA2 配合铟钢尺进行观测。自 2010 年以来的监测结果数据显示，遗址沉降发生在 0.3~14.0 mm 之间，平均累计沉降量为 -1.05 mm，平均沉降速率为 -0.04 mm/d。该监测成果为后期遗址沉降问题的解决提供了重要的科学依据。

5. 为了进一步了解遗址沉降原因，2013 年，经国家文物局批准，再次对遗址进行了小面积挖掘。2017 年，经过勘察，初步判定原因是遗址本身（土体及木构件）物理及化学性质，由于周围环境因素的影响，随时间推移发生劣化，导致裂隙、松散、力学性能下降等问题并不断发展扩大。现在遗址土体及木构件已无法有效支撑石板。另外，由于地面部分经过保护的木质材料，虽然抑制了木质结构霉变，但是已经改变了木质材料原有的特性，使木材本身的承载力降低。而且，未经过处理的地下部分木质材料，由于建筑漏水等现象，经过多次抢险，且北京地区冬夏季湿度变化大，加快了木质材料腐败的速度。2015 年，进行了水关遗址文物保护工程的立项，2017 年，对水关遗址保护工程进行了前期勘探和保护方案的制订和论证。

（二）难点

根据《金中都水关遗址勘察报告》中的勘察，金中都水关遗址现状如下表：

建筑部位	构件名称	现存基本做法	存在残损问题	破坏原因
过水涵洞底部	衬石枋	1. 已探明过水地面石底部与地桩榫卯连接，东西向铺设。已查明大方 17 根，长为 8.6 米，宽 0.55~0.6 米，厚 0.3 米。部分裸露出来 5 根。 2. 已探明涵洞两岸呈南北向铺设，现查明 14 排。部分裸露出来 11 根。 3. 已探明摆手石板下，共 24 排。全面覆盖在石板下。	1. 部分裸露出来由西向东垂直于河岸第一排衬石枋经检测整体重度糟朽。 2. 部分裸露出来由西向东垂直于河岸第二排衬石枋经检测表面 6~9 厘米以下重度糟朽。 3. 部分裸露出来由西向东垂直于河岸第三排衬石枋经检测 4 厘米以下重度糟朽。 4. 部分裸露出来由西向垂直于河岸第四排衬石枋经检测 1~12 厘米以下重度糟朽。 5. 部分裸露出来由西向东垂直于河岸第五排衬石枋经检测 4~8 厘米以下重度糟朽。 6. 部分裸露出来西岸基础衬石枋经检测整体北端重度糟朽，中端和南端 7~9 厘米以下重度糟朽。 7. 部分裸露出来西岸北侧裸露的两根衬石枋东侧的衬石枋北端和东端 4~8 厘米以下重度糟朽。 8. 部分裸露出西岸中部裸露两根衬石枋东侧的衬石枋北端重度糟朽。 9. 经勘查，埋入土壤部分糟朽程度远远高于表面。对比 2013 年的检测结果，糟朽程度更加恶化。由于木枋整体近 2/3 糟朽无强度，基本呈现触碰下化为粉末的严重程度，为对其加固造成了极大的困难。 10. 材质为松木。	1. 通过探地雷达勘察，地表下方多处至 1 米处有水分存留和土壤湿度过高的信号出现，这是导致木构件糟朽严重的直接原因。 2. 利用温湿度监测对地表下地钉洞内湿度进行监测得到证实。

续表

建筑部位	构件名称	现存基本做法	存在残损问题	破坏原因
过水涵洞底部	木地桩或地钉（基础木桩）	1. 分布在过水地面石两厢部位，埋藏于地下。 2. 直径 110 厘米到 200 厘米之间与衬石枋相连，经推算数量为 1500 根。 3. 衬石枋东西向铺设。已查明大方 17 根。每根衬石枋下 9 根地钉，两根衬石枋还夯入土中一排 9 根木地桩，经推算此部分基础木桩 279 根。	1. 东西向铺设 1~5 根衬石枋的地钉已全部下沉消失。 2. 东西向铺设 7~8 根衬石枋的地钉大部分外露，虽表皮一定程度糟朽，但内部仍存在较高强度。 3. 西岸北侧外露的两根衬石枋的地钉大部分外露，虽表皮一定程度糟朽，但内部仍存在较高强度。 4. 材质为松木。	1. 下沉消失的地钉，经初步推断下部因河水侵蚀坍塌，导致消失地钉下沉。 2. 现存外露地钉洞内湿度较大，导致糟朽。 3. 室内湿度过高，很可能形成地表下土壤水分沉积，造成木构件的糟朽加重。
四条摆手条石墙及过水石地面两端	擗石桩	1. 分布在四摆手条石墙及过水石地面两端。 2. 据探查 220 余根。擗石桩靠近石壁和地面石，减少河水对堤岸和地面石的冲击。 3. 擗石柱一部分露出地面，一部分埋于地下，直径 18 厘米到 22 厘米。 4. 四条摆手北侧（进水口）擗石柱 93 根，四条摆手南侧（出水口）擗石柱 112 根，其他不均匀分布。	1. 擗石柱埋入土壤部分糟朽程度远远高于表面。 2. 对比 2013 年的检测结果，糟朽程度更加恶化，主要为开裂加剧。	1. 地表下方多处至 1 米处有水分存留和土壤湿度过高导致糟朽加剧。 2. 室内湿度过高，很可能形成地表下土壤水分沉积，造成木构件的糟朽加重。
过水洞地面石	过水涵洞底部	1. 位于过水涵洞底部，分布在过水地面石和两厢，还有分布在四条摆手条石墙。 2. 地面石呈土黄色或青灰色，属于岩屑长石砂岩和长石石英砂石。	1. 东西向铺设 1~5 根衬石枋，上地面石坍塌、开裂严重。 2. 其他地区地面下沉处，出现变形和开裂。 3. 局部风化加剧。	由于地钉下沉缺失，导致衬石枋下沉，上部地面石同时变形和开裂。
关键柱和残留夯土墙	关键柱和残留夯土墙	1. 关键柱位于水涵洞的南端，为 2.1 米见方，高约 1.65 米。是水关运行过程中堆积的一套沙料石层。 2. 残留夯土墙，在遗址中部西侧石壁上，主要由人工夯成。	2001 年已经进行过加固保护，但效果不明显，存在风化加剧的表现。	室内温湿度变化较大，导致土体表层风化加剧。
遗址整体	过水涵洞底部四条摆手条石	遗址整体由过水涵洞底部和四条摆手条石、关键柱、涵洞两厢石壁组成。	1. 过水涵洞北侧（进水口），过水涵洞南侧（出水口）关键柱北侧，涵洞两厢石壁底部出现大面积下沉，下沉 10~30 厘米不等，整地局部下沉导致上部石板断裂。 2. 遗址整体温湿度变化较大，导致文物本体受损。	1. 由于近年周边地形变化，建筑增多，导致地下水水位下降严重。遗址整体地基受到影响，出现不同程度的下沉。2. 遗址下部地钉由于地下湿度加大，糟朽加剧。地钉变细或变短，出现局部承载力变化导致塌陷。

2017 年立项的金中都遗址保护工程，对遗址本体、遗址各组成部分以及遗址的构件进行了全面的勘察，总结了遗址现存的各种问题，并且详细分析了产生问题的原因。根据遗址出现的各种残损现象制订了不同保护方案，如下表：

建筑部位	构件及规制	残损现状	维修方案设计说明	备注
过水涵洞底部	衬石枋	1. 部分裸露出来由西向东垂直于河岸第一排衬石枋经检测整体重度糟朽。 2. 部分裸露出来由西向东垂直于河岸第二排衬石枋经检测表面 6~9 厘米以下重度糟朽。 3. 部分裸露出来由西向东垂直于河岸第三排衬石枋经检测 4 厘米以下重度糟朽。 4. 部分裸露出来由西向垂直于河岸第四排衬石枋经检测 1~12 厘米以下重度糟朽。 5. 部分裸露出来由西向东垂直于河岸第五排衬石枋经检测 4~8 厘米以下重度糟朽。 6. 部分裸露出来西岸基础衬石枋经检测整体北端重度糟朽，中端和南端 7~9 厘米以下重度糟朽。 7. 部分裸露出来西岸北侧裸露的两根衬石枋东侧的衬石枋北端和东端 4~8 厘米以下重度糟朽。 8. 部分裸露出西岸中部裸露两根衬石枋东侧的衬石枋北端重度糟朽。 9. 经勘查埋入土壤部分糟朽程度远远高于表面。对比 2013 年的检测结果，糟朽程度更加恶化。由于木枋整体近 2/3 糟朽无强度，基本呈现触碰下化为粉末的严重程度，为对其加固造成了极大的困难。	1. 部分裸露出来由西向东垂直于河岸第一排到第五排衬石枋进行整体加固。加固方法根据 2018 年 6 月北京市古代建筑研究所提供的（金中都水关遗址木构件检测及加固研究报告）制订方案。 2. 方案一：注胶加固法。对衬石枋每隔 20 厘米设点，选用流动性黏结剂（如 4170 德国环氧树脂），利用大型注射器手动注射（可结合枋侧面底部注射），或者采用道桥等混凝土加固常用的空气泵结合注胶管在顶部钉入衬石枋内部（可接近底部）进行均匀注胶，对木枋内部糟朽的木质材料进行改性加固，凝固后在木枋四周刷抹黏稠性环氧树脂胶，提高表面强度且起到隔绝空气和水分的作用。在地钉侧面局部取土。地钉：对衬石枋每隔 20 厘米设点，选用流动性黏结剂（如 4170 德国环氧树脂），利用大型注射器手动注射（可结合枋侧面底部注射），地钉缩短处用相近同材质同尺寸木材连接。 3. 方案二：注胶加固和柏木桩支撑加固。注胶与外壳承重（外部支撑）加固法，对衬石枋每隔 20 厘米设点，选用流动性黏结剂（如 4170 德国环氧树脂），利用大型注射器手动注射（可结合枋侧面底部注射），对木枋内部糟朽的木质材料进行改性加固，凝固后在木枋四周刷抹黏稠性环氧树脂胶，提高表面强度且起到隔绝空气和水分的作用。使用柏木桩进行竖向支撑加固，有效减轻原有衬石枋和地钉的受力负担。	1. 通过纤维板隐蔽式加固，能够有效提高模拟残损木梁的抗弯力学性能。研究结果表明相同厚度的碳纤维板加固后木梁的抗弯力学性能优于玻璃纤维板的抗弯力学性能。随着纤维板厚度、加固长度的增加，其加固后木梁的抗弯性能得到显著提升。与未加固的模拟残损梁比较，加固后木梁的抗弯极限承载力增加幅度为 19.7%~85.8%，抗弯刚度增加幅度为 52.4%~120.9%，与健康梁比较，最优加固木梁的抗弯力学性能值与其相当。纤维板厚度、加固长度与加固木梁抗弯力学性能的提高值成正比。因此碳纤维板在加固抗弯构件时，可以通过嵌入方式发挥显著提升抗弯性能的作用。但本次环境中由于木构件糟朽严重，强度损失极大，直接嵌入方式会造成木材本身的溃烂破碎，需要对木材进行改性加固结合碳纤维嵌入式加固。 2. 其他衬石枋需要承重的在施工中整体揭露检查，如糟朽程度和方案中基本相同，使用最终确定的方案进行加固。

续表

建筑部位	构件及规制	残损现状	维修方案设计说明	备注
过水涵洞底部	衬石枋	10. 材质为松木。	4. 方案三：注胶与外壳承重（外部支撑）加固法。对衬石枋每隔 20 厘米设点，选用流动性黏结剂（如 4170 德国环氧树脂），利用大型注射器手动注射（可结合枋侧面底部注射），对木枋内部糟朽的木质材料进行改性加固，凝固后在木枋四周刷抹黏稠性环氧树脂胶，提高表面强度且起到隔绝空气和水分的作用。在胶充分凝固后，在衬石枋除顶面处三侧用木枋同种材质的落叶松做外壳（需做防腐处理）将衬石枋包裹，外壳两侧高过衬石枋与重新钉入的地钉共同对石板承重。为加固外壳的抗弯及抗压强度，可对外壳底部植入碳纤维板，并对地钉间隔部分用碳纤维布包裹，保证其承重的安全性。 5. 方案四：底部柏木桩支撑。在每个地钉中间设置柏木桩（需做防腐处理）对衬石枋进行支撑，有效减轻原有衬石枋和地钉的受力负担。 6. 衬石枋经过试验数据分析比较，可考虑两种胶结合，即 4170 德国环氧树脂胶注入内部，外表用瑞士 Sikadur 胶进行加固，在构件完全凝固后，可考虑利用嵌入式碳纤维加固方式改善其整体构件的力学性能。	3. 施工中对需移动的石板和衬石枋全面拍照、编号保存，之后原位归安。施工中不得使用机械手段进行搬运和挖掘，全部使用传统的方式进行施工作业。严格控制工程范围和工程量。加固方法需要做出样板后，经过四方认定方可施工。 4. 由于整体遗址在早期挖掘过程中已经出现大量拆安归位，所以大部分构件已不是原位，所以这次解决安全隐患为主，可以进行局部的拆安工作。
	木地桩或地钉（基础木桩）	1. 东西向铺设 1~5 根衬石枋的地钉已全部下沉消失。 2. 东西向铺设 7~8 根衬石枋的地钉大部分外露，虽表皮一定程度糟朽，但内部仍存在较高强度。 3. 西岸北侧外露的两根衬石枋的地钉大部分外露，虽表皮一定程度糟朽，但内部仍存在较高强度。 4. 材质为松木。	1. 东西向铺设 1~5 根衬石枋的地钉已全部下沉消失，从土体中取出进行加固。方案一可侧面局部取土加固。 2. 东西向铺设 7~8 根衬石枋的地钉，从土体中取出进行加固。方案一可侧面取土加固。 3. 西岸北侧裸露的两根衬石枋的地钉从土体中取出进行加固。 4. 地钉经过试验数据分析比较，可考虑两种胶结合，4170 德国环氧树脂胶注入内部，外表利用瑞士 Sikadur 胶进行加固。	1. 加固方法需做样板后，经过四方认定方可施工。施工中观感要保持良好，不要出现大面积胶。 2. 其他地钉需要承重的在施工中整体揭露检查，如糟朽程度和方案中基本相同，使用相同方法进行加固。 3. 施工中对需要移动的石板和地钉全面拍照、编号保存，之后原位归安。施工中不得使用机械手段进行搬运和挖掘，全部使用传统的方式进行施工作业。严格控制工程范围和工程量。加固方法需要做出样板后，经过四方认定方可施工。

续表

建筑部位	构件及规制	残损现状	维修方案设计说明	备注
四条摆手条石墙及过水石地面两端	擗石桩	1. 擗石柱埋入土壤部分糟朽程度远远高于表面。 2. 对比 2013 年的检测结果，糟朽程度更加恶化，主要为开裂加剧。	擗石柱暂不进行处理。	由于技术手段不成熟，待技术手段成熟后再进行保护。
过水洞地面石	过水涵洞底部	1. 东西向铺设1~5根衬石枋，上地面石坍塌、开裂严重。 2. 其他地区地面下沉处，出现变形和开裂。 3. 局部风化加剧。	衬石枋和地钉加固后地面石归安，地表平整度恢复，断裂石材原位归安，不做处理。	由于整体遗址不存在承重荷载问题，所以石材不做处理。
关键柱和残留夯土墙	关键柱和残留夯土墙	2001 年已经进行过加固保护，但效果不明显，存在风化加剧的表现。	关键柱和残留夯土墙暂不进行处理。	由于技术手段不成熟，待技术手段成熟后再进行保护。
遗址整体	过水涵洞底部四条摆手条石	1. 过水涵洞北侧（进水口），过水涵洞南侧（出水口）关键柱北侧，涵洞两厢石壁底部出现大面积下沉，下沉 10~30 厘米不等，整地局部下沉导致上部石板断裂。 2. 遗址整体温湿度变化较大，导致文物本体受损。	1. 下沉部位衬石枋和地钉加固后地面石归安，地表平整度恢复断裂石材原位归安，不做处理。 2. 整体遗址下沉，地下水水位下降需要做整体遗址周边和底部的防水处理。 3. 建议遗址整体做恒温恒湿处理。	1. 由于整体遗址不存在承重荷载问题，所以石材不做处理。 2. 建议遗址周边进行整体地勘后，做整体水帷幕处理。遗址底部进行止水，但现技术还不成熟，仅做四周遗址水帷幕处理。

《金中都水关遗址保护工程》的设计方案，虽然对病害原因进行了准确的判别，也制订了详细的保护方案，但是保护方案中的一些做法不能做到遗址保护的最小干预。另外，遗址中有些建筑构件的保护技术还不成熟，无法进行有效的处理。在全国范围内，还没有关于水关遗址保护方法成功的先例。由此可知，金中都水关遗址的保护不仅存在本身结构、材质的问题，还包括周边环境、地下水、空气、温湿度变化及博物馆本身建筑、保护手段等多重因素相交织影响的问题。遗址保护在学术上和技术上都有较大难度。

对于水关遗址的保护，笔者认为可以借鉴敦煌研究院的做法。早在 20 世纪 80 年代，敦煌研究院便开始了利用先进的摄影技术和数字技术记录、存储敦煌石窟艺术的探索，[①] 更是通过“数字敦煌”项目完成了 110 个洞窟的高保真壁画数字化采集、40 个洞窟的整窟高保真数字化图像处理以及 110 个 360° 虚拟漫游全景节目和 20 余身敦煌石窟重点彩塑的三维重建，还有莫高窟、榆林窟等大遗址的

① 樊锦诗：《敦煌石窟保护与展示工作中的数字技术应用》，《敦煌研究》2009 年第 6 期。

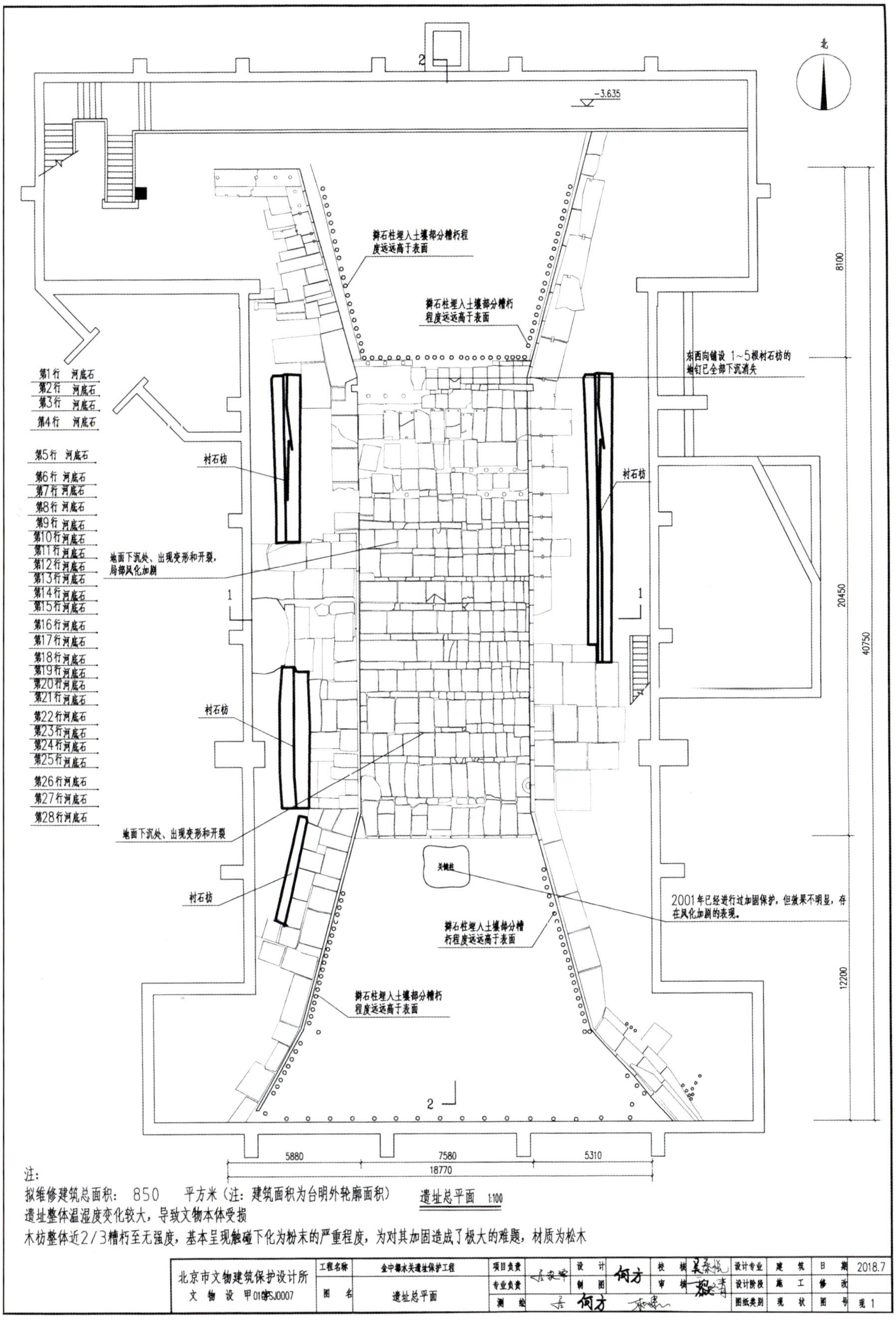
北
-3.635
狮石柱埋入土壤部分糟朽程度远远高于表面
东西向铺设 1~5根衬石枋的拉钉已全部下沉消失
第1行 河底石
第2行 河底石
第3行 河底石
第4行 河底石
第5行 河底石
第6行 河底石
第7行 河底石
第8行 河底石
第9行 河底石
第10行 河底石
第11行 河底石
第12行 河底石
第13行 河底石
第14行 河底石
第15行 河底石
第16行 河底石
第17行 河底石
第18行 河底石
第19行 河底石
第20行 河底石
第21行 河底石
第22行 河底石
第23行 河底石
第24行 河底石
第25行 河底石
第26行 河底石
第27行 河底石
第28行 河底石
衬石枋
地面下沉处、出现变形和开裂，局部风化加剧
地面下沉处、出现变形和开裂
关键柱
2001年已经进行过加固保护，但效果不明显，存在风化加剧的表现。
8100
20450
12200
40750
5880
7580
5310
18770
注:
拟维修建筑总面积：850 平方米（注：建筑面积为台明外轮廓面积）
遗址总平面 1:100
遗址整体温湿度变化较大，导致文物本体受损
木枋整体近2/3糟朽至无强度，基本呈现触碰下化为粉末的严重程度，为对其加固造成了极大的难题，材质为松木
北京市文物建筑保护设计所
文物设甲01宇SJ0007
工程名称
金中都水关遗址保护工程
图名
遗址总平面
项目负责
专业负责
测绘
设计
制图
校核
审核
设计专业
建筑
设计阶段
施工
图纸类别
现状
日期
2018.7
修改
图号
现1

图一 遗址分段示意图

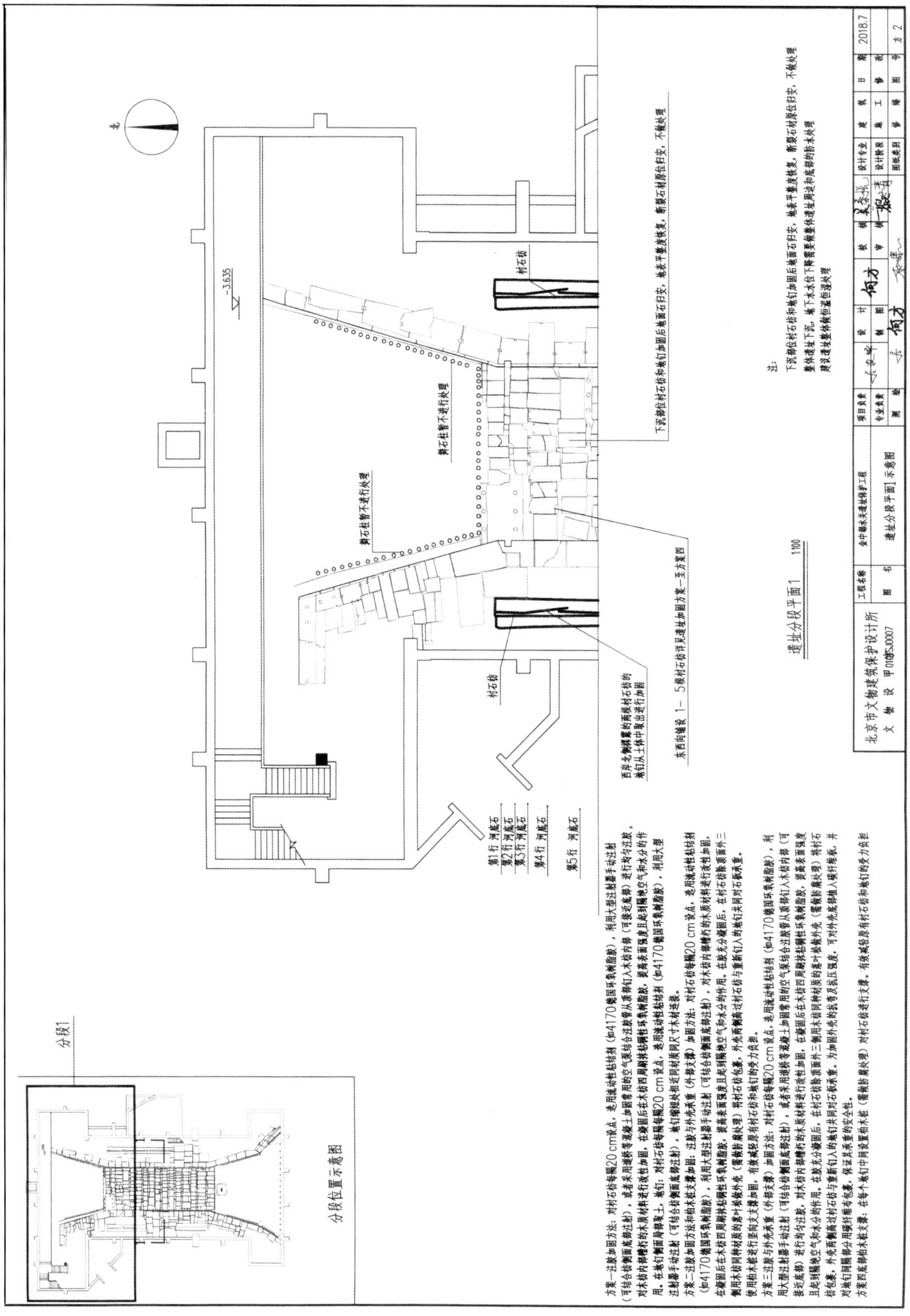

图二　设计方案图纸

三维重建数据，[①] 建立起永久的文物数字资源，实现了文物的数字永生。因而金中都水关也可采用三维激光扫描技术、模型制作技术对金中都水关遗址进行数字化保护，尽可能完整、真实、准确地把水关遗址本体承载的所有信息复制下来，从而使它的信息、价值能够传承下去，即可变相实现文物的永生永存。

三、如何有效利用金中都水关遗址

文物是人类在社会活动中遗留下来的具有历史、艺术、科学价值的遗物和遗迹。作为人类活动的信息载体，我国古代文物积累了中华民族的生存智慧，承载着中华优秀传统文化。我们保护和研究文物，绝不仅仅是为保护而保护、为研究而研究，更重要的是古为今用，要从文物中挖掘和汲取中国智慧，不断增强中华优秀传统文化的生命力和影响力；同时，也发挥丰富公众精神文化生活以及服务文化产业发展的作用。

由于金中都水关遗址本身的观赏性不强，因而除了少数专业人员外，对一般观众的吸引力不大。如何吸引一般观众来参观了解，这就涉及在不扰动水关遗址的基础上，有效利用水关遗址，发挥其应有的价值。在水关遗址利用上，我们应该转变观念，扩大思路，把金中都水关遗址放在金朝这个大的历史环境中进行考虑。以特定的传统文化内涵为主线，以遗址为载体，将抽象的传统文化主题通过具象的形态展示出来，如历史文化活动、多媒体演示、景观营造、轮廓展示等方式，不仅可以弥补遗址本身观赏性不强的缺点，还可以使观众在亲身参与中，感受传统文化的魅力。

另外，金中都水关遗址的利用应该加强与科技的联系。聚焦人工智能、大数据、物联网、5G 等众多领域，这些新技术为水关遗址的利用带来全新视角。

四、结论

从唯物主义观点来看，物质最终都要走向消亡，正所谓“绢寿八百、纸寿千年”，无论保护水平如何高超，都无法扭转这一必然趋势。在这种情况下，数字化保护势在必行。

① 吴健：《多元异构的数字文化——敦煌石窟数字文化呈现与展示》，《敦煌研究》2016 年第 1 期。

金以后长城诗词辑录

彭占杰[①]

1958年，我在甘南县政府工作期间，有三件事使我对“老边”（金长城）产生了无法遏止的兴趣：一是在送别上一年腊月廿九（小进过年），过完春节一上班就迎来了“大跃进”，县委书记张弘弼同志指派我为上边派来的水利工作组去音河口带路，他们要测算流速流量，准备修音河水库，去的途中，我遇到了“老边”，专家们对这荒原蔓草里的“土塄子”提出过异议，使我对金长城的认识受到最初的启发；二是，四月初县机关的同志天天要排队去县城南门外，放鞭炮迎接山东来的移民垦荒团，盼他们去建新村，在原先黄牛登过的山坡处，建起了兴九村移民点（现已改为“兴久村”），单位到那里进行过慰问，印象很深；三是，同年国庆节后，中兴乡兴九村支书老杜送来一方在“老边”下边出土的金代铜官印（为“拜因阿林谋克之印”，现藏黑龙江省博物馆），铜官印是九叠篆文，当时没人能识，“老边”以及铜官印上的九叠篆文使我产生了极大的兴趣。

此后，我被这野外的“老边”和九叠篆所吸引，好奇的同兴久移民村支书杜庆德同志三次查看铜印出土地，即在金长城下的古城址。

自此，先后为这野外的“土塄子”奔波了数十年，终于揭开了它的千古之谜，也弄懂了九叠篆的书法。并逐渐得知，“老边”就是被湮没了的金代长城工程。发现它，不仅增加了我国长城的长度，还纠正了历史上的许多误谬的论断，使它迅速成为探讨辽金史的一项重要内容：

第一，工程如此之大，为什么长期没人知道它的来历？

第二，为什么学术界后来将它称为“界壕”？

第三，为什么地图上却又标注它是“成吉思汗长城”？

第四，为什么它总是有官印出土（仅笔者就写过《金长城出土八方官印考释》发表在《东北史研究》上，其后尚有铜印出土）？

第五，金长城共有几道？它们加起来总共有多长？

第六，在我读过的有关金长城文献里，发现了很多有关金长城的故事及诗词。这些诗词中，有金章宗完颜璟的词、有清朝乾隆帝的诗，还有多名当年进士出身的文官之作。这些诗词像金长城一样，长期被人们所忽略。为了使这些古诗词不被历史湮灭，现择录出来，略加整理，供研究金史和

---

① 彭占杰，齐齐哈尔市教育局研究员。

金长城者作参考。

一、金帝诏奖修边词

〔金〕　完颜璟

直乾之维，扼边之要。正资守宙，以靖翰蕃。

垣垒弗完，营屯未固。卿督兹事役，唯用戍兵。

民不知劳，时非淹久。已臻休毕，仍底工坚。

赖尔忠勤，办兹心画。有嘉乃力，式副予怀。

诏奖词，是金帝在北方蒙古势力不断强大的形势下，积极鼓励修筑各路长城，以保护不断内缩领土的安全所采取的策略。当他得知独吉思忠修筑本段工程“役不及民”时，不仅对独吉思忠重奖、提拔，还作此词以鼓励其他路段，实是用心良苦之举！

完颜璟（1168—1208），金章宗。金朝第六位皇帝。小字麻达葛，世宗之孙，因其出生于金连川麻达葛山而得名。

承安三年（1198 年），独吉思忠修筑西北路金长城屯戍墙隍，用工七十五万，只用屯戍军卒，役不及民受到了金章宗的奖谕，并赐银五百两、重帛十端……拜为参知政事。

二、塞上曲

〔金〕　元好问

平沙细草散羊牛，几簇征人在戍楼。

忽见陇头新雁过，一时回首望南州。

元好问，字裕之，号遗山、元德明子。生于金明昌元年（1190 年），金兴定三年（1219 年）进士。天兴初，入翰林知制诰，金亡不仕。1257 年卒。著有《遗山集》。

戍楼，是修筑在长城墙体上的值班站岗、躲风避雨、监视敌人、射击敌人的工事。金长城上的戍楼之间的距离，多保持在百米左右，在弓箭的有效射程之内。

三、过应州

〔金〕　元好问

平野风埃接戍楼，边城三月似穷秋。人家土屋才容膝，驿路旃车不断头。

随俗未甘尝马湩，抵寒直欲御羊裘。十年紫禁烟花绕，此日云山是应州。

应州，南线金长城西南路招讨司驻地，在今内蒙古自治区呼和浩特市东郊白塔村，遗址清晰，至今有人焚香纪念。

四、征人怨

〔金〕 元好问

瀚海风烟扫易空，玉关归路几时东。
塞垣可是秋寒早，一夜秋霜入镜中。

元好问，太原秀容（今山西忻州）人。自号遗山。兴定进士。有“国亡史兴，己所当任”之志，乃构亭于家，名曰“野史”。采摭所闻百余万言，有《中州集》《壬辰杂编》及《杜诗学》《东坡诗雅》《锦机》《诗文自警》等著作。

五、修城去

〔金〕 赵 元

修城去，劳复劳，途中哀叹声嗷嗷。
几年备外敌，修城恐不高。
城高虑未固，城外重三壕。
一锹复一杵，沥尽民脂膏。
脂膏尽，犹不辞，本期有难牢护之。
一朝敌至任椎击，外无强援中不支。
倾城十万口，屠灭无移时。
敌兵出境已逾月，风吹未干城下血。
百死之余能几人，鞭背驱行补城缺。
修城去，相对泣，一身赴役家无食。
城根运土到城头，补城残缺终何益。
君不见得一李勣贤长城，莫道世间无李勣。

赵元，一名宜禄，字宜之，号愚轩居士，忻州定襄（今山西定襄）人。举进士不中，后出任巩州陇西县主簿。后失明归田。万虑归于诗，故诗益工。诗以忧时伤乱为主，反映民生疾苦较强。与赵秉文（1159—1232，金礼部尚书，诗人）、李纯甫（1185—1231年任京兆府判官，博学多文友，荐引一时文士）等人友好，常有诗酬往来并受到他们的推重。李纯甫曾赞其诗道：“轩昂学古淡，家法出关雎，暗中摸索出奇语，字字不减琼瑶琚。”“屏山有眠不如无，安得恰是愚轩患？”著有《愚轩集》，今不存。《中州集》录其诗三十四首。

诗题下诗人原自注“甲戌岁，忻城陷，官复完治。途中闻哀叹声，感而有作”。甲戌即贞祐二年（1214年），此年蒙古兵陷忻州（金长城西南路经过地），死者十余万人。（见《中州集》卷七）

李勣，唐朝名将，本姓徐，名世勣，字懋功，赐姓李。事太宗，曾出击东突厥，因功封英国公，守并州十六年，突厥不敢南向。

六、春始来

〔元〕 刘秉忠

三月南州草木长，茫花飞絮满池塘。

东君也惜天涯客，尽放春光过界墙。

刘秉忠（1216—1274），先世瑞州（今江西高安）人，曾祖时移居邢州（治今河北邢台市），为邢州节度使府令史。后隐居武安山为僧，从海云禅师游，法号子聪。海云推荐给忽必烈，即备顾问，后还俗。参领中书省事，改名秉忠，元至元元年（1264 年）官拜光禄大夫。举凡建国号、定都邑、颁章仪、举朝仪，多出其谋划，为元初重臣。有《藏春乐府》词集，收八十一首。

元朝词人，多为金朝遗老，作品中或追忆旧日繁华，或展现战火残酷，或咏叹隐居乐趣。而刘秉忠作为新朝显贵，已无前辈遗老们那种沉重的心理负担，他大赞统一战争、抒治国之志，是代表新王朝、新气象的一位词人。

界墙，即金长城，《金史》上有时称“界上”（见《移剌子敬传》，中华书局点校本 1975 年 7 月版 1989 页，下同）。“壕垒”（见《宗浩传》2074 页），有时又称“界墙”（见《张炜传》2214 页），有时称“塞”(见《宗浩传》2073 页)，有时也称“边”(见《地理志》549 页，又见《兵志》995 页)。“边堡”（见《地理志》563 页），又称“边鄙”（见《兵志》995 页）、“边隘”（见《胥鼎传》2381 页）。“戍边”（见《兵志》994 页）、“北边”（见《兵志》997 页），有时又称“屯戍”（见《兵志》997 页）、“保戍”（见《兵志》995 页、《宗叙传》1646 页）等；有时还将工程比喻为“元魏、北齐之长城”（见《赞语》2096 页）；又有“古筑长城备北，徒耗民力，无益于事”（见《李石传》1915 页）……

七、过界墙

〔元〕 刘秉忠

地老天荒雪亦苍，车声轧轧转羊肠。

短衣蓬鬓沙陀路，一岁三番过界墙。

羊肠，即小道，民间称“羊肠小道”或“毛毛道”。

八、驼车行

〔元〕 刘秉忠

驼顶丁当响巨铃，万车轧轧一齐鸣。

当年不离沙陀地，辗断金源鼓笛声。

九、修边谣

〔明〕 尹 耕

去年修边人莫喜，血作边墙墙下水。
今年修边君莫忧，石作边墙墙上头。
边墙上头多冻雀，侵晓霜明星渐落。
人生谁不念妻孥，畏此营门双画角。

尹耕（1513—？），明代进士，有《朔野集》，喜谈兵。

“石作边墙墙上头”与“血作边墙墙下水”相呼应。血成了边墙下面的水，头在修边墙的石头下面。此诗与魏毓兰《塞上曲》中的“死不筑石石筑身”极相似。可见修这条“边墙”是用多少人的生命换来的。

十、古长城

〔清〕 乾隆

延袤古长城，东西数万里。其说出蒙古，克勒木迤逦。
汉书称龙堆，仿佛疑即此。蜿蜒走山川，见田岂谬拟。
向曾为之记，浅言抉深理。天地自然生，南北限以是。
设云人力为，早应就堕圮。然今果限谁，内外一家矣。

清高宗纯皇帝，即乾隆皇帝。“克勒木”，蒙古语谓“城墙”。“向曾为之记”，指从前曾为它作过记载，即《古长城记》篇，其文如下：

木兰自东至西，延袤数百里，中横亘若城堑之状，依山连谷，每四五十里辄有斥堠屯戍旧迹。问之蒙古及索伦，皆云：此古长城也。东始黑龙江，西至于流沙类然。夫蒙恬起临洮而属之辽东者，今其城犹存，乃去此数百里而南，且东西又不若是其辽也。则古长城者，岂循蜚疏仡时所为者也？《山海》《括地》所未载。于无意中得之荒略口传，而借予以垂其名，岂非造物者之灵迹，久晦而必彰耶？尝苦载籍传论，浮夸多伪，固不若屯蒙无文者，世代相沿，指实以道之，无褒贬予夺于其间也。则秦之所筑，为括边乎？为让地乎？于古无闻，而今传焉。吾安知天下似此未传者，当复几何乎？又安知今经予传而必保其后此之不又失传乎？或曰：此非城也，盖天地自然生此，所以限南北也。夫天地既生此以限南北，则秦之为长城亦可笑矣。

十一、龙江杂诗

〔清〕 刘凤诰

长冈短垒戍楼横，三省屏翻拱上京。赐姓单于何部族，移家捺钵此庐营。

一江雾气蒸龙气，四野风声杂雁声。百廿年前开幕府，防秋底用筑金城。

刘凤诰，字丞牧，号金门。江西萍乡人。官吏部侍郎，嘉庆三年（1798 年）流戍齐齐哈尔。嘉庆十八年（1813 年）因《高宗实录》赦归。捺钵，为辽帝“春水”“秋山”的行围射猎的代称。

十二、秋日望边（三首）

〔清〕 刘凤诰

（一）

野甸蓬飞车马班，秋心迥入泬寥间。风云有气三边壮，山水无人万古闲。

指地莫寻金龊朽，穿天任放玉绦还。征东杨李何曾到，十道羁縻自款关。

（二）

镇帅连疆坐拥旗，乌龙水合净江晖。东风受吏罗叉国，秋草移营冒顿围。

笛外烟寒人有泪，帐前霜早马生威。上林若许将书寄，为报将军射雁归。

（三）

胜朝苴焘付销沈，恩泽何如栉沐深。骄子徒藩樵舍走，孱王终局板矶擒。

官家底袭唐封建，陪隶兼收环羽林。不信长城遗筑在，太平耕牧到如今。

十三、杂诗二首

〔清〕 方观承

（一）

弓刀严夜令，星斗静高垣。江国谁归计，冰天无定魂。

戍柝下黄昏，边荒甲士尊。强将残卷伴，榾柮恋炉温。

方观承（1698—1768），字遐古，号问亭，又号宜田。安徽桐城人，方式济次子。其祖、父因《南山集》文字狱之累遣戍齐齐哈尔。多次北来省亲。有《述本堂诗集》。

榾柮，树根、木疙瘩，可烧火做炭。

（二）

草色枯牛背，残阳曳冻轮。何尝榛莽弃，能易布茶新。

餍冷皮包饭，搓水手药龟。翻看边塞上，力作少游民。

十四、塞上曲

〔清〕　魏毓兰

长城长，中外防，风吹野火过边墙。
长城高，高几许，上有秦时骷髅语。
生前筑石，石冻皴；死不筑石，石筑身。
吁嗟为鬼尚酸辛。
君不见，阿房火，轵道尘，孰是长城城外人？

魏毓兰（1876—1949），字馨若，一字馨钥，号琴猗，又号木叶山人。山东黄县（今山东龙口）人，报人、方志学家、诗人。魏毓兰将齐齐哈尔一带的“边墙”称为“长城”。

“野火烧荒”是新中国成立前的地方风俗。源于游牧民族，烧掉老草木，期待出新芽，牛羊喜食，膘肥体壮。石冻皴，手脚冻裂了。石筑身，修墙者死后被压在石头下面，成了城墙的填充料。阿房火，秦修长城引起了人民的不满，传有“一把大火三月不止”烧掉了秦始皇的阿房宫。

十五、塞北曲

张从志

彼苍天悠悠，胡为祸神州。关东已一割，塞北孰同仇。
扶桑黄种逼，罗刹多阴谋。釜鱼尚游乐，堂燕无远忧。
投笔效定远，出师思武侯。戎车若电掣，旌旆荡云游。
边城不惮苦，靖寇早防秋。纵横驰铁马，马首向西欧。

作者张从志生卒年及原住地不详，与林传甲弟兄有交往，其诗作被林传甲收入《龙江诗选》中。作者对齐齐哈尔这个塞北之城深有所感。

明《崔源墓志铭》考释

李智裕[①]

崔氏家族是明代辽东地区有名的世家大族，志文内容不仅反映崔源生平仕历及家族历史信息，而且涉及明代早期东北边疆地区重要历史事件。志文记载崔源宣德元年（1426 年）随太监亦失哈代表明政府出巡奴儿干，正统元年（1436 年）抚安忽拉温野人，景泰元年（1450 年）抵御野人女真犯边等内容，十分珍贵，是研究明代辽东都司、奴儿干都司以及海西女真的重要历史信息。不仅可与《明实录》《辽东志》等史籍互证，部分内容还可补史之阙。

1975 年辽宁省博物馆文物队和鞍山市文化局文物组，对鞍山市倪家台崔氏家族墓园进行正式发掘，共清理墓葬十九座，出土墓志九盒，包括崔氏家族成员崔胜、崔鉴、崔锴、崔哲、崔贤、崔世武等[②]。崔氏家族墓志出土，无疑为研究明代东北地区边疆史地提供了宝贵的石刻文物信息。由于崔氏家族重要成员崔源墓早期被盗，墓志遗失难窥真貌，只有墓志铭文及拓片传世[③]。可知志石方形，边长 41 厘米，志盖篆书“昭勇将军崔公墓志铭”（图一），志文楷书，28 行，满行 29 字（图二）。笔者结合《明史》《明实录》《辽东志》等史籍文献尝试对志文内容进行考释，因学识浅陋，拙文不足之处在所难免，敬请各位方家指教。

一、崔源墓志铭考释

志文“元季有为安抚讳孝先者，实公之祖考也。我高皇帝奄有天下之十一年，孝先乃率众来归，授官昭信校尉”。洪武四年（1371 年），明朝政府正式设置定辽都卫，并以马云、叶旺为指挥使领军向北推进，明朝控制辽东地区后，残元势力逐渐退出该地区。根据志文记载，崔源祖先崔孝先原是元朝“沈阳安抚司镇抚”，在明政府的招谕下于洪武十一年（1378 年）“率众来归”，因功授予

① 李智裕，辽阳市文物保护中心副研究馆员。

② 辽宁省博物馆文物队、鞍山市文化局文物组（冯永谦执笔）：《鞍山倪家台明崔源族墓的发掘》，《文物》1978 年 11 期。

③ 诚如冯永谦先生所言，崔源墓志过去在《辽东文献征略》《辽阳县志》和《满洲金石志》以及《满洲金石志稿》上著录过。但所录碑文间有脱漏、错字和不识等，致使不能通读全篇，并进行校证。见辽宁省博物馆文物队、鞍山市文化局文物组（冯永谦执笔）：《鞍山倪家台明崔源族墓的发掘》，《文物》1978 年 11 期。此次整理墓志铭文，依据辽宁省博物馆馆藏传世拓片。另外，《满族大辞典・崔源墓志》中认为该碑现藏辽阳文物管理所，与事实不符，应属讹误，见孙文良主编：《满族大辞典》，辽宁大学出版社 1990 年版，第 679 页。

“昭信校尉”。“昭信校尉”，明正六品武官初授之阶。根据《明史》记载，明朝建立后即实行卫所制，在要害之地设立卫所。“天下既定，度要害地，系一郡者设所，连郡者设卫。大率五千六百人为卫，千一百二十人为千户所，百十有二人为百户所。所设总旗二，小旗十，大小联比以成军”①，“百户所凡十，共百户十人，正六品”②，崔孝先应是担任卫所百户之职。根据出土的崔源后人墓志记载，崔孝先归附明朝后，入籍“东宁卫左所昭信校尉”③。明代实行军户制，在此制度下兵役承担者的身份与地位以法律形式被固定化，“父死子继、兄终弟及”，军籍世袭。崔孝先及其后人成为明代辽东军户后，世代从戎。

志文“后有能世其官讳文者，实公之先考也”。崔源父亲崔文，志文记载其生平比较简略，推测其生前仕宦不显未担任要职。根据崔氏家族成员崔贤墓志记载，崔文生前“累功升至千户”。“千户”为明代卫所下级武官。《明史》记载，“千户所，正千户一人，正五品，副千户二人，从五品”④。由此可知崔文生前担任正五品千户职务⑤。

志文“公蚤承父师，训通故典，明习孙吴。永乐间随驾北征，累功进升武略将军”。“父师”即师长，崔源较早接受教育，学习历史文化典籍、孙吴兵法。永乐年间跟随明成祖北征，因功被授予武略将军。“武略将军”为明武官从五品初授之阶。根据《明史》记载，“千户所，正千户一人，正五品，副千户二人，从五品”⑥。崔源起初担任从五品副千户职务。

从永乐元年（1403 年）开始，明成祖朱棣派遣使臣出使四方，构建以明朝为中心的“封贡体系”。其中亦失哈东巡奴儿干使明朝有效地掌控了黑龙江下游地区，对于开拓东北有着重要意义。

志文“宣德元年，同太监亦信下奴儿干等处招谕，进指挥佥事”。“宣德元年”即 1426 年。“亦信”即亦失哈，学者研究认为其为海西女真木里吉寨人⑦。亦失哈深受明朝政府重用，担任都知监太监，多次被明朝政府派遣巡视奴儿干等地，后又任辽东镇守太监达十六年之久。永乐至宣德年间，亦失哈总计七次巡视奴儿干⑧。“指挥佥事”，明代卫所正四品职务。根据《明史》记载，卫设有“指挥使一人，正三品，指挥同知二人，从三品，指挥佥事四人，正四品”⑨。宣德元年（1426 年）崔源随同太监亦失哈等人到奴儿干等地进行招抚有功，被授予正四品指挥佥事职务。此事在《明实录》中也有记载，“敕辽东都司赐随内官亦失哈等往奴儿干官军一千五十人钞有差”⑩。

---

① 张廷玉等：《明史》卷九十《兵二》，中华书局 1974 年版，第 2193 页。

② 张廷玉等：《明史》卷七十六《职官五》，中华书局 1974 年版，第 1874 页。

③ 辽宁省博物馆文物队、鞍山市文化局文物组（冯永谦执笔）：《鞍山倪家台明崔源族墓的发掘》，《文物》1978 年 11 期。

④ 张廷玉等：《明史》卷七十六《职官五》，中华书局 1974 年版，第 1873 页。

⑤ 拙文：《〈明辽东副总兵崔贤墓志〉考释》（待刊）。

⑥ 张廷玉等：《明史》卷七十六《职官五》，中华书局 1974 年版，第 1873 页。

⑦ 万明：《明代永宁寺碑新探——基于整体丝绸之路的思考》，《史学集刊》2019 年第 1 期。

⑧ 万明：《明代永宁寺碑新探——基于整体丝绸之路的思考》，《史学集刊》2019 年第 1 期。

⑨ 张廷玉等：《明史》卷七十六《职官五》，中华书局 1974 年版，第 1860 页。

⑩《明宣宗实录》卷十一，洪熙元年十一月乙卯，台北：“中央研究院”校印本 1962 年版，第 309 页。

志文“正统元年，奉敕抚安忽拉温野人。越明年，达贼寇铁岭，公为前锋，斩首数十级，贼众遂遁去”。“正统元年”即1436年，崔源奉命抚安忽拉温野人。“忽拉温野人”即忽拉温地区女真人，明朝曾在此设置兀者卫。根据《明实录》记载，“忽剌温等处女直野人头目西阳哈、锁失哈等来朝贡马百三十匹，置兀者卫”[①]。兀者卫，今黑龙江省呼兰河中下游流域，东抵汤旺河以西，南至哈尔滨、阿城、宾县等地[②]。此处志文内容颇显重要，关于明朝政府派遣崔源抚安忽拉温野人的历史信息，受目力所限未见正史方志中记载。浅薄之见，此处“抚安忽拉温野人”内容未必指的是崔源到今黑龙江中下游呼兰河一带进行招抚，因为早在永乐年间明朝政府已经在此处招抚并设置卫所。有学者研究认为，早在宣德、正统时期，《明实录》中就已有“辽东兀者卫”的称谓[③]，“己丑赐辽东兀者卫指挥佥事劄剌等钞彩币、绢、纻丝、袭衣有差”[④]，“壬申辽东兀者卫女直都指挥莽剌”[⑤]。推测此时忽拉温地区女真兀者等卫，受外部因素影响部分南下迁徙至临近辽东边疆地区居住，逐渐形成后来的海西女真。而崔源作为辽东都司地方官员，代表明朝政府对其进行管理。“越明年”即正统二年（1437年），“铁岭”即铁岭卫，达贼侵袭铁岭，崔源为前锋斩首数十级，率军击败外敌。

志文“七年，懿路城守备者难其人，镇守大臣佥以公守之。公锄强梁，植柔善，持公秉明，耕守备御，咸得其法。懿路大治，至今人犹德之”。“七年”即正统七年（1442年）。“懿路城”，明朝铁岭卫所辖重要据点，位于“铁岭卫城南六十里”，“永乐八年复调中千户所兼守”[⑥]。崔源担任懿路城守备职务，在任期间崔源秉公执法，在屯田、守备等方面治理很有章法，懿路城由此得到很好的治理，被人称颂。

志文“九年，征兀良哈达，以有功升指挥同知。十有二年，又征之，有功，进指挥使”。“九年”即正统九年（1444年）。“兀良哈达”即兀良哈，明洪武二十二年（1389年）于兀良哈部置朵颜、泰宁、福余三卫，后隶奴儿干都司。牧地在今西拉木伦河北岸，洮儿河流域及嫩江下游一带。永乐以后南徙至今河北东北部长城外及辽宁省西部地区。嘉靖、隆庆以后渐为蒙古诸部合并[⑦]。正统年间，兀良哈多次骚扰辽东边境，崔源因征讨兀良哈有功，升任从三品指挥同知职务。根据《明史》记载，卫设有“指挥使一人，正三品，指挥同知二人，从三品，指挥佥事四人，正四品”[⑧]。“十有二年”即正统十二年（1447年），崔源再次征讨兀良哈，因功升任正三品指挥使职务。

志文“今年春，总戎诸大臣以辽阳为边城都会，匪得公明勇敢之才，以襄成屏藩之重不可。乃交章以公荐升佥都指挥”。“今年春”即景泰元年（1450年）。“总戎诸大臣”当指辽东总兵曹义等地

---

① 《明太宗实录》卷二十六，永乐元年十二月辛巳，台北：“中央研究院”校印本1962年版，第479页。

② 谭其骧主编：《〈中国历史地图集〉释文汇编·东北卷》，中央民族学院出版社1988年版，第239页。

③ 张雅婧：《明代海西女真研究》，东北师范大学博士学位论文，第27页。

④ 《明宣宗实录》卷四十二，宣德三年闰四月己丑，台北：“中央研究院”校印本1962年版，第1028页。

⑤ 《明英宗实录》卷七十六，正统六年二月壬申，台北：“中央研究院”校印本1962年版，第1483条。

⑥ 任洛等：《辽东志》卷一《地理》“铁岭卫”条，辽海出版社1985年版，第354页。

⑦ 中国历史大辞典·明史编纂委员会编：《中国历史大辞典·明史卷》，上海辞书出版社1995年版，第17页。

⑧ 张廷玉等：《明史》卷七十六《职官五》，中华书局1974年版，第1860页。

方高级官员，“佥都指挥”即都指挥佥事。根据《明史》记载，都指挥使司设有“都指挥使一人，正二品，都指挥同知二人，从二品，都指挥佥事四人，正三品”①。崔源因为才能出众被辽东总兵曹义等地方高级官员举荐担任正三品都指挥佥事职务。此事在《明实录》中有记载，“升辽东各卫指挥使崔源、耿和、常洪，指挥同知高飞，俱置都指挥佥事。源、和任司事，洪守备沈阳，飞守备广宁，从总兵左都督曹义奏请也”②。

志文“时女直野人寇边，公将精兵三千，兵行，矢于师，曰：用兵如医家用药，不拘常法，在临机应变。攻其无备，出其不意。兵法之妙也。尔多士其，恭悉进止，用命有重赏，否则有显戮。众遂肃整，锐气自倍，乃大克捷。斩获生口无算。旋师论功，上闻，恩命未下而公不可作矣”。“女直野人”即明时对社会发展水平较低女真族各部之贬称。经“土木堡之变”后，明朝对蒙古瓦剌的军事威慑力下降，辽东女真诸部亦暂时服从于瓦剌。由此导致“朵颜三卫并海西、建州夷人处处蜂起，辽东为之弗靖者数年”③。景泰元年（1450年）五月发生建州、海西女真大规模犯边辽东事件，《明实录》中有记载：“镇守辽东总兵等官奏报：开原、沈阳等处达贼入境，抢掠人畜及攻围抚顺千户所城池。审知各贼乃建州、海西野人女直头目李满住、凡察、董山、刺塔为北虏迫胁，领一万五千余人来寇。官军追逐出境，又称欲增人马再来攻劫。”④

志文记载的“女直野人寇边”，崔源领兵三千出击，从时间上判断很有可能即指此事。由于崔源颇得兵法要领，带兵抗击获得胜利，朝廷想要对其嘉奖，此时崔源不幸去世。

志文“娶白氏，赠恭人，先公五年卒。继室王氏”。崔源娶正室白氏，五年前先于崔源去世，赠恭人。“恭人”明朝命妇封号，明封予四品官之妻⑤。继室为王氏。

志文“男一人：胜”，即崔源之子崔胜。崔胜是明代成化、弘治年间辽东地区重要将领，先后任职宁远、锦州、义州、开原等要地，参与成化年间两次征讨建州女真军事行动，学界曾有专门研究论述⑥。根据《明实录》记载，崔源去世后，崔胜按例承袭定辽右卫指挥使职务。《明实录》中有记载：“提督辽东军务左都御史王翱，以故辽东都指挥同知李弼子宗袭为定辽后卫指挥佥事；吴凯子谨袭为义州卫指挥使；邓瑛子佐袭为定辽前卫指挥使；署都指挥佥事崔源子胜袭为定辽右卫指挥使；刘清子璇袭为义州卫指挥同知；老疾都指挥佥事楚勇子风代为义州卫指挥佥事，遵所奉敕旨也。”⑦

志文“女二人，长适千户男吴凯。次适千户金胜，俱白所生。孙男一，曰恭，孙女一，曰妙宝，尚幼”。崔源有女二人，为白氏所生，长女嫁于千户吴凯，次女嫁于千户金胜。孙男崔恭、孙女崔妙宝尚处幼年。

---

① 张廷玉等：《明史》卷七十六《职官五》，中华书局1974年版，第1872页。

② 《明英宗实录》卷一百九十，景泰元年三月辛亥，台北：“中央研究院”校印本1962年版，第3901页。

③ 潘喆、孙方明、李鸿彬编：《清入关前史料选辑》第一辑《抚安东夷记》，中国人民大学出版社1984年版，第3页。

④ 《明英宗实录》卷一百九十二，景泰元年五月癸丑，台北：“中央研究院”校印本1962年版，第4000页。

⑤ 中国历史大辞典·明史编纂委员会编：《中国历史大辞典·明史卷》，上海辞书出版社1995年版，第392页。

⑥ 都惜青、李智裕：《明〈崔胜墓志〉考释》，《辽宁省博物馆馆刊》2017年。

⑦ 《明英宗实录》卷一百九十九，景泰元年十二月戊戌，台北：“中央研究院”校印本1962年版，第4238页。

墓志铭撰文者辛浩曾担任监察御史，明代辽东地区著名流人。《辽东志》记载其为“湖广江夏人，有学行。正统间被谪于辽”[①]。《明实录》中有关于辛浩因罪受罚贬戍记载：“先是南京监察御史给事中劾奏南京左副都御史周铨罪，逮铨下锦衣卫狱，铨以瘐死锦衣卫。言御史范霖、杨永、胡鉴衔铨严束，故诱诸御史胁制诸给事中，劾之，其所劾皆诬奏，送刑部论罪。……为从者御史辛浩……张云翰赎徒复职。上以所拟诸给事中为当，而诸御史宜重其罚，谪鉴、浩、英戍铁岭卫；降调辅等为边远驿丞。”[②]

墓志铭书丹者吉庆曾担任监察御史，后因罪受罚贬戍铁岭卫。《明实录》中有关于吉庆记载：“监察御史吉庆坐尝殴人至死法司论赎杖还职，六科十三道劾其酷刑难居风宪。上命谪戍辽东铁岭卫。”[③]

墓志铭篆额者张斌曾担任户部主事，后因罪受罚贬戍铁岭卫。《明实录》中有关于张斌记载：“户部奏遣主事张斌同巡按监察御史刘文查册，斌遇疾，乃奏文等恐已发其奸弊因毒已成疾。上命法司逮治，更遣主事陈汝言往究之。汝言奏盐运使耽九畴等受贿，重冒支给盐钞，俱下。法司论罪，九畴等陈诉，上特命谪斌戍辽东铁岭卫，文及九畴等皆宥之。”[④]

二、故昭勇将军崔公墓志铭

前文林郎监察御史江夏辛浩撰

前文林郎监察御史荥阳吉庆书丹

前承德郎户部主事广平张斌篆额

维景泰元年夏六月十有七日，辽东都指挥崔公卒。其子奉前秋官洪君所撰公行状，泣哀求铭于余。按，公姓崔氏，讳源，字本清，其先沈阳人。元季有为安抚讳孝先者，实公之祖考也。我高皇帝奄有天下之十一年，孝先乃率众来归，授官昭信校尉。后有能世其官讳文者，实公之先考也。公蚤承父师，训通故典，明习孙吴。永乐间随驾北征，累功进升武略将军。宣德元年，同太监亦信下奴儿干等处招谕，进指挥佥事。正统元年，奉敕抚安忽拉温野人。越明年，达贼寇铁岭，公为前锋，斩首数十级，贼众遂遁去。七年，懿路城守备者难其人，镇守大臣佥以公守之。公锄强梁，植柔善，持公秉明，耕守备御，咸得其法。懿路大治，至今人犹德之。九年，征兀良哈达，以有功升指挥同知。十有二年，又征之，有功，进指挥使。今年春，总戎诸大臣以辽阳为边城都会，匪得公明勇敢之才，以襄成屏藩之重不可。乃交章以公荐升佥都指挥。时女直野人寇边，公将精兵三千，兵行，矢于师，曰：用兵如医家用药，不拘常法，在临机应变。攻其无备，出其不意。兵法之妙也。尔多士其，恭悉进止，用命有重赏，否则有显戮。众遂肃整，锐气自倍，乃大克捷。斩获生口无算。旋师论功，上闻，恩命未下而公不可作矣。呜呼惜哉！公生于洪武壬申，距卒得年五十有九。

---

① 任洛等纂修：《辽东志》卷六《人物》“辛浩”条，辽海出版社1985年版，第453页。

② 《明英宗实录》卷一百五十五，正统十二年六月甲子，台北：“中央研究院”校印本1962年版，第3025—3026页。

③ 《明英宗实录》卷一百三十，正统十年六月戊申，台北：“中央研究院”校印本1962年版，第2583页。

④ 《明英宗实录》卷一百七十八，正统十四年五月甲午，台北：“中央研究院”校印本1962年版，第3439—3440页。

图一 崔源墓志盖

图二 崔源墓志

娶白氏，赠恭人，先公五年卒。继室王氏。男一人：胜，即求铭世其官者也。女二人，长适千户男吴凯。次适千户金胜，俱白所生。孙男一，曰恭，孙女一，曰妙宝，尚幼。将以是年七月十七日葬于千山之阳。谨书公之大概，铭之圹石，以志其幽云。铭曰：

桓桓将军，光昭祖武。义勇仁明，信孚戎伍。

越昔残胡，敢肆侵侮。锋猬斧螗，以干斯怒。

实维将军，阵分龙虎。死委全躯，生擒渠虏。

威镇三边，功闻九五。指日进封，曷天不枯。

夜台长逝，士林殷抚。既铭于幽，千载斯古。

附记：《明崔源墓志铭》拓片照片，由辽宁省博物馆幺乃亮先生提供，在此谨致谢意！

铁岭市境内明长城各类墙体类型与自然山水之间关系的研究探索

许志国[①]

今年，我国现代考古学已经走过了101周年，也恰逢冯永谦先生88岁的米寿之年，值此时刻，辽宁考古学界的同仁、学者在这里举办“冯永谦先生米寿庆祝会”活动，这是为响应习近平主席“保护传承文化遗产，守住中华文脉，功在当代，利在千秋”的讲话精神，表彰和弘扬众多长年工作在考古工地默默无闻的考古工作者的无私奉献精神，并颂扬赞助、收藏、保护文物，爱护文物，研究宣传中国历史的各界人士，他们是推动考古学加快发展的群众基础，是加速完善考古学发展的强大推动力，是他们促进了文博事业的发展，更贴近了时代发展的方向。在此，仅以此文献给百年历程蓬勃发展的中国现代考古事业，恭贺冯永谦先生88岁米寿。

明辽东长城，是指明朝辽东都指挥使司（亦称辽东镇）下辖的长城，明代称为“辽东边墙”，分布在今辽宁省境内。它东起鸭绿江右岸，丹东市宽甸满族自治县虎山南麓，西至葫芦岛市绥中县永安堡乡锥子山东侧（北线）和荆条沟北山（南线），与蓟州镇“吾名口关”长城相接，其走向大致呈“凹”字形。

铁岭市是明辽东长城墙体分布线路最长、构筑方式最丰富、结构最复杂的地段之一。它正处在辽宁明长城“凹”字形的右上角，呈凸环形，东从抚顺入铁岭县境，经横道河子、大甸子镇，开原市靠山镇、松山镇，清河区聂家乡、杨木林子镇，西丰县松树村、郜家店镇，再入开原威远堡镇、莲花镇，由开原与昌图交界处大台山入昌图泉头镇，向西进入老城镇、大兴镇、亮中桥、十八家子、长岭子，转而向南，进入开原庆云堡镇、三家子村，过辽河进入铁岭县镇西堡镇、大青乡、凡河镇、新台子镇，而后进入沈阳市境，全长490华里。

《辽宁省明长城资源调查报告》[②]将辽东明长城分为辽东山地、辽河平原和辽西丘陵三个段落。其中辽东山地段和辽河平原段的分界点是镇北关[③]。依此分法，明辽东长城铁岭西线，属辽河平原段，

① 许志国，铁岭市博物馆副馆长、研究馆员。

② 辽宁省文物局：《辽宁省明长城资源调查报告》，文物出版社2011年9月版。

③ 辽宁省文物局：《辽宁省明长城资源调查报告》，文物出版社2011年9月版，第15页。

铁岭东线长城则属辽东山地段（图一）。

铁岭长城东线所在的铁岭县、开原市、西丰县，属辽东山地段，而辽东山地属长白山系千山、龙岗山和吉林哈达岭支脉，其间山势高耸，河谷纵横，盆地星罗棋布，黄土堆积较薄。故不易修筑连贯的土墙，而是借“山谷之险”，连接以石墙、山险墙或“木柞墙”以“据险隘”，并辅以位置较高、视野开阔的烽燧以“察远近”。长城墙体的修筑方式与其行经区域的地貌、地形等自然环境有着必然的联系。铁岭市西、北部长城所经的铁岭、开原西部、昌图西南部属辽河平原地段，辽河平原地势平坦，除辽河套外黄土堆积较厚。一方面“地势平衍，惟藉版筑”，即无险可恃，需修筑连贯的墙垣，另一方面也易于就地取材修筑大段夯土墙。而在辽河套内，“近河淤滩，不能筑墙，乞壕为堑”[①]。但此次调查，在辽河套内未发现堑壕，可能是由于年代久远，加之辽河河道变迁，堑壕被淤积的流沙所漫平，故而无迹可寻。

图一　铁岭市明长城地势分布图

① 冯瑗：《开原图说》卷上，丁字泊堡图说，明万历间刊本，玄览堂丛书，台北：“中央图书馆”1981 年版。

一

铁岭东线长城的墙体类型，因山势的变化而变化，借助“山谷之险”，最典型的山险，是铁岭县大甸子镇域内的边墙子长城3段、椴木冲长城1至6段。总共7段山险，统称为椴木冲长城山险。

椴木冲长城第一段山险，起点是大甸子镇大椴木冲村边墙子屯北300米的北山顶（边墙子长城3号敌台），高程368米，止于大甸子镇黄泥洼村东北800米的山顶（边墙子长城4号敌台），高程552米。西南—东北走向。南接边墙子长城2段，北连椴木冲长城1段。南侧有沈平线公路。整体保存较好，全长880米。该段墙体为山险，利用陡峭的山体为屏障，以山为险。

第二段长城山险，起点是大甸子镇黄泥洼村东北1400米处的山顶（边墙子长城4号敌台），向北延伸，全都是利用陡峭的山体为屏障，以山为墙，止于大甸子镇大椴木冲村北1400米的北山顶部（椴木冲长城1号敌台），高程478米。西南—东北走向。整体保存较好。全长950米。同样是利用陡峭的山体为屏障，以山为险。

第三段长城山险，起点是大甸子镇大椴木冲村北1400米的北山顶部（椴木冲长城1号敌台），止于大甸子镇大椴木冲村东北1500米的东北沟西侧（椴木冲长城2号敌台），高程554米。西南—东北走向。南接边墙子长城1段，北连椴木冲长城3段。整体保存较好，全长1000米。该段墙体为山险，利用陡峭的山体为屏障，以山为险。

第四段长城山险，起点是大甸子镇大椴木冲村东北1500米的东北沟西侧（椴木冲长城2号敌台），止于大甸子镇大椴木冲村小椴木冲屯西北1000米的锅底沟北山顶（椴木冲长城3号敌台），高程581米。西南—东北走向。南与椴木冲长城2段相连，北连椴木冲长城4段。整体保存较好，全长1000米。该段墙体为山险，利用陡峭的山体为屏障，以山为险（图二）。

第五段长城山险，起点是大甸子镇大椴木冲村小椴木冲屯西北1000米的锅底沟北山顶（椴木冲长城3号敌台），止于大甸子镇二道沟村西北1200米的北山顶（椴木冲长城4号敌台），高程476米。西南—东北走向。南与椴木冲长城3段相连，北连椴木冲长城5段。整体保存较好，全长1600米。该段墙体为山险，利用陡峭的山体为屏障，以山为险。

第六段长城山险，起点是大甸子镇二道沟村西北1200米的北山顶（椴木冲长城4号敌台），止于大甸子镇二道沟村北1000米的北山顶（椴木冲长城5号敌台），高程525米。西南—东北走向。南接椴木冲长城4段，北连椴木冲长城6段。整体保存较好，全长600米。该段墙体为山险，利用陡峭的山体为屏障，以山为险。

第七段长城山险，起点是大甸子镇二道沟村北1000米的北山顶（椴木冲长城5号敌台），止于大甸子镇英树沟村南1000米的南山顶（椴木冲长城6号敌台），高程336米。西南—东北走向。南接椴木冲长城5段，北连英树沟长城。整体保存较好，全长1000米。该段墙体为山险，利用陡峭的山体为屏障，以山为险。

从边墙子长城3段起至椴木冲长城的7段山险间（图三），每段间为一座敌台，是为边墙子长城3号敌台、4号敌台，椴木冲长城1~6号敌台，这是在每段墙体到达一座山峰的顶部，即修筑一座敌

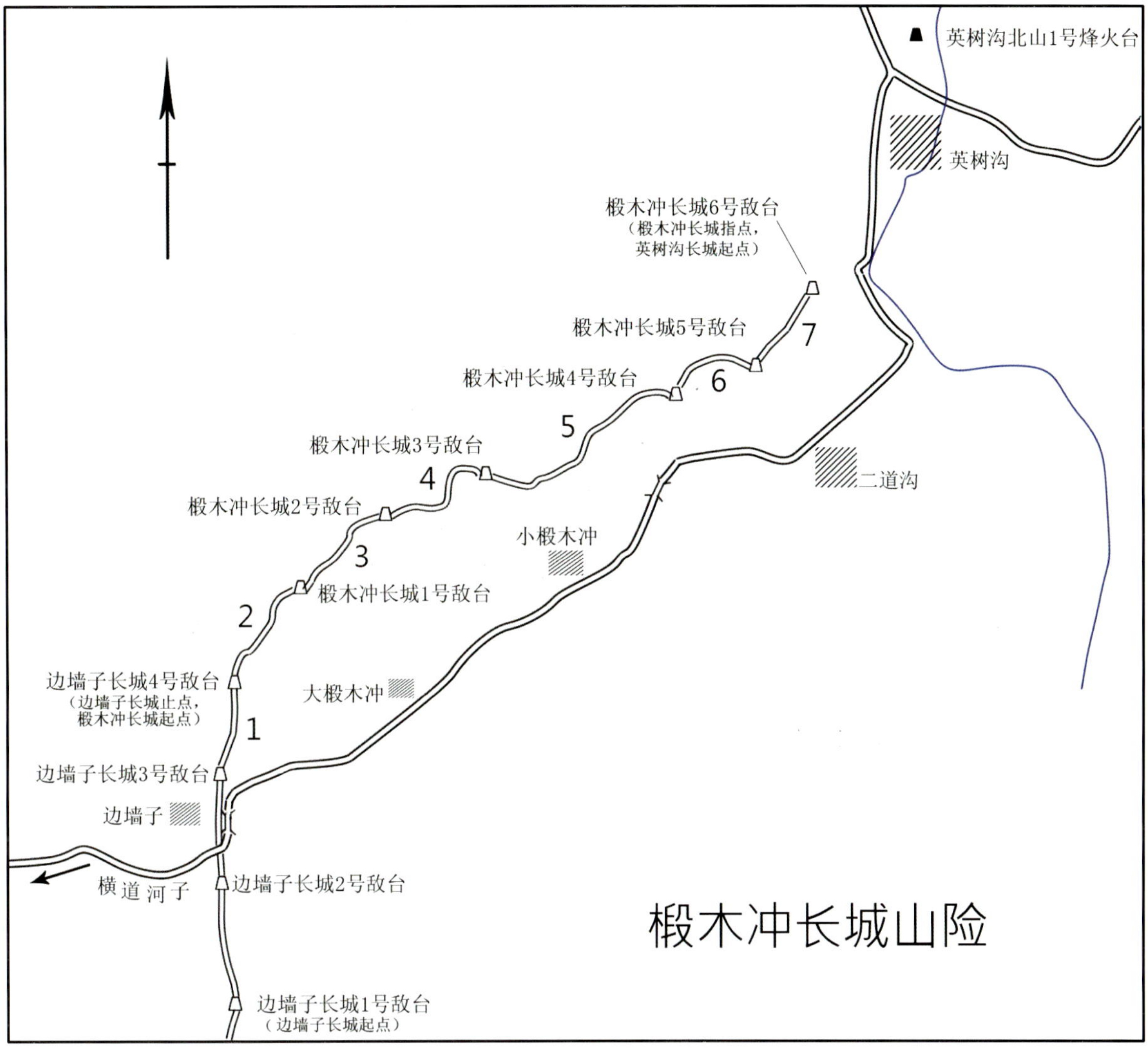

图二　椴木冲长城山险位置示意图

台，除了观察敌情，举火示警，也担负保卫两侧的长城山险墙体之责，是长城利用自然的山险，在墙体凸起的高处，修建的人工观察、守卫的设施，自然形成的山险经过人为的加工，使墙体与高山顶部的敌台浑然一体，从而起到守卫明朝疆土的重要作用。

英树沟长城河险，与椴木冲长城山险一样，长城在充分利用东部山地连绵的高山，利用山势的陡峭，以山为险以外，长城墙体经过河谷地段，也对河流及堤岸进行利用，即以河为险，以岸为墙。与椴木冲长城山险相接的长城，由大甸子镇境内北部延伸，是为英树沟长城，沿长城走向的地势，渐次降低而进入汎河支流龙泉河河谷地带，到高丽坎子村北汇入汎河。而这段进入龙泉河河谷地带的长城，因地势和河谷地带的变化，巧妙地利用了长城与河流的相同走向，利用河流的险阻，以河为险（图四），以岸为墙，河流岸边的峭壁，成为一道壁垒的屏障，被修建长城的施工策划者进行了规划利用，与山险一样，把堤岸和河床内滚滚流淌的滔滔大河作为险阻，不但起到了阻挡来犯者的作用，完成了军事防御的重要工程，还节省了大量的财力、物力、人力，事半而功倍，也是中国古代长城军事防御工程与自然山川完美结合的真实案例。

图三　椴木冲长城山险

图四　龙泉河长城河险

以河流为险的一段是英树沟长城（图五），起点在大甸子镇英树沟村南1000米处的南山顶上（椴木冲长城6号敌台），高程为336米，止点在大甸子镇老边台村东200米的东山顶上（老边台东山烽火台），高程220米。西南—东北走向。其南接椴木冲长城6段，河谷南北一线的河岸西侧高地上，依次有英树沟北山1号烽火台、英树沟北山2号烽火台、下三家子东山烽火台。东侧有汎河支流龙泉河，北侧有汎河（图六）。河岸西侧与烽火台之间有沈平线公路。全长6200米。河岸西侧一线修建的4座烽火台，主要是负责这里长6200米河险墙段的防卫，起到了和人工墙体同样的作用。

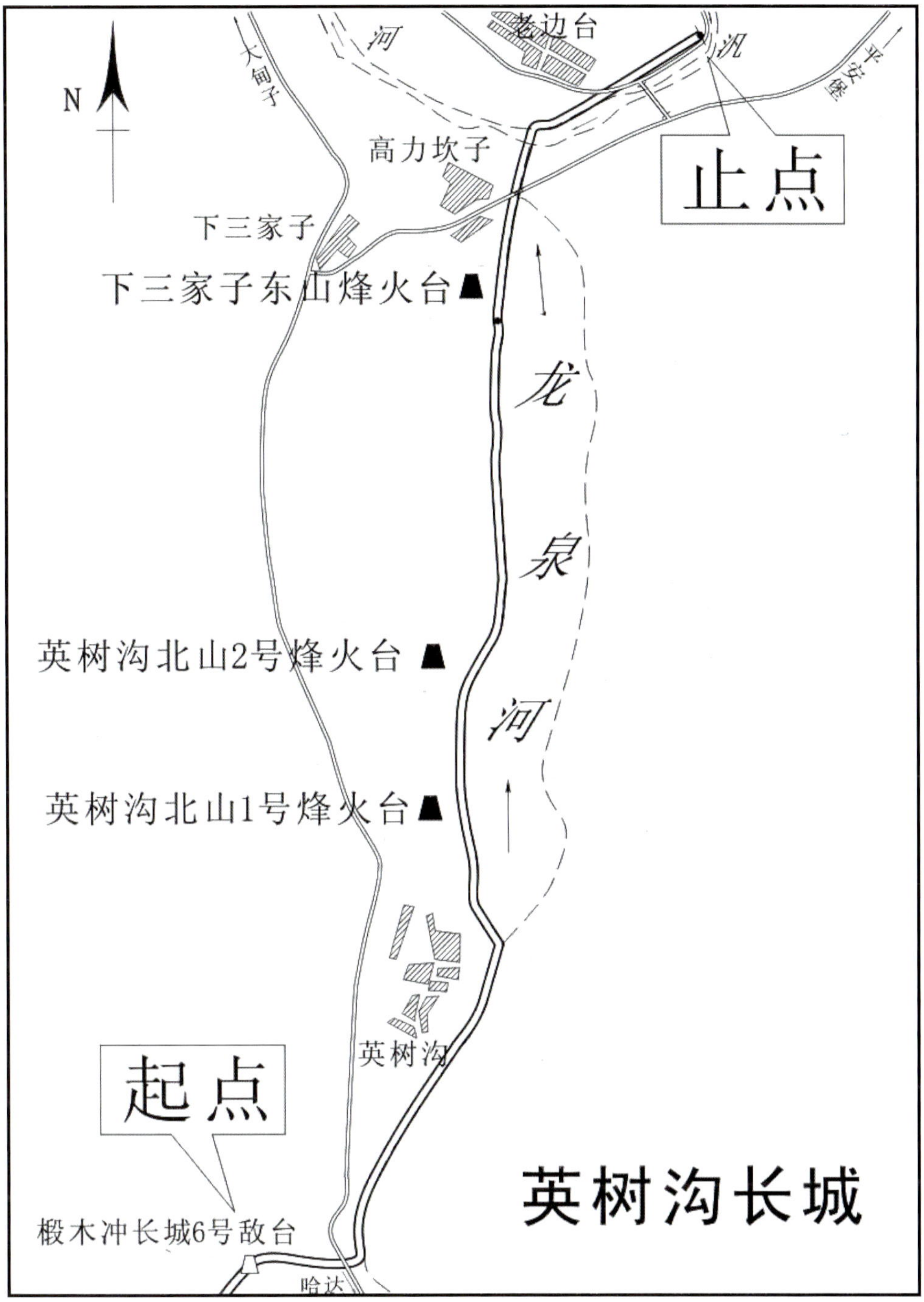

图五　英树沟长城河险段位置图

以上两段长城山险与长城河险，将自然的山体、河床充分地利用起来，遇有敌情，守卫敌台、烽火台的军兵士卒马上点燃烽火，传烽报警，敌人来犯的信息马上会传达到驻兵的边堡与守城，立即发兵，与敌交锋，驱除或消灭来犯之敌。长城起到了保卫汉族农耕区人民生产和生活安定的作用，体现了朝廷修建辽东长城“因地制宜”的设计方针。

长城沿铁岭东部向北延伸，进入开原市靠山镇境内，先是彭家堡子长城（图七）、萧家崴子长城，过柴河即为靠山长城。靠山长城位于靠山镇西，在靠山镇西半部的镇内，有一条南北走向的柴河支流注入柴河，这条支流叫郭蒋河，发源于郭蒋村的明石沟，从郭蒋屯向北，即是靠山镇与松山镇交界的象牙山，此处地势北高南低，郭蒋河南流直接注入柴河。郭蒋河河谷西侧一线，有高于河谷约 3~4 米的岸边台地和南北排列的数座小山，每座山顶都修建一座烽火台，共有 8 座烽火台沿河边一线排列。调查这段长城时，除沿河西侧台地一线的 8 座烽火台外，没有发现墙体，《辽宁省长城资源调查报告》[①]将这段墙体做结论为消失，笔者以为应重新审视定论，这段长度为 9000 米的墙体，如果当年确实存在的话，从所处的地理位置看，是郭蒋河西侧南北一线的台地和连续的小山，台地之下是一道柴河的一级支流，河谷与西侧河岸形成一定的高差，另推测古时水量大于今时，当长城修建到此，设计者一定看到这里的地理形势，完全可以利用河岸与河流作为屏障，以河为险，以岸为墙，一如铁岭县英树沟长城一样，既节省人力、物力、财力，又可利用河水、岸墙阻敌，于是在郭蒋河谷西侧一线，凸起的 8 座小山顶部修建烽火台，派兵戍守。这八座烽火台从南到北依次是西台山烽火台、东台山烽火台、罗家沟山烽火台、吕家屯西山烽火台、聂家屯北山烽火台、蒋家屯南山烽火台、蒋家屯北山烽火台、郭家屯北山烽火台，驻守这八座烽火台的戍守兵士，遇有敌情，便传烽举火，或“发狼烟”报警，近在咫尺的柴河堡、中固城的驻军迅速发兵，前来救援，击退来自边外的入犯之敌。

从调查的情况来看，在这一线排列的八座烽火台间、靠近沟谷西侧的岸墙一侧，没有发现墙体遗迹，说明很有可能当时修建这段长城时，本就利用河谷岸墙与河谷之间的高差来防守拒敌，无须再修一道墙体，所以我们今天调查当然不会发现墙体，如果像长城其他段落那样，本就有墙体，那么至今还是会留下清晰的遗迹，或凸起的土塄，或土塄与堑壕，而绝不会一点儿痕迹都没有，现存的长城在很多墙段，即使村民在墙体上耕种，隆起的墙体也高出地表两侧，清晰可辨，至少在东部山区起伏的山地长城是这种情况。因此，笔者倾向于靠山长城这段“消失了的墙体”或许当初就根本没有修墙，而是借助河流之险（图八），在河流一侧修建烽火台来守卫这段长城。

二

在东部山地长城段，另外一种墙体是山险墙，山险墙在铁岭县东线有大甸子镇境内的上三道沟长城，开原市靠山镇境内的彭家堡子长城 1 至 3 段、萧家崴子长城 1 段、古砬沟长城，西丰县境内的会英长城（图九），共 7 段山险墙，长度为 12400 米。

① 辽宁省文物局：《辽宁省明长城资源调查报告》，文物出版社 2011 年 9 月版，第 61 页。

图六　汎河段长城河险

图七　靠山镇彭家堡子长城墙体

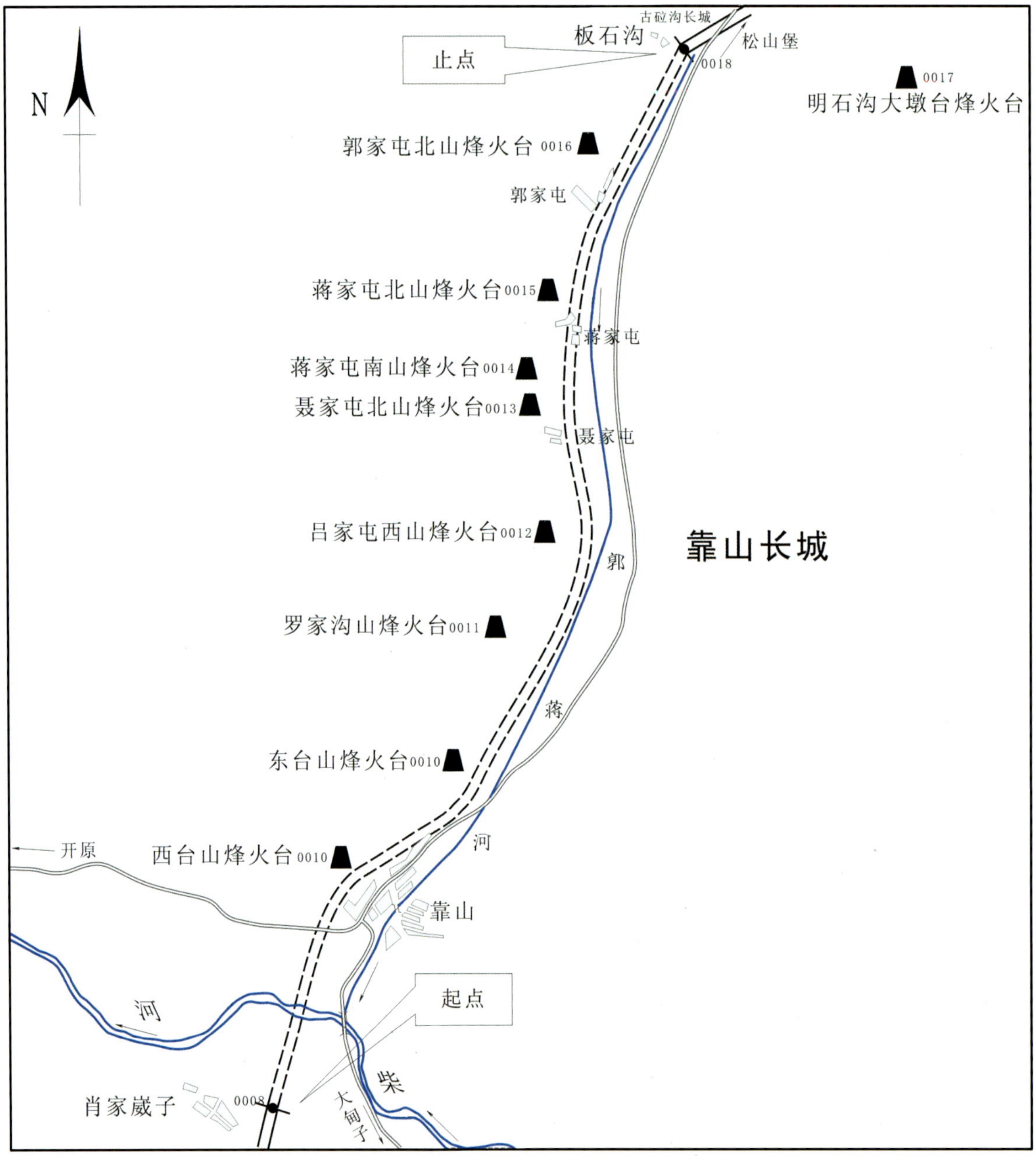

图八　靠山长城河险位置图

山险墙也叫劈山墙，是在修建长城时，利用险峻的山岭外侧，人工劈凿成陡立的崖面而作为边墙，即长城的墙体，使之形成内外高差，称为山险墙。山险墙与山险最大的区别，即山险完全是利用自然山体的险峻，不经人为加工，而山险墙则“劈山为墙”，在山体外侧掘壕，人工使山体壁立成险，成为难以逾越的屏障，而在低矮处，则垒砌石墙。

铁岭东部山地长城最多的是石墙，最南端的是与抚顺相接的铁岭县横道河子镇边墙子长城1段、2段，开原市松山镇境内山槐长城1段、2段、3段，大荒顶子长城；清河区境内苇子沟长城1段、2段、3段、4段（图十），广东山长城1段、2段、3段、4段，石人沟长城1段、2段，柴家岭长城1段、2段；西丰县境内的清井长城、兴德长城（图十一）、中和长城、巨祥长城（图

图九　西丰会英长城劈山墙

图十　苇子沟长城石墙

十二）、乱柴长城、下永兴长城。开原市东线北段的威远堡境内北沟长城、茶棚长城1段、2段、3段；开原东北角段莲花镇境内的罗家屯长城1段、2段，石龙长城1段、2段、3段，塘坊长城1段、2段、3段。共36段石墙，长61340米[①]。

铁岭东线长城所在的区域，包含现今行政区划的铁岭县、开原市、清河区、西丰县等东部山区乡镇，其地属长白山余脉千山山脉支系，一般海拔在200~750米之间，多山多川多谷地带，地势起伏较大，地质结构属石灰岩类型。区域内河流众多，流域面积较大，主要河流为辽河水系的汎河、柴河、清河、寇河等。由于长城是修筑在山间岗地上，山石是取之不尽的资源，因此长城的修筑者"因地制宜，就地取材"，墙体主要采用石筑，或土石混筑，以清河区苇子沟长城3段为例：此段墙体起于聂家乡腰堡村苇子沟屯西南1400米的山顶上，止于聂家乡腰堡村苇子沟屯西南1200米大顶子山顶上。西南—东北走向。南接苇子沟长城2段，北连苇子沟长城4段，全长120米。该段墙体为石墙，土石混筑，现墙顶宽1~2米、底宽4米、残高0.8~1.2米。墙体西侧有堑壕，口宽2.7~3米、底宽1.8~2.4米、存深0.5~0.7米。墙体剖面为梯形，堑壕断面为梯形。

铁岭境内辽东山地长城与辽河平原长城的分界点在镇北关[②]，即今开原市莲花镇的南城子水库，关城已被淹没在水库中。从长城墙体的类型分布看，东部山地长城的墙体分为山险、山险墙、石墙，也就是说，镇北关以东、以南，都是石筑墙体，镇北关以西，都是土筑墙体。但实际情况是，镇北关以西的罗家屯长城、石龙长城、塘坊长城，直到大台山顶部这一段，墙体还是采用石筑的，而且是三道墙体平行，塘坊长城1段是四道墙体平行分布，都是石墙。这当然与这里仍旧是起伏的山地及大台山等高低不等的大小山体，多石材资源有关。过大台山以西，才进入严格意义上的辽河冲积平原与辽河套区域。

三

长城过镇北关这个辽东山地与辽河平原分界点后，具体说是过大台山以后，向西进入今昌图县境，也就是进入辽东长城辽河平原段了，这一区段的墙体因处在辽河冲积平原上，墙体都是采用土筑的。在开原有威远北沟长城（图十三）、莲花石龙长城（图十四），昌图县境内具体的墙体段落，有农林长城、石虎子长城（图十五）、泉头长城（图十六）、塔西长城、朝阳堡长城、河信长城、长青堡长城、大台庙长城、八家子长城、兴隆台长城、四方台长城，开原西线双楼台长城、兴隆台长城，铁岭县西线果园长城、大台山长城、营盘长城、二公台长城、索龙岗长城、帽山长城，共32段，长123500米[③]。

由大台山，今行政区划的开原市、昌图县交界处开始向西，长城墙体全部采用土筑，这里的长城是农林长城1段、农林长城2段、农林长城3段，石虎子长城1段，这4段长城是三道墙体平行

① 辽宁省文物局：《辽宁省明长城资源调查报告》，文物出版社2011年9月版，第56、62—80页。
② 辽宁省文物局：《辽宁省明长城资源调查报告》，文物出版社2011年9月版，第77页。
③ 辽宁省文物局：《辽宁省明长城资源调查报告》，文物出版社2011年9月版，第82—92页。

图十一　西丰兴德长城石墙

图十二　西丰巨祥长城（二道墙体一道壕堑）

图十三　开原威远堡镇北沟长城墙体

图十四　开原莲花镇石龙长城墙体

图十五　昌图泉头镇石虎子长城墙体

图十六　昌图泉头长城墙体

布局，以农林长城3段为例，南侧墙体北距中间墙体20米，现顶宽1.2~1.4米、底宽5.6~6米、残高1~1.2米；中间墙体，北距北侧墙体50米，现顶宽1.1~1.2米、底宽4.8~5.1米、残高1.1~1.3米；北侧墙体，现顶宽1.1~1.3米、底宽4.8~5.1米、残高1~1.2米。墙体剖面为梯形。再向西从石虎子长城2段起，墙体变为一道，从地表可见一道突起的土塄。这样由夹板土筑的墙体，向西经昌图泉头镇的泉头长城、塔西长城，进入昌图老城镇境内的朝阳堡、长青堡长城，大兴镇的大台庙长城，亮中桥镇的八家子长城、长岭子的四方台长城，南入开原市庆云堡镇境内双楼台长城、兴隆台长城。再越过辽河，进入铁岭西线的果园长城、大台山长城、营盘长城、二公台长城、索龙岗长城、帽山长城，出铁岭县境入沈阳市境内。这区间的长城墙体除铁岭县新台子境内的索龙岗长城2段为两道墙体外，其余均为一道墙体。索龙岗长城2段，长2400米，北侧为主墙，南侧有复墙伸入辽河大堤。有的长城墙体地表已无存，像帽山长城，地表已无踪迹可寻。

辽河平原明长城起于开原市东北角，随即进入昌图县东南部，这段可以视为辽河平原长城的起点，这里的地势北高南低、东高西低，海拔高度6~200米，长城行经的区域北部，为平原与丘陵接壤地带，地属辽河冲积平原，地势稍有起伏；南部为广袤的平原，地势平坦，河流纵横，流域面积广大，主要河流有辽河及其水系的亮子河、马仲河、寇河、清河、柴河、汎河等。铁岭境内辽河平原长城段落的墙体保存与东部山区相比，由于辽河平原地区地势较低平，山地较少，河流较多，交通发达，人口稠密，人们的日常生产生活活动对墙体影响较大，破坏较重。这一段明长城早在明朝灭亡、清代迁都北京后，即废弃严重。以后几百年来，自然水土流失和居民修路、耕作、建房、架桥等土木工程，均对墙体造成毁灭性的破坏，甚至使之消失。位于铁岭市东北部有一段长城墙体，在存在形态方面，墙体连贯分布；在构筑方式方面，均为土筑和土石混筑的人工墙体；在平面结构方面，多道墙体和多道堑壕相结合，平行布局，具体而言，镇北关（位于开原市东北，淹没于南城子水库下）以北，多道墙体相结合，不见堑壕；镇北关以南，多道墙体和多道堑壕相结合[①]。

此段长城起于西丰县成平乡清井村南1500米的歪石砬子山顶上，经镇北关，止于昌图县泉头镇石虎子村北1200米的北山顶上。分布在西丰县、开原市、昌图县境内，包括了西丰县境内的清井、兴德、中和、巨祥、乱柴、下永兴，开原市境内的茶棚、罗家屯、石龙、糖房，昌图县境内的农林、石虎子等长城墙体段落。沿线重要遗迹有镇北关、开原东马市（开原老城东的马市堡）和威远堡（今开原市威远堡镇内）、镇北堡（今开原市威远堡镇镇北堡村东南）两座边堡。

此段长城行经区域属辽东山地向辽河平原的过渡地带，地势从东北向西南倾斜。地形、地貌大致以开原市莲花镇西北的大台山（昌图县、开原市界）为界分为东西两部分。东部以低山丘陵为主，其间多横向山谷，可连接寇河、叶赫河河谷，地表多黑褐色腐殖土，平均海拔300米左右。西部以波状岗丘为主，其间多纵向沟壑，可通向辽河平原，地表为黄褐色砂质土，平均海拔250米左右。该区域的主要河流有寇河及其支流叶赫河，从东北向西南流经威远堡，在开原老城（明开原城）

① 刘明等：《铁岭市东北部长城研究——兼论明辽东长城的始建时间》，《边疆考古研究》第11辑，科学出版社2012年版。

东南注入清河，属辽河水系。

铁岭市东北部的此段明长城，从清阳堡（今昌图县昌图镇青羊村内）东界起，历镇北堡、威远堡，至靖安堡（今铁岭市清河区清河水库库区内，清代以后称尚阳堡）北界，多道墙体和多道堑壕平行布局，与沿线的烽燧珠连璧贯，绵亘于明代开原城的东北面。以今开原市莲花镇西北部的大台山北坡为界，以东的长城墙体大体为南北走向，均为土石混筑，多道墙体和多道堑壕相结合；以西的长城墙体转为东西向，均为堆土而成，多道墙体相结合，不见堑壕。其存在形态和构筑方式与所属的长城段落不尽相同，平面结构更不同于明辽东长城的其他段落是其突出的特点。

作为明辽东镇防御体系的最重要设施和依托，其主要功能无疑是军事防御。与明辽东长城其他段落墙体相比，此段多道墙体和多道堑壕结构的长城，增加了防御纵深，有效地增强了长城墙体的防御功能。但究其具体的功用，还是因为此段长城墙体位于明代开原城的东北面，是开原城东北方向防御的重要设施和依托。主观方面，基于开原城在辽东镇防御体系中的重要性，需要修筑防御功能完备的长城墙体，来加强开原城的外围防御。客观方面，该段长城行经区域的地貌、地形、土壤等自然条件决定了只能修筑多道墙体和堑壕相结合的长城，才能达成强化其防御功能的目的。

开原城“在辽阳城北三百三十里，北路参将驻镇于本城内”[①]，为辽东镇北路屯兵城。洪武二十一年（1388 年）徙置三万卫于开元（即开原）[②]。二十三年（1390 年），“置辽海卫指挥使司于三万卫北城”[③]，二十六年（1393 年），辽海卫徙治开原城。[④]永乐六年（1408 年）四月，于开原置快活、自在二城[⑤]；同年五月于自在、快活二城设自在、安乐二州[⑥]，且“辽海、三万、沈阳、铁岭四卫统之于开原”[⑦]。开原在辽东镇中的地位和重要性仅次于辽阳（都司城、东路屯兵城）和广宁（都司分司城、中路屯兵城），“辽阳虽都司会治，而广宁抚镇弭节，士马独盛，实与辽阳分东西河而治，次则开原，控扼北虏，独当一面”[⑧]，开原实与辽阳、广宁一起在辽东镇中成雄踞鼎峙之势[⑨]。

开原城位于辽东镇北端突出部，扼辽肩背，“控临绝徼，翼带镇城，居全辽之上游，为东陲之险塞”[⑩]，且三面临虏，东北有建州、海西、毛怜等卫，西北有朵颜、福余、泰宁三卫[⑪]，仅南面一路可通铁岭、沈阳、辽阳。因此，成为明朝辽东与周边蒙古族和女真族部落交往、冲突的最前沿，其军事

---

① 〔明〕任洛等：《辽东志·地理志》卷一，《辽海丛书》，辽沈书社 1985 年版。

② 《明太祖实录》卷一百八十九，国立北平图书馆红格钞本，中国台北“中央研究院历史语言研究所”印，第 2857—2858 页。

③ 《明太祖实录》卷二百，国立北平图书馆红格钞本，中国台北“中央研究院历史语言研究所”印，第 3005 页。

④ 〔明〕任洛等：《辽东志·沿革志》卷一，《辽海丛书》，辽沈书社 1985 年版。

⑤ 《明太宗实录》卷七十八，国立北平图书馆红格钞本，中国台北“中央研究院历史语言研究所”印，第 1053、1054 页。

⑥ 《明太宗实录》卷七十九，国立北平图书馆红格钞本，中国台北“中央研究院历史语言研究所”印，第 1062 页。

⑦ 董越：《重刊辽东志书序》，〔明〕任洛等：《辽东志》，《辽海丛书》，辽沈书社 1985 年版。

⑧ 〔明〕任洛等：《辽东志·凡例》，《辽海丛书》，辽沈书社 1985 年版。

⑨ 〔明〕李辅等：《全辽志·图考志》卷一，《辽海丛书》，辽沈书社 1985 年版。

⑩ 顾祖禹：《读史方舆纪要》卷三十七，山东八，中华书局 2005 年版，第 1743 页。

⑪ 魏焕：《皇明九边考》卷二，《辽东镇·经略考》，明嘉靖刻本。

防御功能更突出。交往方面，基于经济上“以我无用，易彼有用”，政治上怀柔羁縻，“以款戎心”，军事上“明于款夷之中，而默寓损夷之术”的初衷①，明朝先后在开原东、西两处开设马市。永乐四年（1406年），首先在开原城东屈换屯设女真马市，以待海西女真，为辽东最早开设的两处马市之一（另一处为广宁马市）②。成化间，改设女真马市于城南门外西，又于古城堡南设达达马市。嘉靖三年（1524年），改达达马市于庆云堡北③。冲突方面，明朝为强化开原城防御，一方面构筑了高大的城墙，增强本城的防御能力。开原城墙高达三丈五尺，雄踞全辽之冠。都司城辽阳城墙高三丈三尺，都司分司城广宁城墙高仅三丈，均不能与之比肩④。另一方面，明朝在开原周围交通要道设置了关隘，以控扼交通要道。开原城东六十里有广顺关、东北七十里有镇北关、西六十里有新安关、西南六十里有清河关、南六十里有山头关⑤。其中，广顺关、镇北关、新安关位于长城沿线，是马市交易的重要通道。

开原城在辽东镇辖区中所处的独特地缘，决定了它在辽东镇防御体系中有着极其重要的战略地位。诚如熊廷弼奏疏所言：“辽左为京师肩背，欲保京师，而辽镇必不可弃；河东为辽镇腹心，欲保辽镇，而河东必不可弃;开原为河东根底，欲保河东，而开原必不可弃。”⑥ 为保开原，以“根底”河东、“腹心”辽镇、“肩背”京师，外围防御所依托的长城墙体尤为重要，故设计修筑了多道墙体，并有选择地辅以堑壕，以增加其防御纵深，强化其防御功能。

此段长城的行经区域的地貌、地形和土壤等自然条件直接影响了墙体的设计和构筑方式。通观明辽东长城墙体，构筑上均因地制宜，材质上均就地取材。在岩石暴露较多的辽西丘陵地区，“随山起筑，多用石砌”；在黄土堆积较厚的辽河平原地区，“地势平衍，惟藉版筑”；在山势高峻、植被繁茂的辽东山地，常见的有土石混筑、木柞为墙、劈山为墙、山（河）险为墙。

该区域因缺少恃以为险的自然地物（山体、河流等），便不能像在辽东山区那样构筑山险或者山险墙，而必须修筑连贯的人工墙体，以弥补“地利”上的不足。缺少黏性土壤，便不能像在辽河平原那样修建夯土墙；缺少暴露的岩石，便难以像辽西丘陵地区那样修筑毛石干垒墙或砖石混筑墙。因而，此段长城墙体东段（大台山以东）采用土石混筑，西段（大台山以西）采用堆土为墙。然而，无论是土石混筑墙还是堆土墙，其坚固程度都远不及夯土墙、毛石干垒墙和砖石混筑墙。为弥补自然条件的先天缺陷，设计者采用了一次性修筑多道墙体，并有选择地辅以堑壕，以增加其防御纵深，强化其防御功能。

---

① 〔明〕熊廷弼：《查参马价疏》，万历三十六年十一月初三日；〔明〕熊廷弼：《按辽疏稿》卷之一，明刻本，四库禁毁书丛刊编纂委员会：《四库禁毁书丛刊史部第九册》，北京出版社1998年版。

② 《明太宗实录》卷五十二，国立北平图书馆红格钞本，中国台北“中央研究院历史语言研究所”印，第775页。

③ 〔明〕任洛等：《辽东志·建置志》卷二，《辽海丛书》，辽沈书社1985年版。

④ 〔明〕李辅等：《全辽志·图考志》卷一，《辽海丛书》，辽沈书社1985年版。

⑤ 李贤等：《大明一统志》卷之二十五，辽东都指挥使司，明英宗序本。

⑥ 熊廷弼：《河东诸城溃陷疏·请兵饷》；熊廷弼：《熊经略集》一；陈子龙等：《皇明经世文编》卷四百八十；明崇祯云间平露堂刻本，四库禁毁书丛刊编纂委员会：《四库禁毁书丛刊集部第二九册》，北京出版社1998年版。

四

辽河平原段长城主要是土墙，这已为长城各段遗迹所证明，但明代史料中曾提及木柞墙，这涉及辽东长城辽河平原段的始建时间，以及最早的辽东长城是用什么材质的材料建造的，有关这方面的史料有如下记载：

以长城墙体的建设时间而论，其始建时间当在正统初年。《明宪宗实录》记载，成化二十三年秋七月“丁未，兵部议上辽东都指挥使邓钰所奏备边事宜，言：‘自永乐中罢海运后，筑边墙于辽河之内，自广宁东抵开原，七百余里。若就辽河迤西。径抵广宁，不过四百里。以七百里边墩堡寨移守四百里，虏若入寇，彼此易于应援……’”[①]。

《明孝宗实录》等文献记载，弘治六年二月辛亥，巡按山东监察御史李善奏：“臣见辽东边墙，正统二年始立……”[②]

《辽东志》记载毕恭“字以谦，前屯卫人……图上方略，开设边堡、墙壕、烽堠，至今赖焉”[③]。

《全辽志》记载毕恭“字以谦，前屯卫籍……图上方略，开设迤西边堡、墙壕，增置烽堠，兵威大振，虏人畏服”[④]。又载“国初，毕恭守辽东，始践山因河，编木为垣，久之，乃易以版筑，而墩台城堡稍稍添置，此其能亦无下于蒙将军（即秦代蒙恬）者”[⑤]。

以上史料表明，明辽东长城墙体始建于明英宗正统二年（1437年），由毕恭设计并主持修建了从广宁至开原间的长城墙体。

然而由毕恭主持修建的辽河平原段长城到底是“编木为垣”还是“版筑”的呢？史料也清晰地记录了这件事。

《明英宗实录》记载，正统四年（1439年）十二月丙戌，辽东总兵官都督佥事曹义、巡抚左副都御史李浚劾奏都指挥使裴俊、都指挥同知夏通、都指挥佥事胡源等人：“守备不严，致兀良哈达子猎我近郊，火延烧木榨一千余丈……”[⑥]正统五年（1440年）三月庚申，“福余卫鞑靼人马车辆，猎于石峰口外，有四骑拆木柞入境，直至静安堡探亲，守者弗觉……”[⑦]

明英宗正统四、五年与辽东长城的始建时间，即正统二年，相隔很近。《明英宗实录》提及的“木柞”“木榨”的位置在静安堡附近，静安堡即静远堡，为明代沈阳中卫下辖的边堡之一，在今沈阳市区西北的于洪区马三家街道靖安堡村内。可见，此被焚烧、拆毁的“木榨”，正是毕恭于正统二年主持修筑的辽河平原段长城木柞（榨）墙的一段。

---

① 《明宪宗实录》卷之二百九十二，国立北平图书馆红格钞本，中国台北“中央研究院历史语言研究所”印，第4940页。

② 《明宪宗实录》卷之二百九十二，国立北平图书馆红格钞本，中国台北“中央研究院历史语言研究所”印，第4940页。

③ 〔明〕任洛等：《辽东志·人物志》卷六，《辽海丛书》，辽沈书社1985年版。

④ 〔明〕李辅等：《全辽志·宦业志》卷四，《辽海丛书》，辽沈书社1985年版。

⑤ 〔明〕李辅等：《全辽志·边防志》卷二，《辽海丛书》，辽沈书社1985年版。

⑥ 《明英宗实录》卷之六十二，国立北平图书馆红格钞本，中国台北“中央研究院历史语言研究所”印，第1184页。

⑦ 《明英宗实录》卷之六十五，国立北平图书馆红格钞本，中国台北“中央研究院历史语言研究所”印，第1253页。

这与此次明长城资源调查所得结果大相径庭。调查结果表明，静远堡附近的长城乃至整个辽河平原段明长城墙体均为土墙。其原因就是“久之，乃易以版筑”，即后来将容易损毁的“木柞墙”更换为更为坚固的夯土版筑墙，但其主持者不再是毕恭，而是举荐并提拔他，“疏荐于朝”的王翱[①]。

《明史》记载：“（正统）七年冬，提督辽东军务。……翱乃躬行边，起山海关抵开原，缮城垣，浚沟堑。五里为堡，十里为屯，使烽燧相接……”[②]

《皇明从信录》记载：“正统七年……命右佥都御史王翱提督辽东军务……逾月躬出巡边，自山海关直抵开原，高墙垣，深沟堑，五里为堡，十里为屯，烽燧斥堠，珠连壁贯……”[③]

《全边略记》记载：正统七年，王翱“躬出巡边，自山海关直抵开原，高墙垣，深沟堑，五里为堡，十里为屯，烽燧斥堠，珠连壁贯”[④]。

《辽东志》和《全辽志》均记载王翱：“正统七年，复提督辽东军务……乃自巡边，沿山海抵开原，高墙垣，深沟堑，经略屯堡，易置烽燧，珠连壁贯，千里相望。”[⑤]

上述史料均表明，正统七年（1442 年），王翱主持修建了自山海关至开原间的长城墙体。从山海关到广宁（白土厂关）之间（即辽西丘陵段明长城）原无长城墙体，此次修筑当为新建。然而，从广宁（白土厂关）至开原（镇北关）之间，已有毕恭主持修建的辽河平原段长城木柞墙，王翱此次修建当为整修，将木柞墙改为土墙。

五

铁岭市境内各类长城墙体的修建时间与建设者，文献史料都有比较详细的记载，如毕恭、王翱、韩斌、周俊，以及明嘉靖开原兵部黄云与万历年间由李成梁、汪道昆提出奏议，对辽东六堡长城的拓边和对辽东长城的全面修缮等。

1. 铁岭市境内辽河平原长城，前述在谈到长城木柞墙时已经有所涉及，辽东长城墙体及相关设施修筑的最早年代，明宣德年间巡抚李善在亲自到辽阳和开原巡边后曾叙述：“臣至辽阳、开原询及故老，皆云宣德年间本镇初无边墙时，唯严瞭望，远烽堠。”[⑥]证明在明宣宗宣德年间，尚无辽东边墙之设。《辽东志》明确记载辽东边墙最早筑于正统二年（1437 年）。是年 2 月，定辽前卫指挥佥事毕恭“言边五事”，其一即为“自海州卫至沈阳中卫，宜于其间分作四处，量地远近，筑置堡、墩”。正统二年毕恭言边事请筑辽河内辽东边墙，在《明孝宗实录》[⑦]和方孔炤《全边记略》中记载的巡抚

① 〔明〕任洛等：《辽东志·人物志》卷六，《辽海丛书》，辽沈书社 1985 年版。

② 张廷玉等：《明史·王翱传》卷一百七十七，中华书局 1974 年版，第 4700 页。

③ 陈建（撰）、沈国元（订补）：《皇明从信录》卷十八，明刻本，四库禁毁书丛刊编纂委员会：《四库禁毁书丛刊·史部》第一册，北京出版社 1998 年版。

④ 方孔炤：《全边略记》卷之十，明崇祯刻本，四库禁毁书丛刊编纂委员会：《四库禁毁书丛刊·史部》第一一册，北京出版社 1998 年版。

⑤ 〔明〕任洛等：《辽东志·官师志》卷五，《辽海丛书》，辽沈书社 1985 年版。

⑥ 〔明〕任洛等：《辽东志》卷七，《辽海丛书》，辽沈书社 1985 年版。

⑦ 《明孝宗实录》卷七十二，国立北平图书馆红格钞本，中国台北“中央研究院历史语言研究所”印。

山东监察御史李善的奏议中也得到证明："臣见辽东边墙正统二年始立。"[①] 这即是由毕恭主持修筑的从广宁至开原间的长城木柞墙。

辽东边墙在正统年间陆续修筑，主要见于《明史·王翱传》：正统七年（1442 年）冬，王翱奉命"提督辽东军务……乃躬行边，起山海关抵开原，缮城垣，浚沟堑，五里为堡，十里为屯，使烽燧相接"[②]。《皇明从信录》卷十八和《辽东志》王翱志略亦记载："（正统七年）乃自巡边，沿山海关抵开原，高墙深沟，五里为堡，十里为屯，烽燧斥堠，珠联壁贯，千里相望。"王翱此次主持对长城的修筑，是将从山海关到广宁（白土厂关）之间原无长城地段新建墙体，而从广宁（白土厂关）至开原（镇北关）之间，已有毕恭主持修建的辽河平原段长城木柞墙，王翱此次修建当为整修，将木柞墙改为土墙。

2. 铁岭境内辽东山地段长城是成化年间修筑的，成化三年（1467 年）明军分三路讨伐建州女真，大败建州女真。自明正统以来，建州女真经常侵略明辽东边境，抢掠人畜，严重影响了辽东的安全，特别是成化以来，更是猖獗。这是由于建州女真在明中叶南迁到婆猪江、苏子河后，由于有适合发展农业生产的土壤和气候，又邻近辽东与朝鲜，因而使建州女真社会经济飞速发展，农业生产有了长足的发展，人口也大量增加，这就刺激了他们向明朝辽东、朝鲜掠夺人口和财富。当时建州等卫女真都督李满柱、董山等，对明采取"阳为效顺、阴为抄略"[③] 的两面手法，表面接受招抚，暗地继续犯边。景泰二年"建州等卫女真都督李满柱、董山等，自正统十四年以来，乘间窃掠边境，辽东为之困敝"[④]，至成化年间，更"大肆猖獗，一岁间入寇九十七次，杀掠人口十余万"[⑤]。成化二年（1466 年）五月，巡抚辽东佥都御史藤昭等奏报"虏寇累入开原境抢掠人畜"[⑥]；六月，巡抚辽东太监李良等又奏报"虏入灰山等处剽掠人畜"[⑦]；九月，建州右卫女真"拥众六千分掠开原、抚顺、沈阳、辽阳等处"[⑧]。成化三年三月，据朝鲜文献："海西卫千余兵屯于白塔，毛怜卫千余兵屯于连山，建州卫五百余屯于通远堡。"[⑨] 杀掠甚重。同月，镇守辽东太监李良等也报称："达贼屡入边境，杀掠官军人畜及器械财物。"[⑩] 四月，建州左卫都督董山等又"纠合毛怜等处夷人侵犯边境，虏掠人畜"[⑪]。"自开原以及辽阳六百余里，数万余家，率被残破"[⑫]。由于建州女真屡次犯边，严重威胁

---

① 《全边纪略》卷十。

② 《明史·王翱传》卷一百七十七，中华书局 1974 年点校本。

③ 《明宪宗实录》成化三年正月庚午，国立北平图书馆红格钞本，中国台北"中央研究院历史语言研究所"印。

④ 《明英宗实录》景泰二年冬十月乙酉，国立北平图书馆红格钞本，中国台北"中央研究院历史语言研究所"印。

⑤ 《李朝中宗实录》中宗三十八年正月丁卯。

⑥ 《明宪宗实录》成化二年五月庚辰，国立北平图书馆红格钞本，中国台北"中央研究院历史语言研究所"印。

⑦ 《明宪宗实录》成化二年六月戊申，国立北平图书馆红格钞本，中国台北"中央研究院历史语言研究所"印。

⑧ 《明宪宗实录》成化二年九月丁酉，国立北平图书馆红格钞本，中国台北"中央研究院历史语言研究所"印。

⑨ 《李朝世祖实录》世祖十三年三月戊子。

⑩ 《明宪宗实录》成化三年三月戊辰，国立北平图书馆红格钞本，中国台北"中央研究院历史语言研究所"印。

⑪ 《明宪宗实录》成化三年四月癸亥，国立北平图书馆红格钞本，中国台北"中央研究院历史语言研究所"印。

⑫ 《明宪宗实录》成化三年七月甲子，国立北平图书馆红格钞本，中国台北"中央研究院历史语言研究所"印。

明朝辽东的安全，明朝决定讨伐建州女真。明军分三路出兵，大败建州女真。战后，为进一步加强辽东地区的防御和守边计，开始修筑从辽东抚顺“东洲堡”至本溪“草河堡”共“十堡相属千里”的辽东边墙。

据《全辽志》卷四记载，此次辽东长城的修筑，为成化四年（1468年），由辽阳副总兵韩斌呈上《辽东边务规画（划）》，呈文中说：“为堡守之，自抚顺而南四十里而设东州堡，东南之三十里设马根单堡，马根（单）之南九十里设清河堡，清河之南七十里设碱场堡，碱场之南一百二十里设叆阳堡。烽堠相望，远近应援，拓地千里焉。”韩斌的奏议得到了明政府的许可。于是从成化五年（1649年）开始，陆续增筑了东州、马根单、清河、碱场、叆阳、凤凰、汤站、镇东、镇夷、草河十堡[①]，即所谓“拓地千里”。韩斌所筑辽东边堡，在贺钦的《医闾先生集》卷四中收录的韩斌墓志铭中，也明确记载在“成化己丑”（成化五年）。

在韩斌奏议增筑东州至草河十堡的同一年，开原守备周俊又“开拓柴河抵蒲河界六十余里，改设镇北、清阳二堡，增设烽燧，疏挑河道，边人得安”[②]。这段“柴河抵蒲河六十余里”的辽东长城段，主要是经由开原镇北堡到铁岭间，抚顺关以北，即今天辽东山地长城的铁岭段。

3. 嘉靖初年至嘉靖二十五年（1546年）的二十余年间，又有右副都御史李承勋和开元兵备道黄云等增筑辽东边墙。《全辽志》卷四《宦业》记载，嘉靖初，李承勋巡抚辽东，“时边垣已废，夷虏猖獗，提请修筑边墙，自辽阳三岔河北抵开原，延亘五百余里”。接着开原兵备道黄云，于嘉靖十四年（1535年），增设开原永宁堡，铁岭镇西堡、彭家湾堡和白家冲堡。连接四堡的边墙计约二百里。

此后的明万历元年（1573年）至万历六年（1578年）间，又完成对辽东“宽甸六堡”的拓筑，在这同时，据《明实录》记载，万历元年对辽东全镇又修葺“城堡一百三十七座，铺城九座，关厢四座，路台、屯堡、门角、台圈、烟墩、山城一千九百三十四座，边墙二十八万二千三百七十三丈、路壕二万九千九百四十一丈”[③]。铁岭镇西堡发现的“永安门额”右侧竖刻“万历十四年岁次丙戌吉旦立”，是万历十四年（1784年）李成梁对镇西堡进行维修的珍贵实物。

与长城本体配套的相关设施，如墙体、敌台、烽火台、路台、关隘、边堡、敌楼等，正如古籍文献所记：“沿山海关抵开原，高墙深沟，五里为堡，十里为屯，烽燧斥堠，珠连壁贯，千里相望。”[④]铁岭境内的长城，贯东西，穿南北，凸显出长城资源作为带有军事防御性质的“线形文化遗产”，与地理、地貌环境的紧密依托关系。

长城是世界历史上工程量最大、修筑时间最长、跨越地域最广、体系最为完整的冷兵器时代军事防御工程，具有其他世界文化遗产所难以比拟的时空跨度，在中华文明史上具有不可替代的重要价值和地位。长城凝聚着历代劳动人民的智慧和血汗，是中华民族精神与力量的伟大象征，是屹立

① 〔明〕李辅等：《全辽志》卷四，《辽海丛书》，辽沈书社1984年版。

② 〔明〕任洛等：《辽东志》卷六《人物志》，《辽海丛书》，辽沈书社1984年版。

③ 《明神宗实录》卷一十五，国立北平图书馆红格钞本，中国台北“中央研究院历史语言研究所”印。

④ 《皇明从信录》卷十八，《辽东志·王翱志略》。

在中华大地上的一座不朽丰碑，更是镌刻在人类文明史册上的精彩杰作。铁岭境内的长城，恰是位于辽东山地和辽河平原地区相交地带，是墙体分布线路最长、构筑方式最丰富、结构最复杂的地区之一。对长城资源的文物保护、科学研究，是当前和相当一段时间的一项重要工作。2019 年，由习近平总书记主持审议通过了《长城、大运河、长征国家文化公园建设方案》，并强调“长城凝聚了中华民族自强不息的奋斗精神和众志成城、坚韧不屈的爱国情怀，已经成为中华民族的代表性符号和中华文明的重要象征。要做好长城文化价值的发掘和文物遗产传承保护工作，弘扬民族精神，为实现中华民族伟大复兴的中国梦凝聚起磅礴力量”①。把长城国家文化公园建设提高到坚定文化自信、建设文化强国的重要举措，是积极探索保护传承利用新路径、做大做强中华文化重要标志的重要手段，是满足人民文化需求、增强人民精神力量的重要途径，是促进区域经济转型升级、推动文化旅游高质量发展的重要抓手，是构筑各民族共有精神家园、铸牢中华民族共同体意识的重要渠道。作为国家推进实施的重大文化工程，意义十分重大。对长城这样一项伟大的历史工程，对于其深邃内涵的认识和研究及对长城本体保护的科学实践，还需要更多的人作出更多的努力。

附记

1999 年春夏之交，因国家文物局部署编写《中国文物地图集·辽宁分册》，冯永谦先生来到铁岭，指导铁岭境内燕秦汉长城的专题调查工作。铁岭市参与这项工作的有我、潘国庆、张大为等，冯先生来到后，与我们一起下到乡镇，根据文物普查的资料及此前掌握的有关战国、汉代相关文物遗迹线索，制订路线，分别调查了铁岭县、开原市、调兵山市的部分乡镇，行程近千里。

我们在一起调查许多天，每天都是早出晚归，要记的事情很多，这里我就讲在某一天里调查的事。当时已经到 7 月上旬了，地里的农作物都已经长起来，玉米都到一人来高了，调查进行到开原中固镇的王广福村，我记得很清楚，冯先生手里提着一个棕色的布兜，胸前挂着相机，经与当地村干部交谈，他们介绍说村东有“老壕”，也有人称为“土龙”，在一位大约 50 岁的村民带领下，我们去实地调查，一道土埂吸引我们进到一片玉米地内，顺着南北向的地垄，向前摸索找寻，玉米地的垄沟太长了，当时时近中午，头顶太阳，玉米地中没有半点风，刚走不远，已经大汗淋漓，给我们带路的村民走在前面，冯先生走在村民后面，大为在我前面，我走在最后，玉米叶子刮在胳膊上、脸上，火辣辣的，汗水哗哗地流淌，不一会儿就湿透了背心衬衣。当时冯先生是我们一行中最年长的一位，已经 64 岁的花甲老者，虽身体健康，精神矍铄，却也大汗不止。在玉米地中足足走了近 3 小时，终于走到地垄头，出来时，大家几乎要虚脱了。只见冯老先生，除了满头大汗与湿透了的衬衫，就连手中提着的棕色布兜也在滴着汗水。

在冯先生的亲自带领和指导下，当年我们顺利地完成了调查工作，认定了包括“土龙”“龙湾山烽燧”等在内的战国汉代遗迹，是辽北燕秦汉长城的重要发现。玉米地调查完成的当天，村长特意

① 2019 年 7 月 24 日，习近平总书记主持召开中央全面深化改革委员会会议，审议通过《长城、大运河、长征国家文化公园建设方案》。中共中央办公厅、国务院办公厅印发《方案》，要求各地区各部门结合实际认真贯彻落实。

为我们准备了晚饭，热情地款待我们，但给我们带路的村民，村里没留下吃饭，临走时，我们悄悄地给带路村民塞了 10 元钱。

事情距今已经过去了 24 年，但每每想起，除了感叹田野考古工作的艰辛，以及老一辈考古工作者们对待考古工作的执着信念，脑海中最先浮现的，是在长城踏查时，冯先生手中那个一直提着的、滴着汗水的棕色布兜……

清统治者与儒家文化

——由乾隆石经谈起

王琳琳[1]

清乾隆五十六年（1791年），为勘正经典，统一教材，乾隆皇帝谕旨以江苏金坛贡生蒋衡耗时十二年手书"十三经"为底本刻石，称之为"乾隆御定石经"，简称"乾隆石经"。深入分析乾隆石经刊刻的动因、意义，以及清朝帝王的儒学活动，认识到清统治者通过研习、诠释儒家经典，继承儒家"道统"，证明其"治统"的合法性，儒家文化在中华民族多元一体格局的形成中具有无法替代的重要作用。

一、乾隆石经概况

儒家思想是中华民族传统文化的主干，而"十三经"则是儒家典籍的核心。伴随着儒家思想在中国传统社会主导地位的确立，"十三经"备受历代统治者推崇，成为学子必读之书和步入仕途的考查标准，其影响之深远，是其他任何典籍所无法比拟的。为了长久保存典籍，规范经典，我国历史上曾七次大规模将儒家经典刻之于石，如东汉灵帝"熹平石经"、三国曹魏"正始石经"、唐文宗"开成石经"、五代十国后蜀孟昶"广政石经"、北宋仁宗"嘉祐石经"、南宋高宗"绍兴石经"和清高宗的"乾隆石经"。"乾隆石经"是历代儒家石经最后一部，也是保存最完整的一部。

清乾隆五十六年（1791年），为勘正经典，统一教材，乾隆皇帝谕旨以江苏金坛贡生蒋衡耗时十二年手书"十三经"为底本，"刊之石版，列于太学，用垂永久"，称之为"乾隆御定石经"，简称"乾隆石经"或"清石经"。并设立石经馆，以和珅、王杰为总裁，董诰、刘墉、金简、彭元瑞为副总裁，完成石经的校对、刊刻工作。

乾隆石经包括经文如下：《周易》六碑、《尚书》八碑、《诗经》十三碑、《周礼》十五碑、《仪礼》十七碑、《礼记》二十八碑、《春秋左传》六十碑、《春秋公羊传》十二碑、《春秋穀梁传》十一碑、《论语》五碑、《孝经》一碑、《尔雅》三碑、《孟子》十碑，共一百八十九通；一通"圣谕及进石刻告成表文"，以及乾隆皇帝《御制说经文》石刻十三通，乾隆六十年的《御制石刻蒋衡书十三经于辟

---

① 王琳琳，中国国家博物馆研究馆员。

雍序》满汉文石刻各一通，乾隆皇帝的《御制丁祭释奠诗》一通。共计二百零六通。乾隆石经中经文一百九十八通碑，约六十三万字。石碑均为圆首方座，高 305 厘米，宽 106 厘米，厚 31.5 厘米。碑额篆书“乾隆御定石经之碑”，钤乾隆御玺“表章经学之宝”和“八征耄念之宝”。碑文为楷书，两面刻字，每面分六栏刻写。乾隆石经刊刻后，一直陈列于北京国子监，保存完好，少有损坏。

乾隆皇帝任命彭元瑞为副总裁，“校订厘正，皆系彭元瑞专司其事”，根据校勘情况，彭元瑞撰写《石经考文提要》一书，乾隆皇帝因彭元瑞之功“着加太子少保衔，并赏大缎二匹”。此事引起和珅嫉妒与不满，“和珅乃使人撰《考文提要举正》以攻之，冒为己作进上，訾《提要》不便士子，请销毁，上不许。馆臣疏请颁行，为和珅所阻，中止，复私使人磨碑字，凡从古者尽改之”。嘉庆八年（1803 年）和珅被贬，嘉庆皇帝命学者纪晓岚、董诰等人重新校订并补齐被和珅挖去的字。光绪十一年至十三年（1885—1888 年）因“乾隆石经”“字迹岁久受损”，国子监学录蔡赓年根据《石经考文提要》，对石经进行改刻，并据此撰书《奏修石经字像册》。

光绪十年至十五年（1884—1889 年），宗室盛昱出任国子监祭酒，在东西六堂设置了栅栏，使得乾隆石经得到更好的保护。1956 年为了给图书馆腾出更多的收藏和借阅空间，将原六堂内的乾隆石经以及彝伦堂、敬一亭等处的所有碑刻，统一迁移至国子监与孔庙之间的墺垣。20 世纪 80 年代首都博物馆曾为乾隆石经建造了一个简易石灰瓦棚。2011 年孔庙和国子监博物馆对乾隆石经陈列环境进行了全面的修缮整治，为石经修建现代化展厅。

二、清帝重要儒学活动

清朝自开国以来为维护统其统治地位，证明其统治的合法性，几代帝王一直自觉倡导“稽古右文”“崇儒重道”，力求在文教发展中得到汉族士子的认同。

1. 顺治皇帝

顺治皇帝是清朝第三位、清军入关后的第一位皇帝。顺治九年九月（1652 年），顺治皇帝亲自到国子监孔庙释奠先师孔子。“顺治九年秋九月辛卯，世祖章皇帝视学。亲诣先师庙释奠后，御彝伦堂。”[①] 这是清入关后皇帝首次来京师孔庙祭拜孔子，行释奠礼。顺治在给国子监祭酒、司业的谕旨中肯定儒家学说、圣人之道可以治国安邦，官师要严格要求监生遵守圣人之道，监生也当身体力行。顺治皇帝还训示学生，其中“军民一切利病，不许生员上书陈言”“生员不许纠党多人，立盟结社”[②]等，反映清初统治者对教育的高压管制。

2. 康熙皇帝

康熙皇帝是清朝第四位皇帝，定都北京后第二位皇帝。康熙皇帝作为少数民族入主中原，在其青少年时期，主动接受儒家经典的教育，首开经筵日讲，学习儒家四书五经，尤其重视“四书”之首《大学》的学习，以修身为本，进而治国平天下，建立其“帝王之学”，为清统治开创盛世。

---

① 〔清〕文庆、李宗昉等纂修：《钦定国子监志》，北京古籍出版社 2000 年版，第 355 页。

② 〔清〕文庆、李宗昉等纂修：《钦定国子监志》，北京古籍出版社 2000 年版，第 355 页。

康熙帝八岁登基，自幼一直由祖母孝庄皇太后教育抚养。但康熙帝幼年所受的教育则偏重于满洲部族的语文及习俗，所受的汉文教育并不完整。据朝鲜李朝实录记载，孝庄皇太后甚厌汉语语文，或有儿孙辈习汉俗者，“则以为汉俗盛而胡运衰，而辄加禁抑”[①]。康熙帝幼年时的教育并不重视汉文化学习，也没有打下一个坚实深厚的基础。但在登基尤其是十四岁躬亲大政之后，康熙帝有意学习儒家经典，尊孔崇儒，勤勉学问。

“朕八岁登极，即知黾勉学问。彼时教我句读者，有张、林二内侍，俱系明时多读书人。其教书惟以经书为要。至于诗文则在所后。及至十七八，更笃于学。逐日未理事前，五更即起诵读，日暮理事稍暇，复讲论琢磨，竟至过劳，痰中带血，亦未少辍。”[②]

康熙帝最初的汉文教育启蒙老师仅是张、林二位太监，但不够精深，张、林的教导远远不能满足其要求。“于康熙九年（1670 年），即着手准备经筵日讲，经筵日讲官则以内阁大学士、学士、六部侍郎、尚书等熟悉儒家经典的儒臣为主。”[③]也就是在康熙帝十七八岁青少年时期，他有意识地注重儒家经典的学习，选拔熟读儒家经典和历史典籍的翰林官员充任讲官讲授儒家经典。研习儒家经典对于康熙来说不仅仅是学习汉文化知识，而是他要以儒家“内圣外王”的政治理想治理国家，并以继承儒家的“道统”来证明清入主中原“治统”的合法性。康熙帝尊崇孔子、学习儒家典籍有其极高的政治目的。

经筵日讲由翰林院掌管，每日于弘德殿举行日讲，进讲“四书”。康熙皇帝认为“四书”（《论语》《大学》《中庸》《孟子》）体现了孔子、曾子、子思、孟子的思想，“四子之书得五经之精意而为言者也”，所以尤为推崇，在日讲诸书中首先刊刻“四书”。康熙十六年（1677 年），康熙皇帝命儒臣喇沙里、陈廷敬等将日讲精解和经筵讲义整理编撰刊刻成《日讲四书解义》，并亲自写序。该书共二十六卷：卷一为《大学》，卷二、卷三为《中庸》，卷四至卷十二为《论语》，卷十三至卷二十六为《孟子》。逐段训讲，不分大小字，经文顶格，训解文字另起行低一字。

在《日讲大学解义》中《大学》列入首卷，将《大学》分为“大学之道”等三十六章节，开篇即言：

“大学一篇，为古帝王立学垂教之法，孔子详举其次第以示人，曾子复分为十传以解之，规模广大而本末不遗，节目详明而终始不紊，在初学为入德之门，而极其至，则内圣外王不越乎。”[④]

明确指出《大学》是“古帝王立学垂教之法”，而一心开创盛世的康熙帝定然要学习《大学》。“在初学为入德之门，而极其至，则内圣外王不越乎”更是康熙帝孜孜以求的“内圣外王”之道。

康熙三十三年（1694 年）夏，康熙皇帝将手书《大学》刻石立于国子监彝伦堂。在国家最高学府国子监立石《大学》，意在笼络士子，凝聚人心，维系统一。国子监是元、明、清三代最高学府，全国最优秀的知识分子都在此读书。凝聚士子，为我所用的最好办法就是让天下士子都看到，清最

① 刘家驹：《儒家思想与康熙大帝》，台湾学生书局 2002 年版，第 8 页。

② 《钦定四库全书荟要》卷七千八百三十一史部《圣祖仁皇帝庭训格言》，第 2、3 页。

③ 刘家驹：《儒家思想与康熙大帝》，台湾学生书局 2002 年版，第 37 页。

④ 《钦定四库全书》经部《日讲大学解义》卷一，第 1 页。

高统治者不仅研习儒家经典，而且以儒家思想治国安邦。康熙帝掌权后，除巩固其先祖“武功”上的成就外，更重视开创“文治”的局面，重用汉族知识分子修《明史》，编《康熙字典》，进而缓解满汉矛盾，巩固其统治。

除了研习儒家经典，康熙皇帝开清代帝王祭孔颁匾之先河。康熙二十三年（1684 年），康熙帝临幸山东阙里，亲诣曲阜孔庙，行三跪九拜之礼，书“万世师表”匾，下诏颁发全国各省学宫孔庙悬挂。此后历代清帝都要来孔庙祭孔题匾，北京孔庙大成殿至今悬挂着从康熙至宣统的九方御制匾额。

孔庙国子监康熙帝御制的“万世师表”匾和康熙帝御书《大学》石刻是清统治者尊孔重儒之先导，康熙帝御书《大学》石刻更是清统治者学习儒家典籍、继承儒家“道统”、以儒家“大学之道”治国安邦的重要实物佐证。

康熙皇帝非常推崇朱熹，崇尚程朱理学。康熙五十一年（1712 年），命李光地编纂《朱子全书》，朱熹的学说被康熙帝接受和肯定，并将朱子列祀于十二哲之末，入孔庙大成殿配享孔子。康熙五十四年（1715 年），《性理精义》编纂完成，士子科举考试，均以朱子所注经书为准。康熙时期朱子学取得了治国思想的主导地位。康熙帝深入研读儒家经典，推崇理学。“上有所好，下必效之。”在康熙帝的推动下，清廷重用陆陇其、李光地、熊赐履、吕留良等一批理学名臣。

3. 乾隆皇帝

清虽为少数民族入主中原，但尤为重视文教，乾隆皇帝继承先祖崇文重道的传统：北京孔庙祭拜孔子、为孔庙大成殿题写悬挂匾额楹联、为国子监修建辟雍、刻制乾隆石鼓、刻立乾隆石经、经筵讲学、编纂图书……

“经筵讲学为文治攸关，素为帝王所重。”[①] 经筵是中国古代帝王为讲经论史而特设的御前讲席。经筵讲学是帝王宣扬文教政策，崇儒重道的重要方式。皇帝在朝堂之上讲经论道，这种导向和影响力是任何儒生所无法比拟的，皇帝的经筵讲学无异于整个朝廷的学术风向标。清自顺治，历经康熙、雍正二朝，到乾隆时期经筵讲学制度趋于完备。乾隆朝在经筵中增加了皇帝发表御论的环节，并成为经筵讲学的重点。乾隆皇帝将自己对儒家经典的议论和阐发刻碑立石于国子监，即列入乾隆石经的十三通“御制说经文碑”。“自乾隆三年（1738 年）首举经筵，至乾隆六十年（1795 年）逊位，经筵讲学凡举五十一次。”[②]

在乾隆十八年（1753 年）之前的经筵讲学继承其祖父衣钵，弘扬程朱理学；而此后至“乾隆六十年（1795 年）的三十二次经筵讲学中，明显地向朱子学提出质疑，竟达十七次之多”[③]。与此同时，乾隆皇帝极力倡导经学：乾隆元年（1736 年）以经学考试士子，乾隆十四年（1749 年）谕旨令内外大臣荐举潜心经学之士。经学日益突显，并逐渐占居学术主流。“乾嘉汉学的出现，一方面是明代以来学术发展的内在理路，另一方面，它的兴盛也是契合了当时清朝帝王学术好尚之下的经学导

① 陈祖武：《清代学术源流》，北京师范大学出版社 2012 年版，第 204 页。
② 陈祖武：《清代学术源流》，北京师范大学出版社 2012 年版，第 191 页。
③ 陈祖武：《清代学术源流》，北京师范大学出版社 2012 年版，第 195 页。

向，可以作为帝王学术道统传承和正统建构的另一面向，清朝前期帝王种种提倡经学的政策，无疑是宣示自身的学术好尚才是儒家道统学术的正统。”①

乾隆帝继承先祖的文教政策，大力征集图书，编纂书籍。清 276 年统治时间里共出现四个版本的“十三经”，其中三个版本出现在乾隆时期：乾隆四年（1739 年）武英殿刊刻的《十三经注疏》，简称“殿本”；乾隆四十六年（1781 年）编纂的《四库全书》中《十三经注疏》据武英殿本校写，简称“四库全书本”；乾隆五十九年（1794 年）刊刻完成的乾隆石经；嘉庆二十一年（1816 年）阮元主持完成的南昌学堂重刊宋本《十三经注疏》，简称“阮本”。乾隆帝组织完成了百科全书式的《四库全书》的编纂。在完成大量图书的编纂工作中，需要组织大批学者对原有图书进行考证和甄别，客观上促进了考据学的发展。梁启超《中国近三百年学术史》在提到清代乾嘉汉学兴盛的原因时说：“露骨地说四库馆就是汉学家大本营，四库提要就是汉学思想的结晶体。”② 整理出版图书的过程，也是乾嘉学派酝酿产生的过程。另一方面，在皇帝主导的图书编纂出版活动中，体现了帝王对经学的积极倡导，但同时也体现了皇权对学术文化的把控。在重考据、讲实证的学风下，乾隆石经诞生了。正是在这样的学术风气下，在乾隆皇帝“文治武功”的背景下，即使已经进入印刷术完备的时代，也还要校勘儒家经典，刊刻石经。乾隆石经虽以蒋衡手书“十三经”为底本，但在刊刻之前，乾隆皇帝组建“石经馆”，网罗了彭元瑞、阮元、洪亮吉、邵晋涵等通经之士前来校勘。这些人饱读经书，在乾嘉学风的浸润下成长起来，对儒家经典的训诂考证了然于胸。阮元负责校勘《仪礼》，并完成《仪礼石经校勘记》；不到十年，阮元在浙江主持校勘《十三经注疏》。不得不承认乾隆石经是乾嘉学派重要成果——《十三经注疏》的先导。

三、乾隆石经刊刻动因和意义

清以少数民族入主中原，他们亟须证明自身统治的合法性。他们甚至比汉族统治者更加“崇儒重道”，想以此来获得汉族知识分子的认同，摘掉身上“异族”的标签。清统治者深知若要让汉人真心臣服，除了武力，必须在“文治”上下功夫。从清太宗皇太极开始，到顺治皇帝、康熙皇帝，以及雍正皇帝，都推行崇儒尊孔的国策。与蒙元相比，清一直举办科举考试，笼络汉族士人，以此延续两百多年国祚。乾隆石经正是在这样一个崇儒重道、笼络士子的背景下刊刻而成的。

乾隆石经是乾隆帝晚年多项文化工程中的重要一项。老年的乾隆皇帝热衷于各项大型文化工程：《天禄琳琅》《四库全书》《石渠宝笈》《满文大藏经》，修建辟雍、乾隆石鼓、乾隆石经……清统治者借助文化工程来树立中华正统文化继承者的形象，以文化的正统表明其政权的正统。儒家思想是中国传统文化的主干，而“十三经”则是儒家典籍的核心，再也没有比刊刻儒家“十三经”更能表明其文化正统性的了。乾隆皇帝在刊刻石经的圣谕上说：“自汉唐宋以来，皆有石经之刻，所以考定圣贤经传，使文字异同归于一是，嘉惠艺林，昭垂奕祀，甚盛典也。……我朝文治光昌，崇儒重道，

① 刘方玲：《清朝前期帝王道统形象的建立》，南开大学博士论文，2010 年，第 157 页。

② 梁启超：《中国近三百年学术史》，东方出版社 1996 年版，第 27 页。

朕临御五十余年，稽古表章，孜孜不倦，前曾特命所司，创建辟雍，以光文教，并重排石鼓文，寿诸贞珉，而十三经虽有武英殿刊本，未经勒石，因思从前蒋衡所进手书十三经，曾命内廷翰林，详核舛讹，藏弆懋勤殿有年。允宜刊之石版，列于太学，用垂永久。"[①]继承汉唐石经传统，正定文字，嘉惠艺林。而这还不是刊刻石经的根本原因，最重要的是要"用垂永久"，以"经"之正统与"石"之永久，昭示其政权的正统和永久。在《石刻蒋衡书十三经于辟雍序》中乾隆帝更加明确："盖凡物有其成必有其坏，所为石鼓、石经者是也。然向不云乎，经者常也，道也，天不变，道亦不变。依圣人之门墙，示万世之楷则，孰谓沧桑幻化，能移我夫子不朽之道也哉！"[②]海会枯，石会烂，儒家经典，恒常不变。"天不变，道亦不变"，夫子之道不朽，清朝之天不变！这恐怕才是乾隆皇帝刊刻石经的最根本原因。

道统与治统合一或君师合一是儒家的理想政治模式。在儒家的传统中认为只有在"三代"时期才达到了道统与治统的统一，此后治统在君主手中，道统在士人手中。王夫之说："天子之位也，是谓治统；圣人之教也，是谓道统。"（《读通鉴论》）孟子认为道统的传承："由尧舜至于汤，五百有余岁，若禹、皋陶，则见而知之若汤，则闻而知之。由汤至于文王，五百有余岁，若伊尹、莱朱，则见而知之若文王，则闻而知之。由文王至于孔子，五百有余岁若太公望、散宜生，则见而知之若孔子，则闻而知之。由孔子而来至于今，百有余岁，去圣人之世若此其未远也，近圣人之居若此其甚也，然而无有乎尔，则亦无有乎尔。"（《孟子·尽心下》）唐代韩愈《原道》云："尧以是传之舜，舜以是传之禹，禹以是传之汤，汤以是传之文武周公，文武周公传之孔子，孔子传之孟柯，柯之死，不得其传焉。"韩愈明确了儒家"道统"，由禹、汤、文、武、周公、孔子、孟子这样一条儒学传道谱系。朱熹在《中庸章句序》言："自是以来，圣圣相承，若成汤、文、武之为君，皋陶、伊、傅、周、召之为臣，既皆以此而接夫道统之传。"儒家的终极理想就是道统治统合一、君师合一，内圣外王。在漫长的道统、治统分割中，士人一方面希冀与帝王共治天下，得君行道；另一方面更希冀通过对帝王传输儒家的道统理念来达到帝王兼具道统与治统合一的形象。

清统治者谙熟儒家的道统、治统之说。康熙帝亲自为《日讲四书解义》作序曰："朕惟天生圣贤，作君作师，万世道统之传，即万世治统之所系也。"乾隆帝在一次上谕中把康熙帝的意思更为明确地表达为"治统原于道统"[③]，在乾隆石经体系中除了十三部儒家经典外，还有乾隆皇帝自己对儒家经典的解读——说经文。乾隆皇帝以治统来规范道统，校订儒家经典，刊刻立石；同时又以拥有道统的合法性——对儒家经典的裁定权和解释权来表明其治统的合法性。"通过应用儒家经典论述以合理化其政治行动，往往视其政治需求去选取儒家经典中的字句，并通过儒家经典的再诠释，建构有利于己方的理论体系来控制士人的道统意识，让政治行动具备道德的合理性，也赋予皇权独尊的正当性。"[④]乾隆皇帝研读儒家经典，刊刻儒家石经，阐释儒家典籍，借由文字来阐述自己的政治观念

① ［清］文庆、李宗昉等纂修：《钦定国子监志》，北京古籍出版社 2000 年版，第 1036 页。
② ［清］文庆、李宗昉等纂修：《钦定国子监志》，北京古籍出版社 2000 年版，第 1039 页。
③ 刘方玲：《清朝前期帝王道统形象的建立》，南开大学博士论文，2010 年，第 10 页。
④ 刘方玲：《清朝前期帝王道统形象的建立》，南开大学博士论文，2010 年，第 2 页。

与建立理想道统形象，获得士大夫认同，稳固了其统治，维系了大一统的政治局面。

四、余论

较其他少数民族统治者，清统治者更加自觉自愿地学习汉文化，汉文化程度也最高。他们以儒家之道治理国家，通过祭拜孔子、刊刻儒家石经、编纂图书、举办科举等方式，以继承儒家“道统”来证明入主中原“治统”的合法性，主动将政权纳入中原王朝的“治统”体系之中，主动进入中华民族多元一体格局之中。文化认同是中华民族多元一体格局形成的重要因素，儒家文化无疑是最具凝聚力和向心力的：大量儒家典籍出现满译本或满汉译本，如《四书集注》《易经》《弟子规》《三字经》《孔子世家图册》等；上自帝王下至百姓都研习孔孟之道，科举以“四书”取士；清朝皇帝亲自跪拜祭祀孔子、为大成殿题写匾额……儒家文化在清统治中有着广泛的传播和深刻的影响。儒家文化在中华民族多元一体格局的形成、中华民族共同体意识的形成中，具有无法替代的重要作用。

铁岭境内清前遗迹史事考

裴耀军[1]

因接受辽宁省社科院安排的接待任务，本文记述的是笔者两次陪同外籍学者到铁岭考察，这些地点均系清前时期的遗迹，过去我们关注不多，故笔者将调查地点的相关认识整理成文，考其遗迹与史事，以补铁岭地区历史研究的空白。

1988年9月5日至10日以联合国科教文组织东亚研究所顾问、日本著名明清史学家松春润、神田信夫教授为首的清前史考察团一行6人由辽宁社会科学院副院长谢肇华和清史专家张玉兴、翻译王先生陪同到开原、铁岭两县考察明末清初史迹。铁岭市文化局副局长戴瑞华、铁岭市博物馆裴耀军等负责接待。

其间，考察了在铁岭县的催阵堡公社小屯村和新坟村明代辽东总兵李成梁家族墓地的老坟沟和新坟（图一）、李成梁看花楼旧址、铁岭老城鼓楼、辽银州白塔、明懿路千户所城址、懿路北山石塔（图二）以及明代辽东长城上的堡城镇西堡、银州区龙首山上的明清寺院和佛塔。在开原考察了开原老城（明三万卫城）、辽崇寿寺塔（图三），明清威远堡堡城和柳条边门旧址，八棵树公社的古城子村和李家台公社王皋城大队的明代海西女真哈达部的老城与新城、八棵树明代广顺关外的貂皮屯，庆云堡公社双楼台村的明长城新安关遗址、三家子前施家堡子明代定远堡遗迹等明末清初遗存等。

明代的这些村落至今大多数名称已发生了变化，或者根本就不叫原来的名字了。根据与民国初年《开原县志》相对照得知，位于靖安堡西、清河岸边的黄泥岗屯，一直到清河水库修建前还存在，今已被水库淹没。王朵罗只屯，就是现在的汪哆罗束村，即今清河区政府所在地的北半部。皮英屯可能就是今天的会英屯；董贯屯可能是佟屯，达达屯可能是打车沟，而杨木答兀屯就应该是今天的养马大屯，养马大屯在旧县志中也被记作“杨木大屯”，至于怎么变成的养马大屯，可能跟人们急读的习惯有关。据明代末年冯瑗所著《开原图说》讲：“是堡（靖安堡）之麻剳台北空及扣（清）河口皆通贼要路，杨木答兀屯可以屯兵，黄泥岗可设伏也。有广顺关一座，系海西夷南关贡市之处也。”

杨木答兀屯因人而得名。杨木答兀，明初女真豪族，内附明朝为开原千户，居开原城东。宣德

[1] 裴耀军，铁岭市博物馆副馆长、研究馆员。

初年举家逃窜至斡木河流域（今黑龙江省依兰一带）。宣德八年（1433年）努尔哈赤六世祖猛特穆第二次入京朝贡，被封为建州左卫右都督，并受命随协辽东都指挥佥事裴俊返回斡木河，招抚杨木答兀。遭到拒绝后，双方发生了激战。猛特穆及长子童权兰战死，次子童山被俘，同父异母弟凡察负伤，被迫率余众逃离会宁（今朝鲜东北部），几经流徙于正统五年（1440年）迁驻赫图阿拉（今辽宁省新宾县）。这场战事以杨木答兀的胜利而结束，并迫使建州女真南迁。因此，杨木答兀其人在清前史的研究中占有重要地位。他在开原的居住地也被中外史家所关注。这个地方应该就是今天的养马大屯。

1989年11月4日至6日，日本京都大学教授、世界著名满文专家河内良弘到铁岭、开原考察清前史迹，裴耀军陪同。河内良弘是在完成了辽宁社会科学院委托其对《满语老档》的翻译工作后，受邀请来辽宁考察，其曾到新宾等地。由于只有他一人，所以省里仅由王翻译陪同，铁岭则由我接待，市文化局派了一台吉普车随同。在铁岭的考察路线基本与上次相同，只不过还看了中固城址，少了前施家堡子明代定远堡等。

明初，女真各部（海西、建州、野人）均生活在松花江以北，以及长白山、朝鲜半岛东北部地区。受马市贸易等因素影响，15世纪以后逐渐南迁。到嘉靖年间以后，塔鲁木卫海西女真定居在镇北关外（今开原莲花镇境内）及吉林南部的叶赫河畔；塔山前卫海西女真定居在开原以东的广顺关（今开原貂皮屯西）外哈达河沿岸，分别被称为开原城的“北关”和“南关”；建州左、右卫女真定居在抚顺关外的苏子河流域及铁岭东部汎河上游。

图一　考古工作者在铁岭县小屯村李氏（成梁）家族墓地（老坟沟）考察

对辽东的女真及其他少数民族，明王朝用的是羁縻统治，采取“招抚”政策：对愿意内附的给予安置和赏赐；对于自愿归属、称臣纳贡不内附的部族，则在原地设置卫、所，敕封其部落首领为都督、指挥佥事等职，让其自行管理；对不归附，且有图谋者，朝廷则派遣官军进剿、掠获，使其臣服。到永乐年间以后，北境各地无不宾服，各部纷纷入京朝贡、称臣。

图二　铁岭县懿路北山上的明代石塔

马市的设置为蒙古、女真各部与内地在物资贸易和人员交往上开辟了正常的途径和窗口（图四），减少了辽东边界地带的摩擦和纷争（图五）。朝廷还设置专门衙署安乐、自在州安置内附“外夷”，设在开原城的辽海卫，则是招谕、管理少数民族事务（朝贡、贸易等）的机构，这为朝廷掌控各部，管理内附“夷人”提供了便利。为了加强管控，方便交通，朝廷还在辽东境外设置四十五处驿站，直达奴儿干都司及各卫。

据《开原图说》记载：“嘉（靖）、隆（庆）间，王台（塔山前卫左都督）叔王忠兵力强盛，东夷自海西、建州一百八十二卫、二十所、五十六站皆听其约束。忠又甚恭顺，一时开、辽东边无一夷敢犯居民者，皆忠之力也。”此时哈达部达到鼎盛，“控弦之夷凡万人”。“所领地……延袤千里，保寨甚盛”，为明边之屏障，海西诸部之盟主，明朝的忠臣，“东陲晏然，耕牧二十年”。

哈达部强盛时，据有敕书“九百九十九道”，掌控着女真各部与朝廷朝觐、通关和互市的大权，故方能“皆听其约束”。“自忠死，台继之，不能约束诸部”，叶赫部“首叛之，日以争敕、构兵。台出死……开原东鄙无日不战。林木池鱼，祸且及于内地”[①]。为此，在万历十一年（1583年），李成梁设计诱杀叶赫部首领逞家奴、仰家奴于开原马市。

① 冯瑗：《开原图说》，玄览堂丛书本。

万历二年（1574年），建州右卫指挥王杲截杀明边关、掠明军卒，朝廷通过关闭马市，迫使女真内部向王杲施压，放回被掠军卒。此后，王杲为辽东总兵李成梁所败，杲逃依哈达部首领王台。“（万历）三年七月明延令王台缚执王杲，辽东守臣以槛车送京师，磔于市。”万历十一年（1783年），李成梁又率兵攻打王杲之子阿台据守的古勒寨（今新宾县上夹河镇鼓楼村西北），射杀阿台，误伤作为内应的努尔哈赤祖父、父亲致死，王杲部灭亡，同时也埋下了与努尔哈赤的仇恨。

由于女真人对农耕区物产和汉族文化的依赖，因此，明朝对女真各部一直处于主动和进攻的态势，并直至后金政权建立之前。在明朝的大部分时期，女真各部和大明王朝属于臣属关系，和谐相处，互通有无，虽然曾发生过一些战事，但并无碍大局。努尔哈赤也正是在与汉人交往的过程中学会了汉文，了解到明朝官员、商人和一般老百姓的想法和生活习惯，熟悉、掌握了华夏文明的精华。与农耕民族的接触和交往，拓宽了努尔哈赤的视野，不仅促进家乡社会经济的进步，也使其自身的思想认识有了新的升华，这是努尔哈赤日后崛起的一个重要因素。

图三　开原辽代白塔

万历后期，努尔哈赤统一女真各部后，势力逐渐强大。加之明朝军心涣散、边备废弛，特别是“萨尔浒大战”失利之后，明军转为战略防御，并最终失去辽东。

这次考察的开原八棵树公社的古城子村土城和李家台公社王皋城大队的山城，应该就是明代晚期海西女真哈达部的老城与新城。八棵树公社明代广顺关外的貂皮屯村，也应该属于明代哈达部旧有村屯，即南关与明朝马市交易的前沿阵地。

在古城子土城，尽管所见的城址规模不大，但是基本完好，四面土墙虽然保存得不算太高，但

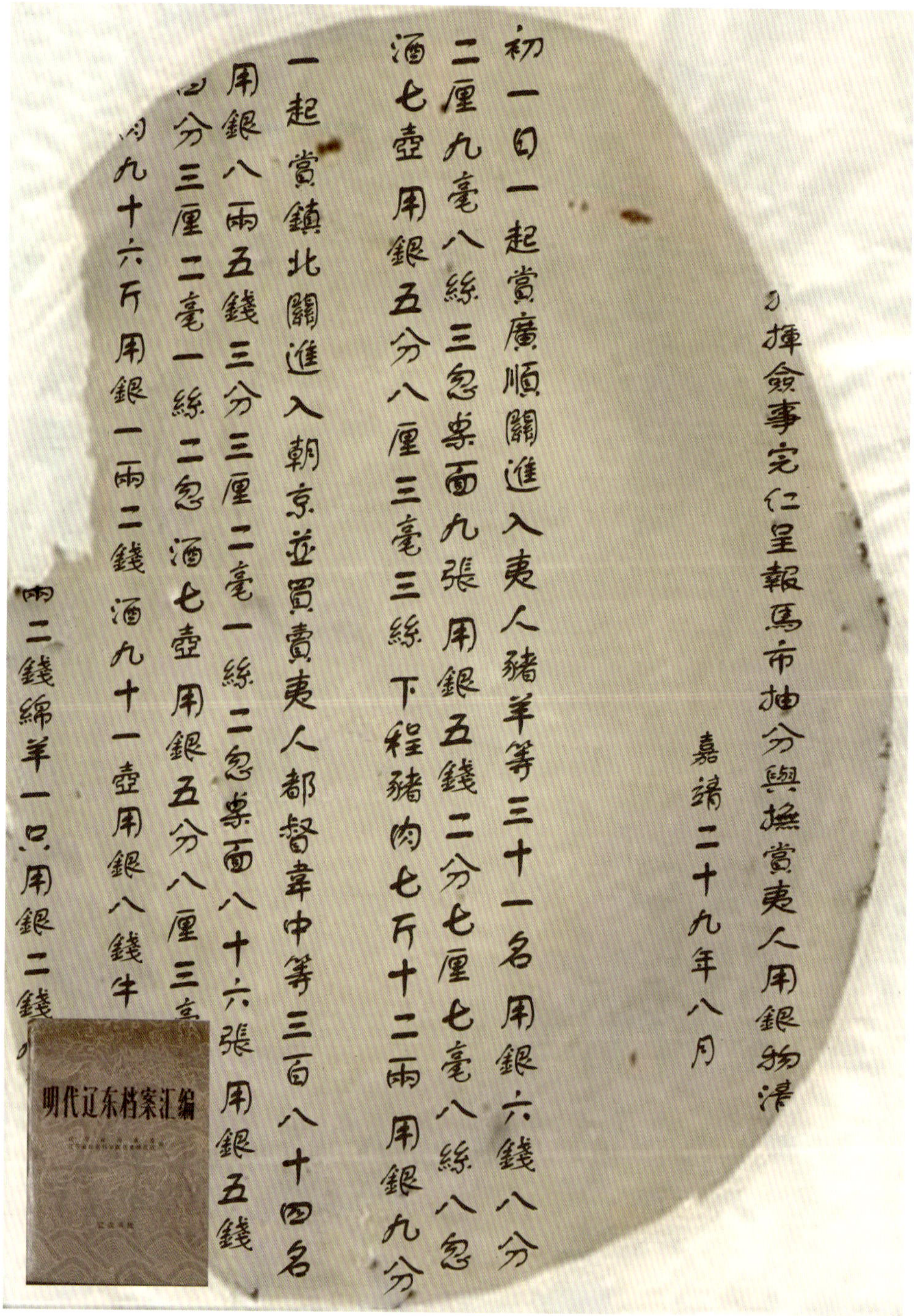
揮僉事完仁呈報馬市抽分與撫賞夷人用銀物清
嘉靖二十九年八月
初一日一起賞廣順關進入夷人豬羊等三十一名用銀六錢八分
二厘九毫八絲三忽桌面九張用銀五錢二分七厘七毫八絲八忽
酒七壺用銀五分八厘三毫三絲下程豬肉七斤十二兩用銀九分
一起賞鎮北關進入朝京並買賣夷人都督韋中等三百八十四名
用銀八兩五錢三分三厘二毫一絲二忽桌面八十六張用銀五錢
分三厘二毫一絲二忽酒七壺用銀五分八厘三
肉九十六斤用銀一兩二錢酒九十一壺用銀八錢牛
兩二錢綿羊一只用銀二錢

图四 《辽东残档》中记载的明代嘉靖二十九年由广顺关（今开原东清河水库中）及镇北关入关的夷人数量及犒赏情况

形制尚可看清。在城址内，除了发现有明清时期的青花瓷片外，还发现有辽金时期的白瓷片、灰黑色的陶器残片。由此可见，该城在哈达部使用之前，早已存在，可早到辽金时期。

在李家台公社王皋城大队，北山上的山坳处看到一周土石混筑、圈山谷于其中的山城址，据说这里就是“王皋城”，其实这里与王皋本人并无太大的关系。王皋本是明嘉靖末年至万历初年建州右卫女真部的首领（据最新中日学者的考证结果，王皋和阿古都督是同一人，即清太祖努尔哈赤的外祖父）。本来定居在今新宾县境内，由于其与明朝地方官吏的旧有矛盾，特别是多次袭击明抚顺关的守备、游击等，后为李成梁所败，最后被迫逃避至哈达部，迫于压力，遂在此被哈达部首领王台缚执，在万历三年辽东守臣“以槛车送京师，磔于市”。如果说此地与王皋有关系，仅此一件尚有可能。我们在山城内采集到了属于青铜时代晚期的夹砂红陶器残片，以及稍晚时高句丽时期的带菱格纹的板瓦残片。

至于当时的貂皮屯村，由于修水库的原因，已经动迁至原居址东偏南五里许的山脚下，在故址中，我们见到满地的残砖碎石，以及布满河滩的碾子、磨盘和磙子等生产、生活废弃物。

靖安堡，为明代辽东边堡之一，清初更名尚阳堡，曾因其为获罪官员、文人的流放之地，而盛名一时。

据《开原县志》记载：“尚阳堡城：城东南四十里，周围三里，南北二门，旧名靖安堡。”今堡城旧址已为清河水库淹没，初春枯水期时，尚可见残迹。

辽东边墙，又称辽东镇长城，为明初防御蒙元残余势力及后期兴起的女真各部侵掠辽河中游农耕区所修建。是游牧、渔猎采集经济与农耕经济的分界线，也是明王朝实际控制区与周边民族羁縻区交往、贸易的场所。

图五　开原马市交易图

据明万历末年冯瑗所著《开原图说》记载，靖安堡有关隘一座——广顺关；民屯十四个；沿边墩台三座；腹里墩台二十座；原额守堡军五百零贰名，经制沙汰后有无马军士一百零三名，管辖边墙三十六里。南至松山堡四十里；北至威远堡三十里；西至开原城（明三万卫镇城）四十里。边外“旧系猛（骨孛罗）酋故巢，今为建夷（建州女真——努尔哈赤）牧地”。

广顺关“系海西夷南关”，“海西夷”即海西女真。海西女真共分四部，其中叶赫部在镇北关外，哈达部在广顺关外，因其地处开原城东南，又是海西女真各部最南的一支，故称南关。而辉发、乌拉部则离边稍远，在今吉林省东南部。广顺关旧址据考察应该在距尚阳堡东十五里的清河岸边，今石人沟东的山谷间。这里地处边墙间，地势险要，为女真各部贡市之处。据载：“当是时，广顺关，外夷络绎不绝，而开原举城争和戎之利者熙熙让让，至今长老犹能言之……”[①]可见当时马市贸易的繁荣与影响。

哈达部最初生活在混同江（今松花江）上游，其首领为速黑忒，明初被封为塔山前卫左都督（武职正一品）。嘉靖、隆庆年间其子王忠（又名旺住外兰）兵力强盛，东夷（女真各部）自海西、建州一百八十二卫二十所五十六站皆听其约束。王忠系金完颜氏正派之后，女真人称完颜为“王”，故其后人以“王”为姓。据载，嘉靖初年，王忠有敕书（明政府颁发的通关、贸易许可证）九百九十九道，为了控制通关及交易权，获取更大的转品贸易利益，他带领哈达部众迁到靖安堡边外七十里的亦赤哈达定居。据考察亦赤哈达应为今八棵树古城子城址。王忠对明政府十分恭顺，“一时间辽东边事无扰，无一敢犯边境者……皆王忠之力也”。嘉靖十二年（1533 年）哈达部内乱，王忠被害，其子博尔坤舍进杀父仇，迎堂兄王台（又名“万”）到哈达主其事。此时哈达部达到鼎盛，“控弦之夷凡万人”。“所领地，东则辉发、乌喇，南则建州，北则叶赫，延袤千里，保寨甚盛”[②]。为明边之屏障，海西诸部之盟主，明朝的忠臣。“东陲晏然，耕牧二十年”[③]。王台又建哈达新城于依车峰上。据考哈达新城即今李家台王皋城。“依车”即“亦赤”也，满语为“新”的意思。万历二年（1574 年）建州右卫女真首领王皋扰边叛明，为辽东总兵李成梁所败，皋逃依王台。万历三年（1575 年）明廷令王台缚执王皋，“七月，王台率子虎儿罕赤缚王是以献，槛车致阙下，磔于市。”[④]皋依王台至缚执槛送间当囚此城，故名。此后，北关——叶赫部渐强，为夺敕书之利常与南关相争斗。万历十一年（1583 年），李成梁诱杀叶赫部首领逞家奴、仰家奴于开原马市，两部争执暂息。王台死后，“子猛骨孛罗，孙歹商益弱，而逞、仰二酋子卜寨、那林孛罗者以报父仇为名，益肆兵陵逼。于是，猛骨孛罗投江上，歹商入开原。十六年李宁远（成梁）奉旨讨北关不克，乃召猛骨孛罗还，将父王台所领敕（书）与北关均分……令猛骨孛罗拨敕（书）一百九十九道与那、卜二酋以和解两关，复命猛骨孛罗、歹商还旧寨”[⑤]。明万历十九年（1519 年），辽东总兵李成梁，以欺罔罪，解任。“北关酋卜

① 冯瑗：《开原图说》，玄览堂丛书本。

② 赵尔巽等：《清史稿》卷二百二十三《列传十·万传》，中华书局 1976 年 12 月版，第 9129 页。

③ 《东北夷考略·海西女直考》

④ 赵尔巽等：《清史稿》卷二百二十二《列传九·王杲传》，中华书局 1976 年 12 月版，第 9124 页。

⑤ 冯瑗：《开原图说》，玄览堂丛书本。

寨诱杀歹商，掳其部落生畜，收其敕（书）一百三十七道。而猛骨孛罗益孤。”万历二十二年（1594年）“北关合北虏抢建州，为建州奴儿哈赤所败，建州渐强盛。猛骨孛罗乃结婚奴酋以求援，而不知奴酋兼并之心固不下于北关也。二十七年（1599年）假以助防纳兵猛骨孛罗案中，乘机掳其全部去，未几杀猛骨孛罗，收其敕书三百六十三道……”①哈达部灭亡。

哈达，满语为“山峰”之意，也是河流的名称，即指今清河上游。因此，哈达部是以“山”“河”得名。史载，“自猛骨孛罗死，（子）吾儿忽答即羁留不得归。南关旧寨二三百里内貌无人迹”。后曾“修复旧者哈王、胡子两小寨。南关之地渐为建州”②。

据《开原图说》载：辽东长城“东边自平靖台起，南至黑林子台，共长三十六里，大边皆夹山峻岭”。经1981年文物普查得知，靖安堡段长城北起会英屯西北，沿今开原、西丰两县县界的山梁东南行，至关家屯南折、过石人沟东、经广顺关，越清河奔红花甸子东、曾家屯东山冈上，后西南折，直达松山堡的老边村。因长城多随山势修筑，故沿边两山相望的制高点上多设有墩台，经实地调查，不止三座，目前保存较好者如会英墩台，10余米见方，高达5~6米。这种大型的墩台多设在河谷要冲旁边的小山丘上，而高山顶上的墩台，规模则要小得多，通常为圆形、土筑，直径3~5米，残高2~3米。

辽东北段的长城，开始修筑于明英宗正统七年（1442年），距今已有550多年。与山海关内长城不同，辽东边墙除个别大型的烽火台为青砖包砌外，多是因地制宜，就地取材，或为土筑，或为石垒。土筑者多地处平原、河谷，挖沟返土，夯实成墙。目前保存较好的残高约有2米，当时的墙高最少在3米以上。再加上沟的深度，实际高度应在5~6米，宽度可达6米。山区多以石块垒砌山梁外坡，使其高出外地表3~5米，以达到不能轻易翻越的目的。

靖安堡所属民屯在辽北各边堡中是数量较多的，见于记载者达14个，有董贯屯、洪景屯、黄泥岗屯、皮英屯、王贵屯、达达屯、杨木答兀屯、白洪屯、黄官保屯、陈子贵屯、李孜屯、蒋必翁屯、王朵罗只屯、任礼屯③。

明代在边远地区施行的是卫所制和屯田制。卫所是军政合一的管理机构。在辽北设有三个卫：铁岭卫、三万卫和辽海卫。铁岭卫治铁岭城；三万卫与辽海卫治开原老城；靖安堡就直属于开原城所辖。“所”是千户所的简称，在辽北设有三个千户所：懿路左左、中右两千户所，汎河中左千户所及中固城。千户所城下辖几个城堡，辽北共有20个城堡。屯田制始于三国时期的曹魏，军队战时为兵，无战事时为农，以解决长期屯兵时粮草之需，减轻中央政权的军费开支。《开原图说》中记载的民屯，可能就是指这种带有军事任务性质的村屯，而并不包括不属于屯田系统的土著人（不在军籍）村庄。否则，有的城堡下不可能连一个民屯也没有，如丁字泊堡。其实，有些村落已见于记载，只不过是以某某台的形式出现的。在靖安堡下就有“四里庄台、八里庄台和蔡家冲台”④等，这些也应

① 冯瑗：《开原图说》，玄览堂丛书本。
② 冯瑗：《开原图说》，玄览堂丛书本。
③ 冯瑗：《开原图说》，玄览堂丛书本。
④ 冯瑗：《开原图说》，玄览堂丛书本。

该是有人定居的自然村落。那么，明代靖安堡管辖的范围内，就不仅有上述14个村屯了。

据《开原图说》载："是堡（靖安堡）之麻劄台北空及扣（清）河口皆通贼要路，杨木答兀屯可以屯兵，黄泥岗可设伏也。有广顺关一座，系海西夷南关贡市之处也。"

麻劄台并未见于墩台的记载中，可见冯瑗所掌握的资料并不全面，漏记的墩台还会有很多。或许见于记载的墩台仅是明末有军兵守卫的墩台，而更多的墩台则因为军士的裁减，处于无人把守的状态。据推测麻劄台应该是位于今会英屯附近。"北空"就是位于北边的空心烽火台。它控制的正是源于今西丰铜台西南流的一条小河的河口。这里是由河谷进入边内的必由之路。因此，它同扣（清）河口一样，被称为"通贼要路"。同时也反映了当时沟通边内外的交通要道，多行进在河谷间，与水库修建前的近现代道路是一致的。

此外，在考察了开原老城（明三万卫城）后，又来到了东北距老城二十公里的明代辽东长城上的又一座边堡——威远堡，同时它也是清代柳条边著名的边门。边门址就在当时公路的西侧，其衙门房屋旧址尚存，但是其房址下窨严重，经多次翻修，早已面目全非了。边堡城址在公路的东部，当时大部为中学占据，这两处遗址旁均有县市所立的保护标示。由此上溯叶赫河上约十公里的今南城子水库中，即是明代的镇北关旧址，由此再东北行约三十公里即是所谓"北关"的海西女真叶赫部的王城。由于镇北关旧址已被水库淹没和叶赫部故城已划归吉林省四平市管辖，故并没列入这次考察之内。

在开原老城西南约六十里的庆云堡公社双楼台村的明代新安关旧址考察中，我们在村子东北距公路近千米处看到了南北相距约三十米的两座夯土筑存高近十米、方圆亦有十米的近方形土台子，这就是明代辽东边墙上的新安关遗址。据后来老百姓手里拍摄于民国末年至伪满时期学生出游的照片上看，在那时，新安关址保存尚好，起码包砌关门的砖墙还在，也就近半个世纪，特别是新中国成立后的几十年间，已经毁坏殆尽。

据冯瑗在《开原图说》"庆云堡"条下所记："是堡边外辽河西岸有旧庆云县名（指辽金时期的庆云县遗址，在今康平县郝官屯镇小塔子村东，近辽河处），盖因之，有新安关一座，为西掳福余卫宰煖等二十四营市赏之处。"由此可见，在明代开原城的三座边关中，唯有此处与蒙古有关，而与女真无涉。

通过这两次的陪同考察，使我对清前史的认识大有提高。其一，感到当时国内对清前史的研究上，无论是在人力上还是在财力上的投入都较少，这反映了国力和研究水平。其二，作为身处其地的考古工作者，不能仅限于辽金以前的研究，对于明清时期不能仅限于辽东长城、柳条边以及墓葬的发现和研究上，而应该推广至整个清前史的各类遗迹上。如日本专家曾对我提出的明初女真首领杨木答兀归顺明朝的史实、住地等问题，其实，以我当时的水平和研究能力，对此完全不了解，只能回答说：杨木答兀屯很可能就是开原老城东部的养马大屯，它就应该是杨木答兀归顺明廷后的住地，否则，养马大屯，在汉语中无法解释。于是，这些人在路过养马大屯时，让汽车停下，将公路旁的村名石碑、居高临下所能见到的整个村落全部拍照。由此可见其办事认真和把握这难得机会的态度。仅就这一点，我们应该认真进行研究。

过去一般认为，明清时期的考古没有什么，也就是明代的辽东长城和清代的柳条边，或个别发现的墓葬等。这次我的亲身体会是，日本学者对中国历史（特别是明清历史和史迹）的了解和掌握，远比我这个土生土长的本地人还多，而我还是一个在当地搞考古和地方历史的人，与之相比，实在倍感惭愧！故此，在此之后，对境内的清前史迹倍加留意，不敢稍有懈怠，且对清前史相关资料多为留心，多加钻研，不留遗憾！

辽阳“皇姑坟”诸事略考

王成科　金　岩[①]

在今辽阳市东北部西大窑镇公安堡村北山坡上，曾有后金时期五大臣之一何和礼的家族墓地。又因何和礼的妻子是努尔哈赤的长女东果格格，后封为端庄固伦公主，金枝玉叶，地位特殊，故该墓园又被当地人称为“皇姑坟”，并因此作为村名被沿用下来。

何和礼家族墓地，曾经过迁葬，先在沈阳红宝石山，后迁辽阳公安堡。自康熙五年（1666年）在盛京红宝石山起造，至康熙五十五年（1716年）辽阳公安堡墓园最终建造完毕，前后历经五十年。关于迁葬原因和过程，在成于康熙五十五年（1716年）的《建园迁墓志》碑记当中有明确说明，无须再论。但是，关于“何和礼家族墓园迁至辽阳后，公安堡墓园究竟安葬了哪些人；何和礼孙辈以后的墓地选在了哪里；何和礼曾孙彭春的墓地为什么也在公安堡；皇姑坟村名为什么改称公安堡”等问题，或有学者曾经论及，有的从未有人关注，故仍有进一步探索的必要[②]。今依据历史档案、地方史志的记载和当代考古发现，略作梳理，希望能对何和礼家族史的研究做些补充。

一、何和礼家族世系

何和礼，姓东阿氏。东阿，又称董鄂、栋鄂，原为地名，在今辽宁省本溪市桓仁县一带。明代中期东阿氏迁居于此，并以地为姓，“兵精马壮，雄长一方”。明万历十四年（1586年）何和礼二十六岁时，继任栋鄂部部长。两年后，率部归服努尔哈赤，并娶了努尔哈赤的长女东果格格为妻。成为额驸的何和礼，征战沙场，功劳卓著，为大清王朝的建立，立下了“佐命鸿勋”。

天命九年（1624年）八月，何和礼卒于辽阳东京城，享年六十四岁。其一生共有六个儿子：长子雅什坦曾任佐领；次子多积礼（多济理）曾任正红旗满洲副都统；三子雅星阿曾任护军参领；四子何芍图（和硕图）曾任议政大臣、正红旗满洲都统；五子都类（杜磊）曾任二等伯、正红旗满洲

---

① 王成科，辽阳博物馆研究馆员。
金岩，辽阳博物馆馆员。

② 目前所见相关文章有：孙文良、李治亭：《清开国勋臣何和礼》，《社会科学战线》1984年第2期；王成科：《“佐命鸿勋”何和礼与东阿氏墓园》，《兰台世界》2000年第7期；董平：《东阿氏家族及其墓葬简述》，《故宫博物院院刊》2002年第3期；董坤玉：《端庄固伦公主与额驸何和礼葬地变迁考》，《黑龙江史志》2010年第9期。

都统[①]；六子名不详，曾娶努尔哈赤孙女为妻，天命八年（1623 年）正月，因将妻子公主踢死而被杀[②]。

何和礼六个儿子中，多积礼、何芍图、都类三人，先被收入《钦定盛京通志·大臣传》，后被附入《清史稿·何和礼传》。多积礼，自幼从军，因作战勇敢，受到皇太极重用。崇德二年（1637 年），因功升正红旗满洲副都统。崇德七年（1642 年）以年老解职。顺治五年（1648 年）病逝于北京，年六十岁。其孙女为顺治皇帝庶妃，是皇二子福全的生母[③]。何芍图，“袭封父爵”，曾任议政大臣、正红旗满洲都统，并娶代善的女儿为妻，成为“和硕额驸”。天聪七年（1633 年）七月，于沈阳病逝，年仅三十八岁。都类，系固伦公主所生。何芍图死后，都类继任正红旗满洲都统。崇德八年（1643 年）又娶代善女为妻，后两遇恩诏，“累进二等伯”。顺治十三年（1656 年）病逝于北京，终年五十岁。其子新达里袭其爵位。新达里死后，其子锡柱袭爵[④]。

何芍图的儿子，目前查到的有四个：和尔本、哲尔本、苏布、胡锡布（瑚什布、胡希布）[⑤]。和尔本，生于天命五年（1620 年），初袭父爵三等公。崇德三年（1638 年）升任护军统领。次年，病逝军中，年仅二十岁，以其弟哲尔本袭爵。哲尔本死后，由其弟苏布承袭。苏布去世后，由和尔本之子衮布继续承袭，后遇恩诏，优授一等公。胡锡布，原任都统，后因其子齐锡曾任议政大臣之故，于康熙三十六年（1697 年）被追赠为光禄大夫、议政大臣。哲尔本卒于顺治五年（1648 年），后因其子彭春之故，于康熙二十三年（1684 年）被追赠为光禄大夫、都统、太子太保、头等公。

据《建园迁墓志》记载，先后建于盛京红宝石山和辽阳公安堡的何和礼家族墓园，皆是何芍图的孙子彭春、劳满色、齐锡兄弟三人联手出资修建的。其中，彭春是哲尔本的儿子，齐锡是胡锡布的儿子。又据《钦定八旗通志》记载，劳满色是彭春的弟弟[⑥]，其最高官职曾任正红旗蒙古副都统，康熙三十一年（1692 年）去世。

从《建园迁墓志》中关于公安堡墓园奉祀分工及末尾所列“李柱、曾寿”等十四人的题名分析，这些人皆是彭春、劳满色、齐锡三人的子侄辈，其中曾寿、福罕可以确定是彭春的儿子[⑦]，福永、朱栋、宏茂是齐锡的儿子。又据《清世宗实录》记载，福明、寿山也是齐锡的儿子。据《钦定满洲氏族通谱》记载，福奇，也是彭春的儿子；李柱，是劳满色的儿子。

据以上资料，整理出何和礼家族世系表如下：

何和礼后辈子孙中，三子雅星阿的曾孙噶礼，曾任山西巡抚、两江总督，后因贪婪成性，受到著名清官、江苏巡抚张伯行的举报，于康熙五十三年（1714 年）被康熙帝下令赐死，其妻子、兄

---

① 《八旗满洲氏族通谱》卷八。
② 《满文老档》卷四十四。
③ 《清圣祖实录》卷四十四。
④ 《八旗满洲氏族通谱》卷八。
⑤ 《八旗满洲氏族通谱》卷八。
⑥ 《钦定八旗通志》卷八，旗分志八八，旗佐领八【正红旗满洲佐领】。
⑦ 现存于辽阳博物馆的彭春墓碑，是康熙四十四年（1705 年），其子福罕所立。

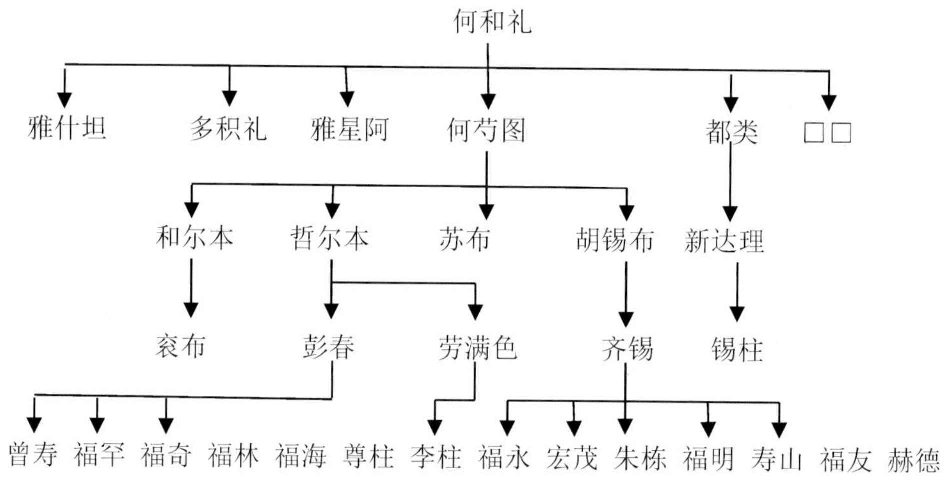

弟、儿子也被处决。四子何芍图的孙子中，彭春的女儿是康熙帝皇三子允祉的嫡福晋，齐锡的女儿是皇九子允禟的嫡福晋，劳满色亦有一女嫁与顺治皇帝第五子、恭亲王常宁的次子、奉恩镇国公满都护为嫡福晋。二位皇子和满都护后来皆因在“九子夺嫡”过程中站在了雍正皇帝的对立面，而遭到了严惩。与他们有姻亲关系的家族自然也受到了波及。尤其是齐锡，后被定为“阿其那、塞思黑（即其婿允禟）党乱助逆之罪魁”[①]，于雍正二年（1724 年）五月，遭革职、抄家。六月，被从宽免死，连同妻子发往三姓地方，不久，死于戍所。其子孙亦被治罪，“其余著发遣船厂披甲，严行管束”。只有五子都类一支，因系固伦公主所出，袭世爵如故。

二、公安堡墓园的墓主

据《建园迁墓志》记载，盛京红宝石山墓园于康熙五年（1666 年）由彭春等兄弟三人“按三家派银”，建造完毕。康熙七年（1668 年）皇帝下令，派四牛录四十马甲护送公主、郡主骨骸回盛京红宝石山安葬。当时，红宝石山墓园内共埋葬了何和礼夫妇、何芍图夫妇，以及彭春、劳满色、齐锡等父母兄弟诸墓，计十四座坟茔。

辽阳公安堡墓园是齐锡于康熙二十七年至二十九年（1688—1690 年）亲自选址、修建的。康熙三十二年（1693 年）初步建成后，齐锡曾与彭春等商定：此地仅作为“安葬祖辈”之地。“我等父母之墓，各自另觅别处安葬。我等老时，葬于父地”。遂“于三月，将曾祖父、公主，祖父、郡主，小叔祖定葬”，并“迁三祖碑石而立”。这似乎说明当时齐锡等仅将上述五位祖辈的坟冢迁葬于此。

1975 年，辽阳市文保组在对公安堡墓园进行调查时也发现，“墓园内有封土堆五，各相距 2~5 米，围成弧形”，同时也发现了固伦公主敕建碑和何和礼、何芍图、都类父子三人的诰封碑，以及全满文的《建园迁墓志》，共计五块碑石。其中，《建园迁墓志》由辽宁省社科院关嘉禄翻译成汉文 1578 字。其碑文中关于墓主人的记载与现场坟茔的数量也完全相合。毕竟，按照清朝礼制的规定，公主死后不与驸马合葬一穴也是正常现象，故当时的调查者认为公安堡墓园内埋葬的墓主就是上述

① 《清世宗实录》雍正四年五月己未。

这五位，并被后来的研究者所认同。

变化产生于几年前，笔者在辽阳市档案馆发现了一份历史档案：光绪二十九年（1903 年）普龄上奏朝廷，“辽阳地方硝磺局委员刘永海等勾匪，在端庄固伦公主园寝后开挖煤窑请饬封禁”，并随文附了一份《皇姑坟碑墓清单》①（图一）。从中可见，该墓园内坟茔数量确有五座，但埋葬人数却为八人，有三座是夫妻合葬墓。五座坟茔自东向西依次是：资政大夫东阿叶公及夫人之墓，端恪公郡马都统东阿和公、郡主觉罗氏之墓，温顺公驸马大臣东阿公、端庄公主觉罗氏之墓，光禄大夫都统伯东阿杜公之墓，光禄大夫二等伯东阿新公之墓。五座坟墓前均有齐锡当年所立墓碑。该清单所记墓主比辽阳市文保组认定的多了三位。通过上文归纳的《何和礼家族世袭简表》可以推定，二等伯新公应是都类之子新达理，而资政大夫东阿叶公夫妇的身份则未能确定。从齐锡对东阿叶公自称为侄儿上看，他应是齐锡的叔伯辈。这又与此墓地仅“安葬祖辈”的约定不相符合。

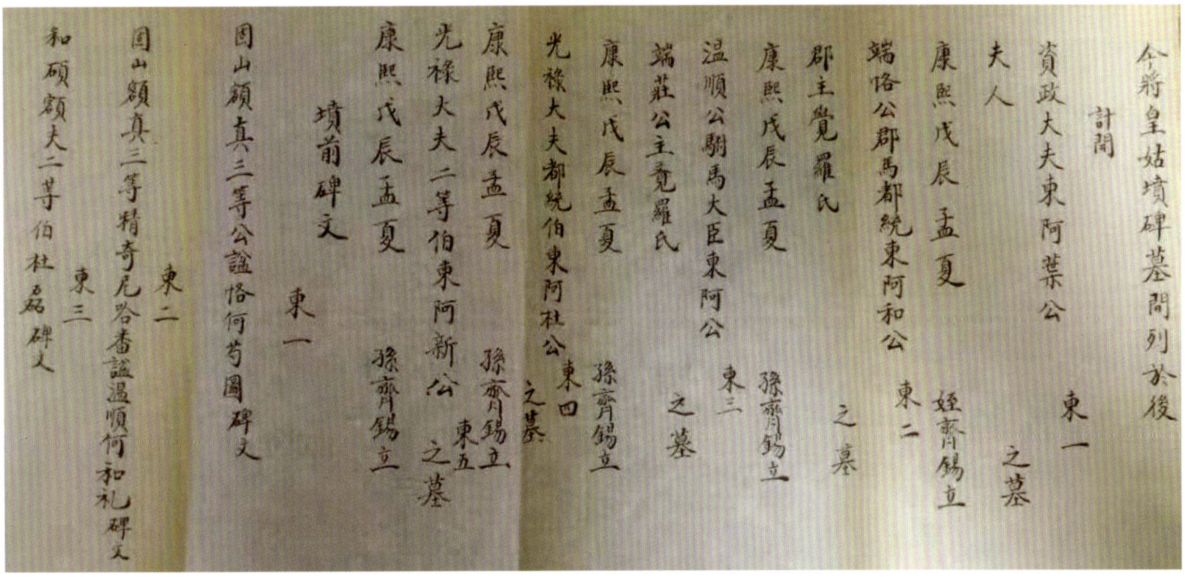

今將皇姑墳碑墓開列於後

計開

資政大夫東阿葉公 東一
夫人 之墓
康熙戊辰孟夏 姪齊錫立

端恪公郡馬都統東阿和公 東二
郡主覺羅氏 之墓
康熙戊辰孟夏 孫齊錫立

温順公駙馬大臣東阿公 東三
端莊公主覺羅氏 之墓
康熙戊辰孟夏 孫齊錫立

光祿大夫都統伯東阿杜公 東四 之墓
康熙戊辰孟夏 孫齊錫立

光祿大夫二等伯東阿新公 東五 之墓
康熙戊辰孟夏 孫齊錫立

墳前碑文

東一 固山額真三等公謚恪何芍圖碑文

東二 固山額真三等精奇尼哈番謚溫順何和札碑文

東三 和碩額夫二等伯杜磊碑文

图一 《皇姑坟碑墓清单》

五块墓碑上所写的立碑时间均为康熙戊辰孟夏，即康熙七年（1668 年）盛京红宝石山墓地定葬之时，说明这五块墓碑也都是从红宝石山一并迁来的。

另外，何和礼第六子因早年犯罪被杀，于是第五子都类便被齐锡等孙辈尊称为“小叔祖”了。又或因其为固伦公主之子的原因，遂被埋葬于公主坟墓右侧。

康熙五十四年（1715 年），齐锡又奏请追赐曾祖母公主“端庄”谥号，并于第二年春天立碑建亭。此为公安堡墓园建造工程的顶峰。自此以后，墓园再无增建记录。这或许与雍正继位之后其家族罹厄有关。直至清朝末年，墓园逐渐荒废，无人经管。民国二十年八月一日，大雨如注，墓园内穿堂三间被大雨浇倒，公安堡村会除将倒塌梁柱砖瓦捡出妥为保存外，也再无他法②。

① 辽阳县公署档 3315 号。

② 辽阳县公署档 29202 号。

1975 年 4 月，辽阳市文物部门将上述固伦公主、何和礼、何芍图、都类四块封碑及《建园迁墓志》碑石一并运回，现保存在辽阳博物馆。五座墓葬当时未经发掘，后来多次被盗。

三、彭春等人父母辈的葬地

按照康熙三十二年（1693 年）齐锡与彭春商定的结果，公安堡墓园仅安葬其祖辈："我等父母之墓，各自另觅别处安葬"，但对他们父母的葬地，均未说明。为此，多年以来，辽阳市文物部门进行了多方调查。

据辽阳地区满族调查结果记载，哲尔本一支后来定居于辽阳灯塔市柳河子镇八家子村，现冠汉姓为许。1975 年 4 月辽阳市文保组曾前往调查，在八家子村南二里山坡上，发现了哲尔本、佟佳氏夫妻合葬墓碑和刻于康熙二十三年（1684 年）九月的哲尔本、佟佳氏诰命碑。文物部门当时仅将哲尔本夫妇诰命碑运回，现立于辽阳博物馆碑林。墓葬不久被盗。2010 年第三次全国不可移动文物普查时发现，哲尔本夫妇墓碑仅存上部残段。

又据调查，胡希布一支后来定居于今本溪市平山区，现冠汉姓为齐。在今桥北街道兴隆村曾有古墓葬一处，称齐家坟。坟前原有石碑两块，其中一块是齐锡父母胡希布、那拉氏的诰命碑，刻于康熙三十六年（1697 年）七月。该碑现存本溪市平顶山公园碑林，碑文清晰可观。

几年前，笔者在辽阳市档案馆保存的历史档案中又有新的发现：民国五年九月，有来自北京的何和礼后裔名"存钟"者，借祭扫祖墓的名义前往辽阳、海城、锦西等地清理田产。在其给奉天省长的呈文中提到，除了"公主陵"以外，还有"怀公、哲公两园"需要祭扫①。"公主陵"即是指公安堡皇姑坟无疑。如果"哲公"是指哲尔本，那么"怀公"的"怀"很可能就是"胡"的音转，指的就是胡希布。如此，则彭春和齐锡均按照约定，将自己的父母"各自另觅别处安葬"了。

四、彭春墓迁葬公安堡

在清乾隆元年版《盛京通志》和民国《辽阳县志》中有同样的记载："彭春墓，在辽阳城东北八十里八家子。"这与其父哲尔本的墓地是在一处的，但 1975 年辽阳市文物部门到八家子寻找彭春墓时，不但找到了彭春的后裔，也找到了哲尔本夫妇的墓葬，却唯独不见彭春的坟墓。经其后裔介绍，彭春坟墓在八家子以南四十多里的公安堡。文物部门顺着这条线索来到公安堡，在皇姑坟墓园东侧五百米找到了彭春的墓园。这东西两处墓园，当地人统称为"皇姑坟"，其中西边的墓园较大，叫西衙门，也称驸马坟，东边彭春的墓园叫东衙门。彭春墓被发现后，辽宁省博物馆文物队会同辽阳市文物部门于当年曾组织发掘。据发掘记录记载，彭春墓封土堆前有康熙四十四年（1705 年）其子福罕所立满文墓碑，上刻有彭春及其五位夫人的名字（图二）。墓碑现存辽阳博物馆碑林，内容后翻译成汉文。墓南还立有康熙二十三年（1684 年）满汉兼书彭春及其五位夫人的诰命碑。彭春墓为木椁骨灰葬，内椁用一横两竖条形方木隔成大小相等的六个小方室，每个小方室内各有一堆骨灰。

① 辽阳县公署档 17149 号。

后排正中方室内的骨灰用墨绿色绸衣包裹，其余五个均用红色绸衣包裹，并有女人头饰残件混杂其中。经专家推测，用墨绿色绸衣包裹的应是彭春的骨灰，其余是其五位夫人的骨灰。

彭春墓为什么出现在公安堡而不在八家子其父的葬地呢？乾隆元年版《盛京通志》成书时，距彭春去世仅三十多年，其可信程度应该很高。这也是关于彭春葬地的最早记录（图三）。民国年间《辽阳县志》的记载也可能是编者引自于此，而没有认真调查的结果。如果《盛京通志》的记载无误，只能说明彭春墓后来经历了再葬。对此，辽阳文物部门曾多方查找资料并访问八家子彭春后裔和公安堡村民，但关于迁葬原因和时间，均了无结果。

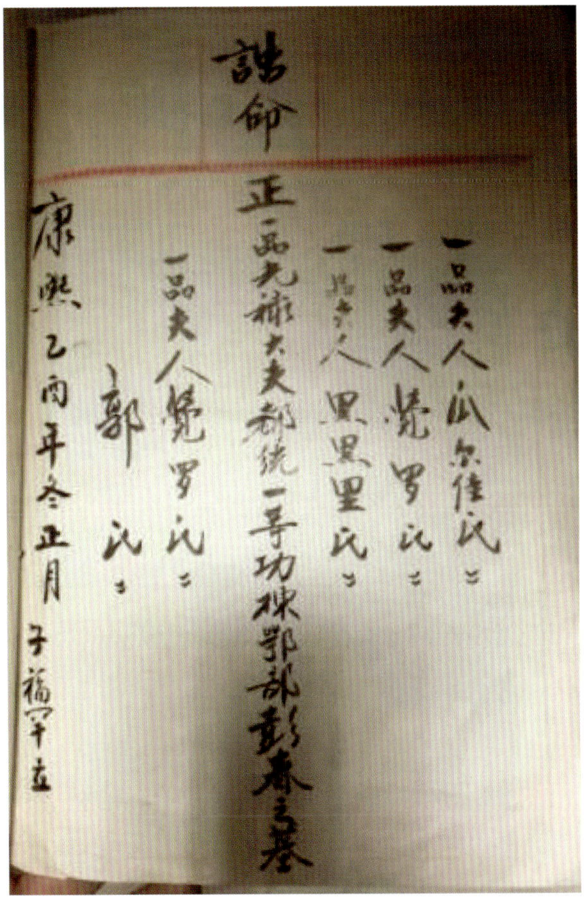

图二　彭春墓碑汉译本

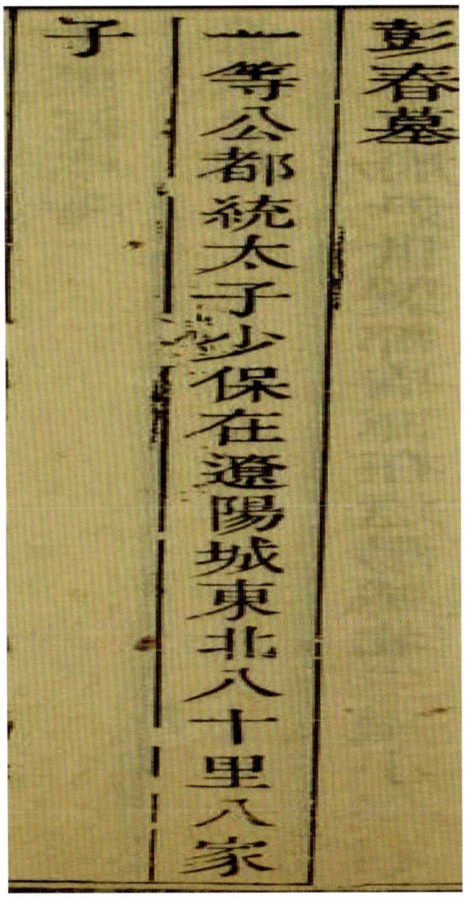
彭春墓
一等公都統太子少保在遼陽城東北八十里八家
子

图三　《盛京通志》中彭春墓地记载

五、皇姑坟改称公安堡

公安堡墓园因葬有努尔哈赤长女固伦公主而被当地民间俗称为“皇姑坟”，并用作村名。民国《辽阳县志》记载，皇姑坟村位于辽阳城东五十里，“村以坟得名”。宣统二年《辽阳州村屯调查表》记载，当时该村共有旗户 117 户、民户 59 户，属于境内较大村屯。清朝灭亡将近二十年以后，1930 年，皇姑坟村民因以“村名非时所宜”为由，要求改称“公安堡”，并得到了县政府的批准[①]。

① 辽阳县公署档 28799 号。

据该村村长呈称："穷民村早年村名湾桥堡，康熙年间清太祖高皇帝之女坟墓迁移村北，因而改称皇姑坟……村名与人名相同，必以顺适吉祥为要义……皇姑坟系前清坟墓名称，以代表村名不加改正，亦属不合，是以村人心理咸以改革村名为急务。值此三民主义公开之时，国都、省垣名称有不合时势者亦皆更改。由此论之，村名皇姑坟是无存在之必要，因时改正，似属可行，公议改曰公安堡。""公安堡"遂取代"皇姑坟"作为村名，一直沿用至今。

清乾隆五十三年王尔烈母祝寿屏风

邹宝库[1]

王尔烈母祝寿屏风，是一件很珍稀的文物。此架屏风过去不为人所知，因其是个人家之私物，故几百年来，是由自家保存，虽历时甚久，外界亦无从得见。传至近现代，几遭损毁，在危险的时候几遭不测，但却得以保存，实为万幸。

这架屏风，为辽阳本地历史名人家之物，只在其家中，流传有序，因此无须去做考证，去证明一些什么，这样就简单了。故此我在本文中只介绍屏风的内容，让读者了解是怎样一件文物就可以了。

屏风是中国传统文化的一种遗物，它起源很早，司马迁在《史记》中《孟尝君列传》里记载："孟尝君待客坐语，而屏风后常有侍史，主记君所与客语，向亲戚居处。"还有"从燕丹子有八尺屏风"之说，并见"可超越，于是奋袖超屏风而走"的记载。由此可知，在战国时已有屏风。

屏风的形制，作为室内家具，不仅有屏蔽和挡风的功能，而且也是一种雅致陈设品，起到装饰作用，其具体形态是由四条、六条或八条字画联列组成，是宽阔室内的一件精细遮挡装饰，起到隔扇门的作用，以此形式发展到作为祝寿的礼物。祝寿屏风要从乾嘉时说起，辽阳博物馆除了乾隆寿屏外，还有清嘉庆元年王尔烈七十寿屏，以屏画形式祝寿。

寿屏的历史悠久，不过何时作为祝寿礼品还很难说清。根据清代翟灏《通俗篇》的记载和《红楼梦》关于贾母八十寿屏的描写，清代已有。则此乾隆五十三年的王母九十寿屏的出现，证明清代确已很是盛行。但寿屏能保存至今者，寥寥无几。因此，如本件完整精美的一件祝寿大屏，迄今为止，可以说是孤品。

寿屏的发现

寿屏硕大，历世时间长，虽经多次战乱，始终在王尔烈故居翰林府第作为"传家宝"秘藏多年。1960 年，辽阳火车站公安部门在邮件中发现，后交给辽阳博物馆保存，有幸避免以后发生损失。

该寿屏为十二扇头等大屏，每扇用黄花梨木做成高 200 厘米，宽 42 厘米的立方屏框。框线上下

① 邹宝库，辽阳博物馆副馆长，研究员。1954 年与冯永谦先生为"东北区第二届考古博物馆干部训练班"同学。

左右垂直，共十二扇屏，其上镶边框内各有一组扁方浮雕图纹饰板，下端边框内亦有一组近方形浮雕图纹饰板。两足间也各有雕饰。但首尾两扇左右两侧边框内各另加三组长方形浮雕图纹饰板，这组屏风十二扇，共有三十组图纹饰板组成全屏，图饰各异，十二扇按次连接，全长504厘米。图板雕饰内容皆为博古，即宣和博古图，也称博古屏。图像按宋宣和五年皇室在宣和殿所藏的古代青铜器物进行雕刻。全屏十二组蟠虺纹，十八组仿青铜器物，有的一图二器，有的一图一器。此屏各图雕镂锲刻属鬼工，世不再见。一屏十三图，每图无不流露干净简朴之曲线，祥意盎然，整屏显得异常高雅，工艺高超。当为名家大匠之作（图一至图五）。反映出设计者的修养与境界，制作者脾气、秉性、技艺都充分表现出来，如此高格调、高品质的乾隆年间的黄花梨木大寿屏，真是可遇而不可求的罕见珍品。

邵晋涵作寿序

寿屏开宗明义，作有寿序，其文为邵晋涵撰。全文照录如下：

诰封太恭人王年伯母刘太恭人九十荣寿序

今年秋七月，同年王君瑶峰新授通政使司参议，赴滦河行在入谢，召对温语良久，知为留都旧士族也。既至京师，适遇寿母刘太恭人览揆之辰，行年八十有九矣。都中同人谋举近世之礼，所为称觞预庆者，属晋涵撰屏风题词。忆岁在祝犁大渊献，为太恭人八表，晋涵尝备述太恭人静贞宁壹之德，兴夫懿范之垂为家模者，而归本于留都风俗之厚，化及内政，厚德承基，以保世而滋大同。人皆谓晋涵词能摭实也。今太恭齿愈尊，德愈懋，而瑶峰克承慈训，自编修改官御史，处慎居位，有恪无怠。夏初迁给事中，历鸿胪、光禄少卿，晋擢今职。蕃锡之殷，多祉之备，洽辑于一时，可不谓全昌之庆欤！瑶峰每言：太恭人躬鬻诸孙，不自言劳肄；就养京邸，饬治家人内外，不肯自就暇逸；因鳃鳃然虑无以为颐岁至欢娱。晋涵以为：此即康疆逢吉之徵也。乔木之上樛而敷荫于远也，日烘风扈而倍增其枝干之蟠盘；崇岫之嵯峨也，壤有盈缩，石有凝泐，而穹窿者终古在望；惟人亦然，劳则强，强则固，恒则忘其劳，而其固可久。太恭人之于归也，重亲致欢，家门豫顺，而太恭人奉槃匜为诸妇先。和于室人，悉心以调剂，中间人事靡常，而持之者有，应之者咸宜。及其襄内治于深州，就板兴于京扈，官署陟迁，人以为所遇之逾上矣。顾太恭人之深识远虑，维永图安，筹度于经始，其用心较寻常闺阁食贫守约者为更劳。然则，论人之劳佚，固不视乎其遇而视乎其存心，存之以恒，守之以固，精神日强，亦靡劳之非佚，用以自适其性，以养天年。瑶峰亦思夫筮仕之初，往来同志，有年长于瑶峰者，有年相若者，有年少于瑶峰且几及倍者，迄今几二十年，人事之不齐，惊离念旧，其转移宁可胜计！而瑶峰奉太恭人之福，方日进百未有已，斯非恒固之德之明验欤！继自今建人瑞之坊，天书宠锡。照耀乡闾，又将秉笔而献瑞珉之颂也。是为序。赐进士出身、翰林院编修、文渊阁校理、教习庶吉士、年愚侄邵晋涵顿首拜撰。赐进士出身、翰林院编修、文渊阁校理、年愚侄黄瀛元顿首拜书。

邵晋涵是清朝史学家，目录学家。浙江余姚人。乾隆进士，任翰林院编修，文渊阁校理、教习庶吉士，侍讲学士。乾隆三十八年，预纂《四库全书》与纪昀撰成《四库全书总目提要》，同时他与王尔烈一起参加《四库全书》总编等。邵晋涵是王尔烈亲密好友，乾隆三十六年，他俩同科考会试，邵晋涵考中第一名会元，王尔烈考中第一百零二名贡士，所以邵晋涵曾多次亲自为王尔烈作寿序，乾隆四十四年，曾为王尔烈母八十大寿撰文祝寿，还准备在王母归天时在人瑞牌坊上秉笔为文，写上颂词，可见王、邵的关系，对王尔烈最知情，为其母作寿序。

职官题赠寿屏

在寿序文后为各贺寿官员芳名录，共有一百四十人。照录于下：

年眷侄　刑部右侍郎阮葵生　鸿胪寺少卿秦清　吏科掌印给事中戴路　礼科掌印给事中王钟健　江南道御史冯应榴　掌广东道御史史梦琦　掌山东道御史沈孙琏　掌四川道御史吴熊光　掌江南道御史汪日章　日讲起居注官翰林院侍读陈嗣龙　日讲起居注官翰林院侍讲李潢　日讲起居注官翰林院侍讲曹城　文渊阁校理编修陈昌齐　文渊阁校理编修秦泉　编修教习庶吉士秦潮　山西道御史查莹　山东道御史王友亮　左春坊左善兼检讨马启泰　翰林院编修李光云　翰林院编修吴敬兴　翰林院编修周舆岱　翰林院编修祝堃　翰林院编修吴裕德　翰林院编修潘庭筠　礼科掌印给事中丁云锦　通政使司副使湖南学政钱澧　鸿胪寺卿朱依鲁　江南道御史范衷　掌山西道御史邱文愷　内阁中书贾铁　吏部郎中鲁荣恩　户部郎中宝泉局监督林其宴　礼部郎中史积容　户部员外郎管世铭　礼部郎中程世淳　兵部郎中敷森布　兵部主事杨九思　兵部主事周元鼎　刑部郎中方昂　刑部郎中金光悌　中城兵马司指挥陈廷栋　甘肃巩秦锴道李殿图　浙江绍兴府知府姜开阳　台湾理番同知吴元琪　江西抚州府东乡县知县范宗裕

寅眷侄　吏科掌印给事中成德　吏科给事中刘芬　户科掌印给事中纳福　户科给事中勒进　刘人睿　礼科掌印给事中宝岱　礼科给事中福伸　兵科掌印给事中玉麟　张秉愚　兵科给事中福克进　左周　刑科掌印给事中苏楞额　查善长　刑科给事中萨哈　而济　工科掌印给事中评德　邓文泮　工科给事中刘湄　赋泰　掌京畿道御史索宁　安百龄　京畿道御史巴彦宝　温常绶　掌河南道御史史根长　邱庭澎　河南道御史赓音布　李阳棫　掌江南道御史素卜　东阿　江南道御史窝星额　书隆阿　江南道御史诺穆福　刘坤　掌山东道御史宗室良贵　山东道御史傅英　山东道御史音登额　徐如澎　掌山西道御史六十五　山西道御史庆安　掌陕西道御史景曹锡宝　陕西道御史鄂云布　王念孙　掌浙江道御史宗室斐灵阿　掌浙江道御史曹坦　浙江道御史恒溥　葛鸣阳　掌江西道御史宗室书敬　陈化龙　江西道御史广泰　龚骖文　掌湖广道御史阿而呼达　湖广道御史喻升阶　掌福建道御史泰宁　福建道御史百庆　周元良　掌广东道御史九格　掌广西道御史宗室成惠　施朝幹　掌四川道御史永清　掌云南道御史穆克登额　掌贵州道御史觉罗拴住　孙家贤

同乡　礼部尚书纪昀　督察院左都御史李绶　太仆寺少卿戈源　翰林院编修励守谦　邵玉清　司经局洗马黄良栋　翰林院庶吉士范逢恩　杜南棠　刑部郎中加一级范鏊　户刑部员外郎王学海　莫允宣　兵部郎中邵自昌　吏部主事赵槐符　贺贤智　云南楚雄府知府张谦吉　四川知府郑济寿　户刑部主事贾即韩　王奉曾　礼兵部主事包恺　陈箴　刑部主事焦和生　户部主事马维驭　贵州粮储道孙同秉　广西镇安知府陈玉麟　即选知县何广生　贵州即补知县金科豫

门下晚生　内阁中书罗锦森　翰林院编修陈万全　户部主事费振勋　候补司务厅李文杞　安徽亳州知州裴振　新城县县承署蠡县事陈凤翔　汉军生员杨成桂　选拔生员秦水和

同宗　顺德府南和县教谕致礼　东城兵马司指挥侯升　通判光陛工部主事福清　直隶天津府沧州知州仲原任　主事举人惠润　河南简仪通判嘉训　太学生琫　河南即补知县方

时龙集乾隆五十有三年岁次戊申七月庚申吉旦

巧工名贵的屏风

这件高达2.12米的大屏，每扇框架上下透雕博古蟠桃纹饰。寿屏框架为黄花梨硬木制成，据《博物要览》记载："花梨产交广溪涧，一棵花桐树，叶如梨而无实，木色红紫而肌理细腻，可做器具。"花梨木以呈黄褐色为最佳，有人又称之为黄花梨。黄花梨的色泽不静不喧，纹理若隐若现，行若流云。有的地方似鬼面，又似狸斑，所以有人称"花狸"。任何木材都长有木结，但黄花梨的木结，圆晕如钱，大小相错，极为美观，此种木材硬度适中，手感温润、细腻，不易变形。木材的干湿缩胀，常使变形，榫卯损失。而黄花梨的缩胀率最小，其木性温和柔韧，有适当的弹性，加工很少有戗茬，横顺纹不明显，适于雕刻各种花纹。黄花梨这些特点，在制作器物时被匠师们加以利用和发挥。这种黄花梨制品，明代达到了登峰造极的地步。

清代顺治至乾隆初年，仍有不少黄花梨制品，此寿屏就是一例，直到清中期以后，大量的紫檀制品出现，逐渐取代了黄花梨所制作的器具。今天存世的清代黄花梨真正有欣赏价值和艺术价值的制品，却不多见，尤其像寿屏这样的高大框架更为少见。

金银闪光的屏风

在这件屏风上，布满描金描银图，满布飘荡的云朵作地，将姿态各异的走兽、滚动的火珠、浪花飞溅的海水、盛开的花朵、佩带的刀剑、成函的图书、蝙蝠衔钱、二龙戏珠，以及图章毛笔、手杖等，均描绘在云朵间。每一幅描绘在深红绢地描金大图，不但内容丰富，而且造型隽雅，描绘精细，沉稳凝重，又表现出制作精工而灿烂辉煌。

乾隆帝庆典与召见而预庆

乾隆五十三年刘氏八十九岁，王尔烈为其母提前一年举办九十寿庆。预庆原因，其一是，王母九十岁那年是乾隆五十四年，正赶上乾隆皇帝七十九岁办八十大庆。其二是，在办九十寿庆的同年月日，即乾隆五十三年秋七月，王尔烈新授通政使司参议，赴滦河行在入谢召对，是前所未有的一大荣事，当然要预庆。

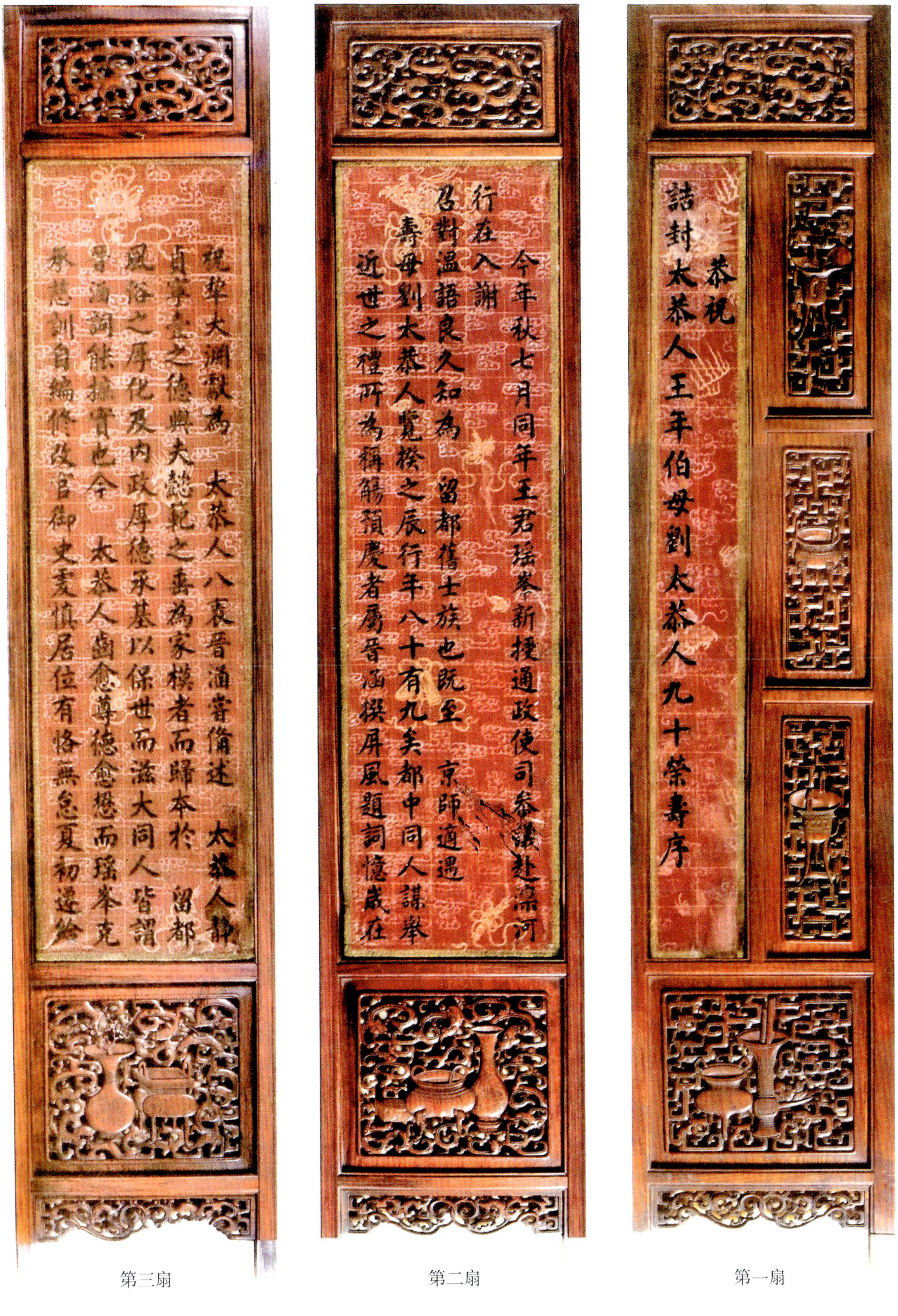

第三扇　　第二扇　　第一扇

图一　清王尔烈母寿屏（1—3 扇屏）

第六扇　　第五扇　　第四扇

图二　清王尔烈母寿屏（4—6 扇屏）

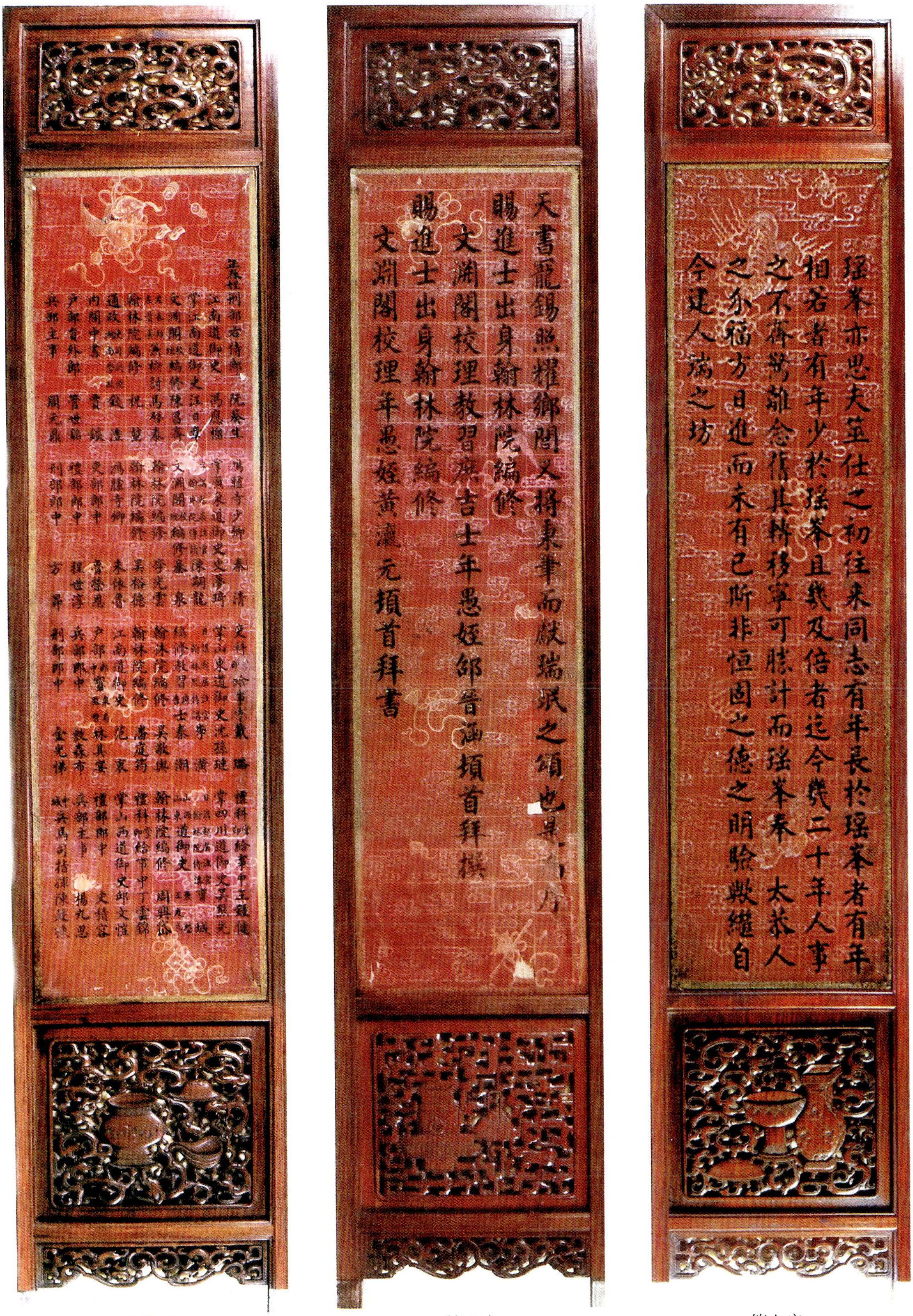

第九扇　　第八扇　　第七扇

图三　清王尔烈母寿屏（7—9 扇屏）

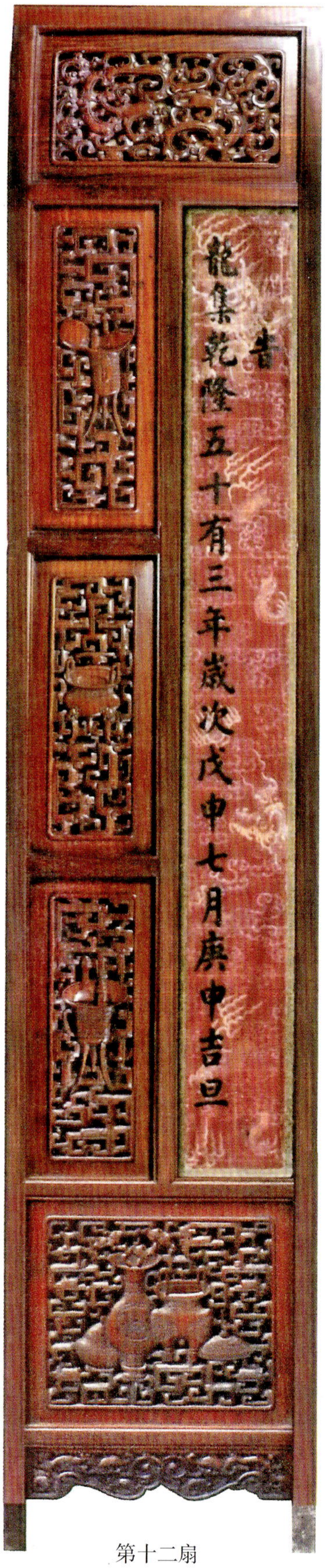

第十二扇

第十一扇

第十扇

图四　清王尔烈母寿屏（10—12 扇屏）

结语

乾隆盛世，如此内容丰富、规模宏大的祝寿活动，国内不多见，既反映了一种民俗传统，又反映中华民族文化的多样性发展。现将此寿屏公布于世，不言而喻，将为中国历史研究增添新的史料，同时也必在史学界产生一定的影响。

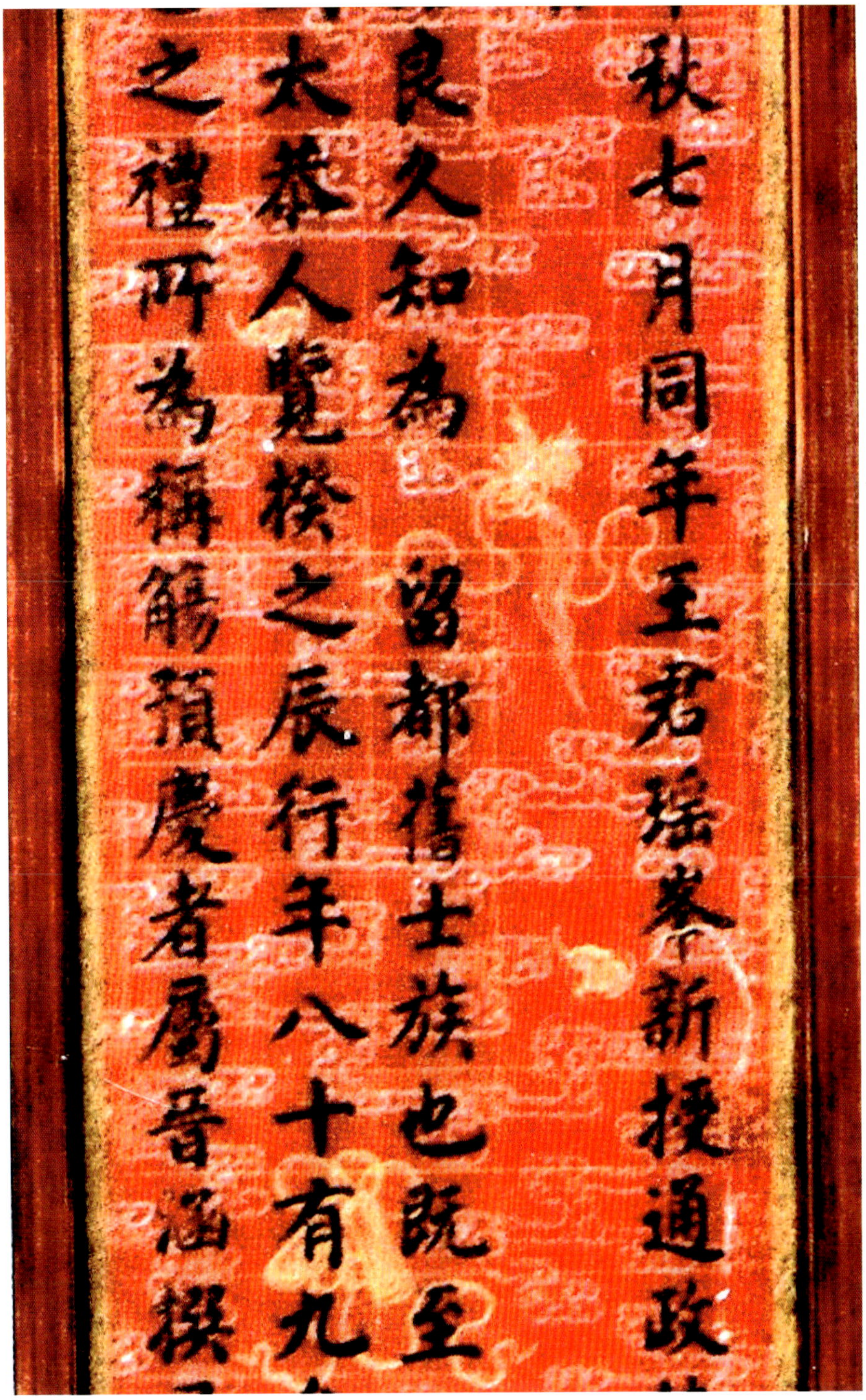

图五　清王尔烈母寿屏（第2扇屏局部）

沈阳城市天际线

张志强①

城市天际线，即指从远方第一眼所看到的城市外部形态的轮廓。第一眼中的第一印象，往往是对这座城市的色彩、规模和标志性建筑的感官了解。譬如东方明珠塔、自由女神像、悉尼歌剧院、香港会展中心，都是经典的城市天际线的独家美景。通俗地说，城市天际线就是你站在城市中或以外的某个地方，聚焦城市，附以四周环顾，天地相交的那一条轮廓线。天际线是城市的轮廓，是城市与天空构成的整体或局部结构，它塑造着每个城市的独特印象，是城市富有代表性的名片。因此，天际线的规划在城市规划中有很高的重要性，值得相关城建领域的关注和研究。

本文拟根据城市规划和建筑美学的相关理论，依据城市历史文化特点综合论述和举例分析，讨论城市天际线的规划原则，特别是沈阳的天际线的传续和创新的问题。

一、天际线是普遍的城市现象

每个城市都拥有自己的天际线。天际线是客观实在的，无论城市大小，从古到今概莫能外。天际线的基础是城市的地标性建筑，一旦形成以地标建筑为核心的视觉连线，天际线也就形成了。如天安门、东方明珠、黄鹤楼、中山陵、广州塔，是北京、上海、武汉、南京、广州的地标，而中轴线由南向北依次展开的皇城气派、外滩的洋气、江汉广场江滩的绵长、秦淮河的温婉、广州塔珠江的壮美，就分别是这些城市的天际线。同样，大政殿即是古盛京（沈阳）的地标，皇朝万豪、华新国际、盛京大剧院的连线，就是新沈阳的天际线的核心。

确切地说，城市天际线是西方城市规划的定型理念。他们认为，城市若是一个人的肌肤，天际线则是服饰包装，因而，城市天际线的定义里，就格外赋予了美学的最大化内涵。城市天际线应该表达海市蜃楼般的美。中国传统的城市规划思想，突出了城市的中心街区性和政治、经济、文化的集中辐射性，讲究中轴线、对称格局等。所以，中国的旧城中最繁华的地段和最精美的建筑，几乎都在城市的中轴线上。郊区——城市天际线的边缘地带，则是落后的被忽视的部位。沈阳城市天际线的形成符合这一规律、遵循这一原则。

城市天际线是城市整体风貌的垂直空间的剪影，它是以城市不同功能的街区、不同层面、各种

① 张志强，辽宁社会科学院研究员。

自然要素和人工要素所形成的城市天际线的组合和叠加而产生的城市天际线构成理论为基础，归纳并进一步完善了城市天际线的构成要素：自然要素、人工要素和视觉要素。

例如，普遍认同的全世界最美的八大城市皆因拥有完美的城市天际线，而吸引着全世界的目光。

新加坡，给人的印象就是干净、时尚和现代，在生态的基础上，注入现代城市文明。有不少电影在拍摄未来的场景时，都会到新加坡取景。在它的天际线上，最引人注目的建筑包括艺术科学博物馆，其设计就像一朵大莲花；历史悠久的五星级富乐顿酒店；当然，还有标志性的建筑——滨海湾金沙酒店。罗马，被称为永恒之城，古老、金碧辉煌、富丽堂皇是罗马的代名词。罗马的天际线上精彩纷呈的建筑，让人目不暇接。悉尼，可能拥有全世界最完美的天际线，海港大桥、歌剧院和繁华的城市中心都坐落在清澈的海水边，毗邻太平洋，只要看一眼这座城市，就足以让人迫不及待地前往澳大利亚。西雅图，紧邻普吉特海峡，背景是雷尼尔山，具备了打造完美天际线的基本要素。再加上太空针塔这样举世闻名的建筑，就拥有了一个真正独一无二的天际线，让来自世界各地的人都能一眼认出。香港，是世界上超高层建筑数量最多的地区之一，因此拥有世界上最美的天际线。香港的天际线分为两边，即香港岛和九龙。两边都有设计独特的建筑，背靠着郁郁葱葱的山丘。如果想看香港最佳的天际线景观，可以乘坐缆车到太平山顶。巴黎，埃菲尔铁塔、卢浮宫、中央商务区，耸立着许多现代主义的华丽建筑，比如 Tour D2，Tour Carpe Diem，还有设计成类似凯旋门的 Grande Arche，它是一座巨大的办公楼，里面是一个大型的开放空间，用于社区活动。里约热内卢，这个城市仿佛是一个梦幻之地。郁郁葱葱的山峦从高楼大厦中探出头来，仿佛根本不知道旁边居住着一座拥有 700 万人口的城市。曼哈顿，被誉为世界的经济中心，也是纽约最富有的区，有着举世闻名的天际线——自由女神像、联合国大厦，还拥有许多知名建筑，比如帝国大厦、克莱斯勒大厦和新世贸中心等。迪拜的哈利法塔，高 829 米，成为世界第一高楼，改变了对沙漠城市的传统看法。麦加的钟塔大厦、吉隆坡的石油双塔都成为天际线的核心，它们是城市力量和实力的彰显，是城市进步的历史证明。

同样，中国目前拥有最美天际线的城市也获得广泛认同，是美丽的风景，也是城市的名片。

天际线是每个城市给人的独特印象，现今世上还没有两条天际线是一模一样的。在许多大都会，摩天大厦在其天际线上都扮演着一个重要角色，而其中包括海港的天际线可说是最完美的。当下，北京中国尊中信大厦国贸 CBD 天际线，香港城市天际线——中国最国际化的大都市，青岛五四广场、东部金融中心海天中心城市天际线，南昌城市天际线、台北城市天际线——一枝独秀的天际线很精致很特别，深圳平安国际城市天际线（深圳湾）、上海城市天际线浦东新景中心大厦、重庆城市天际线解放碑朝天门高层人民会堂、沈阳城市天际线、广州周大福金融中心广州大道城市天际线，南京之峰大厦双桥门立交城市天际线等，都是有名气的天际线。另外还有哈尔滨的防洪纪念碑、长春的飞机塔、大连的星海广场钻石广场国贸中心裕景中心、天津的天眼高银 117 大厦、济南的绿地置地国金中心趵突泉、郑州的花园路商务二七塔、石家庄的滹沱河景观带、太原的滨河体育中心信达国际、西安的钟楼和古城、兰州的天辰中心中山桥、乌鲁木齐的大巴扎、呼和浩特的北三环南三环昭君科尔沁路、银川的鼓楼海宝塔、拉萨的布达拉宫、成都的天府中心府城河桥、昆明的

上海

香港

东京

北京

滇池巫家坝商务中心、杭州的西湖保俶塔、福州的三坊七巷和新时代大厦、西宁的中心广场、长沙的橘子洲、南宁的九州国际南宁大桥、桂林的漓江山水、贵阳的文化广场、合肥的大剧院天鹅湖、海口的五公祠海南第一高楼等不断形成更新的天际线。

天际线是普遍的客观实在，是激励市民增强自信和城市知名度、美誉度的可视形象。

沈阳的天际线之一

二、城市天际线的地域特性点和时代特征

天际线的地域特征表现在城市之间的唯我独有，表现在不可替代。天际线的成长条件则是与时俱进的时代特征。

在城市中，天际线展开一个广阔的天际景观（多数为全景），因此大城市也都被叫作“城市风光影画片”。在许多大都会，摩天大厦在其天际线上都扮演着一个重要角色。天际线可说是最完美的城市形象代表。国外，纽约有着世界上最密集最非凡的城市天际线：曼哈顿、世贸大厦一号楼及自由女神像；伦敦：伦敦桥、白金汉宫、伊丽莎白塔；巴黎：埃菲尔铁塔、凯旋门、凡尔赛宫；东京：东京塔、天空树；莫斯科：克里姆林宫、大教堂；迪拜：天际线哈利法塔；等等，每个城市都有独特的城市天际线，而且是每个城市独有的，是不可替代的。国内，上海东方明珠、金茂大厦、中心大厦，广州塔、天河广场、市长大厦，深圳贸易中心，武汉江滩、民生银行大厦，重庆：环球金融中心，南昌：绿地中心双塔建成，红谷滩近年发展十分迅速，在2013年一江两岸进行亮化改造之后，惊艳中国！因此南昌红谷滩被称为“中部浦东”，同时也是中国最美的天际线之一，许多城市也分别形成了现代城市天际线。当然，这些天际线也是不能互换的。否则，南北错位、东西混淆，城市面貌难以识别了。随着国内城市化进程的快速发展，城市建筑的高度呈逐渐上升的趋势，高层建筑所占的比例也越来越大，高层建筑结合自然环境构成的城市天际线成了一种独特的景观，对城市的风貌产生了重要的影响。

在城市的发展历程中，人们一贯关注城市的视觉形象，而城市天际线作为反映城市视觉形象的重要组成部分，普遍受到人们的重视。目前，对于研究城市天际线的评价和控制的系统还比较欠缺，城市天际线基本是城市空间控制的附属物，或仅是大众评价或旅游评价的对象。本文在对天际线的研究中，突破以往单纯从美学角度等单因素分析城市天际线的方式，尝试从规划及技术角度分析城市天际线的控制策略。本文在全面剖析国内外相关研究成果的基础上，系统分析了城市天际线的基本概念、构成因素及影响机制，尝试建立一套关于城市天际线的评价体系和标准；在此基础上提出了城市天际线控制的基本原则和方法，重点探讨了不同层面规划设计中对城市天际线的控制策略，并以苏州为例，总结了城市天际线的发展变化历程，分析了城市天际线的现状及存在的问题，确立了依托自然地理条件、保持城市特色、提升城市发展绩效、塑造对外旅游品牌与形象的天际线塑造原则，并提出了发展控制的政策策略和技术策略。

天际线又称城市轮廓或全景天空线，是由城市中有代表性的摩天大厦组成的整体结构，或由许多摩天大厦构成的局部景观，是世界城市的普遍现象。沈阳是全国拥有200米以上摩天大楼排名第六的城市，也有过天际线的历史辉煌，更应该有向现代城市天际线建构的理想追求。天际线亦被作为城市整体结构的人为天际，沈阳有实力打造美丽的人为天际。天际线不需要大量投资，只需要建设部门做好科学、严整、持续的规划。城市天际线具有直觉直观的人文特点、审美特点、标识特点和造型特点，是城市发展进程中一个非常时代化的理念，城市自醒需要意识到城市天际线在文化概念上的超然意义并起步力行。在很多城市，自然和人文的著名历史遗存都比较丰富，成为城市自古以来特有的历史文化名片，但是，在城市建设中淡化天际线意识，不但给城市美感带来了审美疲劳，也造成了城市无法挽回的美学损失。

春城昆明，满城乔木与参差不齐的屋宇相互掩映，四周山色，一湖净水，西山睡美人举首可见；西安市中心钟楼、鼓楼、城楼以及城外大小雁塔等均突出于城市轮廓线上，成为城市的标志性景点；长沙市妙高峰地处城南高地，是唯一能够看到“山水城浑然一体”古城特色的地方；杭州西湖之美，不仅在于水，更在于有山作为背景。山的背景就应该是蓝天，这句话不仅是说给杭州的，更是说给很多城市的规划和建设者听的。城市之美，不仅应该表现于内部，更应该表现于外部；不仅应该表现于近处，更应该表现于远处。能够透过城市极目远眺，看到城市外围的山脊轮廓，能够随时感受到一种自然的存在，这样的城市之美让人感受到恬淡和闲适之美。保护好我们城市的天际线，符合现代化城市的要求。如果说城市是一个巨大的美的容器，那么保留天际轮廓线的美更是一个城市美的底线象征。如何在城市既能够营造出合适的天际线，又能够体现现代化意识，并且在两者之间找到一个平衡点，是城市管理者应该思考的一个重要的城市建设话题。

三、沈阳城市天际线的虚拟设计

城市发展的目的，是创造一个和谐的人类生产、生活、休憩的空间，城市的轮廓线是人类城市建设成果最为表象的立体呈现。天际线应该有比较集中的特点，沈阳的高层总量、规模相当可观，景观质量也在上乘，规划中若能适当集中则会加快城市天际线的形成，更好地发挥提升引领城市发展的作用。沈阳天际线规划的特色在于北方风格流光溢彩，在于震力东北亚的雄志，在于国家中心城市的磅礴和对世界城市发展的影响。

沈阳是特大城市，是历史文化名城，城市天际线是客观存在的，但在市民认识当中却有些模糊。究其原因，还是规划当中的缺失，建设当中的碎片，管理当中的虚无。现代城市建设如果只有摩天大楼的集合，也容易雷同、乏味，只有结合城市功能特色、恰当彰显城市实力和品格，沈阳的天际线才会得到认同和传续。历史上，辽代沈州的城垣与崇寿寺白塔、塔湾舍利塔、卓望山塔，构成侯城以来新城在建的辉煌，一城四塔的格局已经有所体现。清代凤凰楼、台上五宫、盛京宫阙、城外护国四寺塔、边城以内孔庙、魁星阁、钟鼓楼、四平街即是盛京的清都风采和文化景观。民国时代的东三省总督府、张氏帅府、边业银行、官银号，开辟了城市近代化生发，天际线的实物构成也有了新的内容。新中国“一五”大建设的铁西、冶炼厂的三根大烟囱，改革开放初期的铁路公寓、重型高楼、彩电塔、大馆、工业展览馆、未来城、文化立交、青年大街、夏宫、皇朝万豪、河畔花园景观线成为沈阳城市的骄傲。这些历史断代都有过自己的城市天际线，不只是文人墨客的赏析。实际上，对天际线的认同，至少是对地标建筑物的认同是客观存在的。例如20世纪六七十年代，从外地回沈阳，无论是乘火车、汽车还是骑自行车、步行，进城之前首先看到的可能就是冶炼厂的大烟囱，见到它，就会有到家的感觉。出发相约，有时就以沈阳站前坦克塔作为集合地，因为太熟悉了，不会弄错。后来，市府广场及周围高层，彩电塔及周围高层，东电及周围高层，等等，都是城市局部的天际线。

天际线是以地标建筑物为基础的。仅就近代而言，万泉水塔、盛京医院、南关教堂、省咨议局、省议会，总督府、奉天站（沈阳站）、坦克塔、大广场，现代东北大学、辽宁大学、中科院金属所、生态所，辽宁大厦、彩电中心、工业展览馆、文化立交等，曾分别形成不同阶段的天际线主体。当代，和平解放碑、中山广场领袖与人民群雕、21世纪大厦、恒隆大厦、华润等超高层，辽宁大剧院、沈阳博物馆、市图书馆、科学宫、盛京大剧院、金廊大道等，都是知名的地标建筑，也可分别组成不同的城市局部天际线。地标是城市的骄傲，是城市历史的一部分，并不可轻言更新或改造。对地标物尚且如此，对天际线要更加保护和尊重。

现在，沈阳依然需要城市天际线，需要发展城市的实力证明、自信和目标引领。不过，在选址、体量、构成等方面要立足沈阳。不是模仿，不是跟风。沈阳天际线可以有多种选择，可以有多个角度，设想一下，若选择城市的南大门，从南向北回望，即可以有大体量广进身的天际线。从浑河桥北望，以浑河水面为景深，以大钻石为中心，核心可西到K11，东到南塔，北以陆军总院、机器人等科技园区为背景，及至东部远山的呼唤，以五爱立交、青年大街为支撑，以新万豪、万鑫、华新国际、茂业大厦等为视景，以新辽报、彩电中心、东北金融大厦、彩电塔等为注视远眺，蓝天白云之下，展示着东北首城的伟岸磅礴，展示着大都会城市的崛起与活力。

沈阳正处于建设国家中心城市的拼搏之中，建构现代城市天际线不仅是城市发展的规律，也是城市现代化的标配。期望大沈阳的大视野更加开阔，企盼沈阳城市天际线更加清晰、震撼、美丽！

后　记

二〇二二年，冯永谦先生八十八岁，是他的米寿之年。

冯永谦先生从事文物考古工作，从二十世纪中叶开始，进入这个学术领域，跨越二十世纪，至今工作已经七十年。在这漫长岁月中，由于工作关系，冯永谦先生步履所至，遍及各地，由于他为人和善，平易近人，总给人以亲切感，因此，他认识很多人，而同行学者更多，这样在多年的交往中，尤其在学术交流上，切磋琢磨，互相砥砺，形成深厚友谊。因此，在他米寿到来之际，各地朋友都说：冯永谦先生米寿，咱们能不能都来庆祝一下？我们受朋友之重托，研究大家的意见，觉得很好。于是成立筹备组，发文通知冯永谦先生的朋友，随即得到各地学者的鼎力支持，不久便寄来学术研究论文或墨宝、绘画和诗作等。原本拟定在二〇二二年十月间开会进行祝贺，各地的老朋友大家见见面，促膝畅谈，共祝米寿，不料届时由于疫情关系，不能多人聚会，不得已临时取消大家的见面。虽然不能聚会，但出版庆祝的论文集仍是照出不误，于是进行编辑出版，也因疫情，出版拖至二〇二三年。

本论文集出版拖至二〇二三年，又遇到一个值得记住的时间节点，今年是冯永谦先生从事文物考古工作七十年，这是一个时间整数，是很难达到的一个珍贵的数字。就在今年，已年届八十九岁的冯永谦先生，又外出考古调查。先是在今年三月六日，因听冯永谦先生讲，他在调查和研究中，确定位于新宾县的马尔敦村“二道关”（清代称玳珉关）是十六国时期前燕长城，辽宁国际传播中心高级记者张松等人闻知后，邀请冯永谦先生再次前往带领他们调查，又一次登山越岭，调查长城。其后，自四月七日开始，调查辽代春捺钵全程路线，因吉林大安是辽代春捺钵地，当年辽代皇帝每年春天由冬捺钵驻地启程，前往春捺钵驻地，举行扑鱼、打天鹅游猎活动，举办“头鱼宴”“头鹅宴”欢宴群臣，为历史盛事，其地为今吉林省大安市的嫩江、月亮泡一带，自然环境优越。现在大安为开发历史文化，了解春捺钵的全过程，因此冯永谦先生受大安市孔令海先生之邀请，与马晓辉、张松一起，寻访辽代春捺钵全程行走路线。他们一行四人，从吉林省大安市出发，途经沈阳、朝阳、建平到内蒙古赤峰，过林西县，去翁牛特旗，深入沙漠荒原，寻找冬捺钵驻地，然后从冬捺钵驻地开始调查辽代皇帝春捺钵的行程路线，经沙地中的辽代永州，到木叶山，沿西拉木伦河（辽代称潢水）东去，至与老哈河（辽代称土河）汇合处，进入开鲁县、经奈曼旗、科尔沁区、通辽市，科尔沁左翼后旗、科尔沁左翼中旗、白城市等地，再回到大安，途中颇费周折，往返调查，寻找遗迹，对辽代城址、墓葬、各种相关遗迹地，沿途都做了调查，其经历之地不一而足，行程八千里，收获颇丰。过后他们还准备写出“辽代春捺钵路线考古调查研究”报告，这又是一次不小的行程和调查。此时已是冯永谦从事考古工作七十年了，但他尚未歇脚，仍然外出考古，宝刀不老，其精神可嘉，值得记忆。因此，本文集也因冯永谦先生实际考古工作的时间至今七十年，遂定名为《考古七十年》，这就是本文集定下如此书名的原因。

在筹备冯永谦先生米寿过程中，得到各地师友的支持，我们深知，他们有的人过着退休生活，年事已高，但仍以友情为重，奋笔疾书，赶写文章；有的人还是在职，工作任务很重，但也未忘岁月沉淀下来的友谊，拨冗写出最有心得的稿件。由于大家的鼎力相助，我们才能编出这样一部非常厚重并有学术价值的论文集来！

工作中，成立的庆祝冯永谦先生米寿活动筹备组，人员如下：

执行组长：高青山　王　健

联 系 人：刘阿娟　杨　雪

最后，我们再次向各地无私帮助和支持我们工作的朋友们，表示衷心的感谢！向辽海出版社领导和编辑为出版本书的费心尽力，表示衷心的感谢！

庆祝冯永谦先生米寿活动筹备组

二〇二三年五月十日

ISBN 978-7-5451-6935-5
9 787545 169355 >
定价：188.00元